Perfect

재무관리 I

기업재무

감형규 · 신용재 공저

머 리 말

미국의 금리인상, 미중 간의 무역분쟁, 북핵문제 등 국내·외 경제환경 변화에 따라 재무의사결정의 불확실성이 높아지고 있다. 기업의 유지 및 성장에 있어서 중요한 관리부문인 재무관리의 목표는 기업가치의 극대화이다. 이러한 목표를 달성하기 위하여 기업의 경영자는 투자결정 및 자본조달결정 등과 관련된 제반 재무의사결정을 효율적으로 수행하여야 한다. 이를 위해서는 경영자가 재무관리의 광범위한 이론 분야를 잘 이해하고, 이를 실무에 적절히 활용할 수 있어야 한다. 따라서 재무관리의 학문적 유용성은 현실세계의 적용을 전제로 쉽게 이론화되어 있을 때 그 빛을 발할 수 있다. 본서는 국내·외 재무환경을 반영하고 재무이론을 실무와 조화시킨다는 관점에서 저술하였으며, 다음과 같은 몇 가지 특징을 가지고 있다.

첫째, 기업가치의 극대화(순현가의 극대화)라는 하나의 큰 흐름 아래 재무관리의 전체적인 내용을 일관성 있게 구성하여, 재무관리의 기본개념에 대한 확실한 이해를 바탕으로 응용력을 높일 수 있도록 노력하였다.

둘째, 전통적으로 중요하게 다루어져 온 기초이론에서부터 상당한 수준의 고급이론에 이르기까지 현대재무이론을 체계적으로 소개함으로써 경영학을 전공하는 학부의 고학년 학생들 또는 대학원 학생들에게 재무관리의 전반적인 영역을 체계적으로 이해할 수 있도록 배려하였다. 이와 같은 관점하에서 본서 「Perfect 재무관리 Ⅰ」은 다음과 같이 4편(15장)으로 구성되어 있다.

제 1 편 서론
제 2 편 확실성하의 투자결정
제 3 편 불확실성하의 투자결정
제 4 편 자본구조와 배당정책

한편 본서와 별도로 「Perfect 재무관리 Ⅱ」를 발간하였다. 이 책은 2편(9장)으로 구성되어 파생상품과 위험관리, 재무관리의 특수분야 등에 관한 내용을 다루고 있으니, 관심 있는 독자께서는 본서와 함께 활용해 주시길 바란다.

셋째, 최근 공인회계사(CPA), 국제재무분석사(CFA), 보험계리사 등 각종 시험에서 상당한 수준의 고급재무이론과 시대의 변화에 따라 관심을 모으고 있는 최근 이론들까지 출제의 대상이 되고 있다. 이러한 출제경향은 CPA, 보험계리사 등 전문자격시험을 준비하는 대부분의 수험생들에게 재무관리는 어렵고 부담스러운 과목으로 인식되도록 만들고 있다. 이는 재무관리 자체의 난이도보다는 재무관리 학습에 필요한 적절한 교재와 효율적인 학습방법을 경험하지 못한 결과에서 비롯된 것이라 생각된다. 재무관리는 그 근간이 되는 이론 및 모형을 기초로 이해하여야 하는 학문이다. 따라서 재무관리의 특성상 제반 이론에 대한 충분한 학습과 정확한 이해 없이 단지 연습문제 풀이에만 의존하는 학습방법은 사상누각의 오류를 범할 수밖에 없으므로 이러한 점을 명심해야 한다. 특히 처음 재무관리를 시작하는 경우 먼저 본서의 각 장에서 다루고 있는 주제들에 대한 기본적 개념을 체계적으로 이해하도록 노력한 후, 습득한 기본개념과 연결시켜 연습문제를 다루는 것이 바람직할 것이다.

넷째, CPA 시험, 보험계리사 시험 등에서 최근까지 출제된 문제들을 완벽하게 정리하여 수록하는 한편, 특강이나 모의고사 출제 등을 통하여 준비해 왔던 문제, 그리고 최근 출제경향에 비추어 앞으로 출제가능성이 높은 문제들을 포함시켜 이론서로서뿐만 아니라 연습서로서도 손색이 없도록 하였다. 특히 연습문제에 CPA 1차 기출문제 등을 포함한 객관식 문제를 수록함으로써 CPA 1차 시험 등 객관식 문제를 출제하는 각종 시험에도 충분히 대비할 수 있도록 하였다.

본서는 재무관리 학문 분야에서 다소 높은 수준의 지식을 다루고 있으므로 재무관리를 처음 배우는 학생 또는 실무자들에게는 본서가 부담스러울 수 있다. 따라서 그들에겐 본서의 자매서인 「에센스 재무관리」를 권하고 싶다. 독자의 수준 및 목적에 따라 「Perfect 재무관리 Ⅰ, Ⅱ」 또는 「에센스 재무관리」 중 취사선택할 수 있을 것이다.

본서는 앞에서 밝힌 네 가지 특징을 살리는 데 주안점을 두고 저술되었다. 그러나 이와 같은 의욕적인 노력에도 불구하고 여러 가지 부족한 점이 있을 것으로 생각된다. 독자들의 기탄없는 비판과 조언을 통하여 향후 완벽하게 수정 · 보완할 수 있기를 기대해 본다. 그리고 저자들은 국내 · 외 많은 문헌들을 참고하여 본서를 집필하였다. 이 자리를 빌려 국내 · 외 학자들의 양해를 구하며, 그들에게 깊은 감사의 뜻을 표한다.

본서의 내용에 대해 항상 값진 조언을 해 주고 일부 내용 집필에 직접 참여해준 전진규 교수(동국대)에게 특별히 고맙게 생각하며, 그리고 본서가 출판되기까지 적극적으로 도와준 유원북스 이구만 사장에게 다시 한 번 감사를 드린다. 끝으로 본서를 저술하는 동안 고통을 분담하면서 격려와 성원을 아끼지 않았던 가족 모두에게 충심으로 고마움을 표한다.

2019년 4월

저자 씀

목차 요약

목 차

제 1 편
서 론

제 3 장 화폐의 시간적 가치

제 4 장 증권의 가치평가

제 2 편
확실성하의 투자결정

제 5 장 확실성하의 선택이론

제 6 장 자본예산: 투자안의 평가방법

제 7 장 자본예산의 실제

제 3 편

불확실성하의 투자결정

제 8 장 불확실성하의 선택이론

제 9 장 포트폴리오분석

제13장 자본구조 I : 기본적 개념

제14장 자본구조 Ⅱ: 현실적 문제

제15장 배당정책

제 1 편

서 론

제 1 장

재무관리의 기초개념

재무관리(financial management)는 기업의 자금조달 및 운용을 다루는 학문으로서 그 궁극적인 목표는 기업의 가치를 극대화하는 데 있다.

본장에서는 재무관리의 기초개념으로서 재무관리자의 역할과 재무관리의 목표를 설명하고자 한다.

1 재무관리자의 역할

기업의 활동은 재화와 용역을 생산하고 판매하는 일련의 순환과정으로 요약될 수 있다. 기업이 재화와 용역을 생산하기 위해서는 많은 실물자산(real assets)을 필요로 한다. 여기서 실물자산은 기계설비, 공장, 사무실 등의 유형자산(property, plant and equipment)과 전문적 기술, 상표권, 특허권 등의 무형자산(intangible assets)을 의미한다. 그리고 기업이 생산활동에 필요한 실물자산을 구입하려면 많은 자금이 소요되는데, 이와 같은 자금은 주식, 채권 등을 발행하여 조달된다.

재무관리는 자금과 관련된 기업활동을 다루는 학문으로서 주요 연구분야는 자금의 조달과 운용이다. 즉 재무관리는 합리적인 투자활동과 자금조달활동을 연구하는 학문이라 할 수 있다. 재무관리측면에서 기업의 활동과정, 즉 재무활동과정을 살펴보면 [그림 1-1]과 같다. [그림 1-1]에서 볼 수 있는 바와 같이 기업의 재무관리자(financial manager)는 금융시장(financial market)을 통하여 필요한 자금을 조달한 후, 그 자금을 실물자산에 투자한다. 이와 같은 투자의 결과 생성되는 성과(현금흐름)는 자금제공자인 투자자(주주 또는 채권자)에게 배당 또는 이자의 형태로 지불되거나 재투자를 위하여 사내에 유보된다.[1] 기업은 투자자가 제공하는 자금보다 더 많은 현금흐름을 투자자에게 제공하여야 한다. 다시 말해서 새로운 부가가치(value added)를 창출할 수 있어야 한다.

기업의 재무관리자가 수행하여야 하는 **재무의사결정**(financial decision making)은 다음의 두 가지 기본적 의사결정문제로 요약될 수 있다.

첫째, 얼마만큼의 자금을 어느 자산에 투자할 것인가를 결정하는 **투자결정**(investment decision)이다.[2] 투자결정에 의해서 자산의 규모와 구성이 결정되며, 그 결과

그림 1-1 기업의 재무활동과정

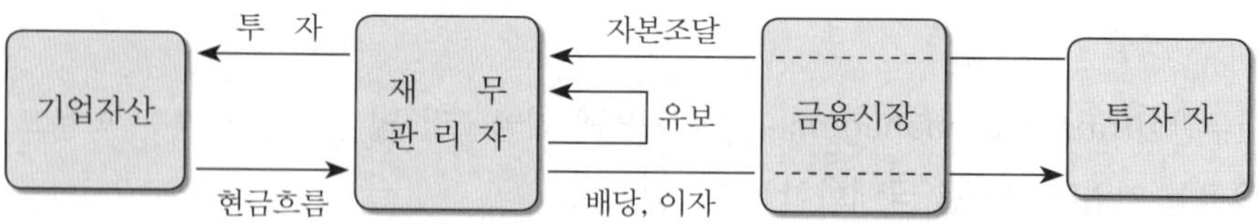

1) 물론 그 성과의 일부는 세금으로 유출될 수 있다.

2) 투자의 효과가 1년 이상에 걸쳐 나타나는 비유동자산에 관한 투자결정을 자본예산(capital budgeting)이라 하며, 기업의 단기영업활동에 의해 발생되는 현금의 유입과 유출, 즉 유동자산 및 유동부채와 관련된 의사결정을 운전자본(working capital)관리라 한다.

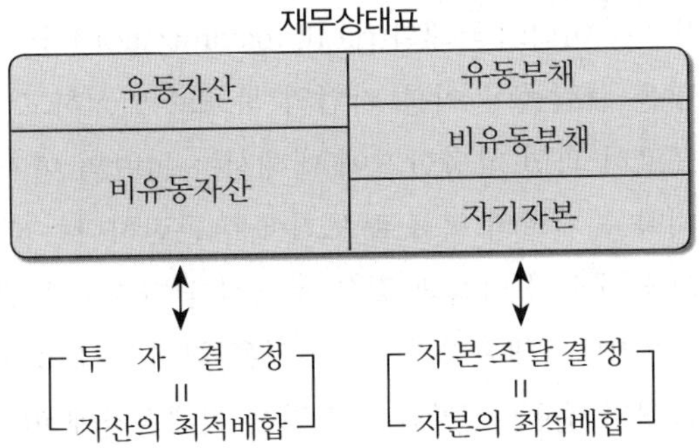

그림 1-2 재무의사결정과 재무상태표

는 재무상태표의 왼쪽(차변)에 나타난다.

둘째, 투자에 필요한 자금을 어떻게 조달할 것인가에 관한 결정인 **자본조달결정**(financing decision)이다. 자본조달결정에 의해서 부채 및 자기자본의 규모와 구성이 결정되며, 그 결과는 재무상태표의 오른쪽(대변)에 나타난다. 그리고 기업의 이익을 배당과 유보이익으로 구분하는 배당결정은 사내 자금조달과 관련된 의사결정으로서 자본조달결정의 한 형태라 할 수 있다.

이상과 같은 기업의 재무의사결정과 재무상태표의 관계를 나타내면 [그림 1-2]와 같다.

2 재무관리의 목표

앞에서 재무관리자의 역할인 투자결정과 자본조달결정을 살펴보았다. 그러면 재무관리자가 이와 같은 재무의사결정을 실행할 때 지향하는 목표는 무엇일까? 다시 말하면, 재무관리자가 구체적으로 투자를 결정하고 자본조달계획을 수립할 때 궁극적으로 추구하는 목표는 무엇일까?

기업의 재무의사결정은 기업 내의 모든 부문활동과 유기적인 관계를 가지고 이루어지기 때문에 재무관리의 목표는 궁극적으로 기업의 경영목표와 동일한 의미를 갖는다.[3] 재무관리의 목표, 즉 기업의 경영목표를 설명하면 다음과 같다.

---

3) 일반적인 기업의 형태로는 개인기업(sole proprietorship), 합명회사(general partnership) 또는 합자회사(limited partnership), 유한책임회사(limited liability company: LLC), 주식회사(corporation) 등이 있다. 그러나 본서에서의 기업은 주식회사를 의미한다.

2.1 이익의 극대화

전통적으로 이익의 극대화(profit maximization)가 기업의 목표로 간주되어 왔으며, 현재에도 많은 사람들이 이를 기업의 목표로 인식하고 있다. 그러나 이익의 극대화가 기업의 목표로서 과연 타당한가에 대해서는 논란의 여지가 있으며, 대부분의 학자들은 이익의 극대화를 기업의 목표로 보기에는 곤란하다는 데 의견을 같이하고 있다. 그 이유는 이익의 극대화가 다음과 같은 문제점을 가지고 있기 때문이다.

첫째, 이익의 극대화라 할 때 이익은 회계적 측정치로서 기업의 경제적 성과를 정확하게 나타내지 못한다. 이익은 일정한 회계절차에 따라 기록 · 정리된 장부상의 이익으로서 기업의 실제 현금흐름(cash flow)을 나타내는 것이 아니다. 이익은 감가상각방법, 재고자산평가방법 등에 대한 회계처리방법의 선택에 따라 그 크기가 달라질 수 있는 자의적인 수치이다.

둘째, 이익의 극대화 목표는 이익의 발생시기를 무시하고 있다. 그러므로 이익의 극대화 목표에 의해서는 서로 다른 시점에서 발생되는 이익을 정확하게 평가할 수 없다. 예를 들어 현재 1억원의 수익이 있으나 10년 후에 1억 1천만원의 비용이 발생하는 대안 A와, 현재 2억원의 비용을 지출하여 10년 후에 2억 2천만원의 수익을 얻을 수 있는 대안 B가 있다고 하자. 만약 단순히 이익의 극대화 목표에 의해서 두 대안을 평가한다면 대안 B는 2천만원의 순이익을 얻을 수 있는 반면, 대안 A는 1천만원의 손실이 발생하게 되므로 대안 B를 선택해야 한다. 그러나 이와 같은 평가는 현금흐름의 발생시기에 따라서 그 가치가 달라지는 현실을 고려할 때 타당하지 않을 수 있다.

셋째, 이익의 극대화 목표는 미래이익의 불확실성(위험)의 정도에 따른 이익의 질적 가치를 무시한다. 그러므로 이익의 극대화 목표에 의해서는 불확실성의 정도가 서로 다른 미래이익을 정확하게 평가할 수 없다. 예를 들어 현재 1억원을 투자하여 1년 후에 1억 2천만원을 얻을 수 있다고 예상되는 두 투자기회가 있다고 하자. 한 투자기회는 위험이 작은 기존 사업에 대한 확장투자이고 다른 하나는 미래결과가 불확실한 첨단제품의 개발일 경우, 위험을 싫어하는 이성적인 투자자라면 당연히 확장투자를 더 선호하게 된다. 그러나 이 두 투자안의 기대이익이 동일하기 때문에 이익의 극대화 목표에 의해서는 우열을 가릴 수 없을 것이다.

2.2 기업가치의 극대화

전통적인 이익의 극대화 목표는 앞에서 지적한 문제점들 때문에 기업목표로 적절하지 못하다. 현대 재무관리에서는 기업가치의 극대화(firm value maximization)를 보다

그림 1-3 재무의사결정과 기업가치의 관계

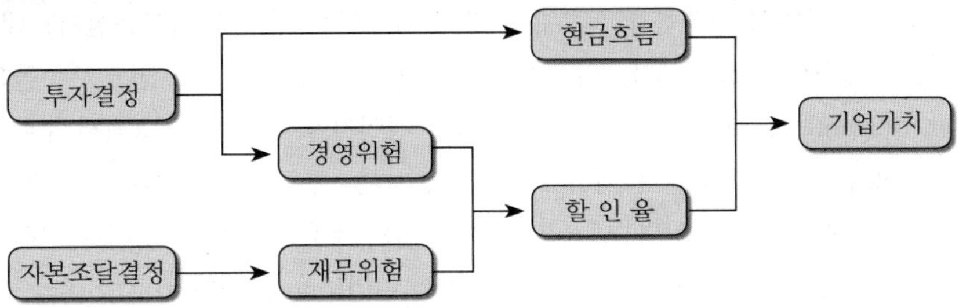

타당한 기업의 목표로 받아들이고 있다.

기업가치는 기업이 벌어들일 미래 현금흐름을 그 발생시기와 불확실성에 따라 적절하게 할인한 현재가치의 총합을 의미한다. 이와 같이 측정되는 기업가치는 투자결정, 자본조달결정 등에 의해 영향을 받는다. 비유동자산에 대한 투자를 늘릴수록 미래 현금흐름이 증가하는 한편, 경영위험(business risk)이 증가하며, 부채의존도가 높을수록 재무위험(financial risk)이 증가하게 된다. 재무의사결정과 기업가치의 관계를 그림으로 나타내면 [그림 1-3]과 같다.

이상에서 설명한 이론적인 기업의 가치는 다음과 같이 나타낼 수 있다.[4)]

$$V = \frac{CF_1}{1+r} + \frac{CF_2}{(1+r)^2} + \frac{CF_3}{(1+r)^3} + \cdots = \sum_{t=1}^{\infty} \frac{CF_t}{(1+r)^t} \quad (1-1)$$

여기서 V: 기업가치

CF_t: t시점에서의 현금흐름

r: 현금흐름의 위험 정도를 반영한 할인율

기업가치는 기업이 보유하고 있는 총자산가치 또는 주식의 총시장가치와 부채의 총시장가치를 합한 것으로 볼 수 있다. 여기에서 부채의 시장가치가 거의 일정하기 때문에 기업가치를 극대화한다는 것은 곧 주식의 총시장가치(주주 富)를 극대화한다는 것을 의미한다. 즉 기업가치의 극대화는 **주주 부의 극대화**(stockholder wealth maximization)와 동일한 개념이라 할 수 있다.[5)] 그러므로 본서에서는 앞으로 기업의 경영목표를 주주(소유주) 부의 극대화라 가정하고 이론을 전개해 나갈 것이다.

4) 기업의 수명이 영속적이라고 가정한다.

5) 주주 부(발행주식수×주가)의 극대화는 궁극적으로 주가의 극대화를 의미한다.

2.3 주주 부의 극대화와 대리인문제

기업의 경영목표, 즉 주주 부의 극대화는 항상 달성가능한가? 대규모 기업에서는 주주들이 필요한 모든 의사결정을 직접 할 수는 없다. 대신에 주주들은 그들의 대리인(agent)으로서 기업을 경영할 수 있는 경영자를 고용한다. 그래서 주주가 아닌 경영자가 일상적으로 기업을 통제하게 되며, 경영자는 주주의 부가 아닌 자신의 이익에 보다 많은 관심을 가질 수 있다. 다시 말하면 기업의 소유와 경영의 분리로 인하여 주주와 경영자의 목표가 서로 달라질 수 있다. 기업의 주인(principal)인 주주가 대리인인 경영자에게 의사결정권한을 위임함으로써 발생하는 주인과 대리인의 갈등을 **대리인문제**(agency problem)라 한다.[6] 주주와 경영자 사이에 발생할 수 있는 갈등을 요약하면 다음과 같다.

첫째, 경영자들은 주주 부의 극대화보다 호화스러운 사무실, 최고급승용차 구입 등 자신의 특권적 소비(perquisite consumption)를 위하여 기업재산을 사용하거나, 기업의 외형적 확장에 열중할 수 있다.

둘째, 경영자들의 재임기간은 주주들에 비해서 짧다. 그러므로 경영자들은 장기적인 이익보다 단기적인 이익에 더 치중하는 경향이 있다.

셋째, 경영자와 주주의 위험에 대한 주관적인 평가가 서로 다를 수 있다. 경영자는 위험을 초래할 수 있는 투자안에 대해서 과민할 정도로 회피하려는 경향이 있다. 즉 경영자는 무사안일주의에 빠져 자신의 직위에만 연연하는 경향이 있다.

그러나 이와 같은 대리인문제는 다음과 같은 여러 가지 제도적 장치에 의해서 사전에 상당히 완화시킬 수 있다.

첫째, 주주들은 주주총회에서 이사회의 구성원을 선출한다. 그리고 이사회에서 경영자들이 선출되므로 이사회는 경영자들을 직접적으로 통제할 수 있다. 그러므로 주주들은 이사회를 통하여 경영자들을 간접적으로 통제할 수 있게 된다.

둘째, 주식가격이 상승할 때는 가치를 가지나 주식가격이 하락할 때는 가치가 없어지는 스톡옵션(stock option), 또는 기업성과에 따라 그 보상으로 경영자에게 지급되는 주식인 성과주(performance share) 등과 같은 유인제도를 이용함으로써 경영자들로 하여금 주주의 이익을 위해 노력하도록 할 수 있다.[7]

---

6) 주주와 경영자 이외에도 기업과 이해관계를 가지는 다른 많은 집단, 즉 채권자, 종업원, 정부, 소비자 등이 있으며, 이들의 이해관계도 서로 상충될 수 있다. 다양한 이해관계자집단들의 갈등으로부터 발생하는 모든 문제들을 광의의 대리인문제로 생각할 수 있다.

7) 스톡옵션(또는 주식매수선택권)의 행사시 주식지급방법으로는 신주발행(스톡옵션 보유자가 이를 행사하여 행사가격을 납입한 경우에 회사가 그 사람에게 신주를 발행하여 지급하는 방법으로 이미 정관에 정하고 주총 특별결의를 거쳤으므로 별도의 절차를 밟을 필요는 없음), 자기주식지급(회사가 보유 중인 자기주식을 스톡옵션 보유자로부터 행사가격을 납입받고 지급하는 방법), 그리고 차익지급(스톡옵션 행사자가 약정된 주식매입시기에 실제로 매입하지 않고 회사가 스톡옵션의 행사가격과 시가와의 차액을 현금 또는 자기주식으로 지급하는 방법)이 있다.

셋째, 만약 무능한 경영자로 인하여 주식가격이 큰 폭으로 하락한다면, 위임장투쟁(proxy contest)을 통해 기존 경영진이 교체되거나 주주집단, 다른 기업, 또는 개인에 의해서 기업이 인수될 수 있다.[8] 이와 같은 위임장투쟁 또는 기업인수(takeover)가 실행된다면, 피인수기업의 경영자는 직위를 상실할 수 있다. 그러므로 경영자들은 직위 상실에 대한 불안 때문에 주식가격을 높이려는 노력을 할 것이다.

넷째, 경영자 인력시장에서의 경쟁 때문에 경영자들은 주주의 이익을 위해서 노력할 것이다. 주주의 목표를 달성하는 데 성공한 경영자는 승진하거나 막대한 보상을 받을 수 있는 반면, 그렇지 못한 경영자는 새로운 경영자에 의해서 교체될 수 있기 때문이다.

그러나 현실적으로 이상과 같은 제도적 장치에 의해서도 대리인문제를 완전히 해결할 수는 없을 것이다. 그러므로 주주와 경영자 사이에 존재하는 이해상충의 문제, 즉 대리인문제를 적절하게 해결하는 데 비용이 필요하며, 이러한 비용을 **대리인비용**(agency costs)이라 한다. 대리인비용에는 경영자의 활동을 감시하는 데 소요되는 비용과 경영자가 주주들을 위하여 행동하도록 유인하기 위하여 지급하는 보상 등이 포함된다. 대리인문제는 경영자가 주주의 이익을 위해서 최선을 다하지 않는다는 것을 의미

재무 FOCUS

소유구조와 기업가치

경영자의 소유지분과 기업가치 간의 관계에 대하여 이해일치가설(interest alignment hypothesis), 경영자안주가설(management enrichment hypothesis), 절충가설 등이 있다.

이해일치가설은 경영자의 소유지분이 증가할수록 기업의 경영부실에 따른 경영자의 손실도 무시할 수 없으므로 경영자와 주주 사이의 이해관계가 서로 일치한다는 것이다. 이러한 이해일치가설에 의하면 경영자의 소유지분이 증가할수록 경영자와 주주 사이에 갈등이 완화되어 대리인비용이 감소하고 그 결과 기업가치가 증가한다. 따라서 이해일치가설에 의하면 경영자의 소유지분율과 기업가치는 정(+)의 관계를 가진다고 할 수 있다.

경영자안주가설은 경영자의 소유지분이 증가할수록 경영자는 그 신분과 지위를 이용하여 기업지배권을 강화시키고 자신들의 사적 이익을 극대화함으로써 기업가치가 감소한다는 것이다. 경영자안주가설에 의하면 경영자의 소유지분율과 기업가치는 역(−)의 관계를 가진다.

절충가설은 이해일치가설과 경영자안주가설이 혼합된 가설로서 경영자의 소유지분과 기업가치는 일정 수준까지는 정(+)의 관계를 가지나 그 일정 수준을 넘어서면 역(−)의 관계를 가지게 된다는 주장이다.

8) 위임장(proxy)은 다른 주주를 대신해서 투표할 수 있는 권한이다.

하는 것이 아니라 그렇게 하는 데 비용이 든다는 것을 의미하는 것이다. 그러나 주주들이 이용할 수 있는 모든 방법을 동원한다 하더라도 경영자들이 항상 주주의 이익을 위해서 최선을 다하는 것은 아닐 것이다. 이와 같은 경우 주주의 이익에 벗어나는 경영자들의 행동에 의해서 발생하게 되는 주주 부의 손실, 즉 대리인비용을 잔여손실(residual losses)이라 한다.

요 약

재무의사결정과 기업의 목표

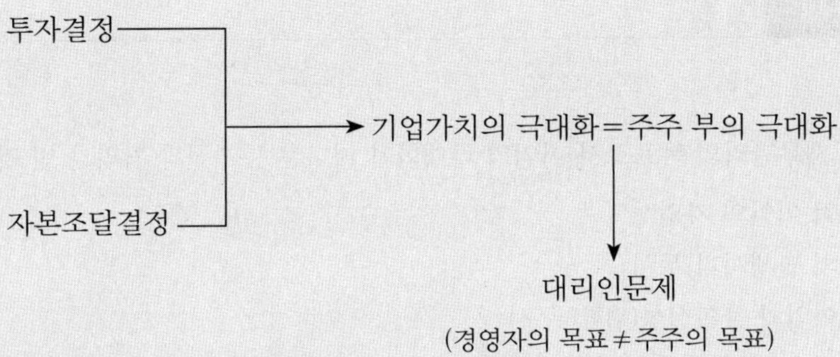

※ 이익의 극대화 목표의 문제점

(1) 회계적 이익의 자의성
(2) 현금흐름의 발생시기 무시
(3) 미래이익의 불확실성(위험) 무시

주요 용어

재무의사결정 • 4
투자결정 • 4
자본조달결정 • 5
이익의 극대화 • 6
기업가치의 극대화 • 6
기업가치 • 7
주주 부의 극대화 • 7
대리인문제 • 8
대리인비용 • 9

연·습·문·제

▶ 객관식 문제

01 다음 중 재무관리의 목표로서 이익의 극대화가 지니는 문제점과 거리가 먼 것은?

① 회계적 이익의 자의성
② 이익의 발생시기 무시
③ 미래이익의 불확실성(위험) 무시
④ 회계적 이익 측정의 어려움
⑤ 회계적 이익 개념의 모호성

02 재무관리의 목표에 관한 설명으로 가장 적절한 것은? (CPA 1차 2014)

① 배당수익률 극대화
② 고객가치 극대화
③ 주당순이익 극대화
④ 내부수익률 극대화
⑤ 자기자본가치 극대화

03 기업의 사회적 책임과 기업의 목표와의 관계에 대해 바르게 설명하고 있는 것은?

① 기업의 목표는 기업가치의 극대화이기 때문에 비용이 수반되는 공해방지시설, 종업원 복지후생 등을 가능하면 억제해야 한다.
② 장기적인 기업의 목표를 추구하다 보면 기업의 사회적 책임이 다소 희생될 수 있다.
③ 기업은 우선적으로 영리를 추구해야 하므로 경우에 따라서 공익을 무시할 수 있다.
④ 기업의 경영자는 기업의 다양한 이해관계자간의 이해상충문제에 관계없이 소유주인 주주의 이익만 추구하면 된다.
⑤ 기업가치의 극대화와 사회적 책임은 궁극적으로 일치하는 개념으로서 기업은 사회적 책임을 다함으로써 기업의 목표인 기업가치를 극대화시킬 수 있다.

04 기업의 소유자와 경영자 사이에서 발생하는 대리인문제(agency problem)와 관련이 가장 없는 것은? (CPA 1차 2012 수정)

① 감시비용(monitoring cost)
② 지배원리(dominance principle)
③ 스톡옵션(stock option)
④ 정보의 비대칭성(information asymmetry)
⑤ 기업지배권(corporate governance)

● 객관식 해답 **1.** ④, **2.** ⑤, **3.** ⑤, **4.** ②

▶ 주관식 문제

01 기업의 재무의사결정에 대하여 설명하라.

02 이익의 극대화보다 기업가치의 극대화가 더 적절한 재무관리의 목표라 할 수 있다. 그 이유를 들어 보라.

03 주주와 경영자 사이에 발생할 수 있는 대리인문제의 실제사례를 조사해 보고, 그 해결방안을 제시하라.

04 이익의 극대화 목표의 문제점

탄광업을 하고 있는 K씨는 현재 다음과 같은 두 가지 대안을 고려하고 있다.

- 대안 1: 2년 동안의 석탄의 채굴권을 P씨에게 현금 1억원을 받고 대여할 수 있다. 그러나 석탄의 채굴권이 소멸하는 2년도 말에 K씨는 2년 동안의 석탄채굴로 인하여 손상된 환경을 복구하는 데 1억 1천만원이 소요된다.
- 대안 2: 현재 K씨가 2억원하는 석탄채굴장비를 구입하여 2년 동안 직접 석탄을 채굴할 수 있다. 이 경우 석탄채굴로 인하여 손상된 환경을 복구한 후 2년도 말에 2억 2천만원의 현금수입을 얻을 수 있다.

(1) K씨의 목표가 이익의 극대화라면, 그는 어느 대안을 선택하겠는가?
(2) K씨는 현재 연 10%의 투자수익률을 얻을 수 있는 투자기회를 가지고 있다. 이 경우 그는 어느 대안을 선택하겠는가?
(3) 위의 물음 (1)과 물음 (2)의 결과에서 나타나는 이익의 극대화 목표의 문제점은 무엇인가?

제 2 장

재무제표분석

1. 재무제표
2. 재무비율분석
3. 재무비율의 종합적 평가방법

보론 : 재무예측

재무제표(financial statements : F/S)는 기업이 회계기간 동안에 수행한 경영활동의 결과를 간결하게 요약한 재무보고서이다. 재무제표의 작성목적은 기업의 이해관계자들에게 다양한 형태의 재무정보를 제공하는 데 있다. 기업의 이해관계자들이 요구하는 정보욕구를 충족시켜 주기 위하여 작성되고 있는 가장 보편적인 재무보고서로 재무상태표, 손익계산서, 현금흐름표 등이 있다. 재무제표에는 기업의 미래이익과 배당, 현금흐름 등 기업의 재무의사결정에 필요한 많은 정보가 포함되어 있다.

본장에서는 먼저 주요 재무제표인 재무상태표, 손익계산서, 현금흐름표에 대해서 살펴본 후, 기업의 경영상태를 평가하는 주요 수단인 재무비율분석에 대하여 설명하고자 한다.

1 재무제표

재무제표는 기업의 이해관계자에게 재무정보를 제공하기 위해 작성되는 회계보고서로서 재무상태에 대한 정보를 제공하는 재무상태표, 경영성과에 대한 정보를 제공하는 손익계산서, 현금흐름표 등으로 구성된다.

1.1 재무상태표

재무상태표(statement of financial position)는 일정시점(결산기 말)에서 기업의 자산, 부채, 자본에 관한 정보를 제공하는 재무보고서로서 대차대조표(balance sheet: B/S)라고도 한다. 재무상태표의 양식은 계정식과 보고식이 있다. 계정식에서는 차변에 자산이, 대변에 부채와 자본이 기재된다. 보고식에서는 위에서 아래 방향으로 자산, 부채, 자본의 순서로 기재된다.

재무상태표는 자금의 운용상태(자산)와 조달원천(부채와 자본)의 관계, 즉 재무상태를 나타낸다. 재무상태표에서 자산항목은 기업이 조달한 자금을 어떻게 활용하고 있는가 하는 자금의 운용상태(투자활동)를 나타내며, 부채와 자본항목은 기업이 자금을 어떻게 조달하였는가 하는 자금의 조달원천, 즉 자본구조(자금조달활동)를 나타내고 있다. 따라서 재무상태표는 기업의 투자활동과 자금조달활동의 결과를 한 시점에서 정리한 보고서를 의미한다. 〈표 2-1〉은 디지털미디어, 정보통신, 반도체 등의 사업을 하고 있는 가상의 기업인 한국전자㈜의 보고식 재무상태표를 예시한 것이다.

재무상태표에 기재되는 자산의 항목은 일반적으로 유동성이 높은 순서에 따라 배열한다. 유동성(liquidity)은 자산의 현금화 정도를 의미한다. 따라서 현금화가 용이한 자산을 유동성이 높은 자산이라고 한다. 〈표 2-1〉에서 볼 수 있는 바와 같이 자산항목으로 유동자산과 비유동자산이 배열되어 있다. 유동자산은 유동성의 정도에 따라 현금및현금성자산, 단기금융자산, 매출채권, 재고자산의 순으로 배열되며, 비유동자산은 투자자산, 유형자산, 무형자산, 기타비유동자산의 순으로 배열된다.[1)]

유동자산(current assets)은 보고기간 말로부터 1년 이내에 현금으로 전환되거나 전환이 예상되는 자산을 말하며, 현금화의 용이성에 따라 당좌자산(quick assets), 재고자산(inventories)으로 분류된다.

비유동자산(non-current assets)은 정상적인 영업활동에 투자되어 1년 이내 현금화

---

1) 현금성자산은 현금의 단기적인 운용을 목적으로 취득한 유동성이 가장 높은(만기가 3개월 이내) 단기금융자산을 의미한다. 그리고 단기금융자산은 기업이 여유자금의 활용 목적으로 보유하는 단기예금, 단기대여금, 유동자산으로 분류되는 금융자산 등의 단기보유목적 금융자산을 총칭하는 개념이다.

표 2-1 **재무상태표**

한국전자㈜ (단위: 백만원)

과 목	20×0년 12월 말	20×1년 12월 말	20×2년 12월 말
유동자산	14,714	16,621	17,791
당좌자산*	11,495	13,283	13,973
현금및현금성자산	978	2,027	2,360
단기금융자산	8,675	9,475	8,523
매출채권	1,842	1,781	3,090
재고자산	3,219	3,338	3,818
비유동자산	43,095	48,604	54,728
투자자산	12,645	17,122	21,653
유형자산	28,820	29,777	31,250
무형자산	523	568	653
기타비유동자산	1,107	1,137	1,172
보 증 금	611	701	861
장기선급비용	496	436	311
자산총계	57,809	65,225	72,519
유동부채	9,635	10,803	11,721
매입채무	1,869	1,936	2,388
단기차입금	3,623	3,487	4,352
기타유동부채	4,143	5,380	4,981
비유동부채	2,977	2,861	2,684
사 채	1,222	1,508	1,194
장기차입금	787	584	608
퇴직급여채무	432	439	508
기타비유동부채	536	330	374
(부채총계)	12,612	13,664	14,405
자 본 금	898	898	898
자본잉여금	6,367	6,575	6,590
자본조정	−6,981	−8,747	−8,597
기타포괄손익누계액	557	1,873	3,807
이익잉여금	44,356	50,962	55,416
(자본총계)	45,197	51,561	58,114
부채와 자본총계	57,809	65,225	72,519

* 한국채택국제회계기준(K-IFRS)에서는 당좌자산을 별도로 구분표시하지 않는다.

하기 어려운 자산으로서 그 사용형태가 급격하게 변하지 않는 자산이다. 비유동자산은 투자자산, 유형자산, 무형자산, 기타비유동자산으로 분류되며, 토지를 제외한 대부분의 유·무형자산은 감가상각(depreciation) 또는 상각(amortization)이라는 절차를 통해 장기간에 걸쳐 비용으로 처리된다. 투자자산(long-term investments)은 장기적인 투자수익을 목적으로 보유하는 채권 및 주식 등의 금융자산, 영업활동에 사용되지 않는 투자부동산(토지 및 건물), 특정 목적(퇴직금 지급, 설비확장, 채무상환 등)의 장기성 예금, 그리고 다른 기업에 대한 중대한 영향력 행사나 지배를 목적으로 장기간 보유하는 주식(관계기업투자주식)이 포함된다. 투자자산은 기업의 고유한 영업목적에 사용되지 않는다는 점에서 유형자산과 구분되며, 장기적으로 보유하고 있다는 점에서 단기투자 목적의 유동자산과 구분된다. 유형자산(property, plant and equipment)은 제품의 생산, 서비스의 제공, 타인에 대한 임대 또는 자체적으로 사용할 목적으로 장기간(1년 이상) 보유하는 물리적 형체가 있는 자산을 말하며, 토지, 건물, 비품, 기계장치, 건설중인자산 등을 포함한다. 무형자산(intangible assets)은 물리적 형체는 없지만 독자적으로 식별가능한 비화폐성자산으로서 특허권이나 실용신안권 등을 포함한 산업재산권, 저작권, 개발비, 영업권 등이 있다.[2] 기타비유동자산은 비유동자산 중 투자자산, 유형자산, 무형자산으로 분류될 수 없는 자산으로 임차보증금, 장기선급비용 등을 포함한다.

일반적으로 부채(liabilities)는 상환만기가 빠른 순으로 기록되며, 상환기간이 1년 이내인 유동부채와 1년 이상인 비유동부채로 구분된다. 유동부채(current liabilities)는 일상적인 상거래에서 발생하는 영업상의 채무와 만기가 1년 이내인 지급채무로 구성된다. 비유동부채(non-current liabilities)는 만기가 1년 이상인 장기성부채로서 사채, 장기차입금 등이 포함된다.

자본(stockholders' equity)은 기업의 소유자인 주주에게 귀속될 소유자지분을 의미한다. 자산총액에서 부채총액을 차감한 잔여지분인 자본은 자본금, 자본잉여금, 자본조정, 기타포괄손익누계액, 이익잉여금으로 분류된다. 자본금(capital stock)은 1주당 액면금액에 발행주식총수를 곱하여 산출되며, 우선주 자본금(preferred stock), 보통주 자본금(common stock)으로 구분된다. 자본잉여금(capital surplus)은 자본거래(증자, 감자 등)에서 발생된 잉여금이며, 이익잉여금 또는 유보이익(retained earnings)은 기업의 이익 중 사외에 유출되거나 자본금계정에 대체되지 않고 사내에 유보된 부분이다. 자본조정(capital adjustment)은 자본의 성격이 결정되지 않은 임시항목으로서 자본총계에 가감하는 형식으로 기재되며, 회사가 발행한 주식을 소각, 재매각 또는 임직원에게 상여금으로 줄 목적으로 임시취득한 자기주식(treasury stock)이 대표적인 예이다. 그리고 기타포괄손익누계액은 당기순손익을 제외한 기타포괄손익(other comprehensive income)의 누계잔액을 의미하며, 이에 해당되는 과목으로는 매도가능금융자산평가손익, 해외사업외화환산손익, 현금흐름위험회피 파생상품평가손익, 자산재평가잉여금 등이 있다.[3]

---

2) 이효익 · 최관 · 백원선 · 최영수, 제9판 IFRS 회계원리(신영사, 2019), p. 248.

3) 포괄손익이란 증 · 감자나 이익배당과 같은 주주와의 거래가 아닌 거래나 사건으로 인해 일정 회계기간 동안 발생한 순자산의 변동을 총칭하는 것으로서, 이는 당기순손익과 기타포괄손익으로 구분된다.

1.2 손익계산서

손익계산서(income statement: I/S)는 일정기간 동안 기업에서 발생한 수익과 비용을 대응시켜 당해기간의 손익을 표시한 보고서로서 기업의 종합적인 경영성과를 나타내는 재무제표이다. 가상의 기업인 한국전자㈜의 손익계산서를 예시하면 〈표 2-2〉와 같다.[4)]

매출액(sales)은 주된 영업활동을 통하여 재화 또는 용역을 제조·판매한 대가로 발생하는 수익을 말한다. 매출원가(cost of sales)는 재화 또는 용역을 생산하는 과정에서 발생하는 비용으로 재화 또는 용역의 취득원가를 의미한다. 매출총이익(gross profit)은 매출액에서 매출원가를 차감한 것이며 생산효율성을 측정하는 근거가 된다. 영업이익(operating income)은 영업활동의 결과 발생된 이익으로 매출총이익에서 판매비와 관리비를 차감하여 산출된다. 법인세비용차감전순이익(earnings before taxes)은 영업이익에 금융수익 및 기타수익을 가산한 후 금융비용 및 기타비용을 차감하여 산출된다. 당기순이익(net income)은 최종적인 경영활동의 결과로서 주주에게 귀속되는 이익이며, 법인세비용차감전순이익에서 법인세비용을 차감하여 측정된다.[5)]

---

4) 2011년부터 적용되고 있는 한국채택국제회계기준(Korean International Financial Reporting Standards: K-IFRS)에서는 재무제표의 일부로 〈표 2-2〉와 같이 전통적 손익항목만 표시하는 별개의 손익계산서를 작성할 경우, 기업은 손익을 자본에 직접 반영하는 기타포괄손익거래를 포함시킨 포괄손익계산서를 추가로 작성하도록 요구하고 있다. 한국전자㈜의 포괄손익계산서를 예시하면 다음과 같다.

포괄손익계산서

한국전자㈜ (단위: 백만원)

과 목	20×1년도	20×2년도
당기순이익	7,425	5,526
기타포괄손익	1,316	1,934
매도가능금융자산평가이익	1,026	1,790
해외사업외화환산이익	290	144
당기총포괄이익	8,741	7,460

5) 기업이 특정 사업부문을 폐기 또는 처분할 경우 이 사업부문을 중단사업이라 하고, 여기서 발생한 중단사업손익을 계속사업부문의 손익과 별도로 표시한다. 〈표 2-2〉에서 법인세비용차감전순이익 이하는 다음과 같이 표시된다.

법인세비용차감전계속사업이익
－계속사업이익법인세비용
계속사업이익
±중단사업손익(법인세효과 차감 후)
당기순이익

표 2-2 손익계산서

한국전자㈜ (단위: 백만원)

과 목	20×0년도	20×1년도	20×2년도
매 출 액	58,973	63,176	72,953
매출원가	42,360	46,847	55,381
매출총이익	16,613	16,329	17,572
판매비와 관리비	9,679	10,386	13,438
영업이익	6,934	5,943	4,134
금융수익	1,768	1,674	5,727
이자수익	1,239	1,279	1,401
외환차익	404	347	4,050
외화환산이익	125	48	276
금융비용	724	835	5,116
이자비용	303	332	284
외환차손	392	457	4,202
외화환산손실	29	46	630
기타수익	1,642	2,488	1,883
기타비용	404	640	720
법인세비용차감전순이익	9,216	8,630	5,908
법인세비용	1,300	1,205	382
당기순이익	7,916	7,425	5,526
주당손익			
기본주당순이익	5,282원	4,953원	3,768원
희석주당순이익*	5,206원	4,895원	3,734원

* 발행주식수를 증가시킬 수 있는 전환사채, 신주인수권부사채 등의 전환을 고려하여 산출됨.

1.3 현금흐름표

현금흐름표(statement of cash flows)는 일정한 기간에서 기업이 조성한 현금과 사용한 현금의 내역을 정리한 보고서를 말한다. 현금흐름표에서는 현금의 변동내용을 명확하게 보고하기 위하여 당해 회계기간에 속하는 현금유입과 현금유출의 내용을 영업활동, 투자활동과 재무활동 등 세 가지 활동부문으로 구분하여 표시하고 있다. 따라서 현금흐름표를 통하여 일정한 기간 동안에 일어난 현금흐름의 변동원인, 미래의 현금흐름창출능력 및 현금결제능력 등에 관한 유용한 정보를 얻을 수 있다.

현금흐름표는 직접법과 간접법 등 두 가지 방법으로 작성된다. 두 방법은 영업활동으로 인한 현금흐름의 표시방법에 차이가 있다. 〈표 2-3〉은 간접법으로 작성된 한국전자㈜의 현금흐름표를 예시한 것이다.

간접법에 의한 경우 영업활동 현금흐름은 손익계산서 항목과 관련하여 나타나는 것으로서 먼저 당기순이익에 조정항목 및 영업활동으로 인한 자산·부채의 변동을 가감하여 영업활동에서 창출된 현금을 계산한 후, 이자수취, 이자지급, 법인세납부 등을 반영하여 구한다.[6] 영업활동 현금흐름은 기업의 정상적인 경영활동의 성과를 측정하는 척도로서 수익력과 위험을 나타내는 척도가 된다.

투자활동 현금흐름은 기업의 수익창출을 위해 장기간에 걸쳐 그 효과가 나타날 것으로 기대되는 재무상태표의 투자자산, 유형자산 및 무형자산 등과 관련하여 발생하는 현금흐름으로서, 투자활동 현금유입에서 현금유출을 차감하여 측정된다.

그리고 재무활동 현금흐름은 기업의 자금을 조달한 방법과 자금상환 내역 및 재무

표 2-3 현금흐름표

한국전자㈜ (단위: 백만원)

과 목	20×0년도	20×1년도	20×2년도
영업활동 현금흐름	12,874	13,264	10,633
영업에서 창출된 현금흐름	13,238	13,522	9,898
당기순이익	7,916	7,425	5,526
조정	5,437	6,604	6,805
영업활동으로 인한 자산·부채의 변동	−115	−507	−2,433
이자의 수취	1,239	1,279	1,401
이자의 지급	−303	−332	−284
법인세 납부액	−1,300	−1,205	−382
투자활동 현금흐름	−10,481	−9,688	−9,290
투자활동 현금유입액	4,780	4,030	5,639
투자활동 현금유출액	−15,261	−13,718	−14,929
재무활동 현금흐름	−2,469	−2,527	−1,010
재무활동 현금유입액	176	118	166
재무활동 현금유출액	−2,645	−2,645	−1,176
현금및현금성자산의 증가(감소)	−76	1,049	333
기초 현금및현금성자산	1,054	978	2,027
기말 현금및현금성자산	978	2,027	2,360

6) 당기순이익의 조정항목:
+현금유출이 없는 비용(감가상각비, 유가증권평가손실 등)
−현금유입이 없는 수익(유가증권평가이익, 외화환산이익 등)
+투자와 재무활동으로 인한 비용(유형자산처분손실, 사채상환손실 등)
−투자와 재무활동으로 인한 수익(유형자산처분이익, 사채상환이익 등)
+이자비용−이자수익+법인세비용

자산의 취득과 처분에 대한 현금흐름으로 재무상태표의 장단기 대여금, 비유동부채 및 자본 그리고 일부 단기부채의 항목들과 관련하여 발생하며, 재무활동 현금유입에서 현금유출을 차감하여 측정된다.

재무 FOCUS

금융감독원의 전자공시시스템

기업의 재무제표를 신속하고 저렴하게 수집할 수 있는 방법은 금융감독원(www.fss.or.kr)의 전자공시시스템(Data Analysis, Retrieval and Transfer System: DART)을 이용하는 것이다. 전자공시시스템은 우리나라 기업이 금융감독원 등 관계기관에 제출하는 신고서 또는 보고서 등을 인터넷을 통하여 전자문서로 제출하고 그 내용을 실시간으로 일반인에게 공시함으로써 공시의 신속성과 기업경영의 투명성을 제고하기 위한 종합적인 공시시스템이다. 기존의 공시는 서면에 의한 공시로서 제출대상회사가 금융감독원, 한국거래소 등을 직접 방문하여 다량의 공시서류를 제출하였으나, 전자공시시스템은 금융감독원이 제공하는 전자문서 소프트웨어를 이용하여 공시서류를 작성하고 인터넷을 통하여 한 번만 제출하면 모든 공시의무가 완료된다. 따라서 방문에 따른 불편과 다량의 서면문서 작성으로 인한 자원의 낭비를 막을 수 있을 뿐만 아니라 일반인(투자자, 학생, 기타 이해관계인)들로 하여금 실시간으로 인터넷을 통해 해당 회사의 정보를 얻을 수 있게 한다.

재무제표분석에 필요한 자료를 얻기 위해서는 먼저 전자공시시스템(dart.fss.or.kr)에 접속하여 분석하고자 하는 회사의 사업보고서 등을 검색(상세검색)한다. 그 다음 검색된 기업의 사업보고서의 우측 상단에 있는 '다운로드'를 선택하여 재무제표자료(엑셀파일)를 다운로드받으면 재무비율분석에 필요한 자료를 쉽게 얻을 수 있다.

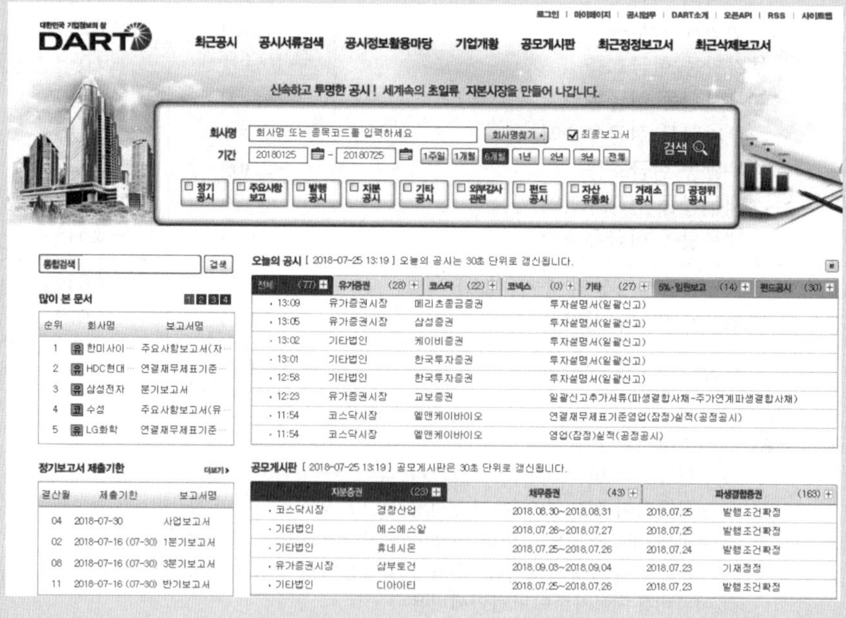

2 재무비율분석

2.1 재무비율분석의 의의

재무상태표, 손익계산서, 현금흐름표 등과 같은 재무제표를 분석하여 기업의 재무상태와 경영성과를 파악할 수 있다. 그러나 재무제표의 내용이 매우 복잡하기 때문에 재무제표를 직접 분석하여 의사결정에 필요한 정보를 얻는 것은 쉬운 일이 아니다. 따라서 재무제표에 포함된 유용한 정보를 쉽게 파악할 수 있는 수단이 필요하며, 이를 위해 고안된 것이 재무비율이다.

재무비율(financial ratio)은 경제적 의미와 논리적 관계가 분명한 재무제표의 두 항목을 상대적 비율로 나타낸 것이다. 따라서 재무비율분석은 재무비율의 경제적 의미를 분석하여 기업의 재무상태와 경영성과를 평가하는 기법이라 할 수 있다. 재무비율분석의 기본목적은 기업의 다양한 이해관계자에게 목적적합한 정보를 제공하는 데 있다.

2.2 재무비율의 분류와 표준비율

재무비율의 분류

재무비율을 〈표 2-4〉와 같이 경제적 의미에 따라 유동성비율, 자본구조비율, 효율성비율, 수익성비율, 성장성비율, 생산성비율, 시장가치비율 등으로 분류할 수 있다.

표 2-4 재무비율의 분류 및 경제적 의미

분 류	경제적 의미	관련 비율
유동성비율	단기채무지급능력을 측정	유동비율, 당좌비율, 순운전자본구성비율 등
자본구조비율	부채의존도를 나타내는 것으로 기업의 장기채무지급능력을 측정	부채비율, 자기자본비율, 비유동비율, 이자보상비율 등
효율성비율	보유자산의 이용효율성을 측정	매출채권회전율, 재고자산회전율, 유형자산회전율, 총자산회전율 등
수익성비율	매출 또는 투자에 대한 수익성을 나타내는 것으로 경영의 총괄적 효율성을 측정	총자산순이익률, 자기자본순이익률, 매출액순이익률 등
성장성비율	외형 및 수익의 성장가능성을 측정	총자산증가율, 매출액증가율, 순이익증가율 등
생산성비율	생산요소의 성과를 측정	부가가치율, 노동생산성, 자본생산성 등
시장가치비율	주식시장에서의 평가를 측정	주가수익비율, 주가장부가치비율, 토빈의 q 비율 등

표준비율

재무비율을 이용하여 기업의 재무상태와 경영성과를 평가할 때 비교·평가의 기준이 되는 재무비율이 필요하게 된다. 비교·평가의 기준이 되는 재무비율을 **표준비율**(standard ratio)이라 한다. 표준비율로는 분석기업의 과거비율, 경험적 재무비율, 산업평균비율, 경쟁기업의 재무비율 등이 있다.

■ 분석기업의 과거비율

현재 개별기업의 재무비율을 계산한 후 이에 대한 경영상태를 평가하고자 할 때 그 기업의 과거 재무비율을 표준비율로 선택할 수 있다. 과거비율을 표준비율로 사용하는 경우에는 기업의 각종 재무비율을 기간별로 비교하여 경영성과 등의 변동추이뿐만 아니라 특정비율의 변동원인도 쉽게 파악할 수 있다.

■ 경험적 재무비율

경험적 재무비율은 오랜 기간에 걸쳐 체험적으로 터득된 이상적인 재무비율을 의미한다. 예를 들어 자금을 대출해 준 기업이 파산하여 금융기관이 원리금을 회수할 목적으로 유동자산을 처분할 때 절반 정도의 값을 받을 수 있다는 사실은 경험을 통해서 알려져 있다. 따라서 금융기관에서는 기업의 유동비율이 200% 이상 되어야 유동성이 양호하다고 평가한다. 또한 당좌비율이 100% 이상, 자기자본비율이 50% 이상, 비유동비율이 100% 이하 등도 경험적으로 설정된 비율이다.[7)]

그러나 경험적 비율은 특정국가의 정치·경제적 특성, 사회·문화적 특성, 금융환경, 그 국가의 특정기업이 속해 있는 산업, 기업규모 등에 따라 영향을 받을 수 있다. 그리고 분석자의 입장에 따라 경험적 비율의 적정수준이 다를 수 있기 때문에 절대적인 기준에 따라 경험적 비율을 설정하는 것이 오히려 적합하지 않을 수도 있다.

■ 산업평균비율

산업평균비율은 표준산업분류와 같은 일정한 기준에 따라 산업을 분류한 후, 그 산업에 속해 있는 기업들의 재무비율을 평균한 값이다. 산업평균비율은 재무비율의 비교기준인 표준비율로 가장 널리 사용되고 있다. 산업평균비율을 표준비율로 이용하는 경우 재무비율을 산업평균비율과 비교함으로써 양호한지 또는 불량한지를 평가할 수 있다.

우리나라의 산업별 평균비율은 한국은행의 「기업경영분석」에서 얻을 수 있다. 「기업경영분석」에 수록된 산업평균비율은 기업규모에 따라 가중평균된 비율이다. 〈표

---

7) 이와 같은 경험적 비율은 미국 실무계에서 경험적으로 설정되어 온 것으로 한국은행, 「기업경영분석」에서도 동일한 경험적 비율을 제시하고 있다.

표 2-5 전자부품, 컴퓨터, 영상, 음향 및 통신장비(대기업) 산업평균비율

재무비율	20×1년도	20×2년도
1. 유동성비율		
유동비율(%)	136.63	113.59
당좌비율(%)	109.13	90.16
순운전자본구성비율(%)	7.76	3.38
2. 자본구조비율		
부채비율(%)	52.25	60.17
자기자본비율(%)	65.68	62.43
비유동비율(%)	108.20	114.92
이자보상비율(배)	8.27	5.78
3. 효율성비율		
매출채권회전율(회)	14.08	14.45
매출채권회수기간(일)	25.92	25.26
재고자산회전율(회)	17.48	19.23
재고기간(일)	20.88	18.98
유형자산회전율(회)	2.29	2.57
총자산회전율(회)	1.06	1.12
4. 수익성비율		
총자산순이익률(%)	7.37	1.15
자기자본순이익률(%)	11.45	1.80
매출액순이익률(%)	6.93	1.03
5. 성장성비율		
총자산증가율(%)	9.28	10.84
매출액증가율(%)	5.48	15.56
순이익증가율(%)*	13.26	−81.64
6. 생산성비율		
부가가치율(%)	25.85	22.36
노동생산성(백만원)	85.23	74.12
총자본투자효율(%)	24.27	21.43

* 「기업경영분석」에 수록되지 않는 재무비율로 산업종합재무제표를 이용하여 직접 계산하였음.

2-5〉는 한국은행의 「기업경영분석」에 수록된 '전자부품, 컴퓨터, 영상, 음향 및 통신장비(대기업)'의 산업평균비율 자료에서 추출한 것이다.[8]

8) 「기업경영분석」 자료는 한국은행 홈페이지(www.bok.or.kr)에 접속하여 '조사·연구－간행물－발간주기별 검색－연간－기업경영분석'에서 다운로드받거나, 경제통계시스템(ecos.bok.or.kr)에 접속하여 검색할 수 있다.

■ 경쟁기업의 재무비율

경쟁기업의 재무비율 또는 산업 내 대표적인 기업의 재무비율을 표준비율로 이용할 수 있다. 다양한 업종의 사업부를 운영하고 있는 기업의 경우 특정산업의 평균비율을 표준비율로 이용하는 데 어려움이 있다. 이와 같은 경우 산업평균비율보다 영업활동의 특성이나 규모면에서 유사한 경쟁업체의 재무비율을 표준비율로 이용하는 것이 바람직할 것이다.

한편 산업을 선도하는 대표적인 기업의 재무비율을 표준비율로 이용할 수 있다. 기업들은 산업을 선도하는 기업으로 성장하기를 원한다. 따라서 선도기업의 재무비율을 기준으로 자사의 재무비율을 분석하여 취약한 부분과 우위에 있는 부분을 파악할 수 있으며, 선도기업으로 성장하는 데 필요한 경영전략 수립에 대한 정보를 얻을 수 있다.

2.3 주요 재무비율의 경제적 의미

유동성비율

유동성비율(liquidity ratios)은 단기채무를 상환할 수 있는 능력을 측정하는 재무비율로 단기채무지급능력비율(short-term solvency ratios)이라고도 한다. 유동성은 단기간에 자산을 현금화시킬 수 있는 정도를 의미한다. 여기서 단기(short-term)란 기업의 정상적인 영업주기(operating cycle), 즉 원재료구입, 생산, 판매, 대금회수가 이루어지는 기간으로서 통상 1년의 기간을 의미한다.

단기채무를 상환할 수 있는 능력을 나타내는 유동성비율에 가장 많은 관심을 갖는 이해관계자는 운영자금을 대출해 주는 금융기관, 신용으로 원재료 등을 판매하는 공급업체 등이다. 그러나 현금및현금성자산, 단기금융자산, 매출채권, 재고자산 등과 같은 유동자산은 판매활동을 지원하기 위하여 보유하는 자산이기 때문에 수익성이 아주 낮고, 유동성이 높은 자산이다. 따라서 유동성을 높이기 위해서 유동자산을 과다하게 보유하는 경우에는 기업의 수익성이 낮아지게 됨을 유의해야 한다. 그러므로 기업은 유동성 부족으로 인한 손실과 높은 유동성 확보로 인한 수익성 감소의 두 측면을 충분히 고려하여 적절한 수준에서 유동성을 유지하도록 하여야 한다.

■ 유동비율

유동비율(current ratio)은 유동자산을 유동부채로 나눈 비율로 기업의 단기채무지급능력을 측정하는 재무비율이며, 은행가비율(banker's ratio)이라고도 한다. 즉 유동비율은 단기채권자의 청구권이 유동자산에 의해 어느 정도 충당될 수 있는지를 나타내는 지표로서 다음과 같이 계산된다.

$$\text{유동비율}(\%) = \frac{\text{유동자산}}{\text{유동부채}} \times 100$$

유동비율이 높을수록 단기채무지급능력이 양호하다고 평가되며, 일반적인 기준으로 유동비율이 200% 이상이면 바람직한 것으로 평가된다. 그러나 유동비율의 적정수준에 대한 판단은 분석주체에 따라 상이할 수 있다. 채권자, 특히 공급업체와 같은 단기채권자의 입장에서 보면 유동비율이 높을수록 청구권의 회수가능성이 높아짐을 의미하기 때문에 유리하다.[9] 그러나 경영자의 입장에서 보면 높은 유동비율은 유동성을 나타내기도 하지만 현금이나 단기자산을 비효율적으로 운용하고 있다는 의미도 된다.

앞에서 제시한 한국전자㈜의 재무제표를 이용하여 유동비율을 구하면 〈표 2-6〉과 같다. 한국전자㈜의 경우 유동비율이 20×1년, 20×2년 모두 산업평균비율에 비해 상당히 양호한 것으로 나타났다. 따라서 이 회사의 단기채무지급능력에 문제는 없는 것으로 판단된다.

표 2-6 한국전자㈜의 유동비율(%)

연 도	한국전자㈜	산업평균
20×1	$\frac{16,621}{10,803} \times 100 = 153.86$	136.63
20×2	$\frac{17,791}{11,721} \times 100 = 151.79$	113.59

■ 당좌비율

당좌비율(quick ratio)은 산성시험비율(acid-test ratio)이라고도 하며, 유동자산에서 재고자산을 차감한 당좌자산을 유동부채로 나눈 비율로 다음과 같이 계산된다.

$$\text{당좌비율}(\%) = \frac{\text{당좌자산}}{\text{유동부채}} \times 100$$

재고자산은 판매과정을 통해서 현금으로 전환되는 속도가 비교적 늦을 뿐만 아니

9) 기업의 차입능력이 상당히 남아 있는 경우에는 낮은 유동비율에도 불구하고 단기채무지급능력에 문제가 없을 수도 있음을 유의해야 한다.

라 현금화되지 못할 가능성도 있으며, 또한 청산(liquidation)시 손실의 발생위험이 가장 큰 자산이다. 따라서 당좌비율은 재고자산의 처분을 고려하지 않은 상황에서 단기채무를 상환할 수 있는 능력을 측정하는 비율이기 때문에 유동비율보다 유동성 측면을 더 강조하는 비율이라 할 수 있다.

당좌비율이 높을수록 단기채무지급능력이 양호하다고 평가되며, 일반적인 기준으로 당좌비율이 100% 이상이어야 바람직한 것으로 평가된다. 당좌비율은 유동비율의 보조비율로서 중요하며, 특히 경기에 민감한 재고자산 또는 진부화 위험이 높은 재고자산을 보유하는 기업의 단기채무지급능력을 평가하는 데 유용한 지표이다. 유동비율은 양호한 데도 불구하고 당좌비율이 불량한 경우에는 그 원인이 주로 재고자산의 과다한 보유 때문인 것으로 추정해 볼 수 있다.

한국전자㈜의 당좌비율을 구하면 〈표 2-7〉과 같다. 한국전자㈜의 경우 당좌비율도 유동비율과 마찬가지로 산업평균비율에 비해 상당히 양호한 것으로 나타났다.

표 2-7 한국전자㈜의 당좌비율(%)

연 도	한국전자㈜	산업평균
20×1	$\frac{13,283}{10,803} \times 100 = 122.96$	109.13
20×2	$\frac{13,973}{11,721} \times 100 = 119.21$	90.16

■ 순운전자본구성비율

순운전자본(net working capital)은 유동자산에서 유동부채를 차감한 금액으로 측정된다. 따라서 순운전자본이 양(+)의 값을 갖는다는 것은 유동자산으로 유동부채를 상환한 후 여유가 있다는 것을 의미한다. 순운전자본이 음(−)의 값을 갖는다는 것은 유동자산으로 유동부채를 충분히 상환할 수 없음을 나타낸다.

기업규모에 따라 필요한 순운전자본의 크기가 달라질 수 있기 때문에 총자산에서 순운전자본이 차지하는 비율인 **순운전자본구성비율**(net working capital to total assets)로 단기유동성을 측정할 수 있다. 순운전자본구성비율은 주로 기업의 파산예측에서 많이 이용되고 있는 재무비율이다. 순운전자본구성비율은 다음과 같이 계산된다.

$$\text{순운전자본구성비율(\%)} = \frac{\text{순운전자본}}{\text{총자산}} \times 100$$

한국전자㈜의 순운전자본구성비율을 구하면 〈표 2-8〉과 같다. 한국전자㈜의 경우 순운전자본구성비율은 20×1년, 20×2년 모두 산업평균비율에 비해 양호한 것으로 나타났다.

표 2-8 한국전자㈜의 순운전자본구성비율(%)

연 도	한국전자㈜	산업평균
20×1	$\frac{16,621-10,803}{65,225}\times 100=8.92$	7.76
20×2	$\frac{17,791-11,721}{72,519}\times 100=8.37$	3.38

자본구조비율

자본구조비율(capital structure ratios)은 기업의 장기채무지급능력을 나타내는 비율로 타인자본의존도에 의해 측정된다. 부채를 이용하는 것을 레버리지(leverage)라 하기 때문에 자본구조비율을 레버리지비율(leverage ratios)이라고도 한다. 부채의 비중이 높을수록 채무에 대한 원리금상환능력이 낮아진다. 따라서 채권자의 입장에서 보면 기업의 부채의존도는 채권회수에 대한 위험부담의 정도를 나타내기 때문에 기업의 부채의존도가 낮을수록 안전하다고 평가하게 된다. 즉 자본구조비율은 기업의 장기채무에 대한 안전도를 평가하는 데 유용한 정보를 제공한다.

한편 주주 입장에서 보면 타인자본의 비중이 커질수록 적은 자본으로 기업지배권을 행사할 수 있으며, 이자비용으로 인한 법인세 절감효과를 얻을 수 있다는 이점이 있다.

■ 부채비율

부채비율(debt ratio, debt to equity ratio)은 기업의 부채(부채총계)를 자기자본(자본총계)으로 나누어 다음과 같이 계산된다.

$$\text{부채비율(\%)} = \frac{\text{부채}}{\text{자기자본}} \times 100$$

부채비율이 낮을수록 장기채무지급능력이 양호하며, 일반적인 기준으로 부채비율이 100% 이하이어야 바람직한 것으로 평가된다. 채권자 입장에서는 부채비율이 낮을수록 채권회수의 안전도가 높아지기 때문에 낮은 부채비율을 선호한다. 그러나 주주 입장에서는 높은 부채비율을 선호할 수도 있다. 왜냐하면 경기가 호전되어 투자수익이 이자비용을 초과할 것으로 예상되는 경우에는 주주들의 몫이 확대되는 효과를 기대할 수 있으며, 보통주 발행은 기존 주주들의 기업지배권을 약화시킬 우려가 있으나 부채 사용은 기업지배권에 영향을 미치지 않기 때문이다.

한국전자㈜의 부채비율을 구하면 〈표 2-9〉와 같다. 한국전자㈜의 경우 부채비율은 20×2년에 약간 감소하여 개선되었으며, 산업평균에 비해서 20×1년, 20×2년 모두 매우 낮게 나타나고 있다. 따라서 이 회사의 장기채무지급능력은 상당히 양호하다고 평가할 수 있다.

표 2-9 한국전자㈜의 부채비율(%)

연 도	한국전자㈜	산업평균
20×1	$\frac{13,664}{51,561} \times 100 = 26.50$	52.25
20×2	$\frac{14,405}{58,114} \times 100 = 24.79$	60.17

■ 자기자본비율

가장 대표적인 자본구조비율은 부채비율과 **자기자본비율**(stockholders' equity to total assets)이다. 자기자본비율은 총자본(부채와 자본총계) 중에서 자기자본이 차지하는 비중을 나타내는 비율로 다음과 같이 계산된다.

$$\text{자기자본비율}(\%) = \frac{\text{자기자본}}{\text{총자본}} \times 100$$

자기자본은 금융비용을 부담하지 않고 이용할 수 있는 자본이다. 따라서 자기자본비율이 높을수록 기업의 재무안정성이 높아진다고 볼 수 있으며, 일반적으로 50% 이상일 경우 바람직한 것으로 평가된다.

한국전자㈜의 자기자본비율을 구하면 〈표 2-10〉과 같다. 한국전자㈜의 경우 자기자본비율은 20×2년에 약간 증가하였으며, 산업평균에 비해서도 20×1년, 20×2년 모두 높게 나타나고 있다.

표 2-10 한국전자㈜의 자기자본비율(%)

연 도	한국전자㈜	산업평균
20×1	$\frac{51,561}{65,225} \times 100 = 79.05$	65.68
20×2	$\frac{58,114}{72,519} \times 100 = 80.14$	62.43

재무 FOCUS

금융기관의 BIS비율

금융기관의 경우 일반제조업과는 다른 영업특성을 가지고 있기 때문에 금융기관의 안정성(대출업체의 부도 등으로 영업과정에서 손실이 발생하더라도 이를 잘 감당하고, 예금자의 지급청구에 충분히 응할 수 있는 능력)을 측정하는 비율로 국제결제은행(Bank for International Settlements: BIS)기준 자기자본비율(이하 BIS비율이라 함)을 사용한다. 금융기관의 BIS비율은 금융기관의 자본적정성(capital adequacy) 여부를 평가하는 것으로 다음과 같이 계산된다.

$$\text{BIS비율}(\%) = \frac{\text{BIS기준 자기자본}}{\text{위험가중자산}} \times 100$$

BIS기준 자기자본(분자 부분)은 기본자본(자본금, 자본준비금, 이익잉여금 등)에 보완자본(재평가적립금, 대손충당금, 후순위채무 등)을 더한 후, 공제항목(주식할인발행차금, 영업권상당액, 자기주식 등)을 차감하여 산출된다. 그리고 자산별로 거래상대방의 신용도, 담보, 보증의 유무 등 위험도를 고려하여 가중치가 부여되고, 그 위험가중치에 의해 가중평균된 자산이 위험가중자산(분모부분)이다. 예를 들어 현금의 경우 위험이 전혀 없으므로 0%, 공공기관에 대한 채권에는 10%, OECD 국가의 은행에 대한 채권에는 20%, 주거용주택에 대한 저당권이 설정된 채권에는 50%, 기타 민간부문에 대한 채권이나 주식에는 100% 등의 위험가중치를 부여하게 된다.

국제결제은행 산하 바젤은행감독위원회는 1988년 7월 「은행 자기자본비율 규제에 관한 국제적 통일기준」을 만들어 회원국 은행으로 하여금 1992년 말부터 BIS비율을 8% 이상 유지하도록 의무화하였다. 이에 따라 BIS비율이 8%에 미치지 못하는 은행 등은 해외차입이 곤란하거나 차입을 하더라도 높은 자금조달비용을 부담해야 한다.

우리나라는 BIS비율 준수제도를 1992년에 도입하여 은행이 1995년 말부터 동 비율을 8% 이상 유지하도록 하고 있으며, 은행 경영평가제도상 BIS비율 목표수준을 10%로 정해 놓고 있다.

<한국은행, 알기쉬운 경제지표해설(2004), pp. 422~425 참조>

■ 비유동비율

비유동비율(non-current ratio)은 기업자산의 고정화 위험을 측정하는 대표적인 비율로서 자기자본이 비유동자산에 어느 정도 투입되어 운용되고 있는가를 나타내는 지표이다. 비유동비율은 비유동자산을 자기자본으로 나눈 비율이다.

$$\text{비유동비율}(\%) = \frac{\text{비유동자산}}{\text{자기자본}} \times 100$$

비유동비율이 낮을수록 기업의 장기적 재무안정성이 좋은 것으로 평가된다. 일반적으로 비유동비율이 100% 이하이면 양호한 것으로 보고 있다. 그 이유는 비유동자산은 기업활동에서 계속 사용되는 자산이기 때문에 상환부담이 없는 자기자본으로 투자하는 것이 재무안정성 측면에서 바람직하다고 판단되기 때문이다.

한국전자㈜의 비유동비율을 구하면 〈표 2-11〉과 같다. 한국전자㈜의 경우 20×1년, 20×2년 모두 비유동비율이 산업평균비율보다 낮기 때문에 산업 내 타기업에 비해서 재무안정성이 양호하며, 20×2년에는 약간 더 개선된 것으로 평가된다. 또한 고정설비에 대한 대규모 투자가 소요되는 산업의 특성에도 불구하고 경험적 비율인 100%보다 낮은 수준을 보이고 있다.

표 2-11 한국전자㈜의 비유동비율(%)

연 도	한국전자㈜	산업평균
20×1	$\frac{48,604}{51,561}\times 100=94.27$	108.20
20×2	$\frac{54,728}{58,114}\times 100=94.17$	114.92

■ 이자보상비율

이자보상비율(times interest earned ratio or interest coverage ratio)은 영업이익을 이자비용으로 나눈 비율로 다음과 같이 계산된다.[10)]

$$\text{이자보상비율(배)}=\frac{\text{영업이익}}{\text{이자비용}}$$

이자보상비율은 이자지급에 필요한 수익을 창출할 수 있는 능력을 측정하기 위한 지표로 기업의 이자지급능력을 판단하는 데 유용한 비율이다. 즉 이자보상비율은 영업이익으로 이자비용의 몇 배까지 지급할 수 있는가를 측정하는 비율이기 때문에 적정 수준 이상의 이자보상비율을 유지해야만 이자비용의 지급능력이 양호한 것으로 평가받게 된다. 이 비율이 1보다 작을 경우 채권자들의 법적 대응으로 인하여 기업이 파산할 수도 있다.

한국전자㈜의 이자보상비율을 구하면 〈표 2-12〉와 같다. 영업이익의 감소로 인

10) 영업이익 대신에 법인세비용차감전순이익과 이자비용을 합한 금액, 즉 이자비용및법인세비용차감전순이익(earnings before interest and taxes: EBIT)을 사용하기도 한다. 그리고 감가상각비 등 비현금지출비용은 이자비용을 충당하는 데 사용될 수 있다. 이와 같은 점을 반영하여 EBIT에 감가상각비와 무형자산상각비를 더한 금액, 즉 EBITDA(earnings before interest, taxes, depreciation and amortization)를 이자비용으로 나누어 이자보상비율을 계산할 수도 있다.

해 20×2년도 한국전자㈜의 이자보상비율이 전년도에 비해 감소하였으나, 산업평균비율과 비교하면 20×1년, 20×2년 모두 매우 높게 나타나고 있다. 따라서 한국전자㈜의 장기채무지급능력은 상당히 양호한 것으로 평가된다.

표 2-12 한국전자㈜의 이자보상비율(배)

연 도	한국전자㈜	산업평균
20×1	$\frac{5,943}{332}=17.90$	8.27
20×2	$\frac{4,134}{284}=14.56$	5.78

효율성비율

효율성비율(efficiency ratios)은 자산의 효율적 이용도를 측정하는 비율로 회전율에 의해 측정되며, 활동성비율(activity ratios) 또는 자산관리비율(asset management ratios)이라고도 한다. 수익의 발생원천이 매출액이기 때문에 자산의 이용도는 매출액을 기준으로 측정된다. 효율성비율은 자산을 몇 번 회전시켜 매출액을 달성했느냐를 나타내는 것으로서 매출액을 자산항목으로 나누어 계산된다.[11)]

$$\text{회전율(회)} = \frac{\text{매출액}}{\text{자산항목}}$$

회전율이 높을수록 투자자산에 비하여 매출액이 상대적으로 높다는 것을 의미한다. 이는 적은 자산을 투입하여 많은 매출을 실현하고 있다는 것을 의미하기 때문에 판매활동이 잘 이루어지고 있거나 자산을 효율적으로 이용하고 있다는 증거가 된다.

■ 매출채권회전율, 매출채권회수기간

매출채권회전율(receivables turnover)은 매출액을 매출채권으로 나눈 비율로 매출채권의 현금화 속도를 측정하는 지표이다. 매출채권회전율은 매출채권이 1년 동안 몇 번 회전되었는가를 나타내기 때문에 매출채권관리의 효율성을 측정하는 데 이용된다.

11) 재무상태표항목은 일정시점에서의 측정치인 반면, 손익계산서항목은 일정기간 동안의 측정치이다. 그러므로 이와 같은 두 항목을 이용하여 재무비율을 계산할 때 재무상태표항목의 경우 연중가중평균값을 사용하는 것이 합리적이지만 실무에서는 편의성 차원에서 기초와 기말의 평균값을 사용한다.

$$매출채권회전율(회) = \frac{매출액}{매출채권}$$

매출채권회전율이 높을수록 매출채권의 현금화 속도가 빠르다는 것을 의미한다. 그러나 과다한 신용판매 확대, 고객의 지급불능, 매출채권의 회수부진 등이 매출채권회전율을 떨어뜨리는 원인이 되기도 한다.

매출채권의 현금화 속도는 **매출채권회수기간**(receivables collection period)에 의해서도 측정된다. 매출채권회수기간은 매출채권을 회수하는 데 걸리는 평균기간으로 매출채권회전율의 역수에 365를 곱하거나, 매출채권을 1일 평균매출액으로 나누어 다음과 같이 계산된다.

$$매출채권회수기간(일) = \frac{365}{매출채권회전율} = \frac{매출채권}{1일\ 평균매출액}$$

$$1일\ 평균매출액 = \frac{매출액}{365}$$

일반적으로 매출채권회수기간이 짧을수록 매출채권이 효율적으로 관리되고 있다고 말할 수 있다. 그러나 보다 객관적인 평가를 위하여 기업의 목표 매출채권회수기간이나 판매조건 등을 함께 고려하는 것이 합리적이다.

한국전자㈜의 매출채권회전율을 구하면 〈표 2-13〉과 같다. 한국전자㈜의 경우 매출채권회전율은 20×2년에 감소하였으나, 산업평균에 비해서는 20×1년, 20×2년 모두 높게 나타나고 있다. 그러므로 이 회사는 매출채권을 효율적으로 관리하고 있는 것으로 판단된다.

표 2-13 한국전자㈜의 매출채권회전율(회)

연 도	한국전자㈜	산업평균
20×1	$\frac{63,176}{(1,842+1,781)/2} = 34.87$	14.08
20×2	$\frac{72,953}{(1,781+3,090)/2} = 29.95$	14.45

주) 매출채권회수기간(20×1년) $= \frac{365}{34.87} = 10.47$일, 매출채권회수기간(20×2년) $= \frac{365}{29.95} = 12.19$일

■ 재고자산회전율, 재고기간

재고자산회전율(inventories turnover)은 매출액을 재고자산으로 나눈 비율로서 재

고자산의 회전속도, 즉 재고자산이 당좌자산으로 변화하는 속도를 나타내는 지표이다.

$$재고자산회전율(회) = \frac{매출액}{재고자산}$$

재고자산회전율이 낮다는 것은 매출에 비해 재고자산이 과다하다는 것을 의미하며, 재고자산회전율이 높다는 것은 적은 재고자산으로 생산 및 판매활동을 효율적으로 수행하고 있다는 것을 의미한다. 그러나 재고자산회전율이 과도하게 높고 그 원인이 적정재고수준을 유지하지 못한 결과라면, 재고부족으로 인한 기회비용(재고부족으로 인한 판매기회 및 고객의 상실, 생산계획의 차질 등에 의하여 발생하는 손실)이 문제가 될 수 있다.

재고기간(days to sell inventory)은 재고자산을 판매하는 데 걸리는 기간으로 재고자산회전율의 역수에 365를 곱하거나 재고자산을 1일 평균매출액으로 나누어 구할 수 있다.

$$재고기간(일) = \frac{365}{재고자산회전율} = \frac{재고자산}{1일\ 평균매출액}$$

한국전자㈜의 재고자산회전율을 구하면 〈표 2-14〉와 같다. 한국전자㈜의 경우 재고자산회전율은 20×2년에 약간 증가하였으며, 산업평균에 비해서도 20×1년, 20×2년 모두 높게 나타나고 있다. 그러므로 이 회사는 재고자산을 효율적으로 관리하고 있는 것으로 판단된다.

표 2-14 한국전자㈜의 재고자산회전율(회)

연 도	한국전자㈜	산업평균
20×1	$\frac{63,176}{(3,219+3,338)/2} = 19.27$	17.48
20×2	$\frac{72,953}{(3,338+3,818)/2} = 20.39$	19.23

주) 재고기간(20×1년) = $\frac{365}{19.27}$ = 18.94일, 재고기간(20×2년) = $\frac{365}{20.39}$ = 17.90일

■ 유형자산회전율

유형자산회전율(property, plant and equipment turnover)은 유형자산이 1년 동안 몇 번 회전되어 매출을 실현하고 있느냐를 측정하는 것으로서 매출액을 유형자산으로 나누어 계산된다.

$$유형자산회전율(회) = \frac{매출액}{유형자산}$$

유형자산회전율은 유형자산의 이용효율성을 측정하는 지표이다. 유형자산회전율이 높다는 것은 보유하고 있는 유형자산에 비해 높은 매출을 실현하고 있음을 의미하므로 유형자산이 효율적으로 이용되고 있다고 해석할 수 있다. 그러나 고정설비의 장기간 이용에 따른 과다한 감가상각 때문에 유형자산이 낮게 계상되어 유형자산회전율이 높게 나타날 수도 있다. 그러므로 이 비율이 높은 원인이 어디에 있는지를 면밀히 검토한 후 유형자산에 대한 이용효율성을 평가해야 한다.

한국전자㈜의 유형자산회전율을 구하면 〈표 2-15〉와 같다. 한국전자㈜의 경우 유형자산회전율은 20×1년, 20×2년 모두 산업평균비율에 비해서 약간 낮게 나타나고 있다. 그러므로 이 회사는 유형자산에 대한 투자규모가 적정한지를 점검해 볼 필요가 있는 것으로 판단된다.

표 2-15 한국전자㈜의 유형자산회전율(회)

연 도	한국전자㈜	산업평균
20×1	$\frac{63,176}{(28,820+29,777)/2}=2.16$	2.29
20×2	$\frac{72,953}{(29,777+31,250)/2}=2.39$	2.57

▪ 총자산회전율

총자산회전율(total assets turnover)은 매출액을 총자산(자산총계)으로 나누어 구하는 비율로 기업이 보유하고 있는 전체 자산의 효율적 이용도를 측정하는 지표이다.[12)]

$$총자산회전율(회) = \frac{매출액}{총자산}$$

총자산회전율이 높을수록 총자산에 비하여 상대적으로 높은 매출을 실현하고 있음을 뜻하므로 총자산이 효율적으로 이용됨을 의미한다. 반면에 총자산회전율이 낮을

12) 기업의 영업활동에 직접 투입하여 활용되고 있는 경영자산의 효율성을 평가하는 지표로 다음과 같은 경영자산회전율을 이용할 수 있다.

$$경영자산회전율(회) = \frac{매출액}{총자산-건설중인자산-투자자산}$$

수록 자산규모에 비하여 매출액이 상대적으로 낮다는 것을 의미하기 때문에 자산이 비효율적으로 이용되고 있음을 의미한다. 이 경우에는 매출액을 증대시키는 방안을 모색하거나 불필요한 자산을 매각하여 총자산 규모를 줄일 필요가 있다.

한국전자㈜의 총자산회전율을 구하면 〈표 2-16〉과 같다. 한국전자㈜의 경우 유형자산회전율과 마찬가지로 총자산회전율도 20×1년, 20×2년 모두 산업평균비율에 비해서 약간 낮게 나타나고 있다. 그러므로 이 회사는 유형자산을 포함한 총자산에 대한 투자규모가 적정한지를 점검해 볼 필요가 있는 것으로 판단된다.

표 2-16 한국전자㈜의 총자산회전율(회)

연 도	한국전자㈜	산업평균
20×1	$\frac{63,176}{(57,809+65,225)/2}=1.03$	1.06
20×2	$\frac{72,953}{(65,225+72,519)/2}=1.06$	1.12

수익성비율

수익성비율(profitability ratios)은 기업의 이익창출능력을 나타내는 지표로서 기업활동의 결과를 집약한 경영성과를 측정하는 재무비율이다. 수익성비율은 기업이 주주와 채권자로부터 조달한 자본을 영업활동, 투자활동, 재무활동 등에 투자하여 얼마나 효율적으로 이용하였는가를 나타내므로 이해관계자들의 의사결정에서 중요한 정보원으로 이용된다. 경영자는 사업확장이나 신규사업 참여에 대한 의사결정을 위한 정보로, 투자자는 투자종목의 선택기준으로, 채권자는 장기적 안정성의 판단기준으로, 종업원은 임금교섭의 기준으로, 세무당국은 조세부담능력 평가의 기준으로 활용한다.

그러나 수익성비율은 손익계산서상의 회계이익에 기초하여 측정되기 때문에 기업의 실질적인 현금흐름에 관한 정보가 반영되지 않고 있다는 단점이 있다. 순이익이 큰 경우에도 일시적인 유동성의 부족으로 흑자도산이 발생할 수 있으나, 수익성분석을 통하여 이와 같은 징후를 발견하기 어렵다. 따라서 단기채무지급능력을 나타내는 유동성분석, 현금흐름분석 등을 병행함으로써 기업의 수익성에 대해 균형 있는 판단을 해야 한다.

■ 총자산순이익률

총자산순이익률(return on total assets)은 총자산을 수익창출에 얼마나 효율적으로 이용하고 있는가를 측정하는 비율로서 순이익을 총자산으로 나누어 구한다.

$$\text{총자산순이익률}(\%) = \frac{\text{순이익}}{\text{총자산}} \times 100$$

한국전자㈜의 총자산순이익률을 구하면 〈표 2-17〉과 같다. 한국전자㈜의 경우 총자산순이익률은 20×2년에 큰 폭으로 감소하고 있으나, 산업평균비율에 비해서는 20×1년, 20×2년 모두 상당히 높게 나타나고 있다. 또한 대외적인 여건 악화로 인하여 산업전반에 걸쳐 큰 폭으로 이익이 감소하였으나, 한국전자㈜는 다른 회사에 비해 이익이 적게 감소했음을 알 수 있다. 그러므로 이 회사는 산업평균에 비해 상대적으로 총자산을 수익창출에 효율적으로 활용하고 있는 것으로 판단된다.

표 2-17 한국전자㈜의 총자산순이익률(%)

연 도	한국전자㈜	산업평균
20×1	$\frac{7,425}{(57,809+65,225)/2} \times 100 = 12.07$	7.37
20×2	$\frac{5,526}{(65,225+72,519)/2} \times 100 = 8.02$	1.15

■ 자기자본순이익률

자기자본순이익률(return on equity)은 자기자본의 성과를 나타내는 비율로서 순이익을 자기자본으로 나누어 계산된다.[13)]

$$\text{자기자본순이익률}(\%) = \frac{\text{순이익}}{\text{자기자본}} \times 100$$

자기자본순이익률은 주주들이 요구하는 투자수익률을 의미하며, 자기자본순이익률이 높다는 것은 자기자본이 효율적으로 운용되고 있음을 의미한다. 자기자본순이익률이 주주들의 기대에 미치지 못하는 경우 주주들이 자금을 더 이상 기업에 투자하지 않을 것이기 때문에 기업의 경영활동이 위축되어 주가를 하락시키는 원인으로 작용하게 된다. 그러므로 자기자본순이익률은 기업이나 주주 모두의 입장에서 수익성을 측정하는 중요한 지표라 할 수 있다.

---

13) 보통주 소유주에 의해서 출자된 자기자본의 효율성을 측정하기 위해서 자기자본순이익률을 계산할 때 우선주에 대한 부분을 제거하여 다음과 같이 계산하기도 한다.

$$\text{자기자본(보통주)순이익률}(\%) = \frac{\text{순이익} - \text{우선주배당금}}{\text{자기자본(보통주)}} \times 100$$

한국전자㈜의 자기자본순이익률을 구하면 〈표 2-18〉과 같다. 한국전자㈜의 경우 자기자본순이익률은 20×2년에 감소하였으나, 산업평균에 비해서는 20×1년, 20×2년 모두 높게 나타나고 있다. 그러므로 이 회사는 자기자본을 수익창출에 효율적으로 활용하고 있는 것으로 판단된다.

표 2-18 한국전자㈜의 자기자본순이익률(%)

연 도	한국전자㈜	산업평균
20×1	$\frac{7,425}{(45,197+51,561)/2}\times 100=15.35$	11.45
20×2	$\frac{5,526}{(51,561+58,114)/2}\times 100=10.08$	1.80

■ **매출액순이익률**

매출액순이익률(return on sales)은 순이익과 매출액의 관계를 나타내는 비율로 다음과 같이 측정된다.

$$\text{매출액순이익률(\%)}=\frac{\text{순이익}}{\text{매출액}}\times 100$$

매출액순이익률은 기업의 경영성과를 총괄적으로 나타내는 지표이며, 이 비율이 높을수록 경영성과가 양호하다.

한국전자㈜의 매출액순이익률을 구하면 〈표 2-19〉와 같다. 한국전자㈜의 경우 매출액순이익률이 20×2년에 감소하였으나, 산업평균에 비해서는 20×1년, 20×2년 모두 높게 나타나고 있다. 그러므로 이 회사의 경영성과는 양호한 것으로 판단된다.

표 2-19 한국전자㈜의 매출액순이익률(%)

연 도	한국전자㈜	산업평균
20×1	$\frac{7,425}{63,176}\times 100=11.75$	6.93
20×2	$\frac{5,526}{72,953}\times 100=7.57$	1.03

성장성비율

성장성비율(growth ratios)은 기업의 경영규모와 경영성과가 얼마나 증대되었는가를 나타내는 비율로서, 재무제표 각 항목에 대한 일정기간 동안의 증가율로 측정된다. 성장률을 측정하는 대표적인 항목으로는 총자산, 매출액, 순이익 등이 있다.

산업의 성장률은 그 산업이 성장산업인지 또는 사양산업인지에 대한 통찰력을 제공하고, 기업의 외형적 성장과 실질적 성장에 관한 정보는 산업 내의 상대적 지위와 경쟁력을 나타낸다. 성장성비율을 분석할 때 유의해야 할 사항은 물가상승시에는 명목성장률보다 실질성장률이 더 의미가 있으며, 일반적으로 성장성이 높은 기업은 유동성이 부족하므로 성장성과 유동성의 상반관계를 적절하게 고려해야 한다는 것이다.

■ 총자산증가율

총자산증가율(growth rate of total assets)은 일정기간 동안 총자산이 얼마나 증가하였는가를 나타내는 비율로 기업의 전체적인 성장규모를 측정하는 지표이다.

$$\text{총자산증가율(\%)} = \frac{\text{기말총자산} - \text{기초총자산}}{\text{기초총자산}} \times 100$$

총자산증가율이 높다는 것은 투자활동이 적극적으로 이루어져 기업규모가 빠른 속도로 증가하고 있다는 것을 의미한다. 그러나 자산재평가가 이루어진 경우에는 새로운 자산의 취득 없이도 자산규모가 증가됨을 유의하여야 한다.

한국전자㈜의 총자산증가율을 구하면 〈표 2-20〉과 같다. 한국전자㈜의 경우 총자산증가율은 20×2년에는 전년도에 비해 약간 낮게 나타나고 있으나, 산업평균비율에 비해서는 20×1년, 20×2년 모두 높게 나타나고 있다. 따라서 국내 · 외 경제전망의 불투명성 등으로 인해 20×2년 한국전자㈜의 성장추세가 다소 둔화된 것으로 볼 수 있으나, 산업평균에 비해서는 성장성이 양호한 것으로 판단된다.

표 2-20 한국전자㈜의 총자산증가율(%)

연 도	한국전자㈜	산업평균
20×1	$\frac{65,225-57,809}{57,809} \times 100 = 12.83$	9.28
20×2	$\frac{72,519-65,225}{65,225} \times 100 = 11.18$	10.84

■ 매출액증가율

매출액증가율(growth rate of sales)은 일정기간 동안 매출액이 얼마나 증가하였는가를 나타내는 비율로 기업의 외형적인 신장세를 나타내는 대표적인 지표이다.

$$매출액증가율(\%) = \frac{당기매출액 - 전기매출액}{전기매출액} \times 100$$

판매단가의 인상이나 판매량의 증가에 따라 매출액이 증가하기 때문에 증가원인에 대한 분석이 필요하며, 매출액이 증가하여도 순이익이 감소하는 경우가 있으므로 실질적인 성장지표인 순이익증가율에 대한 분석이 병행되어야 한다.

한국전자㈜의 매출액증가율을 구하면 〈표 2-21〉과 같다. 한국전자㈜의 경우 매출액증가율은 20×2년에 증가하였으며, 산업평균에 비해서 20×1년에는 높으나 20×2년에는 약간 낮은 수준으로 나타나고 있다. 따라서 한국전자㈜의 외형적 신장세는 대체로 양호한 것으로 판단된다.

표 2-21 한국전자㈜의 매출액증가율(%)

연 도	한국전자㈜	산업평균
20×1	$\frac{63,176-58,973}{58,973} \times 100 = 7.13$	5.48
20×2	$\frac{72,953-63,176}{63,176} \times 100 = 15.48$	15.56

■ 순이익증가율

순이익증가율(growth rate of net income)은 일정기간 동안 순이익이 얼마나 증가하였는가를 나타내는 비율로 실질적인 성장의 지표가 된다. 그러나 일정기간 동안 자본금의 변화가 있는 경우에는 순이익증가율이 왜곡될 수 있다. 따라서 주주에게 귀속되는 주당순이익의 증가율이 더 바람직한 실질적인 성장지표라 할 수 있다.

$$순이익증가율(\%) = \frac{당기순이익 - 전기순이익}{전기순이익} \times 100$$

$$주당순이익증가율(\%) = \frac{당기주당순이익 - 전기주당순이익}{전기주당순이익} \times 100$$

한국전자㈜의 순이익증가율을 구하면 〈표 2-22〉와 같다. 국내·외 경제침체로 인해 한국전자㈜의 순이익은 20×1년, 20×2년 모두 감소하고 있다. 이 회사의 순이익증가율은 산업평균비율에 비해 20×1년에는 좋지 않으나, 20×2년에는 상대적으로 적게 감소한 것으로 나타나고 있다. 그러나 한국전자㈜의 경우 순이익의 변동성이 상당히 크게 나타나고 있기 때문에 보다 안정적인 성장추세를 유지하기 위한 전략(다양한 사업포트폴리오의 구축 등)을 검토해 보아야 할 것으로 판단된다.

표 2-22 한국전자㈜의 순이익증가율(%)

연 도	한국전자㈜	산업평균
20×1	$\frac{7,425-7,916}{7,916}\times 100=-6.20$	13.26
20×2	$\frac{5,526-7,425}{7,425}\times 100=-25.58$	−81.64

생산성비율

생산성비율(productivity ratios)은 기업활동의 성과 및 효율을 측정하여 개별 생산요소의 기여도 및 성과배분의 합리성 여부를 평가하는 지표이다. 그러므로 생산성에 관한 지표는 경영합리화의 척도라 할 수 있으며, 생산성 향상으로 얻은 성과에 대한 분배기준이 된다. 생산성이란 투입량(input)에 대한 산출량(output)의 정도를 의미하는 것으로 기업의 자본, 노동, 경영 등의 생산요소를 결합하는 방법에 따라 산출량이 어느 정도 달성되었는지를 측정하는 데 이용된다. 생산성을 측정하는 지표로는 매출액에 대한 부가가치의 비율을 나타내는 부가가치율과 생산요소별로 생산성을 측정하는 노동생산성, 자본생산성 등이 사용된다.

생산성비율의 분석시 유의해야 할 점은 부가가치율이 증가한 경우에도 이익은 변하지 않고 임금, 금융비용, 감가상각비 등이 더 증가하였다면 생산성의 증가로 기업의 성과가 향상되었다고 보기는 어렵다. 따라서 수익성과 연계해서 분석하여야 생산성에 대한 보다 명확한 평가를 할 수 있을 것이다.

■ 부가가치율

부가가치(value added)는 최종생산자가 중간생산자로부터 구입한 원재료에 자본과 노동 등의 생산요소를 투입하여 새로이 창출한 증식된 가치이다. 한국은행의 「기업경영분석」에서는 분배측면에서 접근하여 부가가치를 다음과 같이 산출하고 있다.[14)]

$$부가가치 = 영업잉여 + 인건비 + 이자비용 + 세금과공과 + 감가상각비$$

부가가치율(value added ratio)은 일정기간 동안 기업이 창출한 부가가치를 같은 기간의 매출액으로 나눈 비율이다. 이 비율은 매출액 중 생산활동에 투입된 생산요소

14) '영업잉여 = 영업이익 + 대손상각비 − 이자비용'이다.

에 귀속되는 소득의 비율을 나타내므로 소득률이라고도 한다.[15)]

$$\text{부가가치율(\%)} = \frac{\text{부가가치}}{\text{매출액}} \times 100$$

한국전자㈜의 부가가치율을 구하면 〈표 2-23〉과 같다. 한국전자㈜의 경우 20×2년에 부가가치율이 감소하였으나, 산업평균에 비해 20×1년, 20×2년에 모두 높게 나타났다. 그러므로 이 회사의 부가가치 창출능력은 양호하다고 평가할 수 있다.

표 2-23 한국전자㈜의 부가가치율(%)

연 도	한국전자㈜	산업평균
20×1	$\frac{19{,}055}{63{,}176} \times 100 = 30.16$	25.85
20×2	$\frac{18{,}112}{72{,}953} \times 100 = 24.83$	22.36

주) 1. 부가가치 산출에 필요한 세부 비용 항목은 다음과 같음.
- 20×1년: 대손상각비 1백만원, 인건비 5,814백만원, 세금과공과 240백만원, 감가상각비 7,057백만원
- 20×2년: 대손상각비 17백만원, 인건비 6,103백만원, 세금과공과 238백만원, 감가상각비 7,620백만원

2. 연도별 부가가치는 다음과 같음.
- 부가가치(20×1년) = (5,943 + 1 − 332) + 5,814 + 332 + 240 + 7,057 = 19,055백만원
- 부가가치(20×2년) = (4,134 + 17 − 284) + 6,103 + 284 + 238 + 7,620 = 18,112백만원

■ 노동생산성

노동생산성(productivity of labor)은 노동력의 단위당 성과를 나타내는 지표로 종업원 1인당 부가가치(value added per employee)를 의미한다.

$$\text{노동생산성(원)} = \frac{\text{부가가치}}{\text{종업원수}}$$

노동생산성이 높다는 것은 노동력이 효율적으로 이용되어 부가가치를 보다 많이 창출했음을 의미하며, 나아가 경영합리화를 통한 생산성 향상이 경쟁력 제고에 중요한 역할을 한 것으로 평가할 수 있다.

한국전자㈜의 노동생산성(종업원 1인당 부가가치)은 〈표 2-24〉와 같다. 한국전자

15) 한국은행의 「기업경영분석」에서는 부가가치율을 계산할 때 분모의 매출액 대신에 산출액(매출액 + 당기중 재고증감 − 외주가공비)를 사용한다.

㈜의 경우 20×2년에 노동생산성이 약간 감소하였으나, 산업평균에 비해 20×1년, 20×2년에 모두 높게 나타났다. 그러므로 이 회사의 노동생산성은 여전히 양호하다고 평가할 수 있다.

표 2-24 한국전자㈜의 노동생산성(백만원)

연 도	한국전자㈜	산업평균
20×1	$\frac{19,055}{200}=95.28$	85.23
20×2	$\frac{18,112}{200}=90.56$	74.12

▪ **자본생산성**

자본생산성(productivity of capital)은 생산요소의 하나인 자본의 단위당 투자효율을 나타내는 것으로서 가장 대표적인 자본생산성비율은 총자본투자효율이다. 총자본투자효율(gross value-added to total assets)은 기업에 투자된 총자본이 1년 동안 어느 정도의 부가가치를 창출하였는가를 나타내는 비율로 다음과 같이 계산된다.

$$\text{총자본투자효율}(\%)=\frac{\text{부가가치}}{\text{총자본}}\times 100$$

자본생산성이 높다는 것은 총자본이 효율적으로 운용되었음을 의미하며, 이 경우에는 대체로 노동생산성도 높게 나타난다.

한국전자㈜의 총자본투자효율은 〈표 2-25〉와 같다. 한국전자㈜의 경우 20×2년에 총자본투자효율이 감소하였으나, 산업평균에 비해 20×1년, 20×2년 모두 높게 나타나고 있다. 그러므로 이 회사의 자본생산성은 양호하다고 평가할 수 있다.

표 2-25 한국전자㈜의 총자본투자효율(%)

연 도	한국전자㈜	산업평균
20×1	$\frac{19,055}{(57,809+65,225)/2}\times 100=30.98$	24.27
20×2	$\frac{18,112}{(65,225+72,519)/2}\times 100=26.30$	21.43

시장가치비율

시장가치비율(market value ratios)은 기업의 시장가치를 나타내는 주가와 주당순이익, 장부가치 등의 관계를 분석하는 비율로 시장에서 특정기업의 과거성과 및 미래 전망이 어떻게 평가되고 있는지를 보여주는 지표이다. 기업의 유동성, 안정성, 효율성, 수익성, 성장성 등에 대한 과거성과가 양호하다면 시장가치비율도 높아지기 때문에 주가상승과 더불어 기업가치도 높아질 것으로 기대할 수 있다.

■ 주가수익비율

주가수익비율(price earning ratio: PER)은 주가를 주당순이익(earning per share: EPS)으로 나눈 것으로 P/E비율이라고도 한다. PER은 주가가 주당순이익의 몇 배인가를 나타내는 것으로서 기업의 주당순이익 1원에 대한 질적인 가치 또는 시장에서의 평가를 의미한다.[16)]

$$\text{주가수익비율} = \frac{\text{주가}}{\text{주당순이익}}$$

일반적으로 PER은 성장성이 높거나 위험이 낮을수록 높아진다. 또한 회계처리방법에 의해서도 영향을 받을 수 있다. 회계이익을 가능한 적게 계상하려는 보수적인 회계처리를 하는 기업의 PER이 높게 나타날 수 있다.

■ 주가장부가치비율

주가장부가치비율(price book value ratio: PBR)은 주가를 주당순자산(장부가치)으로 나눈 비율로 주가순자산비율이라고도 한다.[17)]

$$\text{주가장부가치비율} = \frac{\text{주가}}{\text{주당순자산}}$$

기업의 미래 수익전망이 밝고 경영이 효율적일수록 주식의 장부가치와 시장가치 사이의 차이가 커져서 주가장부가치비율이 높아진다. 따라서 주식의 장부가치보다 시장가치가 훨씬 높게 평가되고 있는 기업은 시장에서 그 기업의 성장전망이 클 것으로 기대하고 있다는 증거로 해석할 수 있다. 그러나 물가상승으로 장부가치가 낮게 평가되어 있는 경우에도 이 비율이 커질 가능성이 있다.

---

16) $\text{주당순이익} = \frac{\text{순이익} - \text{우선주배당금}}{\text{평균발행주식수(보통주)}}$

17) $\text{주당순자산} = \frac{\text{자본총계} - \text{무형자산}}{\text{기말발행주식수(보통주} + \text{우선주)}}$

■ 토빈의 q비율

토빈의 q비율(Tobin's q ratio)은 기업이 보유하고 있는 자산의 시장가치를 그 자산에 대한 대체원가(replacement cost)로 나눈 비율이다.

$$q\text{비율} = \frac{\text{자산의 시장가치}}{\text{자산의 대체원가}}$$

토빈의 q비율은 주가장부가치비율과 유사하다. 그러나 q비율의 경우 분자가 주식과 부채 모두를 시장가격으로 평가한 값이며, 분모는 그 기업의 보유자산을 장부상의 취득원가가 아닌 대체원가로 측정한 것이라는 점에서 주가장부가치비율과 다르다. 인플레이션을 고려한다면 대체원가가 취득원가를 초과하게 되며, 이 경우 대체원가를 추정하는 것이 중요하게 된다.

일반적으로 q비율이 1보다 큰 경우에는 자본설비(capital equipment)의 시장가치가 대체원가보다 큰 가치를 가지므로 기업들이 투자하려는 유인(incentive)을 갖게 되며, q비율이 1보다 작으면 투자유인이 없다고 할 수 있다. 이는 q비율을 투자결정기준으로 활용할 수 있음을 시사한다.

■ 한국전자㈜의 시장가치비율

한국전자㈜의 시장가치비율을 예시하면 〈표 2-26〉과 같다. 이 표에서 볼 수 있

표 2-26 한국전자㈜의 시장가치비율[18]

(단위: 원, 배)

항 목		20×0년도	20×1년도	20×2년도
주 가	최 고	74,000	68,700	76,400
	최 저	54,900	50,700	40,700
주 당	순이익	5,282	4,953	3,768
	매출액	38,446	41,985	48,413
	순자산	26,259	29,972	33,774
PER	최 고	14.01	13.87	20.27
	최 저	10.39	10.24	10.81
PBR	최 고	2.82	2.29	2.26
	최 저	2.09	1.69	1.21
EVA(백만원)		4,093	2,849	674

18) 경제적 부가가치(EVA)는 영업활동을 통해 얻은 이익에서 자본비용을 차감한 것이며, 이에 관한 내용은 「Perfect 재무관리 Ⅱ」 제8장에서 자세히 설명할 것이다.

는 바와 같이 20×1년 중반부터 시작된 국내 · 외 경제침체위기에도 불구하고 주가가 크게 하락하지 않고 있음을 알 수 있다. 그러나 한국전자㈜의 주가에 비해 순이익 감소폭이 상대적으로 크기 때문에 20×2년도의 PER은 전년도에 비해 증가하고 있다. 이는 큰 폭의 순이익 하락에도 불구하고 한국전자㈜의 미래 성장가능성을 반영한 결과라 볼 수 있다.

종합적 평가

〈표 2-27〉은 한국전자㈜의 재무비율과 산업평균비율을 비교하여 요약한 표이다.

표 2-27 한국전자㈜의 재무비율과 산업평균비율의 비교

재무비율	20×1년도	20×2년도
1. 유동성비율		
유동비율(%)	+	+
당좌비율(%)	+	+
순운전자본구성비율(%)	+	+
2. 자본구조비율		
부채비율(%)*	+	+
자기자본비율(%)	+	+
비유동비율(%)*	+	+
이자보상비율(배)	+	+
3. 효율성비율		
매출채권회전율(회)	+	+
재고자산회전율(회)	+	+
유형자산회전율(회)	−	−
총자산회전율(회)	−	−
4. 수익성비율		
총자산순이익률(%)	+	+
자기자본순이익률(%)	+	+
매출액순이익률(%)	+	+
5. 성장성비율		
총자산증가율(%)	+	+
매출액증가율(%)	+	−
순이익증가율(%)	−	+
6. 생산성비율		
부가가치율(%)	+	+
노동생산성(천원)	+	+
총자본투자효율(%)	+	+

주) 1. + : 양호, − : 불량
2. * : 산업평균에 비해 작을수록 양호함

한국전자㈜는 효율성비율에 다소 문제가 있는 것을 제외하고는 유동성비율, 자본구조비율, 수익성비율, 성장성비율, 생산성비율 등 거의 모든 재무비율이 양호한 것으로 판단된다. 그러나 이 회사는 유형자산을 포함한 총자산에 대한 투자규모가 적정한지를 점검해 볼 필요가 있다.

2.4 비율분석의 한계점

비율분석은 재무제표를 이용하여 기업의 이해관계자들이 합리적 의사결정을 내리는 데 유용한 정보를 제공하기 때문에 가장 널리 이용되는 분석방법이다. 이용자의 분석목적에 따라 재무제표상의 두 항목을 선택하여 다양한 종류의 비율구성이 가능하다. 그리고 분석자료로 이용되는 재무제표는 수집이 용이할 뿐만 아니라 계산방법과 이해가 쉽다는 장점이 있는 반면에 다음과 같은 한계점을 가지고 있다.

첫째, 비율분석은 역사적 자료인 재무제표를 근거로 하여 과거 일정기간의 경영성과와 재무상태가 미래에도 계속될 것이라는 가정하에서 분석된다. 경영분석의 실질적인 목적은 정책수행의 결과로 나타나는 미래의 재무상태와 경영성과를 예측하는 데 있다. 그러나 미래의 상황이 불확실할 뿐만 아니라 경영환경이 빠른 속도로 변하기 때문에 과거자료를 이용하여 미래를 예측하는 것은 여러 가지 점에서 한계가 있다.

둘째, 개별기업마다 회계처리방법이 서로 다르기 때문에 비율분석을 통하여 상호비교하는 것만으로 충분하지 않다. 비교기업간에 감가상각방법 및 재고자산평가방법이 다르게 적용되는 경우에는 정확한 정보를 얻기가 어렵다.

셋째, 비율분석은 재무제표를 근간으로 하여 분석되는데, 이 중 재무상태표는 일정시점을 기준으로 작성되어 회계기간 동안의 계절적 변동에 따른 영향이 큰 산업에 대한 고려뿐만 아니라 인플레이션에 의한 가치변동 등이 반영되지 않기 때문에 이를 기계적으로 적용한다면 비율분석이 왜곡될 수 있다.

넷째, 특정한 재무비율이 양호한지 또는 불량한지의 여부를 일반화하기가 어렵다. 예를 들어 한 기업의 유동비율이 높다는 것은 유동성 측면에서는 양호한 상태로 평가될 수 있으나, 과도한 현금의 보유는 수익성 측면에서 오히려 비효율적일 수도 있다. 마찬가지로 자산회전율이 높다는 것은 그 기업이 자산을 효율적으로 사용한다는 것을 의미하지만, 한편으로는 자산에 대한 추가적인 투자가 어려운 기업임을 의미하기도 한다.

다섯째, 특정기업에 있어서 일부 재무비율은 양호하고 다른 재무비율은 불량한 경우 그 결과를 종합적으로 판단하기가 어렵다. 이 경우에 재무비율들의 순효과(net effects)를 분석하기 위해서는 다른 추가적인 분석방법을 이용하여야 한다.

여섯째, 비율분석에서 비교기준이 되는 표준비율로 어느 것을 선택하느냐에 따라 평가가 달라질 수 있다. 그러나 선택된 표준비율이 특정기업에 가장 적합한 최선의 비교기준이라고 판단할 근거가 없다. 또한 서로 다른 산업에 속하는 사업부를 운영하는 경우에는 특정산업의 평균비율을 적용할 수 없기 때문에 이에 적합한 산업평균값을 산출하기가 어렵다.

일곱째, 기업의 유동성, 안정성, 효율성, 수익성, 성장성, 생산성 외에도 기업가치 평가에 영향을 미치는 요인으로 경영자의 자질, 조직의 효율성, 시장점유율, 기업의 신용, 종업원의 기술정도 등을 들 수 있다. 이러한 질적인 요인들은 재무제표상에 수치화될 수 없으므로 비율분석만으로 평가를 한다는 것은 한계가 있다.

3 재무비율의 종합적 평가방법

3.1 ROI 분석

ROI 분석은 1950년대 미국의 듀폰(DuPont)사에 의하여 개발된 재무통제를 위한 관리시스템으로 듀폰시스템(DuPont System)이라고도 부른다. ROI 분석은 기업의 경영성과를 여러 부분의 재무요인으로 분해하여 경영성과의 변동원인을 분석하는 것으로서 재무활동을 통제하는 수단으로 이용된다. 경영성과는 기업이 경영활동을 통하여 창출한 이익으로 투자액에 대한 상대적인 크기에 의해 측정된다. ROI(return on investment: ROI)는 투자수익률을 나타내며 경영성과를 종합적으로 측정하는 데 이용되는 가장 대표적인 재무비율이다.

ROI 분석은 ROI의 구성요인을 여러 재무요인별로 분해하고 경영성과의 변동원인을 찾아내어, 재무통제가 필요한 부문이 어느 부문인가를 파악하는 데 이용되고 있다. ROI를 총자산(총자본)순이익률로 정의하느냐 자기자본순이익률로 정의하느냐에 따라 그 내용이 다소 달라진다. ROI를 총자산순이익률(return on total assets: ROA)로 정의하는 경우 다음과 같이 수익성비율과 효율성비율로 분해된다.

$$
\begin{aligned}
\text{총자산순이익률} &= \frac{\text{순이익}}{\text{매출액}} \times \frac{\text{매출액}}{\text{총자산}} \\
&= \underset{(\text{수익성비율})}{\text{매출액순이익률}} \times \underset{(\text{효율성비율})}{\text{총자산회전율}}
\end{aligned}
$$

한편 ROI를 자기자본순이익률(return on equity: ROE)로 정의하는 경우 다음과 같이 수익성비율, 효율성비율과 자본구조비율로 분해된다.

$$\text{자기자본순이익률} = \frac{\text{순이익}}{\text{매출액}} \times \frac{\text{매출액}}{\text{총자산}} \times \frac{\text{총자산}}{\text{자기자본}}$$

$$= \text{매출액순이익률} \times \text{총자산회전율} \times \frac{1}{\text{자기자본비율}}$$

$$= \text{매출액순이익률} \times \text{총자산회전율} \times (1 + \text{부채비율})$$

(수익성비율) (효율성비율) (자본구조비율)

이와 같이 ROI를 여러 개의 구성요인별로 분해하여 이들 요인에 영향을 미치는 세부항목을 분석함으로써 경영성과를 종합적으로 평가할 수 있으며, 경영성과의 변동원인이 어느 항목과 연관되어 있는가를 판단할 수 있다.

ROI는 경영성과의 종합적인 지표로서 다음과 같은 점에서 중요한 의미를 갖는다.

첫째, ROI는 경영관리의 효율성을 나타내는 지표이다. 일정한 자본으로 적정수준 이상의 이익을 실현하고 있는가는 무엇보다도 경영관리기법, 경영전략, 동기유발 등에 따라 좌우된다. 따라서 ROI는 경영관리의 질을 평가하는 중요한 정보를 제공하기 때문에 중요한 의미를 갖는다.

둘째, ROI는 기업이 추구하는 달성가능한 기업목표에 대한 지표이다. 장기적인 ROI의 수준은 경영관리의 유효성에 대한 지표로서 중요한 의미를 갖지만, 그 밖에 기업의 장기적인 재무건전성에 대한 정보를 제공하기 때문에 장기채권자와 주주들에게 특히 중요한 의미를 갖는다.

셋째, ROI는 내부의사결정과 통제수단으로 이용된다. ROI는 개개의 투자결정뿐만 아니라 경영활동 및 경영성과에 대한 계획, 예산편성, 조정, 평가, 통제에서도 중요한 역할을 한다. 기업의 경영성과는 여러 사업부문의 성과로 구성되어 있다. 따라서 각 사업부문의 성과를 분석하여 어느 사업부문의 성과가 우수한지를 평가할 수 있으며, 이와 같은 부문성과에 따라 부문관리자에 대한 보상을 결정할 수 있다. 또한 성과가 좋지 않은 사업부문을 파악하여 통제함으로써 기업전체의 경영성과를 높일 수 있다.

[그림 2-1]에서 한국전자㈜에 대한 ROI 분석의 기본체계를 보여주고 있다. ROI의 첫 번째 분석단계는 수익성비율과 효율성비율의 상호관계를 분석하는 단계이다. 두 번째 단계는 수익성비율과 효율성비율에 영향을 미치는 요인에 대한 세부적인 분석단계이다. 이와 같은 분석체계에 의해 한국전자㈜의 총자산순이익률(ROA)을 보다 향상시킬 수 있는 방안을 모색할 수 있을 것이다. 한국전자㈜는 높은 매출액순이익률로 인해 수익성이 상당히 양호하지만, 총자산회전율은 1.06회로 높지 않기 때문에 개선할 여

그림 2-1 ROI분석의 기본체계: 한국전자㈜의 20×2년도 경우 (단위: 백만원)

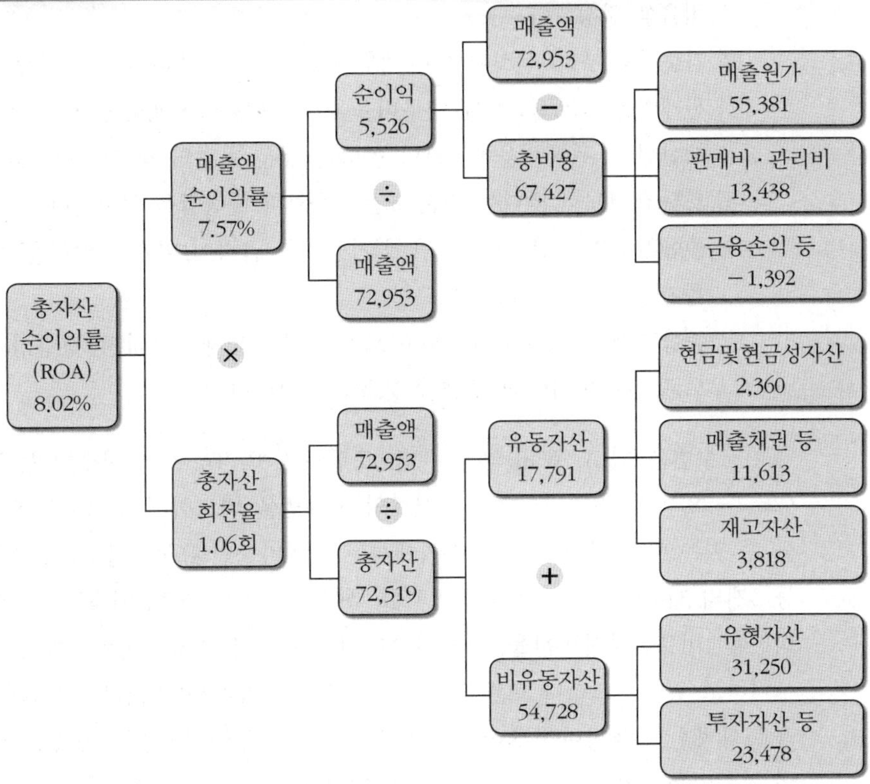

지가 있는 것으로 판단된다. 특히 이 회사는 생산과 직접 관련이 없는 투자유가증권 등 투자자산의 규모를 줄임으로써 총자산회전율을 개선할 수 있을 것으로 보인다.

3.2 지 수 법

재무비율에 기초하여 기업의 재무상태나 경영성과를 평가하는 경우에 문제가 되는 것은 각 재무비율의 평가결과가 상이한 경우 종합적으로 평가하기가 곤란하다는 점이다. 따라서 하나의 단일지표로서 평가근거가 되는 종합지수가 필요하게 된다. 지수법(index method)은 여러 재무비율을 동시에 고려하여 기업의 재무상태와 경영성과를 종합적으로 평가하는 데 이용되는 분석방법으로서, 각 재무비율에 가중치를 부여하여 지수를 산출하기 때문에 가중비율종합법(weighted ratio method)이라고도 한다.

분석목적에 따라 주요 재무비율의 선정, 가중치의 크기, 표준비율에 차이가 있지만, 다음과 같은 절차를 거쳐 종합지수를 계산할 수 있다.

① 주요 재무비율의 선정: 여러 종류의 재무비율 중에서 분석목적에 적합한 재무비율을 선정한다.
② 가중치의 부여: 선정된 주요 재무비율의 중요도에 따라 각각 가중치를 부여한다.
③ 관계비율의 계산: 실제 재무비율을 표준비율(산업평균 등)로 나누어 관계비율을 계산한다. 관계비율이 1보다 높다는 것은 기업의 재무비율이 표준비율보다 양호하고, 1보다 낮다는 것은 표준비율보다 불량함을 의미한다.
④ 종합지수의 산출: 관계비율에 가중치를 곱하여 비율별 평점을 계산한 후 이들을 합산하여 종합지수를 구한다.
⑤ 종합평가: 종합지수가 100 이상이면 기업의 재무상태 및 경영성과가 양호한 것으로, 100 이하이면 불량한 것으로 평가한다.

지수법은 월(A. Wall)의 지수법, 트랜트(J. B. Trant)의 지수법 등으로 구분된다. 〈표 2-28〉에서 월의 지수법, 트랜트의 지수법을 비교하여 보여주고 있다. 이 표에서 볼 수 있는 바와 같이 월의 지수법에서는 정태비율인 유동비율, 부채비율, 비유동비율 등 3개의 재무비율에 65%의 가중치를 부여하고 있는 한편, 매출채권회전율, 재고자산회전율, 비유동자산회전율, 자기자본회전율 등 4개의 효율성비율에 35%의 가중치를 부여하고 있다. 그러나 트랜트의 지수법에서는 자기자본회전율 대신에 매입채무회전율로 대체한 효율성비율에 65%의 높은 가중치를 부여하고 있는 한편, 정태비율에 35%의 가중치를 부여하고 있다. 월의 지수법은 재무안정성을 중시하는 채권자입장에서의 분석인 반면, 트랜트의 지수법은 기업자산의 활용정도, 즉 효율성을 중시하는 경영자입장에서의 분석이라 할 수 있다.

〈표 2-29〉에서는 한국전자㈜에 대한 지수법의 적용결과를 보여주고 있다. 월의

표 2-28 지수법의 주요비율과 가중치 (단위: %)

주요비율	월의 지수법	트랜트의 지수법
유동비율	25	15
부채비율	25	10
비유동비율	15	10
매출채권회전율	10	10
재고자산회전율	10	20
비유동자산회전율	10	20
자기자본회전율	5	–
매입채무회전율	–	15
합 계	100	100

표 2-29 한국전자㈜의 평점표(20×2년도)

주요비율	재무비율 (A)	표준비율 (B)	관계비율 (C=A/B)	가중치(D)		평점(E=C×D)	
				Wall	Trant	Wall	Trant
유동비율	151.79	113.59	1.3363	25	15	33.41	20.04
부채비율	24.79	60.17	2.4272	25	10	60.68	24.27
비유동비율	94.17	114.92	1.2203	15	10	18.30	12.20
매출채권회전율	29.95	14.45	2.0727	10	10	20.73	20.73
재고자산회전율	20.39	19.23	1.0603	10	20	10.60	21.21
비유동자산회전율	1.41	1.57	0.8981	10	20	8.98	17.96
자기자본회전율	1.33	1.75	0.7600	5	–	3.80	–
매입채무회전율	33.74	17.61	1.9160	–	15	–	28.74
합 계						156.50	145.15

주) 1. 비유동비율과 부채비율은 낮을수록 양호하므로, 표준비율을 재무비율로 나누어 관계비율(C=B/A)을 구한다.
2. 비유동자산회전율=매출액/비유동자산, 자기자본회전율=매출액/자본총계, 매입채무회전율=매출액/매입채무

지수법에 의하면 한국전자㈜의 20×2년 종합지수는 156.50으로서 경영상태, 특히 채무지급능력이 양호한 것으로 볼 수 있다. 한편 트랜트의 지수법에 의하면 한국전자㈜의 20×2년 종합지수는 145.15로 나타나 월의 지수법과 유사한 결과를 얻을 수 있음을 알 수 있다.

그러나 월 또는 트랜트의 지수법에 의한 분석결과를 해석하는 경우 주요 재무비율의 구성이 유동성, 자본구조, 효율성비율 중심이며 수익성 등 다른 요인들이 고려되지 않고 있다는 점을 유의해야 한다. 그리고 지수법은 다음과 같은 몇 가지 문제점을 가지고 있다.

첫째, 주요 재무비율의 선정과 가중치가 체계적 이론이나 실증적 증거 없이 분석자의 경험에 의해서 임의로 결정되기 때문에 매우 주관적이라 할 수 있다.

둘째, 평가의 기준이 되는 표준비율의 선정에 대한 명확한 기준이 없다. 일반적으로 산업평균비율을 이용하지만 상황에 따라 경쟁기업의 재무비율, 목표 재무비율 등이 보다 적절한 표준비율이 될 수 있다.

셋째, 분석대상이 되는 비율이 한정되기 때문에 재무분석에서 고려하여야 할 지표들이 모두 반영되지 못하고 있다.

요 약

재무비율분석의 의의와 분류

1. 재무비율분석의 의의

재무비율의 경제적 의미를 분석하여 기업의 재무상태와 경영성과를 평가하는 기법으로서 그 기본목적은 기업의 다양한 이해관계자에게 목적적합한 정보를 제공하는데 있음.

☞ 재무비율(financial ratio): 경제적 의미와 논리적 관계가 분명한 재무제표의 두 항목을 상대적 비율로 나타낸 것이다.

2. 재무비율의 분류 및 경제적 의미

분 류	경제적 의미	관련 비율
유동성비율	단기채무지급능력을 측정	유동비율, 당좌비율, 순운전자본구성비율 등
자본구조비율	부채의존도를 나타내는 것으로 기업의 장기채무지급능력을 측정	부채비율, 자기자본비율, 비유동비율, 이자보상비율 등
효율성비율	보유자산의 이용효율성을 측정	매출채권회전율, 재고자산회전율, 유형자산회전율, 총자산회전율 등
수익성비율	매출 또는 투자에 대한 수익성을 나타내는 것으로 경영의 총괄적 효율성을 측정	총자산순이익률, 자기자본순이익률, 매출액순이익률 등
성장성비율	외형 및 수익의 성장가능성을 측정	총자산증가율, 매출액증가율, 순이익증가율 등
생산성비율	생산요소의 성과를 측정	부가가치율, 노동생산성, 자본생산성 등
시장가치비율	주식시장에서의 평가를 측정	주가수익비율, 주가장부가치비율, 토빈의 q비율 등

☞ 표준비율: 분석기업의 과거비율, 일반적인 경험비율, 산업평균비율, 경쟁기업의 비율

3. 재무비율분석의 한계점

① 역사적 자료인 재무제표를 근거로 하여 과거 일정기간의 경영성과와 재무상태가 미래에도 계속될 것이라는 가정하에서 분석됨.

② 개별기업간 회계처리방법의 상이성

③ 계절적 변동 또는 인플레이션에 의한 가치변동 등이 반영되지 못함.

④ 특정한 재무비율이 양호한지 불량한지의 여부를 일반화하기가 어려움.

⑤ 기업의 재무상태 및 경영성과에 대한 종합적인 판단의 어려움.

⑥ 표준비율 선정의 자의성

⑦ 질적 요인의 무시

비율분석의 종합적 평가방법

1. ROI분석

기업의 경영성과를 여러 부분의 재무요인으로 분해하여 경영성과의 변동원인을 분석하는 것으로서 재무활동을 통제하는 수단으로 이용됨.

☞ 총자산순이익률(ROA), 자기자본순이익률(ROE)

- $\text{총자산순이익률} = \dfrac{\text{순이익}}{\text{매출액}} \times \dfrac{\text{매출액}}{\text{총자산}}$

$$= \underset{(\text{수익성비율})}{\text{매출액순이익률}} \times \underset{(\text{효율성비율})}{\text{총자산회전율}}$$

- $\text{자기자본순이익률} = \dfrac{\text{순이익}}{\text{매출액}} \times \dfrac{\text{매출액}}{\text{총자산}} \times \dfrac{\text{총자산}}{\text{자기자본}}$

$$= \text{매출액순이익률} \times \text{총자산회전율} \times \frac{1}{\text{자기자본비율}}$$

$$= \underset{(\text{수익성비율})}{\text{매출액순이익률}} \times \underset{(\text{효율성비율})}{\text{총자산회전율}} \times \underset{(\text{자본구조비율})}{(1+\text{부채비율})}$$

2. 지 수 법

여러 재무비율을 동시에 고려하여 기업의 재무상태와 경영성과를 종합적으로 평가하는 데 이용되는 분석방법으로서, 각 재무비율에 가중치를 부여하여 지수를 산출하기 때문에 가중비율종합법이라고도 함.

☞ ① 주요 재무비율의 선정
② 가중치의 부여
③ 관계비율의 계산
④ 종합지수의 산출
⑤ 종합평가: 100 이상 양호, 100 이하 불량으로 평가

주요 용어

사 · 례 · 연 · 구

현재 인천에서 화장품을 생산하고 있는 ㈜청운화장품의 재무상태표와 손익계산서는 다음과 같다.

재무상태표

㈜청운화장품　　20×1년 12월 31일 현재　　(단위: 천원)

자 산	금 액	부채 · 자본	금 액
유동자산	1,028,500	(부　채)	
현금및현금성자산	10,000	유동부채	557,600
단기금융자산	7,000	매입채무	493,000
매출채권	323,000	단기차입금	64,600
재고자산	688,500	비유동부채	30,000
		사　채	15,000
비유동자산	192,100	장기차입금	15,000
토　지	102,000	부채총계	587,600
건　물	55,000		
기계장치	30,000	(자　본)	
기타유형자산	5,100	자 본 금	200,000
		자본잉여금	106,000
		이익잉여금	327,000
		자본총계	633,000
자산총계	1,220,600	부채 · 자본총계	1,220,600

손익계산서

㈜청운화장품　　20×1년 1월 1일 ~ 20×1년 12월 31일　　(단위: 천원)

과 목	금 액
매 출 액	2,380,000
매출원가	1,904,000
매출총이익	476,000
판매비와 관리비	394,000
영업이익	82,000
이자비용	64,000
법인세비용차감전순이익	18,000
법인세비용(50%)	9,000
당기순이익	9,000

(1) 다음의 표를 완성하여 ㈜청운화장품의 단기채무지급능력, 장기채무지급능력, 효율성, 수익성을 평가하라.

재무비율	실제비율	표준비율
유동비율		126%
당좌비율		68%
부채비율		225%
비유동비율		120%
이자보상비율		2.4배
재고자산회전율		4.2회
매출채권회전율		3.5회
유형자산회전율		4.1회
자기자본회전율		2.0회
총자산회전율		1.2회
매출액순이익률		4.74%
총자산순이익률		6.43%
자기자본순이익률		10.24%

(2) ㈜청운화장품의 재무상태 및 경영성과를 지수법에 의해서 종합적으로 평가하라. (단, 지수법에 사용할 주요비율과 가중치는 다음과 같다.)

주요비율	가 중 치
유동비율(%)	25%
부채비율(%)	25%
비유동비율(%)	15%
재고자산회전율(회)	10%
매출채권회전율(회)	10%
유형자산회전율(회)	10%
자기자본회전율(회)	5%

:: 해 설

(1) 먼저 각각의 재무비율을 구하면 다음과 같다.

① $\text{유동비율} = \frac{\text{유동자산}}{\text{유동부채}} \times 100 = \frac{1{,}028{,}500}{557{,}600} \times 100 = 184\%$

② $\text{당좌비율} = \frac{\text{당좌자산}}{\text{유동부채}} \times 100 = \frac{1{,}028{,}500 - 688{,}500}{557{,}600} \times 100 = 61\%$

③ $\text{부채비율} = \frac{\text{부채}}{\text{자기자본}} \times 100 = \frac{587{,}600}{633{,}000} \times 100 = 93\%$

④ $\text{비유동비율} = \frac{\text{비유동자산}}{\text{자기자본}} \times 100 = \frac{192{,}100}{633{,}000} \times 100 = 30\%$

⑤ $\text{이자보상비율} = \frac{\text{영업이익}}{\text{이자비용}} = \frac{82{,}000}{64{,}000} = 1.3\text{배}$

⑥ $\text{재고자산회전율} = \frac{\text{매출액}}{\text{재고자산}} = \frac{2{,}380{,}000}{688{,}500} = 3.5\text{회}$

⑦ $\text{매출채권회전율} = \frac{\text{매출액}}{\text{매출채권}} = \frac{2{,}380{,}000}{323{,}000} = 7.4\text{회}$

⑧ $\text{유형자산회전율} = \frac{\text{매출액}}{\text{유형자산}} = \frac{2{,}380{,}000}{192{,}100} = 12.4\text{회}$

⑨ $\text{자기자본회전율} = \frac{\text{매출액}}{\text{자기자본}} = \frac{2{,}380{,}000}{633{,}000} = 3.8\text{회}$

⑩ $\text{총자산회전율} = \frac{\text{매출액}}{\text{총자산}} = \frac{2{,}380{,}000}{1{,}220{,}600} = 1.9\text{회}$

⑪ $\text{매출액순이익률} = \frac{\text{당기순이익}}{\text{매출액}} = \frac{9{,}000}{2{,}380{,}000} \times 100 = 0.38\%$

⑫ $\text{총자산순이익률} = \frac{\text{당기순이익}}{\text{총자산}} = \frac{9{,}000}{1{,}220{,}600} \times 100 = 0.74\%$

⑬ $\text{자기자본순이익률} = \frac{\text{당기순이익}}{\text{자기자본}} = \frac{9{,}000}{633{,}000} \times 100 = 1.42\%$

위에서 구한 재무비율을 표준비율과 비교하면 다음과 같다.

재무비율	실제비율	표준비율	양호 · 불량
유동비율	184%	126%	양 호
당좌비율	61%	68%	불 량
부채비율	93%	225%	양 호
비유동비율	30%	120%	양 호
이자보상비율	1.3배	2.4배	불 량
재고자산회전율	3.5회	4.2회	불 량
매출채권회전율	7.4회	3.5회	양 호
유형자산회전율	12.4회	4.1회	양 호
자기자본회전율	3.8회	2.0회	양 호
총자산회전율	1.9회	1.2회	양 호
매출액순이익률	0.38%	4.74%	불 량
총자산순이익률	0.74%	6.43%	불 량
자기자본순이익률	1.42%	10.24%	불 량

㈜청운화장품의 실제비율과 표준비율을 비교해 보자.

- 단기채무지급능력을 나타내는 유동비율, 당좌비율 등 유동성비율을 살펴보면, 과다한 재고자산으로 인하여 당좌비율이 다소 낮다는 문제가 있으나 대체로 양호한 것으로 보인다.
- 장기채무지급능력을 나타내는 부채비율, 비유동비율, 이자보상비율 등 자본구조비율을 살펴보면, 전반적인 재무구조는 양호하나 낮은 이익으로 인하여 이자보상비율이 표준비율보다 낮은 것이 다소 문제로 지적된다.
- 자산의 효율적 이용도를 나타내는 재고자산회전율, 매출채권회전율, 유형자산회전율, 자기자본회전율, 총자산회전율 등 효율성비율을 살펴보면, 과다한 재고자산으로 인하여 재고자산회전율이 낮은 것을 제외하고는 모두 양호한 것으로 판단된다.
- 기업의 수익성을 나타내는 매출액순이익률, 총자산순이익률, 자기자본순이익률 등 수익성비율을 살펴보면, 모두 불량한 것으로 나타나고 있다.

결론적으로 ㈜청운화장품의 단기채무지급능력, 장기채무지급능력, 자산의 효율적 이용도 등은 대체로 양호하나 수익성이 매우 취약한 것으로 판단된다. 따라서 이 회사는 무엇보다도 먼저 수익성개선 노력이 우선되어야 할 것으로 판단된다.

(2) ㈜청운화장품의 종합지수를 구하면 다음과 같다.

재무비율	가 중 치 (A)	실제비율 (B)	표준비율 (C)	관계비율 (D)=B/C	평 점 (E)=A×D
유동비율(%)	25	184%	126%	1.46	36.5
부채비율(%)	25	93%	225%	2.42*	60.5
비유동비율(%)	15	30%	120%	4.00*	60.0
재고자산회전율(회)	10	3.5회	4.2회	0.83	8.3
매출채권회전율(회)	10	7.4회	3.5회	2.11	21.1
유형자산회전율(회)	10	12.4회	4.1회	3.02	30.2
자기자본회전율(회)	5	3.8회	2.0회	1.90	9.5
합 계	100				226.1

* 부채비율과 비유동비율은 낮을수록 좋기 때문에, 이들에 대한 관계비율은 역비인 D=C/B로 산출한다.

㈜청운화장품의 종합지수는 226.1로 100보다 상당히 높기 때문에 이 기업의 재무상태 및 경영성과는 양호한 것으로 평가될 수 있다.

그러나 종합지수법은 다음과 같은 몇 가지 문제점을 가지고 있다.

① 주요 재무비율의 선정과 가중치가 체계적 이론이나 실증적인 증거 없이 분석자의 경험에 의해서 임의로 결정되기 때문에 매우 주관적이다.

② 평가의 기준이 되는 표준비율의 선정에 대한 명확한 기준이 없다. 일반적으로 산업평균비율을 이용하지만 상황에 따라 경쟁기업의 재무비율, 목표재무비율 등이 보다 적절한 표준비율이 될 수 있다.

③ 분석대상이 되는 비율이 한정되기 때문에 재무분석에서 고려되어야 할 지표(수익성, 성장성, 생산성, 시장가치비율 등)들이 모두 반영되지 못하고 있다.

연·습·문·제

▶ 객관식 문제

01 다음 자료에서 당좌비율(quick ratio: Q)을 계산했을 때 가장 적절한 것은? 단, 1년은 365일이고 회전율은 매출액에 대하여 계산한다. (CPA 1차 2012)

매출채권 120억원	재고자산회전율 10회
유동부채 140억원	매출채권회수기간 60일
유동비율 150%	

① $Q \le 50\%$
② $50\% < Q \le 75\%$
③ $75\% < Q \le 100\%$
④ $100\% < Q \le 125\%$
⑤ $Q > 125\%$

02 재무비율의 이름과 경제적 의미를 짝지은 내용이 가장 적절하지 않은 것은? (CPA 1차 2014)

① 주가수익비율－수익성
② 매입채무회전율－활동성
③ 이자보상비율－레버리지
④ 당좌비율－유동성
⑤ 총자본투자효율－생산성

03 주가수익비율(PER)에 대한 다음의 설명 중 잘못된 것은?

① PER은 현재의 주가를 주당순이익으로 나누어 구한다.
② PER은 주가가 주당순이익의 몇 배가 되는가를 나타낸 것으로서 주당순이익 1원의 질적인 가치를 의미한다.
③ 성장성이 높을수록 기업의 PER이 높게 나타난다.
④ 보수적인 회계처리방법을 사용하는 경우 상대적으로 PER이 낮아진다.
⑤ 위험도가 낮은 기업의 경우 PER이 높게 나타난다.

04 갑을기업의 전년도 자기자본순이익률(ROE)은 6%로 업계 평균 10%에 비해 상대적으로 저조하다. 내부 검토결과, 매출액순이익률(profit margin)은 1%, 총자산회전율은 2.0으로 업계 평균과 비슷한 것으로 나타나 이 부분에서의 개선보다는 자본구조의 변경을 통해 현재 자기자본순이익률을 업계 평균 수준으로 끌어올리려고 한다. 이 목표를 달성하기 위한 갑을기업의 적정 부채비율은 얼마인가? (CPA 1차 2003)

① 200% ② 300% ③ 400% ④ 500% ⑤ 600%

05 A 기업은 2015년에 비유동자산을 처분(장부가액 10,000원, 처분손익은 발생하지 않음)하였으며 8,000원의 장기부채를 신규로 차입하였다. 다음은 A 기업의 2014년과 2015년 재무제표 정보이며 법인세율은 30%이다. 다음 설명 중 가장 적절한 것은? (CPA 1차 2016)

재무상태표의 일부

(단위: 원)

	2014년말	2015년말		2014년말	2015년말
자 산			부채와 자본		
유동자산	5,000	5,500	유동부채	2,000	2,200
비유동자산	25,000	30,000	비유동부채	20,000	26,000

2015년도 포괄손익계산서의 일부

(단위: 원)

매출액	150,000
매출원가	80,000
감가상각비	10,000
이자비용	2,000

① 2015년 비유동자산 취득액은 24,000원이다.
② 2015년 영업현금흐름은 53,000원이다.
③ 2015년 채권자의 현금흐름은 −5,000원이다.
④ 2015년 비유동부채 상환액은 2,000원이다.
⑤ 2015년 순운전자본은 500원 증가하였다.

06 재무비율에 관한 설명으로 가장 적절하지 않은 것은? (CPA 1차 2017)

① 회계적 이익을 가능한 한 적게 계상하는 회계처리방법을 사용하는 기업의 경우 주가수익비율(PER)은 상대적으로 높게 나타날 수 있다.
② 자산의 시장가치가 그 자산의 대체원가보다 작은 경우 토빈의 q(Tobin's q)는 1보

다 작다.

③ 매출액순이익률이 2%, 총자산회전율이 3.0, 자기자본비율이 50%일 경우 자기자본순이익률(ROE)은 3%이다.

④ 유동비율이 높은 기업은 유동성이 양호한 상태라고 판단될 수 있으나, 과도하게 높은 유동비율은 수익성 측면에서 비효율적일 수 있다.

⑤ 주가장부가치비율(PBR)은 일반적으로 수익전망이 높은 기업일수록 높게 나타난다.

● 객관식 해답 **1.** ③, **2.** ①, **3.** ④, **4.** ③, **5.** ④, **6.** ③

▶ 주관식 문제

01 재무비율분석

㈜인천의 재무상태표와 손익계산서는 다음과 같다.

재무상태표

㈜인천 20×1년 12월 31일 현재 (단위: 천원)

자 산	금 액	부채 · 자본	금 액
유동자산	1,265,000	(부 채)	
현금및현금성자산	50,500	유동부채	736,400
매출채권	482,500	비유동부채	45,600
재고자산	732,000	부채총계	782,000
비유동자산	245,000	(자 본)	
		자 본 금	400,000
		자본잉여금	160,000
		이익잉여금	168,000
		자본총계	728,000
자산총계	1,510,000	부채 · 자본총계	1,510,000

손익계산서

㈜인천 20×1년 1월 1일 ~ 20×1년 12월 31일 (단위: 천원)

과 목	금 액
매 출 액	3,600,000
매출원가	2,730,000
매출총이익	870,000
판매비와 관리비	310,000
영업이익	560,000
이자비용	220,000
법인세비용차감전순이익	340,000
법인세비용(20%)	68,000
당기순이익	272,000

다음의 표를 완성하여 ㈜인천의 단기채무지급능력과 장기채무지급능력을 평가하라.

재무비율	실제비율	표준비율
유동비율		160%
당좌비율		80%
부채비율		200%
비유동비율		100%
이자보상비율		2.1배

02 재무비율과 재무제표의 관계

다음의 자료를 이용하여 재무상태표와 손익계산서를 완성하라.

재무비율	실제비율
유동비율(%)	120%
당좌비율(%)	80%
부채비율(%)	150%
매출채권회수기간(일)	40일
총자산회전율(회)	2.92회
매출액순이익률(%)	10%

재무상태표

(단위: 만원)

자 산	금 액	부채 · 자본	금 액
		(부 채)	
유동자산	( )	유동부채	( )
현금및현금성자산	( )	매입채무	( )
매출채권	( )	단기차입금	20,000
재고자산	( )	비유동부채	30,000
		사 채	15,000
비유동자산	( )	장기차입금	15,000
		부채총계	( )
		(자 본)	
		자 본 금	60,000
		자본잉여금	20,000
		이익잉여금	20,000
		자본총계	100,000
자산총계	( )	부채 · 자본총계	( )

손익계산서

(단위: 만원)

과 목	금 액
매 출 액	( )
매출원가	( )
매출총이익	( )
판매비와 관리비	94,000
영업이익	( )
이자비용	64,000
법인세비용차감전순이익	( )
법인세비용(50%)	( )
당기순이익	( )

03 ROI 분석

다음은 광주기계㈜의 지난 3년간 재무비율 중 일부이다.

재무비율	실제비율			표준비율 (20×3년)
	20×1년	20×2년	20×3년	
유동비율(%)	420%	260	180	200
부채비율(%)	88.7%	127.2	212.5	100
비유동장기적합비율(%)*	95%	97	98	93
총자산회전율(회)	3.2회	2.6	2	4.4
매출액순이익률(%)	3.9%	2.5	1.4	3.5
자기자본순이익률(%)	23.6%	14.8	8.8	12

* 비유동장기적합률(%) = $\frac{\text{비유동자산}}{\text{자기자본} + \text{비유동부채}} \times 100$

위 자료를 이용하여 다음의 물음에 답하라.

(1) ROI분석을 이용하여 자기자본순이익률의 감소이유를 설명하라.

(2) 부채의 증가는 비유동부채 또는 유동부채 중 어느 것에 의한 것인가?

04 지 수 법

㈜서울의 재무비율과 표준비율은 다음과 같다.

주요비율	재무비율 (A)	표준비율 (B)
유동비율	123.56	136.63
부채비율	126.50	105.20
비유동비율	84.24	101.23
매출채권회전율	12.23	14.15
재고자산회전율	10.24	13.42
비유동자산회전율	1.24	1.55
자기자본회전율	1.21	1.67
매입채무회전율	23.26	20.34

이상의 자료를 이용하여 월 지수법과 트랜트 지수법을 이용하여 ㈜서울의 평점을 구하고, 그 의미를 평가하라.

보 론 재무예측

A.1 재무예측의 의의

재무예측(financial forecasting)은 기업의 미래자금수요를 추정하여 이에 적합한 자본조달계획을 수립하는 전 과정을 의미한다. 재무예측에서 먼저 고려되어야 할 점은 그 기업의 성장성이다. 즉 계획기간 동안 얼마만큼 성장을 하느냐에 따라 기업의 자산과 부채의 변동성을 예측할 수 있으며, 이에 따라 소요되는 자금을 추정할 수 있게 된다. 따라서 기업의 성장성에 대한 예측은 매출액의 변화로써 측정하는 것이 일반적이다.

재무예측에서 가장 중요한 부분이 매출액을 예측하는 일이지만, 매출액을 정확하게 예측하기는 상당히 어렵다. 매출액예측이 잘못되는 경우 기업활동에 매우 큰 영향을 미칠 수 있다. 만약 기업이 예상한 것보다 시장수요가 더 크다면 고객의 요구에 대처할 수 없을 것이고, 반면에 예측을 낙관적으로 하였다면 과다한 설비 및 재고를 갖게 될 것이다. 이 경우에 확장을 위한 자본조달을 부채로 충당하였다면 보다 심각한 문제점이 나타날 것이다. 따라서 매출액예측은 기업의 재무예측의 출발점이 된다고 볼 수 있다.

재무관리적 측면에서의 기업활동은 불확실한 미래상황하에서 소요자금의 예측, 자금의 조달, 그리고 투자활동을 수행하는 순환과정으로 볼 수 있다. 이 과정에서 소요자금의 예측이 첫 번째 단계가 된다. 일반적으로 매출액이 증가하면 자산투자가 확대되므로 소요자금에 대한 추정은 매출액 증가에 따른 자산투자규모의 예측을 통하여 파악될 수 있다. 소요자금을 추정하는 보편적인 방법으로 매출액백분율법을 들 수 있다.

A.2 매출액백분율법에 의한 외부자금조달액 추정

매출액백분율법(percentage of sales method)은 매출액에 대한 각 재무상태표항목의 백분율이 일정하다는 가정하에서 목표매출액을 달성하기 위하여 필요한 외부자금조달액을 추정하는 데 이용된다.

매출액백분율법으로 기업의 소요자금을 예측하기 위하여 다음의 예를 들어보기로 하자. 〈표 2A－1〉은 ㈜H전자의 20×1년도 말 재무상태표이다.

20×1년 중 ㈜H전자는 매출액 400,000백만원을 실현하기 위하여 현재의 고정시설을 완전가동(full capacity)하였으며, 불필요한 여유자금을 보유하고 있지 않다고 가

표 2A-1 ㈜H전자 재무상태표

재무상태표

㈜H전자 20×1년 12월 31일 (단위: 백만원)

과 목	금 액	과 목	금 액
현 금	10,000	매입채무	40,000
매출채권	90,000	단기차입금	10,000
재고자산	200,000	미지급금	50,000
순유형자산	300,000	사 채	150,000
		자 본 금	50,000
		이익잉여금	300,000
총 자 산	600,000	부채와 자본	600,000

정한다. 그리고 이 기업의 매출액순이익률은 10%이며, 순이익의 60%는 배당으로서 주주에게 지급된다. ㈜H전자의 20×2년도 예상매출액이 600,000백만원으로 200,000백만원의 매출액이 증가될 것으로 예상된다면, 이 기업이 20×2년도에 추가로 얼마의 자금을 조달해야 할 것인지를 매출액백분율법으로 예측해 보자.

매출액백분율법에 의한 소요자금액의 추정은 다음의 순서에 따라 이루어진다.

첫째, 재무상태표의 각 항목을 매출액에 따라 영향을 받는 항목과 영향을 받지 않는 항목으로 구분하여, 영향을 받는 항목의 매출액백분율을 구한다. 재무상태표항목들과 매출액 간의 관계를 다음과 같이 요약할 수 있다.

- 매출액규모에 비례하여 변화하는 항목: 현금, 매출채권, 재고자산, 매입채무, 미지급금 등
- 매출액에 따라 변하지만 불규칙적으로 변하는 항목[19]: 유형자산, 이익잉여금 등
- 매출액 변화와 무관한 항목: 단기차입금, 사채, 자본금 등

둘째, 예상매출액에 매출액백분율을 곱하여 매출액에 따라 영향을 받는 각 항목의 수치를 추정한다.

셋째, 이익잉여금의 증가액을 구한다. 20×2년도 이익잉여금 증가액은 다음과 같이 구할 수 있다.

19) 현재 ㈜H전자는 고정시설을 완전가동하고 있으므로 순유형자산도 매출액의 증가와 같은 비율로 증가하는 항목에 포함된다고 할 수 있다.

표 2A-2 매출액백분율법에 의한 소요자금액의 추정

㈜H전자 (단위: 백만원)

과 목	재무상태표 (20×1. 12. 31)	매출액백분율(%)	20×2년도 추정액	
현 금	10,000	2.5		15,000
매출채권	90,000	22.5		135,000
재고자산	200,000	50.0		300,000
순유형자산	300,000	75.0		450,000
총 자 산	600,000	150.0		900,000
매입채무	40,000	10.0		60,000
단기차입금	10,000	–		10,000*
미지급금	50,000	12.5		75,000
사 채	150,000	–		150,000*
자 본 금	50,000	–		50,000*
이익잉여금	300,000	–		324,000**
부채와 자본	600,000	22.5		669,000
			추가조달자금	231,000***
			부채와 자본	900,000

* 표시항목은 매출액변동에 영향을 받지 않는 항목임.
** 200×1년도 말 이익잉여금+이익잉여금의 증가액=300,000+24,000
*** 추가조달자금액=900,000−669,000=231,000

- 예상순이익 = 예상매출액 × 매출액순이익률
  = 600,000백만원 × 10% = 60,000백만원

- 이익잉여금 증가액 = 예상순이익 − 예상배당금
  = 60,000백만원 − 60,000백만원 × 60% = 24,000백만원

넷째, 총자산의 추정액에서 부채와 자본의 추정액을 차감하여 외부자본조달액을 추정한다.

이상과 같은 과정에 의해서 소요자금액을 추정하면 〈표 2A-2〉와 같다.

이상에서 설명한 외부자금조달액(external fund needed: EFN)은 식 (2A-1)에 의해서 간편하게 추정될 수 있다.

외부자금조달액(*EFN*) = 자산의 증가액 − 부채의 증가액 − 이익잉여금의 증가액

$$= \frac{A}{R_0}(\Delta R) + \Delta F - \frac{B}{R_0}(\Delta R) - MR_1(1-d) \qquad (2A-1)$$

여기서 R_0 : 기준연도의 매출액
A : 매출액에 비례하여 변하는 자산총액
ΔF : 비유동자산의 증가액
B : 매출액에 비례하여 변하는 부채총액
ΔR : 매출액의 증가액($R_1 - R_0$)
M : 매출액순이익률
R_1 : 계획연도의 예상매출액
d : 배당성향

식 (2A−1)을 이용하여 ㈜H전자의 20×2년도의 매출액증가에 따른 추가 외부자금조달액을 구하면 다음과 같다.

$$EFN = 1.5 \times 200{,}000 - 0.225 \times 200{,}000 - 0.1 \times 600{,}000 \times (1-0.6) = 231{,}000\text{백만원}$$

기업의 재무예측에서 매출액성장률은 중요한 역할을 한다. 특히 외부자금조달과는 높은 상관관계가 존재한다고 볼 수 있다. 지금까지의 분석에서 이용한 매출액증가액을 그 성장률로 환산하면, 매출액성장률과 소요자금액과의 관계를 다음 식과 같이 보다 일반화할 수 있다.

매출액증가액을 기준연도의 매출액에 성장률을 곱하여 다음과 같이 나타낸다.

$$\Delta R = R_0 \times g$$

$$R_1 = R_0 + \Delta R = R_0(1+g) \qquad (2A-2)$$

여기서 g: 매출액성장률

식 (2A−2)를 (2A−1)에 대입하여 ㈜H전자의 매출액성장률 g와 외부자금조달액 간 관계식을 구하면 다음과 같다.

$$EFN = \frac{A}{R_0}(\Delta R) + \Delta F - \frac{B}{R_0}(\Delta R) - MR_1(1-d) \qquad (2A-3)$$

$$= 600{,}000g - 90{,}000g - 0.1 \times 400{,}000(1+g)(1-0.6)$$

$$= -16{,}000 + 494{,}000g$$

그리고 매출액성장률 g와 외부자금조달액 간의 관계를 나타내면 [그림 2A−1]과 같다.

[그림 2A−1]에서 볼 수 있는 바와 같이 매출액성장률에 근거하여 외부자금조달액

그림 2A-1 매출액성장률과 외부자금조달액

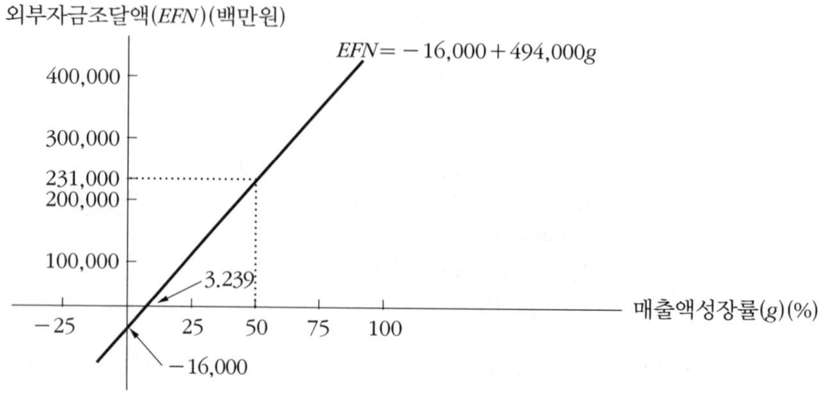

을 추정할 수 있으며, 배당정책 등 기업의 외부자금조달액에 영향을 미치는 요인을 확인할 수 있다. 예를 들어 ㈜H전자의 경우에는 배당성향이 고정된 값으로 주어졌으나, 이는 기업의 재무적 상황에 따라 조절이 가능한 변수이다. 이 기업의 배당성향을 낮추게 되면 [그림 2A−1]의 EFN선은 오른쪽으로 이동하면서 기울기는 낮아지게 된다. 따라서 각 매출액성장률(g)에 대응하는 외부자금조달액은 감소하게 된다.

예제 2A-1 외부자금조달액의 추정

㈜S전자의 20×1년도 말 재무상태표는 다음과 같다.

재무상태표

㈜S전자 20×1년 12월 31일 (단위: 백만원)

과 목	금 액	과 목	금 액
현 금	10,000	매입채무	20,000
매출채권	20,000	단기차입금	10,000
재고자산	30,000	미지급금	20,000
순유형자산	200,000	사 채	50,000
		자 본 금	100,000
		이익잉여금	60,000
총 자 산	260,000	부채 및 자본	260,000

20×1년 중 ㈜S전자는 매출액 100,000백만원을 실현하기 위하여 현재의 고정시설을 완전가동(full capacity)하였으며, 불필요한 여유자금을 보유하지 않고 있다. 이 기업의 매출액순이익률은

10%이며, 순이익의 50%는 배당으로서 주주에게 지급된다. ㈜S전자의 20×2년도 예상매출액이 150,000백만원으로 50,000백만원의 매출액이 증가될 것으로 예상된다면, 이 기업의 20×2년도에 추가로 조달해야 될 자금이 얼마가 될 것인지를 매출액백분율법으로 예측하라.

| 해설 |

매출액백분율법에 의해서 외부자금조달액을 구하는 식은 다음과 같다.

$$\text{외부자금조달액}(EFN) = \text{자산의 증가액} - \text{부채의 증가액} - \text{이익잉여금의 증가액}$$

$$= \frac{A}{R_0}(\Delta R) + \Delta F - \frac{B}{R_0}(\Delta R) - MR_1(1-d)$$

여기서 기업이 현재 100% 조업을 하고 있으므로 유동자산뿐만 아니라 비유동자산(순유형자산)도 매출액에 비례해서 변한다고 볼 수 있다. 그리고 부채 중 매출액과 비례해서 변동하는 것은 매입채무와 미지급금이다. 따라서 외부자금조달액(EFN)은 다음과 같이 구할 수 있다.

$$EFN = \frac{260{,}000}{100{,}000} \times 50{,}000 - \frac{40{,}000}{100{,}000} \times 50{,}000 - 0.1 \times 150{,}000 \times (1-0.5)$$

$$= 102{,}500\text{백만원}$$

A.3 유지가능성장률의 추정

재무이론에서는 기업의 재무목표를 기업가치의 극대화에 두고 있다. 그럼에도 불구하고 많은 기업에서 성장률의 극대화를 재무목표로 설정하고 있는 이유가 무엇일까? 장기적인 관점에서 볼 때 성장률의 극대화와 기업가치의 극대화가 유사한 의미를 갖기 때문이다. 물론 성장률의 극대화가 바로 기업가치의 극대화를 의미한다고 볼 수는 없다. 기업가치를 감소시키는 신규사업에 투자하는 경우 매출액은 증가하지만 기업가치가 오히려 감소될 수 있기 때문이다. 그러나 경영자들이 기업가치를 극대화하는 차원에서 기업을 경영한다면 기업의 성장은 기업가치를 극대화시킬 수 있는 재무정책의 결과로서 나타나기 때문에 장기적인 관점에서 볼 때 성장률의 극대화와 기업가치의 극대화가 동일한 의미를 가질 수 있다.

많은 기업에서 재무상태나 자금조달능력을 고려하지 않고 무리한 성장을 추구하다가 오히려 재무적 곤경에 처하는 경우를 볼 수 있다. 따라서 자금조달능력이나 재무상태를 고려하여 기업이 무리 없이 달성할 수 있는 적정한 성장률을 파악해 둘 필요가 있다. 여기서 말하는 적정한 성장률은 유지가능성장률(sustainable growth)을 의미한다.

유지가능성장률은 일정한 재무정책하에서 달성할 수 있는 최대의 성장률을 의미한다. 유지가능성장률을 추정하는 데 이용되는 모형이 유지가능성장률모형(sustainable growth model)이다. 따라서 유지가능성장률 이상으로 성장목표를 수정할 때는 투자정책, 부채정책, 배당정책, 운전자본정책 등을 수정해야 하고, 정책수정이 어려운 경우에는 성장목표를 무리하게 추구해서는 안 된다. 유지가능성장률모형에서는 다음과 같은 가정을 하고 있다.

- 모든 자금을 내부금융(이익잉여금)과 부채로 조달한다.
- 모든 자산의 매출액백분율이 영구적으로 일정하다.
- 매출액순이익률, 배당성향, 부채비율이 영구적으로 일정하다.

이처럼 가정을 단순화시킨 목적은 설명의 편의를 위한 것이며, 어느 경우에서든 여러 대체적인 재무정책과 매출액성장률의 관계를 분석함으로써 주어진 재무정책하에서 달성할 수 있는 유지가능성장률을 추정할 수 있다.

이상과 같은 가정에서 보면 매출액이 ΔR만큼 증가하는 경우 총자산의 증가액(ΔA)은 매출액백분율(A/R_0)과 ΔR의 곱으로 나타낼 수 있다.

$$\Delta A = \left(\frac{A}{R_0}\right) \times \Delta R$$

한편 식 (2A－1)에서 볼 수 있는 바와 같이 이익잉여금(유보이익)의 증가액(ΔE)은 다음과 같다.

$$\Delta E = MR_1(1-d)$$

그리고 기업의 목표부채비율이 L인 경우 부채로 조달한 자금, 즉 부채의 증가액(ΔB)은 다음과 같다.

$$\Delta B = MR_1(1-d)L$$

모든 자금을 이익잉여금과 부채로 조달한다고 가정하였으므로 총자본조달액(ΔC)은 식 (2A－4)와 같다.

$$\Delta C = \Delta E + \Delta B = MR_1(1-d) + MR_1(1-d)L \qquad (2A-4)$$

식 (2A－4)에서 $R_1 = R_0(1+g)$, $g = \dfrac{\Delta R}{R_0}$이고 $\Delta A = \Delta C$이므로 식 (2A－4)를 정리하면 다음과 같다.

$$Ag = MR_0(1+g)(1-d) + MR_0(1+g)(1-d)L \qquad (2A-4)'$$

(2A−4)′를 풀어 유지가능성장률(g)을 구하면 다음과 같다.[20]

$$g=\frac{MR_0(1+L)(1-d)}{A-MR_0(1+L)(1-d)}=\frac{M(1+L)(1-d)}{\frac{A}{R_0}-M(1+L)(1-d)}$$

$$=\frac{M\left(\frac{R_0}{A}\right)(1+L)(1-d)}{1-M\left(\frac{R_0}{A}\right)(1+L)(1-d)}=\frac{ROE\times b}{1-ROE\times b} \qquad (2A-5)$$

여기서 자기자본순이익률(ROE) = 매출액순이익률(M) × 총자산회전율(R_0/A) × (1 + 부채비율(L))

유보비율(b) = 1 − 배당성향(d)

사례기업인 ㈜H전자의 목표부채비율이 1.0이라고 가정하는 경우 유지가능성장률을 계산하면 다음과 같다.

$$g=\frac{M(1+L)(1-d)}{\frac{A}{R_0}-M(1+L)(1-d)}$$

$$=\frac{0.1\times(1+1)\times(1-0.6)}{1.5-0.1\times(1+1)\times(1-0.6)}=0.563$$

식 (2A−5)에서 현재의 재무정책을 수정함으로써 유지가능성장률을 조정할 수 있다. 예를 들어 부채비율을 높이거나 배당성향을 낮추거나 또는 매출액순이익률을 높임으로써 유지가능성장률을 높일 수 있다. 따라서 재무담당자는 현재의 재무정책을 면밀히 분석하여 성장률을 개선시킬 수 있도록 재무정책을 수정하여 재무계획을 수립해야 한다.

---

20) 내부자금조달만으로 달성할 수 있는 최대성장률, 즉 내부성장률(internal growth rate)는 다음과 같이 구할 수 있다.

$$\Delta C=\Delta E=MR_1(1-d)\rightarrow Ag=MR_0(1+g)(1-d)$$

위 식을 풀어 내부성장률(g)을 구하면 다음과 같다.

$$\therefore g=\frac{MR_0(1-d)}{A-MR_0(1-d)}=\frac{M(1-d)}{\frac{A}{R_0}-M(1-d)}$$

$$=\frac{M\left(\frac{R_0}{A}\right)(1-d)}{1-M\left(\frac{R_0}{A}\right)(1-d)}=\frac{ROA\times b}{1-ROA\times b}$$

여기서 총자산순이익률(ROA) = 매출액순이익률(M) × 총자산회전율(R_0/A)

예제 2A-2 유지가능성장률

㈜인천에 관한 재무자료는 다음과 같다.

부채비율=50%, 매출액순이익률=5%, 총자산회전율=1.2, 배당성향=40%

위 자료를 이용하여 다음의 물음에 답하라.

(1) ㈜인천의 유지가능성장률은 얼마인가?

(2) 배당성향을 조정하여 8%의 유지가능성장률을 달성하고자 한다. ㈜인천은 배당성향을 어떻게 조정해야 하는가?

| 해설 |

(1) $g=\dfrac{M\left(\dfrac{R_0}{A}\right)(1+L)(1-d)}{1-M\left(\dfrac{R_0}{A}\right)(1+L)(1-d)}=\dfrac{0.05\times1.2(1+0.5)\times(1-0.4)}{1-0.05\times1.2\times(1+0.5)\times(1-0.4)}=0.0571$

(2) $g=\dfrac{0.05\times1.2\times(1+0.5)\times(1-d)}{1-0.05\times1.2\times(1+0.5)\times(1-d)}=0.08\ \rightarrow\ d=0.177$

그러므로 배당성향을 40%에서 17.7%로 감소시키면 8%의 유지가능성장률을 달성할 수 있을 것이다.

예제 2A-3 내부성장률과 유지가능성장률 (CPA 2차 2016)

을지쇼핑은 부채비율(부채/자기자본)을 25%로 유지하고 내부유보율(유보이익/순이익)을 40%로 유지하는 재무정책을 시행하고 있다. 올해 초 자기자본은 80억원이고 올해 순이익은 30억원이다. 다음 질문에 대하여 %기준으로 반올림하여 소수점 첫째 자리까지 계산하라.

(1) 올해의 ROA(총자산순이익률)와 ROE(자기자본순이익률)는 얼마인가? 단, 수익률 계산에서 총자산과 자기자본은 기초와 기말의 평균값을 사용해야 한다.

(2) 을지쇼핑은 내년 순이익이 올해보다 20% 성장할 것으로 예측하였다. 을지쇼핑이 차입이나 유상증자를 이용하지 않고 내부자금만으로 성장하기로 재무정책을 바꾼다면, 내년에 도달할 수 있는 최대의 총자산성장률은 얼마인가?

(3) 을지쇼핑은 내년 순이익이 올해보다 50% 성장할 것으로 예측을 바꾸었다. 을지쇼핑이 유상증자는 이용하지 않고 부채비율을 유지하는 기존의 재무정책을 시행한다면, 내년에 도달할 수 있는 최대의 자기자본성장률은 얼마인가?

| 해설 |

(1) 당기 말 자기자본=당기 초 자기자본+당기 유보액=80+30×0.4=92억원

$$\text{당기 평균 자기자본}=\frac{\text{당기 초 자기자본}+\text{당기 말 자기자본}}{2}=\frac{80+92}{2}=86\text{억원}$$

$$\frac{부채}{자기자본}=0.25 \rightarrow 부채=자기자본\times 0.25$$

총자산=부채+자기자본=자기자본×0.25+자기자본=자기자본×1.25

당기 평균 총자산=86×1.25 = 107.5억원

- $ROA=\dfrac{순이익}{평균\ 총자산}\times 100=\dfrac{30}{107.5}\times 100=27.9\%$
- $ROE=\dfrac{순이익}{평균\ 자기자본}\times 100=\dfrac{30}{86}\times 100=34.9\%$

(2) 차기순이익=30×1.2=36억원

차기 말 자기자본=92+36×0.4=106.4억원

차기 말 총자산=차기 말 자기자본+당기 말 부채=106.4+92×0.25=129.4억원

$$차기\ 평균\ 총자산=\frac{(92+23)+129.4}{2}=122.2억원$$

$$ROA=\frac{36}{122.2}\times 100=29.5\%$$

$$\therefore 차기\ 내부성장률(g)=\frac{ROA\times b}{1-ROA\times b}=\frac{0.295\times 0.4}{1-0.295\times 0.4}=0.134=13.4\%$$

(3) 차기순이익=30×1.5=45억원

차기 말 자기자본=92+45×0.4=110억원

$$차기\ 평균\ 자기자본=\frac{92+110}{2}=101억원$$

$$ROE=\frac{45}{101}\times 100=44.6\%$$

$$\therefore 차기\ 유지가능성장률(g)=\frac{ROE\times b}{1-ROE\times b}=\frac{0.446\times 0.4}{1-0.446\times 0.4}=0.217=21.7\%$$

제 3 장

화폐의 시간적 가치

1. 화폐의 시간적 가치와 이자율
2. 미래가치와 현재가치
3. 복리계산기간
4. 여러 기간 현금흐름의 평가

화폐는 동일한 금액이라 하더라도 발생시기에 따라 그 가치가 달라진다. 즉 오늘의 1원과 내일의 1원의 가치는 서로 다르다. 일반적으로 기업의 재무의사결정은 현재시점에서 이루어지나 이로부터 발생되는 현금흐름은 미래시점에서 실현된다. 그러므로 서로 다른 시점에서 발생되는 현금흐름을 비교하기 위해서는 오늘의 1원과 내일의 1원 사이의 관계, 즉 화폐의 시간적 가치(time value of money)개념을 알아야 한다.

본장에서는 각 시점에 발생하는 현금흐름을 현재가치(present value: PV) 또는 미래가치(future value: FV)로 전환하는 방법에 대하여 자세히 설명하고자 한다.

1 화폐의 시간적 가치와 이자율

일반적으로 사람들은 동일한 금액인 경우 미래의 현금흐름보다는 현재의 현금흐름을 더 선호한다. 즉 오늘의 1원은 내일의 1원보다 더 가치가 있다. 그 이유로는 여러 가지가 있을 수 있으나, 여기서는 다음과 같은 두 가지만 설명하고자 한다.

첫째, 일반적으로 사람들이 미래의 소비보다 현재의 소비를 더 선호하는 **시차선호**(time preference)의 경향을 가지고 있기 때문이다. 시차선호는 사람들의 일반적인 행동적 특성에 기인한 것으로서 사회 또는 사람에 따라 미래의 소비보다 현재의 소비를 더 선호하는 강도는 달라질 수 있다.

둘째, 사람들은 현재의 현금을 가지고 주어진 생산기회를 이용하여 미래에 그 이상의 가치를 창출할 수 있기 때문이다. 즉 자본화되어 새로운 가치를 창출할 수 있는 현재의 현금흐름을 동일한 금액의 미래 현금흐름보다 더 선호하게 된다. 이는 **자본의 생산성**(productivity of capital)이라는 기술적 특성에 기인한다.

이상의 이유들에 의해서 사람들은 동일한 금액일 경우 현재의 현금흐름을 미래의 현금흐름보다 더 선호하게 된다.[1)] 그러므로 사람들이 선호하는 현재의 현금흐름을 포기하게 하기 위해서는 미래의 현금흐름을 보다 많이 제공해야 하는데, 이와 같이 추가적으로 지불하는 금액(이자)을 현재의 현금흐름(원금)에 대한 일정한 비율로 나타낸 것이 이자율(interest rate)이다. 요약하면 이자율은 화폐의 가격으로서 화폐의 시간적 가치를 반영하는 척도라 할 수 있다.

2 미래가치와 현재가치

2.1 미래가치와 복리계산과정

미래가치란 현재의 일정금액을 미래의 일정시점의 화폐가치로 환산한 것을 말하며, 미래가치를 구하는 과정을 **복리계산과정**(compounding process)이라 한다.

어떤 사람이 현재 100원을 연리 10%로 매년 복리계산되는 정기예금에 예금한다면, 그는 1년도 말에 원금 100원과 이자 10원(100원×0.1)을 합한 원리합계 110원을 받

1) 오늘의 현금흐름을 더 선호하는 또 하나의 중요한 이유는 미래의 불확실성(uncertainty) 때문이다. 사람들은 위험을 싫어하기 때문에 적절한 보상 없이는 불확실한 미래 현금흐름을 선택하지 않을 것이다. 이와 같은 불확실성 또는 위험은 제3편에서 자세히 설명된다.

을 수 있다. 다시 말하면 현재가치 100원을 1년도 말의 미래가치로 환산하면 110원이 된다는 것이다.

$$FV_1 = PV + PV \times r = PV(1+r)$$
$$= 100 + 100 \times 0.1 = 100 \times (1+0.1) = 110\text{원}$$

여기서 PV : 원금, 즉 현재가치
FV_1 : 1년도 말의 원리합계, 즉 미래가치
r : 연리

1년도 말에 110원을 회수하지 않고 1년 더 예금한다면, 2년도 말에 받을 수 있는 원리합계, 즉 미래가치 FV_2는 다음과 같다.

$$FV_2 = FV_1 + FV_1 \times r = FV_1(1+r) = PV(1+r)^2$$
$$= 110 + 110 \times 0.1 = 110 \times (1+0.1) = 100 \times (1+0.1)^2$$
$$= 121\text{원}$$

이와 같은 방법으로 n년도 말의 미래가치 FV_n을 구하면 다음과 같다.

$$FV_n = PV(1+r)^n = PV \times CVIF_{r,\,n} \qquad (3-1)$$

식 (3-1)에서 $(1+r)^n$은 현재 1원에 대한 n기간 말에서의 미래가치를 나타내며, 이를 **복리이자요소**(compound value interest factor: CVIF) 또는 미래가치이자요소(future value interest factor: FVIF)라 한다. 본서의 부록 I 에 제시된 복리표(〈부표-1〉 참조)를 이용하면 이자율 r과 기간 n에 의해 결정되는 복리이자요소 $CVIF_{r,\,n}$을 간편하게 구할 수 있다. 그리고 원금(현재가치)에 복리이자요소를 곱하여 미래가치를 계산할 수 있다.

재무 FOCUS

이자계산방법: 단리와 복리

이자의 계산방법에는 단리(simple interest)와 복리(compound interest)의 두 가지가 있다. 단리에 의해서 이자를 계산하면 원금에 대한 이자만 계산되나, 복리의 경우에는 원금뿐만 아니라 이자에 대한 이자도 계산된다.

예를 들어 어떤 사람이 현재 100원을 연리 10%로 2년간 예금하는 경우 이자를 단리 또는 복리 중 어떤 방법으로 계산하느냐에 따라 2년 후 원리합계는 다음과 같이 달라진다.

- 단리계산방법: 2년 후 원리합계 = 100원 + (100원 × 0.1) × 2
  = 100원 × (1 + 0.1 × 2) = 120원

• 복리계산방법: 2년 후 원리합계 = 100원 × $(1+0.1)^2$ = 121원

항상 단리보다 복리에 의한 원리합계가 더 크다. 이는 복리의 경우 이자에 대한 이자가 계산되기 때문이다. 일반적으로 금융거래에 있어서 단리에 의한 이자계산방법은 거의 사용되지 않는다. 그러므로 특별한 언급이 없는 한 복리에 의해서 이자가 계산된다고 이해하기 바란다.

예제 3-1 미래가치

현금 100만원을 연리 7%로 매년 복리계산되는 정기예금에 예금하는 경우 3년도 말의 미래가치는 얼마인가?

▎해설▎

식 (3-1)을 이용하여 3년도 말의 미래가치 FV_3을 구하면 다음과 같다.

$$FV_3 = 100 \times (1+0.07)^3 = 122.5\text{만원}$$

또한 본서 부록 Ⅰ의 〈부표-1〉 복리표를 이용하여도 동일한 결과를 얻을 수 있다.

기 간	이 자 율		
	6%	7%	8%
1	1.0600	1.0700	1.0800
2	1.1236	1.1449	1.1664
3	1.1910	1.2250	1.2597
4	1.2625	1.3108	1.3605

〈부표-1〉의 복리표 중 일부를 나타낸 위의 표에 의하면 연리 7%, 기간 3년인 복리이자요소 $CVIF_{0.07,\,3}$은 1.2250(표에서 직사각형으로 표시된 값)이다. 그러므로

$$FV_3 = 100 \times CVIF_{0.07,\,3} = 100 \times 1.2250 = 122.5\text{만원}$$

예제 3-2 이자율의 계산

현재 600만원을 가지고 있는 사람이 3년 후 A 자동차를 구입하려고 한다. 그리고 3년 후 자동차의 구입가격은 777만원으로 예상된다. 이 사람이 현재 가지고 있는 돈을 3년간 정기예금하여 A 자동차를 구입할 수 있으려면, 정기예금의 연리는 얼마가 되어야 하는가?

▎해설▎

3년도 말에 A 자동차를 구입하기 위해서는 현재 600만원을 3년 동안 정기예금하여 얻을 수 있

는 3년도 말의 가치가 777만원이 되어야 한다.

$$600 \times (1+r)^3 = 777$$

$$(1+r)^3 = CVIF_{r,\,3} = \frac{777}{600} = 1.2950$$

그러므로 〈부표-1〉의 복리표에 의해서 연리 r을 구하면,

$\therefore\ r = 0.09$ 또는 9%

또는 위 식을 직접 풀어서 구해도 동일한 결과를 얻을 수 있다.

$r = \sqrt[3]{1.2950} - 1 = 0.09$ 또는 9%

예제 3-3 투자기간의 계산: 72의 규칙

현금 100만원을 연리 10%로 매년 복리계산되는 정기예금에 예금하는 경우 몇 년 후에 원금의 2배인 200만원이 되겠는가?

해설

원금의 2배가 되는 기간을 다음과 같이 구할 수 있으며, 이를 72의 규칙(rule of 72)이라 한다.[2)]

$$\text{원금의 2배가 되는 기간} = \frac{72}{\text{이자율(\%)}} = \frac{72}{10} = 7.2\text{년}$$

재무 FOCUS

복리계산의 효과

원금뿐만 아니라 이자에 대한 이자도 계산되는 복리계산의 효과를 극적으로 보여 줄 수 있는 사례를 살펴보자. 네덜란드 신대륙 식민지의 초대총독이었던 피터 미누이트(Peter Minuit)는 1626년 미국의 뉴욕시에 있는 맨해튼(Manhattan) 섬을 원주민인 인디언들로부터 약 \$24에 해당하는 물건들을 주고 샀다. 인디언들이 맨해튼을 강제로 빼앗긴 것이나 다름없다고 생각할 수 있으나, 복리계산의 효과를 고려하면 오히려 이 거래가 인디언들에게 더 유리한 것일 수도 있다. \$24를 연리 8%로 매년 복리계산하여 393년이 지난 현재시점(2019년)에서의 가치를 계산하면 약 328조 달러[$\$24(1+0.08)^{393}$]가 되어 지금의 맨해튼을 다시 사고

2) 원금의 2배가 되는 기간(n)을 보다 정확하게 구하려면 $100 \times (1+0.1)^n = 200$, 즉 $(1+0.1)^n = 2$를 풀면 된다. 로그함수를 이용하면 $n \times \log 1.1 = \log 2$이므로 $n = \frac{\log 2}{\log 1.1} = 7.27$년이 된다. 즉 7.27년을 예금해야 원금의 2배로 만들 수 있음을 알 수 있다. 이는 72의 규칙에 의해 구한 7.2년과 약간의 차이가 있다.

도 남을 것이다. 다만 1626년부터 393년 동안 계속해서 연리 8%를 지급하는 곳에 투자하기란 쉽지 않을 것이다.

2.2 현재가치와 할인계산과정

현재가치란 미래에 발생할 일정금액을 현재시점의 화폐가치로 환산한 것을 말하며, 현재가치를 구하는 과정을 **할인계산과정**(discounting process)이라 한다.

연리 10%로 매년 복리계산되는 정기예금에 현재 얼마를 예금하여야 2년도 말에 100원이 되겠는가? 이 물음에 대한 답은 다음의 식에서 찾을 수 있다.

$$PV \times (1+0.1)^2 = 100\text{원}$$

그러므로

$$PV = \frac{100}{(1+0.1)^2} = 82.64\text{원}$$

즉 오늘 82.64원을 연리 10%로 매년 복리계산되는 정기예금에 예금하면 2년도 말에 100원이 된다. 그러므로 현재의 82.64원과 2년도 말의 100원의 가치는 동일하다고 할 수 있다. 이 경우 2년도 말 100원의 현재가치는 82.64원이다.

n년도 말의 미래가치 FV_n을 현재가치 PV로 환산하는 공식은 앞의 식 (3−1)을 수정하면 다음과 같이 나타낼 수 있다.

$$PV = \frac{FV_n}{(1+r)^n} = FV_n(1+r)^{-n} = FV_n \times PVIF_{r,\,n} \tag{3-2}$$

식 (3−2)에서 $(1+r)^{-n}$은 n기간 말 1원의 현재가치를 나타내며, 이를 **현가이자요소**(present value interest factor: PVIF)라 한다. 본서의 부록 Ⅰ에 제시된 현가표(〈부표−3〉 참조)를 이용하면 이자율 r과 기간 n에 의해 결정되는 현가이자요소 $PVIF_{r,\,n}$을 간편하게 구할 수 있다.[3] 그리고 미래 현금흐름(미래가치)에 현가이자요소를 곱하여 현재가치를 계산할 수 있다.

이상에서 살펴본 바와 같이 미래가치를 구하는 복리계산과정과 현재가치를 구하는 할인계산과정은 서로 상반되는 개념이며, 현가이자요소는 복리이자요소의 역수라 할 수 있다.

---

3) 일반적으로 현재가치를 계산할 때 사용되는 이자율을 할인율(discount rate)이라 한다.

$$PVIF_{r,\,n} = \frac{1}{CVIF_{r,\,n}} \qquad (3-3)$$

예제 3-4 현재가치의 계산

K씨는 지금으로부터 3년 후에 100만원을 받을 수 있다. 그리고 그는 투자로부터 매년 8%씩 벌 수 있다. 이 경우 K씨가 받을 미래 현금흐름의 현재가치는 얼마인가?

| 해설 |

식 (3-2)를 이용하여 현재가치 PV를 구하면 다음과 같다.

$$PV = \frac{100}{(1+0.08)^3} = 79.38\text{만원}$$

또한 본서 〈부표-3〉의 현가표를 이용하여도 동일한 결과를 얻을 수 있다.

기 간	이 자 율		
	7%	8%	9%
1	0.9346	0.9259	0.9174
2	0.8734	0.8573	0.8417
3	0.8163	0.7938	0.7722
4	0.7629	0.7350	0.7084

〈부표-3〉의 현가표 중 일부를 나타낸 위의 표에 의하면 이자율 8%, 기간 3년인 현가이자요소 $PVIF_{0.08,\,3}$은 0.7938(표에서 직사각형으로 표시된 값)이다. 그러므로

$$PV = 100 \times PVIF_{0.08,\,3} = 100 \times 0.7938 = 79.38\text{만원}$$

3 복리계산기간

지금까지는 이자가 매년, 즉 1년에 한 번 복리계산된다고 가정하였으나, 많은 경우에 1년에 두 번 이상 복리계산될 수 있다. 그러므로 여기서는 1년에 두 번 이상 복리계산되는 경우에 미래가치와 현재가치를 계산하는 방법에 대해서 설명하고자 한다.

3.1 미래가치와 복리계산기간

현재 100원을 연리 10%로 6개월마다, 즉 1년에 두 번 복리계산되는 정기예금에 예금한다면, 현재의 100원은 6개월 후 105원[100×(1+0.05)]이 되며, 1년도 말에는 110.25원[$105\times(1+0.05)=100\times(1+0.05)^2$]이 될 것이다.[4] 즉 1년도 말의 미래가치 FV_1은 다음과 같이 계산된다.

$$FV_1 = 100\times\left(1+\frac{0.1}{2}\right)^2 = 100\times(1+0.05)^2 = 110.25\text{원}$$

그리고 연리 10%로 6개월마다 복리계산된다는 것은 결과적으로 연리 10.25% [$(1+0.05)^2-1$]로 매년 복리계산된다는 것과 동일하다.

$$FV_1 = 100\times(1+0.1025) = 110.25\text{원}$$

여기서 복리계산기간(compounding periods)을 고려하지 않은 연리 10%를 **연간 표시이자율**(annual percentage rate: APR)이라 하며, 복리계산기간을 고려하여 환산된 실질적인 연리 10.25%를 **연간 실효이자율**(effective annual rate: EAR)이라 한다.

연리 r로 연간 m번 복리계산되는 경우에 n년도 말의 미래가치는 다음과 같다.

$$FV_n = PV\left(1+\frac{r}{m}\right)^{mn} = PV\times CVIF_{r/m,\ mn} \tag{3-4a}$$

또는

$$FV_n = PV(1+r_e)^n = PV\times CVIF_{r_e,\ n} \tag{3-4b}$$

여기서 r_e는 연간 실효이자율로서 다음과 같이 계산된다.

$$r_e = \left(1+\frac{r}{m}\right)^m - 1 \tag{3-5}$$

이상에서 살펴본 바와 같이 1년에 두 번 이상 복리계산되는 경우에는 복리계산기간을 고려하여 기간 또는 이자율을 조정하여야 한다는 사실을 명심하여야 한다.[5]

위의 식 (3-4a)에서 연간 복리계산횟수 m을 점점 늘려 m이 무한에 가깝도록 하

4) 연간 이자율이 10%이므로 6개월간 이자율은 그 절반인 5%가 된다.

5) 이때 사용되는 이자율은 항상 기간당 실효이자율이다.

면, 즉 연속복리계산(continuous compounding)하면, FV_n을 다음과 같이 나타낼 수 있다.[6)]

$$FV_n = PV \times e^{rn} \tag{3-6a}$$

여기서 $e = 2.71828\cdots$

또는

$$FV_n = PV(1+r_e)^n = PV \times CVIF_{r_e,\, n} \tag{3-6b}$$

여기서 연간 표시이자율 r을 연속복리이자율(continuously compounded rate)이라고도 하며, 이 경우 연간 실효이자율 r_e는 다음과 같다.

$$r_e = e^r - 1 \tag{3-7}$$

예제 3-5 복리계산기간과 미래가치

연리 12%로 **(1)** 매년, **(2)** 매6개월, **(3)** 매분기, **(4)** 매월, **(5)** 연속적으로 복리계산될 때, 각각의 경우에 따라 현재 100만원의 2년도 말 미래가치와 연간 실효이자율을 구하라.

❙ 해설 ❙

(1) 매년 복리계산되는 경우($m = 1$)

$FV_2 = 100 \times (1+0.12)^2 = 100 \times CVIF_{0.12,\, 2} = 125.44$만원

$r_e = 0.12$ 또는 12%

(2) 6개월마다 복리계산되는 경우($m=2$)

$$FV_2 = 100 \times \left(1+\frac{0.12}{2}\right)^{2\times 2} = 100 \times CVIF_{0.06,\, 4} = 126.25\text{만원}$$

$$r_e = \left(1+\frac{0.12}{2}\right)^2 - 1 = 0.1236 \text{ 또는 } 12.36\%$$

(3) 매분기, 즉 3개월마다 복리계산되는 경우($m=4$)

$$FV_2 = 100 \times \left(1+\frac{0.12}{4}\right)^{4\times 2} = 100 \times CVIF_{0.03,\, 8} = 126.68\text{만원}$$

---

6) $FV_n = \lim_{m\to\infty} PV\left(1+\frac{r}{m}\right)^{mn} = PV \lim_{m\to\infty}\left(1+\frac{r}{m}\right)^{mn} = PV \lim_{m\to\infty}\left(1+\frac{1}{m/r}\right)^{(m/r)rn}$

여기서 $m/r=x$로 치환하고, 자연지수 e의 정의, 즉 $e = \lim_{x\to\infty}\left(1+\frac{1}{x}\right)^x$를 이용하여 정리하면, FV_n을 다음과 같이 나타낼 수 있다.

$$FV_n = PV\left[\lim_{x\to\infty}\left(1+\frac{1}{x}\right)^x\right]^{rn} = PV \times e^{rn}$$

$$r_e=\left(1+\frac{0.12}{4}\right)^4-1=0.1255 \text{ 또는 } 12.55\%$$

(4) 매월 복리계산되는 경우($m=12$)

$$FV_2=100\times\left(1+\frac{0.12}{12}\right)^{12\times 2}=100\times CVIF_{0.01,\ 24}=126.97\text{만원}$$

$$r_e=\left(1+\frac{0.12}{12}\right)^{12}-1=0.1268 \text{ 또는 } 12.68\%$$

(5) 연속복리계산되는 경우($m\to\infty$)[7)]

$$FV_2=100\times e^{0.12\times 2}=100\times 1.2712=127.12\text{만원}$$

$$r_e=e^{0.12}-1=1.1275-1=0.1275 \text{ 또는 } 12.75\%$$

3.2 현재가치와 할인계산기간

여기서는 1년에 두 번 이상 할인계산되는 경우에 일정시점의 미래가치를 할인하여 현재가치로 환산하는 방법을 살펴보기로 하자. 연리 r로 연간 m번 할인계산되는 경우 n년도 말의 미래가치 FV_n을 현재가치 PV로 환산하는 공식은 앞의 식 (3-4a) 또는 식 (3-4b)를 변형하여 다음과 같이 나타낼 수 있다.

$$PV=FV_n\left(1+\frac{r}{m}\right)^{-mn}=FV_n\times PVIF_{r/m,\ mn} \tag{3-8a}$$

또는

$$PV=FV_n(1+r_e)^{-n}=FV_n\times PVIF_{r_e,\ n} \tag{3-8b}$$

여기서 $r_e=\left(1+\frac{r}{m}\right)^m-1$

그리고 **연속할인계산**(continuous discounting)된다면(즉 $m\to\infty$이라면), 앞의 식 (3-6a) 또는 식 (3-6b)를 변형하여 PV를 다음과 같이 나타낼 수 있다.

$$PV=FV_n\times e^{-rn} \tag{3-9a}$$

또는

---

7) 지수함수표 또는 재무계산기 등을 이용하면 $e^{0.24}$와 $e^{0.12}$의 값을 계산할 수 있다.

$$PV = FV_n(1+r_e)^{-n} = FV_n \times PVIF_{r_e,\,n} \quad (3\text{-}9b)$$

여기서 $r_e = e^r - 1$

예제 3-6 할인계산기간과 현재가치

연리 12%로 (1) 매년, (2) 매6개월, (3) 매분기, (4) 매월, (5) 연속적으로 할인계산될 때, 각각의 경우에 따라 2년도 말의 100만원에 대한 현재가치를 구하라.

| 해설 |

(1) 매년 할인계산되는 경우($m=1$)

$$PV = 100 \times (1+0.12)^{-2} = 100 \times PVIF_{0.12,\,2} = 79.72\text{만원}$$

(2) 6개월마다 할인계산되는 경우($m=2$)

$$PV = 100 \times \left(1+\frac{0.12}{2}\right)^{-2\times 2} = 100 \times PVIF_{0.06,\,4} = 79.21\text{만원}$$

(3) 매분기, 즉 3개월마다 할인계산되는 경우($m=4$)

$$PV = 100 \times \left(1+\frac{0.12}{4}\right)^{-4\times 2} = 100 \times PVIF_{0.03,\,8} = 78.94\text{만원}$$

(4) 매월 할인계산되는 경우($m=12$)

$$PV = 100 \times \left(1+\frac{0.12}{12}\right)^{-12\times 2} = 100 \times PVIF_{0.01,\,24} = 78.76\text{만원}$$

(5) 연속할인계산되는 경우($m \to \infty$)

$$PV = 100 \times e^{-0.12\times 2} = 100 \times 0.7866 = 78.66\text{만원}$$

4 여러 기간 현금흐름의 평가

지금까지는 일정시점에서 한 번 발생하는 일정금액의 현금에 대한 현재가치 또는 미래가치를 계산하는 방법에 관해서 설명하였다. 그러나 일반적으로 현금은 여러 기간에 걸쳐서 일련의 흐름으로 발생된다. 이때 현금흐름의 총미래가치를 구하려면 각 시점별 현금흐름을 앞에서 설명한 과정에 따라 일정시점의 미래가치로 환산한 다음 이를 모두 합하면 된다. 마찬가지로 현금흐름의 총현재가치를 구하려면 각 시점별 현금흐름을 현재가치로 환산한 다음 이를 모두 합하면 된다.

4.1 영구연금

영구연금(perpetuity)은 매기간 말에 일정금액이 무한히 생성되는 일련의 현금흐름을 의미한다. 이와 같은 영구연금의 대표적인 형태로서 영국정부에 의해서 발행되어 온 영구채권(consols)이 있다. 영구채권을 구입한 투자자는 영국정부로부터 영구적으로 매년 말에 일정금액의 이자를 받을 수 있는 권리를 부여받는다.

매기간 말 일정금액 C가 무한히 발생하는 영구연금의 현금흐름유형은 [그림 3-1]과 같다. 이와 같은 영구연금의 현재가치는 다음과 같이 구할 수 있다.[8]

$$PV(\text{영구연금}) = \frac{C}{1+r} + \frac{C}{(1+r)^2} + \frac{C}{(1+r)^3} + \cdots = \frac{C}{r} \qquad (3-10)$$

위의 식 (3-10)은 항상 1기간 말, 즉 1시점부터 현금이 발생하는 영구연금의 현재가치를 구하는 공식임을 유의하기 바란다.

그림 3-1 영구연금의 현금흐름유형

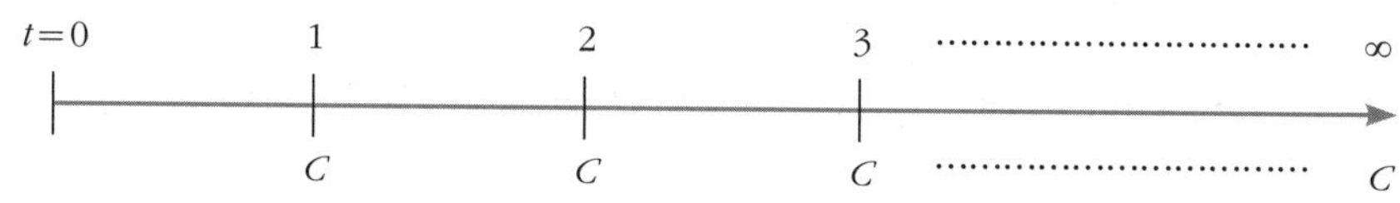

예제 3-7 영구연금의 현재가치

매년 말에 10만원을 영구적으로 지급하는 영구채권의 현재가치를 구하라. (단, 연간 이자율은 10%이다.)

| 해설 |

$$PV(\text{영구채권}) = \frac{10}{0.1} = 100\text{만원}$$

8) 영구연금의 현재가치는 무한등비수열의 합을 구하는 공식을 이용하여 다음과 같이 구할 수 있다.

$$PV(\text{영구연금}) = \frac{\text{초항}}{1-\text{공비}} = \frac{\frac{C}{1+r}}{1-\left(\frac{1}{1+r}\right)} = \frac{C}{r}$$

4.2 연 금

연금(annuity)이란 일정기간 동안 일정금액의 현금흐름이 계속적으로 생성되는 일련의 현금흐름을 의미한다. 매기간 말 일정금액 C가 n기간 동안 발생하는 연금의 현금흐름유형은 [그림 3-2]와 같다.

[그림 3-2]와 같은 연금의 현재가치를 구하는 공식을 도출하기 위하여 다음과 같은 세 가지 유형의 현금흐름을 생각해 보자.

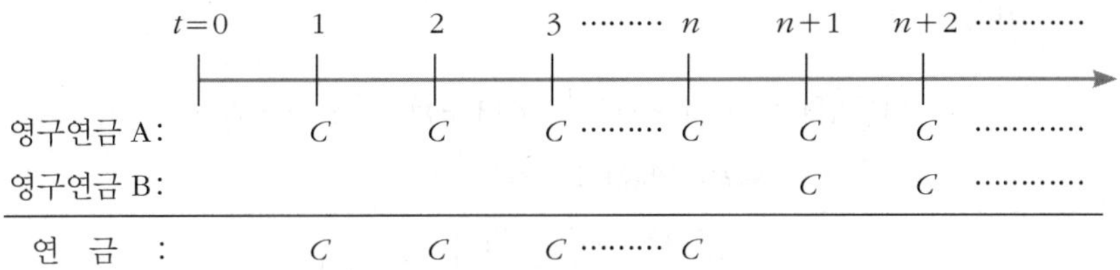

여기서 볼 수 있는 바와 같이 연금은 영구연금 A에서 영구연금 B를 차감한 현금흐름이라 할 수 있다. 그러므로 연금의 현재가치는 영구연금 A의 현재가치에서 영구연금 B의 현재가치를 차감하여 다음과 같이 나타낼 수 있다.[9]

$$\begin{aligned} PV(\text{연금}) &= \frac{C}{1+r} + \frac{C}{(1+r)^2} + \cdots + \frac{C}{(1+r)^n} \\ &= PV(\text{영구연금 A}) - PV(\text{영구연금 B}) \\ &= \frac{C}{r} - \left(\frac{C}{r}\right)\frac{1}{(1+r)^n} \\ &= C\left[\frac{1}{r} - \frac{1}{r(1+r)^n}\right] = C \times PVIFA_{r,\,n} \end{aligned} \qquad (3-11)$$

그림 3-2 연금의 현금흐름유형

9) 영구연금 B는 일정금액 C가 $(n+1)$시점부터 시작하여 매기간 무한히 생성되는 현금흐름이다. 먼저 영구연금의 현재가치를 구하는 공식을 이용하여 영구연금 B의 n시점에서의 가치를 구하면 $\frac{C}{r}$가 된다. 따라서 영구연금 B의 현재가치는 n시점에서의 가치를 할인하여 다음과 같이 구할 수 있다.

$$PV(\text{영구연금 B}) = \left(\frac{C}{r}\right)\frac{1}{(1+r)^n}$$

식 (3-11)에서 $\left[\frac{1}{r}-\frac{1}{r(1+r)^n}\right]$은 1기간 말부터 시작하여 n기간 동안 매기간 말에 1원씩 발생하는 연금의 현재가치를 나타내며, 이를 **연금의 현가이자요소**(present value interest factor for an annuity: PVIFA)라 한다. 본서의 부록 Ⅰ에 제시된 연금의 현가표(〈부표-4〉 참조)를 이용하면 이자율 r과 기간 n에 의해 결정되는 연금의 현가이자요소 $PVIFA_{r,\,n}$을 간편하게 구할 수 있다. 그리고 일정한 연금액(C)에 연금의 현가이자요소를 곱하여 연금의 현재가치를 계산할 수 있다.

한편 연금의 미래가치는 식 (3-11)에 복리이자요소인 $(1+r)^n$을 곱하여 구할 수 있다.

$$\begin{aligned} FV_n(\text{연금}) &= C(1+r)^{n-1}+C(1+r)^{n-2}+\cdots+C \\ &= PV(\text{연금})(1+r)^n \\ &= C\left[\frac{(1+r)^n}{r}-\frac{1}{r}\right]=C\times CVIFA_{r,\,n} \end{aligned} \quad (3\text{-}12)$$

식 (3-12)에서 $\left[\frac{(1+r)^n}{r}-\frac{1}{r}\right]$은 1기간 말부터 시작하여 n기간 동안 매기간 말에 1원씩 발생하는 연금의 n시점에서의 미래가치를 나타내며, 이를 **연금의 복리이자요소**(compound value interest factor for an annuity: CVIFA)라 한다. 본서의 부록 Ⅰ에 제시된 연금의 복리표(〈부표-2〉 참조)를 이용하면 이자율 r과 기간 n에 의해 결정되는 연금의 복리이자요소 $CVIFA_{r,\,n}$을 간편하게 구할 수 있다.[10] 그리고 일정한 연금액(C)에 연금의 복리이자요소를 곱하여 연금의 미래가치를 계산할 수 있다.

예제 3-8 연금의 현재가치

1년도 말부터 5년 동안 매년 100만원씩을 지급받을 수 있는 연금의 현재가치는 얼마인가? (단, 연간 이자율은 10%이다.)

| 해설 |

연금의 현재가치는 공식을 이용하여 직접 계산하거나, 또는 부록 Ⅰ의 〈부표-4〉 연금의 현가표를 이용하여 계산할 수 있다.

---

10) 일반적으로 연금(일반연금: ordinary annuity)은 기간 말에 지급된다. 이러한 이유로 연금의 현가표와 복리표는 그 현금흐름이 1기간 말, 즉 1시점부터 시작된다고 가정하여 작성되었음을 유의하여야 한다. 만약 기초에 연금(선불연금: annuity in advance or annuity due)이 지급되는 경우에는 기말 기준으로 계산된 각 값에 $(1+r)$을 곱하여 각각 $PVIFA_{r,\,n}\times(1+r)$과 $CVIFA_{r,\,n}\times(1+r)$로 수정하여야 한다.

$$PV(\text{연금}) = \frac{100}{1+0.1} + \frac{100}{(1+0.1)^2} + \frac{100}{(1+0.1)^3} + \frac{100}{(1+0.1)^4} + \frac{100}{(1+0.1)^5}$$

$$= 100 \times \left[\frac{1}{0.1} - \frac{1}{0.1 \times (1+0.1)^5}\right] = 100 \times 3.7908 = 379.08\text{만원}$$

또는

$$PV(\text{연금}) = 100 \times PVIFA_{0.1,\ 5} = 100 \times 3.7908 = 379.08\text{만원}$$

예제 3-9 연금의 미래가치

1년도 말부터 5년 동안 매년 100만원씩을 지급받아서 연리 10%로 매년 복리계산되는 정기예금에 예금한다면, 연금지급이 끝나는 5년도 말에 그 총액은 얼마가 되겠는가?

| 해설 |

연금의 미래가치는 공식을 이용하여 직접 계산하거나, 또는 부록 I 의 〈부표-2〉 연금의 복리표를 이용하여 계산할 수 있다.

$$FV_5(\text{연금}) = 100(1+0.1)^4 + 100(1+0.1)^3 + 100(1+0.1)^2 + 100(1+0.1) + 100$$

$$= 100 \times \left[\frac{(1+0.1)^5}{0.1} - \frac{1}{0.1}\right] = 100 \times 6.1051 = 610.51\text{만원}$$

또는

$$FV_5(\text{연금}) = 100 \times CVIFA_{0.1,\ 5} = 100 \times 6.1051 = 610.51\text{만원}$$

예제 3-10 연금의 현재가치 응용

K씨는 6년도 말부터 시작하여 4년 동안 매년 100만원씩 연금을 받을 수 있다. 연간 이자율이 10%일 경우, 이 사람이 가지고 있는 연금의 현재가치는 얼마인가?

| 해설 |

연금의 현금흐름유형을 그림으로 나타내면 다음과 같다.

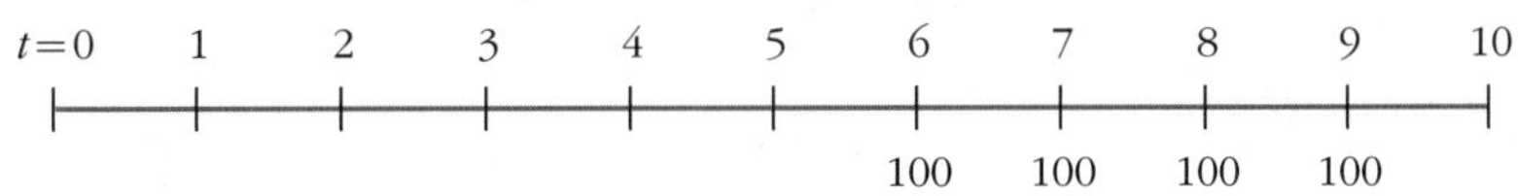

먼저 연금의 현재가치를 구하는 공식, 즉 식 (3-11)을 이용하여 5년도 말에서의 연금의 가치를 구하면 다음과 같다.

$$PV(\text{연금, 5년도 말}) = \frac{100}{1+0.1} + \frac{100}{(1+0.1)^2} + \frac{100}{(1+0.1)^3} + \frac{100}{(1+0.1)^4}$$

$$= 100 \times \left[\frac{1}{0.1} - \frac{1}{0.1 \times (1+0.1)^4} \right]$$

$$= 100 \times PVIFA_{0.1,\ 4} = 100 \times 3.1699 = 316.99\text{만원}$$

위에서 구한 연금의 가치는 5년도 말 시점에서의 가치이므로 이를 다시 할인하여 연금의 현재가치를 구하면 다음과 같다.

$$PV(\text{연금}) = \frac{316.99}{(1+0.1)^5} = 316.99 \times PVIF_{0.1,\ 5} = 316.99 \times 0.6209 = 196.82\text{만원}$$

이와 같은 계산과정을 그림으로 나타내면 다음과 같다.

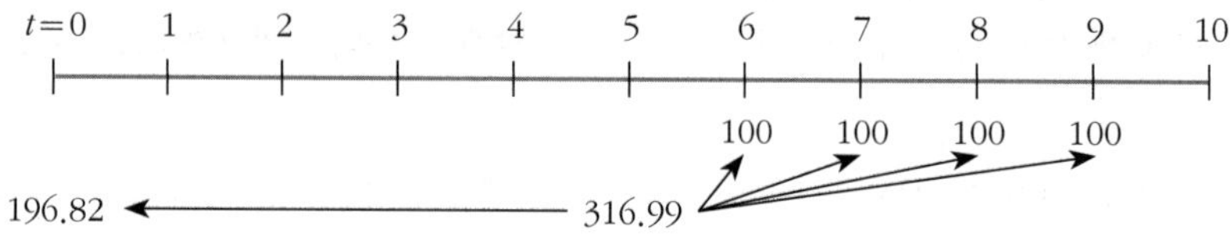

예제 3-11 균등상환채무

1년도 말부터 3년 동안 매년 일정한 금액을 상환할 조건으로 1,000만원을 차입하였다. 시장이자율이 연 6%일 경우 이와 같은 균등상환채무(amortized loan)에 대한 다음의 물음에 답하라.

(1) 매년도 말 균등상환액은?

(2) 매년도 말 이자지급액 및 원금상환액을 각각 추정하라.

| 해설 |

(1) 매년도 말 균등상환액(C)은 연금개념을 이용하여 구할 수 있다.

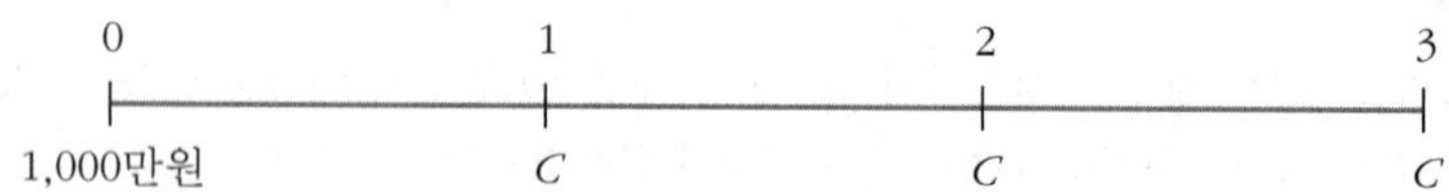

$$1{,}000\text{만원} = C \times \left[\frac{1}{0.06} - \frac{1}{0.06 \times (1+0.06)^3} \right] = C \times 2.6730$$

그러므로

$$C = \frac{1{,}000\text{만원}}{2.6730} = 374.11\text{만원}$$

(2) 채무의 균등상환계획에 의한 매년도 말 이자지급액 및 원금상환액은 다음과 같다.

(단위 : 만원)

연 도	연도 초 금액 ①	균등상환액 ②	이자지급액 ③=①×0.06	원금상환액 ④=②－③	연도 말 잔액 ⑤=①－④
1	1,000.00	374.11	60.00	314.11	685.89
2	685.89	374.11	41.15	332.96	352.93
3	352.93	374.11	21.18	352.93	0.00
합 계		1,122.33	122.33	1,000.00	

재무 FOCUS

Excel을 이용한 화폐의 시간적 가치 계산

마이크로소프트사의 엑셀(Microsoft Excel™)에서 이용할 수 있는 재무함수 중 미래가치, 이자율, 투자기간, 현재가치, 정기적립액을 구하는 함수식은 다음과 같다.

계산하고자 하는 값	함수식
미래가치	=FV(rate, nper, pmt, pv, type)
이자율(할인율)	=RATE(nper, pmt, pv, fv, type)
투자기간(적립기간)	=NPER(rate, pmt, pv, fv, type)
현재가치	=PV(rate, nper, pmt, fv, type)
정기적립액(연금수령액, 균등상환액)	=PMT(rate, nper, pv, fv, type)

주) 1. pmt, pv, fv는 각각 정기적립액, 현재가치, 미래가치를 나타냄(지출되는 금액은 음수(－)로 표시하고, 받을 금액은 양수(＋)로 표시함).
2. rate, nper는 각각 기간당 이자율, 투자기간을 나타냄(이자율은 투자기간 단위와 일치해야 함. 예를 들어 투자기간 단위가 월이라면 이자율은 월간 이자율을 사용해야 함).
3. type은 정기적립액이 있는 경우 적립시점(기말: 0, 기초: 1)을 나타내며, type을 생략하면 0으로 간주됨(현금흐름이 기말에 발생되는 것으로 간주됨).

	A	B	C	D	E	F	G	H	I	J
1	<예제 3-1 > 미래가치					<예제 3-6> 현재가치와 할인계산기간				
2		=FV(7%, 3, 0, -100)						=PV(12%, 2, 0, -100)		
3	122.5					(1) 매년	79.72			
4								=PV(12%/2, 2*2, 0, -100)		
5	<예제 3-2> 이자율					(2) 매6개월	79.21			
6		=RATE(3, 0, -600, 777)						=PV(12%/4, 4*2, 0, -100)		
7	9%					(3) 매분기	78.94			
8								=PV(12%/12, 12*2, 0, -100)		
9	<예제 3-3> 투자기간					(4) 매월	78.76			
10		=NPER(10%, 0, -100, 200)								
11	7.27					<예제 3-8> 연금의 현재가치				
12							=PV(10%, 5, -100)			
13	<예제 3-4> 현재가치					379.08				
14		=PV(8%, 3, 0, -100)								
15	79.38					<예제 3-9> 연금의 미래가치				
16							=FV(10%, 5, -100)			
17	<예제 3-5> 복리계산기간과 현재가치					610.51				
18			=FV(12%, 2, 0, -100)							
19	(1) 매년	125.44				<예제 3-10> 연금의 현재가치 응용				
20			=FV(12%/2, 2*2, 0, -100)							
21	(2) 매6개월	126.25				(1) PV(연금, 5년도 말)		316.99	=PV(10%, 4, -100)	
22			=FV(12%/4, 4*2, 0, -100)					=PV(10%, 5, 0, -316.99)		
23	(3) 매분기	126.68				(2) Pv(연금)	196.83			
24			=FV(12%/12, 12*2, 0, -100)							
25	(4) 매월	126.97				<예제 3-11> 균등상환액				
26							=PMT(6%, 3, -1000)			
27						374.11				

※ 〈예제 3-8〉~〈예제 3-11〉의 함수식에서 네 번째 인수(pv 또는 fv)가 0인 경우 생략할 수 있음.(단, 다섯 번째 인수인 type도 0이어야 함.)

요 약

화폐의 시간적 가치와 이자율

시차선호
자본의 생산성
→ 현재의 현금흐름 > 미래의 현금흐름 → 이자율

미래가치와 현재가치

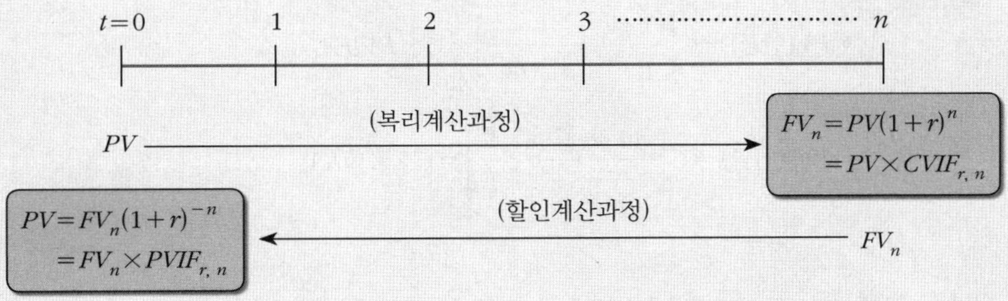

복리계산기간

1년에 두 번 이상 복리계산되는 경우 복리계산기간을 고려하여 기간 또는 이자율을 조정하여야 함.

- $FV_n = PV\left(1+\frac{r}{m}\right)^{mn} = PV \times CVIF_{r/m,\,mn}$
  $= PV(1+r_e)^n = PV \times CVIF_{r_e,\,n}$ $\left[\text{단, } r_e = \left(1+\frac{r}{m}\right)^m - 1\right]$

☞ 연속복리계산($m \to \infty$) : $FV_n = PV \times e^{rn}$

- $PV = FV_n\left(1+\frac{r}{m}\right)^{-mn} = FV_n \times PVIF_{r/m,\,mn}$
  $= FV_n(1+r_e)^{-n} = FV_n \times PVIF_{r_e,\,n}$

☞ 연속할인계산($m \to \infty$) : $PV = FV_n \times e^{-rn}$

영구연금

- $PV(\text{영구연금}) = \dfrac{C}{r}$

연 금

- $PV(\text{연금}) = C\left[\dfrac{1}{r} - \dfrac{1}{r(1+r)^n}\right] = C \times PVIFA_{r,\,n}$

- $FV_n(\text{연금}) = C\left[\dfrac{(1+r)^n}{r} - \dfrac{1}{r}\right] = C \times CVIFA_{r,\,n}$

주요 용어

사 · 례 · 연 · 구

현재 6살인 아들의 대학입학을 대비할 목적으로 반년마다 일정액을 불입하는 보험을 계약하려고 한다. 이 보험은 연리 10%로 반년마다 복리계산되며, 6개월 후부터 시작하여 아들이 19세가 될 때까지 계속 불입해야 한다. 아들이 대학생이 되는 20세부터 4년 동안 매년 초 200만원의 학비가 필요하리라 예상된다. 이 보험의 1회 불입액은 얼마인가?

:: 해 설

보험료는 6개월마다 불입하고 학비는 매년 지출하므로 보험료의 현재가치와 학비의 현재가치를 계산할 때, 그 기간과 이자율을 각각 다음과 같이 조정하여야 한다.

- 보험불입: 1기간=6개월, 6개월간 실효이자율=0.1/2=0.05
- 학비지출: 1기간=1년 , 연간 실효이자율=$(1+0.05)^2-1=0.1025$

각각의 현금흐름 발생시점을 기준으로 현금흐름유형을 나타내면 다음과 같다.

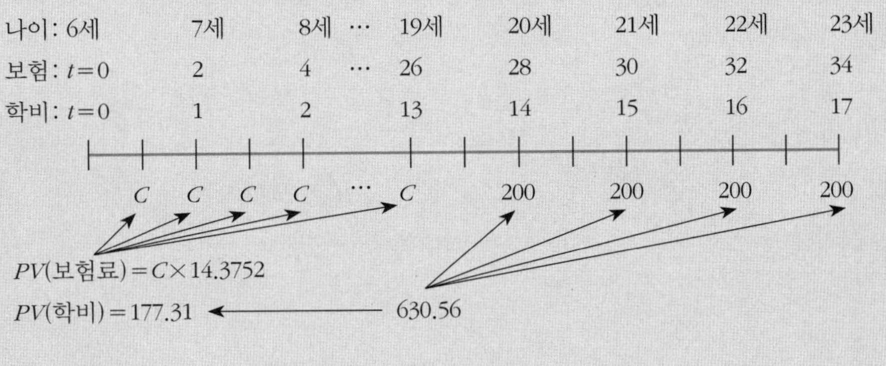

- $PV(\text{보험료}) = C \times \left[\dfrac{1}{0.05} - \dfrac{1}{0.05\times(1+0.05)^{26}}\right] = C \times PVIFA_{0.05,\,26}$

  $= C \times 14.3752$

$$\bullet\ PV(\text{학비}) = 200\times\left[\frac{1}{0.1025} - \frac{1}{0.1025\times(1+0.1025)^4}\right]\frac{1}{(1+0.1025)^{13}}$$

$$= 200\times PVIFA_{0.1025,\ 4}\times PVIF_{0.1025,\ 13}$$

$$= 200\times 3.1528\times 0.2812 = 177.31\text{만원}$$

$PV(\text{보험료}) = PV(\text{학비}) \rightarrow C\times 14.3752 = 177.31$만원

$\therefore$ 보험의 1회 불입액$(C) = \dfrac{177.31}{14.3752} = 12.33$만원

연·습·문·제

▶ 객관식 문제

01 다음 세 가지 경품의 현재가치를 할인율 10%를 적용하여 계산하였더니 모두 100원으로 동일하게 나타났다.

> 경품 1: 현재부터 W원을 매년 영구히 받는다.
> 경품 2: 1년 후에 상금 X원을 받는다.
> 경품 3: 1년 후에 상금 Y원, 2년 후에 상금 X원을 받는다.

변수 W, X, Y에 관한 다음 관계식 중 옳지 않은 것은? (CPA 1차 2006)

① $100 < X + Y$ ② $X > Y$ ③ $W < 10$
④ $Y < 10$ ⑤ $Y > W$

02 동일한 횟수의 연금을 기초에 받는 경우(선불연금: annuity due)와 기말에 받는 경우(일반연금: ordinary annuity)에 대한 설명으로 가장 적절한 것은? (단, 이자율은 0보다 크고 일정하며, 복리계산은 연 단위로 이루어진다고 가정한다.) (CPA 1차 2010)

① 현재가치와 미래가치 모두 선불연금은 일반연금에 (1+이자율)을 곱해서 얻을 수 있다.
② 현재가치와 미래가치 모두 일반연금은 선불연금에 (1+이자율)을 곱해서 얻을 수 있다.
③ 현재가치의 경우 선불연금은 일반연금에 (1+이자율)을 곱해서, 미래가치의 경우 일반연금은 선불연금에 (1+이자율)을 곱해서 얻을 수 있다.
④ 현재가치의 경우 일반연금은 선불연금에 (1+이자율)을 곱해서, 미래가치의 경우 선불연금은 일반연금에 (1+이자율)을 곱해서 얻을 수 있다.
⑤ 현재가치와 미래가치 계산에 있어 선불연금과 일반연금 중 어느 연금이 클 것인가

는 이자율에 따라 달라진다.

03 올해로 31세가 된 투자자 A는 32세 말($t=2$)부터 매 1년마다 납입하는 4년 만기의 정기적금 가입을 고려하고 있다(즉, $t=2\sim5$시점에 4회 납입). 투자자 A는 36세 말($t=6$)부터 40세 말($t=10$)까지 매년 3,000만원이 필요하다. 이자율과 할인율이 연 10%일 때, 투자자 A가 32세 말부터 4년간 매년 말에 납입해야 할 금액에 가장 가까운 것은? 단, PVIFA(10%, 4년) = 3.1699, PVIFA(10%, 5년) = 3.7908, PVIF(10%, 5년) = 0.6209이다.

(CPA 1차 2015 수정)

① 2,450만원 ② 2,475만원 ③ 2,500만원 ④ 2,525만원 ⑤ 2,550만원

04 이자율과 할인율이 연 10%로 일정할 때 아래의 세 가지 금액의 크기 순서로 가장 적절한 것은? (단, PVIFA(10%, 6) = 4.3553, FVIFA(10%, 6) = 7.7156) (CPA 1차 2016)

A: 5차년도부터 10차년도까지 매년 말 255원씩 받는 연금의 현재가치
B: 5차년도부터 10차년도까지 매년 말 96원씩 받는 연금의 10차년도 말 시점에서의 미래가치
C: 3차년도 말에서 45원을 받고 이후 매년 말마다 전년 대비 5%씩 수령액이 증가하는 성장형 영구연금의 현재가치

① A>B>C ② A>C>B ③ B>C>A ④ C>A>B ⑤ C>B>A

05 할인율이 연 10%로 일정할 때, 주어진 현가표를 참조하여 계산한 세 가지 금액 a, b, c의 크기 순서로 가장 적절한 것은? (단, 현재시점은 1차년도 1월 1일이다.) (CPA 1차 2018)

구분	$n=3$	$n=4$	$n=5$	$n=6$	$n=7$
PVIF(10%, n)	0.7513	0.6830	0.6209	0.5645	0.5132
PVIFA(10%, n)	2.4869	3.1699	3.7908	4.3553	4.8684

a. 현재 3,200원을 대출받고 1차년도부터 매년 말 800원씩 갚아 나가면 상환 마지막 해 말에는 800원보다 적은 금액을 갚게 된다. 상환 마지막 해 말에 갚아야 하는 금액
b. 4차년도부터 8차년도까지 매년 말 110원씩 받는 연금의 현재가치
c. 1차년도부터 5차년도까지 매년 초 70원씩 받는 연금의 현재가치

① a>b>c ② a>c>b ③ b>a>c ④ b>c>a ⑤ c>b>a

06 김씨는 2017년 1월 1일에 원리금 균등분할상환 조건으로 100,000원을 차입하였다. 원리금은 매년 말 1회 상환하며 만기는 5년이다. 이자율은 연 4%이고, 당해 발생이자는 당해에 지급된다. 다음 중 가장 적절하지 않은 것은? (단, PVIFA(4%, 5) = 4.4518이며, 모든 금액은 반올림하여 원단위로 표시한다.) (CPA 1차 2018)

① 매년 원리금상환액은 22,463원이다.
② 2018년 1월 1일 기준 차입금 잔액은 81,537원이다.
③ 2018년 원리금상환액 중 원금상환액은 19,202원이다.
④ 2019년 원리금상환액 중 이자지급액은 1,880원이다.
⑤ 매년 원리금상환액 중 원금상환액이 차지하는 부분은 만기가 다가올수록 커진다.

● 객관식 해답 **1.** ④, **2.** ①, **3.** ①, **4.** ②, **5.** ③, **6.** ④

▶ 주관식 문제

01 현재가치 비교

재무관리 교과서를 저술한 K씨는 4개의 출판사로부터 각각 다음과 같은 저작료를 제시받았다.

- 출판사 1: 5년도 말에 1,800만원을 지급한다.
- 출판사 2: 매년 말에 120만원씩 영구히 지급한다.
- 출판사 3: 매년 말에 190만원씩 10년간 지급한다.
- 출판사 4: 1년도 말에 60만원을 지급하고, 그 후 매년 말에 130만원씩 영구적으로 지급한다.

연간 할인율이 12%일 경우, K씨는 어느 출판사를 선택하여야 가장 유리하겠는가?

02 미래가치와 복리계산기간

K씨는 지금 연리 8%의 정기예금에 200만원을 예금하였다.

(1) 매년 복리계산될 경우 3년도 말에 K씨의 은행계좌에는 얼마가 있겠는가?
(2) 매분기 복리계산될 경우 3년도 말에 K씨의 은행계좌에는 얼마가 있겠는가?
(3) 연속복리계산될 경우 3년도 말에 K씨의 은행계좌에는 얼마가 있겠는가?

03 연금적립액의 산출

앞으로 10년 후 당신은 1억원의 현금이 필요하게 되므로, 이에 대비하여 향후 10년간 일정금액을 매년 적립하려고 한다. 연간 이자율이 10%이다.

(1) 당신은 매년 초에 얼마씩 적립하여야 하는가?
(2) 당신은 매년 말에 얼마씩 적립하여야 하는가?

04 연금의 현재가치

K씨는 2년마다 한 번씩 450만원을 지급하는 연금을 받고 있다. 그 연금은 10년 동안 지속된다. 그리고 그 연금은 지금으로부터 2년 후, 즉 2년도 말에 처음으로 지급된다고 한다. 연간 이자율이 6%일 때, 연금의 현재가치는 얼마인가?

05 대출이자율의 계산

K씨는 집을 담보로 하여 국민은행으로부터 20,000,000원을 대출받고, 그 돈을 매년 말 2,980,582원씩 10년에 걸쳐 분할상환하기로 하였다. 이 경우 K씨가 부담하는 연간 이자율은 얼마인가?

06 대출금의 분할상환액

K씨는 1억원하는 아파트를 매입하고, 그 자금 중 절반을 은행에서 대출받기로 하였다. 이때 은행에서는 연간 실효이자율이 10.25%가 되도록 매6개월 말에 일정액을 10년에 걸쳐서 상환하도록 요구하였다. K씨는 6개월마다 얼마씩 은행에 상환하여야 하는가?

07 보험상품의 이자율

㈜보람생명은 매년 말에 10만원씩 10년 동안 보험료를 불입할 경우 그 이후부터 가입자에게 보험금을 매년 10만원씩 영구히 지급하는 상품을 개발하였다. 이 경우 보험상품에 적용되는 연간 이자율은 얼마인가?

08 투자기간의 계산 (CPA 2차 2014)

C은행의 정기예금은 연이자율이 3.6%이다. 이 정기예금을 이용해서 세후 기준으로 원금의 두 배를 마련하려면 몇 년간 투자해야 하는가? 단, 현재 이자소득세율은 15.4%이고, 이자소득세는 만기 시점에 한 번만 납부한다고 가정한다. 아래 표에 제시된 각 실수에 대한 자연대수 값을 계산에 이용하고, 계산결과는 반올림하여 소수점 둘째 자리까지 표기하라.

실수(x)	자연대수($\ln x$)
0.036	−3.3242
0.154	−1.8708
0.846	−0.1672
1.000	0.0000
1.036	0.0354
1.846	0.6130
2.000	0.6931
2.182	0.7802

09 할인율의 계산

(CPA 2차 2016)

갑부보험이 출시한 연금1은 매년 말 1,000만원씩 25년 동안 지급하는 상품이고 연금2는 매년 말 750만원씩 영원히 지급하는 상품이다. 이 두 상품의 현재가치가 동일하다면 여기에 적용된 할인율은 얼마인가? 아래 주어진 자연로그 함수와 지수 함수의 예시 표를 이용하여 실수로 반올림하여 소수점 셋째 자리까지 계산하라.

x	$\ln x$
1.5	0.405
2.0	0.693
2.5	0.916
3.0	1.099
3.5	1.253
4.0	1.386
4.5	1.504
5.0	1.609
5.5	1.705

x	$\text{Exp } x$
0.015	1.015
0.020	1.020
0.025	1.025
0.030	1.030
0.035	1.036
0.040	1.041
0.045	1.046
0.050	1.051
0.055	1.057

제 4 장

증권의 가치평가

기업은 금융시장에서 주식이나 채권 등의 증권을 발행하여 투자에 필요한 자금을 조달한다. 주식과 채권은 기업이 보유하고 있는 자산에 대한 청구권을 나타내며, 이들의 가치에 의해서 재무의사결정의 기준이 되는 기업가치가 결정된다. 그러므로 주식과 채권의 가치평가는 재무관리의 가장 기본적인 문제라 할 수 있다. 증권의 미래 현금흐름과 적절한 할인율을 알 수 있다면, 전장에서 설명한 현재가치 계산방법을 이용하여 증권의 가치를 구할 수 있다. 일반적으로 채권의 미래 현금흐름은 알려져 있기 때문에 쉽게 채권의 가치를 구할 수 있다. 그러나 미래 현금흐름이 불확실한 주식의 가치를 구하는 과정은 보다 복잡하게 된다.

본장에서는 채권과 주식의 가치가 어떻게 평가되는지를 살펴보고자 한다.

1 채권의 가치평가

채권(bond)은 일정한 기간 동안 정기적으로 약정된 이자를 지급하고 만기일에 원금, 즉 채권의 액면가를 상환할 것을 약속한 증서이다. 채권을 발행할 때는 채권의 액면가(face value), 액면(표면)이자율(coupon rate) 그리고 만기(maturity)의 세 가지가 반드시 표시되어야 한다.

1.1 채권평가모형

채권은 이자지급방법에 따라서 순수할인채권과 확정이자부채권 등으로 구분될 수 있다.[1] **순수할인채권**(pure discount bond or zero-coupon bond)은 이자를 지급하지 않고 만기일에 원금(액면가)만을 상환하는 채권이며, **확정이자부채권**(level-coupon bond)은 만기까지 확정된 액면이자(coupon)를 매기간 말에 지급하고 만기일에는 원금이 상환되는 채권이다. n기간 말에 액면가 F만을 상환하는 순수할인채권과 n기간 말까지 매기간 말에 액면이자 C를 지급하고 만기일인 n기간 말에 원금 F를 상환하는 확정이자부채권의 현금흐름유형을 각각 나타내면 [그림 4-1]과 같다.

채권의 가치는 그 채권을 소유함으로써 얻을 수 있는 미래 현금흐름을 적절한 할인율(시장이자율)로 할인하여 현재가치로 환산한 값이다. 그러므로 만기일인 n기간 말에 액면가 F만을 상환하는 순수할인채권의 현재가치는 다음과 같이 구할 수 있다.

그림 4-1 채권의 현금흐름유형

	0	1	2	………	$n-1$	n
순수할인채권:						F
확정이자부채권:		C	C	………	C	$F+C$

여기서 C: 액면이자(액면가×액면이자율)
F: 액면가, 즉 원금
n: 만기

1) 넓은 의미로 이자를 지급하는 채권을 이표채(coupon bond)라 하기도 하며, 중간에 이자를 지급하지 않고 만기일에 복리된 이자와 원금을 한꺼번에 상환하는 채권을 복리채(compound interest bond)라 한다. 또한 채권은 그 발행주체에 따라 국채(정부), 지방채(지방자치단체), 특수채(특별법에 의해서 설립된 특별법인), 금융채(금융기관), 그리고 회사채 또는 사채(기업)로 구분될 수 있다.

$$PV(\text{순수할인채권}) = \frac{F}{(1+r)^n} = F \times PVIF_{r,\,n} \tag{4-1}$$

여기서 r: 시장이자율[2)]

그리고 n기간 말까지 매기간 말에 액면이자 C를 지급하고 만기일인 n기간 말에 원금 F를 상환하는 확정이자부채권의 현재가치는 다음과 같다.

$$\begin{aligned} PV(\text{확정이자부채권}) &= \frac{C}{1+r} + \frac{C}{(1+r)^2} + \cdots + \frac{C}{(1+r)^n} + \frac{F}{(1+r)^n} \\ &= C \times PVIFA_{r,\,n} + F \times PVIF_{r,\,n} \end{aligned} \tag{4-2}$$

예제 4-1 **순수할인채권의 가치평가**

만기는 20년 후이며, 액면가는 100만원인 순수할인채권의 현재가치는 얼마인가? (단, 시장이자율은 10%이다.)

| 해설 |

$$PV(\text{순수할인채권}) = \frac{100}{(1+0.1)^{20}} = 14.86\text{만원}$$

예제 4-2 **확정이자부채권의 가치평가**

희망주식회사는 액면가 10,000원, 만기 5년, 그리고 액면이자율 12%(단, 이자는 매분기 말에 지급됨)인 사채를 발행하였다. 시장이자율이 16%라면, 투자자가 이 사채에 대하여 현재 얼마를 지불하여야 하는가?

| 해설 |

현금흐름(액면이자)이 발생하는 시점을 기준으로 기간과 이자율을 조정하여야 한다. 여기서는 액면이자가 매분기, 즉 연간 4회 지급되므로 1기간은 3개월, 기간당 시장이자율은 0.16/4=0.04, 즉 4%로 조정되어야 한다. 그리고 매분기 말에 지급되는 액면이자는 300원(=10,000×0.12÷4)이 된다.

$$\begin{aligned} PV(\text{사채}) &= \frac{300}{1+0.04} + \frac{300}{(1+0.04)^2} + \cdots + \frac{300}{(1+0.04)^{20}} + \frac{10,000}{(1+0.04)^{20}} \\ &= 300 \times PVIFA_{0.04,\,20} + 10,000 \times PVIF_{0.04,\,20} \\ &= 300 \times 13.5903 + 10,000 \times 0.4564 = 8,641.09\text{원} \end{aligned}$$

2) 현재 시장에서 형성되어 있는 이자율, 즉 시장이자율은 채권투자자가 요구하는 최소한의 수익률로서 채권투자에 대한 기회비용이라 할 수 있다.

예제 4-3 시장이자율과 채권가격

한라주식회사는 다음과 같은 사채를 발행하려고 한다.

- 액 면 가: 1,000원
- 만 기: 2년
- 액면이자율: 10%(매년 말 이자지급)

(1) 시장이자율이 10%인 경우, 사채의 발행가격은?
(2) 시장이자율이 12%인 경우, 사채의 발행가격은?
(3) 시장이자율이 8%인 경우, 사채의 발행가격은?
(4) 시장이자율과 사채의 발행가격 사이의 관계는?

| 해설 |

사채의 현재가치가 바로 발행가격이다.

(1) $PV=\dfrac{100}{1+0.1}+\dfrac{100}{(1+0.1)^2}+\dfrac{1,000}{(1+0.1)^2}=1,000$원

(2) $PV=\dfrac{100}{1+0.12}+\dfrac{100}{(1+0.12)^2}+\dfrac{1,000}{(1+0.12)^2}=966.20$원

(3) $PV=\dfrac{100}{1+0.08}+\dfrac{100}{(1+0.08)^2}+\dfrac{1,000}{(1+0.08)^2}=1,035.67$원

(4) 시장이자율과 사채의 발행가격 사이의 관계는 다음과 같다.
- 시장이자율 = 액면이자율 : 액면발행
- 시장이자율 > 액면이자율 : 할인발행
- 시장이자율 < 액면이자율 : 할증발행

1.2 현물이자율과 만기수익률

지금까지는 모든 기간에 걸쳐 시장이자율이 일정하다고 가정하여 각 시점에서의 현금흐름을 할인할 때 모두 동일한 할인율을 사용하였다. 그러나 실제로는 시장이자율이 기간에 따라 변할 수 있다. 그 이유는 주로 인플레이션율이 기간에 따라 다르게 예상되기 때문이다.

이와 같은 관계를 설명하기 위하여 다음과 같은 두 개의 순수할인채권을 고려해 보자.

- 채권 A: 만기 = 1년, 액면가 = 1,000원
- 채권 B: 만기 = 2년, 액면가 = 1,000원

그리고 현재부터 1년도 말까지의 이자율 r_1은 8%이며, 현재부터 2년도 말까지의 이자율 r_2는 10%라고 하자. 이와 같은 이자율을 현물이자율(spot rate)이라 한다. 여기서 이자율이 서로 다른 이유 중 하나는 인플레이션이 첫 번째 연도보다 두 번째 연도에 더 높아진다고 예상되기 때문일 것이다. 두 채권의 현금흐름유형은 다음과 같다.

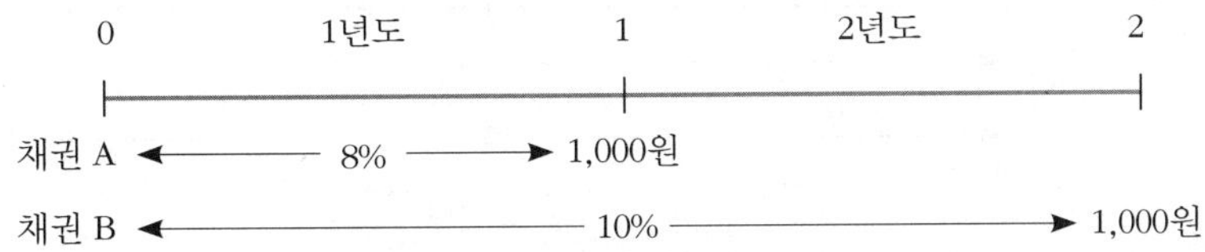

이와 같은 경우 채권 A와 채권 B의 현재가치는 각각 다음과 같이 계산된다.

- $PV_A = \dfrac{1,000}{1+0.08} = 925.93$원
- $PV_B = \dfrac{1,000}{(1+0.10)^2} = 826.45$원

한편 PV_A와 PV_B를 관찰할 수 있으나 현물이자율을 알지 못한다면, 순수할인채권의 현재가치공식을 이용하여 현물이자율을 구할 수 있다.

- $PV_A = 925.93\text{원} = \dfrac{1,000}{1+r_1} \rightarrow r_1 = 8\%$
- $PV_B = 826.45\text{원} = \dfrac{1,000}{(1+r_2)^2} \rightarrow r_2 = 10\%$

현물이자율은 현재시점에서 순수할인채권을 매입하여 만기까지 보유하는 경우에 투자자가 얻을 수 있는 기간당 평균수익률을 의미하는 한편, 이것은 순수할인채권의 현재가치와 그 채권을 소유할 경우 얻을 수 있는 미래 현금흐름의 현재가치를 일치시켜 주는 할인율로 정의된다.

$$PV(\text{순수할인채권}) = \frac{F}{(1+r_n)^n} \tag{4-3}$$

여기서 r_n: 현재부터 n년도 말 사이에 적용될 현물이자율

순수할인채권의 현재가치를 관찰할 수 있다면, 식 (4-3)을 풀어서 현물이자율 r_n을 구할 수 있다.

이제 현물이자율과 만기수익률의 관계를 살펴보기 위하여 다음과 같은 예를 생각해 보자. 현물이자율 $r_1 = 8\%$, $r_2 = 10\%$이며, 액면가가 1,000원이고 액면이자율이 5%인

2년 만기의 채권이 있다. 이 채권을 구입하는 경우 1년도 말에 50원의 액면이자를 얻을 수 있으며, 만기일인 2년도 말에는 액면이자 50원과 원금 1,000원을 합한 1,050원을 얻을 수 있다. 그 현금흐름유형은 다음과 같다.

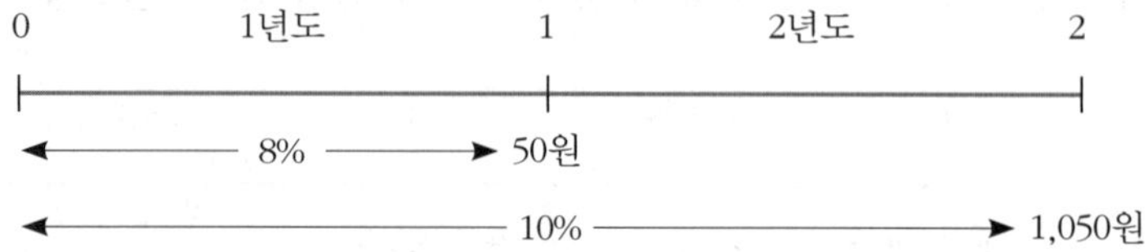

이 채권은 액면가가 50원인 1년 만기의 순수할인채권과 액면가가 1,050원인 2년 만기의 순수할인채권을 합한 것으로 생각할 수 있다. 그러므로 이 채권의 현재가치는 다음과 같이 구할 수 있다.

$$PV = \frac{50}{1+0.08} + \frac{1,050}{(1+0.10)^2} = 914.06\text{원}$$

채권의 현재가치가 주어지면 만기수익률(yield to maturity: YTM)은 다음의 식을 풀어서 구할 수 있다.[3)]

$$914.06\text{원} = \frac{50}{1+r} + \frac{1,050}{(1+r)^2}$$

위 식을 풀어서 만기수익률 r을 구하면 9.95%가 된다. 이상에서 살펴본 바와 같이 먼저 현물이자율을 이용하여 채권의 현재가치를 계산한 후, 이에 의해 만기수익률을 구할 수 있음을 알 수 있다. 이 과정에서 두 개의 현물이자율이 하나의 만기수익률로 전환되었기 때문에 만기수익률을 두 현물이자율의 평균으로 생각할 수 있다.[4)]

앞의 현물이자율을 그대로 사용하면, 액면가가 1,000원이며 액면이자율이 12%인 2년 만기 채권의 만기수익률은 다음과 같이 계산될 수 있다.

먼저 주어진 현물이자율을 이용하여 이 채권의 현재가치를 구하면 다음과 같다.

$$PV = \frac{120}{1+0.08} + \frac{1,120}{(1+0.10)^2} = 1,036.73\text{원}$$

그러므로

---

3) 만기수익률은 제6장에서 설명할 내부수익률(internal rate of return: IRR)과 동일한 의미를 가진다.

4) 여기서 만기수익률 r은 현물이자율 r_1과 r_2의 단순평균이 아니라 시점별 현금흐름에 따라 가중평균된 것이라 할 수 있다.

$$1{,}036.73\text{원} = \frac{120}{1+r} + \frac{1{,}120}{(1+r)^2} \rightarrow r = 9.89\%$$

이상의 예에서 볼 수 있듯이 만기가 동일하더라도 액면이자가 다른 두 채권은 서로 다른 만기수익률을 가질 수 있다.

이와 같은 결과를 일반화하면 먼저 각 기간 동안의 현물이자율을 알고 있는 경우 확정이자부채권의 현재가치를 다음과 같이 계산할 수 있다.[5)]

$$PV(\text{확정이자부채권}) = \frac{C}{1+r_1} + \frac{C}{(1+r_2)^2} + \cdots + \frac{C}{(1+r_n)^n} + \frac{F}{(1+r_n)^n} \quad (4\text{-}4)$$

그리고 **만기수익률**은 현재시점에서 확정이자부채권(이표채)을 매입하여 만기까지 보유하는 경우에 투자자가 얻을 수 있는 기간당 평균수익률을 의미하는 한편, 이것은 확정이자부채권의 현재가치와 그 채권을 소유할 경우 얻을 수 있는 미래 현금흐름의 현재가치를 일치시켜 주는 할인율로 정의된다.[6)]

$$PV(\text{확정이자부채권}) = \frac{C}{1+r} + \frac{C}{(1+r)^2} + \cdots + \frac{C}{(1+r)^n} + \frac{F}{(1+r)^n} \quad (4\text{-}5)$$

여기서 r: 만기수익률

확정이자부채권의 현재가치를 알고 있다면, 식 (4-5)를 풀어서 만기수익률 r을 구할 수 있다.[7)] 각 기간 동안의 현물이자율이 일정하다면, 현물이자율과 만기수익률은 같아진다.

예제 4-4 현물이자율과 만기수익률

청솔주식회사는 액면가 1,000원, 만기 2년 그리고 액면이자율 10%(단, 이자는 매년 말에 지급됨)인 사채를 발행하려고 한다. 시장이자율에 관한 자료를 얻기 위하여 이 회사의 재무관리자는 현재 시장에서 유통되고 있는 1년 만기 순수할인채권과 2년 만기 순수할인채권의 가격을 조사하였다. 그 결과 다음과 같은 자료를 얻을 수 있었다.

- 1년 만기 순수할인채권: 액면가 = 1,000원, 현재시장가격 = 909.09원
- 2년 만기 순수할인채권: 액면가 = 2,000원, 현재시장가격 = 1,594.39원

---

5) 각 기간 동안의 현물이자율이 항상 일정하다고 가정하고 있는 앞의 식 (4-2)와 비교해 볼 때, 식 (4-4)는 각 기간 동안의 현물이자율이 다를 수 있는 상황까지 고려하고 있는 보다 일반화된 식이다.

6) 현물이자율을 순수할인채권의 만기수익률로 생각할 수 있다.

7) 일반적으로 만기수익률을 구하기 위해서는 식 (4-5)가 성립할 때까지 r의 값을 계속해서 대입하는 시행착오법(trial and error method)을 사용한다. 그러나 이 과정은 많은 시간이 소요되기 때문에 EXCEL 등을 이용하여 구하는 것이 좋다.

(1) 현물이자율 r_1과 r_2를 구하라.

(2) 이 회사는 사채를 얼마에 발행할 수 있는가?

(3) 투자자가 이 사채를 매입하는 경우 얻을 수 있는 평균투자수익률, 즉 만기수익률을 구하라.

❙ 해설 ❙

(1) $909.09=\dfrac{1,000}{1+r_1} \rightarrow r_1=10\%$

$$1,594.39=\frac{2,000}{(1+r_2)^2} \rightarrow r_2=12\%$$

(2) 물음 (1)에서 구한 현물이자율을 이용하여 사채의 현재 발행가격을 구하면 다음과 같다.

$$PV=\frac{100}{1+0.1}+\frac{1,100}{(1+0.12)^2}=967.82\text{원}$$

(3) 이 사채의 만기수익률 r은 다음의 식을 풀어 구할 수 있다.

$$967.82=\frac{100}{1+r}+\frac{1,100}{(1+r)^2} \rightarrow r=11.90\%$$

2 주식의 가치평가

2.1 기본적인 주식평가모형

이미 설명한 바와 같이 자산의 가치는 그 미래 현금흐름의 현재가치에 의해서 결정된다. 주식(stock)을 보유하는 경우 두 가지 종류의 현금흐름, 즉 대부분의 주식들이 정기적으로 지급하는 배당금과 주식을 처분하였을 때의 매도금액을 얻을 수 있다. 그러므로 먼저 주식에 1년 동안만 투자한다고 가정한다면, 주식의 현재가치를 다음과 같이 구할 수 있다.

$$P_0=\frac{D_1}{1+r}+\frac{P_1}{1+r}$$

P_0 : 주식의 현재가치
P_1 : 1년도 말의 주식가격
D_1 : 1년도 말의 배당금
r : 주식의 할인율

이 경우 1년도 말의 주식가격 P_1은 그 시점에서 주식을 매입하려는 투자자가 기꺼이 지불하려고 하는 가격으로서 2년도 말의 배당금 D_2와 주식가격 P_2에 의해서 결정된다.

$$P_1 = \frac{D_2}{1+r} + \frac{P_2}{1+r}$$

이상의 두 식에 의해서 다음과 같은 식을 도출할 수 있다.

$$\begin{aligned} P_0 &= \frac{D_1}{1+r} + \frac{1}{1+r}\left(\frac{D_2}{1+r} + \frac{P_2}{1+r}\right) \\ &= \frac{D_1}{1+r} + \frac{D_2}{(1+r)^2} + \frac{P_2}{(1+r)^2} \end{aligned}$$

또한 위 식에서 P_2는 2년도 말의 주식가격으로서 3년도 말의 배당금 D_3와 주식가격 P_3에 의해서 결정된다.

이와 같은 논리를 계속적으로 적용해 나가면, 다음과 같은 기본적인 주식평가모형을 얻을 수 있다.

$$P_0 = \frac{D_1}{1+r} + \frac{D_2}{(1+r)^2} + \frac{D_3}{(1+r)^3} + \cdots = \sum_{t=1}^{\infty} \frac{D_t}{(1+r)^t} \tag{4-6}$$

그러므로 주식의 현재가치는 미래에 기대되는 배당금의 현재가치와 동일하다. 비록 투자자가 영구적으로 주식을 소유하지 않고 일정한 기간이 지난 후에 매도한다 하더라도 그 판매가격은 매도시점 이후에 발생하는 배당금에 의해서 결정되므로 결국 주식의 가치는 그 보유기간에 관계없이 식 (4-6)에 의해서 결정된다.

2.2 단순화된 배당평가모형

이상에서 설명한 바와 같이 주가는 미래 배당금에 의해서 결정된다. 그러면 이와 같은 개념을 실제에 있어서 어떻게 적용할 수 있겠는가? 앞에서 도출한 식 (4-6)은 기대배당금의 수준이 어떻게 변하더라도 적용가능한 가장 기본적인 모형이다. 이와 같은 기본적인 주식평가모형은 기업의 배당금이 일정한 형태를 따른다고 가정한다면 보다 단순화될 수 있을 것이다.

성장 없는 주식의 평가모형

배당금이 매년 일정할 것으로, 즉 성장이 없다고 기대되는 주식(zero growth stock)의 현재가치는 다음과 같이 결정될 수 있다.[8)]

---

8) 이는 영구연금의 현재가치를 구하는 공식과 동일하다.

$$P_0 = \frac{D_1}{1+r} + \frac{D_1}{(1+r)^2} + \frac{D_1}{(1+r)^3} + \cdots = \frac{D_1}{r} \tag{4-7}$$

예제 4-5 성장 없는 주식의 가치

투자자들은 미래주식회사가 매년 주당 3,000원씩의 배당금을 영구적으로 지급할 것으로 기대하고 있다. 만약 투자자들이 이 주식에 대하여 15%의 수익률을 요구한다면, 이 주식의 주당가격은 얼마인가?

| 해설 |

$$P_0 = \frac{D_1}{r} = \frac{3{,}000}{0.15} = 20{,}000\text{원}$$

일정성장배당평가모형

만약 주식에 대한 배당금이 매년 일정한 비율 g로 성장한다고 가정한다면, 이 주식에 대한 각 연도 말의 배당금은 [그림 4-2]와 같이 나타낼 수 있다. 그러므로 배당금이 매년 일정한 비율로 성장하는 주식, 즉 일정성장주식(constant growth stock)의 가치는 다음과 같이 구할 수 있다.[9)]

$$P_0 = \frac{D_1}{1+r} + \frac{D_1(1+g)}{(1+r)^2} + \frac{D_1(1+g)^2}{(1+r)^3} + \cdots = \frac{D_1}{r-g} \quad (\text{단, } r>g) \tag{4-8}$$

식 (4-8)을 **일정성장배당평가모형**(constant growth dividend valuation model)이라 한다.

그림 4-2 일정성장주식의 배당금

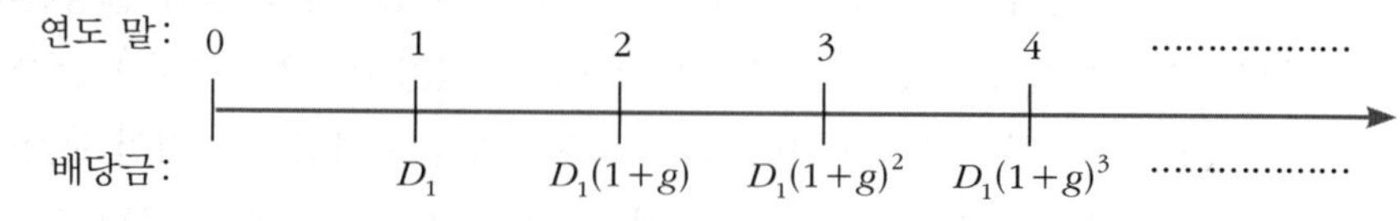

9) 일정성장주식의 가치는 공비가 $\left(\frac{1+g}{1+r}\right)$인 무한등비수열의 합이므로 다음과 같이 구할 수 있다.

$$P_0 = \frac{\text{초항}}{1-\text{공비}} = \frac{\frac{D_1}{1+r}}{1-\left(\frac{1+g}{1+r}\right)} = \frac{D_1}{r-g}$$

무한등비수열의 합은 공비가 1보다 작은 경우에만 수렴하므로 위 식은 항상 $r>g$인 경우에 성립되는 식임을 유의해야 한다.

예제 4-6 일정성장주식의 가치

미래주식회사는 금년도에 주당 1,000원씩 배당하였다. 이 회사의 배당금은 매년 10%씩 증가해 오고 있으며, 이러한 증가율은 앞으로도 계속될 전망이다. 이 주식에 대한 요구수익률이 15%일 경우, 이 주식의 현재가치는 얼마인가?

| 해설 |

$$D_1 = D_0(1+g) = 1{,}000 \times (1+0.1) = 1{,}100\text{원}$$

$$\therefore\ P_0 = \frac{D_1}{r-g} = \frac{1{,}100}{0.15-0.1} = 22{,}000\text{원}$$

예제 4-7 일정성장배당평가모형의 응용

현재 고속성장을 하고 있는 가나전자주식회사는 1년도 말에 주당 1,150원을 배당한 후, 그 다음 4년 동안에는 매년 15%씩 그리고 그 이후부터는 매년 10%씩 배당금을 계속 증가시키려고 한다. 이 주식의 요구수익률이 15%라면, 이 주식의 현재가치는 얼마인가?

| 해설 |

① 처음 5년 동안 배당금의 현재가치 계산: 1년도 말부터 5년도 말까지의 배당금의 현재가치는 다음과 같다.

연도 말	성 장 률	기대배당금	현재가치
1	–	1,150원	1,000원
2	0.15	1,323	1,000
3	0.15	1,521	1,000
4	0.15	1,749	1,000
5	0.15	2,011	1,000
1년~5년 사이의 배당의 현재가치		=	5,000원

② 6년도 말부터 시작되는 배당금의 현재가치 계산:

$$P_5 = \frac{D_6}{r-g} = \frac{2{,}011 \times (1+0.10)}{0.15-0.10} = 44{,}242\text{원}$$

$$\rightarrow\ \frac{P_5}{(1+r)^5} = \frac{44{,}242}{(1.15)^5} = 21{,}996.09\text{원}$$

③ 가나주식회사 주식의 현재가치는 모든 배당금의 현재가치로서 다음과 같다.

$$P_0 = ① + ② = 5{,}000 + 21{,}996.09 = 26{,}996.09\text{원}$$

2.3 성장률과 할인율의 추정

배당평가모형을 이용하여 주식의 가치를 평가하기 위해서는 먼저 성장률 g와 할인율 r을 추정하여야 한다.

성장률의 추정

항상성장모형에서는 배당금이 매년 일정한 비율로 성장한다고 가정하였다. 이와 같은 경우에 그 성장률 g를 추정하는 문제를 생각해 보자. 만약 기업이 순투자(net investment)(총투자－감가상각비)를 하지 않는다면, 그 기업의 다음연도의 순이익은 당해연도와 동일하게 될 것이다. 다시 말하면 총투자가 감가상각비와 동일한 경우에는 기업의 현재 생산능력이 변하지 않고 계속 유지되기 때문에 순이익은 변하지 않게 된다.

그러나 기업이 순투자를 하는 경우, 즉 당기순이익을 모두 배당하지 않고 그 중 일부를 유보하여 투자를 하는 경우에 다음연도의 순이익을 다음과 같이 나타낼 수 있다.[10)]

$$\begin{aligned}\text{차기순이익} &= \text{당기순이익} + \text{순이익의 증가액} \\ &= \text{당기순이익} + \text{당기유보액} \times \text{투자수익률}\end{aligned}$$

위 식의 양변을 당기순이익으로 나누면 다음과 같다.

$$1 + \frac{\text{순이익의 증가액}}{\text{당기순이익}} = 1 + \left(\frac{\text{당기유보액}}{\text{당기순이익}}\right) \times \text{투자수익률}$$

위 식을 다시 정리하면 다음과 같다.

$$1 + \text{순이익성장률} = 1 + \text{유보비율} \times \text{투자수익률}$$

여기에서 기업이 순이익에 대한 배당비율, 즉 배당성향(payout ratio)(1－유보비율)을 항상 일정하게 유지한다면, 순이익성장률과 배당성장률은 같아지게 된다. 그러므로 배당성장률 g는 유보비율(retention ratio)과 투자수익률을 곱하여 구할 수 있다.

$$g = \text{유보비율} \times \text{투자수익률} \tag{4-9}$$

새로운 투자안에 대한 정보가 공개적으로 이용가능한 정보가 아니기 때문에 투자수익률을 정확하게 추정하는 것은 어려운 일이다. 그러므로 현재 실시하려고 하는 투자안이 과거 투자안들과 동일한 수익률을 올릴 수 있다고 가정하여 일반적으로 기업

---

10) 여기에서 사채나 주식발행을 통한 자본조달의 가능성은 없다고 가정한다. 그리고 순이익은 감가상각비를 차감하여 계산된 금액이므로, 순이익의 유보액만큼 순투자가 이루어지는 것으로 생각할 수 있다.

이 과거에 실시한 투자의 총합에 대한 수익률인 자기자본순이익률(return on equity: ROE)을 그 대용치로 사용한다.

예제 4-8 성장률의 추정

새나라주식회사의 전년도 말 당기순이익은 2억원이었다. 이 기업은 당기순이익 중 40%를 유보한다. 그리고 이 기업의 과거 자기자본순이익률(ROE)은 16%였으며, 이것은 미래에도 계속될 것으로 예상된다. 이 기업의 배당성장률을 계산하라.

| 해설 |

이 기업은 8,000만원(=2억원×0.4)을 유보한다. 과거의 ROE가 미래 투자수익률의 적절한 추정치라고 가정한다면, 당해연도 말 순이익의 증가는 다음과 같이 기대할 수 있다.

$$순이익의\ 증가액 = 8,000 \times 0.16 = 1,280만원$$

그러므로

$$g = \frac{순이익의\ 증가액}{당기순이익} = \frac{1,280}{20,000} = 0.064$$

또는 식 (4-9)를 사용하여 g를 구하여도 동일한 결론을 얻을 수 있다.

$$g = 유보비율 \times 투자수익률 = 0.4 \times 0.16 = 0.064$$

할인율의 추정

특정주식의 현금흐름을 할인하기 위하여 사용되는 할인율 r을 추정하는 방법에는 여러 가지 방법이 있으나, 여기서는 가장 단순한 형태로 항상성장모형을 이용하여 추정하는 방법을 설명하기로 한다.[11]

항상성장모형 식 (4-8)을 r에 관해서 풀면 다음과 같다.

$$r = \frac{D_1}{P_0} + g \qquad (4-10)$$

식 (4-10)에서 볼 수 있는 바와 같이 할인율은 배당수익률(dividend yield) D_1/P_0과 배당성장률 g의 두 항목으로 분해될 수 있다. 현재의 주가와 다음연도 배당금의 추정치 자료를 이용하여 식 (4-10)의 오른쪽 첫 번째 항목(D_1/P_0)을 구할 수 있다.[12] 그리고 오른쪽 두 번째 항목(g)은 앞의 식 (4-9)에 의해서 추정될 수 있다.

11) 할인율 r을 추정하는 다른 방법은 제10장에서 설명될 것이다.

12) 다음연도 배당금을 추정하기 어려운 경우에는 현재 발표된 당기의 배당금(D_0)을 사용할 수도 있다.

예제 4-9 할인율의 추정

앞의 [예제 4-8]에서 새나라주식회사의 현재 발행주식수는 10만주이며, 그 주식의 현재가격은 10,000원이다. 이와 같은 경우 이 주식의 할인율, 즉 요구수익률은 얼마인가?

| 해설 |

- 배당성향 = 1 − 유보비율 = 0.6
- 차기순이익 = 당기순이익 + 순이익증가액 = 21,280만원
- 다음연도의 배당금총액 = 차기순이익 × 배당성향 = 12,768만원
- 주당배당금$(D_1) = \dfrac{12{,}768\text{만원}}{10\text{만주}} = 1{,}276.8$원
- 배당성장률$(g) = 0.064$

$$\therefore\ r = \frac{D_1}{P_0} + g = \frac{1{,}276.8}{10{,}000} + 0.064 = 0.192$$

2.4 성장기회와 주식평가모형

미래의 성장가능성이 높은 기업의 주식은 성장가능성이 낮은 기업에 비해 상대적으로 높게 평가될 수 있다. 그 이유는 기업의 미래 성장기회가 현재의 주가에 반영된 결과라 할 수 있다. 지금까지 설명한 배당평가모형과는 다른 관점에서 기업의 성장기회를 분리하여 그 가치를 평가한 후, 그것을 이용하여 주식의 가치를 평가할 수 있다.

성장 없는 주식의 평가모형

기업이 순이익을 모두 배당을 한다면, 유보비율은 0이므로 성장률이 0이 된다. 이 경우 주주들은 매년 일정한 주당배당금(=주당순이익)을 받게 된다. 이와 같은 주식의 가치는 다음과 같이 평가될 수 있다.

$$P_0 = \frac{D_1}{r} = \frac{EPS_1}{r} \qquad (4\text{-}11)$$

여기서 EPS_1 : 1년도 말의 주당순이익(earning per share)

성장주식의 평가모형 : NPVGO모형

기업이 높은 수익을 얻을 수 있는 투자기회를 가지고 있는 경우, 순이익 중 일부를 유보하여 투자함으로써 성장기회를 가질 수 있다. 이 경우 주식의 가치는 투자의 순현가, 즉 **성장기회의 순현가**(net present value of the growth opportunity : NPVGO)만큼

증가하게 된다.[13] 즉 새로운 투자안을 선택함으로써 성장기회를 가질 수 있는 기업의 주가는 다음과 같이 나타낼 수 있다.

$$P_0 = \text{성장 없는 주식의 현재가치} + \text{성장기회의 순현재가치}$$
$$= \frac{EPS_1}{r} + NPVGO \qquad (4\text{-}12)$$

예제 4-10 성장주식의 가치

참치통조림을 생산하고 있는 ㈜바다식품은 새로운 투자기회를 가지지 못한다면 영구적으로 매년 1억원을 벌 수 있다고 기대한다. 이 기업의 총발행주식수는 100,000주이다. 이 기업은 다음 연도에 1천만원이 소요되는 새로운 광고를 계획하고 있다. 이 새로운 광고로 인하여 참치통조림의 수요가 증대되어 광고를 실시한 이후 연도부터 매년 210만원의 영구적인 순이익 증가가 기대된다. 이 주식의 요구수익률은 10%이다.

(1) 새로운 광고를 실시하지 않는 경우, 주가는 얼마인가?

(2) 새로운 광고를 실시하는 경우, 주가는 얼마인가?

| 해설 |

(1) 새로운 광고를 실시하지 않는 경우, 성장기회를 가지지 못하게 된다. 이와 같은 성장 없는 주식의 가치를 구하기 위하여 먼저 주당순이익(EPS_1)을 구하면 다음과 같다.

$$EPS_1 = \frac{100,000,000}{100,000} = 1,000\text{원}$$

그러므로

$$P_0 = \frac{EPS_1}{r} = \frac{1,000}{0.1} = 10,000\text{원}$$

(2) 새로운 광고를 실시하는 경우, 성장기회를 가질 수 있다. 이 경우 광고는 1년도 말에 실시되므로 먼저 그 시점에서의 순현가를 구한 후, 다시 현재시점의 가치로 할인하면 성장기회의 순현가 NPVGO를 구할 수 있다.

- 1년도 말에서의 광고의 순현가 $= \frac{2,100,000}{0.1} - 10,000,000 = 11,000,000\text{원}$
- 현재시점에서의 광고의 순현가 $= \frac{11,000,000}{1+0.1} = 10,000,000\text{원}$

그러므로 광고의 주당 순현재가치(NPVGO)는 다음과 같다.

$$NPVGO = \frac{10,000,000}{100,000} = 100\text{원}$$

---

13) 투자의 순현가는 현금유입(투자성과)의 현가에서 현금유출(투자지출액)의 현가를 차감한 것으로서 투자에 의해서 창출되는 새로운 가치, 즉 가치의 증분을 나타낸다.

이제 주당 주식가격을 구하면,

$$P_0 = \frac{EPS_1}{r} + NPVGO = 10,000 + 100 = 10,100\text{원}$$

※ 배당평가모형에 의해서 직접 구하여도 동일한 결과를 얻을 수 있다.

1년도 말에 얻게 되는 순이익 1억원 중 광고에 1천만원을 사용하고, 그 나머지 9천만원을 주주들에게 배당할 것이다. 그러므로 1년도 말의 주당배당금은 다음과 같다.

$$1\text{년도 말의 주당배당금}(D_1) = \frac{90,000,000}{100,000} = 900\text{원}$$

그리고 2년도 말부터 새로운 광고의 효과에 힘입어 영구적으로 매년 210만원씩 증가하므로 주주들은 2년도 말 이후부터 영구적으로 매년 다음과 같은 주당배당금을 받을 수 있다.

$$2\text{년도 말 이후의 매년 주당배당금} = \frac{100,000,000 + 2,100,000}{100,000} = 1,021\text{원}$$

이상의 결과에 의해서 각 연도 말의 배당금을 나타내면 다음과 같다.

0	1	2	3	4	…………………	∞
	900	1,021	1,021	1,021	…………………	1,021

그러므로

$$P_0 = \left(900 + \frac{1,021}{0.1}\right)\left(\frac{1}{1+0.1}\right) = 10,100\text{원}$$

예제 4-11 일정성장배당평가모형과 NPVGO모형

한마당주식회사의 1년 후의 주당순이익은 1,000원으로 기대된다. 그리고 이 기업의 배당성향은 60%이며, 요구수익률은 16%, 자기자본순이익률은 25%로 항상 일정하다. 이 경우 한마당주식회사의 현재 주가는 얼마인가?

▎해설▎

배당금 및 순이익 성장률 g는 다음과 같다.

$$g = (1 - \text{배당성향}) \times ROE = (1 - 0.6) \times 0.25 = 0.10$$

투자가 지속적으로 이루어지는 경우, 일정성장배당평가모형 또는 NPVGO모형을 이용하여 주가를 구할 수 있다. 어느 모형을 사용하든 그 결과는 동일하다.[14)]

---

14) [예제 4-10]은 투자를 단 한 번만 하므로 성장기회도 단 한 번 가지는 문제이다. 그러나 [예제 4-11]은 [예제 4-10]과는 다르게 매년 지속적으로 투자를 행하므로 그에 따라 성장기회도 지속적으로 발생하는 문제이다.

(1) 일정성장배당평가모형에 의한 평가

$$P_0 = \frac{D_1}{r-g} = \frac{1,000 \times 0.6}{0.16-0.10} = 10,000\text{원}$$

(2) NPVGO모형에 의한 평가

① 성장 없는 주식의 가치:

$$\frac{EPS_1}{r} = \frac{1,000}{0.16} = 6,250\text{원}$$

② 성장기회의 순현가(NPVGO):

- 1년도 말 시점에서의 투자에 의해 발생되는 성장기회의 순현가:

$$NPVGO_1 = -1,000 \times (1-0.6) + \frac{1,000 \times (1-0.6) \times 0.25}{0.16} = 225\text{원}$$

- 2년도 말 시점에서의 투자에 의해 발생되는 성장기회의 순현가[15]:

$$NPVGO_2 = -1,100 \times (1-0.6) + \frac{1,100 \times (1-0.6) \times 0.25}{0.16} = 247.5\text{원}$$
$$= NPVGO_1 \times (1+0.1)$$

- 3년도 말 시점에서의 투자에 의해 발생되는 성장기회의 순현가[16]:

$$NPVGO_3 = -1,210 \times (1-0.6) + \frac{1,210 \times (1-0.6) \times 0.25}{0.16} = 272.25\text{원}$$
$$= NPVGO_2 \times (1+0.1) = NPVGO_1 \times (1+0.1)^2$$

이상의 결과에 의해서 각 연도 말에서의 성장기회의 순현가는 매년 10%의 성장률로 증가함을 알 수 있다.

배당성장률 g가 매년 일정한 경우, 성장기회에 의해서 얻을 수 있는 현금흐름을 다음과 같이 나타낼 수 있다.

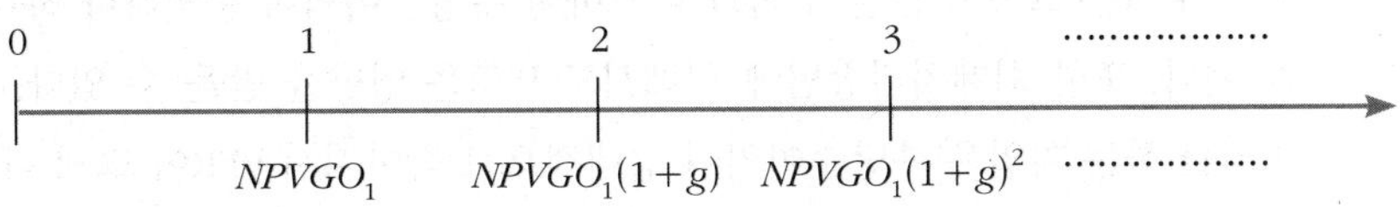

그러므로 모든 성장기회의 순현가 NPVGO는 다음과 같이 구할 수 있다.

$$NPVGO = \frac{NPVGO_1}{1+r} + \frac{NPVGO_1(1+g)}{(1+r)^2} + \frac{NPVGO_1(1+g)^2}{(1+r)^3} + \cdots$$
$$= \frac{NPVGO_1}{r-g} = \frac{225}{0.16-0.1} = 3,750\text{원}$$

15) 2년도 말의 주당순이익 = 전기 주당순이익 + 주당순이익의 증가액 = 1,000 + 1,000 × (1 − 0.6) × 0.25
= 1,000 × (1 + 0.1) = 1,100원

16) 3년도 말의 주당순이익 = 전기 주당순이익 + 주당순이익의 증가액 = 1,100 + 1,100 × (1 − 0.6) × 0.25
= 1,100 × (1 + 0.1) = 1,000 × $(1+0.1)^2$ = 1,210원

이제 주식의 현재가치를 구하면 다음과 같다.

$$P_0 = \frac{EPS_1}{r} + NPVGO = 6,250 + 3,750 = 10,000\text{원}$$

2.5 주가배수모형

주가배수모형(price multiple method)은 주가를 주당순이익(earning per share: EPS), 주당장부가치(book value per share: BPS) 등으로 나눈 주가배수를 이용하여 주가를 평가하는 방법이다.

주가수익비율모형

주가수익비율(price earning ratio: PER)은 주가를 주당순이익(EPS)으로 나눈 것으로 기업이 벌어들이는 한 단위의 이익에 대하여 투자자들이 얼마의 대가를 지불하고 있는가를 나타낸다. 따라서 PER은 기업의 주당순이익 1원에 대한 시장에서의 평가를 나타내는 것으로 볼 수 있다. 앞의 NPVGO모형, 즉 식 (4−12)의 양변을 EPS_1으로 나누면 다음과 같다.[17)]

$$PER = \frac{P_0}{EPS_1} = \frac{1}{r} + \frac{NPVGO}{EPS_1} \qquad (4-13)$$

식 (4−13)에서 볼 수 있는 바와 같이 PER은 성장기회의 순현가 NPVGO와 양(+)의 관계를 가지나, 할인율 r과는 음(−)의 관계를 가진다. 즉 성장기회가 크거나 할인율이 낮은 주식은 그렇지 않은 주식과 비교하여 주당순이익이 동일하다 하더라도 PER은 커지게 된다. 또한 회계처리방법에 의해서도 PER은 영향을 받을 수 있다. 즉 보수적인 회계처리를 하는 기업은 주당순이익이 상대적으로 작아져서 PER이 크게 나타날 수 있다.

PER을 이용한 주식의 내재가치(본질적 가치)는 주당순이익에 정상적 주가수익비율(normal PER)을 곱하여 구할 수 있다. 주가수익비율모형을 이용하여 내재가치를 올바르게 추정하기 위해서는 정상적 PER을 어떻게 산정하느냐가 중요하다. 정상적 PER을 구하는 방법으로는 해당 기업의 과거평균 PER을 이용하는 방법, 동일한 위험을 지닌 기업의 PER을 이용하는 방법, 동종 산업의 평균 PER을 이용하는 방법, 배당평가모형을

17) 실무에서는 PER을 계산할 때 다음연도의 주당순이익 대신 현재 발표된 당기의 주당순이익을 이용하기도 한다.

이용하는 방법 등이 있다.[18] 한편 PER은 상대적 주가수준을 판단하는 데에도 유용하게 이용된다. 특정 주식의 PER을 다른 시점의 PER 또는 다른 주식 및 시장 전체의 PER과 비교함으로써 특정 주식의 주가가 상대적으로 과대·과소평가되었는지를 판단할 수 있다.

주가장부가치비율모형

주가장부가치비율(price book value ratio: PBR)은 주가를 주당장부가치(BPS)로 나눈 비율로서 주가순자산비율이라고도 한다.[19] PBR은 주가가 1주당 자기자본의 몇 배인가를 나타내기 때문에 PER과 마찬가지로 주가의 상대적 수준을 나타내는 지표라 할 수 있다. 여기서 주당장부가치(주당순자산)는 기업이 파산하여 청산할 때 주주에게 분배될 수 있는 금액을 의미한다. 따라서 PBR이 1 미만인 회사는 주가가 장부가격인 청산가치보다 작다는 것을 의미하므로 주가가 저평가되었다는 해석이 가능하다. 따라서 기업의 수익성 측면에서 주가를 평가한 PER과 달리 PBR은 재무상태 측면에서 주가를 평가하는 지표이다.

주당장부가치에 정상적 PBR을 이용하여 주식의 가치를 추정하거나, 특정 주식의 PBR을 다른 시점의 PBR 또는 다른 주식 및 시장 전체의 PBR과 비교함으로써 특정 주식의 주가가 상대적으로 과대·과소평가되었는지 판단할 수 있다. 한편 기업의 미래 수익전망이 밝고 경영이 효율적일수록 주식의 장부가치와 시장가치 사이의 차이가 커져서 PBR이 높아지는 경향이 있다. 따라서 주식의 장부가치보다 시장가치가 훨씬 높게 평가되고 있는 기업은 시장에서 그 기업의 성장전망이 클 것으로 기대하고 있다는 증거로 해석할 수 있다. 그러나 물가상승으로 장부가치가 낮게 평가되는 경우에도 PBR이 커질 가능성이 있으므로 그 해석에 유의하여야 한다.

---

18) 일정성장배당평가모형을 이용하여 PER을 구할 수 있다. 식 (4-8)의 양변에 EPS_1을 나누어 정리하면 다음과 같다.

$$PER=\frac{P_0}{EPS_1}=\left(\frac{D_1}{r-g}\right)/EPS_1=\left(\frac{EPS_1(1-b)}{r-g}\right)/EPS_1=\frac{1-b}{r-g}$$

여기서 b: 유보비율(=1-배당성향)

19) $PBR=\frac{P_0}{BPS_0}=\frac{P_0}{EPS_1}\times\frac{EPS_1}{BPS_0}=PER\times ROE$

요 약

채권평가모형

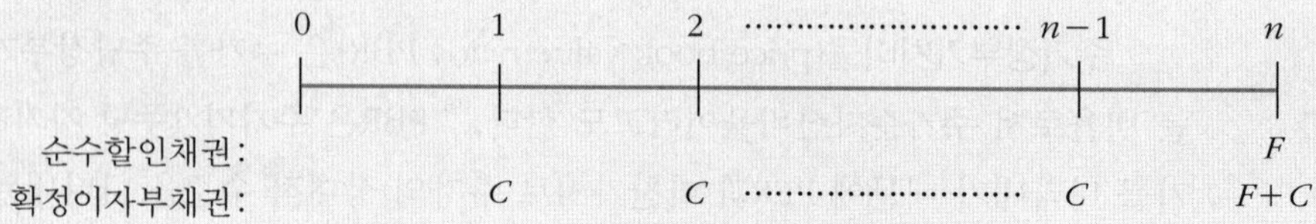

- $PV(\text{순수할인채권}) = \dfrac{F}{(1+r)^n}$

- $PV(\text{확정이자부채권}) = \dfrac{C}{1+r} + \dfrac{C}{(1+r)^2} + \cdots + \dfrac{C}{(1+r)^n} + \dfrac{F}{(1+r)^n}$

$$= C \times PVIFA_{r,\,n} + F \times PVIF_{r,\,n}$$

주식평가모형

1. 기본적인 주식평가모형

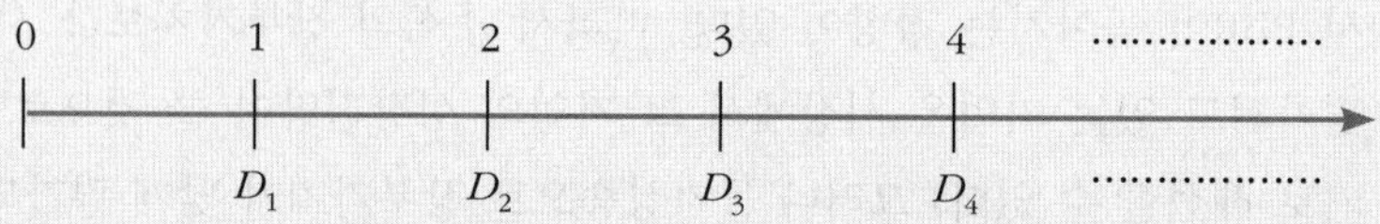

$$P_0 = \frac{D_1}{1+r} + \frac{D_2}{(1+r)^2} + \frac{D_3}{(1+r)^3} + \cdots = \sum_{t=1}^{\infty} \frac{D_t}{(1+r)^t}$$

2. 단순화된 배당평가모형

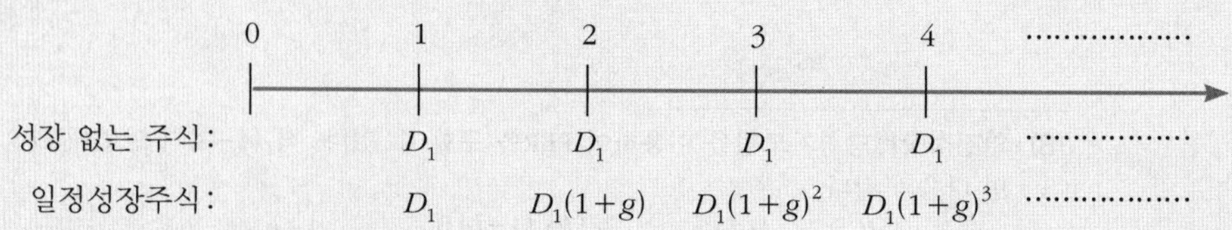

- $P_0(\text{성장 없는 주식}) = \dfrac{D_1}{r}$

- $P_0(\text{일정성장주식}) = \dfrac{D_1}{r-g}$ (단, $r>g$)

(※ g = 유보비율 × 투자수익률, $r = \dfrac{D_1}{P_0} + g$)

3. 성장기회와 주식평가모형

$$P_0 = \frac{EPS_1}{r} + NPVGO$$

4. 주가배수모형

- 주가수익비율(PER) $= \dfrac{\text{주가}}{\text{주당순이익}}$

$$PER = \frac{P_0}{EPS_1} = \frac{1}{r} + \frac{NPVGO}{EPS_1}$$

☞ 기업의 성장기회↑, 주식의 위험↓: 할인율↓, 회계처리방법: 보수적
→ PER↑

- 주가장부가치비율(PBR) $= \dfrac{\text{주가}}{\text{주당장부가치}}$

주요 용어

채권 • 108
순수할인채권 • 108
확정이자부채권 • 108
현물이자율 • 111
만기수익률 • 113
일정성장배당평가모형 • 116
배당성장률 • 118
할인율 • 119
성장기회의 순현가 • 120
주가배수모형 • 124
주가수익비율 • 124
주가장부가치비율 • 125
이자율의 기간구조 • 141
수익률곡선 • 141
선도이자율 • 142
미래의 현물이자율 • 144
기대이론 • 146
유동성선호이론 • 147
시장분할이론 • 149
채무불이행위험 • 150
이자율의 위험구조 • 150
채권등급평가 • 151

사 · 례 · 연 · 구

㈜맛나라제과는 과자류를 판매하고 있다. 지난해의 총매출액은 50억원이며, 총비용은 30억원이었다. ㈜맛나라제과는 부채를 사용하고 있지 않으며, 현재 이 회사의 총발행주식수는 100만주이다. 매출액과 비용은 매년 5]%씩 증가할 것으로 기대된다. 이 회사는 세금을 납부하지 않으며, 모든 이익은 배당금으로 지급된다. (단, 적절한 할인율이 15%이고, 모든 현금흐름은 연말에 발생한다고 가정한다.)

(1) 이 회사의 주당 주식가격은 얼마인가?

(2) ㈜맛나라제과의 사장은 음료수의 생산을 고려중이다. 이 투자안을 실시하는 경우에 지금 즉시 40억원을 지출하여야 하며, 1년 후에 추가적으로 20억원을 지출하여야 한다. 그리고 이 투자안에 의해서 2년도 말부터 매년 10억원의 수입이 영구적으로 기대된다. 이 투자안을 채택하는 경우에 ㈜맛나라제과의 주당 주식가격은 얼마나 되겠는가?

:: 해 설

(1) $EPS_0 = \dfrac{50\text{억원} - 30\text{억원}}{100\text{만주}} = 2{,}000\text{원}$

$EPS_1 = EPS_0(1+g) = 2{,}000 \times (1+0.05) = 2{,}100\text{원} = D_1$

$\therefore\ P_0 = \dfrac{D_1}{r-g} = \dfrac{2{,}100}{0.15-0.05} = 21{,}000\text{원}$

(2) 음료수사업의 현금흐름을 살펴보면 다음과 같다.

0	1	3	4	5	....
−40억원	−20억원	10억원	10억원	10억원	....

음료수사업의 순현가 $= -40 - \dfrac{20}{1.15} + \left(\dfrac{10}{0.15}\right)\left(\dfrac{1}{1.15}\right) = 0.5797$억원

$\rightarrow NPVGO = \dfrac{5{,}797\text{만원}}{100\text{만주}} = 57.97\text{원}$

이 회사가 음료수사업에 진출하는 경우, 주가는 약 58원 증가하게 된다.

$\therefore\ P_0 = 21{,}000 + 58 = 21{,}058\text{원}$

연·습·문·제

▶ 객관식 문제

01 연간 액면이자율이 5%인 채권이 있다. 그리고 현재의 시장이자율은 4%로 향후 일정하게 유지될 것으로 예상된다. 1년 후에 이 채권의 가격은 어떻게 되리라고 예상할 수 있는가?

① 지금보다 낮아진다. ② 지금보다 높아진다.
③ 지금과 동일하다. ④ 액면이자의 지급시기에 따라 다르다.
⑤ 1년 후의 채권가격의 변동사항을 알 수 없다.

02 현재 채권시장에서 ㈜한국의 1년 만기 액면가 1,000원의 순수할인채권은 909.09원에, 2년 만기 액면가 1,000원의 순수할인채권은 783.15원에 거래되고 있다. ㈜한국이 액면가 1,000원, 만기 2년, 액면이자율 10%(이자는 연 1회 후급조건)인 회사채를 발행하려 한다면, 이 회사채의 발행가격과 가장 가까운 금액은? (CPA 1차 2017)

① 952.32원 ② 966.21원 ③ 967.83원 ④ 983.23원 ⑤ 1,000원

03 만기가 5년인 채권 A의 액면이자율(coupon rate), 경상수익률(current yield)과 만기수익률(yield to maturity)이 각각 10%, 9.09%, 그리고 7.56%이다. 다음 중 가장 적절하지 않은 것은? 단, 이 채권은 채무불이행위험이 없고, 옵션적 특성이 없는 채권(일반채권)으로 가정하며, 경상수익률$=\frac{\text{연간 액면이자}}{\text{채권가격}}$이다. (CPA 1차 2015)

① 채권 A의 액면가는 10,000원이다. 이 채권이 반년마다 액면이자를 지급한다면, 6개월마다 지급하는 액면이자는 500원이다.
② 채권 A의 액면이자율과 경상수익률이 동일하다면, 이 채권의 가격은 액면가와 동일하다.
③ 다른 조건이 변하지 않는다면, 시간이 경과하여도 채권 A의 가격은 변하지 않을 것이다.

④ 다른 조건이 변하지 않는다면, 채권 A의 만기수익률이 상승하면 듀레이션은 작아진다.

⑤ 투자자가 만기수익률을 실현하기 위해서는 채권 A를 만기까지 보유하여야 하고, 지급받은 모든 액면이자를 만기수익률로 재투자하여야 한다.

04 현재 시장에서 관찰되는 현물이자율은 만기가 길어짐에 따라 상승한다. 현재부터 1년도 말까지의 현물이자율을 r_1, 현재부터 2년도 말까지의 현물이자율을 r_2, 2년 만기인 이표채의 만기수익률을 r, 1년도 말에서 2년도 말 사이의 선도이자율을 $f_{1,\,2}$라고 할 때, 다음 중에서 이들의 관계를 옳게 표시한 것은?

① $r<r_1<r_2<f_{1,\,2}$　② $r_1<r_2<f_{1,\,2}<r$　③ $r_1<r<r_2<f_{1,\,2}$
④ $r_1<f_{1,\,2}<r_2<r$　⑤ $r_1<r<f_{1,\,2}<r_2$

05 ABC주식회사의 전년도 말 당기순이익은 20억원이었으며, 당기순이익 중 20%를 유보한다. 그리고 이 기업의 과거 자기자본순이익률(ROE)은 10%였으며, 이것은 미래에도 계속될 것으로 예상된다. ABC주식회사의 현재 발행주식수는 100만주이며, 그 주식의 현재가격은 10,000원이다. 이와 같은 경우 이 주식의 할인율, 즉 요구수익률은 얼마인가?

① 16.12%　② 18.32%　③ 19.21%
④ 20.32%　⑤ 21.43%

06 A기업의 내부유보율(retention ratio)은 40%이고, 내부유보된 자금의 재투자수익률(ROE)은 20%이다. 내부유보율과 재투자수익률은 영원히 지속될 것으로 기대된다. A기업에 대한 주주들의 요구수익률은 14%이고 현재 주가가 10,000원이라면, A기업의 배당수익률($\frac{D_1}{P_0}$)은? 단, 일정성장배당평가모형(constant growth dividend discount model)이 성립하고, 현재 주가는 이론적 가격과 같다. (CPA 1차 2017)

① 2%　② 4%　③ 6%　④ 8%　⑤ 10%

07 ㈜고구려의 자기자본비용은 14%이며 방금 배당을 지급하였다. 이 주식의 배당은 앞으로 계속 8%의 성장률을 보일 것으로 예측되고 있으며, ㈜고구려의 현재 주가는 50,000원이다. 다음 중 옳은 것은? (CPA 1차 2007)

① 배당수익률이 8%이다.
② 배당수익률이 7%이다.

③ 방금 지급된 주당 배당금은 3,000원이다.
④ 1년 후 예상되는 주가는 54,000원이다.
⑤ 1년 후 예상되는 주가는 57,000원이다.

08 다음은 A, B 두 기업의 주식가치 평가를 위한 자료이다. 이들 자료를 이용하여 산출한 두 기업 주식가치의 차이는 얼마인가?

- 기업 A: 현재($t=0$) 발행주식수는 100만주이며, 자기자본의 장부가치는 200억원이고, 동종 산업의 평균 주가순자산비율(P_0/BPS_0)은 2.0이다.
- 기업 B: 올해 말 기대되는 주당순이익은 2,000원이고, 동종 산업의 평균 주가수익비율(P_0/EPS_1)은 15이다.

① 2,000원 ② 4,000원 ③ 6,000원 ④ 8,000원 ⑤ 10,000원

09 투자자 갑은 기업 A와 B에 대해 다음 표와 같은 정보를 수집하였다. 시장위험프리미엄과 무위험자산수익률은 각각 10%와 5%이다. 주가가 이론적 가치에 따라 변동한다고 가정한다. 일정성장배당평가모형(constant growth dividend discount model)을 적용하여 현재 주가를 평가할 때, 다음 설명 중 적절한 항목만을 모두 고르면? (단, 배당금은 연말에 한 번 지급하는 것으로 가정한다.) (CPA 1차 2013)

	기업 A	기업 B
ROE	15%	9%
내부유보율	12%	20%
내년도 예상 주당순이익	100원	100원
베타	0.5	0.4

(가) 기업 A의 주가는 기업 B의 주가보다 낮다.
(나) 다른 조건은 변하지 않는 상태에서, 두 기업이 내부유보율을 모두 증가시킨다면 두 기업의 주가는 상승할 것이다.
(다) 다른 조건은 변하지 않는 상태에서, 두 기업의 베타가 모두 하락한다면 두 기업의 주가는 상승할 것이다.
(라) 다른 조건은 변하지 않는 상태에서, 두 기업이 ROE를 모두 증가시키는 새로운 프로젝트를 시작한다면 두 기업의 주가는 상승할 것이다.

① (가), (나) ② (가), (나), (다) ③ (가), (다), (라)
④ (나), (다), (라) ⑤ (가), (나), (다), (라)

10 고정성장배당평가모형(constant growth dividend discount model)에 관한 설명으로 가장 적절하지 않은 것은? (CPA 1차 2016)

① 계속기업(going concern)을 가정하고 있다.

② 고정성장배당평가모형이 성립하면, 주가는 배당성장률과 동일한 비율로 성장한다.

③ 고정성장배당평가모형이 성립하면, 주식의 투자수익률은 배당수익률과 배당성장률의 합과 같다.

④ 다른 조건은 일정하고 재투자수익률(ROE)이 요구수익률보다 낮을 때, 내부유보율을 증가시키면 주가는 상승한다.

⑤ 다른 조건이 일정할 때, 요구수익률이 하락하면 주가는 상승한다.

11 ㈜XYZ는 금년도($t=0$)에 1,000원의 주당순이익 가운데 60%를 배당으로 지급하였고, 내부유보된 자금의 재투자수익률(ROE)은 10%이다. 내부유보율과 재투자수익률은 영원히 지속될 것으로 기대된다. ㈜XYZ에 대한 주주들의 요구수익률은 9%이다. 다음 중 가장 적절하지 않은 것은? 단, 일정성장배당평가모형(constant dividend growth model)이 성립하고, 주가는 이론적 가격과 동일하며, 또한 이론적 가격과 동일하게 변동한다고 가정한다. (CPA 1차 2015)

① 다른 조건이 일정할 때, 재투자수익률이 상승하면 ㈜XYZ의 현재($t=0$) 주가는 하락할 것이다.

② 다른 조건이 일정할 때, ㈜XYZ가 내부유보율을 증가시키면 배당성장률은 상승한다.

③ 1년 후($t=1$) ㈜XYZ의 주당 배당은 624원이다.

④ ㈜XYZ의 현재($t=0$) 주가는 12,480원이다.

⑤ ㈜XYZ의 주가수익비율(주가순이익비율, PER)은 매년 동일하다.

12 정부에서 발행한 두 종류의 채권이 시장에서 거래되고 있다. 즉 만기가 1년이고 액면가가 50만원인 무이표채(A)와, 만기가 2년이고 액면가가 100만원이며 쿠폰이자율(coupon rate)이 10%인 채권(B)이 거래되고 있다. 만기 t년($t=1,\ 2$)인 무위험 현물이자율의 형태는 $R(t)=0.05+0.02\times(t-1)$이다. 즉 1년 현물이자율은 0.05(5%), 2년 현물이자율은 0.07(7%)이다. 이때 A, B가 각기 하나씩 포함된 채권 포트폴리오의 만기수익률(yield)에 가장 가까운 값을 구하라. 만기수익률 산출을 위한 각 계산 단계에서 항상 소수 넷째 자리까지 구한 후 이를 반올림하여 소수 셋째 자리로 확정하여 사용하여라. (CPA 1차 2009)

① 0.055 ② 0.059 ③ 0.061 ④ 0.065 ⑤ 0.07

13 정부가 발행한 채권의 만기에 따른 현물이자율(spot rate)과 선도이자율(forward rate)이 다음과 같을 때 3차년도와 4차년도 2년간의 내재선도이자율(implied forward rate)을 연 단위로 계산하면 얼마인가? (단, 가장 근사치를 구하라.) (CPA 1차 2010)

만기(년)	현물이자율	선도이자율
1	5.0%	−
2	6.5%	?
3	?	10.0%
4	8.5%	?

① 10.2% ② 10.5% ③ 10.8% ④ 11.1% ⑤ 11.3%

14 이자율 기간구조이론에 관한 설명으로 가장 적절하지 않은 것은? (CPA 1차 2012)

① 기대가설에 따르면 미래이자율이 오를 것으로 예상하면 수익률곡선은 우상향한다.

② 유동성선호가설에 따르면 투자자들이 위험회피형이라고 할 때, 선도이자율은 미래 기대현물이자율(expected spot rate)보다 높다. 따라서 미래 기대현물이자율이 항상 일정한 값을 갖는다고 해도 유동성프리미엄이 점차 상승한다면 수익률곡선은 우상향한다.

③ 기대가설에 따르면 2년 만기 현물이자율이 1년 만기 현물이자율보다 높으면 현재로부터 1년 후의 선도이자율은 1년 만기 현물이자율보다 높아야만 한다.

④ 기대가설에 따라 계산한 선도이자율은 미래 기대현물이자율과 같지 않다.

⑤ 실질이자율과 이자율위험프리미엄이 일정하다고 가정할 때 투자자들이 미래의 인플레이션율이 더 높아질 것이라고 믿는다면 수익률곡선은 우상향한다.

15 다음 표는 현재의 현물이자율을 이용하여 선도이자율을 계산한 결과이다. 여기서 ${}_if_{i+1}$은 i년 후부터 1년 동안의 선도이자율이다. 현재 1년 만기 현물이자율은 6%이다.

	${}_1f_2$	${}_2f_3$	${}_3f_4$	${}_4f_5$
선도이자율	6.5%	7.0%	7.5%	8.0%

추가적으로 다음 표와 같은 기간별 유동성프리미엄에 대한 정보를 수집하였다.

	2차년도	3차년도	4차년도	5차년도
유동성프리미엄	1.0%	1.7%	2.4%	3.0%

다음 설명 중 적절한 항목만을 모두 고르면? (CPA 1차 2013)

(가) 현재 수익률곡선은 우상향(upward-sloping)하는 형태이다.
(나) 현재 수익률곡선은 우하향(downward-sloping)하는 형태이다.
(다) 현재 수익률곡선은 수평(flat)이다.
(라) 유동성선호가설(유동성프리미엄가설)에 따르면, 미래 단기이자율(기대현물이자율)은 상승한다.
(마) 유동성선호가설에 따르면, 미래 단기이자율은 하락한다.

① (가), (라) ② (가), (마) ③ (나), (라)
④ (나), (마) ⑤ (다), (마)

16 다음의 조건을 갖는 국채 A, B, C가 있다. 이자율은 모두 연 이자율이며, 이표채는 연 1회 이자를 지급한다. 다음 설명 중 가장 적절한 것은? (CPA 1차 2018)

국채	만기	액면금액	액면이자율	만기수익률
A	1년	1,000원	10.0%	10.0%
B	2년	1,000원	20.0%	15.0%
C	3년	1,000원	0%	15.2%

① 2년 만기 현물이자율은 16.8%이다.
② 수익률곡선은 우상향한다.
③ 1년이 지나도 수익률곡선이 현재와 동일하게 유지된다고 예상하는 투자자 갑이 있다. 현재 시점에서 국채 C를 매입하고 1년 후 매도한다면 투자자 갑이 예상하는 투자수익률은 14.6%이다.
④ 1년 후부터 2년 후까지의 선도이자율($_1f_2$)은 22.7%이다.
⑤ 2년 후부터 3년 후까지의 선도이자율($_2f_3$)은 15.7%이다.

● 객관식 해답
1. ①, **2.** ①, **3.** ③, **4.** ③, **5.** ②, **6.** ③, **7.** ④, **8.** ⑤, **9.** ③, **10.** ④, **11.** ①, **12.** ④
13. ②, **14.** ④, **15.** ②, **16.** ③

▶ 주관식 문제

01 시장이자율과 채권가격

여의도주식회사는 만기 5년, 액면가 10,000원, 액면이자율 12%인 사채를 2년 전에 액면발행하였다. 이 사채는 1년에 두 번 이자를 지급하고 있다.

(1) 이 사채의 발행당시 시장이자율은?
(2) 현재 시장이자율이 10%라면, 이 사채의 가격은?
(3) 현재 시장이자율이 14%라면, 이 사채의 가격은?

02 채권의 실효수익률 (CPA 2차 2014)

B채권은 만기가 5년이며 액면이자율이 6.2%이고 분기별로 이자를 지급한다. 현재 이 채권은 액면가와 동일한 가격으로 거래되고 있다. 이 채권에 대한 실효이자율(effective rate of interest)은 얼마인가? 계산결과는 %단위로 표시하되 반올림하여 소수점 둘째 자리까지 표기하라.

03 채권의 가치평가

K씨는 지금 만기 5년, 액면가 10,000원인 ㈜태양전자의 신규 발행사채를 액면가로 구입하였다. 이 5년 만기 사채는 6개월마다 600원의 이자를 지급한다. 또한 K씨는 6개월마다 300원의 이자를 지급하며, 만기까지 6년이 남아 있는 ㈜태양전자의 다른 사채의 구입을 고려중이다. 이 사채의 액면가는 10,000원이다.

(1) 5년 만기 사채의 연간 실효수익률은 얼마인가?
(2) 물음 (1)에서 계산한 이자율이 만기까지 6년 남아 있는 채권을 평가하는 데 적절한 이자율이라면, K씨는 그 채권을 얼마에 구입하여야 하는가?
(3) 5년 만기 사채가 6개월마다 400원의 이자를 지급하나 그 판매가격은 여전히 10,000원이라면, 물음 (2)의 결과는 어떻게 달라지는가?

04 현물이자율과 만기수익률

지금으로부터 1년 후에 받을 수 있는 현금흐름의 적절한 할인율은 7.5%이다. 그리고 지금으로부터 2년 후에 받을 수 있는 현금흐름의 적절한 할인율은 11%이다.

(1) 액면이자율 6%, 액면가 10,000원인 2년 만기 채권의 현재가격은?
(2) 물음 (1) 채권의 만기수익률은?

05 일정성장배당평가모형

㈜한샘가구는 올해 초 주당 100원씩 배당을 지급하였다. 그리고 배당금은 앞으로 3년 동안 연 14%씩 증가하며, 그 이후부터는 영구적으로 5%씩 증가할 것으로 기대된다. 이 주식의 적절한 할인율은 15%이다. 이 주식의 가격은 얼마인가?

06 일정성장배당평가모형

시계를 생산하고 있는 정확주식회사의 당해연도 말 세후 순이익은 5천만원으로 예상된다. 이 기업은 향후 6년 동안 배당을 하지 않으며, 그 이후부터는 계속적으로 순이익의 60%를 배당하려고 한다. 이 경우 다음연도 말 이후부터 6년 동안 이 기업의 세후 순이익은 연 25%씩 증가하며, 그 이후부터(8년도 말부터)는 증가율이 감소하여 영구적으로 5%가 될 것이라고 한다. 단, 이 기업은 부채가 없고 배당 등 모든 현금흐름은 연도 말에 이루어지며, 자본비용은 10%라고 가정한다. 이 기업의 현재가치는 얼마인가?

07 할인율의 추정

K씨는 지금 ㈜늘푸름완구의 주식을 주당 20,000원의 가격으로 구입하였다. 그 주식은 다음연도에 주당 100원을 배당할 것이며, 그 이후부터는 배당금이 연 10%씩 영구적으로 증가하리라 기대된다. K씨는 자신이 지불한 주식의 가격이 적절한 것이라고 믿는다. 이 주식에 대한 K씨의 요구수익률은 얼마인가?

08 일정성장배당평가모형과 NPVGO

문구류를 생산하고 있는 새나라주식회사는 다음연도에 주당 1,000원씩의 배당을 하고, 그 이후부터는 매년 영구적으로 주당배당금을 5%씩 증가시킬 수 있다고 예상하고 있다. 그러나 만일 이 기업이 이익의 전부를 배당으로 지급한다면, 다음연도에 주당 1,500원을 배당할 수 있다고 한다. 이 회사의 자본환원율이 10%라면, 이 회사가 이익 중 일부를 유보하여 투자함으로써 얻게 되는 성장기회의 순현재가치(NPVGO)를 구하라.

09 NPVGO모형

오디오를 생산하고 있는 ㈜소리전자는 당해연도 말 5억원의 순이익을 기대하고 있다. 이 회사가 새로운 투자를 하지 않는다면, 순이익은 매년 3%씩 증가될 것이다. 이 회사는 지금 비디오사업을 고려중이다. 이 사업의 투자비용 10억원을 지금 즉시 지출하여야 하나, 그 이익은 1년 후부터 발생하기 시작한다. 이 사업을 실시하는 경우 추가적인

3억 2천만원의 이익을 얻을 수 있으며, 이것도 역시 매년 3%씩 증가할 것이다. 기업의 할인율은 13%이고, 이 회사의 현재 발행주식수는 20만주이다.

(1) 비디오사업에 진출하지 않을 경우, ㈜소리전자의 주당 주식가격은 얼마인가?
(2) 비디오사업으로 인하여 발생하는 성장기회의 가치는 얼마인가?
(3) 비디오사업에 진출하는 경우, ㈜소리전자의 주당 주식가격은 얼마인가?

10 고급 성장기회와 주식가치 (CPA 2차 2001 수정)

㈜서해의 기획실은 새해를 맞이하여 1년간의 예산과 예상영업이익에 대한 회의를 열었다. 현재 ㈜서해의 재무상태표를 살펴보면 자기자본(장부가액기준) 50억원과 무위험 이자율 10%로 차입한 부채 20억원이 있다. 향후 새로운 투자기회를 포착하지 못할 경우 이 기업은 매년 동일한 영업이익 17억원을 영구히 얻을 수 있을 것으로 기대된다. 이 기업의 자기자본에 대한 적절한 할인율은 16%이고, 40만주의 보통주를 발행하고 있으며, 법인세율은 20%이다.

(1) ㈜서해의 자기자본순이익률(ROE), 주당순이익(EPS)을 구하라.
(2) ㈜서해의 1주당 주식가치를 구하라.
(3) ㈜서해가 새로운 투자기회를 포착할 경우, 순이익의 60%를 매년 유보하여 자기자본순이익률(ROE)과 동일한 투자수익률을 얻을 수 있을 것으로 기대된다. 이와 같은 경우 ㈜서해의 1주당 주식가치 및 성장기회의 현재가치를 구하라.
(4) 유보비율을 증가시킬 경우 주당 내재가치가 줄어들 수 있는가? 만약 그렇다면 그런 상황이 발생하는 경우에 대해서 설명하라.
(5) 위의 물음과는 독립적으로 ㈜서해는 향후 3년간 순이익 80%를 매년 유보하여 고속성장을 할 것으로 기대된다. 그리고 그 후로는 순이익의 50%를 영구히 유보하여 꾸준히 성장할 것으로 기대된다. 이 경우 ㈜서해의 1주당 주식가치를 구하라.

11 주가수익비율(PER)과 NPVGO (CPA 2차 2007 수정)

기업 X의 회계연도 초($t=0$)의 발행주식수는 1,000주이며, 회계연도 말($t=1$)에 예상되는 순이익은 200만원이다. 기업 X는 회계연도 말($t=1$)에 총 80만원을 주주에게 배당금으로 지급하고 나머지는 재투자를 위해 내부에 유보할 계획이다. 기업 X는 매 회계연도마다 평균적으로 자기자본이익률(ROE)을 20%로 유지하고 있다. (단, 자기자본이익률=회계연도 당기순이익÷회계연도 초 자기자본) 기업 X의 배당정책과 자기자본이익률은 회계연도 말 이후 계속적으로 유지될 것이며, 기업 X의 주주의 연간 요구수익률은 16%이다.

(1) 배당할인모형(dividend discount model)에 근거한 기업 X의 내재가치가 시장가치와 동일하다면, 기업 X의 회계연도 초의 PER(price earning ratio)은 얼마인가? (단, PER = 회계연도 초 주가 ÷ 회계연도 말 주당순이익)

(2) 일부 투자자들은 PER이 낮은 주식(저 PER주)을 선호하는 경향이 있다. 저 PER주에 투자하는 전략이 이론적으로 타당한 투자전략인지를 PER을 결정하는 요인에 근거해서 세 줄 이내로 설명하라.

(3) 기업 X의 재투자 정책에 따른 성장기회의 현재가치(NPVGO)를 계산하라. 기업 X의 주가가 당기순이익을 전액 배당금으로 지급하는 정책에 따른 주가보다 높기 위해서는 어떤 조건이 충족되어야 하는가?

12 고급 이자율의 기간구조이론: 기대이론 (CPA 2차 2006)

기간구조와 관련하여 순수기대가설(불편기대가설)만 성립된다고 가정하고 다음 물음에 답하라.

(1) A, B 두 채권은 액면가가 각각 10,000원이고 이자는 매 6개월마다 후급되는 무위험 이표채이다. A채권의 표면금리는 4%인데 어제 이자가 지급되었고, 현재 잔존만기는 6개월이며 만기수익률(yield to maturity: YTM)은 4%이다. 한편 B채권의 표면금리는 6%인데 어제 이자가 지급되었고, 현재 잔존만기는 1년이며 만기수익률은 8%이다. 이를 이용하여 이론적으로 도출되는 6개월 만기 현물이자율(spot rate)과 1년 만기 현물이자율은 각각 얼마인가? (단, 계산과정 중 금액과 관련된 수치는 반올림하여 소수점 아래 두 자리까지 계산하고, 이자율과 관련된 수치(1 + 이자율 등)는 반올림하여 소수점 아래 여섯 자리까지 계산하라. 또한 답은 % 단위로 표시하되 반올림하여 소수점 아래 네 자리까지 나타낼 것.)

(2) 물음 (1)의 답을 무시하고 6개월 만기 현물이자율과 1년 만기 현물이자율이 각각 6%와 10%라고 가정하자. C채권은 액면가가 10,000원이고 표면금리가 8%인데, 매 이자는 매 6개월마다 후급되는 잔존만기 1년의 무위험 이표채이다. 6개월 후 이자가 지급된 다음날 만기가 6개월 남은 C채권의 적정기대가격은 얼마인가? (단, 계산과정 중의 이자율과 관련된 수치(1 + 이자율 등)는 반올림하여 소수점 아래 여섯 자리까지 계산하고, 채권가격은 반올림하여 원 단위까지 나타낼 것.)

13 이자율의 기간구조이론: 기대이론 (보험계리사 2차 2015)

액면가격이 1,000원으로 동일한 채권들의 만기, 시장가격, 표면이자율(coupon rate)은 다음과 같다.

채권	만기(년)	시장가격(원)	표면이자율(%)
A	1	909.09	0
B	2	756.14	0
C	2	1,000.00	15

거래비용은 없으며, 불편기대가설이 성립한다고 가정한다.(모든 계산값은 반올림하여 소수점 둘째 자리까지 표시하라.)

(1) 채권 A, B, C의 만기수익률(YTM)을 구하라. (단, $\sqrt{1,000/756.14} = 1.15$)
(2) 1년 후 시점의 1년 만기 선도이자율(forward rate)을 구하라. (%단위로 표시하라.)
(3) 채권 C의 균형가격을 계산하라.
(4) 채권 C를 100개 거래한다고 가정할 때, 채권 A와 B로 구성한 포트폴리오를 이용하여 차익거래(arbitrage)의 예를 보여라.

14 고급 이자율의 기간구조이론: 유동성선호이론 (CPA 2차 2010)

액면금액이 모두 10,000원이면서 다음의 조건을 갖는 채권 A, B, C가 있다. 이표채는 연 1회 이자를 지급한다. 각 기간별 유동성프리미엄은 ${}_0L_1=0.0\%$, ${}_1L_2=0.2\%$, ${}_2L_3=0.3\%$이다. (${}_{n-1}L_n=n-1$년부터 n년까지 1년 동안의 유동성프리미엄) 금액에 대해서는 소수점 셋째 자리에서 반올림하여 둘째 자리까지 사용하고, 수익률 등 비율에 대해서는 소수점 다섯째 자리에서 반올림하여 넷째 자리까지 사용한다.

채 권	만 기	표면이자율	만기수익률
A	1년	10%	10%
B	2년	20%	12%
C	3년	0%	13%

(1) 만기별 현물이자율을 구하고 이를 이용하여 수익률곡선을 그려라.
(2) 1년이 지난 시점에서의 1년 만기와 2년 만기의 기대현물이자율을 구하라. 유동성프리미엄은 각 기간별로 현재와 동일하게 유지된다고 가정한다. 즉 1년 후 시점을 0으로 보았을 때 ${}_0L_1=0.0\%$, ${}_1L_2=0.2\%$로 1년 전과 동일하다.
(3) 물음 (2)를 무시하고 물음 (1)의 수익률곡선이 1년 후에도 그대로 유지될 것이라고 예상하는 투자자가 있다. 이 투자자의 목표투자기간이 1년일 때, 현재시점에서 C채권을 이용하여 수익률곡선타기 전략을 취한다면 이 투자자가 기대하는 투자수익률은 얼마인가?

15 이자율의 기간구조이론: 종합 (CPA 2차 2014)

액면금액이 100,000원인 갑 채권은 1년 만기 순수할인채이며 현재 채권시장에서 95,238원에 거래되고 있다. 병 채권은 1년에 한번씩 후급으로 6% 이자를 지급하는 이표채인데 만기는 2년이며 현재 액면가 100,000원에 거래되고 있다.

(1) 불편기대가설(unbiased expectation hypothesis)이 성립한다고 가정하고 1년 후부터 2년 말까지의 내재선도이자율(implied forward interest rate)을 구하라. 계산결과는 %단위로 표시하되 반올림하여 소수점 둘째 자리까지 표기하라.

(2) 불편기대가설이 성립한다는 가정하에서 1년 후 병 채권의 예상가격을 계산하고, 병 채권을 현재 매입하여 1년 동안 보유한 후 매각할 때 기대되는 1년간 보유수익률(holding period return)을 구하라. 계산결과는 %단위로 표시하되 반올림하여 소수점 둘째 자리까지 표기하라.

(3) 이자율의 기간구조(term structure of interest rate)를 설명하는 가설들을 6줄 이내로 서술하라.

보론 1 이자율의 기간구조

A1.1 이자율의 기간구조의 개념

이자율의 기간구조(term structure of interest rates)는 현물이자율과 만기의 관계를 설명하는 곡선을 의미한다. [그림 4A-1]은 이자율의 기간구조의 한 형태를 예시하고 있다. [그림 4A-1]에서는 만기가 길어질수록 현물이자율이 증가하고 있는 이자율의 기간구조를 보여준다. 즉 $r_1 < r_2 < r_3$이다.

현물이자율을 관찰할 수 있다면 이자율의 기간구조를 쉽게 그릴 수 있다. 그러나 이것은 순수할인채권이 충분히 존재할 경우에만 가능한 것이다.[20] 만약 순수할인채권이 충분하지 않은 경우에는 그 대안으로서 만기수익률과 만기의 관계를 그릴 수 있으며, 이 곡선을 **수익률곡선**(yield curve)이라 한다.

[그림 4A-1]과 같이 주어진 이자율의 기간구조는 단지 특정시점(예를 들어 20×1년 4월 1일 AM 10:00)에만 존재하는 것이다. 만약 시간이 약간만 지나가도 그 기간구조는 바뀌게 된다. 즉 20×1년 4월 1일 AM 10:01에는 또 다른 이자율의 기간구조가 존재하게 된다.

그림 4A-1 이자율의 기간구조

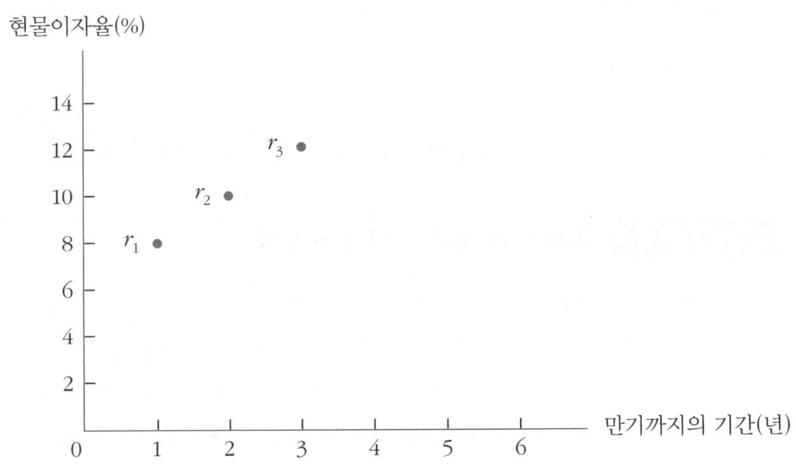

20) 이자율의 기간구조를 그릴 때, 위험에 따른 영향을 제거하기 위하여 일반적으로 순수할인채권 중 채무불이행위험이 없는 국공채를 이용한다.

A1.2 선도이자율과 미래의 현물이자율

선도이자율

만약 현재부터 1년도 말 사이에 적용될 현물이자율 r_1이 8%이고 현재부터 2년도 말 사이에 적용될 현물이자율 r_2가 10%라고 하면, 2년 만기의 순수할인채권에 1원을 투자한 사람은 2년도 말에 1원×$(1+0.1)^2$을 얻을 수 있다. 그리고 1원×$(1+0.1)^2$을 분해하면 다음과 같이 나타낼 수 있다.[21)]

$$1원\times(1+0.1)^2=1원\times(1+0.08)\times(1+0.1204)$$

그러므로 10%의 수익률을 제공하는 2년 만기 순수할인채권에 투자하는 경우에 투자자가 얻을 수 있는 2년도 말의 투자수익은 첫 번째 연도에서 8%의 수익률을 얻고 두 번째 연도에서 12.04%의 수익률을 얻는 경우와 동일하게 된다. 현재 이미 확정된 두 번째 연도의 가설적인 이자율 12.04%를 **선도이자율**(forward rate)이라 하며 $f_{1,\,2}$로 표기한다. 이와 같은 관계를 그림으로 나타내면 [그림 4A-2]와 같다.

현재부터 1년도 말 사이에 적용될 현물이자율 r_1과 현재부터 2년도 말 사이에 적용될 현물이자율 r_2가 이미 알려져 있기 때문에 현재시점에서 두 번째 연도의 선도이자율 $f_{1,\,2}$를 계산할 수 있다. 즉 선도이자율은 현재시점에서 측정 가능하다. 현물이자율 r_1과 r_2가 주어져 있다면, 1년도 말부터 2년도 말까지, 즉 두 번째 연도의 선도이자율 $f_{1,\,2}$는 다음의 식을 이용하여 구할 수 있다.

$$(1+r_2)^2=(1+r_1)\times(1+f_{1,\,2}) \qquad (4A-1)$$

그러므로 식 (4A-1)을 풀어서 $f_{1,\,2}$를 구하면 다음과 같다.

그림 4A-2 현물이자율과 선도이자율의 관계

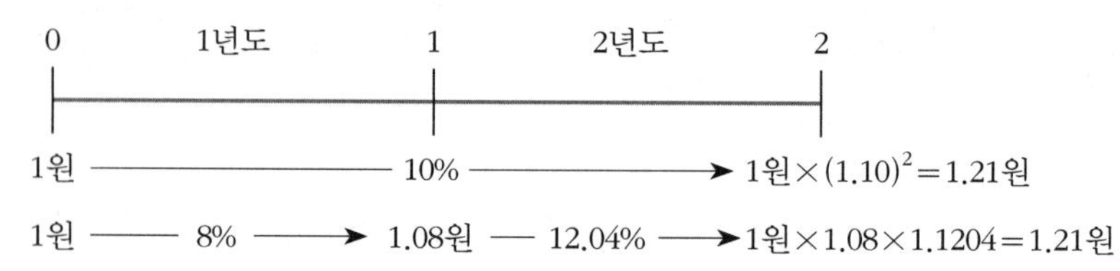

21) $\frac{(1+0.1)^2}{1+0.08}-1=0.1204$ 또는 12.04%

$$f_{1,2} = \frac{(1+r_2)^2}{1+r_1} - 1 \tag{4A-2}$$

그리고 식 (4A-2)를 보다 일반화시키면 다음과 같은 일반식을 얻을 수 있다.

$$f_{n-1,n} = \frac{(1+r_n)^n}{(1+r_{n-1})^{n-1}} - 1 \tag{4A-3}$$

여기서 $f_{n-1,n}$: n번째 연도의 선도이자율

예제 4A-1 선도이자율의 측정

현물이자율이 다음과 같을 경우 각 연도의 선도이자율을 계산하라.

연 도	현물이자율
1	5%
2	6%
3	7%
4	6%

| 해설 |

첫 번째 연도의 선도이자율은 정의에 의해서 현재부터 1년도 말까지, 즉 첫 번째 연도의 현물이자율과 동일하다.

$$f_{0,1} = r_1 = 5\%$$

그리고 나머지 연도의 선도이자율을 구하면 다음과 같다.

$$f_{1,2} = \frac{(1+r_2)^2}{1+r_1} - 1 = \frac{(1.06)^2}{1.05} - 1 = 7.01\%$$

$$f_{2,3} = \frac{(1+r_3)^3}{(1+r_2)^2} - 1 = \frac{(1.07)^3}{(1.06)^2} - 1 = 9.03\%$$

$$f_{3,4} = \frac{(1+r_4)^4}{(1+r_3)^3} - 1 = \frac{(1.06)^4}{(1.07)^3} - 1 = 3.06\%$$

미래의 현물이자율

다음과 같은 두 개의 순수할인채권을 생각해 보자.

- 채권 A: 만기 = 1년, 액면가 = 1,080원
- 채권 B: 만기 = 2년, 액면가 = 1,210원

그리고 $r_1=8\%$, $r_2=10\%$라면, 채권 A와 B는 각각 다음과 같이 나타낼 수 있다.

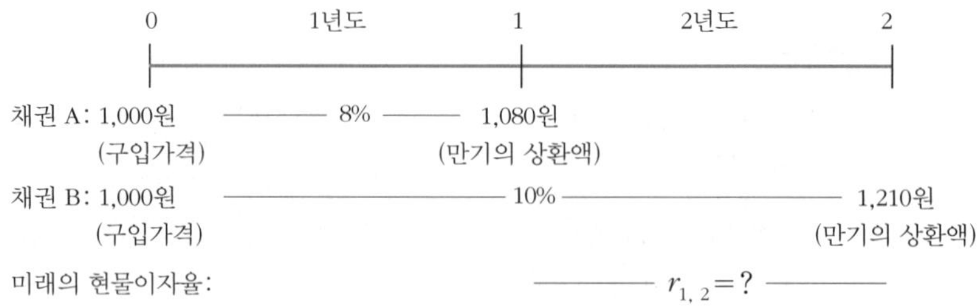

1년 만기 채권 A와 2년 만기 채권 B의 현재가치, 즉 초기의 구입가격은 모두 1,000원이다.

- $PV_A=\dfrac{1,080}{1.08}=1,000$원
- $PV_B=\dfrac{1,210}{(1.10)^2}=1,000$원

시간이 지나 1년도 말(1시점)이 될 때, 1년도 말부터 2년도 말까지의 새로운 현물이자율이 존재하게 될 것이다. 이것을 1년도 말부터 2년도 말까지, 즉 두 번째 연도의 현물이자율이라 하며 $r_{1,\,2}$로 표기한다. 미래의 현물이자율은 현재시점에서 관찰할 수 없다. 예를 들어 현재와 1년도 말 사이에 인플레이션율이 상승한다면, 두 번째 연도의 현물이자율은 높게 형성될 것이다. 그러나 만약 현재와 1년도 말 사이에 인플레이션율이 하락한다면, 두 번째 연도의 현물이자율은 낮게 형성될 수도 있는 것이다.

이제 1년도 말에서의 각 채권의 가치를 알아보자. 1년 만기의 채권 A는 1년도 말에 상환되기 때문에 그 때의 가치는 1,080원임에 틀림없다. 그러나 이와는 달리 2년 만기의 채권 B의 가치가 1년도 말에 얼마가 될 것인지를 결정하는 것은 어려운 일이다. 시간이 지나 1년도 말이 되어야만 두 번째 연도의 현물이자율을 알 수 있으며, 그것을 이용하여 1년도 말에서의 채권 B의 가치를 결정할 수 있을 것이다. 예를 들어 두 번째 연도의 현물이자율이 6%, 7% 또는 14%라고 가정하는 경우에 1년도 말에서의 가능한 채권 B의 가격은 각각 다음과 같이 구할 수 있다.

- $r_{1,\,2}=6\% \rightarrow PV_B=\dfrac{1,210}{1.06}=1,141.51$원
- $r_{1,\,2}=7\% \rightarrow PV_B=\dfrac{1,210}{1.07}=1,130.84$원
- $r_{1,\,2}=14\% \rightarrow PV_B=\dfrac{1,210}{1.14}=1,061.40$원

현재시점에서 선도이자율 $f_{1,2}$는 알려져 있으나, 미래의 현물이자율 $r_{1,2}$는 알려져 있지 않다는 사실을 유의하여야 한다. 그러므로 1년도 말에서의 채권 B의 가격은 1년도 말 이전에는 알 수 없는 것이다. 1년도 말 이전에는 단지 1년도 말에 기대되는 가격만을 말할 수 있을 뿐이다.

$$\text{1년도 말에서의 채권 B의 기대가격} = \frac{1{,}210\text{원}}{1+E(r_{1,2})} \tag{4A-4}$$

여기서 $E(r_{1,2})$: 두 번째 연도의 기대현물이자율

여기서 다음과 같은 두 가지 점을 유의해야 한다. 첫째, 개인에 따라 1년도 말에서의 채권 B의 기대가격이 서로 달라질 수 있다. 둘째, 식 (4A-4)는 채권이 1년도 말에 판매될 가격에 대한 개인의 예상을 나타내는 것이며, 그 예상은 1년도 말 이전, 즉 현재시점에서 만들어진 것이다.

A1.3 이자율의 기간구조이론

이자율의 기간구조를 설명하기 위하여 제시된 대표적인 이론으로는 기대이론, 유동성선호이론, 시장분할이론 등이 있다.

기대이론

현재 1,000원을 가지고 1년 동안 투자하는 경우, 다음과 같은 두 가지 전략을 생각해 볼 수 있다.

- 전략 1: 1년 만기의 채권 A를 구입한다.
- 전략 2: 2년 만기의 채권 B를 구입하여 1년도 말에 매각한다.

1년도 말에 얻을 수 있는 각 전략의 성과는 다음과 같다.

- 전략 1의 성과 = 1,080원 = 1,000원 × 1.08
- 전략 2의 성과 $= \dfrac{1{,}210\text{원}}{1+E(r_{1,2})} = \dfrac{1{,}000\text{원}\times(1.10)^2}{1+E(r_{1,2})}$

$$= \frac{1{,}000\text{원}\times 1.08\times 1.1204}{1+E(r_{1,2})}$$

그림 4A-3 기대이론과 이자율의 기간구조

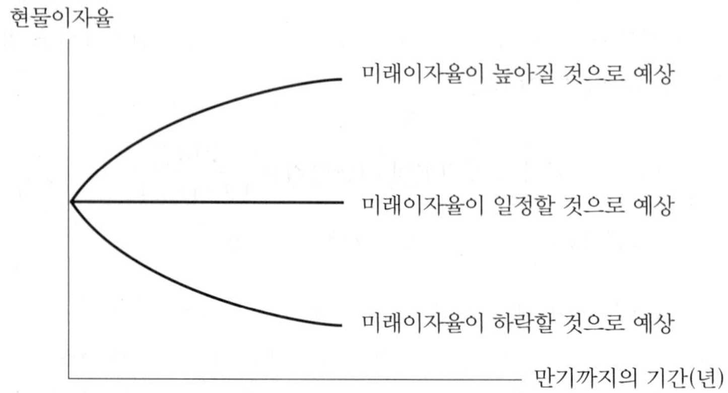

만약 투자자들이 위험을 고려하지 않는다면, 균형상태하에서 두 전략의 성과는 같아야 한다.[22] 그러므로 기대현물이자율 $E(r_{1,2})$는 선도이자율과 같은 12.04%가 된다.

$$f_{1,2} = E(r_{1,2}) \quad (4A-5)$$

기대이론(expectation theory)은 이상과 같은 논리에 의해서 선도이자율이 미래에 기대되는 현물이자율과 동일해지도록 현재시점에서 현물이자율이 결정된다는 이론이다. 다시 말하면 이 이론은 이자율의 기간구조가 미래이자율에 대한 투자자들의 평균적인 기대를 정확히 반영하여 결정된다는 것을 의미한다. 예를 들어 미래이자율이 높아질 것으로 예상되면 이자율의 기간구조는 우상향하는 형태가 되며, 미래이자율이 낮아질 것으로 예상되면 이자율의 기간구조는 우하향하는 형태가 된다. 그리고 미래이자율이 일정할 것으로 예상되면 이자율의 기간구조는 수평의 형태가 된다. 이와 같은 기간구조들을 그림으로 나타내면 [그림 4A-3]과 같다.

유동성선호이론

기대이론에서는 위험을 고려하지 않는 위험중립형 투자자를 가정하고 있다. 그러나 이와는 달리 위험을 싫어하는 위험회피형 투자자를 생각해 보자. 1년 동안 투자하는 경우, 앞의 예에서 1년 만기 채권 A에 투자하는 전략 1의 성과는 확실하나, 2년 만기 채권 B에 투자하고 1년도 말에 매각하는 전략 2의 성과는 두 번째 연도의 현물이자율이 어떻게 되느냐에 따라서 달라질 수 있기 때문에 불확실한 것이다. 그러므로 전략 2의

22) 균형상태라는 것은 각 채권의 구입가격이 적정하게 평가되어 어느 전략을 선택하더라도 무차별하다는 것을 의미한다.

성과가 그 위험에 대한 보상으로 전략 1의 성과보다 높아져야 위험회피형 투자자들은 두 전략을 무차별하게 생각할 것이다. 이와 같은 사실은 선도이자율이 기대현물이자율보다 높아져야 한다는 것을 의미한다.[23)]

$$f_{1,\,2} > E(r_{1,\,2}) \tag{4A-6}$$

이제 2년 동안 투자하는 경우를 생각해 보자. 이 경우 다음과 같은 두 가지 전략을 생각해 볼 수 있다.

- 전략 3: 2년 만기 채권 B를 매입한다.
- 전략 4: 1년 만기 채권 A를 매입하고 그 채권의 만기, 즉 1년도 말에 다른 1년 만기 채권에 재투자한다.

이 경우 전략 3은 2년도 말에 받을 수 있는 성과를 현재시점에서 알 수 있기 때문에 위험이 없으나, 전략 4는 두 번째 연도의 현물이자율이 현재시점에서 알려져 있지 않기 때문에 위험을 내포하고 있다.[24)] 그러므로 전략 4의 성과가 그 위험에 대한 보상으로 전략 3의 성과보다 높아져야 위험회피형 투자자들은 두 전략을 무차별하게 생각할 것이다. 이와 같은 사실은 선도이자율이 기대현물이자율보다 낮아져야 한다는 것을 의미한다.

$$f_{1,\,2} < E(r_{1,\,2}) \tag{4A-7}$$

위험회피형 투자자의 가정은 서로 상반되는 결과를 보여주고 있음을 유의하라. 식 (4A-6)은 1년 동안 투자하려는 투자자들에 의해서 시장이 지배당하는 경우에 성립한다. 한편 식 (4A-7)은 2년 동안 투자하려는 투자자들에 의해서 시장이 지배당하는 경우에 성립한다. 일반적으로 재무학자들은 대부분의 경우 투자자들의 투자기간이 시장에서 거래되는 채권의 만기보다 훨씬 짧다고 주장한다. 그러므로 재무학자들은 위험회피형 투자자들로 구성된 채권시장에서는 식 (4A-6)이 성립한다고 주장한다.

유동성선호이론(liquidity preference theory)은 이와 같은 논리에 의해서 선도이자

---

23) 장기채권에 투자할 경우 투자자들은 유동성 감소에 따른 보상, 즉 유동성프리미엄(liquidity premium)을 요구하게 되며, 이를 이용하여 식 (4A-6)을 구체적으로 나타내면 다음과 같다.

$$f_{1,\,2} = E(r_{1,\,2}) + L_{1,\,2}$$

여기서 $L_{1,\,2}$: 두 번째 연도의 유동성프리미엄

24) 2년도 말에 얻을 수 있는 각 전략의 성과는 다음과 같다.

- 전략 3의 성과 = 1,210원 = 1,000원 × 1.08 × 1.1204
- 전략 4의 성과 = 1,000원 × 1.08 × $(1 + E(r_{1,\,2}))$

율이 기대현물이자율보다 높게 형성되도록 현재시점에서 현물이자율이 결정된다는 이론이다. 이 이론에 의하면 이자율의 기간구조는 기대이론에 의한 경우보다 상향으로 조정되어 나타난다. 일반적으로 위험회피형의 가정이 현실적이므로 유동성선호이론이 기대이론에 비하여 보다 현실적인 이론이라 할 수 있다.[25)]

예제 4A-2 **이자율 기간구조이론: 유동성선호이론** (CPA 2차 2005)

유동성프리미엄가설(또는 유동성선호가설)이 성립한다고 가정하자. 1년 만기 현물이자율(spot rate)은 6%이다. 그리고 1년 후 기준 1년 만기 현물이자율은 8%로 예상된다. (6%와 8%는 명목이자율임.) 만기가 2년이고 액면이자율이 8%인 채권(연 1회 이자 지급, 원금 10,000원)을 1년 보유하는 경우 보유수익률(holding return)이 6.8%로 예상된다. (가격은 정수로 계산하고 수익률은 % 기준으로 소수점 둘째 자리까지만 표시한다.)

(1) 채권의 1년 후 기대가격과 현재가격을 계산하라.

(2) 가격에 반영된 유동성프리미엄은 몇 퍼센트인가?

(3) 실질수익률(real yield)이 3%로 일정하다고 가정하자. 물가상승률이 2년 동안 어떻게 변할 것으로 기대되는가?

| 해설 |

(1) $E(P_1)=\dfrac{10{,}800}{1+E(r_{1,\,2})}=\dfrac{10{,}800}{1.08}=10{,}000$원

$$E(r)=\frac{E(P_1)-P_0+800}{P_0}=0.068$$

$\therefore\ P_0=10{,}112$원

(2) $10{,}112=\dfrac{800}{1+0.06}+\dfrac{10{,}800}{(1+r_2)^2}\ \rightarrow\ r_2=0.0743$

$$f_{1,\,2}=\frac{(1+r_2)^2}{1+r_1}-1=\frac{1.0743^2}{1.06}-1=0.0888$$

$\therefore$ 유동성프리미엄$=f_{1,\,2}-E(r_{1,\,2})=8.88\%-8\%=0.88\%$

(3) 피셔효과(Fisher effect): 1+명목이자율=(1+실질이자율)(1+물가상승률)

$1+0.06=(1+0.03)(1+$물가상승률$)\ \rightarrow$ 1년도의 물가상승률$=\dfrac{1.06}{1.03}-1=2.91\%$

$1+0.08=(1+0.03)(1+$물가상승률$)\ \rightarrow$ 2년도의 물가상승률$=\dfrac{1.08}{1.03}-1=4.85\%$

25) 개인의 위험에 대한 태도는 제8장에서 자세히 설명된다.

시장분할이론

시장분할이론(market segmentation theory)은 투자계층이 서로 다른 단기채권과 장기채권의 수익률은 각각 분할된 시장에서 독립적으로 결정된다는 이론이다. 즉 단기채권의 수익률은 단기자금의 수요와 공급에 의해서 결정되고, 장기채권의 수익률은 장기자금의 수요와 공급에 의해서 결정된다는 것이다. 이 이론은 투자자들이 완전한 위험회피성향을 가지고 있으며 또한 제도적인 요인에 의해 특정만기를 선호하기 때문에 단기채권과 장기채권은 상호 대체 투자수단이 될 수 없다고 가정하고 있다. 예를 들어 단기채무가 많은 개별기업이나 상업은행 등은 단기채권에 주로 투자하는 반면, 보험회사나 연기금 등은 장기채권에 투자하는 것을 선호한다는 것이다. 시장분할이론에 의한 이자율의 기간구조는 [그림 4A−4]와 같이 나타낼 수 있다.

시장분할이론에 의하면 이자율의 기간구조는 미래이자율에 대한 기대나 유동성프리미엄 등에 의해서 결정되는 것이 아니라, 채권만기의 선호도에 따라 분할된 단기채권시장 또는 장기채권시장에서의 수요·공급의 원리에 의해서 결정된다는 것이다. 그러나 이 이론은 시장의 효율성과 차익거래의 기회를 무시하고 있기 때문에 현실적인 설득력이 약하다고 할 수 있다.[26)]

그림 4A−4 시장분할이론과 이자율의 기간구조

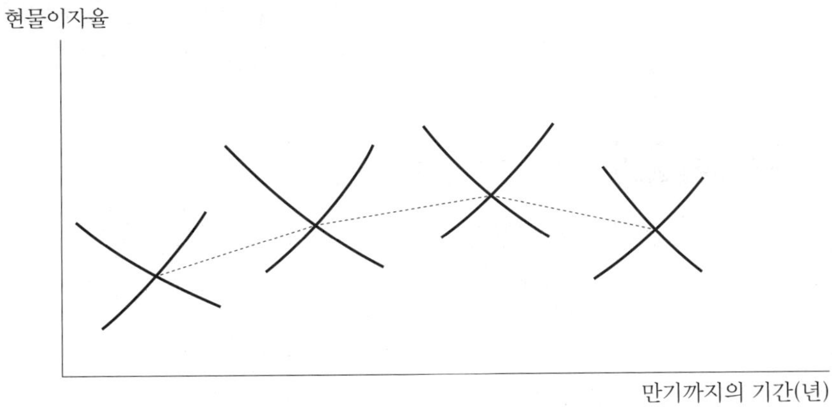

26) 이와 같은 문제점을 보완한 이론으로서 투자자들이 특정만기를 선호하지만, 충분한 대가(위험프리미엄)만 주어진다면 다른 만기의 채권에도 투자할 수 있다는 선호영역이론(preferred habitat theory)이 있다.

보 론 2 이자율의 위험구조와 채권등급평가

A2.1 채무불이행위험과 이자율의 위험구조

채무불이행위험(default risk)이란 채권의 발행자가 이자와 원금을 약속한 대로 지급하지 못할 가능성을 말하며, 이와 같은 채무불이행위험과 채권의 만기수익률간의 체계적인 관계(즉 다른 조건이 일정할 경우 채무불이행위험이 높을수록 채권의 만기수익률은 높아짐)를 이자율의 위험구조(risk structure of interest rates)라 한다.

채무불이행이 발생하지 않는다고 가정하여 계산된 위험채권의 만기수익률인 약속수익률(promised yield)과 국공채 등 무위험채권의 만기수익률인 무위험수익률(default-free yield)의 차이를 채권의 수익률스프레드(yield spread)라 한다. 그리고 약속수익률과 채무불이행가능성을 고려하여 계산된 수익률의 기대값인 기대수익률(expected yield)의 차이를 채무불이행프리미엄(default premium)이라 하며, 기대수익률과 무위험수익률의 차이를 위험프리미엄(risk premium)이라 한다.[27] 그러므로 수익률스프레드는 채무불이행프리미엄과 위험프리미엄을 합한 것과 같다.

> 수익률스프레드 = 약속수익률 − 무위험수익률
> = (약속수익률 − 기대수익률) + (기대수익률 − 무위험수익률)
> = 채무불이행프리미엄 + 위험프리미엄

그림 4A-5 위험채권의 수익률구성

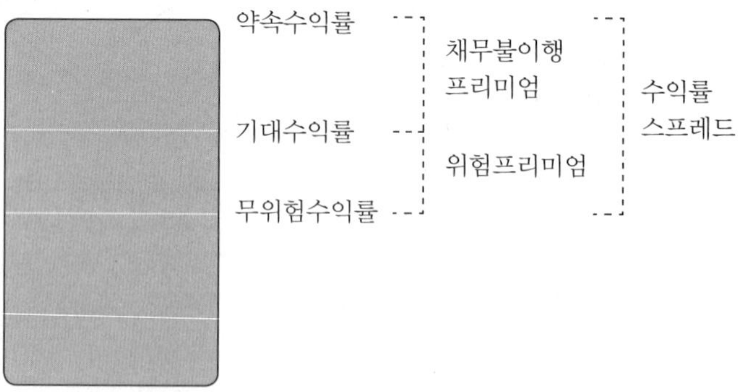

27) 채권의 기대수익률은 실현가능한 수익률의 확률분포에 의해 계산될 수 있다.

위험채권의 약속된 만기수익률은 무위험수익률에 채무불이행프리미엄과 위험프리미엄을 합한 값으로서 앞의 [그림 4A-5]와 같이 구성된다. 결론적으로 다른 조건이 일정할 경우 채무불이행위험이 높을수록 채권의 만기수익률은 높아진다.

A2.2 채권등급평가

채권등급평가(bond rating)는 신용평가기관(bond rating agency)이 채권의 원리금 상환에 대한 발행회사의 능력을 평가하여, 이를 이해하기 쉬운 기호나 문장으로 등급을 매겨 투자자에게 전달하는 제도를 말한다. 채권등급평가의 목적은 특정채권의 채무불이행위험에 관한 정보를 투자자에게 전달함으로써 투자자를 보호하는 데 있다.

세계적으로 가장 권위 있는 신용평가기관은 미국의 S&P(Standard and Poor's Corporation)와 무디스(Moody's Investors Service)이다. S&P와 무디스의 평가기준, 평

표 4A-1 S&P와 무디스의 회사채등급의 분류와 그 의미

S&P	무디스	의미
AAA	Aaa	최상급채권으로 원리금지급능력이 극히 강함.
AA+ AA AA−	Aa1 Aa2 Aa3	상급채권으로 원리금지급능력이 매우 강함.
A+ A A−	A1 A2 A3	중상급채권으로 원리금지급능력은 강하지만, 경제적 상황의 변화에 따라 문제가 발생할 가능성도 약간 있음.
BBB+ BBB BBB−	Baa1 Baa2 Baa3	중급채권으로 원리금지급능력은 충분하지만, 경제적 상황의 변화에 따라 문제가 발생할 가능성이 다소 높음.
BB+ BB BB−	Ba1 Ba2 Ba3	저급채권으로 미래의 원리금지급능력이 불확실하고, 약간의 투기적 요소가 있음.
B+ B B−	B1 B2 B3	투자에 적합하지 않은 채권으로 원리금지급능력 또는 계약조건의 유지가능성이 낮음.
CCC	Caa	채무불이행 가능성이 높음.
CC	Ca	매우 투기적이고 채무불이행 가능성이 매우 높음.
C D	C	최하급채권으로 극히 투기적이며, 채무불이행 상태에 있음.

가방식, 평가결과는 거의 비슷하지만 신용등급의 부호에 다소 차이가 있다.

S&P와 무디스의 회사채 등 장기채권의 등급은 〈표 4A-1〉에서 볼 수 있는 것과 같이 최상급(S&P: AAA, 무디스: Aaa)에서 최하급(S&P: D, 무디스: C)으로 크게 9~10등급으로 나누어, 각 등급을 다시 3등급으로 구분(S&P: 기본등급에 +, - 부여, 무디스: 기본등급에 1, 2, 3 기호 부여)하고 있다. S&P의 BBB- 또는 무디스의 Baa3 등급 이상의 채권은 투자적격채권으로 볼 수 있으나, S&P의 BB+ 또는 무디스의 Ba1 등급 이하의 채권은 채무불이행위험이 높은 투기적 성격의 채권으로 정크본드(junk bond)라 불린다.

우리나라의 경우 신용평가제도가 도입된 것은 한국산업은행의 출자로 한국기업평가㈜가 설립된 1983년부터이다. 본격적인 도입은 1985년 2월 투자금융회사를 중심으로 한 제2금융권의 출자로 한국신용평가㈜가 설립되면서 시작되었다. 그 후 1986년 9월 시중은행의 출자로 한국신용정보㈜(2007년 11월 평가사업부문의 물적 분할로 한신정평가㈜가 설립된 후 2011년 9월 NICE신용평가㈜로 사명 변경)가 설립되고, 1992년 4월 민간에 의해서 서울신용평가정보㈜가 설립되면서 4개의 전문신용평가회사를 중심으로 한 현재의 신용평가체제가 확립되었다. 우리나라의 채권등급평가도 S&P 또는 무디스와 유사하다.

A2.3 채권등급과 만기수익률

채권의 만기수익률은 채무불이행위험에 의해서 결정된다. 따라서 채권등급이 채무불이행위험을 대변하는 가장 좋은 측정치라면, 채권등급이 높을수록 채권의 만기수익률이 낮아질 것이다. 채권시장에서 채권등급에 의해 만기수익률이 결정되는 경우 등급평가결과가 채권발행회사의 자금조달비용에 큰 영향을 미치게 된다. 그러므로 채권발행회사가 좋은 등급을 받기 위하여 평가에 필요한 내부자료 등을 신용평가기관에 적극적으로 제공하게 되고, 이에 따라 등급평가가 훨씬 정확하게 이루어질 수 있다.

제 2 편

확실성하의 투자결정

제 5 장

확실성하의 선택이론

금융시장(financial market)을 통해서 사람들은 현재의 소득 중 일부를 저축하여 미래의 소비에 사용하거나, 미래의 소득을 담보로 미리 자금을 차입하여 현재의 소비를 늘림으로써 소비지출을 각자의 욕구 또는 필요에 따라 현재 또는 미래로 이전시킬 수 있다.

본장에서는 금융시장이 개인과 기업의 소비/투자결정에 어떤 영향을 미치는지를 살펴보고자 한다. 설명의 단순화를 위하여 미래의 모든 투자성과를 확실하게 알 수 있고, 거래비용과 세금이 존재하지 않으며, 모든 의사결정(소비와 투자)은 현재(0시점)와 미래(1시점) 사이의 단일기간하에서 이루어진다고 가정한다.

1 선택이론: 무차별곡선

1.1 확실성하의 선택공리

확실성하에서 합리적 선택이론을 도출하기 위하여 개인의 행동에 대한 다음과 같은 기본적인 가정, 즉 공리(axiom)가 필요하다.

비교가능성

비교가능성(comparability)은 사람들이 모든 재화를 서로 비교하여 선호관계를 정할 수 있다는 것을 의미한다. 예를 들어 어떤 X재화와 Y재화의 두 재화가 있는 경우, 사람들은 두 재화를 비교하여 다음과 같은 선호관계 중 한 가지 선호관계를 말할 수 있다.

- X재화를 Y재화보다 더 선호한다. 이를 수학적 기호를 사용하여 표시하면, $X > Y$로 표시된다.
- Y재화를 X재화보다 더 선호한다. 이를 수학적 기호를 사용하여 표시하면, $X < Y$로 표시된다.
- X재화와 Y재화의 선호관계를 말할 수 없다. 즉 두 재화는 무차별하다. 이를 수학적 기호를 사용하여 표시하면, $X \sim Y$로 표시된다.

이 행 성

이행성(transitivity)은 어떤 사람이 Y재화보다 X재화를 더 선호하고, Z재화보다 Y재화를 더 선호한다면, 그는 Z재화보다 X재화를 더 선호해야 한다는 것을 의미한다. 이와 같은 관계를 기호로써 표시하면 다음과 같다.

$$X > Y, Y > Z \rightarrow X > Z$$

불포화성

불포화성(nonsatiation)은 사람들이 어떤 재화를 많이 가질수록(소비가 증가할수록) 그의 총효용(또는 만족도)은 증가한다는 것을 의미한다. 다시 말하면 최종소비 한 단위의 증가에 따른 총효용의 증가, 즉 소비의 한계효용(marginal utility: MU)은 항상 영(0)보다 크다는 것으로서 이를 기호로 표시하면 다음과 같다.

$$MU\left(=\frac{\partial U}{\partial C}\right)>0$$

한계효용체감

한계효용체감(diminishing marginal utility)은 어떤 재화의 소비량이 증가할수록 그 재화의 한계효용이 감소한다는 것을 의미한다. 다시 말하면 소비량이 증가할수록 한계효용이 체감한다는 것은 소비량이 증가함에 따라 총효용이 점점 작게 증가한다는 것이다. 이를 기호로 표시하면 다음과 같다.

$$\frac{\partial MU}{\partial C}\left(=\frac{\partial^2 U}{\partial C^2}\right)<0$$

1.2 무차별곡선

앞에서 설명한 공리에 의해서 미래소비(C_1)가 일정할 때, 현재소비(C_0)에 따른 총효용[$U(C_0)$]을 [그림 5-1]과 같이 나타낼 수 있다. [그림 5-1]에서 소비의 증가에 따라서 총효용은 계속 증가하지만(불포화성), 그 증가규모가 점점 작아진다는(한계효용체감) 것을 알 수 있다. 동일한 방법으로 미래소비(C_1)의 총효용[$U(C_1)$]을 나타낼 수 있을 것이다.

그림 5-1 소비의 총효용

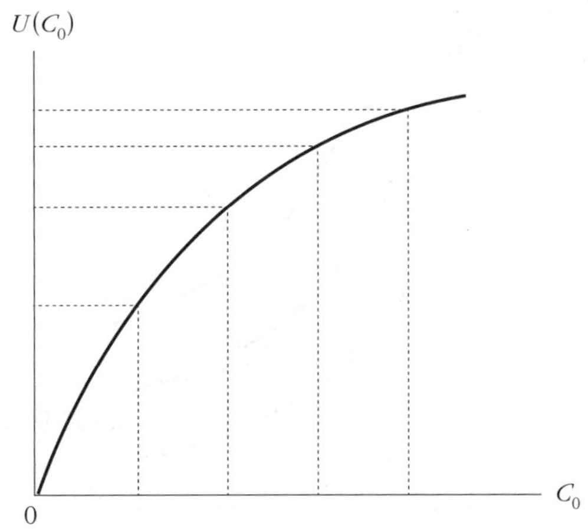

이제 현재소비의 효용곡선 $U(C_0)$와 미래소비의 효용곡선 $U(C_1)$을 결합하면, [그림 5-2]에서 볼 수 있는 바와 같이 효용평면 $U(C_0, C_1)$을 얻을 수 있다. [그림 5-2]에서 효용평면상의 점선들은 동일한 총효용 $U(C_0, C_1)$을 제공하는 현재소비 C_0와 미래소비 C_1의 여러 가지 조합을 나타낸다. 동일한 점선상의 모든 점(예를 들어 점 A와 B)은 동일한 총효용을 갖기 때문에 개인은 이와 같은 점들에 대해서 무차별할 것이다. [그림 5-2]의 점선들을 위에서 (C_0, C_1) 평면상에 투사하면, [그림 5-3]과 같은 **무차별곡선**

그림 5-2 효용평면

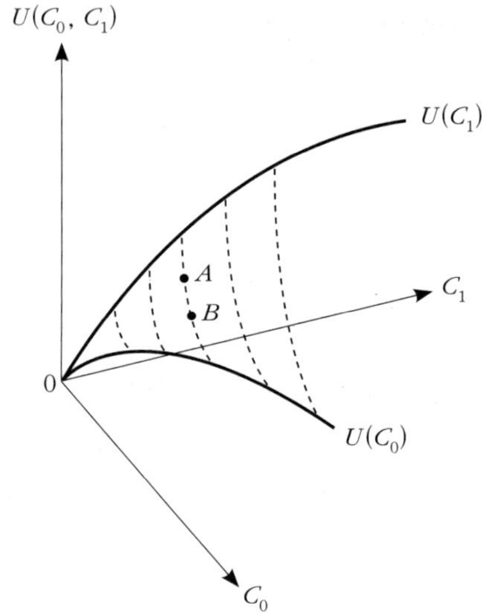

그림 5-3 소비의 시차선호를 나타내는 무차별곡선

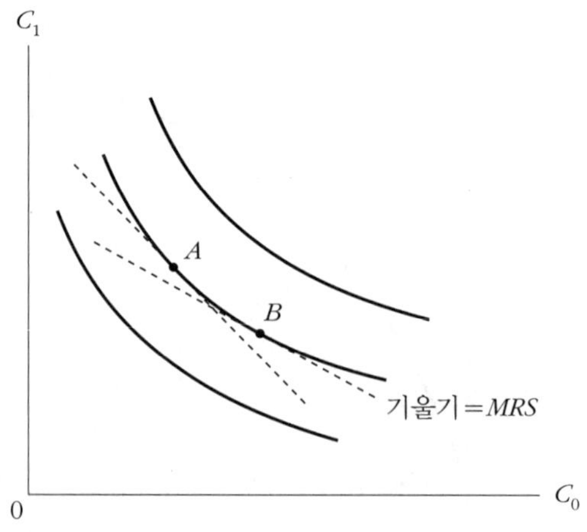

(indifference curve: ID curve)을 얻을 수 있다.

무차별곡선의 한 점에서 그은 접선의 기울기를 **한계대체율**(marginal rate of substitution: MRS)이라 하며, 이는 개인이 현재재화(C_0) 한 단위를 증가(감소)시킬 때 이전과 같은 효용을 유지하기 위하여 감소(증가)시켜야 하는 미래재화(C_1)의 단위를 나타낸다. 즉 한계대체율은 개인이 주관적으로 생각하는 현재재화(C_0)와 미래재화(C_1)의 교환비율로서 소비의 주관적인 시차선호를 나타낸다. 한계대체율을 수학적으로 정의하면 다음과 같다.[1)]

$$MRS_{C_0,\, C_1} = \left.\frac{dC_1}{dC_0}\right|_{U=\text{일정}} = -\frac{MU_{C_0}}{MU_{C_1}} = -(1+r_i) \qquad (5\text{-}1)$$

여기서 r_i: 개인의 시차선호도를 반영하는 주관적 이자율

예를 들어 어느 개인의 MRS가 −1.2라면, 그는 현재재화 1단위를 포기할 경우 미래재화 1.2단위를 얻어야 동일한 효용수준을 유지할 수 있다. 이것은 그가 현재재화를 포기하는 대가로서 20%의 이자율을 요구한다는 것을 의미한다.

그리고 무차별곡선은 다음과 같은 몇 가지 성질을 가지고 있다. 첫째, 무차별곡선은 원점에서 멀리 떨어질수록 높은 만족수준을 나타낸다. 둘째, 무차별곡선은 우하향하면서 원점을 향해서 볼록한 형태를 취한다.[2)] 셋째, 무차별곡선은 서로 겹치거나 교차할 수 없다.

2 생산기회집합과 시장기회선

2.1 생산기회집합

생산기회를 이용할 수 있는 경우 소득의 일부를 생산활동에 투자하여 원하는 시점에서 소비의 양을 조절할 수 있다. 즉 생산기회를 이용함으로써 개인은 자신의 소비기회를 보다 크게 확장시킬 수 있을 것이다. 일반적으로 총투자액이 증가할수록 최종투자 한 단위에 대한 투자수익률, 즉 **한계투자수익률**(marginal rate of return: MRR)은

---

1) $U(C_0,\, C_1) = K \rightarrow dU = \left(\frac{\partial U}{\partial C_0}\right)dC_0 + \left(\frac{\partial U}{\partial C_1}\right)dC_1 = 0 \quad \therefore\ \frac{dC_1}{dC_0} = -\frac{MU_{C_0}}{MU_{C_1}}$

2) 무차별곡선이 원점에 대하여 볼록한 형태를 가지는 것은 현재소비(C_0)가 증가함에 따라 한계효용이 체감하는 성질에 의해 현재소비의 상대적 가치가 떨어져 현재소비와 미래소비의 교환비율인 한계대체율(무차별곡선의 기울기)의 절대값이 감소되기 때문이다.

그림 5-4 생산기회집합

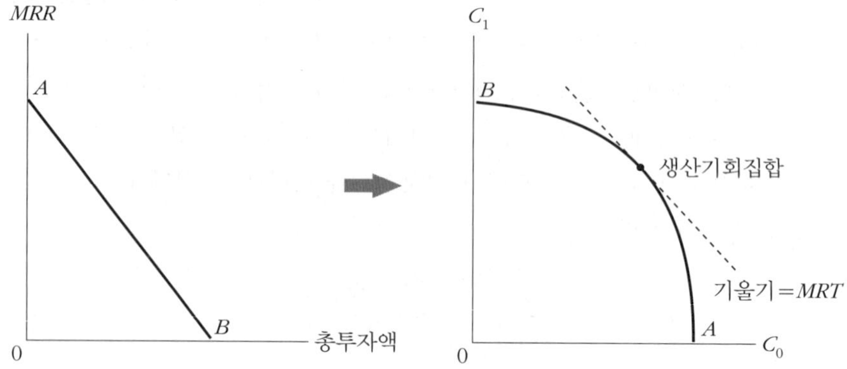

감소한다. 왜냐하면 경쟁적인 시장에서는 보다 높은 수익률을 올릴 수 있는 투자기회가 제한되기 때문이다. 이와 같이 감소하는 한계투자수익률을 고려하여 **생산기회집합**(production opportunity set)을 그림으로 나타내면 [그림 5-4]와 같다.

생산기회집합(또는 투자기회집합)의 한 점에서 그은 접선의 기울기를 **한계변환율**(marginal rate of transformation: MRT)이라 하며, 이는 생산기회를 이용하여 현재재화(C_0)의 최종적인 1단위를 투자함으로써 얻을 수 있는 미래재화(C_1)의 단위를 나타낸다. 한계변환율을 수학적으로 정의하면 다음과 같다.[3]

$$MRT_{C_0,\, C_1} = \frac{dC_1}{dC_0} = -\frac{MP_{C_0}}{MP_{C_1}} = -(1+MRR) \tag{5-2}$$

여기서 MP_{C_0} : 현재재화의 한계생산액
MP_{C_1} : 미래재화의 한계생산액

예를 들어 MRT가 −1.25라면, 현재재화 1단위를 생산활동에 투자할 경우 미래재화 1.25단위를 얻을 수 있으며, 이때의 한계투자수익률(MRR)은 25%임을 알 수 있다.

2.2 시장기회선

금융시장에서 시장이자율 r로 얼마든지 빌리거나 빌려 줄 수 있는 경우, 개인은 차입 또는 대출을 통하여 현재재화와 미래재화에 대한 자신의 소비계획을 조정할 수 있게 된다. 즉 생산기회와 마찬가지로 금융시장도 개인의 소비기회를 보다 크게 확장시켜 줄 수 있다. 현재소득 y_0와 미래소득 y_1을 가지고 있는 개인이 금융시장을 이용하

3) 생산함수: $f(C_0, C_1)=0 \rightarrow df=\left(\frac{\partial f}{\partial C_0}\right)dC_0+\left(\frac{\partial f}{\partial C_1}\right)dC_1=0 \quad \therefore \frac{dC_1}{dC_0}=-\frac{MP_{C_0}}{MP_{C_1}}$

그림 5-5 시장기회선

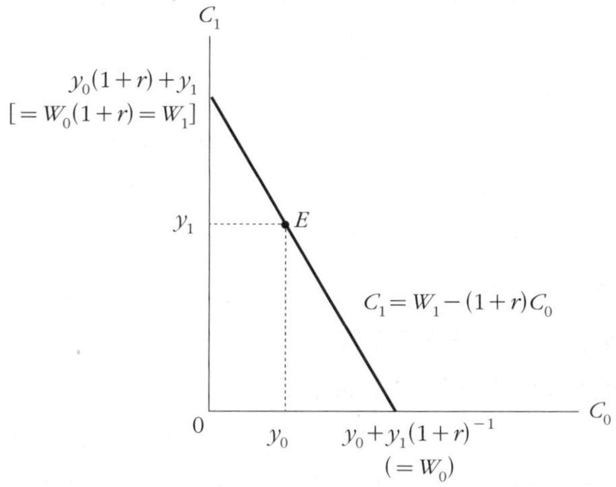

여 선택할 수 있는 현재재화와 미래재화에 대한 소비기회를 모두 나타낸 직선인 **시장기회선**(market opportunity line)은 [그림 5-5]와 같다. 개인이 금융시장을 통하여 대출을 하거나 차입을 할 수 있는 경우 현재와 미래의 소비는 [그림 5-5]의 시장기회선상의 어느 점에서도 가능하게 된다.[4] 그리고 개인이 시장기회선상의 어떤 점을 선택하여도 소비(또는 소득)의 총현재가치는 W_0로 동일하게 된다. 따라서 시장기회선을 등현가선(iso-present value line)이라고도 한다.

3 소비와 투자

금융시장이 개인과 기업의 소비/투자결정에 어떻게 영향을 미치는지를 금융시장이 존재하는 경우와 존재하지 않는 경우로 구분하여 살펴보고자 한다. 그렇게 함으로써 금융시장의 효과를 명백히 확인할 수 있을 것이다.

3.1 소비와 투자 : 금융시장이 존재하지 않는 경우

금융시장이 존재하지 않을 경우 개개인이 현재의 재화를 미래의 재화로 변환할 수

4) 시장기회선이 직선으로 나타난 이유는 투자금액에 관계없이 동일한 시장이자율 r로 차입 또는 대출이 가능하다고 가정하였기 때문이다.

있는 방법은 생산기회를 이용하는 방법밖에 없게 된다. 다시 말하면 생산기회를 이용하여 얻게 되는 현재재화와 미래재화의 조합을 그대로 소비해야만 한다. 그러므로 개개인이 이용할 수 있는 생산기회집합이 곧 그들의 소비기회집합이 된다. 이와 같은 경우 개개인의 효용을 가장 높여 주는 최적소비점(=최적생산점)은 [그림 5-6]에서 볼 수 있듯이 각 개인의 무차별곡선의 기울기(한계대체율)와 생산기회집합의 기울기(한계변환율)가 일치하는 점에서 결정된다.

[그림 5-6]에서 $MRS < MRT$인 A점의 경우에는, 개인이 요구하는 투자액에 대한 보상(MRS)보다 생산기회를 이용하면 더 많은 보상(MRT)을 얻을 수 있으므로 현재의 소득을 생산활동에 더 투자하려고 할 것이다.[5] 이와 같은 과정은 MRS가 MRT와 같아지는 B점에 도달할 때까지 계속된다. 그러므로 B점이 최적생산점이자 곧 최적소비점이 된다.

금융시장이 존재하지 않는 경우 최적소비점(=최적생산점)을 얻기 위해서는 다음의 조건을 만족하는 현재재화와 미래재화의 조합을 구하면 된다.

> 금융시장이 존재하지 않는 경우 생산과 소비결정(최적생산점=최적소비점): $MRS = MRT$

그리고 금융시장이 존재하지 않는다면 모든 개인이 동일한 소득과 생산기회집합을 갖고 있다 하더라도, 무차별곡선이 서로 다른 경우 그들은 서로 다른 소비/투자조합을 선택할 수 있다. [그림 5-7]은 이러한 상황을 보여준다.

그림 5-6 소비와 투자: 금융시장이 존재하지 않는 경우

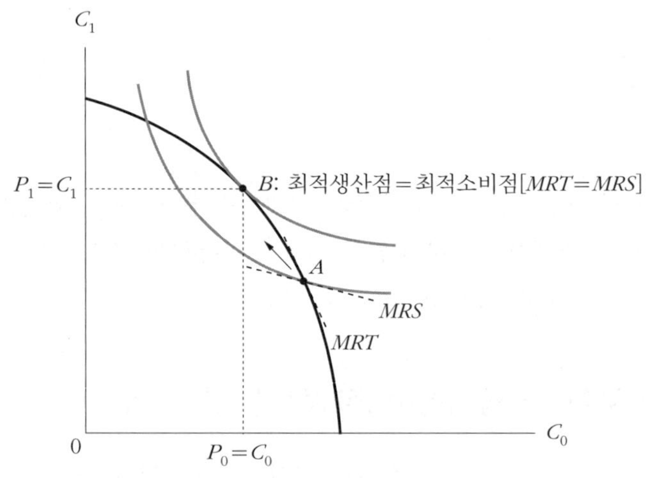

5) MRS와 MRT의 부호는 음(−)이나 여기서는 부호를 무시한 절대값을 비교한 것이다.

그림 5-7 상이한 무차별곡선을 갖는 개인들의 소비/투자결정

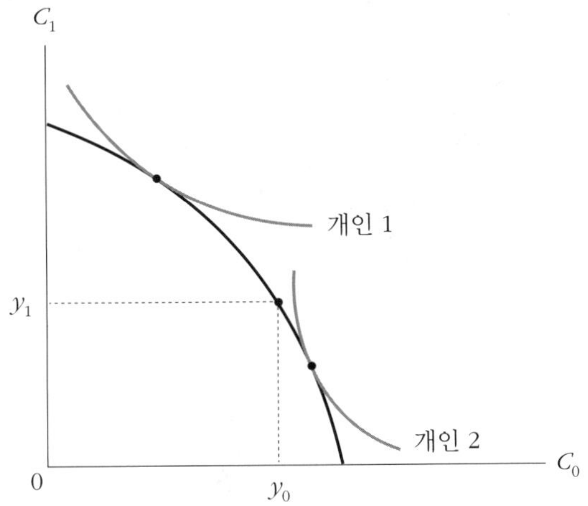

3.2 소비와 투자: 금융시장이 존재하는 경우

금융시장이 존재하는 경우 개인이 현재재화를 미래재화로 변환할 수 있는 방법은 생산기회를 이용하는 방법과 금융시장을 이용하는 방법(시장이자율로 차입 또는 대출하는 방법) 두 가지가 있다. 먼저 개인은 자본사용의 기회비용인 시장이자율보다 높은 수익률을 제공하는 생산 또는 투자기회를 모두 이용하여 현재재화를 미래재화로 변환시킬 것이다. 즉 한계변환율이 시장기회선의 기울기와 일치하는 점까지 생산을 확대할 것이다. 이와 같이 결정되는 최적생산점은 동일한 생산기회집합을 가지고 있는 모든 개인에 대해서 동일하게 된다.

그리고 상이한 무차별곡선을 가지고 있는 각 개인은 주어진 최적생산점을 가지고 금융시장을 이용하여, 즉 시장이자율로 차입 또는 대출을 함으로써 자신의 효용을 극대화할 수 있는 최적소비계획을 선택할 것이다. 이와 같은 최적소비점은 시장기회선의 기울기와 각 개인의 한계대체율이 일치하는 점에서 결정된다. 이상의 생산/투자와 소비결정을 요약하면 다음과 같다.

> 금융시장이 존재하는 경우의 생산과 소비결정(최적생산점 ≠ 최적소비점):
>
> $$\underbrace{MRT = -(1+r)}_{\text{(생산결정)}} = \underbrace{MRS_i = MRS_j}_{\text{(소비결정)}}$$

그림 5-8 소비와 투자: 금융시장이 존재하는 경우

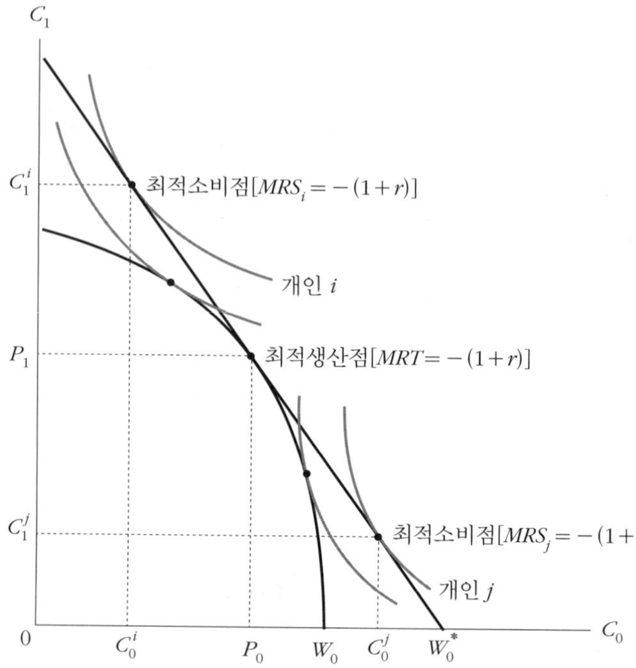

이와 같은 소비와 투자의 결정과정을 그림으로 나타내면 [그림 5-8]과 같다. [그림 5-8]에서 볼 수 있는 바와 같이 개인 i와 개인 j는 모두 금융시장이 존재하지 않았을 때보다 더 높은 수준의 효용을 얻을 수 있다. 즉 금융시장이 사회전체에 아주 유용한 역할을 수행하고 있음을 의미한다. [그림 5-8]에서 개인 i와 개인 j의 시점별 자금흐름을 요약하면 〈표 5-1〉과 같다.

MRT와 $-(1+r)$이 같아지는 점에서 항상 생산투자의 순현가(net present value: NPV)가 극대화되므로 최적생산은 순현가가 극대화되는 점에서 결정된다고 할 수 있다. 여기에서 순현가는 투자에 의해서 발생되는 현금유입(투자수익)의 현가에서 현금유출(투자지출액)의 현가를 차감한 것으로 정의된다.

$$\begin{aligned} \text{순현가} &= PV(\text{현금유입}) - PV(\text{현금유출}) = P_1(1+r)^{-1} - (W_0 - P_0) \\ &= (W_0^* - P_0) - (W_0 - P_0) = W_0^* - W_0 \end{aligned}$$

이상에서 살펴본 바와 같이 최적생산의 결정은 개인의 주관적인 선호와 무관하게 객관적인 시장이자율(순현가의 극대화기준)에 의해서 결정되는데, 이를 피셔의 분리이론

표 5-1 개인 i와 개인 j의 시점별 자금흐름

(1) 개인 i(대출자)의 현금흐름:

현재시점(시점 0)		미래시점(시점 1)	
주어진 부	W_0		
생산에 투자	$-(W_0-P_0)$	투자수익	P_1
대 출	$-(P_0-C_0^i)$	원리금회수	$C_1^i-P_1$
소 비 액	C_0^i	소 비 액	C_1^i

→ 최적생산점$=(P_0, P_1)$, 최적소비점$=(C_0^i, C_1^i)$

(2) 개인 j(차입자)의 현금흐름:

현재시점(시점 0)		미래시점(시점 1)	
주어진 부	W_0		
생산에 투자	$-(W_0-P_0)$	투자수익	P_1
차 입	$C_0^j-P_0$	원리금상환	$-(P_1-C_1^j)$
소 비 액	C_0^j	소 비 액	C_1^j

→ 최적생산점$=(P_0, P_1)$, 최적소비점$=(C_0^j, C_1^j)$

(Fisher separation theorem)이라 한다.[6] 다시 말하면 소비/투자 결정과정은 다음과 같은 두 개의 독립적인 별개의 단계로 이루어진다는 것을 의미한다.

- 제 1 단계: 최적투자결정
  $MRT=-(1+r)$, 또는 한계투자수익률=시장이자율
- 제 2 단계: 최적소비결정
  $MRS=-(1+r)$, 또는 주관적 시차선호율=시장이자율

이와 같은 분리이론에 의해서 경영자는 수많은 주주들의 상이한 주관적인 시차선호도를 고려할 필요 없이 생산/투자결정을 할 수 있기 때문에 주식회사의 경우 소유와 경영의 분리가 가능하게 된다.

예제 5-1 소비와 투자결정

기업 A는 현재 2,600만원의 현금을 가지고 있으며, 다음의 그림과 같은 금융시장과 실물시장

6) 그러나 금융시장이 불완전한 경우(예를 들어 대출이자율과 차입이자율이 상이한 경우 등)에는 피셔의 분리이론이 성립하지 않는다는 사실을 유의하기 바란다.
I. Fisher, *The Theory of Interest*, New York, Macmillan, 1930.

에의 투자기회를 이용할 수 있다고 한다.

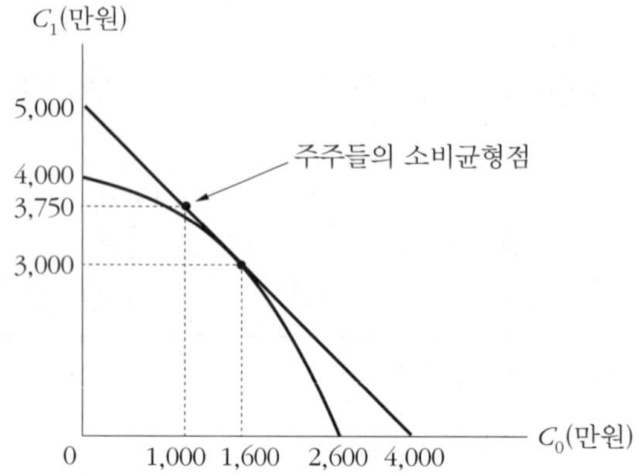

(1) 시장이자율은 얼마인가?

(2) A기업의 경영자는 현재 실물자산에 얼마를 투자하여야 하는가?

(3) 실물자산의 투자로부터 얻을 수 있는 1시점에서의 투자수익은?

(4) 실물자산에 투자하는 경우 평균투자수익률과 한계투자수익률은?

(5) 주주들은 현재와 1시점에 각각 얼마를 소비하려고 하는가?

(6) 실물자산투자의 순현가는?

(7) 실물자산에 투자하는 경우 이 회사의 부의 현재가치는?

❙ 해설 ❙

각 시점의 자금흐름은 다음과 같다.

현재시점(시점 0)		미래시점(시점 1)	
주어진 부	2,600		
생산에 투자	$-(2{,}600-1{,}600)$	투자수익	3,000
대 출	$-(1{,}600-1{,}000)$	원리금회수	$3{,}750-3{,}000$
소 비 액	1,000만원	소 비 액	3,750만원

(1) 시장기회선의 기울기 $=-(1+r)=-\dfrac{5{,}000}{4{,}000}=-1.25 \quad \therefore\ r=25\%$

(2) 실물자산투자액 $=2{,}600-1{,}600=1{,}000$만원

(3) 1시점에서의 투자수익 $=3{,}000$만원

(4) 실물자산의 평균투자수익률 $=\dfrac{3{,}000-1{,}000}{1{,}000}=2$ 또는 200%

실물자산의 한계투자수익률 $=25\%$

(5) $C_0=1{,}000$만원, $C_1=3{,}750$만원

(6) $NPV=3{,}000\times(1+0.25)^{-1}-1{,}000=1{,}400$만원

(7) 기업 부의 총현재가치 $=4{,}000$만원

요 약

소비와 투자 : 금융시장이 존재하지 않을 경우

최적생산점 = 최적소비점 → $MRS = MRT$

- $MRS_{C_0,\, C_1} = \dfrac{dC_1}{dC_0} = -\dfrac{MU_{C_0}}{MU_{C_1}} = -(1+r_i)$
- $MRT_{C_0,\, C_1} = \dfrac{dC_1}{dC_0} = -\dfrac{MP_{C_0}}{MP_{C_1}} = -(1+MRR)$

소비와 투자 : 금융시장이 존재하는 경우

최적생산점 ≠ 최적소비점 → 피셔의 분리이론

- 최적투자결정 : $MRT = -(1+r)$ → 순현가의 극대화

  ☞ 최적투자결정은 개개인의 주관적인 시차선호와 무관하다.

- 최적소비결정 : $MRS = -(1+r)$

주요 용어

사 · 례 · 연 · 구

현재 1,000원을 가지고 있는 K씨의 효용함수는 다음과 같다.

$U(C_0, C_1) = 2 \cdot C_0 \cdot C_1$ (여기서 C_0: 현재의 소비량, C_1: 미래의 소비량)

그리고 시장에 존재하는 실물투자기회를 반영한 생산함수는 다음과 같다.

$P_1 = 1{,}000 - 0.002P_0^2$ (여기서 P_0: 현재의 생산량, P_1: 미래의 생산량)

(1) 금융시장이 존재하지 않을 경우, K씨의 최적소비점을 구하라.

(2) 금융시장을 이용하여 시장이자율 5%로 차입 또는 대출이 가능할 경우, K씨의 최적생산점과 최적소비점을 구하라.

(3) 물음 (1)과 (2)를 비교하여 시사하는 바를 설명하라.

(4) 물음 (2)와 같이 금융시장이 존재할 경우, 실물투자기회의 순현가(NPV)를 구하라.

(5) K씨의 효용함수가 $U(C_0,\ C_1) = 2C_0 + C_1$와 같이 변할 경우 최적생산점은 물음 (2)의 결과와 비교하여 어떻게 달라지겠는가?

:: 해 설

(1) 금융시장이 존재하지 않을 경우 「최적생산점$(P_0^*,\ P_1^*)$ = 최적소비점$(C_0^*,\ C_1^*)$」이다. 최적생산점(=최적소비점)은 다음의 두 조건을 만족해야 한다.

① $MRS = MRT$

- $MRS_{C_0,\ C_1} = \dfrac{dC_1}{dC_0}\left[= -\dfrac{MU_{C_0}}{MU_{C_1}}\right] = -\dfrac{C_1}{C_0}$

- $MRT_{P_0,\ P_1} = \dfrac{dP_1}{dP_0}\left[= -\dfrac{MP_{P_0}}{MP_{P_1}}\right] = -0.004P_0$

그러므로

$$-\frac{C_1}{C_0} = -0.004C_0 \quad (\because C_0 = P_0) \qquad \text{(i)}$$

② 최적생산점(=최적소비점)은 반드시 생산기회집합상에 존재하여야 한다. 그러므로 다음의 식을 만족하여야 한다.

$$C_1 = 1{,}000 - 0.002C_0^2 \quad (\because C_0 = P_0,\ C_1 = P_1) \qquad \text{(ii)}$$

(i)식과 (ii)식을 연립하여 풀면, 현재와 미래의 최적소비량(=최적생산량)은 다음과 같다.

$\therefore\ C_0^* = P_0^* = 408.25$원, $C_1^* = P_1^* = 666.67$원

금융시장이 존재하지 않을 경우, 이 소비자는 현재 가지고 있는 소득 1,000원 중 408.25원을 현재시점에 소비한다. 그리고 현재의 소비에 사용하지 않은 금액 591.75원(=1,000원−408.25원)을 현재시점에서 생산활동에 투자하고, 그 결과 얻게 되는 투자소득 666.67원을 다음 기에 소비하게 된다.

(2) 금융시장이 존재할 경우 최적생산점과 최적소비점은 다음의 두 단계에 의해서 결정된다.

① 제1단계: 최적생산점(P_0^*, P_1^*)의 결정

- $MRT = -(1+r)$: $-0.004P_0 = -(1+0.05)$ (i)
- 최적생산점은 생산함수 위에 존재: $P_1 = 1{,}000 - 0.002P_0^2$ (ii)

(i)식과 (ii)식을 연립하여 풀면, 현재와 미래의 최적생산량은 다음과 같다.

$\therefore\ P_0^* = 262.5$원, $P_1^* = 862.19$원

② 제2단계: 최적소비점(C_0^*, C_1^*)의 결정

- $MRS = -(1+r)$: $-(C_1/C_0) = -(1+0.05)$ (iii)
- 소비의 총현재가치=최적생산량의 총현재가치(즉 소비의 총현재가치는 제1단계에서 주어진 최적생산량의 총현재가치를 초과하지 않아야 한다.)

$$: C_0 + C_1(1+0.05)^{-1} = P_0^* + P_0^*(1+0.05)^{-1} = 262.5 + 862.19(1.05)^{-1}$$
$$= 1{,}083.63\text{원} \qquad \text{(iv)}$$

(iii)식과 (iv)식을 연립하여 풀면, 현재와 미래의 최적소비량은 다음과 같다.

$\therefore\ C_0^* = 541.82$원, $C_1^* = 568.91$원

금융시장이 존재하는 경우, 이 소비자는 현재 가지고 있는 1,000원 중 생산활동에 사용되지 않은 금액 262.5원과 금융시장을 통하여 이자율 5%로 차입한 금액 279.32원($=C_0^* - P_0^* =$ 541.82원−262.5원)을 합한 금액 541.82원을 현재에 소비한다. 그리고 현재 생산활동에 737.5원(=1,000원−262.5원)을 투자함으로써 발생하는 다음 기의 소득액 862.19원 중에서 현재소비를 위하여 차입한 금액에 대한 원리합계금 293.28원(=279.32원×1.05, 단수오차 반영)을 상환한 후 그 나머지 568.91원(=862.19원−293.28원)을 다음 기에 소비하게 된다.

(3) 금융시장이 존재하지 않는 경우와 존재하는 경우의 총효용은 각각 다음과 같다.

- 금융시장이 존재하지 않는 경우 총효용: $U(C_0, C_1)=2\times408.25\times666.67=544{,}336.06$
- 금융시장이 존재하는 경우 총효용: $U(C_0, C_1)=2\times541.82\times568.91=616{,}493.63$

이와 같이 금융시장이 존재하는 경우의 총효용이 금융시장이 존재하지 않을 경우의 총효용보다 크다. 따라서 이 소비자는 금융시장이 존재함으로써 보다 큰 만족(효용)을 얻을 수 있다.

(4) $NPV=PV(\text{현금유입})-PV(\text{현금유출})=(862.19)/1.05-(1{,}000-262.5)=83.63$원

또는 투자안의 NPV를 다음과 같이 구할 수도 있다.

$$NPV=W_0^*-W_0=(262.5+\frac{862.19}{1.05})-1{,}000=83.63\text{원}$$

(5) K씨의 효용함수가 변하더라도 최적생산점은 변화가 없다. 즉, 투자자의 주관적인 시차선호와 관계없이 최적생산점은 항상 동일하다. 투자자가 5%의 시장이자율로 차입 또는 대출이 가능한 경우, 투자자는 시장이자율보다 작은 수익률을 제공하는 투자안에는 투자하지 않을 것이다. 이는 금융시장이 존재하는 경우 투자결정문제가 투자자들의 주관적인 시차선호와 관계없이 객관적인 시장이자율에 의해서 결정된다는 피셔의 분리이론이 성립함을 의미한다.

Tip

물음 (2)의 결과를 그림으로 제시하면 다음과 같다.

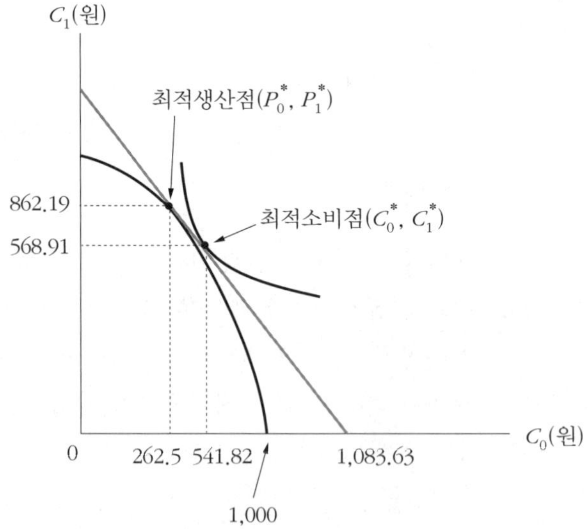

연·습·문·제

▶ 객관식 문제

01 무차별곡선에 관한 다음의 설명 중 잘못된 것은?

① 무차별곡선의 한 점에서 그은 접선의 기울기를 한계대체율(MRS)이라 하며, 이는 개인이 현재재화 한 단위를 증가(감소)시킬 때 종전과 같은 효용을 유지하기 위하여 감소(증가)시켜야 하는 미래재화의 단위를 나타낸다.

② 무차별곡선은 원점에서 멀리 떨어질수록 높은 만족수준을 나타낸다.

③ 무차별곡선은 우하향하면서 원점을 향해서 볼록한 형태를 취한다.

④ 현재소비가 증가함에 따라 현재소비의 상대적 가치가 떨어져 현재소비와 미래소비의 교환비율인 한계대체율의 절대값이 증가한다.

⑤ 무차별곡선은 서로 겹치거나 교차할 수 없다.

02 피셔(Fisher)의 분리이론에 대한 다음의 설명 중 옳지 않은 것은?

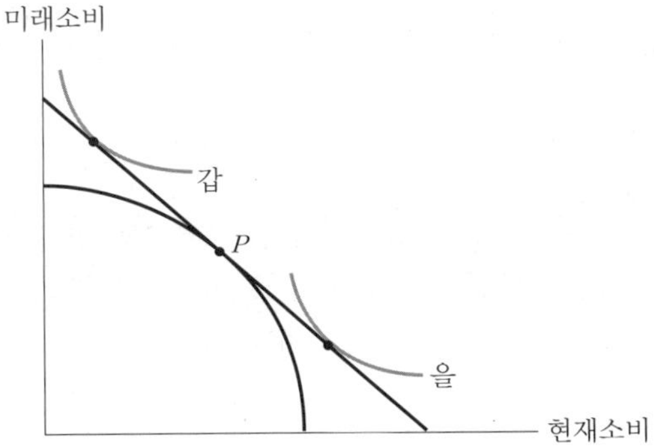

① 갑과 을의 최적생산점은 P로 동일하다.

② 시장이자율은 시장기회선의 기울기의 절대값에서 1을 차감한 값이다.

③ 갑과 을의 최적소비점은 서로 다르다.

④ 갑과 을의 최적소비점에서 한계대체율(MRS)은 동일하다.

⑤ P점에서 생산결정은 평균투자수익률을 극대화한다.

● 객관식 해답 **1.** ④, **2.** ⑤

▶ 주관식 문제

01 생산기회집합

서로 다른 선호형태를 가진 여러 주주들로 구성된 효용주식회사는 다음과 같은 투자기회를 가지고 있다.

투 자 안	투자비용	투자수익률
A	2,000만원	20%
B	2,000만원	30%
C	1,000만원	8%

단일기간 구조하에서 다음의 물음에 답하라.

(1) 효용주식회사의 생산기회집합을 그림으로 나타내라.

(2) 시장이자율이 10%일 때 효용주식회사의 최적생산점은? 그때의 순현가(NPV)와 평균투자수익률은?

(3) 만약 금융시장이 존재하지 않는다면, 효용주식회사가 단일의 최적생산점을 결정할 수 있는가? 그렇지 않다면 그 이유를 간단히 설명하라.

02 소비와 투자결정

현재 1,000만원을 가지고 있는 투자자에게 다음과 같은 단일기간의 독립적인 투자기회가 주어져 있다.

(단위: 만원)

시 점	현금흐름			
	투자안 A	투자안 B	투자안 C	투자안 D
0	−100	−500	−300	−100
1	200	600	315	150

(1) 투자자의 생산기회집합을 그림으로 나타내라.

(2) 투자자가 현재재화 1단위의 감소에 대해서 미래재화 1.25의 보상을 요구하고 차입 또는 대출의 기회가 주어져 있지 않을 경우, 이 투자자의 최적생산점과 최적소비점을 구하라.

(3) 투자자가 15%의 이자율로 차입 또는 대출을 할 수 있는 경우, 이 투자자의 최적생산점과 현재시점에서의 총소비가능액을 구하라.

03 소비와 투자결정

현재 1,000원을 가지고 있는 소비자의 효용함수와 생산함수는 각각 다음과 같다.

$$U(C_0,\ C_1) = C_0 \cdot C_1 \qquad \text{(여기서 } C_0\text{: 현재의 소비량, } C_1\text{: 미래의 소비량)}$$

$$P_1 = 1{,}000 - 0.001P_0^2 \qquad \text{(여기서 } P_0\text{: 현재의 생산량, } P_1\text{: 미래의 생산량)}$$

위의 자료를 이용하여 다음의 물음에 답하라.

(1) 금융시장이 존재하지 않을 경우, 위 소비자의 소비와 투자형태를 설명하라.

(2) 금융시장을 이용하여 시장이자율 $r=5\%$로 차입 또는 대출이 가능할 경우, 위 소비자의 소비와 투자형태를 설명하고 물음 (1)의 결과와 비교하라.

04 투자결정

현재 100만원을 가지고 있는 투자자의 효용함수는 다음과 같다.

$$U(C_0,\ C_1) = 20C_0^2 + 100C_0 \cdot C_1$$

여기서 C_0: 현재의 소비금액, C_1: 미래의 소비금액

그리고 주식시장에는 주당가격이 10,000원인 단 하나의 주식만 존재하며, 이 주식의 수익률은 20%이다.

단일기간의 확실성 사회를 가정하여 다음의 물음에 답하라.

(1) 투자자가 주식에 투자할 때 직면하게 되는 투자기회집합을 그림으로 나타내라.

(2) 투자자는 주식에 얼마나 투자하겠는가? 이 경우 투자자는 현재(C_0)와 미래(C_1)에 각각 얼마나 소비할 수 있는가?

(3) 투자자가 25%의 무위험이자율로 얼마든지 차입 또는 대출을 할 수 있다면, 그는 주식에 얼마나 투자하겠는가?

(4) 이 투자자와 주관적 시차선호가 서로 다른 투자자의 경우, 물음 (2)와 (3)의 결과가 각각 어떻게 달라지는지를 설명하라.

(5) 물음 (3)의 결과에 따라서 현재의 주식가격이 변할 수 있다. 만약 주식가격이 변한다면, 그것은 결국 얼마로 되겠는가?

05 투자안의 현재가치와 순현재가치

투자주식회사는 현재 20,000만원을 투자하여 1년 후 23,000만원의 현금흐름을 가져올 수 있는 투자안을 고려하고 있다.

(1) 이 투자안의 투자수익률은 얼마인가?

(2) 시장이자율이 20%라면 이 투자안의 현재가치(PV)와 순현재가치(NPV)는 각각 얼마인가? 이 경우 이 투자안을 선택하여야 하는가?

(3) 시장이자율이 10%라면 이 투자안의 현재가치(PV)와 순현재가치(NPV)는 각각 얼마인가? 이 경우 이 투자안을 선택하여야 하는가?

(4) 만약 투자주식회사가 현재 투자에 필요한 현금을 가지고 있지 않다면, 위의 물음 (2)와 (3)의 결과는 어떻게 되겠는가?

(5) 투자주식회사의 일부 주주가 1년 후보다 현재에 훨씬 많은 소비를 원하고 있다면, 위의 물음 (2)와 (3)의 결과는 어떻게 되겠는가?

06 고급 투자결정과 기업가치

(CPA 2차 1999 수정)

무부채기업인 ㈜동해는 50%의 지분을 가지고 있는 대주주 김씨와 나머지 50%의 소액주주들로 구성되어 있으며, 총발행주식수는 100만주이다. 현재 ㈜동해의 자산은 현금 339억원과 유가증권 161억원으로 구성되어 있으며, 이 기업이 고려중인 투자기회는 다음과 같다.

투 자 안	투자기회	투자한도액
A	$C_1 = 1.03C_0$	113억원
B	$C_1 = 1.15C_0$	113억원
C	$C_1 = 1.20C_0$	113억원

그리고 대주주인 김씨의 효용함수가 「$U(C_0,\ C_1) = 10C_0 + C_1$」이라고 할 때, 확실성하의 단일기간을 가정하여 아래의 물음에 답하라.

(1) 시장이자율이 13%일 때 ㈜동해의 최적투자금액은 얼마인가? 그리고 만약 시장이자율이 17%로 상승한다면 ㈜동해의 최적투자금액은 얼마인가?

(2) 대주주 김씨의 효용함수가 「$U(C_0,\ C_1) = C_0 + 10C_1$」으로 변한다면 최적투자금액은 어떻게 되겠는가?

(3) 시장이자율이 13%일 때 최적투자 후 ㈜동해의 기업가치와 1주당 주식가치는 얼마인가?

(4) 대주주 김씨가 기업의 확장정책을 무리하게 추진하여 현금 339억원을 모두 투자하는 경우 ㈜동해의 기업가치와 1주당 주식가치를 구하라. (단, 시장이자율은 13%이다.)

(5) ㈜동해의 주식 중 50%를 소유하고 있는 소액주주들이 시민연대와 공동으로 대주주 김씨의 무리한 사업확장에 대한 손해배상소송을 제기한다면 승소할 확률은 90%이다. 소액주주들이 소송을 제기하기 위해서는 소송비용은 얼마 이하이어야 하는가?

제 6 장

자본예산: 투자안의 평가방법

1. 합리적인 투자안의 평가기준 : 순현가법
2. 회수기간법과 평균회계이익률법
3. 내부수익률법
4. 수익성지수법

자본예산(capital budgeting)이란 1년 이상 장기적으로 그 효과가 지속되는 투자결정을 의미하는 것으로서, 이와 같은 투자결정의 합리성 여부가 기업의 가치에 미치는 영향은 매우 크다. 그러므로 합리적인 투자안의 평가방법을 개발하는 것은 재무관리자의 중요한 임무이다.

앞의 장에서 설명한 피셔의 분리이론에 의해서 경영자는 다양한 주주들의 주관적 선호도에 관계없이 투자결정을 할 수 있게 된다. 이 경우 기업의 목표인 주주 부의 극대화는 투자활동을 통하여 얻을 수 있는 순현가를 극대화함으로써 달성될 수 있을 것이다. 즉 기업의 목표에 맞는 합리적인 투자안의 평가기준은 순현가의 극대화라 할 수 있다. 그러나 실제로는 투자안을 평가할 때 순현가법 이외에 여러 가지 대체적인 평가방법도 사용하고 있기 때문에 대체적인 투자안 평가방법의 타당성 여부를 검토해 보아야 한다. 그러므로 본장에서는 순현가법과 여러 가지 대체적인 평가방법들 – 회수기간법, 평균회계이익률법, 내부수익률법, 수익성지수법 등 – 의 의미와 그 타당성 여부를 살펴보고자 한다.

1 합리적인 투자안의 평가기준: 순현가법

순현가법은 기업의 목표인 주주 부의 극대화와 일치하는 투자안 평가방법이다. 그러므로 순현가법은 다른 대체적인 투자안 평가방법들의 타당성 여부를 가늠할 수 있는 판단기준(benchmark)으로 이용될 수 있다.

1.1 순현가의 의의

순현가(net present value: NPV)는 투자의 결과 발생하는 현금유입의 현가(present value of cash inflow)에서 현금유출의 현가(present value of cash outflow)를 차감한 것을 의미한다. 순현가를 수식으로 표현하기 위하여 다음의 [그림 6-1]과 같은 현금흐름이 예상되는 투자안을 고려해 보자.[1] [그림 6-1]과 같은 현금흐름을 가지는 투자안의 순현가를 구하면 다음과 같다.

$$NPV = \text{현금유입의 현가} - \text{현금유출의 현가}$$

$$= \frac{C_1}{1+r} + \frac{C_2}{(1+r)^2} + \cdots + \frac{C_n}{(1+r)^n} - I_0 = \sum_{t=1}^{n} \frac{C_t}{(1+r)^t} - I_0 \qquad (6-1)$$

여기서 r: 할인율

식 (6-1)에서 적절한 할인율 r은 투자안을 채택하기 위하여 그 투자안이 벌어들여야 하는 최소한의 수익률로서 소요자본의 기회비용(opportunity cost)을 의미한다. 그리고 이것을 요구수익률(required rate of return) 또는 자본비용이라고도 한다.[2]

식 (6-1)에 의해 계산되는 순현가는 투자로 인해 얻게 되는 기업가치의 증가분(투

그림 6-1 투자안의 현금흐름

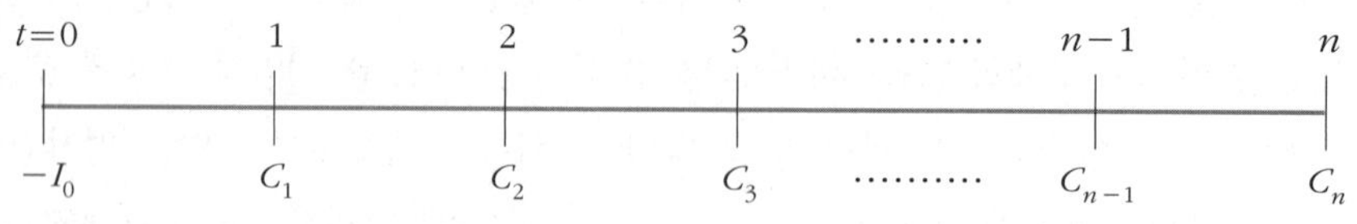

1) 투자안의 현금흐름을 추정하는 방법에 대해서는 제7장에서 자세히 설명된다.

2) 확실성을 가정하는 경우 할인율 r은 시장이자율을 의미한다. 그러나 위험이 존재하는 경우에는 적절한 할인율을 결정하는 것은 용이한 일이 아니다. 이와 같이 위험이 존재하는 경우 그 위험을 적절히 반영하는 할인율을 어떻게 결정하느냐에 관한 내용은 제9장에서 자세히 설명된다.

자비용을 모두 회수한 후 새로이 창출된 가치)을 나타내며, 순현가가 높은 투자안을 선택함으로써 기업가치를 보다 증가시킬 수 있다. 따라서 순현가를 극대화하는 방향으로 자본예산을 실시함으로써 기업의 목표인 기업가치의 극대화를 달성할 수 있을 것이다.

1.2 투자안의 평가기준

투자안의 평가기준을 어느 한 투자안의 선택여부가 다른 투자안의 선택여부에 의해서 영향을 받지 않는 **독립적 투자안**(independent investments)과 특정 투자안이 선택되면 다른 투자안들은 자동적으로 기각되는 **상호배타적 투자안**(mutually exclusive investments)으로 구분하여 살펴보면 다음과 같다.

독립적인 투자안

순현가가 0보다 큰 투자안을 채택(accept)하고, 순현가가 0보다 작은 투자안을 기각(reject)한다.

- $NPV > 0$ → 투자안 채택
- $NPV < 0$ → 투자안 기각

상호배타적인 투자안

$NPV > 0$인 투자안들 중에서 NPV가 가장 높은 투자안을 선택한다.

1.3 순현가법의 특성

순현가법은 주주 부의 극대화라는 기업의 목표에 부합되는 가장 합리적인 투자안 평가방법으로서 다음과 같은 특성을 가지고 있다.

첫째, NPV는 현금흐름을 사용한다.

둘째, NPV는 투자안의 모든 현금흐름을 사용한다.

셋째, NPV는 현금흐름을 적절한 할인율로 할인한다. 즉 NPV는 화폐의 시간적 가치를 고려한다.

넷째, 각 투자안의 NPV는 모두 동일시점, 즉 현재시점의 가치를 의미하므로 그것들을 합할 수 있다. 즉 NPV는 **가치의 가산원칙**(value additivity principle)이 성립한다.

예를 들어 A와 B의 두 투자안에 모두 투자할 경우의 순현가는 각 투자안의 순현가를 합한 것과 동일하다.

$$NPV(\mathrm{A}+\mathrm{B}) = NPV(\mathrm{A}) + NPV(\mathrm{B}) \tag{6-2}$$

식 (6-2)와 같은 가치의 가산원칙이 성립하는 경우 모든 개별 투자안을 독립적으로 평가할 수 있게 된다.

이상과 같은 순현가법의 특성은 다음에 설명할 대체적인 투자안 평가방법들의 합리성 여부를 판단하는 기준으로 사용될 수 있다.

예제 6-1 순현가법에 의한 투자안 평가

바다주식회사는 현재 1,000만원의 투자자금이 소요되는 새로운 투자안을 고려하고 있다. 그리고 새로운 투자로 인해 기대되는 현금흐름은 다음과 같다. (단, 이 투자안의 할인율은 10%이다.)

(단위: 만원)

연 도 말	현금흐름
1	300
2	200
3	300
4	400

순현가법에 의해서 이 투자안을 평가하라.

| 해설 |

NPV = 현금유입의 현가 − 현금유출의 현가

$$= \frac{300}{1+0.1} + \frac{200}{(1+0.1)^2} + \frac{300}{(1+0.1)^3} + \frac{400}{(1+0.1)^4} - 1{,}000 = -63.4\text{만원}$$

$NPV < 0$이므로 이 투자안은 기각되어야 한다.

2 회수기간법과 평균회계이익률법

여기서는 실무에서 주로 사용되고 있는 전통적 투자안의 평가방법인 회수기간법과 평균회계이익률법을 설명하고 그 문제점을 지적하고자 한다.

2.1 회수기간법

회수기간의 의의

회수기간(payback period)은 투자에 소요된 모든 비용을 회수하는 데 걸리는 기간을 의미한다. 예를 들어 현재 5,000만원의 투자비용이 소요되는 투자안을 고려해 보자. 그리고 이 투자안으로 인하여 앞으로 3년에 걸쳐서 각 연도 말에 순서대로 각각 3,000만원, 2,000만원 그리고 1,000만원의 현금유입이 기대되는 경우, 그 현금흐름을 나타내면 다음과 같다.

현재	1년도 말	2년도 말	3년도 말
−5,000만원	3,000만원	2,000만원	1,000만원

이 투자안의 경우 투자비용 5,000만원을 모두 회수하는 데 걸리는 기간, 즉 회수기간은 2년이 된다.

투자안 평가기준

■ 독립적인 투자안

투자안의 회수기간이 기업자체에서 설정한 목표 회수기간보다 짧을 경우 투자안을 채택하고, 투자안의 회수기간이 목표 회수기간보다 길 경우 투자안을 기각한다.

- 투자안의 회수기간 < 목표 회수기간 → 투자안 채택
- 투자안의 회수기간 > 목표 회수기간 → 투자안 기각

앞의 예에서 투자안의 회수기간이 2년이다. 그러므로 기업이 설정한 목표 회수기간이 2년 이상인 경우에 투자안을 선택할 수 있으나, 목표 회수기간이 2년 이내인 경우에는 투자안을 기각하여야 한다.

■ 상호배타적인 투자안

투자안의 회수기간이 목표 회수기간보다 짧은 투자안들 중에서 회수기간이 가장 짧은 투자안을 선택한다.

회수기간법의 문제점

회수기간법은 최소한 다음과 같은 세 가지 문제점을 가지고 있다.

첫째, 회수기간 내 현금흐름에 대한 화폐의 시간적 가치를 무시한다.

둘째, 회수기간 이후의 현금흐름을 무시한다.

셋째, 적절한 목표 회수기간의 선정이 자의적이다. 어떤 회수기간을 기준으로 하여 투자안을 평가하여야 하는지에 대한 합리적인 근거를 찾기가 어렵다.

화폐의 시간적 가치를 무시한 회수기간법의 문제점을 보완하기 위하여 먼저 미래의 현금흐름들을 자본비용으로 각각 할인하여 현재가치를 계산한 후, 투자에 소요된 모든 비용을 회수하는 데 걸리는 기간을 계산하여 평가하는 **할인회수기간법**(discounted payback period method)이 있다. 그러나 이 방법 역시 회수기간 이후의 현금흐름을 무시하고 또한 목표 회수기간의 선정이 자의적이라는 문제점을 여전히 가지고 있으므로 합리적인 평가방법이라고는 할 수 없다.

그러나 이와 같은 문제점에도 불구하고 실무에서 회수기간법이 가끔 사용되고 있는데, 그 이유는 회수기간법이 다음과 같은 몇 가지 장점을 가지고 있기 때문이다.

첫째, 회수기간의 계산이 간편하므로 쉽게 사용할 수 있다.

둘째, 위험지표(risk indicator)로서의 정보를 제공할 수 있다. 회수기간이 짧은 투자안을 선택함으로써 미래의 불확실성을 어느 정도 감소시킬 수 있다.

셋째, 회수기간이 짧은 투자안을 선택하게 함으로써 기업의 유동성을 향상시켜 준다.

회수기간법을 다른 합리적인 투자안의 평가방법과 병행하여 사용하면 투자안에 대해서 보완적인 정보를 제공할 수는 있을 것이다. 그러나 회수기간법은 순현가법과 달리 앞에서 설명한 여러 가지 문제점들을 가지고 있기 때문에, 전적으로 회수기간법을 이용하여 투자안을 평가하는 경우 잘못된 평가결과가 나올 수 있다.

예제 6-2 회수기간법의 문제점

다음의 상호배타적인 세 투자안을 회수기간법에 의해서 평가하고, 그 결과 나타난 회수기간법의 문제점을 지적하라. (단, 기업의 목표 회수기간은 4년이다.)

(단위: 만원)

연 도 말	현금흐름		
	투자안 A	투자안 B	투자안 C
0	−5,000	−5,000	−5,000
1	3,000	1,000	3,000
2	1,000	1,000	1,000
3	1,000	3,000	1,000
4	2,000	2,000	0

| 해설 |

투자안의 회수기간은 모두 목표 회수기간 4년보다 짧은 3년으로 동일하므로 회수기간법에 의하면 세 투자안 중 어느 투자안을 선택하여도 상관이 없다. 그러나 회수기간 내 현금흐름의 시간적 가치를 고려하면, 투자안 A가 투자안 B보다 더 좋은 투자안이다. 또한 투자안 A와 투자안 C는 비록 회수기간 내 현금흐름의 시간적 가치가 동일할지라도 투자안 A는 회수기간 이후, 즉 4년도 말에 2,000만원의 현금흐름이 있으나 투자안 C는 없기 때문에 투자안 A가 투자안 C보다 더 좋은 투자안이다. 결론적으로 회수기간 내 현금흐름의 시간적 가치와 회수기간 이후의 현금흐름을 모두 고려하면, 투자안 A가 가장 좋은 투자안이다.

이상과 같이 회수기간법은 회수기간 내 현금흐름의 시간적 가치와 회수기간 이후의 현금흐름을 무시하는 문제점을 가지고 있기 때문에 회수기간법에 의한 투자안의 평가결과는 잘못된 것이다. 또한 회수기간법은 목표 회수기간의 선정이 자의적이라는 문제점도 가지고 있다.

2.2 평균회계이익률법

평균회계이익률의 의의

평균회계이익률(average accounting return: AAR)은 투자안의 내용연수 동안의 세후 평균순이익을 투자의 평균장부가치, 즉 평균투자액으로 나눈 것이다. 즉 평균회계이익률은 다음과 같이 정의된다.

$$AAR = \frac{\text{세후 평균순이익}}{\text{평균투자액}} \tag{6-3}$$

예를 들어 새로운 제품을 생산하기 위하여 새 기계를 구입하려는 기업을 생각해 보자. 새 기계의 구입가격은 3억원이다. 이 기계는 3년 동안 사용할 수 있으며, 3년 후

표 6-1 투자안의 추정손익계산서 (단위: 만원)

	1년도	2년도	3년도
매 출 액	40,000	45,000	30,000
현금지출비용	20,000	30,000	16,250
세전 현금흐름	20,000	15,000	13,750
감가상각비*	10,000	10,000	10,000
세전 순이익	10,000	5,000	3,750
법인세(세율=40%)	4,000	2,000	1,500
세후 순이익	6,000	3,000	2,250

* 감가상각비는 비용으로서 순이익을 계산할 때 차감되어야 하나 현금유출은 아니다. 이에 관한 자세한 내용은 제7장에서 설명될 것이다.

의 잔존가치는 없다고 추정된다. 그리고 투자기간 동안 투자안에 대한 추정손익계산서는 〈표 6-1〉과 같이 주어져 있다.

먼저 〈표 6-1〉의 자료를 이용하여 세후 평균순이익을 구하면 다음과 같다.

$$\text{세후 평균순이익} = \frac{6{,}000 + 3{,}000 + 2{,}250}{3} = 3{,}750\text{만원}$$

그리고 총투자액, 즉 투자의 총장부가치가 3억원이고 매년 일정액을 상각하는 정액법(straight line depreciation method)에 따라 감가상각하는 경우 각 연도 말 투자의 순장부가치(투자의 총장부가치 − 감가상각누계액)는 다음과 같게 된다.

(단위: 만원)

연 도 말	0	1	2	3
투자의 총장부가치	30,000	30,000	30,000	30,000
감가상각누계액	0	10,000	20,000	30,000
투자의 순장부가치	30,000	20,000	10,000	0

그러므로 연간 평균투자액은 다음과 같다.[3)]

$$\text{평균투자액} = \frac{30{,}000 + 20{,}000 + 10{,}000 + 0}{4} = 15{,}000\text{만원}$$

이상의 결과를 이용하여 평균회계이익률을 계산하면 다음과 같다.

$$AAR = \frac{3{,}750}{15{,}000} = 0.25 \text{ 또는 } 25\%$$

투자안 평가기준

■ 독립적인 투자안

투자안의 평균회계이익률이 기업의 목표 평균회계이익률보다 클 경우 투자안을 채택하고, 투자안의 평균회계이익률이 목표 평균회계이익률보다 작을 경우 투자안을 기각한다.

- 투자안의 AAR > 목표 AAR → 투자안 채택
- 투자안의 AAR < 목표 AAR → 투자안 기각

---

3) 정액법에 의해서 상각하고 잔존가치가 없는 경우 평균투자액은 다음과 같이 계산할 수도 있다.

$$\text{평균투자액} = \frac{\text{투자의 총장부가치}}{2} = \frac{30{,}000}{2} = 15{,}000\text{만원}$$

앞의 예에서 투자안의 AAR이 25%이므로 기업이 설정한 목표 AAR이 25%보다 클 경우에는 투자안을 기각하고, 목표 AAR이 25%보다 작을 경우에는 투자안을 채택할 것이다.

■ **상호배타적인 투자안**

> 투자안의 AAR이 목표 AAR보다 높은 투자안들 중에서 AAR이 가장 높은 투자안을 선택한다.

평균회계이익률법의 문제점

평균회계이익률법은 다음과 같은 문제점을 가지고 있다.

첫째, 현금흐름이 아닌 회계적 이익을 이용한다. 회계이익은 단지 장부상의 이익을 나타내는 인위적인 수치로서 현금흐름을 나타내는 것이 아니다. 그러므로 회계이익을 사용하는 평가방법은 합리적인 평가방법이라 할 수 없다.

둘째, 화폐의 시간적 가치를 무시한다. 예를 들어 평균회계이익률법에서는 1년 후의 순이익 1원과 2년 후의 순이익 1원이 동일한 가치를 가지는 것으로 평가된다.

셋째, 적절한 목표 평균회계이익률의 설정이 어렵다. 기업에 따라서는 기존 투자안의 이익률 또는 동업계 타사의 이익률을 목표 평균회계이익률로 선정하는 경우가 있으나 어느 경우도 그 정당성을 입증하기는 어렵다.

평균회계이익률법은 간단하고 이해하기 쉬우며, 예산편성 때 작성될 회계자료를 바로 이용할 수 있다는 점에서 실무에서는 많이 사용되고 있다. 그러나 평균회계이익률법은 순현가법과 달리 앞에서 설명한 여러 가지 문제점들을 가지고 있기 때문에 합리적인 투자안 평가방법이라고는 볼 수 없다.

예제 6-3 평균회계이익률법의 문제점

현재의 투자액이 2억원으로 모두 동일한 상호배타적인 세 투자안의 각 연도별 세후 순이익은 다음과 같다.

(단위: 만원)

연 도 말	세후 순이익		
	투자안 A	투자안 B	투자안 C
1	5,000	3,000	1,000
2	3,000	3,000	3,000
3	1,000	3,000	5,000

위 투자안을 평균회계이익률법에 의해서 평가하고, 그 결과 나타난 평균회계이익률법의 문제점을 지적하라. (단, 투자액은 정액법으로 투자안의 내용연수 3년 동안 전액 상각되며, 목표 평균회계이익률은 20%이다.)

| 해설 |

각 투자안의 평균회계이익률은 다음과 같은 세 단계를 거쳐서 계산된다.

(1) 제 1 단계: 연간 세후 평균순이익의 계산

- 투자안 $A = \dfrac{5,000 + 3,000 + 1,000}{3} = 3,000$만원
- 투자안 $B = \dfrac{3,000 + 3,000 + 3,000}{3} = 3,000$만원
- 투자안 $C = \dfrac{1,000 + 3,000 + 5,000}{3} = 3,000$만원

(2) 제 2 단계: 연간 평균투자액의 계산

정액법에 의해서 완전상각되기 때문에 평균투자액은 다음과 같이 계산될 수 있다.

- 투자안 $A = 20,000/2 = 10,000$만원
- 투자안 $B = 20,000/2 = 10,000$만원
- 투자안 $C = 20,000/2 = 10,000$만원

(3) 제 3 단계: 평균회계이익률의 계산

- 투자안 $A = 3,000/10,000 = 0.3$ 또는 30%
- 투자안 $B = 3,000/10,000 = 0.3$ 또는 30%
- 투자안 $C = 3,000/10,000 = 0.3$ 또는 30%

위의 계산결과에 의하면 세 투자안의 평균회계이익률은 모두 동일한 30%로 목표 평균회계이익률 20%보다 높기 때문에 평균회계이익률법에 의하면 세 투자안 중 어느 투자안을 선택하더라도 무차별할 것이다. 그러나 투자안 A의 경우 초기의 세후 순이익이 다른 투자안에 비해 더 많기 때문에 화폐의 시간적 가치를 고려하면 투자안 A가 가장 좋은 투자안이라 할 수 있다.

그러므로 화폐의 시간적 가치를 고려하지 않는 평균회계이익률법의 평가결과는 잘못된 것이다. 또한 평균회계이익률법에서는 현금흐름이 아닌 장부상의 인위적인 수치인 순이익을 사용한다는 문제점과 목표 AAR의 설정이 어렵다는 문제점을 동시에 가지고 있다.

3 내부수익률법

3.1 내부수익률의 의의

내부수익률(internal rate of return: IRR)은 투자의 결과 발생되는 현금유입의 현가와 현금유출의 현가를 같아지게 하는 할인율로서 평균투자수익률의 의미를 가진다.[4] 앞의 [그림 6-1]과 같은 현금흐름을 가지는 투자안의 내부수익률은 다음의 식에 의해서 구할 수 있다.

$$NPV = \sum_{t=1}^{n} \frac{C_t}{(1+IRR)^t} - I_0 = 0 \qquad (6-4)$$

내부수익률은 투자안의 특성을 요약하는 단일의 수치(평균투자수익률)로서 자본비용과 관계없이 계산된다.[5] 내부수익률은 단지 투자안의 내부적 특성, 즉 그 투자안의 현금흐름에 의해서 결정된다. 그러나 비록 내부수익률을 계산하는 데는 자본비용이 필요 없지만, 그것에 의해 투자안을 평가하기 위해서는 자본비용이 필요하게 된다는 사실에 유의해야 한다.

예를 들어 현재 200만원을 투자하면, 다음 3년 동안 매년 말 100만원씩을 얻을 수 있는 투자안의 내부수익률을 계산해 보자. 이 투자안의 현금흐름을 나타내면 다음과 같다.

이와 같은 투자안의 순현가(NPV)는 다음과 같다.

$$NPV = \frac{100}{1+r} + \frac{100}{(1+r)^2} + \frac{100}{(1+r)^3} - 200$$

그러므로 투자안의 내부수익률은 다음의 식에 의해서 구할 수 있다.

$$\frac{100}{1+IRR} + \frac{100}{(1+IRR)^2} + \frac{100}{(1+IRR)^3} - 200 = 0$$

위의 식을 만족할 때까지, 즉 $NPV=0$이 될 때까지 계속해서 임의의 할인율을 대

---

4) 내부수익률은 제4장에서 설명한 채권의 만기수익률과 동일한 개념이다.
5) 내부수익률과는 달리 순현가를 계산하기 위해서는 반드시 투자안의 자본비용이 필요하게 된다.

입하여 내부수익률을 구하는 방법인 시행착오법에 의해서 IRR을 구하는 과정은 다음과 같다.[6)]

할 인 율	NPV
20%	10.65만원
⋮	⋮
23.37%	0원
⋮	⋮
30%	−18.39만원

순현가를 0으로 만드는 할인율인 내부수익률은 23.37%이다. 할인율에 따른 순현가의 변화를 나타내면 [그림 6−2]와 같다. [그림 6−2]에서 볼 수 있듯이 투자안의 순현가는 할인율이 증가할수록 감소한다. 그러므로 할인율 r이 내부수익률보다 작은 영역에서는 NPV가 0보다 크며, 할인율 r이 내부수익률보다 큰 영역에서는 NPV는 0보다 작아진다.

그림 6−2 할인율에 따른 순현가의 변화

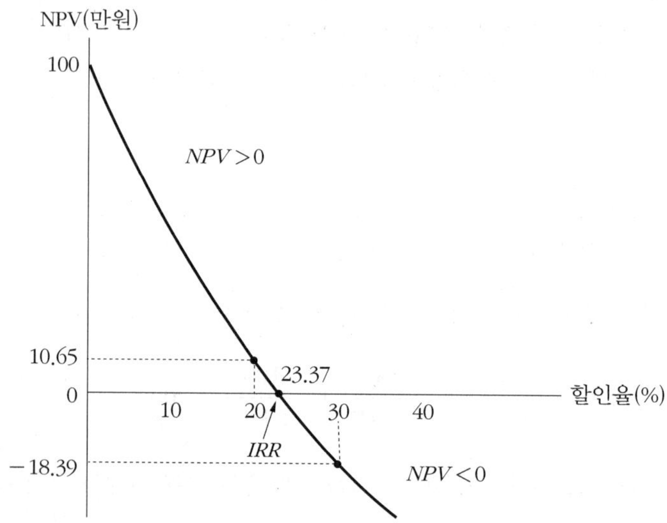

6) 재무계산기 또는 EXCEL 등을 이용하면 쉽게 내부수익률을 구할 수 있다.

3.2 투자안 평가기준

독립적인 투자안

내부수익률이 자본비용 r보다 높을 경우 투자안을 채택하고, 내부수익률이 자본비용 r보다 낮을 경우 투자안을 기각한다.

> • $IRR > r$ ($\because NPV > 0$) → 투자안 채택
> • $IRR < r$ ($\because NPV < 0$) → 투자안 기각

앞의 예에서 자본비용이 20%라고 가정한다면, 투자안의 내부수익률이 23.37%로서 투자자금의 기회비용인 자본비용 20%보다 높기 때문에 이 투자안을 채택하여야 한다.[7] 이와 같은 평가결과는 순현가법(NPV = 10.65만원, 투자안 채택)과 동일하다.

상호배타적인 투자안

> $IRR > r$인 투자안들 중에서 IRR이 가장 높은 투자안을 선택한다.

예제 6-4 내부수익률법에 의한 투자안 평가

앞의 [예제 6-1]을 내부수익률법에 의해서 평가하라.

▌해설▌

NPV = 0이 되게 하는 할인율, 즉 내부수익률은 다음의 식에 의해서 구할 수 있다.

$$\frac{300}{1+IRR}+\frac{200}{(1+IRR)^2}+\frac{300}{(1+IRR)^3}+\frac{400}{(1+IRR)^4}-1{,}000=0$$

내부수익률 IRR을 시행착오법에 의해서 구하기 위해 위의 식에 임의의 할인율을 계속 대입하여 살펴보면 다음과 같다.[8]

- $r = 7\% \rightarrow NPV = 5.11$만원
- $r = 7.5\% \rightarrow NPV = -6.86$만원

순현가를 0으로 만드는 할인율은 7%와 7.5% 사이에 있을 것이다. 그러므로 보간법에 의해서 내부수익률을 구하면 다음과 같다.

---

7) 20%의 자본비용으로 조달된 자금 200만원을 투자하여 그것보다 높은 23.37%의 투자수익률을 얻을 수 있기 때문에 이 투자안은 가치가 있다고 할 수 있다.

8) 위의 등식을 양변에 $(1+IRR)^4$을 곱하고 정리하면 4차방정식이 된다. IRR을 구하기 위하여 이와 같은 4차 방정식을 풀어야 하나 실제로 이와 같은 고차방정식을 풀어서 IRR을 구하는 데는 많은 어려움이 따른다. 그러므로 일반적으로는 대체적인 방법으로서 시행착오법을 이용한다.

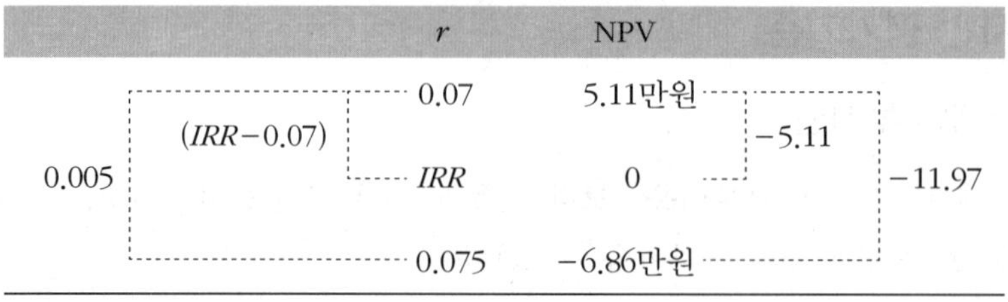

$$(IRR-0.07) : 0.005 = -5.11 : -11.97$$

$$\therefore\ IRR = 0.07 + \frac{5.11}{11.97} \times 0.005 = 0.072 \text{ 또는 } 7.2\%$$

그러므로 내부수익률 IRR(7.2%)이 자본비용 r(10%)보다 작기 때문에 이 투자안을 기각하여야 한다. 이 결과는 순현가법의 결과와 일치한다.

3.3 내부수익률법의 문제점

내부수익률법의 문제점을 독립적인 투자안 또는 상호배타적인 투자안을 평가할 때 모두 영향을 미치는 일반적인 문제와, 상호배타적인 투자안을 평가하는 경우에만 나타나는 문제로 구분하여 설명하면 다음과 같다.

일반적인 문제

앞에서 설명한 내부수익률법의 투자안 평가기준은 모든 현금흐름 유형에 적용될 수 있는 기준은 아니다. 이를 설명하기 위하여 〈표 6-2〉와 같은 현금흐름을 가지는 3개의 투자안을 고려하자. 〈표 6-2〉에서 예시된 각 투자안의 현금흐름 유형을 분류하면 다음과 같다.

첫째, 투자안 A는 현재(0시점)에 1,000만원의 현금유출(투자지출)이 발생하고 1시점에 1,300만원의 현금유입(투자수익)이 발생하는 투자안으로서, 이와 같은 현금흐름을 **투자형**(investing) **현금흐름**이라 할 수 있다.

둘째, 투자안 A와 정반대의 현금흐름 유형을 가지는 투자안 B는 현재에 1,000만원의 현금유입(차입)이 발생하고 1시점에 1,300만원의 현금유출(차입금의 상환)이 발생하는 투자안으로서, 이와 같은 현금흐름을 **차입형**(borrowing) **현금흐름**이라 할 수 있다.

셋째, 투자(0시점)와 차입(1시점)이 혼합된 현금흐름 유형을 가지는 투자안 C의 현금흐름은 **혼합형**(mixture) **현금흐름**이라 할 수 있다. 이와 같은 현금흐름 유형은 광산에 투자하는 경우에 흔히 발생한다. 현재시점에 광석의 채굴장비를 구입함으로써 현금유출이 발생하고 다음연도(1시점)에는 광석채굴에 의한 수입이 발생하며, 그리고 마지막

표 6-2 내부수익률과 순현가 (단위: 만원)

시 점	현금흐름		
	투자안 A	투자안 B	투자안 C
0	−1,000	1,000	−1,000
1	1,300	−1,300	2,300
2			−1,320
IRR*	30%	30%	10%, 20%
NPV(r=10%)	182	−182	0
현금흐름 유형	투자형	차입형	혼합형

* 각 투자안의 내부수익률은 다음의 계산식을 풀어서 구할 수 있다.

- 투자안 A: $-1{,}000+\dfrac{1{,}300}{1+IRR}=0$ $\quad\therefore IRR=30\%$
- 투자안 B: $1{,}000-\dfrac{1{,}300}{1+IRR}=0$ $\quad\therefore IRR=30\%$
- 투자안 C: $-1{,}000+\dfrac{2{,}300}{1+IRR}-\dfrac{1{,}320}{(1+IRR)^2}=0$ $\quad\therefore IRR=10\%,\ 20\%$

연도(2시점)에는 채굴 후 환경을 원상회복시키는 데 비용이 지출되는 경우를 생각할 수 있다.

그리고 〈표 6-2〉에서 예시된 각 투자안의 순현가와 할인율 r의 관계를 나타내면 [그림 6-3]과 같다.

■ 투자형 또는 차입형

처음의 현금흐름이 음(−)이고 그 후의 모든 현금흐름이 양(+)인 투자안의 경우

그림 6-3 할인율과 순현가의 관계

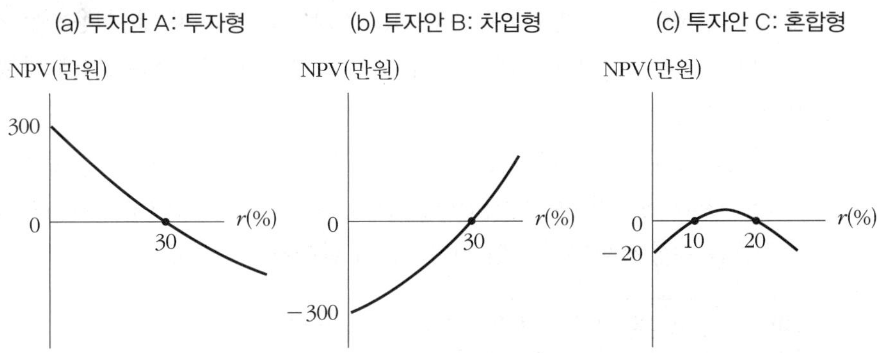

(예를 들면, 투자안 A의 경우) 내부수익률법의 투자안 평가기준은 앞에서 설명한 평가기준과 동일하다.[9)]

> **투자안의 평가기준: 투자형**
> • $IRR > r$ ($\because NPV > 0$) → 투자안 채택
> • $IRR < r$ ($\because NPV < 0$) → 투자안 기각

위의 투자안 평가기준에 의해서 투자형 현금흐름을 가지고 있는 투자안 A를 평가하면 다음과 같다. 내부수익률(30%)은 자본비용(10%)보다 더 크므로 이 투자안은 채택되어야 한다. 즉 투자안 A를 이용하여 얻을 수 있는 투자수익률 30%는 투자자가 현재의 부를 변화시키지 않기 위해서 얻기를 희망하는 최소한의 수익률(자본비용) 10%보다 더 크므로 이 투자안은 가치를 가지고 있는 것으로 해석할 수 있다. 또한 투자안 A의 순현가는 182만원이므로 순현가법에 의해서도 이 투자안이 채택되어야 한다는 동일한 결과를 얻을 수 있다.

그러나 처음의 현금흐름이 양(+)이고 그 후의 현금흐름이 모두 음(−)인 투자안의 경우(예를 들면, 투자안 B의 경우) 내부수익률법에 의해서 평가될 때, 그 평가기준은 앞의 투자형 현금흐름 유형의 투자안의 경우와 상반된다.[10)]

> **투자안의 평가기준: 차입형**
> • $IRR < r$ ($\because NPV > 0$) → 투자안 채택
> • $IRR > r$ ($\because NPV < 0$) → 투자안 기각

이와 같은 투자안 평가기준에 의해서 차입형 현금흐름을 가지고 있는 투자안 B를 평가하면 다음과 같다. 내부수익률(30%)이 자본비용(10%)보다 더 크므로 이 투자안은 기각되어야 한다. 즉 금융시장을 이용하는 경우 10%의 자본비용으로 1,000만원을 빌려 올 수 있으나, 투자안 B를 이용하여 1,000만원을 빌려 오는 경우 30%의 높은 차입이자율을 지급해야 하기 때문에 투자안 B를 기각하고 금융시장을 이용하는 것으로 해석할 수 있다. 그리고 투자안 B의 순현가는 −182만원이므로 순현가법에 의해서도 이 투자안은 기각된다.

이상에서 살펴본 바와 같이 내부수익률법의 경우 투자안의 현금흐름 유형에 따라서 투자안의 평가기준이 달라진다는 문제점이 있다. 그러나 순현가법의 경우 투자안의 현금흐름 유형에 따라 투자안 평가기준이 달라지지 않는다.

---

9) 투자형 현금흐름인 경우 내부수익률은 투자수익률을 의미한다.

10) 이 경우 내부수익률은 차입이자율의 의미로 해석될 수 있다. 그리고 상호배타적인 투자안의 경우 $IRR < r$인 투자안들 중에서 가장 작은 IRR을 가지는 투자안을 선택한다.

■ 복수의 내부수익률

현금흐름의 부호가 1회 이상 변할 때 (투자안 C와 같은 혼합형 현금흐름 유형을 가질 때) 복수의 내부수익률이 존재할 수 있다.[11] 이와 같은 경우 내부수익률법은 적절한 투자안의 평가기준을 제시하지 못한다. 그러므로 내부수익률법에 의해서 투자안 평가기준을 설정하기 위해서는 현금흐름 유형을 고려하여 진정한 의미의 내부수익률 IRR^*를 계산하여야 한다. 이때 음(−)의 현금흐름은 내부수익률로 투자한 것으로, 양(+)의 현금흐름은 자본비용에 의해서 차입한 것으로 생각하여 IRR^*를 계산할 수 있다.

투자안 C의 경우 IRR^*를 구하면 다음과 같다. 현재시점에서 1,000만원을 내부수익률(투자수익률) IRR^*로 투자하는 경우 1시점에서의 투자성과는 다음과 같다.

$$1\text{시점의 투자성과} = 1{,}000 \times (1 + IRR^*)$$

1시점의 총현금흐름 2,300만원 중 1시점의 투자성과$[1{,}000 \times (1 + IRR^*)]$를 제외한 나머지 부분은 1시점에서의 순차입액으로 생각할 수 있다.

$$1\text{시점의 순차입액} = 2{,}300 - 1{,}000 \times (1 + IRR^*)$$

1시점의 순차입액은 2시점에서 1,320만원을 지불한다는 조건으로 차입한 것인데, 이때의 차입이자율(자본비용)은 10%이다. 그러므로 1시점의 순차입액을 이자율 10%를 적용하여 2시점의 가치로 환산하면 1,320만원이 되어야 한다.

$$[2{,}300 - 1{,}000 \times (1 + IRR^*)](1 + 0.1) = 1{,}320$$

$$\therefore\ IRR^* = 10\%$$

진정한 내부수익률 IRR^*(10%)와 자본비용 r(10%)이 동일하므로 이 투자안을 채택하든 또는 기각하든 무차별하다. 이 평가결과는 순현가법($NPV = 0$)과 동일한 것이다.

혼합형 현금흐름 유형을 가지는 투자안에 대한 투자안 평가기준은 다음과 같다.

투자안의 평가기준: 혼합형

- $IRR^* > r$ ($\because NPV > 0$) → 투자안 채택
- $IRR^* < r$ ($\because NPV < 0$) → 투자안 기각

---

11) 혼합형의 경우 내부수익률이 계산되지 않는 경우도 있다. 예를 들어 다음과 같은 혼합형 현금흐름 유형을 가지는 투자안의 내부수익률은 존재하지 않는다.

0	1	2
100만원	−300만원	250만원

$NPV(r = 10\%) = 33.9$만원, $IRR =$ 존재 않음(허근)

결론적으로 혼합형 현금흐름 유형을 가지는 투자안의 경우 복수의 내부수익률이 나타날 수 있기 때문에 내부수익률법에 의해서 평가하기 어렵다는 문제가 발생한다. 이와 같은 경우 내부수익률법에 의해서 평가하기 위해서는 진정한 내부수익률 IRR*를 계산하여야 하나 이것은 아주 번거로운 일이다.

상호배타적인 투자안의 문제

투자기간 내 현금흐름과 투자규모의 차이에 대한 묵시적인 재투자수익률(reinvestment rate)의 가정이 순현가법과 내부수익률법에 있어서 서로 다르다. 그러므로 내부수익률법의 평가결과는 순현가법과 상반될 수 있다.

■ 현금흐름의 발생시점

투자기간 내 현금흐름에 대해서 순현가법은 자본비용으로 재투자할 수 있다고 가정하는 반면에, 내부수익률법은 내부수익률로 재투자할 수 있다고 가정한다.[12] 그러므로 현금흐름의 발생시점이 서로 상이한 상호배타적인 투자안의 경우 내부수익률법에 의한 투자안의 평가결과는 순현가법과 상반될 수 있다. 예를 들어 〈표 6-3〉과 같은 상호배타적인 투자안 D와 투자안 E를 생각해 보자. 자본비용이 10%일 때 투자안 D와 투자안 E를 순현가법과 내부수익률법에 의해서 평가하면 다음과 같다.

- 순현가법에 의한 평가:
  투자안 D의 순현가(669만원) < 투자안 E의 순현가(751만원) → 투자안 E 선택
- 내부수익률법에 의한 평가:
  투자안 D의 내부수익률(16.04%) > 투자안 E의 내부수익률(12.94%) → 투자안 D 선택

이와 같은 상반된 평가는 항상 발생하는 것이 아니라 자본비용의 크기에 따라 나타난다. 이를 살펴보기 위하여 각 투자안에 대해서 할인율과 순현가의 관계를 나타내면 [그림 6-4]와 같다.

투자안 E는 투자안 D에 비해 상대적으로 투자기간의 후기에 현금유입이 많으므

---

12) 내부수익률법과 순현가법의 재투자수익률 가정은 각 공식을 미래가치로 환산하여 확인할 수 있다.

- 내부수익률법의 재투자수익률 = IRR

$$I_0 = \frac{C_1}{1+IRR} + \frac{C_2}{(1+IRR)^2} + \cdots + \frac{C_n}{(1+IRR)^n} \rightarrow (\text{양변}) \times (1+IRR)^n$$

$$I_0(1+IRR)^n = C_1(1+IRR)^{n-1} + C_2(1+IRR)^{n-2} + \cdots + C_n$$

- 순현가법의 재투자수익률 = r

$$NPV = \frac{C_1}{1+r} + \frac{C_2}{(1+r)^2} + \cdots + \frac{C_n}{(1+r)^n} - I_0 \rightarrow (\text{양변}) \times (1+r)^n$$

$$NPV(1+r)^n + I_0(1+r)^n = C_1(1+r)^{n-1} + C_2(1+r)^{n-2} + \cdots + C_n$$

표 6-3 상이한 현금흐름의 발생시점 – 상호배타적인 투자안 D와 E (단위: 만원)

시 점	현금흐름		
	투자안 D	투자안 E	E−D
0	−10,000	−10,000	0
1	10,000	1,000	−9,000
2	1,000	1,000	0
3	1,000	12,000	11,000
IRR	16.04%	12.94%	10.55%
NPV(r=10%)	669	751	82

그림 6-4 할인율과 순현가의 관계 — 상호배타적인 투자안 D와 E

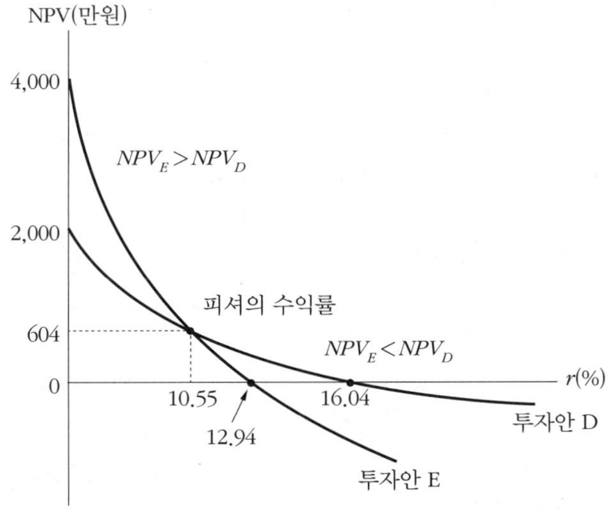

로 투자안 E의 순현가는 투자안 D의 순현가보다 할인율의 영향을 더 많이 받을 것이다. 그러므로 [그림 6-4]에서 볼 수 있는 바와 같이 할인율의 증가에 따라 투자안 E의 순현가는 투자안 D의 순현가보다 더 빨리 감소하는 양상을 띤다. 여기에서 할인율이 10.55%일 때는 두 투자안의 순현가는 604만원으로서 동일하다. 이와 같이 두 투자안의 순현가를 같게 하는 할인율을 피셔의 수익률(Fisher's rate of return) 또는 교차율(crossover rate)이라고 한다.[13]

자본비용이 피셔의 수익률보다 작을 경우 순현가법과 내부수익률법의 평가는 서로

13) 증분현금흐름의 내부수익률은 피셔의 수익률과 동일하다. 왜냐하면 증분현금흐름의 내부수익률은 $NPV(E-D)=0$, 즉 $NPV(E)=NPV(D)$를 만족시키는 할인율이기 때문이다.

상반된다. 즉 순현가법에 의하면 투자안 E를 선택하나 내부수익률법에 의하면 투자안 D를 선택하게 된다. 그러나 자본비용이 피셔의 수익률보다 클 경우 순현가법과 내부수익률법의 평가는 동일하다. 즉 모두 투자안 D를 선택한다. 자본비용이 피셔의 수익률보다 작을 경우 순현가법과 내부수익률법의 평가가 서로 상이한 이유는 각 방법의 재투자수익률의 가정이 서로 다르기 때문이다. 자본비용이 피셔의 수익률보다 작을 경우 순현가법에서는 내부수익률법에 비해 투자안의 후기 현금유입을 훨씬 높게 평가한다.

재무 FOCUS

수정내부수익률법

투자기간 내 현금흐름에 대한 비현실적인 재투자수익률 가정에 따른 내부수익률법의 문제는 NPV법과 동일하게 자본비용을 재투자수익률로 사용하면 해결될 수 있을 것이다. 이와 같은 논리에 따라 투자기간 내 현금흐름에 대한 재투자수익률로 자본비용을 사용하여 내부수익률을 구할 수 있는데, 이를 수정내부수익률(modified internal rate of return: MIRR)이라 한다. 수정내부수익률(MIRR)은 투자기간 내 현금유입을 자본비용으로 재투자한다는 가정하에서 산출된 투자기간 말의 미래가치(terminal value)의 현가와 현금유출(투자비용)의 현가를 같아지게 하는 할인율이다. 앞의 [그림 6-1]과 같은 현금흐름을 가지는 투자안의 MIRR은 다음의 식에 의해서 구할 수 있다.

$$\frac{TV_n}{(1+MIRR)^n}-I_0=0$$

여기서 $TV_n=C_1(1+r)^{n-1}+C_2(1+r)^{n-2}+\cdots+C_n=\sum_{t=1}^{n}C_t(1+r)^{n-t}$

r: 자본비용

이 식에 의해서 〈표 6-3〉의 상호배타적인 투자안 D와 투자안 E의 MIRR을 각각 구하면 다음과 같다.

- $\dfrac{10{,}000\times(1+0.1)^2+1{,}000\times(1+0.1)+1{,}000}{(1+MIRR)^3}-10{,}000=0$

  → 투자안 D의 MIRR=12.40%

- $\dfrac{1{,}000\times(1+0.1)^2+1{,}000\times(1+0.1)+12{,}000}{(1+MIRR)^3}-10{,}000=0$

  → 투자안 E의 MIRR=12.69%

수정내부수익률법에 의해 평가하면, 투자안 E의 MIRR(12.69%)이 투자안 D의 MIRR(12.40%)보다 더 높기 때문에 투자안 E를 선택하여야 한다. 이와 같은 결과는 순현가법과 동일함을 알 수 있다. 그러나 수정내부수익률법을 사용하더라도 다음에 설명할 투자규모의 차이에 의해 발생되는 문제는 해결될 수 없음을 유의해야 한다.

결론적으로 투자기간 내 현금흐름에 대해서 내부수익률, 즉 현재의 투자안과 동일한 투자수익률로 재투자할 수 있다는 내부수익률법의 재투자수익률 가정은 투자의 한계수익률이 체감하는 현실에 비추어 볼 때 비현실적이다.[14] 그러므로 상반된 결과가 나타날 때 순현가법에 의해서 평가하는 것이 합리적이다.

■ 투자규모

투자안의 투자규모가 상이한 경우에도 상호배타적인 투자안에 대한 순현가법과 내부수익률법의 평가가 서로 다를 수 있다. 이것은 투자규모 차이에 대한 묵시적인 투자수익률의 가정이 서로 다르기 때문이다. 이와 같은 경우를 살펴보기 위하여 〈표 6-4〉와 같은 상호배타적인 투자안 F와 투자안 G를 생각해 보자.

자본비용이 10%일 때 투자안 F와 투자안 G를 순현가법과 내부수익률법에 의해서 평가하면 다음과 같다.

- 순현가법에 의한 평가:
  투자안 F의 순현가(82만원) < 투자안 G의 순현가(3,636만원) → 투자안 G 선택
- 내부수익률법에 의한 평가:
  투자안 F의 내부수익률(100%) > 투자안 G의 내부수익률(50%) → 투자안 F 선택

이와 같은 상반된 결과는 투자규모의 차이, 즉 9,900만원(10,000만원 − 100만원)에 대한 투자수익률의 가정이 서로 다르기 때문이다. 내부수익률법에서는 투자안 F를 선택하는 경우 규모의 차이에 대해서 역시 동일한 내부수익률(100%)로 투자할 수 있다고 묵시적으로 가정하고 있다. 다시 말하면 내부수익률법에서는 언제든지 현재에 선택한 투자안과 동일한 투자수익률을 주는 투자안에 투자할 수 있다는 가정을 하고 있는데, 이는 한계투자수익률이 체감하는 현실에 비추어 볼 때 비현실적인 가정이라 할 수 있

표 6-4 상이한 투자규모 − 상호배타적인 투자안 F와 G (단위: 만원)

시 점	현금흐름		
	투자안 F	투자안 G	G − F
0	−100	−10,000	−9,900
1	200	15,000	14,800
IRR	100%	50%	49%
NPV(r = 10%)	82	3,636	3,554

14) 경쟁적인 사회에서 높은 투자수익률을 얻을 수 있는 기회는 빠른 속도로 사라지기 때문에 투자규모가 증가함에 따라 한계투자수익률이 체감하게 된다.

다. 이와 다르게 순현가법에서는 규모의 차이에 대해서 단지 자본비용으로 투자할 수 있다고 가정한다. 이 경우에는 투자안 F를 선택한 후 규모의 차이만큼 추가적으로 투자한다 하더라도 추가적인 투자안의 투자수익률이 자본비용이므로 이러한 추가적 투자로 인한 순현가의 증가는 없다.

결론적으로 내부수익률법은 투자안의 투자규모를 무시하는(합리적으로 고려하지 않는) 투자안 평가방법인 반면, 순현가법은 투자안의 투자규모를 합리적으로 고려하는 평가방법이라 할 수 있다.

■ 증분내부수익률법

상호배타적인 투자안의 평가에서 순현가법과 내부수익률법이 상이한 결과를 제시하는 경우, 두 투자안의 증분현금흐름을 이용하여 평가하는 **증분내부수익률법**(incremental IRR method)을 사용한다면 순현가법과 동일한 결과를 도출할 수 있다.[15)]

앞에서 제시한 상호배타적인 투자안들을 증분내부수익률법에 의해서 평가하면 다음과 같다.

- **투자안 E와 투자안 D의 평가:**
  투자안 E와 투자안 D의 증분(E−D) IRR은 10.55%로서 자본비용(10%)보다 크다. 그러므로 투자안 E를 선택한다.
- **투자안 F와 투자안 G의 평가:**
  투자안 F와 투자안 G의 증분(G−F) IRR은 49%로서 자본비용(10%)보다 크다. 그러므로 투자안 G를 선택한다.

증분내부수익률법을 사용하는 경우 순현가법과 동일한 평가결과를 얻을 수 있다. 즉 상호배타적인 투자안을 평가하는 경우 증분내부수익률법을 사용하면 내부수익률법이 가지고 있는 문제를 해결할 수 있다. 그러나 증분내부수익률법을 사용할 때, 앞에서 설명한 일반적인 문제는 여전히 존재한다. 그러므로 증분내부수익률법에 의해서 투자안을 평가할 때, 현금흐름 유형에 따라 투자안의 평가기준이 달라짐을 유의하여야 한다.

가치의 가산원칙의 성립문제

순현가법은 가치의 가산원칙이 성립하나 내부수익률법은 그렇지 못하다. 이를 설명하기 위하여 〈표 6−5〉와 같은 3개의 투자안(투자안 H, 투자안 I, 투자안 J)과 그 투자안

---

15) 일반적으로 투자형 현금흐름에 대한 내부수익률법의 투자안 평가기준에 익숙해 있기 때문에 증분현금흐름을 투자형 현금흐름 유형이 되도록 만들어 분석하는 것이 편리하다.

표 6-5 가치의 가산원칙문제 – 투자안 H, I, J (단위: 만원)

시 점	현금흐름				
	투자안 H	투자안 I	투자안 J	H+J	I+J
0	−100	−100	−100	−200	−200
1	0	225	450	450	675
2	550	0	0	550	0
IRR	134.5%	125.0%	350.0%	212.8%	237.5%
NPV(r=10%)	354.30	104.53	309.05	663.35	413.58

단, 투자안 H와 투자안 I는 상호배타적이고, 투자안 J는 투자안 H와 투자안 I에 대해서 독립적이다.

들로 구성된 두 개의 투자조합(투자안 (H+J), 투자안 (I+J))을 생각해 보자.

〈표 6-5〉에서 볼 수 있는 바와 같이 선택가능한 각 투자안의 조합은 다음과 같은 관계를 가진다.

- $NPV(\text{H+J}) = NPV(\text{H}) + NPV(\text{J})$, $NPV(\text{I+J}) = NPV(\text{I}) + NPV(\text{J})$
- $IRR(\text{H+J}) \neq IRR(\text{H}) + IRR(\text{J})$, $IRR(\text{I+J}) \neq IRR(\text{I}) + IRR(\text{J})$

내부수익률법은 가치의 가산원칙이 성립하지 않으므로 선택가능한 각 투자조합에 대한 내부수익률을 새로이 계산해야 하는 번거로움이 따른다. 그러나 가치가산원칙이 성립하는 순현가법은 많은 독립적인 투자안을 평가하는 경우 무한히 많은 투자안 조합을 검토할 필요 없이, 개별 투자안 자체의 성과에 기초하여 투자분석을 할 수 있게 한다.

또한 내부수익률법에 의해서 투자조합을 평가하는 경우 모순된 평가결과가 나타날 수 있다. 앞의 예를 살펴보면 투자안 H의 내부수익률은 투자안 I보다 더 높다. 그러나 독립적인 투자안 J를 합할 경우 투자조합 (H+J)의 내부수익률이 투자조합 (I+J)보다 더 작아지는 모순된 상황이 발생한다.

4 수익성지수법

4.1 수익성지수의 의의

수익성지수(profitability index: PI)는 투자로 인하여 발생하는 현금유입의 현가를 현금유출의 현가로 나눈 비율이다.

표 6-6 수익성지수법의 예 (단위: 만원)

시 점	현금흐름		
	투자안 K	투자안 L	L－K
0	－100	－10,000	－9,900
1	200	15,000	14,800
NPV(r=10%)	82	3,636	3,554
PI(r=10%)	1.82	1.36	1.36

$$PI = \frac{\text{현금유입의 현가}}{\text{현금유출의 현가}} \tag{6-5}$$

수익성지수는 순현가와 유사한 정보를 제공한다. 순현가는 투자안의 경제적 공헌을 금액으로 나타내고 있으나, 수익성지수는 투자안의 상대적인 수익성을 비율로써 나타내고 있다는 점을 유의하여야 한다.

수익성지수법에 의해서 투자안을 평가하는 문제를 설명하기 위하여 〈표 6-6〉과 같은 예를 생각해 보자. 〈표 6-6〉에서 투자안 K와 투자안 L의 수익성지수는 각각 다음과 같이 구할 수 있다.

$$PI(\text{K}) = \frac{200 \times (1+0.1)^{-1}}{100} = 1.82, \quad PI(\text{L}) = \frac{15,000 \times (1+0.1)^{-1}}{10,000} = 1.36$$

4.2 투자안 평가기준

독립적인 투자안

수익성지수가 1보다 큰 투자안은 채택하고, 수익성지수가 1보다 작은 투자안은 기각한다.

- $PI > 1$ ($\because NPV > 0$) → 투자안 채택
- $PI < 1$ ($\because NPV < 0$) → 투자안 기각

독립적인 투자안을 평가하는 경우에는 투자안의 현금흐름 유형과 관계없이 수익성지수법과 순현가법에 의한 평가결과는 항상 일치한다. 앞의 예에서 투자안 K와 투자안 L을 각각 평가하면 다음과 같다.

- PI(K) = 1.82 > 1 : NPV(K) = 82만원 > 0 → 투자안 K 채택
- PI(L) = 1.36 > 1 : NPV(L) = 3,636만원 > 0 → 투자안 L 채택

그러므로 독립적인 투자안을 평가하는 경우, 수익성지수법과 순현가법에 의한 평가결과는 항상 일치함을 알 수 있다.

상호배타적인 투자안

PI > 1인 투자안들 중에서 PI가 가장 높은 투자안을 선택한다.

4.3 수익성지수법의 문제점

상호배타적인 투자안의 문제 : 투자규모

투자규모가 상이한 상호배타적인 투자안들을 평가할 때 수익성지수법과 순현가법에 의한 평가결과는 서로 다를 수 있다. 앞의 예에서 만약 투자안 K와 투자안 L이 상호배타적인 투자안이라면, 수익성지수법과 순현가법에 의한 평가결과는 각각 다음과 같다.

- 수익성지수법 : PI(K) (1.82) > PI(L) (1.36) → 투자안 K 선택
- 순현가법 : NPV(K) (82만원) < NPV(L) (3,636만원) → 투자안 L 선택

이상의 예에서 볼 수 있는 바와 같이 상호배타적인 투자안들을 평가할 경우에는 수익성지수법과 순현가법에 의한 평가결과가 서로 다를 수 있다. 그 이유는 투자규모의 차이에 대한 묵시적인 투자수익률의 가정이 서로 다르기 때문이다. PI법은 상대적으로 투자규모가 작은 투자안에 투자하고 남은 여유자금(투자규모의 차이)을 그 투자안과 동일한 투자수익률을 얻을 수 있는 투자안에 투자할 수 있다고 가정한다. 앞의 예에서 투자안 K에 투자하고 남는 여유자금 9,900만원(10,000만원 − 100만원)을 투자하는 경우 기존의 투자안 K와 동일한 수익성지수 1.82를 얻을 수 있는 투자안에 투자할 수 있다고 가정하고 있다. 한편 NPV법은 여유자금을 자본비용과 동일한 투자수익률을 주는 투자안, 즉 $NPV = 0(PI = 1)$인 투자안에 투자한다고 가정한다. 앞의 예에서 투자안 K에 투자하고 남는 여유자금 9,900만원(10,000만원 − 100만원)을 자본비용과 동일한 투자수익률 10%에 투자, 즉 $NPV = 0$인 투자안에 투자한다고 가정하고 있다.

수익성지수법은 상대적으로 투자규모가 작은 투자안에 투자하고 남은 여유자금을

현재 선택한 투자안과 동일한 투자수익률을 얻을 수 있는 투자안에 투자할 수 있다는 가정을 하고 있는데, 이는 한계투자수익률이 체감하는 현실에 비추어 볼 때 비현실적인 가정이라 할 수 있다. 즉 내부수익률법과 같이 수익성지수법은 투자안의 투자규모를 합리적으로 고려하지 않는 투자안 평가방법이라 할 수 있다. 이와 같은 수익성지수법의 묵시적인 가정이 비현실적이기 때문에 순현가법이 수익성지수법보다 우수한 방법이라고 할 수 있다.[16)]

수익성지수법의 수정

투자규모가 상이한 상호배타적인 투자안들을 평가할 때, 비현실적인 가정을 가진 수익성지수법을 순현가법과 동일한 평가결과를 가져올 수 있도록 수정하는 방법에는 다음의 두 가지 방법이 있다.

■ 증분수익성지수법

상호배타적인 투자안의 평가에서 순현가법과 수익성지수법이 상이한 결과를 제시하는 경우, 두 투자안의 증분현금흐름을 이용하여 평가하는 **증분수익성지수법**(incremental PI method)을 사용한다면 순현가법과 동일한 결과를 도출할 수 있다. 앞의 예에서 투자안 K와 투자안 L의 증분(L−K) 수익성지수, 즉 PI(L−K)는 1.36으로서 1보다 크다. 그러므로 투자안 L을 선택한다. 이는 순현가법의 평가결과와 일치한다.

■ 가중평균수익성지수법

가중평균수익성지수법(weighted average PI method: WAPI method)은 NPV법과 같이 여유자금을 자본비용과 동일한 투자수익률을 주는 투자안, 즉 $PI=1(NPV=0)$인 투자안에 투자한다고 가정한다. 투자안 K와 투자안 L의 가중평균수익성지수를 구하면 다음과 같다.

- $WAPI(\text{K}) = \dfrac{100}{10{,}000} \times 1.82 + \dfrac{9{,}900}{10{,}000} \times 1.00 = 1.0082$
- $WAPI(\text{L}) = 1.36$

투자안 L의 WAPI가 투자안 K의 WAPI보다 더 크므로 투자안 L을 선택하여야 한다. 이와 같은 가중평균수익성지수법의 평가결과는 순현가법의 평가결과와 항상 일치한다.

---

16) 또한 수익성지수법은 내부수익률법과 마찬가지로 가치의 가산원칙이 성립하지 않는다는 단점을 가지고 있다.

요 약

합리적인 투자안 평가기준 : 순현가법

주주 부의 극대화 ——— (피셔의 분리이론) ———▶ 순현가의 극대화

→ $NPV = PV$(현금유입) − PV(현금유출)

1. 투자안의 평가기준

▶ 독립적 투자안

- $NPV > 0$ → 투자안 채택
- $NPV < 0$ → 투자안 기각

▶ 상호배타적인 투자안

$NPV > 0$인 투자안들 중에서 NPV가 가장 높은 투자안을 선택한다.

2. NPV의 특성

(1) NPV는 현금흐름을 사용한다.

(2) NPV는 투자안의 모든 현금흐름을 사용한다.

(3) NPV는 현금흐름을 적절한 할인율, 즉 자본비용으로 할인한다.

(4) NPV는 가치의 가산원칙이 성립한다.

회수기간법

회수기간: 투자에 소요된 모든 비용을 회수하는 데 걸리는 기간

1. 투자안의 평가기준

▶ 독립적 투자안

- 투자안의 회수기간 < 목표 회수기간 → 투자안 채택
- 투자안의 회수기간 > 목표 회수기간 → 투자안 기각

▶ 상호배타적 투자안

> 투자안의 회수기간 < 목표 회수기간인 투자안들 중에서 회수기간이 가장 짧은 투자안을 선택

2. 회수기간법의 문제점

(1) 회수기간 내 현금흐름의 화폐의 시간적 가치를 무시한다.
(2) 회수기간 이후의 현금흐름을 무시한다.
(3) 목표 회수기간의 선정이 자의적이다.

평균회계이익률법

$$AAR = \frac{\text{세후 평균순이익}}{\text{평균투자액}}$$

1. 투자안의 평가기준

▶ 독립적 투자안

> • 투자안의 AAR > 목표 AAR → 투자안 채택
> • 투자안의 AAR < 목표 AAR → 투자안 기각

▶ 상호배타적 투자안

> 투자안의 AAR > 목표 AAR인 투자안들 중에서 AAR이 가장 높은 투자안을 선택

2. 평균회계이익률법의 문제점

(1) 현금흐름이 아닌 회계적 이익을 이용한다.
(2) 화폐의 시간적 가치를 무시한다.
(3) 적절한 목표 평균회계이익률의 설정이 어렵다.

내부수익률법

$NPV = 0 \rightarrow IRR$

1. 투자안의 평가기준

▶ 독립적 투자안

- $IRR > r$ (: $NPV > 0$) → 투자안 채택
- $IRR < r$ (: $NPV < 0$) → 투자안 기각

▶ 상호배타적 투자안

$IRR > r$인 투자안들 중에서 IRR이 가장 높은 투자안을 선택

2. 내부수익률법의 문제점

▶ 일반적인 문제

- 현금흐름 유형(투자형 또는 차입형)에 따라 투자안의 평가기준이 상이함
- 복수의 내부수익률

▶ 상호배타적인 투자안의 문제

- 현금흐름의 발생시점: 투자기간 내 현금흐름에 대한 재투자수익률 가정의 비현실성

  → 재투자수익률 가정 ─┬→ NPV법: 자본비용
  　　　　　　　　　　　└→ IRR법: 내부수익률

  ☞ 수정내부수익률법(MIRR법)

- 투자규모: 규모 차이에 대한 투자수익률 가정의 비현실성

  → 규모 차이의 투자수익률 가정 ─┬→ NPV법: 자본비용
  　　　　　　　　　　　　　　　　└→ IRR법: 내부수익률

  ☞ IRR법의 문제점 해결방법: 순현가법, 증분 IRR법, 증분 NPV법

▶ 가치의 가산원칙이 성립하지 않음

수익성지수법

$$PI = \frac{\text{현금유입의 현가}}{\text{현금유출의 현가}}$$

1. 투자안의 평가기준

▶ 독립적 투자안

- $PI > 1$ (∵ $NPV > 0$) → 투자안 채택
- $PI < 1$ (∵ $NPV < 0$) → 투자안 기각

▶ 상호배타적 투자안

$PI > 1$인 투자안들 중에서 PI가 가장 높은 투자안을 선택

2. 수익성지수법의 문제점

▶ 상호배타적인 투자안의 문제 – 투자규모

규모 차이에 대한 투자수익률 가정의 비현실성

→ 규모 차이의 투자수익률 가정
- → NPV법 : 자본비용
- → PI법 : 투자안의 수익률

☞ PI법의 문제점 해결방법 : 순현가법, WAPI법, 증분 PI법, 증분 NPV법

▶ 가치의 가산원칙이 성립하지 않음

투자안 평가방법의 비교

순현가법의 특성	회수기간법	AAR법	IRR법	PI법
현금흐름 사용	○	×	○	○
투자안과 관련된 모든 현금흐름	×	○	○	○
적절한 할인율로 할인	×	×	△	□
가치의 가산원칙	×	×	×	×

▶ 타당성 순위: NPV법 > PI법 > IRR법 > AAR법 > 회수기간법

주요 용어

순현가 • 176
독립적 투자안 • 177
상호배타적 투자안 • 177
가치의 가산원칙 • 177
회수기간 • 179
할인회수기간법 • 180
평균회계이익률 • 181
내부수익률 • 185
투자형 현금흐름 • 188
차입형 현금흐름 • 188
혼합형 현금흐름 • 188
증분내부수익률법 • 196
수익성지수 • 197
증분수익성지수법 • 200
가중평균수익성지수법 • 200

사 · 례 · 연 · 구

㈜서울은 현재 상호배타적인 A, B 두 개의 투자안을 대상으로 투자계획을 검토하고 있다. 투자안 A와 B의 투자액은 10,000만원으로 동일하며 현재의 투자시점에서 모두 발생한다. 투자 이후 각 투자안의 현금흐름은 다음과 같으며, ㈜서울의 자본비용은 10%이다.

(단위: 만원)

연도 말	현 금 흐 름	
	투자안 A	투자안 B
1	10,000	1,000
2	2,000	2,000
3	1,000	13,000

(1) 순현가법을 활용하여 투자안을 평가하라.

(2) 내부수익률법에 의해 위 투자안을 평가하라.

(3) 물음 (1)과 (2)의 결과에 차이가 발생한다면 그 이유는 무엇인가?

(4) 수정내부수익률(MIRR)법을 적용하여 위 투자안을 평가하고, 그 결과를 물음 (1)의 결과와 비교하여 시사하는 바를 설명하라.

:: 해 설

(1) 투자안의 NPV를 구하면 다음과 같다.

$$NPV(\text{A}) = \frac{10,000}{1+0.1} + \frac{2,000}{(1+0.1)^2} + \frac{1,000}{(1+0.1)^3} - 10,000 = 11,495.12\text{만원}$$

$$NPV(\text{B}) = \frac{1,000}{1+0.1} + \frac{2,000}{(1+0.1)^2} + \frac{13,000}{(1+0.1)^3} - 10,000 = 12,329.08\text{만원}$$

따라서 NPV가 0보다 큰 투자안들 중에서 가장 높은 투자안 B를 선택함.

(2) 투자안의 내부수익률은 다음과 같다.

$$\text{IRR(A)}: \frac{10,000}{1+IRR} + \frac{2,000}{(1+IRR)^2} + \frac{1,000}{(1+IRR)^3} - 10,000 = 0$$

→ 투자안 A의 IRR = 22.90%

IRR(B): $\frac{10,000}{1+IRR}+\frac{2,000}{(1+IRR)^2}+\frac{13,000}{(1+IRR)^3}-10,000=0$

→ 투자안 A의 IRR = 18.85%

자본비용 10%보다 높은 IRR을 갖는 투자안들 중에서 가장 높은 IRR을 갖는 투자안은 A이다. 따라서 투자안 A를 선택함.

(3) 투자기간 내 현금흐름에 대한 묵시적인 재투자수익률(reinvestment rate)의 가정이 순현가법과 내부수익률법에 있어서 서로 다르다. 즉, 투자기간 내 현금흐름에 대해서 순현가법은 자본비용으로 재투자할 수 있다고 가정하는 반면에, 내부수익률법은 내부수익률로 재투자할 수 있다고 가정한다. 이러한 재투자수익률의 가정의 차이로 인해 내부수익률법과 순현가법의 결과는 서로 다를 수 있다.

(4) 투자안의 수정내부수익률(MIRR)을 구하면 다음과 같다.

MIRR(A): $\frac{10,000\times(1+0.1)^2+2,000(1+0.1)+1,000}{(1+MIRR)^3}-10,000=0$

→ 투자안 A의 MIRR = 15.23%

MIRR(B): $\frac{1,000\times(1+0.1)^2+2,000(1+0.1)+13,000}{(1+MIRR)^3}-10,000=0$

→ 투자안 B의 MIRR = 17.95%

자본비용 10%보다 높은 MIRR을 갖는 투자안들 중에서 가장 높은 MIRR을 갖는 투자안은 B이다. 따라서 투자안 B를 선택한다. 이러한 결과는 물음 (1)의 순현가법을 적용한 결과와 일치한다. 수정내부수익률(modified internal rate of return : MIRR)은 투자기간 내 현금흐름에 대한 재투자수익률로 자본비용을 사용하여 구한 수익률에 해당한다. 이와 같이 수정내부수익률법의 재투자수익률인 자본비용은 NPV법에서 정하는 재투자수익률과 동일하다. 따라서 투자기간 내 현금흐름이 상이한 투자안을 대상으로 수정내부수익률법과 NPV법을 적용하여 평가할 경우 그 결과도 서로 동일하게 된다.

연·습·문·제

▶ 객관식 문제

01 ㈜한국은 100억원을 투자하여 전자사업부를 신설하려고 하는데, 향후 순현금흐름은 다음과 같이 예상된다. 순현금흐름의 성장률은 $t=1\sim4$시점까지는 높게 형성되다가, $t=5$ 시점 이후부터는 4%로 일정할 것으로 예상된다. 할인율은 고성장기간 동안 20%, 일정성장기간 동안 10%라고 할 때, 이 투자안의 순현재가치(NPV)와 가장 가까운 것은?

(CPA 1차 2009)

(단위: 억원)

t	1	2	3	4	5
순현금흐름	10	16	20	30	16

① −6.30억원 ② 26.13억원 ③ 74.09억원 ④ 80.41억원 ⑤ 84.13억원

02 자본예산에서 순현가법과 내부수익률법의 평가결과가 다른 경우, 순현가법을 따르는 것이 바람직하다고 한다. 다음 중 순현가법의 우위를 설명하는 이유로 옳지 않은 것은?

(CPA 1차 2004)

① 순현가법에서는 할인율로 재투자한다고 가정하고 있으나, 내부수익률법에서는 내부수익률로 재투자한다고 가정하고 있다.

② 내부수익률법에 의할 경우, 내부수익률이 존재하지 않거나 또는 내부수익률이 복수로 존재하는 경우가 있을 수 있다.

③ 할인율이 매기 변동하는 경우, 내부수익률법에 이를 반영하는 것은 곤란하지만, 순현가법에서는 비교적 용이하게 이를 반영할 수 있다.

④ 여러 개의 투자안을 결합하는 분석을 실시하는 경우, 순현가법은 개별투자안의 순현가를 독립적으로 구하여 합산하면 되지만, 내부수익률법은 개별투자안의 내부수익률을 독립적으로 구하여 합산하는 방법을 사용할 수 없다.

⑤ 투자규모가 다른 투자안을 비교하는 경우, 순현가는 각 투자안의 투자규모에 대비한 상대적 성과에 대한 정보를 제공하지만, 내부수익률은 절대적 성과에 대한 정보만 제공한다.

03 상호배타적인 투자안 A와 투자안 B가 있다. 자본비용이 10%일 경우 순현가법에 의하면 투자안 A가 선택되나, 내부수익률법에 의하면 투자안 B가 선택된다. 두 투자안에 대한 다음의 설명 중 잘못된 것은?

① 할인율의 변화에 따라 투자안 B의 순현가가 보다 민감하게 변한다.
② 두 투자안의 순현가를 같게 하는 할인율은 10%보다 높을 것이다.
③ 순현가법과 내부수익률법의 평가결과가 서로 상이한 것은 내용연수 내 현금흐름 또는 투자규모 차이에 대한 재투자수익률의 가정(NPV법: 자본비용, IRR법: IRR)이 서로 다르기 때문이다.
④ 투자안 A는 투자안 B에 비해 상대적으로 투자기간의 후기에 현금유입이 많다.
⑤ 투자의 한계수익률이 체감하는 현실에 비추어 볼 때, 순현가법에 의해 투자안 A를 선택하는 것이 보다 타당하다.

04 투자규모와 내용연수가 동일한 상호배타적인 투자안 A와 투자안 B를 대상으로 투자안의 경제성을 평가한다. 순현재가치(NPV)법에 의하면 투자안 A가 선택되나, 내부수익률(IRR)법에 의하면 투자안 B가 선택된다. 투자안 A에서 투자안 B를 차감한 현금흐름(투자안 간의 증분현금흐름)의 내부수익률은 10%이다. 투자안들의 내부수익률은 모두 자본비용보다 높고 두 투자안의 자본비용은 동일하다. 다음 설명 중 가장 적절하지 않은 것은? (CPA 1차 2014)

① 순현재가치법과 내부수익률법의 결과가 다른 이유는 내용연수 내 현금흐름에 대한 재투자수익률의 가정을 달리하기 때문이다.
② 투자안 A의 순현재가치와 투자안 B의 순현재가치는 모두 0원 보다 크다.
③ 두 투자안의 순현재가치를 동일하게 만드는 할인율은 10%이다.
④ 내부수익률법이 아닌 순현재가치법에 따라 투자안 A를 선택하는 것이 합리적이다.
⑤ 투자안의 자본비용은 10%보다 높고 투자안 A의 내부수익률보다 낮은 수준이다.

05 상호배타적인 투자안 A, B가 있다. 두 투자안의 투자규모 및 투자수명은 같으며, 투자안 A의 내부수익률(IRR)은 16%, 투자안 B의 내부수익률은 20%이다. 자본비용이 7%일 때 투자안 A의 순현가(NPV)가 투자안 B의 순현가보다 높다. 다음 설명 중 가장 적절한

것은? 단, 현재(0시점)에 현금유출이 발생하고, 이후 현금유입이 발생하는 투자형 현금흐름을 가정한다. (CPA 1차 2017)

① 자본비용이 7%보다 클 때 투자안 A의 순현가는 투자안 B의 순현가보다 항상 높다.
② 두 투자안의 순현가를 같게 하는 할인율은 7%보다 높다.
③ 자본비용이 5%일 때 투자안 B의 순현가는 투자안 A의 순현가보다 높다.
④ 투자안 B는 투자안 A에 비하여 투자기간 후기에 현금유입이 상대적으로 더 많다.
⑤ 자본비용이 16%일 때 투자안 B의 순현가는 0이다.

06 자본예산의 투자안 경제성 평가방법에 대한 다음의 설명 중 가장 옳지 않은 것은?

(CPA 1차 2005 수정)

① 할인회수기간은 회수기간보다 길다.
② 내부수익률(IRR)법의 재투자수익률에 대한 가정을 자본비용으로 수정한 수정내부수익률(MIRR)법에서는 2개 이상의 IRR이 나오지 않는다.
③ 내부수익률(IRR)이 자본비용보다 큰 경우, IRR값은 MIRR값보다 큰 값을 가진다.
④ 현금유입의 양상이 다른 상호배타적인 두 개의 투자안에서 투자규모가 동일하다면, MIRR법과 수익성지수(PI)법의 평가결과는 NPV법의 평가결과와 같다.
⑤ 순현재가치(NPV)법은 재투자수익률로 자본비용을 가정하고, 가치의 가산원리가 성립하며, 투자액의 효율성을 고려한 방법이다.

07 ㈜성우의 CFO는 현재 100억원을 투자해야 하는 3년 수명의 상호배타적인 투자안 A와 투자안 B를 고려하고 있다. 두 투자안은 잔존가치 없이 3년간 정액법으로 감가상각되며, 3년간 당기순이익은 투자안의 현금흐름과 같다. 두 개의 투자안 모두 자본비용은 20%이다. 투자의사결정과 관련된 다음의 내용 중 가장 옳지 않은 것은? (CPA 1차 2007)

투 자 안	현금흐름			IRR	NPV
	1년 후	2년 후	3년 후		
A	+40억원	+60억원	+90억원	34.4%	27.1억원
B	+60억원	+60억원	+60억원	36.3%	26.4억원

① 회수기간법에 의하면 A의 회수기간이 2년으로 B의 회수기간 1.67년보다 더 길므로 B를 선택한다.
② 평균회계이익률(AAR)법에 의하면 A의 AAR이 26.67%로 B의 AAR 20%보다 더 크므로 A를 선택한다.

③ 내부수익률(IRR)법에 의하면 A의 IRR이 B의 IRR보다 더 작으므로 B를 선택한다.

④ 증분내부수익률(IRR)법에 의하면 A의 현금흐름에서 B의 현금흐름을 차감한 현금흐름의 IRR인 1.9%가 영(zero)보다 크므로 A를 선택한다.

⑤ 수익률지수(PI)법에 의하면 A의 PI인 1.27이 B의 PI인 1.26보다 크므로 A를 선택한다.

08 ㈜감마기업은 다음 네 개의 투자안을 검토하고 있다. 투자기간은 모두 1기간이며, 각 투자안에 적용되는 가중평균자본비용은 10%로 동일하다. 다음 설명 중 적절하지 않은 것은? (CPA 1차 2008)

투 자 안	투자액($t=0$)	수익성지수(PI)
A	1억원	1.2
B	1억원	1.5
C	2억원	1.5
D	3억원	1.4

① 순현재가치(NPV)가 가장 큰 투자안은 D이다.

② 투자안 B와 투자안 C의 내부수익률(IRR)은 동일하다.

③ 투자안이 모두 상호배타적일 경우, 순현재가치법과 내부수익률법으로 평가한 결과는 상이하다.

④ 투자안이 모두 독립적이며 투자할 수 있는 총금액이 2억원으로 제약될 경우, 투자안 A와 투자안 B에 투자하는 것이 기업가치를 극대화시킬 수 있다.

⑤ 투자안이 모두 독립적이며 투자할 수 있는 총금액이 3억원으로 제약될 경우, 투자안 B와 투자안 C에 투자하는 것이 기업가치를 극대화시킬 수 있다.

● 객관식 해답 **1.** ③, **2.** ⑤, **3.** ①, **4.** ⑤, **5.** ②, **6.** ⑤, **7.** ④, **8.** ④

▶ 주관식 문제

01 투자안 평가방법의 비교

상호배타적인 4개 투자안의 현금흐름은 다음과 같다.

(단위: 만원)

연 도 말	현금흐름				$PVIF_{0.1,\ n}$
	투자안 1	투자안 2	투자안 3	투자안 4	
0	−1,500	−1,500	−1,500	−1,500	1.000
1	150	0	150	300	0.909
2	1,350	0	300	450	0.826
3	150	450	450	750	0.751
4	−150	1,050	600	750	0.683
5	−600	1,950	1,875	900	0.621

단, 자본비용=10%

(1) 회수기간법에 의해서 투자안을 평가하고, 그 문제점을 지적하라.

(2) 평균회계이익률법에 의해서 투자안을 평가하고, 그 문제점을 지적하라.

(3) 순현가법에 의해서 투자안을 평가하라.

(4) 내부수익률법에 의해서 투자안을 평가하라.

(5) 물음 (3)과 (4)의 결과가 다르다면 그 이유를 설명하라.

02 순현가법과 내부수익률법

상호배타적인 두 투자안의 현금흐름은 다음과 같다.

(단위: 만원)

연 도 말	현금흐름	
	투자안 1	투자안 2
0	−100	−250
1	400	650

단, 투자안의 자본비용은 25%라고 가정한다.

(1) 투자안의 내부수익률을 계산하고, 그것에 의해 투자안을 평가하라.

(2) 투자안 평가시 내부수익률법이 가지고 있는 문제점을 지적하고, 그 해결방안을 제시하라.

(3) 투자안의 순현가를 구하고, 그것에 의해 투자안을 평가하라.

(4) 투자안의 증분내부수익률을 계산하고, 그것에 의해서 투자안을 평가하라.

(5) 투자안의 증분현금흐름의 순현가를 구하고, 그것에 의해 투자안을 평가하라.

(6) 물음 (3), (4), (5)의 결과를 비교하라.

03 순현가법과 할인회수기간법 (보험계리사 2차 2014)

두 사업 A와 B의 예상 현금흐름은 각각 다음과 같다. 현재 시점은 $t=0$이고, 할인율은 10%이다.

시 점	$t=0$	$t=1$년도	$t=2$년도
사업 A	−800억원	500억원	900억원
사업 B	−800억원	800억원	550억원

다음 물음에 답하라. 모든 계산된 값은 반올림하여 소수 둘째 자리까지 표시하라.

(1) 두 사업의 순현재가치(NPV)를 각각 구하라.

(2) 두 사업의 할인회수기간을 각각 구하라.

(3) 만약 두 사업 가운데 하나만 실행할 수 있다면, 어느 것을 선택하겠는가? 그 이유도 서술하라. 단, 두 사업 모두 사업기간에 대한 제약은 없다고 가정한다.

04 내부수익률과 상호배타적 투자안의 평가 (보험계리사 2차 2015 / CPA 2차 2017 수정)

※ 물음 (1)과 (2)는 각각 독립적이다.

(1) 프로젝트 A와 B의 연도별 현금흐름은 다음 표와 같다.

프로젝트	$t=0$	$t=1$	$t=2$
A	$-x$	280	30
B	$-y$	280	$\frac{y}{2}$

$t=0$ 시점에서 내부수익률(IRR)이 프로젝트 A는 50%, 프로젝트 B는 33%라고 할 때 초기투자액 x와 y를 구하시오. (계산된 값은 반올림하여 소수 둘째 자리까지 구하라.)

(2) 다음 내용에 대하여 "옳다" 또는 "옳지 않다"라고 답하고 그 근거를 제시하라.

> 투자안의 현금흐름평가에 사용되는 할인율이 증가하면 투자안의 순현가(NPV)는 감소하게 되어 결국 순현가가 0이 되는 할인율을 내부수익률(IRR)이라고 한다. 따라서 상호배타적 투자안 C와 D 중에 투자안 C의 내부수익률이 투자안 D의 내부수익률보다 크면 투자안 C의 순현가는 투자안 D의 순현가보다 항상 크게 된다.

05 차입형 현금흐름의 평가

다음의 현금흐름 A와 B가 있다. 현금흐름 A는 90만원의 현금유입이 시점 1부터 무한히 발생하는 현금흐름이다. 그리고 현금흐름 B는 110만원의 현금유출이 시점 2부터 무한히 발생하는 현금흐름이다. 자본비용이 10%일 때 다음의 물음에 답하라.

(1) 각 현금흐름의 현재가치를 계산하라.

(2) 현금흐름 A와 B의 합으로 구성된 투자안 C의 내부수익률을 구하라.

(3) 투자안 C를 평가할 때 순현가법과 동일한 결과를 주는 내부수익률법의 평가기준을 제시하고, 그것에 의해서 투자안 C를 평가하라.

06 순현가법과 수익성지수법

다음과 같은 상호배타적인 두 투자안이 주어져 있다.

(단위: 만원)

연 도 말	현금흐름	
	투자안 1	투자안 2
0	−156	−19,500
1	390	31,270

단, 적절한 할인율은 13%이다.

(1) 각 투자안의 수익성지수를 계산하라.

(2) 물음 (1)의 결과에 의해서 투자안을 평가하라.

(3) 순현가법에 의해서 투자안을 평가하라.

(4) 물음 (2)와 (3)의 결과를 비교하라.

07 고급 투자안의 경제성분석 응용

(CPA 2차 2002 수정)

㈜남해는 매년 말 1억원씩 10년을 투자하면 11년도 말부터 매년 영구적으로 1억원의 순현금흐름이 발생하는 투자안을 개발하였다. 이 투자안을 위해 1억원의 개발비가 과거 3년간 지출되었는데 전액 회수 불가능하다. 매년의 투자금액 1억원에는 기회비용 5,000만원이 포함되어 있다. ㈜남해의 자기자본과 부채의 비율은 5 : 5이고, 주주의 요구수익률은 12%, 채권자의 요구수익률은 8%, 법인세율은 50%로 매년 일정하게 유지되며, 이 투자안의 수행으로 ㈜남해의 영업위험과 재무위험은 영향을 받지 않는다고 가정하여 다음 물음에 답하라. (단, $A+Ag+Ag^2+\cdots+Ag^{n-1}=A(1-g^n)/(1-g)$이고, $1.10^{10}=2.5937$, $1.09^{10}=2.3674$, $1.08^{10}=2.1589$, $1.07^{10}=1.9672$, $1.06^{10}=1.7908$이다.)

(1) 투자안의 회수기간은 몇 년인지 계산하라.

(2) 투자안의 내부수익률을 계산하고, 그 결과에 근거해 이 투자안의 채택여부를 결정하라. (단, 내부수익률은 %로 표현하되 정수자리까지 구해서 가장 근사치를 택하라.)

(3) 투자안의 순현가를 계산하고, 그 결과에 근거해 투자안의 채택여부를 결정하라.

(4) 만일 이 투자안의 수행을 위해 독립법인인 ㈜남산을 설립하며, 이때 ㈜남산 주주의 요구수익률이 10%, 자기자본과 부채의 구성비율이 6 : 4라고 한다. 투자안을 채택하기 위해서는 채권자의 요구수익률이 얼마가 되어야 하는가? (단, 투자안의 현금흐름은 동일하고, 독립법인 설립에 따른 비용은 없으며, 법인세율은 변화가 없다고 가정한다.)

(5) 물음 (4)에서 거래은행으로부터 연 이자율 4.95%, 분기별 이자지급조건으로 투자안의 수행을 위해 필요한 부채 전액을 조달할 수 있다면 투자안을 채택하겠는가? (단, 이자율은 %로 소수점 둘째 자리까지 구하라.)

제 7 장

자본예산의 실제

1. 현금흐름의 추정
2. 인플레이션과 자본예산
3. 자본예산의 특수문제

보론 : 감가상각과 현금흐름

앞의 장에서 순현가법과 여러 가지 대체적인 투자안의 평가방법들의 의미 및 그 타당성 여부에 대해서 살펴보고, 합리적인 투자안의 평가방법으로서 순현가법의 타당성을 강조하였다. 이와 같은 투자안의 평가방법을 실제로 적용할 때는 앞에서 설명하지 않은 여러 가지 복잡한 현실적인 문제들을 고려하여야 할 것이다.

그러므로 본장에서는 투자안의 목적적합한 현금흐름을 추정하는 방법과 투자안을 평가할 때 현실적으로 직면할 수 있는 몇 가지 문제들 — 인플레이션, 내용연수가 상이한 상호배타적인 투자안의 평가, 자본제약 등 — 에 관하여 설명하고자 한다.

1 현금흐름의 추정

현금흐름(cash flow)은 투자의 결과로서 발생하는 모든 현금을 의미하며, 이것은 현금유입(투자로 인해 들어오는 현금, 즉 투자수익)과 현금유출(투자로 인해 나가는 현금, 즉 투자비용)로 구분된다. 그리고 투자안을 분석할 때 고려되는 현금흐름은 현금유입에서 현금유출을 차감한 순현금흐름이다. 이와 같은 현금흐름은 회계적 이익과 다르다. 왜냐하면 회계적 이익은 현금의 유입과 유출에 관계없이 수익과 비용이 실제로 발생하였다는 구체적인 사실에 의해서 측정되기 때문이다.[1] 즉 회계적 이익은 회계기준에 의하여 추정되는 인위적 수치이므로 투자로 인해 발생되는 현금흐름을 정확히 나타내지 못한다. 그러므로 투자안 또는 자산을 평가할 때 회계적 이익이 아닌 현금흐름에 의해서 평가하여야 한다.

1.1 현금흐름 추정 시 유의사항

투자안은 세후기준의 증분현금흐름에 의해서 평가되어야 한다. 즉 투자안을 평가할 때 회계적 이익이 아닌 현금흐름을 사용하여야 하며, 그 현금흐름은 증분기준(incremental basis)에 의해서 측정되고 세금을 차감한 것이어야 한다는 것이다.

현금흐름과 회계적 이익의 상이성

현금흐름은 회계적 이익과 서로 다르다. 그러므로 현금흐름을 추정할 때 다음과 같은 몇 가지 사항을 유의하여야 한다.

■ 감가상각비 등 비현금지출비용의 제외

감가상각비 등 비현금지출비용(non-cash expense)은 회계적 이익을 계산할 때 비용으로 차감된다. 그러나 감가상각비는 인위적으로 배분된 회계적 비용으로서 기업이 실제로 지출하는 것은 아니기 때문에 현금유출에 포함시키지 않아야 한다. 예를 들어 기업이 현재 2억원의 현금을 지급하여 내용연수가 10년인 새로운 기계를 구입한다고 하자. 이 경우 현재시점에서 2억원의 현금유출이 발생한다. 그러나 회계적으로는 실제로 현금이 지출되는 현재시점에서 비용으로 인식하지 않고 기계의 구입비용, 즉 취득원가 2억원을 그 기계의 내용연수 10년에 걸쳐 일정한 방법으로 배분하여 각 기간의 비용으로 처리하게 된다. 기계를 정액법에 의해서 완전상각한다면, 10년 동안 매년 말에

1) 현행 회계원칙에서는 수익과 비용을 인식함에 있어서 발생주의를 기본으로 하고 있다.

그림 7-1 현금유출과 회계적 비용의 차이

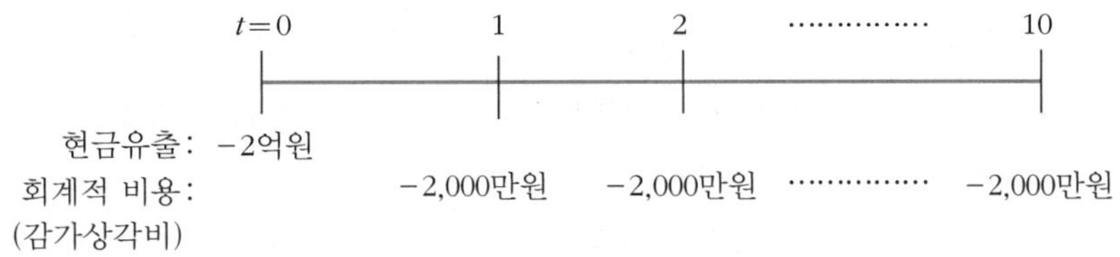

2,000만원(2억원/10년)의 회계적 비용이 발생하게 된다.[2] 이와 같은 경우 실제로 발생하게 되는 현금유출과 회계적 비용을 비교하여 나타내면 [그림 7-1]과 같다.

이상에서 살펴본 바와 같이 현금흐름을 측정할 때 기계 등 유형자산의 구입비용은 실제로 현금이 지출되는 시점에서 이미 현금유출로 전액 인식되기 때문에 내용연수 동안 각 기간에 인위적으로 배분한 회계적 비용, 즉 감가상각비를 현금유출에 포함시켜서는 안 된다.

■ 이자비용과 배당금 등 금융비용의 제외

이자비용과 배당금은 기업의 입장에서 보면 명백한 현금유출이다.[3] 그러나 기업이 투자자금을 사용하는 대가로서 그 자금을 제공한 채권자와 주주에게 지급하는 이자비용과 배당금은 투자안을 평가하기 위하여 미래 현금흐름을 할인하는 과정에서 할인율(자본비용)에 적절하게 반영되어 차감되기 때문에 이들을 또다시 현금유출에 포함시켜서는 안 된다. 즉 미래 현금흐름을 할인한다는 것은 투자자에게 지급해야 하는 이자비용과 배당금을 차감한다는 것을 의미한다. 따라서 이자비용과 배당금을 현금유출에 포함시켜 할인하는 경우에는 이중계산이 된다.

■ 운전자본과 자본적 지출의 포함

새로운 투자안에 의해서 재고자산, 매출채권 등이 증가하여 기업의 순운전자본(유동자산−유동부채)이 증가할 수 있다. 그리고 순운전자본의 증가로 인하여 추가적인 자금이 더 필요하게 된다. 이와 같은 순운전자본의 증가로 인하여 추가적으로 소요되는 자금은 투자안의 내용연수 내에 동일 금액이 회수되므로 회계적 비용은 아니다. 그러나 투자안의 평가시 소모성 비용이 아닌 순운전자본을 현금흐름에 포함시켜야 하는 이유는 화폐의 시간적 가치를 고려해야 하기 때문이다. 예를 들어 현재 새로운 투자로 인하여 재고자산이 100만원 증가하여 현재시점에 100만원의 추가적인 현금유출이 발생

2) 여러 가지 감가상각방법에 대해서는 본장의 보론에서 자세히 설명할 것이다.
3) 이자비용은 회계적 비용이나, 배당금은 회계적 비용이 아닌 순이익의 처분항목이다.

한다고 하자. 만약 이러한 재고자산이 다음 기에 모두 판매되어 감소한다면 100만원의 현금이 들어올 것이다. 결과적으로 현재시점에 100만원이 지출되어 다음 기에 100만원이 회수된다. 그러나 현재의 100만원과 다음 기의 100만원은 화폐의 시간적 가치로 인하여 그 가치가 서로 다를 것이다. 그러므로 현금흐름을 측정할 때 반드시 순운전자본의 변동을 포함시켜야 한다.

그리고 회계기준에 의하면 자본적 지출은 현재의 비용이 아니라 투자자산의 원가에 가산하여 감가상각하여 미래의 수익에 대응된다.[4] 그러나 현금흐름기준에 의하면 자본적 지출은 현금유출을 수반하므로 자본적 지출이 발생하는 시점의 현금유출에 포함시켜야 한다. 물론 앞에서 설명한 바와 같이 자본적 지출로 인하여 증가하게 되는 감가상각비는 현금유출에 포함시켜서는 안 된다.

증분현금흐름

투자안을 평가할 때 그 투자안으로 인해 발생되는 증분현금흐름을 사용하여야 한다. 증분현금흐름은 새로운 투자안으로 인하여 발생하게 되는 기업전체 현금흐름의 변화, 즉 투자안을 채택할 때(with project)와 투자안을 채택하지 않을 때(without project)의 기업전체 현금흐름의 차이를 의미한다. 이와 같은 증분현금흐름을 추정할 때 유의해야 하는 사항은 다음과 같다.

■ 매몰원가의 제외

매몰원가(sunk costs)는 이미 발생한 과거의 원가로서 현재의 투자안의 채택여부와 상관이 없는 비용을 말한다. 그러므로 현재 투자안의 증분현금흐름을 추정할 때 매몰원가는 제외되어야 한다. 예를 들어 어떤 음료회사가 지난해에 3천만원의 시장조사비용을 들여서 새로운 건강음료의 시장성을 조사한 결과, 충분한 시장성이 있다고 생각하여 현재 건강음료의 생산설비에 관한 투자안을 고려하고 있다고 하자. 이 경우 지난해에 지출된 3천만원의 시장조사비용은 현재의 생산설비에 관한 투자안의 채택여부와 관련이 없는 이미 발생된 과거의 원가, 즉 매몰원가이다. 그러므로 현재의 생산설비에 관한 투자안을 평가할 때 매몰원가인 시장조사비용을 투자지출액(현금유출)에 포함시키지 않아야 한다.

■ 기회비용의 포함

기업은 판매, 임대, 또는 다른 사업에 사용할 수 있는 자산을 보유할 수 있다. 만약 기업이 이러한 자산을 새로운 투자에 사용한다면, 자산의 대체적인 사용으로부터

4) 자본적 지출은 자산의 경제적 편익(economic benefit)을 증가시키기 위하여 지출된 비용으로서 유형자산의 신규 투자, 대체 투자, 개량 및 증설 등을 위한 투자를 포함한다.

발생될 수 있는 잠재적인 수입을 잃게 된다. 이와 같이 새로운 투자안을 채택할 때 자산사용의 다른 기회를 포기함으로써 잃게 되는 수입, 즉 손실을 **기회비용**(opportunity costs)이라 한다. 기회비용은 새로운 투자안으로 인해 발생되는 비용이므로 투자안의 증분현금흐름을 추정할 때 현금유출에 포함시켜야 한다. 예를 들어 기업이 현재 보유하고 있는 임대가 가능한 창고를 새로운 투자안에 이용하려고 하는 경우에 이 창고의 임대수입은 새로운 투자안의 기회비용이 된다. 즉 새로운 투자안의 채택으로 인하여 포기하여야 하는 창고의 임대수입은 기회비용으로서 증분현금흐름을 추정할 때 현금유출에 포함시켜야 한다.

■ 부수적 효과의 포함

고려중인 새로운 투자안은 기업의 다른 부분들에 영향을 줄 수 있다. 그 결과 발생하는 효과를 투자안의 **부수적 효과**(side effect)라 한다. 이와 같은 부수적 효과는 증분현금흐름을 추정할 때 고려해 주어야 한다. 가장 대표적인 부수적 효과는 잠식비용(erosion costs)이다. **잠식비용**은 새로운 투자안에 의해서 생산된 제품 때문에 그 기업의 기존 제품시장이 잠식되는 경우(기존 제품의 매출이 감소되는 경우) 발생하는 손실을 말한다. 예를 들어 어떤 자동차회사가 연비가 높은 하이브리드차를 생산하려는 투자안을 고려하고 있다. 만약 이 회사가 하이브리드차를 생산한다면 그 회사의 기존 자동차의 고객 중 일부는 하이브리드차를 구입하려 할 것이다. 그러므로 새로운 하이브리드차의 생산으로 인하여 그 회사 기존 자동차의 판매가 감소될 수 있다. 이 경우 기존 자동차의 매출감소에 따른 손실이 잠식비용이다. 이와 같은 잠식비용은 새로운 투자안의 증분현금흐름을 추정할 때 현금유출에 포함시켜야 한다.

법인세 효과

앞에서 이미 설명한 바와 같이 감가상각비와 이자비용 등은 현금유출에 포함되지 않는다. 그러나 이들은 기업의 과세대상이익을 줄여 기업이 납부해야 하는 세금(현금유출)을 감소시켜 준다. 그러므로 현금흐름을 추정할 때 이와 같은 **세금절감효과**(tax shield effect)를 현금유입에 포함시켜야 한다. 세금절감효과를 고려하는 방법에는 다음과 같은 두 가지 방법이 있다. 첫째는 현금흐름을 증가시켜 주는 직접적인 방법이 있다. 감가상각비의 경우에는 이 방법에 의해서 현금흐름을 추정할 때 그 세금절감효과를 현금유입에 포함시켜 준다. 둘째는 현금흐름을 증가시켜 주는 대신에 할인율을 줄임으로써 세금절감효과를 간접적으로 고려하는 방법이 있다. 일반적으로 이자비용의 경우에는 그 세금절감효과를 현금흐름에 직접적으로 고려하지 않고 할인율을 줄임으로써 간접적으로 고려해 준다.[5] 즉 할인율을 줄임으로써 간접적인 현금유입의 효과를

5) 이자비용의 감세효과를 할인율(자본비용)에 고려해 주는 방법에 대해서는 제13장에서 설명할 것이다.

얻을 수 있다. 이와 같은 이유 때문에 일반적으로 이자비용의 경우에는 현금흐름을 측정할 때 감가상각비와는 달리 그 세금절감효과를 현금유입에 포함시키지 않는다는 것을 유의하여야 한다.

1.2 현금흐름의 추정

이제 앞에서 설명한 현금흐름 추정시 유의사항을 고려하여 현금흐름을 추정하는 일반적인 공식을 도출해 보기로 하자.

영업현금흐름

투자안에 대한 추정손익계산서(pro-forma income statement)가 〈표 7-1〉과 같이 주어져 있다고 가정하여 정상적인 영업활동의 결과 발생하는 영업현금흐름을 추정해 보자. 이 경우 추정손익계산서의 각 항목은 증분개념으로서 투자안을 채택할 경우 기업의 손익계산서와 투자안을 채택하지 않을 경우 기업의 손익계산서를 각각 작성한 후 전자에서 후자를 차감하여 구해진 것이다.

영업현금흐름(operating cash flow)은 매출액의 증분에서 현금지출비용의 증분(변동영업비용의 증분과 고정현금지출비용의 증분)과 법인세비용의 증분을 차감하여 다음과 같이 구할 수 있다.[6]

표 7-1 추정손익계산서[7]

(단위: 천원)

매출액의 증분	ΔR	145,000
변동영업비용의 증분	ΔVC	90,000
고정현금지출비용의 증분	ΔFCC	10,000
감가상각비의 증분	Δdep	15,000
영업이익의 증분	$\Delta EBIT$	30,000
이자비용의 증분	ΔInt	5,000
법인세비용차감전순이익의 증분	ΔEBT	25,000
법인세비용(법인세율, T_C=40%)의 증분	ΔT	10,000
순이익의 증분	ΔNI	15,000

6) 여기서 법인세비용을 계산하는 기준이 되는 과세대상이익에는 이자비용이 차감되지 않았음을 유의하기 바란다. 그 이유는 앞에서 설명한 바와 같이 이자비용의 감세효과는 할인율에 고려해 주기 때문이다.

7) 본서에서는 이자비용및법인세비용차감전순이익(earning before interest and taxes: EBIT)을 영업이익(net operating income: NOI)과 동일한 개념으로 사용한다.

영업현금흐름

$$=(\Delta R-\Delta VC-\Delta FCC)-T_C(\Delta R-\Delta VC-\Delta FCC-\Delta dep) \quad (7-1)$$
$$=(145{,}000-90{,}000-10{,}000)-0.4\times(145{,}000-90{,}000-10{,}000-15{,}000)$$
$$=33{,}000\text{천원}$$

식 (7−1)을 변형하여 다음과 같이 나타낼 수 있다.

영업현금흐름

$$=(\Delta R-\Delta VC-\Delta FCC)-T_C(\Delta R-\Delta VC-\Delta FCC)+T_C\cdot\Delta dep$$
$$=(\Delta R-\Delta VC-\Delta FCC)(1-T_C)+T_C\cdot\Delta dep \quad (7-2)$$
$$=(145{,}000-90{,}000-10{,}000)(1-0.4)+0.4\times 15{,}000$$
$$=33{,}000\text{천원}$$

여기서 $T_C\cdot\Delta dep$: 감가상각비의 세금절감액(tax shield)

또는 식 (7−1)의 우변에 Δdep를 가감하여 정리하면 다음과 같다.[8)]

영업현금흐름

$$=(\Delta R-\Delta VC-\Delta FCC-\Delta dep)-T_C(\Delta R-\Delta VC-\Delta FCC-\Delta dep)+\Delta dep$$
$$=(\Delta R-\Delta VC-\Delta FCC-\Delta dep)(1-T_C)+\Delta dep$$
$$=\Delta EBIT(1-T_C)+\Delta dep \quad (7-3)$$
$$=(145{,}000-90{,}000-10{,}000-15{,}000)(1-0.4)+15{,}000$$
$$=33{,}000\text{천원}$$

이상에서 볼 수 있는 바와 같이 영업현금흐름을 측정할 때 식 (7−1), 식 (7−2) 또는 식 (7−3)의 어느 식을 이용하여도 동일한 결과를 얻을 수 있을 것이다. 그리고 앞의 세 식을 살펴보면, 어떠한 식에도 부채사용으로 인하여 지급하여야 하는 이자비용 등이 포함되지 않고 있음을 알 수 있다. 이것은 투자안의 영업현금흐름이 부채사용 여부, 즉 자본조달방법과 관계없이 투자안 자체의 수익력에 의해서 결정된다는 것을 의미한다.[9)] 그러므로 투자안의 영업현금흐름을 측정할 때 부채사용에 관련된 정보(이자비용과 원금상환)를 무시할 수 있다.

---

8) 또한 식 (7−3)의 우변에 $(1-T_C)\Delta Int$를 가감하여 정리하면 다음과 같다.

영업현금흐름

$$=(\Delta R-\Delta VC-\Delta FCC-\Delta dep)(1-T_C)+\Delta dep-(1-T_C)\Delta Int+(1-T_C)\Delta Int$$
$$=(\Delta R-\Delta VC-\Delta FCC-\Delta dep-\Delta Int)(1-T_C)+\Delta dep+(1-T_C)\Delta Int$$
$$=\Delta NI+\Delta dep+(1-T_C)\Delta Int$$
$$=15{,}000+15{,}000+(1-0.4)\times 5{,}000=33{,}000\text{천원}$$

9) 자본조달에 따른 효과는 자본조달의 비용인 할인율(자본비용)에서 고려된다. 이것에 대한 자세한 내용은 제13장에서 설명한다.

잉여현금흐름

투자안을 평가할 때 목적적합한 현금흐름은 실제로 처분가능한 현금흐름이다. 그러므로 현금흐름을 계산할 때 투자안으로 인하여 소요될 수 있는 운전자본과 자본적 지출 등의 소요자본(capital requirements)을 포함시켜야 한다. 이와 같이 투자안의 평가에 목적적합한 현금흐름(증분현금흐름)은 투자의 소요자본을 모두 포함시킨 잉여현금흐름(free cash flow)이며 이것을 구하는 일반식은 다음과 같다.[10)]

$$\Delta CF = \underbrace{(\Delta R - \Delta VC - \Delta FCC)(1 - T_C) + T_C \cdot \Delta dep}_{\text{영업현금흐름}} - \underbrace{\Delta WC - \Delta CI}_{\text{소요자본}} \quad (7-4)$$

여기서 ΔWC: 순운전자본의 증분
ΔCI: 자본적 지출의 증분

현재 사용하고 있는 자산(구자산)이 수명을 다하였거나 그 효율이 떨어질 때 새로운 자산으로 교체하는 투자를 대체 투자(replacement investment)라 하며, 이에 대한 현금흐름의 추정은 현재 사용하고 있는 구자산의 처분 등을 고려하여야 하기 때문에 신규 투자의 경우보다 복잡하게 된다. 이와 같이 복잡한 대체 투자에 대한 현금흐름을 추정하는 일반식을 알고 있으면 여러 가지 상황에 쉽게 적용할 수 있다는 장점이 있다. 그러므로 여기서는 대체 투자를 가정하여 각 기간별 현금흐름을 추정하는 일반식을 살펴보고자 한다.

투자안의 현금흐름을 추정할 때 고려해야 하는 요인들은 투자안을 시작하는 시점(현재시점), 정상적인 영업활동을 하는 기간, 영업을 종료하는 시점 등에 따라 달라질 수 있다. 이와 같은 점을 고려하여 대체 투자의 경우 각 기간별 현금흐름의 일반적인 공식을 구하면 다음과 같다.

■ 현재($t=0$)의 현금흐름

투자가 시작되는 현재시점에서는 아직 영업활동을 착수하지 않았기 때문에 영업활동으로 인한 현금흐름은 발생되지 않고 소요자본, 즉 자본투자에 의한 현금유출만 고려해 주면 된다. 그러므로 현재시점의 현금흐름 ΔCF_0는 다음과 같이 결정될 수 있다.

$$\Delta CF_0 = -\Delta CI_0 + S_0 - (S_0 - B_0)T_C + ITC - \Delta WC_0 \quad (7-5)$$

여기서 S_0: 현재시점에서 구자산의 처분가치
B_0: 현재시점에서 구자산의 장부가치
ITC: 투자세액공제

---

10) Δ는 증분을 나타내는 기호로서 증가할 때 양(+), 감소할 때 음(−)이 된다는 것을 유의하여야 한다.

식 (7−5)에서 투자세액공제(investment tax credit)란 정부에서 투자를 촉진시키기 위하여 설비투자에 대해 투자액의 일부 또는 일정비율을 세액에서 직접 공제해 주는 것을 의미한다. 투자세액공제는 법인세에서 직접 공제되어 세금을 줄여주기 때문에 현금유입에 포함시켜야 한다. 그리고 「$S_0-(S_0-B_0)T_C$」는 새로운 투자안을 채택함으로써 필요 없어진 구자산의 처분으로 인한 현금흐름을 나타낸다. 이것은 구자산의 처분가치에서 구자산처분이익에 대한 세금지출액을 차감한 것이다.

■ 영업기간($t=1 \sim n-1$)의 현금흐름

정상적인 영업활동이 시작된 경우 영업기간 내 임의의 t시점에서의 현금흐름 ΔCF_t는 다음과 같이 결정될 수 있다.

$$\Delta CF_t=(\Delta R_t-\Delta VC_t-\Delta FCC_t)(1-T_C)+T_C\cdot\Delta dep_t-\Delta CI_t-\Delta WC_t \qquad (7-6)$$

식 (7−6)에서 각 기호의 아래첨자(subscripts) t는 시점을 나타낸다.

■ 내용연도 말($t=n$)의 현금흐름

투자기간이 종료되는 내용연도 말의 현금흐름 ΔCF_n은 다음과 같다.

$$\begin{aligned}\Delta CF_n=&(\Delta R_n-\Delta VC_n-\Delta FCC_n)(1-T_C)+T_C\cdot\Delta dep_n\\&-\Delta CI_n+\Delta S_n-(\Delta S_n-\Delta B_n)T_C-\Delta WC_n\end{aligned} \qquad (7-7)$$

여기서 ΔS_n: 내용연도 말 자산처분가치의 증분(신자산의 처분가치−구자산의 처분가치)
ΔB_n: 내용연도 말 자산장부가치의 증분(신자산의 장부가치−구자산의 장부가치)

내용연도 말에는 모든 영업활동이 종료되기 때문에 그 시점에 아직 남아 있는 운전자본은 모두 회수될 것이다. 이때 운전자본이 회수(감소)되므로 ΔWC_n의 부호는 음(−)이 된다. 한편 식 (7−7)에서 운전자본의 증분 앞에 음(−)의 부호가 있으므로 운전자본을 회수하는 경우에는 전체 부호가 양(+)이 된다. 즉 내용연도 말에서의 운전자본의 회수는 현금유입으로 나타나게 된다는 것을 유의해야 한다.

예제 7−1 현금흐름의 추정

개인용 컴퓨터를 생산하고 있는 ㈜첨단컴퓨터는 휴대용 컴퓨터인 노트북을 생산하려고 한다. 노트북의 마케팅 가능성을 파악하기 위하여 국내 4개 대도시지역을 대상으로 시장조사를 실시하였다. 그 결과 예상보다 성공가능성이 클 것으로 전망되었다. 시장조사에 소요되었던 비용은 1,500만원이며, 노트북을 생산할 경우 필요한 기계설비는 새로 구입하여야 하고, 생산공장은 이 회사 소유의 부천소재 공장을 이용할 수 있다. 현재 이 공장은 연간 1,500만원씩 받고 임대하고 있다.

기획팀은 노트북 투자안에 관한 평가의 기초자료를 다음과 같이 마련하였다. 노트북생산에 필요한 기계의 구입가격은 200,000만원이고 최초의 운전자본은 10,000만원이 필요하다. 이 기계에 대한 감가상각은 잔존가치가 없는 것으로 보고 정액법으로 회계처리한다. 그러나 기계의 5년 후 실제 시장가치는 30,000만원으로 추정된다.

노트북의 향후 5년간에 걸친 수요량은 각각 500, 800, 1,000, 1,200, 1,000대로 추정되며, 대당 판매가격은 첫해에는 200만원이나 그 이후는 연간 5%의 가격하락이 예상되고 있다. 한편 노트북생산에 소요되는 현금지출비용은 인건비의 급격한 상승으로 인하여 첫해의 제조비용은 대당 100만원이지만 그 후에는 매년 10%씩 증가되리라고 전망하였다. 이 밖에는 현금, 매출채권, 재고자산 등과 같은 운전자본이 매년 말에 매출액의 10%가 될 것으로 추정된다. 그리고 새로운 노트북의 판매로 인하여 기존 컴퓨터의 판매가 감소되며, 그 손실은 매년 1,000만원으로 추정된다. 이 회사의 법인세율은 40%이며, 이 투자안의 자본비용이 10%이다.

이 경우 ㈜첨단컴퓨터는 새로운 노트북을 생산하여야 하는가?

| 해설 |

(1) 현금흐름 추정

▶ 영업현금흐름$[(\Delta R_t - \Delta VC_t - \Delta FCC_t)(1-T_C) + T_C \cdot \Delta dep_t]$ 추정

(단위: 만원)

항 목 \ 연도말	1	2	3	4	5
① 수요량(생산량)	500	800	1,000	1,200	1,000
② 판매가격	200	190	180.5	171.5	162.9
③ 매출액(ΔR_t)	100,000	152,000	180,500	205,800	162,900
④ 단위당비용	100	110	121	133.1	146.4
⑤ 현금지출비용($\Delta VC_t + \Delta FCC_t$)	50,000	88,000	121,000	159,720	146,400
⑥ 감가상각비(Δdep_t)	40,000	40,000	40,000	40,000	40,000
영업현금흐름 [(③ − ⑤) × (1 − T_C) + T_C × ⑥]	46,000	54,400	51,700	43,648	25,900

단, 감가상각비 $= \dfrac{200{,}000-0}{5} = 40{,}000$원

▶ 소요자본$[-\Delta CI_t + \Delta S_t - (\Delta S_t - \Delta B_t)T_C - \Delta WC_t]$ 추정

증분현금흐름을 추정하기 위하여 노트북의 생산으로 인해서 발생하게 되는 다음과 같은 소요자본을 고려하여야 한다.[11)]

- 새 기계설비의 구입비용(200,000만원) 및 내용연도 말의 세후 처분가치 $[\Delta S_n - (\Delta S_n - \Delta B_n)T_C = 30{,}000 - (30{,}000-0) \times 0.4 = 18{,}000$만원$]$
- 기회비용: 부천소재공장을 사용함으로써 포기해야 하는 연간 세후 임대료 $[1{,}500 \times (1-0.4) = 900$만원$]$

---

11) 이 문제는 대체 투자가 아닌 신규 투자이므로 구기계가 존재하지 않는다. 그러므로 구기계의 처분으로 인한 현금흐름은 발생되지 않는다.

- 잠식비용: 새로운 노트북의 판매로 인하여 발생되는 기존 컴퓨터의 연간 세후 판매감소 손실액 [1,000×(1−0.4)=600만원]
- 소요운전자본: 운전자본(매출액의 10%)에 대한 추가 소요액

그러나 과거에 이미 지출된 시장조사비용 1,500만원은 현재시점에서의 노트북 투자안의 채택 여부와 관계없는 과거의 원가, 즉 매몰원가이므로 현금흐름을 측정할 때 제외하여야 한다.

이상의 자료에 의해서 노트북생산으로 인한 소요자본을 계산하면 다음과 같다.

(단위: 만원)

항 목 \ 연도말	0	1	2	3	4	5
① 기계설비	−200,000					18,000
② 기회비용		−900	−900	−900	−900	−900
③ 잠식비용		−600	−600	−600	−600	−600
④ 운전자본(연도 말)	10,000	10,000	15,200	18,050	20,580	0*
⑤ 소요운전자본	−10,000	0	−5,200**	−2,850	−2,530	20,580
소요자본 [①+②+③+⑤]	−210,000	−1,500	−6,700	−4,350	−4,030	37,080

* 내용연도 말에는 운전자본이 모두 회수되므로 내용연도 말의 운전자본액은 0이 된다.

** 소요운전자본[12] $= -\Delta WC_2 = -$(2년도 말 운전자본−1년도 말 운전자본)
$= -(15{,}200 - 10{,}000) = -5{,}200$만원

▶ 현금흐름(증분현금흐름)=영업현금흐름+소요자본

(단위: 만원)

항 목 \ 연도말	0	1	2	3	4	5
① 영업현금흐름		46,000	54,400	51,700	43,648	25,900
② 소요자본	−210,000	−1,500	−6,700	−4,350	−4,030	37,080
현금흐름 [①+②]	−210,000	44,500	47,700	47,350	39,618	62,980

(2) 현금흐름의 평가 (순현가법에 의한 평가)

$$NPV = -210{,}000 + \frac{44{,}500}{1+0.1} + \frac{47{,}700}{(1+0.1)^2} + \frac{47{,}350}{(1+0.1)^3} + \frac{39{,}618}{(1+0.1)^4} + \frac{62{,}980}{(1+0.1)^5}$$
$$= -28{,}383.96\text{만원}$$

노트북 투자안의 순현가는 −28,383.96만원으로서 0보다 작으므로 이 투자안을 기각하여야 한다.

12) 운전자본은 소멸되는 비용이 아니므로 한번 지출된 운전자본은 회수되지 않는다면 기업 내에 계속 남아 있게 된다. 그러므로 당년도 말의 운전자본에 대한 추가소요액은 당년도 말 운전자본액에서

2 인플레이션과 자본예산

우리가 살고 있는 사회에서는 인플레이션(inflation)이 일반적인 현상이며, 그것은 자본예산에서 반드시 고려되어야 한다. 그러므로 여기서는 자본예산에서 인플레이션을 어떻게 반영하여야 하는지를 설명하고자 한다.

2.1 이자율과 인플레이션

은행의 연간 이자율이 10%라고 가정하자. 이것은 현재시점에서 1,000원을 예금하는 개인이 1년 후에 1,100원(1,000원×1.10)을 얻을 수 있다는 것을 의미한다. 이와 같은 10%는 상당히 높은 수익률인 것처럼 보일 수 있으나, 그것을 올바르게 평가하기 위해서는 먼저 인플레이션율을 조사해야 할 것이다.

인플레이션율이 연간 6%로 예상되며, 모든 제품에 동일하게 영향을 미친다고 가정하자. 예를 들어 사탕을 현재 개당 1원씩 팔고 있는 상점은 1년도 말에 동일한 사탕을 개당 1.06원씩 팔 것이다. 현재 1,000원을 가지고 있는 사람은 사탕을 1,000개 구입할 수 있다. 그 대신 이 사람이 그 돈을 은행에 예금한다면, 그는 1년도 말에 1,038개(1,100원/1.06원)의 사탕을 살 수 있을 것이다. 즉 이 사람은 은행에 돈을 예금함으로써 사탕의 소비를 3.8%만큼 증가시킬 수 있게 된다. 모든 상품의 가격이 6%만큼 증가하기 때문에 돈을 예금하는 것은 단지 3.8%만큼의 제품에 대한 소비를 증가시켜 줄 것이다. 그러므로 은행에 예금하는 경우 인플레이션을 조정한 후 실질적으로 얻을 수 있는 수익률은 3.8%라 할 수 있다. 이와 같이 인플레이션이 조정된 3.8%를 **실질이자율**(real interest rate)이라 하며, 인플레이션이 조정되지 않은 10%를 **명목이자율**(nominal interest rate)이라 한다. 이상에서 설명한 내용을 요약하여 나타내면 [그림 7-2]와 같다.

일반적으로 명목이자율과 실질이자율 그리고 인플레이션율 사이에는 다음과 같은 관계가 성립한다.[13)]

$$1+\text{명목이자율}=(1+\text{실질이자율})(1+\text{인플레이션율}) \tag{7-8}$$

전년도 말 운전자본액을 차감한 금액이 될 것이다. 여기에서 당년도 말 운전자본액이 전년도 말 운전자본액보다 많은 경우는 운전자본에 대한 추가지출(현금유출)을 의미하며, 그 반대의 경우는 운전자본에 대한 회수액(현금유입)을 의미한다.

13) 이와 같은 관계를 피셔효과(Fisher effect)라고 한다.

그림 7-2 이자율과 인플레이션

식 (7-8)에 의해서 실질이자율을 구하면 다음과 같다.

$$\text{실질이자율} = \frac{1 + \text{명목이자율}}{1 + \text{인플레이션율}} - 1 \qquad (7\text{-}9)$$

식 (7-9)를 이용하여 앞의 예에서의 실질이자율이 3.8%가 됨을 확인할 수 있다.

$$\text{실질이자율} = \frac{1+0.1}{1+0.06} - 1 = 0.038 \text{ 또는 } 3.8\%$$

그러나 식 (7-8)에서 (실질이자율×인플레이션율)이 무시할 수 있을 정도로 아주 작은 경우 실질이자율을 다음과 같이 나타낼 수 있다.

$$\text{실질이자율} \fallingdotseq \text{명목이자율} - \text{인플레이션율} \qquad (7\text{-}10)$$

식 (7-10)에서 부호 ≒는 근사치(approximation)를 의미한다. 이 식에 의해서 앞의 예에 대한 실질이자율을 구하면 다음과 같다.

$$\text{실질이자율} \fallingdotseq \text{명목이자율} - \text{인플레이션율} = 10\% - 6\% = 4\%$$

그러나 식 (7-10)은 (실질이자율×인플레이션율)이 아주 작은 경우에 사용할 수 있는 근사식임을 유의해야 한다.

2.2 현금흐름과 인플레이션

이자율과 같이 현금흐름도 명목현금흐름 혹은 실질현금흐름으로 구분할 수 있다. **명목현금흐름**은 미래에 실제로 발생하는 현금흐름을 의미한다. 그러나 **실질현금흐름**은 명목현금흐름에서 인플레이션효과를 제거한(명목현금흐름을 인플레이션율로 디플레이트(deflate)한) 현금흐름으로서 현재시점의 구매력(purchasing power)으로 환산된 현금흐름이다. 예를 들어 현재 개당 10,000원인 케이크를 팔고 있는 제과점이 있다. 이 제과점의 주인은 앞으로 2년 동안 매년 인플레이션율이 8%이며, 케이크의 가격상승률은 인플레이션율보다 2%포인트 더 높은 10%라고 예상하고 있다. 이 경우 2년 후 이 제과점의 케이크의 매출량이 100개라고 한다면, 이 제과점의 2년 후 명목현금흐름과 실질현금흐름은 다음과 같다.

- 명목현금흐름 $= 10{,}000$원 $\times (1+0.1)^2 \times 100 = 121$만원
- 실질현금흐름 $= 121$만원$/(1+0.08)^2 = 103.74$만원

그러므로 제과점 주인이 2년 후에 실제로 받을 수 있는 현금흐름 121만원을 인플레이션효과가 제거된 실질현금흐름, 즉 현재의 구매력으로 환산하면 103.74만원이 된다.

2.3 인플레이션하의 투자안 평가방법

투자안을 평가할 때 인플레이션을 현금흐름과 할인율에 일관성 있게 반영하여야 한다. 즉 명목현금흐름은 명목이자율로 할인하여야 하고, 실질현금흐름은 실질이자율로 할인하여야 한다.

예제 7-2 인플레이션하의 투자안 평가

하늘주식회사는 내용연수가 5년인 100억원 규모의 투자안을 고려하고 있는데, 현재의 구매력으로 추정된 투자안의 매년 말 수익과 현금지출비용은 다음과 같다.

(단위: 억원)

항 목	연도말				
	1	2	3	4	5
수 익	30	40	50	50	30
현금지출비용	10	10	10	10	10

투자액은 정액법에 의해서 완전상각되며 법인세율은 50%이다. 또한 명목이자율은 13%이며, 인플레이션율은 5년 동안 매년 10%로 일정하다고 기대된다. 하늘주식회사는 이 투자안을 채택하여야 하는가?

| 해설 |

이 문제는 다음과 같은 두 가지 방법에 의해서 풀 수 있다.

(1) 실질현금흐름과 실질이자율을 사용하는 방법

(단위: 억원)

항 목	연도말				
	1	2	3	4	5
① 수　　익	30	40	50	50	30
② 현금지출비용	10	10	10	10	10
③ 순현금이익[①－②]	20	30	40	40	20
④ 감가상각비	20	20	20	20	20
⑤ 실질감가상각비[14)] [④×$(1+0.1)^{-t}$]	18.18	16.53	15.03	13.66	12.42
실질현금흐름 [③×(1－0.5)＋⑤×0.5]	19.09	23.27	27.52	26.83	16.21

$$\text{실질이자율}=\frac{1+0.13}{1+0.1}-1=0.0273$$

$$NPV=\frac{19.09}{1+0.0273}+\frac{23.27}{(1+0.0273)^2}+\frac{27.52}{(1+0.0273)^3}+\frac{26.83}{(1+0.0273)^4}+\frac{16.21}{(1+0.0273)^5}$$

$$-100=4.27\text{억원}$$

(2) 명목현금흐름과 명목이자율을 사용하는 방법

(단위: 억원)

항 목	연도말				
	1	2	3	4	5
① 수　　익	30	40	50	50	30
② 현금지출비용	10	10	10	10	10
③ 순현금이익 [①－②]	20	30	40	40	20
④ 명목순현금이익 [③×$(1+0.1)^{t}$]	22.00	36.30	53.24	58.56	32.21
⑤ 감가상각비	20	20	20	20	20
명목현금흐름 [④×(1－0.5)＋⑤×0.5]	21	28.15	36.62	39.28	26.11

$$NPV=\frac{21}{1+0.13}+\frac{28.15}{(1+0.13)^2}+\frac{36.62}{(1+0.13)^3}+\frac{39.28}{(1+0.13)^4}+\frac{26.11}{(1+0.13)^5}-100=4.27\text{억원}$$

(3) 위의 두 방법 중 어느 방법을 사용하더라도 투자안의 순현가는 동일하게 4.27억원이 되며, 이것은 0보다 크므로 하늘주식회사는 이 투자안을 채택하여야 한다.

14) 감가상각비는 취득원가에 의해서 계산되는 명목금액이라는 사실을 유의하여야 한다. 그러므로 실질감가상각비를 구하기 위해서는 인플레이션율로 디플레이트하여야 한다.

3 자본예산의 특수문제

3.1 내용연수가 다른 투자안 평가

상호배타적인 투자안을 평가할 때 고려되는 투자안들의 내용연수가 서로 다를 수 있다. 예를 들어 〈표 7-2〉와 같은 상호배타적인 투자안 A와 투자안 B를 고려해 보자. 〈표 7-2〉에서 볼 수 있는 바와 같이 자본비용이 10%일 때 투자안 B의 순현가는 투자안 A보다 더 크다. 이 경우 투자안 B를 선택하여야 하는가?

투자안 A의 내용연수(2년)와 투자안 B의 내용연수(3년)가 서로 다르기 때문에 이 물음에 대한 해답을 구하기 위해서는 추가적인 분석이 요구된다. 즉 투자안의 내용연수가 서로 상이한 경우 단순한 순현가법에 의한 평가는 잘못된 결과를 초래할 수도 있다. 예를 들어 투자안 A의 순현가(41.32만원)는 2년 동안의 투자를 통하여 벌어들이는 순현가이므로 만약 반복투자가 가능하다면 투자안 A가 투자안 B보다 더 좋을 수 있다. 이러한 문제를 해결하기 위해서는 현실상황에 대한 전제를 확인한 후, 그 상황에 따라 상이한 내용연수를 가진 투자안들의 내용연수를 일치시켜서 평가하여야 한다. 결론적으로 투자안을 평가할 때 주어진 현실상황이 무엇인지를 확인하고, 그 상황과 일치하는 묵시적인 가정을 가진 투자안 평가방법을 선택하여야 할 것이다.

내용연수가 상이할 경우에 다음과 같은 두 가지 상황을 고려할 수 있다.

반복투자가 불가능한 경우

투자안이 종료된 후 그와 동일한 투자안에 반복하여 투자할 수 없다는 것은 한 번 투자하면 그 투자안과 동일한 투자기회가 사라진다는 것이다. 그러므로 투자자가 상이한 내용연수의 차이를 맞추기 위하여 반복하여 투자한다 하더라도 단지 자본비용과 동일한 투자수익률을 주는 투자안($NPV=0$인 투자안)에 투자할 수 있을 뿐이다. 즉 반복투

표 7-2 내용연수가 다른 투자안 A와 B의 현금흐름 (단위: 만원)

시 점	현금흐름	
	투자안 A	투자안 B
0	−1,000	−1,000
1	600	400
2	600	400
3		475
NPV(r=10%)	41.32	51.09

자로 인하여 투자자는 추가적인 순현가를 얻을 수 없다는 것을 의미한다.

이와 같이 반복투자가 불가능한 경우에는 각 투자안을 선택함으로써 얻을 수 있는 순현가는 그 투자안을 한 번 투자하는 경우의 순현가와 일치하기 때문에 투자안은 단순한 순현가법에 의해서 평가되어야 한다. 그러므로 앞의 예에서 투자안 B의 순현가(51.09만원)가 투자안 A의 순현가(41.32만원)보다 크기 때문에 투자안 B를 선택하여야 한다.

반복투자가 가능한 경우

투자안이 종료된 후 그와 동일한 투자안에 반복하여 투자할 수 있다는 것은 한 번 투자한 후에도 그 투자안과 동일한 투자기회가 계속 존재한다는 것이다. 그러므로 투자자가 상이한 내용연수의 차이를 맞추기 위하여 반복하여 투자하는 경우에 처음 선택한 투자안과 동일한 투자수익률을 주는 투자안(NPV가 동일한 투자안)에 계속 투자할 수 있다는 것을 의미한다. 반복투자로 인하여 투자자는 처음 투자안과 동일한 순현가를 추가적으로 계속 얻을 수 있다는 것이다.

이와 같은 경우 투자안 평가방법을 개발하기 위하여 투자안의 내용연수는 n년이고, 그 투자안의 투자시점에서의 순현가는 $NPV(n)$인 반복투자가 가능한 어떤 투자안이 있다고 하자. 이 투자안을 내용연도 말에 무한히 반복투자하는 경우, 그 반복투자에 의해서 발생하는 현금흐름을 나타내면 [그림 7-3]과 같다. [그림 7-3]의 현금흐름은 매 n기간 초에 $NPV(n)$의 현금흐름을 얻을 수 있는 영구연금의 현금흐름과 동일하다. 그러므로 무한히 반복투자하는 경우 투자안의 순현가 $NPV(n, \infty)$를 구하면 다음과 같다.[15]

$$NPV(n, \infty) = NPV(n) + \frac{NPV(n)}{(1+r)^n} + \frac{NPV(n)}{(1+r)^{2n}} + \frac{NPV(n)}{(1+r)^{3n}} + \cdots$$

$$= NPV(n)\left[\frac{(1+r)^n}{(1+r)^n - 1}\right] \qquad (7-11)$$

식 (7-11)은 일정한 규모로 무한히 반복투자한 경우 투자안의 순현가를 구하는 식이다. 따라서 식 (7-11)을 이용한다면, 내용연수가 서로 다른 투자안을 상호비교할 수 있다. 왜냐하면 이들 투자안의 현금흐름이 연속적으로 영구히 반복될 때, 그들 투자안은 결국에 동일한 내용연수(무한)를 갖는 투자안이 되기 때문이다.[16] 그리고 영구적

15) 무한등비급수를 구하는 공식을 이용하여 간단히 하면 다음과 같다.

$$NPV(n, \infty) = \frac{\text{초항}}{1-\text{공비}} = \frac{NPV(n)}{1 - \frac{1}{(1+r)^n}} = NPV(n)\left[\frac{(1+r)^n}{(1+r)^n - 1}\right]$$

16) 각 투자안들의 내용연수의 최소공배수에 해당하는 기간만큼 반복투자를 가정하여 내용연수를 일치시키는 방법도 있다. 즉 예에서 두 투자안의 내용연수의 최소공배수는 6년이므로 투자안 A는 세 번, 투자안 B는 두 번 반복투자를 한다면 내용연수가 6년으로 일치하게 된다.

그림 7-3 무한히 반복투자하는 경우의 현금흐름

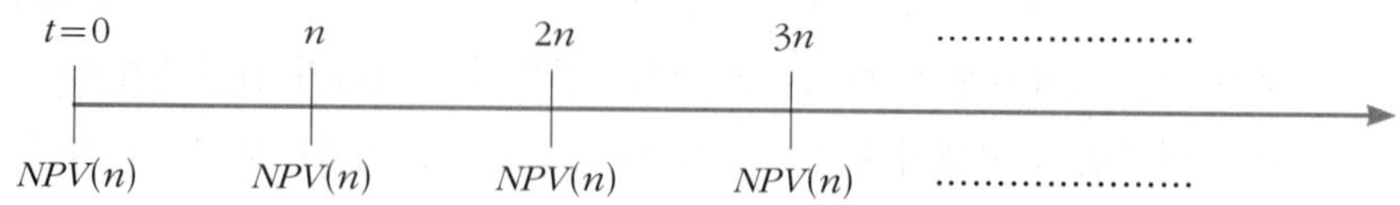

현금흐름의 순현가는 그 투자안으로 인한 기업가치의 증가(주주 부의 증가)를 나타낸다. 앞의 예에서 반복투자가 가능할 경우 투자안 A와 투자안 B의 순현가를 구하면 다음과 같다.

- 투자안 A의 $NPV(2,\ \infty)=NPV(2)\left[\dfrac{(1+0.1)^2}{(1+0.1)^2-1\}}\right]=238.08$만원
- 투자안 B의 $NPV(3,\ \infty)=NPV(3)\left[\dfrac{(1+0.1)^3}{(1+0.1)^3-1\}}\right]=205.44$만원

따라서 반복투자가 가능한 경우에는 투자안 A의 순현가(238.08만원)가 투자안 B의 순현가(205.44만원)보다 더 크므로 투자안 A를 선택하여야 한다.

투자안을 비교하는 또 다른 하나의 방법은 무한 반복적인 투자안의 현재가치에 투자안의 자본비용 r을 곱하여 구한 다음과 같은 **연간 등가가치**(annual equivalent value: AEV)에 의해서 평가하는 방법이다.[17]

$$r\cdot NPV(n,\ \infty)=NPV(n)\left[\frac{r(1+r)^n}{(1+r)^n-1}\right]=\frac{NPV(n)}{PVIFA_{r,\ n}}=AEV \tag{7-12}$$

식 (6-12)에서 AEV의 의미를 살펴보기 위하여 이 식의 양변을 자본비용 r로 나누면 다음과 같다.

$$NPV(n,\ \infty)=\frac{AEV}{r} \tag{7-13}$$

식 (7-13)을 제3장에서 설명한 영구연금의 현재가치를 구하는 공식과 비교하면 AEV의 의미가 명백해질 것이다. 즉 AEV는 $NPV(n,\ \infty)$와 동일한 가치를 가지는 영구연금의 매년 말 현금흐름을 의미한다. 이와 같은 관계를 그림으로 나타내면 [그림 7-4]와 같다.

---

17) 연간 등가가치를 연간 균등가치라고도 한다.

그림 7-4 연간 등가가치의 의미

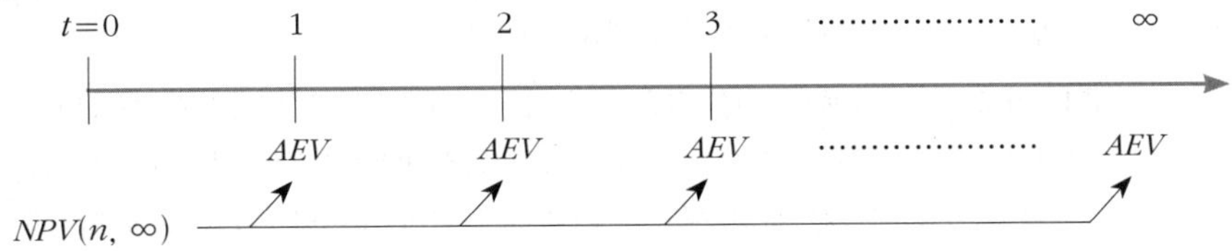

AEV가 큰 투자안일수록 그 투자안의 $NPV(n, \infty)$는 크게 되므로 반복투자가 가능할 경우 AEV가 가장 큰 투자안을 선택하면 된다. 투자안 A와 투자안 B의 AEV를 구하면 다음과 같다.

- 투자안 A의 $AEV = \dfrac{NPV(2)}{PVIFA_{0.1,\ 2}} = \dfrac{41.32}{1.7355} = 23.81$만원
- 투자안 B의 $AEV = \dfrac{NPV(3)}{PVIFA_{0.1,\ 3}} = \dfrac{51.09}{2.4869} = 20.54$만원

결과적으로 반복투자가 가능한 경우, 투자안 A의 AEV(23.81만원)가 투자안 B의 AEV(20.54만원)보다 더 크므로 투자안 A가 선택된다. 이러한 평가결과는 $NPV(n, \infty)$에 의한 평가결과와 동일하다.[18)]

예제 7-3 내용연수가 다른 투자안 평가

스포츠용품을 생산하고 있는 ㈜백두산스포츠는 테니스공을 생산하는 데 필요한 기계를 구입하려고 한다. 이 회사가 선택할 수 있는 기계들과 그것들의 현재시점의 구입비용 및 연도 말에 지출해야 하는 연간 유지비용은 다음과 같다.

(단위: 만원)

연 도 말	비용(현금유출)	
	기 계 A	기 계 B
0	5,000	6,000
1	1,200	1,000
2	1,200	1,000
3	1,200	1,000
4		1,000

18) 상호배타적인 투자안을 평가할 때 AEV(즉 $r \cdot NPV(n, \infty)$)에 의한 평가결과가 $NPV(n, \infty)$에 의한 평가결과와 일치하기 위해서는 두 투자안의 위험, 즉 자본비용이 동일하여야 함을 유의하여야 한다.

기계에 관계없이 이 회사의 연간 수입은 항상 일정하며, 자본비용은 10%이다.

(1) 각 기계의 수명이 다할 경우 동일한 비용으로 그 기계를 계속하여 교체할 수 있다고 한다면, 이 회사는 어느 기계를 선택하여야 하는가?

(2) 5년도 말 시점에서 아주 적은 비용이 소요되는 새로운 기계가 개발된다고 한다. 그러므로 5년도 말 시점에서 회사는 상대적으로 많은 비용이 소요되는 기계 A 또는 기계 B를 잔존가치 없이 즉각 폐기하고 새로운 기계를 구입할 것이다. 이 경우 현재시점에서 어느 기계를 선택하여야 하는가?

▌해설▐

기계에 관계없이 이 회사의 연간 수입은 항상 일정하므로 수입(현금유입)을 고려할 필요 없이 비용(현금유출)만 비교하면 된다. 그러므로 기계로 인하여 발생되는 비용의 현재가치가 적은 기계를 선택해야 한다.

(1) 각 기계의 구입으로 인한 비용의 현재가치를 구하면 다음과 같다.

- 기계 A: 비용의 현재가치 $=5{,}000+1{,}200\times PVIFA_{0.1,\ 3}$
$=5{,}000+1{,}200\times 2.4869=7{,}984.28$만원
- 기계 B: 비용의 현재가치 $=6{,}000+1{,}000\times PVIFA_{0.1,\ 4}$
$=6{,}000+1{,}000\times 3.1699=9{,}169.90$만원

위에서 계산된 단순한 비용의 현재가치는 기계 B보다 기계 A가 더 적다. 그러나 이것에 의해서 기계 A를 선택하면 안 된다. 왜냐하면 기계 B의 수명이 더 길므로 연간 비용이 더 적을 수 있기 때문이다. 그러므로 기계의 선택은 비용의 연간 등가가치, 즉 연간 등가비용(equivalent annual cost: EAC)에 의해서 평가되어야 한다. 각 기계의 연간 등가비용(또는 연간 균등비용)을 구하면 다음과 같다.

- 기계 A의 $EAC=\dfrac{7{,}984.28}{PVIFA_{0.1,\ 3}}=\dfrac{7{,}984.28}{2.4869}=3{,}210.54$만원
- 기계 B의 $EAC=\dfrac{9{,}169.90}{PVIFA_{0.1,\ 4}}=\dfrac{9{,}169.90}{3.1699}=2{,}892.80$만원

기계 B의 EAC(2,892.80만원)가 기계 A의 EAC(3,210.54만원)보다 더 적으므로 ㈜백두산스포츠는 연간 비용이 적게 드는 기계 B를 선택하여야 한다.

(2) 5년도 말 시점에 두 기계를 폐기처분시킬 경우 각 기계의 목적적합한 비용을 시점별로 나타내면 다음과 같다.

연 도 말	0	1	2	3	4	5
기계 A	5,000	1,200	1,200	1,200+5,000	1,200	1,200
기계 B	6,000	1,000	1,000	1,000	1,000+6,000	1,000

단, 기계 A는 3년도 말에, 기계 B는 4년도 말에 각각 대체된다.

각 기계의 시점별 비용을 자본비용 10%로 할인하여 현재가치를 구하면 다음과 같다.

- 기계 A의 비용의 현재가치＝13,305.46만원
- 기계 B의 비용의 현재가치＝13,888.80만원

5년도 말 시점에 두 기계를 폐기처분시킬 경우, 새 기계로 대체하기 전까지의 총발생비용의 현가는 기계 A가 더 적다. 그러므로 이 경우 기계 A를 선택하여야 한다.

3.2 생산설비의 교체시기 결정

일반적으로 기업에서 현재 사용하고 있는 기계를 언제 교체하여야 하는지를 결정해야 하는 경우가 자주 발생하게 된다. 따라서 새로운 기계의 교체로 인한 수입이 동일하다고 가정한다면, 교체시기의 결정문제는 다음과 같은 몇 가지 단계에 의해서 해결될 수 있다. 첫째, 새 기계의 연간 등가비용을 계산한다. 둘째, 구기계의 연간 비용을 계산한다. 일반적으로 이 비용은 시간에 따라 증가할 것이다. 왜냐하면 구기계는 시간이 지나감에 따라 노후화하여 연간 유지비용이 증가할 것이기 때문이다. 셋째, 새 기계의 연간 등가비용과 구기계의 연간 비용을 비교하여 적절한 교체시기를 결정한다. 즉 구기계의 연간 비용이 새 기계의 연간 등가비용을 초과하기 전에 구기계를 새 기계로 교체하여야 한다.

예제 7-4 생산설비의 교체시기 결정

가구를 생산하는 소망주식회사는 현재의 생산설비를 교체하는 문제를 고려하고 있다. 이 회사가 교체하려는 새 생산설비의 현재 구입가격은 9,000만원이며, 그것의 유지비용은 8년 동안 매년말 1,000만원이 소요된다고 한다. 또한 8년도 말에 새 생산설비의 잔존가치(처분가치)는 2,000만원으로 추정된다. 그리고 현재 사용하고 있는 생산설비의 각 연도별 유지비용과 잔존가치는 다음과 같다.

(단위: 만원)

연 도 말	유지비용	잔존가치
0	0	4,000
1	1,000	2,500
2	2,000	1,500
3	3,000	1,000
4	4,000	0

소망주식회사는 세금을 납부하지 않으며, 자본비용은 15%이다. 그리고 새 생산설비는 매 8년마다 계속하여 동일한 생산설비로 교체된다고 한다.

소망주식회사는 언제 생산설비를 교체하여야 하는가?

❙ 해설 ❙

(1) 새 생산설비의 연간 등가비용(EAC)

새로운 생산설비의 총비용의 현재가치를 구하면 다음과 같다.

$$
\begin{aligned}
PV(\text{새 생산설비의 비용}) &= 9{,}000 + 1{,}000 \times PVIFA_{0.15,\,8} - 2{,}000 \times PVIF_{0.15,\,8} \\
&= 9{,}000 + 1{,}000 \times 4.4873 - 2{,}000 \times 0.3269 = 12{,}833.5\text{만원}
\end{aligned}
$$

여기에서 새 생산설비의 잔존가치 2,000만원은 현금유입이다. 이것은 비용을 감소시키기 때문에 비용의 현가를 구하는 위 식에서 차감하였다.

그러므로 새 생산설비의 연간 등가비용을 구하면 다음과 같다.

$$
EAC = \frac{PV(\text{새 생산설비의 비용})}{PVIFA_{0.15,\,8}} = \frac{12{,}833.5}{4.4873} = 2{,}859.96\text{만원}
$$

(2) 구생산설비의 연간 비용

구생산설비를 앞으로 1년 더 사용하는 경우 소요되는 비용은 다음과 같은 사항들을 고려하여 결정된다.

첫째, 현재 구생산설비를 매각하지 못함으로써 포기해야 하는 기회비용(4,000만원)

둘째, 추가적인 유지비용(1,000만원)

셋째, 잔존가치(2,500만원)

그러므로 현재의 생산설비를 1년 더 사용한 후 처분할 경우 소요되는 비용의 현가는 다음과 같다.

$$
PV(\text{구생산설비의 비용}) = 4{,}000 + \frac{1{,}000}{1+0.15} - \frac{2{,}500}{1+0.15} = 2{,}695.65\text{만원}
$$

앞에서 구한 새 생산설비의 연간 등가비용과 비교하기 위하여 구생산설비의 연간 비용의 현가를 1년 후의 미래가치로 환산하면 다음과 같다.

$$
\text{구생산설비의 비용} = 2{,}695.65 \times (1+0.15) = 3{,}100\text{만원}
$$

(3) 두 비용의 비교: 교체시기의 결정

현재시점에서 새 생산설비로 교체한다면, 이 회사에서 다음연도의 연간 비용은 2,859.96만원이 된다. 그리고 새 생산설비의 교체가 매 8년마다 계속하여 이루어지므로 연간 비용은 2,859.96만원씩 매년 영원히 발생한다. 이러한 현금흐름을 나타내면 다음과 같다.

(단위: 만원)

연 도 말	1	2	3	4	………
연간 비용(현재 교체시)	2,859.96	2,859.96	2,859.96	2,859.96	………

그러나 만약 구생산설비를 1년 더 사용한다면, 이 회사의 다음연도 연간 비용은 3,100만원이 소요된다. 그리고 1년 후 새 생산설비로 교체한다면, 2년도 말부터 2,859.96만원의 연간 등가비용이 매년 영원히 발생할 것이다. 이러한 현금흐름을 나타내면 다음과 같다.

(단위: 만원)

연 도 말	1	2	3	4	………
연간 비용(1년 후 교체시)	3,100	2,859.96	2,859.96	2,859.96	………

그러므로 이 회사는 1년도 말의 비용을 최소화하기 위하여 현재시점에서 생산설비를 교체하여야 한다.

구생산설비의 연간 비용이 1년도 말에는 높았다가 그 후에는 감소할 경우 현재시점에서 생산설비의 교체는 시기상조일 수 있다. 이러한 가능성을 검토하기 위하여 1년도 말 이후 구생산설비의 연간 비용을 살펴보아야 한다.

2년도 말까지 구생산설비를 사용하는 경우 소요되는 2년도의 연간 비용을 1년도 말 시점의 가치(PV_1)로 측정하면 다음과 같다.

$$PV_1(\text{구생산설비의 연간 비용}) = 2{,}500 + \frac{2{,}000}{1+0.15} - \frac{1{,}500}{1+0.15} = 2{,}934.78\text{만원}$$

그리고 이것의 2년도 말 시점의 미래가치는 3,375만원(=2,934.78×1.15)이다. 그러므로 이것은 새 생산설비로 교체할 경우 소요되는 2년도 말 시점의 연간 등가비용(2,859.96만원)보다 크다. 또한 구생산설비를 사용하는 경우 소요되는 3년도 말, 4년도 말 시점의 연간 비용도 역시 새 생산설비로 교체할 경우 동일시점의 연간 등가비용(EAC)보다 클 것이다. 그러므로 현재시점에서 새 생산설비로 교체한다는 의사결정은 타당한 것이다.

3.3 자본할당

투자할 자금에 제한이 없다면 「$NPV>0$」인 모든 투자안에 투자함으로써 기업의 목표인 주주 부를 극대화할 수 있다. 그러나 현실적으로 기업이 이용가능한 자본은 제한적일 수 있다. 그 이유로서 다음과 같은 몇 가지 경우를 들 수 있다. 첫째, 사업부 경영자가 자신의 입지를 높이기 위해 자본을 끌어들이는 데에만 너무 열중해 있다고 느끼는 기업은 특정 사업부에 자본제약을 가할 수 있다. 둘째, 경영자가 자신이 통제할 수 없는 수준의 투자안을 받아들이기 어렵다고 생각하여 적정한 투자한도를 정해 그 범위 내에서 투자안을 채택할 수 있다. 셋째, 경영자는 투자안의 자금을 장기부채 또는 새로운 주식을 발행하여 조달할 수 있다. 이와 같은 경우 과다한 부채로 인해 파산위험이 증가하거나, 소유권이 약화될 수 있기 때문에 경영자(특히 폐쇄적인 소유경영자)는 내부자금만으로 자금을 조달하려는 경향이 있다.

자본제약(capital constraints)이 존재하는 경우 기업은 모든 매력적인 투자기회($NPV>0$인 모든 투자안)를 채택할 수 없기 때문에 제한된 범위 내에서 기업가치를 가장 증가시켜 주는 투자조합을 선택할 것이다. 이와 같이 제한된 자본을 합리적으로 투자

표 7-3 자본할당의 예 – 투자안 C, D, E, F (단위: 만원)

투자안	초기의 투자액	NPV	PI
C	15,000	1,970	1.13
D	8,000	1,130	1.14
E	12,000	6,840	1.57
F	30,000	6,900	1.23

안에 배분하는 과정을 **자본할당**(capital rationing)이라 한다.

일반적으로 투자안 중에는 부분선택이 가능한 경우와 불가능한 경우가 있다. 예를 들어 항공회사가 새 여객기를 구입하는 투자안을 고려하고 있는 경우, 이 회사는 투자안 전체를 채택(여객기의 구입)하든가 기각하여야 한다. 투자안의 일부를 채택하는 것은 고려될 수 없을 것이다. 한편 운송회사가 자사의 화물차에 대한 타이어를 교체하는 투자안을 고려하는 경우, 이 회사는 투자안의 일부분을 선택할 수 있을 것이다. 일부 화물차에 대해서만 타이어를 교체할 수 있다. 이와 같은 각 경우의 자본할당문제를 살펴보기 위하여 다음과 같은 예를 생각해 보자. 현재 새로운 투자안에 최대 3억원을 투자할 수 있는 어떤 기업이 고려하고 있는 상호독립적인 네 투자안에 관한 정보는 〈표 7-3〉과 같다.[19]

부분선택이 불가능한 경우

투자안을 부분적으로 선택할 수 없는 경우에는 먼저 선택가능한 투자조합을 구성한 후 그 중에서 가치가 가장 큰 투자조합, 즉 NPV가 가장 큰 투자조합을 선택한다. 투자자금 3억원으로 선택가능한 투자조합과 그것의 순현가를 구하면 다음과 같다.

---

19) 여러 기간에 걸쳐 자본할당이 이루어지는 경우 다음과 같은 수리계획법(mathematical programming)을 이용할 수 있다.

최대화 $NPV = \sum_{j=1}^{n} NPV_j X_j$

제약조건 $\sum_{j=1}^{n} C_{tj} X_j \leq C_t$

$0 \leq X_j \leq 1$

여기서 X_j: 투자안 j의 채택비율 ($j=1, 2, \cdots, n$)

NPV_j: 투자안 j의 순현가

C_{tj}: t시점에서 투자안 j의 투자비용(현금유출)

C_t: t시점에서 자본제약액

특히 부분선택이 불가능한 경우 $X_j=0$ 또는 1이 되며, 이 경우 정수계획법(integer programming)을 이용할 수 있다.

(단위: 만원)

투 자 안	초기의 투자액	NPV
C	15,000	1,970
D	8,000	1,130
E	12,000	6,840
F	30,000	6,900
C+D	23,000	3,100
C+E	27,000	8,810
D+E	20,000	7,970

그러므로 기업은 투자안 C와 투자안 E를 선택하여야 한다. 이 경우 기업의 가치는 8,810만원 증가할 것이다. 그러나 이와 같은 기업가치의 증가액은 자본제약이 없는 경우의 증가액[*NPV*(C+D+E+F)=16,840만원]보다 작다.

부분선택이 가능한 경우

투자안을 부분적으로 선택할 수 있는 경우에는 수익성지수법을 이용하여 보다 쉽게 투자안을 선택할 수 있다. 먼저 각 투자안을 PI에 의해서 순위를 정한 후, 자본제약을 초과하지 않는 범위 내에서 가장 높은 PI를 가지는 투자안부터 순서대로 선택하면 된다.[20] 먼저 각 투자안을 PI에 의해서 순위를 정하면 다음과 같다.

(단위: 만원)

투 자 안	초기의 투자액	NPV	PI	순 위
C	15,000	1,970	1.13	4
D	8,000	1,130	1.14	3
E	12,000	6,840	1.57	1
F	30,000	6,900	1.23	2

그러므로 이 기업은 가장 높은 PI를 가지는 투자안 E를 먼저 선택하고 남은 자금 18,000만원을 가지고 투자안 F의 60%(18,000/30,000)를 선택한다. 즉 이 기업은 투자안 F의 60%에 해당하는 부분과 투자안 E를 선택한다.

이와 같이 수익성지수는 투자안의 부분적인 선택이 가능한 자본할당의 경우에 유용하게 사용될 수 있다. 자본제약 없는 경우에는 기업의 궁극적인 목표가 부를 증가시키는(*NPV*>0인) 모든 투자안을 선택하는 것이기 때문에 투자결정은 순현가에 의해서

20) 수익성지수법은 여러 기간에 걸쳐 자본제약이 발생하는 경우나 투자안의 선택에 관해서 다른 제약(예를 들어 상호배타적인 투자안의 경우)이 있는 경우 적용될 수 없다.

이루어진다. 그러나 자본제약이 있는 경우 기업의 목표는 투자된 자금 1원에 대한 부의 증가를 최대화하는 것이다. 즉 자본할당에 직면한 재무관리자는 투자자금 1원에 대한 수익의 현재가치가 가장 높은 투자안을 선택하여야 한다. 이와 같은 목표를 수익성지수법에 의해서 달성할 수 있다.

요 약

현금흐름의 추정: 세후기준의 증분현금흐름

1. 현금흐름 추정 시 유의사항

▶ 현금흐름 ≠ 회계적 이익

- 제외: 감가상각비, 이자비용과 배당금
- 포함: 운전자본, 자본적 지출

▶ 증분현금흐름 = CF(투자안 채택) − CF(투자안 기각)

- 제외: 매몰원가
- 포함: 기회비용, 부수적 효과(잠식비용)

▶ 법인세효과: 감가상각비의 법인세 절감액 = 현금유입

☞이자비용의 법인세효과는 할인율에 고려함

2. 현금흐름의 추정

▶ $\Delta CF_0 = -\Delta CI_0 + S_0 - (S_0 - B_0)T_C + ITC - \Delta WC_0$

▶ $\Delta CF_t = (\Delta R_t - \Delta VC_t - \Delta FCC_t)(1 - T_C) + T_C \cdot \Delta dep_t - \Delta CI_t - \Delta WC_t$

▶ $\Delta CF_n = (\Delta R_n - \Delta VC_n - \Delta FCC_n)(1 - T_C) + T_C \cdot \Delta dep_n$
$\quad - \Delta CI_n + \Delta S_n - (\Delta S_n - \Delta B_n)T_C - \Delta WC_n$

인플레이션과 자본예산

명목현금흐름 → 명목할인율 ┐
　　　　　　　　　　　　　├→ NPV
실질현금흐름 → 실질할인율 ┘

자본예산의 특수문제

1. 내용연수가 다른 투자안 평가

▶ 반복투자가 불가능한 경우: NPV법에 의해서 평가

▶ 반복투자가 가능한 경우: $NPV(n, \infty)$ 또는 AEV에 의해 평가

투자안 평가방법의 투자수익률에 대한 묵시적인 가정

평가방법	투자기간 내 현금흐름	투자규모의 차이	내용연수의 차이
NPV, WAPI	자본비용	자본비용	자본비용
IRR	IRR	IRR	IRR
MIRR	자본비용	IRR	IRR
PI	자본비용	IRR	자본비용
$NPV(n, \infty)$, AEV	자본비용	자본비용	IRR

☞ 투자안을 평가할 때 주어진 현실상황이 무엇인지를 먼저 확인하고, 그 상황과 일치하는 묵시적인 가정을 가진 투자안 평가방법을 선택하여야 한다.

2. 자본할당

▶ 부분선택이 불가능한 경우: NPV가 가장 큰 투자조합 선택

▶ 부분선택이 가능한 경우: PI가 높은 순서대로 선택

주요 용어

사 · 례 · 연 · 구

H사는 현재 사용 중인 기계설비의 대체를 고려하고 있다. 이 회사가 현재 사용하고 있는 기계의 성능이 매우 불량하여 계속 사용하려면 대수리가 요구되며, 이때 수리비용은 150만원이 소요될 것으로 보인다. 이 기계의 현재(수리 전) 시장가치는 500만원이고, 장부가치는 600만원으로 앞으로 5년에 걸쳐 완전상각된다. 그러나 5년 후의 처분가치는 40만원이 될 것으로 추정된다. H사가 만약 기계를 대체한다면 새기계의 구입비용은 3,000만원이며, 추가로 500만원의 설치비용이 소요되며, 새기계는 내용연수인 5년 동안 완전상각되나 5년 후 100만원에 처분될 것으로 예상된다. 새기계 도입 시 원재료 등 재고자산의 증가로 인하여 추가 운전자본이 200만원 소요될 것으로 예상된다. H사가 구기계를 새기계로 대체할 경우 앞으로 5년 동안, 매출액은 매년 700만원씩 늘어나고 영업비용은 매년 100만원씩 줄어들 것으로 예상된다. 이 회사의 감가상각방법은 정액법이며, 법인세율은 40%이고, 자본비용은 5%라고 가정한다.

(1) 위 투자안의 영업현금흐름과 잉여현금흐름을 추정하라.

(2) 위 투자안을 평가하라.

(3) 위 투자안과 별도로 H사는 다음과 같은 상호배타적인 투자안을 고려하고 있다.

(단위: 만원)

	투자액	연간 현금흐름	투자기간
투자안 1	50,000	20,000	5년
투자안 2	30,000	10,000	10년

① 반복투자가 불가능할 경우 위 투자안을 평가하라.

② 반복투자가 가능할 경우 위 투자안을 평가하라.

:: 해 설

(1) 영업현금흐름을 추정하면 다음과 같다.

▶ 영업현금흐름$[(\Delta R_t - \Delta VC_t - \Delta FCC_t)(1 - T_C) + T_C \cdot \Delta dep_t]$

(단위: 만원)

항 목 \ 연 도 말	0	1	2	3	4	5
① 매출액(ΔR_t)		700	700	700	700	700
② 현금지출비용 ($\Delta VC_t + \Delta FCC_t$)		−100	−100	−100	−100	−100
③ 감가상각비(Δdep_t)*		550	550	550	550	550
영업현금흐름 [(①−②)(1−T_C)+T_C×③]		700	700	700	700	700

* 감가상각비의 증분 Δdep는 새기계의 감가상각비 dep^N에서 구기계의 감가상각비 dep^0를 차감하여 구한다.

- $dep^N = \dfrac{(\text{구입비용}+\text{설치비용})-\text{잔존장부가치}}{\text{내용연수}} = \dfrac{(3{,}000+500)-0}{5} = 700$만원
- $dep^0 = \dfrac{(\text{현재장부가치}+\text{수리비용})-\text{잔존장부가치}}{\text{내용연수}} = \dfrac{(600+150)-0}{5} = 150$만원

  → $\Delta dep = dep^N - dep^0 = 700 - 150 = 550$만원

소요자본을 추정하면 다음과 같다.

▶ 소요자본 $[-\Delta CI_t + \Delta S_t - (\Delta S_t - \Delta B_t)T_C - \Delta WC_t]$

(단위: 만원)

항 목 \ 연 도 말	0	1	2	3	4	5
① 투자비용* $[-\Delta CI_t + \Delta S_t - (\Delta S_t - \Delta B_t)T_C]$	−2,810	0	0	0	0	36
② 소요운전자본 ($-\Delta WC_t$)	−200	0	0	0	0	200
소요자본[①+②]	−3,010					236

*

(단위: 만원)

항 목	투자안 채택 (새기계의 사용)	투자안 기각 (구기계의 사용)	증분(Δ)
CI_0	3,500	150	3,350
S_0	500	0	500
B_0	600	0	600
S_5	100	40	60
B_5	0	0	0

- $-\Delta CI_0 + S_0 - (S_0 - B_0) \times T_C = -3{,}350 + 500 - (500 - 600) \times 0.4 = -2{,}810$만원
- $\Delta S_5 - (\Delta S_5 - \Delta B_5) \times T_C = 60 - (60 - 0) \times 0.4 = 36$만원

영업현금흐름과 소요자본을 이용하여 잉여현금흐름을 추정하면 다음과 같다.

▶ 잉여현금흐름 = 영업현금흐름 + 소요자본

(단위: 만원)

항 목 \ 연도말	0	1	2	3	4	5
① 영업현금흐름		700	700	700	700	700
② 소요자본	−3,010					236
현금흐름[①+②]	−3,010	700	700	700	700	936

(2) 현금흐름의 평가(순현가법에 의한 평가)

$$NPV = -3{,}010 + 700 \times PVIFA_{0.05,\ 4} + 936 \times PVIF_{0.05,\ 5} = 205.56\text{만원}$$

이 투자안은 순현가가 205.56만원으로서 0보다 크므로 채택하여야 한다. 즉 현재의 기계설비를 새로운 기계설비로 대체하여야 한다.

(3) ① 반복투자가 불가능한 경우: NPV법 사용

$$NPV_1 = -50{,}000 + 20{,}000 \times PVIFA_{0.05,\ 5} = 36{,}590\text{만원}$$

$$NPV_2 = -36{,}000 + 10{,}000 \times PVIFA_{0.05,\ 10} = 41{,}217\text{만원}$$

∴ 투자안 2 선택

② 반복투자가 가능한 경우 : AEV법 사용

$$AEV_1 = 36{,}590\ /\ PVIFA_{0.05,\ 5} = 8{,}451.3\text{만원}$$

$$AEV_2 = 41{,}217\ /\ PVIFA_{0.05,\ 10} = 5{,}337.8\text{만원}$$

∴ 투자안 1 선택

Tip

반복투자가 가능한 경우 투자안 1과 2의 $NPV(n,\ \infty)$를 구하면 다음과 같다.

$$NPV_1 = (5,\ \infty) = \frac{AEV_1}{r} = \frac{8{,}451.3}{0.05} = 169{,}026\text{만원}$$

$$NPV_2 = (10,\ \infty) = \frac{AEV_2}{r} = \frac{5{,}337.8}{0.05} = 106{,}756\text{만원}$$

따라서 NPV(n, ∞)를 이용한 평가 시 투자안 1이 선택되며, 이는 AEV법에 의한 평가 결과와 동일하다. 한편 두 투자안의 내용연수의 최소공배수인 10년에 해당하는 기간만큼 반복투자를 가정할 경우, 투자안 1은 두 번, 투자안 2는 한 번 투자할 수 있다. 이를 적용한 투자안의 NPV를 구해보면 다음과 같다.

투자안 1: $NPV = 36{,}590 + \dfrac{36{,}590}{(1+0.05)^5} = 65{,}259.22$만원

투자안 2: $NPV = 41{,}217$만원

위 NPV를 이용한 평가 시 투자안 1이 선택된다. 이는 AEV 및 $NPV(n,\ \infty)$를 이용한 평가 결과와 동일함을 알 수 있다.

연·습·문·제

▶ 객관식 문제

01 투자안은 세후 증분현금흐름(after-tax incremental cash flow)에 의해서 평가되어야 한다. 다음 중 현금흐름 추정 시 유의사항과 가장 거리가 먼 것은?

① 감가상각비 등 비현금지출비용은 현금유출에 포함시키지 않아야 한다.

② 이자비용은 현금유출에 포함시키지 않으나, 배당은 현금유출에 포함시켜야 한다.

③ 운전자본의 변동과 자본적 지출은 현금흐름 추정 시 고려해 주어야 한다.

④ 현금흐름 추정 시 투자안의 매몰원가는 제외시키나, 기회비용 또는 잠식비용 등의 부수적 효과는 고려해 주어야 한다.

⑤ 일반적으로 감가상각비의 세금절감효과는 현금흐름에 직접 고려해 주나, 이자비용의 세금절감효과는 할인율에 간접적으로 고려해 준다.

02 증분현금흐름(incremental cash flow)을 고려해 투자의사결정을 해야 하는 다음의 상황에서 가장 적절하지 못한 주장은? (CPA 1차 2004)

① 은행이 부실기업에 대한 추가 자금지원 여부를 검토할 때, 추가로 지원할 자금과 함께 이미 부도처리된 대출금에 대해서도 원금과 이자를 회수할 수 있는지 고려해야 한다.

② 100억원에 구입한 토지에 30억원을 들인 주차장 시설을 철거하고 상가건물을 신축할지 여부를 검토할 때, 장부가치인 120억원이 아니라 토지와 주차장시설을 매각하면 받을 수 있는 150억원(세후기준)을 비용으로 고려해야 한다.

③ 제주도의 한 호텔이 인근 골프장 인수 여부를 검토할 때, 골프장 예약이 수월해짐에 따라 증가하는 투숙객으로부터 예상되는 수입과 호텔 예약이 수월해짐에 따라 증가하는 골프장 이용객으로부터 예상되는 수입도 고려해야 한다.

④ 신제품발매 여부를 검토할 때, 원자재 추가구입에 따른 외상매입금의 증가와 재고자산 및 보관창고 비용의 증가 그리고 현금보유액의 증가도 고려해야 한다.

⑤ 공장직원을 해외로 교육연수 보낼지 여부를 검토할 때, 항공료와 등록금은 물론 해당 직원의 업무를 맡은 신규 채용 임시직원에게 지급할 급여도 함께 고려해야 한다.

03 ㈜대한은 초기자금이 663,000원 소요되는 3년 연한의 시설장비 투자안을 고려중이다. 이 투자안은 투자기간 동안 매년 매출을 285,000원 증가시킨다. 시설장비는 잔존가치를 0원으로 하여 투자기간 동안 정액법으로 감가상각된다. 한편 시설장비는 투자기간 종료 시점에서 장부가치와 상이하게 50,000원에 처분될 것으로 추정된다. 이 투자안은 초기자금지출과 함께 25,000원의 순운전자본을 소요한다. 순운전자본은 투자기간 종료 후 전액 회수된다. 법인세는 30%, 요구수익률은 10%이다. 이 투자안의 순현가(NPV)와 가장 가까운 것은? (단, 감가상각비를 제외한 영업비용은 변동이 없다.) (CPA 1차 2011)

① 18,084원 ② 19,414원 ③ 20,455원 ④ 21,695원 ⑤ 22,754원

04 C기업은 기존의 기계설비를 새로운 기계설비로 교체할 것을 고려하고 있다. 기존의 기계설비는 3년 전 2,400만원에 취득했으며 구입 시 내용연수는 8년, 잔존가치는 없는 것으로 추정하였다. 기존의 기계는 현재 시장에서 1,000만원에 처분할 수 있다. 내용연수가 5년인 새로운 기계설비는 2,500만원이며 투자종료시점에서의 잔존가치 및 매각가치는 없다. 기존의 기계설비를 사용하는 경우에 매출액은 1,500만원, 영업비용(감가상각비 제외)은 700만원이고, 새로운 기계설비를 사용하는 경우 매출액은 1,800만원, 영업비용(감가상각비 제외)은 600만원이다. C기업의 감가상각방법은 정액법, 법인세율은 30%로 가정하였을 때, 새로운 기계설비를 도입할 경우 5년 후 시점($t=5$)에서 발생하는 증분현금흐름은 얼마인가? (CPA 1차 2015 수정)

① 310만원 ② 340만원 ③ 370만원 ④ 400만원 ⑤ 430만원

05 탄산음료를 생산하는 H사는 현재 신개념의 이온음료 사업을 고려하고 있다. 이 투자안의 사업연한은 5년이며, 이온음료 생산에 필요한 설비자산의 구입가격은 1,000만원이다. 설비자산은 잔존가치가 0원이며 5년에 걸쳐 정액법으로 상각된다. 5년 후 설비자산의 처분가치는 없을 것으로 예상된다. 이온음료는 매년 500개씩 판매되고, 이 제품의 단위당 판매가격은 5만원, 단위당 변동비용은 3만원이며, 감가상각비를 제외한 연간 총고정비용은 300만원으로 추정된다. 한편 이온음료가 판매될 경우 기존 탄산음료에 대한 수요가 위축되어 탄산음료의 판매량이 매년 100개씩 감소할 것으로 예상된다. 탄산음료의 단위당 판매가격은 2만원, 단위당 변동비는 1만원이다. H사의 법인세율은 40%이고 투자안의 자본비용은 10%이다. 설비자산의 투자는 현 시점($t=0$)에서 일시에 이뤄지고, 매출 및 제조비용과 관련된 현금흐름은 매년 말($t=1\sim5$)에 발생한다. 이 투자안의 순현재가치(NPV)에 가장 가까운 것은? (단, 연 10%의 할인율에서 5년 연금의 현가요소(present value interest factor for an annuity)는 3.7908이다.) (CPA 1차 2014)

① 820만원 ② 668만원 ③ 516만원 ④ 365만원 ⑤ 213만원

06 B 출판사는 현재 사용하고 있는 구형 윤전기를 대체할 3년 수명의 신형 윤전기 구입을 고려하고 있다. 구형 윤전기는 완전상각되어 있으며 잔존 시장가치도 없다. 72억원인 신형 윤전기를 구입함으로 인해 3년 동안 연간 매출액이 구형 윤전기에 비해 28억원 증가하고, 매출원가는 변동이 없을 것으로 추정한다. 신형 윤전기는 정액법으로 3년 동안 100% 감가상각할 예정이나 3년 후($t=3$) 처분가치는 6억원일 것으로 추정하고 있다. 윤전기를 도입하면 초기($t=0$)에 3억원의 순운전자본이 소요되며, 이 순운전자본은 3년 후 시점에서 전액 회수된다. 법인세율이 30%라면 3년 후 시점에서의 증분현금흐름은 얼마인가? (CPA 1차 2016)

① 26.3억원 ② 34.0억원 ③ 35.8억원 ④ 50.8억원 ⑤ 52.6억원

07 ㈜버젯은 내용연수가 3년인 기계를 구입하려고 한다. 이 기계는 정액법으로 상각되며, 3년 후 잔존가치는 없지만 처분가치는 1,000만원으로 예상된다. 이 기계를 도입할 경우($t=0$), 향후 3년 동안($t=1$~$t=3$) 매년 6,000만원의 매출액과 3,000만원의 영업비용(감가상각비 제외)이 발생한다. 자본비용은 10%이고 법인세율은 30%이다. 순현가(NPV)법으로 투자안을 평가할 경우, ㈜버젯이 기계 구입비용으로 지불할 수 있는 최대금액과 가장 가까운 것은? (단, PVIFA(10%, 3)=2.4869, PVIF(10%, 3)=0.7513) (CPA 1차 2018)

① 7,536만원 ② 7,651만원 ③ 7,749만원 ④ 7,899만원 ⑤ 7,920만원

08 ㈜민국은 신형기계를 도입하기로 하고 A형 기계와 B형 기계 두 기종을 검토중이다. A형 기계의 구입원가는 10억원이고 매년 1억원의 유지비가 소요되며 수명은 2년이다. 한편 B형 기계는 구입원가가 14억원이고 매년 7천만원의 유지비가 소요되며 수명은 3년이다. 매년 두 기계로부터 얻는 미래 현금유입이 동일하며 일단 특정기계를 선택하면 그 기계로 영구히 교체해서 사용해야 한다. 현금흐름이 실질현금흐름이고 실질할인율이 12%일 때 가장 적절하지 않은 것은? (CPA 1차 2012)

① A형 기계의 총비용의 현가는 근사치로 11.69억원이다.

② B형 기계의 총비용의 현가는 근사치로 15.68억원이다.

③ A형 기계의 등가연금비용(equivalent annual cost)은 근사치로 6.92억원이다.

④ B형 기계의 등가연금비용(equivalent annual cost)은 근사치로 5.53억원이다.

⑤ A형 기계의 등가연금비용(equivalent annual cost)은 B형 기계의 등가연금비용(equivalent annual cost)보다 크다.

09 자본예산에 관한 설명으로 가장 적절하지 않은 것은? (CPA 1차 2012)

① 상호배타적인 투자안의 경우 투자규모 또는 현금흐름의 형태가 크게 다를 때 순현재가치법과 내부수익률법이 서로 다른 결론을 제시할 수 있다.

② 투자규모, 투자수명, 현금흐름양상이 서로 다른 상호배타적인 투자안을 내부수익률법으로 평가하는 경우 반드시 두 투자안의 NPV 곡선이 상호 교차하는지 여부를 검토해야 한다.

③ 두 개의 NPV 곡선이 교차하는 지점의 할인율을 Fisher 수익률이라고 한다.

④ 투자안의 경제성을 분석할 때 감가상각의 방법에 따라서 투자안의 현금흐름이 달라져서 투자안 평가에 영향을 미칠 수 있다.

⑤ 투자에 필요한 자금조달에 제약이 있는 경우 이 제약조건하에서 최적의 투자조합을 선택하는 의사결정을 자본할당(credit rationing)이라 하는데, 이 경우 수익성지수법을 사용하면 항상 최적의 투자안 조합을 결정할 수 있다.

● 객관식 해답 **1.** ②, **2.** ①, **3.** ①, **4.** ②, **5.** ②, **6.** ②, **7.** ②, **8.** ④, **9.** ⑤

▶ 주관식 문제

01 대체 투자안의 평가

태양상사는 현재 사용중인 기계설비의 대체를 고려하고 있다. 이 회사가 현재 사용하고 있는 기계의 성능이 매우 불량하여 계속 사용하려면 대수리가 요구되며, 이때 수리비용은 200만원이 소요될 것으로 보인다. 이 기계의 현재(수리 전) 시장가치는 1,000만원이고, 장부가치는 400만원으로 앞으로 10년에 걸쳐 완전상각된다. 그러나 10년 후의 잔존시장가치는 50만원이 될 것으로 추정된다. 만약 기계를 대체한다면 새 기계의 구입비용은 2,000만원이며, 추가로 300만원의 설치비용이 소요된다. 또한 원재료 등 재고자산의 증가로 인한 추가 운전자본이 100만원 소요될 것으로 예상된다. 새 기계로 대체할 경우 앞으로 10년 동안 매출액은 매년 100만원씩 늘어나고, 영업비용은 매년 100만원씩 줄어들며, 새 기계의 10년 후 잔존가치는 100만원으로 예상된다. 이 회사의 감가상각방법은 정액법이며, 법인세율은 40%이다.

(1) 투자안의 현금흐름을 추정하라.

(2) 최저필수수익률이 10%일 경우 투자안을 평가하라.

02 생산설비의 선택

한솔공업사는 현재 사용중인 기계를 새로운 모델과 대체하려고 한다. 현재 시중에서 판매되고 있는 기계는 A사 제품과 B사 제품의 두 모델이 있다. A사 제품의 가격은 5,000만원으로 매년 2,000만원의 유지비용이 들고, B사 제품의 가격은 7,500만원으로 매년 1,500만원의 유지비용이 든다. 두 제품의 수명은 모두 10년으로 10년 후 잔존가치는 없다고 한다. 한솔공업사는 정액법에 의해 감가상각을 하고 있으며, 법인세율은 50%이다. 이 공업사의 요구수익률은 10%이다. 한솔공업사는 어느 회사제품을 선택하여야 하는가?

03 생산설비의 교체와 세금절감효과 (CPA 2차 2015 수정)

가나기업은 기존의 기계설비를 새로운 기계설비로 교체할 것을 고려하고 있다. 기존의 기계설비는 3년 전 3,000만원에 취득했으며 구입 시 내용연수는 5년이고, 내용연수 종료시점에서의 잔존가치와 매각가치는 없으며 현재 매각 시 1,000만원을 받을 수 있는 것으로 추정된다. 내용연수가 2년인 새 기계설비의 구입비용은 2,000만원이며 내용연수 종료시점에서의 잔존가치는 없는 것으로 가정하고 감가상각을 할 예정이나 실제로는 내용연수 종료시점에서 500만원의 매각가치를 가질 것으로 예상하고 있다. 기존의 기계설비를 사용하는 경우에 기계설비 관련 연간 매출액은 1,500만원, 영업비용(감가상각비 제외)은 700만원이고, 새로운 기계설비를 사용하는 경우 향후 2년간 기계설비 관련 연간 매출액은 1,900만원, 영업비용(감가상각비 제외)은 600만원일 것으로 추정된다. 새 기계설비를 사용하게 될 경우 교체시점에서 1,000만원의 순운전자본이 추가되며 내용연수 종료시점에서 전액 회수된다. 가나기업은 감가상각방법으로 정액법을 사용하고 있으며 타인자본비용은 무위험이자율과 동일한 8%이다. 무부채기업이면서 같은 제품을 생산하는 경쟁업체의 자기자본비용은 12%이다. 가나기업의 법인세율은 30%이다. 가나기업은 만기가 2년이고 표면이자율이 8%인 사채를 발행하여 새 기계설비 구입비용의 50%와 사채발행비를 조달할 예정이다. 사채를 발행하면 발행액의 2%에 해당하는 금액을 사채발행비로 지출해야 하는데 이는 사채의 만기까지 정액법으로 상각할 예정이다. 기계설비 매각대금 및 이에 관련된 처분손익의 법인세 효과는 매각시점에서 즉시 실현된다고 가정한다. 그리고 감가상각비의 절세효과는 항상 이용할 수 있다고 가정한다. 비율은 반올림하여 소수점 넷째 자리까지 표시하고 금액은 만원 단위로 소수점 둘째 자리까지 표시하라.

(1) 새로운 기계설비를 도입할 경우 매년의 증분잉여현금흐름은 얼마인가?

(2) 자기자본만 사용한다고 가정하는 경우, 새로운 기계설비로 교체하는 투자안의 NPV는 얼마인가?

(3) 부채사용에 따른 기업가치 변화는 얼마인지 계산하라.

04 설비 구입가격의 결정

나주주식회사는 노후한 현재의 기계를 대체하여 생산비용을 절감하려고 한다. 이러한 투자와 관련된 자료는 다음과 같다.

① 현재 사용중인 기계는 5년 전에 4,000만원을 주고 구입하였으며, 그것의 잔존 내용연수는 5년이다. 또한 이 기계는 정액법에 의해서 완전상각되며, 잔존시장가치는 없는 것으로 추정된다.

② 현재 사용중인 기계는 새 기계를 구입할 때 2,000만원의 가치로 교환될 수 있다.

③ 새 기계로 인하여 앞으로 5년 동안 매년 1,000만원의 비용이 절감될 수 있다.

④ 새 기계는 5년 동안 정액법으로 완전상각되며, 이 기계의 5년 후 잔존시장가치는 500만원으로 추정된다.

⑤ 법인세율은 40%, 요구수익률은 10%이며 인플레이션은 없다고 가정한다.

이상의 자료를 이용하여 나주주식회사가 최대한 지불할 수 있는 새 기계의 가격을 구하라.

05 NPV와 판매량

(CPA 2차 2004 수정)

다음과 같은 투자계획이 주어졌다. 총투자액은 10,000만원으로 투자시작 시점에서 모두 투자되며, 10년에 걸쳐 사업이 진행된다. 투자액은 10년에 걸쳐 정액법으로 감가상각되며, 투자종료 시점에서의 잔존가치 및 매각가치는 없다. 또한 매년 동일한 연간 판매 대수를 가정한다. 제품생산과 판매에 관하여 다음의 사항이 주어졌다.

대당 판매가격(sales price per unit)	70만원
대당 변동비(variable cost per unit)	30만원
연간 총고정비(total fixed cost) (감가상각비 제외)	1,500만원
세 율	40%
자본비용	12%

1년 후부터 10년 동안 매년 1의 현금흐름을 제공하는 연금을 연 12%의 할인율로 할인했을 때의 현가는 5.65임. $\left(\text{즉 } \sum_{t=1}^{10} \frac{1}{1.12^t} = 5.65\right)$

(1) 연간 예상판매대수가 120대일 경우 이러한 투자계획의 순현가(NPV)는 3,447만원임을 보이라. 답안에는 연간 순이익과 연간 영업현금흐름을 분명히 밝혀야 한다.

(2) 순현가를 0으로 만드는 연간 판매대수는 몇 대인가? 반올림하여 소수점 둘째 자리까지 나타낼 것.

06 인플레이션과 자본예산

㈜푸른우유는 우유탄산음료수를 생산하는 기계를 구입하려 한다. 이 기계의 구입가격은 10,000만원이며, 내용연수 5년 동안의 추정생산량은 각각 500,000, 800,000, 1,200,000, 1,000,000, 600,000개라 한다. 사업 첫 해의 우유탄산음료수의 가격은 200원이다. 그리고 향후의 평균 인플레이션율은 5%인 데 비해, 치열한 판매경쟁과 불황으로 인하여 우유탄산음료수 가격의 인상률은 연 2%에 불과하리라고 판단된다.

한편 생산단가는 사업 첫 해 100원이나 인건비 등의 급격한 상승으로 인하여 매년 10%씩 증가할 것으로 예상된다. 감가상각은 정액법으로 실시하고, 잔존가치는 없으며, 법인세율은 40%, 인플레이션을 반영한 명목자본비용은 15%이다. ㈜푸른우유는 이 기계를 구입하여야 하는가?

07 인플레이션과 자본예산

자동차세척을 전문으로 하는 빛나라세척회사가 5,000만원 하는 새로운 자동차세척기의 구입을 고려하고 있다. 이 기계의 수명은 5년으로 5년 후 잔존가치는 없다고 한다. 이 기계로부터 얻을 수 있는 수익과 현금지출비용은 첫 연도 말에 각각 2,500만원과 700만원이 될 것으로 기대된다. 그리고 수익과 현금지출비용은 매년 인플레이션율과 동일하게 증가될 것으로 기대되며, 매년 6%씩의 인플레이션이 예상되고 있다. 위험현금흐름에 대한 실질할인율은 12%이다. 그리고 무위험 명목이자율은 10%이다. 법인세율이 40%이며, 정액법에 의해서 감가상각한다고 할 때, 이 회사는 새로운 자동차세척기를 구입하여야 하는가?

08 고급 인플레이션과 자본예산 응용

대기오염상태가 점점 심각해짐에 따라 신선한 공기를 갈망하는 사람이 증가하고 있다. 이와 같은 현실에 착안하여 ㈜푸른나라는 무공해산소의 생산을 고려중이다. 대기오염상태가 나아질 가능성이 거의 없기 때문에 이 회사는 이와 같은 사업이 영구적으로 계속될 수 있다고 기대한다. 이 사업의 착수비용(start-up costs)은 거의 없으며, 첫째 연도 말에 다음과 같은 명목현금흐름이 발생된다고 추정된다.

수 익	8,000만원
노 무 비	4,000만원
기타비용	3,000만원

이 회사는 무공해산소의 생산에 필요한 기계를 리스(lease)할 예정이며, 그 리스료는 매년 말에 고정적으로 2,000만원씩 지급된다. 그리고 수익과 노무비는 실질적으로 매

년 각각 5%, 3%씩 증가하나, 기타비용은 실질적으로 매년 1%씩 감소할 것으로 예상된다. 매년 인플레이션율은 6%로 기대되며, 매출액과 비용에 대한 실질할인율은 10%이다. 리스료의 지급에 대한 위험은 없기 때문에 이것은 무위험이자율로 할인되어야 한다. 무위험 실질이자율은 7%이며 법인세율은 40%이다. ㈜푸른나라는 무공해산소를 생산하여야 하는가?

09 재투자수익률 가정과 투자안 평가방법

상호배타적인 투자안의 각 연도 말 현금흐름은 다음과 같다.

(단위: 만원)

연 도 말	현금흐름	
	투자안 1	투자안 2
0	−17,500	−20,000
1	10,300	8,000
2	10,300	8,000
3		8,800

자본비용은 10%이며 내용연수 내의 현금흐름은 자본비용으로 재투자된다고 가정할 때, 다음의 각 상황에 따라 적절한 투자안 평가방법을 선택하여 투자안을 평가하라.

(1) 투자자들은 투자안의 규모 차이인 여유자금을 자본비용으로 재투자할 수 있으며, 동시에 내용연수 차이에 대해서도 자본비용으로 재투자할 수 있다.

(2) 투자자들은 투자안의 규모 차이인 여유자금을 자본비용으로 재투자할 수 있으나, 내용연수 차이에 대해서는 IRR로 재투자할 수 있다.

(3) 투자자들은 투자안의 규모 차이인 여유자금을 IRR로 재투자할 수 있으나, 내용연수 차이에 대해서는 자본비용으로 재투자할 수 있다.

10 내용연수가 다른 투자안 평가

목포주식회사는 다음과 같은 상호배타적인 투자안을 고려하고 있다. (단, 최저필수수익률＝16%)

(단위: 만원)

	투 자 액	연간 현금흐름	투자기간
투자안 1	48,000	20,000	5년
투자안 2	36,000	10,000	15년

위 투자안을 평가하라.

11 생산설비의 대체 및 교체시점 결정 (CPA 2차 2016)

오닭축산은 축산폐기물의 정화처리를 위하여 현재 K1 시스템을 가동하고 있는데, 최근 연구팀이 수명은 짧지만 설치비와 운영비가 보다 저렴한 K2 시스템을 개발하였다. 이사회는 K2 시스템을 도입하고 수명이 다 되면 영원히 반복 투자하기로 결정하였다. 재무이사는 K2 시스템으로 교체하는 시점에 대하여 ① 지금 당장 교체하는 방안과 ② 2년 후에 교체하는 방안을 검토하고 있다. 두 시스템에 대한 재무자료의 현재 값은 다음과 같으며 미래에도 동일하다. 오닭축산의 기대수익률은 12%이다.

(단위: 억원)

구 분	K1 시스템	K2 시스템
설치비	−100	−60
운영비	−16	−8
철거비	−35	−18
수명(년)	10	4

(1) 새로 설치되는 K2 시스템의 EAC(equivalent annual cost: 균등연간비용)는 얼마인가? 단, 연금현가요소 PVIFA(0.12, 4)는 3.04이다.

(2) 질문 (1)에서 계산된 결과와 무관하게 K2 시스템의 EAC는 30억원이라고 가정한다. 주어진 EAC를 이용해서 방안 ①과 방안 ②의 NPV(net present value: 순현가)를 계산하고 어느 방안이 유리한지 판단하라.

(3) 투자수명이 서로 다른 투자안을 평가할 때 사용할 수 있는 3가지 방법은 무엇인가?

12 고급 내용연수가 다른 생산설비의 대체 (CPA 2차 2007)

신제품 생산라인을 도입할 예정인 P사는 동일한 성능을 지닌 두 기계 A와 B 중 하나를 선택하는 상호배타적 투자안을 평가중이다. 기계 A는 내용연수가 2년이고, 구입 및 설치비용이 100원이며, 매년 말 유지비용이 20원 소요된다. 내용연수 만료시 10원에 매각이 가능할 것으로 예상된다. 한편 기계 B는 내용연수가 3년이고 구입 및 설치비용이 100원이며, 매년 말 유지비용이 30원 소요된다. 기계 B는 잔존가치가 없다. 모든 투자안 가치평가에 10%의 할인율이 적용된다. 법인세는 없다. (모든 수치는 소수점 셋째 자리에서 반올림하라.)

연간 할인율, 연수	10%, 2년	10%, 3년	10%, 4년
현가이자요소(PVIF)	0.8264	0.7513	0.6830
연금의 현가이자요소(PVIFA)	1.7355	2.4868	3.1699

(1) 두 기계 A와 B 모두 내용연수 만기와 동시에 동일한 조건의 동종기계로 지속적으로 대체한다는 가정하에 최적투자안을 선택하라.

(2) 현재 외부업체가 기계 C를 개발하고 있으며 상용화가 될 확률이 50%이다. P사가 최초에 기계 A를 도입한 경우에 한해서 2년 후 시점($t=2$)에 기계 A 혹은 기계 C로 대체할 수 있다. 일단 대체할 기계가 결정되면 계속해서 동일 기계를 사용해야 한다. 기계 C의 성능은 기계 A와 동일하다. 내용연수 2년간 소요되는 기계 C의 비용의 현가는 2년 후 시점($t=2$)을 기준으로 100원이다. 물음 (1)과 동일한 가정하에 $t=0$시점에서 기계 A와 기계 B의 도입안을 비교하여 최적투자안을 선택하라.

13 생산설비의 교체시기 결정

한국대학교는 지금 사용하고 있는 대형 컴퓨터를 언제 교체하여야 하는지를 결정하여야 한다. 현재의 컴퓨터의 유지비용은 매년 증가하고, 그 처분가치는 매년 감소할 것이다. 이 대학이 현재 사용하고 있는 컴퓨터에 대한 각 연도별 유지비용과 잔존가치는 다음과 같다.

(단위: 만원)

연 도 말	유지비용	잔존가치
0	0	9,000
1	2,000	8,500
2	2,750	7,750
3	3,250	7,000
4	4,500	6,000
5	5,000	5,000

한국대학교가 교체하려는 새 컴퓨터의 구입가격은 3억원이며, 그것의 유지비용은 6년 동안 매년 말에 200만원씩 소요될 것으로 예상된다. 그리고 이 컴퓨터는 6년 후에 1억 2천만원을 받고 처분될 수 있다. 한국대학교는 세금을 납부하지 않으며, 이 투자결정에 적절한 할인율은 10%이다. 한국대학교는 언제 컴퓨터를 교체하여야 하는가?

14 자본할당

㈜한국건설은 여러 도시에 상가를 지어 분양할 예정이다. 각 도시에서 상가를 짓는 데 소요되는 건축비용과 노동시간 그리고 각 투자안의 NPV는 다음과 같다.

(단위: 천만원)

도 시	초기 투자액	노동시간(천시간)	NPV
서 울	200	80	30
부 산	150	70	26
대 구	150	60	25
대 전	100	60	23
광 주	100	50	20

이 회사가 현재 조달할 수 있는 자금은 40억원이며, 이용가능한 총노동시간은 18만 시간이다. ㈜한국건설은 어느 도시에 상가를 지어야 하겠는가?

보 론 감가상각과 현금흐름

감가상각비는 비현금지출비용으로서 현금유출에 포함되지 않는다. 그러나 감가상각비로 인해 과세대상이익이 줄기 때문에 세금이 감소하게 된다. 이와 같은 감가상각비의 감세효과는 현금유입에 포함되므로 감가상각방법에 따라 현금흐름의 양상이 달라질 수 있다. 여기서는 먼저 여러 가지 감가상각방법에 대해서 살펴본 후, 각 방법에 의해서 나타나게 되는 감세효과를 비교해 보고자 한다. 설명을 위하여 다음과 같은 유형자산을 생각해 보자.

- 취득원가=2,000만원
- 내용연수=4년
- 잔존가치=200만원

A.1 감가상각방법

정 액 법

정액법(straight-line method)은 매기간 동일한 금액을 상각하는 방법으로 균등상각법 또는 직선법이라고도 한다.

정액법하에서의 매기 감가상각액은 다음의 공식에 의해서 결정된다.

$$\text{감각상각액} = \frac{\text{취득원가} - \text{잔존가치}}{\text{내용연수}} \quad (7A-1)$$

앞의 예에 대한 매기 감가상각액을 계산하면 〈표 7A-1〉과 같다.

표 7A-1 정액법에 의한 감가상각 (단위: 만원)

연 도 말	계 산	감가상각비	감가상각누계액	장부가액[21]
0				2,000
1	(2,000-200)/4	450	450	1,550
2	(2,000-200)/4	450	900	1,100
3	(2,000-200)/4	450	1,350	650
4	(2,000-200)/4	450	1,800	200
		1,800		

21) 장부가액=취득원가-감가상각누계액

정 률 법

정률법(fixed-rate method)은 유형자산의 장부가액에 매기간 동일한 상각률을 곱하여 감가상각액을 구하는 방법이다. 정률법에 의하면 기간이 경과함에 따라 장부가액이 매년 감가상각률만큼 감소하게 되므로 초기에 많은 금액이 상각되고 기간이 경과함에 따라 상각액이 점차 감소하게 된다.

정률법하에서의 매기 감가상각액은 다음의 공식에 의해서 결정된다.

$$\text{감가상각액} = \text{장부가액} \times \text{감가상각률} \tag{7A-2}$$

여기서 $\text{감가상각률} = 1 - \sqrt[n]{\dfrac{\text{잔존가치}}{\text{취득원가}}}$

n: 내용연수

식 (7A-2)에서 장부가액은 잔존가치를 차감하지 않은 금액이라는 점에 유의할 필요가 있다. 잔존가치는 상각률을 계산할 때 고려된다. 앞의 예에 대한 매기 감가상각액을 계산하면 〈표 7A-2〉와 같다.

표 7A-2 정률법에 의한 감가상각

(단위: 만원)

연 도 말	계 산	감가상각비	감가상각누계액	장부가액
0				2,000
1	2,000 ×0.438*	876	876	1,124
2	1,124 ×0.438	492.3	1,368.3	631.7
3	631.7×0.438	276.7	1,645	355
4	355 ×0.438	155**	1,800	200
		1,800		

* $\text{감가상각률} = 1 - \sqrt[4]{\dfrac{200}{2{,}000}} = 0.438$

** 잔존가치가 200만원이 되도록 마지막 연도에는 반올림 등으로 인한 오차를 모두 조정해 준다.

정률법과 유사한 방법으로 **이중체감법**(double declining balance method)이 있다. 이중체감법은 정률법과 마찬가지로 매년 장부가액의 일정비율을 상각해 나가는 방법이나, 그 상각률이 정액법의 2배로 결정된다는 점에서 특색이 있다. 이중체감법하에서의 매기 감가상각액은 다음의 공식에 의해서 결정된다.

$$\text{감가상각액} = \text{장부가액} \times \frac{2}{\text{내용연수}} \tag{7A-3}$$

연수합계법

연수합계법(sum-of-the-years'-digits method)은 잔여내용연수를 내용연수의 합으로 나누어 구한 상각률을 감가상각대상액(취득원가−잔존가치)에 곱하여 감가상각액을 계산하는 방법이다. 이 방법에 의하면 정률법과 마찬가지로 초기에 많은 금액이 상각되나, 정률법에 비해 매기 감가상각액이 체감되는 속도가 다소 완만하다.

연수합계법에서의 매기 감가상각액은 다음의 공식에 의해 결정된다.

$$감가상각액 = (취득원가 - 잔존가치) \times \frac{잔여내용연수}{내용연수합계} \qquad (7A-4)$$

앞의 예에 대한 매기 감가상각액을 계산하면 〈표 7A−3〉과 같다.

표 7A−3 연수합계법에 의한 감가상각 (단위: 만원)

연 도 말	계 산	감가상각비	감가상각누계액	장부가액
0				2,000
1	1,800×(4/10)	720	720	1,280
2	1,800×(3/10)	540	1,260	740
3	1,800×(2/10)	360	1,620	380
4	1,800×(1/10)	180	1,800	200
		1,800		

A.2 감가상각방법과 감세효과

앞의 예의 경우에 감세효과가 각 감가상각방법에 따라 어떻게 달라지는지를 살펴보기로 하자. 여기서 법인세율은 40%라고 가정한다. 이와 같은 경우 각 감가상각방법

표 7A−4 감가상각방법과 감세효과 (단위: 만원)

연 도 말	정 액 법		정 률 법		연수합계법	
	상 각 액	감 세 액	상 각 액	감 세 액	상 각 액	감 세 액
1	450	180	876	350.4	720	288
2	450	180	492.3	196.9	540	216
3	450	180	276.7	110.7	360	144
4	450	180	155	62	180	72
PV(감세액) (r=10%)		570.6		606.8		597.7

에 따른 세금절감액을 계산하면 〈표 7A−4〉와 같다. 〈표 7A−4〉에서 매년도 말 감세액은「상각액×법인세율」에 의해 산출된다.

〈표 7A−4〉에서 감세액의 단순합은 모두 720만원으로 동일하나, 감세액의 현재가치를 비교해 보면 정률법이 가장 크고, 그 다음으로 연수합계법이며, 정액법의 경우 가장 적게 나타난다. 따라서 화폐의 시간적 가치를 고려할 때 투자초기에 감가상각을 많이 할 수 있는 정률법을 사용하면 가장 큰 감세효과를 얻을 수 있을 것이다.[22)]

---

22) 우리나라의 법인세법에서는 정액법 또는 정률법에 의한 감가상각을 인정하고 있다.

제 3 편

불확실성하의 투자결정

제 8 장

불확실성하의 선택이론

1. 기대효용이론
2. 평균－분산이론
3. 기대수익률과 위험의 측정

보론 1: 위험회피도의 측정

보론 2: 상태선호이론

지금까지는 자산 또는 투자로부터 실현되는 미래 현금흐름을 확실하게 예측할 수 있다는 전제하에서 자산의 가치평가 또는 투자결정문제를 설명하였다. 그러나 실제로 미래 현금흐름은 확실하게 주어지지 않는다. 이와 같이 현존하는 불확실성을 어떻게 반영하여야 하는가? 지금부터는 이 질문에 대한 답을 찾기 위하여 노력할 것이다.

먼저 본장에서는 불확실성하에서 여러 가지 선택대상에 대한 개개인의 선택행위를 설명하는 이론－기대효용이론, 평균-분산이론 등－에 대해서 살펴보고자 한다.

1 기대효용이론

확실성의 경우 대안을 선택한 결과 얻을 수 있는 미래성과는 확실하게 하나로 주어진다. 그러나 불확실성의 경우는 미래성과가 하나로 나타나지 않고 확률분포의 형태로 주어진다. 즉 불확실성하에서는 확실성의 경우와는 달리 대안을 선택함으로써 얻을 수 있는 미래성과가 일정한 확률을 가진 여러 성과들(예를 들어 성과 X를 얻을 확률이 30%, 성과 Y를 얻을 확률이 40%, 성과 Z를 얻을 확률이 30%)로 주어진다.

1.1 불확실성하의 선택공리

불확실성하의 의사결정이론을 유도하기 위하여 개인의 행동에 대한 매우 정교한 몇 가지 기본적인 가정, 즉 공리(axiom)를 설정하는 것이 필요하다. 그러므로 불확실성하에서 개인의 일관성 있고 합리적인 선택이론을 전개하기 위하여 다음과 같은 일반적인 공리체계를 가정한다.[1)]

비교가능성

비교가능성(comparability)은 사람들이 불확실한 대안을 선택할 경우 얻을 수 있는 미래성과(재화)를 서로 비교하여 그 성과들에 대한 선호관계를 정할 수 있다는 것을 의미한다. 예를 들어 어떤 불확실한 대안을 선택하는 경우에 얻을 수 있는 미래성과로서 성과 X와 성과 Y가 있다고 하자. 이 경우 사람들은 두 성과를 비교하여 다음과 같은 선호관계 중 한 가지의 선호관계를 말할 수 있다.

- 성과 X를 성과 Y보다 더 선호한다. 이를 수학적 기호를 사용하여 표시하면, $X > Y$로 표시된다.
- 성과 Y를 성과 X보다 더 선호한다. 이를 수학적 기호를 사용하여 표시하면, $X < Y$로 표시된다.
- 성과 X와 성과 Y의 선호관계를 말할 수 없다. 즉 두 재화는 무차별하다. 이를 수학적 기호를 사용하여 표시하면, $X \sim Y$로 표시된다.

이 행 성

이행성(transitivity)은 사람들의 미래성과에 대한 선택행위가 일관성 있게 이루어

1) 불확실성하의 선택공리 중 비교가능성, 이행성, 불포화성의 공리는 확실성하의 선택공리와 동일한 공리이다.

져야 한다는 것을 의미한다. 예를 들어 만약 어떤 사람이 성과 X를 성과 Y보다 더 선호하고 성과 Y를 성과 Z보다 더 선호한다면, 그는 성과 X를 성과 Z보다 더 선호해야 한다는 것이다. 이와 같은 관계를 기호로써 표시하면 다음과 같다.

$$X > Y,\ Y > Z \rightarrow X > Z$$

불포화성

불포화성(nonsatiation)은 부(wealth)가 증가할수록, 총효용(또는 만족도)이 증가한다는 것을 의미한다. 다시 말하면 마지막 한 단위 부(W)의 증가에 따른 총효용의 증가, 즉 부의 한계효용(MU)은 항상 0보다 크다는 것으로서 이를 기호로 표시하면 다음과 같다.

$$MU\left(=\frac{\partial U}{\partial W}\right) > 0$$

강한 독립성

강한 독립성(strong independence)은 성과 X와 성과 Y에 관한 선호관계가 상호배타적인 성과 Z에 의해서 영향을 받지 않음을 의미한다. 예를 들어 어떤 사람이 성과 X와 성과 Y에 대하여 무차별하다면, 그는 성과 X를 얻을 확률이 α이고 상호배타적인 성과 Z를 얻을 확률이 $(1-\alpha)$인 갬블(gamble) $G(X,\ Z:\ \alpha)$와, 성과 Y를 얻을 확률이 α이고 동일한 상호배타적인 성과 Z를 얻을 확률이 $(1-\alpha)$인 갬블 $G(Y,\ Z:\ \alpha)$에 대해서도 무차별할 것이다. 이와 같은 관계를 기호로 표시하면 다음과 같다.

$$X \sim Y \rightarrow G(X,\ Z:\ \alpha) \sim G(Y,\ Z:\ \alpha)$$

측정가능성

측정가능성(measurability)은 만일 성과 X를 성과 Y보다 더 선호하고 성과 Y를 성과 Z보다 더 선호한다면, 성과 X를 얻을 확률이 α이고 성과 Z를 얻을 확률이 $(1-\alpha)$인 갬블과 성과 Y를 무차별하게 만드는 유일한 확률 α가 존재한다는 것을 의미한다. 이와 같은 관계를 기호로 표시하면 다음과 같다.[2)]

2) 이때 Y를 불확실한 갬블 $G(X,\ Z:\ \alpha)$의 확실성등가(certainty equivalent)라고 부른다.

$X \succsim Y > Z$ 또는 $X > Y \succsim Z \rightarrow Y \sim G(X,\ Z;\alpha)$인 유일한 α 존재

서 열 성

서열성(ranking)은 만일 성과 Y와 성과 Q가 모두 성과 X와 성과 Z 사이에 있다면, 측정가능성의 공리에 의해서 성과 Y와 성과 Q에 대하여 각각 무차별한 갬블을 구성할 수 있다는 것을 의미한다. 이 경우 성과 Y와 성과 Q에 대한 선호관계는 각각의 무차별한 갬블을 구성하는 경우에 설정되는 X를 얻을 확률 α의 크기에 의해서 결정된다. 이와 같은 관계를 기호로 표시하면 다음과 같다.

$X \succsim Y \succsim Z,\ X \succsim Q \succsim Z$: $Y \sim G(X,\ Z:\ \alpha_1),\ Q \sim G(X,\ Z:\ \alpha_2)$
$\rightarrow \alpha_1 \geq \alpha_2$인 경우 $Y \succsim Q$, $\alpha_1 < \alpha_2$인 경우 $Y < Q$

1.2 기대효용이론

불확실성하의 선택공리는 기수적 효용이론(cardinal utility theory)을 가정하고 있으며, 이와 같은 공리들에 의해 성과에 대한 선호 정도를 기수적인 효용지수(일정한 수치)로 나타낼 수 있다.[3] 불확실한 대안(갬블)의 미래 발생가능한 성과에 대해서 각각 효용지수를 부여한 후 구한 기대치를 **기대효용**(expected utility)이라 한다. 예를 들어 성과 X를 얻을 확률이 β이고 상호배타적인 성과 Y를 얻을 확률이 $(1-\beta)$인 갬블 $G(X,\ Y:\ \beta)$의 기대효용을 구하면 다음과 같다.

$$U[G(X,\ Y:\ \beta)] = \beta U(X) + (1-\beta)U(Y) \quad (8-1)$$

일반적으로 어떤 대안을 선택함으로써 얻을 수 있는 미래 불확실한 부(W)의 기대효용은 다음과 같이 나타낼 수 있다.

$$E[U(W)] = \sum_{s=1}^{m} p_s U(W_s) \quad (8-2)$$

여기서 $U(W_s)$: 상황 s가 발생했을 때 얻게 되는 부의 효용지수
p_s: 상황 s가 발생할 확률($s=1,\ 2,\cdots,\ m$)

3) 일반적으로 확실성하의 선택행위는 재화 간의 순위만을 매길 수 있다는 서수적 효용이론(ordinal utility theory), 즉 무차별곡선이론에 의해서 설명될 수 있다.

재무 FOCUS

기대효용의 측정

성과 X와 Y보다 더 선호도가 높은 임의의 성과 a와, 성과 X와 Y보다 선호도가 낮은 임의의 성과 b가 존재한다고 할 때, 측정가능성의 공리에 의해서 다음과 같은 관계가 성립할 수 있다.

$$X \sim G(a,\ b:\ \alpha(X)),\ Y \sim G(a,\ b:\ \alpha(Y))$$

이 결과를 다음의 갬블에 대입하여 정리하면,

$$\begin{aligned} G(X,\ Y:\ \beta) &= G[G(a,\ b:\ \alpha(X)),\ G(a,\ b:\ \alpha(Y)):\ \beta] \\ &= G[a,\ b:\ \beta\alpha(X)+(1-\beta)\alpha(Y)] \end{aligned} \tag{i}$$

또한 측정가능성의 공리에 의해서,

$$G(X,\ Y:\ \beta) \sim G[a,\ b:\ \alpha(G(X,\ Y:\ \beta))] \tag{ii}$$

그러므로 (i)=(ii)에 의해서,

$$\alpha(G(X,\ Y:\ \beta)) = \beta\alpha(X)+(1-\beta)\alpha(Y)$$

그리고 서열성의 공리에 의하면 α는 각 성과의 선호관계를 나타내므로 α 대신에 효용의 측정치인 U를 사용할 수 있다.

$$\therefore\ U[G(X,\ Y:\ \beta)] = \beta U(X)+(1-\beta)U(Y)$$

이와 같이 구한 기대효용은 불확실한 대안(갬블)에 대한 선호정도를 나타내는 측정치로 사용될 수 있다. 그러므로 불확실성하의 선택공리에 따라 행동하는 합리적인 투자자는 언제나 자신의 기대효용을 극대화하는 행동을 하게 된다. 즉 투자자들은 모든 선택가능한 대안들에 대해서 부의 기대효용을 계산하여, 그것을 극대화시켜 주는 투자안을 선택한다. 결론적으로 불확실성하의 선택기준은 부의 기대효용 극대화이다.

예제 8-1 기대현금흐름의 극대화와 기대효용의 극대화 비교

동일한 투자비용이 소요되는 상호배타적인 두 투자안의 현금흐름의 확률분포는 다음과 같다.

투자안 A		투자안 B	
현금흐름	확 률	현금흐름	확 률
100만원	0.3	300만원	0.3
400만원	0.4	400만원	0.4
700만원	0.3	500만원	0.3

(1) 투자안의 선택기준이 '기대현금흐름의 극대화'라면 어떤 투자안을 선택하여야 하는가?

(2) 투자자가 다음과 같은 효용함수를 가지고 있고, '기대효용의 극대화'가 투자결정기준이라면 어떤 투자안을 선택하여야 하는가?

(단위: 만원)

현금흐름	0	100	200	300	400	500	600	700
효 용	0	20	39	57	73	87	98	105

(3) 위의 물음 **(1)**과 **(2)**의 결과에 의해 불확실성하의 선택기준으로서 '기대현금흐름의 극대화'와 '기대효용의 극대화'를 비교 설명하라.

▌해설▐

(1) 투자안 A의 기대현금흐름$=100\times0.3+400\times0.4+700\times0.3=400$만원

투자안 B의 기대현금흐름$=300\times0.3+400\times0.4+500\times0.3=400$만원

→ 두 투자안의 기대현금흐름이 동일하므로 두 투자안은 무차별하다.

(2) 투자안 A의 기대효용$=U(100)\times0.3+U(400)\times0.4+U(700)\times0.3$

$=20\times0.3+73\times0.4+105\times0.3=66.7$효용

투자안 B의 기대효용$=U(300)\times0.3+U(400)\times0.4+U(500)\times0.3$

$=57\times0.3+73\times0.4+87\times0.3=72.4$효용

→ 투자안 B의 기대효용(72.4효용)이 투자안 A의 기대효용(66.7효용)보다 크므로 투자안 B를 선택하여야 한다.

(3) 각 투자안 현금흐름의 확률분포에 의해서 투자안의 위험을 나타내는 분산을 구하면 다음과 같다.

투자안 A의 분산$=(100-400)^2\times0.3+(400-400)^2\times0.4+(700-400)^2\times0.3=54{,}000$(만원)^2

투자안 B의 분산$=(300-400)^2\times0.3+(400-400)^2\times0.4+(500-400)^2\times0.3=6{,}000$(만원)^2

그러므로 투자안 A는 투자안 B보다 더 위험한 투자안이다. 두 투자안의 기대현금흐름은 동일하나 분산(위험)은 서로 다르다. 이 경우 사람들의 위험에 대한 선호행태에 따라 두 투자안 중 한 투자안이 선택될 수 있을 것이다. 위험을 좋아하는 모험적인 투자자는 위험이 큰 투자안 A를 선택하고, 위험에 대하여 중립적인 투자자는 두 투자안에 대해서 무차별할 것이며, 위험을 싫어하

는(회피하려는) 보수적인 투자자는 투자안 B를 선택하게 될 것이다. 물음 (2)에서 제시된 효용함수는 위험회피형 투자자를 가정하고 있다. 그러므로 이 투자자는 위험이 작은(기대효용이 큰) 투자안 B를 선택하였다. 물음 (1)의 결과와 물음 (2)의 결과가 서로 다른 이유는 기대현금흐름의 극대화기준은 투자자의 위험을 고려하지 못하는 선택기준인 반면, 기대효용의 극대화기준은 투자안의 위험까지 고려하는 선택기준이기 때문이다. 결론적으로 불확실성하에서 위험투자안을 평가할 때, 기대현금흐름과 위험을 동시에 고려하는 기대효용의 극대화기준이 보다 합리적인 선택기준이라 할 수 있다. 왜냐하면 위험을 고려하지 않고 기대현금흐름에 의해서만 투자안을 평가하는 기대현금흐름의 극대화기준에 의해서는 투자자의 위험에 대한 선호행태를 반영할 수 없기 때문이다.

1.3 효용함수의 형태

투자자의 **효용함수** 형태를 설명하기 위하여 다음과 같은 예를 생각해 보자. 현재 W_0의 부를 가지고 있는 개인에게 동전을 던져서 앞면이 나오면 h를 얻고 뒷면이 나오면 h만큼 손해를 보는 공정한 갬블(fair gamble) $G(h, -h: 1/2)$을 제시하였다.[4] 만약 개인이 갬블에 참가할 경우, 그의 부의 확률분포는 〈표 8-1〉과 같다.

표 8-1 부의 확률분포 – 갬블에 참가하는 경우

상 황	부(W)	확 률
앞 면	W_0+h	$\frac{1}{2}$
뒷 면	W_0-h	$\frac{1}{2}$

그러므로 갬블에 참가하는 개인의 기대부(expected wealth) $E(W)$와 분산 $\sigma^2(W)$를 구하면 각각 다음과 같다.

$$E(W)=(W_0+h)\left(\frac{1}{2}\right)+(W_0-h)\left(\frac{1}{2}\right)=W_0$$

$$\sigma^2(W)=[(W_0+h)-W_0]^2\left(\frac{1}{2}\right)+[(W_0-h)-W_0]^2\left(\frac{1}{2}\right)=h^2$$

개인이 갬블에 참가하는 경우, 기대부는 현재의 부(W_0)와 동일하지만 위험($\sigma^2(W)=h^2$)이 추가적으로 발생하게 된다. 이와 같은 공정한 갬블에 대한 참가 여부에 의해서 개인을 다음과 같은 세 가지 유형으로 분류할 수 있다.

---

4) 기대값이 영(0)인 갬블을 공정한 갬블이라고 한다.

위험회피형

공정한 갬블에 참가하지 않는 투자자를 **위험회피형**(risk averse) 투자자라 한다. 위험을 싫어하는 위험회피형 투자자는 추가적인 보상(기대부의 증가) 없이 위험만 발생시키는 공정한 갬블에 참가하지 않는다. 그러므로 갬블에 참가하지 않을 경우 얻게 되는 확실한 현재부(W_0)의 효용 $U(W_0)$가 갬블에 참가할 경우 얻을 수 있는 불확실한 부(W)의 기대효용 $E[U(W)]$보다 더 크다.

$$U(W_0) > E[U(W)] = U(W_0+h)\left(\frac{1}{2}\right) + U(W_0-h)\left(\frac{1}{2}\right) \tag{8-3}$$

이와 같은 위험회피형 투자자의 효용함수를 나타내면 [그림 8-1]과 같다. [그림 8-1]에서 볼 수 있는 바와 같이 위험회피형 투자자의 효용함수는 원점에 대하여 오목한(concave) 형태를 가진다. 즉 부가 증가함에 따라 총효용은 체감적으로 증가한다.[5]

개인이 갬블에 참가함으로써 얻을 수 있는 부의 기대효용과 동일한 효용가치를 제공하는 확실한 부를 **확실성등가부**(certainty equivalent wealth: CEW)라고 한다. 만약 어떤 개인이 갬블을 가지고 있다면, 그가 갬블에 의해서 발생하게 되는 불확실성(위험)을 회피하기 위하여 기꺼이 포기할 수 있는 부의 최대액, 즉 **위험프리미엄**(risk premium)은 다음과 같이 정의된다.

그림 8-1 위험회피형 투자자의 효용함수

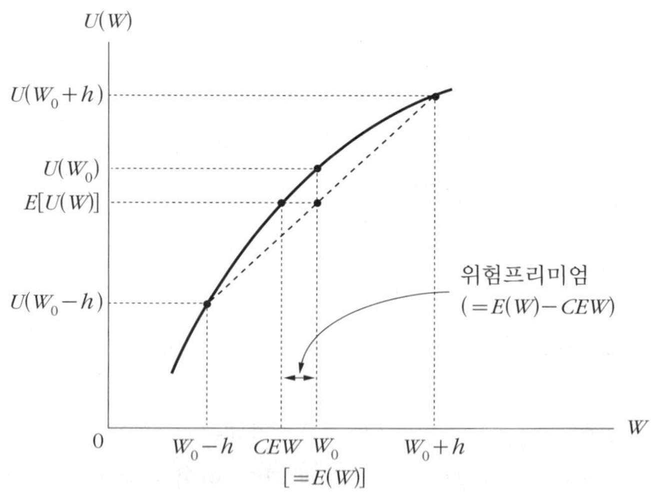

5) 이를 수학적으로 표시하면, $MU\left(=\frac{\partial U}{\partial W}\right)>0$, $\frac{\partial MU}{\partial W}\left(=\frac{\partial^2 U}{\partial W^2}\right)<0$이다.

$$위험프리미엄 = 기대부 - 확실성등가부 = E(W) - CEW \tag{8-4}$$

그리고 개인이 갬블에 참가함으로써 발생하게 되는 현재부의 감소액을 갬블의 비용(cost of gamble)이라 하며, 이는 다음과 같이 정의된다.

$$갬블의\ 비용 = 현재부 - 확실성등가부 = W_0 - CEW \tag{8-5}$$

공정한 갬블일 경우 현재부가 갬블에 참가할 경우 얻을 수 있는 확실성등가부보다 항상 크므로 갬블의 비용은 양(+)의 값을 가진다. 즉 만약 개인이 공정한 갬블에 참가한다면, 그는 갬블의 비용만큼 손실을 입게 된다.

공정한 갬블일 경우 기대부와 현재부가 동일하므로 위험프리미엄과 갬블의 비용이 같아지나, 공정한 갬블이 아닌 경우는 위험프리미엄과 갬블의 비용은 서로 다를 수 있다는 사실에 유의하여야 한다. 위험회피형 투자자인 경우 위험프리미엄은 항상 양(+)의 값을 가지나, 갬블의 비용은 음(−)의 값을 가질 수 있다. 만약 갬블의 비용이 음(−)의 값을 가진다면(즉 현재부보다 확실성등가부가 더 크다면), 개인은 갬블에 참가함으로써 이익을 볼 수 있다. 그러므로 그는 갬블에 참가하기 위하여 양(+)의 금액을 기꺼이 지불하고자 할 것이다.[6)]

위험중립형

공정한 갬블에 대한 참가여부에 무차별한 투자자를 **위험중립형**(risk neutral) 투자자라 한다. 위험중립형 투자자는 위험의 크기에 관계없이 기대부에 의해서 의사결정을 한다. 그러므로 갬블에 참가하지 않을 경우 얻게 되는 확실한 현재부(W_0)의 효용 $U(W_0)$와 갬블에 참가할 경우 얻을 수 있는 불확실한 부(W)의 기대효용 $E[U(W)]$는 동일하다.

$$U(W_0) = E[U(W)] \tag{8-6}$$

이와 같은 위험중립형 투자자의 효용함수를 나타내면 [그림 8−2]와 같다. [그림 8−2]에서 볼 수 있는 바와 같이 위험중립형 투자자의 효용함수는 일정한 기울기를 가진 직선이 된다. 즉 부가 증가함에 따라 총효용은 일정하게 증가한다.[7)]

---

6) 갬블에 대해서 그가 지불할 수 있는 최대의 금액은 갬블 비용의 절대값에 해당하는 금액이다.

7) 이를 수학적으로 표시하면, $MU\left(=\frac{\partial U}{\partial W}\right)>0$, $\frac{\partial MU}{\partial W}\left(=\frac{\partial^2 U}{\partial W^2}\right)=0$이다.

그림 8-2 위험회피형 투자자의 무차별곡선

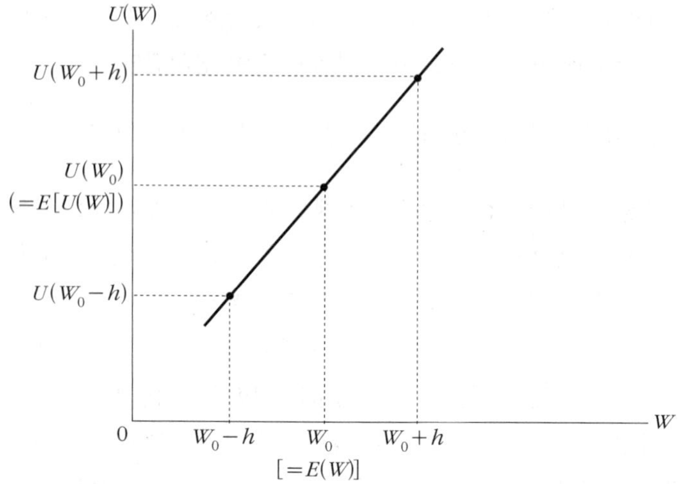

위험선호형

공정한 갬블에 참가하는 투자자를 **위험선호형**(risk seeking) 투자자라 한다. 갬블에 참가함으로써 얻을 수 있는 기대부는 현재부(W_0)와 동일하지만 위험이 발생하게 되므로, 위험을 좋아하는 위험선호형 투자자는 공정한 갬블에 참가한다. 그러므로 갬블에 참가할 경우 얻을 수 있는 불확실한 부(W)의 기대효용 $E[U(W)]$가 갬블에 참가하지 않을 경우 얻게 되는 확실한 현재부(W_0)의 효용 $U(W_0)$보다 더 크다.

$$U(W_0) < E[U(W)] \tag{8-7}$$

이와 같은 위험선호형 투자자의 효용함수를 나타내면 [그림 8-3]과 같다. [그림 8-3]에서 볼 수 있는 바와 같이 위험선호형 투자자의 효용함수는 원점에 대하여 볼록한(convex) 형태를 가진다. 즉 부가 증가함에 따라 총효용은 체증적으로 증가한다.[8)]

이상에서 개인의 위험에 대한 태도를 세 가지 유형으로 구분하여 살펴보았다. 그러나 일반적으로 위험선호형이나 위험중립형은 이성적인 인간의 행동으로 볼 수 없다. 왜냐하면 이성적인 인간인 경우, 추가적인 보상에 대한 기대 없이 위험을 감수하려 하지 않을 것이기 때문이다. 위험을 회피하려는 인간의 속성은 보험산업의 번창에서도 찾아볼 수 있을 것이다.

8) 이를 수학적으로 표시하면, $MU\left(=\dfrac{\partial U}{\partial W}\right)>0$, $\dfrac{\partial MU}{\partial W}\left(=\dfrac{\partial^2 U}{\partial W^2}\right)>0$이다.

그림 8-3 위험선호형 투자자의 효용함수

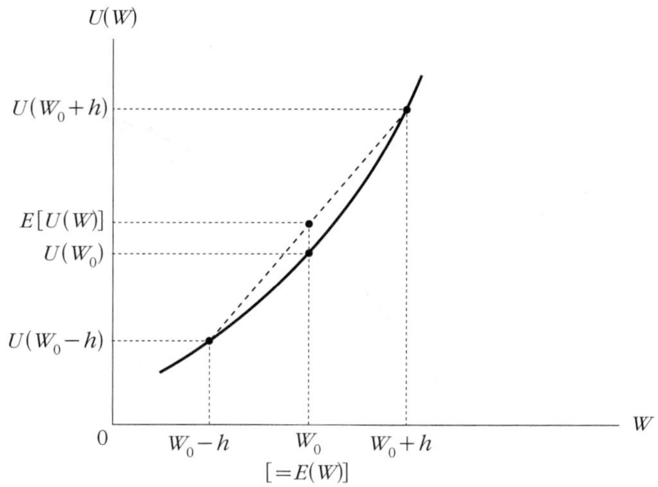

예제 8-2 효용함수

현재 100만원을 가지고 있는 K씨의 효용함수는 다음과 같다.

$$U(W)=\sqrt{W}$$

단, W의 단위는 만원이다.

(1) K씨의 효용함수를 그림으로 나타내고, 위험에 대한 태도를 판단하라.

(2) 10만원을 얻거나, 잃을 가능성이 각각 $\frac{1}{2}$인 공정한 갬블이 있다.

① K씨는 이 갬블에 참가하겠는가?

② ①의 결과에 관계없이 K씨는 이 갬블에 반드시 참가하여야 한다고 하자. 이와 같은 상황에서 만약 갬블에 참가함으로써 발생하는 위험을 제거할 수 있는 보험이 존재한다면, K씨는 그 보험에 대해서 얼마까지 지불할 수 있겠는가?

③ 갬블의 비용과 그것의 의미를 ①의 결과와 연결하여 설명하라.

(3) 30만원을 얻을 확률이 $\frac{1}{3}$, 10만원을 잃을 확률이 $\frac{2}{3}$인 갬블이 있다.

① K씨는 이 갬블에 참가하겠는가?

② ①의 결과에 관계없이 K씨는 이 갬블에 반드시 참가하여야 한다고 하자. 이와 같은 상황에서 만약 갬블에 참가함으로써 발생하는 위험을 제거할 수 있는 보험이 존재한다면, K씨는 그 보험에 대해서 얼마까지 지불할 수 있겠는가?

③ 갬블의 비용과 그것의 의미를 ①의 결과와 연결하여 설명하라.

▌해설▐

(1) K씨의 효용함수를 그림으로 나타내면 다음과 같다.

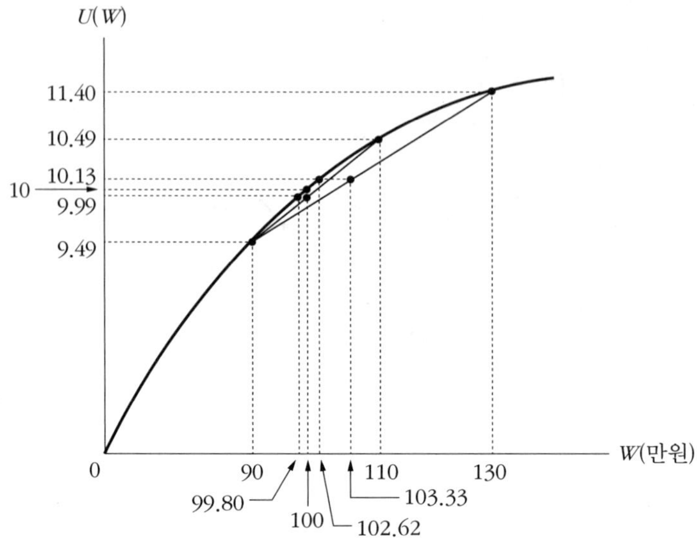

효용함수의 형태가 원점에 대하여 오목한 형태를 가지므로, K씨는 위험회피형 투자자이다.

(2)

① • 현재부의 효용: $U(100)=\sqrt{100}=10$효용

• 갬블에 참가하였을 경우의 효용:

$$E[U(W)]=U(100+10)\left(\frac{1}{2}\right)+U(100-10)\left(\frac{1}{2}\right)=\sqrt{110}\left(\frac{1}{2}\right)+\sqrt{90}\left(\frac{1}{2}\right)=9.99\text{효용}$$

현재의 효용이 갬블에 참가하였을 경우의 효용보다 크므로, K씨는 이 갬블에 참가하지 않을 것이다. 즉 위험회피형 투자자는 공정한 갬블에 참가하지 않는다.

② 위험을 회피하기 위하여 지불할 수 있는 최대의 금액은 위험프리미엄을 의미한다. 갬블에 참가하였을 경우의 기대부[$E(W)$]와 그것의 확실성등가부(CEW)를 각각 구하면 다음과 같다.

• $E(W)=110\times\frac{1}{2}+90\times\frac{1}{2}=100$만원

• $E[U(W)]=U(CEW)$, 즉 $9.99=\sqrt{CEW}\rightarrow CEW=(9.99)^2=99.80$만원

그러므로 위험프리미엄은 다음과 같다.

$$\text{위험프리미엄}=E(W)-CEW=100-99.80=0.20\text{만원}$$

보험의 가격이 0.20만원 이하이면, K씨는 위험을 제거하기 위하여 보험에 가입할 것이다. 다시 말하면 K씨가 갬블의 위험을 회피하기 위하여 보험에 가입할 경우, 그 보험에 대해서 지불할 수 있는 최대의 금액은 0.20만원이다.

③ 갬블의 비용$=W_0-CEW=100-99.80=0.20$만원

K씨가 갬블에 참가할 경우, 그의 현재부는 0.20만원만큼 감소하게 된다. 그러므로 K씨는 현재부를 감소시키는 공정한 갬블에 참가하지 않을 것이다.

(3)

① • 현재부의 효용: $U(100)=\sqrt{100}=10$효용

• 갬블에 참가하였을 경우의 효용:

$$E[U(W)]=U(100+30)\left(\frac{1}{3}\right)+U(100-10)\left(\frac{2}{3}\right)=\sqrt{130}\left(\frac{1}{3}\right)+\sqrt{90}\left(\frac{2}{3}\right)=10.13\text{효용}$$

갬블에 참가하였을 경우의 효용이 현재의 효용보다 크므로, K씨는 이 갬블에 참가한다.

② 위험을 회피하기 위하여 지불할 수 있는 최대의 금액은 위험프리미엄을 의미한다. 갬블에 참가하였을 경우의 기대부[$E(W)$]와 그것의 확실성등가부(CEW)를 각각 구하면 다음과 같다.

• $E(W)=130\times\frac{1}{3}+90\times\frac{2}{3}=103.33$만원

• $E[U(W)]=U(CEW)$, 즉 $10.13=\sqrt{CEW}\rightarrow CEW=(10.13)^2=102.62$만원

그러므로 위험프리미엄은 다음과 같다.

위험프리미엄$=E(W)-CEW=103.33-102.62=0.71$만원

보험의 가격이 0.71만원 이하이면, K씨는 위험을 제거하기 위하여 보험에 가입할 것이다. 즉 K씨가 갬블의 위험을 회피하기 위하여 보험에 가입할 경우, 그 보험에 대해서 지불할 수 있는 최대의 금액은 0.71만원이다.

③ 갬블의 비용$=W_0-CEW=100-102.62=-2.62$만원

K씨가 갬블에 참가할 경우, 그의 현재부는 2.62만원만큼 증가하게 된다. 그러므로 K씨는 현재부를 증가시키는 갬블에 참가한다. 이 경우 K씨는 갬블에 참가하기 위하여 2.62만원까지 비용을 지불할 수 있다.

2 평균-분산이론

기대효용의 극대화기준에 의해서 의사결정을 하기 위해서는 투자자의 효용함수가 주어지고, 투자로부터 예상되는 현금흐름의 확률분포를 알고 있어야 한다. 그러나 개별투자자의 주관적인 효용함수를 확인한다는 것은 거의 불가능하다. 따라서 기대효용의 극대화기준을 대체할 수 있는 현실적으로 적용가능한 새로운 기준이 필요하게 된다. 이

와 같은 대표적인 기준으로서 평균－분산기준(mean-variance criterion)이 있다.

2.1 무차별곡선: 평균－표준편차 평면

추상적인 기대효용의 극대화기준 대신 평균－분산기준을 사용하기 위해서는 자산 수익률의 확률분포가 결합정규분포를 이루거나, 또는 투자자의 효용함수가 2차함수의 형태를 가진다는 전제가 필요하다. 이와 같은 전제하에서 다음과 같은 함수관계를 도출할 수 있다.[9)]

$$E[U(W)]=f[E(r),\ \sigma(r)] \tag{8-8}$$

식 (8－8)은 투자자의 기대효용이 기대수익률과 분산 또는 표준편차에 의해서 결정될 수 있다는 것을 의미한다. 위험회피형 투자자의 경우 기대수익률이 높을수록, 위험이 낮을수록 기대효용은 증가한다. 이와 같은 관계에 의해서 위험회피형 투자자의 무차별곡선을 평균－표준편차 평면상에 나타내면 [그림 8－4]와 같다.[10)]

무차별곡선은 동일한 기대효용을 제공하는 위험(표준편차 또는 분산)과 기대수익률

그림 8－4 위험회피형 투자자의 무차별곡선

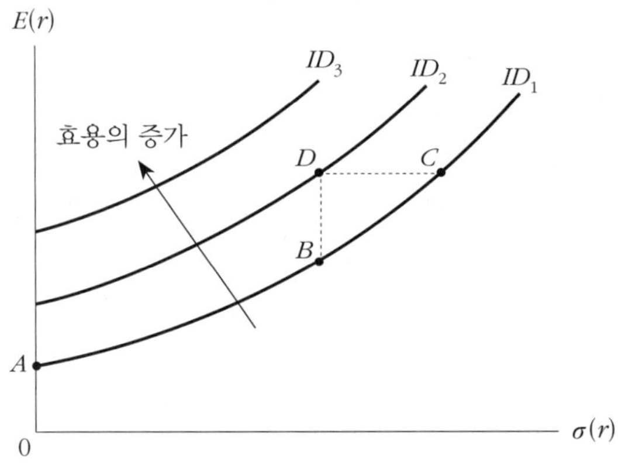

9) 일반적으로 평균－분산기준에서는 현금흐름 또는 부의 개념 대신에 수익률의 개념을 사용한다.

10) 위험선호형과 위험중립형 투자자의 무차별곡선을 나타내면 오른쪽 그림과 같다.

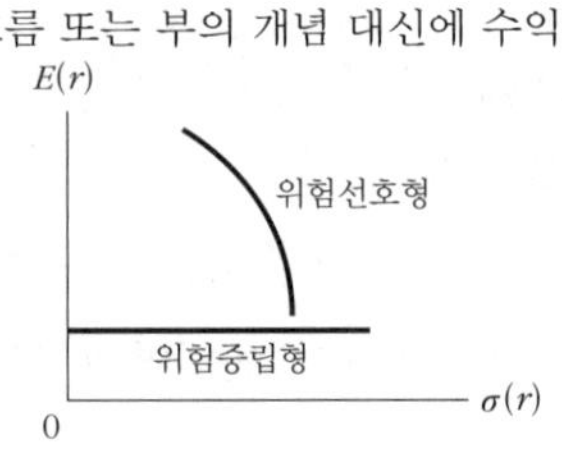

의 모든 조합을 연결한 곡선이다. 즉 동일한 무차별곡선상에 있는 모든 점은 동일한 기대효용을 제공한다. 예를 들어 [그림 8−4]에서 무차별곡선 ID_1상에 있는 A점, B점, C점은 모두 동일한 기대효용을 제공한다. 이와 같은 무차별곡선은 다음과 같은 성질을 가진다.

첫째, 무차별곡선은 위로 올라갈수록 보다 높은 기대효용을 가진다. [그림 8−4]에서 ID_2선상에 있는 D점은 ID_1선상에 있는 B점 또는 C점보다 기대효용이 더 높다. 그 이유는 D점은 B점에 비해 위험은 같으나 기대수익률이 높으며, C점에 비해 기대수익률은 같으나 위험이 작기 때문이다.

둘째, 무차별곡선은 우상향하면서 원점을 향해서 볼록한 형태를 취한다. 위험회피형 투자자의 경우 위험이 증가하면 그 보상으로서 기대수익률이 증가하여야 전과 동일한 기대효용을 유지할 수 있다는 것을 의미한다.[11] 그리고 무차별곡선이 원점을 향해서 볼록하다는 것은 위험이 한 단위 증가할 때마다 동일한 기대효용을 유지하기 위하여 추가로 요구되는 기대수익률의 크기는 점차로 증가한다는 것을 의미한다.

셋째, 무차별곡선은 서로 겹치거나 교차할 수 없다.

2.2 평균−분산기준에 의한 위험자산의 선택

평균−분산기준에 의해 위험자산(또는 위험투자안)을 선택하는 방법은 다음과 같은 절차에 의해서 이루어진다.

첫째, 위험자산들간의 지배관계를 살펴 지배당하는 자산들을 제거한다. 위험자산들간의 지배관계는 다음과 같은 **지배원리**(dominance principles)에 의해서 결정된다.

> **지배원리:**
> - 동일한 기대수익률을 가지는 투자대상 중에서는 위험이 작은 것이 큰 것을 지배한다.
> - 동일한 위험을 가지는 투자대상 중에서는 기대수익률이 큰 것이 작은 것을 지배한다.

지배원리에 의해서 지배관계를 말할 수 없는, 즉 그 우월성을 구분할 수 없는 자산들을 효율적인 자산이라 한다.

둘째, 투자자들의 주관적인 무차별곡선에 의해서 효율적인 자산 중 가장 높은 기

11) 무차별곡선의 한 점에서 그은 접선의 기울기인 한계대체율 MRS가 양(+)의 값을 가진다는 것을 의미한다. 여기서 MRS는 투자자가 싫어하는 위험 한 단위를 추가적으로 취할 경우에 전과 동일한 기대효용을 가질 수 있도록 요구하게 되는 추가적인 기대수익률의 단위를 의미하며 다음과 같이 나타낼 수 있다.

$$MRS = \left.\frac{dE(r)}{d\sigma(r)}\right|_{U=\text{일정}}$$

그림 8-5 보수적 투자자와 공격적 투자자의 무차별곡선

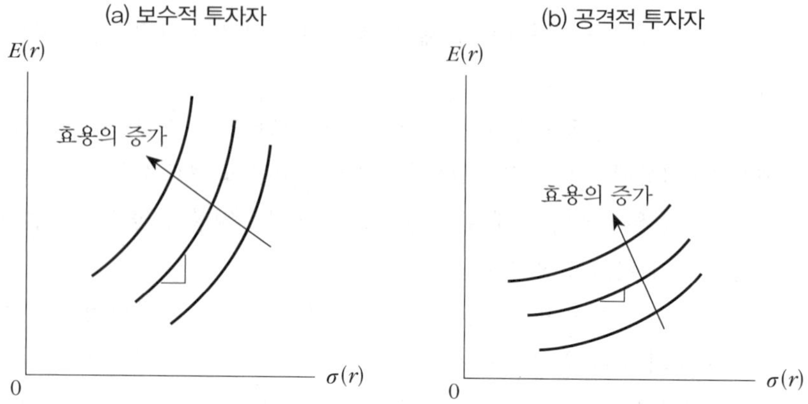

대효용을 주는 자산, 즉 최적자산을 선택한다. 효율적인 자산 중 어느 자산을 선택할 것인가는 투자자들의 주관적인 무차별곡선에 의해서 결정된다. 즉 투자자들은 자신의 상대적인 위험회피 정도에 따라 서로 다른 자산을 선택할 수 있다. 상대적으로 위험을 아주 싫어하는 보수적인 투자자와 상대적으로 위험을 덜 싫어하는 공격적인 투자자의 무차별곡선을 예시하면 [그림 8-5]와 같다. [그림 8-5]에서 볼 수 있는 바와 같이 보수적 투자자는 위험을 아주 싫어하므로 추가적인 위험의 증가에 대해서 아주 높은 기대수익률의 보상을 요구할 것이다. 그러므로 보수적 투자자의 무차별곡선은 아주 가파른 기울기를 가진다. 한편 공격적 투자자는 위험을 비교적 덜 싫어하므로 추가적인 위험의 증가에 대해서 다소 작은 기대수익률의 보상을 요구할 것이다. 그러므로 공격적 투자자의 무차별곡선은 상대적으로 완만한 기울기를 가진다.

예제 8-3 평균－분산기준에 의한 위험자산의 선택

다음과 같은 상호배타적인 투자안이 있다.

투 자 안	기대수익률(%)	표준편차(%)
A	10	1.0
B	15	1.0
C	10	0.6
D	15	1.5
E	12	1.2

(1) 각 투자안을 평균－표준편차 평면상에 나타내고, 지배원리에 의해서 효율적인 투자대상을 지적하라.

(2) 물음 **(1)**에서 결정된 효율적 투자대상 중 최적투자안을 선택하고, 그 선택이유를 당신의 위험회피성향 측면에서 설명하라.

▍해설▍

(1)

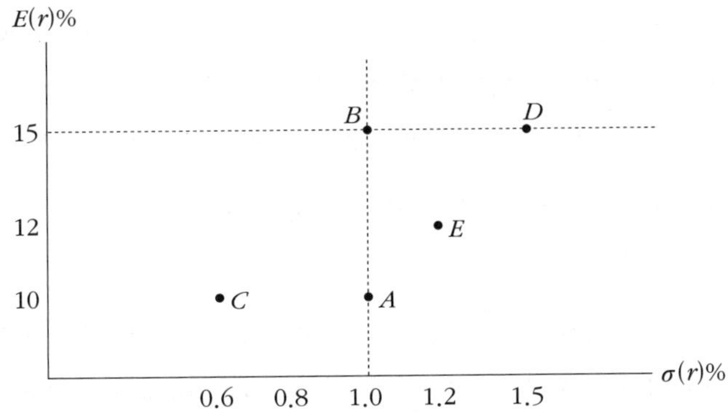

위의 그림에서 볼 수 있는 바와 같이 투자안 A, D, E는 투자안 B에 의해서 지배당한다. 그러므로 지배원리에 의해서 지배관계를 말할 수 없는 투자안 B와 C만이 효율적인 투자대상이다.

(2) 효율적인 투자안 B와 C 중 어느 투자안을 선택하느냐는 투자자의 상대적인 위험회피 정도(무차별곡선의 형태)에 달려 있다. 예를 들어 다음의 그림에서 볼 수 있는 바와 같이 *Ia*의 무차별곡선을 가지는 보수적 투자자는 투자안 C를 선택할 것이며, *Ib*의 무차별곡선을 가지는 공격적인 투자자는 투자안 B를 선택할 것이다.

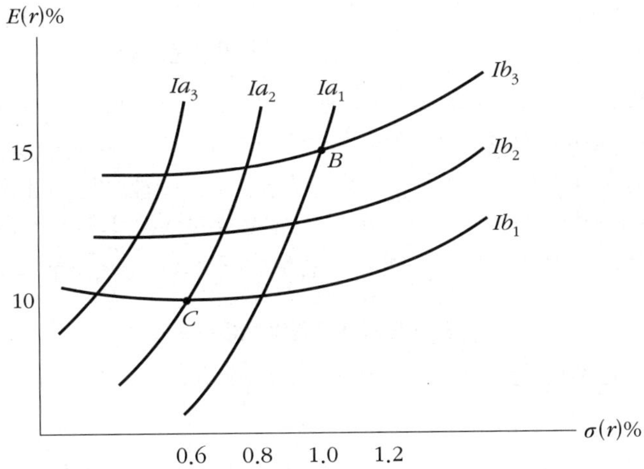

3 기대수익률과 위험의 측정

평균과 분산기준에 의해서 의사결정을 하기 위해서는 투자대상이 되는 자산의 수익률에 대한 기대치와 분산(또는 표준편차)을 측정하여야 한다. 여기서는 대표적인 위험자산인 주식을 중심으로 기대수익률과 위험을 측정하는 방법에 대해서 설명한다. 투자자가 주식에 투자하여 단일기간 동안 보유하였을 때의 수익률 r은 단일기간 동안의 자본차익(기말의 주가−기초의 주가)과 배당소득을 기초의 주가로 나눈 것이다.

$$r = \frac{(\text{기말의 주가} - \text{기초의 주가}) + \text{배당금}}{\text{기초의 주가}} \tag{8-9}$$

투자시점(기초)에서 기초의 주가는 확실한 값이나, 기말의 주가와 배당금은 미래의 값, 즉 불확실한 값이다. 그러므로 주식수익률은 미래의 상황에 따라 변할 수 있는 **확률변수**(random variables)이다. 그리고 확률변수(여기서는 주식수익률)가 취할 수 있는 모든 값과 그것들의 발생확률을 나타낸 것을 **확률분포**(probability distribution)라 한다. 불확실성하의 의사결정에 필요한 기대수익률과 분산(또는 표준편차)은 확률분포에 의해서 구할 수 있다. 기대수익률과 분산은 미래 수익률의 확률분포, 즉 모집단(population)의 특성을 나타내므로 모수(parameters)라 한다.

재무 FOCUS

확률변수와 확률분포표

확률변수(random variables)는 미래의 발생가능한 상황에 일정한 수치를 부여한 값이다. 예를 들어 동전 던지기를 시행하여 앞면이 나오면 1,000원을 받고 뒷면이 나오면 1,000원을 잃게 되는 게임이 있다면, 그것은 앞면과 뒷면이라는 발생가능한 상황들에 각각 1,000원과 −1,000원이라는 수치를 부여하여 게임을 구성한 것이다. 즉 1,000원과 −1,000원은 발생확률이 각각 1/2인 확률변수이며, 이를 요약한 다음과 같은 표를 확률분포표라 한다.

동전 던지기 게임의 확률분포표

상 황	성과(확률변수)	확 률
앞 면	1,000원	0.5
뒷 면	−1,000원	0.5

마찬가지로 투자안의 투자성과를 살펴보는 경우 발생가능한 미래의 상황(예를 들어 경제의 호황, 보통, 불황 등)에 일정한 수치(수익률)를 부여하여 확률변수와 확률분포표를 만들 수 있다.

3.1 모집단의 기대수익률과 분산

일반적으로 임의의 주식 j의 미래수익률의 확률분포를 〈표 8-2〉와 같이 나타낼 수 있다. 주식 j의 미래수익률의 확률분포가 〈표 8-2〉와 같이 주어져 있는 경우 그 기대수익률과 분산(또는 표준편차)은 다음과 같이 구할 수 있다.

표 8-2 주식 j의 미래수익률의 확률분포

상 황	수 익 률	확 률
1	r_{j1}	p_1
2	r_{j2}	p_2
⋮	⋮	⋮
m	r_{jm}	p_m
		$\sum_{s=1}^{m} p_s = 1$

기대수익률

기대수익률(expected return)은 미래에 평균적으로 예상되는 수익률로서, 각 상황별로 발생가능한 수익률에 그 상황이 발생할 확률을 곱한 다음 이를 모두 합하여 구한다.

$$E(r_j) = \sum_{s=1}^{m} p_s r_{js} \tag{8-10}$$

여기서 $E(r_j)$: 주식 j의 기대수익률

p_s : 상황 s가 발생할 확률 $(s=1, 2, \cdots, m)$

r_{js} : 상황 s에서의 주식 j의 수익률(확률변수)

분 산

수익률의 분산(variance of returns)은 기대수익률이 실현되지 않을 가능성을 나타내는 척도로서, 발생가능한 수익률과 기대수익률의 차이인 편차(deviation)를 제곱한 후 그것의 기대치를 구한 것이다.

$$Var(r_j) = E[(r_j - E(r_j))^2] = \sum_{s=1}^{m} p_s [r_{js} - E(r_j)]^2 \tag{8-11}$$

식 (8-11)에서 주식 j 수익률의 분산 $Var(r_j)$는 σ_j^2으로 표기하기도 한다. 그리고 분산의 제곱근을 표준편차(standard deviation)라 한다. 즉 표준편차 σ_j는 다음과 같다.

$$\sigma_j = \sqrt{Var(r_j)} \tag{8-12}$$

이와 같은 수익률의 분산 또는 표준편차가 크면 클수록 미래수익률이 기대수익률로부터 이탈할 가능성, 즉 투자위험이 높아지게 된다.

예제 8-4 모집단의 기대수익률과 분산

목포주식회사 주식의 미래수익률의 확률분포는 다음과 같이 예상된다.

상 황	확 률	수 익 률
호 황	0.3	0.40
보 통	0.4	0.12
불 황	0.3	0.01

이 회사 주식의 기대수익률과 분산, 표준편차를 구하라.

▌해설▐

- 기대수익률 $= 0.3 \times 0.4 + 0.4 \times 0.12 + 0.3 \times 0.01 = 0.171$
- 분산 $= 0.3 \times (0.4 - 0.171)^2 + 0.4 \times (0.12 - 0.171)^2 + 0.3 \times (0.01 - 0.171)^2 = 0.024549$
- 표준편차 $= \sqrt{0.024549} = 0.156681$

3.2 표본의 평균수익률과 분산

기대수익률과 분산을 측정하기 위해서는 미래수익률의 확률분포(모집단)를 정확하게 예측할 수 있어야 한다. 그러나 실제로 미래수익률의 확률분포를 정확히 예측하는 것은 거의 불가능한 일이다. 따라서 일반적으로 기대수익률과 분산은 미래수익률의 확률분포 대신에 과거 일정기간 동안의 실제수익률자료, 즉 표본(sample)을 이용하여 추정(estimation)된다. 표본의 평균수익률과 분산은 각각 모집단(미래수익률의 확률분포)의 기대수익률과 분산의 추정치로서 이용된다.[12] 주식 j에 대한 과거 일정기간(예를 들어 N기간) 동안의 실제수익률자료는 〈표 8-3〉과 같이 나타낼 수 있다.

12) 표본수익률자료를 이용하여 측정한 평균수익률과 분산은 각각 모집단의 기대수익률과 분산의 추정치이므로 표본오차(sampling errors)가 발생할 수 있음을 유의해야 한다.

표 8-3 주식 j의 실제수익률자료

기 간	수 익 률
1	r_{j1}
2	r_{j2}
⋮	⋮
N	r_{jN}

평균수익률

표본의 평균수익률은 표본기간 동안의 평균적인 수익률로서, 표본기간 동안의 모든 수익률을 합한 후 표본기간의 수로 나누어 구한다. 〈표 8-3〉과 같은 표본수익률자료를 이용하여 주식 j의 평균수익률을 측정하면 다음과 같다.

$$\bar{r}_j = \frac{\sum_{t=1}^{N} r_{jt}}{N} \tag{8-13}$$

여기서 r_{jt}: $t-1$시점부터 t시점까지 단일기간 동안의 주식 j의 수익률[13)]

분 산

〈표 8-3〉과 같은 표본수익률자료를 이용하여 표본수익률의 분산 S_j^2을 구하면 다음과 같다.

$$S_j^2 = \frac{\sum_{t=1}^{N} (r_{jt} - \bar{r}_j)^2}{N-1} \tag{8-14}$$

표본수익률의 분산은 표본수익률의 편차를 제곱하여 합한 값을 자유도(degree of freedom), 즉 $N-1$로 나누어 산출됨을 유의하여야 한다. 자유도는 독립적인 변수의 수 또는 자유로이 취할 수 있는 변수의 총수로 정의되며, 총관측치의 수에서 미지의 모수 대신 사용한 추정치의 수를 제외한 값이다. 그러므로 표본의 분산을 구할 때 모수인 기대수익률 대신에 표본의 평균수익률을 추정치로 사용하므로 자유도는 다음과 같이 계산된다.

자유도(degree of freedom) = 표본의 수 − 추정치의 수 = $N-1$

---

13) $r_{jt} = \dfrac{P_{jt} - P_{j,t-1} + D_{jt}}{P_{j,t-1}}$

여기서 P_{jt}: t시점에서 주식 j의 가격

$P_{j,t-1}$: $t-1$시점에서 주식 j의 가격

D_{jt}: $t-1$시점부터 t시점까지의 단일기간 동안의 주식 j의 배당금

예제 8-5 표본의 평균수익률과 분산

다음은 주식 A의 기대수익률과 분산을 추정하기 위하여 수집한 과거 일정기간 동안의 실제수익률자료이다.

기 간	수익률(%)
1	12.0
2	1.5
3	−8.6
4	−5.0
5	6.0

이 주식의 기대수익률과 분산, 표준편차를 추정하라.

❙ 해설 ❙

- 기대수익률 $= \dfrac{0.12+0.015-0.086-0.05+0.06}{5} = 0.0118$
- 분산 $= [(0.12-0.0118)^2+(0.015-0.0118)^2+(-0.086-0.0118)^2+(-0.05-0.0118)^2 + (0.06-0.0118)^2]/(5-1) = 0.006856$
- 표준편차 $= \sqrt{0.006856} = 0.082802$

요 약

불확실성하의 의사결정기준: 위험회피형 투자자

기대효용이론

- 기대효용이 가장 높은 투자안 선택
- 효용함수

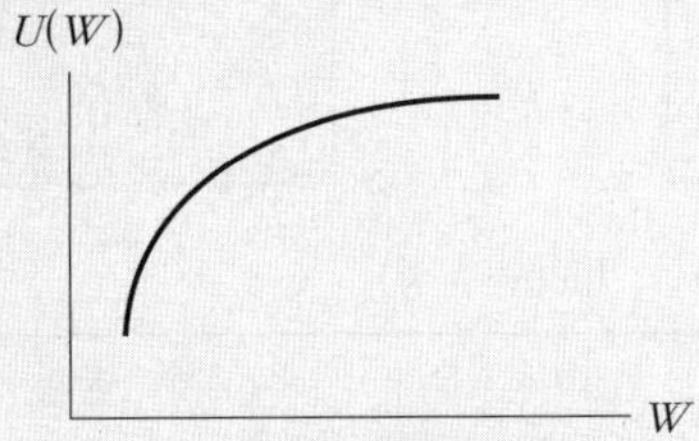

→ 위험프리미엄 = 기대부 − 확실성등가부

갬블의 비용 = 현재부 − 확실성등가부

(정규분포 또는 2차 효용함수)

↓

평균 − 분산이론

- $E[U(W)] = f[E(r), \sigma(r)]$ → 무차별곡선

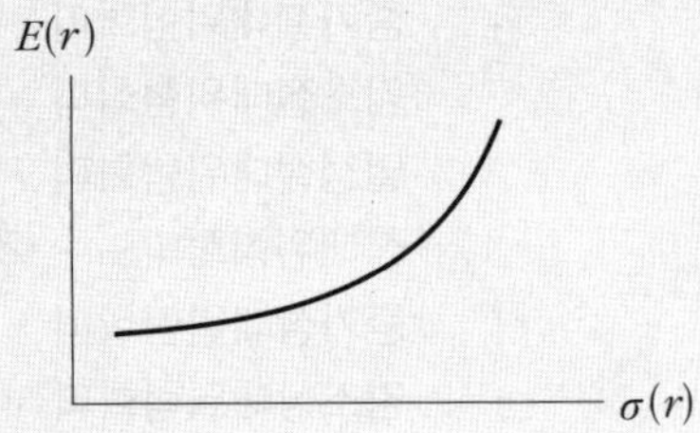

- 의사결정기준:
  (1) 지배원리 → 효율적 투자안
  (2) 가장 높은 무차별곡선상에 있는 투자안 선택 → 최적투자안

기대수익률과 위험의 추정

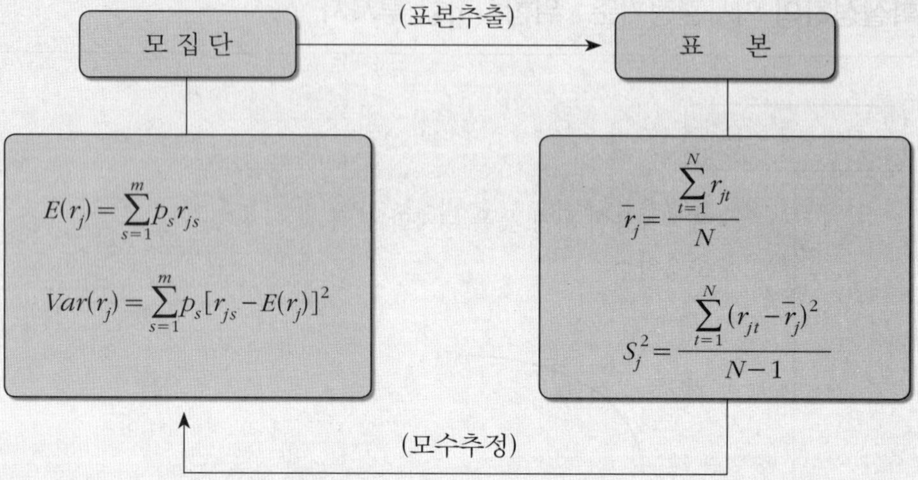

주요 용어

사·례·연·구

현재 100만원을 보유하고 있는 P씨의 효용함수는 다음과 같다.

$$U(W)=\ln(W)$$ (여기서 W는 부의 수준으로 단위는 원임)

현재 10만원을 얻을 확률과 잃을 확률이 동일한 갬블이 있다.

(1) P씨는 이 갬블에 참가하겠는가?

(2) 만약 P씨가 갬블에 참가함에 따라 발생하는 위험을 완전히 제거해 주는 보험이 있으며 그 보험료가 5,500원이라면 P씨는 이 보험에 가입하겠는가?

(3) 만일 P씨가 갬블에 참가할 경우 그의 현재 부는 어떻게 변동되겠는가?

(4) 위 문제와 달리 P씨의 현재 보유자산이 90만원이고, 그 외 나머지 사항은 동일하다고 할 경우 위 물음 (2)는 어떻게 되겠는가?

(5) 위 문제와 달리 10만원을 얻을 확률이 60%, 10만원을 잃을 확률이 40%인 갬블이 있으며, 그 외 다른 것은 동일하다. P씨가 이 갬블에 참가할 경우 갬블의 비용을 구하고 그것이 의미하는 바를 설명하라.

:: 해 설

(1) • 현재부의 효용: $U(1{,}000{,}000)=\ln(1{,}000{,}000)=13.8155$

• 갬블에 참가하였을 경우의 효용 :

$$E[U(W)]=U(1{,}000{,}000+100{,}000)\times 0.5+U(1{,}000{,}000-100{,}000)\times 0.5$$
$$=\ln(1{,}100{,}000)\times 0.5+\ln(900{,}000)\times 0.5=13.8105$$

• $U(W)>E[U(W)]$ → 갬블에 참가하지 않음.

(2) • 기대부: $E(W)=1{,}100{,}000\times 0.5+900{,}000\times 0.5=$ 100만원

• 확실성등가부 :

$E[U(W)]=U(CEW)$, 즉 $13.8105=\ln(CEW)$ → $CEW=e^{13.8105}=995{,}001.97$원

• 위험프리미엄 $=E(W)-CEW$

$=1{,}000{,}000-995{,}001.97=4{,}998.03$원

• 보험료(5,500원) > 위험프리미엄(4,998.03원) → 보험에 가입하지 않음.

(3) 갬블의 비용 $= W_0 - CEW = 1{,}000{,}000 - 995{,}001.97 = 4{,}998.03$원

→ 갬블에 참가함으로써 P씨의 현재부는 4,998.03원만큼 감소함.

(4) • 갬블에 참가하였을 경우의 효용:

$$E[U(W)] = U(900{,}000 + 100{,}000) \times 0.5 + U(900{,}000 - 100{,}000) \times 0.5$$
$$= \ln(1{,}000{,}000) \times 0.5 + \ln(800{,}000) \times 0.5 = 13.7039$$

• 확실성등가부:

$E[U(W)] = U(CEW)$, 즉 $13.7039 = \ln(CEW) \rightarrow CEW = e^{13.7039} = 894{,}392.5$원

• 위험프리미엄 $= E(W) - CEW$
$= 900{,}000 - 894{,}392.5 = 5{,}607.5$원

• 보험료(5,500원) < 위험프리미엄(5,607.5원) → 보험에 가입함.

(5) • 갬블에 참가하였을 경우의 효용:

$$E[U(W)] = U(1{,}000{,}000 + 100{,}000) \times 0.6 + U(1{,}000{,}000 - 100{,}000) \times 0.4$$
$$= \ln(1{,}100{,}000) \times 0.6 + \ln(900{,}000) \times 0.4 = 13.8306$$

• 확실성등가부:

$E[U(W)] = U(CEW)$, 즉 $13.8306 = \ln(CEW) \rightarrow CEW = e^{13.8306} = 1{,}015{,}203.86$원

• 갬블의 비용 $= W_0 - CEW = 1{,}000{,}000 - 1{,}015{,}203.86 = -15{,}203.86$원

갬블의 비용이 음(−)의 값을 갖는 경우, 이는 개인이 갬블에 참가함으로써 이익을 본다는 의미를 지닌다. 즉, P씨가 갬블에 참가하면 그의 현재부가 15,203.86원 만큼 증가하게 된다. 따라서 P씨는 이러한 갬블에 참가하게 되며, 이 경우 P씨는 15,203.86원의 범위 내에서 양(+)의 금액을 비용으로 지불할 수 있을 것이다.

연·습·문·제

▶ 객관식 문제

01 아래 표에서와 같이 A, B, C 및 D 투자안의 호경기와 불경기 때의 수익률이 주어져 있다. 세 투자안 가운데 하나를 선택하는 경우, 다음의 설명 중 옳은 것을 모두 모아 놓은 것은? (CPA 1차 2004)

투 자 안	호 경 기	불 경 기
A	10%	10%
B	13%	7%
C	14%	6%
D	15%	9%

(단, 호경기와 불경기가 발생할 확률은 각각 1/2로 동일하다.)

a. 위험회피적 투자자들 가운데에서도 D투자안을 선택하는 투자자가 있다.
b. 위험중립적 투자자는 A투자안, B투자안 및 C투자안을 동일하게 평가한다.
c. 위험추구적 투자자는 A투자안과 B투자안 중에서는 B투자안을 선택한다.

① a, b, c　　② b, c　　③ a, c　　④ a, b　　⑤ c

02 자산 세 개(A, B, C)의 1년 후 시장상황에 따른 예상수익(단위: 원)은 다음과 같다. 단, 1년 후 호황과 불황의 확률은 각각 50%이다.

	자산 A	자산 B	자산 C
1년 후 수익(호황)	110	120	160
1년 후 수익(불황)	110	100	80

자산 A의 현재가격은 100원이다. 다음 중 자산의 균형가격으로 성립될 수 없는 것은? (CPA 1차 2006)

① 위험회피형 투자자만 있는 세계에서 자산 B의 현재가격이 97원이다.
② 위험회피형 투자자만 있는 세계에서 자산 C의 현재가격이 105원이다.
③ 위험선호형 투자자만 있는 세계에서 자산 C의 현재가격이 115원이다.
④ 위험중립형 투자자만 있는 세계에서 자산 B의 현재가격이 100원이다.
⑤ 위험중립형 투자자만 있는 세계에서 자산 C의 현재가격이 107원이다.

03 다음 그림에서 가로축은 투자안의 위험을 나타내고 세로축은 투자안의 기대수익을 나타낸다. 이 그림 중에서 위험중립형 투자자의 등기대효용곡선은 어느 것인가? (CPA 1차 2012)

①
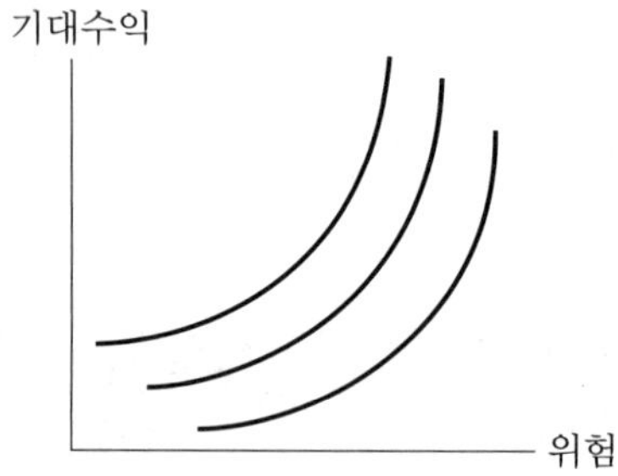

②
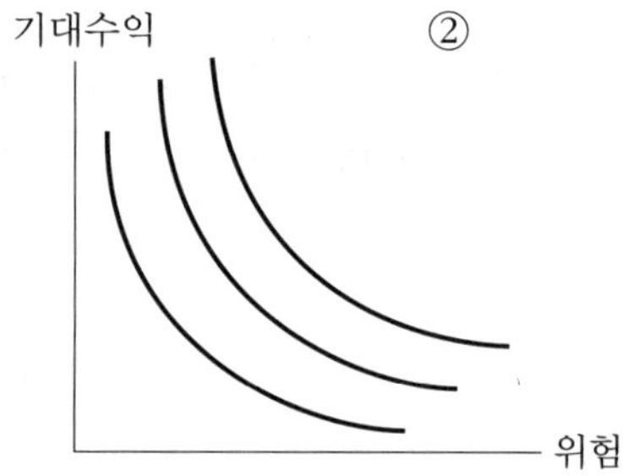

③
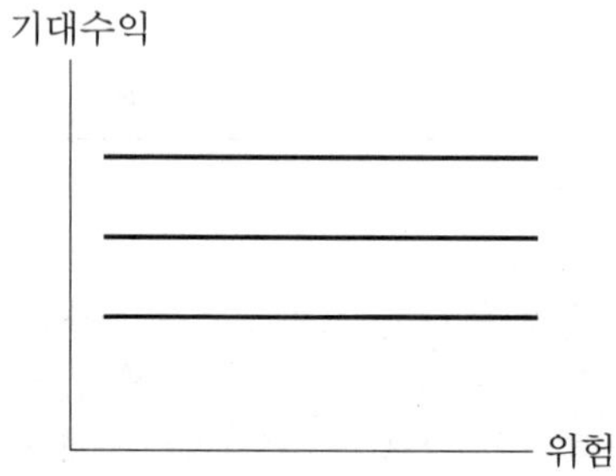

④
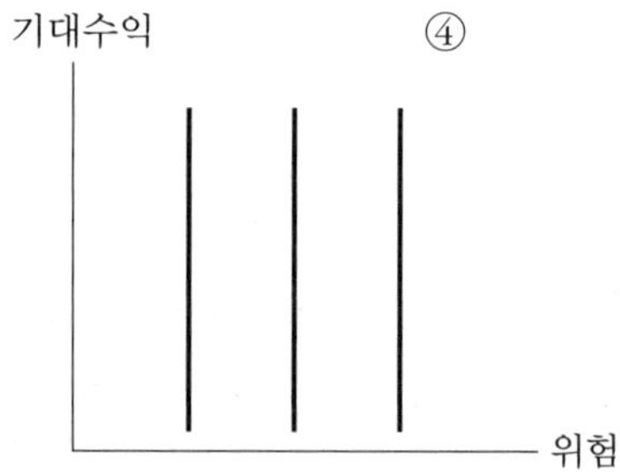

⑤
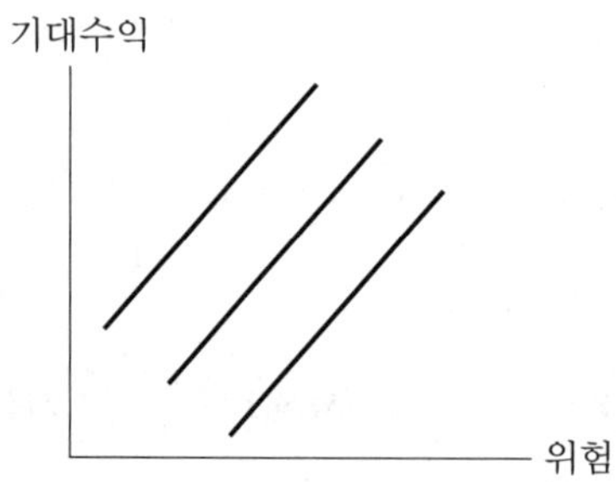

● 객관식 해답 **1.** ①, **2.** ⑤, **3.** ③

▶ 주관식 문제

01 기대수익의 극대화기준과 기대효용의 극대화기준 비교

현재 100만원을 가지고 있는 투자자에게 다음과 같은 상호배타적인 3개의 투자안이 주어져 있다.

투자안 1		투자안 2		투자안 3	
수 익	확 률	수 익	확 률	수 익	확 률
20만원	1/2	10만원	1/4	20만원	1/4
40만원	1/2	20만원	1/2	30만원	1/2
		70만원	1/4	40만원	1/4

(1) 만약 투자자가 기대수익의 극대화기준에 의해서 선택을 한다면, 어느 투자안을 선택하여야 하는가? 그리고 이 선택기준의 문제점을 지적하라.

(2) 다음과 같은 효용함수 $U(W)$(단, W는 부의 수준으로서 단위는 만원임)를 가지고 있는 각 투자자는 어느 투자안을 선택하여야 하는가?

① $U(W)=W$인 위험중립형 투자자의 경우

② $U(W)=W^2$인 위험선호형 투자자의 경우

③ $U(W)=\sqrt{W}$인 위험회피형 투자자의 경우

02 효용함수와 위험프리미엄

$U(X)=\sqrt{X}$(단, X는 투자수익이며, 단위는 만원임)의 효용함수를 갖는 투자자에게 지금 다음과 같은 상호배타적인 투자안이 주어져 있다.

투자안 1		투자안 2	
수 익	확 률	수 익	확 률
16만원	0.5	81만원	0.5
196만원	0.5	121만원	0.5

(1) 어느 투자안을 선택하여야 하는가?

(2) 이 투자자가 각 투자안의 위험을 회피하기 위하여 지불할 수 있는 최대금액은 각각 얼마인가?

03 효용함수를 이용한 보험료 산정 (CPA 2차 2018 수정)

A씨의 효용함수가 $U(W)=\sqrt{W}$ 라고 가정하고 아래의 질문에 답하라. 현재 10,000달러를 보유하고 있는 A씨는 5,000달러로 주택을 구입하고, 나머지를 연 10% 수익률을 주는 무위험자산에 투자할 계획이다. 주택에 화재가 날 확률은 1%이고, 그 경우 주택가치는 0이 된다. 화재가 일어나지 않으면 연말의 주택가치는 여전히 5,000달러이다.

(1) 만일 어떤 보험회사가 화재발생 시 주택가치 전액을 보장해주는 보험상품을 제시할 경우, A씨가 지급할 의향이 있는 최대의 보험료는 얼마인가? 소수점 아래 셋째 자리에서 반올림하여 둘째 자리까지 표시하라.

(2) A씨는 효용함수가 $U(W)=\ln W$인 투자자에 비해 더 위험회피적인지 또는 덜 위험회피적인지 답하고, 그 이유를 간단히 설명하라. 아래 주어진 로그함수와 지수함수의 예시 표를 이용하라.

X	$\ln X$
1,500	7.313
2,500	7.824
3,500	8.161
4,500	8.412
5,500	8.613
6,500	8.780
7,500	8.923
8,500	9.048
9.500	9.159
10,500	9.259

X	e^X
9.2510	10,414.98
9.2515	10,420.18
9.2520	10,425.40
9.2525	10,430.61
9.2530	10,435.83
9.2535	10,441.05
9.2540	10,446.27
9.2545	10,451.49
9.2550	10,456.72
9.2555	10,461.95

04 효용함수 응용

$U(X)=(X/10)^2$(단, X는 상금액으로서 단위는 만원임)의 효용함수를 갖는 투자자에게 다음과 같은 상금을 주는 두 개의 복권은 무차별하다고 한다.

복권 1		복권 2	
상 금	확 률	상 금	확 률
110만원	0.5	90만원	p
130만원	0.5	150만원	$1-p$

이 경우 p는 얼마인가?

05 효용함수를 이용한 보험료의 산정

갑은 현재 시가 1,000만원인 자동차를 보유하고 있으며, 차량파손에 따른 손실에 대비하기 위하여 보험가입을 고려중이다. 현재 사고 등으로 인해 차량이 파손될 확률은 10%로 추정되며, 이 경우 차량가치가 500만원이 될 가능성은 60%이고, 20만원이 될 가능성은 40%이다. ㈜동해보험은 사고 등에 따른 차량파손시 그 손실액을 전액 보상해 주는 보험상품을 갑에게 제시하였으며, 그 보험료로 100만원을 요구하였다. 갑이 $U(W)=\sqrt{W}$(단, W는 자동차의 가치로서 단위는 만원임)의 효용함수를 가질 경우 다음의 물음에 답하라.

(1) 갑이 지불할 수 있는 최대보험료는 얼마인가?

(2) 갑은 ㈜동해보험이 제시한 보험상품에 가입하겠는가?

06 절대위험회피도, 보험료 및 확실성등가부

(보험계리사 2차 2014 수정)

지금 보험시장에는 춘향과 몽룡이라는 두 잠재적 보험계약자가 있다. 춘향과 몽룡의 효용함수는 다음과 같다. (단, W는 자산금액을 의미한다.)

춘향의 효용함수 : $U(W)=2\sqrt{W}$　　　　몽룡의 효용함수 : $U(W)=\sqrt{W}$

춘향은 현재 총 25억원의 자산을 보유하고 있는데, 25억원 전액이 0.1의 확률로 멸실될 위험에 처해 있다. 몽룡은 현재 총 25억원의 자산을 보유하고 있다. 이 중 16억원에 상당하는 부동산 가옥은 0.5의 확률로 전소(全燒)의 화재위험에 노출되어 있고, 나머지 9억원에 상당하는 동산은 0.2의 확률로 도난위험에 노출되어 있다. 단, 화재위험과 도난위험은 서로 독립적으로 발생한다고 가정한다.

(1) 자산 25억원의 수준에서 춘향의 절대위험회피도(degree of absolute risk aversion)를 구하라.

(2) 춘향은 자산멸실위험에 대비해 전부보험을 구입하려 한다. 춘향이가 지불할 수 있는 최대한도의 보험료는 얼마인가?

(3) 몽룡이 보유한 자산의 확실성등가부(certainty equivalent wealth)를 구하라.

07 평균－분산기준

다음은 미래의 기대수익률과 분산을 추정하기 위하여 수집한 상호배타적인 투자안들의 20×1년~20×5년 동안의 실제 연간 수익률자료이다.

연 도	A	B	C	D
20×1	0.20	0.22	0.06	0.10
20×2	0.40	0.21	0.08	0.12
20×3	0.30	0.18	0.05	0.18
20×4	0.22	0.16	0.04	0.20
20×5	0.36	0.20	0.06	0.15

(1) 주어진 과거자료를 이용하여 각 투자안의 기대수익률과 표준편차를 추정하라.

(2) 평균-분산기준에 의해서 효율적인 투자안과 비효율적인 투자안을 구분하라.

보론 1 위험회피도의 측정

위험회피형 투자자들이 위험을 싫어하는 정도, 즉 위험회피도(degree of risk aversion)는 사람마다 서로 다르며, 이는 효용함수의 오목성(concavity)에 의해 측정될 수 있다. 효용함수가 원점에 대해서 오목할수록 위험회피도는 크게 나타난다.

A1.1 절대위험회피도

절대위험회피도(degree of absolute risk aversion)는 투자자의 부가 증가할수록 위험자산에 대한 투자금액이 어떻게 변화하는지를 측정하는 것으로서 식 (8A-1)과 같이 정의된다.[14)]

$$a(W) = -\frac{U''(W)}{U'(W)} \tag{8A-1}$$

여기서 $U'(W)$: 효용함수의 1차 도함수
$U''(W)$: 효용함수의 2차 도함수

위험회피형 투자자의 경우 $U'(W)>0$, $U''(W)<0$이므로 절대위험회피도($a(W)$)는 항상 양(+)의 값을 가짐을 알 수 있다.

한편 투자자의 부가 증가함에 따라 절대위험회피도가 어떻게 변화하는지를 살펴보기 위하여, 그가 보유하고 있는 부의 일부를 무위험자산에 투자하고 나머지를 위험자산에 투자한다고 하자. 이와 같은 경우 절대위험회피유형은 효용함수의 형태에 따라 다음과 같이 세 가지로 분류될 수 있다. 첫째, 투자자의 부가 증가함에 따라 절대위험회피도가 증가하여 위험자산에 대한 투자금액을 감소시키는 경우를 **증가절대위험회피**(increasing absolute risk aversion: IARA)라고 한다. 둘째, 투자자의 부가 증가함에 따라 절대위험회피도가 감소하여 위험자산에 대한 투자금액을 증가시키는 경우를 **감소절대위험회피**(decreasing absolute risk aversion: DARA)라고 한다. 셋째, 투자자의 부가 증가하더라도 절대위험회피도는 변하지 않아 위험자산에 대한 투자금액이 일정하게 유지되는 경우를 **일정절대위험회피**(constant absolute risk aversion: CARA)라고 한다.

이상에서 설명한 절대위험회피유형을 정리하여 나타내면 다음과 같다. (단, $a'(W)$는 절대위험회피도의 1차 도함수임.)

---

14) 이에 대한 증명은 다음을 참조하기 바란다.
T. E. Copeland, J. F. Weston, and K. Shastri, *Financial Theory and Corporate Policy*, 4th ed. (Addison-Wesley, 2005), pp. 55~57.

- 증가절대위험회피(IARA): $a'(W)>0$
- 감소절대위험회피(DARA): $a'(W)<0$
- 일정절대위험회피(CARA): $a'(W)=0$

세 가지 유형의 절대위험회피 중 감소절대위험회피(DARA)가 일반적이라 할 수 있다.[15)]

A1.2 상대위험회피도

상대위험회피도(degree of relative risk aversion)는 투자자의 부가 증가할수록 위험자산에 대한 투자비율이 어떻게 변화하는지를 측정하는 것으로서 식 (8A−2)와 같이 정의된다.

$$r(W) = -W \cdot \frac{U''(W)}{U'(W)} = W \cdot a(W) \tag{8A−2}$$

식 (8A−2)에서 볼 수 있는 바와 같이 상대위험회피도($r(W)$)는 절대위험회피도에 부의 수준을 곱하여 부의 수준이 위험회피도에 미치는 영향을 제거한 것이라 할 수 있다.

투자자의 부가 증가함에 따라 상대위험회피도가 어떻게 변화될 것인가는 절대위험회피도의 경우와 마찬가지로 효용함수의 형태에 따라 달라진다. 첫째, 투자자의 부가 증가함에 따라 상대위험회피도가 증가하여 위험자산에 대한 투자비율을 감소시키는 경우를 **증가상대위험회피**(increasing relative risk aversion: IRRA)라고 한다. 둘째, 투자자의 부가 증가함에 따라 상대위험회피도가 감소하여 위험자산에 대한 투자비율을 증가시키는 경우를 **감소상대위험회피**(decreasing relative risk aversion: DRRA)라고 한다. 셋째, 투자자의 부가 증가하더라도 상대위험회피도는 변하지 않아 위험자산에 대한 투자비율이 일정하게 유지되는 경우를 **일정상대위험회피**(constant relative risk aversion: CRRA)라고 한다.

이상에서 설명한 상대위험회피유형을 정리하여 나타내면 다음과 같다. (단, $r'(W)$는 상대위험회피도의 1차 도함수임.)

---

15) 효용함수가 로그함수($U(W)=lnW$)일 경우 이는 감소절대위험회피(DARA)를 만족한다.

$$U'(W)=\frac{1}{W},\ U''(W)=\frac{1}{W^2} \rightarrow a(W)=-\frac{U''(W)}{U'(W)}=\frac{1}{W} \quad \therefore\ a'(W)=-\frac{1}{W^2}<0$$

- 증가상대위험회피(IRRA) : $r'(W)>0$
- 감소상대위험회피(DRRA) : $r'(W)<0$
- 일정상대위험회피(CRRA) : $r'(W)=0$

세 가지 유형의 상대위험회피 중 일정상대위험회피(CRRA)가 일반적이라 할 수 있다.[16)]

16) 효용함수가 로그함수($U(W)=\ln W$)일 경우 이는 일정상대위험회피(CRRA)를 만족한다.

$$r(W)=-W\cdot\frac{U''(W)}{U'(W)}=W\cdot\frac{1}{W}=1 \quad \therefore\ r'(W)=0$$

보론 2 상태선호이론

상태선호이론(state preference theory)은 불확실성하에서 개인과 기업의 투자결정이 어떻게 이루어지는가를 설명하는 데 유용한 이론이다.

A2.1 순수증권과 완성시장

순수증권(pure or primitive security)은 일정한 상황(또는 상태)이 발생하면 1단위(즉 1원)를 지급하고 나머지 다른 상황에서는 성과(payoff)를 얻을 수 없는 증권을 의미한다.[17] 상태선호이론에 의하면 일정한 시장조건하에서 순수증권의 가격이 결정되면, 어떠한 증권이든 미래 발생가능한 상황 $\theta_s (s=1, 2, \cdots, m)$에 따라 얻을 수 있는 성과들로부터 증권가격을 구할 수 있다. 그러므로 개념적으로 볼 때 순수증권의 균형가격에는 투자자들의 위험성향과 기업의 투자기회가 반영되어 있다고 볼 수 있다. 이러한 상태선호이론은 옵션가격결정모형을 개발하는 데에도 기본적인 틀을 제공한다.

완성시장(complete market)이란 1차 독립적인 증권의 수가 상호배타적인 미래상황의 수와 동일한 경우에 성립되는 시장을 말한다. 예를 들어 현재 2가지 상황이 존재하는 시장이라고 하면 1차 독립적인 상황조건부 증권이 2개가 존재해야만 완성시장이라 할 수 있다. 완성시장에서는 순수증권의 선형결합을 통하여 자본시장에서 거래되는 어떠한 증권도 구성할 수 있다.

이와 같은 순수증권과 완성시장은 상태선호이론의 기본적 구조를 이해하는 데 중요한 개념에 속한다.

A2.2 순수증권의 가격결정

시장에 존재하는 임의의 증권 j의 가격은 순수증권의 가격을 이용하여 다음과 같이 나타낼 수 있다.

$$P_j = p(\theta_1)\pi_{j1} + p(\theta_2)\pi_{j2} + \cdots + p(\theta_m)\pi_{jm} = \sum_{s=1}^{m} p(\theta_s)\pi_{js} \qquad (8A-3)$$

여기서 P_j: 증권 j의 가격
$p(\theta_s)$: 상황 s 발생시에 1단위를 얻을 수 있는 순수증권의 가격
π_{js}: 상황 s 발생시 증권 j의 성과

---

17) 순수증권을 애로우-드브루(Arrow-Debreu) 증권(A-D 증권)이라고도 한다. 이러한 순수증권을 실제로 증권시장에서 관찰할 수 있는 것은 아니다.

완성시장에서 상황의 수와 동일한 상호독립적인 m개의 증권이 존재한다면, 식 (8A-3)과 같은 m개의 방정식을 만들 수 있다. 이와 같은 m개의 연립방정식을 풀면 순수증권의 가격을 구할 수 있다. 그리고 이와 같이 구해진 순수증권의 가격을 이용하면 시장에 존재하는 다른 증권의 균형가격을 구할 수 있을 것이다.

A2.3 무위험이자율

완성시장에서 모든 순수증권을 1개씩 매입하는 경우 미래 어떤 상황에서도 항상 1단위의 일정한 성과를 얻을 수 있는 무위험포트폴리오를 구성할 수 있다. 이와 같이 구성된 무위험포트폴리오의 가치는 확실한 미래성과 1단위를 무위험이자율 r_f로 할인한 것과 같아야 한다.

$$\sum_{s=1}^{m} p(\theta_s) = \frac{1}{1+r_f} \tag{8A-4}$$

식 (8A-4)를 무위험이자율 r_f에 대하여 정리하면 다음과 같이 나타낼 수 있다.

$$r_f = \left[\frac{1}{\sum_{s=1}^{m} p(\theta_s)} \right] - 1 \tag{8A-4$'$}$$

예제 8A-1 상태선호이론

자본시장에는 A, B 두 종류의 증권이 있는데, 발생가능한 상황 및 그에 따른 성과는 다음과 같다.

(단위: 원)

구 분	상황 1	상황 2
증권 A	30,000	20,000
증권 B	20,000	40,000

현재 증권 A, B의 가격은 각각 21,000원과 22,000원이다.

(1) 순수증권의 가격을 구하라.

(2) 무위험이자율을 구하라.

| 해설 |

(1) 증권 A, B의 가격을 순수증권을 이용하여 나타내면 다음과 같다.

$$21{,}000 = p(\theta_1) \times 30{,}000 + p(\theta_2) \times 20{,}000$$

$$22{,}000 = p(\theta_1) \times 20{,}000 + p(\theta_2) \times 40{,}000$$

$$\therefore\ p(\theta_1) = 0.5,\ p(\theta_2) = 0.3$$

(2) 시장에 존재하는 두 개의 순수증권을 1개씩 매입하여 보유할 경우 미래 상황과 관계없이 항상 1원의 성과를 얻을 수 있다. 이러한 무위험포트폴리오의 가치는 다음과 같이 나타낼 수 있다.

$$\sum_{s=1}^{2} p(\theta_s) = \frac{1}{1+r_f} \rightarrow 0.5 + 0.3 = \frac{1}{1+r_f} \qquad \therefore\ r_f = 25\%$$

제 9 장

포트폴리오분석

1. 포트폴리오의 기대수익률과 위험의 측정
2. 포트폴리오의 선택
3. 분산효과와 개별증권의 위험

보론: 단일지수모형

앞의 장에서는 여러 투자대상(예를 들어 투자안 또는 증권 등 위험자산)이 동시에 선택될 수 없는 상호배타적인 경우를 가정하여 개별 투자대상의 선택이론, 즉 평균-분산이론을 살펴보았다. 그러나 실제로는 투자대상들이 상호배타적이지 않은 경우가 일반적이다. 따라서 투자자는 동시에 여러 종류의 증권 또는 부동산 등을 소유할 수 있을 것이다. 이 경우 투자자가 보유하는 두 개 이상의 자산으로 구성된 자산조합을 포트폴리오(portfolio)라 한다.

본장에서는 투자자가 둘 이상의 자산으로 구성된 포트폴리오를 선택할 수 있는 경우, 평균 - 분산이론에 의해서 포트폴리오의 선택문제를 살펴보고자 한다. 기본적인 분석방법은 앞의 장과 동일하다. 즉 포트폴리오 수익률의 확률분포로부터 기대수익률과 위험(분산 또는 표준편차)을 측정하여 지배원리에 의해서 효율적 포트폴리오(efficient portfolio)를 결정한 후, 투자자의 위험회피성향을 나타내는 무차별곡선에 의해서 최적포트폴리오(optimal portfolio)를 선택하면 된다.

1 포트폴리오의 기대수익률과 위험의 측정

포트폴리오분석을 실시하기 전에 먼저 포트폴리오의 기대수익률과 표준편차를 추정해야 한다. 설명을 위하여 N개의 자산으로 구성된 임의의 포트폴리오를 생각해 보자. 이와 같은 포트폴리오의 수익률 r_p는 그 포트폴리오를 구성하고 있는 증권들의 수익률을 가중평균하여 다음과 같이 나타낼 수 있다.

$$r_p = w_1 r_1 + w_2 r_2 + \cdots + w_N r_N = \sum_{j=1}^{N} w_j r_j \qquad (9-1)$$

여기서 w_j: 포트폴리오에서 증권 j의 구성비율(=증권 j에 대한 투자액/총투자액)

식 (9-1)에서 구성비율의 총합은 항상 1이다.

$$w_1 + w_2 + \cdots + w_N = \sum_{j=1}^{N} w_j = 1$$

여기서 식 (9-1)과 같은 포트폴리오의 기대수익률과 위험을 측정하는 방법을 차례로 설명한다.

1.1 포트폴리오의 기대수익률

포트폴리오의 기대수익률을 구하면 다음과 같다.

$$\begin{aligned} E(r_p) &= E(w_1 r_1 + w_2 r_2 + \cdots + w_N r_N) \\ &= w_1 E(r_1) + w_2 E(r_2) + \cdots + w_N E(r_N) \\ &= \sum_{j=1}^{N} w_j E(r_j) \qquad (9-2) \end{aligned}$$

식 (9-2)에서 볼 수 있는 바와 같이 포트폴리오의 기대수익률은 개별증권의 기대수익률을 각각의 구성비율에 의해서 가중평균하여 쉽게 구할 수 있다.

재무 FOCUS

기대값, 분산, 공분산의 속성

a, b, c는 상수(constant), X, Y, Z는 확률변수(random variables)라 하면 기대값, 분산, 공분산은 다음과 같은 속성을 가진다.

■ 기 대 값

- $E(a) = a$

- $E(aX)=aE(X)$
- $E(aX+b)=aE(X)+b$
- $E(aX+bY)=aE(X)+bE(Y)$

■ 분 산

- $Var(a)=0$
- $Var(aX)=a^2Var(X)$
- $Var(aX+b)=a^2Var(X)$
- $Var(aX+bY)=a^2Var(X)+b^2Var(Y)+2abCov(X, Y)$

■ 공 분 산

- $Cov(a, X)=0$
- $Cov(aX, bY)=abCov(X, Y)$
- $Cov(aX, bY+cZ)=abCov(X, Y)+acCov(X, Z)$

1.2 포트폴리오의 위험

포트폴리오의 위험을 나타내는 포트폴리오 수익률의 분산(또는 표준편차)은 개별증권들의 수익률 사이에 존재하는 상호관련성에 의해서 영향을 받게 된다. 그러므로 먼저 이와 같은 상호관련성을 측정하는 수단인 공분산(또는 상관계수)을 설명하면 다음과 같다.

공 분 산

공분산(covariance)은 두 증권수익률이 평균적으로 어떠한 관계를 가지고 움직이는가를 설명하는 것으로서 다음과 같이 정의된다.

$$
\begin{aligned}
Cov(r_i, r_j) &= E[(r_i-E(r_i))(r_j-E(r_j))] \\
&= \sum_{s=1}^{m}\sum_{k=1}^{n} p(r_{is}, r_{jk})[(r_{is}-E(r_i))(r_{jk}-E(r_j))]
\end{aligned}
\tag{9-3}
$$

여기서 $Cov(r_i, r_j)$: 공분산을 나타내는 기호로서 σ_{ij}로도 표기된다.
$p(r_{is}, r_{jk})$: 증권 i의 수익률이 r_{is}이고 동시에 증권 j의 수익률이 r_{jk}가 될 확률, 즉 결합확률이다.

만약 두 증권의 미래수익률 간 결합확률분포(joint probability distribution)를 얻을 수 없는 경우에는 과거 일정기간 동안의 두 증권수익률자료(표본)에 의해서 공분산을 추정해야 한다. 이와 같은 경우 표본의 공분산은 다음과 같이 측정될 수 있다.

$$Cov(r_i, r_j) = \frac{\sum_{t=1}^{N}(r_{it}-\bar{r}_i)(r_{jt}-\bar{r}_j)}{N-1} \tag{9-4}$$

식 (9-4)에서 표본자료를 이용하여 공분산을 계산할 때, 분산을 추정하는 경우와 마찬가지로 모집단의 기대수익률 대신 그것의 추정치인 표본의 수익률을 사용하였기 때문에 자유도가 $N-1$이라는 사실을 유의하여야 한다.

공분산은 두 증권수익률의 편차(수익률－기대수익률)를 서로 곱한 값의 기대치(평균)로서 양(+) 또는 음(−)의 값을 가질 수 있다. 만약 $Cov(r_i, r_j)$가 양(+)의 값을 가진다면, 이는 평균적으로 두 증권수익률이 서로 같은 방향으로 움직이고 있음을 의미한다. 그러나 만약 $Cov(r_i, r_j)$가 음(−)의 값을 가진다면, 이는 평균적으로 두 증권수익률은 서로 다른 방향으로 움직이고 있음을 의미한다.

두 증권수익률 간의 관계를 나타내는 공분산은 증권수익률의 크기에 따라 영향을 받기 때문에 공분산에 의해서 두 증권수익률 간의 관계를 정확히 설명할 수 없다. 그러므로 두 증권수익률 간의 관계를 정확히 설명하기 위해서는 증권수익률의 크기에 따라 발생할 수 있는 영향을 제거하여야 한다. 이와 같은 목적을 위하여 공분산을 각 증권수익률의 표준편차에 의해서 표준화시킨 것을 **상관계수**(correlation coefficient)라 하며, 이는 다음과 같이 정의된다.

$$\rho_{ij} = \frac{Cov(r_i, r_j)}{\sigma_i \sigma_j} \tag{9-5}$$

그림 9-1 상관계수의 예시

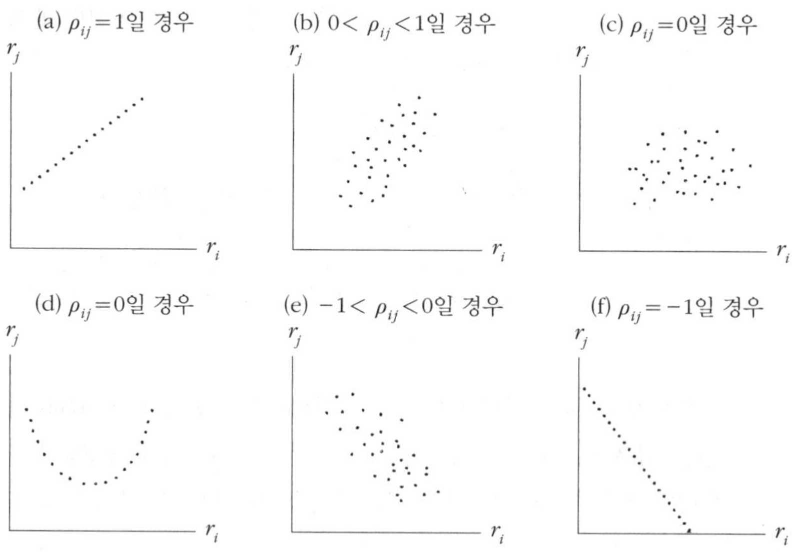

이와 같은 상관계수 ρ_{ij}는 두 증권수익률 r_i와 r_j가 얼마나 밀접한 선형관계를 가지고 있는지를 나타내며, 그것은 −1과 1 사이의 값을 가진다. 두 증권수익률이 정비례하는 직선관계를 가지고 움직일 때는 $\rho_{ij}=1$이 되며, 반비례하는 직선관계를 가지고 움직일 때는 $\rho_{ij}=-1$이 된다. 그리고 두 수익률 간에 선형적인 관계가 없는 경우에는 $\rho_{ij}=0$이 된다. 이와 같은 상관관계를 예시하면 [그림 9−1]과 같다.[1]

예제 9−1 공분산과 상관계수의 측정

증권 i와 j의 미래수익률의 결합확률분포는 다음과 같이 예상된다.

r_i	r_j	$p(r_i, r_j)$
0.16	0.16	0.10
0.16	0.18	0.06
0.16	0.22	0.04
0.18	0.18	0.12
0.18	0.20	0.36
0.18	0.22	0.12
0.20	0.18	0.02
0.20	0.20	0.04
0.20	0.22	0.04
0.20	0.24	0.10

위의 자료를 이용하여 다음의 물음에 답하라.

(1) 결합확률분포표를 작성하라.

(2) r_i와 r_j의 기대수익률과 분산, 표준편차를 구하라.

(3) r_i와 r_j의 공분산과 상관계수를 구하라.

| 해설 |

(1)

r_i \ r_j	0.16	0.18	0.20	0.22	0.24	$p(r_i)$
0.16	0.10	0.06	0.00	0.04	0.00	0.20
0.18	0.00	0.12	0.36	0.12	0.00	0.60
0.20	0.00	0.02	0.04	0.04	0.10	0.20
$p(r_j)$	0.10	0.20	0.40	0.20	0.10	1.00

1) $\rho_{ij}=0$이라는 사실은 증권 i와 증권 j의 수익률 간에 선형관계가 존재하지 않는다는 것을 의미하는 것이지, 다른 관계(예를 들어 2차함수관계 등)도 존재하지 않는다는 것을 의미하는 것은 아니다. 즉 상관계수는 선형관계의 정도만을 나타내는 통계값임을 유의해야 한다.

(2) • $E(r_i) = 0.16 \times 0.20 + 0.18 \times 0.60 + 0.20 \times 0.20 = 0.18$

$Var(r_i) = (0.16-0.18)^2 \times 0.20 + (0.18-0.18)^2 \times 0.60 + (0.20-0.18)^2 \times 0.20 = 0.00016$

$\sigma_i = \sqrt{0.00016} = 0.01265$

• $E(r_j) = 0.16 \times 0.10 + 0.18 \times 0.20 + 0.20 \times 0.40 + 0.22 \times 0.20 + 0.24 \times 0.10 = 0.20$

$$Var(r_j) = (0.16-0.20)^2 \times 0.10 + (0.18-0.20)^2 \times 0.20 + (0.20-0.20)^2 \times 0.40 + (0.22-0.20)^2 \times 0.20 + (0.24-0.20)^2 \times 0.10 = 0.00048$$

$\sigma_j = \sqrt{0.00048} = 0.02191$

(3)
$$\begin{aligned} Cov(r_i, r_j) &= (0.16-0.18)(0.16-0.20) \times 0.10 + (0.16-0.18)(0.18-0.20) \times 0.06 \\ &+ (0.16-0.18)(0.22-0.20) \times 0.04 + (0.18-0.18)(0.18-0.20) \times 0.12 \\ &+ (0.18-0.18)(0.20-0.20) \times 0.36 + (0.18-0.18)(0.22-0.20) \times 0.12 \\ &+ (0.20-0.18)(0.18-0.20) \times 0.02 + (0.20-0.18)(0.20-0.20) \times 0.04 \\ &+ (0.20-0.18)(0.22-0.20) \times 0.04 + (0.20-0.18)(0.24-0.20) \times 0.10 \\ &= 0.000176 \end{aligned}$$

$$\rho_{ij} = \frac{Cov(r_i, r_j)}{\sigma_i \sigma_j} = \frac{0.000176}{0.01265 \times 0.02191} = 0.635$$

예제 9-2 표본을 이용한 공분산과 상관계수의 추정

다음은 증권 i와 j의 1월부터 4월까지의 실제 월별 수익률자료이다.

월	r_i	r_j
1	0.10	0.02
2	0.14	−0.02
3	0.12	0.08
4	0.08	0.17

위의 자료를 이용하여 다음의 물음에 답하라.

(1) r_i와 r_j의 기대수익률과 분산, 표준편차를 추정하라.

(2) r_i와 r_j의 공분산과 상관계수를 추정하라.

| 해설 |

(1) $$E(r_i) = \frac{0.10 + 0.14 + 0.12 + 0.08}{4} = 0.11$$

$$Var(r_i) = \frac{(0.10-0.11)^2 + (0.14-0.11)^2 + (0.12-0.11)^2 + (0.08-0.11)^2}{4-1} = 0.00067$$

$\sigma_i = \sqrt{0.00067} = 0.02588$

동일한 방법으로 증권 j의 기대수익률, 분산, 표준편차를 추정하면 다음과 같다.

$E(r_j)=0.0625,\quad Var(r_j)=0.00683,\quad \sigma_j=0.08261$

(2) $$Cov(r_i,\ r_j)=\frac{\begin{matrix}(0.10-0.11)(0.02-0.0625)+(0.14-0.11)(-0.02-0.0625)\\+(0.12-0.11)(0.08-0.0625)+(0.08-0.11)(0.17-0.0625)\end{matrix}}{4-1}=-0.0017$$

$$\rho_{ij}=\frac{Cov(r_i,\ r_j)}{\sigma_i\sigma_j}=\frac{-0.0017}{0.02588\times 0.08261}=-0.7952$$

포트폴리오의 위험

먼저 투자자가 다음과 같이 두 개의 증권으로 구성된 포트폴리오 수익률의 분산을 구한다고 하자.

$$r_p=w_1r_1+w_2r_2 \quad (\text{단, } w_1+w_2=1)$$

이와 같은 포트폴리오 수익률의 분산은 다음과 같이 나타낼 수 있다.[2)]

$$\begin{aligned}Var(r_p)&=E[(r_p-E(r_p))^2]\\&=w_1^2\,Var(r_1)+w_2^2\,Var(r_2)+2w_1w_2Cov(r_1,\ r_2)\end{aligned} \tag{9-6}$$

일반적으로 분산과 공분산에 관한 수학적 기호는 다음과 같이 여러 가지 형태로 사용될 수 있다.[3)]

$$\begin{aligned}&Var(r_1)=\sigma_1^2=\sigma_{11},\quad Var(r_2)=\sigma_2^2=\sigma_{22},\\&Cov(r_1,\ r_2)=\sigma_{12}=\sigma_{21}=Cov(r_2,\ r_1)\end{aligned} \tag{9-7}$$

식 (9−7)을 이용하여 식 (9−6)을 변형하면 다음과 같다.

$$\begin{aligned}Var(r_p)&=w_1^2\,Var(r_1)+w_2^2\,Var(r_2)+2w_1w_2Cov(r_1,\ r_2)\\&=w_1^2\sigma_1^2+w_2^2\sigma_2^2+2w_1w_2\sigma_{12}\\&=w_1w_1\sigma_{11}+w_1w_2\sigma_{12}+w_2w_1\sigma_{21}+w_2w_2\sigma_{22}\end{aligned}$$

---

2) $$\begin{aligned}Var(r_p)&=E[r_p-E(r_p)]^2=E[w_1r_1+w_2r_2-E(w_1r_1+w_2r_2)]^2\\&=E[w_1(r_1-E(r_1))+w_2(r_2-E(r_2))]^2\\&=E[w_1^2(r_1-E(r_1))^2+w_2^2(r_2-E(r_2))^2+2w_1w_2(r_1-E(r_1))(r_2-E(r_2))]\\&=w_1^2E[r_1-E(r_1)]^2+w_2^2E[r_2-E(r_2)]^2+2w_1w_2E[(r_1-E(r_1))(r_2-E(r_2))]\\&=w_1^2Var(r_1)+w_2^2\,Var(r_2)+2w_1w_2Cov(r_1,\ r_2)\end{aligned}$$

3) • $Var(r_1)=\sigma_1^2=E[r_1-E(r_1)]^2=E[(r_1-E(r_1))(r_1-E(r_1))]=Cov(r_1,\ r_1)=\sigma_{11}$
• $\sigma_{12}=E[(r_1-E(r_1))(r_2-E(r_2))]=E[(r_2-E(r_2))(r_1-E(r_1))]=\sigma_{21}$

표 9-1 분산-공분산 행렬에 의한 2종목 포트폴리오의 분산계산

	증권 1	증권 2
증권 1	$w_1^2\sigma_1^2$ $(=w_1w_1\sigma_{11})$	$w_1w_2\sigma_{12}$
증권 2	$w_2w_1\sigma_{21}$	$w_2^2\sigma_2^2$ $(=w_2w_2\sigma_{22})$

$$=w_1(w_1\sigma_{11}+w_2\sigma_{12})+w_2(w_1\sigma_{21}+w_2\sigma_{22})$$

$$=w_1\sum_{j=1}^{2}w_j\sigma_{1j}+w_2\sum_{j=1}^{2}w_j\sigma_{2j}=\sum_{i=1}^{2}\sum_{j=1}^{2}w_iw_j\sigma_{ij} \tag{9-6$'$}$$

식 (9-6)′와 같은 포트폴리오 분산에 대한 계산식을 보다 쉽게 기억할 수 있도록 포트폴리오분산의 각 항을 **분산-공분산 행렬**(variance-covariance matrix)에 의해서 나열하면 〈표 9-1〉과 같다. 〈표 9-1〉을 살펴보면, 두 개의 증권으로 구성된 포트폴리오 분산은 행렬의 대각선 부분에 있는 두 개의 분산항($w_1^2\sigma_1^2$, $w_2^2\sigma_2^2$)과 대각선을 벗어난 부분에 있는 두 개의 공분산항($w_1w_2\sigma_{12}$, $w_2w_1\sigma_{21}$)의 합으로 구성된다.

이제 식 (9-6)′를 일반화시켜서, 식 (9-1)과 같이 N개의 증권으로 구성된 포트폴리오 수익률의 분산을 구하면 다음과 같이 나타낼 수 있다.

$$Var(r_p)=\sum_{i=1}^{N}\sum_{j=1}^{N}w_iw_j\sigma_{ij} \tag{9-8}$$

식 (9-8)의 각 항을 분산-공분산 행렬에 표시하면 〈표 9-2〉와 같다. 〈표 9-2〉에서 살펴볼 수 있듯이, N개의 증권으로 구성된 포트폴리오 분산은 행렬의 대각선 부분에 있는 N개의 분산항과 대각선을 벗어난 부분에 있는 $N(N-1)$개의 공분산항의 합으로 구성되어 있다. 그리고 공분산의 대칭되는 항은 항상 동일한 값을 가진다.[4] 예를 들어 분산-공분산 행렬의 1행 2열($w_1w_2\sigma_{12}$)과 그것에 대칭되는 2행 1열($w_2w_1\sigma_{21}$)은 서로 동일한 값을 가진다. 이와 같은 사실에 의해서 식 (9-8)을 다음과 같이 변형시킬 수 있다.

$$Var(r_p)=\sum_{i=1}^{N}w_i^2\sigma_i^2+\sum_{\substack{i=1\\(i\neq j)}}^{N}\sum_{j=1}^{N}w_iw_j\sigma_{ij}=\sum_{i=1}^{N}w_i^2\sigma_i^2+2\sum_{i=1}^{N}\sum_{j=i+1}^{N}w_iw_j\sigma_{ij} \tag{9-8$'$}$$

4) 〈표 9-2〉와 같은 행렬을 대칭행렬(symmetric matrix)이라 한다.

표 9-2 분산-공분산 행렬에 의한 N종목 포트폴리오의 분산계산

증권	1	2	3	…	N
1	$w_1^2\sigma_1^2$	$w_1w_2\sigma_{12}$	$w_1w_3\sigma_{13}$		$w_1w_N\sigma_{1N}$
2	$w_2w_1\sigma_{21}$	$w_2^2\sigma_2^2$	$w_2w_3\sigma_{23}$		$w_2w_N\sigma_{2N}$
3	$w_3w_1\sigma_{31}$	$w_3w_2\sigma_{32}$	$w_3^2\sigma_3^2$		$w_3w_N\sigma_{3N}$
⋮					
N	$w_Nw_1\sigma_{N1}$	$w_Nw_2\sigma_{N2}$	$w_Nw_3\sigma_{N3}$		$w_N^2\sigma_N^2$

그리고 식 (9-8)을 이용하여 포트폴리오 수익률의 표준편차를 구하면 다음과 같다.

$$\sigma_p = \sqrt{Var(r_p)} = \sqrt{\sum_{i=1}^{N}\sum_{j=1}^{N} w_i w_j \sigma_{ij}} \qquad (9-9)$$

이와 같이 포트폴리오 분산(또는 표준편차)은 구성증권 수익률의 분산뿐만 아니라 구성증권 수익률 간의 공분산(또는 상관계수)에 의해서도 영향을 받음을 알 수 있다.

예제 9-3 포트폴리오의 기대수익률과 표준편차

다음과 같이 세 개의 증권으로 구성되는 포트폴리오의 기대수익률과 표준편차를 구하라.

증 권	구성비율	기대수익률	표준편차	상관계수		
				증권 1	증권 2	증권 3
증권 1	50%	10%	20%	1.0	0.5	0.3
증권 2	30	15	30	0.5	1.0	0.1
증권 3	20	20	40	0.3	0.1	1.0

| 해설 |

- $E(r_p) = w_1E(r_1) + w_2E(r_2) + w_3E(r_3) = 0.5 \times 0.1 + 0.3 \times 0.15 + 0.2 \times 0.2 = 0.135$
- $Var(r_p) = w_1^2\sigma_1^2 + w_2^2\sigma_2^2 + w_3^2\sigma_3^2 + 2w_1w_2\sigma_{12} + 2w_1w_3\sigma_{13} + 2w_2w_3\sigma_{23}$

$$= w_1^2\sigma_1^2 + w_2^2\sigma_2^2 + w_3^2\sigma_3^2 + 2w_1w_2\sigma_1\sigma_2\rho_{12} + 2w_1w_3\sigma_1\sigma_3\rho_{13} + 2w_2w_3\sigma_2\sigma_3\rho_{23}$$
$$= (0.5)^2(0.2)^2 + (0.3)^2(0.3)^2 + (0.2)^2(0.4)^2 + 2(0.5)(0.3)(0.2)(0.3)(0.5)$$
$$+ 2(0.5)(0.2)(0.2)(0.4)(0.3) + 2(0.3)(0.2)(0.3)(0.4)(0.1) = 0.03974$$

- $\sigma_p = \sqrt{0.03974} = 0.19935$

2 포트폴리오의 선택

포트폴리오의 기대수익률과 위험(분산 또는 표준편차)을 측정함으로써 선택가능한 모든 투자기회집합을 구성할 수 있다. 여기서는 투자자가 선택가능한 투자기회집합 중에서 어느 포트폴리오를 선택하여야 하는지에 대해서 설명하고자 한다.

2.1 상관계수와 분산효과

투자자가 포트폴리오를 구성하려는 이유는 일정한 기대수익률하에서 투자위험을 최소화시킬 수 있는 포트폴리오의 **위험분산효과**(diversification effect)에 의해서 설명될 수 있다. 일반적으로 구성증권들간의 관계를 나타내는 상관계수가 작을수록, 포트폴리오의 위험분산효과가 크게 나타난다. 이와 같은 상관계수와 위험분산효과의 관계를 설명하기 위하여 두 증권으로 포트폴리오를 구성하는 경우를 생각해 보자. 증권 1의 구성비율이 w_1이며 증권 2의 구성비율이 $w_2(=1-w_1)$인 포트폴리오를 구성하는 경우, 그 포트폴리오의 기대수익률과 표준편차는 각각 다음과 같다.

$$E(r_p)=w_1E(r_1)+w_2E(r_2)=w_1E(r_1)+(1-w_1)E(r_2) \tag{9-10}$$

$$\begin{aligned}\sigma_p&=\sqrt{Var(r_p)}=\sqrt{w_1^2\sigma_1^2+w_2^2\sigma_2^2+2w_1w_2\sigma_{12}}\\&=\sqrt{w_1^2\sigma_1^2+(1-w_1)^2\sigma_2^2+2w_1(1-w_1)\sigma_1\sigma_2\rho_{12}}\end{aligned} \tag{9-11}$$

식 (9-10)에서 포트폴리오의 기대수익률은 개별증권들의 기대수익률을 단순히 가중평균한 값이다. 한편 식 (9-11)에서 포트폴리오 수익률의 표준편차는 개별증권 수익률 사이의 상관계수인 ρ_{12}에 의해서 영향을 받으며, $\rho_{12}=1$인 경우를 제외하고는(즉 $\rho_{12}<1$인 경우에는) 포트폴리오 수익률의 표준편차는 두 증권의 표준편차를 구성비율에 의해서 가중평균한 값보다 항상 작기 때문에 분산효과가 존재한다.[5] 즉 ρ_{12}가 작을수록, 포트폴리오의 기대수익률은 일정한 반면에 포트폴리오 수익률의 표준편차는 가중평균한 값보다 작아져서 위험이 감소되는 분산효과가 더 크게 나타난다. 이와 같은 사실은 증권수익률간의 상관계수가 1보다 작은 증권들을 결합함으로써 기대수익률을 감소시키지 않고서 위험을 감소시킬 수 있는 분산효과가 발생될 수 있음을 의미한다.

---

5) $\rho_{12}=1$일 경우, 포트폴리오 수익률의 표준편차가 개별증권 수익률의 표준편차를 단순히 가중평균한 값이라는 사실은 다음과 같이 쉽게 볼 수 있다.

$$\sigma_p=\sqrt{w_1^2\sigma_1^2+(1-w_1)^2\sigma_2^2+2w_1(1-w_1)\sigma_1\sigma_2}=\sqrt{[w_1\sigma_1+(1-w_1)\sigma_2]^2}=w_1\sigma_1+(1-w_1)\sigma_2$$

표 9-3 증권 1, 2의 기대수익률과 표준편차

주 식	기대수익률	표준편차
1	14%	6%
2	8%	3%

이러한 사실을 보다 구체적으로 보여주기 위하여 〈표 9-3〉과 같은 두 개의 증권으로 구성된 포트폴리오의 기대수익률과 표준편차를 생각해 보자. 주어진 상관계수에 따라 포트폴리오의 기대수익률과 표준편차를 식 (9-10)과 식 (9-11)에 의해서 구하면 각각 다음과 같다.

완전 정(+)의 상관관계를 이룰 경우($\rho_{12}=1$)

- $E(r_p)=w_1E(r_1)+(1-w_1)E(r_2)=w_1\times 0.14+(1-w_1)\times 0.08=0.08+0.06w_1$
- $\sigma_p=\sqrt{w_1^2\sigma_1^2+(1-w_1)^2\sigma_2^2+2w_1(1-w_1)\sigma_1\sigma_2}$

$$=\sqrt{[w_1\sigma_1+(1-w_1)\sigma_2]^2}=w_1\sigma_1+(1-w_1)\sigma_2$$

$$=w_1\times 0.06+(1-w_1)\times 0.03=0.03+0.03w_1$$

기대수익률과 표준편차는 구성비율에 따라서 변하기 때문에 위의 두 관계식에서 매개변수인 구성비율(w_1)을 소거하면, 포트폴리오의 기대수익률과 표준편차의 관계를 직접적으로 살펴볼 수 있다.

$$E(r_p)=0.02+2\sigma_p$$

그러므로 기대수익률과 표준편차는 선형의 관계를 가지고 있음을 알 수 있다.

완전 부(+)의 상관관계를 이룰 경우($\rho_{12}=-1$)

- $E(r_p)=w_1E(r_1)+(1-w_1)E(r_2)=w_1\times 0.14+(1-w_1)\times 0.08=0.08+0.06w_1$
- $\sigma_p=\sqrt{w_1^2\sigma_1^2+(1-w_1)^2\sigma_2^2-2w_1(1-w_1)\sigma_1\sigma_2}$

$$=\sqrt{[w_1\sigma_1-(1-w_1)\sigma_2]^2}=|w_1\sigma_1-(1-w_1)\sigma_2|$$

$$=|w_1\times 0.06-(1-w_1)\times 0.03|=|-0.03+0.09w_1|$$

위의 두 식에서 w_1을 소거하여 기대수익률과 표준편차의 관계식을 구하면 다음과 같다.

첫째, $w_1\geq\frac{1}{3}$일 경우, $E(r_p)=0.1+\frac{2}{3}\sigma_p$

둘째, $w_1 < \frac{1}{3}$일 경우, $E(r_p) = 0.1 - \frac{2}{3}\sigma_p$

상관관계가 어느 정도 있는 경우($-1 < \rho_{12} < 1$)

- $E(r_p) = w_1 E(r_1) + (1-w_1)E(r_2) = w_1 \times 0.14 + (1-w_1) \times 0.08 = 0.08 + 0.06w_1$
- $\sigma_p = \sqrt{w_1^2\sigma_1^2 + (1-w_1)^2\sigma_2^2 + 2w_1(1-w_1)\sigma_1\sigma_2\rho_{12}}$
  $= \sqrt{w_1^2(0.06)^2 + (1-w_1)^2(0.03)^2 + 2w_1(1-w_1)(0.06)(0.03)\rho_{12}}$

두 증권으로 구성된 포트폴리오들 중 위험(분산 또는 표준편차)이 가장 작은 포트폴리오를 **최소분산포트폴리오**(minimum variance portfolio)라 하며, 이는 σ_p^2을 w_1에 관해서 미분하여 구할 수 있다.

$\frac{d\sigma_p^2}{dw_1} = 0$인 w_1을 구하면 다음과 같다.

$$w_1 = \frac{\sigma_2^2 - \sigma_1\sigma_2\rho_{12}}{\sigma_1^2 + \sigma_2^2 - 2\sigma_1\sigma_2\rho_{12}} \qquad (9\text{-}12)$$

예를 들어 $\rho_{12} = 0$일 경우, 최소분산포트폴리오를 구하면 다음과 같다.

재무 FOCUS

최소분산포트폴리오의 분산

포트폴리오의 분산은 포트폴리오에 대한 구성자산의 공헌의 합으로서(p. 329 〈표 9-5〉 참조) 개별자산과 포트폴리오의 공분산의 가중평균이라 할 수 있다.

$$Var(r_p) = \sum_{j=1}^{N} w_j \sigma_{jp}$$

포트폴리오의 분산이 최소가 되기 위해서는 개별자산과 포트폴리오의 공분산이 모두 동일해야 한다. 동일하지 않으면 공분산이 작은 자산의 구성비율을 증가시키는 등 개별자산의 구성비율을 조정하여 포트폴리오의 분산을 더 줄일 수 있기 때문이다. 그러므로 최소분산포트폴리오의 경우 개별자산(또는 포트폴리오)과 최소분산포트폴리오의 공분산은 최소분산포트폴리오의 분산과 같다. 이는 〈표 9-3〉에서 상관계수가 0일 경우 최소분산포트폴리오(w_1=20%, w_2=80%)의 분산(또는 표준편차)을 구해 보면 확인할 수 있다.

- $Var(0.2r_1 + 0.8r_2) = 0.2^2 \times Var(r_1) + 0.8^2 \times Var(r_2) + 2 \times 0.2 \times 0.8 \times Cov(r_1, r_2)$
  $= 0.2^2 \times 0.06^2 + 0.8^2 \times 0.03^2 = 0.00072$
- $Cov(r_1, 0.2r_1 + 0.8r_2) = 0.2 \times Var(r_1) + 0.8 \times Cov(r_1, r_2) = 0.2 \times 0.06^2 = 0.00072$
- $Cov(r_2, 0.2r_1 + 0.8r_2) = 0.2 \times Cov(r_2, r_1) + 0.8 \times Var(r_2) = 0.8 \times 0.03^2 = 0.00072$

$$w_1 = \frac{\sigma_2^2 - \sigma_1\sigma_2\rho_{12}}{\sigma_1^2 + \sigma_2^2 - 2\sigma_1\sigma_2\rho_{12}}$$

$$= \frac{(0.03)^2 - 0.06 \times 0.03 \times 0}{(0.06)^2 + (0.03)^2 - 2 \times 0.06 \times 0.03 \times 0} = 0.2$$

따라서 상관계수가 0일 경우 증권 1의 구성비율을 20%, 증권 2의 구성비율을 80%로 포트폴리오를 구성할 때 위험이 가장 작아진다. 이 포트폴리오의 기대수익률과 표준편차는 각각 0.092와 0.027이다.

구성비율의 변화에 따른 기대수익률과 표준편차를 주어진 상관계수에 의해서 구하면 〈표 9-4〉와 같다.

표 9-4 포트폴리오의 기대수익률과 표준편차

w_1	$E(r_p)$	σ_p			
		$\rho_{12}=1$	$\rho_{12}=0.5$	$\rho_{12}=0$	$\rho_{12}=-1$
0.0	0.080	0.030	0.030	0.030	0.030
0.2	0.092	0.036	0.032	0.027	0.012
0.4	0.104	0.042	0.037	0.030	0.006
0.6	0.116	0.048	0.043	0.038	0.024
0.8	0.128	0.054	0.051	0.048	0.042
1.0	0.140	0.060	0.060	0.060	0.060

그림 9-2 포트폴리오의 결합선

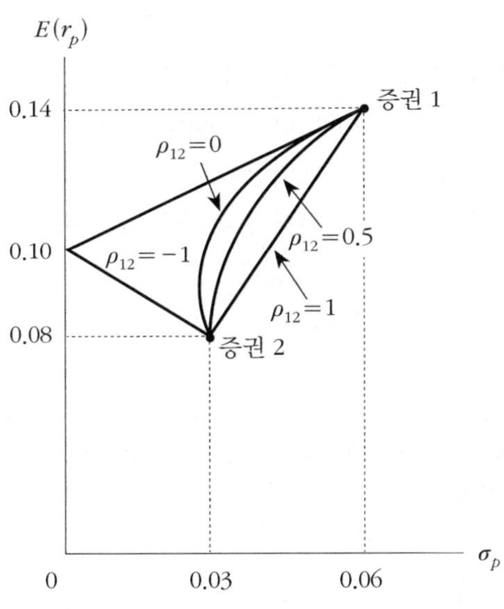

그리고 주어진 상관계수에 따라 기대수익률과 표준편차의 관계를 나타내는 포트폴리오의 결합선을 〈표 9-4〉의 자료를 이용하여 나타내면 [그림 9-2]와 같다. [그림 9-2]에서 분산효과는 상관계수가 −1에 접근할수록 점점 커진다는 사실을 확인할 수 있다. 상관계수가 작을수록 분산투자의 이점이 점점 크게 나타난다. 그러므로 포트폴리오를 구성할 때 다른 조건이 동일하다면, 위험을 감소시키기 위하여 상관관계가 낮은 자산을 가지고 포트폴리오를 구성하여야 함을 알 수 있다.

2.2 최적포트폴리오의 선택 : 무위험자산이 존재하지 않는 경우

효율적 포트폴리오집합

두 개 이상의 위험자산들로 구성된 포트폴리오의 기대수익률과 표준편차를 측정하여 기대수익률-표준편차 평면상에 표시하면 [그림 9-3]과 같은 선택가능한 **투자기회집합**(investment opportunity set)을 얻을 수 있다. 투자기회집합 내에 포함된 포트폴리오는 어떤 증권을 어떤 비율로 투자하는가에 따라 수없이 많이 존재할 것이다. 그러나 투자기회집합 내에 있는 수많은 포트폴리오를 모두 고려하여야 하는 것은 아니다. 지배원리에 의해서 투자기회집합 내에 있는 포트폴리오 중 비효율적 포트폴리오를 제거한 후, 최종적으로 남는 효율적 포트폴리오만 고려하면 된다. 효율적 포트폴리오집합을 구하는 방법에는 다음과 같은 두 가지 방법이 있다.[6)]

첫째, 먼저 주어진 기대수익률하에서 가장 작은 위험을 갖는 포트폴리오들의 집합을 구한다. 이러한 포트폴리오들의 집합을 **최소분산포트폴리오집합**(minimum variance portfolio set)이라 하며, 이것은 [그림 9-3]에서 $\widehat{XGY}$에 해당한다.[7)] 최소분산포트폴리오집합 중 분산(또는 표준편차)이 가장 작은 포트폴리오를 최소분산포트폴리오집합의 최저점(global minimum variance portfolio : GMV portfolio)이라 하며, 이것은 [그림 9-3]에서 G점에 해당한다. 최소분산포트폴리오집합 중 그 최저점 위에 있는 포트폴리오들($\widehat{GY}$)은 그 최저점 아래에 있는 포트폴리오들($\widehat{GX}$)보다 주어진 위험하에서 기대수익률이 더 크기 때문에, 전자는 후자를 지배한다. 그러므로 최소분산포트폴리오집합 중 그 최저점 위에 있는 포트폴리오집합($\widehat{GY}$)만이 **효율적 포트폴리오집합**

---

6) 마코위츠는 다음의 논문에서 포트폴리오분석에 대한 개념적인 틀을 최초로 제시하였다.
H. M. Markowitz, "Portfolio Selection," *Journal of Finance*, Vol. 8(March 1952), pp. 77~91.

7) 최소분산포트폴리오집합은 다음과 같은 수리계획법에 의해서 구할 수 있다.

최소화 $Var(r_p)=\sum_{i=1}^{N}\sum_{j=1}^{N}w_i w_j \sigma_{ij}$

제약조건 : $E(r_p)=K$ (단, $K=$상수), $\sum_{j=1}^{N}w_j=1$

그림 9-3 효율적 포트폴리오집합

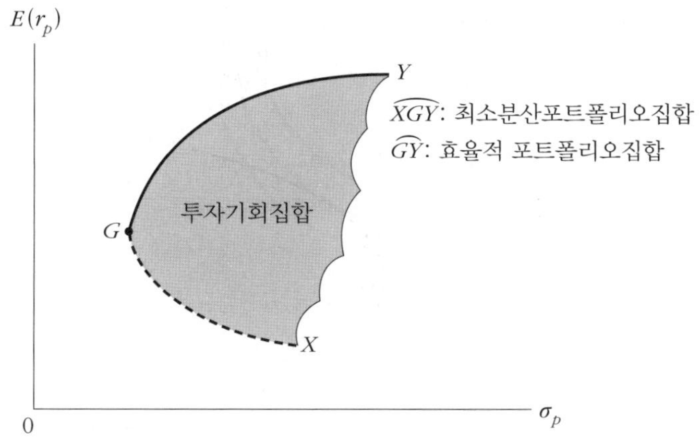

(efficient portfolio set)이 된다. 이와 같이 위험자산만으로 구성된 효율적 포트폴리오집합 $\widehat{GY}$를 마코위츠의 효율적 투자선(Markowitz's efficient frontier)이라고도 한다.[8]

둘째, 주어진 분산(또는 표준편차)하에서 가장 높은 기대수익률을 갖는 포트폴리오들의 집합을 구하면, 그것이 효율적 포트폴리오집합이다.[9]

최적포트폴리오의 선택

위험자산들의 효율적 포트폴리오집합이 찾아지면, 투자자는 자신의 기대효용을 가장 극대화시켜 주는 **최적포트폴리오**(optimal portfolio)를 선택할 수 있다. 투자자의 무차별곡선과 효율적 투자기회집합이 만나는 접점에서 투자자의 기대효용이 가장 커지므로, 그 접점이 투자자가 최종적으로 선택하게 되는 최적포트폴리오이다. 이와 같은 선택행위를 그림으로 나타내면 [그림 9-4]와 같다.

투자자가 자신의 기대효용을 극대화하기 위하여 선택하는 최적포트폴리오의 중요한 특징은 무차별곡선의 기울기인 **한계대체율**(MRS)과 효율적 포트폴리오집합의 기울기인 **한계변환율**(MRT)이 일치하여야 한다는 것이다.

---

8) 마코위츠는 효율적 포트폴리오집합을 도출할 때 무위험자산을 고려하지 않았다.

9) 효율적 포트폴리오집합은 다음과 같은 수리계획법에 의해서 구할 수 있다.

최대화 $E(r_p)=\sum_{j=1}^{N} w_j E(r_j)$

제약조건: $Var(r_p)=K,\ \sum_{j=1}^{N} w_j = 1$

그림 9-4 최적포트폴리오의 선택: 무위험자산이 존재하지 않는 경우

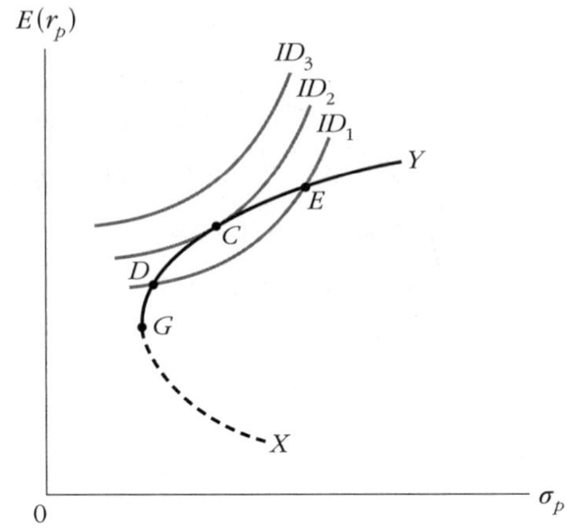

최적포트폴리오: *MRS*=*MRT*

MRS는 투자자의 위험회피성향을 나타내는 주관적인 비율로서 투자자가 싫어하는 위험 한 단위를 추가적으로 얻을 경우에 전과 동일한 기대효용을 가지기 위하여 요구하게 되는 추가적인 기대수익률의 단위를 의미한다. 그리고 MRT는 위험이 한 단위 더 높은 투자대상(또는 포트폴리오)을 선택하는 경우 시장에서 그 대가로 제공할 수 있는 추가적인 기대수익률의 단위를 의미한다. 여기에서 MRT는 시장에서의 위험 한 단위에

그림 9-5 상이한 무차별곡선을 갖는 투자자들의 포트폴리오 선택

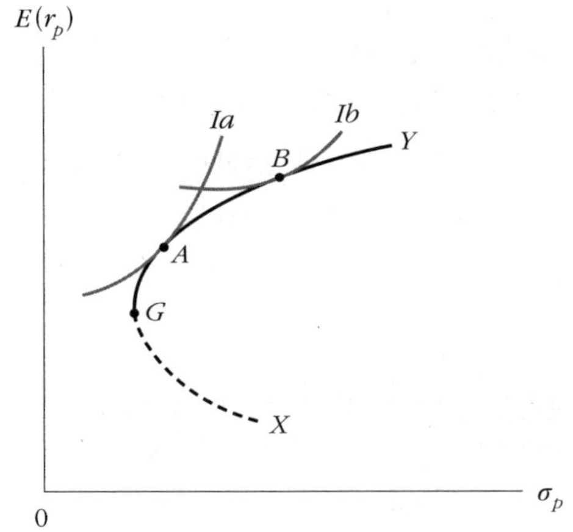

대한 기대수익률의 보상을 나타내는 비율로서 위험의 단위당 시장가격을 나타낸다. 예를 들어 $MRS < MRT$인 [그림 9-4]의 점 D에서는 투자가가 요구하는 추가적인 위험 한 단위에 대한 보상(기대수익률)보다 시장에서 더 많은 보상을 해 주기 때문에 투자자는 위험을 더 취함으로써 그의 기대효용을 향상시킬 수 있을 것이다. 그러므로 점 D는 최적포트폴리오가 되지 못하고 $MRS = MRT$인 점 C가 최적포트폴리오이다. 그리고 점 E가 최적포트폴리오가 되지 못하는 이유도 동일한 방법으로 설명할 수 있을 것이다.

동일한 투자기회집합을 가지고 있는 투자자들이라 하더라도 [그림 9-5]에서 볼 수 있는 바와 같이 투자자들의 위험에 대한 태도(기대수익률과 위험에 대한 주관적 선호도를 나타내는 무차별곡선의 형태)가 서로 상이하기 때문에 각각의 투자자들은 서로 다른 위험자산포트폴리오를 선택할 수 있음을 유의하여야 한다. 예를 들어 Ia의 무차별곡선을 가지는 보수적 투자자는 포트폴리오 A를 선택하며, Ib의 무차별곡선을 가지는 공격적 투자자는 포트폴리오 B를 선택할 것이다.

2.3 최적포트폴리오의 선택 : 무위험자산이 존재하는 경우

효율적 포트폴리오집합 : 자본시장선

일반적으로 투자자의 투자대상에는 위험자산만이 아니라 정부가 발행하는 국공채 등의 무위험자산도 포함된다.[10] 이와 같은 무위험자산을 투자대상에 포함시킬 경우, 효율적 포트폴리오집합은 위험자산만을 투자대상으로 하는 경우와는 달라진다.

위험자산만으로 구성된 효율적 포트폴리오집합 중 하나인 포트폴리오 A와 무위험이자율이 r_f인 무위험자산을 결합하여 새로운 포트폴리오를 구성한다면, 그 기대수익률과 표준편차는 다음과 같다.

$$E(r_p) = wE(r_A) + (1-w)r_f \tag{9-13}$$

$$\begin{aligned} \sigma_p &= \sqrt{w^2\sigma_A^2 + (1-w)^2\sigma_{r_f}^2 + 2w(1-w)\rho_{Ar_f}\sigma_A\sigma_{r_f}} \\ &= \sqrt{w^2\sigma_A^2} \qquad (\because \sigma_{r_f} = 0) \\ &= w\sigma_A \qquad (\text{단, } w \geq 0) \end{aligned} \tag{9-14}$$

여기서 w: 위험자산포트폴리오 A의 구성비율

식 (9-14)에서 $w > 1$인 경우 무위험자산의 구성비율인 $(1-w)$는 음(-)의 값을 갖

10) 무위험자산이 존재한다는 것은 동일한 무위험이자율로 언제든지 자금을 빌려오거나 빌려줄 수 있다는 것을 의미한다.

게 되는데, 이것은 무위험이자율로 차입한 자금과 현재 투자자금을 합하여 모두 위험자산포트폴리오에 투자한다는 것을 의미한다.

식 (9−14)를 w에 관하여 정리한 후 이를 식 (9−13)에 대입하면, 표준편차와 기대수익률의 관계를 나타내는 다음과 같은 포트폴리오 결합선을 얻을 수 있다.

$$E(r_p) = r_f + \left[\frac{E(r_A) - r_f}{\sigma_A}\right]\sigma_p \tag{9-15}$$

식 (9−15)에서의 무위험자산과 포트폴리오 A를 결합한 새로운 포트폴리오들은 [그림 9−6]의 기대수익률−표준편차 평면에서 r_f와 A를 연결한 직선상에 존재한다. 즉 새로운 포트폴리오는 위험자산포트폴리오의 구성비율인 w에 따라 $\overline{r_f A}$선상의 한 점이 될 것이다. 그리고 식 (9−15)는 투자자가 선택할 수 있는 위험자산과 무위험자산의 조합을 나타내는 투자기회집합으로서 **자본배분선**(capital allocation line: CAL)이라고도 한다. 그리고 이 식의 기울기는 **위험보상률**(reward-to-variability ratio)로서 위험자산을 선택할 경우 얻을 수 있는 위험 한 단위에 대한 보상, 즉 위험의 단위당 가격을 나타낸다.

이상과 같은 방법으로 위험자산들만에 의해서 구성된 마코위츠의 효율적 포트폴리오집합($\widehat{GY}$)상에 있는 한 점과 무위험자산을 결합하여 수많은 새로운 포트폴리오 결합선, 즉 자본배분선(CAL)을 구할 수 있을 것이다. 자본배분선 중 기울기가 가장 높은 직선, 즉 위험자산만으로 구성된 효율적 포트폴리오집합($\widehat{GY}$)상에 접하는 직선(r_f와 M

그림 9−6 효율적 포트폴리오집합 : 자본시장선

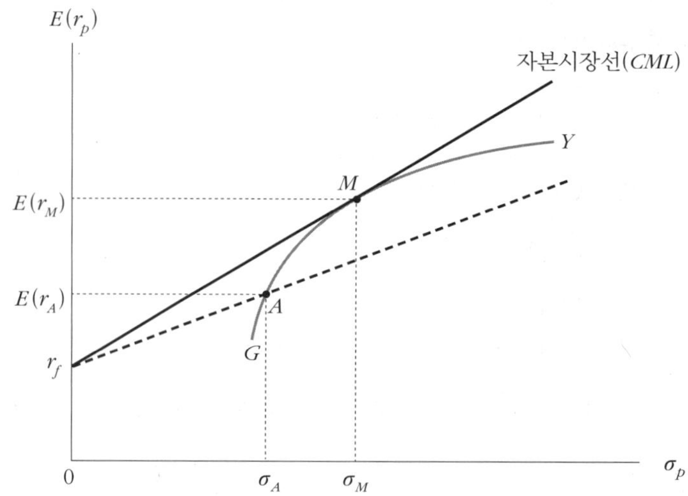

을 연결한 직선)은 다른 모든 직선들보다 주어진 위험하에 기대수익률이 가장 높기 때문에 새로운 효율적 포트폴리오집합이 된다. 따라서 무위험자산이 존재하는 경우 투자자들은 항상 위험자산포트폴리오 M과 무위험자산으로 구성된 직선의 효율적 포트폴리오 집합을 가진다. 이와 같이 무위험자산과 위험자산 등 모든 자산들로 구성된 새로운 효율적 포트폴리오집합을 **자본시장선**(capital market line: CML)이라 하며, 이를 수식으로 표현하면 다음과 같다.[11)]

$$E(r_p) = r_f + \left[\frac{E(r_M) - r_f}{\sigma_M} \right] \sigma_p \tag{9-16}$$

자본시장선은 무위험자산이 존재하는 경우 효율적 포트폴리오의 위험(표준편차)과 기대수익률의 선형관계를 나타내는 직선을 의미한다.[12)] 이와 같은 자본시장선의 의미를 살펴보면 다음과 같다.

> 효율적 포트폴리오의 기대수익률
>
> =무위험이자율+위험프리미엄
>
> =무위험이자율+(위험의 균형가격)×(위험량)

식 (9-16)에서 자본시장선의 기울기는 추가적인 위험 한 단위에 대한 자본시장에서의 보상액인 **위험의 균형가격**(equilibrium price of risk: EPR)을 나타낸다는 것을 알 수 있다.[13)]

$$EPR = \frac{E(r_M) - r_f}{\sigma_M} \tag{9-17}$$

최적포트폴리오 선택

모든 자산들(무위험자산과 위험자산)로 구성된 효율적 포트폴리오집합(자본시장선) 중 어느 포트폴리오를 선택하느냐는 투자자의 주관적인 위험회피성향(무차별곡선의 형

---

11) 자본시장선(CML)은 선택가능한 자본배분선(CAL) 중 기울기(S_p)가 가장 높은 직선으로서 그것의 접점 포트폴리오(tangency portfolio), 즉 포트폴리오 M은 다음과 같은 수학적 모형에 의해 구할 수 있다.

최대화 $S_p = \dfrac{E(r_p) - r_f}{\sigma_p}$

제약조건: $\sum_{j=1}^{N} w_j = 1$

12) 자본시장선에 의해 개별자산 등 비효율적 포트폴리오의 위험과 기대수익률의 관계를 설명할 수 없다.

13) 효율적 포트폴리오의 위험은 표준편차에 의해서 측정될 수 있다.

그림 9-7 효율적 포트폴리오집합 : 자본시장선

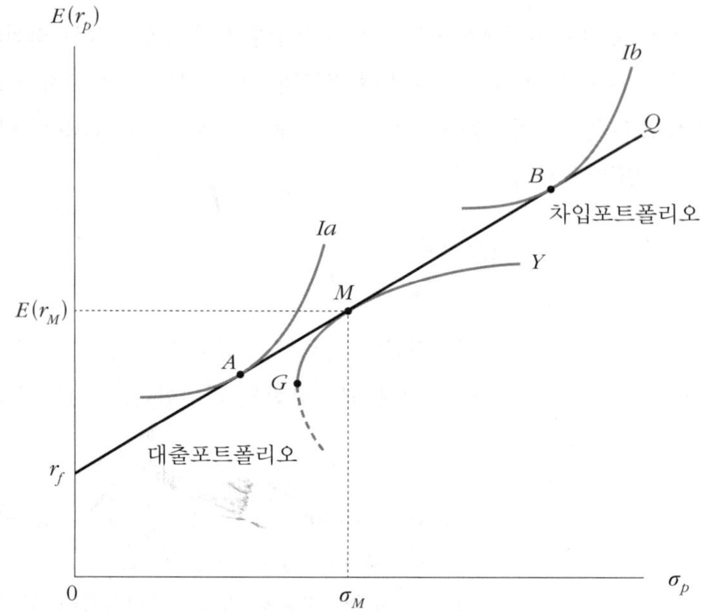

태)에 의해서 결정된다. 이러한 선택행위를 그림으로 나타내면 [그림 9-7]과 같다.

일반적으로 높은 위험회피성향을 가지고 있는 보수적 투자자는 $\overline{r_f M}$ 사이의 포트폴리오(기대수익률과 위험이 모두 낮은 포트폴리오)를 선택하며, 위험회피성향이 낮은 공격적 투자자는 $\overline{MQ}$ 사이의 포트폴리오(위험은 상당히 높으나, 그 기대수익률도 높은 포트폴리오)를 선택할 것이다. 여기에서 $\overline{r_f M}$ 사이의 포트폴리오는 현재 소유하고 있는 자금 중 일부를 무위험자산에 투자하고(무위험이자율로 돈을 빌려주고) 나머지를 포트폴리오 M에 투자하는 경우 만들 수 있는 포트폴리오로서 **대출포트폴리오**(lending portfolio)라 한다. 그리고 $\overline{MQ}$ 사이의 포트폴리오는 무위험이자율로 차입한 자금과 현재 보유하고 있는 자금을 합하여 포트폴리오 M에 모두 투자하는 경우 만들 수 있는 포트폴리오로서 **차입포트폴리오**(borrowing portfolio)라 한다. 예를 들어 Ia와 같은 무차별곡선을 가진 보수적 투자자는 대출포트폴리오인 포트폴리오 A를 선택하며, Ib와 같은 무차별곡선을 가진 공격적인 투자자는 차입포트폴리오인 포트폴리오 B를 선택할 것이다. 보수적 투자자의 무위험자산에 대한 투자(대출)비율은 $\overline{AM}/\overline{r_f M}$이다.

포트폴리오 선택행위는 분리된 다음의 두 단계를 거쳐서 이루어진다.

첫째, 투자자는 개별 위험자산들의 기대수익률, 분산 그리고 공분산을 추정하여 위험자산들로 구성된 효율적 포트폴리오집합($\widehat{GMY}$)을 계산한 후, 무위험이자율 r_f에서 위험자산들로 구성된 효율적 포트폴리오집합에 접선을 그어 포트폴리오 M을 결정한다. 포트폴리오 M은 투자자가 선택하려는 위험자산들로 구성된 포트폴리오를 나타낸다. 이러한 포트폴리오 M은 전적으로 개별 위험자산들의 기대수익률, 분산 그리고 공분산에 대한 투자자의 추정치에 의해서 결정된다. 즉 투자자의 개인적 특성(투자자의 주관적인 위험회피성향)은 이 단계에서 고려되지 않는다.

둘째, 이제 투자자는 위험자산들로 구성된 포트폴리오 M과 무위험자산을 어떻게 결합해야 하는지를 결정하여야 한다. 이는 투자자들의 개인적 특성인 주관적인 위험회피성향에 의해서 결정된다. 즉 투자자들은 자신의 위험회피성향에 따라 차입 또는 대출의 비율을 조정함으로써 최적포트폴리오를 선택한다.

이와 같이 포트폴리오의 선택행위는 분리된 두 개의 단계에 의해서 이루어지며, 이를 **토빈**(J. Tobin)의 **분리이론**(separation theorem)이라 한다.[14] 한편 모든 투자자들은 무위험자산과 시장포트폴리오의 두 자산에 의해 최적포트폴리오를 구성하게 되므로 이를 **2-기금 분리이론**(two-fund separation theorem)이라고도 한다.

토빈의 분리이론:

$$MRT = EPR\left[= \frac{E(r_M) - r_f}{\sigma_M} \right] = MRS_a = MRS_b$$

위험자산의 투자결정 　 투자자의 차입 또는 대출결정

토빈의 분리이론의 함축적인 의미는 경영자가 주주들의 위험에 대한 주관적 선호를 고려할 필요 없이 시장에서 결정되는 위험의 균형가격(EPR)을 이용하여 위험자산에 대한 투자결정을 할 수 있다는 것이다.[15]

시장균형과 시장포트폴리오

자본시장에 어떠한 장애요인도 존재하지 않는다는 사실을 의미하는 차입이자율과 대출이자율이 동일하다는 가정 이외에, 모든 투자자들이 자산의 수익률, 분산 그리고 공분산에 대해서 동일한 기대치를 가지고 있다는 **동질적 기대**(homogeneous expectation)의 가정을 추가한다면, 모든 투자자들은 각각의 위험회피성향에 관계없이 항상 위험자산의 포트폴리오 M을 선택하게 된다.[16] 그리고 위험자산의 수요와 공급이 일치하는 시

14) J. Tobin, "Liquidity Preference as Behavior toward Risk," *Review of Economic Studies*, Vol. 25(February 1958), pp. 65~86.

15) 금융시장에서의 현재재화와 미래재화의 교환비율을 나타내는 시장이자율선의 기울기, 즉 $-(1+r)$ 대신에 위험의 균형가격(EPR)을 사용한 것을 제외하면 제4장에서 설명한 피셔의 분리이론과 동일한 논리라 할 수 있다.

16) 동질적 기대의 가정은 모든 투자자가 직면하는 투자기회집합이 동일하다는 것을 의미한다.

장균형하에서는 모든 자산은 누군가에 의해서 소유되어야 한다. 즉 모든 투자자가 동일한 위험자산의 포트폴리오 M만을 선택하는 균형상태하에서는 위험자산의 포트폴리오 M에 포함되지 못하는 위험자산은 어떤 투자자도 소유하려 하지 않기 때문에 존재할 수 없다. 그러므로 균형시장하에서 위험자산의 포트폴리오 M은 현재 시장에서 거래되는 모든 위험자산을 포함하는 포트폴리오이며, 이와 같은 포트폴리오 M을 **시장포트폴리오**(market portfolio)라고 한다. 모든 투자자들이 위험자산포트폴리오 중 포트폴리오 M에만 투자한다면, 시장포트폴리오에서의 위험자산 j의 구성비율 w_j^M은 다음과 같다.

$$w_j^M = \frac{\text{위험자산 } j\text{의 총시장가치}}{\text{시장전체 위험자산의 총시장가치}} = \frac{P_jQ_j}{\sum_{j=1}^{N} P_jQ_j} \tag{9-18}$$

여기서 P_j: 위험자산 j의 단위당 시장가격
Q_j: 위험자산 j의 총수량

투자자가 시장포트폴리오를 선택한다는 것은 시장포트폴리오와 동일한 구성비율을 가지는 위험자산포트폴리오를 구성한다는 것을 의미한다. 그러므로 투자자들의 위험자산에 대한 투자가능금액에 따라 위험자산포트폴리오의 총가치는 각각 다르지만, 투자자들이 선택하는 위험자산포트폴리오의 구성비율은 모든 투자자에 대해서 동일하며 그것은 시장포트폴리오의 구성비율과 같다.

$$w_{1j} = w_{2j} = \cdots = w_{Kj} = w_j^M \tag{9-19}$$

여기서 w_{ij}=투자자 i가 구성한 위험자산 포트폴리오에서 위험자산 j의 구성비율

$$= \frac{\text{투자자 } i\text{의 위험자산 } j\text{에 대한 투자액}}{\text{투자자 } i\text{의 위험자산에 대한 총투자액} } \quad (\text{단, } i=1, \cdots, K;\ j=1, \cdots, N)$$

재무 FOCUS

지분비율을 이용한 시장포트폴리오의 구성방법

모든 투자자들이 시장포트폴리오에 투자한다는 것은 엄밀하게 말하면 시장포트폴리오의 총가치(시장전체 위험자산의 총시장가치) 중 일부분을 소유하는 것이다. 그러므로 각 투자자는 시장에 존재하는 각각의 위험자산에 대하여 그것의 지분비율(소유비율)들이 투자자의 시장전체에 대한 소유비율과 같아지도록 투자하면 시장포트폴리오와 동일한 구성비율을 가지는 위험자산포트폴리오를 구성할 수 있다.

$$z_{i1} = z_{i2} = \cdots = z_{iN} = z_i$$

여기서 z_{ij}=투자자 i가 투자한 위험자산 j의 지분비율

$$= \frac{\text{투자자 } i\text{의 위험자산 } j\text{에 대한 투자액}}{\text{위험자산 } j\text{의 총시장가치}} = \frac{I_{ij}}{P_jQ_j}$$

z_i = 투자자 i의 시장전체에 대한 소유비율

$$= \frac{\text{투자자 } i \text{의 위험자산에 대한 총투자액}}{\text{시장전체 위험자산의 총시장가치}} = \frac{I_i}{\sum_{j=1}^{N} P_j Q_j} = \frac{I_i}{\sum_{i=1}^{K} I_i}$$

※ 투 자 자

위험자산	1	2	…	K	(시장가치)
1					P_1Q_1
2					P_2Q_2
⋮					⋮
N					P_NQ_N
(투자액)	I_1	I_2	…	I_K	$\sum_{i=1}^{K} I_i = \sum_{j=1}^{N} P_jQ_j$

$$I_i = z_{i1}P_1Q_1 + z_{i2}P_2Q_2 + \cdots + z_{iN}P_NQ_N = z_i(P_1Q_1 + P_2Q_2 + \cdots + P_NQ_N) = z_i \sum_{j=1}^{N} P_jQ_j$$

(단, $z_{i1} = z_{i2} = \cdots = z_{iN} = z_i$)

예제 9-4 시장포트폴리오의 구성

단지 3개의 증권으로 구성된 주식시장이 있으며, 그 시장에 있는 주식을 소유하려는 투자자는 2명만 존재한다고 하자. 그리고 차입이자율과 대출이자율이 동일하며, 두 투자자는 주식수익률의 미래 확률분포에 대해서 동질적인 기대를 가지고 있다고 한다. 주식시장과 투자자에 관한 자료는 다음과 같을 경우 아래의 물음에 답하라.

주식시장의 구성

주 식	주당 시장가격	발행주식수	총시장가치	시장의 구성비율
A	20,000원	100만주	200억원	20%
B	30,000원	100만주	300억원	30%
C	10,000원	500만주	500억원	50%
합 계			1,000억원	100%

투자자의 총투자액

투 자 자	주식시장에서의 총투자액
1	400억원
2	600억원
합 계	1,000억원

각 투자자는 각각의 주식에 얼마씩 투자하겠는가?

| 해설 |

무위험자산이 존재하고 동질적 기대를 가지고 있는 경우, 두 투자자는 모두 위험자산으로 구성된 포트폴리오 중 시장포트폴리오에 투자한다. 그러므로 투자자 i의 개별주식 j에 대한 투자금액은 다음과 같이 구할 수 있다.

투자금액 = 투자자 i의 총투자액 × 주식 j의 시장구성비율

이에 의해서 각 투자자의 개별주식에 대한 투자금액을 구하면 다음과 같다.[17)]

주 식	투자자 1			투자자 2		
	구성비율	투 자 액	지분비율	구성비율	투 자 액	지분비율
A	20%	80억원*	40%**	20%	120억원	60%**
B	30%	120억원	40%	30%	180억원	60%
C	50%	200억원	40%	50%	300억원	60%
합 계	100%	400억원		100%	600억원	

* 투자자 1의 주식 A에 대한 투자액 = 400 × 0.2 = 80억원

** $z_{1A}=\frac{80}{200}=0.4$, $z_{2A}=\frac{120}{200}=0.6$

3 분산효과와 개별증권의 위험

3.1 분산효과

포트폴리오의 구성증권수를 증가시킬 때, 포트폴리오 수익률의 분산이 어떻게 변하는가를 살펴보기로 하자. N개의 증권으로 구성된 포트폴리오 수익률의 분산은 앞의 식 (9−8)′에 의하면 다음과 같다.

$$Var(r_p)=\sum_{i=1}^{N} w_i^2\sigma_i^2+\sum_{\substack{i=1\\(i\neq j)}}^{N}\sum_{j=1}^{N} w_iw_j\sigma_{ij} \tag{9-8$'$}$$

포트폴리오 수익률의 분산은 N개의 분산항과 $N(N-1)$개의 공분산항으로 구성되어 있다. 증권들의 구성비율이 동일한($w_1=w_2=\cdots=w_N=1/N$) 동일가중 포트폴리오(equally weighted portfolio)를 구성한다고 가정하면, 식 (9−8)′를 다음과 같이 변형시킬 수 있다.

17) 투자자 1: $z_{1A}=z_{1B}=z_{1C}=z_1(=0.4)$, 투자자 2: $z_{2A}=z_{2B}=z_{2C}=z_2(=0.6)$

$$Var(r_p)=\left(\frac{1}{N}\right)^2\sum_{i=1}^{N}\sigma_i^2+\left(\frac{1}{N}\right)^2\sum_{\substack{i=1\\(i\neq j)}}^{N}\sum_{j=1}^{N}\sigma_{ij}$$

$$=\left(\frac{1}{N}\right)\sum_{i=1}^{N}\frac{\sigma_i^2}{N}+\left(\frac{N-1}{N}\right)\sum_{\substack{i=1\\(i\neq j)}}^{N}\sum_{j=1}^{N}\frac{\sigma_{ij}}{N(N-1)}$$

$$=\left(\frac{1}{N}\right)\overline{Var}+\left(\frac{N-1}{N}\right)\overline{Cov}=\left(\frac{1}{N}\right)(\overline{Var}-\overline{Cov})+\overline{Cov} \qquad (9-20)$$

여기서 $\overline{Var}$: 증권수익률의 평균분산
$\overline{Cov}$: 증권수익률간의 평균공분산[18)]

식 (9−20)에서 만약 포트폴리오의 구성증권수를 무한히 증가시킨다면($N\rightarrow\infty$), 포트폴리오 수익률의 분산 $Var(r_p)$는 다음과 같다.

$$N\rightarrow\infty \text{일 때,}\quad Var(r_p)=\overline{Cov} \qquad (9-21)$$

구성증권의 수가 증가함에 따라 포트폴리오의 위험은 점점 감소하여 점근적으로(asymptotically) 평균공분산 $\overline{Cov}$에 접근한다.[19)] 이와 같은 관계를 나타내면 [그림 9−8]과 같다. [그림 9−8]에서 개별증권 수익률의 분산, 즉 **총위험**(total risk)은 완전분산된 포트폴리오(completely diversified portfolio)를 구성함으로써 제거할 수 있는 부분, 즉

그림 9-8 구성증권의 수와 포트폴리오 위험

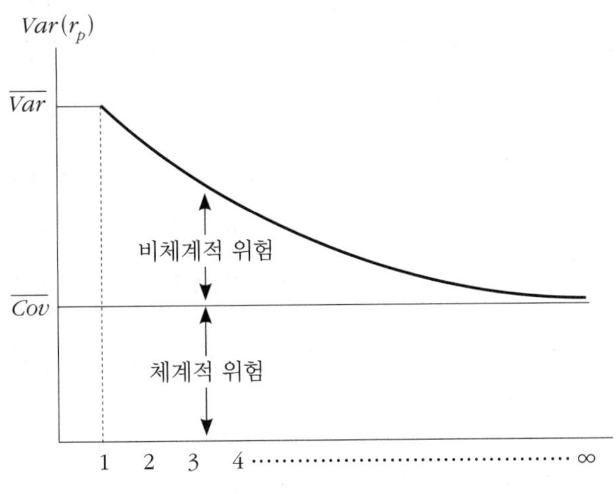

18) 평균공분산은 $N(N-1)$개의 공분산항을 모두 합한 후, 그것을 항의 수인 $N(N-1)$로 나누어 구한 공분산의 평균값이다.

19) 이와 같은 분산투자의 이점을 강조한 것으로서 "계란을 한 바구니에 담지마라."라는 전통적인 투자 격언이 있다.

비체계적 위험(unsystematic risk)과 완전분산된 포트폴리오를 구성하여도 제거할 수 없는 부분, 즉 체계적 위험(systematic risk)으로 구성되어 있다.[20)]

개별증권의 총위험 = 체계적 위험 + 비체계적 위험

완전분산된 포트폴리오를 선택하는 투자자에게는 개별증권의 총위험은 중요하지 않다. 즉 완전분산된 포트폴리오를 가지고 있는 투자자가 그 포트폴리오에 새로운 하나의 증권을 추가할 때, 그는 추가된 증권의 위험 중 분산투자에 의해서 제거되지 않는 체계적 위험에만 관심을 가진다. 그러므로 투자자가 관심을 가지는 것은 포트폴리오위험에 대한 개별증권의 공헌(contribution)이며, 이것에 의해서 개별증권의 체계적 위험이 측정될 수 있다.

3.2 개별증권의 위험: 모든 투자자가 시장포트폴리오를 소유하는 경우

전절에서 설명하였던 바와 같이 무위험자산이 존재하고 동질적 기대의 가정이 성립하는 경우, 합리적인 모든 투자자들은 항상 시장포트폴리오를 선택하게 된다. 그리고 시장포트폴리오는 시장에 존재하는 모든 위험자산을 포함하는 포트폴리오이므로 완전분산된 포트폴리오이다. 그러므로 합리적인 투자자가 관심을 가지는 개별증권의 위험은 시장포트폴리오의 위험에 대한 개별증권의 공헌, 즉 체계적 위험이라 할 수 있다.

N개의 증권으로 구성된 시장포트폴리오의 위험에 대한 각 개별증권의 공헌을 측정하기 위하여 시장포트폴리오의 위험 $Var(r_M)$을 분해하면 〈표 9-5〉와 같다. 이 표에서 증권 1이 시장포트폴리오의 위험에 미치는 영향, 즉 증권 1의 공헌은 다음과 같다.

$$
\begin{aligned}
\text{증권 1의 공헌} &= w_1^2\sigma_1^2 + w_1 w_2 \sigma_{12} + \cdots + w_1 w_N \sigma_{1N} \\
&= w_1[w_1 Cov(r_1,\ r_1) + w_2 Cov(r_1,\ r_2) + \cdots + w_N Cov(r_1,\ r_N)] \\
&= w_1 Cov(r_1,\ w_1 r_1 + w_2 r_2 + \cdots + w_N r_N) = w_1 Cov(r_1,\ r_M)
\end{aligned}
$$

그러므로 시장포트폴리오의 위험에 대한 임의의 증권 j의 공헌은 다음과 같이 표현될 수 있다.

$$
\begin{aligned}
\text{증권 } j\text{의 공헌} &= w_j Cov(r_j,\ r_M) \qquad (9\text{-}22) \\
&= (\text{증권 } j\text{의 구성비율}) \times (r_j\text{와 } r_M \text{ 사이의 공분산})
\end{aligned}
$$

20) 체계적 위험 대신에 분산불가능한 위험(undiversifiable risk) 또는 시장위험(market risk), 그리고 비체계적 위험 대신에 분산가능한 위험(diversifiable risk) 또는 고유위험(unique risk)이라는 용어를 사용하기도 한다.

표 9-5 시장포트폴리오의 위험분해

증권	1	2	3	…	N	
1	$w_1^2\sigma_1^2$	$w_1w_2\sigma_{12}$	$w_1w_3\sigma_{13}$		$w_1w_N\sigma_{1N}$	증권 1의 공헌$=w_1\sigma_{1M}$
2	$w_2w_1\sigma_{21}$	$w_2^2\sigma_2^2$	$w_2w_3\sigma_{23}$		$w_2w_N\sigma_{2N}$	증권 2의 공헌$=w_2\sigma_{2M}$
3	$w_3w_1\sigma_{31}$	$w_3w_2\sigma_{32}$	$w_3^2\sigma_3^2$		$w_3w_N\sigma_{3N}$	증권 3의 공헌$=w_3\sigma_{3M}$
⋮						⋮
N	$w_Nw_1\sigma_{N1}$	$w_Nw_2\sigma_{N2}$	$w_Nw_3\sigma_{N3}$		$w_N^2\sigma_N^2$	증권 N의 공헌$=w_N\sigma_{NM}$
						$Var(r_M)=\sum_{j=1}^{N} w_j\sigma_{jM}$

식 (9-22)에서 개별증권의 공헌은 구성비율과 시장과의 공분산에 의해서 결정된다. 그러나 개별증권의 공헌 중 구성비율은 개별증권의 특성과는 관계가 없기 때문에, 개별증권의 공헌에 의해서 체계적 위험을 측정할 때 구성비율의 효과를 제거하여야 한다. 그러므로 개별증권의 체계적 위험에 대한 적합한 측정치는 개별증권 수익률과 시장포트폴리오 수익률간의 공분산이다.[21)]

$$\text{증권 } j\text{의 체계적 위험}=Cov(r_j,\ r_M) \tag{9-23}$$

결론적으로 합리적인 투자자는 개별증권의 총위험 중 체계적 위험, 즉 시장과의 공분산만을 적합한 위험의 측정치로 생각한다. 여기서 체계적 위험은 시장과 관련된 위험이다. 시장과 상관관계가 높은 증권(시장의 움직임에 대해서 민감한 증권)은 시장과의 공분산이 크게 나타나므로 위험이 큰 증권이라 할 수 있다. 한편 시장과 상관관계가 낮은 증권(시장의 움직임에 대해서 민감하지 않은 증권)은 시장과의 공분산이 작게 나타나므로 위험이 작은 증권이라 할 수 있다.

일반적으로 합리적인 위험회피형 투자자는 위험이 높은 투자대상에 대해서 그 보상으로 높은 기대수익률을 요구하게 된다. 효율적 포트폴리오의 위험과 기대수익률의 관계는 전절에서 설명한 자본시장선에 의해서 설명될 수 있다. 그러나 자본시장선은 개별증권의 위험(체계적 위험)과 기대수익률의 관계를 설명하지는 못한다.[22)] 그러므로 개별증권의 위험과 기대수익률에 대한 구체적인 관계를 설명하기 위해서는 새로운 모형이 필요하게 되며, 이는 다음 장에서 설명된다.

---

21) 위험의 단위당 균형가격을 얼마로 하느냐에 따라 체계적 위험의 측정치는 달라질 수도 있다. 이에 관한 자세한 내용은 제10장에서 설명된다.

22) 분산투자로써 제거할 수 있는 비체계적 위험에 대해서는 보상이 필요 없다.

요 약

포트폴리오의 기대수익률과 위험

- $E(r_p)=\sum_{j=1}^{N} w_j E(r_j)$
- $Var(r_p)=\sum_{i=1}^{N}\sum_{j=1}^{N} w_i w_j \sigma_{ij}$

※ $Cov(r_i,\ r_j)=E[(r_i-E(r_i))(r_j-E(r_j))] \rightarrow \rho_{ij}=\dfrac{Cov(r_i,\ r_j)}{\sigma_i \sigma_j}$

포트폴리오의 선택

1. 상관계수와 분산효과: $\rho_{ij}\downarrow \ \rightarrow \sigma_p\downarrow$
2. 최적포트폴리오의 선택

▶ 최적포트폴리오의 선택: 무위험자산이 존재하지 않는 경우

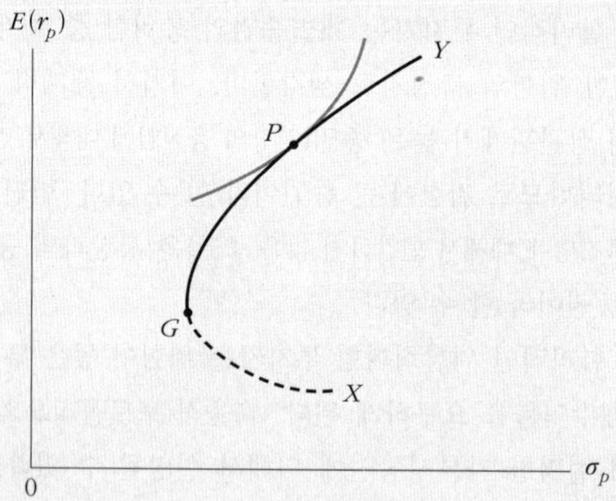

- 효율적 포트폴리오집합(지배원리): $\widehat{GY}$
- 최적포트폴리오($MRS=MRT$): 포트폴리오 P

▶ 최적포트폴리오의 선택: 무위험자산이 존재하는 경우

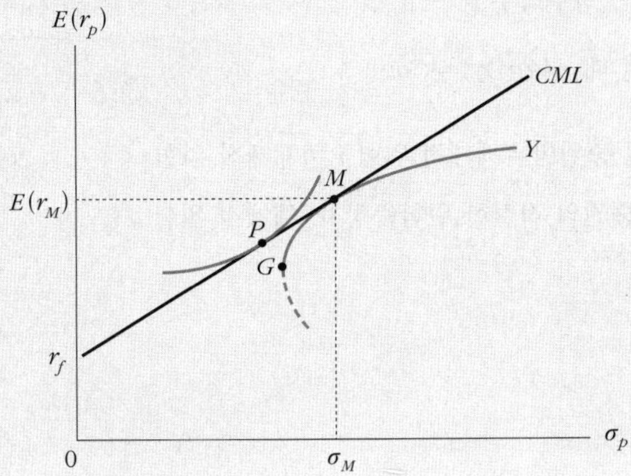

• 효율적 포트폴리오집합: 자본시장선(CML)

$$E(r_p) = r_f + \left[\frac{E(r_M) - r_f}{\sigma_M} \right] \sigma_p$$

• 최적포트폴리오: 토빈의 분리이론

① 위험자산의 투자결정: 시장포트폴리오 M 선택

$$MRT = EPR \left[= \frac{E(r_M) - r_f}{\sigma_M} \right]$$

☞ 위험자산의 투자결정 ≠ 투자자의 주관적인 위험회피성향

② 투자자의 차입 또는 대출결정: 최적포트폴리오 P 선택

$$MRS = EPR \left[= \frac{E(r_M) - r_f}{\sigma_M} \right]$$

분산효과와 개별증권의 위험

▶ 분산효과: 구성주식수 ↑ → σ_p ↓

$N \to \infty$일 때, $Var(r_p) = \overline{Cov}$

▶ 개별증권의 총위험 = 체계적 위험 + 비체계적 위험

→ 개별증권의 적절한 위험측정치: 체계적 위험

주요 용어

사 · 례 · 연 · 구

지금 시장에는 다음과 같은 두 주식과 무위험자산만 존재한다고 가정한다.

(단위 : %)

주 식	기대수익률	표준편차
1	13	20
2	8	12

두 주식의 수익률의 상관계수는 0.3이며, 무위험이자율이 5%일 경우 다음의 물음에 답하라.

(1) 위험자산의 최적포트폴리오, 즉 시장포트폴리오의 기대수익률과 표준편차를 구하라.

(2) 자본시장선과 시장포트폴리오의 위험보상률(reward-to-variability ratio)을 구하라.

(3) 투자자의 효용함수는 다음과 같다고 가정한다.

$$U = E(r) - 0.005A \cdot \sigma^2$$

여기서 $E(r)$: 투자자가 구성한 포트폴리오의 기대수익률(%)
σ : 투자자가 구성한 포트폴리오의 표준편차(%)
A : 위험회피계수

① 투자자 갑은 위험을 아주 싫어하는 보수적 투자자로서 위험회피계수는 4이다. 투자자 갑의 최적포트폴리오를 구하라.

② 투자자 을은 위험을 상대적으로 덜 싫어하는 공격적 투자자로서 위험회피계수는 2이다. 투자자 을의 최적포트폴리오를 구하라.

(4) 이상의 결과에 의해서 토빈의 분리이론을 설명하라.

:: 해 설

(1) 시장포트폴리오는 자본배분선(CAL)의 기울기(S_p)를 최대로 하는 직선, 즉 자본시장선의 접점포트폴리오로서 다음과 같은 수학적 모형에 의해 구할 수 있다.

$$\text{최대화 } S_p = \frac{E(r_p) - r_f}{\sigma_p}$$

$$\text{제약조건 : } w_1 + w_2 = 1$$

먼저 위험자산으로 구성된 포트폴리오의 기대수익률과 표준편차를 구하면 다음과 같다.

$$E(r_p)=w_1E(r_1)+w_2E(r_2)=w_1\times 0.13+(1-w_1)\times 0.08=0.08+0.05w_1$$

$$\begin{aligned}\sigma_p&=\sqrt{w_1^2\sigma_1^2+w_2^2\sigma_2^2+2w_1w_2\sigma_1\sigma_2\rho_{12}}\\&=\sqrt{w_1^2(0.2)^2+(1-w_1)^2(0.12)^2+2w_1(1-w_1)(0.2)(0.12)(0.3)}\\&=\sqrt{0.04w_1^2-0.0144w_1+0.0144}\end{aligned}$$

그러므로 S_p는 다음과 같이 나타낼 수 있다.

$$S_p=\frac{E(r_p)-r_f}{\sigma_p}=\frac{0.08+0.05w_1-0.05}{\sqrt{0.04w_1^2-0.0144w_1+0.0144}}$$

위 식을 미분하여 자본배분선(CAL)의 기울기를 최대화하는 w_1을 구하면 다음과 같다.

$$\frac{dS_p}{dw_1}=\frac{0.05\sigma_p-(0.05w_1+0.03)\dfrac{1}{2\sigma_p}(0.08w_1-0.0144)}{\sigma_p^2}=0$$

$$0.1(0.04w_1^2-0.0144w_1+0.0144)-(0.05w_1+0.03)(0.08w_1-0.0144)=0$$

$$-0.00312w_1+0.001872=0$$

$$\therefore\ w_1=0.6,\ \ w_2=1-0.6=0.4$$

위험자산(주식 1과 주식 2)으로 구성된 최적포트폴리오, 즉 시장포트폴리오 M은 주식 1에 60%, 주식 2에 40%를 투자하여 구성한 포트폴리오이며, 그것의 기대수익률과 표준편차를 구하면 다음과 같다.

- $E(r_M)=0.08+0.05w_1=0.08+0.05\times 0.6=0.11$
- $\sigma_M=\sqrt{0.04w_1^2-0.0144w_1+0.0144}$
  $=\sqrt{0.04\times(0.6)^2-0.0144\times 0.6+0.0144}=0.1420$

Tip

물음 (1)을 다음과 같은 방식으로도 구할 수 있다.
주식 1과 2로 구성된 시장포트폴리오는 다음과 같다.

$$r_M=w_1r_1+(1-w_1)r_2$$
$$\because\ \ w_1+w_2=1$$

개별 주식과 시장포트폴리오의 공분산을 구하면 다음과 같다.

$$\begin{aligned}\sigma_{1M}&=Cov(r_1,\ r_M)\\&=Cov(r_1,\ w_1r_1+(1-w_1)r_2)\\&=w_1Var(r_1)+(1-w_1)Cov(r_1,\ r_2)\\&=w_1(0.2)^2+(1-w_1)(0.3\times 0.2\times 0.12)\\&=0.04w_1+0.0072(1-w_1)=0.0328w_1+0.0072\end{aligned}$$

$$\begin{aligned}\sigma_{2M} &= Cov(r_2,\ r_M)\\ &= Cov(r_2,\ w_1 r_1 + (1-w_1)r_2)\\ &= w_1 Cov(r_1,\ r_2) + (1-w_1)Var(r_2)\\ &= w_1(0.3\times 0.2\times 0.12) + (1-w_1)(0.12)^2\\ &= 0.0072w_1 + 0.0144(1-w_1) = -0.0072w_1 + 0.0144\end{aligned}$$

한편 CAPM이 성립하면 다음의 관계가 성립한다.

$$E(r_j) = r_f + \left[\frac{E(r_M) - r_f}{Var(r_M)}\right]\sigma_{jM}$$

$$\frac{E(r_j) - r_f}{\sigma_{jM}} = \left[\frac{E(r_M) - r_f}{Var(r_M)}\right]$$

따라서 다음의 식이 성립한다.

$$\frac{E(r_M) - r_f}{\sigma_M^2} = \frac{E(r_1) - r_f}{\sigma_{1M}} = \frac{E(r_2) - r_f}{\sigma_{2M}}$$

앞에서 구한 값들과 문제에서 주어진 $E(r_1) = 0.13$, $E(r_2) = 0.08$, $r_f = 0.05$ 등을 위 식의 오른쪽 2개 항에 대입하여 정리하면 다음과 같다.

$$\frac{0.13 - 0.05}{0.0328w_1 + 0.0072} = \frac{0.08 - 0.05}{-0.0072w_1 + 0.0144}$$

$$0.08(-0.0072w_1 + 0.0144) = 0.03(0.0328w_1 + 0.0072)$$

$$0.00156w_1 = 0.000936$$

$$\therefore\ w_1 = 0.6,\quad w_2 = 0.4$$

그러므로 시장포트폴리오 M의 기대수익률과 표준편차를 구하면 다음과 같으며, 이는 앞의 해설에 풀이한 결과와 동일함을 알 수 있다.

- $E(r_M) = 0.08 + 0.05w_1 = 0.08 + 0.05\times 0.6 = 0.11$
- $\sigma_M = \sqrt{0.04w_1^2 - 0.0144w_1 + 0.0144}$
  $= \sqrt{0.04\times(0.6)^2 - 0.0144\times 0.6 + 0.0144}$
  $= 0.1420$

(2) 자본시장선(CML)은 무위험자산과 시장포트폴리오를 연결한 직선으로 다음과 같다.

$$E(r_p) = r_f + \left[\frac{E(r_M) - r_f}{\sigma_M}\right]\sigma_p = 0.05 + \left(\frac{0.11 - 0.05}{0.1420}\right)\sigma_p = 0.05 + 0.4225\sigma_p$$

그리고 시장포트폴리오의 위험보상률(reward-to-variability ratio), 즉 위험의 균형가격은 자본시장선의 기울기인 0.4225이다.

(3) 이제 투자자들은 시장포트폴리오와 무위험자산을 이용하여 자신의 효용을 극대화시키는 자산배합, 즉 최적포트폴리오를 구성할 것이다. 투자자의 투자자금 중 시장포트폴리오의 구성비율을 y라 할 때 투자자의 기대수익률과 위험은 다음과 같다.

$$E(r)=yE(r_M)+(1-y)r_f=y(11\%)+(1-y)(5\%)=6y+5$$
$$\sigma^2=y^2\sigma_M^2=y^2(14.2\%)^2=201.64y^2$$

이상의 결과를 이용하여 투자자의 효용함수를 구하면 다음과 같다.

$$U=(6y+5)-(0.005)A(201.64y^2)=-1.0082\times A\times y^2+6y+5$$

① 투자자 갑의 위험회피계수는 4이다. 따라서 효용을 극대화시키는 y는 다음과 같이 구할 수 있다.

$$\frac{dU}{dy}=-2\times1.0082\times4\times y+6=-8.0656y+6=0\rightarrow y=74.39\%$$

즉 투자자 갑은 시장포트폴리오에 투자자금의 74.39%를 투자하고, 그 나머지 25.61%를 무위험자산에 투자(무위험이자율로 대출)하여 최적포트폴리오(대출포트폴리오)를 구성한다. 시장포트폴리오에서의 주식 1과 주식 2의 구성비율이 각각 60%, 40%이므로 투자자 갑의 최적포트폴리오는 다음과 같이 구성된다.

- 주식 1의 구성비율=0.7439×0.6=0.4463 (또는 44.63%)
- 주식 2의 구성비율=0.7439×0.4=0.2976 (또는 29.76%)
- 무위험자산의 구성비율=0.2561 (또는 25.61%)

그리고 투자자 갑이 구성한 최적포트폴리오의 기대수익률과 표준편차는 다음과 같다.

$$E(r)=0.7439\times6+5=9.46\%$$
$$\sigma=0.7439\times14.2=10.56\%$$

② 투자자 을의 위험회피계수는 2이다. 따라서 효용을 극대화시키는 y는 다음과 같이 구할 수 있다.

$$\frac{dU}{dy}=-2\times1.0082\times2\times y+6=-4.0328y+6=0\rightarrow y=148.78\%$$

즉 투자자 을은 투자자금의 48.78%에 해당하는 금액을 무위험이자율로 차입한 후, 그것과 현재 가지고 있는 투자자금(100%)을 합한 148.78%를 시장포트폴리오에 투자하여 최적포트폴리오(차입포트폴리오)를 구성한다. 시장포트폴리오에서의 주식 1과 주식 2의 구성비율이 각각 60%, 40%이므로 투자자 을의 최적포트폴리오는 다음과 같이 구성된다.

- 주식 1의 구성비율 $= 1.4878 \times 0.6 = 0.8927$ (또는 89.27%)
- 주식 2의 구성비율 $= 1.4878 \times 0.4 = 0.5951$ (또는 59.51%)
- 무위험자산의 구성비율 $= -0.4878$ (또는 -48.78%)

그리고 투자자 을이 구성한 최적포트폴리오의 기대수익률과 표준편차는 다음과 같다.

$E(r) = 1.4878 \times 6 + 5 = 13.93\%$

$\sigma = 1.4878 \times 14.2 = 21.13\%$

(4) 이상에서 살펴본 바와 같이 포트폴리오의 선택행위는 분리된 다음의 두 단계를 거쳐서 이루어진다.

첫째, 투자자는 자신의 위험회피성향과 관계없이 물음 (1)과 같은 방법으로 먼저 시장포트폴리오를 결정한다.

둘째, 투자자는 자신의 위험회피성향에 따라 위험자산들로 구성된 시장포트폴리오와 무위험자산으로 자신의 효용을 극대화시키는 최적포트폴리오를 선택한다. 즉 투자자들은 자신의 위험회피성향에 따라 차입 또는 대출의 비율을 조정함으로써 최적포트폴리오를 선택한다. 물음 (3)에서 위험회피성향이 높은(위험회피계수=4) 보수적인 투자자 갑은 위험(10.56%)과 기대수익률(9.46%)이 낮은 대출포트폴리오를 선택하는 반면, 상대적으로 위험회피성향이 낮은(위험회피계수=2) 공격적인 투자자 을은 위험(21.13%)과 기대수익률(13.93%)이 높은 차입포트폴리오를 선택한다.

이와 같은 토빈의 분리이론의 함축적인 의미는 경영자가 주주들의 위험에 대한 주관적 선호를 고려할 필요 없이 시장에서 결정되는 위험의 균형가격(EPR)을 이용하여 위험자산에 대한 투자결정(시장포트폴리오의 구성)을 할 수 있다는 것이다.

연·습·문·제

▶ 객관식 문제

01 주식과 채권 반반으로 구성된 뮤추얼펀드가 있다고 하자. 뮤추얼펀드를 구성하고 있는 주식과 채권의 분산이 각각 0.16과 0.04이고, 주식과 채권간의 공분산은 −0.1이다. 뮤추얼펀드의 분산을 $\sigma_p^2 = w_s S_s + w_b S_b$라고 할 때($w_s = w_b = \frac{1}{2}$, S_s=주식으로 인한 뮤추얼펀드의 분산 기여도, S_b=채권으로 인한 뮤추얼펀드의 분산 기여도), S_s는 얼마인가?

(CPA 1차 2001)

① 0.02　　② 0.03　　③ 0.05　　④ 0.08　　⑤ 0.16

02 두 개의 자산으로 포트폴리오를 구성하고자 한다. 각 자산의 수익률의 표준편차와 구성비율은 다음과 같다. 단, $\sigma_1 < \sigma_2$, $w_1 + w_2 = 1$, $w_1 \geq 0$, $w_2 \geq 0$이다.

	표준편차	구성비율
자산 I	σ_1	w_1
자산 II	σ_2	w_2

아래에서 옳은 기술만을 모두 모은 것은? (CPA 1차 2006)

a. 상관계수가 −1일 경우 무위험포트폴리오를 만들기 위한 구성비율은 $w_1 = \frac{\sigma_1}{\sigma_1 + \sigma_2}$, $w_2 = \frac{\sigma_2}{\sigma_1 + \sigma_2}$이다.
b. 만약 $\sigma_1 = 0$이고, $w_1 = w_2 = 0.5$이면 포트폴리오의 표준편차는 $0.5\sigma_2$이다.
c. 상관계수가 양수이면 포트폴리오의 표준편차는 항상 σ_1보다 크거나 같다.

① a　　② b　　③ a, b　　④ b, c　　⑤ a, b, c

03 시장에는 두 개의 위험자산 A와 B만 존재한다고 가정하자. 이 두 위험자산의 기대수익률은 동일하며, 위험(표준편차) 역시 서로 동일하다. 위험회피적인 투자자 갑은 두 개의 위험자산 A와 B로 포트폴리오를 구성하려고 한다. 투자자 갑의 최적포트폴리오에서 위험자산 A에 대한 투자비율은 얼마인가? 단, 이 두 자산 사이의 공분산($Cov(R_A, R_B)$)은 0이다. (CPA 1차 2015)

① 0.0 ② 1/4 ③ 1/3 ④ 1/2 ⑤ 2/3

04 위험자산 A, B, C의 기대수익률과 수익률의 표준편차는 다음과 같다. 지배원리를 이용하여 투자자 갑은 이들 세 가지 위험자산 가운데 두 가지 효율적 자산을 선택하고, 이 두 가지 효율적 자산에 각각 50%씩 투자하여 포트폴리오 K를 구성하고자 한다. 포트폴리오 K 수익률의 표준편차에 가장 가까운 것은? 단, 각 위험자산 사이의 상관계수는 모두 0이라고 가정한다. (CPA 1차 2016)

위험자산	A	B	C
기대수익률	9%	12%	10%
표준편차	13%	15%	10%

① 7% ② 8% ③ 9% ④ 10% ⑤ 11%

05 다음은 세 가지 위험자산(A, B, C)의 기대수익률과 표준편차이다.

	A	B	C
기대수익률	10%	15%	20%
표준편차	5%	?	15%

지배원리를 적용하였을 때, 옳은 것만을 모두 고르면? 단, 투자자는 위험회피형이고, 투자자의 효용함수는 2차함수의 형태를 가지며, 수익률은 정규분포를 따른다고 가정한다. (CPA 1차 2015)

a. B의 표준편차가 3%이면, A가 B를 지배한다.
b. B의 표준편차가 18%이면, B가 C를 지배한다.
c. B의 표준편차가 13%이면, A, B, C 사이에는 지배관계가 성립하지 않는다.

① a ② b ③ c ④ a, b ⑤ b, c

06 지배원리를 이용하여 두 위험자산 A, B에서만 자산을 선택하려고 한다. 두 자산 A와 B의 기대수익률과 표준편차가 다음 표와 같다. 두 자산 간의 상관계수가 0이라고 가정할 때, 다음 설명 중 적절하지 않은 것은? (CPA 1차 2018)

자 산	기대수익률	표준편차
A	12%	10%
B	5%	20%

① 상호배타적 투자의 경우, 모든 위험회피적 투자자는 자산 A를 선택한다.
② 상호배타적 투자의 경우, 모든 위험중립적 투자자는 자산 A를 선택한다.
③ 상호배타적 투자의 경우, 자산 A를 선택하는 위험선호적 투자자가 존재할 수 있다.
④ 두 자산으로 분산투자하는 경우, 모든 위험회피적 투자자는 자산 A를 양의 비율로 보유한다.
⑤ 두 자산으로 분산투자하는 경우, 자산 A와 B를 각각 70%와 30%의 비율로 보유하는 위험회피적 투자자가 존재할 수 있다

07 다음은 A, B 두 주식에 대한 기대수익률, 수익률의 표준편차, 수익률의 공분산이다.

$E(r_A)=8\%$　　$E(r_B)=10\%$
$\sigma(r_A)=10\%$　　$\sigma(r_B)=15\%$　　$Cov(r_A, r_B)=-0.006$

포트폴리오	주식 A	주식 B
I	1억원	−
II	5천만원	5천만원
III	−	1억원

총 1억원의 투자자금으로 위의 주식들을 활용하여 I, II, III 세 가지의 포트폴리오를 구축하였다고 하면 위험회피형 투자자의 투자행태에 대한 설명으로 가장 적절한 것은? (CPA 1차 2005)

① 포트폴리오 I은 적절한 투자안이 될 수 있다.
② 포트폴리오 II는 적절한 투자안이 될 수 있다.
③ 지배원리에 의하면 포트폴리오 III은 포트폴리오 II보다 효율적인 투자안이므로 II를 지배한다.
④ 위험회피도가 낮은 투자자는 포트폴리오 III에 비하여 포트폴리오 I을 선택할 가능성이 높다.
⑤ 위험회피도가 높은 투자자는 포트폴리오 II에 비하여 포트폴리오 III을 선택할 가능성이 높다.

08 주식 A의 수익률의 평균(기대값)과 표준편차는 각각 9%와 20%이고, 주식 B의 수익률의 평균과 표준편차는 각각 5%와 10%이다. 이 두 주식에 분산투자하는 포트폴리오 C의 수익률의 평균과 분산에 관한 주장 중 맞는 것을 모두 골라라. 단, 주식의 공매도(short sale)가 가능하며, 두 주식의 수익률의 공분산은 0이다. (CPA 1차 2009)

a. 포트폴리오 C의 수익률의 평균이 29%가 될 수 있다.
b. 포트폴리오 C의 수익률의 평균이 0%가 될 수 있다.
c. 포트폴리오 C의 수익률의 평균이 −5%가 될 수 있다.
d. 포트폴리오 C의 분산이 0이 될 수 있다.

① a, b, c, d ② a, b, c ③ b, c ④ a, c ⑤ b, c, d

09 위험회피적인 투자자 갑은 무위험자산과 위험자산 A를 이용하여 자신의 효용을 극대화하는 포트폴리오를 구성하고자 한다. 투자자 갑의 효용을 극대화하는 포트폴리오에서 위험자산 A가 차지하는 투자비중에 관한 다음 설명 중 옳은 것만을 모두 선택한 것은? 단, 위험자산 A의 기대수익률은 무위험수익률보다 높고, 투자자 갑의 효용함수는 $U=E(R_p)-\frac{1}{2}\times\gamma\times\sigma_p^2$과 같다고 가정한다. 여기서, $E(R_p)$와 σ_p는 각각 위험자산 A와 무위험자산이 결합한 포트폴리오의 기대수익률과 표준편차이다. 그리고 γ는 투자자 갑의 위험회피도(위험회피계수)이다. (CPA 1차 2017)

a. 다른 조건은 일정할 때, 위험자산 A의 기대수익률이 높을수록 위험자산 A에 대한 투자비중도 높다.
b. 다른 조건은 일정할 때, 투자자 갑의 위험회피도가 클수록 위험자산 A에 대한 투자비중도 높다.
c. 다른 조건은 일정할 때, 위험자산 A의 표준편차가 클수록 위험자산 A에 대한 투자비중도 높다.

① a ② b ③ c ④ a, c ⑤ b, c

10 다음의 자본시장이론에 대한 설명 중 옳지 않는 것은 어느 것인가?

① 일정한 기대수익률하에서 최소의 분산 또는 표준편차를 제공하는 포트폴리오집합의 모든 포트폴리오는 효율적 포트폴리오이다.
② 자본시장선(capital market line: CML)은 효율적 포트폴리오의 위험(σ_p)과 기대수익률의 선형관계를 나타내고 있으며, 증권시장선(security market line: SML)은 모든

자산의 체계적 위험(β_j)과 기대수익률의 선형관계를 나타낸다.
③ 무위험자산이 존재하는 경우 투자결정과 자본조달결정은 분리될 수 있다.
④ 잘 분산투자된 포트폴리오의 비체계적 위험은 상대적으로 아주 작아서 무시할 수 있다.
⑤ 자본시장에 대해서 모든 투자자가 동일한 정보를 가지고 있다면 모든 투자자들은 항상 동일한 위험자산 포트폴리오, 즉 시장포트폴리오를 선택한다.

11 투자자 갑과 투자자 을이 자본시장선(CML)상에 있는 포트폴리오 중에서 자신의 기대효용을 극대화하기 위해 선택한 최적포트폴리오의 기대수익률과 표준편차는 다음과 같다. 단, 시장포트폴리오의 기대수익률은 18%이며, 무위험이자율은 6%이다. (CPA 1차 2008)

투 자 자	기대수익률	표준편차
갑	21%	15%
을	15%	9%

위험회피(risk aversion) 성향이 갑보다는 높지만 을보다 낮은 투자자가 투자원금 1,000만원을 보유하고 있다면 자신의 기대효용을 극대화하기 위한 다음 포트폴리오 중 가장 적절한 것은?
① 300만원을 무위험자산에 투자하고 나머지 금액을 시장포트폴리오에 투자한다.
② 500만원을 무위험자산에 투자하고 나머지 금액을 시장포트폴리오에 투자한다.
③ 670만원을 무위험자산에 투자하고 나머지 금액을 시장포트폴리오에 투자한다.
④ 80만원을 무위험이자율로 차입해서 원금과 함께 총액인 1,080만원을 모두 시장포트폴리오에 투자한다.
⑤ 500만원을 무위험이자율로 차입해서 원금과 함께 총액인 1,500만원을 모두 시장포트폴리오에 투자한다.

12 아래 표에서와 같이 세 가지 펀드만 판매되고 있는데, 위험수준은 수익률의 표준편차를 나타낸다. 위험수준 25%를 추구하는 투자자에게 총투자액 1억원을 "안정주식형"에 3천만원, "성장주식형"에 5천만원, "국채투자형"에 2천만원씩 투자하는 최적포트폴리오를 추천하고 있다. 위험수준 15%를 추구하는 투자자가 총투자액 8천만원으로 최적포트폴리오를 구성한다면 "안정주식형"에 투자해야 하는 금액은 얼마인가? (CPA 1차 2004)

펀드명칭	기대수익률	위험수준
안정주식형	10%	20%
성장주식형	20%	40%
국채투자형	5%	0%

① 1,152만원 ② 1,440만원 ③ 1,800만원 ④ 2,400만원 ⑤ 3,840만원

13 두 개의 자산만으로 포트폴리오를 구성하려고 한다. 자산의 기대수익률과 표준편차는 다음과 같다.

	기대수익률	표준편차
자산 I	13%	10%
자산 II	20%	15%

다음 설명 중 적절한 항목만을 모두 고르면? (단, 공매도는 가능하지 않다고 가정한다.)

(CPA 1차 2013)

(가) 상관계수가 −1일 경우 무위험포트폴리오를 만들기 위한 두 자산 I, II의 구성비율은 각각 0.4와 0.6이다.
(나) 상관계수가 0.2일 경우 포트폴리오의 표준편차를 10%보다 작게 만드는 두 자산의 구성비율이 존재한다.
(다) 상관계수가 0.8일 경우 포트폴리오의 표준편차는 결코 10%보다 작을 수 없다.
(라) 두 자산으로 구성된 포트폴리오 A와 B가 모두 효율적(efficient) 포트폴리오라면, 두 포트폴리오 A와 B의 구성비를 선형 결합한 새로운 포트폴리오도 효율적이다.

① (나), (라) ② (다), (라) ③ (나), (다)
④ (나), (다), (라) ⑤ (가), (나), (라)

● 객관식 해답 **1.** ②, **2.** ②, **3.** ④, **4.** ③, **5.** ③, **6.** ⑤, **7.** ②, **8.** ②, **9.** ①, **10.** ①, **11.** ④, **12.** ②, **13.** ④

▶ 주관식 문제

01 기대수익률, 분산, 표준편차의 측정과 포트폴리오 선택

200만원의 투자자금을 가지고 있는 투자자가 투자할 수 있는 주식 X와 Y의 미래수익률에 관한 자료는 다음과 같다.

상 황	확 률	주식 X의 수익률	주식 Y의 수익률
1	0.2	18%	0%
2	0.2	5	−3
3	0.2	12	15
4	0.2	4	12
5	0.2	6	1

(1) 각 주식의 기대수익률, 분산 그리고 표준편차를 구하라.

(2) 두 주식간의 공분산, 상관계수를 구하라.

(3) 위의 두 주식으로 구성된 다음과 같은 포트폴리오의 기대수익률과 표준편차를 각각 구하라.

포트폴리오	X의 구성비율	Y의 구성비율
A	100%	0%
B	75	25
C	50	50
D	25	75
E	0	100

(4) 위의 두 주식으로 구성할 수 있는 포트폴리오 중 위험이 가장 작은 최소분산포트폴리오의 기대수익률과 표준편차를 구하라.

(5) 물음 (3)과 (4)의 결과를 이용하여 위 투자자가 직면하게 되는 투자기회집합, 최소분산포트폴리오집합 그리고 효율적 투자기회집합을 기대수익률−표준편차 평면상에 그림으로 각각 나타내라.

(6) 물음 (5)에서 구한 효율적 포트폴리오 중에서 위 투자자가 선택하게 되는 최적포트폴리오의 조건을 제시하라.

02 표본에 의한 포트폴리오의 평균수익률과 분산 측정

다음은 주식 A와 B의 과거 일정기간 동안의 실제수익률에 관한 표본자료이다. 이것을 이용하여 다음의 물음에 답하라.

기 간	주식 A의 수익률	주식 B의 수익률
1	0.15	0.20
2	0.22	0.16
3	−0.05	0.09
4	0.00	−0.06
5	0.02	−0.08
6	0.12	0.12
7	−0.08	−0.05

(1) 각 주식의 평균수익률, 분산 그리고 표준편차를 구하라.

(2) 두 주식간의 공분산, 상관계수를 구하라.

(3) 두 주식에 동일한 금액을 투자하여 포트폴리오를 구성할 경우, 그 포트폴리오의 평균수익률과 분산을 구하라.

03 상관계수와 포트폴리오의 위험

주식 A와 주식 B의 기대수익률과 분산은 각각 다음과 같다.

$$E(r_A)=0.2,\ \sigma_A^2=0.1$$
$$E(r_B)=0.3,\ \sigma_B^2=0.2$$

(1) 두 주식 사이의 상관계수가 −0.5일 때, 총투자자금 중 60%를 주식 A에 투자하고 그 나머지 40%를 주식 B에 투자하여 구성한 포트폴리오의 기대수익률과 분산을 계산하라.

(2) 두 주식 사이의 상관계수가 −0.6일 때, 총투자자금 중 60%를 주식 A에 투자하고 그 나머지 40%를 주식 B에 투자하여 구성한 포트폴리오의 기대수익률과 분산을 계산하라.

(3) 상관계수가 포트폴리오의 분산에 미치는 영향을 설명하라.

04 포트폴리오의 기대수익률과 분산 측정

수익률이 서로 독립적인 주식 A와 B가 있다. 주식 A의 경우, 그 수익률이 60%일 가능성은 1/3, 15%일 가능성은 1/3, 그리고 −60%일 가능성은 1/3이다. 주식 B의 경우, 그

수익률이 40%일 가능성은 1/2, −20%일 가능성은 1/2이다.

(1) 발생가능한 모든 상황과 그 확률을 기술하라.

(2) 각 주식의 기대수익률, 분산 그리고 표준편차를 구하라.

(3) 두 주식수익률간의 공분산, 상관계수를 구하라.

(4) 주식 A와 주식 B에 각각 투자자금의 50%를 투자하여 구성한 포트폴리오의 기대수익률과 분산을 구하라.

05 포트폴리오의 결합 (CPA 2차 2008)

자산 X와 자산 Y의 수익률의 기대값과 표준편차는 다음의 표와 같다. 이를 참조하여 다음 질문에 답하라.

	자산 X	자산 Y
기대수익률	20%	10%
표준편차	15%	5%

(1) 자산 X와 자산 Y의 상관계수가 −1일 경우에 최소분산포트폴리오를 구성하기 위한 두 자산의 배합비율은 각각 얼마인가?

(2) 자산 X와 자산 Y의 상관계수가 −1이고 이들 두 자산만으로 구성된 포트폴리오의 표준편차가 13%일 경우에 허용 가능한 포트폴리오의 기대수익률을 모두 구하라. 단, 공매도(short sale)가 가능하다고 가정하라.

(3) 자본시장에 자산 X와 자산 Y만 존재한다고 가정하자. 두 자산의 상관계수는 0.2이고, 시장포트폴리오의 기대수익률과 표준편차는 각각 12.5%와 5.81%이다. 자본자산가격결정모형(CAPM)이 성립한다고 가정하여 적정 무위험수익률을 계산하라.

06 포트폴리오의 결합선과 효율적 포트폴리오 (CPA 2차 2012)

두 위험자산의 기대수익률과 수익률의 표준편차가 다음과 같이 표로 주어져 있다.

	기대수익률($E(R)$)	표준편차(σ)
자산 A	20%	30%
자산 B	10%	10%

아래의 독립적인 물음에 대해 각각 답하라.

(1) 두 개의 자산 A와 B로 포트폴리오를 구성하려 한다. 이때 나타날 수 있는 투자기회집합의 경계선 세 개를 표준편차와 기대수익률의 함수식(예: $E(R)=2\sigma+3\%$)으로 나타내라.

(2) 위에서 주어진 두 개의 자산 A와 B로 구성된 포트폴리오의 표준편차를 10%보다 작게 만들기 위해서는 두 자산 사이의 상관계수가 얼마보다 작아야 하는가? 계산결과는 반올림하여 소수점 둘째 자리까지 나타내라.

(3) 세 개의 위험자산 X, Y, Z만이 유통되는 자본시장에서 아래와 같은 두 개의 포트폴리오가 효율적 포트폴리오(efficient portfolio)임을 알게 되었다. 즉, Markowitz 경계선(frontier)상에 놓여 있다.

	자산의 구성비율 (X : Y : Z)	기대수익률
효율적 포트폴리오 (1)	(50% : 30% : 20%)	30%
효율적 포트폴리오 (2)	(10% : 50% : 40%)	18%

기대수익률이 22%가 되는 효율적 포트폴리오의 자산 구성비를 백분율 기준으로 반올림하여 소수점 둘째 자리까지 나타내라.

07 자본시장선(CML)

무위험이자율이 10%이고, 시장포트폴리오의 기대수익률과 표준편차는 각각 20%라고 할 때 다음의 물음에 답하라.

(1) 자본시장선을 구하고, 그것을 기대수익률－표준편차 평면상에 나타내라.

(2) 위험의 단위당 균형가격(EPR)을 구하고, 그것의 의미를 설명하라.

(3) 15%의 기대수익률을 얻기 위하여 투자자는 무위험자산과 시장포트폴리오에 총투자자금의 몇 %를 각각 투자하여야 하는가?

(4) 물음 (3)에서 구한 포트폴리오의 분산과 표준편차는 각각 얼마인가?

(5) 물음 (3)에서 구한 포트폴리오와 시장포트폴리오 간의 공분산과 상관계수는 각각 얼마인가?

08 고급 시장포트폴리오와 자본시장선(CML)

시장에 다음과 같은 두 주식과 무위험자산만 존재한다고 가정한다.

주 식	기대수익률	분 산
1	0.1	0.001
2	0.06	0.0001

두 주식의 수익률의 확률분포가 서로 독립적이며, 무위험이자율 r_f가 5%일 경우 다음의 물음에 답하라.

(1) 주어진 8%의 기대수익률하에서 최소분산포트폴리오의 구성비율과 표준편차를 구하라.

(2) 위험자산의 최적포트폴리오, 즉 시장포트폴리오의 기대수익률과 표준편차를 구하라.

(3) 효율적 포트폴리오집합(자본시장선)을 구하라.

(4) 물음 (1), (2), (3)의 결과를 기대수익률－표준편차 평면상에 나타내라.

(5) 물음 (1)~(3)과 독립적으로 시장포트폴리오의 기대수익률이 20%, 시장포트폴리오와 무위험자산의 결합으로 구성된 포트폴리오 P의 기대수익률 및 수익률의 표준편차가 각각 25%, 4%라고 하자. 이 경우 시장과의 상관계수가 0.5이고 표준편차가 2%인 증권 A의 기대수익률은 얼마인가?

09 지금 시장에는 주식 1, 2 그리고 무위험자산만 존재한다고 가정한다. 주식 1의 기대수익률과 표준편차는 각각 16%, 22%이고, 주식 2의 기대수익률과 표준편차는 각각 10%, 12%이다. 두 주식의 수익률의 상관계수는 0이며, 무위험이자율은 5%이다. 그리고 투자자의 효용함수는 다음과 같다고 가정한다.

$$U=E(r)-0.02A\sigma^2$$

여기서 $E(r)$: 투자자가 구성한 포트폴리오의 기대수익률(%)
σ: 투자자가 구성한 포트폴리오의 표준편차(%)
A: 위험회피계수

(1) 시장포트폴리오의 기대수익률과 표준편차를 구하라.

(2) 자본시장선(CML)을 구하라.

(3) 위험회피계수가 3인 투자자 갑의 최적포트폴리오를 구하라.

(4) 새로운 투자자의 최적포트폴리오가 차입포트폴리오라 할 경우 이 투자자의 위험회피계수를 범위로 제시하라.

10 수익률과 분산, 분리이론 (CPA 2차 2015)

주식 A의 수익률에 대한 확률분포는 아래와 같다.

상　황	확　률	수 익 률
I	0.5	20%
II	0.5	－10%

(1) 다음 물음에 대하여 답하라.

① 주식 A의 기대수익률과 표준편차를 계산하라.

② 주식 A와 주식 B의 수익률은 $r_B = 3\% + 0.2r_A$의 관계를 가지고 있다. 투자자 갑은 주식 A와 주식 B, 두 위험자산만으로 포트폴리오 K를 구성하고자 한다. 투자자 갑은 포트폴리오 K의 표준편차가 0이 되기를 원한다. 이 때 주식 A에 대한 투자비율은 얼마인가? 단, 공매가 가능하다고 가정한다.

(2) 주식 C의 기대수익률과 표준편차는 각각 10%와 20%이다. 또한 주식 A와 주식 C의 상관계수는 0.3이다. 투자자 갑은 주식 A와 주식 C로 구성된 포트폴리오를 구성하고자 한다. 이 포트폴리오 가운데 샤프비율$\left(\frac{E(R_p)-R_f}{\sigma_p}\right)$이 극대화되는 위험포트폴리오 M의 기대수익률과 표준편차는 얼마인가? 무위험수익률은 3%라고 가정한다. 계산과정 중 분산, 공분산과 관련된 수치는 반올림하여 소수점 넷째 자리까지 계산하고, 계산결과는 %단위로 표시하되 반올림하여 소수점 둘째 자리까지 표시하라.

(3) 투자자 갑의 차입이자율과 대출이자율은 각각 5%와 3%라고 하자. 이 투자자가 차입도 하지 않고, 대출도 하지 않는 투자비율, 즉 위험포트폴리오 M에 대한 투자비율이 1이 되도록 하는 위험회피계수의 범위는 얼마인가? 단, 투자자 갑의 효용함수는 $U = E(R_p) - \frac{1}{2} \times \gamma \times \sigma_p^2$이다. 여기서, $E(R_p)$와 σ_p는 각각 위험포트폴리오 M과 무위험자산이 결합한 포트폴리오의 기대수익률과 표준편차이고, γ는 위험회피계수이다. (물음 2)에서 도출한 위험포트폴리오 M의 기대수익률과 표준편차를 이용하라. 계산결과는 반올림하여 소수점 넷째 자리까지 표시하라.

(4) 물음 (1)~(3)의 결과와는 관계없이, 위험회피형 투자자 갑과 을이 있다고 가정하자. 다음 문장에 대하여 "옳다" 혹은 "옳지 않다" 중 하나로 답하고, 그 이유를 간략하게 서술하라.

> 투자자 갑의 위험회피도가 투자자 을의 위험회피도보다 더 높다면, 투자자 갑의 무차별곡선의 기울기가 투자자 을의 무차별곡선의 기울기보다 더 크다.

단, 무차별곡선은 기대수익률(Y축)과 표준편차(X축)의 공간에 존재하며, 동일한 표준편차를 기준으로 기울기를 평가한다.

11 포트폴리오의 선택

(CPA 2차 2014)

주가지수를 복제한 포트폴리오의 기대수익률은 12%, 표준편차는 25%이며, 무위험이자율은 2%이다. 펀드매니저 김이 관리하고 있는 펀드 K는 위험자산만으로 구성되었으며, 기대수익률은 16%이고, 표준편차는 15%이다. 현재 펀드매니저 김은 펀드 K에 수수료를 부과하지 않고 있다.

(1) 투자자 갑은 소극적 투자자로 주가지수를 복제한 포트폴리오와 무위험자산을 보유하고, 투자자 을은 펀드 K와 무위험자산을 보유하고 있다. 단, 무위험이자율로 무한정 차입과 대출이 가능하다고 가정한다.

① 투자자 갑은 주가지수를 복제한 포트폴리오와 무위험이자율에 각각 70%와 30%를 투자하고 있다. 투자자 갑이 보유한 포트폴리오의 기대수익률과 표준편차를 계산하라. 계산결과는 %단위로 표시하되 반올림하여 소수점 첫째 자리까지 표기하라.

② 투자자 을이 투자자 갑과 동일한 기대수익률을 얻기 위해서 펀드 K에 투자해야 하는 비율은 얼마이며, 이 때 투자자 을이 부담하는 위험(표준편차)은 얼마인가? 투자비율의 계산결과는 반올림하여 소수점 첫째 자리까지 표기하고, 표준편차는 %단위로 표시하되 반올림하여 소수점 첫째 자리까지 표기하라.

③ ①~②의 계산결과를 이용하여, 투자자 갑이 보유한 포트폴리오에 비해 투자자 을이 보유한 포트폴리오가 지니는 장점은 무엇인지 2줄 이내로 서술하라.

(2) 펀드매니저 김은 펀드 K에 수수료를 부과하려고 한다. 투자자 갑과 을이 동일한 위험을 부담할 때 동일한 위험보상을 받을 수 있게 만드는 수수료는 몇 %인가? 계산결과는 %단위로 표시하되 반올림하여 소수점 첫째 자리까지 표기하라. 단, 수수료가 부과될 경우, 펀드의 기대수익률은 수수료가 부과되기 이전의 기대수익률에서 수수료를 차감하여 구한다.

(3) 물음 (1)~(2)의 결과와는 관계없이, 투자자 A는 주가지수를 복제한 포트폴리오와 무위험자산을 이용하여 최적포트폴리오를 구성하였다. 다음 물음에 답하라.

① 이 최적포트폴리오의 표준편차가 20%라면, 투자자 A가 주가지수를 복제한 포트폴리오에 투자하는 비율은 얼마인가?

② 투자자 A가 다음과 같은 효용함수를 가지고 있다고 가정하면, 투자자 A의 위험회피계수는 얼마인가?

$$U = E(R_p) - \frac{1}{2} \times A \times \sigma_p^2$$

여기서 $E(R_p)$는 σ_p는 각각 주가지수를 복제한 포트폴리오와 무위험자산을 결합한 포트폴리오의 기대수익률과 표준편차이며, A는 위험회피계수이다.

12 자본시장선과 분리이론 (CAP 2차 2013)

(1) 다음과 같이 시장에 두 개의 위험자산과 무위험자산이 존재하는 자본시장을 가정한다. 무위험이자율은 10%다.

위험자산	개별자산의 시장가치
주식 A	200억원
주식 B	300억원

투자자 갑은 총 투자금액 1,000원을 시장포트폴리오와 무위험자산에 70%와 30%씩 나누어 투자하고 있다. 투자자 갑은 현재 주식 A와 주식 B에 투자한 금액이 향후 경기 상황에 따른 주가 변화로 인해 다음과 같이 바뀔 것으로 예상하고 있다. 이 때 시장포트폴리오의 위험프리미엄은 몇 %인가? 각 상황별 수익률을 계산하여 시장포트폴리오의 위험프리미엄을 계산하고, 계산결과는 %로 표기하되 반올림하여 소수점 둘째 자리까지 표기하라.

경기상황	확 률	주식 A	주식 B
호황	50%	350원	462원
불황	50%	315원	441원

(2) 투자자 갑은 다음과 같은 효용함수를 가지고 있다.

$$U=E(r_p)-\frac{1}{2}\times\gamma\times\sigma_p^2$$

단, $E(r_p)$와 σ_p는 각각 포트폴리오의 수익률과 표준편차이고, γ는 위험회피계수이다. 투자자 갑은 위의 효용함수를 최대화하는 최적포트폴리오를 구성하고자 한다. $\gamma=20$일 때, 투자자 갑의 총 투자금액 1,000원 가운데 주식 A와 주식 B에 투자해야 하는 금액은 각각 얼마인가? 이 때 물음 (1)에서 계산한 결과를 이용하라. 계산결과는 반올림하여 원단위로 표기하시오.

(3) 시장포트폴리오에만 투자했을 때의 효용과 무위험자산에만 투자했을 때의 효용을 무차별하게 만드는 투자자 갑의 위험회피계수는 얼마인가? 단, 물음 (1)~(2)에서 도출한 시장포트폴리오의 기대수익률과 분산을 이용하고, 물음 (2)에서 주어진 효용함수를 이용하라. 위험회피계수는 반올림하여 소수점 첫째 자리까지 표기하라.

(4) 물음 (2)의 결과와 관계없이, 투자자 갑이 구성한 최적포트폴리오의 기대수익률은 12%, 표준편차는 5%, 무위험이자율은 10%로 가정한다. 위험회피계수가 20일 때, 투자자 갑이 선택한 최적포트폴리오의 확실성 등가수익률은 얼마인가? 단, 물음 (2)에서 주어진 효용함수를 이용하라. 수익률은 %로 표기하되, 반올림하여 소수점 둘째 자리까지 표기하라.

13 포트폴리오 이론, 분리이론 (CAP 2차 2018)

주식 A의 기대수익률은 15%, 수익률의 표준편차는 22%이고, 무위험이자율은 7%이다. 투자자의 효용함수는 $U=E(r_p)-0.005\gamma\sigma_p^2$이다. 다음 물음에 답하라. $E(r_p)$와 σ_p는 각각 포트폴리오의 기대수익률과 표준편차이고, γ는 위험회피계수이다. 효용함수를 이용하여 계산할 때는 수익률과 표준편차를 %단위로 적용하라.

(1) 위험회피계수가 4인 투자자가 무위험자산과 주식 A를 이용해 최적포트폴리오를 구성하려고 한다. 이 최적포트폴리오의 기대수익률과 표준편차를 계산하라. %단위로, 소수점 아래 셋째 자리에서 반올림하여 둘째 자리까지 표시하라.

(2) 투자자 갑의 차입이자율은 8%라고 하자. 투자자 갑의 최적포트폴리오의 구성비중이 차입이자율의 변화에 영향을 받지 않기 위해서는 투자자의 위험회피계수 γ가 어떠한 범위에 있어야 하는가? 소수점 아래 셋째 자리에서 반올림하여 둘째 자리까지 표시하라.

(3) 위험회피계수가 1.2인 투자자 을이 있다. 차입이자율이 8%에서 9%로 상승하는 경우, 투자자 을이 구성한 최적포트폴리오의 기대수익률은 어떻게 변화하는가? %단위로, 소수점 아래 셋째 자리에서 반올림하여 둘째 자리까지 표시하라.

(4) 주식 B의 기대수익률은 10%, 수익률의 표준편차는 10%이다. 자본시장에 주식 A와 주식 B만 존재한다고 가정하자. 두 주식의 상관계수는 0.2이고, 시장포트폴리오의 기대수익률은 12.5%이다. CAPM이 성립한다고 가정하고 적정 무위험이자율을 계산하라. %단위로, 소수점 아래 셋째 자리에서 반올림하여 둘째 자리까지 표시하라.

14 시장포트폴리오의 구성

다음과 같은 3개의 주식과 무위험자산만 존재하는 자본시장을 가정하여 아래의 물음에 답하라.

(단위: 억원)

자 산	자산의 시장가치
주식 A	300
주식 B	500
주식 C	200
무위험자산	100

(1) 시장포트폴리오의 구성비율을 구하라.

(2) 동질적 기대를 가지고 있는 다음과 같은 세 투자자만 존재한다고 할 때, 각 투자자의 주식 A, B, C에 대한 투자금액을 구하라.

(단위: 억원)

투 자 자	총투자액	무위험자산 투자액
1	300	150
2	600	−100
3	200	50

15 분산효과와 개별증권의 위험

현재 시장에는 N개의 증권이 존재한다. 모든 증권의 기대수익률은 0.1이며, 모든 증권의 분산은 0.02이다. 그리고 증권간의 공분산은 증권에 관계없이 모두 0.007이다.

(1) 시장에 존재하는 N개의 증권을 모두 포함하는 동일가중 포트폴리오의 기대수익률과 분산을 구하라. (이 경우 각 증권의 구성비율은 모두 $1/N$로서 동일하다.)

(2) N이 점차 커짐에 따라 물음 (1)에서 구한 분산은 어떻게 되겠는가?

(3) 적절하게 분산투자된 포트폴리오의 분산을 결정할 때 가장 중요한 증권의 특성은 무엇이냐?

(4) 무위험자산이 존재하고 동질적 기대가정이 성립하는 경우 합리적인 모든 투자자들은 항상 시장포트폴리오를 선택하게 된다. 이와 같은 경우 투자자가 고려해야 하는 개별증권의 위험은 무엇이냐?

16 단일지수모형

(CPA 2차 2006)

두 개의 주식만 존재하는 자본시장에서 주식 A의 시가총액은 주식 B의 시가총액 세 배이다. A주식 수익률의 표준편차는 0.2이고, B주식 수익률의 표준편차는 0.4이다. A와 B주식 수익률간 상관계수는 0.6이다. 계산과정과 결과의 모든 수치는 소수점 아래 다섯째 자리에서 반올림하라.

(1) 시가총액가중 주가지수(market value-weighted index) 수익률의 표준편차를 구하라.

(2) A주식의 베타를 구하라.

(3) B주식의 총위험(분산)을 체계적 위험 부분과 비체계적 위험 부분으로 분리하라.

(4) A주식과 B주식이 각각 50%로 구성된 포트폴리오가 있다. 이 포트폴리오의 총위험을 단일지수모형을 이용하여 구하라.

보 론 단일지수모형

앞에서 설명한 마코위츠모형은 선택가능한 수많은 포트폴리오들의 기대수익률과 위험(분산 또는 표준편차)을 측정한 후, 주어진 위험하에서 가장 높은 기대수익률을 갖는 포트폴리오들의 집합, 즉 효율적 포트폴리오집합을 찾아내는 기법이다. 그러므로 마코위츠모형은 포트폴리오들의 기대수익률과 분산을 정확히 측정할 수 있다는 것을 전제하고 있다. 특히 포트폴리오의 분산은 앞의 〈표 9-2〉와 같은 분산-공분산 행렬의 각 항들을 모두 측정한 후, 이들을 모두 합하여 구한다. 이와 같이 마코위츠모형에서는 어떠한 제한적 가정 없이 분산-공분산 행렬에 의해서 포트폴리오 수익률의 분산을 계산하기 때문에 이를 완전공분산모형이라고도 한다. 만약 분산-공분산 행렬의 각 항을 정확히 측정할 수만 있다면, 이와 같은 절차는 정확한 것이다. 그러나 실제로 포트폴리오 수익률의 분산을 측정하기 위하여 사용되는 분산-공분산 행렬은 증권수익률의 미래 확률분포(모집단)에 의해서 측정되는 것이 아니고, 과거 일정기간 동안의 실제 수익률 자료(표본)에 의해서 추정되므로 표본오차(sampling errors)가 발생될 수 있다는 사실을 유의하여야 한다.

A.1 마코위츠모형의 문제점

마코위츠모형과 같이 분산-공분산 행렬에 의해서 포트폴리오 수익률의 분산을 계산하는 데는 문제가 있다. 이는 포트폴리오의 구성증권수가 아주 많을 때 명백해진다. 즉 N개의 증권으로 구성된 포트폴리오 수익률의 분산을 앞의 〈표 9-2〉와 같은 분산-공분산 행렬에 의해서 구한다면, 다음과 같은 수의 개별증권 수익률에 대한 분산과 공분산의 측정치가 필요하게 된다.

개별증권 수익률의 분산	=	N개
개별증권 수익률간의 공분산	=	$N(N-1)/2$개
합 계		$N(N+1)/2$개

예를 들어 900개의 주식으로 구성되는 포트폴리오 수익률의 분산을 구하기 위해서는 405,450개$\left[\dfrac{900\times(900+1)}{2}\right]$나 되는 분산과 공분산을 측정하여야 할 것이다. 구성증권수가 증가할수록, 측정해야 할 분산과 공분산의 수는 급속적으로 증가할 것이다. 그러므로 대용량의 컴퓨터를 사용한다 하더라도, 이와 같이 방대한 계산을 하는 데는

상당한 시간과 비용이 소요된다.

따라서 마코위츠모형은 이론적으로는 분산-공분산 행렬만 정확히 추정할 수 있다면 효율적 포트폴리오집합을 찾아낼 수 있는 가장 완벽한 방법이지만, 현실적으로 적용하기에는 많은 기술적인 문제점을 갖고 있다. 이와 같은 마코위츠모형이 가지고 있는 문제점을 해결하기 위하여 샤프(W. F. Sharpe)에 의해서 개발된 모형을 **단일지수모형**(single index model)이라 한다.[23]

A.2 단일지수모형과 그 가정

단일지수모형은 포트폴리오 수익률의 분산에 대한 보다 단순한 계산식을 제공하나, 증권들의 수익률생성과정(return generating process)에 관해 몇 가지 가정을 하고 있다. 그러므로 단일지수모형에 의해서 계산된 포트폴리오 수익률의 분산이 정확한지 여부는 그 가정의 정확성에 달려 있을 것이다.

단일지수모형의 기본적인 가정은 모든 증권수익률에 공통적으로 영향을 미치는 단 하나의 공통적 요인이 존재하며, 그 요인이 시장지수(시장포트폴리오)라는 것이다.[24] 다시 말하면 시장전체의 움직임을 나타내는 시장포트폴리오의 변동에 의해서 개별증권들 사이에서 나타나는 모든 공통적인 움직임이 설명될 수 있다고 가정한다. 정도의 차이는 있지만, 시장포트폴리오의 변동에 따라 거의 모든 증권이 동시에 변동한다는 것이다. 이와 같은 가정에 의해서 도출된 증권의 수익률생성과정을 단일지수모형이라 하며, 이는 다음과 같다.

$$r_j = \alpha_j + \beta_j r_M + \varepsilon_j \qquad (9A-1)$$

여기서 r_j: 증권(또는 포트폴리오) j의 수익률
r_M: 시장포트폴리오의 수익률
α_j: 회귀식의 절편
β_j: 회귀식의 기울기
ε_j: 오차항(error terms)

단일지수모형인 식 (9A-1)의 가정을 정리하면 다음과 같다.

첫째, $E(\varepsilon_j)=0$이다. 즉 특정기업의 개별적 사건은 긍정적 사건과 부정적 사건이 모두 발생할 수 있기 때문에 그 평균치는 영(0)이 될 것이다.

---

23) W. F. Sharpe, "A Simplified Model for Portfolio Analysis," *Management Science*, Vol. 9(January 1963), pp. 277~293.

24) 엄밀하게 말하면 단일지수모형에서는 지수가 반드시 시장포트폴리오이어야 하는 것은 아니다. 예를 들어 지수로서 시장전체의 움직임을 대변할 수 있는 GNP, 이자율, 인플레이션 등의 경제변수를 사용할 수도 있다.

둘째, $Cov(\varepsilon_j, r_M)=0$이다. 즉 오차항은 시장전체가 상승국면일 때 정(+)의 추세를 보이거나, 하락국면일 때 부(−)의 추세를 보이는 것과 같은 특정적인 양상을 보이지 않는다.

셋째, $Cov(\varepsilon_i, \varepsilon_j)=0(i, j=1, 2, \cdots, N)$이다. 이는 특정증권의 개별적 사건들(예를 들어 신제품의 개발, 노사분규, 갑작스런 경영자의 사임 등 개별기업에 특이한 사건들)은 다른 증권에 영향을 미치지 않는다는 것을 의미한다. 즉 시장포트폴리오 이외에는 개별증권들간의 공통적인 움직임을 설명할 만한 다른 요인이 존재하지 않는다는 것이다.

위의 세 가정 중 첫째, 둘째 가정은 회귀식을 추정하기 위한 일반적인 가정이나, 셋째 가정은 단일지수모형의 가장 기본적인 가정으로서 포트폴리오 분산을 보다 단순하게 추정하는 데 필요한 가정이다. 한편 마코위츠모형은 $Cov(\varepsilon_i, \varepsilon_j)=0$이라는 가정을 하지 않는다. 이 점에서 단일지수모형과 마코위츠모형이 서로 다르다.

이와 같은 가정들에 의해서 두 증권수익률간의 공분산을 구하면 다음과 같다.[25)]

$$Cov(r_i, r_j)=\beta_i\beta_j Var(r_M) \quad (9A-2)$$

식 (9A−2)에서 두 증권수익률 사이의 공분산은 각 증권의 시장에 대한 민감도를 나타내는 베타계수와 시장의 분산에 의해서 결정된다는 것을 알 수 있다.

예제 9A−1 단일지수모형에 의한 베타의 추정

단일지수모형의 가정이 성립하는 경우, 다음의 자료를 이용하여 주식 1의 베타를 구하라.

$$\beta_2=1.20,\ \ \sigma(r_M)=0.3162,\ \ Cov(r_1, r_2)=0.09$$

| 해설 |

$$Cov(r_1, r_2)=\beta_1\beta_2\sigma^2(r_M) \rightarrow \beta_1=\frac{Cov(r_1, r_2)}{\beta_2\sigma^2(r_M)}=\frac{0.09}{1.20\times(0.3162)^2}=0.7501$$

---

25) $Cov(r_i, r_j)$
$=Cov(\alpha_i+\beta_i r_M+\varepsilon_i,\ \alpha_j+\beta_j r_M+\varepsilon_j)$
$=Cov(\beta_i r_M+\varepsilon_i,\ \beta_j r_M+\varepsilon_j)$ ($\because$ α_i, α_j: 상수)
$=Cov(\beta_i r_M, \beta_j r_M)+Cov(\beta_i r_M, \varepsilon_j)+Cov(\varepsilon_i, \beta_j r_M)+Cov(\varepsilon_i, \varepsilon_j)$
$=\beta_i\beta_j Cov(r_M, r_M)+\beta_i Cov(r_M, \varepsilon_j)+\beta_j Cov(\varepsilon_i, r_M)+Cov(\varepsilon_i, \varepsilon_j)$
이 식에서 $Cov(r_M, r_M)=Var(r_M)$이며, 단일지수모형의 정의에 의해서 $Cov(r_M, \varepsilon_j)=Cov(\varepsilon_i, r_M)$ $=Cov(\varepsilon_i, \varepsilon_j)=0$이다. 그러므로 $Cov(r_i, r_j)=\beta_i\beta_j Var(r_M)$이 된다.

A.3 단일지수모형에 의한 포트폴리오 수익률의 분산측정

개별증권 수익률의 분산

단일지수모형인 식 (9A-1)을 이용하여 개별증권 수익률의 분산을 구하면 다음과 같다.26)

$$Var(r_j)=\beta_j^2 Var(r_M)+Var(\varepsilon_j) \qquad (9A-3)$$

식 (9A-3)에서 개별증권 수익률의 분산(총위험)은 두 개의 항으로 구성되어 있다. 첫째 항 $\beta_j^2 Var(r_M)$은 시장수익률의 변동가능성(variability)에 의해서 발생하는 위험으로서 분산투자를 통하여 제거할 수 없는 체계적 위험이다. 둘째 항 $Var(\varepsilon_j)$는 시장수익률의 변동과 무관하게 기업고유의 요인에 의해서 발생하는 위험으로서 분산투자를 통하여 제거할 수 있는 비체계적 위험이다.

포트폴리오 수익률의 분산

식 (9A-3)은 개별증권뿐만 아니라 포트폴리오의 경우에도 역시 성립하므로 N개의 증권으로 구성된 포트폴리오 수익률의 분산은 다음과 같다.

$$Var(r_p)=\beta_p^2 Var(r_M)+Var(\varepsilon_p) \qquad (9A-4)$$

식 (9A-4)에 의해서 포트폴리오 수익률의 분산을 측정하기 위해서는 포트폴리오의 베타 β_p와 잔차의 분산 $Var(\varepsilon_p)$를 구해야 한다.

먼저 포트폴리오의 베타는 포트폴리오를 구성하는 개별증권의 베타를 각각의 구성비율에 의해서 가중평균하여 구할 수 있다.27)

$$\beta_p=\sum_{j=1}^{N} w_j\beta_j \qquad (9A-5)$$

---

26) $Var(r_j)=Var(\alpha_j+\beta_j r_M+\varepsilon_j)$
$=\beta_j^2 Var(r_M)+Var(\varepsilon_j)+2\beta_j Cov(r_M,\ \varepsilon_j)$ $(\because\ \alpha_j,\ \beta_j$: 상수)
$=\beta_j^2 Var(r_M)+Var(\varepsilon_j)$ $(\because\ Cov(r_M,\ \varepsilon_j)=0)$

27) $\beta_p=\dfrac{Cov(r_p,\ r_M)}{Var(r_M)}=\dfrac{Cov(w_1r_1+w_2r_2+w_3r_3+\cdots+w_Nr_N,\ r_M)}{Var(r_M)}$
$=\dfrac{w_1Cov(r_1,\ r_M)+w_2Cov(r_2,\ r_M)+w_3Cov(r_3,\ r_M)+\cdots+w_NCov(r_N,\ r_M)}{Var(r_M)}$
$=\dfrac{\sum_{j=1}^{N} w_jCov(r_j,\ r_M)}{Var(r_M)}=\sum_{j=1}^{N} w_j\beta_j$

예를 들어 총투자자금의 70%를 $\beta_1 = 1.0$인 증권 1에 투자하고, 나머지 30%를 $\beta_2 = 0.5$인 증권 2에 투자하여 포트폴리오를 구성하는 경우, 그 포트폴리오의 베타는 다음과 같이 구할 수 있다.

$$\beta_p = w_1\beta_1 + w_2\beta_2 = 0.7\times1.0 + 0.3\times0.5 = 0.85$$

그리고 포트폴리오의 잔차분산은 다음과 같다.[28)]

$$Var(\varepsilon_p) = \sum_{j=1}^{N} w_j^2 Var(\varepsilon_j) \qquad (9A-6)$$

식 (9A−5)와 식 (9A−6)을 식 (9A−4)에 대입하여 포트폴리오의 분산을 구하면 다음과 같다.

$$Var(r_p) = \left(\sum_{j=1}^{N} w_j\beta_j\right)^2 Var(r_M) + \sum_{j=1}^{N} w_j^2 Var(\varepsilon_j) \qquad (9A-7)$$

단일지수모형의 가정이 성립하는 경우, 포트폴리오 수익률의 분산은 식 (9A−7)을 이용하여 구할 수 있게 된다. 따라서 포트폴리오 수익률의 분산을 구하려면, 다음과 같은 수의 정보가 필요하게 된다.

시장수익률의 분산	=	1개
개별증권의 β	=	N개
개별증권의 잔차분산	=	N개
합　계		$2N+1$개

예를 들어 900개의 주식으로 구성되는 포트폴리오 수익률의 분산을 구하기 위해서는 단지 1,801개($2\times900+1$)의 정보만 있으면 된다. 이 경우 마코위츠모형에서는 405,450개의 정보가 필요하였던 사실을 상기하면 단일지수모형에 의한 계산의 단순성을 잘 이해할 수 있을 것이다.

포트폴리오의 위험분산효과

포트폴리오의 위험분산효과를 살펴보기 위하여 증권들의 구성비율이 동일한

---

28) $$Var(\varepsilon_p) = Var(w_1\varepsilon_1 + w_2\varepsilon_2 + w_3\varepsilon_3 + \cdots + w_N\varepsilon_N)$$
$$= \sum_{j=1}^{N} w_j^2 Var(\varepsilon_j) + \sum_{i=1}^{N}\sum_{\substack{j=1 \\ (i\neq j)}}^{N} w_i w_j Cov(\varepsilon_i, \varepsilon_j)$$
$$= \sum_{j=1}^{N} w_j^2 Var(\varepsilon_j) \quad (\because Cov(\varepsilon_i, \varepsilon_j) = 0)$$

$(w_1 = w_2 = \cdots = w_N = 1/N)$ 동일가중 포트폴리오를 구성한다고 가정하자. 이 경우 식 (9A−7)은 다음과 같이 변형된다.

$$Var(r_p) = \left(\frac{1}{N}\sum_{j=1}^{N}\beta_j\right)^2 Var(r_M) + \frac{1}{N^2}\sum_{j=1}^{N}Var(\varepsilon_j)$$

$$= \beta_p{}^2\, Var(r_M) + \frac{1}{N}\overline{Var(\varepsilon)} \qquad (9A-8)$$

여기서 $\beta_p = \frac{1}{N}\sum_{j=1}^{N}\beta_j$, 즉 베타의 평균 또는 포트폴리오 베타

$\overline{Var(\varepsilon)} = \frac{1}{N}\sum_{j=1}^{N}Var(\varepsilon_j)$, 즉 잔차분산의 평균

식 (9A−8)에서 만약 포트폴리오의 구성증권의 수를 무한히 증가시킨다면 $(N \to \infty)$, 포트폴리오 수익률의 분산 $Var(r_p)$는 다음과 같다.

$$N \to \infty \text{일 때,} \quad Var(r_p) = \beta_p^2\, Var(r_M) \qquad (9A-9)$$

식 (9A−9)에서 구성증권의 수가 증가함에 따라 포트폴리오의 위험은 점점 감소하여 점근적으로(asymptotically) 체계적 위험 $\beta_p^2\, Var(r_M)$에 접근한다. 즉 다수의 증권으로 포트폴리오를 구성한다면, 비체계적 위험인 잔차분산이 제거되어 포트폴리오의 분산효과를 얻을 수 있다.

예제 9A−2 **마코위츠모형과 단일지수모형의 비교**

다음의 세 주식으로 포트폴리오를 구성하려 한다.

주 식	포트폴리오의 구성비율	베 타	기대수익률	분 산
A	0.25	0.50	0.40	0.07
B	0.25	0.50	0.25	0.05
C	0.50	1.00	0.21	0.07

(단, 시장수익률의 분산=0.06)

위에서 주어진 자료를 이용하여 아래의 물음에 답하라.

(1) 단일지수모형을 이용하여 다음을 구하라.

① 각 주식수익률의 잔차분산

② 포트폴리오의 베타

③ 포트폴리오 수익률의 분산

④ 포트폴리오의 기대수익률

(2) 주식수익률 사이의 실제 공분산은 다음과 같다.

$Cov(r_A, r_B) = 0.020$
$Cov(r_A, r_C) = 0.035$
$Cov(r_B, r_C) = 0.035$

이 경우 마코위츠모형을 이용하여 포트폴리오 수익률의 실제 분산을 구하라.

(3) 물음 **(1)**의 ③과 물음 **(2)**의 결과를 비교하여, 만약 각각의 결과가 서로 다르다면 그 이유를 설명하라.

▌해설▐

(1)

① $Var(r_j) = \beta_j^2 Var(r_M) + Var(\varepsilon_j) \rightarrow Var(\varepsilon_j) = Var(r_j) - \beta_j^2 Var(r_M)$

- $Var(\varepsilon_A) = Var(r_A) - \beta_A^2 Var(r_M) = 0.07 - (0.50)^2 \times 0.06 = 0.055$
- $Var(\varepsilon_B) = Var(r_B) - \beta_B^2 Var(r_M) = 0.05 - (0.50)^2 \times 0.06 = 0.035$
- $Var(\varepsilon_C) = Var(r_C) - \beta_C^2 Var(r_M) = 0.07 - (1.00)^2 \times 0.06 = 0.010$

② $\beta_p = w_A\beta_A + w_B\beta_B + w_C\beta_C$
$= 0.25 \times 0.50 + 0.25 \times 0.50 + 0.50 \times 1.00 = 0.75$

③ • 체계적 위험 $= \beta_p^2 Var(r_M) = (0.75)^2 \times 0.06 = 0.0338$

• 잔차분산 $= Var(\varepsilon_p) = \sum_{j=1}^{N} W_j^2 Var(\varepsilon_j)$
$= w_A^2 Var(\varepsilon_A) + w_B^2 Var(\varepsilon_B) + w_C^2 Var(\varepsilon_C)$
$= (0.25)^2 \times 0.055 + (0.25)^2 \times 0.035 + (0.50)^2 \times 0.010 = 0.0081$

$\therefore\ Var(r_p) = \beta_p^2 Var(r_M) + Var(\varepsilon_p) = 0.0338 + 0.0081 = 0.0419$

④ $E(r_p) = w_A E(r_A) + w_B E(r_B) + w_C E(r_C)$
$= 0.25 \times 0.40 + 0.25 \times 0.25 + 0.50 \times 0.21 = 0.2675$

(2) 마코위츠모형에 의해서 포트폴리오 수익률의 분산을 구하면 다음과 같다.

$$\begin{aligned} Var(r_p) &= \sum_{i=1}^{N}\sum_{j=1}^{N} w_i w_j \sigma_{ij} \\ &= w_A^2 Var(r_A) + w_B^2 Var(r_B) + w_C^2 Var(r_C) \\ &\quad + 2w_A w_B Cov(r_A, r_B) + 2w_A w_C Cov(r_A, r_C) + 2w_B w_C Cov(r_B, r_C) \\ &= (0.25)^2 \times 0.07 + (0.25)^2 \times 0.05 + (0.50)^2 \times 0.07 + 2 \times 0.25 \times 0.25 \times 0.020 \\ &\quad + 2 \times 0.25 \times 0.50 \times 0.035 + 2 \times 0.25 \times 0.50 \times 0.035 = 0.0450 \end{aligned}$$

(3) 포트폴리오 수익률의 분산을 구할 때, 단일지수모형은 계산의 단순화를 위하여 주식의 잔차들간의 공분산이 0이라고 가정하고 있다. 그러나 이 문제에서는 잔차들간의 공분산이 실제로 0이 아니다. 그러므로 단일지수모형에 의해서 구한 포트폴리오 수익률의 분산(0.0419)과 마코위츠모형에 의해서 구한 포트폴리오 수익률의 실제 분산(0.0450)은 다소 차이가 난다.

제 10 장

자본시장의 균형이론

1. 자본자산가격결정모형 : CAPM
2. 차익거래가격결정이론 : APT

보론 : 자본자산가격결정모형의 현실성

균형상태하에서 위험자산의 기대수익률을 설명하는 대표적인 모형으로서 자본자산가격결정모형(capital asset pricing model: CAPM)과 차익거래가격결정이론(arbitrage pricing theory: APT)이 있다. 두 모형은 서로 다른 가정하에서 도출된 대체적인 모형이다. 이와 같은 모형들을 검정할 때, 각 모형이 지니고 있는 가정의 합리성 여부보다는 주어진 모형이 실제현상을 얼마나 잘 설명하고 있느냐에 초점을 맞추어야 한다. 본장에서는 이와 같은 모형들에 대해서 구체적으로 설명하고자 한다.

1 자본자산가격결정모형 : CAPM

전장에서 이미 살펴본 바와 같이 모든 투자자들이 합리적인 분산투자의 원리에 따라 행동하는 경우, 투자자들에게 적합한 위험은 시장포트폴리오에의 공헌으로 측정되는 체계적 위험이라 할 수 있다. 이와 같은 사실에 기초하여 샤프(W. F. Sharpe) 등은 개별증권을 비롯한 모든 자본자산의 적합한 위험(체계적 위험)과 기대수익률 사이에 존재하는 균형관계를 설명하는 모형, 즉 **자본자산가격결정모형(CAPM)**을 개발하였다.[1)]

1.1 기본적 가정

현대 자본시장은 수많은 의사결정변수가 결합된 복잡한 구조를 가지고 있다. 이와 같이 복잡한 구조를 가지고 있는 시장의 모든 현상을 설명할 수 있는 모형을 개발하려면 시장에 영향을 미칠 수 있는 수많은 요인들을 동시에 고려하여야 하는데, 이는 거의 불가능한 일이다. 그리고 복잡한 요인들을 동시에 고려하는 경우, 여러 요인들의 상호작용에 의해서 가장 중요한 요인의 효과가 희석되어 그것의 직접적인 효과를 살펴보기 어렵게 된다. 그러므로 일반적으로 모형을 개발할 때 가장 단순화된 가상의 세계를 가정하여 기본적인 모형을 개발한 후, 점점 가정들을 완화시켜서 현실을 보다 잘 설명할 수 있도록 모형을 발전시켜 나가는 방법을 사용한다.[2)]

CAPM은 투자자들과 투자기회집합에 대해서 다음과 같이 가정하고 있다.

첫째, 투자자들은 위험회피형이며, 평균-분산기준에 의해서 포트폴리오를 선택한다.[3)]

둘째, 모든 투자자들은 단일의 투자기간을 가지며, 미래 증권수익률의 확률분포에 대하여 동질적 기대(homogeneous expectation)를 가진다. 즉 모든 투자자들은 증권의 기대수익률, 표준편차 그리고 공분산에 대하여 동일한 추정치를 가진다.

셋째, 자본이나 정보의 흐름을 방해하는 어떠한 장애도 존재하지 않는다. 이와 같은 시장을 **완전자본시장**(perfect capital market)이라 하며, 그것의 구체적인 필요조건은

---

1) W. F. Sharpe, "Capital Asset Prices : A Theory of Market Equilibrium under Conditions of Risk," *Journal of Finance*, Vol. 19(September 1964), pp. 425~442.

2) 자연과학에서는 실험을 할 때 중요한 요인의 효과를 살펴보기 위하여 어떠한 마찰적 요인도 존재하지 않는 가장 기본적인 상황, 즉 진공상태를 만들어 실험을 한다. 이와 유사하게 사회과학에서는 가정에 의해서 진공상태와 같은 가상의 세계를 만들어 모형을 개발한다.

3) 투자자의 효용함수가 2차함수이거나 또는 수익률의 확률분포가 정규분포를 이룬다는 것을 의미한다.

다음과 같다.

① 무위험자산이 존재한다. 그리고 모든 투자자들은 무위험이자율로 얼마든지 자금을 차입하거나 대출할 수 있으며, 차입이자율과 대출이자율은 동일하다.
② 증권투자이익(배당, 이자 그리고 자본소득 등)에 대한 개인소득세, 거래비용 및 기타 증권거래를 방해하는 어떠한 장애요인도 존재하지 않으며, 모든 투자자들은 아무런 장애와 비용 없이 이용가능한 모든 정보를 이용할 수 있다.
③ 모든 투자자들은 모두 가격순응자(price taker)이다. 즉 완전경쟁이 이루어져 소수의 투자자가 증권가격에 영향을 줄 수 없다.

이상의 가정들은 다소 비현실적이지만 균형상태하에서 위험과 기대수익률의 직접적인 관계를 도출할 수 있도록 설정된 것이다.

1.2 시장모형과 체계적 위험

개별증권의 총위험은 분산 또는 표준편차로 측정될 수 있으며, 각각의 경우 총위험은 분산투자에 의해서 제거될 수 없는 체계적 위험과 분산투자를 통해서 제거될 수 있는 비체계적 위험으로 분해될 수 있다.

총위험 = 체계적 위험 + 비체계적 위험

전장에서 살펴본 바와 같이 동질적 기대의 가정이 성립하는 완전자본시장하에서 모든 투자자들은 완전분산투자된 시장포트폴리오를 항상 선택하며, 이와 같은 분산투자를 통하여 비체계적 위험은 제거될 수 있다. 그러므로 분산투자를 통해서도 제거될 수 없는 체계적 위험만이 투자자에게 적합한 위험이다.

시장모형

시장모형(market model)은 시장을 대표하는 시장포트폴리오의 수익률과 개별증권의 수익률 간의 관계를 설명하는 모형으로서 다음과 같이 나타낼 수 있다.[4)]

4) 일반적으로 시장모형과 제9장 보론에서 설명한 단일지수모형은 서로 유사한 모형으로서 구별하지 않고 사용하는 경향이 있으나, 두 모형은 이론상 약간의 차이가 있다. 즉 시장모형은 개별증권들의 체계적 위험의 추정과 CAPM의 실증적 타당성을 검정하기 위한 모형이며, 지수로서 반드시 시장수익률을 사용한다는 점 등에서 단일지수모형과 구분된다.

$$r_{jt} = \alpha_j + \beta_j r_{Mt} + \varepsilon_{jt} \qquad (10-1)$$

여기서 r_{jt}: 증권(또는 포트폴리오) j의 수익률
r_{Mt}: 시장포트폴리오의 수익률
α_j: 회귀모형의 절편
β_j: 회귀모형의 기울기(베타계수)
ε_{jt}: 오차항(error terms)

식 (10-1)에서 모든 위험자산을 포함하고 있는 시장포트폴리오를 확인한다는 것은 현실적으로 거의 불가능하기 때문에 시장포트폴리오의 변화양상을 비교적 잘 나타낸다고 추정되는 **코스피지수**(Korea stock price index: KOSPI)를 그 대용치(proxy)로서 이용하는 것이 일반적이다.

$$r_{Mt} = \frac{KOSPI_t - KOSPI_{t-1}}{KOSPI_{t-1}} + d_{Mt} \qquad (10-2)$$

여기서 $KOSPI_t$: t기간 말의 코스피지수
$KOSPI_{t-1}$: $t-1$기간 말의 코스피지수
d_{Mt}: t기간에서 시장의 배당수익률

식 (10-1)의 시장모형을 그림으로 나타내면 [그림 10-1]과 같다. [그림 10-1]의 각 점들은 시장포트폴리오 수익률 r_M의 각각에 대응하여 증권 j의 수익률 r_j를 좌표에 나타낸 것이다. 이와 같이 나타난 각 좌표들을 가장 잘 설명할 수 있는 다음과 같은 단순회귀식(simple regression line)을 추정할 수 있다.

$$\hat{r}_{jt} = \hat{\alpha}_j + \hat{\beta}_j r_{Mt} \qquad (10-3)$$

여기서 ^: 추정치를 의미하는 기호

회귀선의 절편 α_j와 기울기 β_j는 모든 좌표들로부터 회귀선까지의 수직거리(편차)를 각각 제곱한 후 모두 합한 값이 최소가 되도록 하는 **최소자승법**(ordinary least square method: OLS)을 이용하여 추정한다. 이와 같은 방법에 의해서 추정된 기울기와 절편은 다음과 같다.[5)]

---

5) 최소화 $\sum \hat{\varepsilon}_{jt}^2 = \sum (r_{jt} - \hat{r}_{jt})^2 = \sum (r_{jt} - \hat{\alpha}_j - \hat{\beta}_j r_{Mt})^2$

위의 식을 $\hat{\alpha}_j$, $\hat{\beta}_j$에 대해서 각각 편미분하여 0으로 놓은 후 정리하면,

$$\sum r_{jt} = \hat{\alpha}_j N + \hat{\beta}_j \sum r_{Mt}, \quad \sum r_{Mt} r_{jt} = \hat{\alpha}_j \sum r_{Mt} + \hat{\beta}_j \sum r_{Mt}^2$$

위의 두 식을 연립하여 풀면,

$$\hat{\beta}_j = \frac{N\sum r_{Mt} r_{jt} - \sum r_{Mt} \sum r_{jt}}{N\sum r_{Mt}^2 - (\sum r_{Mt})^2} = \frac{\sum r_{Mt} r_{jt} - N\bar{r}_M \bar{r}_j}{\sum r_{Mt}^2 - N(\bar{r}_M)^2} = \frac{\sum (r_{Mt} - \bar{r}_M)(r_{jt} - \bar{r}_j)}{\sum (r_{Mt} - \bar{r}_M)^2} = \frac{Cov(r_j, r_M)}{Var(r_M)}$$

$$\hat{\alpha}_j = \frac{\sum r_{jt}}{N} - \hat{\beta}_j \frac{\sum r_{Mt}}{N} = \bar{r}_j - \hat{\beta}_j \bar{r}_M$$

그림 10-1 시장모형: 증권특성선

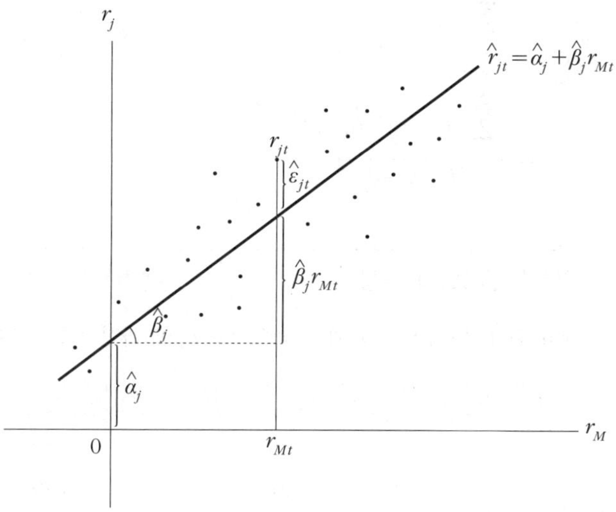

$$\hat{\beta}_j = \frac{Cov(r_j,\ r_M)}{Var(r_M)},\quad \hat{\alpha}_j = \bar{r}_j - \hat{\beta}_j \bar{r}_M \tag{10-4}$$

앞의 식 (10-3)과 같은 단순회귀식은 개별증권 수익률의 변동에 대한 기본적인 특성을 요약하고 있으므로 흔히 **증권특성선**(characteristic line : CL)이라 부른다.

증권특성선의 기울기, 즉 β_j는 시장수익률의 변동에 대한 개별주식의 민감도(sensitivity)를 나타낸다. 이 **베타계수**(beta coefficient)가 큰 증권일수록 시장수익률의 변동(시장전체의 경기변동)에 대하여 보다 민감하게 반응한다고 할 수 있다. 예를 들어 베타계수가 2인 증권 A와 0.5인 증권 B가 있다고 할 때, 시장수익률이 1%포인트 변동한다면 증권 A의 수익률은 2%포인트 변동하고 증권 B의 수익률은 0.5%포인트 변동하게 된다. 이러한 점에서 베타계수가 1.0보다 큰 주식을 **공격적 주식**(aggressive stock)이라 하며 1.0보다 작은 주식을 **방어적 주식**(defensive stock)이라 한다.

[그림 10-1]에서 볼 수 있는 바와 같이 증권의 실제수익률 r_{jt}를 구성하는 다른 한 부분은 증권들의 실제수익률로부터 회귀선까지의 수직거리(편차)로 측정되는 잔차(residuals)(오차항 ε_{jt}의 추정치)이다. 잔차는 다음과 같이 표시될 수 있다.

$$\hat{\varepsilon}_{jt} = r_{jt} - \hat{r}_{jt} = r_{jt} - \hat{\alpha}_j - \hat{\beta}_j r_{Mt} \tag{10-5}$$

잔차는 시장전체의 변동과는 관계없이 특정 기업에 고유한 개별사건에 의해서 발생하게 된다. 즉 개별증권 수익률 중 시장수익률로써 설명할 수 없는 부분을 의미한다.

그리고 이와 같은 잔차의 분산을 구하면 다음과 같다.[6)]

$$\sigma^2(\hat{\varepsilon}_j) = \frac{\sum_{t=1}^{N} \hat{\varepsilon}_{jt}^2}{N-2} \quad (\because\ E(\varepsilon_j)=0\ ) \tag{10-6}$$

$$= \frac{\sum_{t=1}^{N} (r_{jt} - \hat{\alpha}_j - \hat{\beta}_j r_{Mt})^2}{N-2}$$

예제 10-1 증권특성선(CL)의 추정

과거 5년간의 주식 j의 수익률 r_j와 시장수익률 r_M에 관한 자료는 다음과 같다.

기 간	r_j	r_M
1	0.30	0.30
2	0.60	0.40
3	0.50	0.20
4	0.45	0.35
5	0.15	0.25

주어진 자료를 이용하여 다음의 물음에 답하라.

(1) 증권특성선을 추정하고, 그것을 그림으로 나타내라.

(2) 주식 j의 수익률의 잔차분산을 구하라.

| 해설 |

(1)

기 간	r_j	$r_j-\bar{r}_j$	r_M	$r_M-\bar{r}_M$	$(r_M-\bar{r}_M)^2$	$(r_j-\bar{r}_j)(r_M-\bar{r}_M)$
1	0.30	−0.10	0.30	0.00	0.0000	0.0000
2	0.60	0.20	0.40	0.10	0.0100	0.0200
3	0.50	0.10	0.20	−0.10	0.0100	−0.0100
4	0.45	0.05	0.35	0.05	0.0025	0.0025
5	0.15	−0.25	0.25	−0.05	0.0025	0.0125
$\sum$	2.00		1.50		0.0250	0.0250

- $\bar{r}_j = \frac{\sum r_j}{5} = \frac{2.00}{5} = 0.40,\quad \bar{r}_M = \frac{\sum r_M}{5} = \frac{1.50}{5} = 0.30$
- $Var(r_M) = \frac{\sum (r_M - \bar{r}_M)^2}{5-1} = \frac{0.0250}{4} = 0.00625$
- $Cov(r_j,\ r_M) = \frac{\sum (r_j - \bar{r}_j)(r_M - \bar{r}_M)}{5-1} = \frac{0.0250}{4} = 0.00625$

6) 잔차의 분산을 구하기 위하여 2개의 추정치를 사용하였다. 그러므로 잔차의 분산을 계산할 때 자유도는 $(N-2)$가 된다는 사실을 유의하기 바란다.

- $\hat{\beta}_j = \dfrac{Cov(r_j, r_M)}{Var(r_M)} = \dfrac{0.00625}{0.00625} = 1.00$

- $\hat{\alpha}_j = \bar{r}_j - \hat{\beta}_j \bar{r}_M = 0.40 - 1.00 \times 0.30 = 0.10$

그러므로 증권특성선은 다음과 같다.

$$\hat{r}_{jt} = \hat{\alpha}_j + \hat{\beta}_j r_{Mt} = 0.10 + r_{Mt}$$

증권 j의 증권특성선을 그림으로 나타내면 다음과 같다.

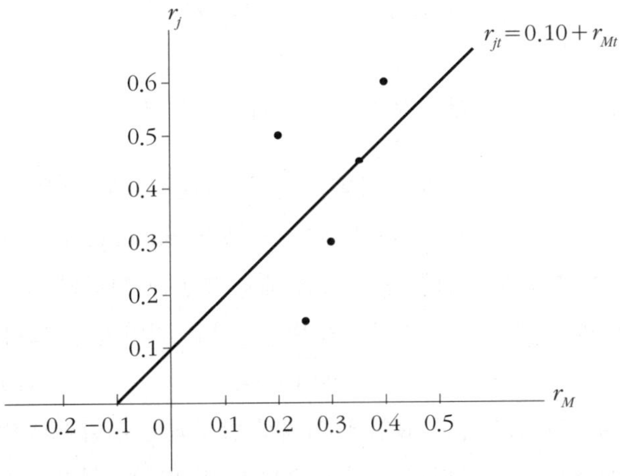

(2) 먼저 각 기간의 잔차를 구하면 다음과 같다.

$$\hat{\varepsilon}_{jt} = r_{jt} - (\hat{\alpha}_j + \hat{\beta}_j r_{Mt}) = r_{jt} - (0.1 + r_{Mt})$$

기 간	잔 차
1	$0.30 - (0.10 + 0.30) = -0.10$
2	$0.60 - (0.10 + 0.40) = 0.10$
3	$0.50 - (0.10 + 0.20) = 0.20$
4	$0.45 - (0.10 + 0.35) = 0.00$
5	$0.15 - (0.10 + 0.25) = -0.20$

그리고 이와 같은 잔차의 분산을 계산하면 다음과 같다.

$$\sigma^2(\hat{\varepsilon}_j) = \frac{\sum_{t=1}^{N} \hat{\varepsilon}_{jt}^2}{N-2}$$
$$= \frac{(-0.10)^2 + (0.10)^2 + (0.20)^2 + (0.00)^2 + (-0.20)^2}{5-2} = 0.0333$$

체계적 위험의 측정

위험자산에 대한 기대수익률과 위험의 균형관계를 도출하기 위해서는 먼저 투자자들에게 적합한 위험인 체계적 위험을 측정하여야 한다. 이와 같은 체계적 위험은 분산 또는 표준편차를 분해하여 구할 수 있다.

■ 분산의 분해

시장모형인 식 (10-1)을 이용하여 개별증권 수익률의 분산을 구하면 다음과 같다.[7)]

$$Var(r_j) \;=\; \beta_j^2 Var(r_M) \;+\; Var(\varepsilon_j) \qquad (10-7)$$

$$\updownarrow \qquad\qquad \updownarrow \qquad\qquad \updownarrow$$

총위험 = 체계적 위험 + 비체계적 위험

식 (10-7)에서 개별증권 수익률의 분산(총위험)은 두 개의 항으로 구성되어 있다. 첫째 항 $\beta_j^2 Var(r_M)$은 시장수익률의 변동가능성(variability)에 의해서 발생되는 위험부분이다. 이는 개별증권의 위험 중 시장전체와 연동된 위험의 크기를 나타낸 것으로서 증권특성선을 따라 움직이는 수익률의 변동부분을 의미한다. 그리고 이와 같은 위험은 분산투자를 통하여 제거할 수 없는 체계적 위험이다. 둘째 항 $Var(\varepsilon_j)$는 시장수익률의 변동과 무관하게 기업고유의 요인에 의해서 발생되는 위험부분이다. 이는 개별증권의 위험 중 증권특성선으로부터의 편차에 의해서 발생되는 위험부분을 의미한다. 그리고 이와 같은 위험은 분산투자를 통하여 제거할 수 있는 비체계적 위험이라 할 수 있다.

식 (10-7)의 양변을 총위험 $Var(r_j)$로 나누면 다음과 같다.

$$1 = \frac{\beta_j^2 Var(r_M)}{Var(r_j)} + \frac{Var(\varepsilon_j)}{Var(r_j)}$$

위 식 우변의 첫째 항은 다음과 같이 정의된다.

$$\rho_{jM}^2 = \frac{\beta_j^2 Var(r_M)}{Var(r_j)} \qquad (10-8)$$

여기에서 ρ_{jM}^2은 시장수익률과 증권 j 수익률 사이의 상관계수를 제곱한 것으로서 **결정계수**(coefficient of determination)라 하며, 이는 증권특성선의 설명력을 나타내는 계수이다. 다시 말하면 결정계수는 시장수익률(독립변수)의 변동이 증권 j의 수익률(종

---

7) $Var(r_j) = Var(\alpha_j + \beta_j r_M + \varepsilon_j)$

$= \beta_j^2 Var(r_M) + Var(\varepsilon_j) + 2\beta_j Cov(r_M, \varepsilon_j)$ ($\because$ α_j, β_j: 상수)

$= \beta_j^2 Var(r_M) + Var(\varepsilon_j)$ ($\because$ $Cov(r_M, \varepsilon_j) = 0$)

속변수)의 변동을 증권특성선에 의해서 얼마나 잘 설명하고 있는지를 나타내는 척도라 할 수 있다. 예를 들어 $\rho_{jM}^2=0.6$은 시장수익률의 변동이 증권 j의 수익률의 변동을 증권특성선에 의해서 60% 정도 설명할 수 있다는 것을 의미한다.

이와 같이 분산을 분해하여 체계적 위험을 측정하는 경우에 β_j의 부호가 설명되지 않는다는 문제가 발생한다. 예를 들어 $\beta_1=1/2$, $\beta_2=-1/2$일 경우 $\beta_1^2=\beta_2^2=1/4$이므로 두 주식의 체계적 위험$[\beta_j^2 Var(r_M)]$이 동일하게 되는 문제가 있다. 이 경우 분명히 주식 1의 체계적 위험은 주식 2의 체계적 위험보다 크다.[8)]

■ **표준편차의 분해**

위험을 표준편차로 측정하는 경우, 개별증권의 총위험(표준편차)을 분해하면 다음과 같다.

$$\begin{array}{ccccc} \sigma(r_j) & = & \beta_j\sigma(r_M) & + & \sigma(r_j)^{NS} \\ \updownarrow & & \updownarrow & & \updownarrow \\ \text{총위험} & = & \text{체계적 위험} & + & \text{비체계적 위험} \end{array} \tag{10-9}$$

식 (10−9)에서 비체계적 위험 $\sigma(r_j)^{NS}$는 항상 다음과 같이 간접적으로 측정된다.[9)]

$$\sigma(r_j)^{NS}=\sigma(r_j)-\beta_j\sigma(r_M) \tag{10-10}$$

식 (10−9)에서 개별증권의 체계적 위험은 $\beta_j\sigma(r_M)$으로서 측정될 수 있다. 그리고 시장수익률의 표준편차 $\sigma(r_M)$은 모든 증권에 동일하므로 체계적 위험의 상대적 측정치로서 β_j를 사용하기도 한다.

1.3 CAPM : 증권시장선

효율적 포트폴리오에 대한 위험(표준편차)과 기대수익률의 관계를 나타내는 직선인 자본시장선을 분해하면 다음과 같다.

$$\begin{array}{ccccc} E(r_p) & = & r_f & + & \left[\dfrac{E(r_M)-r_f}{\sigma_M}\right] \times\sigma(r_p) \\ \updownarrow & & \updownarrow & & \updownarrow \\ \text{기대수익률} & = & \text{무위험이자율} & + & (\text{위험의 균형가격})\times(\text{위험}) \end{array} \tag{10-11}$$

식 (10−11)에서 효율적 포트폴리오는 비체계적 위험을 가지고 있지 않으므로 적

---

8) 베타가 음(−)의 값을 가지는 자산으로는 보험 등이 있다.

9) $\sigma(r_j)^{NS}$는 잔차분산 $\sigma^2(\varepsilon_j)$의 제곱근이 아님을 유의하여야 한다.

절한 위험의 측정치로서 표준편차(총위험)를 사용할 수 있다. 그러나 비체계적 위험도 포함하고 있는 개별증권의 경우 적절한 위험의 측정치로 표준편차가 아닌 체계적 위험을 사용하여야 한다. 이와 같은 논리에 의해서 식 (10-11)의 위험 $\sigma(r_p)$ 대신 개별증권의 적절한 위험측정치인 체계적 위험 $\beta_j\sigma(r_M)$을 사용하여 이 식을 변형하면, 개별증권의 체계적 위험과 균형 기대수익률의 관계를 다음과 같이 나타낼 수 있다.

$$E(r_j) \quad = \quad r_f \quad + \quad \left[\frac{E(r_M)-r_f}{\sigma_M}\right] \quad \times \quad \beta_j\sigma(r_M) \qquad (10-12)$$

$$\updownarrow \qquad\qquad \updownarrow \qquad\qquad \updownarrow \qquad\qquad \updownarrow$$

기대수익률 = 무위험이자율 + (위험의 균형가격) × (체계적 위험)

식 (10-12)에서 우변의 둘째 항 중 σ_M을 서로 상쇄시켜 간단히 하면 다음과 같다.

$$E(r_j) = r_f + [E(r_M) - r_f]\beta_j \qquad (10-13)$$

여기서 $\beta_j = \dfrac{Cov(r_j,\ r_M)}{Var(r_M)}$

식 (10-13)에서 체계적 위험의 크기를 β_j로 측정하는 경우, 베타의 단위당 균형가격은 $[E(r_M) - r_f]$가 된다.

또한 식 (10-13)에서 β_j의 값을 대입하여 정리하면 다음과 같다.

$$E(r_j) = r_f + \left[\frac{E(r_M)-r_f}{Var(r_M)}\right]Cov(r_j,\ r_M) \qquad (10-14)$$

$$= r_f + \lambda Cov(r_j,\ r_M)$$

여기서 $\lambda = \dfrac{E(r_M)-r_f}{Var(r_M)}$

식 (10-14)에서 증권 j 수익률과 시장수익률간의 공분산 $Cov(r_j,\ r_M)$을 체계적 위험의 측정치로 사용하는 경우, 공분산 한 단위에 대한 위험의 균형가격은 λ이다.

식 (10-12), 식 (10-13) 그리고 식 (10-14)는 각각 체계적 위험을 무엇으로 측정하느냐에 따라 위험의 균형가격(직선의 기울기)이 달라져서 서로 다른 형태를 취하고 있다. 그러나 체계적 위험과 그 위험의 균형가격을 곱한 위험프리미엄은 이 세 식에서 항상 동일하다. 즉 세 식은 서로 다른 표현형태를 취하고 있을 뿐이지 모두 동일한 식이다. 이와 같이 모든 위험자산의 체계적 위험과 기대수익률의 선형관계를 나타내는 직선의 식을 CAPM 또는 **증권시장선**(security market line: SML)이라 한다.[10] 일반적으로

---

10) CAPM과 SML은 보통 같은 의미로 사용하지만 엄밀하게 구분하면, CAPM은 식 (10-13)과 같은 등식을 의미하며 SML은 이 등식을 그래프로서 나타낸 것을 의미한다. 그러나 본서에서는 두 용어를 구분 없이 사용할 것이다.

그림 10-2 증권시장선의 도출

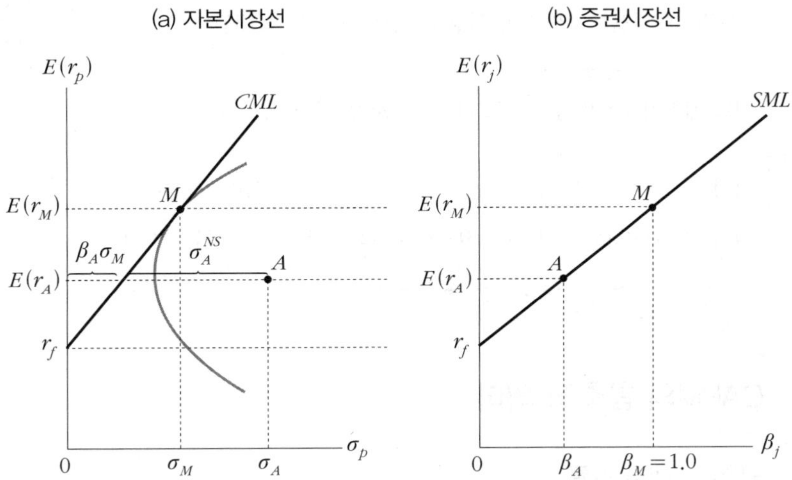

앞의 세 식 중 증권시장선으로서 가장 많이 사용하는 식은 식 (10-13)이다. 따라서 앞으로 식 (10-13)을 증권시장선으로 사용할 것이다. 이상과 같은 증권시장선의 도출과정을 그림으로 나타내면 [그림 10-2]와 같다.[11)]

기대수익률-표준편차 평면상에 존재하는 자본시장선은 효율적 포트폴리오의 위험과 기대수익률의 관계를 나타낼 수 있으나, 개별증권과 같은 비효율적인 투자기회의 위험과 기대수익률의 관계를 나타내지 못한다. 예를 들어 자본시장선은 체계적 위험($\beta_A\sigma_M$)과 비체계적 위험(σ_A^{NS})을 모두 가지고 있는 개별증권 A의 위험과 기대수익률의 관계를 나타내지 못한다. 그러므로 적절한 위험의 측정치로서 표준편차가 아닌 체계적 위험(베타)을 사용해야만 효율적 포트폴리오뿐만 아니라 개별증권의 위험과 기대수익률의 관계를 설명할 수 있을 것이다. 즉 기대수익률-베타 평면상에 존재하는 증권시장선으로 모든 위험자산에 대한 위험과 기대수익률의 관계를 설명할 수 있다.[12)]

11) 무위험자산과 시장포트폴리오의 베타는 각각 다음과 같다.

$$\beta_{r_f} = \frac{Cov(r_f,\ r_M)}{Var(r_M)} = 0,\quad \beta_M = \frac{Cov(r_M,\ r_M)}{Var(r_M)} = 1$$

12) 효율적 포트폴리오의 위험과 기대수익률의 관계를 설명할 때는 자본시장선(CML)과 증권시장선(SML)이 동일하게 된다.

$$SML:\ E(r_j) = r_f + [E(r_M) - r_f]\beta_j = r_f + [E(r_M) - r_f]\left[\frac{Cov(r_j,\ r_M)}{\sigma_M^2}\right] = r_f + \left[\frac{E(r_M) - r_f}{\sigma_M}\right]\rho_{jM}\sigma_j$$

만약 증권 j가 효율적이라면, $\rho_{jM}=1$이 된다.

$$\therefore\ SML:\ E(r_j) = r_f + \left[\frac{E(r_M) - r_f}{\sigma_M}\right]\sigma_j:\ CML$$

예제 10-2 증권시장선과 기대수익률

무위험이자율이 8%이며, 시장수익률이 10%로 기대된다.

(1) 증권시장선을 구하라.

(2) 베타가 1.5인 증권 A의 기대수익률을 구하라.

| 해설 |

(1) $E(r_j) = r_f + [E(r_M) - r_f]\beta_j = 0.08 + (0.10 - 0.08)\beta_j = 0.08 + 0.02\beta_j$

(2) $E(r_A) = 0.08 + 0.02\beta_A = 0.08 + 0.02 \times 1.5 = 0.11$(또는 11%)

1.4 CAPM의 함축적 의미

균형 기대수익률

증권시장선은 균형시장(수요=공급)에서 증권의 체계적 위험(베타)과 기대수익률의 선형관계를 나타내는 직선이다. 균형시장하에서 모든 증권의 기대수익률은 증권시장선에 의해서 결정되므로, 각 증권들은 정확히 증권시장선상에 위치하게 된다. 만약 [그림 10-3]에서의 증권 a 또는 증권 b와 같이 증권시장선을 이탈한 증권이 존재하는 경우, 시장은 증권에 대한 수요와 공급이 일치하지 않는 불균형상태가 된다. 그러나 완전자본시장하에서는 이와 같은 불균형상태가 투자자들의 가격조정활동에 의해서 오래 지속되지 못한다.[13]

예를 들어 증권시장선 아래에 있는 증권 a의 경우, 그것의 체계적 위험수준(β_A)에서 적절한 기대수익률인 $E(r_A)$보다 낮은 기대수익률 $E(r_a)$를 제공하므로(과대평가되어 있으므로) 이성적인 투자자라면 이와 같은 증권을 보유하려 하지 않는다.[14] 그러므로 증권 a를 보유하고 있는 투자자는 이 증권을 매도(공급의 증가)할 것이며, 그 결과 그 증권의 가격은 하락하여 기대수익률이 증가하게 된다. 이와 같은 증권 a의 가격하락은 그 증권의 기대수익률이 $E(r_A)$로 상승할 때까지 지속된다. 한편 증권시장선 위에 있는 증권 b의 경우, 그것의 체계적 위험수준(β_B)에서 적절한 기대수익률 $E(r_B)$보다 높은 기대

13) 이와 같은 가격조정활동을 차익거래과정(arbitrage process)이라 한다.

14) 증권의 기대수익률은 다음과 같다.

$$\text{기대수익률} = \frac{(\text{기말기대증권가격} - \text{기초증권가격}) + \text{기대배당금}}{\text{기초증권가격}}$$

그러므로 기대수익률과 현재 증권가격(기초가격)은 역의 관계를 가진다. 즉 현재 증권가격이 높으면(낮으면), 기대수익률은 낮아진다(높아진다).

그림 10-3 증권시장선과 균형 기대수익률

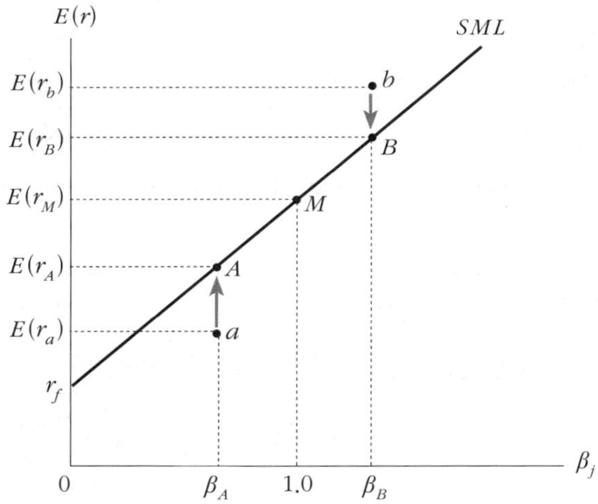

수익률 $E(r_b)$를 제공하므로(과소평가되어 있으므로) 이성적인 투자자라면 이와 같은 증권을 매입하려 할 것이다. 그러므로 증가된 수요에 의해서 증권 b의 가격이 상승하고 기대수익률은 하락하게 된다. 이와 같은 증권 b의 가격상승은 그 증권의 기대수익률이 $E(r_B)$로 떨어질 때까지 지속된다.

완전자본시장하에서 일시적인 불균형상태는 투자자들의 가격조정활동에 의해서 수요와 공급이 일치하는 균형상태로 곧 회귀하게 된다.[15] 그러므로 장기적으로 볼 때 균형상태가 유지되며, 이 경우 모든 증권들은 증권시장선상에 위치하게 된다. 이는 시장 내의 모든 증권은 동일한 **위험보상률**(reward-to-risk ratio), 즉 직선기울기를 가져야 함을 의미하며 다음과 같이 나타낼 수 있다.

$$\frac{E(r_A)-r_f}{\beta_A}=\frac{E(r_B)-r_f}{\beta_B}=E(r_M)-r_f \qquad (10-15)$$

위험자산(또는 위험투자안)의 체계적 위험(베타)이 추정되면, 균형상태하에서 그 자산의 체계적 위험에 따른 적절한 보상인 기대수익률을 증권시장선에 의해서 측정할 수 있다. 증권시장선에 의해서 측정된 **균형 기대수익률**은 투자자들이 체계적 위험에 대해서 요구하게 되는 최소한의 요구수익률(required rate of return) 또는 자본비용(cost of

15) 물론 개인소득세, 거래비용 등 거래를 방해하는 장애요인이 존재하는 경우, 즉 불완전자본시장에서는 이와 같은 투자자들의 가격조정활동이 제약을 받게 된다. 그러므로 불완전자본시장에서는 불균형상태가 장기적으로 지속될 수도 있다.

capital)이라 할 수 있다. 그러나 증권시장선에 의해서 구해진 균형 기대수익률(요구수익률)과 자산의 실제 확률분포에 의해서 구해진 실제 기대수익률(예상 평균수익률)은 서로 구분되어져야 한다. [그림 10-3]에서 볼 수 있는 바와 같이 불균형상태하에서는 자산이 과대평가(예를 들어 증권 a) 또는 과소평가(예를 들어 증권 b)되어 균형 기대수익률과 실제 기대수익률이 서로 다를 수 있다. 그러나 균형상태에 도달하면 자산은 적정하게 평가되고, 실제 기대수익률은 균형 기대수익률에 일치하게 된다.

예제 10-3 증권시장선과 주식평가

주식 j의 수익률과 시장수익률에 관한 자료는 다음과 같다.

상 태	확 률	r_j	r_M
1	0.1	−0.30	−0.15
2	0.3	0.00	0.05
3	0.4	0.20	0.15
4	0.2	0.50	0.20

단, 무위험이자율은 5%이다.

(1) 증권시장선을 도출하라.
(2) 주식 j를 평가하라.

| 해설 |

p	r_j	pr_j	$r_j-\bar{r}_j$	$p(r_j-\bar{r}_j)^2$	r_M	pr_M	$r_M-\bar{r}_M$	$p(r_M-\bar{r}_M)^2$	$p(r_j-\bar{r}_j)(r_M-\bar{r}_M)$
0.1	−0.30	−0.03	−0.45	0.02025	−0.15	−0.015	−0.25	0.00625	0.01125
0.3	0.00	0.00	−0.15	0.00675	0.05	0.015	−0.05	0.00075	0.00225
0.4	0.20	0.08	0.05	0.00100	0.15	0.060	0.05	0.00100	0.00100
0.2	0.50	0.10	0.35	0.02450	0.20	0.040	0.10	0.00200	0.00700
		$E(r_j)=0.15$		$\sigma_j^2=0.05250$		$E(r_M)=0.100$		$\sigma_M^2=0.01000$	$\sigma_{jM}=0.02150$

(1) $E(r_j)=r_f+[E(r_M)-r_f]\beta_j=0.05+(0.10-0.05)\beta_j=0.05+0.05\beta_j$

(2) $\beta_j=\dfrac{Cov(r_j,\ r_M)}{Var(r_M)}=\dfrac{0.0215}{0.01}=2.15$

$\rightarrow E(r_j)^e=0.05+0.05\beta_j=0.05+0.05\times 2.15=0.1575$(또는 15.75%)

확률분포에 의해서 구한 주식 j의 실제 기대수익률 $E(r_j)=15\%$로서 균형 기대수익률(요구수익률) $E(r_j)^e=15.75\%$보다 작다. 이와 같은 경우 시장은 불균형상태에 있으며, 다음과 같은 투자자들의 가격조정활동이 일어나게 된다.

$E(r_j)=15\% < E(r_j)^e = 15.75\%$ → 과대평가 → 매도 → 초과공급
→ 주식가격 하락 → 실제 기대수익률 상승

이와 같은 투자자들의 가격조정활동은 주식 j의 실제 기대수익률이 균형 기대수익률과 같은 15.75%가 되어 균형상태에 도달할 때까지 계속된다.

CAPM에 의한 자산의 평가

일반적으로 위험자산의 가치는 자산을 소유하였을 때의 현금흐름과 적절한 할인율에 의해서 결정된다. 그리고 증권 또는 위험투자안 등의 위험자산을 평가할 때 필요한 할인율은 CAPM을 이용하여 구할 수 있다. 이와 같은 논리에 의해서 위험자산을 평가하는 과정을 나타내면 [그림 10-4]와 같다.

예를 들어 기말의 기대증권가격은 $E(P_1)$이고 기대배당이 $E(D)$인 증권 j의 현재가치 P_0는 다음과 같이 구할 수 있다.

$$P_0 = \frac{\text{기대현금흐름}}{1+E(r_j)} = \frac{E(P_1)+E(D)}{1+[r_f+(E(r_M)-r_f)\beta_j]} \tag{10-16}$$

예제 10-4 CAPM에 의한 자산의 평가

A기업의 기말 주식가격은 20,000원으로 기대되며, 이 주식의 베타는 1.5이다. 또한 시장의 기대수익률은 12%이며, 무위험이자율은 8%이다. A기업의 현재 주식가치는 얼마인가? (단, 배당은 없다고 가정한다.)

그림 10-4 CAPM에 의한 자산의 평가과정

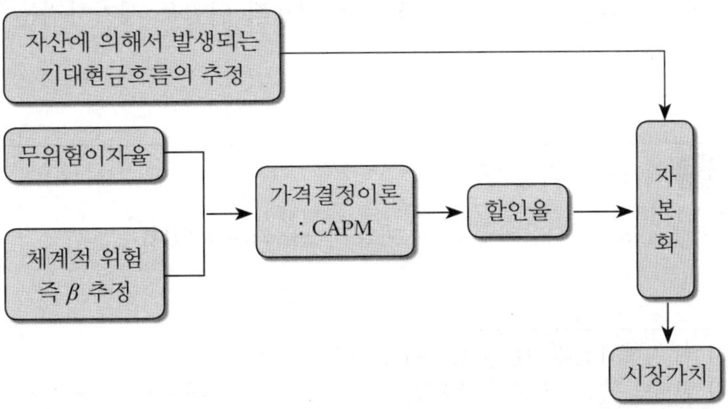

| 해설 |

$$P_0=\frac{20{,}000}{1+[0.08+(0.12-0.08)\times 1.5]}=17{,}544\text{원}$$

가치의 가산원칙

CAPM에서는 개별자산의 위험 중 분산투자를 통하여 제거할 수 없는 체계적 위험만 고려한다. 그러므로 CAPM에 의해서 자산이 평가된다면, 개별투자자가 분산투자를 통하여 위험을 감소시켜서 자산의 가치를 증가시키려는 노력은 소용이 없게 된다. 따라서 여러 자산에 분산투자를 하는 경우, 그 포트폴리오의 가치는 구성자산의 개별가치를 단순히 합한 것과 같다는 **가치의 가산원칙**이 성립한다. 예를 들어 자산 A와 자산 B를 합한 포트폴리오의 가치 $PV(\text{A}+\text{B})$는 다음과 같이 나타낼 수 있다.

$$PV(\text{A}+\text{B})=PV(\text{A})+PV(\text{B})$$

그리고 **포트폴리오의 β계수**는 각 구성자산의 β계수를 구성비율에 의해서 가중평균하여 구할 수 있다. 즉 자산 A와 자산 B로 구성된 포트폴리오의 β계수는 다음과 같다.

$$\beta_p=w_A\beta_A+w_B\beta_B \qquad (10-17)$$

여기서 $w_A=\frac{PV(\text{A})}{PV(\text{A})+PV(\text{B})}$, $w_B=\frac{PV(\text{B})}{PV(\text{A})+PV(\text{B})}$

또한 N개의 자산으로 구성된 포트폴리오의 β계수는 다음과 같이 구할 수 있다.[16]

$$\beta_p=\sum_{j=1}^{N}w_j\beta_j \qquad (10-18)$$

CAPM이 성립하는 경우에는 합병(merger)을 통한 위험분산효과가 존재하지 않는다.[17] 투자자들이 주식의 분산투자를 통하여 제거할 수 있는 비체계적 위험을 이미 제거하였기 때문에, 합병을 통하여 비체계적 위험을 제거하려는 기업의 노력은 소용이 없을 것이다.

예제 10-5 가치의 가산원칙

백제전자㈜는 다음과 같은 두 개의 자산을 가지고 있다.

---

16) 이 식에 대한 증명은 제9장 보론을 참조하기 바란다.

17) 그러나 합병을 통해서 운영상의 상승효과(synergy effect)는 존재할 수 있다.(예를 들어 생산공정의 합리적 연결, 규모의 경제에 의한 생산비의 절감, 인적 구성의 상호보완적 효과 등)

(단위: 억원)

자 산	기대현금흐름		베 타
	0	1	
A	0	330	1.0
B	0	230	2.0

단, 무위험이자율은 5%이며, 시장의 기대수익률은 10%이다.

(1) 증권시장선을 구하라.

(2) 각 자산의 요구수익률을 계산하라.

(3) 각 자산의 현재가치 PV(A)와 PV(B)를 각각 구하라.

(4) 백제전자㈜의 요구수익률과 현재가치 PV(A+B)를 구하라.

(5) 물음 **(3)**과 **(4)**를 비교하여 가치의 가산원칙이 성립함을 보여라.

❙ 해설 ❙

(1) $E(r_j)=r_f+[E(r_M)-r_f]\beta_j=0.05+(0.10-0.05)\beta_j=0.05+0.05\beta_j$

(2) • $E(r_A)=0.05+0.05\beta_A=0.05+0.05\times1.0=0.10$

• $E(r_B)=0.05+0.05\beta_B=0.05+0.05\times2.0=0.15$

(3) • $PV(\text{A})=\dfrac{\text{기대현금흐름}}{1+E(r_A)}=\dfrac{330}{1+0.10}=300\text{억원}$

• $PV(\text{B})=\dfrac{\text{기대현금흐름}}{1+E(r_B)}=\dfrac{230}{1+0.15}=200\text{억원}$

(4) 백제전자㈜는 자산 A와 자산 B로 구성된 포트폴리오로 생각할 수 있다.

$$\beta_p=W_A\beta_A+W_B\beta_B=\left[\frac{PV(\text{A})}{PV(\text{A})+PV(\text{B})}\right]\beta_A+\left[\frac{PV(\text{B})}{PV(\text{A})+PV(\text{B})}\right]\beta_B$$

$$=\left(\frac{300}{300+200}\right)\times1.0+\left(\frac{200}{300+200}\right)\times2.0=1.4$$

• $E(r_p)=0.05+0.05\beta_p=0.05+0.05\times1.4=0.12$

• $PV(\text{A+B})=\dfrac{\text{기대현금흐름}}{1+E(r_p)}=\dfrac{330+230}{1+0.12}=500\text{억원}$

(5) $PV(\text{A})+PV(\text{B})=300+200=500=PV(\text{A+B})$

1.5 투자성과의 평가

투자의 성과를 적절하게 평가하기 위해서는 위험을 고려해야 한다. 위험을 고려한 투자성과의 평가방법들은 샤프(W. F. Sharpe), 트레이너(J. Treynor), 젠센(M. C. Jensen) 등에 의해서 개발되었다.

샤프는 자본시장선의 기울기를 이용한 포트폴리오의 성과측정치, 즉 **샤프지수**를 제시하였다.[18]

$$샤프지수=\frac{\bar{r}_p-r_f}{\sigma_p} \tag{10-19}$$

여기서 $\bar{r}_p$: 포트폴리오의 평균수익률
r_f: 무위험이자율
σ_p: 포트폴리오의 표준편차

식 (10−19), 즉 샤프지수는 포트폴리오의 추가적인 위험(표준편차) 한 단위에 대한 자본시장에서의 보상액(위험프리미엄)을 나타낸다. 샤프지수가 높을수록 위험조정 후 투자성과가 더 좋음을 의미한다.

한편, 트레이너는 총위험(표준편차) 대신 체계적 위험을 사용한 포트폴리오의 성과측정치, 즉 **트레이너지수**를 제시하였다.[19]

$$트레이너지수=\frac{\bar{r}_p-r_f}{\beta_p} \tag{10-20}$$

여기서 β_p: 포트폴리오의 베타[20]

그리고 젠센은 포트폴리오의 평균수익률과 CAPM에서 예측되는 수익률 간의 차이를 나타내는 포트폴리오의 투자성과 측정치, 즉 **젠센의 알파**를 제시하였다.[21]

$$\alpha_p=\bar{r}_p-[r_f+(\bar{r}_M-r_f)\beta_p] \tag{10-21}$$

여기서 $\bar{r}_M$: 시장의 평균수익률

CAPM에 의하면 균형상태에서 α_p가 0이 되어야 하기 때문에 α_p가 양(+)의 값을 가지면 성과가 좋고, 음(−)의 값을 가지면 성과가 나쁘다고 평가한다. 이러한 젠센의 알파는 비정상수익률로 이해될 수 있다.

마지막으로 젠센의 알파를 잔차의 표준편차로 나눈 값으로 측정되는 **정보비율**(information ratio)을 들 수 있다.

---

18) W. F. Sharpe, "Mutual Fund Performance," *Journal of Business*, Vol. 39(Jan. 1966), pp. 119~138.

19) J. Treynor, "How to Rate Management of Investment Funds," *Harvard Business Review*, Vol. 43(Jan./Feb. 1965), pp. 63~75.

20) 포트폴리오의 베타(β_p)는 각 구성자산의 베타를 구성비율에 의해서 가중평균하여 구할 수 있다. 예를 들어, 증권 A와 증권 B로 구성된 포트폴리오의 베타, 즉 $\beta_p=W_A\beta_A+W_B\beta_B$이다.

21) M. C. Jensen, "The Performance of Mutual Funds in the Period 1945~1964," *Journal of Finance*, Vol. 23(May 1968), pp. 389~415.

$$정보비율 = \frac{\alpha_p}{\sigma(\varepsilon_p)} \tag{10-22}$$

여기서 $\sigma(\varepsilon_p)$: 포트폴리오 잔차의 표준편차

정보비율은 잔차 표준편차의 단위당 비정상수익률을 의미한다.[22)]

이상에서 설명한 네 가지 투자성과 측정방법은 항상 동일한 결과를 제공하지는 않는다. 이와 같은 경우 주어진 상황에 따라 적절한 평가방법을 선택하여야 한다. 만약 투자자들이 총위험에 관심을 가진다면 샤프지수가 더 적절하다. 그러나 투자자들이 체계적 위험에 관심을 가진다면 트레이너지수, 젠센의 알파 등이 더 적절하다고 할 수 있다.

한편 평가대상 포트폴리오와 벤치마크(benchmark) 포트폴리오 간 투자성과의 차이는 자산배분으로 인한 투자성과 차이와 종목선정으로 인한 투자성과 차이로 구분될 수 있다. 자산배분으로 인한 투자성과의 차이는 벤치마크 포트폴리오 구성자산의 수익률을 기준으로 평가대상 포트폴리오와 벤치마크 포트폴리오 간 구성자산 투자비율을 달리함으로써 발생한 투자성과의 차이를 의미한다.

자산배분으로 인한 투자성과 차이

$$= \sum_{j=1}^{n} (w_j r_j^{BM} - w_j^{BM} r_j^{BM}) = \sum_{j=1}^{n} (w_j - w_j^{BM}) r_j^{BM} \tag{10-23}$$

여기서 w_j : 평가대상 포트폴리오 구성자산 j의 투자비율($j=1, 2, \cdots, n$)
w_j^{BM} : 벤치마크 포트폴리오 구성자산 j의 투자비율
r_j^{BM} : 벤치마크 포트폴리오 구성자산 j의 수익률

그리고 종목선정으로 인한 투자성과 차이는 평가대상 포트폴리오 구성자산의 투자비율을 기준으로 평가대상 포트폴리오와 벤치마크 포트폴리오 간 구성자산 수익률이 달라짐으로써 발생한 투자성과의 차이를 의미한다.

종목선정으로 인한 투자성과 차이

$$= \sum_{j=1}^{n} (w_j r_j - w_j r_j^{BM}) = \sum_{j=1}^{n} w_j (r_j - r_j^{BM}) \tag{10-24}$$

여기서 r_j : 평가대상 포트폴리오 구성자산 j의 수익율

이상에서 설명한 자산배분 및 종목선정으로 인한 투자성과 차이의 총합은 평가대상 포트폴리오와 벤치마크 포트폴리오 간 투자성과 차이($\sum_{j=1}^{n} w_j r_j - \sum_{j=1}^{n} w_j^{BM} r_j^{BM}$)와 동일하다.

---

22) 실무에서 정보비율은 식 (10-22)와 달리 평가대상 포트폴리오와 벤치마크 포트폴리오 간 수익률의 차이, 즉 초과수익률의 평균을 초과수익률의 표준편차로 나눈 값으로 사용하기도 한다. 여기서 초과수익률의 표준편차를 트레킹 에러(tracking error)라고도 한다.

예제 10-6 포트폴리오의 투자성과 평가

3년 동안 운용한 포트폴리오의 운용성과와 코스피지수(시장포트폴리오)의 수익률에 관한 정보는 다음과 같다.

구 분	포트폴리오	코스피지수
평균수익률	40%	30%
베타	1.5	1.0
표준편차	25%	20%

무위험이자율이 5%일 경우 다음의 물음에 답하라.

(1) 샤프지수를 계산하여 포트폴리오의 투자성과를 평가하라.

(2) 트레이너지수를 계산하여 포트폴리오의 투자성과를 평가하라.

(3) 젠센의 알파를 계산하여 포트폴리오의 투자성과를 평가하라.

| 해설 |

(1) 포트폴리오와 시장포트폴리오의 샤프지수를 구하면 다음과 같다.

$$\text{포트폴리오의 샤프지수} = \frac{40-5}{25} = 1.4$$

$$\text{시장포트폴리오의 샤프지수} = \frac{30-5}{20} = 1.25$$

샤프지수를 비교하면 포트폴리오의 투자성과는 시장보다 더 좋다.

(2) 포트폴리오와 시장포트폴리오의 트레이너지수를 구하면 다음과 같다.

$$\text{포트폴리오의 트레이너지수} = \frac{40-5}{1.5} = 23.33\%$$

$$\text{시장포트폴리오의 트레이너지수} = \frac{30-5}{1.0} = 25\%$$

트레이너지수를 비교하면 포트폴리오의 투자성과는 시장보다 좋지 않다. 이와 같은 결과는 샤프지수에 의한 평가결과와 상반되는 것이다.

(3) 포트폴리오와 시장포트폴리오의 젠센의 알파(α)를 구하면 다음과 같다.

포트폴리오의 $\alpha = 40 - [5 + (30-5) \times 1.5] = -2.5\%$

시장포트폴리오의 $\alpha = 0\%$

따라서 젠센의 투자성과 평가방법에 포트폴리오의 투자성과는 시장보다 좋지 않음을 알 수 있다.

2 차익거래가격결정이론: APT

로스(S. A. Ross)는 CAPM의 대체적인 모형으로서 차익거래가격결정이론(arbitrage pricing theory: APT)을 개발하였다.[23] APT와 CAPM의 기본적 차이점은 증권수익률 사이에 존재하는 상호관련성(interrelationship)의 처리에 있다. APT는 증권수익률이 일련의 산업과 시장 전반 요인들(factors)에 의해 생성된다고 가정한다. 즉 두 증권 사이의 상관관계는 그 증권들이 공통적 요인들에 의해서 영향을 받을 때 발생한다는 것이다. 그러나 이와는 달리 CAPM은 비록 증권들 사이의 상호관계를 인정한다 하더라도 상호관계를 야기시키는 기본적인 요인들을 자세히 열거하지는 않는다.

APT와 CAPM은 모두 체계적 위험과 기대수익률 사이에 정(+)의 관계가 있음을 나타내지만, APT는 이러한 관계를 매우 직관적인 방법으로 개발하였다. 또한 APT는 시장포트폴리오에 대한 베타보다 더 일반적으로 위험을 고려한다. 그러므로 APT는 CAPM에 대한 대체적인 모형이라 할 수 있다.

2.1 요인모형

자본시장에서 거래되는 어떤 주식의 미래수익률은 다음과 같은 두 부분으로 구성된다.[24] 첫 번째 부분은 주식의 기대수익률로서 시장에서 주주가 예측 또는 기대하는 수익률의 부분이다. 이것은 주식에 영향을 미칠 수 있는 이용가능한 모든 정보와 그 정보들에 대한 주주들의 인식을 모두 반영하여 결정된다. 두 번째 부분은 주식에 내포된 불확실성 또는 위험에 의해 발생되는 수익률의 예상하지 못한 변동부분이다. 이것은 앞으로 발표될 정보로부터 나타나는 부분이다. 이와 같은 정보는 무수히 많으나 여기서 몇 가지 예를 들면 다음과 같다.

- 기업의 신제품개발에 관한 뉴스
- GNP에 대해서 발표된 정부수치
- 경쟁상품의 변화
- 갑작스러운 이자율의 하락
- 기대보다 높은 기업의 매출액에 대한 뉴스
- 예상하지 못한 기업의 창립자인 사장의 퇴임

23) S. A. Ross, "The Arbitrage Theory of Capital Asset Pricing," *Journal of Economic Theory*, Vol. 13 (December 1976), pp. 341~360.

24) S. A. Ross, R. W. Westerfield, and J. F. Jaffe, *Corporate Finance*, 9th ed.(McGraw-Hill, 2010), pp. 347~348.

그러므로 임의의 주식 j의 미래수익률은 다음과 같이 나타낼 수 있다.

$$r_j = E(r_j) + U_j \tag{10-25}$$

여기서 $E(r_j)$: 수익률의 기대치
U_j : 수익률의 예상하지 못한 변동

다양한 정보들이 수익률에 미치는 효과를 살펴보는 데는 약간의 주의가 필요하다. 예를 들어 정부가 월말에 GNP 또는 실업에 관한 수치를 발표한다고 하자. 틀림없이 주주들은 월초에 월 GNP가 얼마나 되겠는가에 대한 나름대로의 생각 또는 예측을 할 것이다. 이 경우 주주들의 GNP에 대한 예측은 수익률의 기대치 $E(r_j)$에 반영된다. 한편 정부의 발표 중 예상하지 못했던 부분이 있다면, 그것은 수익률의 예상하지 못한 변동 U_j에 영향을 미칠 것이다. 예를 들어 시장에서 주주들이 이번 달 GNP의 증가가 0.5%일 것으로 예측하였다고 하자. GNP가 기업의 주식에 영향을 미친다면, 그 예측은 월별 수익률의 기대치 $E(r_j)$를 구하기 위하여 주주들이 사용하는 정보의 일부분이 된다. 만약 이번 달의 실제 발표가 예측과 일치하는 0.5%라면, 주주들이 새롭게 알게 된 것은 하나도 없으며 그 발표는 뉴스가 아니다. 이것은 당신이 친구에 관한 이미 알고 있는 소문을 듣는 것과 같은 것이다. 이것을 표현하는 다른 방법은 주주들이 이미 그 발표를 '할인(discount)'했다는 것이다. 여기서 사용된 '할인'이란 용어는 현재가치를 계산할 때와 다른 것이지만, 그 기본적 의미는 유사하다. 즉 미래의 1원을 할인하는 경우에 화폐의 시간적 가치 때문에 그 가치가 작아지는 것과 같이 미래의 발표 또는 뉴스를 할인한다는 것은 시장이 이미 알고 있기 때문에 그 영향이 감소된다는 것을 의미한다.

한편 정부가 이번 달 동안의 실제 GNP 증가를 1.5%로 발표한다고 가정하자. 지금 주주는 그 증가가 그들이 기대했던 것보다 1%포인트 높다는 새로운 사실을 알게 되었다. 이와 같은 실제치와 예측치 사이의 차이(예에서 1%포인트)는 예상하지 못한 정보(innovation or surprise)이다.

어떤 공시된 정보는 다음과 같이 두 부분으로 구성된다.

공시된 정보 = 기대된 부분 + 예상하지 못한 정보

어떤 공시된 정보의 기대부분은 시장이 주식수익률의 기대치 $E(r_j)$를 구하기 위하여 사용하는 정보의 부분이다. 그리고 예상하지 못한 정보는 주식의 예상하지 못한 수익률의 변동 U_j에 영향을 미치는 새로운 뉴스이다.

다른 예로서 기업의 사장이 사임하려 한다는 것을 주주들이 1월에 알고 있다면, 2월의 공식적인 발표는 충분히 예상되었던 것으로서 시장에 의해서 할인될 것이다. 그 발표가 2월 이전에 이미 예상되었기 때문에 주식에 대한 그것의 영향은 2월 이전에 반영된다. 그러므로 2월의 발표 그 자체는 예상하지 못한 정보를 포함하고 있지 않기 때문에 2월의 발표에 의해서 주식의 가격이 변하지는 않는다. 새로운 뉴스란 어떤 발표의 예상하지 못한 부분으로서 시장에서 이미 할인된 부분이 아니다.

예상하지 못한 정보들에 의해서 나타나는 수익률의 예상하지 못한 변동이 투자에 포함된 진정한 위험이다. 기대하였던 것은 사전에 반영되기 때문에 위험 또는 불확실성이 없을 것이다. 그러나 다양한 위험의 원천들 사이에는 중요한 차이가 있다. 예상하지 못한 정보 중에는 시장의 거의 모든 기업에 영향을 미칠 수 있는 체계적 요인과 특정 기업에만 영향을 미치는 비체계적 요인이 있다. 앞에서 나열한 예에서 GNP, 이자율 등과 같은 경제상황에 관한 정보는 분명히 거의 모든 기업에 영향을 미치는 체계적 요인인 반면에, 특정기업의 신제품의 개발, 매출액, 사장의 사임 또는 경쟁상품 등에 관한 정보는 특정 기업에만 영향을 미치는 비체계적 요인이라 할 수 있다.

이와 같은 사실에 의해서 주식의 미래수익률을 다음과 같이 나타낼 수 있다.

$$r_j = E(r_j) + m_j + \varepsilon_j \tag{10-26}$$

여기서 m_j: 체계적 요인에 의한 주식 j의 수익률의 변동
ε_j: 비체계적 요인에 의한 주식 j의 수익률의 변동

체계적 요인들이 각각의 개별주식에 미치는 영향은 서로 다를 수 있다. 즉 체계적 요인들에 대한 주식수익률의 반응정도를 나타내는 민감도(sensitivity)는 주식에 따라 달라질 수 있다.[25] 예를 들어 어떤 주식의 예상하지 못한 인플레이션에 대한 민감도가 1.5라는 것은 예상하지 못한 인플레이션이 1%일 때, 그 주식의 수익률은 1.5%만큼 영향을 받는다는 것을 의미한다. 그러므로 체계적 요인에 의한 주식 j의 수익률의 변동 m_j는 각각의 체계적 요인에 그 민감도를 곱한 후, 이들을 모두 합하여 구할 수 있다. 만약 K개의 체계적 요인이 존재한다면 m_j는 다음과 같이 나타낼 수 있다.

$$m_j = b_{j1}F_1 + b_{j2}F_2 + \cdots + b_{jK}F_K$$

여기서 F_k(단, $k=1, 2, \cdots, K$)는 모든 주식에 영향을 미치는 예상하지 못한 정보, 즉 체계적 요인 k를 나타내는 것으로서 공시된 정보에서 기대된 부분을 차감한 것이다. 그리고 b_{jk}는 체계적 요인 k에 대한 주식 j의 민감도를 나타낸다.

그러므로 이제 주식수익률을 다음과 같이 나타낼 수 있다.

$$r_j = E(r_j) + b_{j1}F_1 + b_{j2}F_2 + \cdots + b_{jK}F_K + \varepsilon_j \tag{10-27}$$

여기서 비체계적 요인에 의한 주식 j의 수익률의 변화 ε_j는 어느 한 기업에 특수한

25) 이와 같은 민감도는 CAPM에서의 베타와 그 의미에 있어서 동일한 것이다.

것으로서 다른 기업과 관련이 없다.[26)]

$$Cov(\varepsilon_i,\ \varepsilon_j)=0 \quad (\text{단, } i \neq j)$$

만약 $Cov(\varepsilon_i,\ \varepsilon_j) \neq 0$이라면, 모든 체계적 요인이 고려되지 않았다고 말할 수 있다. 이 경우 주식수익률에 영향을 미칠 수 있는 추가적인 체계적 요인을 더 고려해 주어야 한다.

식 (10-27)과 같은 **K-요인모형**(K-factor model)에서 비체계적 요인의 변동가능성, 즉 비체계적 위험은 분산투자를 통하여 제거될 수 있는 분산가능한 위험이다. 투자자가 위험자산에 대하여 관심을 가지는 부분은 분산투자를 통하여 제거할 수 없는 체계적 위험이다. 이는 모든 개별증권에 공통적으로 영향을 미치는 예상하지 못한 공통요인, 즉 체계적 요인들에 대한 그 증권의 민감도 b_{jk}에 의해서 측정된다.[27)]

예제 10-7 3-요인모형

주식의 수익률들을 설명하기 위하여 3-요인모형이 적절하며, 이러한 3개의 요인에 관한 정보는 다음과 같이 주어져 있다.

요 인	민 감 도	기대가치	실제가치
GNP의 변화	1	2%	1%
인플레이션	2	5%	7%
이자율의 변화	−1.8	0%	−2%

그리고 A기업의 예상하지 못한 신제품 개발로 인하여 그 주식수익률은 5%포인트 증가한다. 만약 A기업의 주식에 대한 기대수익률이 4%였다면, 이 주식의 총수익률은 얼마가 되겠는가?

| 해설 |

▶ 주식 A의 기대수익률: $E(r_A)=4\%$

▶ 체계적 요인에 의한 주식 A의 수익률의 변화: m_A

- F_G = 예상하지 못한 GNP의 변화
  = 실제의 GNP의 변화 − 기대된 GNP의 변화 = 1% − 2% = −1%
- F_I = 예상하지 못한 인플레이션
  = 실제인플레이션 − 기대인플레이션 = 7% − 5% = 2%
- F_r = 예상하지 못한 이자율의 변화
  = 실제의 이자율의 변화 − 기대된 이자율의 변화 = −2% − 0% = −2%

---

26) 또한 $E(F_k)=0$, $E(\varepsilon_j)=0$, $Cov(F_l,\ F_k)=0$(단, $l \neq k$), $Cov(F_k,\ \varepsilon_j)=0$이라고 가정한다. 이와 같은 요인모형의 가정들은 제9장 보론에서 설명한 지수모형의 가정과 동일한 것이다. 따라서 요인모형과 지수모형은 유사한 것으로 구분하지 않고 사용된다.

27) 각 요인에 대한 민감도는 다중회귀분석(mutiple regression analysis)을 통하여 추정될 수 있다.

$\therefore\ m_A = b_{AG}F_G + b_{AI}F_I + b_{Ar}F_r = 1 \times (-1\%) + 2 \times 2\% + (-1.8) \times (-2\%) = 6.6\%$

▶ 비체계적 요인에 의한 주식 A의 수익률의 변화: $\varepsilon_A = 5\%$

그러므로 주식 A의 총수익률은 위에서 구한 것을 모두 합하여 다음과 같이 구할 수 있다.

$$\begin{aligned} r_A &= E(r_A) + b_{AG}F_G + b_{AI}F_I + b_{Ar}F_r + \varepsilon_A \\ &= E(r_A) + m_A + \varepsilon_A = 4\% + 6.6\% + 5\% = 15.6\% \end{aligned}$$

2.2 APT : 위험과 기대수익률

주식수익률이 식 (10-27)과 같은 요인모형에 의해서 생성되는 경우 **차익거래이익**(arbitrage profit)이 존재하지 않는 균형조건하에서 APT를 도출할 수 있다. 차익거래이익을 기대할 수 없다는 것은 균형상태하에서 추가적인 자금을 투자하지 않고 또한 추가적인 체계적 위험이나 비체계적 위험도 역시 부담하지 않는 어떤 새로운 **차익거래포트폴리오**(arbitrage portfolio)를 구성할 경우, 그러한 포트폴리오의 구성에 의해서 추가적인 기대수익률을 얻을 수 없다는 것을 의미한다. 여기에서 차익거래포트폴리오를 구성할 때 비체계적 위험을 부담하지 않는다는 것은, 포트폴리오의 분산효과에 의해 비체계적 위험이 제거될 수 있음을 의미한다. 즉 포트폴리오를 구성하는 증권수 N을 무한대로 증가시킬 경우 비체계적 위험은 사라진다는 것이다. 따라서 APT를 유도하기 위해서는 자본시장에서 존재하는 증권의 수가 무한히 많아야 한다는 가정이 필요하다.

APT를 도출하기 위하여 부(富)를 추가로 투자하지 않고, 위험(체계적 위험과 비체계적 위험)도 부담하지 않으면서 현재 소유하고 있는 기존의 포트폴리오를 변경하려는 투자자를 생각해 보자. 이와 같은 방법으로 투자자가 구성하는 추가적인 포트폴리오를 차익거래포트폴리오라 한다. 그러므로 차익거래포트폴리오는 다음과 같은 세 가지 조건을 만족해야 한다.

첫째, 차익거래포트폴리오를 구성하기 위한 추가적인 부의 투자는 없다. 즉 추가적인 자산의 매입은 다른 자산을 매도한 자금으로 이루어진다. 이 경우 추가적인 포트폴리오의 구성비율 w_j의 총합은 다음과 같다.

$$\sum_{j=1}^{N} w_j = 0 \qquad (10-28)$$

여기서 $w_j = \dfrac{\text{증권 } j\text{의 매입(또는 매도)금액}}{\text{기존의 총투자액}}$ (단, $j = 1, 2, \cdots, N$)

여기서 w_j는 자산을 매입한 경우 양(+)의 값을 가지며, 매도한 경우 음(−)의 값을 가진다.

둘째, 차익거래포트폴리오는 추가적인 체계적 위험을 부담하지 않기 때문에 다음과 같이 나타낼 수 있다.[28)]

$$\sum_{j=1}^{N} w_j b_{j1} = 0, \quad \sum_{j=1}^{N} w_j b_{j2} = 0, \quad \cdots, \quad \sum_{j=1}^{N} w_j b_{jK} = 0 \tag{10-29}$$

셋째, 비체계적 위험을 제거하기 위하여 많은 수의 증권으로 차익거래포트폴리오를 구성한다.

$$\sum_{j=1}^{N} w_j \varepsilon_j = 0 \tag{10-30}$$

위의 세 가지 조건에 의해서 구성된 차익거래포트폴리오에 의해서 투자자가 얻을 수 있는 이익은 위험이 없으므로 확실한 이익이 될 것이며, 이를 차익거래이익이라 한다. 만약 자본시장이 균형상태에 있다면, 이와 같은 차익거래이익을 얻을 수 있는 기회가 존재하지 않을 것이다. 그러므로 균형상태하에서 차익거래포트폴리오의 수익률은 영(0)이 된다.

$$r_p = \sum_{j=1}^{N} w_j r_j = 0 \tag{10-31}$$

위의 식 (10−31)에 식 (10−27)을 대입하고, 식 (10−29)와 식 (10−30)을 이용하여 정리하면 다음과 같다.

$$\begin{aligned} r_p &= \sum_{j=1}^{N} w_j [E(r_j) + b_{j1}F_1 + b_{j2}F_2 + \cdots + b_{jK}F_K + \varepsilon_j] \\ &= \sum_{j=1}^{N} w_j E(r_j) + F_1 \sum_{j=1}^{N} w_j b_{j1} + F_2 \sum_{j=1}^{N} w_j b_{j2} + \cdots + F_K \sum_{j=1}^{N} w_j b_{jK} + \sum_{j=1}^{N} w_j \varepsilon_j \\ &= \sum_{j=1}^{N} w_j E(r_j) = 0 \end{aligned} \tag{10-32}$$

즉 차익거래포트폴리오의 기대수익률은 영(0)이 된다.

이제 앞의 식 (10−28)과 식 (10−29)의 양변에 임의의 값 λ_0, λ_1, $\cdots$, λ_K를 차례로 각각 곱하여 모두 더하면 다음과 같다.

---

28) 체계적 요인 k에 대한 차익거래포트폴리오의 민감도 b_{pk}는 구성비율에 의해 가중평균한 값이다.

$$b_{pk} = \sum_{j=1}^{N} w_j b_{jk}$$

$$
\begin{array}{r|l}
 & \lambda_0(w_1 \quad + w_2 \quad + \cdots + w_N) \quad = 0 \\
 & \lambda_1(w_1 b_{11} + w_2 b_{21} + \cdots + w_N b_{N1}) = 0 \\
 & \qquad \vdots \\
(+) & \lambda_K(w_1 b_{1K} + w_2 b_{2K} + \cdots + w_N b_{NK}) = 0 \\
\hline
\end{array}
$$

$$
\begin{aligned}
& w_1(\lambda_0 + \lambda_1 b_{11} + \cdots + \lambda_K b_{1K}) \\
& + w_2(\lambda_0 + \lambda_1 b_{21} + \cdots + \lambda_K b_{2K}) \\
& \qquad \vdots \\
& + w_N(\lambda_0 + \lambda_1 b_{N1} + \cdots + \lambda_K b_{NK}) = 0
\end{aligned} \tag{10-33}
$$

식 (10-33)을 풀어쓰면 다음과 같다.

$$w_1 E(r_1) + w_2 E(r_2) + \cdots + w_N E(r_N) = 0 \qquad (10-32)'$$

이제 식 (10-33)과 (10-32)′를 비교해 보면, 개별증권들의 기대수익률은 다음과 같이 체계적 위험의 선형결합으로 표시될 수 있다.

$$
\begin{aligned}
E(r_1) &= \lambda_0 + \lambda_1 b_{11} + \cdots + \lambda_K b_{1K} \\
&\ \ \vdots \\
E(r_N) &= \lambda_0 + \lambda_1 b_{N1} + \cdots + \lambda_K b_{NK}
\end{aligned}
$$

따라서 개별증권 j의 기대수익률 $E(r_j)$는 다음과 같다.

$$E(r_j) = \lambda_0 + \lambda_1 b_{j1} + \cdots + \lambda_K b_{jK} \tag{10-34}$$

이상의 과정에 의해서 도출된 **차익거래가격결정이론(APT)**, 즉 식 (10-34)에 의하면, 증권 j의 기대수익률은 각 공통적 요인들에 대한 j증권의 민감도 또는 체계적 위험의 선형결합으로 표시된다.

만약 수익률이 r_f인 무위험자산이 존재한다면, 식 (10-34)에서 각 체계적 요인에 대한 무위험자산의 민감도는 모두 0이 되어 무위험자산의 수익률 r_f는 λ_0가 된다.[29] 그리고 δ_k를 요인 k에 대한 민감도 b_{jk}는 1이고 기타 다른 요인들에 대한 민감도가 모두 0인 요인포트폴리오(factor portfolio)의 기대수익률이라고 한다면, δ_k는 다음과 같이 나타낼 수 있다.

29) 무위험자산이 존재하지 않는 경우 λ_0는 각 체계적 요인에 대한 민감도가 모두 0인 포트폴리오, 즉 제로베타포트폴리오의 기대수익률 $E(r_Z)$이다. 제로베타포트폴리오와 관련된 자세한 내용은 본장 보론을 참조.

$$\delta_k = r_f + \lambda_k$$

즉

$$\lambda_k = \delta_k - r_f$$

이상의 결과에 의해서 식 (10-34)를 다음과 같이 나타낼 수 있다.

$$E(r_j) = r_f + (\delta_1 - r_f)b_{j1} + \cdots + (\delta_K - r_f)b_{jK} \tag{10-35}$$

여기서 $\lambda_k(=\delta_k - r_f)$는 요인 k의 위험 1단위에 대한 균형가격, 즉 요인 k의 위험프리미엄이라 할 수 있다. 따라서 요인 k로 인한 증권 j의 위험프리미엄은 $\lambda_k b_{jk}$이다.

2.3 CAPM과 APT의 비교

모든 자산의 수익률을 설명할 수 있는 체계적 요인이 시장포트폴리오 M 하나뿐이라면 식 (10-35)는 다음과 같이 될 것이다.

$$E(r_j) = r_f + (\delta_M - r_f)b_{jM} \tag{10-36}$$

그런데 시장포트폴리오 M과의 민감도가 1인 자산은 시장포트폴리오를 의미하기 때문에 δ_M은 시장포트폴리오의 기대수익률 $E(r_M)$이 되며, 또한 시장포트폴리오에 대한 민감도 b_{jM}은 시장포트폴리오에 대한 베타계수 β_j가 된다. 그러므로 식 (10-36)을 CAPM과 동일한 형태로 다음과 같이 나타낼 수 있다.

$$E(r_j) = r_f + [E(r_M) - r_f]\beta_j \tag{10-36$'$}$$

따라서 CAPM은 APT에서 요인이 시장포트폴리오 하나뿐인 특수한 경우라 할 수 있다. CAPM과 APT는 모두 완전자본시장과 동질적 기대의 가정하에서 도출된 균형시장모형이다. 시장포트폴리오라는 단 하나의 공통요인에 의해서 위험자산의 수익률을 설명하려는 CAPM과 다수의 공통요인에 의해서 위험자산의 수익률을 설명하려는 APT는 각각의 공통요인의 수에서 차이가 나지만 각 모형이 주장하고 있는 기본적인 의미는 유사하다. 즉 투자자들이 관심을 가지는 것은 분산투자를 통해서도 제거할 수 없는 체계적 위험이라는 것이다.

이론적으로 CAPM은 위험자산의 수익률이 다변량 정규분포를 이루든가 또는 투자자들의 효용함수가 2차함수라는 엄격한 전제가 필요하다. 그러나 이러한 기본적 가정은 너무 엄격한 것으로서 현실적인 성립가능성에 많은 의문이 제기되고 있다.[30] 그리고 CAPM의 실증가능성에 대해서도 의문이 제기되었다. 롤(R. Roll)은 모든 위험자산을 포함하고 있는 시장포트폴리오를 현실적으로 관찰할 수 없기 때문에 효율적 시장포트폴리오의 존재에 의해서 도출된 CAPM은 원칙적으로 검정될 수 없는 것이라고 주장함으로써 CAPM의 실증가능성을 비판하였다.[31] 결론적으로 CAPM은 이론적인 측면과 실증적인 측면에서 모두 문제를 내포하고 있다.

이러한 CAPM에 비하여 APT는 다른 시각에서 전개된다. APT는 투자자의 효용함수나 증권수익률의 확률분포에 대한 가정 없이, 개별증권의 수익률이 K개의 요인에 의해 선형으로 표현될 수 있다는 가정과 차익거래이익이 존재하지 않는다는 균형조건에 의해서 모형을 도출한다. 그리고 또한 APT에서는 시장포트폴리오의 존재가 필요 없다.

이상에서 살펴본 바와 같이 APT를 도출하기 위하여 사용된 기본적 가정은 CAPM에 비하여 덜 제한적이며, 또한 APT에서는 CAPM과 달리 시장포트폴리오의 존재가 필요 없으므로 그 모형의 실증적인 검정이 가능하다. 그러므로 APT는 CAPM에 비하여 보다 일반화된 모형이라 할 수 있다. 그러나 APT에서는 요인의 수가 몇 개인지, 그리고 그 요인이 무엇을 의미하는지가 명확하지 않다는 문제점이 있다. 이에 대하여 첸, 롤, 그리고 로스(N. F. Chen, R. Roll, and S. A. Ross)는 다음과 같은 4개의 거시경제변수가 공통요인으로 사용될 수 있다고 주장하였다.[32]

① 산업생산의 월별 성장률
② 위험프리미엄: Baa등급 이하의 장기사채와 Aaa등급의 장기사채의 수익률 차이
③ 이자율의 기간구조: 장기정부채권과 단기재무성증권의 수익률 차이
④ 예상하지 못한 인플레이션

30) 정규분포의 가정은 주주들의 유한책임(limited liability)과 누진과세제도의 현실에 비추어 볼 때 비현실적인 가정이라 할 수 있다. 그리고 2차 효용함수는 富가 일정한 수준을 넘을 경우 오히려 효용이 감소하고, 또한 부가 증가할수록 위험회피성향이 높아진다는 증가절대위험회피(increasing absolute risk aversion)의 성질을 갖고 있기 때문에 역시 비현실적인 가정이다.

31) R. Roll, "A Critique of the Asset Pricing Theory's Tests," *Journal of Financial Economics*, Vol. 4 (March 1977), pp. 129~176.

32) N. F. Chen, R. Roll, and S. A. Ross, "Economic Forces and the Stock Market," *Journal of Business*, Vol. 59(July 1986), pp. 383~403.

재무 FOCUS

파마와 프렌치의 3-요인모형

파마와 프렌치(E. F. Fama and K. R. French)는 기업규모요인(SMB), 장부/시장가치요인(HML), 시장요인($r_M - r_f$) 등 3개의 요인을 이용하여 다음과 같은 3-요인모형(three-factor model)을 개발하였다.[33)]

$$E(r_j) - r_f = b_j[E(r_M) - r_f] + s_j E(SMB) + h_j E(HML)$$

여기서 $E(r_M) - r_f$, $E(SMB)$, $E(HML)$: 요인의 위험프리미엄

b_j, s_j, h_j: 요인에 대한 주식 j의 민감도

3-요인모형에서 위험요인을 추출하기 위하여 매년 3월 말 기업규모(size)의 크기에 따라 두 개의 그룹(S, B)으로 나누고 또한 독립적으로 장부가치/시장가치비율(book-to-market equity : BE/ME)의 크기에 따라 3개의 그룹(L, M, H)으로 나눈 후, 기업규모와 BE/ME에 의해서 6개의 포트폴리오(S/L, S/M, S/H, B/L, B/M, B/H)를 구성하였다. 예를 들어 S/L 포트폴리오는 기업규모가 작고(small) 동시에 BE/ME가 낮은(low) 기업들로 구성된 포트폴리오이며, B/H 포트폴리오는 기업규모가 크고(big) 동시에 BE/ME가 높은(high) 기업들로 구성된 포트폴리오이다.

기업규모요인(SMB)

기업규모요인, SMB(small minus big) 포트폴리오는 기업규모와 관련된 수익률에서의 위험요인 대용치로서 3개의 소규모주식 포트폴리오 월별수익률(S/L, S/M, S/H)의 단순평균값에서 3개의 대규모주식 포트폴리오 월별수익률(B/L, B/M, B/H)의 단순평균값을 차감한 값이다. 그러므로 SMB는 BE/ME 부분이 동일가중되어 구해진 소규모주식과 대규모주식간의 수익률 차이로서 BE/ME에 따른 영향을 제거하고 순수하게 소규모주식과 대규모주식간의 서로 다른 수익률 차이 특성에 초점을 맞춘 것이다.

장부가치/시장가치요인(HML)

장부가치/시장가치요인, HML(high minus low) 포트폴리오는 장부가치/시장가치비율과 관련된 수익률에서의 위험요인 대용치로서 2개의 BE/ME가 높은 주식 포트폴리오의 월별수익률(S/H, B/H)의 단순평균값에서 2개의 BE/ME가 낮은 주식 포트폴리오의 월별수익률(S/L, B/L)의 단순평균값을 차감한 값이다. 그러므로 HML은 기업규모 부분이 동일가중되어 구해진 BE/ME가 높은 주식과 낮은 주식간의 수익률 차이로서 기업규모에 따른 영향을 제거하고 순수하게 BE/ME가 높은 주식과 낮은 주식간의 서로 다른 수익률 차이 특성에 초점을 맞춘 것이다.

시장요인($r_M - r_f$)

주식수익률에서의 시장요인에 대한 대용치로는 코스피지수수익률에서 무위험이자율을 차감한 시장의 초과수익률, 즉 $r_M - r_f$를 사용한다.

33) E. F. Fama and K. R. French, "Common Risk Factors in the Returns on Stocks and Bonds," *Journal of Financial Eonomics*, Vol. 33(February 1993), pp. 3~56.

예제 10-8 차익거래가격결정이론(APT)의 도출

완전분산된 포트폴리오 A, B, C에 관한 자료는 다음과 같다.

포트폴리오	기대수익률	b_{j1}	b_{j2}
A	15%	1.0	0.6
B	14	0.5	1.0
C	10	0.3	0.2

(1) APT의 균형식을 구하라.

(2) 다음과 같은 포트폴리오 D의 존재에 의해서 차익거래가 발생한다면, 그 차익거래의 과정을 설명하라.

포트폴리오 D: $E(r_D)=10\%$, $b_{D1}=0.6$, $b_{D2}=0.6$

| 해설 |

(1) 2개의 요인을 가지는 APT의 균형식은 다음과 같다.

$$E(r_j)=\lambda_0+\lambda_1 b_{j1}+\lambda_2 b_{j2}$$

그러므로 주어진 각 포트폴리오의 자료를 APT에 대입하면, 다음과 같은 3개의 연립방정식을 얻을 수 있다.

포트폴리오 A : $0.15=\lambda_0+\lambda_1+0.6\lambda_2$

포트폴리오 B : $0.14=\lambda_0+0.5\lambda_1+\lambda_2$

포트폴리오 C : $0.10=\lambda_0+0.3\lambda_1+0.2\lambda_2$

위의 연립방정식을 풀어서 해를 구하면 다음과 같다.

$$\therefore\ \lambda_0=0.0775,\ \ \lambda_1=0.05,\ \ \lambda_2=0.0375$$

그러므로 APT에 의하면 임의의 자산 j의 균형 기대수익률을 다음과 같이 나타낼 수 있다.

$$E(r_j)=0.0775+0.05b_{j1}+0.0375b_{j2}$$

(2) 포트폴리오 A, B, C를 이용하여 각각의 구성비율이 w_A, w_B, w_C가 되는 새로운 포트폴리오 P를 구성한다고 하자. 이 경우 새로운 포트폴리오 P의 기대수익률과 위험은 다음과 같이 구할 수 있다.

$$E(r_P)=w_A E(r_A)+w_B E(r_B)+w_C E(r_C)$$

$$b_{P1}=w_A b_{A1}+w_B b_{B1}+w_C b_{C1}$$

$$b_{P2}=w_A b_{A2}+w_B b_{B2}+w_C b_{C2}$$

새로운 포트폴리오의 위험을 포트폴리오 D와 동일하게 만들 경우, 각 포트폴리오의 구성비율은 다음과 같이 구할 수 있다.

$$b_{P1}=w_A+0.5w_B+0.3w_C=0.6$$
$$b_{P2}=0.6w_A+w_B+0.2w_C=0.6$$

그리고 포트폴리오의 구성비율의 합은 항상 1이 되어야 한다.

$$w_A+w_B+w_C=1$$

위의 세 개의 연립방정식을 풀어 해를 구하면 다음과 같다.

$$\therefore\ w_A=\frac{1}{3},\ \ w_B=\frac{1}{3},\ \ w_C=\frac{1}{3}$$

그러므로 새로운 포트폴리오 P의 기대수익률은 다음과 같다.

$$E(r_P)=w_AE(r_A)+w_BE(r_B)+w_CE(r_C)=\frac{1}{3}\times0.15+\frac{1}{3}\times0.14+\frac{1}{3}\times0.10=0.13$$

일물일가의 원칙에 의해서 위험이 동일한 포트폴리오 P와 포트폴리오 D의 기대수익률은 동일하여야 한다. 그러나 포트폴리오 D의 기대수익률(10%)은 포트폴리오 P의 기대수익률(13%)보다 작다. 이 경우 투자자들은 과대평가된 포트폴리오 D를 공매도한 후, 그 자금을 가지고 포트폴리오 P를 매입(포트폴리오 A, B, C를 각각 1/3씩 매입)하는 차익거래포트폴리오를 구성하면, 차익거래이익(3%의 수익률)을 얻을 수 있다.[34)]

---

34) 공매도(short sale)는 주식 등을 빌려서 매각하는 것을 의미하는 것으로 우리나라의 대주(貸株)와 유사한 것이다.

요 약

자본자산가격결정모형 : CAPM

1. 시장모형과 체계적 위험

▶ 시장모형 : $r_{jt}=\alpha_j+\beta_j r_{Mt}+\varepsilon_{jt}$ → 증권특성선 : $\hat{r}_{jt}=\hat{\alpha}_j+\hat{\beta}_j r_{Mt}$

☞ $\hat{\beta}_j=\dfrac{Cov(r_j,\ r_M)}{Var(r_M)}$, $\hat{\alpha}_j=\bar{r}_j-\hat{\beta}_j\bar{r}_M$

$$\sigma^2(\varepsilon_j)=\frac{\sum_{j=1}^{N}(r_{jt}-\hat{\alpha}_j-\hat{\beta}_j r_{Mt})^2}{N-2}$$

▶ 총위험 = 체계적 위험 + 비체계적 위험

• 분산의 분해

$Var(r_j)$	=	$\beta_j^2 Var(r_M)$	+	$Var(\varepsilon_j)$
↕		↕		↕
총위험	=	체계적 위험	+	비체계적 위험

※ $\rho_{jM}^2=\dfrac{\beta_j^2 Var(r_M)}{Var(r_j)}$

• 표준편차의 분해

$\sigma(r_j)$	=	$\beta_j\sigma(r_M)$	+	$\sigma(r_j)^{NS}$
↕		↕		↕
총위험	=	체계적 위험	+	비체계적 위험

※ $\sigma(r_j)^{NS}=\sigma(r_j)-\beta_j\sigma(r_M)$

2. CAPM: 증권시장선

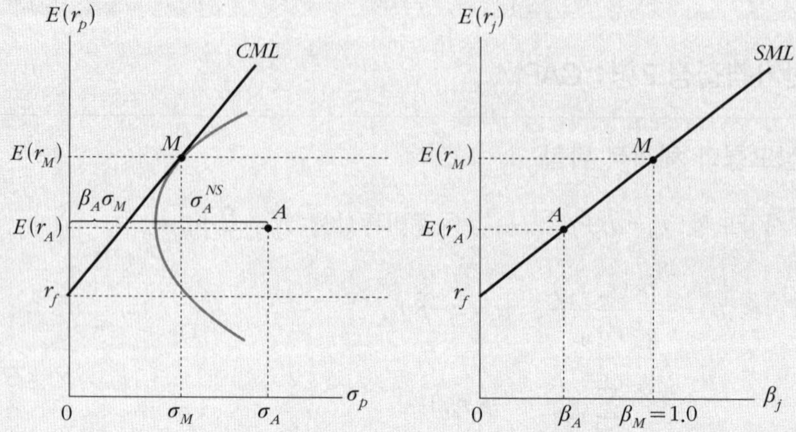

- 자본시장선(CML) : $E(r_p) = r_f + \left[\dfrac{E(r_M) - r_f}{\sigma_M} \right] \sigma_p$

  ☞ 효율적 포트폴리오의 위험과 기대수익률의 관계를 설명하는 직선(효율적 포트폴리오집합)

- 증권시장선(SML) : $E(r_j) = r_f + [\, E(r_M) - r_f] \beta_j$

  ☞ 모든 위험자산의 체계적 위험과 기대수익률의 관계를 설명하는 직선

3. CAPM의 함축적 의미

▶ 균형 기대수익률

▶ CAPM에 의한 자산의 평가: 할인율

▶ 가치의 가산원칙: $PV(A+B) = PV(A) + PV(B)$

$$\beta_p = \sum_{j=1}^{N} w_j \beta_j$$

4. 투자성과의 평가

- 샤프지수 $= \dfrac{\bar{r}_p - r_f}{\sigma_p}$
- 트레이너지수 $= \dfrac{\bar{r}_p - r_f}{\beta_p}$
- 젠센의 알파$(\alpha_p) = \bar{r}_p - [r_f + (\bar{r}_M - r_f)\beta_p]$
- 정보비율 $= \dfrac{\alpha_p}{\sigma_p^{NS}}$

차익거래가격결정이론: APT

1. 요인모형

$$r_j = E(r_j) + b_{j1}F_1 + b_{j2}F_2 + \cdots + b_{jK}F_K + \varepsilon_j$$

여기서 $Cov(\varepsilon_i, \varepsilon_j) = 0$ (단, $i \neq j$)

2. APT: 위험과 기대수익률

$$E(r_j) = r_f + \lambda_1 b_{j1} + \cdots + \lambda_K b_{jK}$$

3. CAPM과 APT의 비교

	가 정	요인의 수
CAPM	정규분포 또는 2차 효용함수	시장포트폴리오 1개
APT	요인모형	다수의 산업과 경제전반요인

☞ APT는 CAPM에 비하여 보다 일반화된 모형이나, 요인의 수가 몇 개인지 그리고 그 요인이 무엇을 의미하는지가 명확하지 않다는 문제점을 가지고 있음.

주요 용어

사 · 례 · 연 · 구

자본시장에는 다음과 같은 세 자산만 존재하며, 그것들의 미래수익률에 관한 자료는 다음과 같다.

상 황	확 률	주식 A	주식 B	무위험자산
1	0.2	0.04	0.02	0.05
2	0.3	0.06	0.07	0.05
3	0.4	0.09	0.10	0.05
4	0.1	0.04	0.12	0.05

그리고 각 자산의 시장가치는 다음과 같다.

(단위: 억원)

자 산	자산의 시장가치
주식 A	500
주식 B	500
무위험자산	200

CAPM의 제가정이 성립한다고 가정하여 다음의 물음에 답하라.

(1) 주식 A와 주식 B의 기대수익률, 분산 그리고 표준편차를 구하라.

(2) 주식 A와 주식 B의 공분산, 상관계수를 구하라.

(3) CAPM의 제가정이 성립하는 경우, 모든 투자자들은 각자의 위험회피성향과 관계없이 항상 동일한 위험자산의 포트폴리오, 즉 시장포트폴리오를 선택하게 된다. 주어진 자료를 이용하여 시장포트폴리오의 기대수익률, 분산 그리고 표준편차를 구하라.

(4) 자본시장선(CML)을 구하고, 그 의미를 간단히 설명하라.

(5) 각 주식과 시장포트폴리오의 공분산을 각각 구하라.

(6) 주식 A와 주식 B의 베타계수를 구하라.

(7) 개별자산의 총위험은 분산투자를 통하여 제거할 수 없는 체계적 위험과 분산투자를 통하여 제거할 수 있는 비체계적 위험으로 구분될 수 있다. 주식 A와 주식 B의 총위험(표준편차)을 분해하여 체계적 위험과 비체계적 위험을 구하라.

(8) 체계적 위험과 비체계적 위험 중 어느 것이 개별증권의 적절한 위험인가? 그 이유는?

(9) 증권시장선(SML)을 구하고, 그 의미를 간단히 설명하라.

(10) 이상의 결과를 이용하여 자본시장선과 증권시장선을 그림으로 각각 나타내라.

:: 해 설

(1) ① 주식 A:

s	p_s	r_A	$p_s r_A$	$r_A - E(r_A)$	$[r_A - E(r_A)]^2$	$p_s[r_A - E(r_A)]^2$
1	0.2	0.04	0.008	−0.026	0.000676	0.000135
2	0.3	0.06	0.018	−0.006	0.000036	0.000011
3	0.4	0.09	0.036	0.024	0.000576	0.000230
4	0.1	0.04	0.004	−0.026	0.000676	0.000068
			$E(r_A) = 0.066$			$Var(r_A) = 0.000444$
						$\sigma_A = \sqrt{Var(r_A)} = 0.021071$

② 주식 B:

s	p_s	r_B	$p_s r_B$	$r_B - E(r_B)$	$[r_B - E(r_B)]^2$	$p_s[r_B - E(r_B)]^2$
1	0.2	0.02	0.004	−0.057	0.003249	0.000650
2	0.3	0.07	0.021	−0.007	0.000049	0.000015
3	0.4	0.10	0.040	0.023	0.000529	0.000212
4	0.1	0.12	0.012	0.043	0.001849	0.000185
			$E(r_B) = 0.077$			$Var(r_B) = 0.001061$
						$\sigma_B = \sqrt{Var(r_B)} = 0.032573$

(2)

s	p_s	$[r_A - E(r_A)][r_B - E(r_B)]$	$p_s[r_A - E(r_A)][r_B - E(r_B)]$
1	0.2	0.001482	0.000296
2	0.3	0.000042	0.000013
3	0.4	0.000552	0.000221
4	0.1	−0.001120	−0.000112
			$Cov(r_A, r_B) = 0.000418$
			$\rho_{AB} = Cov(r_A, r_B)/\sigma_A \sigma_B = 0.609023$

(3) 시장에 존재하는 모든 위험자산(주식 A와 주식 B)으로 구성된 시장포트폴리오는 각 구성자산의 시장가치에 따라 가중평균하여 구할 수 있다.

$$w_A^M = \frac{500}{500 + 500} = 0.5,\ w_B^M = 1 - w_A^M = 0.5 \rightarrow r_M = 0.5 r_A + 0.5 r_B$$

• $E(r_M) = E(0.5r_A + 0.5r_B) = 0.5E(r_A) + 0.5E(r_B)$
$= 0.5 \times 0.066 + 0.5 \times 0.077 = 0.0715$

• $Var(r_M) = Var(0.5r_A + 0.5r_B)$
$= (0.5)^2 Var(r_A) + (0.5)^2 Var(r_B) + 2(0.5)(0.5)Cov(r_A,\ r_B)$
$= (0.5)^2 \times 0.000444 + (0.5)^2 \times 0.001061 + 2 \times 0.5 \times 0.5 \times 0.000418 = 0.000585$

• $\sigma_M = \sqrt{Var(r_M)} = 0.024192$

(4) $E(r_P) = r_f + \left[\dfrac{E(r_M) - r_f}{\sigma_M}\right]\sigma_P = 0.05 + \left(\dfrac{0.0715 - 0.05}{0.024192}\right)\sigma_P = 0.05 + 0.8887\sigma_P$

이와 같은 자본시장선(무위험자산이 존재하는 경우의 새로운 효율적 포트폴리오집합)은 효율적 포트폴리오의 위험(표준편차)과 기대수익률의 관계를 설명하는 직선의 식이다.

(5) $Cov(r_A,\ r_M) = Cov(r_A,\ 0.5r_A + 0.5r_B) = 0.5Var(r_A) + 0.5Cov(r_A,\ r_B)$
$= 0.5 \times 0.000444 + 0.5 \times 0.000418 = 0.000431$

$Cov(r_B,\ r_M) = Cov(r_B,\ 0.5r_A + 0.5r_B) = 0.5Cov(r_A,\ r_B) + 0.5Var(r_B)$
$= 0.5 \times 0.000418 + 0.5 \times 0.001061 = 0.000740$

(6) $\beta_A = \dfrac{Cov(r_A, r_M)}{Var(r_M)} = \dfrac{0.000431}{0.000585} = 0.7368$, $\beta_B = \dfrac{Cov(r_B, r_M)}{Var(r_M)} = \dfrac{0.000740}{0.000585} = 1.2650$

(7) $\sigma(r_j) \quad = \quad \beta_j \sigma(r_M) \quad + \quad \sigma(r_j)^{NS}$
$\updownarrow \qquad\qquad \updownarrow \qquad\qquad \updownarrow$
총위험 = 체계적 위험 + 비체계적 위험

자 산	총위험	체계적 위험	비체계적 위험
주식 A	0.021071	0.017825	0.003246
주식 B	0.032573	0.030603	0.001970

(8) 개별증권의 적절한 위험은 체계적 위험이다. 왜냐하면 동질적 기대의 가정이 성립하는 완전자본시장하에서 모든 투자자들은 완전분산투자된 시장포트폴리오를 항상 선택하며, 이와 같은 분산투자를 통하여 비체계적 위험은 제거될 수 있기 때문이다.

(9) $E(r_j) = r_f + [E(r_M) - r_f]\beta_j = 0.05 + 0.0215\beta_j$

이와 같은 증권시장선은 효율적 포트폴리오뿐만 아니라 모든 개별자산의 위험(체계적 위험)과 기대수익률의 관계를 설명하는 직선의 식이다.

(10) 자본시장선(CML)과 증권시장선(SML)을 나타내면 각각 다음과 같다.

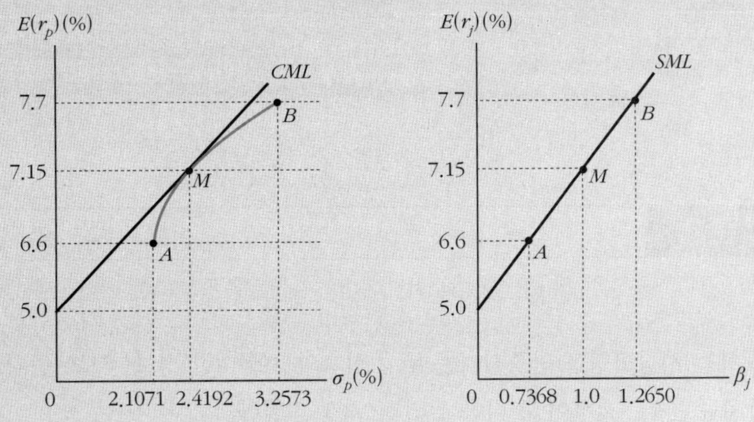

연·습·문·제

▶ 객관식 문제

01 다음 표는 시장모형을 만족시키는 두 주식 A와 B에 대한 정보를 보여준다. 시장포트폴리오의 표준편차는 20%이다. 다음 설명 중 가장 적절하지 않은 것은? (CPA 1차 2018)

주 식	베 타	표준편차
A	0.4	30%
B	1.2	40%

① 주식 A와 주식 B 간의 공분산은 0.0192이다.
② 주식 B와 시장포트폴리오 간의 공분산은 0.048이다.
③ 분산으로 표시된 주식 B의 체계적 위험은 0.0576이다.
④ 분산으로 표시된 주식 B의 비체계적 위험은 0.1224이다.
⑤ 주식 A에 80%, 주식 B에 20% 투자된 포트폴리오의 베타는 0.56이다.

02 펀드 K를 운용하고 있는 펀드매니저는 펀드의 위험을 표준편차로 추정하고 월간 수익률자료를 이용해 분석한다. 과거 5년간 펀드 K와 KOSPI(주가지수)의 평균수익률은 각각 3.0%, 2.0%이다. 또한 KOSPI 수익률의 표준편차는 3.0%, 펀드 K 수익률과 KOSPI 수익률의 상관계수는 0.8이다. 펀드 K 수익률을 종속변수로, KOSPI 수익률을 독립변수로 한 단순회귀분석의 결과는 다음과 같다. 펀드 K의 표준편차로 가장 적절한 것은? (CPA 1차 2011)

변 수	추정계수	표준오차	t-통계량	p-값
상 수	0.15	0.50	0.26	0.75
KOSPI 수익률	1.60	0.08	15.4	0.0001

① 5.2% ② 5.8% ③ 6.0% ④ 7.5% ⑤ 8.0%

03 ㈜대한은 총 5억원의 기금을 3개 프로젝트에 투자하고 있으며, 투자금액과 베타계수는 다음과 같다.

프로젝트	투자금액	베타계수
A	1.4억원	0.5
B	2.0억원	1.6
C	1.6억원	2.0

무위험자산수익률은 5%이며, 내년도 시장수익률의 추정확률분포는 다음과 같다.

확 률	시장수익률
0.2	9%
0.6	12%
0.2	15%

주어진 자료에 근거하여 추정된 증권시장선(SML)으로부터 산출한 기금의 기대수익률로 가장 적절한 것은? (CPA 1차 2011)

① 12.95% ② 13.52% ③ 13.95% ④ 14.52% ⑤ 14.94%

04 시장포트폴리오와 상관계수가 1인 포트폴리오 A의 기대수익률은 12%이고, 무위험수익률은 5%이다. 시장포트폴리오의 기대수익률과 수익률의 표준편차는 각각 10%와 25%이다. 포트폴리오 A 수익률의 표준편차에 가장 가까운 것은? 단, CAPM이 성립한다고 가정한다. (CPA 1차 2016)

① 30% ② 35% ③ 40% ④ 45% ⑤ 50%

05 투자자 갑이 구성한 최적포트폴리오(optimal portfolio)의 기대수익률과 표준편차는 각각 10%와 12%이다. 시장포트폴리오의 표준편차는 15%이고 무위험수익률은 5%라면, 시장포트폴리오의 기대수익률은? 단, CAPM이 성립한다고 가정한다. (CPA 1차 2017)

① 6.50% ② 8.25% ③ 11.25% ④ 12.50% ⑤ 17.50%

06 주식시장에서 거래되는 모든 주식의 베타는 3보다 작다고 가정한다. 투자자 갑은 자신의 자금 1,000만원으로 주식 A와 주식 B에 각각 w 및 $(1-w)$의 비중으로 분산투자하려 한다. 주식 A, B에 분산투자된 갑의 포트폴리오 C의 베타에 관한 주장 중 맞는 것의 개수를 골라라. 각 주식의 베타는 지난 6개월간 각 주식과 시장포트폴리오의 수익률 자료를 이용하여 추정되었다고 가정한다. 단, 주식의 공매도(short sale)가 가능

하다. (CPA 1차 2011)

a. 포트폴리오 C의 베타가 3이 될 수 있다.
b. 포트폴리오 C의 베타가 −4가 될 수 있다.
c. 포트폴리오 C의 베타가 0이 될 수 있다.
d. w가 어떤 값이 되더라도 포트폴리오 C의 베타 값이 전혀 변하지 않는 경우가 있다.

① 4개 ② 3개 ③ 2개 ④ 1개 ⑤ 0개

07 다음은 내년도 경기상황에 따른 시장포트폴리오의 수익률과 주식 A와 B의 수익률 예상치이다. 경기상황은 호황과 불황만 존재하며 호황과 불황이 될 확률은 동일하다. 증권시장선(SML)을 이용하여 주식 A의 베타(β_A)와 주식 B의 베타(β_B)를 비교할 때, β_A는 β_B의 몇 배인가? (단, CAPM이 성립하고 무위험자산수익률은 5%이다.) (CPA 1차 2013)

경기상황	수익률		
	시장포트폴리오	주식 A	주식 B
호 황	12.5%	20.0%	27.5%
불 황	7.5%	10.0%	12.5%

① $\frac{1}{2}$배 ② $\frac{2}{3}$배 ③ $\frac{3}{4}$배 ④ $\frac{4}{3}$배 ⑤ $\frac{3}{2}$배

08 주식 A와 주식 B의 기대수익률은 동일하다. 주식 A와 시장포트폴리오의 상관계수는 주식 B와 시장포트폴리오의 상관계수의 2배이다. CAPM이 성립하고 주식 A의 표준편차가 10%라면, 주식 B의 표준편차는? (CPA 1차 2017)

① 5% ② 10% ③ 15% ④ 20% ⑤ 25%

09 시장포트폴리오의 기대수익률과 표준편차는 각각 15%와 20%이다. 그리고 무위험자산의 수익률은 5%이다. 효율적 포트폴리오 A의 기대수익률이 10%라고 하면, 포트폴리오 A의 베타는 얼마인가? 그리고 포트폴리오 A와 시장포트폴리오와의 상관계수는 얼마인가? 단, CAPM이 성립한다고 가정한다. (CPA 1차 2015)

	베타	상관계수
①	$\frac{1}{3}$	0.5
②	$\frac{1}{3}$	1.0
③	$\frac{1}{2}$	0.5
④	$\frac{1}{2}$	1.0
⑤	$\frac{2}{3}$	0.5

10 증권시장선(SML)에 관한 설명으로 가장 적절하지 않은 것은? (CPA 1차 2015)

① 위험자산의 기대수익률은 베타와 선형관계이다.

② 개별 위험자산의 베타는 0보다 작을 수 없다.

③ 개별 위험자산의 위험프리미엄은 시장위험프리미엄에 개별 위험자산의 베타를 곱한 것이다.

④ 균형상태에서 모든 위험자산의 $\frac{E(R_j)-R_f}{\beta_j}$는 동일하다. 단, $E(R_j)$와 β_j는 각각 위험자산 j의 기대수익률과 베타이며, R_f는 무위험수익률이다.

⑤ 어떤 위험자산의 베타가 1% 변화하면, 그 자산의 위험프리미엄도 1% 변화한다.

11 CAPM(자본자산가격결정모형)이 성립하는 시장에서 시장포트폴리오의 수익률의 표준편차는 0.04이며 세 자산의 베타와 수익률의 표준편차가 다음과 같다. 틀린 설명은 무엇인가? (CPA 1차 2008)

자 산	베 타	표준편차
A	0.8	0.10
B	0.8	0.05
C	0.4	0.10

① 자산 B와 시장포트폴리오의 상관계수는 자산 A와 시장포트폴리오의 상관계수의 2배수이다.

② 자산 B와 시장포트폴리오의 상관계수는 자산 C와 시장포트폴리오의 상관계수의 2배수이다.

③ 자산 A와 자산 B의 체계적 위험 1단위당 위험프리미엄은 동일하다.

④ 자산 A의 분산가능한 위험은 자산 C의 분산가능한 위험보다 낮다.

⑤ 투자원금 50만원을 보유한 투자자가 무위험이자율로 25만원을 차입하여 총액인 75만원을 자산 A에 투자할 경우의 기대수익률은 시장포트폴리오의 기대수익률보다 높다.

12 다음 중 CAPM(자본자산가격결정모형)이 성립하는 시장에서 존재할 수 없는 경우는? (CPA 1차 2006)

① A주식: 기대수익률＝8%, 표준편차＝20%
B주식: 기대수익률＝20%, 표준편차＝18%

② A주식: 기대수익률＝18%, 베타＝1.0
B주식: 기대수익률＝22%, 베타＝1.5

③ A주식: 기대수익률 = 13%, 표준편차 = 20%
　B주식: 기대수익률 = 20%, 표준편차 = 40%
④ A주식: 기대수익률 = 14.6%, 베타 = 1.2
　시장포트폴리오의 기대수익률 = 13%, 무위험이자율 = 5%
⑤ A주식: 기대수익률 = 20%, 표준편차 = 30%
　시장포트폴리오: 기대수익률 = 12%, 표준편차 = 16%, 무위험이자율 = 4%

13 자본시장에서 CAPM이 성립한다고 가정한다. 무위험자산의 수익률은 연 5.0%, 시장포트폴리오의 기대수익률은 연 15.0%, 시장포트폴리오 연 수익률의 표준편차는 5.0%, 주식 A의 베타계수는 2.0, 주식 A 연 수익률의 표준편차는 12.5%이다. 이들 자료에 근거하여 CML과 SML을 도출할 때 다음 설명 중 적절하지 않은 항목만으로 구성된 것은? (CPA 1차 2011)

a. CML과 SML은 기대수익률과 총위험의 상충관계(trade-off)를 공통적으로 설명한다.
b. 주식 A의 베타계수가 2.0으로 일정할 때 잔차의 분산이 감소하면 균형하에서 주식 A의 기대수익률은 감소한다.
c. 주식 A의 수익률과 시장포트폴리오의 수익률간의 상관계수가 1.0이므로 SML은 CML과 일치한다.
d. CML상의 시장포트폴리오는 어떤 비효율적 포트폴리오보다 위험보상비율(reward to variability ratio)이 크다.
e. SML을 이용하여 비효율적 개별자산의 균형수익률을 구할 수 있다.

① a, b, c　② a, b, d　③ a, c, e　④ b, c, e　⑤ b, d, e

14 투자자 갑은 다음 표와 같이 포트폴리오 A와 B, 시장포트폴리오의 자료를 수집하였다. 무위험자산수익률은 5%이고, 이 수익률로 무한정 차입과 대출이 가능하다고 가정한다.

	기대수익률	표준편차	시장포트폴리오와의 상관계수
포트폴리오 A	10%	15.0%	0.6
포트폴리오 B	12%	25.2%	0.5
시장포트폴리오	15%	18.0%	1.0

다음 설명 중 적절한 항목만을 모두 고르면? (단, 투자비중은 퍼센트 기준으로 소수 첫째 자리에서 반올림하여 계산한다.) (CPA 1차 2013)

(가) 시장포트폴리오와 무위험자산이 결합한 포트폴리오 X의 표준편차가 포트폴리오 A의 표준편차와 동일하기 위해서는, 시장포트폴리오에 83%를 투자해야 한다.
(나) 시장포트폴리오와 무위험자산이 결합한 포트폴리오 Y의 기대수익률이 포트폴리오 B의 기대수익률과 동일하기 위해서는, 시장포트폴리오에 50%를 투자해야 한다.
(다) 시장모형이 성립한다고 가정하면 포트폴리오 A와 포트폴리오 B 사이의 상관계수는 0.3으로 추정된다.

① (가) ② (나) ③ (가), (다)
④ (나), (다) ⑤ (가), (나), (다)

15 다음 설명 중 옳은 항목만을 모두 선택한 것은? 단, 자본자산가격결정모형(CAPM)이 성립한다고 가정한다. (CPA 1차 2016)

a. 투자자의 효용을 극대화시키는 최적포트폴리오의 베타 값은 그 투자자의 시장포트폴리오에 대한 투자비율과 동일하다.
b. 투자자의 위험회피성향이 높아질수록 최적포트폴리오를 구성할 때 시장포트폴리오에 대한 투자비율이 낮아진다.
c. 시장포트폴리오와 개별 위험자산의 위험프리미엄은 항상 0보다 크다.

① a ② b ③ a, b ④ a, c ⑤ a, b, c

16 자본시장선(CML)과 증권시장선(SML)에 관한 설명으로 가장 적절하지 않은 것은? (CPA 1차 2014)

① 자본시장선에 위치한 위험자산과 시장포트폴리오 간의 상관계수는 항상 1이다.
② 증권시장선은 모든 자산의 체계적 위험(베타)과 기대수익률 간의 선형적인 관계를 설명한다.
③ 자본시장선은 자본배분선(capital allocation line)들 중에서 기울기가 가장 큰 직선을 의미한다.
④ 자본시장선의 기울기는 '시장포트폴리오의 기대수익률에서 무위험자산수익률(무위험이자율)을 차감한 값'으로 표현된다.
⑤ 증권시장선의 균형 기대수익률보다 높은 수익률이 기대되는 주식은 과소평가된 자산에 속한다.

17 증권시장선(SML)과 자본시장선(CML)에 대한 다음의 설명 중 옳은 항목만을 모두 모은 것은? (CPA 1차 2010)

a. SML은 초과이익이 발생한다는 가격결정모형으로부터 도출된다.
b. 인플레이션율이 상승하는 경우 SML의 절편이 상승한다.
c. 개별증권의 수익률과 시장수익률간의 상관계수가 1인 경우 SML은 CML과 일치하게 된다.
d. CML을 이용하여 비효율적 개별자산의 균형수익률을 구할 수 있다.
e. 수동적(passive) 투자포트폴리오를 구성하기 위해서는 CML을 이용할 수 있다.

① a, d ② b, e ③ a, b, c ④ a, c, e ⑤ b, c, e

18 CAPM이 성립한다는 가정하에서 다음 중 가장 적절하지 않은 것은? (단, r_f는 무위험이자율이고 M은 시장포트폴리오이며 시장은 균형에 있다고 가정한다.) (CPA 1차 2010)

① 모든 주식의 $\dfrac{E(r_j)-r_f}{cov(r_j,\ r_M)}$이 일정하다.

② 시장포트폴리오는 어떤 비효율적 포트폴리오보다 큰 변동보상률(reward to variability ratio)을 갖는다.

③ 개별 주식 j가 시장포트폴리오의 위험에 공헌하는 정도를 상대적인 비율로 전환하면 $\dfrac{w_j cov(r_j,\ r_M)}{\sigma_M^2}$이다. (여기서 w_j는 j주식이 시장포트폴리오에서 차지하는 비중임.)

④ 1년 후부터 매년 300원의 일정한 배당금을 영원히 지급할 것으로 예상되는 주식의 체계적 위험이 2배가 되면 주가는 40% 하락한다. (단, 위험이 증가하기 전 주식의 가격은 3,000원이고 무위험이자율은 4%이다.)

⑤ 무위험이자율보다 낮은 기대수익률을 제공하는 위험자산이 존재한다.

19 다음 표는 지난 36개월간 월별 시장초과수익률에 대한 ㈜한국의 월별 주식초과수익률의 회귀분석 결과이다.

	계 수	표준오차	t-통계량	p-값
Y절편	0.0047	0.0044	1.0790	0.2882
X_1	0.8362	0.1996	4.1892	0.0002

주) X_1 변수는 시장초과수익률을 나타낸다.

이 기간 중 ㈜한국의 월별 주식수익률의 평균은 1.65%, 표준편차는 2.55%였고, 월별 시장수익률의 평균은 1.40%, 표준편차는 1.77%였다. 또한 무위험자산 수익률은 연 1.20%였고 36개월간 변동이 없었다. 주어진 정보를 이용하여 샤프지수(Sharpe measure), 트레이너지수(Treynor measure), 젠센의 알파(Jensen's alpha)를 올바르게 계산한 것은? (CPA 1차 2010 수정)

	샤프지수	트레이너지수(%)	젠센의 알파(%)
①	0.18	1.96	1.20
②	0.61	1.85	0.47
③	0.61	1.96	0.47
④	0.65	1.85	0.47
⑤	0.65	1.96	1.20

20 지난 24개월 동안 펀드 A와 펀드 B 및 한국종합주가지수(KOSPI)의 평균수익률, 표준편차, 그리고 베타는 다음과 같다.

구 분	평균수익률	표준편차	베 타
펀드 A	12%	10%	0.5
펀드 B	20%	25%	1.5
KOSPI	15%	12%	1.0

이 기간 동안 무위험수익률이 4%로 변동이 없었다고 가정할 때 가장 적절하지 않은 것은? (CPA 1차 2014)

① 펀드 A의 트레이너지수(Treynor measure)는 KOSPI의 트레이너지수보다 높다.
② 펀드 A의 샤프지수(Sharpe measure)는 KOSPI의 샤프지수보다 높다.
③ 젠센의 알파(Jensen's alpha) 기준으로 펀드 A의 성과가 펀드 B의 성과보다 우월하다.
④ 샤프지수 기준으로 펀드 A의 성과가 펀드 B의 성과보다 우월하다.
⑤ 젠센의 알파 기준으로 KOSPI의 성과가 펀드 B의 성과보다 우월하다.

21 주식시장이 주식 A와 주식 B만으로 이루어져 있다고 가정한다. 주식 A 45%와 주식 B 55%로 구성된 시장포트폴리오의 샤프비율(Sharpe ratio)이 0.2라고 할 때, 무위험이자율(risk-free rate) 값으로 가장 가까운 것은? (CPA 1차 2012)

	주식시장	
	주식 A의 수익률	주식 B의 수익률
평 균	6.50%	8.50%
분 산	0.10	0.15
공분산	0.06	

① 1.39%　② 1.43%　③ 1.47%　④ 1.51%　⑤ 1.55%

22 주식 A와 주식 B로 위험포트폴리오를 구성하고자 한다. 주식 A와 주식 B의 기대수익률은 10%로 같으며, 주식 A 수익률의 표준편차와 주식 B 수익률의 표준편차는 각각 20%와 40%이다. 샤프비율($\frac{E(r_i)-r_f}{\sigma_i}$)에 관한 다음 설명 중 옳은 것만을 모두 선택한 것은? 단, $E(r_i)$와 σ_i는 각각 주식(포트폴리오) i의 기대수익률과 수익률의 표준편차이고, 주식 A와 주식 B에 대한 투자비율의 합은 1이며, 무위험수익률(R_f)은 5%이다. 공매도는 허용하지 않는다고 가정한다. (CPA 1차 2016)

a. 주식 A의 샤프비율은 주식 B의 샤프비율의 두 배이다.
b. 주식 A와 주식 B 사이의 상관계수가 1인 경우, 주식 B에 대한 투자비율이 높아질수록 위험포트폴리오의 샤프비율은 하락한다.
c. 주식 A와 주식 B 사이의 상관계수가 0인 경우, 위험포트폴리오 가운데 최소분산포트폴리오의 샤프비율이 가장 크다.

① a　② b　③ a, c　④ b, c　⑤ a, b, c

23 두 위험자산 A와 B의 기대수익률과 표준편차가 다음 표와 같다. 시장에서 CAPM이 성립하고 차익거래의 기회가 없다고 가정한다. 다음 중 적절하지 않은 것은? (CPA 1차 2018)

자 산	기대수익률	표준편차
A	12%	6%
B	10%	15%

① 자산 A의 베타가 자산 B의 베타보다 크다.
② 자산 A의 비체계적 위험이 자산 B의 비체계적 위험보다 작다.
③ 무위험자산과 자산 A를 각각 40%와 60%의 비율로 구성한 포트폴리오의 표준편차는 2.4%이다.
④ 무위험이자율이 4.5%인 경우, 자산 A의 샤프지수는 1.25이다.
⑤ 시장포트폴리오의 표준편차가 5%인 경우, 자산 A의 베타는 1.2보다 크지 않다.

24 CAPM을 이용하여 주식 A, B, C의 과대/과소/적정 평가 여부를 판단하고자 한다. 주식 A, B, C의 베타와 현재 가격에 내재된 기대수익률은 다음과 같다. 다음 설명 중 가장 적절하지 않은 것은? 단, 시장포트폴리오의 기대수익률과 무위험수익률(R_f)은 각각 10%와 5%이다. (CPA 1차 2016)

주 식	베 타	현재 가격에 내재된 기대수익률
A	0.5	8.5%
B	0.8	7.0%
C	1.2	11.0%

① 주식 A는 과소평가되어 있다.
② 주식 A의 위험보상률($\frac{E(R_A)-R_f}{\beta_A}$)은 시장위험프리미엄과 같다. (단, β_A와 $E(R_A)$는 각각 주식 A의 베타와 현재 가격에 내재된 기대수익률이다.)
③ 주식 B는 증권시장선(SML)보다 아래에 위치한다.
④ 주식 B의 현재 가격에 내재된 기대수익률은 균형수익률(요구수익률)보다 작다.
⑤ 주식 C의 알파 값은 0이다.

25 다음의 APT(차익거래가격결정이론)에 대한 설명 중 옳지 않은 것은? (CPA 1차 2004)

① APT를 유도하기 위한 가정은 CAPM의 경우보다 상대적으로 약하며, 따라서 CAPM은 APT의 특수한 형태로 볼 수 있다.
② APT에서는 자산의 수익률 분포에 대한 제약이 필요 없으며, 투자자가 위험회피적이라는 가정도 필요 없다.
③ APT는 시장포트폴리오를 필요로 하지 않기 때문에 시장에 존재하는 자산 일부만으로 자산가치평가를 할 수 있다.
④ APT에서 위험자산의 기대수익률 결정에 영향을 미치는 체계적 위험은 하나 이상이다.
⑤ APT와 CAPM은 둘 다 자산의 기대수익률과 관련 위험요인이 선형관계를 갖고 있다는 것을 보여준다.

26 증권 수익률은 다음의 3-요인모형으로 설명된다고 가정하자.

$$R_i = E(R_i) + \beta_{i1}F_1 + \beta_{i2}F_2 + \beta_{i3}F_3 + e_i$$

여기서, R_i: 증권 i의 수익률, $E(R_i)$: 증권 i의 기대수익률, F_j: 공통요인 j ($j=1, 2, 3$),
β_{ij}: 증권 i의 공통요인 j에 대한 체계적 위험(민감도), e_i: 잔차항

3-요인 차익거래가격결정모형(arbitrage pricing theory: APT)이 성립하며 각 요인들의 위험프리미엄(risk premium)은 아래와 같다.

요 인	요인 1	요인 2	요인 3
위험 프리미엄	6%	4%	5%

무위험자산수익률은 3%이다. 요인 1, 요인 2, 요인 3의 체계적 위험이 각각 1.2, 0.2, 0.8인 증권의 균형기대수익률은 얼마인가? (CPA 1차 2014)

① 12% ② 15% ③ 17% ④ 19% ⑤ 21%

27 증권 또는 포트폴리오의 수익률이 다음의 2-요인모형에 의하여 설명된다고 가정하자.

$$R_i = E(R_i) + \beta_{i1}F_1 + \beta_{i2}F_2 + e_i$$

R_i : 포트폴리오 i의 수익률, $E(R_i)$: 포트폴리오 i의 기대수익률
F_1 : 공통요인 1, F_2 : 공통요인 2
β_{i1} : 포트폴리오 i의 공통요인 1에 대한 체계적 위험
β_{i2} : 포트폴리오 i의 공통요인 2에 대한 체계적 위험
e_i : 잔차항(비체계적 위험)

위 2-요인 차익거래가격결정모형(arbitrage pricing theory)이 성립하는 자본시장에서 다음과 같은 3가지 충분히 분산된 포트폴리오가 존재한다. 요인 1 포트폴리오와 요인 2 포트폴리오 위험프리미엄(risk premium)의 조합으로 가장 적절한 것은? (CPA 1차 2011)

포트폴리오	기대수익률	베타 1	베타 2
A	16%	1.0	1.0
B	17%	0.5	1.5
C	18%	−1.5	3.0

	요인 1 포트폴리오	요인 2 포트폴리오
①	4%	4%
②	4%	6%
③	6%	4%
④	6%	6%
⑤	8%	8%

28 CAPM과 APT 등 위험프리미엄의 가격모형에 관한 다음 설명 중 적절하지 않은 것은? (단, CAPM에서 시장이 균형상태라고 가정한다.) (CPA 1차 2018)

① 자본시장선에 존재하는 두 위험포트폴리오 간의 상관계수는 1이다.
② CAPM에서 시장포트폴리오는 효율적 포트폴리오이다.
③ APT모형은 차익거래의 기회가 지속되지 않는다는 조건 등을 이용하여 적정 위험프리미엄을 도출한다.
④ 파마－프렌치의 3요인모형은 시장포트폴리오의 수익률, 기업규모, 주가순자산비율

(PBR)을 반영한 세 가지 공통요인으로 주식의 수익률을 설명한다.
⑤ 자본시장선보다 아래에 존재하는 자산은 증권시장선에 놓이지 않을 수 있다.

29 CAPM이 성립하며 시장에는 다음 두 위험자산만이 존재한다고 하자.

	기대수익률	표준편차
주식 A	18%	35%
주식 B	8%	22%

두 주식수익률 간의 공분산은 0이다. 시장포트폴리오를 구성하는 주식 A와 B의 구성비는 각각 68%와 32%이며, 무위험자산은 존재하지 않는다고 가정한다. 이 시장포트폴리오에 대한 제로베타포트폴리오의 기대수익률에 가장 가까운 것은? (단, 공매제한은 없으며, 각 주식에 대한 가중치는 퍼센트 기준으로 소수 셋째 자리에서 반올림하여 계산한다.)

(CPA 1차 2013)

① 5.00% ② 5.25% ③ 5.53% ④ 5.72% ⑤ 6.00%

● 객관식 해답	**1.** ④, **2.** ③, **3.** ⑤, **4.** ②, **5.** ③, **6.** ①, **7.** ②, **8.** ④, **9.** ④, **10.** ②, **11.** ②, **12.** ⑤, **13.** ① **14.** ③, **15.** ③, **16.** ④, **17.** ⑤, **18.** ④, **19.** ②, **20.** ②, **21.** ②, **22.** ⑤, **23.** ③, **24.** ②, **25.** ②, **26.** ②, **27.** ②, **28.** ⑤, **29.** ④

▶ 주관식 문제

01 시장모형과 체계적 위험

증권 A의 수익률과 시장포트폴리오의 수익률에 관한 과거 일정기간 동안의 자료는 다음과 같다.

기 간	r_A	r_M
1	1.99%	5.50%
2	15.89	2.67
3	15.03	5.49
4	2.16	−1.02
5	10.33	3.36
6	5.25	4.89
7	1.34	2.23
8	7.71	3.13

(1) 다음의 값을 각각 구하라.

① $\bar{r}_A$, $\bar{r}_M$

② $Var(r_A)$, $Var(r_M)$

③ σ_A, σ_M

④ $Cov(r_A, r_M)$

(2) 증권 A의 증권특성선을 추정하라.

(3) 증권 A의 잔차분산을 구하라.

(4) 증권 A의 총위험(분산)을 분해하여 체계적 위험과 비체계적 위험을 각각 구하라.

(5) 시장수익률의 변동이 증권특성선에 의해서 증권 A 수익률의 변동을 어느 정도 설명하고 있는가?

02 자본시장선(CML)과 증권시장선(SML)

증권 1의 수익률 r_1, 증권 2의 수익률 r_2, 그리고 증권 3의 수익률 r_3과, 시장포트폴리오의 수익률 사이의 공분산은 각각 다음과 같다.

$$Cov(r_1, r_M)=0.0108, \quad Cov(r_2, r_M)=0.0027, \quad Cov(r_3, r_M)=0.0054$$

또한 무위험이자율 $r_f=0.04$, 시장포트폴리오의 기대수익률 $E(r_M)=0.1$ 그리고 시장포트폴리오 수익률의 표준편차 $\sigma_M=0.09$이다. (단, 자본시장은 균형상태에 있다고 가정한다.)

(1) 자본시장선(CML)을 구하라.

(2) 각 증권의 베타계수(β)를 구하라.

(3) 증권시장선(SML)을 구하여, 각 증권들의 기대수익률을 계산하라.

(4) 세 증권수익률의 표준편차는 각각 $\sigma_1=0.2$, $\sigma_2=0.05$ 그리고 $\sigma_3=0.16$이다. 이 경우 각 증권의 분산가능한 위험(비체계적 위험)을 계산하라. (단, 분산이 아닌 표준편차를 분해하여 답하라.)

03 체계적 위험과 비체계적 위험의 측정

다음과 같은 자료를 이용하여 물음에 답하라.

	기대수익률	시장수익률과의 상관계수	표준편차
주식 1	15.5%	0.90	20.0%
주식 2	10.0	0.80	9.0
시장포트폴리오	12.0	1.00	12.0
무위험자산	5.0	0.00	0.0

(1) 주식 1과 주식 2의 베타를 구하라.

(2) 주식 1과 주식 2의 표준편차를 분해하여 체계적 위험과 비체계적 위험을 구하라.

(3) 주식 1과 주식 2의 분산을 분해하여 체계적 위험과 비체계적 위험을 구하라.

(4) 자본시장선(CML)과 증권시장선(SML)을 구하고, 그것들이 위치한 각각의 평면상에 주식 1과 주식 2의 좌표를 나타내라.

(5) 주식 1과 주식 2를 각각 평가하라.

04 자본시장선과 시장모형

(보험계리사 2차 2015 수정)

자본자산가격결정모형(CAPM)이 시장에서 타당하다고 가정하고, 다음 그림에 대한 질문에 답하라. 단, CML은 자본시장선을, M은 시장포트폴리오, r_f는 무위험이자율을 각각 표시한다. 모든 계산값은 반올림하여 소수점 둘째 자리까지 표시하라.

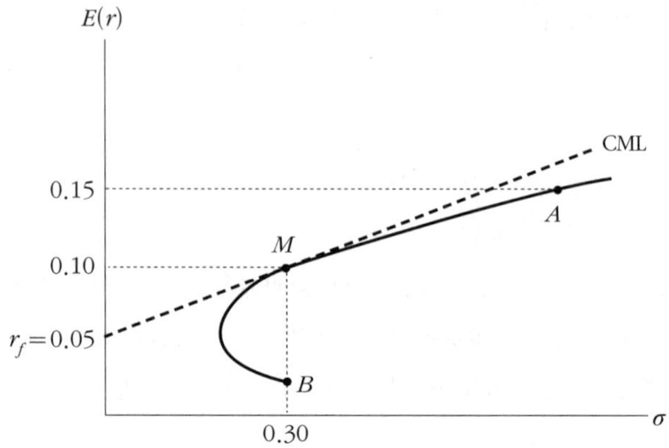

(1) 포트폴리오 A와 M 사이의 공분산(covariance)을 구하라.

(2) 포트폴리오 A에 x배만큼 투자하고 M에 y배만큼 투자하여 만들어진 포트폴리오가 B라고 할 때, 포트폴리오 가중치인 x와 y를 구하라. (단, B의 베타는 -0.5이다.)

(3) 시장모형(market model)을 이용하여 포트폴리오 B의 비체계적 위험(unsystematic risk)의 크기를 계산하라.

05 증권시장선과 투자안 평가

무위험이자율은 4%, 시장포트폴리오의 기대수익률은 12%이다. CAPM의 제가정이 성립한다고 가정하여 다음의 물음에 답하라.

(1) 증권시장선을 구하고, 그것을 기대수익률－베타 평면상에 나타내라.

(2) 베타가 1.5인 투자안의 요구수익률을 구하라.

(3) 만약 베타가 0.8인 투자안에 대해서 9.8%의 기대수익률을 얻을 수 있다면, 이 투자안을 채택하여야 하는가?

(4) 만약 시장에서 주식 X의 수익률이 11.2%로 기대된다면, 이 주식의 베타는 얼마인가?

06 시장포트폴리오와 효율적 포트폴리오의 관계

무위험자산과 시장포트폴리오로 구성된 포트폴리오 P의 기대수익률은 25%이다. 그 기대수익률은 다음과 같은 가정하에서 계산되었다.

- 무위험이자율＝5%
- 시장포트폴리오의 기대수익률＝20%
- 포트폴리오 P의 표준편차＝4%

이와 같은 상황하에서 다음의 물음에 답하라.

(1) 포트폴리오 P와 시장포트폴리오 사이의 상관계수를 구하라.
(2) 포트폴리오 P의 베타를 구하라.
(3) 시장과의 상관계수가 0.5이고 표준편차가 2%인 증권의 기대수익률을 구하라.

07 시장모형과 펀드성과평가 (CPA 2차 2010 수정)

A펀드와 주가지수의 과거 3년 동안의 연간 수익률 r_A와 r_M은 다음과 같다. 같은 기간 중 무위험수익률은 매년 1%였다. 소수점 다섯째 자리에서 반올림하여 넷째 자리까지 사용하라.

연 도	r_A	r_M
20×1년	8%	2%
20×2년	−2%	0%
20×3년	3%	4%

(1) 주가지수수익률의 표준편차를 추정하라.
(2) 시장모형($r_{At}=\alpha_A+\beta_A r_{Mt}+\varepsilon_{At}$)의 회귀계수 $\hat{\alpha}_A$와 $\hat{\beta}_A$를 구하라.
(3) A펀드의 샤프지수(Sharpe's measure)와 젠센지수(Jensen's measure)를 구하라.

08 시장모형과 포트폴리오이론 (CPA 2차 2011)

과거의 역사적 자료가 미래의 발생 가능한 상황을 설명할 수 있다는 가정하에 2005년부터 최근까지 주식 A와 주식 B의 초과주식수익률을 이용하여 다음과 같이 증권특성선(security characteristic line)을 추정하였다. 동기간 동안 주식 A의 표준편차는 16%, 주식 B의 표준편차는 60%, 시장포트폴리오의 표준편차는 10%로 계산되었다. 시장모형이 성립한다는 가정하에서 다음에 답하라.

$$R_A = 1.2 + 0.8R_M + \varepsilon_A$$
$$R_B = -0.3 + 1.5R_M + \varepsilon_B$$

단, R_A는 주식 A의 수익률에서 무위험수익률을 차감한 주식 A의 초과수익률, R_B는 주식 B의 수익률에서 무위험수익률을 차감한 주식 B의 초과수익률, R_M은 시장포트폴리오 수익률에서 무위험수익률을 차감한 시장초과수익률, ε_A는 주식 A의 잔차, ε_B는 주식 B의 잔차를 각각 의미한다.

(1) 주식 A와 시장포트폴리오간의 상관계수, 주식 B와 시장포트폴리오간의 상관계수를 각각 구하라. 계산결과는 반올림하여 소수점 둘째 자리까지 표기하라.

(2) 주식 A에 60%, 주식 B에 40% 투자하였을 경우 두 주식으로 구성된 포트폴리오의 총위험인 표준편차를 구하라. 계산결과는 % 단위로 표시하되 반올림하여 소수점 둘째 자리까지 표기하라.

(3) 주식 A의 증권특성선이 주식 A의 수익률 변화를 얼마나 설명할 수 있는지 밝혀라. 또한 주식 B의 증권특성선이 주식 B의 수익률 변화를 얼마나 설명할 수 있는지 밝혀라. 계산결과는 % 단위로 표시하되 반올림하여 소수점 둘째 자리까지 표기하라.

(4) 자본시장에서 전통적인 CAPM만으로는 개별 위험자산의 수익률을 설명하기에 미흡하다는 견해가 지배적이다. 이에 대한 대안 중의 하나가 Fama와 French의 3-요인모형(three-factor model)이다. Fama와 French의 3-요인모형을 전통적 CAPM과 비교하여 5줄 이내로 설명하라.

09 베타, 잔차분산, 포트폴리오 베타

다음의 그림을 보고 물음에 답하라. (단, 자본시장은 균형을 이루고 있다.)

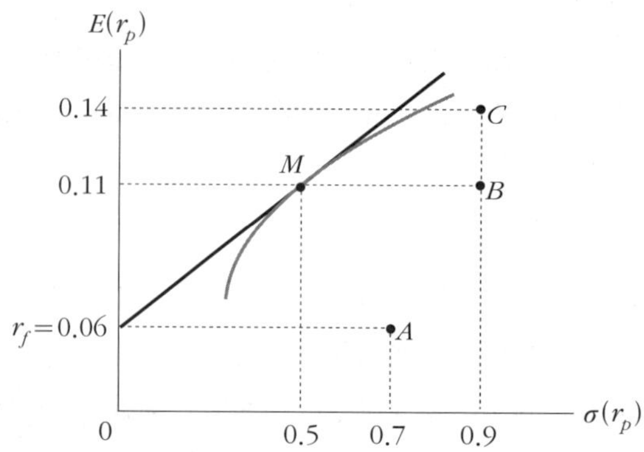

(1) 주식 A, B, C의 베타는 얼마인가?

(2) 주식 A, B, C의 잔차분산은 각각 얼마인가?

(3) 주식 A, B, C에 동일한 금액을 투자하여 구성한 포트폴리오의 베타와 균형 기대수익률을 구하라.

(4) 어떤 투자자가 "주식 B와 C는 동일한 표준편차를 가지므로 투자위험이 동일하다." 라는 주장을 한다. 이 주장을 논평하라.

10 상관계수, 표준편차, 베타의 관계

두 개의 주식에 대한 과거 자료는 다음과 같다.

	평균수익률	시장수익률과의 상관계수	표준편차	베 타
주식 1	12.0%	( )	6.0%	1.5
주식 2	10.0	0.8	( )	0.5
시장포트폴리오	10.0	1.0	4.0%	( )
무위험자산	5.0	( )	( )	( )

(1) 위 표의 빈 칸을 채워라.

(2) 각 주식에 대하여 투자자들이 취할 행동을 설명하라.

11 포트폴리오 베타와 가치의 가산원칙

교원공제회는 총 400억원의 기금을 조성하여 다음과 같은 5개의 주식에 투자하고 있다.

주 식	투자액(억원)	주식의 베타
A	120	0.5
B	100	2.0
C	60	4.0
D	80	1.0
E	40	3.0

현재 무위험이자율은 7%이고, 시장수익률에 관한 자료는 다음과 같다.

확 률	시장수익률
0.1	8%
0.2	10
0.4	12
0.2	14
0.1	16

(1) 증권시장선을 구하라.

(2) 교원공제회의 기금에 대한 요구수익률을 계산하라.

(3) 교원공제회의 기금관리자는 새로운 주식을 매입하려고 한다. 투자에 필요한 자금은 50억원이며, 그 기대수익률은 16% 그리고 추정된 베타는 2.5이다. 새로운 주식을 매입하여야 하는가?

12 주식가격조정과 베타

(CPA 2차 2017 수정)

다음 물음에 대하여 "옳다" 또는 "옳지 않다"라고 답하고 그 근거를 제시하시오.

(1) 자본자산가격결정모형(CAPM)이 성립한다는 가정 하에서 CAPM에 의하여 계산된

기업 A의 요구수익률이 12%이고 균형주가가 120만원인데, 자본시장에서 현재 기업 A의 주식이 100만원에 거래되고 있다면 저평가되어 있는 이 주식의 기대수익률은 주가가 120만원이 될 때까지 계속 상승할 것이다.

(2) 개별자산의 체계적 위험을 측정하는 베타는 과거의 개별자산 수익률 및 시장포트폴리오 수익률 자료를 이용하여 실증적으로 추정할 수 있다. 이렇게 추정된 베타가 일정하지 않고 시간에 따라 변하는 이유는 시장포트폴리오 수익률의 분산이 시간 가변적일 뿐만 아니라 개별자산과 시장포트폴리오 수익률 간의 공분산도 시간 가변적이기 때문이다.

13 CAPM 종합 (CPA 2차 2016)

물음 (1)~(4)는 각각 독립적인 물음이며, 모든 물음에서 CAPM이 성립한다고 가정한다. 계산결과는 반올림하여 소수점 둘째 자리까지 표시하라.

(1) 주식 A와 주식 B의 표준편차와 시장포트폴리오와의 상관계수는 다음과 같다.

주 식	표준편차	시장포트폴리오와의 상관계수
A	20%	0.9
B	15%	0.4

시장포트폴리오의 보상변동성비율($\frac{E(r_M)-r_f}{\sigma_M}$)은 0.5이고, 무위험수익률($r_f$)은 5%이다. 단, $E(r_M)$과 σ_M은 각각 시장포트폴리오의 기대수익률과 표준편차를 나타낸다.

① 주식 A와 주식 B의 기대수익률을 구하라.

② 주식 A와 주식 B에 각각 50%씩 투자하여 구성한 포트폴리오의 위험프리미엄은 시장포트폴리오 위험프리미엄의 1.5배이다. 주식 A와 주식 B의 베타를 각각 계산하라.

(2) 시장포트폴리오의 기대수익률과 표준편차는 각각 8%와 10%이고, 무위험수익률은 4%이다. 주식 C와 주식 D의 기대수익률과 표준편차는 다음과 같다.

주 식	기대수익률	표준편차
C	10%	20%
D	6%	10%

주식 C와 주식 D로 구성한 포트폴리오의 비체계적 위험을 최소화하는 주식 C와 주식 D에 대한 투자비율은 각각 얼마인가? 단, 시장모형이 성립한다고 가정한다.

(3) 주식 E의 현재 가격은 50원이고, 기대수익률은 15%이다. 시장위험프리미엄과 무위험수익률은 각각 5%이다.

① 다른 조건은 변화하지 않고, 주식 E와 시장포트폴리오의 공분산만 현재의 2배가 된다면, 주식 E의 현재 적정가격은 얼마인가? 단, 주식 E는 배당을 지급하지 않는다고 가정한다.

② 위의 질문 ①의 결과가 의미하는 것이 무엇인지 간략하게 서술하라.

(4) 투자자들 가운데 어떤 투자자가 더 위험회피적인지 판단할 수 있는 방법을 3가지 제시하라. 단, 위험회피도는 고려하지 않는다.

14 투자성과의 평가 및 측정 (CPA 2차 2017)

• 투자자 갑은 다음과 같은 포트폴리오의 성과를 얻었다.

자 산	투자비중(%)	수익률(%)	표준편차	베 타
주식	75	3.0	0.25	2.0
채권	15	2.0	0.20	0.2
현금성자산	10	1.0	0	0

(1) 다음 물음에 답하라.

① 샤프지수(Sharpe's measure)와 트레이너지수(Treynor's measure)의 의미를 각각 설명하라.

② 주식의 샤프지수와 트레이너지수를 각각 구하라.

• 다음은 물음 (2)~(4)와 관련된 추가 정보이다.

투자자 갑은 다음의 벤치마크 포트폴리오의 성과를 기준으로 자신의 투자성과를 측정하고자 한다.

자 산	투자비중(%)	수익률(%)
주식(주가지수)	60	2.0
채권(채권지수)	30	1.5
현금성자산	10	1.0

투자자 갑은 초과수익률의 원천을 자산배분능력과 종목선정능력으로 나누어 파악하고자 한다.

(2) 투자자 갑의 포트폴리오 수익률과 벤치마크 포트폴리오 수익률을 각각 구하라.

(3) 벤치마크 포트폴리오 수익률을 초과하는 투자자 갑의 포트폴리오 수익률 중 자산

배분능력으로부터 발생하는 기여도는 얼마인가?

(4) 벤치마크 포트폴리오 수익률을 초과하는 투자자 갑의 포트폴리오 수익률 중 종목 선정능력으로부터 발생하는 기여도는 얼마인가?

15 CAPM과 음의 베타

(CPA 2차 2004)

주식시장의 모든 투자자들은 주식 A와 주식 B의 1년 후 주가의 확률분포를 다음과 같이 예상하고 있으며, 이는 아래의 물음 (1), (2) 및 (3)에 모두 적용된다.

(주가 단위: 원)

구 분	상황 1	상황 2	상황 3
주식 A	11,881	9,801	7,921
주식 B	8,281	10,000	11,881
확 률	1/3	1/3	1/3

이외에 투자자 및 시장에 관한 추가적인 사항은 다음과 같다. 아래 사항들은 물음 (2)와 (3)에 공통적으로 적용된다.

(가) 현재 주식시장에는 주식 A, B를 포함하여 10,000개 이상의 주식회사의 보통주가 거래되고 있으며, 어떤 회사 주식의 시가총액도 전체 주식시장의 시가총액의 0.1%를 넘지 않아 개별 주식이 전체 주식시장 혹은 시장포트폴리오(market portfolio)에서 차지하는 비중은 미미하다.

(나) 주식시장의 투자자들은 주식과 무위험자산에만 투자할 수 있고 그 외의 자산은 투자하지도 않고 보유하지도 않는다.

(다) 1년 만기 무위험자산의 이자율은 5%이다.

(라) 향후 1년간 시장포트폴리오의 기대수익률은 10%로 추정된다.

(1) 투자자 김정석의 효용함수는 $U(W)=\sqrt{W}$이고, 그의 투자원칙은 자신의 기대효용을 극대화하는 주식에 투자하는 것이다. 현재 주식 A, B의 가격이 8,000원으로 동일하고, 김정석은 두 주식 A, B 중 하나에만 투자하여야 하며, 주식투자를 위한 8,000원 이외의 자산을 가지고 있지 않다고 가정한다. 이때 김정석은 어느 주식에 투자할 것인가? 계산과정을 보이며, 이 물음에 답하라.

(2) 이제 자본자산가격결정모형(CAPM)이 주식시장에서 유효하게 성립하여, 주식 A, B의 가격도 CAPM에 의하여 결정된다고 하자. 주식 A의 가격이 주식 B의 가격보다 높을 가능성이 있는가? "가능성이 있다" 혹은 "가능성이 없다" 중의 하나로 답하고, 그 이유를 반드시 CAPM에 근거하여 3줄 이내로 서술하라. 단, 구체적인 계산을 포함할 필요는 없다.

(3) 자본자산가격결정모형(CAPM)이 주식시장에서 유효하게 성립하여 주식 A의 가격도 CAPM에 의하여 결정된다고 하자. 주식 A의 현재 가격이 9,398원보다 높을 가능성이 있는가? "가능성이 있다" 혹은 "가능성이 없다" 중의 하나로 답하고, 그 이유를 반드시 CAPM에 근거하여 3줄 이내로 서술하라.

16 CAPM과 차익거래

(CPA 2차 2007 수정)

자본자산가격결정모형(CAPM)이 성립하는 세계에서 완전히 분산된 포트폴리오 A와 B가 증권시장에서 거래되고 있다. 각 포트폴리오의 현재 시가총액과 시장포트폴리오 대비 시가총액비중, 1기간 후 기대시가총액과 시장포트폴리오 대비 기대시가총액비중은 다음과 같다.

포트폴리오	현 재		1기간 후	
	시가총액	시가총액비중	기대시가총액	기대시가총액비중
A	20,000원	1%	25,300원	1.1%
B	80,000원	4%	96,600원	4.2%

시장포트폴리오(market portfolio) 수익률의 표준편차는 15%이며, 위험프리미엄은 10%이다.

(1) 포트폴리오 A와 포트폴리오 B의 베타를 각각 구하라.

(2) 포트폴리오 B의 기대수익률과 동일한 기대수익률을 가진 개별 주식 C의 총위험(분산)이 포트폴리오 B의 총위험보다 낮을 수 있는가? "그렇다" 혹은 "그렇지 않다" 중 하나로 답하고 그 이유를 설명하라.

(3) 투자자 갑이 현재 보유하고 있는 포트폴리오의 총금액은 6만원이며, 표준편차는 18%이다. 무위험이자율로 차입하거나 대출하는 데 아무런 제약이 없다. 투자자 갑의 고유자본의 1기간 후 가치를 계산하라.

(4) 베타가 0.9인 완전히 분산된 포트폴리오 D의 기대수익률이 19%이다. 이 포트폴리오의 기대수익률이 CAPM에 의해 적절하게 결정되었는지를 평가하라. 만일 그렇지 않다면 포트폴리오 A, B, D를 이용해서 어떻게 이익을 얻을 수 있을지를 설명하고, 구체적인 이익(%)을 계산하라.

17 CAPM과 자본비용

(CPA 2차 2002 수정)

CAPM이 성립하는 세계에서 두 주식 A와 B의 수익률을 분석한 결과는 다음 표와 같다. (단, 법인세율은 40%이다.)

주 식	기대수익률	베 타
A	0.10	0.8
B	0.12	1.2

이상의 자료를 이용하여 다음 물음에 답하라.

(1) 투자자 '승훈'은 10억원의 투자자금으로 시장포트폴리오를 복제한 지수펀드와 주식 B에 5 : 5로 투자하였다. '승훈'이 이 투자로부터 기대하는 수익률은 얼마인가?

(2) 주식 A의 현재 주가가 10,000원이고, 직전 배당금이 주당 500원이었다. A기업은 순이익의 25%를 내부에 유보하여 재투자하고, 재투자로부터 얻어지는 투자수익률(ROE)이 20%이며, A기업의 배당성향과 ROE가 앞으로도 일정하게 유지된다고 가정하자. 투자대상으로 이 주식을 어떻게 평가할 수 있는가?

(3) A기업은 무부채기업(unlevered firm)으로 여러 개의 사업부를 가지고 있는데, 그 중 성과가 좋지 않은 하나의 사업부 X를 매각하려고 한다. 사업부 X의 장부가치는 기업전체 장부가치의 50%로, 시장가치는 기업전체 시장가치의 20%로 평가되고, 베타는 기업전체 베타의 두 배이다. 사업부 X를 매각한 다음의 A기업의 베타는 얼마인가?

(4) 현재 100억원의 자기자본과 50억원의 무위험부채를 가지고 있는 B기업은 50억원 규모의 신주를 발행하여 기존의 부채를 상환한 다음, 기존 기업의 영업위험과 동일한 신규 투자안을 고려하려고 한다. 신규 투자안을 채택할 경우 영구적으로 매년 10억원의 영업이익(EBIT)을 벌어들일 수 있을 것으로 기대되며, 이 투자안의 현재 투자소요액은 60억원이다. 이 투자안을 평가하라.

(5) 실무적으로 베타를 추정하는 방법은 과거 수익률자료로부터 시장모형을 이용하는 것이 보통이지만, 한국거래소 등에 상장되지 않은 기업의 베타를 추정하는 경우에는 수익률자료 대신에 회계이익을 사용할 수도 있다. 이와 같은 경우에 발생할 수 있는 문제점들을 설명하라.

18 단일요인 차익거래가격결정이론(APT) (CPA 2차 2009)

다음의 표는 위험요인이 1개이고 잘 분산된(well-diversified) 두 개의 포트폴리오 백두산펀드와 한라산펀드의 기대수익률과 베타계수를 나타낸 것이다.

포트폴리오	기대수익률	베타계수
백두산펀드	16%	0.8
한라산펀드	20%	1.6

(1) 시장에서 차익거래가 존재하지 않기 위한 무위험이자율을 구하라.

(2) 시장의 무위험이자율이 6%이다. 위의 두 펀드로부터 차익거래가 가능한지 여부를 밝히고, 가능할 경우 구체적인 차익거래전략과 차익의 규모를 제시하라. 무위험차입과 무위험대여가 가능하다고 가정하며, 최대금액은 각각 50만원까지로 제한한다. 또한 차입거래전략을 수립할 때, 새로 구성한 포트폴리오의 베타계수는 0.8로 일치시킨다.

(3) 시장에 CAPM모형이 성립한다고 가정하자. 또한 두 포트폴리오 백두산펀드와 한라산펀드의 수익률의 표준편차가 각각 18%, 25%이고 시장수익률의 표준편차가 14%라고 하자. 두 포트폴리오의 총위험을 체계적 위험과 비체계적 위험으로 각각 구분하고 체계적 위험이 총위험 중에서 차지하는 비율을 구하라. 위험의 크기는 반올림하여 소수점 넷째 자리까지 표시하고 비율은 백분율로 소수점 둘째 자리까지 표시하라.

19 APT와 주식의 평가

잘 분산된 포트폴리오 A, B에 관한 자료는 다음과 같다. (단, 무위험이자율은 5%이다.)

포트폴리오	기대수익률	b_{j1}	b_{j2}
A	15%	1.0	0.5
B	18	0.6	1.0

단, 포트폴리오 A, B의 기대수익률은 균형수익률이라고 가정한다.

(1) APT의 균형식을 구하라.

(2) ㈜한라 주식의 실제수익률은 다음과 같은 2-요인모형에 의해서 생성되고 있다.

$$r = 0.16 + 0.6F_1 + 0.6F_2 + \varepsilon$$

이 주식을 평가하라.

20 다요인모형과 차익거래 (보험계리사 2차 2016 수정)

경제 전체적으로 주식시장에 영향을 미치는 두 가지 공통요인 F_1과 F_2가 있고, 요인분석의 기본적인 가정이 성립한다고 하자. 그리고 충분히 분산투자된 포트폴리오들이 균형상태에서 다음과 같은 관계를 가지고 있다고 하자.

포트폴리오	F_1에 대한 베타	F_2에 대한 베타	기대수익률
A	1.0	3.0	0.30
B	2.5	−2.0	0.20
C	0.0	0.0	0.05

다음 질문에 답하라.

(1) 각 포트폴리오의 수익률을 요인모형으로 제시하라.(힌트: $r_i = E(r_i) + \beta_{iF_1} F_1 + \beta_{iF_2} F_2$)

(2) 물음 (1)을 이용해 차익거래가격결정이론(APT: arbitrage pricing theory)에 의한 체계적 위험의 프리미엄(λ_1, λ_2)을 계산하라.

(3) 다음과 같이 추가적인 포트폴리오 D가 존재한다고 하자.

포트폴리오	F_1에 대한 베타	F_2에 대한 베타	기대수익률
D	1.5	2.0	0.35

포트폴리오 D를 1원 매수 혹은 매도할 때, 포트폴리오 A, B, C를 활용하여 차익거래의 과정을 설명하고, 차익거래 수익을 계산하라. 단, 모든 계산값은 반올림하여 소수점 넷째 자리까지 표시하라.

21 2-요인모형과 차익거래과정

자본시장에 다음과 같은 4개의 증권이 있다.

증 권	기대수익률	b_{j1}	b_{j2}
A	20%	1.0	1.5
B	20	0.5	2.0
C	10	1.0	0.5
D	10	1.5	0.75

거래비용이 없고 공매도가 허용되며, 개별증권의 수익률은 다음과 같은 2-요인모형(two-factor model)에 의해서 생성된다고 가정한다.

$$r_j = E(r_j) + b_{j1}F_1 + b_{j2}F_2$$

여기서 $E(F_1) = E(F_2) = 0$

$Cov(F_1, F_2) = 0$

(1) 증권 A와 B를 이용하여 요인 F_1에 영향을 받지 않는 포트폴리오 G를 구성하여 그 포트폴리오의 기대수익률과 두 번째 요인에 대한 민감도 b_{G2}를 구하라.

(2) 증권 C와 D를 이용하여 요인 F_1에 영향을 받지 않는 포트폴리오 H를 구성하여 그 포트폴리오의 기대수익률과 두 번째 요인에 대한 민감도 b_{H2}를 구하라.

(3) 무위험채권의 이자율이 6%일 경우에 차익거래기회가 존재한다면, 그 차익거래과정을 자세히 설명하라.

22 CAPM과 APT

연금기금의 관리자인 K씨는 그 기금을 충분히 분산투자하여 기금포트폴리오의 CAPM 베타를 1.0으로 만들었다. 무위험이자율은 8%이고 시장포트폴리오의 기대수익률은 14.2%이다. 그리고 K씨는 APT에 대해서도 알고 있으며, 산업생산지수(요인 1)와 예상하지 못한 인플레이션(요인 2)의 두 개의 요인에 의해서 다음과 같은 APT등식을 도출하였다.

$$E(r_j)=0.08+0.05b_{j1}+0.11b_{j2}$$

(1) 현재 기금포트폴리오의 산업생산지수요인에 대한 민감도 계수 $b_{p1}=-0.5$라면, 그 포트폴리오의 예상하지 못한 인플레이션에 대한 민감도 계수 b_{p2}는 얼마인가?

(2) 만일 그가 인플레이션에 대한 민감도 $b_{p2}=0$으로 만들면서 현재와 동일한 기대수익률을 얻을 수 있도록 포트폴리오를 수정한다면, 수정된 포트폴리오의 산업생산지수요인에 대한 민감도 계수 b_{p1}은 얼마가 되는가?

23 고급 단일요인모형과 다요인모형의 비교 (CPA 2차 2012)

주식수익률이 다음 식과 같이 한 개의 공통요인(단일모형) 또는 세 개의 공통요인(다요인모형)에 의해 결정된다고 가정한다.

- 단일모형 : $r_i=\alpha_i+\beta_{i1}F_1+\varepsilon_i$
- 다요인모형 : $r_i=\alpha_i+\beta_{i1}F_1+\beta_{i2}F_2+\beta_{i3}F_3+\varepsilon_i$

단, r_i는 주식 i의 수익률이며 F_1, F_2, F_3는 공통요인의 수익률을, β_i는 공통요인 수익률에 대한 민감도를 나타낸다. 단일모형과 다요인모형의 F_1은 동일한 공통요인이다.

주식 X와 주식 Y의 과거 36개월 동안의 월 수익률에 대해 단일모형과 다요인모형을 이용해 추정한 회귀분석 결과는 다음 표와 같다.

	주식 X		주식 Y	
	단 일	다 요 인	단 일	다 요 인
조정 R^2	0.30	0.42	0.35	0.41
α_i	0.015	0.008	−0.013	−0.008
β_{i1}	0.9	1.3	0.9	1.1
β_{i2}	−	−0.2	−	0.1
β_{i3}	−	−1.1	−	−0.8

이 기간 동안 주식 X와 Y의 월 수익률, 공통요인 F_1, F_2, F_3의 월 수익률의 평균과 표준편차는 다음 표와 같으며 무위험수익률은 월 0.1%이다.

	평균(%)	표준편차(%)
주식 X 월 수익률	2.4	8.5
주식 Y 월 수익률	0.2	7.8
F_1 월 수익률	1.1	5.4
F_2 월 수익률	0.5	2.6
F_3 월 수익률	−0.3	3.3

(1) 주식 X의 체계적 위험이 총위험에서 차지하는 비율을 단일모형과 다요인모형에서 각각 구하라. 계산결과는 백분율 기준으로 반올림하여 소수점 둘째 자리까지 나타내라.

(2) 공통요인의 기대수익률 분포가 과거수익률 분포와 동일하다고 가정하는 경우 다요인모형을 이용하여 주식 X의 연간 기대수익률을 구하라. 계산결과는 % 단위로 표시하되 반올림하여 소수점 둘째 자리까지 나타내라.

(3) 주식 X와 주식 Y를 결합하여 최소분산포트폴리오를 구성하는 경우 연간 표준편차를 구하라. 공분산은 다요인모형을 이용하여 산출하라. 계산결과는 % 단위로 표시하되 반올림하여 소수점 둘째 자리까지 나타내라.

(4) 회귀분석 결과와 위 물음의 답을 이용하여 다요인모형이 단일모형에 비해 우수한 점을 세 가지 이상 기술하라.

24 다요인모형의 실증 분석

(CPA 2차 2015)

정보통신 관련 주식에 많은 부분을 투자하고 있는 펀드 '제이'의 자본비용과 펀드성과 등을 측정하기 위하여 Fama와 French의 3요인모형에 모멘텀(momentum) 요인을 추가한 다중회귀모형을 다음과 같이 추정하였다. 표본기간은 2008년 1월부터 2014년 12월까지이며 월별자료를 이용하여 분석하였다.

$$R_j = 0.82 + 1.21R_m + 0.57SMB - 0.25HML + 0.12MTM + \varepsilon_j$$

$$(0.32)\quad(0.24)\quad(0.21)\quad(0.45)\quad(0.06)$$

$$\overline{R^2} = 0.21$$

단, R_j는 펀드 '제이'의 수익률에서 무위험수익률을 차감한 펀드 '제이'의 초과수익률, R_m은 시장포트폴리오 수익률에서 무위험수익률을 차감한 시장초과수익률(시장요인), SMB는 Fama와 French의 기업규모요인, HML은 Fama와 French의 가치주요인, MTM은 승자포트폴리오 수익률에서 패자포트폴리오 수익률을 차감한 모멘텀요인, ε_j는 펀드 '제이' 초과수익률의 잔차, $\overline{R^2}$는 조정 R^2를 각각 의미하며, 추정된 회귀계수 아래 괄호안의 숫자는 표준오차(standard error)를 나타낸다.

(1) 추정된 다중회귀모형의 절편 0.82가 의미하는 바를 표준오차를 고려하여 5줄 이내로 설명하라.

(2) 추정된 시장 베타는 1.21이다. 추정모형에는 펀드 '제이'의 베타가 2008년 1월부터 2014년 12월까지 동일하다는 가정이 내포되어 있다. 이 가정이 합리적인지 또는 비합리적인지 기술하고 그 근거를 3줄 이내로 설명하라.

(3) 추정된 다중회귀모형의 결과를 이용하여 펀드 '제이'가 시장요인위험, 기업규모요인위험, 가치주요인위험 및 모멘텀요인위험에 노출되어 있는지 파악하라.

(4) CAPM과 APT의 실증 분석 한계점을 비교하여 5줄 이내로 설명하라.

25 다요인 모형과 성과 분석 (CPA 2차 2016)

평균 순자산가치가 80억원 이상이고 주식 편입비중이 85% 이상이며 최근 6년 이상 생존해온 주식형 펀드 '아이'의 운용스타일과 운용성과를 사후적으로 측정하기 위하여 Fama와 French의 3요인모형을 다음과 같이 추정하였다.

$$R_i = \underset{(0.15)}{0.12} + \underset{(0.05)}{1.32}MKT + \underset{(0.24)}{0.48}SMB - \underset{(0.11)}{0.24}HML + \varepsilon_j$$

$$\overline{R^2} = 0.32$$

표본으로 2011년 1월부터 2015년 12월까지 월별 자료를 이용하였다. R_i는 펀드 '아이'의 수익률에서 무위험이자율을 차감한 펀드 '아이'의 초과수익률, MKT는 시장포트폴리오 수익률에서 무위험이자율을 차감한 시장초과수익률(시장요인), SMB는 Fama와 French의 기업규모요인, HML은 Fama와 French의 가치요인, ε_i는 펀드 '아이'의 잔차, $\overline{R^2}$는 조정 R^2를 의미한다. 추정 회귀계수 아래 괄호안의 숫자는 표준오차를 나타낸다.

(1) Fama와 French의 3요인모형 추정결과를 이용하여 펀드 '아이'의 운용스타일이 ① 소형주/대형주인지를 밝히고, ② 가치주/성장주인지를 판별한 다음 그 근거를 제시하라.

(2) Fama와 French의 3요인모형 추정결과를 이용하여 펀드 '아이'의 운용실적을 판별하라.

(3) 이머징마켓에 공격적으로 투자하는 헷지펀드의 운용성과를 Fama와 French의 3요인모형을 이용하여 측정할 경우 나타날 수 있는 문제점을 3줄 이내로 설명하라.

26 CAPM과 제로베타포트폴리오

(CPA 2차 2015)

다음은 주식 A, B, C, 시장포트폴리오의 기대수익률, 표준편차, 시장포트폴리오와의 상관계수를 나타낸다.

구 분	기대수익률	표준편차	시장포트폴리오와의 상관계수
주식 A	14.00%	( )	1.0
주식 B	14.00%	15.00%	0.8
주식 C	( )	( )	0.8
시장포트폴리오	( )	10.00%	1.0

(1) CAPM이 성립한다고 가정하자. 시장에서 투자자들의 평균적 위험회피계수가 4일 때, 시장포트폴리오의 위험프리미엄을 계산하라. 단, 투자자들의 효용함수는 다음과 같다.

$$U = E(R_p) - \frac{1}{4} \times \gamma \times {\sigma_p}^2$$

여기서, $E(R_p)$와 σ_p는 각각 시장포트폴리오와 무위험자산이 결합한 포트폴리오의 기대수익률과 표준편차이고, γ는 위험회피계수이다.

(2) 물음 (1)과는 관계없이, CAPM이 성립한다고 가정하고, 다음 물음에 대해 답하라. 무위험수익률은 5%이다.

① 주식 A의 표준편차와 시장포트폴리오의 기대수익률은 얼마인가?

② 주식 C의 기대수익률이 시장포트폴리오의 기대수익률과 동일하다면, 주식 C의 표준편차는 얼마인가?

③ 주식 A와 무위험자산을 결합한 포트폴리오 K의 기대수익률은 11.3%이다. 이 포트폴리오의 베타를 계산하라. 또한, 포트폴리오 K와 시장포트폴리오의 상관계수가 1임을 보여라.

(3) 물음 (1)~물음 (2)와는 관계없이, 무위험자산이 존재하지 않는 완전자본시장을 가정하자. 시장에는 주식 B와 주식 D만 존재하며, 주식 B와 주식 D의 시장가치는 각각 6억원과 4억원이고, 주식 B와 주식 D의 상관계수는 0이다. 주식 D의 기대수익률과 표준편차는 각각 16%와 20%이다. 주식 B와 D로 구성된 제로베타 포트폴리오의 기대수익률은 얼마인가?

(4) 물음 (1)~물음 (3)과는 관계없이, CAPM이 성립한다고 가정할 때 다음 문장에 대하여 "옳다" 혹은 "옳지 않다"라고 답하고, 그 이유를 간략하게 서술하라.

> 자본시장에는 위험프리미엄이 0보다 작은 위험자산이 존재할 수 있으나, 투자자들은 이 위험자산을 보유하려 하지 않을 것이다.

27 고급 제로베타 CAPM

무위험자산이 존재하지 않는 완전자본시장하에서 다음과 같은 두 개의 주식만 존재한다고 가정하여 아래의 물음에 답하라.

	기대수익률	분 산
주식 A	0.3	0.0081
주식 B	0.2	0.0025

단, 두 주식 간의 공분산은 0이다.

(1) 위의 두 주식으로 구성된 효율적 투자기회집합 중에서 투자자 1은 주식 A에 75%, 주식 B에 25%를 투자하는 포트폴리오(투자자 1의 시장포트폴리오)를 선택하고, 투자자 2는 주식 A와 B에 각각 50%씩 투자하는 포트폴리오(투자자 2의 시장포트폴리오)를 선택한다. 이 경우 각 투자자가 계산하는 주식 A의 베타 값을 구하라.

(2) 각 투자자의 제로베타포트폴리오와 증권시장선을 각각 구하라.

(3) 물음 (1)에서 구한 각 투자자에 대한 주식 A의 베타가 서로 다른 경우에도 두 투자자가 주식 A에 대하여 요구하는 기대수익률은 동일하다. 이것을 물음 (2)에서 구한 증권시장선을 이용하여 보여라.

28 투자성과 평가와 제로베타포트폴리오 (CPA 2차 2016)

※ 물음 (1)~(4)는 각각 독립적인 물음이다. 지난 5년 동안 시장포트폴리오의 평균초과수익률은 17%이고, 표준편차는 20%이다. 무위험수익률은 이 기간 동안 4%로 일정하다.

(1) 지난 5년 동안 주식 A의 초과수익률($R_{A,t}-R_f$)과 시장포트폴리오의 초과수익률($R_{M,t}-R_f$)을 이용하여 다음과 같은 회귀식을 추정하였다.

$$(R_{A,t}-R_f)=\alpha_A+\beta_A(R_{M,t}-R_f)+\varepsilon_{A,t}$$

회귀분석의 결과를 이용하여 추정한 주식 A에 대한 성과지표들은 다음과 같다. 단, 정보비율은 '젠센의 알파/잔차의 표준편차'로 계산된다.

샤프지수	트레이너지수	젠센의 알파	정보비율
(　　　)	0.2	2.7%	0.2

① 주식 A의 베타는 얼마인가?

② 주식 A의 샤프지수는 얼마인가?

(2) 다음 문장이 옳은지 그른지 판단하고, 그 이유를 간략하게 설명하라.

지난 5년 동안 주식 B와 시장포트폴리오의 상관계수가 1이라면, 주식 B의 샤프지수는 시장포트폴리오의 샤프지수와 동일하다.

(3) 내년의 시장포트폴리오 위험프리미엄과 무위험수익률은 과거 5년 동안의 평균과 같을 것으로 기대된다. 주식 C와 주식 D의 현재 가격에 내재된 기대수익률과 베타는 다음과 같다.

주 식	현재 가격에 내재된 기대수익률	베 타
C	20%	1.2
D	18%	0.8

① CAPM모형을 활용하여 주식 C와 주식 D의 과대평가 혹은 과소평가 여부를 판단하라.

② 투자자 갑은 주식 C와 주식 D를 결합하여 포트폴리오 K를 구성하였다. CAPM을 활용하여 평가하였을 때 포트폴리오 K가 적정(공정)하게 평가되어 있다면, 투자자 갑의 주식 C와 주식 D에 대한 투자비율은 각각 얼마인가? 계산결과는 %기준으로 반올림하여 소수점 둘째 자리까지 표시하라.

(4) 다음 문장이 옳은지 그른지 판단하고, 그 이유를 설명하라.

제로베타 포트폴리오는 비효율적인 포트폴리오이다.

29 투자성과 평가 및 CAPM 검증

(CPA 2차 2013)

다음은 특정한 기간 동안 주식 A와 주식 B의 초과수익률을 시장포트폴리오의 초과수익률에 대해 회귀분석한 결과이다. 이 기간 동안의 무위험이자율(r_f)은 6%로 일정하며, 시장포트폴리오 수익률(r_M)의 평균과 표준편차는 각각 14%와 15%이다. 아래 표의 결과를 이용하여 주식 A와 주식 B의 운용성과를 측정하고자 한다. 단, 각 주식의 초과수익률은 각 주식의 수익률에서 무위험이자율을 차감한 것이고, 시장포트폴리오의 초과수익률과 잔차(e_i)의 공분산[$Cov(r_M-r_f,\ e_i)$]은 0이다.

	주식 A		주식 B	
	계 수	표준오차	계 수	표준오차
상 수	2%	0.0086	4%	0.0163
시장포트폴리오 초과수익률	1.3	0.5078	0.6	0.1869
R^2	0.782		0.181	
잔차 표준편차 $\sigma(e_i)$	10.30%		19.10%	

(1) 주어진 자료를 이용하여 다음 물음에 답하라.

① 주식 A와 주식 B에 대하여 평균 초과수익률과 표준편차를 각각 계산하라. 계산결과는 %로 표기하되 반올림하여 소수점 둘째 자리까지 표기하라.

② 주식 A, 주식 B 그리고 시장포트폴리오에 대하여 샤프지수와 트레이너지수를 각각 계산하라. 샤프지수와 트레이너지수는 반올림하여 소수점 넷째 자리까지 표기하라.

(2) 물음 (1)에서 계산된 주식 A와 시장포트폴리오의 성과를 비교하기 위해, 주식 A와 무위험자산이 결합된 새로운 포트폴리오 X를 구성하고자 한다. 이 포트폴리오 X의 표준편차를 시장포트폴리오의 표준편차와 일치시키고자 할 때, 포트폴리오 X를 구성하는 데 필요한 주식 A의 투자비율은 얼마인가? 이렇게 구성한 포트폴리오 X의 수익률과 시장포트폴리오 수익률의 차이는 얼마인가? 계산결과는 %단위로 표시하되 반올림하여 소수점 둘째 자리까지 표기하라.

(3) 주식 A와 주식 B 중 하나를 잘 분산된 포트폴리오에 포함시키고자 한다. 물음 (1)의 결과를 이용하여 어느 주식을 포함시키는 것이 더 유리한지 판단하라. 또한 그 이유에 대해 3줄 이내로 서술하라.

(4) 물음 (1)~(3)의 결과와는 관계없이, 아래의 식을 이용하여 개별 주식의 평균 초과수익률을 개별 주식의 베타와 비체계적 위험에 대해 회귀분석하고자 한다. 이때 개별 주식의 베타와 비체계적 위험은 증권특성선을 이용하여 계산하였다. CAPM이 성립한다면, 아래 회귀분석에서 ψ_1과 ψ_2는 각각 어떤 값을 가져야 하는가? 그 이유를 3줄 이내로 설명하라.

$$\bar{r}_i - \bar{r}_f = \psi_1 \beta_i + \psi_2 \sigma^2(e_i) + \epsilon_i$$

여기서 $\bar{r}_i - \bar{r}_f$ 는 주식 i의 평균 초과수익률
β_i 는 주식 i의 베타
$\sigma^2(e_i)$는 주식 i의 비체계적 위험인 잔차분산

30 CAPM 검증

(CPA 2차 2018 수정)

다음은 CAPM이 실제 주식시장에서 성립하는가를 검증한 실증연구 방법에 대한 설명이다. 먼저, 1단계로 모든 개별기업별로 초과수익률과 동일 기간의 종합주가지수 초과수익률을 이용한 시계열 회귀분석으로 시장모형($R_{i,t} = \alpha_i + \beta_i R_{m,t} + e_{i,t}$)을 추정하여 기업 i의 베타를 도출한다. 2단계로, 1단계에서 도출한 $\hat{\beta}_i$, $\hat{\sigma}_{e_i}^2$와 각 개별기업의 평균 초과수익률($\overline{R_i}$)을 이용해 아래와 같은 횡단면 회귀분석을 실시한다. 수익률은 소문자 r로, 초과수익률은 대문자 R로 표시하였다. $\hat{\sigma}_{e_i}^2$은 1단계 회귀분석의 잔차항의 분산이다.

$$\overline{R}_i = \gamma_0 + \gamma_1 \hat{\beta}_i + \gamma_2 \hat{\sigma}_{e_i}^2 + \epsilon_i$$

(1) 연구자들이 지난 10년간의 자료를 이용해 추정한 결과가 아래와 같다. 10년간의 평균 시장초과수익률($\overline{R}_m$)은 16.5%였다. 아래의 결과를 토대로 판단할 때, 이 시장에서 CAPM이 성립한다고 할 수 있는가? 그 이유를 간단히 설명하라.

	γ_0	γ_1	γ_2
추정치	0.127	0.042	0.310
표준오차	0.006	0.006	0.026

(2) 위 검증방법이 몇 가지 문제점을 갖고 있기 때문에 위의 결과만으로는 CAPM 성립 여부를 판단하기 어렵다. 이 검증방법이 갖고 있는 문제점 3가지를 5줄 이내로 쓰라.

보 론 자본자산가격결정모형의 현실성

CAPM은 체계적 위험과 기대수익률의 관계를 직접적이고 단순하게 설명하고 있다. 그러나 CAPM을 도출하기 위하여 설정한 가정이 실제로 현실세계와 일치하는 것은 아니다. 그러므로 다음과 같은 두 가지 측면에서 CAPM의 현실성을 살펴보고자 한다.

A.1 CAPM 가정의 완화

무위험자산이 존재하지 않을 경우 : 제로베타 CAPM

무위험자산으로 간주되는 국·공채나 정기예금 등도 시장의 자금사정 또는 인플레이션 등에 따라 가격이 변동할 수 있으므로 그 투자수익률은 불확실하다고 할 수 있다. 그러므로 엄밀한 의미에서 무위험자산은 존재하지 않을 수 있다. 무위험자산이 존재하지 않을 경우, CAPM의 도출과정을 그림으로 나타내면 [그림 10A−1]과 같다.

[그림 10A−1] (a)에서 무위험자산이 존재하지 않을 경우, 효율적 투자선은 $\widehat{GY}$이다.[35] 투자자들은 자신의 위험회피성향에 따라 효율적 투자선상의 한 점(효율적 포트폴리오)을 선택하게 된다. 이 경우 각 투자자들이 선택한 모든 효율적 포트폴리오들을 총합하면 효율적 투자선상에 있는 시장포트폴리오 M을 얻을 수 있다.[36] 그리고 시장포트폴리오 M에서 가상의 접선을 그어 수직축과 만나는 점을 구하고 이 점에서 수평선을 그으면, 시장포트폴리오 M과 상관관계가 없는 **제로베타포트폴리오**(zero beta portfolio)들, 즉 ZZ'선상에 있는 포트폴리오들을 구할 수 있다.[37] [그림 10−5] (b)에서 볼 수 있

35) 차입이자율(r_{fB})이 대출이자율(r_{fL})보다 클 경우, 효율적 투자선은 아래의 그림에서 볼 수 있는 바와 같이 「$r_{fL}-T_L-T_B-B$」를 연결한 선이다.

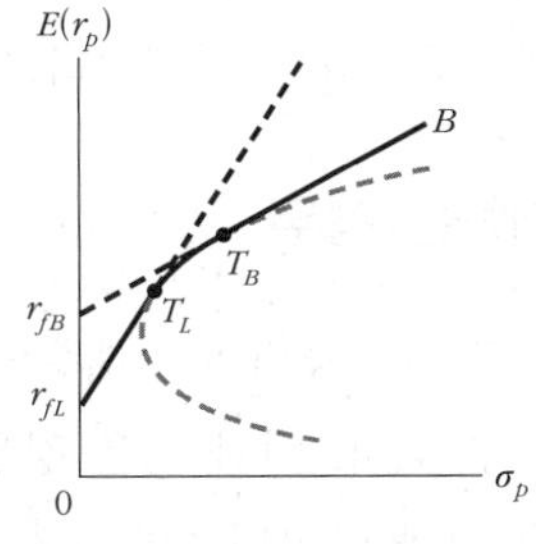

36) 시장포트폴리오는 효율적 포트폴리오들의 총합이므로 역시 효율적 포트폴리오가 된다.

37) ZZ'선상에 있는 포트폴리오들은 시장포트폴리오와 상관관계가 없으므로 시장수익률과의 공분산은 0이 되며, 동시에 0의 베타값을 가진다. 그리고 이들 중에서 포트폴리오 Z는 최소분산포트폴리오집합 $\widehat{XGY}$상에 위치하는 분산이 가장 작은 포트폴리오이므로 최소분산 제로베타포트폴리오라고 한다.

그림 10A-1 제로베타 CAPM: 무위험자산이 존재하지 않을 경우

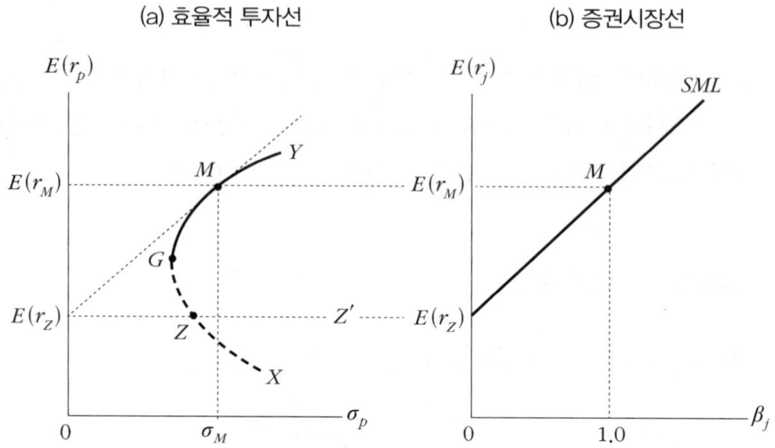

는 바와 같이 제로베타포트폴리오를 이용하면 기대수익률-베타 평면상에 모든 위험자산들의 기대수익률과 체계적 위험의 관계를 나타내는 직선, 즉 증권시장선을 얻을 수 있다. 이와 같은 증권시장선을 식으로 나타내면 다음과 같다.

$$E(r_j) \;=\; E(r_Z)+[E(r_M)-E(r_Z)]\beta_j \qquad (10A-1)$$

무위험자산이 존재하지 않는 경우의 증권시장선을 나타내는 식 (10A-1)을 **제로베타 CAPM**이라 한다.[38] 식 (10A-1)에서 무위험자산이 존재하지 않는 경우에도 기대수익률과 체계적 위험(베타)은 직선관계를 유지한다는 사실을 확인할 수 있다. 즉 무위험자산의 존재 여부와 관계없이 CAPM의 기본적인 논리가 성립됨을 의미한다. 그러나 일반적으로 비체계적 위험을 가지고 있는 제로베타포트폴리오의 기대수익률 $E(r_Z)$가 무위험이자율 r_f보다 크기 때문에, 식 (10A-1)은 앞의 식 (10-13)에 비하여 상대적으로 평평한(절편은 크고, 기울기는 작은) 직선이라 할 수 있다.

이질적 기대가 존재하는 경우

현실적으로 투자자들은 증권의 기대수익률, 표준편차 그리고 공분산에 대하여 서로 다른 기대를 가질 수 있다. 이와 같은 경우 투자자들은 서로 다른 자본시장선에 직면하게 되며, 자본시장선과 마코위츠의 효율적 투자선이 접하는 점, 즉 **접점포트폴리오**

38) 무위험자산이 존재하나 차입이자율이 대출이자율보다 클 경우, 또는 차입이 제한되는 경우에 효율적 투자선은 다르지만, 동일한 논리를 적용하여 식 (10A-1)과 같은 제로베타 CAPM을 얻을 수 있다.

그림 10A-2 자본시장선과 접점포트폴리오: 이질적 기대가 존재하는 경우

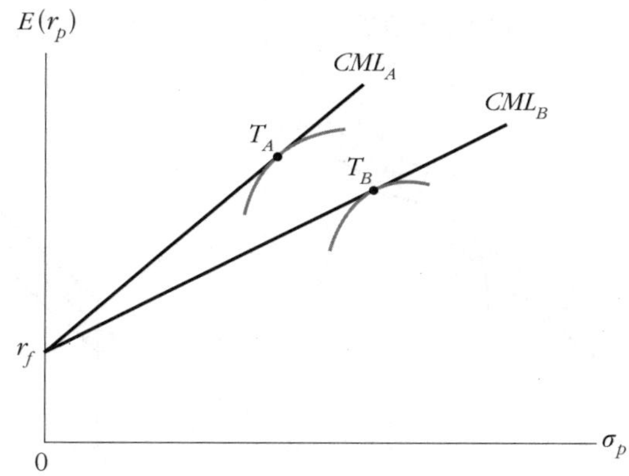

(tangency portfolio)들도 서로 달라지게 된다. 예를 들어 증권의 기대수익률, 표준편차 그리고 공분산에 대하여 이질적 기대를 가지고 있는 투자자 A와 투자자 B의 경우에 [그림 10A-2]에서 볼 수 있는 바와 같이 투자자 A의 자본시장선과 그 접점포트폴리오는 각각 CML_A와 T_A이며, 투자자 B의 자본시장선과 그 접점포트폴리오는 각각 CML_B와 T_B로서 서로 달라짐을 알 수 있다.

이질적 기대(heterogeneous expectation)를 가진 모든 투자자의 접점포트폴리오들을 총합함으로써 시장포트폴리오를 얻을 수 있으며, 이와 같은 시장포트폴리오가 효율적 포트폴리오라면 투자자들의 평균적인 기대를 반영하는 증권시장선을 도출할 수 있을 것이다. 그러나 각 증권의 균형 기대수익률은 각 증권에 대한 모든 투자자들의 기대치를 복잡한 가중치에 의해서 가중평균한 것이다.

거래비용이 존재하는 경우

CAPM은 거래비용이 존재하지 않는 완전자본시장을 가정하고 있다. 그러나 현실적으로는 주식의 매매에 따른 수수료 등의 거래비용이 발생한다.

이와 같은 거래비용은 시장균형에 영향을 미치게 된다. 거래비용이 크면 클수록, 투자자들은 자신의 포트폴리오를 효율적으로 만들기 위한 거래(분산투자)를 보다 적게 한다.[39] 거래비용이 효율적 포트폴리오 구성에 따른 분산투자의 이점을 상쇄하기 때문에 이성적인 투자자라 하더라도 자본시장선(효율적 투자선)상의 효율적 포트폴리오가 아닌 다른 포트폴리오를 선택할 수 있다. 그러므로 [그림 10A-3]에서 볼 수 있는 바와

39) 거래비용 등 시장의 불완전요인이 존재하는 경우, 완전분산투자를 하지 못하므로 비체계적 위험이 중요하게 된다고 할 수 있다.

그림 10A-3 자본시장선과 접점포트폴리오: 이질적 기대가 존재하는 경우

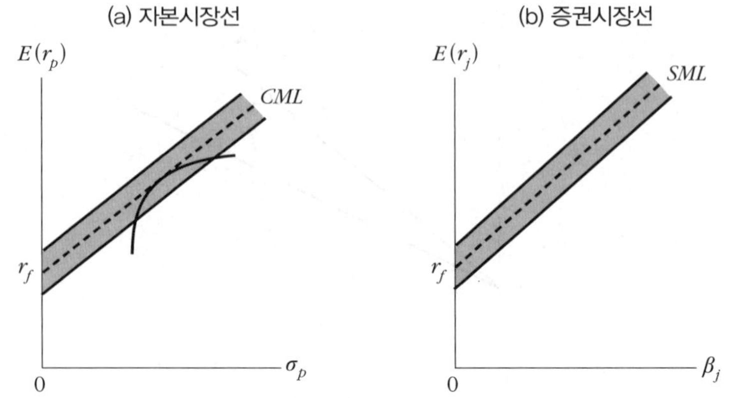

같이 CML과 SML은 직선이 아닌 띠(band) 형태가 된다. 거래비용이 크면 클수록, 띠의 폭도 넓어지게 된다.

A.2 CAPM의 현실적 타당성

검정방법과 내용

CAPM의 검정(test)은 일반적으로 다음과 같은 두 단계의 회귀분석절차를 밟게 된다.

■ **시계열회귀분석**

일정기간 동안의 과거 시계열자료를 이용하여 다음과 같은 시장모형에 의해서 각 증권의 베타계수 β_j를 각각 추정한다.

$$r_{jt}=\alpha_j+\beta_j r_{Mt}+\varepsilon_{jt} \qquad (10A-2)$$

■ **횡단면회귀분석**

각 증권의 평균수익률 $\bar{r}_j$와, **시계열회귀분석**(time series regression)에 의해서 구해진 베타계수의 추정치 $\hat{\beta}_j$를 이용하여, 다음과 같이 **횡단면회귀분석**(cross-sectional regression)함으로써 CAPM을 검정할 수 있다.

$$\bar{r}_j=\gamma_0+\gamma_1\hat{\beta}_j+u_j \qquad (10A-3)$$

CAPM을 검정하는 것은 식 (10A-3)에서 다음의 관계가 성립하는지를 밝히는 것

이 된다.[40)]

- $\gamma_0 = r_f$
- $\gamma_1 = \bar{r}_M - r_f$

많은 학자들에 의해서 CAPM이 검정되었으나, CAPM의 타당성에 관한 일관된 결론은 아직 제시되지 못하고 있는 실정이다.

검정상의 문제점

이론적으로 CAPM은 미래의 기대수익률과 체계적 위험의 선형관계를 나타내는 **사전적**(ex-ante) **모형**이다. 사전적인 CAPM에서는 기울기, 즉 위험의 균형가격$[E(r_M)-r_f]$은 항상 양(+)의 값을 가진다. 만약 위험을 내포하고 있는 시장포트폴리오의 기대수익률이 무위험이자율보다 작다면(CAPM의 기울기가 음(−)의 기울기를 가진다면), 이성적인 투자자는 시장포트폴리오에 투자하지 않는다. 이와 같은 경우에 시장이 형성되지 않기 때문에 사전적으로 위험의 균형가격은 항상 양(+)의 값을 가져야 한다. 그러나 실제로 투자가 실행된 후, 즉 사후적(ex−post)으로 시장이 약세국면에 있는 경우에는 실제 시장수익률이 무위험이자율보다 작을 수도 있다. 사후적인 위험의 균형가격은 음(−)의 값을 가질 수 있음을 의미한다. 그러므로 정확하게 CAPM을 검정하기 위해서는 증권의 미래수익률의 확률분포에 의해서 기대수익률과 체계적 위험을 추정하여 그것들이 직선관계를 가지고 있는지를 살펴보아야 한다. 그러나 이와 같은 미래의 사전적 자료를 구하는 것은 어려운 일이다. 그러므로 CAPM을 검정할 때 과거와 미래는 크게 다르지 않다는 전제하에 과거의 역사적 자료(사후적 자료)를 사용하는 것이 일반적 이다.

또한 CAPM을 검정할 때 시장의 모든 위험자산(주식, 위험채권, 부동산, 귀금속, 인적자본 등)을 포함하는 진정한 시장포트폴리오(true market portfolio)를 사용하여야 하는데, 실제로 이와 같이 진정한 시장포트폴리오를 구성하는 것은 거의 불가능하다. 그러므로 대부분의 실증분석은 그 대용치로서 코스피지수를 사용한다. 그러나 진정한 시장포트폴리오가 아닌 대용치로서 코스피지수를 사용한다면, 통계상의 변수오차(errors in variables)문제가 발생될 수 있다.

---

40) 식 (10A−3)의 회귀분석 시 t통계량을 이용한 검정을 통해 γ_0와 γ_1의 추정계수가 유의한지 그 여부를 판단할 수 있다. 자유도가 60보다 큰 t분포하에서 추정계수의 t통계량이 2 이상일 경우 그 계수는 5% 유의수준에서 통계적으로 유의(계수가 0과 다름)하다고 할 수 있다.

제 11 장

위험과 자본예산

1. 위험과 자본비용
2. 위험과 투자안 평가
3. 현금흐름 예측의 불확실성

다음과 같은 두 가지 이유에 의해서 현재의 1원이 미래의 1원보다 더 가치가 있다. 첫째, 위험이 없는 상황하에서는 단순한 화폐의 시간적 가치가 존재한다. 예를 들어 당신이 현재 1원을 은행에 예금하는 경우 미래시점에 1원 이상을 얻을 수 있다. 둘째, 위험이 없는 오늘의 1원이 위험을 내포하고 있는 미래의 1원보다 더 가치가 있다.

미래의 현금흐름을 평가할 때, 위의 두 가지 사항을 적절히 반영하여야 한다. 앞에서 설명한 자본예산에서는 확실성을 가정하여 단순한 화폐의 시간적 가치만을 고려하였다. 즉 미래 현금흐름을 무위험이자율로 할인하여 구한 순현가(NPV)에 의해서 투자안을 평가하였다. 그러나 미래 현금흐름이 불확실한 위험투자안의 경우에는 순현가를 구할 때, 위험을 적절히 반영하여야 할 것이다. 본장에서는 지금까지 설명하였던 내용들을 종합하여 위험투자안을 평가하는 절차에 대해서 자세히 설명하고자 한다.

1 위험과 자본비용

일반적으로 투자자들은 위험이 내포된 자산에 투자할 때 그 보상으로서 적절한 위험프리미엄을 요구한다. 투자안의 위험이 높을수록 그 요구수익률은 증가할 것이다. 따라서 투자안을 평가할 때, 먼저 투자안의 위험에 상응하는 적절한 요구수익률, 즉 자본비용을 추정하여야 할 것이다. 여기서는 전장에서 설명한 CAPM을 이용하여 위험투자안의 자본비용을 추정하는 방법에 대해서 설명할 것이다. 이 경우 위험자산을 평가하는 데 적절한 위험은 분산불가능한 체계적 위험이다.

1.1 자본비용의 기본적 개념

기업이 잉여자금을 가지고 있을 때, 다음의 두 가지 행동 중 한 가지를 선택할 수 있다. 첫째, 기업은 잉여자금을 현재 배당으로 지급할 수 있다. 둘째, 기업은 잉여자금을 새로운 투자안에 투자할 수 있다. 이 경우 투자안으로 인하여 생성되는 미래의 현금흐름을 배당으로 지급할 수 있을 것이다. 이와 같은 두 대안 중 주주들은 어느 대안을 선호하겠는가? 만약 주주들이 현재의 배당금을 기업이 고려하고 있는 투자안과 동일한 위험을 가지는 금융자산(예를 들어 주식 또는 채권)에 투자할 수 있다면, 주주들은 보다 높은 기대수익률을 제공하는 대안을 선호할 것이다. 즉 주주들은 투자안의 기대수익률이 최소한 그와 동일한 위험을 가지는 금융자산의 기대수익률보다 더 높을 경우에만 기업이 투자안을 선택하기를 원한다. 이와 같은 관계를 나타내면 [그림 11-1]과 같다.

이상에서 설명한 내용은 매우 단순한 자본예산의 원칙을 암시한다. 투자자금의 기회비용은 할인율을 의미하며, 이는 투자안과 동일한 위험을 가지는 금융자산의 기대수

그림 11-1 잉여자금을 가진 기업의 선택

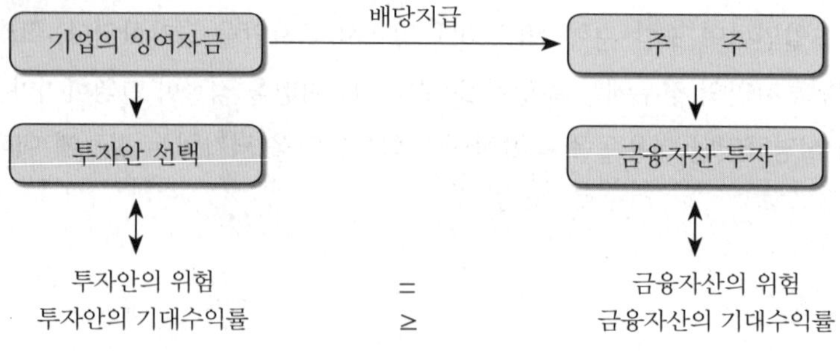

익률로 측정될 수 있다. 할인율을 자본비용, 요구수익률, 최저필수수익률, 또는 장애율(hurdle rate)이라고도 한다.

1.2 기업의 자본비용과 투자안의 자본비용

기업이 기존의 사업과 전혀 다른 새로운 사업을 시작하는 경우, 새로운 사업에 대한 체계적 위험은 기존 기업의 체계적 위험과 다를 것이다. 이와 같은 경우에 기업의 자본비용을 사용하여 투자안을 평가한다면, 잘못된 평가결과가 나올 수 있다. 기업의 자본비용에 의해서 투자안을 평가하는 경우, 위험이 낮은 투자안은 기각되는 반면에 위험이 높은 투자안은 채택될 가능성이 커진다. 예를 들어 만약 기업의 자본비용으로 투자안을 평가한다면, [그림 11-2]에서 볼 수 있는 바와 같이 위험이 다소 낮은 투자안 A와 B는 그 기대수익률이 기업의 자본비용보다 낮기 때문에 기각되나, 위험이 높은 투자안 C와 D는 그 기대수익률이 기업의 자본비용보다 더 높기 때문에 채택된다. 그러나 이와 같은 평가결과는 각 투자안의 위험을 정확히 반영한 것이 아니기 때문에 잘못된 평가결과라 할 수 있다.

그림 11-2 기업의 자본비용과 투자안의 자본비용

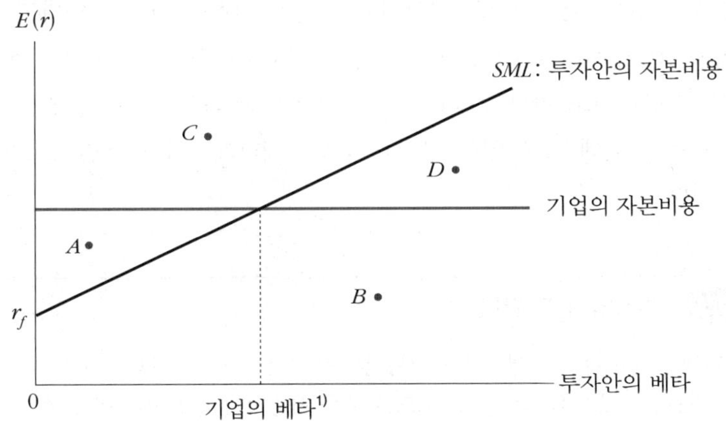

1) 기업을 모든 개별자산으로 구성된 포트폴리오로 생각할 수 있다. 그러므로 기업의 베타는 기업이 투자하고 있는 모든 개별자산의 베타를 가중평균한 것과 같다.

$$\beta_F = \sum_{j=1}^{N} w_j \beta_j$$

여기서 β_F: 기업의 베타

w_j: 자산 j의 구성비율(=자산 j의 가치/총자산가치)

β_j: 자산 j의 베타

투자안의 자본비용은 반드시 그 투자안 자체의 체계적 위험에 의해서 측정되어야 한다. 이는 가치의 가산원칙에 의해서 투자안이 독립적으로 평가되어야 한다는 것을 의미한다. 기업의 자본비용이 아닌 투자안의 자본비용에 의해서 평가한다면, 투자안의 자본비용을 나타내는 증권시장선(SML) 위에 있는 투자안 A와 C를 채택하고, 증권시장선 아래에 있는 투자안 B와 D는 기각되어야 한다. 결론적으로 기존 기업의 위험과 투자안의 위험이 상이할 경우, 투자안의 자본비용으로서 기업의 자본비용을 사용할 수 없다.

투자안의 자본비용은 그 체계적 위험을 나타내는 투자안의 베타를 추정한 후, CAPM을 이용하여 계산할 수 있다.

$$E(r_k) = r_f + [E(r_M) - r_f]\beta_k \quad (11-1)$$

여기서 $E(r_k)$: 투자안 k의 자본비용
r_f: 무위험이자율
$E(r_M)$: 시장의 기대수익률
$\beta_k\left[= \dfrac{Cov(r_k,\ r_M)}{Var(r_M)}\right]$: 투자안 k의 베타

식 (11−1)에서 체계적 위험을 나타내는 β_k는 근본적으로 투자안의 미래 수익률자료에 의해서 추정되어야 한다. 그러나 현실적으로 투자안의 미래 수익률자료를 얻기란 매우 어려운 일이다. 또한 새로운 투자안일 경우 과거자료도 존재하지 않을 것이다. 이와 같은 경우, 일반적으로 투자안과 동일한 위험을 가지고 있다고 생각되는 대용기업(proxy company)을 선정하여 그 기업의 과거자료에 의해서 베타계수를 측정한 후, 그것을 사용하기도 한다. 그러나 이 경우 상당한 측정오차가 발생할 수 있는데, 이 문제는 동종 산업에 속해 있는 기업들의 평균베타계수를 사용함으로써 어느 정도 완화될 수 있다.

예제 11−1 투자안의 자본비용

가정용 청소기구를 생산하고 있는 청결주식회사의 주식베타는 1.3이다. 이 회사는 현재 부채를 사용하고 있지 않으며, 앞으로도 부채를 사용하지 않을 예정이다. 이 회사는 현재 기존의 사업을 두 배로 확장하는 새로운 투자안을 고려하고 있다. 새로운 투자안은 기존의 사업과 유사하기 때문에 새로운 투자안의 베타는 이 회사의 기존 주식베타와 동일한 것으로 추정된다(단, 무위험이자율과 시장의 기대수익률은 각각 7%, 10%로 예상된다).

새로운 투자안의 적절한 할인율은 얼마인가?

| 해설 |

$E(r) = r_f + [E(r_M) - r_f]\beta = 0.07 + (0.10 - 0.07) \times 1.3 = 0.109$ 또는 10.9%

예제 11-2 기업의 자본비용과 투자안의 자본비용

신라주식회사는 다음과 같은 독립적인 투자안들을 고려하고 있다.

투 자 안	베 타	기대수익률
A	0.5	12%
B	0.6	14
C	1.2	16
D	2.0	20

무위험이자율은 7%이며, 시장의 기대수익률은 15%이다. 그리고 이 기업의 자본비용은 15%라고 한다. 이 자료를 이용하여 다음의 물음에 답하라.

(1) 위 투자안들의 자본비용을 구하라.

(2) 물음 **(1)**의 결과에 의해서 각 투자안을 평가하라.

(3) 위 투자안들을 기업의 자본비용에 의해서 평가하고, 그것의 문제점을 지적하라.

| 해설 |

(1) 증권시장선에 의해서 각 투자안의 자본비용을 구하면 다음과 같다.

$$E(r_k)=r_f+[E(r_M)-r_f]\beta_k=0.07+(0.15-0.07)\beta_k=0.07+0.08\beta_k$$

- 투자안 A: $E(r_A)=0.07+0.08\beta_A=0.07+0.08\times0.5=0.11$ 또는 11%
- 투자안 B: $E(r_B)=0.07+0.08\beta_B=0.07+0.08\times0.6=0.118$ 또는 11.8%
- 투자안 C: $E(r_C)=0.07+0.08\beta_C=0.07+0.08\times1.2=0.166$ 또는 16.6%
- 투자안 D: $E(r_D)=0.07+0.08\beta_D=0.07+0.08\times2.0=0.23$ 또는 23%

(2) 독립적 투자안의 평가기준을 요약하면 다음과 같다.

- 투자안의 실제 기대수익률 > 투자안의 자본비용(∵ $NPV>0$) → 투자안 채택
- 투자안의 실제 기대수익률 < 투자안의 자본비용(∵ $NPV<0$) → 투자안 기각

투 자 안	실제 기대수익률		투자안의 자본비용	평 가
A	12%	>	11.0%	채 택
B	14	>	11.8	채 택
C	16	<	16.6	기 각
D	20	<	23.0	기 각

(3)

투 자 안	실제 기대수익률		기업의 자본비용	평 가
A	12%	<	15%	기 각
B	14	<	15	기 각
C	16	>	15	채 택
D	20	>	15	채 택

이상의 결과는 투자안의 자본비용에 의해서 평가된 물음 (2)의 평가결과와 정반대의 결과를 나타내고 있다. 이는 투자안의 체계적 위험이 기업의 체계적 위험과 서로 다르기 때문이다. 이와 같은 경우 기업의 자본비용은 투자안의 체계적 위험을 정확히 반영하지 못한다. 그러므로 기업의 체계적 위험과 투자안의 체계적 위험이 서로 상이한 경우에, 투자안은 그 자체의 체계적 위험을 정확히 반영하여 측정된 투자안의 자본비용에 의해서 평가되어야 한다.

1.3 주식베타의 결정요인 : 경영위험과 재무위험

주식베타는 경영위험과 재무위험에 의해서 결정된다고 할 수 있다. 경영위험과 재무위험에 대해서 구체적으로 살펴보기 전에 먼저 그것들의 중요한 결정요인인 영업레버리지와 재무레버리지의 개념을 살펴보면 다음과 같다.

영업레버리지와 재무레버리지

레버리지(leverage)는 지레장치 또는 지렛대 작용을 의미하는 개념으로 이용되고 있다. 지레장치는 힘들이지 않고 무거운 물건을 끌어올리는 데 이용되는 도구를 말한다. 지렛대의 원리를 이용하면 무거운 물건을 힘들이지 않고 쉽게 들어 올릴 수 있다. 이와 같은 지렛대의 원리가 기업경영에도 적용된다.

기업경영에서 지레장치의 역할을 하는 것이 고정영업비용과 고정재무비용이다. 총비용 중에서 고정영업비용이 차지하는 비중을 높게 조정함으로써 매출액의 변화에 따라 그보다 높은 비율로 영업이익이 변화하는 효과를 얻을 수 있으며, 고정재무비용의 비중을 높게 조정함으로써 영업이익의 변화에 따라 주당순이익이 그보다 높은 비율로 변화하는 효과를 얻을 수 있다. 이와 같이 고정영업비용과 고정재무비용이 지렛대 작용을 하기 때문에 매출액이 작은 비율로 변동하더라도 영업이익이나 주당순이익이 그보다 높은 비율로 변동하는 현상이 일어나는데, 이와 같은 효과를 레버리지효과라고 한다.

레버리지는 다음과 같이 영업레버리지와 재무레버리지로 구분된다.

레버리지 = 영업레버리지 + 재무레버리지

영업레버리지(operating leverage)는 총비용 중에서 고정영업비용이 차지하는 비중으로 측정되며, 고정영업비용이 발생되는 비유동자산을 이용하는 것을 의미한다. 그리고 재무레버리지(financial leverage)는 총비용 중에서 고정재무비용(이자비용 등)이 차지하는 비중으로 측정되며, 고정재무비용이 발생되는 부채를 이용하는 것을 의미한

표 11-1 손익계산서의 구성요인

손익계산서

매 출 액	R		
변동영업비용	VC		
고정영업비용*	FC	DOL	
영업이익	$EBIT$		
이자비용	Int		DCL
법인세비용차감전순이익	EBT		
법인세비용(법인세율 $=T_C$)	T	DFL	
순 이 익	NI		
÷총발행주식수	$\div N$		
주당순이익	EPS		

* 고정영업비용 = 고정현금지출비용 + 감가상각비

다. 한편 레버리지는 총비용 중에서 고정영업비용과 고정재무비용이 차지하는 비중으로 측정될 수 있다.

영업레버리지와 재무레버리지의 개념을 살펴보기 위하여 〈표 11-1〉과 같은 손익계산서를 생각해 보자.

■ 영업레버리지

영업레버리지는 기업이 고정영업비용을 발생시키는 비유동자산을 보유하는 것을 의미한다. 영업레버리지에 의해서 매출액의 변화율보다 영업이익의 변화율이 커지게 되며, 이와 같은 현상을 영업레버리지효과라 한다. 영업레버리지효과의 정도는 다음의 영업레버리지도(degree of operating leverage : DOL)에 의해서 측정될 수 있다.

$$DOL = \frac{\text{영업이익의 변화율}}{\text{매출액의 변화율}} = \frac{\Delta EBIT/EBIT}{\Delta R/R} \tag{11-2}$$

정의에 의해서 식 (11-2)의 EBIT는 다음과 같이 나타낼 수 있다.

$$EBIT = R - VC - FC = (P - V)Q - FC \tag{11-3}$$

여기서 Q: 매출량
P: 단위당 판매가격
V: 단위당 변동비

그리고 매출량이 Q에서 $(Q+\Delta Q)$로 변할 때, EBIT의 변화액, 즉 $\Delta EBIT$는 다음과 같다.[2)]

2) 단위당 판매가격 P와 단위당 변동비 V는 일정하다고 가정한다.

$$\begin{aligned}\Delta EBIT &= [(P-V)(Q+\Delta Q)-FC]-[(P-V)Q-FC]\\ &=(P-V)\Delta Q \qquad (11-4)\end{aligned}$$

그러므로 식 (11−3)과 식 (11−4)를 식 (11−2)에 대입하여 정리하면, 영업레버리지도(DOL)는 다음과 같다.

$$\begin{aligned}DOL &= \frac{\Delta EBIT/EBIT}{\Delta R/R}=\frac{\dfrac{(P-V)\Delta Q}{(P-V)Q-FC}}{\dfrac{P\Delta Q}{PQ}}\\ &=\frac{(P-V)Q}{(P-V)Q-FC}=\frac{R-VC}{R-VC-FC} \qquad (11-5)\end{aligned}$$

식 (11−5)에서 볼 수 있는 바와 같이 고정영업비용(FC)이 클수록, DOL이 크게 나타남을 알 수 있다. 즉 고정영업비용에 의해서 매출액의 변화율보다 영업이익의 변화율(변동 폭)이 커지는 것을 의미한다. 예를 들어 DOL이 1.5라면, 매출액이 10% 증가(또는 감소)하는 경우 영업이익은 15% 증가(또는 감소)한다. 한편 매출액이 증가할수록 DOL은 감소하게 된다. 이는 매출액이 증가할수록 고정영업비용의 영향이 점차 줄어들어 영업레버리지효과가 감소하기 때문이다.

예제 11−3 영업레버리지도(DOL)

전구를 생산하는 반짝주식회사에 관한 자료는 다음과 같다.

- 단위당 판매가격 = 200원
- 단위당 변동비 = 100원
- 고정영업비용 = 20,000,000원

(1) 250,000개의 전구를 생산하는 경우, 이 회사의 DOL은 얼마인가?
(2) 매출액이 5% 증가할 경우, 이 회사의 영업이익은 몇 % 증가하는가?

❙ 해설 ❙

(1) $DOL=\dfrac{(P-V)Q}{(P-V)Q-FC}=\dfrac{(200-100)\times 250{,}000}{(200-100)\times 250{,}000-20{,}000{,}000}=5.0$

(2) DOL의 정의에 의해서, 영업이익의 증가율을 구하면 다음과 같다.

$$\frac{\Delta EBIT}{EBIT}=DOL\left(\frac{\Delta R}{R}\right)=5.0\times 5\%=25\%$$

그러므로 매출액이 5% 증가할 경우, 영업이익은 25% 증가하게 된다.

■ 재무레버리지

재무레버리지는 기업이 고정재무비용인 이자비용을 발생시키는 부채를 사용하는 것을 의미한다. 재무레버리지에 의해서 영업이익의 변화율보다 주당순이익(earning per share : EPS)의 변화율이 커지게 되며, 이와 같은 현상을 재무레버리지효과라 한다. 재무레버리지효과의 정도는 다음의 **재무레버리지도**(degree of financial leverage : DFL)에 의해서 측정될 수 있다.

$$DFL = \frac{\text{주당순이익의 변화율}}{\text{영업이익의 변화율}} = \frac{\Delta EPS/EPS}{\Delta EBIT/EBIT} \tag{11-6}$$

정의에 의해서 식 (11-6)의 EPS는 다음과 같이 나타낼 수 있다.

$$EPS = \frac{(EBIT - Int)(1 - T_C)}{N} \tag{11-7}$$

그리고 영업이익이 EBIT에서 $(EBIT + \Delta EBIT)$로 변할 때 EPS의 변화액, 즉 ΔEPS는 다음과 같다.

$$\begin{aligned} \Delta EPS &= \frac{(EBIT + \Delta EBIT - Int)(1 - T_C)}{N} - \frac{(EBIT - Int)(1 - T_C)}{N} \\ &= \frac{\Delta EBIT(1 - T_C)}{N} \end{aligned} \tag{11-8}$$

그러므로 식 (11-7)과 식 (11-8)을 식 (11-6)에 대입하여 정리하면, 재무레버리지도(DFL)는 다음과 같다.[3)]

$$\begin{aligned} DFL &= \frac{\Delta EPS/EPS}{\Delta EBIT/EBIT} = \frac{\dfrac{\Delta EBIT(1 - T_C)/N}{(EBIT - Int)(1 - T_C)/N}}{\dfrac{\Delta EBIT}{EBIT}} \\ &= \frac{EBIT}{EBIT - Int} = \frac{R - VC - FC}{R - VC - FC - Int} \end{aligned} \tag{11-9}$$

---

3) 일반적으로 우선주에 대한 배당액 D_P는 보통주주의 입장에서 볼 때, 고정적으로 지급해야 하는 고정재무비용으로 생각할 수 있다. 이 경우 우선주에 대한 배당액은 세금을 지급한 후에 지급되므로 보통주의 EPS와 ΔEPS는 다음과 같다.

$$EPS = [(EBIT - Int)(1 - T_C) - D_P]/N, \quad \Delta EPS = \Delta EBIT(1 - T_C)/N$$

위의 식들을 식 (11-10)에 대입하여 우선주에 대한 배당액 D_P까지 고려한 DFL을 구하면 다음과 같다.

$$DFL = \frac{R - VC - FC}{R - VC - FC - Int - \dfrac{D_P}{1 - T_C}}$$

식 (11−9)에서 기업의 고정재무비용인 이자비용(Int)이 많을수록 DFL은 증가한다는 것을 알 수 있다. 이는 이자비용이 클 경우, 영업이익의 변화에 따른 주당순이익의 변화 폭이 크게 확대된다는 것을 의미한다. 한편 영업이익이 증가할수록 DFL은 감소하게 된다. 이는 영업이익이 증가할수록 이자비용의 영향이 점차 줄어들어 재무레버리지효과가 감소하기 때문이다.

예제 11−4 재무레버리지도(DFL)

백두주식회사는 자사의 다음연도 영업이익이 10% 감소하여, 그 결과 주당순이익이 20% 감소할 것으로 예상하고 있다. 만약 이와 같은 추정이 옳다면, 이 회사의 DFL은 얼마인가?

| 해설 |

$$DFL = \frac{\Delta EPS/EPS}{\Delta EBIT/EBIT} = \frac{-20\%}{-10\%} = 2.0$$

■ 결합레버리지

결합레버리지(combined leverage)는 기업이 고정영업비용을 발생시키는 비유동자산을 보유하고, 동시에 이자비용을 발생시키는 부채를 사용하는 것을 의미한다. 영업레버리지와 재무레버리지가 동시에 존재함으로써 매출액의 변화율보다 EPS의 변화율이 커지게 되며, 이와 같은 현상을 결합레버리지의 효과라고 한다. 이와 같은 결합레버리지효과의 정도는 다음의 **결합레버리지도**(degree of combined leverage: DCL)에 의해서 측정될 수 있다.

$$\begin{aligned} DCL &= \frac{\text{주당순이익의 변화율}}{\text{매출액의 변화율}} = \frac{\Delta EPS/EPS}{\Delta R/R} \\ &= \frac{\Delta EBIT/EBIT}{\Delta R/R} \times \frac{\Delta EPS/EPS}{\Delta EBIT/EBIT} \\ &= DOL \times DFL = \frac{R-VC}{R-VC-FC-Int} \end{aligned} \tag{11-10}$$

식 (11−10)에서 기업의 고정영업비용 또는 이자비용이 증가할수록 DCL은 증가한다는 것을 알 수 있다. DCL은 영업레버리지의 효과와 재무레버리지의 효과를 모두 고려하는 것으로서 영업레버리지도(DOL)와 재무레버리지도(DFL)를 곱하여 측정될 수 있다. 이상에서 설명한 레버리지효과를 그림으로 나타내면 [그림 11−3]과 같다.

그림 11-3 레버리지효과

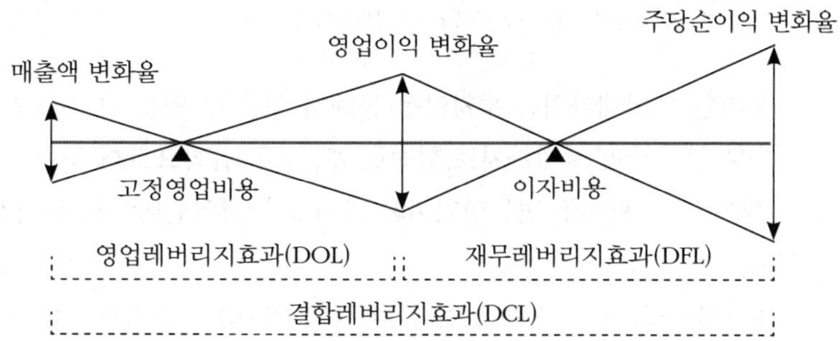

예제 11-5 결합레버리지도(DCL)

전자부품을 생산하는 한라주식회사의 경영자는 매출액이 10% 증가할 경우, 주당순이익은 40% 증가한다고 생각하고 있다. 이 회사의 DFL은 2.0이다. 단위당 공헌이익(단위당 판매가격－단위당 변동비)이 500원이고 생산량이 1,000개일 경우, 이 회사의 고정영업비용은 얼마인가?

❙ 해설 ❙

$$DCL=\frac{\Delta EPS/EPS}{\Delta R/R}=\frac{40\%}{10\%}=4.0$$

$$DCL=DOL\times DFL \rightarrow 4.0=DOL\times 2.0,\quad DOL=2.0$$

$$DOL=\frac{(P-V)Q}{(P-V)Q-FC}=\frac{500\times 1,000}{500\times 1,000-FC}=2.0$$

∴ 고정영업비용(FC)＝250,000원

영업레버리지와 경영위험

세금이 존재하지 않으며 매년 감가상각비만큼 계속 재투자한다고 가정하는 경우, 투자안의 연간 현금흐름은 다음과 같다.

$$CF=(R-VC-FC)+dep-CI=R-VC-FC \tag{11-11}$$

여기서 $CI(=dep)$: 자본적 지출액

식 (11－11)에 의해서 투자안(자산)의 현재가치 $PV(A)$를 다음과 같이 나타낼 수 있다.

$$PV(A)=PV(R)-PV(VC)-PV(FC) \tag{11-12}$$

여기서 $PV(R)$: 매출액의 현재가치
$PV(VC)$: 변동영업비용의 현재가치
$PV(FC)$: 고정영업비용의 현재가치

그러므로

$$PV(R) = PV(A) + PV(VC) + PV(FC) \qquad (11-12)'$$

투자안의 현재가치는 투자안을 통해서 얻을 수 있는 각 연도의 현금흐름을 적절한 할인율로 할인하여 현재가치로 환산한 후, 모두 합함으로써 구할 수 있다. 그리고 이와 같은 방법으로 매출액, 변동영업비용 그리고 고정영업비용의 현재가치도 구할 수 있을 것이다.

식 (11－12)′에서 볼 수 있는 바와 같이 $PV(R)$은 $PV(A)$, $PV(VC)$ 그리고 $PV(FC)$로 구성된 포트폴리오로 생각할 수 있다. 그러므로 매출액의 베타는 그 구성항목의 가치에 의해서 가중평균하여 다음과 같이 구할 수 있다.

$$\beta_R = \beta_A\left[\frac{PV(A)}{PV(R)}\right] + \beta_{VC}\left[\frac{PV(VC)}{PV(R)}\right] + \beta_{FC}\left[\frac{PV(FC)}{PV(R)}\right] \qquad (11-13)$$

그리고 매출량이 변동함에 따라 매출액과 변동영업비용은 거의 같은 비율로 변동하나, 고정영업비용은 항상 일정하기 때문에 $\beta_R = \beta_{VC}$, $\beta_{FC} = 0$이라 할 수 있다. 그러므로 식 (11－13)을 β_A에 관하여 풀면 다음과 같다.

$$\beta_A = \beta_R\left[1 + \frac{PV(FC)}{PV(A)}\right] \qquad (11-14)$$

식 (11－14)에 의해서 **경영위험**(business risk)을 나타내는 β_A는 다음의 두 가지 요인에 의해서 결정됨을 알 수 있다.

첫째, 매출액의 베타(β_R)로서 이것은 경제전체의 경기상황에 따라 매출액이 변동하는 정도, 즉 매출액의 경기변동성(cyclicality)에 의해서 결정된다.[4] 매출액의 경기변동성이 높은 경우, 매출액의 베타는 높아진다. 그러나 경기변동성은 표준편차에 의해서 측정되는 변동가능성(variability)과는 다르다는 사실을 유의하여야 한다. 예를 들어 영화산업의 매출액은 매우 불확실하므로 그 변동가능성은 아주 크다고 할 수 있다. 그러나 영화산업의 매출액은 영화의 질과 관련된 것으로서 경기변동에 크게 좌우되지는 않기 때문에 영화산업의 매출액베타는 낮다고 할 수 있다. 즉 높은 표준편차가 항상 높은 베타를 의미하는 것은 아니다.

---

4) 매출액의 베타는 다음과 같이 측정될 수 있다.

$$\beta_R = \frac{Cov(r_R,\ r_M)}{Var(r_M)}$$

여기서 r_R: 매출액의 변화율

둘째, 투자안의 현재가치(자산의 현재가치) 중 고정영업비용의 현재가치가 차지하는 비율[$PV(FC)/PV(A)$]로서 이것은 영업레버리지를 의미한다. 고정영업비용이 많이 소요되는 투자안 또는 비유동자산이 존재하는 경우 영업레버리지가 높다고 말할 수 있다.

그러므로 매출액의 경기변동성이 높거나 영업레버리지가 클수록, 경영위험은 증가한다.

재무레버리지와 재무위험

기업의 가치(자산의 총가치)는 부채의 가치와 자기자본의 가치를 합한 것과 같기 때문에 기업의 자산을 부채와 자기자본으로 구성된 가상의 포트폴리오로 생각할 수 있다. 그러므로 **자산베타**(asset beta) β_A는 주식베타(stock beta) β_S와 부채베타(debt beta) β_B를 가중평균하여 다음과 같이 구할 수 있다.[5)]

$$\beta_A = \left(\frac{S}{S+B}\right)\beta_S + \left(\frac{B}{S+B}\right)\beta_B \tag{11-15}$$

여기서 S: 주식의 총시장가치
B: 부채의 총시장가치

식 (11-15)를 주식베타 β_S에 관해서 풀면 다음과 같다.

$$\beta_S = \beta_A + (\beta_A - \beta_B)\left(\frac{B}{S}\right) \tag{11-16}$$

그리고 부채의 위험(파산으로 인한 지급불능위험)이 거의 없다고 가정한다면, 부채의 체계적 위험 $\beta_B = 0$이라 할 수 있다. 그러므로 식 (11-16)은 다음과 같이 나타낼 수 있다.

$$\beta_S = \beta_A + \beta_A\left(\frac{B}{S}\right) = \beta_A\left(1 + \frac{B}{S}\right) \tag{11-17}$$

식 (11-16) 또는 식 (11-17)에서 볼 수 있는 바와 같이 부채비율, 즉 재무레버리지가 증가함에 따라 주식베타가 증가함을 알 수 있다. 이는 부채사용으로 인한 **재무위험**(financial risk)이 주주들에게 전가되어 주식의 체계적 위험이 증가된다는 것을 의미한다. 재무레버리지와 주식베타의 관계를 나타내면 [그림 11-4]와 같다.

[그림 11-4]에서 부채비율이 증가함에 따라 상대적으로 아주 작은 부채베타로 인

---

5) 주식베타를 자기자본베타 또는 지분베타(equity beta)라고도 한다.

그림 11-4 재무레버리지와 주식베타의 관계

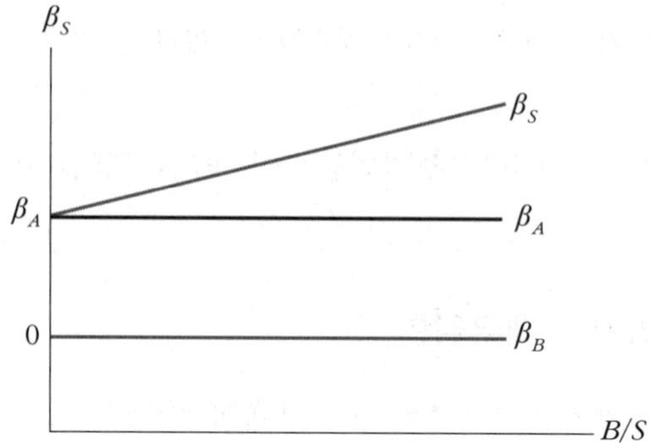

한 위험의 감소효과는 주식베타가 증가함으로써 완전히 상쇄되어, 주식베타와 부채베타의 가중평균인 자산베타는 항상 일정하게 된다.[6)]

1.4 자본구조와 기업의 자본비용

기업이 자기자본과 부채로 자본을 조달하는 경우, 기업을 자기자본과 부채로 구성된 하나의 포트폴리오로 생각할 수 있다. 그러므로 기업의 자본비용은 자본조달의 원천인 부채와 자기자본에 대한 비용을 각각의 시장가치에 의해서 가중평균한 **가중평균 자본비용**(weighted average cost of capital: WACC)이라 할 수 있다.[7)]

$$WACC=\left(\frac{S}{S+B}\right)r_S+\left(\frac{B}{S+B}\right)r_B \tag{11-18}$$

식 (11-18)에서 자기자본비용(cost of equity) r_S와 부채의 자본비용(cost of debt) r_B는 CAPM을 이용하여 각각 다음과 같이 구할 수 있다.

$$r_S=r_f+[E(r_M)-r_f]\beta_S \tag{11-19}$$

$$r_B=r_f+[E(r_M)-r_f]\beta_B \tag{11-20}$$

식 (11-19)와 식 (11-20)을 식 (11-18)에 대입하여 정리하면, WACC를 다음과 같이 나타낼 수 있다.

6) 법인세가 없는 완전자본시장이라는 가정하에서만 이와 같은 관계가 성립된다.
7) 법인세 등이 없다고 가정한다. 세금이 존재하는 경우에 대해서는 제13장에서 설명할 것이다.

$$WACC = r_f + [E(r_M) - r_f]\left[\left(\frac{S}{S+B}\right)\beta_S + \left(\frac{B}{S+B}\right)\beta_B\right]$$

$$= r_f + [E(r_M) - r_f]\beta_A \qquad (11-21)$$

여기서 $\beta_A = \left(\frac{S}{S+B}\right)\beta_S + \left(\frac{B}{S+B}\right)\beta_B$

식 (11-21)에서 기업의 자본비용이 부채베타와 주식베타를 가중평균하여 구한 자산베타에 의해서도 측정될 수 있음을 알 수 있다.

세금이 없다는 전제하에서 지금까지 설명한 내용 중 몇 가지 유의사항을 요약하면 다음과 같다.

첫째, 자본예산에 목적적합한 것은 자기자본비용이 아니라 기업의 자본비용이다.

둘째, 기업의 자본비용은 투자자금의 조달원천인 주식, 부채 등 각각의 자본비용을 가중평균한 것이다.

셋째, 기업의 자본비용은 주식베타가 아닌 자산베타에 의해서 결정된다.

넷째, 자산베타는 기업의 자금조달원천인 주식, 부채 등의 베타를 가중평균한 것이다.

다섯째, 기업이 자본조달방법(자본구조)을 변경할 때, 주식, 부채 등의 위험과 자본비용은 변할 수 있으나 자산베타와 기업의 자본비용은 변하지 않는다.

여섯째, 기업의 자본비용은 기업이 현재 가지고 있는 자산에 대한 기회비용을 의미한다. 그러므로 기업이 고려하고 있는 새로운 투자안의 위험이 기존 기업의 위험과 동일한 경우에만 그 투자안을 평가하기 위해서 기업의 자본비용을 사용할 수 있다.

예제 11-6 자본구조와 기업의 자본비용

현재 남해주식회사의 시장가치로 표시된 재무상태표는 다음과 같다.

재무상태표

(단위: 억원)

자　산	100	부　채	60
		자기자본	40

그리고 현재 이 회사의 주식베타와 부채베타는 각각 2.0과 0.2이다.

시장의 기대수익률과 무위험이자율은 각각 15%와 8%라고 할 때, 이상의 자료를 이용하여 다음의 물음에 답하라. (단, 세금이 없다고 가정한다.)

(1) 이 회사의 자기자본비용과 부채비용을 각각 계산하라.

(2) 이 회사의 자본비용을 계산하라.

(3) 이 회사의 자산베타를 계산하라.

(4) 이 회사의 자본비용을 물음 **(3)**에서 구한 자산베타를 이용하여 계산하고, 그 결과를 물음 **(2)**의 결과와 비교하라.

(5) 이 회사가 추가적인 채권 20억원을 발행하여 그 자금으로 자사의 주식을 재매입하는 경우, 부채베타는 0.3으로 증가한다고 한다. 이 경우 주식베타를 구하라. 그리고 이 회사의 자본비용은 어떻게 되는가?

❙ 해설 ❙

(1) • $r_S = 0.08 + (0.15 - 0.08)\beta_S = 0.08 + 0.07 \times 2.0 = 0.22$

• $r_B = 0.08 + (0.15 - 0.08)\beta_B = 0.08 + 0.07 \times 0.2 = 0.094$

(2) $WACC = \left(\frac{S}{S+B}\right) r_S + \left(\frac{B}{S+B}\right) r_B = 0.4 \times 0.22 + 0.6 \times 0.094 = 0.1444$

(3) $\beta_A = \left(\frac{S}{S+B}\right)\beta_S + \left(\frac{B}{S+B}\right)\beta_B = 0.4 \times 2.0 + 0.6 \times 0.2 = 0.92$

(4) $WACC = 0.08 + (0.15 - 0.08)\beta_A = 0.08 + 0.07 \times 0.92 = 0.1444$

자산베타를 이용하여 구한 이 회사의 자본비용은 14.44%로서 물음 **(2)**에서 구한 자본비용과 일치한다.

(5) 재무상태표는 다음과 같이 변한다.

재무상태표

(단위: 억원)

자 산	100	부 채	80
		자기자본	20

세금이 존재하지 않을 경우 부채비율이 증가함에 따라 상대적으로 작은 부채베타로 인한 위험의 감소효과는 주식베타가 증가함으로써 완전히 상쇄되어, 주식베타와 부채베타의 가중평균인 자산베타는 항상 일정하게 된다.

$$\beta_A = \left(\frac{S}{S+B}\right)\beta_S + \left(\frac{B}{S+B}\right)\beta_B = 0.2 \times \beta_S + 0.8 \times 0.3 = 0.92$$

$$\therefore \beta_S = 3.4$$

이 회사의 자산베타는 자본구조와 관계없이 항상 일정하므로 이 회사의 자본비용은 변하지 않는다. 결론적으로 기업이 자본구조를 변화시킬 때, 주식, 부채 등의 체계적 위험과 자본비용은 변할 수 있으나, 자산베타와 기업의 자본비용은 변하지 않는다.

2 위험과 투자안 평가

2.1 위험조정할인율법과 확실성등가법

위험투자안을 평가하는 방법을 살펴보기 위하여 다음과 같은 현금흐름을 가지는 임의의 투자안을 생각해 보자.

$t=0$	1	2	....	$n-1$	n
$-I_0$	$E(CF_1)$	$E(CF_2)$	....	$E(CF_{n-1})$	$E(CF_n)$

여기서 투자안에 대한 미래 각 기간의 현금흐름은 그 확률분포에 의해서 계산된 기대현금흐름을 의미한다. 이와 같이 투자안의 현금흐름에 위험이 내포된 경우, 그 위험을 적절히 반영하여 투자안을 평가하여야 한다. 위험투자안을 평가할 때, 현금흐름에 내포된 위험을 조정해 주는 방법으로 다음과 같은 두 가지 방법이 있다.

첫째, 할인율에 위험을 반영하는 방법, 즉 **위험조정할인율법**(risk-adjusted discount rate method: RADR method)이 있다. **위험조정할인율**은 체계적 위험을 나타내는 투자안의 베타(자산베타)를 추정한 후, CAPM을 이용하여 다음과 같이 계산된다.

$$E(r)=r_f+[E(r_M)-r_f]\beta_A \qquad (11-22)$$

식 (11-22)에 의해서 측정된 위험조정할인율, 즉 투자안의 자본비용이 매기간 일정하다고 가정하는 경우, 투자안의 순현가를 다음과 같이 계산할 수 있다.

$$NPV=\sum_{t=1}^{n}\frac{E(CF_t)}{[1+E(r)]^t}-I_0 \qquad (11-23)$$

둘째, 미래의 기대현금흐름에 직접 위험을 반영하는 방법, 즉 **확실성등가법**(certainty equivalent method: CEQ method)이 있다. 이는 현금흐름의 위험도에 따라 현금흐름 자체를 확실성등가로 전환시켜서 투자안을 평가하는 방법이다. 확실성등가란 불확실한 현금흐름과 동일한 효용을 제공하는 확실한 현금의 크기를 말한다. 확실성등가는 기대현금흐름에 확실성등가계수를 곱한 것과 같다. 이 경우 **확실성등가계수**는 기대현금흐름 1원과 동일한 효용을 제공하는 확실한 현금의 크기를 나타내는 것으로서 일반적으로 1.0보다 작은 양(+)의 값을 가진다.

$$CEQ_t = \alpha_t E(CF_t) \tag{11-24}$$

여기서 α_t : t시점의 확실성등가계수

각 기간의 확실성등가계수가 주어져 있는 경우, 각 기간의 기대현금흐름을 확실성등가로 전환하면 다음과 같다.

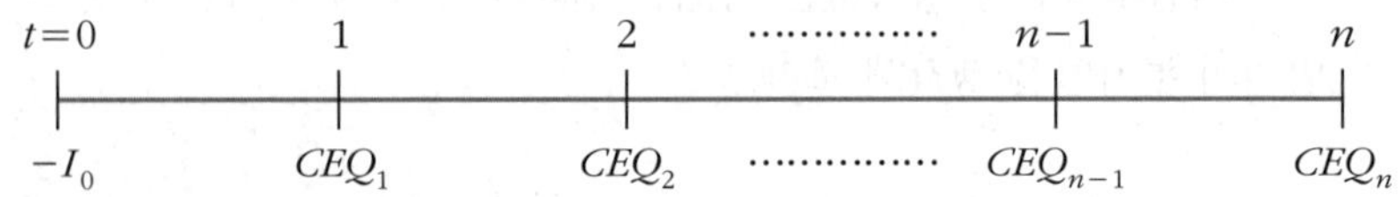

확실성등가는 위험이 없는 확실한 현금흐름이기 때문에 그것은 무위험이자율 r_f에 의해서 할인되어야 한다. 그러므로 투자안의 순현가를 다음과 같이 계산할 수 있다.

$$NPV = \sum_{t=1}^{n} \frac{CEQ_t}{(1+r_f)^t} - I_0 = \sum_{t=1}^{n} \frac{\alpha_t E(CF_t)}{(1+r_f)^t} - I_0 \tag{11-25}$$

이상의 두 방법에 의해서 투자안의 순현가를 구하는 과정을 그림으로 요약하면 [그림 11−5]와 같다.

위험조정할인율법과 확실성등가법에 의해서 구한 순현가는 항상 같아야 한다. 그러므로 식 (11−23)과 식 (11−25)를 같게 놓으면 다음과 같다.

$$\sum_{t=1}^{n} \frac{E(CF_t)}{[1+E(r)]^t} - I_0 = \sum_{t=1}^{n} \frac{\alpha_t E(CF_t)}{(1+r_f)^t} - I_0$$

따라서

$$\frac{E(CF_1)}{1+E(r)} = \frac{\alpha_1 E(CF_1)}{1+r_f}, \text{ 즉 } \alpha_1 = \frac{1+r_f}{1+E(r)}$$

그림 11−5 위험조정할인율법과 확실성등가법

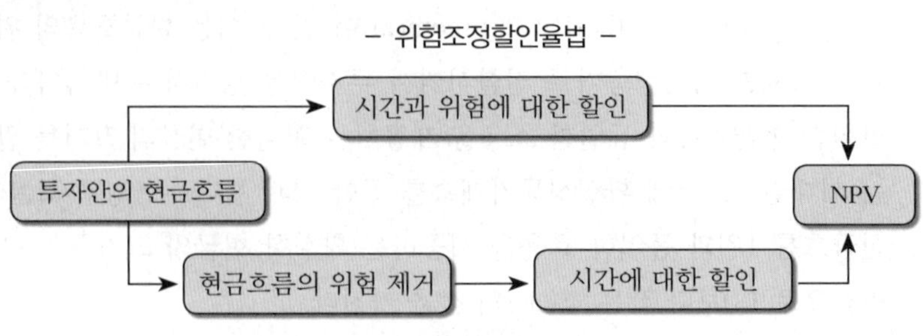

$$\frac{E(CF_2)}{[1+E(r)]^2}=\frac{\alpha_2 E(CF_2)}{(1+r_f)^2}, \text{ 즉 } \alpha_2=\left[\frac{1+r_f}{1+E(r)}\right]^2=(\alpha_1)^2$$

$$\vdots \qquad\qquad \vdots$$

$$\frac{E(CF_n)}{[1+E(r)]^n}=\frac{\alpha_n E(CF_n)}{(1+r_f)^n}, \text{ 즉 } \alpha_n=\left[\frac{1+r_f}{1+E(r)}\right]^n=(\alpha_1)^n$$

이상의 결과에 의해서 t시점에서의 확실성등가계수 α_t를 다음과 같이 나타낼 수 있다.

$$\alpha_t=\left[\frac{1+r_f}{1+E(r)}\right]^t=(\alpha_1)^t \tag{11-26}$$

그러나 위험조정할인율이 매기간 일정할 경우에만 식 (11−26)이 성립됨을 유의하여야 한다. 위험조정할인율이 매기간 일정할 경우, 식 (11−26)을 이용하여 $(t-1)$에서 t 사이의 확실성등가계수의 변화율을 살펴보면 다음과 같다.

$$\frac{\alpha_t-\alpha_{t-1}}{\alpha_{t-1}}=\frac{(\alpha_1)^t-(\alpha_1)^{t-1}}{(\alpha_1)^{t-1}}=\alpha_1-1=-(1-\alpha_1) \tag{11-27}$$

식 (11−27)에서 확실성등가계수는 시간이 경과함에 따라서 매기간 일정률 $(1-\alpha_1)$씩 감소됨을 알 수 있다. 이는 시간이 경과함에 따라 각 기간의 현금흐름에 대한 불확실성이 일정률로 증가한다는 것을 의미한다. 즉 각 기간의 위험조정할인율이 일정한 경우, 시간이 경과함에 따라 누적적 위험은 일정률로 증가하게 된다. 그러므로 각 기간의 위험조정할인율이 일정하다는 것은 투자안의 미래 베타, 즉 단위기간에 대한 위험(risk borne per period)이 일정하다는 것을 의미하는 것이지 1년 후 현금흐름의 불확실성과 10년 후 현금흐름의 불확실성이 동일하다는 것을 의미하는 것은 아니다.[8)]

예제 11−7 위험조정할인율법과 확실성등가법

투자안의 기대현금흐름은 다음과 같다.

(단위: 만원)

시 점	기대현금흐름
0	−200
1	100
2	100
3	100

8) 보다 먼 미래의 현금흐름일수록, 기간 수가 점점 증가하여 전체 위험에 대한 조정(total risk adjustment)은 점점 커지게 된다. 따라서 10년 후 현금흐름의 불확실성(누적적 위험)은 1년 후 현금흐름에 비해 훨씬 높을 것이다.

이 투자안의 $\beta=0.75$이며, 무위험이자율과 시장의 기대수익률은 각각 6%와 14%이다.

(1) 위험조정할인율법에 의해서 투자안을 평가하라.

(2) 각 기간의 확실성등가계수를 구하라.

(3) 확실성등가법에 의해서 투자안을 평가하라.

❙ 해설 ❙

(1) $E(r)=r_f+[E(r_M)-r_f)]\beta_A=0.06+(0.14-0.06)\times0.75=0.12$

$$\therefore NPV=-200+\frac{100}{1+0.12}+\frac{100}{(1+0.12)^2}+\frac{100}{(1+0.12)^3}=40.2\text{만원}$$

투자안의 순현가는 40.2만원으로서 0보다 크기 때문에 이 투자안을 채택하여야 한다.

(2) $\alpha_1=\dfrac{1+r_f}{1+E(r)}=\dfrac{1+0.06}{1+0.12}=0.9464$

$\alpha_2=(\alpha_1)^2=(0.9464)^2=0.8957$

$\alpha_3=(\alpha_1)^3=(0.9464)^3=0.8477$

확실성등가계수는 매기간 5.36%(=1−0.9464)씩 일정률로 감소한다.

(3) (단위: 만원)

시 점	기대현금흐름	확실성등가
0	−200	−200.00
1	100	94.64
2	100	89.57
3	100	84.77

각 기간의 확실성등가를 무위험이자율 6%로 할인하여 투자안의 순현가를 구하면 다음과 같다.

$$NPV=-200+\frac{94.64}{1+0.06}+\frac{89.57}{(1+0.06)^2}+\frac{84.77}{(1+0.06)^3}=40.2\text{만원}$$

투자안의 순현가는 40.2만원으로서 0보다 크기 때문에 이 투자안을 채택하여야 한다. 그러므로 위험조정할인율법과 확실성등가법이 일치함을 알 수 있다.

2.2 CAPM을 이용한 확실성등가의 측정

1년 후 현금흐름이 CF_1이며, 내용연수가 1년인 자산 K의 현재가치를 $PV(K)$라고 할 때, 그 자산의 미래수익률 r_K는 다음과 같다.

$$r_K=\frac{CF_1-PV(K)}{PV(K)}=\frac{CF_1}{PV(K)}-1 \qquad (11\text{-}28)$$

그리고 CAPM에 의해서 자산 K에 대한 위험조정할인율을 구하면 다음과 같다.

$$\begin{aligned} E(r_K) &= r_f + [E(r_M) - r_f]\beta_K \\ &= r_f + [E(r_M) - r_f]\left[\frac{Cov(r_K,\ r_M)}{Var(r_M)}\right] \\ &= r_f + \lambda Cov(r_K,\ r_M) \end{aligned} \tag{11-29}$$

여기서 $\lambda = \dfrac{E(r_M) - r_f}{Var(r_M)}$, 즉 위험(공분산) 한 단위에 대한 시장가격

식 (11－28)에서 CF_1은 미래 현금흐름이므로 불확실한 확률변수이다. 그러나 $PV(K)$는 자산의 현재가치이므로 확실한 값, 즉 상수라 할 수 있다. 그러므로

$$E(r_K) = \frac{E(CF_1)}{PV(K)} - 1$$

$$Cov(r_K,\ r_M) = Cov\left[\frac{CF_1}{PV(K)} - 1,\ r_M\right] = \frac{Cov(CF_1,\ r_M)}{PV(K)}$$

이것들을 식 (11－29)에 대입한 후, $PV(K)$에 관하여 정리하면 다음과 같다.

$$PV(K) = \frac{E(CF_1) - \lambda Cov(CF_1,\ r_M)}{1 + r_f} \tag{11-30}$$

식 (11－30)에서 미래의 기대현금흐름 $E(CF_1)$에 대한 확실성등가 CEQ_1은 다음과 같음을 알 수 있다.

$$CEQ_1 = E(CF_1) - \lambda Cov(CF_1,\ r_M) \tag{11-31}$$

식 (11－31)에서 볼 수 있는 바와 같이 CAPM에 의해서 측정된 확실성등가는 자산의 기대현금흐름, 위험의 단위당 시장가격 그리고 자산의 현금흐름과 시장수익률 사이의 공분산(체계적 위험)에 의해서 객관적으로 결정된다. 결론적으로 자산의 가치는 개별 투자자의 주관적 위험회피성향과는 무관하게 결정됨을 알 수 있다.

예제 11－8 CAPM을 이용한 가치평가

다음은 1년의 내용연수를 가지는 투자안의 현금흐름(CF_1)과 시장수익률(r_M)에 관한 자료이다.

> $E(CF_1) = 6{,}000$만원, $E(r_M) = 0.15$, $Var(r_M) = 0.01$,
> $Cov(CF_1,\ r_M) = 100$만원, $r_f = 0.07$

(1) 이 투자안의 현재가치를 구하라.

(2) 이 투자안의 베타와 요구수익률을 구하라.

❙ 해설 ❙

(1) $PV(\text{투자안}) = \dfrac{E(CF_1) - \lambda Cov(CF_1,\ r_M)}{1+r_f} = \dfrac{6{,}000 - 8 \times 100}{1+0.07} = 4{,}859.81\text{만원}$

여기서 $\lambda = \dfrac{E(r_M) - r_f}{Var(r_M)} = \dfrac{0.15 - 0.07}{0.01} = 8$

(2) $\beta_k = \dfrac{Cov(r_K,\ r_M)}{Var(r_M)} = \dfrac{Cov(CF_1,\ r_M)}{PV(K)Var(r_M)} = \dfrac{100}{4{,}859.81 \times 0.01} = 2.06$

$\rightarrow E(r_K) = r_f + [E(r_M) - r_f]\beta_K = 0.07 + (0.15 - 0.07) \times 2.06 = 0.2348$

3 현금흐름 예측의 불확실성

투자에 있어서 때때로 예측하지 못한 돌발적인 상황이 전개되어 예상하지 못한 결과가 나타날 수 있다. 그러므로 기업의 재무관리자는 항상 투자결정에 내포된 불확실성에 적절하게 대처할 수 있는 방안을 강구하여야 한다. 즉 투자안에 있어서 중요한 변수들을 파악한 후, 그 변수들이 예상하지 못한 방향으로 변화함으로써 투자안에 미칠 수 있는 영향을 면밀히 검토하여야 한다. 여기서는 미래 현금흐름의 불확실성에 대처하기 위하여 개발된 여러 가지 기법에 대해서 설명하고자 한다.

3.1 의사결정수

투자안을 평가할 때, 일련의 연속적인 의사결정이 필요한 경우가 있다. 이와 같은 연속적인 의사결정이 요구되는 투자안의 평가에는 의사결정수(decision trees)를 이용하는 것이 효과적이다.

이를 설명하기 위하여 다음과 같은 예를 생각해 보자. ㈜새나라기계의 엔지니어링그룹은 최근에 보다 강력한 승용차용 터보엔진에 대한 기술을 개발하였다. 마케팅스탭은 이 회사가 몇 가지 모델을 개발하여 그 엔진의 시험마케팅(test-marketing)을 실시하도록 제안하였다. 그러므로 생산이사, 마케팅이사 그리고 엔지니어링이사로 구성된 기획팀은 제품개발과 시험마케팅단계를 먼저 진행하도록 권고하였다. 그들은 이러한 예비적 단계에 1년의 기간과 100백만원의 비용이 소요될 것으로 추정하고, 더 나아가

표 11-2 **(주)새나라기계의 터보엔진생산에 대한 현금흐름 추정** (단위: 백만원)

	1년도	2년도~6년도
① 매 출 액		6,000
② 변동영업비용		3,000
③ 고정현금지출비용		1,791
④ 감가상각비*		300
⑤ 법인세비용차감전순이익		909
⑥ 법인세비용(T_C=0.34)		309
⑦ 순 이 익		600
(1) 영업현금흐름(①−②−③−⑥)		900
(2) 투자비용	−1,500	
현금흐름[(1)+(2)]	−1,500	900

* 투자액은 정액법으로 완전상각된다.

개발과 시험결과가 성공적일 가능성은 75%라고 믿는다.

기업의 경험에 비추어 개발과 시험에 소요되는 비용은 꽤 정확하게 추정된다. 그러나 터보엔진의 매출은 미래의 승용차의 수요에 대한 불확실성, 미래 유가의 불확실성, 승용차 엔진시장에서 ㈜새나라기계의 시장점유율에 대한 불확실성 등에 달려 있다. 터보엔진은 기존의 엔진에 비해 기름이 훨씬 많이 소요되기 때문에 미래 유가는 특히 많은 영향을 미칠 것이다.

만약 시험마케팅의 결과가 성공적이라면, ㈜새나라기계는 추가적인 대지를 구입하고, 몇 개의 지역에 새로운 공장을 지어서 본격적인 생산에 착수할 수 있다. 이와 같은 투자단계에서는 1,500백만원의 비용이 소요될 것이다. 그리고 생산은 다음 5년 동안 계속될 것이다. 이 경우에 기대되는 현금흐름은 〈표 11-2〉와 같다.

만약 ㈜새나라기계가 터보엔진에 투자하여 그것을 생산하려고 결정한다면, 할인율 15%에서 투자안의 순현가는 다음과 같이 구할 수 있다.

$$NPV = -1{,}500 + \sum_{t=1}^{5} \frac{900}{(1.15)^t} = -1{,}500 + 900 \times PVIFA_{0.15,\ 5} = 1{,}517\text{백만원}$$

여기서 계산된 순현가는 투자가 시작되는 시점인 1년도 말 시점의 가치로 계산된 것임을 유의하기 바란다. 나중에 이것을 현재시점(0시점)의 가치로 환산할 것이다.

한편 처음의 시험결과가 성공적이지 못하다면, ㈜새나라기계의 1,500백만원에 대한 투자의 순현가는 −3,611백만원이 된다고 한다. 이 수치도 역시 1년도 말 시점의 가치로 계산된 것이다.

그림 11-6 (주)새나라기계에 대한 의사결정수

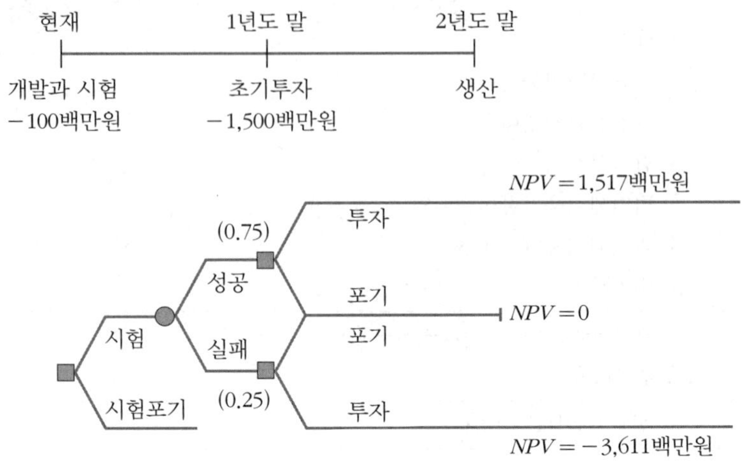

[그림 11-6]은 터보엔진에 관련된 문제를 의사결정수로서 나타낸 것이다. 이 그림에서 ■는 의사결정을 내려야 하는 시점, 즉 의사결정마디(decision node)를 나타내며, ●는 확률적 상황이 분기되는 시점, 즉 상황마디(chance node)를 나타낸다. 만약 ㈜새나라기계가 시험마케팅을 실시한다면, 그 시험결과가 성공할 확률은 75%이다. 그리고 그 시험결과가 성공적이라면, 기업은 두 번째 의사결정(NPV가 1,517백만원인 투자안에 1,500백만원을 투자하여야 하느냐?)에 직면하게 된다. 그러나 만약 그 시험결과가 성공적이지 못하다면, 기업은 다른 의사결정(NPV가 −3,611백만원인 투자안에 1,500백만원을 투자하여야 하느냐?)에 직면하게 된다.

[그림 11-6]에서 볼 수 있는 바와 같이 ㈜새나라기계는 다음과 같은 두 개의 의사결정을 하여야 한다.

첫째, 현재 터보엔진을 시험하고 개발해야 하는지를 결정하여야 한다.

둘째, 시험의 결과에 따라서 1년도 말에 본격적인 생산을 위한 투자를 하여야 하는지를 결정하여야 한다.

의사결정수에서는 항상 역순으로 의사결정을 한다. 그래서 먼저 1,500백만원이 소요되는 두 번째 단계의 투자를 분석해 보자. 만약 시험결과가 성공적이라면, ㈜새나라기계는 투자를 하여야 한다. 왜냐하면 그 투자의 순현가는 1,517백만원으로서 0보다 크기 때문이다. 그러나 만약 시험이 성공적이지 못하다면, ㈜새나라기계는 투자를 하지 않아야 한다. 왜냐하면 그 투자의 순현가는 −3,611백만원으로서 0보다 작기 때문이다.

이제 의사결정이 단순한 문제(㈜새나라기계는 1년 후 1,517백만원에 대한 75%의 기회

를 얻기 위하여 현재 100백만원을 투자하여야 하는가?)로 요약되는 첫 번째 단계로 돌아가 보자. 1년도 말의 가치로 평가된 기대성과는 다음과 같다.

$$\begin{aligned}\text{기대성과} &= (\text{성공확률} \times \text{성공의 성과}) + (\text{실패확률} \times \text{실패의 성과}) \\ &= (0.75 \times 1{,}517) + (0.25 \times 0) = 1{,}138\text{백만원}\end{aligned}$$

그러므로 현재시점에서 계산된 시험마케팅의 순현가는 다음과 같다.

$$NPV = -100 + \frac{1{,}138}{1.15} = 890\text{백만원}$$

즉 기업은 터보엔진에 대한 시험마케팅을 실시하여야 한다.[9)]

3.2 민감도분석

현금흐름의 추정치는 미래의 예상하지 못한 상황변동에 따라 달라질 수 있다. 그러므로 투자안을 분석할 때는 미래의 여러 가지 상황들을 고려하여 이와 같은 상황변동이 투자결정에 어떠한 영향을 미치는가를 사전에 검토해 볼 필요가 있다. **민감도분석**(sensitivity analysis)은 투자안의 현금흐름에 영향을 미치는 변수 중 어느 한 변수의 변화에 의해서 투자안의 NPV가 어느 정도 영향을 받는가를 분석하는 기법이다. 민감도분석을 설명하기 위하여 앞의 〈표 11-2〉의 예를 그대로 사용할 것이다. 먼저 이 표에서 제시된 매출액, 비용 그리고 현금흐름을 계산하는 데 사용된 가정들을 고려해 보자.

① 매출액: 터보엔진에 대한 매출액은 마케팅부서에 의해서 다음과 같이 추정된 것이다.

- 터보엔진의 매출량 = 시장점유율 × 터보엔진시장의 규모
  $= 0.30 \times 10{,}000 = 3{,}000$개
- 매출액 = 터보엔진의 매출량 × 단위당 판매가격
  $= 3{,}000 \times 2$백만원 $= 6{,}000$백만원

그러므로 매출액의 추정치는 시장점유율, 터보엔진시장의 규모 그리고 단위당 판매가격 등에 대한 가정에 의존하고 있음을 알 수 있다.

② 비용: 재무분석가는 빈번하게 비용을 변동비와 고정비의 두 형태로 나눈다. 변

9) 이 문제에서 시험마케팅과 투자의 경우에 모두 15%의 동일한 할인율을 사용하였다. 그러나 투자보다 위험이 높을 가능성이 많은 처음의 시험마케팅에서는 보다 높은 할인율을 사용하여야 할 것이다.

동비(variable costs)는 생산량(조업도)에 따라 변하는 비용으로서 생산이 없을 때는 0이 된다. 직접노무비와 원재료비 등은 항상 변동적이다. 일반적으로 변동비는 생산량에 따라 비례적으로 변한다고 가정한다. 전형적인 변동비는 생산량 1개당 비용이 일정한 비용이다. 예를 들어 최종생산량 1개에 10원의 직접노무비가 발생된다면, 최종생산량 100개에 대해서 1,000원의 직접노무비가 소요될 것이다.

고정비(fixed costs)는 일정한 기간 동안에 생산된 재화나 서비스의 양에 따라 변하지 않는 비용이다. 이와 같은 고정비는 1개월간 임대료, 관리직 사원의 연간 봉급 등과 같이 항상 일정한 기간에 대한 비용으로 측정된다. 그러나 고정비는 단지 사전에 정해진 기간 동안의 일정 생산량 범위 내에서만 고정되며, 영구적으로 고정되지는 않는다는 점을 유의하여야 한다.

생산된 제품의 단위당 변동비는 엔지니어링부서에 의해서 1백만원으로 추정되었다. 그리고 고정현금지출비용은 연간 1,791백만원이다.[10] 이와 같은 비용들을 분석하면 다음과 같다.

- 변동영업비용＝터보엔진의 매출량×단위당 변동비
  ＝3,000×1백만원＝3,000백만원
- 총현금지출비용＝변동영업비용＋고정현금지출비용
  ＝3,000백만원＋1,791백만원＝4,791백만원

초기의 투자액뿐만 아니라 시장규모, 시장점유율, 판매가격, 변동영업비용 그리고 고정현금지출비용 등에 대한 추정치들은 〈표 11－3〉의 중간 열에 나타나 있다. 이러한 수치는 여러 가지 매개변수(parameter)에 대한 기업의 기대치 또는 최선의 추정치를 나타낸다. 비교를 위하여 기업의 분석가는 여러 가지 변수들에 대한 낙관적인 예측치와 비관적인 예측치도 역시 준비하였다.

표 11－3 (주)새나라기계의 터보엔진에 대한 다양한 추정치

변 수	비 관 적	기대 또는 최선	낙 관 적
시장규모(연간)	5,000	10,000	20,000
시장점유율	20%	30%	50%
판매가격(단위당)	1.9백만원	2백만원	2.2백만원
변동비(단위당)	1.2백만원	1백만원	0.8백만원
고정현금지출비용(연간)	1,891백만원	1,791백만원	1,741백만원
투 자 액	1,900백만원	1,500백만원	1,000백만원

10) 고정영업비용＝고정현금지출비용＋감가상각비

표 11-4 민감도분석을 사용하여 계산된 (주)새나라기계의 터보엔진에 대한 1년도 말 시점의 순현가

(단위: 백만원)

변 수	비 관 적	기대 또는 최선	낙 관 적
시장규모(연간)	−1,802*	1,517	8,154
시장점유율	−696*	1,517	5,942
판매가격(단위당)	853	1,517	2,844
변동비(단위당)	189	1,517	2,844
고정현금지출비용(연간)	1,295	1,517	1,628
투 자 액	1,208	1,517	1,903

* 손실이 발생하는 경우에 충분한 세금절감효과를 얻을 수 있을 정도로 기존 기업의 이익이 발생한다고 가정하여 계산되었다.

표준적인 민감도분석은 다른 모든 변수들에 대해서는 기대된 예측치를 가정한 후, 하나의 변수에 대해서 주어진 상황에 따라 NPV를 계산하는 것이다. 그 결과는 〈표 11-4〉에 나타나 있다. 〈표 11-4〉는 다음과 같은 여러 가지 목적을 위해서 사용될 수 있다.

첫째, 전체적으로 볼 때, 이 표는 NPV분석의 신뢰성을 나타내 준다. 즉 기대된 추정치에 의해서 계산된 순현가에 의해서 투자안을 평가할 경우, 그 평가가 잘못될 가능성이 어느 정도인지를 보여준다. 예를 들어 〈표 11-4〉에서는 음(−)의 순현가를 가질 가능성이 두 가지 경우밖에 없으므로 ㈜새나라기계의 순현가에 의한 투자안 평가는 유용한 것으로 평가할 수 있다.

둘째, 이 표는 투자안의 순현가에 결정적으로 영향을 미치는 변수를 확인하여 그 변수에 대한 추가적인 정보가 필요한지를 검토할 수 있다. 예를 들어 투자액의 경우에는 비관적인 상황에서도 정(+)의 순현가가 나타나므로 투자안을 평가할 때 투자액에 대한 오차는 상대적으로 중요하지 않음을 알 수 있다. 이와는 달리 시장규모와 시장점유율이 비관적일 경우 음(−)의 순현가가 나타날 가능성이 있으며, 특히 시장규모가 비관적인 상황에서 순현가가 아주 큰 음(−)의 값을 가지게 되어 기업에 치명적인 손실을 입힐 수 있다. 그러므로 이 투자안을 평가하기 위하여 매출액과 시장규모에 대해서 보다 정확한 추가적인 정보를 수집하여야 할 것이다.

결론적으로 민감도분석은 NPV에 결정적인 영향을 미치는 변수를 확인하여 그 변수에 대한 추가적인 정보가 필요한가를 검토하는 데 유용한 기법이다. 그러나 민감도분석에는 다음과 같은 한계점이 있다.

첫째, 민감도분석은 주관적인 상황판단에 의해서 경영자들에게 잘못된 결과를 제공할 수 있다. 예를 들어 모든 비관적 예측치에 대해서 정(+)의 순현가가 나타나는 경우에 경영자는 그 투자안에서 손실이 발생되지 않을 것으로 믿게 된다. 그러나 이와 같은 경우는 단순히 비관적 예측치에 대한 낙관적인 전망에 의해서 나타날 수 있음을 유의하여야 한다. 상황에 대한 객관적인 판단은 아주 어려운 일이다.

둘째, 민감도분석은 실제로 여러 변수들이 관련되어 있을 가능성이 높음에도 불구하고 독립적으로 각 변수를 처리한다는 문제점을 가지고 있다. 예를 들어 만약 비효율적인 관리에 의해 통제 불가능한 비용이 허용된다면, 변동영업비용, 고정현금지출비용 그리고 투자액은 모두 동시에 기대 이상으로 상승할 것이다. 그리고 승용차시장에서 새로운 터보엔진이 잘 수용되지 못한다면, 시장점유율과 판매가격은 함께 하락할 것이다.

이와 같은 문제점을 해결하기 위하여 발생가능한 여러 가지 다른 시나리오를 검토하는 **시나리오분석**(scenario analysis)을 이용할 수 있다. 예를 들어 급격한 유가의 상승 효과를 고려해 보자. 유가의 상승은 승용차시장의 규모, 시장점유율, 판매가격 등에 영향을 미칠 것이다. 예를 들어 유가상승으로 인하여 시장규모(연간)는 기대치의 70% 수준인 7,000개, 시장점유율은 기대치의 2/3 수준이 20%가 된다고 하자. 이 경우 각 변수의 추정치와 그것에 의해서 산출된 현금흐름은 〈표 11-5〉에 주어져 있다.

〈표 11-5〉에서 주어진 현금흐름에 의해 투자안의 순현가(1년도 말 시점의 가치)를 구하면 다음과 같다.

$$NPV = -1{,}500 + \sum_{t=1}^{5} \frac{-156}{(1.15)^t} = -1{,}500 - 156 \times PVIFA_{0.15,\,5} = -2{,}023\text{백만원}$$

표 11-5 유가가 상승한다는 시나리오하에서 (주)새나라기계의 터보엔진생산에 대한 현금흐름 추정

(단위: 백만원)

	1년도	2년도~6년도
① 매 출 액		2,800
② 변동영업비용		1,400
③ 고정현금지출비용		1,791
④ 감가상각비		300
⑤ 법인세비용차감전순이익		−691
⑥ 법인세비용(T_C=0.34)		−235*
⑦ 순 이 익		−456
(1) 영업현금흐름(①−②−③−⑥)		−156
(2) 투자비용	−1,500	
현금흐름[(1)+(2)]	−1,500	−156

* 손실에 대한 세금절감액

이와 같은 시나리오분석은 민감도분석보다 훨씬 효과적으로 투자안과 관련된 문제들을 밝혀 줄 수 있다.

3.3 손익분기점분석

민감도분석과 시나리오분석은 예측에서의 변동가능성을 검토하는 데 다양한 방법이 존재함을 제시한다. 이와 관련된 또 다른 접근법에는 **손익분기점분석**(break-even point analysis)이 있다. 그 이름이 의미하듯이 이 접근법은 수입과 지출을 동일하게 하는(이익도 손실도 없는) 매출량 또는 매출액을 결정하는 것이다. 이 접근법은 정확하지 못한 예측의 심각성을 밝히는 것으로서 민감도분석을 보완해 주는 유용한 기법이다. 손익분기점은 회계적 이익 또는 현재가치의 개념을 이용하여 계산될 수 있다. 설명을 위하여 ㈜새나라기계의 터보엔진에 대한 예를 그대로 사용한다.

회계적 손익분기점

다음과 같은 네 가지의 다른 매출량의 예측치에 의하여 순이익을 계산하면 각각 다음과 같다.

매출량(개)	순이익(백만원)
0	−1,380
1,000	−720
3,000	600
10,000	5,220

수익과 비용에 대한 보다 자세한 내용은 〈표 11-6〉에 주어져 있다.[11]

매출량에 관한 다른 가정하에서 수익(매출액), 비용 그리고 이익을 각각 나타내면 [그림 11-7]과 같다. 매출량이 2,091개인 점에서 수익과 비용이 일치한다. 이것이 이익도 손실도 발생하지 않는 손익분기점이다. 이 경우 매출량이 2,091개 이상되면 이익이 발생하게 된다.

이와 같은 손익분기점은 매우 쉽게 계산될 수 있을 것이다. 단위당 판매가격이 2백만원이고 단위당 변동비가 1백만원이기 때문에 그것들의 단위당 세후 차이액은 다음과 같다.

$$
\begin{aligned}
&(\text{단위당 판매가격} - \text{단위당 변동비}) \times (1 - T_C) \\
&\quad = (2\text{백만원} - 1\text{백만원}) \times (1 - 0.34) = 0.66\text{백만원}
\end{aligned}
$$

11) 손익분기점분석에서는 매출량을 제외한 모든 다른 변수에 대해서 기대치 또는 최선의 추정치를 사용한다.

표 11-6 매출량에 따른 투자안의 순이익과 순현가의 계산 (단위: 백만원)

	1년도	2년도~6년도			
매 출 량		0	1,000	3,000	10,000
매 출 액		0	2,000	6,000	20,000
변동영업비용		0	1,000	3,000	10,000
고정현금지출비용		1,791	1,791	1,791	1,791
감가상각비		300	300	300	300
법인세비용차감전순이익		−2,091	−1,091	909	7,909
법인세비용(T_C=0.34)		−711*	−371*	309	2,689
순 이 익		−1,380	−720	600	5,220
영업현금흐름		−1,080	−420	900	5,520
투자비용	−1,500				
NPV(1년도 말의 가치)		−5,120	−2,908	1,517	17,004

* 손실에 대한 세금절감액

이와 같은 세후 차이는 추가적인 터보엔진 1개가 세후 이익에 기여하는 금액으로서 공헌이익(contribution margin)이라 한다.

고정현금지출비용은 1,791백만원 그리고 감가상각비는 300백만원이므로 이러한 비용들의 세후 합계는 다음과 같다.

$$(\text{고정현금지출비용} + \text{감가상각비}) \times (1 - T_C)$$
$$= (1{,}791\text{백만원} + 300\text{백만원}) \times (1 - 0.34) = 1{,}380\text{백만원}$$

그림 11-7 재무의사결정과 기업가치의 관계

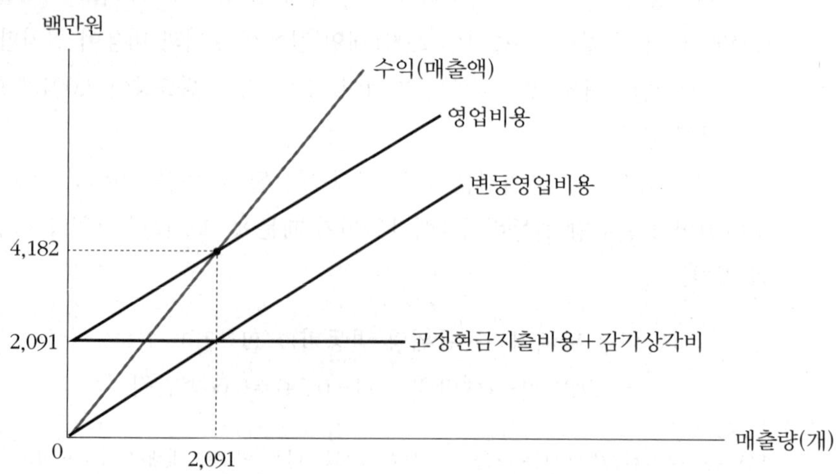

즉 기업은 매출량에 관계없이 항상 1,380백만원의 세후 고정영업비용을 지출하여야 한다. 각 엔진 1개는 0.66백만원만큼 세후 이익에 공헌하기 때문에 세후 비용을 완전히 상쇄할 수 있는 매출량은 다음과 같이 구할 수 있다.

$$\frac{(\text{고정현금지출비용}+\text{감가상각비})\times(1-T_C)}{(\text{단위당 판매가격}-\text{단위당 변동비})\times(1-T_C)}=\frac{1{,}380\text{백만원}}{0.66\text{백만원}}=2{,}091\text{개}$$

그러므로 **회계적 손익분기점**(accounting break-even point)에 도달하는 매출량은 2,091개이다.

재무적 손익분기점

앞에서 이미 여러 번 지적하였지만 회계적 이익개념은 여러 가지 점에서 문제를 안고 있다. 그러므로 현금흐름에 기초하여 계산된 재무적 손익분기점(financial break-even point)을 계산하는 것이 보다 타당하다. **재무적 손익분기점**은 순현가를 0으로 만드는 매출량을 의미한다. 다시 말하면 현금유입의 현가와 현금유출의 현가를 같게 만드는 매출량이 재무적 손익분기점이다. 주어진 할인율 15%에 의해서 투자안의 순현가를 구하면 다음과 같다.

매출량(개)	순현가(백만원)
0	−5,120
1,000	−2,908
3,000	1,517
10,000	17,004

여기서 ㈜새나라기계의 재무적 손익분기점은 1,000개와 3,000개 사이에 있음을 알 수 있다.

재무적 손익분기점은 다음과 같이 계산될 수 있다. 기업의 원래 투자액은 1,500백만원이다. 이러한 초기의 투자액은 다음 5년 동안의 연간 등가비용(equivalent annual cost: EAC)으로 환산될 수 있다.

$$EAC=\frac{\text{초기의 투자액}}{\text{연금의 현가이자요소}}=\frac{\text{초기의 투자액}}{PVIFA_{0.15,\,5}}$$

$$=\frac{1{,}500\text{백만원}}{3.3522}=447.5\text{백만원}$$

447.5백만원의 EAC는 매년의 감가상각비 300백만원보다 큼을 유의하라. EAC에서는 1,500백만원의 투자액이 15%로 투자될 수 있다는 가정을 하기 때문에 EAC는 항상

감가상각비보다 커지게 된다. EAC와 감가상각비는 모두 초기의 투자액을 연간 비용으로 배분하기 위하여 사용된다는 점에서 유사하나, 감가상각비는 투자액의 기회비용을 고려하지 않는 반면, EAC는 투자액의 기회비용까지 고려하여 계산된 연간 비용이라는 점에서 서로 다르다. 즉 EAC는 화폐의 시간적 가치를 고려한 개념이나, 감가상각비는 화폐의 시간적 가치를 무시한 개념이라 할 수 있다.

생산량과 관계없이 항상 일정한 세후 고정영업비용은 다음과 같다.

$$\begin{aligned}&\text{고정현금지출비용}\times(1-T_C)+EAC-\text{감가상각비}\times T_C\\&=1{,}791\times(1-0.34)+447.5-300\times0.34=1{,}528\text{백만원}\end{aligned}$$

여기서 「감가상각비×T_C」는 감가상각비의 세금절감액으로서 현금유입에 해당되기 때문에 세후 고정영업비용, 즉 고정적인 현금유출을 계산할 때는 빼준다. 각 엔진 1개는 0.66백만원만큼 세후 이익에 공헌하기 때문에 세후 비용(고정적 현금유출)을 완전히 상쇄할 수 있는 매출량은 다음과 같이 구할 수 있다.[12)]

$$\frac{\text{고정현금지출비용}\times(1-T_C)+EAC-\text{감가상각비}\times T_C}{(\text{단위당 판매가격}-\text{단위당 변동비})\times(1-T_C)}=\frac{1{,}528\text{백만원}}{0.66\text{백만원}}=2{,}315\text{개}$$

재무적 손익분기점에 도달하는 매출량은 2,315개이다. 회계적 손익분기점과 재무적 손익분기점이 서로 다른 이유는 무엇일까? 손익분기점을 계산하는 기초로서 회계적 이익을 사용할 때는 감가상각비를 차감한다. 터보엔진에 대한 투자안의 감가상각비는 300백만원이었다. 만약 2,091개의 터보엔진이 팔린다면, ㈜새나라기계는 300백만원의 감가상각비와 다른 비용(변동영업비용과 고정현금지출비용)을 합한 금액을 모두 회수할 수 있다. 그러나 불행하게도 이와 같은 매출량 수준에서는 ㈜새나라기계는 투자로 인하여 지출된 1,500백만원에 대한 기회비용을 보상받지 못한다. 만약 1,500백만원을 15%로 투자할 수 있다는 것을 고려한다면, 투자의 진실한 연간 비용은 300백만원이

---

12) 재무적 손익분기점은 영업현금흐름과 연간 등가비용(EAC)이 일치하는 매출량(또는 매출액)을 의미한다.

$$(\text{매출액}-\text{변동영업비용}-\text{고정현금지출비용})(1-T_C)+\text{감가상각비}\times T_C=EAC$$

$$\therefore\ \text{재무적 손익분기점(매출량)}=\frac{\text{고정현금지출비용}\times(1-T_C)+EAC-\text{감가상각비}\times T_C}{(\text{단위당 판매가격}-\text{단위당 변동비})\times(1-T_C)}$$

한편 현금손익분기점(cash break-even point)은 영업현금흐름을 영(0)으로 하는 매출량(또는 매출액)으로 다음과 같다.

$$\begin{aligned}\text{현금손익분기점(매출량)}&=\frac{\text{고정현금지출비용}\times(1-T_C)-\text{감가상각비}\times T_C}{(\text{단위당 판매가격}-\text{단위당 변동비})\times(1-T_C)}\\&=\frac{1{,}080.06\text{만원}}{0.66\text{만원}}=1{,}636\text{개}\end{aligned}$$

아니라 447.5백만원이다. 감가상각비는 초기의 투자액을 회수하는 데 소요되는 진실한 비용을 과소계상하고 있다. 그러므로 실제적으로 볼 때 회계적 손익분기점에서는 초기의 투자에 대한 기회비용만큼 손실이 발생한다고 할 수 있다.

3.4 시뮬레이션분석

시뮬레이션분석(simulation analysis)은 민감도분석과는 달리 여러 변수가 동시에 변할 경우에 투자안의 순현가가 어떻게 되는지를 살펴보는 방법이다. 이는 추정하고자 하는 특정 투자안의 각 변수에 대한 확률분포를 전제로 하여 실제 그 확률분포에 따라 변수를 실현시켜 그 결과를 분석하는 방법으로서, 일반적으로 다음과 같은 4단계를 거쳐 이루어진다.

- 단계 1: 투자분석모형을 정형화한다.
- 단계 2: 각 변수의 확률분포를 추정하여 난수(random number)를 부여한다.
- 단계 3: 난수표를 이용하여 각 변수에 대한 난수를 뽑고, 뽑힌 난수에 대응하는 각 변수의 값을 이용하여 현금흐름을 계산한다.
- 단계 4: 앞의 단계 2와 단계 3을 반복 실시하여 현금흐름의 확률분포를 추정한 후, 순현가를 구하여 투자안을 평가한다.

이와 같은 시뮬레이션분석은 비용이 많이 소요되며, 모형을 설계하는 데 시간이 많이 걸린다는 단점은 있으나, 각 변수들의 복잡한 상호관계를 충분히 고려함으로써 복잡한 현실에 대한 적응력을 높일 수 있다는 장점이 있다.

요 약

위험과 자본비용

1. 기업의 자본비용과 투자안의 자본비용

투자안의 체계적 위험(투자안 베타 또는 자산베타)

→ 투자안의 자본비용(가치의 가산원칙) : $E(r_k)=r_f+[E(r_M)-r_f]\beta_k$

☞ 기업의 체계적 위험≠투자안의 체계적 위험

: 기업의 자본비용≠투자안의 자본비용

2. 주식베타의 결정요인(가정: 법인세가 존재하지 않음, $\beta_B=0$)

$$\beta_S=\beta_A\left(1+\frac{B}{S}\right)$$

▶ 경영위험(β_A)$=\beta_R\left[1+\frac{PV(FC)}{PV(A)}\right]$

- β_R=매출액의 베타, 즉 매출액의 경기변동성
- $\frac{PV(FC)}{PV(A)}$=영업레버리지

☞ 영업레버리지도$(DOL)=\frac{\Delta EBIT/EBIT}{\Delta R/R}=\frac{R-VC}{R-VC-FC}$

▶ 재무레버리지$\left(\frac{B}{S}\right)$ → 재무위험

☞ 재무레버리지도$(DFL)=\frac{\Delta EPS/EPS}{\Delta EBIT/EBIT}=\frac{R-VC-FC}{R-VC-FC-Int}$

3. 자본구조와 기업의 자본비용

$$WACC=\left(\frac{S}{S+B}\right)r_S+\left(\frac{B}{S+B}\right)r_B=r_f+[E(r_M)-r_f]\beta_A$$

여기서 $\beta_A=\left(\frac{S}{S+B}\right)\beta_S+\left(\frac{B}{S+B}\right)\beta_B$

위험과 투자안 평가

1. 위험조정할인율법과 확실성등가법

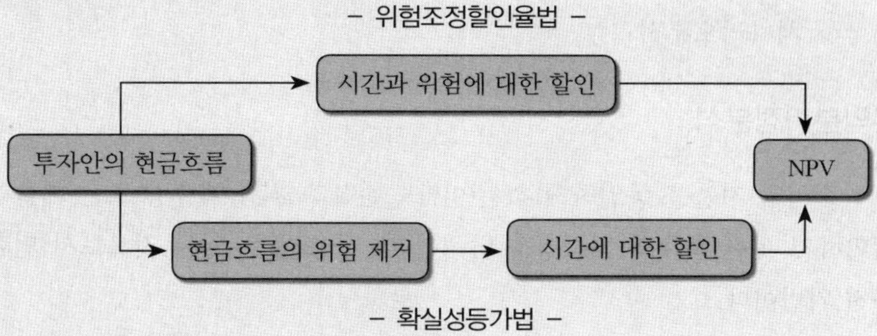

▶ 위험조정할인율법에 의한 NPV의 계산

$$NPV = \sum_{t=1}^{n} \frac{E(CF_t)}{[1+E(r)]^t} - I_0$$

여기서 $E(r) = r_f + [E(r_M) - r_f)]\beta_A$

▶ 확실성등가법에 의한 NPV의 계산

$$NPV = \sum_{t=1}^{n} \frac{CEQ_t}{(1+r_f)^t} - I_0$$

여기서 $CEQ_t = \alpha_t E(CF_t)$

☞ 확실성등가계수$(\alpha_t) = \left[\dfrac{1+r_f}{1+E(r)}\right]^t = (\alpha_1)^t$

2. CAPM을 이용한 확실성등가의 측정

$$CEQ_1 = E(CF_1) - \lambda Cov(CF_1,\ r_M)$$

여기서 $\lambda = \dfrac{E(r_M) - r_f}{Var(r_M)}$, 즉 위험의 시장가격

현금흐름예측의 불확실성

1. 의사결정수

연속적인 의사결정이 요구되는 투자안을 평가하는 데 유용한 기법이다.

2. 민감도분석

투자안의 현금흐름에 영향을 미치는 변수 중 어느 한 변수의 변화에 의해서 투자안의 NPV가 어느 정도 영향을 받는가를 분석하는 기법이다.

☞ 시나리오분석

3. 손익분기점분석

수입과 지출을 동일하게 하는(이익도 손실도 없는) 매출량 또는 매출액을 결정하여 정확하지 못한 예측의 심각성을 밝히는 데 사용될 수 있는 것으로서 민감도분석의 보완적 기법이다.

▶ 회계적 손익분기점 $= \dfrac{(\text{고정현금지출비용} + \text{감가상각비}) \times (1 - T_C)}{(\text{단위당 판매가격} - \text{단위당 변동비}) \times (1 - T_C)}$

▶ 재무적 손익분기점 $= \dfrac{\text{고정현금지출비용} \times (1 - T_C) + EAC - \text{감가상각비} \times T_C}{(\text{단위당 판매가격} - \text{단위당 변동비}) \times (1 - T_C)}$

☞ 회계적 손익분기점 < 재무적 손익분기점 ← 감가상각비 < EAC

4. 시뮬레이션분석

민감도분석과는 달리 여러 변수가 동시에 변할 경우에 투자안의 순현가가 어떻게 되는지를 살펴보는 방법이다.

주요 용어

사 · 례 · 연 · 구

소주와 맥주를 생산하는 매화주조는 다음과 같은 2개의 사업부를 가지고 있다.

(단위: 억원)

사업부	시장가치
소주사업부	60
맥주사업부	40

사업부의 자본비용을 추정하기 위하여, 매화주조는 소주사업부에 대해서는 진로, 그리고 맥주사업부에 대해서는 OB맥주를 각각 사업부에 대한 대용기업으로 선정하였다. 각 대용기업에 관한 자료는 다음과 같다. 그리고 무위험이자율은 7%, 시장의 기대수익률은 15%이다.

(단위: 억원)

대용기업	주식베타	B/(S+B)
진로	0.8	0.3
OB맥주	1.2	0.4

(1) 무위험부채를 가정하여, 매화주조의 각 사업부에 대한 자산베타를 추정하라.
(2) 현재 매화주조의 부채구성비율이 0.4일 때, 매화주조의 주식베타를 구하라.
(3) 부채베타가 0.2인 경우 매화주조의 각 사업부의 자본비용을 추정하라.
(4) 매화주조의 각 사업부의 자본비용을 추정하라.
(5) 위 물음 (1)~(4)와 독립적으로 매화주조는 다음과 같은 현금흐름이 예상되는 투자안을 고려하고 있다.

연도 말	0	1	2
기대 현금흐름(억원)	−100	70	80

이 투자안의 베타는 1.5이다. 투자안의 베타, 무위험이자율 그리고 시장의 기대수익률은 시간에 따라 항상 일정하다고 가정한다. 확실성등가법에 의해 위 투자안을 평가하라.

:: 해 설

(1) 대용기업을 이용하여 각 사업부의 자산베타를 추정하면 다음과 같다.[13)]

$$\beta_A = \left(\frac{S}{S+B}\right)\beta_S + \left(\frac{S}{S+B}\right)\beta_B = \left(\frac{S}{S+B}\right)\beta_S \quad (\because \beta_B = 0)$$

$$= \left(1 - \frac{B}{S+B}\right)\beta_S$$

- 소주사업부: $\beta_A = (1-0.3) \times 0.8 = 0.56$
- 맥주사업부: $\beta_A = (1-0.4) \times 1.2 = 0.72$

(2) 매화주조는 소주사업부와 맥주사업부로 구성된 포트폴리오라 할 수 있다.

$$\beta_A = \left(\frac{60}{60+40}\right) \times 0.56 + \left(\frac{40}{60+40}\right) \times 0.72 = 0.624$$

$$\rightarrow \beta_A = 1 - \left(\frac{B}{S+B}\right)\beta_S = (1-0.4)\beta_S = 0.624$$

$$\therefore \beta_S = \frac{0.624}{0.6} = 1.04$$

(3) 각 사업부의 자산베타를 이용하여 자본비용을 구하면 다음과 같다.

- 소주사업부의 자본비용 $= r_f + [E(r_M) - r_f]\beta_A = 0.07 + 0.08 \times 0.56 = 0.1148$
- 맥주사업부의 자본비용 $= r_f + [E(r_M) - r_f]\beta_A = 0.07 + 0.08 \times 0.72 = 0.1276$

(4) 대용기업을 이용하여 각 사업부의 자산베타를 추정하면 다음과 같다.

$$\beta_A = \left(\frac{S}{S+B}\right)\beta_S + \left(\frac{B}{S+B}\right)\beta_B$$

- 소주사업부 : $\beta_A = 0.7 \times 0.8 + 0.3 \times 0.2 = 0.62$
- 맥주사업부 : $\beta_A = 0.6 \times 1.2 + 0.4 \times 0.2 = 0.80$

$\therefore$ 소주사업부의 자본비용 $= 0.07 + 0.08 \times 0.62 = 0.1196$

맥주사업부의 자본비용 $= 0.07 + 0.08 \times 0.80 = 0.1340$

(5) 투자안의 베타가 1.5이므로 투자안의 자본비용은 다음과 같다.

$$E(r) = r_f + [E(r_M) - r_f)]\beta_A = 0.07 + 0.08 \times 1.5 = 0.19$$

확실성등가계수를 구하면 다음과 같다.

13) 세금이 없는 경우, 자본구조와 관계없이 자산베타는 항상 일정하므로 사업부와 대용기업의 자본구조가 서로 상이하여도 상관이 없다.

$$\alpha_1 = \frac{1+r_f}{1+E(r)} = \frac{1+0.07}{1+0.19} = 0.8992$$
$$\alpha_2 = (\alpha_1)^2 = (0.8992)^2 = 0.8086$$

확실성등가계수를 이용하여 각 시점 별 기대현금흐름의 확실성등가를 구하면 다음과 같다.

(단위: 억원)

시 점	기대현금흐름	확실성등가
0	−100	−100.00
1	70	62.94
2	80	64.69

위의 확실성등가를 무위험이자율 7%로 할인하여 투자안의 순현가를 구하면 다음과 같다.

$$NPT = -100 + \frac{62.94}{1+0.07} + \frac{64.69}{(1+0.07)^2} = 15.32\text{억원}$$

투자안의 순현가는 15.32억원으로서 0보다 크기 때문에 이 투자안을 채택하여야 한다. 이러한 결과는 다음과 같이 투자안의 기대현금흐름과 자본비용 19%를 이용한 위험조정할인율법을 적용하여도 동일하게 얻을 수 있다.

$$NPT = -100 + \frac{70}{1+0.19} + \frac{80}{(1+0.19)^2} = 15.32\text{억원}$$

연·습·문·제

▶ 객관식 문제

01 ㈜윈드는 풍력 발전에 사용되는 터빈을 생산하는 기업이며 생산된 터빈은 모두 판매되고 있다. ㈜윈드의 손익분기점은 터빈을 2,500개 판매할 때이다. ㈜윈드가 터빈을 3,400개 판매할 때의 영업레버리지도(degree of operational leverage: DOL)로 가장 적절한 것은? (CPA 1차 2012)

① $DOL \leq 1.5$　② $1.5 < DOL \leq 2.5$　③ $2.5 < DOL \leq 3.5$
④ $3.5 < DOL \leq 4.5$　⑤ $DOL > 4.5$

02 A기업의 경우, 매출량이 1% 증가하면 영업이익(EBIT)은 3% 증가한다. 이 기업의 결합레버리지도(DCL)는 6이며, 현재 이 기업의 주가수익비율(PER)은 12이다. 영업이익이 10% 증가하는 경우, 주가가 10% 상승한다면 PER는 얼마가 되는가? (CPA 1차 2004)

① 10　② 11　③ 12　④ 15　⑤ 18

03 A기업의 재무레버리지도(DFL)는 2이고 결합레버리지도(DCL)는 6이다. 현재 A기업의 영업이익(EBIT)이 20억원이라면, 이 기업의 고정영업비용은? (CPA 1차 2017)

① 20억원　② 25억원　③ 30억원　④ 35억원　⑤ 40억원

04 영업레버리지도(DOL), 재무레버리지도(DFL), 결합레버리지도(DCL)에 관한 설명으로 가장 적절하지 않은 것은? (CPA 1차 2016)

① 영업이익(EBIT)이 영(0)보다 작은 경우, 음(−)의 DOL은 매출액 증가에 따라 영업이익이 감소함을 의미한다.
② 고정영업비가 일정해도 DOL은 매출액의 크기에 따라 변화한다.
③ DCL은 DOL과 DFL의 곱으로 나타낼 수 있다.
④ 이자비용이 일정해도 DFL은 영업이익의 크기에 따라 변화한다.

⑤ 영업이익이 이자비용(이자비용>0)보다 큰 경우, 영업이익이 증가함에 따라 DFL은 감소하며 1에 수렴한다.

05 ㈜대한과 ㈜민국은 새로운 투자안에 대해 고려하고 있다. ㈜대한과 ㈜민국이 선택해야 할 투자안을 올바르게 구성한 것은? (단, CAPM이 성립한다고 가정한다.) (CPA 1차 2010)

- ㈜대한의 주식베타는 1이고 기업의 평균자본비용은 6%이다.
- ㈜대한에는 2개의 사업부서 AM과 PM이 있으며 AM은 기업평균보다 위험도가 높은 투자안을, PM은 낮은 투자안을 수행한다.
- ㈜민국의 주식베타는 2이고 기업의 평균자본비용은 10%이다.
- ㈜민국에는 2개의 사업부서 하계와 동계가 있으며 하계는 기업평균보다 위험도가 높은 투자안을, 동계는 낮은 투자안을 수행한다.
- ㈜대한과 ㈜민국은 베타가 1.5로 측정된 신규 사업 A와 B에 대한 시행여부를 고려하고 있다. ㈜대한은 AM사업부가, ㈜민국은 동계사업부가 이 투자안을 수행할 계획이다.
- ㈜대한과 ㈜민국은 모두 완전 자기자본조달 기업이며 신규 사업에 대한 자본조달은 기존 자본구조를 따른다.
- 신규 사업 A의 내부수익률은 9%이고 B의 내부수익률은 7%이다.

	㈜대한	㈜민국
①	A, B	A
②	A, B	없음
③	A	A
④	A	없음
⑤	없음	없음

06 현재($t=0$) 주당배당금 2,000원을 지급한 A기업의 배당 후 현재 주가는 30,000원이며, 향후 매년 말 배당금은 매년 5%의 성장률로 증가할 것으로 예상된다. 또한 매년 말 700원을 영구적으로 지급하는 채권은 현재 10,000원에 거래되고 있다. A기업 주식 4주와 채권 4주로 구성된 포트폴리오의 기대수익률은? (CPA 1차 2008)

① 8.75% ② 9.25% ③ 10.75% ④ 11.25% ⑤ 12.75%

07 현재 부채와 자기자본 비율이 50 : 50인 ㈜한국의 주식베타는 1.5이다. 무위험이자율이 10%이고, 시장포트폴리오의 기대수익률은 18%이다. 이 기업의 재무담당자는 신주발행을 통해 조달한 자금으로 부채를 상환하여 부채와 자기자본 비율을 30 : 70으로 변경

하였다. 다음 설명 중 옳지 않은 것은? 단, 법인세가 없고 무위험부채 사용을 가정한다. (단, 소수점 셋째 자리에서 반올림) (CPA 1차 2009)

① 자본구조 변경 전의 자기자본비용은 22.0%이다.
② 자본구조 변경 전의 자산베타는 0.75이다.
③ 자본구조 변경 후의 주식베타는 1.07로 낮아진다.
④ 자본구조 변경 후의 자기자본비용은 20.56%로 낮아진다.
⑤ 자본구조 변경 후의 가중평균자본비용은 16%로 변경 전과 같다.

08 기계설비 투자안에 대한 자료가 다음과 같다. 자본비용은 10%이고 세금은 고려하지 않으며 연간 판매수량은 동일하다. 감가상각은 정액법을 따르며 투자종료시점에서 잔존가치와 매각가치는 없다고 가정한다.

기계 구입가격 3,000만원	기계 내용연수 3년
단위당 판매가격 10만원	단위당 변동비 5만원
감가상각비를 제외한 연간 고정비 1,000만원	

다음 설명 중 가장 적절하지 않은 것은? (단, 회계손익분기점, 현금손익분기점, 재무손익분기점은 각각 영업이익, 영업현금흐름, 순현가를 0으로 하는 연간 판매수량을 의미한다. 3년 연금의 현가요소는 이자율이 10%일 때 2.4869이다.) (CPA 1차 2013)

① 회계손익분기점에서 회수기간은 투자안의 내용연수와 동일하다.
② 재무손익분기점에서 내부수익률은 자본비용과 같다.
③ 현금손익분기점에서 내부수익률은 0%이다.
④ 순현가를 양(+)으로 하는 최소한의 연간 판매수량은 442개이다.
⑤ 세 가지 손익분기점을 큰 순서대로 나열하면 재무손익분기점, 회계손익분기점, 현금손익분기점이다.

● 객관식 해답 **1.** ④, **2.** ②, **3.** ⑤, **4.** ①, **5.** ③, **6.** ③, **7.** ④, **8.** ③

▶ 주관식 문제

01 CAPM에 의한 위험투자안 평가

한솔주식회사는 독립적인 4개의 투자안을 고려하고 있으며, 그 투자안들과 시장포트폴리오의 미래수익률 확률분포는 각각 다음과 같다.

상 황	확 률	시장수익률	투자안의 수익률			
			투자안 A	투자안 B	투자안 C	투자안 D
1	0.1	−0.15	−0.30	−0.30	−0.09	−0.05
2	0.3	0.05	0.10	−0.10	0.01	0.05
3	0.4	0.15	0.30	0.30	0.05	0.10
4	0.2	0.20	0.40	0.40	0.08	0.15

단, 무위험이자율은 5%이다.

위의 자료를 이용하여 다음의 물음에 답하라.

(1) 시장포트폴리오의 기대수익률, 분산 그리고 표준편차를 구하라.

(2) 각 투자안의 실제 기대수익률과 시장수익률과의 공분산을 구하라.

(3) 각 투자안의 베타와 요구수익률을 구하라.

(4) 각 투자안을 평가하라.

02 영업레버리지도(DOL), 재무레버리지도(DFL), 결합레버리지도(DCL)

팩시밀리 단일품목만 생산하고 있는 ㈜청운전자는 20×1년도에 대당 20만원 하는 팩시밀리를 10,000대 판매하였다. 보통주 10만주를 발행하고 있는 이 회사의 20×1년도 손익계산서는 다음과 같다.

손익계산서

㈜청운전자 (20×1. 1. 1~20×1. 12. 31) (단위: 만원)

매 출 액	200,000
변동영업비용	100,000
고정영업비용	50,000
영업이익(EBIT)	50,000
이자비용	10,000
법인세비용차감전순이익	40,000
법인세비용(법인세율=40%)	16,000
순 이 익	24,000
÷ 총발행주식수	÷10만주
주당순이익(EPS)	2,400원

(1) ㈜청운전자의 20×1년도 매출액수준에서 영업레버리지도, 재무레버리지도 그리고 결합레버리지도를 구하라.

(2) ㈜청운전자의 20×2년도 매출액이 전년도에 비해 10% 증가할 경우, 이 회사의 20×2년도의 추정손익계산서를 작성하라.

03 자산베타

명랑주식회사의 자본구조는 다음과 같다.

증 권	베 타	총시장가치
부 채	0.00	100억원
우선주	0.20	40억원
보통주	1.20	200억원

(1) 이 회사의 자산베타를 구하라.

(2) 이 회사는 보통주를 발행하여 140억원의 자금을 조달한 후, 그 자금으로 모든 부채와 우선주를 재매입하려고 한다. 이 경우 자산베타는 어떻게 변하는가?

04 사업부의 가치평가

(CPA 2차 2003 수정)

무부채기업인 ㈜남북은 A, B 두 개의 사업부를 가지고 있다. 각 사업부의 기대현금흐름은 다음 표와 같다. (−)는 현금유출을, (+)는 현금유입을 의미한다.

(단위: 억원)

사업부 \ 시 점	0	1년도 말
A	−100	+160.5
B	−100	+282.5

사업부 A의 베타는 0.5, 사업부 B의 베타는 1.5이다. 무위험수익률은 4%, 시장포트폴리오의 기대수익률은 10%이다. 이상의 자료를 이용하여 다음의 물음에 답하라.

(1) 각 사업부의 순현재가치를 구하라.

(2) ㈜남북의 베타를 이용하여 ㈜남북의 시장가치를 구하라.

05 투자안의 자본비용과 투자안 평가

와룡주식회사는 현재 4,800만원을 투자하면 1년도 말에 500만원의 현금흐름이 들어오고, 그 후 매년 5%씩 증가된 현금흐름이 영구적으로 들어올 수 있는 새로운 투자안을 고려하고 있다. 이 회사의 총자본은 부채와 자기자본으로 구성되어 있으며, 총자본에 대한 부채의 구성비율은 50%를 유지하고 있다. 이와 같은 자본구조는 이 회사가 생각할 때 가장 이상적인 자본구조로서 새로운 투자안에 소요되는 자금도 동일한 자본구조를 유지할 수 있도록 조달할 것이다. 그리고 이 회사가 현재 고려하고 있는 투자안은 기존 기업의 체계적 위험과 동일한 위험을 가지고 있다고 한다. 현재 이 회사의 주식베타는 2.0이며, 부채의 위험은 없다고 한다. 시장의 기대수익률과 무위험이자율이 각각 15%, 8%일 경우, 다음의 물음에 답하라.

(1) 투자안의 자기자본비용과 부채의 자본비용을 각각 구하라.
(2) 물음 (1)의 결과를 이용하여 투자안의 자본비용을 구하라.
(3) 투자안의 베타(자산베타)를 구하라.
(4) 물음 (3)의 결과를 이용하여 투자안의 자본비용을 구하라.
(5) 물음 (2)와 (4)의 결과를 서로 비교하라.
(6) 투자안을 평가하라.

06 위험조정할인율과 확실성등가법

(CPA 2차 1994 수정)

다음과 같은 현금흐름이 예상되는 투자안이 있다.

(단위: 만원)

연 도 말	기대현금흐름
0	−100
1	40
2	60
3	70

이 투자안의 베타는 1.5이다. 그리고 무위험이자율과 시장의 기대수익률은 각각 8%와 16%이다. (단, 투자안의 베타, 무위험이자율 그리고 시장의 기대수익률은 시간에 따라 항상 일정하다고 가정한다.)

(1) 투자안의 기회비용을 추정하고 순현가를 구하라.
(2) 각 연도 말에 기대되는 현금흐름의 확실성등가계수를 추정하라.
(3) 확실성등가계수가 매년 감소되는 이유를 설명하라.
(4) 투자자의 위험에 대한 태도가 달라진다면, 물음 (2)에서 추정한 확실성등가계수는 어떻게 되겠는가?

07 고급 효용함수와 확실성등가법 (CPA 2차 2003 수정)

새로 설립될 ㈜충남은 무부채기업으로서 사업을 시작하면서 두 개의 상호배타적인 무위험투자안 A와 위험투자안 B를 놓고 투자여부를 검토중이다. 두 투자안의 투자금액은 같지만 투자기간은 2년과 1년으로 서로 다르며, 각 투자안의 경우 투자종료 후에도 동일한 투자기회가 계속 반복될 수 있다고 가정한다. 한편 ㈜충남과 유사한 사업위험을 갖고 있는 ㈜대전은 부채(무위험) 3,000만원, 자기자본 6,000만원이며, 자기자본베타는 1.5이다. 그리고 법인세는 없으며, 시장의 무위험수익률은 5%, 시장포트폴리오의 기대수익률은 10%이고, 이는 이후의 모든 기간에도 계속 적용된다고 가정한다. (금액은 원 단위 미만 절사, 즉 만원 단위 기준으로 계산하는 경우에는 소수점 넷째 자리 미만 절사, 금액 이외의 경우에도 소수점 넷째 자리 미만 절사함.)

무위험투자안 A	
시 점	현금흐름(만원)
0	−5,000
1	2,600
2	3,200

위험투자안 B		
시 점	확 률	현금흐름(만원)
0	1.0	−5,000
1	0.5	3,500
	0.5	8,000

(1) 효용함수가 $U(X)=\sqrt{X}$(단, X는 현금흐름으로 단위는 만원임)로 알려져 있는 갑이 ㈜충남의 소유경영자(1인 소유기업)가 된다면, 어느 투자안을 선택할 것인지 갑의 위험태도를 반영한 확실성등가법을 이용하여 투자안을 평가하라.

(2) 효용함수가 $U(X)=\sqrt[4]{X}=\sqrt{\sqrt{X}}$(단, X는 현금흐름으로 단위는 만원임)로 알려져 있는 을이 ㈜충남의 소유경영자(1인 소유기업)가 된다면, 어느 투자안을 선택할 것인지 을의 위험태도를 반영한 확실성등가법을 이용하여 투자안을 평가하라. 그리고 시장에서 평가하는 투자안 B의 1년 후 현금흐름에 대한 확실성등가계수와 갑, 을 각 개인이 평가하는 확실성등가계수를 계산하고 비교하라.

(3) 갑과 을은 ㈜충남의 주주로만 참여하고 경영은 전문경영자에게 맡기기로 하였다고 하자. 이 경영자 입장에서 모든 주주가 동의하는 만장일치의 투자결정을 하기 위해서는 ① 어떤 시장조건이 필요한지 그 내용을 기술하고, ② 이 시장조건하에서 자본예산과 관련하여 경제적으로 중요한 의미를 갖는 내용이 무엇인지 간단히 설명하라(①, ②의 설명은 각각 2줄 이내). ③ 또한 이러한 시장조건하에서 투자안을 평가하라.

(4) 위험투자안 B에 내포되어 있는 위험을 회피할 수 있는 어떤 제도적 방법이 도입된다고 하면, 갑과 을은 이 제도에 대해 어느 정도의 비용까지 부담할 의사가 있다고 보는가?

08 고급 CAPM과 확실성등가를 이용한 가치평가

내용연수(1년)와 투자비용(1,000만원)이 동일한 상호배타적인 두 투자안에 관한 자료는 다음과 같다.

상 황	확 률	1년 후 현금흐름		시장수익률
		투자안 A	투자안 B	
1	1/3	2,000만원	1,800만원	30%
2	1/3	2,200	2,200	15
3	1/3	2,400	2,600	45

(1) 투자안 A와 투자안 B 중 어느 투자안을 선택하여야 하는가?

(2) 무위험이자율이 15%일 경우 투자안 A와 투자안 B의 베타와 위험조정할인율을 각각 구하라.

09 의사결정수를 이용한 투자안 평가

㈜종로는 지금 전자산업에 진출할 예정이다. 이 회사는 먼저 시제품을 생산하여 시험마케팅을 실시한 후, 그 결과에 따라 본격적인 생산에 들어가려고 한다. 시험마케팅에 소요되는 기간은 1년, 그 투자비용은 1,250만원 그리고 시험마케팅의 성공확률은 50%로 추정된다. 시험마케팅이 성공적인 경우 전자제품 생산에 투자하면 매년 영구적으로 2,500만원의 현금흐름이 기대되고, 시험마케팅이 실패하는 경우 전자제품 생산에 투자하면 매년 영구적으로 750만원의 현금흐름이 기대된다. 전자제품 생산에 소요되는 투자비용은 10,000만원으로 예상된다.

자본비용이 10%일 때, 이 투자안을 평가하라.

10 고급 의사결정수, 투자안 연기의 가치 (CPA 2차 2005 수정)

㈜에어테크는 ㈜스카이항공으로부터 다음과 같은 제안을 받았다.

"비행기용 특수부품의 성능이 보통이면 연간 70개를 개당 20억원에 매입하고, 성능이 우수하면 연간 100개를 개당 30억원에 매입하겠다."

㈜에어테크가 특수부품을 개발하는 데 1년이 소요되며, 500억원을 즉시 지출해야 한다. (단, 개발비용 500억원에 대해서는 세금을 고려하지 않는다.) 개발된 부품의 성능이 보통일 확률은 70%이고, 우수할 확률은 30%이다. 부품개발 완료 즉시 부품생산을 위해 1,500억원을 투자해야 하며, 잔존가치 없이 정액법으로 3년간 감가상각된다. 부품의 성능에 관계없이 변동비용은 개당 10억원, 감가상각비를 제외한 고정비용은 연간 200억

원이 들 것으로 예상된다. 이를 정리하면 다음과 같다. (t는 시점을 나타냄.)

(단위: %, 억원, 개)

부품성능	확 률	투자금액 ($t=1$)	3년간($t=2, 3, 4$)				
			판매수량	판매단가	변동비용	총고정비용	감가상각비
보 통	70	1,500	70	20	10	200	500
우 수	30	1,500	100	30	10	200	500

자기자본만으로 구성된 ㈜에어테크의 적절한 할인율은 10%이고, 법인세율은 34%이다. 할인율 10%, 기간 3년인 연금의 현가이자요소($PVIFA_{0.1,\ 3}$)는 2.4869이다. (모든 금액은 억원 단위로 소수점 둘째 자리까지만 표시한다.)

(1) 부품의 성능이 보통일 경우와 우수할 경우의 연간 영업현금흐름(OCF)은 각각 얼마인가?

(2) 부품의 성능이 보통일 경우와 우수할 경우의 개발완료 시점($t=1$)에서의 순현가(NPV)는 각각 얼마인가?

(3) ㈜에어테크가 ㈜스카이항공이 제안한 내용대로 부품개발 전에 계약을 체결한다면 현재시점($t=0$)에서의 순현가(NPV)는 얼마인가?

(4) 당장 계약을 체결하는 대신 부품개발 완료시점($t=1$)에서 ㈜스카이항공이 제시한 내용대로 계약을 체결할 수 있는 권한이 ㈜에어테크에 주어진다면 현재 시점($t=0$)에서의 순현가(NPV)는 얼마인가?

(5) 당장 계약을 체결하지 않고 부품개발 완료 시점에서 생산 및 판매여부를 결정할 수 있는 프로젝트의 순현가(NPV)는 당장 부품을 개발 · 생산 · 판매하기로 하는 계약을 체결하는 프로젝트의 순현가(NPV)와 얼마나 차이가 나는가? 이 차이를 "무엇"의 가치라고 부르는가?

11 민감도분석과 손익분기점분석

성인용 의류를 생산하고 있는 ㈜명동패션은 지금 아동용 의류시장에 진출하는 것을 고려하고 있다. 이 회사가 아동용 의류시장에 진출하는 경우에 소요되는 초기의 투자비용은 1억 5천만원이다. 이 경우 향후 10년 동안의 시장규모, 시장점유율, 판매가격, 변동비 그리고 고정현금지출비용 등은 주어진 3가지 상황에 따라 각각 다음과 같이 추정된다.

변 수	비 관 적	기대 또는 최선	낙 관 적
시장규모(연간)	9,000,000개	10,000,000개	11,000,000개
시장점유율	0.4%	1%	1.6%
판매가격(단위당)	3,500원	3,750원	3,800원
변동비(단위당)	3,600원	3,000원	2,750원
고정현금지출비용(연간)	40백만원	30백만원	20백만원

초기의 투자비용은 10년에 걸쳐 정액법에 의해 완전상각되고, 법인세율은 50%이며, 투자안에 대한 기회자본비용은 10%라고 한다.

(1) 기대되는 상황하에서의 순현가를 구하라.
(2) 민감도분석에 의해서 순현가에 결정적으로 영향을 미칠 수 있는 변수를 확인하라.
(3) 기대되는 상황에서 회계적 손익분기점과 재무적 손익분기점을 각각 구하고, 그것들이 서로 다른 이유를 설명하라.

12 잉여현금흐름 추정과 손익분기점분석 (CPA 2차 2011 수정)

ABC기업의 재무이사는 신규 사업팀에서 제안한 투자수명 3년의 프로젝트 X를 검토하고 있다. 신규 사업팀은 아래의 가정을 이용해서 프로젝트 X에 대한 추정손익계산서를 작성하였다. 각 물음에 대하여 금액은 억원 단위로 표기하고 수익률은 퍼센트 단위로 표기하되, 반올림하여 소수점 두 자리까지 계산하라.

<가 정>

① 프로젝트 X에는 400억원의 유형자산 투자가 필요하다. 유형자산은 투자가 시작되는 시점(1차년 초)에 모두 구입하며 이후 유형자산에 대한 추가적인 투자는 없다. 유형자산의 수명은 3년이고 잔존가치는 투자액의 10%이며 정액법으로 감가상각한다. 유형자산의 잔존가치는 투자가 종료되는 시점(3차년 말)에 장부가액으로 회수된다.

② 순운전자본에 대한 투자는 다음 해 매출액의 30% 수준을 유지해야 한다. 투자가 종료되는 3차년에는 순운전자본에 대한 추가투자가 필요하지 않으며, 3차년 말의 순운전자본은 장부가액으로 회수된다.

③ 매출액은 1차년에 1,200억원이 되고 매년 8%씩 성장할 것으로 예상된다.

④ 변동영업비가 매출액에서 차지하는 비중은 64%이다. 감가상각비 이외에 추가로 소요되는 고정영업비는 매년 200억원이다.

⑤ ABC기업은 현재 부채비율(타인자본/총자본) 50%를 유지하고 있다. 프로젝트 X의 자본조달에도 부채비율 50%를 적용하며 순이익은 모두 배당한다.

⑥ ABC기업의 타인자본비용은 6.4%, 자기자본비용은 13.6%, 법인세율은 25%이다.

추정손익계산서

(단위: 억원)

구 분	1차년	2차년	3차년
매 출 액	1,200.00	1,296.00	1,399.68
변동영업비	768.00	829.44	895.80
고정영업비	200.00	200.00	200.00
감가상각비	120.00	120.00	120.00
영업이익	112.00	146.56	183.88
이자비용	24.32	24.32	24.32
세전 이익	87.68	122.24	159.56
세 금	21.92	30.56	39.89
순 이 익	65.76	91.68	119.67

(1) 신규 사업팀장은 순이익을 할인해서 프로젝트 가치를 계산하려고 한다. 그러나 재무이사는 이러한 프로젝트의 가치는 순이익이 아니라 현금흐름을 할인해야 하며, 자본조달의 효과를 배제하고 순수하게 영업의 효과만을 측정해야 한다고 지적하였다. 재무이사가 원하는 가치를 계산하기 위해서는 프로젝트에서 얻게 되는 잉여현금흐름(free cash flow)을 알아야 한다. 프로젝트 X에 대한 매년의 잉여현금흐름은 얼마인가?

(2) 물음 (1)에서 계산한 잉여현금흐름의 NPV(순현재가치)를 계산하여 프로젝트 X를 평가하라.

(3) 재무이사는 프로젝트 X에서 매년 얼마의 매출액이 발생해야 영업활동에서 손익분기가 되는가를 알고 싶어 한다. 이를 위해서 신규 사업팀장은 세후 영업이익이 손익분기를 이루기 위한 매출액을 계산하였다. 신규 사업팀장이 계산한 매출액은 얼마인가?

(4) 재무이사는 물음 (3)에서 신규 사업팀장이 계산한 것은 회계적 손익분기점(accounting BEP)이며, 이 매출액만 달성해서는 유형자산 투자에 대한 기회비용을 충족시키지 못한다고 지적하였다. 영업현금흐름이 유형자산 투자에 대한 균등연간비용(equivalent annual cost: EAC)과 같아질 때를 재무적 손익분기점(financial BEP)이라고 한다. 프로젝트 X가 재무적 손익분기점에 도달하려면 매출액은 얼마가 되어야 하는가?

제 4 편

자본구조와 배당정책

12장

자본조달과 효율적 자본시장

1. 자본조달결정과 가치창출
2. 효율적 자본시장
3. 행동재무학
4. 기업의 장기자본조달

지금까지는 재무상태표의 차변과 관련된 내용, 즉 투자결정문제를 설명하였다. 이제부터는 재무상태표의 대변과 관련된 내용, 즉 자본조달결정문제를 다루고자 한다. 자본조달결정문제는 투자결정에 관계없이 단순히 자본구조만 변경함으로써 기업가치를 변화시킬 수 있는가에 대한 문제이다. 이와 같은 자본조달결정과 기업가치간의 관계를 정확히 파악하기 위하여 이제부터는 기업의 투자결정이 고정되어 있다고 가정한다.

자본조달결정문제를 본격적으로 설명하기 전에 자본시장과 자본조달수단들에 대한 개괄적인 개념을 이해할 필요가 있다. 그러므로 본장에서는 먼저 현대 자본시장이론에서 중요한 위치를 차지하고 있는 효율적 자본시장과 최근 논의가 활발해진 행동재무학에 대해서 살펴본 후, 기업이 선택할 수 있는 장기적 자본조달수단들을 개괄적으로 소개하기로 한다.

재무 FOCUS

2013년 노벨경제학상 수상자

2013년 노벨경제학상 수상자는 유진 파마(Eugene Fama), 라스 피터 핸슨(Lars Peter Hansen), 그리고 로버트 실러(Robert Shiller)로 모두 미국 경제학자이다. 노벨상위원회는 이들의 학문적 성취를 다음과 같이 요약하였다.

"향후 며칠 동안 혹은 몇주일 동안 주식이나 채권 가격이 어떻게 변화할지 예측할 수 있는 방법은 없다. 하지만 향후 3년에서 5년 사이와 같이 좀 더 장기적인 맥락에서 자산가격이 어떻게 변화할지를 예측하는 것은 가능하다. 이처럼 놀라우면서도 한편으로는 모순적인 발견을 해낸 이들이 올해 노벨경제학상 수상자들이다."

흥미로운 점은 세 명의 수상자들이 모두 자산가격 예측과 관련한 훌륭한 연구를 수행해 왔지만 함께 공동연구를 진행하지도 않았으며 나아가 파머와 실러는 금융시장의 효율성에 대해 서로 상반되는 주장을 펼치고 있다는 점이다. 파머는 잘 알려진 대로 증권가격은 새로운 정보를 완전하게 그리고 즉각적으로 반영한다는 효율적 시장가설을 지지하는 많은 연구를 진행하여 왔다. 효율적 시장가설은 수십년간 금융학의 주류로서 수많은 이론적·실증적 연구를 파생시켰다. 파머는 또한 기존의 CAPM의 설명과 달리 기업규모요인 및 장부/시장가치요인이 주식수익률을 설명하는 핵심 요인임을 주장하며 파마－프렌치 3요인 이론을 개발하기도 하였다.

이에 반해 실러는 전통적인 경제학의 합리적 투자자에 대한 가정을 버리고 과도한 낙관주의나 기타 심리적 메커니즘을 통해 자산 가격이 본래의 가치로부터 멀어지는 이유를 설명하였다. 이러한 투자자의 비합리성은 행동재무학(behavioral finance)의 토대가 되었으며, 특히 실러는 2008년 금융위기의 시작이었던 미국에서 발생한 서브프라임모기지 사태를 정확히 예견해내는 성과를 올리기도 하였다. 한편 핸슨은 계량경제학자로 일반적률추정법이라는 통계분석 방법을 이용하여 자산가격을 추정하는 틀을 제공하였다.

1 자본조달결정과 가치창출

기업은 두 가지 주요한 재무의사결정, 즉 투자결정과 자본조달결정에 의해 새로운 가치를 창출하여야 한다. 지금까지 설명한 투자결정문제의 결론은 정(+)의 순현가를 가지는 투자안을 채택함으로써 새로운 가치를 창출할 수 있다는 것이다.[1] 그러면 자본

1) 투자결정에 의한 새로운 가치창출의 구체적 사례
① 특정 제품이나 서비스에 대한 미충족된 수요를 확인함.
② 다른 기업들이 경쟁하기 어렵도록 하는 장벽(품질, 가격, 서비스 등)을 만듦.
③ 경쟁업체보다 낮은 원가로 제품이나 서비스를 생산함.
④ 가장 먼저 신제품을 개발함.

조달결정에 의해서도 기업가치를 증가시킬 수 있는가? 이에 대한 결론은 본편의 다음 2개의 장에서 구체적으로 밝혀 보겠지만, 여기서는 현실적으로 가능한 다음의 세 가지 방법을 생각해 보자.

1.1 비합리적 투자자

기업이 전환사채와 같은 복합증권(complex security)을 발행하려 한다고 가정해 보자. 일반투자자들은 전환사채에 부여된 권리와 특성에 대해서 정확히 이해하기 어렵다. 그러므로 투자자들은 전환사채에 부여된 전환권에 대해 과대하게 평가하여 높은 가격으로 전환사채를 매입할지 모른다. 이와 같은 경우 기업은 비합리적인 투자자들에게 전환사채를 발행하여 새로운 가치를 창출할 수 있다. 따라서 재무관리자는 투자자들을 현혹시켜서 새로운 가치를 창출할 수 있는 복합적인 증권을 구성하려는 노력을 할 것이다.

그러나 실증적인 연구결과에 의하면 투자자들은 쉽게 현혹되지 않는다. 그러므로 비합리적인 투자자들을 이용하여 새로운 가치를 창출하는 것은 현실적으로 어려운 일이다. 특히 다음에 설명할 효율적 자본시장하에서는 전체적으로 시장이 매우 합리적이기 때문에 모든 증권가격은 공정하게 평가된다. 대신 기업은 다른 방법으로 새로운 가치를 창출해야 한다.

1.2 비용감소 또는 보조금

자본조달수단에 따라 세금혜택이 달라진다.[2] 그러므로 기업은 세금을 최소화하는 자본조달수단을 선택함으로써 기업의 가치를 증가시킬 수 있다. 또한 어떠한 자본조달수단도 여러 가지 발행비용을 발생시킨다. 예를 들어 증권을 발행할 때 증권회사, 변호사, 회계사 등에 대한 수수료를 지불해야 한다. 따라서 기업은 이러한 비용을 최소화시키는 증권들로 자본을 조달함으로써 역시 기업의 가치를 증가시킬 수 있다. 마지막으로 보조금을 제공하는 자본조달 수단, 즉 특혜금융을 이용함으로써 기업의 가치를 증가시킬 수 있을 것이다.[3]

---

2) 예를 들어 사채를 발행하는 경우 그 이자비용에 의해 법인세가 절감될 수 있다. 이에 대해서는 제13장에서 자세히 설명할 것이다.

3) 우리나라의 대표적인 특혜금융은 각종의 기금—국민주택기금, 에너지비축기금 등—으로 주어지는 낮은 금리의 대출금 또는 지원금을 받는 것이다.

1.3 새로운 증권창출

최근 20년간 급속한 금융혁신(financial innovation)이 이루어져 왔다. 이는 한편으로 금융거래의 혁신, 투자기법의 혁신을 의미하기도 하지만, 다른 한편으로는 다양한 새로운 종류의 증권이 개발되었다는 것을 의미한다. 다양한 새로운 종류의 증권이 급속히 개발되어 이용되는 현상을 특히 **'증권화'**(securitization)현상이라 한다.

과거에는 일반 회사채와 보통주만을 발행하던 기업들이 우선주, 할인채권, 옵션부채권, 전환증권 등을 발행하여 일반화시켰다. 그리고 최근 우리나라의 경우 신주인수권부채권, 풋옵션부채권, 금리변동부채권, 주택저당채권 등을 도입하기 시작하였다.

새로운 종류의 증권은 기존의 증권에 만족하지 못하는 투자자에게 보다 비싼 가격으로 그 증권을 팔기 위해서 만들어진다. 그러나 기업이 새로운 종류의 증권을 높은 가격으로 발행하여 얻는 이득은 장기간 지속될 수 없다. 왜냐하면 다른 기업 역시 그와 같은 종류의 증권을 발행하려 할 것이고, 그 결과 공급이 증가하여 가격이 하락할 것이기 때문이다. 그러므로 새로운 증권의 창출에 의한 가치의 증가는 금융혁신에 앞장 선 기업만이 얻을 수 있을 것이다.

재무 FOCUS

자산유동화증권

자산유동화증권(asset-backed securities: ABS)은 유동화전문회사(special purpose company: SPC)가 자산보유자로부터 양도받은 자산의 현금흐름과 신용도에 기초하여 발행한 증권을 의미하며, 그 발행과정은 다음과 같다.

유동화증권은 자산보유자가 자산을 유동화전문회사(SPC)에 매각하기 때문에 자산보유자의 신용도와는 관련이 없으며, 자산담보를 안전장치로 갖추고 있기 때문에 자산보유자가 직접 발행한 채권보다 높은 신용등급으로 평가된다. 일반적으로 자산담보부채권이라고 불리어 왔으나 1998년 9월 30일 '자산유동화에 관한 법률'이 제정되면서 '유동화증권'이라는 용어를 사용하게 되었다. 유동화증권 중에 주택저당대출을 담보로 한 것은 주택저당증권(mortgage-backed securities: MBS)이라고 한다. 이들 기법은 해외자금조달뿐 아니라 부동산시장, 매출채권시장 등에서 광범위하면서 다양한 형태로 활용되고 있다.

2 효율적 자본시장

2.1 효율적 자본시장의 개념

효율적 자본시장(efficient capital market)은 주가에 영향을 미칠 수 있는 모든 정보가 주가에 '신속하게' 그리고 '충분히' 영향을 미치고 있는 시장을 의미한다.[4] 이는 시장이 정보를 다루고 반영시키는 데 있어 효율적이라는 것이다. 시장에서의 주가는 그 시점에서 이용가능한 모든 정보에 대한 정확한 평가에 기초를 두고 있다. 즉 효율적 자본시장하에서의 주가는 모든 이용가능한 정보를 충분히 반영하게 된다. 효율적 자본시장하에서는 기업이 증권을 발행할 때나 또는 투자자들이 증권투자를 할 때에 공정한 가격(내재가치 또는 본질적 가치)을 전제로 한다.

효율적 자본시장은 투자자와 기업에 대해 다음과 같은 의미를 가진다.

첫째, 정보가 즉각적으로 가격에 반영되기 때문에 투자자들은 정상적인 수익률만을 기대할 수 있다. 정보가 공시될 때 투자자들이 그 정보를 이용하여 비정상적인 초과수익을 얻을 수 없다. 왜냐하면 투자자가 공시된 정보를 이용하여 거래하기 전에 이미 그 정보를 반영하여 증권가격이 수정되기 때문이다.

둘째, 증권을 발행할 때 기업은 공정한 가격으로 발행하게 된다. 다시 말하면, 투자자들의 비합리성을 이용하여 정상적인 가격보다 높은 가격으로 증권을 발행할 수 없음을 의미한다.

[그림 12-1]은 자본시장에서 주가가 새로운 정보에 대하여 어떤 반응을 보이게 될 것인가를 나타낸 것이다. 이 그림에서 볼 수 있는 바와 같이 자본시장이 효율적이라면, 새로운 정보가 주어짐과 동시에 주가는 주어진 정보를 즉각적으로 충분하게 반영할 것이다. 따라서 효율적 자본시장하에서는 새로운 정보의 생성과 주가의 반응이 동시에 이루어지며, 그 후 어느 누구도 새로운 정보를 이용하여 균형기대수익률 이상의 비정상적인 초과수익을 얻을 수 없다. 그러나 기업에 관한 내부정보(inside information)가 공시 전에 누출될 경우, 주가는 조기반응(early response)을 보일 수도 있을 것이다.

---

4) 효율적 자본시장은 제10장에서 설명한 완전자본시장보다 넓은 개념이다.

그림 12-1 효율적 자본시장과 비효율적 자본시장에서 새로운 정보에 대한 주가의 반응

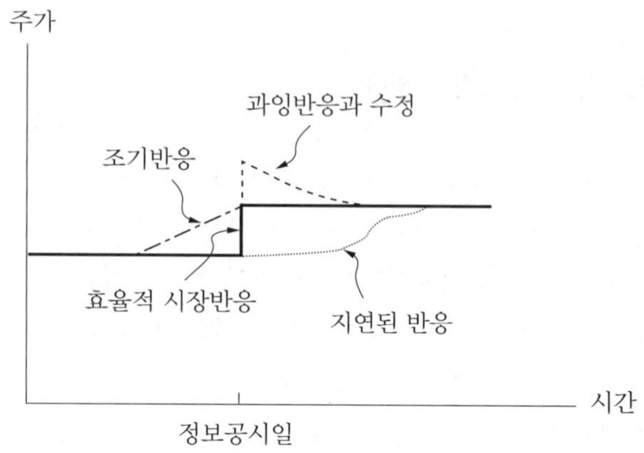

한편 자본시장이 비효율적이라면 주가는 새로운 정보에 대하여 지연된 반응을 보이거나, 일시적 과잉반응(overreaction)을 보일 수 있다.

2.2 효율적 시장가설

주가에 영향을 미칠 수 있는 모든 정보가 주가에 '신속하게' 그리고 '충분히' 반영되고 있는가 하는 것은 하나의 실증적인 문제이다. 그러므로 효율적 시장의 개념은 현실적으로 성립하는가를 검정(test)하여야 하는 하나의 가설이며, 이를 **효율적 시장가설**(efficient market hypothesis : EMH)이라 한다.

자본시장에서 어떤 정보는 다른 정보에 비해 보다 신속하게 주가에 영향을 미친다. 파마(E. F. Fama)는 주가에 반영되는 정보의 유형에 따라 효율적 시장가설을 [그림 12-2]에서 볼 수 있는 바와 같이 세 가지로 구분하였다.[5]

약형 효율적 시장가설

약형 효율적 시장가설(weak form EMH)은 과거의 주가움직임이나 거래량 등과 같은 역사적 정보가 주가에 충분히 반영된다는 가설이다. 약형 효율적 시장가설이 성립한다면 투자자들은 단순히 주가의 과거변동양상만을 관찰하여서는 평균적으로 볼 때 비정상적 초과수익을 얻을 수 없다.

---

5) E. F. Fama, "Efficient Capital Market : A Review of Theory and Empirical Work," *Journal of Finance*, Vol 25(May 1970), pp. 383~417.

그림 12-2 효율적 시장가설

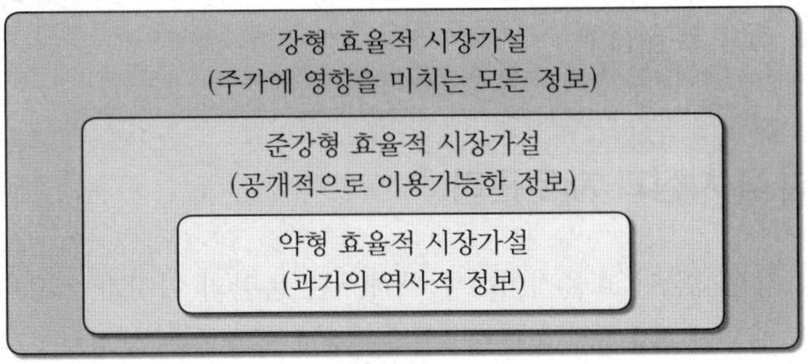

증권분석에서 **기술적 분석**(technical analysis)은 주가가 어떤 특정 형태를 취하면서 움직인다는 것을 가정하여, 차트(chart)분석 등을 통해서 과거 시계열상의 주가움직임을 관찰함으로써 향후의 주가를 예측하려는 작업이다. 그러나 약형 효율적 시장가설이 성립하는 증권시장에서는 과거의 주가정보가 이미 반영되어 과거 주가변동과 미래 주가변동이 독립적이므로 과거의 주가정보를 이용하는 기술적 분석은 무의미해진다.

준강형 효율적 시장가설

준강형 효율적 시장가설(semi-strong form EMH)은 과거의 주가움직임 등에 관한 정보뿐만 아니라 공개적으로 이용가능한 모든 정보(예를 들어 이익, 배당, 주식분할, 자사주 매입 등)가 주가에 충분히 반영된다는 가설이다. 준강형 효율적 시장가설이 성립한다면, 투자자들은 과거 정보 또는 공개적으로 이용가능한 정보를 이용하여 비정상적 초과수익을 얻을 수 없다.

기본적 분석(fundamental analysis)은 주식의 내재가치에 영향을 미치는 기업의 이익, 배당, 재무구조, 사업전망 등의 요인을 예측하여 과소평가 또는 과대평가된 주식을 식별해 냄으로써 초과수익을 얻으려는 것이다. 공개된 정보라 하더라도 시장이 간과하고 있는 것이 있고, 증권가격에 반영되는 속도가 다르다는 가정에서 재무정보를 이용한다. 그러나 시장이 준강형 효율적이라면 현재 주가는 기업회계보고서에서 분석될 수 있는 정보, 주요 경제분석정보 등을 모두 반영한 것이기 때문에 이들 공개된 정보에 기초하여 투자전략을 수립하는 기본적 분석은 무의미해진다.

강형 효율적 시장가설

강형 효율적 시장가설(strong form EMH)은 과거의 주가에 대한 정보 그리고 공개적으로 이용가능한 공시된 정보뿐만 아니라 비공개된 내부정보까지도 주가에 충분히 반영된다는 가설이다. 강형 효율적 시장가설이 성립한다면 투자자들은 과거 정보, 공개적으로 이용가능한 정보, 내부정보 등 어떠한 정보를 이용하더라도 비정상적 초과수익을 얻을 수 없다.[6)]

2.3 효율적 시장과 재무관리

자본시장이 효율적이냐에 대해서는 논란의 여지가 있으나, 효율적 자본시장이 기업의 재무담당자에게 어떠한 의미를 주고 있는가를 살펴보도록 하자.

회계처리와 효율적 시장

회계기준에서는 여러 가지 회계처리방법 중에서 특정 방법을 선택하여 재무제표를 작성하도록 허용하고 있다.[7)] 이처럼 기업 내 발생하는 경제적 상황에 대한 회계처리에 있어 다양한 재량권이 주어지는 경우, 기업의 기본적 경제상황은 불변인데 단순히 회계처리방법만 변경하였다고 해서 주가에 영향을 미칠 수 있는가? 준강형 효율적 자본시장하에서는 공개된 회계처리방법의 변경에 의해 주가가 영향을 받지 않는다. 그러므로 준강형 효율적 자본시장하에서 단순히 회계처리방법을 변경하여 회계적 이익을 높인다 하더라도 이는 주가에 긍정적인 영향을 미치지 못할 것이다.

자본조달시기

채권가격이나 주식가격은 항상 변동하기 때문에 기업이 자본시장에서 자금을 조달할 경우 그 시기를 잘 선택하면 좋은 조건으로 자금을 조달할 수 있다는 생각을 하기 쉽다.[8)] 그러나 약형 효율적 자본시장하에서는 단순히 과거 주가추세를 관찰하여 적절한 조달시기를 결정한다는 것은 의미가 없다.

일반적으로 많은 경영자들은 장부가치보다 주가가 낮을 때 주가가 과소평가되었다고 생각하여 자본조달시기를 늦추는 경우가 많다. 그러나 준강형 효율적 시장하에서는 이와 같은 생각은 잘못된 것이다. 왜냐하면 자본시장이 준강형 효율적이라면 장부가치보다 주가가 낮은 것은 향후 기대되는 미래 현금흐름이 적은 것이지 주가가 저평

---

6) 강형 효율적 시장가설은 가장 이상적인 효율적 시장을 나타내는 극단적인 가설이므로 현실의 증권시장이 강형 효율적이라고 주장하는 사람은 많지 않다.

7) 예를 들어 재고자산평가시 선입선출법(first-in first-out : FIFO) 또는 후입선출법(last-in first-out : LIFO) 등을 선택할 수 있으며, 감각상각방법으로 정액법, 정률법 또는 가속상각법 등을 선택할 수 있다.

8) 일반적으로 기업의 자본조달은 약세장(bear market)보다 강세장(bull market)에서 훨씬 더 증가하는 경향이 있다.

가된 것으로 볼 수 없기 때문이다.

그리고 경영자가 주가에 긍정적인 영향을 미칠 수 있는 공개되지 않은 내부정보를 가지고 있는 경우 자본조달시기를 늦출 수 있다. 그러나 강형 효율적 자본시장하라면 미공개 내부정보까지도 주가에 반영되기 때문에 내부정보를 고려하여 자본조달시기를 결정하는 것은 무의미할 것이다.

가격압박효과

기업이 많은 양의 주식을 발행하는 경우 기업의 내재적 가치와 무관하게 주가가 하락할 것인가? 시장이 효율적이라면 기업이 주식의 공급량을 늘리더라도 단순히 공급 증가에 따른 가격압박요인에 의해 주가가 하락하지 않을 것이다.

3 행동재무학

행동재무학(behavioral finance)은 인간의 비합리성을 바탕으로 현실 금융시장에서 자산가격이 왜곡되고 시장이 비효율적으로 진행되는 과정에 대하여 분석한다.[9]

투자자가 비합리적이라고 해서 시장이 반드시 비효율적이 되는 것은 아니다. 왜냐하면 비합리적 투자자로 인해 자산의 가격이 비정상적으로 형성된 경우에도 합리적인 전문투자자의 활발한 차익거래로 인해 가격은 본질가치를 찾아갈 것이므로 시장은 여전히 효율성을 유지할 수 있기 때문이다. 하지만 행동재무학에서는 이 같은 차익거래가 현실에서는 여러 가지 제약으로 인해 제대로 실행되지 못한다고 주장한다. 즉 투자자의 비합리성과 차익거래 제약의 현실적 존재가 행동재무학에서 주장하는 시장의 비효율성의 근간이 된다.

이와 같이 행동재무학은 투자자들의 비합리성을 다루는 영역과 차익거래의 한계를 다루는 두 가지 영역으로 구분된다. 또한 투자자의 비합리성에 대한 원인은 정보처리의 오류에 의한 잘못된 추론으로부터 발생하는 비합리성과 투자자의 특정한 신념이나 선호와 관련된 행태적 편의 등 두 가지 범주로 분류될 수 있다.

---

9) 최근 논의가 활발해진 행동재무학의 대표적 학자로 허버트 사이먼(Herbert Simon)은 제한된 합리성(bounded rationality)으로 1978년에 노벨경제학상을 수상하였다. 이후 전망이론 및 준 합리적 경제이론을 제시한 대니얼 카너먼(Daniel Kahneman), 비이성적인 자산가격의 과열현상을 제기한 로버트 실러(Robert Shiller), 행동경제학을 체계화하여 학문적으로 확립한 리처드 세일러(Richard Thaler)는 각각 2002년, 2013년, 그리고 2017년에 노벨경제학상을 수상하였다.

3.1 정보처리의 오류에 의한 잘못된 추론

정보처리과정에서 범하게 되는 오류로 인하여 투자자가 미래 발생가능한 사건이나 이와 관련된 수익률의 확률분포에 대하여 잘못된 판단을 내리는 현상을 말한다.

보수주의 편의

보수주의 편의(conservatism bias)란 투자자들이 자신의 기존 신념이나 판단을 쉽게 바꾸려 하지 않는 경향을 가지고 있어 최근의 새로운 증거가 주어져도 올바른 의사결정을 하지 못하는 현상을 말한다. 보수주의 투자자는 어떤 기업에 관련된 새로운 정보에 대해 초기에는 그 정보의 의미를 축소시키며 기존에 가지고 있던 예상치를 고수하려고 한다. 그 결과 새로운 정보가 부분적으로만 가격에 반영되는 과소반응을 유발한다. 주가의 관성현상(주가의 과거 수익률이 미래 일정기간 동안 지속되는 현상으로 모멘텀(momentum) 현상이라고도 한다)은 보수주의 편의에 의한 투자자의 과소반응 이후 주가가 점진적으로 적정수준으로 상승함에 따라 나타나는 현상으로 설명된다.

과 신

투자자들은 자신이 알고 있는 정보의 정확성과 정보해석 능력에 대한 지나친 확신, 즉 **과신**(overconfidence)으로 인해 예측의 부정확성이나 예측이 틀렸을 가능성을 너무 낮게 추정하는 경향이 있다. 수동적(passive) 투자기법의 수익률이 능동적(active) 투자기법보다 평균적으로 높음에도 불구하고 능동적 투자기법이 많이 사용되는 현상은 투자자들이 자신의 예측능력을 과대평가하는 경향과 관련이 있다. 앞에서 설명한 주가의 모멘텀 현상도 과신에 의한 투자자의 과잉반응에 따른 현상으로 설명될 수 있다. 즉 투자자의 과신은 자신이 가진 사적 정보를 주가에 과도하게 반영하는 과민반응(overreaction)을 유발한다. 이후 적정가격에 대한 공개정보에 대해서는 소극적으로 반응하게 되며, 그 결과 적정주가로의 조정은 장기간에 걸쳐 나타나게 된다.

대표성 편의

대표성 편의(representative bias)란 사람들이 표본의 크기를 고려하지 않고, 일부 표본에서 얻은 정보를 전체 모집단의 특성으로 간주함으로써 나타나는 오류이다. 예를 들어 단기간 실적개선이나 높은 이익을 예측하는 증권분석 보고서가 기업의 장기성과에 대한 평가에 영향을 미쳐 시장가격이 과도하게 상승하는 경향은 대표성 편의로 설명될 수 있다. 펀드투자자들이 새로운 투자대상을 물색할 때 주로 최근 성과가 좋은 펀드를 찾는 경향이 있다. 하지만 짧은 기간, 예를 들어 지난 1년간 수익률이 미래 수익률을 보장한다고 보기는 어렵다. 실제로 펀드의 과거 단기수익률과 미래 투자성과 사이에는 연관성이 없다고 알려져 있다.

3.2 특정 신념이나 선호에 의한 행태적 편의

투자자들은 정보처리과정에서 오류가 없더라도 자신의 특정한 신념이나 선호에 의한 모순된 심리현상으로 인하여 비합리적 의사결정을 내릴 수 있다.

액자편의

액자편의(framing bias)는 원래 사진을 찍을 때 피사체를 화면에 적절히 배치하여 화면을 구성하는 행위이다. 이는 동일한 투자안이라도 정보가 제공되는 방법 또는 틀(frame)에 따라 투자자의 의사결정이 달라지는 효과를 말한다. 예를 들어 투자안에 대하여 이익을 얻을 가능성을 강조한 경우와 반대로 손실을 볼 가능성을 강조한 경우에 투자자의 의사결정이 달라질 수 있다. 예를 들면 "이익을 얻을 가능성이 30%이다"와 "손실이 발생할 가능성이 70%이다"는 같은 의미이지만 서로 다른 설명처럼 들릴 수 있다.

심리회계

심리회계(mental accounting)는 투자자들이 의사결정을 할 때 기업에서 회계를 하는 것처럼 모든 수입과 지출을 전체적으로 고려하지 않고 상황, 시점, 현금흐름의 경로 등에 따라 자의적으로 분류한 계정별로 이익과 손실을 다르게 인식하는 현상을 말한다. 예를 들어 투자자들이 동일한 금액이라고 하더라도 배당소득을 사용할 때는 거부감이 없으나 주식 일부를 처분하여 사용하는 것은 꺼리는 경향이 있다. 이러한 심리회계는 투자자의 고배당주식 선호현상을 설명하는 근거가 된다. 또한 심리회계는 주가의 모멘텀을 설명하는 데도 도움을 준다. 오랫동안 열심히 모아놓은 적금을 투자할 때보다 주가상승으로 얻은 이득을 재투자할 때 위험 감수에 더욱 관대해지고 미래현금흐름을 더 낮은 할인율을 적용하여 할인하게 되므로 추가적 가격상승을 발생시킬 수 있다는 것이다.

후회기피

후회기피(regret avoidance)란 좋지 않은 결과를 통해 생기는 고통이 상황에 따라 달라지는 현상을 말한다. 즉 좋지 않은 결과가 나타났을 때 그 결정이 관행을 벗어난 결정에 의한 것일수록 더 많이 후회한다는 것이다. 예를 들어 선다형 문제의 시험에서 원래 선택했던 답안을 다른 답안으로 변경하였는데 처음의 선택이 옳은 경우 사람들은 더욱 괴로워한다. 반면에 첫 선택을 수정함으로써 정답을 맞히게 되었을 때의 쾌감은 앞의 고통보다 더 약하다. 주식 투자 시 우량주를 매수하여 손실이 난 경우보다는 잘 알지 못하는 주식을 매수하여 손실이 난 경우 자신의 결정에 대하여 더욱 후회하게 된다.

전망이론

행동재무학의 대표적인 이론인 전망이론은 카너먼과 트버스키(Kahneman and Tvesrsky)가 주장한 인간의 선호판단에 대한 이론이다.[10] 합리적인 투자자를 가정하는 전통적 기대효용가설이 맞지 않는 심리학적인 현상을 설명하기 위한 이론으로 잠재적 이득과 손해를 개인이 어떻게 평가하는지를 설명하고자 하였다.

전망이론(prospect theory)에 의하면 먼저 투자자들은 준거점(reference point)을 설정하고 투자의 결과로 발생하는 부(wealth)의 변화가 이득인지 손실인지를 평가한다. 전통적인 기대효용가설이 0인 점을 기준으로 부의 크기를 평가하는 데 반해 전망이론에서는 투자자의 주관적인 준거점을 기준으로 하여 이득과 손해를 구분한다. 예를 들어 20%의 수익률이 예측되었던 펀드의 실현수익률이 10%였고, 5%의 수익률이 예측되었던 펀드의 실현수익률이 7%였을 경우, 투자자는 두 번째 펀드에 더 후한 평가를 하게 된다. 이는 두 펀드의 수익률에 대한 다른 준거점을 가지고 있었기 때문이다.

다음으로 주관적으로 설정해 놓은 준거점을 기준으로 부(wealth)의 변화가 이득인지 손실인지를 구분한다. 전망이론의 핵심 중 하나는 **손실회피**(loss aversion)로 사람들은 이익보다 손실에 더 민감하다는 것이다. 즉 손실로 인해 받은 심적 고통을 똑같은 정도의 이익을 얻었을 때의 기쁨보다 더욱 크게 느낀다. 예를 들어 10만원의 복권에 당첨됨과 동시에 10만원짜리 벌금고지서를 받았을 때 손익은 0이지만 일반적으로 불쾌감을 느끼게 된다. 제품 광고 시 '이 기회를 이용해서 싸게 구매 하세요'라는 광고 문구보다는 '이번 기회를 놓치면 더 이상 이 가격에 살 수 없습니다'라고 손해가 나는 듯 자극하는 문구가 광고효과가 더 높다. 주식시장에서 투자자들은 손실이 발생한 주식을 팔지 못하는 경우가 많으며, 오히려 이익이 발생한 주식을 팔고 손실이 발생한 주식을 더 많이 사들여 평균 매입가를 낮추면서 언젠가는 매입가를 회복하리라고 기대하는 현상도 손실회피로 설명될 수 있다.

---

10) D. Kahneman and A. Tversky, "Prospect Theory: An Analysis of Decision under Risk," *Econometrica* 47(Mar. 1979), pp. 263~291.

전망이론의 또 하나의 핵심은 준거점을 기준으로 이득의 구간에서는 위험회피형으로 손실구간에서는 위험선호형으로 선택하게 된다는 점이다. 다음과 같은 두 가지 실험을 고려해 보자.

실험 1
투자안 A: 1만원의 이익을 확실하게 실현
투자안 B: 2만원의 이익을 얻을 수 있는 확률이 50%이고 아무것도 받지 못할 확률이 50%

실험 2
투자안 C: 1만원의 손실을 확실하게 실현
투자안 D: 2만원의 손실이 실현될 확률이 50%이고 아무 손실이 없을 확률이 50%

실험 1에서 기대효용이론에 따르면 두 투자안의 기대수익은 1만원으로 동일한 반면 A의 위험이 작으므로 위험회피형 투자자는 A를 선택할 것이다. 한편 실험 2에서는 예상되는 기대손실은 1만원으로 동일하나 대부분의 투자자들은 위험이 없는 C보다는 위험이 높은 D를 선택하게 된다. 즉 전망이론에 따르면 위험에 대한 태도는 영역에 따라 달라진다. 실험 1과 같은 이득의 영역에서는 위험회피성향을 보이는 반면, 실험 2와 같은 손실의 영역에서는 위험선호성향을 보이게 된다. 투자에서 손해를 보았을 때 투자자들은 이를 만회하기 위하여 더 큰 위험을 부담하는 경우가 많이 관찰되는데 이는 손실 영역에서 위험선호성향을 보이기 때문이다.

[그림 12−3]은 전통적인 위험회피형 효용함수와 전망이론에서 가정하는 효용함수를 보여준다. 그림 (a)의 위험회피형 효용함수는 부의 증가에 따라 총효용이 증가하

그림 12-3 전망이론의 효용함수

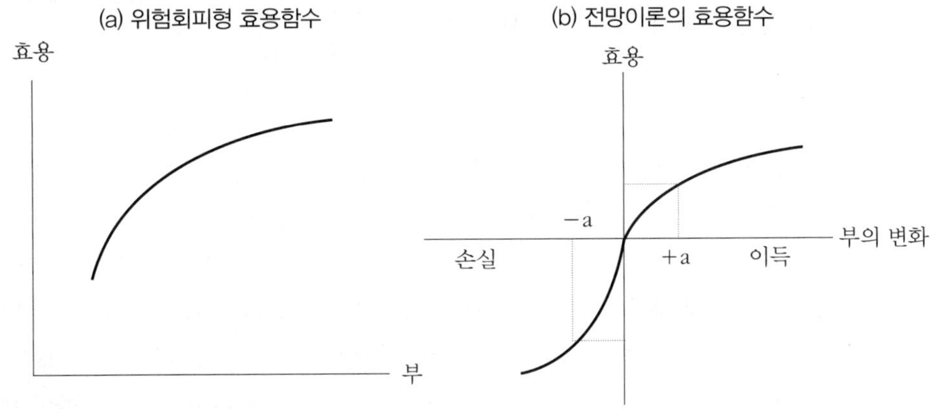

지만 한계효용은 점차 감소하는 특징을 가진다. 그림 (b)의 전망이론에서의 효용함수는 그림 (a)에서와 같이 부의 크기에 의해 결정되지 않고 주관적 전망에 의한 준거점으로부터의 부의 변화에 의해 결정된다. 그림 (b)에서 이득을 얻는 영역에서는 (a)와 동일하게 위험회피적이지만 손실의 영역에서는 위험선호적으로 선호체계가 바뀌게 된다. 또한 전망이론의 S자형 효용함수는 손실 영역에서 기울기가 더 크다. 이는 동일한 금액일 경우 이득에 의한 효용의 증가(만족감)보다 손실에 의한 효용의 감소(고통)가 더 크게 나타나 투자자들이 동일한 금액의 이득보다는 손실에 더 민감함을 보여준다.

3.3 시장의 모순된 심리현상

행동재무학에서는 개인의 비합리성뿐만 아니라 시장심리에 기인한 비합리성도 시장가격을 왜곡시키는 요인이라고 한다. 시장심리에 기인한 비합리성으로 군집행동, 정보의 폭포효과, 그리고 가격추종거래를 들 수 있다. 이러한 시장심리에 의한 비합리성은 주로 **거품이론**(bubble theory)를 뒷받침하는 데 사용된다. 거품이론은 자산들이 때때로 내재가치를 훨씬 초과한 가격으로 거래되며, 어느 시점에 이르러 과대평가된 자산들이 합리적 가격으로 회귀된다는 이론이다. 이러한 거품이론은 전통적인 효율적시장이론으로 설명이 어려운 경제의 거품현상을 설명하는 데 사용된다. 흔히 최초의 거품경제현상으로 17세기 네덜란드의 튤립파동(tulip mania)을 들 수 있다. 당시 네덜란드에 새롭게 소개되었던 튤립의 구근이 너무 높은 가격(숙련된 장인의 연소득 10배)으로 거래되다 그 가치가 재인식되고 가격이 거품으로 형성되었다는 인식이 확산됨에 따라 1637년 2월 3일 거래가가 급격하게 폭락하였다. 이 밖에 1990년대 초 일본의 주식 및 부동산가격의 급락, 1990년대 후반에 발생한 아시아금융위기, 2000년대 초반 닷컴버블, 그리고 2006년 최고가 경신 후 급격히 하락하여 경제침체로 이어진 미국의 부동산 버블 등은 거품이론을 이용하여 곧잘 설명된다.

군집행동

군집행동(herding)은 투자자들이 자신의 선택을 실행하기보다는 다른 투자자의 투자행위나 다수의 의견을 따라가는 행동을 의미하며, 주식시장에서 가장 흔하게 발견되는 심리적 오류이다. 군집행동은 투자자가 다른 투자자의 행위를 모방할 의사가 있었는지 여부에 따라 의도적 군집행동(intentional herding)과 외견상 군집행동(spurious herding)으로 구분할 수 있다. 전자는 투자자가 의도적으로 다른 사람 또는 다수의 의사결정을 모방한 결과 나타나는 군집행동이다. 반면에 후자는 투자자들이 비슷한 정보와 비슷한 의사결정기법을 공유하기 때문에 비슷한 의사결정이 나타나는 상황을 말하며, 외견상으로는 모방으로 보이지만 실제로는 다른 사람을 모방하려는 의사가 없었기 때문에 효율적 시장이론에 배치되지 않는다. 그러나 어떠한 군집행동이 의도적인 모방에 의한 것인지 아니면 외견상 나타나는 것인지는 현실적으로 구분해 내기가 매우 어렵다.

행동재무학에 따르면 투자자들의 군집행동은 비효율적 시장의 원인이 된다. 자산가격의 거품현상은 투자자들이 합리적 의사결정을 무시하고 다른 투자자들을 모방하여 비싼 가격에 자산을 매수하기 때문에 발생한다는 것이다. 또한 주식시장이 폭락할 때 투자자들은 주식매도에 동조하는 군집행동을 하게 되는데, 이는 투자자들이 공포심리에 압도되어 합리적인 의사결정을 무시하기 때문이라고 주장한다.

정보의 폭포효과

군집행동과 비슷한 개념으로 **정보의 폭포효과**(information cascade)는 폭포처럼 쏟아져 나오는 많은 정보 속에서 불완전한 정보를 제대로 소화하지 못하여 다른 사람들의 의사결정을 모방하는 현상이다. 한 연구에 의하면 1명의 진짜 피실험자에게 '1+1은 얼마인가?'라는 아주 간단한 질문을 던진 후 주변의 8명의 가짜 피실험자들로 하여금 3이라는 엉뚱한 답을 말하게 하면 마지막 진짜 피실험자 1명이 앞의 8명을 따라 3이라고 말할 확률이 76.4%에 달한다고 한다. 이와 같이 정보의 폭포효과는 집단압력의 오류를 유발하는데 이는 주식시장에서도 빈번하게 관찰된다. 어떤 종목에 투자할까를 고민하는 투자자에게 누군가 대량으로 특정 기업의 주식을 매수(매도)하면 본인의 정보와 판단과는 무관하게 덩달아 주식을 매수(매도)하게 됨으로써 주가가 이유없이 폭등(폭락)하는 현상이 발생하게 된다.

가격추종거래

가격추종거래(positive feedback trading)이론에 따르면 전기에 주가가 상승하는 경우 매입수요가 증가하여 주가를 더욱 상승시키고, 전기에 주가가 하락하는 경우 매도 압력이 커져 주가하락이 가속화된다. 또한 어떠한 종목의 가격이 상승 또는 하락하였을 때 투자자의 이목을 끌고 구전효과를 촉진시켜 가격이 추가 상승 또는 추가 하락한다고 주장한다.

3.4 차익거래 제한요인

비록 시장에 비합리적적인 투자자들이 존재하더라도 전문적 투자자가 합리적인 투자를 통해 차익거래를 무제한 할 수 있다면 자산의 가격은 균형가격으로 조정되며 시장은 효율적일 수 있다. 그러나 행동재무학은 현실적으로 차익거래의 제한이 존재하기 때문에 비합리적인 투자자에 의해 균형가격에서 이탈한 시장가격은 상당기간 지속될 수 있다고 주장한다. 차익거래를 현실적으로 제한하는 요인으로 기본적 위험, 실행비용위험 그리고 모형위험이 있다.

어떤 기업의 주가가 저평가되었을 경우, 차익거래자는 저평가된 주식을 매입하고 이 주식을 대체할 수 있는 주식을 공매도하는 차익거래를 통해 차익을 얻을 수 있다. 그러나 현실적으로 대체관계가 있는 주식의 기본적 요인(미래의 현금흐름, 변동성 등)이 저평가된 주식과 상당히 다를 가능성이 존재한다. 이 경우 무위험차익거래가 불가능하며 추가적인 위험이 발생하게 되는데 이를 차익거래의 **기본적 위험**(fundamental risk)이라고 한다.

실행비용위험(implementation costs risk)은 차익거래과정에는 매매수수료나 공매도 등의 거래비용이 위험으로 작용하는 것을 말한다. 고평가된 주식을 공매도하는 경우 주식대차수수료 등 비용이 수반되며, 원주인의 요청이 있을 경우 공매도자는 주식을 반환해야 하므로 공매도 이용기간의 불확실성으로 인해 차익거래효과가 확실치 않게 된다.

어떤 주식의 시장가격이 현재 적정수준인가를 판단하기 위해 특정 주식가격평가모형을 사용하는 경우 그 모형에서 예측한 주가가 정확한 것인가에 대한 확신이 어려울 수 있다. 이와 같은 위험을 **모형위험**(model risk)이라고 한다. 즉 주식의 과대 또는 과소평가 여부를 판단할 때 특정 모형의 예측치를 사용하는데, 모형에 대한 확신이 결여될 경우 판단이 불가능하다.

4 기업의 장기자본조달

기업의 장기자본조달 방법으로는 보통주의 추가발행을 위한 유상증자나 사채 또는 우선주의 발행, 은행에서의 장기차입, 리스 등의 외부금융(external financing)을 이용하는 방법과, 순이익의 일부를 사내에 유보하여 적립된 잉여금 등의 내부금융(internal financing)을 이용하는 방법이 있다. 여기서는 기업의 가장 기본적인 장기자본조달 수단인 보통주, 사채, 우선주 등에 대하여 살펴보고자 한다.

4.1 보 통 주

보통주의 의의와 종류

보통주(common stock)는 주식회사가 출자의 증거로 주주에게 발행한 증권을 뜻하며, 보통주 주주는 그 기업의 실질적 주인으로서 상법과 해당기업의 정관이 정한 권리 · 의무의 주체가 된다.

보통주의 주주는 기업의 소유주이므로 경영참가권 및 이익분배권을 갖고 있는 반면, 그 기업의 위험을 부담해야 한다. 보통주의 주주는 기업경영에 직접 참가할 임원을 선출하는 의결권을 가짐으로써 기업경영에 간접적으로 참가하게 된다. 그러나 오늘날 대기업에서는 주주의 수가 매우 많으며, 또한 지리적으로도 분산되어 있기 때문에 주주의 권리는 대체로 명목에 불과한 경우가 많다. 소액주주들은 이러한 권리를 실제로 행사하는 기회가 거의 없으며, 배당과 주식매매에 의한 자본이득에만 관심을 가지는 실정이다.

보통주는 주권에 액면가격이 표시되어 있느냐에 따라 **액면주식**(par value stock)과 **무액면주식**(no-par value stock)으로 구분된다. 주권에 주식소유자의 이름이 명시되어 있느냐의 여부에 따라 **기명주식**과 **무기명주식**으로 구분될 수 있으나, 우리나라에서는 2014년 상법 개정으로 무기명주식제도가 폐지되었다. 우리나라에서 주식 액면가는 상법에 의해 100원 이상으로 규정되어 있으며, 유가증권시장에서는 5,000원 액면가가, 코스닥시장에서는 500원 액면가가 일반적이다.[11] 또한 상장주식의 경우 대부분의 주식은 주주가 주권을 직접 소유하기보다는 한국예탁결제원에 집중 예탁되어 있으며, 일반투자자가 주식을 매입하면 한국예탁결제원에서 자동으로 명의개서가 이루어진다. 즉, 증권회사 등과 같이 유가증권의 매매를 주선하는 자는 사전에 한국예탁결제원에 자기계좌를 개설하여 두고 고객이 맡긴 유가증권이나 자기가 소유하고 있는 유가증권을 집중예탁함으로써 증권을 이전하거나 담보권을 설정하는 등의 경우에 실물의 이동 없이 장부상의 대체 기재만으로 거래를 완결지을 수 있다.

보통주에 의해 기업이 자금을 조달할 경우 다음과 같은 장 · 단점이 있다. 보통주의 장점은 다음과 같다.

첫째, 보통주는 회사채나 차입금에 대한 이자와 같이 고정적인 재무비용을 발생시키지 않는다. 보통주에 대한 배당은 이익이 발생할 경우 지급할 수 있지만, 반드시 지

---

11) 미국, 일본 등 선진국에서는 무액면주식이 보편화되어 가고 있는데, 이는 주식의 액면가가 현실적으로 무의미하기 때문이다. 우리나라에서도 2012년 상법 개정으로 무액면주 발행이 허용되었지만 활성화되지 않고 있다.

급하여야 하는 의무규정은 없다.

둘째, 보통주는 상환부담이 없는 영구자본으로서 안정적인 장기자금을 조달하는 수단이다.

셋째, 보통주로 조달한 자본은 자기자본에 속하므로 기업의 재무구조를 개선시키며 기업의 대외신용도와 차입능력을 증가시킨다.

그러나 보통주 발행에 의한 자본조달은 다음과 같은 단점도 갖고 있다.

첫째, 보통주 발행으로 인하여 기업의 소유권과 경영통제에 영향을 받을 수 있다.

둘째, 이자지급액은 세법상 비용으로 인정되어 법인세 절감효과를 얻을 수 있는 반면, 보통주의 배당금은 법인세 절감효과가 없다. 그러므로 보통주의 자본비용은 부채의 자본비용보다 높게 나타난다.

셋째, 일반적으로 보통주는 다수의 투자자를 대상으로 주주를 모집하기 때문에 그 발행비용은 부채의 발행비용보다 높게 나타난다.

기업공개와 상장

기업공개(going public)는 일정한 요건을 갖춘 기업이 새로운 주식을 발행하여 일반투자자들에게 공모하거나, 이미 발행되어 기존의 대주주가 소유하고 있는 주식의 일부를 일반투자자에게 매출하여 주식소유를 분산시키는 것을 의미한다. 기업공개는 일부 주주가 소유하는 사적 기업(private firm)에서 다수의 일반 투자자가 소유하는 공적 기업(public firm)으로 전환되는 과정으로서 한국거래소(Korea Exchange: KRX)에 주식을 상장하기 위한 사전단계로 이해할 수 있다.

상장(listing)이란 발행된 유가증권이 한국거래소에서 거래될 수 있는 자격을 부여받는 것을 의미한다. 기업공개가 반드시 상장을 전제로 하는 것은 아니지만 다수의 일반투자자로부터 자금을 조달하기 위해서는 주식이 원활하게 거래되는 유동성이 확보되어야 하므로 기업공개는 상장을 전제로 하는 것이 일반적이다. 기업공개를 통하여 주식을 상장함으로써 기업이 얻을 수 있는 가장 큰 효과는 주식의 시장성(marketability) 또는 유동성(liquidity)을 확보하여 증권시장에서의 자본조달을 용이하게 하는 것이다.

상장기업은 경영성과와 중요한 영업내용의 변화뿐만 아니라 주가에 영향을 미칠 수 있는 정보가 발생할 경우에 한국거래소를 통하여 일반투자자에게 알려주는 공시(disclosure)의무를 갖는다. 상장기업의 공시는 주식가격의 결정에 영향을 미칠 수 있는 정보를 주주뿐만 아니라 일반투자자에게 알려줌으로써 증권시장에서 공정하고 정확한 가격이 형성될 수 있도록 하여, 투자자들이 원하는 경우에 언제든지 주식을 사거나 팔 수 있는 유동성을 확보해 주는 기능을 담당한다. 따라서 기업공개를 한 상장기업은 비상장기업보다 신용도와 유동성이 높기 때문에 일반투자자에게 주식을 발행하여 자금을 조달할 수 있을 뿐만 아니라 부채를 통한 자본조달에서도 낮은 자본비용으로 대규모자금을 조달할 수 있다.

유상증자와 무상증자

증자는 회사의 자본금을 증가시키는 것으로서 신주의 발행이 수반된다. 기업이 증자할 때는 실질적으로 투자자들이 출자를 함으로써 자본금이 증가하는 유상증자와 형식적으로 회사의 자본금이 증가하여도 여기에 상당하는 실질적인 현금유입이 나타나지 않는 무상증자가 있다.

■ 유상증자

기업이 **유상증자**를 통하여 필요한 자본을 조달할 경우, 발행되는 주식은 단순한 자금조달의 수단이란 차원을 넘어서 경영권의 재분배라는 중대한 부수적인 결과를 가져오게 된다. 그러므로 신주를 발행하는 경우 이를 누구에게 판매할 것인가 하는 문제는 매우 중요하다. 발행되는 신주를 인수할 수 있는 권리, 즉 **신주인수권**(preemptive right)을 기존 주주 또는 일반투자자에게 부여할 수 있다. 그러나 우리나라의 경우 신주발행에 있어서 가장 직접적인 이해관계자인 기존 주주에게 우선적으로 신주를 할당하고, 기존 주주가 배정된 주식을 인수하지 않아서 발생되는 실권주에 대해서만 일반공모를 실시한다. 이처럼 기존 주주에게 신주인수권을 우선적으로 부여하는 것은 그들의 의결권 및 재산권을 보호하는 데 그 목적이 있다.

유상증자를 전액 기존 주주에게 할당하는 경우 신주발행가격을 얼마로 정하느냐에 관계없이 주주의 부에는 전혀 영향을 미치지 않는다. 시가보다 낮은 가격으로 신주를 발행할 경우에 주당가격은 낮아지지만, 주주의 기존 투자액과 신주인수로 인한 투자액의 합은 유상증자 이후의 총투자가치와 일치하여 실질적인 부(富)의 변화는 없다. 한편 신주의 발행가격을 현재의 시장가격과 동일하게 결정하는 완전시가발행의 경우에는 일반공모를 하더라도 기존 주주의 지분율이 희석되는 것 이외에 주주의 실질적인 부는 변하지 않는다.

예제 12-1 유상증자와 주주 부

㈜청솔은 기존 주주를 대상으로 20%의 유상증자를 계획하고 있다. ㈜청솔의 현재 주가는 17,000원이나, 증자시 신주의 발행가격은 그보다 낮은 14,000원이다.

(1) 증자시 권리락주가(ex-right price)는?

(2) 구주 1주에 할당된 신주인수권의 가치는?

(3) 현재 ㈜청솔의 주식 100주를 가지고 있는 주주의 부는 증자 전후에 어떻게 변하는가?

(4) 만약 ㈜청솔이 일반투자자를 대상으로 20%의 유상증자를 계획하고 있다면, 기존 주주의 부는 어떻게 되겠는가?

| 해설 |

(1) 신주발행에 의한 기존 주식 1주의 가치변화는 다음과 같다.

	증자 전	증자일	증자 후
투자액:	17,000원	2,800원*	19,800원
주식수:	(1주)	(0.2주)	(1.2주)

* 0.2주×14,000원=2,800원

위의 그림에서 볼 수 있는 바와 같이 현재 1주를 가진 주주는 증자 전 주식가치, 즉 권리부주가(17,000원)에다 유상증자에 따른 신주납입금액(2,800원)을 합한 19,800원을 투자하여 그 결과 1.2주로 주식수가 늘어난다.

$$권리락주가=\frac{권리부주가+신주발행가\times 유상증자비율}{1+유상증자비율}$$

$$=\frac{17,000원+14,000원\times 0.2}{1+0.2}=\frac{19,800원}{1.2}=16,500원$$

(2) 신주 1주의 자본이득=신주의 가치(권리락주가)−신주의 발행가격
=16,500원−14,000원=2,500원

구주 1주에 부과된 신주청약비율은 0.2주이다. 그러므로 구주 1주에 배정된 신주인수권의 가치는 다음과 같다.[12]

신주인수권의 가치=신주 1주의 자본이득×유상증자비율=2,500원×0.2=500원

(3) • 증자 전의 주주의 부=100주×17,000원=1,700,000원
• 증자 후의 주주의 부=증자 후의 주식가치−신주에 대한 투자액
=16,500원×120주−14,000×20주
=1,980,000원−280,000원=1,700,000원

∴ 증자 전후의 주주의 부는 변하지 않는다.

(4) 기존 주주의 부는 소유하고 있는 주식 1주에 대하여 신주인수권의 가치만큼, 즉 주당 500원씩 감소하게 되며, 그 감소된 부는 일반투자자에게로 이전된다. 그러나 완전시가발행, 즉 주당 17,000에 신주를 발행하는 경우에는 신주인수권의 가치는 0이 되며, 이 경우에는 일반공모를 하

12) 신주인수권의 가치를 다음과 같이 구할 수도 있다.
권리부주가=권리락주가+신주인수권의 가치
17,000원=16,500원+신주인수권의 가치
∴ 신주인수권의 가치=17,000원−16,500원=500원

더라도 기존 주주의 부는 변하지 않는다.[13)]

■ 무상증자

무상증자는 기업이 자본잉여금을 자본금으로 전입할 때 기존 주주에게 무상으로 주식을 발행하는 것이다. 따라서 무상증자는 회계상 자본계정간의 변동만 있을 뿐 실질적인 자본조달이 이루어지는 것이 아니기 때문에 기업의 자산가치의 변동이 없고 발행주식수만 증가하는 것이다. 예를 들어 청솔주식회사가 자본잉여금 중 1억원을 자본금계정에 전입하기 위하여 무상증자를 실시하는 경우 자기자본구조의 변화를 살펴보면 다음과 같다.

청솔주식회사의 자기자본구조(무상증자 전)

(단위: 원)

자본금(액면 5,000원, 발행주식수 10만주)	500,000,000
자본잉여금	120,000,000
이익잉여금	80,000,000
자기자본합계	700,000,000

청솔주식회사의 자기자본구조(무상증자 후)

(단위: 원)

자본금(액면 5,000원, 발행주식수 12만주)	600,000,000
자본잉여금	20,000,000
이익잉여금	80,000,000
자기자본합계	700,000,000

위에서 보는 바와 같이 청솔주식회사는 무상증자로 인해 발행주식수가 2만주 늘어나고 자본금이 1억원 증가하였으나, 자본잉여금이 1억원 감소하여 결과적으로 볼 때 자기자본합계는 변하지 않으며, 또한 회사의 자산총액도 증가하지 않는다.

무상증자는 실질적인 기업가치의 변화 없이 회계상의 자본계정만 변하기 때문에 주주의 부도 변하지 않는다.[14)] 그러나 우리나라의 경우 액면가를 기준으로 배당을 결정하는 관행이 있기 때문에 주식수의 증가는 주주에게 실질적인 배당액의 증가를 가져다 주며, 무상증자가 기업의 긍정적인 미래전망을 시장에 알리는 수단으로 사용되기도 하

---

13) 이 경우 권리락주가는 17,000원이다.

14) 무상증자시 주식수가 증가하는 만큼 주가도 하락하게 된다. 이 경우 이론 권리락주가는 다음과 같다.

$$\text{이론 권리락주가} = \frac{\text{권리부주가}}{1 + \text{무상증자비율}}$$

기 때문에 무상증자가 주가의 상승을 가져와 시장에서의 실제 권리락주가는 이론 권리락주가보다 더 높게 형성되는 경우가 있다. 그러나 이와 같은 결과는 무상증자 자체에 의한 것이 아니라 무상증자가 가지고 있는 기업에 대한 긍정적인 정보가치에 의한 것으로 해석될 수 있다.

4.2 사 채

사채발행의 의의

사채는 주식회사가 일반투자자로부터 비교적 장기간에 필요한 거액의 자금을 집단적·공개적으로 조달하기 위하여 발행하는 채무증서로서, 계약에 따라 일정한 이자를 지급하고 만기에 원금을 상환할 것을 약속한 것이다.[15] 사채를 나타내는 채무증서, 즉 사채권은 사채의 액면가(face value), 액면이자율(coupon rate), 만기(maturity)를 반드시 표시하도록 되어 있다.

사채발행을 통하여 조달된 자금은 재무상태표의 대변에 비유동부채(타인자본)로 계상된다. 따라서 기업이 사채를 발행하는 경우 주주의 소유권 또는 경영권에 영향을 주지 않으면서 거액의 장기성 자금을 일시에 조달할 수 있다. 또한 사채의 지급이자는 세법상 비용으로 인정되어 법인세 절감효과를 얻을 수 있다는 점에서 보통주 또는 우선주에 비해 비용면에서 유리하다. 그러나 사채의 과도한 발행은 기업이 이자지급 및 원금상환 등 재무적 의무를 다하지 못할 가능성을 증가시켜 기업을 재무적 곤경에 빠뜨릴 수 있다. 또한 기업이 사채를 발행할 때 사채권자와 까다로운 사채약정을 체결하여야 하는데, 이는 기업의 경영활동을 제약하는 요인이 된다.[16]

사채발행조건과 주요 형태

사채는 이자지급방법, 담보와 보증유무, 상환방법 등의 발행조건에 따라 그 형태가 매우 다양하다. 사채를 발행조건에 따라 그 형태를 살펴보면 다음과 같다.

▪ 이자지급방법

- **확정이자부사채**(level-coupon bond): 만기까지 약정된 액면이자를 매기간 말에 지급하고 만기일에는 원금이 상환되는 채권

15) 사채는 이자 및 원금상환의 크기와 시기가 약정되어 있으므로 전형적인 확정소득부증권(fixed-income securities)이라 할 수 있다.

16) 사채약정의 내용에는 일반적으로 사채권자를 보호하기 위하여 배당지급의 제한, 감채기금의 규정 및 일정수준의 유동성 유지 등이 포함된다.

- **순수할인채**(pure discount bond or zero-coupon bond): 이자를 지급하지 않고 만기일에 원금만 상환되는 채권으로서 만기까지 지급하여야 하는 이자액을 미리 차감한 가격으로 발행되는 채권
- **변동금리사채**(floating rate bond): 표준금리를 기준으로 일정기간마다 이자율을 재조정하는 채권

▪ 담보와 보증유무

- **담보채**(secured bond): 발행회사 또는 제3자가 원리금의 상환을 보증하기 위하여 담보를 설정한 채권으로서 담보의 종류에 따라 부동산담보채(mortgage bond)와 유가증권담보채(collateral bond)로 구분됨.
- **무담보채**(unsecured bond or debenture): 특정한 자산을 통해 보증이 되지 않는 채권
- **보증사채**(guaranteed bond): 원리금의 상환을 발행회사 이외의 제3자가 보증하는 채권으로서 우리나라에서는 주로 신용보증기금이나 은행에서 보증함.[17)]
- **무보증사채**(non-guaranteed bond): 원리금의 상환이 발행회사 이외의 제3자에 의해서 보증되지 않는 채권

▪ 상환방법

- **수의상환사채**(callable bond): 사채의 발행회사가 일정한 기간이 경과한 후에 일정한 상환가격으로 채권의 만기일 이전 채권매입자의 의사에 관계없이 일방적으로 상환할 수 있는 권리를 가진 채권
- **상환청구권부사채**(putable bond): 수의상환사채와 반대로 채권투자자(채권매입자)가 사채의 만기일 이전에 미리 약정된 가격(상환청구가격)으로 사채의 상환을 청구할 수 있는 권리를 가진 채권
- **감채기금부사채**(sinking fund bond): 사채의 발행회사가 채권상환의 확실성을 보장하기 위하여 원금의 전액, 또는 일부를 사채상환기금으로서 연차적으로 적립하는 조건을 채권약정서에 명시하여 발행한 채권
- **연속상환사채**(serial bond): 채권을 하나의 약정하에서 발행하되 만기가 다른 여러 조로 나누어 발행한 다음, 각 채권의 만기가 도래할 때마다 해당채권을 상환해 나가는 채권

---

17) 보증사채는 주로 위험이 높은 벤처기업이나 창업투자회사에 의해 많이 발행되나, 우리나라의 경우 기업의 대외신용도가 다소 떨어지고 채권시장이 발달하지 못했기 때문에 신용상태가 좋은 기업도 보증사채를 발행하는 것이 일반적이다.

■ **기타 사채**

- **전환사채**(convertible bond): 만기 이전의 일정기간 내에 일정한 가격으로 발행회사의 보통주로 전환할 수 있는 권리가 부여된 채권
- **신주인수권부사채**(bond with warrant): 사채가 상환되기 전에 발행회사가 신주를 발행하는 경우, 사채권자에게 그 신주의 일정부분에 대해 주주와 함께 증자에 참가할 수 있는 권리가 부여된 채권
- **이익사채**(income bond): 발행회사의 이익수준에 따라 이자지급액이 달라지는 채권으로서 기업의 영업이익이 확정이자를 지급하기에 충분하지 않은 경우에는 확정된 이자를 지급하지 않을 수 있으나, 기업의 이익수준이 회복되었을 경우에는 미지급된 이자를 자급하여야 함.
- **교환사채**(exchangeable bond): 채권발행 후 일정기간이 지나면 일정한 가격으로 채권을 발행한 기업이 보유하고 있는 다른 회사 주식과 교환을 청구할 수 있는 권리가 부여된 채권

4.3 우 선 주

우선주(preferred stock)는 배당 및 잔여재산분배에 있어서 그 청구권리가 보통주에 우선하는 주식을 말한다. 우선주에 의해 조달된 자본은 법적으로 자기자본을 형성하나 실질적으로 거의 타인자본과 유사한 성격을 갖는다. 왜냐하면 기업은 우선주 발행시 예정배당률을 미리 정하기 때문에 기업의 이익상태가 호전된다 하더라도 약속된 배당률 이상은 지급하지 않는다. 따라서 우선주의 배당은 고정재무비용인 채권의 이자와 그 성격이 유사하다. 그리고 기업정리 및 파산시에도 잔여재산분배의 청구는 우선주의 액면가에 한하도록 되어 있기 때문에 보통주와는 근본적으로 성격이 다르고 오히려 사채와 유사하다고 할 수 있다. 그러나 우선주가 사채와 다른 점은, 우선주는 법적으로 자기자본을 형성하고 약속된 배당률을 반드시 지급하지 않아도 법적인 책임을 부담하지 않으며, 이익배당 및 잔여재산분배 청구가 사채보다 후순위라는 것이다.

우선주는 약정된 배당을 지급하지 못하는 경우 미지급된 배당금을 다음 해에 누적시켜 지급하는 **누적적 우선주**(cumulative preferred stock)와 당해연도에 미지급된 배당을 다음 해에 누적시켜 지급하지 않는 **비누적적 우선주**(non-cumulative preferred stock)가 있다. 또한 우선주는 이익분배에 참가하느냐에 따라 **참가적 우선주**(participating preferred stock)와 **비참가적 우선주**(non-participating preferred stock)로 구분된다. 그리고 전환사채와 마찬가지로 일정한 기간에 일정한 가격으로 우선주를 보통주로

전환할 수 있는 옵션(option)을 부여한 **전환우선주**(convertible preferred stock), 기업의 자금사정에 따라 기업이 상환할 수 있는 **수의상환우선주**(callable preferred stock) 등이 있다.

기업의 입장에서 우선주를 발행하여 얻을 수 있는 장점은 다음과 같다.

첫째, 우선주는 사채의 이자와는 달리 당기에 배당을 지급하지 않더라도 파산상태에 이르지 않는다.

둘째, 우선주는 일반적으로 의결권이 주어지지 않는 무의결권주이기 때문에 주주들이 경영권의 침해를 받지 않는다.

셋째, 일반적으로 우선주는 보통주와 마찬가지로 만기가 없는 영구자본으로서 기업의 재무구조를 건전하게 한다.

그러나 기업의 입장에서 볼 때 우선주는 자본비용이 높다는 단점을 가지고 있다. 사채의 이자는 감세효과가 있으나, 우선주의 배당은 납세 후 순이익에서 지급되므로 세후기준으로 볼 때 우선주의 자본비용은 사채의 자본비용보다 높은 것이 일반적이다.[18] 또한 우선주는 잔여재산 또는 이익분배에 대한 청구권에 있어 사채보다 그 순위가 늦기 때문에 그것에 대한 보상차원에서 일반적으로 기업은 사채이자에 비해 우선주 배당을 높게 한다. 따라서 우선주의 자본비용은 사채의 자본비용보다 높다고 할 수 있다.

---

18) 일반적으로 우선주의 자본비용은 다음과 같이 측정된다.

$$\text{우선주의 자본비용} = \frac{\text{우선주의 주당배당금}}{\text{우선주의 가격}}$$

요 약

효율적 자본시장

1. 효율적 자본시장의 개념

정보가 즉시, 충분하게 주식가격에 반영되는 시장

☞ 이용가능한 모든 정보 → 주식가격＝공정한 가격(본질적 가치)

※ 효율적 자본시장하에서는 증권투자에 의해 초과수익을 얻을 수 없음.

※ 효율적 자본시장 ⊇ 완전자본시장

2. 효율적 시장가설

강형 효율적 시장가설
(주가에 영향을 미치는 모든 정보)

준강형 효율적 시장가설
(공개적으로 이용가능한 정보)

약형 효율적 시장가설
(과거의 역사적 정보)

- 약형 효율성: 기술적 분석이 소용 없음.
- 준강형 효율성: 기술적 분석, 기본적 분석이 소용 없음.
- 강형 효율성: 어떠한 투자자도 지속적인 초과수익을 얻을 수 없음.

3. 효율적 시장과 재무관리

회계처리방법의 변경
자금조달시기의 선택 → 주가: 영향을 받지 않음.
가격압박효과

행동재무학

1. 정보처리의 오류에 의한 잘못된 추론

   보수주의 편의, 과신, 대표성 편의

2. 특정 신념이나 선호에 의한 행태적 편의

   액자편의, 심리회계, 후회기피, 전망이론

3 시장의 모순된 심리현상

   군집행동, 정보의 폭표효과, 가격추종거래

4, 차익거래 제한요인

   기본적 위험, 실행비용위험, 모형위험

기업의 장기자본조달

1. 보 통 주
2. 사 채
3. 우 선 주

주요 용어

증권화 • 494
효율적 자본시장 • 495
효율적 시장가설 • 496
약형 효율적 시장가설 • 496
기술적 분석 • 497
준강형 효율적 시장가설 • 497
기본적 분석 • 497
강형 효율적 시장가설 • 497
행동재무학 • 499
보수주의 편의 • 500
과신 • 500
대표성 편의 • 500
액자편의 • 501
심리회계 • 501
후회기피 • 501
전망이론 • 502
손실회피 • 502
거품이론 • 504
군집행동 • 504
정보의 폭포효과 • 505
가격추종거래 • 505
기본적 위험 • 506
실행비용위험 • 506
모형위험 • 506
보통주 • 507
액면주식 • 507
무액면주식 • 507
기명주식 • 507
무기명주식 • 507
기업공개 • 508
상장 • 508
유상증자 • 509
신주인수권 • 509
무상증자 • 511
사채 • 512
확정이자부사채 • 512
순수할인채 • 513
변동금리사채 • 513
담보채 • 513
무담보채 • 513
보증사채 • 513
무보증사채 • 513
수의상환사채 • 513
상환청구권부사채 • 513
감채기금부사채 • 513
연속상환사채 • 513
전환사채 • 514
신주인수권부사채 • 514
이익사채 • 514
교환사채 • 514
누적적 우선주 • 514
비누적적 우선주 • 514
참가적 우선주 • 514
비참가적 우선주 • 514
전환우선주 • 515
수의상환우선주 • 515

연·습·문·제

▶ 객관식 문제

01 최소한 준강형(semi-strong form)의 효율적 시장이 성립할 때 다음 중 가장 적절하지 못한 주장은? (CPA 1차 2004)

① 내부정보가 없는 상태에서 증권에 투자해 몇 년 사이 1,000%의 수익을 올린 투자자가 있을 수 있다.

② 최근 몇 년간 경영상의 어려움을 겪어 적자누적으로 주당장부가치가 액면가를 밑도는데도 불구하고 주가는 액면가보다 높게 형성될 수 있다,

③ 펀드매니저가 증권분석을 통해 구성한 포트폴리오가 침팬지가 무작위로 구성한 포트폴리오보다 위험 대비 수익률이 더 높을 것으로 예상된다.

④ A회사는 환경단체와의 재판에서 패소해 추가로 부담해야 할 비용이 확정되었으므로 A회사의 주식은 당분간 매입하지 말아야 한다.

⑤ 은행장이 그 동안 불법대출을 주선하여 은행에 막대한 손실을 입혀왔다는 사실이 일주일 전 밝혀져 해당 은행의 주가가 급락했다. 그리고 오늘 아침 그 은행장이 사표를 제출했다는 사실이 알려지면서 해당 은행의 주가는 상승했다.

02 효율적 시장가설에 관한 다음의 설명 중 가장 옳지 않은 것은? (CPA 1차 2005)

① 시장의 준강형 효율성 가설을 검증하는 한 방법으로 사건연구(event study)를 활용할 수 있다.

② 미국 증권시장의 일일 주가수익률을 분석해 보면 소형주의 수익률은 전날 대형주 수익률을 추종하나, 대형주의 수익률은 전날 소형주 수익률을 추종하지 않는 것으로 나타난다. 이는 시장이 약형으로 효율적이지 않다는 증거로 볼 수 있다.

③ 시장이 강형으로 효율적이라면 베타계수가 작은 주식에 투자한 경우 베타계수가 큰 주식에 투자했을 때보다 더 높은 수익률을 올릴 수 없다.

④ 미국 주식을 가치주와 성장주로 나누어 그 수익률을 분석해 보면 양 그룹간에 확연한 차이가 발견된다. 이는 시장이 준강형으로 효율적이지 않다는 증거로 볼 수 있다.
⑤ 기업의 인수·합병 발표 직후 피인수·합병 기업의 주가가 상승하는 것으로 나타난다. 이는 시장이 강형으로 효율적이지 않다는 증거로 볼 수 있다.

03 다음 중 가장 옳지 않은 것은? (CPA 1차 2007)

① 날씨가 맑은 날에는 주가지수가 상승하고, 그렇지 않은 날에는 주가지수가 하락하는 경향이 전 세계적으로 관찰되고 있음을 보인 연구결과가 있다. 만일 이 연구결과가 사실이라면 이는 시장이 약형으로 효율적이지 않다는 증거이다. (매일 다음 날의 일기예보가 발표되며 일기예보는 50%보다 높은 정확도를 갖는다고 가정하라.)
② 시장이 약형으로 효율적이라면 기술적 분석을 이용해서 초과수익률을 얻을 수 없다.
③ 국내 주식시장에서 개인투자자들의 투자성과가 외국인투자자들이나 국내 기관투자자들에 비해 지속적으로 나쁘다는 연구결과가 있다. 모든 투자자들이 공개된 정보만을 이용하여 투자한다는 가정하에, 이는 시장이 준강형으로 효율적이지 않다는 증거로 볼 수 있다.
④ 시장이 효율적이고 CAPM이 맞다고 해도 베타가 같은 두 주식의 실현수익률이 다를 수 있다.
⑤ 시장이 약형으로 효율적일 때, 과거 6개월간 매달 주가가 오른 주식이 다음 달에도 주가가 또 오를 수 있다.

04 행동재무학(behavioral finance)과 투자자의 비합리성에 관한 설명으로 가장 적절하지 않은 것은? (CPA 1차 2018)

① 투자자의 비합리성과 차익거래의 제약으로 인하여 금융시장은 비효율적일 수 있다.
② 보수주의(conservatism)의 예로 어떤 기업의 수익성이 악화될 것이라는 뉴스에 대해 투자자가 초기에는 과소반응을 보여 이 정보가 주가에 부분적으로만 반영되는 현상을 들 수 있다.
③ 동일한 투자안이더라도 정보가 제시되는 방법(예; 이익을 얻을 가능성만 강조되는 경우, 반대로 손실을 입을 가능성만 강조되는 경우)에 따라 투자의사결정이 달라지는 현상은 액자(framing) 편향으로 설명될 수 있다.
④ 투자자가 이익(gain)의 영역에서는 위험회피적 성향을, 손실 (loss)의 영역에서는 위험 선호적 성향을 보이는 것은 전망이론 (prospect theory)과 관련이 있다.
⑤ 다수의 의견이 틀리지 않을 것이라는 믿음 하에 개별적으로 수집·분석한 정보를 무시 한 채 대중이 움직이는 대로 따라가는 현상을 과신(overconfidence)이라고 한다.

05 자본금이 액면가 500원인 보통주 10,000주로 구성되어 있고, 주가가 주당 2,500원인 ㈜도고는 기존의 사업을 확장하는 데 필요한 500만원을 유상증자를 통해 조달하려고 한다. 우리사주조합에서는 신주발행 물량의 일부를 할인된 가격에 배정해 줄 것을 회사에 요청했지만 신주인수권은 모두 기존 주주에게 소유지분 비례대로 배정될 것이다. 신주인수권은 주식과 분리되어 시장에서 별도로 거래된다. 신주의 발행가격이 주당 2,000원으로 결정되고, 신주인수권의 가격이 100원인 경우 다음의 설명 중 옳은 것은? (단, 유상증자와 관련된 모든 비용은 무시하고, 기존 주주들이 신주인수에 필요한 자금을 조달하는 데는 아무런 제약이 없다고 가정한다.) (CPA 1차 2003)

① 기존 주주의 기업지배권을 보호하기 위해 제도적으로 기존 주주가 아닌 제3자에게는 신주인수권을 배정할 수 없다.
② 신주의 발행가격이 주가(시장가격)보다 낮게 책정되었으므로 주주들은 배정된 신주인수권을 행사하여 발행주식을 모두 인수하는 것이 유리하다.
③ 기업지배권을 고려하지 않고 투자수익만을 생각한다면 주주들은 발행주식을 인수하는 대신 신주인수권을 직접 매각하는 것이 유리하다.
④ 기존 주주들이 배정된 신주발행 물량을 모두 인수한다면 발행가격은 주주들의 부에 아무런 영향을 미치지 않는다.
⑤ 기존 주주들이 신주를 모두 인수하더라도 유상증자 후 EPS의 감소와 주가하락으로 주주의 부는 감소한다.

06 ㈜대한은 새로운 투자안에 소요되는 자금 3.21억원을 조달하기 위해 주당 8,560원에 주주배정유상증자를 실시하려고 한다. 기발행주식수는 300,000주이며, 주주배정유상증자 직전 주가는 주당 10,000원이다. 기존 주주는 보유주식 1주당 한 개의 신주인수권을 갖고 있다. 다음 설명 중 가장 적절하지 않은 것은? (CPA 1차 2011)

① 신주 1주를 구입하기 위해 필요한 신주인수권의 수는 8개이다.
② 기존 주주가 보유한 신주인수권의 가치는 160원이다.
③ 신주발행 후 이론주가는 9,840원이다.
④ 구주 160주를 가진 주주가 신주인수권 행사를 위해 필요한 금액은 153,120원이다.
⑤ 구주 160주를 가진 주주의 신주인수권 행사 후 보유주식의 가치는 1,771,200원이다.

● 객관식 해답 **1.** ④, **2.** ③, **3.** ①, **4.** ⑤, **5.** ④, **6.** ④

▶ 주관식 문제

01 기업이 자금조달결정에 의해 새로운 가치를 창출할 수 있는 방법에 대해 설명하라.

02 시장효율성의 세 가지 가설을 설명하라.

03 시장효율성의 의미

시장효율성에 관한 다음 설명들의 타당성 여부를 확인하라.

(1) 시장효율성은 증권가격에 대한 완전한 예측능력을 의미한다.
(2) 시장효율성은 주가가 이용가능한 모든 정보를 반영하고 있다는 것을 의미한다.
(3) 시장효율성은 비이성적인 시장을 의미한다.
(4) 시장효율성은 증권가격이 변동하지 않는다는 것을 의미한다.
(5) 시장효율성은 투자자들 사이의 치열한 경쟁의 결과이다.

04 효율적 자본시장과 주가반응

오늘 ㈜한국제약은 신약 개발에 성공하였다고 발표하였다. 어제 ㈜한국제약의 종가는 10만원이었다.

(1) 발표 후 ㈜한국제약의 주가는 어떻게 되겠는가?
(2) 다음과 같은 3가지 상황이 나타날 수 있다고 할 때, 어떤 상황이 효율적 자본시장에 부합되는가?

① 발표 후 주가는 12만원으로 상승하였다. 그리고 다음 날 역시 상승하여 13만원이 되었다가 하락하여 11만 5천원이 되었다.
② 발표 후 주가는 11만 5천원으로 상승하여 변동이 없었다.
③ 발표 후 주가는 다음 주까지 조금씩 지속적으로 상승하여 11만 5천원이 되었다.

05 "시장이 효율적이라면 증권분석에 의해서 초과이익을 얻을 수 없다. 따라서 모든 투자자들은 증권분석을 그만두어야 한다"라는 주장을 논평하라.

06 고급 효용함수와 전망이론 (CPA 2차 2011)

투자자 A는 부의 크기(W)로 효용(U)을 얻는 것이 아니라 투자로 인한 부의 증감(ΔW)에 따라 효용을 얻는다. 그의 효용함수는 다음과 같다.

$\Delta W \geq 0$인 경우, $U(\Delta W) = \sqrt{\Delta W}$

$\Delta W < 0$인 경우, $U(\Delta W) = -\sqrt{|\Delta W|}$

(1) ΔW에 대한 이 투자자의 효용함수를 도시하고, 이 투자자는 위험에 대해 어떤 태도를 보이는 투자자인지 설명하라.

(2) 이 투자자는 어떤 투자를 시작한 직후 10원의 평가손실을 얻게 되었다. 투자를 계속하게 되면 50%의 확률로 −15원의 결과($\Delta W = -15$)를 얻게 되거나 50%의 확률로 −5원의 결과($\Delta W = -5$)를 얻게 된다. 이 투자의 위험프리미엄을 구하라. 계산결과는 반올림하여 소수점 아래 네 자리까지 표시하라.

(3) 이 투자자의 효용함수를 토대로 전망이론(prospect theory)에서 말하는 '손실회피(loss aversion)' 현상이 발생하는 이유를 5줄 이내로 설명하라.

07 유상증자와 주주 부

㈜인천산업은 구주 1주당 0.5주의 유상증자를 계획하고 있다. 그리고 신주는 할인율 0.2를 적용하여 발행될 예정이며, 현재의 주가는 27,500원이다.

(1) 신주의 발행가격은?

(2) 증자시 이론 권리락주가는?

(3) 구주 1주에 할당된 신주인수권의 가치는?

(4) 현재 ㈜인천산업의 주식 100주를 가지고 있는 주주의 부는 증자 전후에 어떻게 변하는가?

(5) ㈜인천산업의 실제 권리락주가가 26,000원으로 형성된다면, 이 회사의 주식 100주를 가지고 있는 주주의 부는 증자 전후에 어떻게 변하는가?

08 기업의 입장에서 우선주의 장단점을 설명하라.

제13장

자본구조 I : 기본적 개념

기업은 자금을 조달하기 위하여 보통주, 우선주, 사채, 전환사채 등 여러 가지 다양한 증권들을 발행할 수 있다. 그러나 여기서는 보통주와 사채만을 고려하는 단순한 자본구조문제를 생각할 것이다. 자본구조와 관련된 문제는 두 가지로 요약될 수 있다. 하나는 기업이 단순히 자본구조, 즉 자기자본과 부채의 구성만을 변경시킴으로써 기업의 가치(궁극적으로는 주주의 부)를 증가시킬 수 있는가에 대한 것이다. 그리고 다른 하나는 만약 자본구조에 따라 기업의 가치가 달라진다면, 기업의 가치를 극대화할 수 있는 최적자본구조(optimal capital structure)는 무엇이냐에 관한 것이다.

본장에서는 자본구조이론의 선구자라 할 수 있는 모딜리아니와 밀러(F. Modigliani and M. H. Miller : 이하 MM이라 약칭함)가 1958년과 1963년에 각각 발표하였던 자본구조이론을 차례로 설명하고자 한다.

1 MM의 무관련이론

모딜리아니와 밀러(MM)는 법인세가 없는 완전자본시장(perfect capital market)하에서 기업가치는 그 자본구조와 무관하다는 **무관련이론**(irrelevant theory)을 주장하였다.[1]

1.1 기본적 가정

MM은 무관련이론을 전개하기 위하여 다음과 같은 몇 가지 가정을 하였다.

첫째, 자본시장은 완전하다.[2]

둘째, 모든 기업은 경영위험에 따라 같은 위험집단, 즉 **동질적 위험집단**(homogeneous risk class)으로 분류될 수 있다.

셋째, 모든 투자자들은 기업의 미래 현금흐름의 확률분포에 대해서 동질적 기대(homogeneous expectation)를 가진다.

넷째, 기업의 모든 현금흐름은 매년도마다 항상 일정하며(성장률=0) 영구적으로 발생된다. 이는 기업이 동일한 규모로 계속 영업을 지속하기 위하여 지난해의 영업으로 인해 감소된 부분(감가상각비)만 재투자한다는 것을 의미한다. 이와 같은 경우 기업의 연간 잉여현금흐름은 다음과 같다.

$$CF = (R - VC - FC) + dep - dep = NOI \tag{13-1}$$

여기서 R: 매출액
VC: 변동영업비용
FC: 고정영업비용(고정현금지출비용＋감가상각비)
NOI: 영업이익(net operating income)(＝EBIT)

결론적으로 기업의 연간 잉여현금흐름은 영업이익이며, 이것은 매년도마다 항상 일정하고 영구적으로 발생된다고 가정한다.

다섯째, 기업은 주식과 사채의 두 가지만 발행하여 자금을 조달하며, 사채는 위험이 없다고 가정한다.

이와 같은 가정하에서 MM은 법인세가 존재하지 않을 경우, 기업가치와 자본구조의 관계에 대해서 다음과 같은 세 가지 명제를 발표하였다.

---

1) F. Modigliani and M. H. Miller, "The Cost of Capital, Corporation Finance and the Theory of Investment," *American Economic Review*, Vol. 48(June 1958), pp. 261~297.

2) CAPM의 기본적 가정 중 하나인 완전자본시장의 가정과 동일한 가정이다. 완전자본시장에 대한 자세한 설명은 제10장을 참조하기 바란다.

1.2 MM 명제 I

일반적으로 기업의 시장가치는 매년 기업이 벌어들일 기대현금흐름을 그 기업이 속하는 위험집단의 수준에 적절하다고 생각되는 할인율로 할인함으로써 계산된다.

부채(타인자본)를 사용하지 않는 기업 U의 가치는 기업의 기대현금흐름, 즉 기대영업이익 $E(NOI)$를 할인하여 다음과 같이 구할 수 있다.

$$V_U = S_U = \sum_{t=1}^{\infty} \frac{E(NOI)}{(1+r_U)^t} = \frac{E(NOI)}{r_U} \tag{13-2}$$

여기서 V_U : 무부채기업의 가치
S_U : 무부채기업의 자기자본가치
r_U : 무부채기업의 자본비용(자기자본비용)

한편 부채를 사용하는 기업 L의 연간 기대현금흐름 CF_L은 주주에게 지급될 수 있는 부분과 채권자에게 지급될 수 있는 부분을 합하여 다음과 같이 구할 수 있다.[3)]

$$\begin{aligned} CF_L &= \text{주주 현금흐름} + \text{채권자 현금흐름} \\ &= [E(NOI) - r_B B] + r_B B = E(NOI) \end{aligned}$$

여기서 r_B : 부채의 자본비용, 즉 이자율
B : 부채가치

이와 같은 현금흐름을 적절한 할인율, 즉 기업의 가중평균자본비용(weighted average cost of capital : WACC)으로 할인하여 부채를 사용하는 기업 L의 가치를 구할 수 있다.

$$V_L = S_L + B = \sum_{t=1}^{\infty} \frac{E(NOI)}{(1+WACC)^t} = \frac{E(NOI)}{WACC} \tag{13-3}$$

여기서 V_L : 부채를 사용하는 기업의 가치
S_L : 부채를 사용하는 기업의 자기자본가치

MM은 "기업의 가치는 기업이 벌어들일 영업이익에 의해서 결정되는 것이지, 부채사용의 유무와는 관계가 없다"고 주장하였다. 이와 같은 MM의 주장, 즉 명제 I 을 요약하면 다음과 같다.

> MM 명제 I: 기업의 가치는 자본구조와 무관하다. ☞ $V_U = V_L$

MM 명제 I 은 자본구조만 서로 다르고 경영위험(또는 영업위험)과 영업이익이 동일한 두 기업의 가치는 동일하여야 한다는 것을 의미한다. 이와 같은 두 기업의 가치는

---

3) 여기서 부채는 영구채권을 가정한다.

일시적으로 서로 다를 수 있지만, 차익거래이익(arbitrage profit)을 얻기 위한 투자자들의 차익거래과정(arbitrage process)을 통해서 결국 같아지게 된다. 차익거래이익은 자금을 추가로 투자하지 않고, 위험도 부담하지 않으면서 얻을 수 있는 이익을 의미한다. 그리고 이와 같은 차익거래이익을 얻기 위해서 실시하는 거래를 차익거래라고 한다.[4)]

차익거래과정

경영위험과 영업이익이 동일하나 자본구조가 서로 상이한 기업 U와 기업 L의 가치가 서로 다를 경우, 차익거래에 의한 가격조정이 어떻게 이루어지는지를 다음의 두 가지 경우로 나누어 살펴보기로 하자.

■ $V_U > V_L$

만약 $V_U > V_L$이라면, 투자자는 자금을 추가로 투자하지 않고 위험도 부담하지 않으면서 수익을 증가시킬 수 있는 새로운 포트폴리오를 구성할 수 있다. 먼저 다음과 같은 거래 I 과 거래 II 를 생각해 보자. 거래 I 은 기업 U의 주식 중 α에 해당하는 부분을 매입하는 거래로서 그 투자액은 $\alpha V_U(=\alpha S_U)$이며, 이 투자로부터 벌어들이는 연간 수익은 αNOI가 될 것이다. 그리고 거래 II 는 기업 L의 주식 중 α에 해당하는 부분을 매입하고 동시에 기업 L의 부채 중 α에 해당하는 부분을 매입(대출)하는 거래로서 그 투자액은 $\alpha V_L(=\alpha S_L+\alpha B)$이며, 이 투자로부터 벌어들이는 연간 수익은 αNOI가 될 것이다. 이상의 두 거래를 요약하면 〈표 13-1〉과 같다.

이상의 두 거래로부터 발생되는 투자액과 연간 수익을 각각 비교하면 다음과 같다.

표 13-1 거래 I , II 의 투자액과 연간 수익

거 래		투 자 액	연간 수익
I	기업 U의 주식 α 매입	$\alpha S_U=\alpha V_U$	αNOI
II	ⓐ 기업 L의 주식 α 매입	$\alpha S_L=\alpha(V_L-B)$	$\alpha(NOI-r_B B)$
	ⓑ 기업 L의 부채 α 매입	αB	$\alpha r_B B$
	ⓐ+ⓑ	αV_L	αNOI

단, α=지분비율$=\dfrac{\text{주식(또는 부채)의 매입액}}{\text{주식(또는 부채)의 총시장가치}}$

4) 일반적으로 차익거래는 다음과 같은 절차에 의해 구성될 수 있다.
첫째, 과소 또는 과대평가된 자산을 발견한 후, 과소평가된 자산은 매입하고 과대평가된 자산은 매도(또는 공매도)한다.
둘째, 차입 또는 대출에 의해 현재 또는 미래의 차익거래이익을 확인한다.

표 13-2 $V_U > V_L$인 경우의 차익거래과정

차익거래	현재 현금흐름	연간 수익
기업 U 주식 α 매도 기업 L 주식 α 매입 기업 L 부채 α 매입	$\alpha S_U = \alpha V_U$ $-\alpha S_L = -\alpha(V_L - B)$ $-\alpha B$	$-\alpha NOI$ $\alpha(NOI - r_B B)$ $\alpha r_B B$
차익거래이익	$\alpha(V_U - V_L)$	0

- 거래 Ⅰ의 투자액 [αV_U] > 거래 Ⅱ의 투자액 [αV_L]
- 거래 Ⅰ의 연간 수익 [αNOI] = 거래 Ⅱ의 연간 수익 [αNOI]

이 경우 거래 Ⅰ의 투자액이 거래 Ⅱ의 투자액보다 크지만, 각각의 거래로 인하여 얻을 수 있는 연간 수익은 동일하다. 즉 거래 Ⅱ는 거래 Ⅰ에 비해 적은 금액을 투자하지만 항상 거래 Ⅰ과 동일한 연간 수익을 얻을 수 있음을 알 수 있다.[5] 그러므로 현재 기업 U의 주식 α를 가지고 있는 투자자가 있다면, 그 투자자는 보유하고 있는 기업 U의 주식을 매도하여 그 자금을 가지고 기업 L의 주식 α를 매입하고 동시에 기업 L의 부채 α를 매입하는 차익거래를 할 것이다.[6] 이 거래의 결과, 투자자는 연간 수익의 변동 없이 (항상 동일한 연간 수익 αNOI를 얻으면서) 현재시점에서 $\alpha(V_U - V_L)$의 차익거래이익을 얻을 수 있다. 이와 같은 차익거래과정을 요약하면 〈표 13-2〉와 같다.

따라서 $V_U > V_L$이면, 기업 U의 주식을 가지고 있는 모든 투자자가 이와 같은 차익거래에 참여할 것이기 때문에 결국 기업 U의 주식은 매도의 증가(공급의 증가)로 인하여 가격이 하락하고, 기업 L의 주식은 매입의 증가(수요의 증가)로 인하여 가격이 상승하게 된다. 이와 같은 차익거래는 $V_U = V_L$인 상태에 도달할 때까지 지속적으로 발생할 것이다. 그러므로 일련의 차익거래과정을 통하여 $V_U = V_L$가 성립하게 됨을 알 수 있다.

■ $V_L > V_U$

만약 $V_L > V_U$이라면, 투자자는 자금을 추가로 투자하지 않고 위험도 부담하지 않으면서 수익을 증가시킬 수 있는 새로운 포트폴리오를 구성할 수 있다. 먼저 다음과 같은 거래 Ⅲ과 거래 Ⅳ를 생각해 보자. 거래 Ⅲ은 기업 L의 주식 중 α에 해당하는 부분을 매입하는 거래로서 그 투자액은 αS_L이며, 이 투자로부터 벌어들이는 연간 수익은 $\alpha(NOI - r_B B)$가 될 것이다. 그리고 거래 Ⅳ는 기업 U의 주식 중 α에 해당하는 부분을 매

5) 기업 U는 과대평가되고, 기업 L은 과소평가되고 있음을 의미한다.
6) 기업 U의 주식을 보유하지 않은 투자자도 공매도(short sale, 空賣渡)를 이용하여 동일한 차익거래를 할 수 있다. 여기서 공매도는 보유하지 않은 기업 U의 주식을 빌려서 매도하는 것을 의미한다.

표 13-3 거래 Ⅲ, Ⅳ의 투자액과 연간 수익

	거 래	투 자 액	연간 수익
Ⅲ	기업 L의 주식 α 매입	$\alpha S_L=\alpha(V_L-B)$	$\alpha(NOI-r_B B)$
Ⅳ	ⓐ 기업 U의 주식 α 매입	$\alpha S_U=\alpha V_U$	αNOI
	ⓑ 기업 L의 부채 α를 개인계좌로 차입	$-\alpha B$	$-\alpha r_B B$
	ⓐ+ⓑ	$\alpha(V_U-B)$	$\alpha(NOI-r_B B)$

입하고 동시에 기업 L의 부채 중 α에 해당하는 부분을 개인계좌(personal account)로 차입하는 거래로서 그 투자액은 $\alpha(V_U-B)$이며, 이 투자로부터 벌어들이는 연간 수익은 $\alpha(NOI-r_B B)$가 될 것이다. 여기서 개인은 기업과 동일한 이자율 r_B로 차입할 수 있다고 전제한다. 즉 개인이 자신의 레버리지(homemade leverage)로서 기업 L의 레버리지를 완전히 대체할 수 있다는 것을 의미한다. 이상의 두 거래를 요약하면 〈표 13-3〉과 같다.

이상의 두 거래로부터 발생하는 투자액과 연간 수익을 각각 비교하면 다음과 같다.

- 거래 Ⅲ의 투자액 $[\alpha S_L=\alpha(V_L-B)]>$ 거래 Ⅳ의 투자액 $[\alpha(V_U-B)]$
- 거래 Ⅲ의 연간 수익 $[\alpha(NOI-r_B B)]=$ 거래 Ⅳ의 연간 수익 $[\alpha(NOI-r_B B)]$

이 경우 거래 Ⅲ의 투자액이 거래 Ⅳ의 투자액보다 크지만, 각각의 거래로 인하여 얻을 수 있는 연간 수익은 항상 동일하다.[7] 그러므로 현재 기업 L의 주식 α를 가지고 있는 투자자가 있다면, 그 투자자는 가지고 있는 기업 L의 주식을 매도하고 동시에 기업 L의 부채 α에 해당하는 금액(αB)을 개인계좌로 차입하여 조성한 총자금 $\alpha(S_L+B)$를 가지고 기업 U의 주식 α를 매입하는 차익거래를 할 것이다. 이 거래의 결과, 투자자는 연간 수익의 변동 없이(항상 동일한 연간 수익 $\alpha(NOI-r_B B)$를 얻으면서) 현재시점에서 $\alpha(V_L-V_U)$의 차익거래이익을 얻을 수 있다. 이와 같은 차익거래과정을 요약하면 〈표 13-4〉와 같다.

따라서 $V_L>V_U$이면, 기업 L의 주식을 가지고 있는 모든 투자자가 이와 같은 차익

표 13-4 $V_L>V_U$인 경우의 차익거래과정

차익거래	현재 현금흐름	연간 수익
기업 L 주식 α 매도	$\alpha S_L=\alpha(V_L-B)$	$-\alpha(NOI-r_B B)$
기업 U 주식 α 매입	$-\alpha S_U=-\alpha V_U$	αNOI
기업 L 부채 α 차입	αB	$-\alpha r_B B$
차익거래이익	$\alpha(V_L-V_U)$	0

7) 기업 L은 과대평가되고, 기업 U는 과소평가되고 있음을 의미한다.

거래에 참여할 것이기 때문에 결국 기업 L의 주식은 매도의 증가로 인하여 가격이 하락하고, 기업 U의 주식은 매입의 증가로 인하여 가격이 상승하게 된다. 이와 같은 차익거래는 $V_L = V_U$인 상태에 도달할 때까지 지속적으로 발생할 것이다. 그러므로 일련의 차익거래과정을 통하여 $V_L = V_U$가 성립하게 됨을 알 수 있다.

예제 13-1 MM 명제 I(1958)과 차익거래

기대영업이익과 경영위험은 동일하나, 자본구조만이 상이한 U, L 두 기업의 상황은 다음과 같다. (단, 세금, 거래비용 등이 없는 완전자본시장이라고 가정한다.)

(단위: 억원)

구성항목	기 업 U	기 업 L
기업가치	500	600
부　　채	0	300
자기자본	500	300
기대영업이익	50	50
이자비용(6%)	0	18
순 이 익	50	32

(1) 만약 당신이 기업 L 주식 10%를 보유하고 있다면 어떻게 하겠는가? (당신이 취할 수 있는 행동을 구체적으로 설명할 것.)

(2) 물음 **(1)**의 결과를 이용하여 MM 명제 I 을 설명하라.

❙ 해설 ❙

(1) 이 투자자의 현재(거래 Ⅲ)와 동일한 연간 수익을 얻을 수 있는 거래(거래 Ⅳ)의 투자액과 연간 수익은 각각 다음과 같다.

	거　래	투 자 액	연간 수익
Ⅲ	기업 L의 주식 10% 매입	30억원	0.1×(50−18)=3.2억원
Ⅳ	ⓐ 기업 U의 주식 10% 매입	50억원	0.1×50=5억원
	ⓑ 기업 L의 부채 10% 를 개인계좌로 차입	−30억원	−0.1×18=−1.8억원
	ⓐ+ⓑ	20억원	3.2억원

이 경우 거래 Ⅲ의 투자액이 거래 Ⅳ의 투자액보다 크지만, 각각의 거래로부터 얻을 수 있는 연간 수익 및 위험은 동일하다. 그러므로 현재 보유하고 있는 기업 L의 주식 10%를 30억원에 매도하고 동시에 기업 L의 부채 10%에 해당하는 30억원을 은행으로부터 기업 L과 동일한 이자율 6%로 차입하여 조성한 총자금 60억원을 가지고 기업 U의 주식 10%를 50억원에 매입하는 차익거래를 할 것이다. 이 거래의 결과 투자자는 위험과 연간 수익의 변동 없이(위험의 변동 없이 항상 동일한 연간 수익 3.2억원을 얻으면서) 현재시점에서 10억원의 차익거래이익을 얻을 수 있다.

이와 같은 차익거래과정을 요약하면 다음과 같다.[8)]

차익거래	현재의 현금흐름	연간 수익
기업 L 주식 10% 매도	30억원	−3.2억원
기업 U 주식 10% 매입	−50억원	5억원
기업 L 부채 10% 차입	30억원	−1.8억원
차익거래이익	10억원	0

(2) 기업 L의 주식을 가지고 있는 모든 투자자가 보유주식을 매도하고 기업 U의 주식을 매입할 것이다. 그러므로 기업 L의 주식은 매도의 증가로 인하여 가격이 하락하고, 기업 U의 주식은 매입의 증가로 인하여 가격이 상승하게 된다. 차익거래는 $V_L = V_U$인 상태에 도달할 때까지 계속될 것이다. 이와 같은 일련의 차익거래과정을 통하여 MM의 명제 I, 즉 $V_L = V_U$가 성립하게 된다.

재무레버리지와 기업의 가치

재무레버리지와 기업가치의 관계를 보다 정확하게 살펴보기 위해서 다음과 같은 예를 생각해 보자. 현재 부채가 없는 ㈜태양은 채권을 발행하여 자사의 주식 중 일부를 매입하는 것을 고려하고 있다. 이 기업의 현재(자본구조 변경 전)와 가상(자본구조 변경 후)의 자본구조는 〈표 13−5〉와 같다.

그리고 기업의 현재 자본구조와 가상 자본구조하에서 발생가능한 상황(여기서는 불

표 13−5 ㈜태양의 자본구조

	현재(자본구조 변경 전)	가상(자본구조 변경 후)
자　산	40,000만원	40,000만원
부　채	0	20,000만원
자기자본	40,000만원	20,000만원
이 자 율	10%	10%
주　가	2만원	2만원
발행주식수	20,000주	10,000주

8) 현재 현금흐름을 0으로 만드는 차익거래를 구성할 수도 있다.

차익거래	현재의 현금흐름	연간 수익
기업 L 주식 10% 매도	30억원	−3.2억원
기업 U 주식 10% 매입	−50억원	5억원
기업 L 부채 20억 차입	20억원	−1.2억원
차익거래이익	0	0.6억원

∗ 연간 수익의 총현재가치 $= \frac{0.6}{0.06} =$ 10억원

표 13-6 자본구조와 주당순이익의 변화

(a) 현재의 자본구조(부채=0)

	불 황	기 대	호 황
영업이익률*	5%	15%	25%
영업이익	2,000만원	6,000만원	10,000만원
이자비용	0	0	0
순 이 익	2,000만원	6,000만원	10,000만원
자기자본순이익률**	5%	15%	25%
주당순이익(EPS)	1,000원	3,000원	5,000원

(b) 가상의 자본구조(부채=20,000만원)

	불 황	기 대	호 황
영업이익률*	5%	15%	25%
영업이익	2,000만원	6,000만원	10,000만원
이자비용	2,000만원	2,000만원	2,000만원
순 이 익	0	4,000만원	8,000만원
자기자본순이익률**	0	20%	40%
주당순이익(EPS)	0	4,000원	8,000원

* 영업이익률 $= \frac{\text{영업이익}}{\text{총자산가치}}$, ** 자기자본순이익률 $= \frac{\text{순이익}}{\text{자기자본가치}}$

황, 기대되는 상황, 호황의 세 가지 상황이며, 각 상황의 발생확률은 모두 동일하다고 가정함)에 따라 주당순이익(earning per share: EPS)을 계산하면 〈표 13-6〉과 같다. 〈표 13-6〉에서 재무레버리지의 효과는 기업의 영업이익에 따라 달라진다. 영업이익이 6,000만원이라면, 자기자본순이익률(return on equity: ROE)은 가상의 자본구조하에서 더 높게 나타난다. 그러나 영업이익(NOI)이 2,000만원이라면, 자기자본순이익률은 현재의 자본구조하에서 더 높다. 영업이익과 주당순이익의 관계를 나타내면 [그림 13-1]과 같다.

[그림 13-1]에서 주당순이익을 동일하게 하는 영업이익수준을 나타내는 점, 즉 **자본조달분기점**은 영업이익이 4,000만원인 점이다.[9] 영업이익이 4,000만원인 경우 현재 및 가상 자본구조하의 주당순이익은 모두 2,000원으로 동일하다. 영업이익이 4,000만원보다 높을 경우 주당순이익은 부채를 사용하는 가상의 자본구조하에서 보다 높게 나타난다. 영업이익이 4,000만원보다 낮을 경우 주당순이익은 부채가 없는 현재의 자본구조하에서 보다 높게 나타난다.

---

9) 자본조달분기점(현재의 *EPS*=가상의 *EPS*)은 다음과 같이 구할 수 있다.

$$\frac{NOI-0}{20{,}000\text{주}} = \frac{NOI-2{,}000\text{만원}}{10{,}000\text{주}} \rightarrow NOI = 4{,}000\text{만원}$$

그림 13-1 재무레버리지에 따른 영업이익(NOI)과 주당순이익(EPS)의 관계

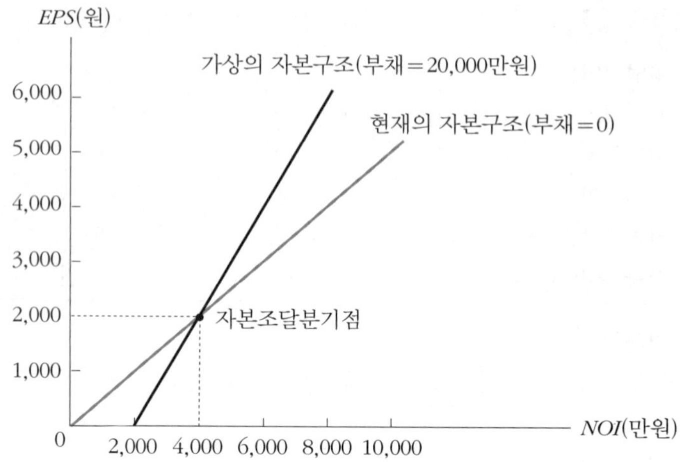

한편 기대되는 영업이익이 6,000만원이라 하더라도 가상의 자본구조하에서 주주의 부가 더 높아진다고는 볼 수 없다. 왜냐하면 ㈜태양의 주주들이 개인계좌로 차입함으로써 기업의 레버리지를 복제(replication)할 수 있기 때문이다. 예를 들어 투자자가 가상의 자본구조하에서 ㈜태양의 주식 100주를 매입하는 경우와, 현재의 자본구조하에서 ㈜태양의 주식 200주를 매입하고 동시에 200만원을 이자율 10%로 차입하는 경우를 생각해 보자. 투자자의 각 경우에 대한 투자액과 연간 수익을 계산하면 〈표 13-7〉과 같다.

〈표 13-7〉에서 볼 수 있는 바와 같이 두 경우의 투자액과 연간 수익은 정확하게

표 13-7 **투자자의 투자액과 연간 수익**

(a) 가상의 자본구조하에서 투자하는 경우

	투 자 액	연간 수익		
		불 황	기 대	호 황
100주 매입	200만원	0	400,000원	800,000원

(b) 현재의 자본구조하에서 투자하는 경우

	투 자 액	연간 수익		
		불 황	기 대	호 황
200주 매입	400만원	200,000원	600,000원	1,000,000원
200만원 차입	−200만원	−200,000원	−200,000원	−200,000원
합 계	200만원	0	400,000원	800,000원

일치한다. 즉 기업이 자본구조를 변경하지 않은 경우에도 개별투자자가 자신의 레버리지를 취함으로써 자본구조를 변경한 기업에 투자하는 것과 동일한 투자성과를 얻을 수 있다. 투자자들은 자신의 레버리지에 의해서 원하는 레버리지수준을 스스로 조정해 나갈 수 있기 때문에 기업의 자본구조정책에 가치를 부여하지 않는다. 결론적으로 기업이 자본구조를 변경한다 하더라도 주주의 부 또는 기업의 가치는 변하지 않는다는 MM 명제 I 이 성립함을 알 수 있다. 그러나 MM 명제 I 이 성립하려면 개인이 기업과 동일한 이자율로 부채를 차입할 수 있다는 전제가 필요함을 유의하여야 한다.

1.3 MM 명제 II

앞의 〈표 13-6〉에서 부채가 없는 현재의 자본구조하에서는 자기자본순이익률이 5%에서 25% 사이로 변하는 반면, 부채를 사용하는 경우 자기자본순이익률은 0%에서 40% 사이로 변한다. 이는 부채를 사용함으로써 증가된 레버리지로 인하여 자기자본의 위험이 증가함을 의미한다.[10] 다시 말하면 [그림 13-1]에서 부채를 사용하는 가상의 자본구조하에서 직선의 기울기가 더 크게 나타난다는 것이다. 그러므로 채권을 발행하여 자사주(자기주식)를 매입함으로써 자기자본에 대한 기대수익률은 15%에서 20%로 5%포인트 증가하지만, 이것은 레버리지의 증가로 인하여 증가된 자기자본의 위험에 대한 보상이라 할 수 있다. 레버리지의 증가에 따라서 자기자본의 위험이 증가하며, 그것에 대한 보상으로 보다 높은 수익률을 요구하게 된다는 것이 MM의 명제 II 이다. 〈표 13-6〉에서 부채를 사용하지 않을 경우 시장에서 요구하는 자기자본의 기대수익률(요구수익률)은 15%이지만, 부채를 사용하는 경우 시장에서 요구하는 자기자본의 기대수익률은 20%가 된다는 것이다.

일반적으로 부채를 사용하는 기업 L의 자기자본비용(자기자본에 대한 요구수익률) r_S는 다음과 같이 나타낼 수 있다.

$$r_S = \frac{E(NOI) - r_B B}{S_L} \qquad (13-4)$$

앞의 식 (13-2)에서 $E(NOI) = V_U \cdot r_U$, MM 명제 I 에 의해서 $V_U = S_L + B$이므로 식 (13-4)는 다음과 같이 나타낼 수 있다.[11]

---

10) 레버리지와 자기자본의 위험(주식베타)에 대한 정확한 관계는 제10장의 식 (10-17)과 같다.

11) ㈜태양이 채권 20,000만원을 발행하여 자사주를 매입하는 경우에 이 회사의 자기자본비용은 다음과 같이 20%가 됨을 확인할 수 있다.

$$r_S = r_U + (r_U - r_B)\left(\frac{B}{S_L}\right) = 0.15 + (0.15 - 0.10)\left(\frac{20,000}{20,000}\right) = 0.20$$

$$r_S = \frac{(S_L + B)r_U - r_B B}{S_L} = r_U + (r_U - r_B)\left(\frac{B}{S_L}\right) \qquad (13-5)$$

식 (13−5)에서 볼 수 있는 바와 같이 기업의 자기자본비용 r_S는 부채비율(B/S_L)에 비례함을 알 수 있다. 부채를 사용하는 경우, 자기자본비용은 상대적으로 저렴한 비용으로 사용할 수 있는 부채의 이점을 완전히 상쇄할 정도로 증가하게 된다. 이를 MM 명제 Ⅱ라고 하며 그 내용을 요약하면 다음과 같다.

> MM 명제 Ⅱ: 자기자본비용 r_S는 부채비율(B/S_L)이 증가함에 따라 증가하여 상대적으로 저렴한 비용으로 사용할 수 있는 부채의 이점을 완전히 상쇄시킨다. ☞ $r_S = r_U + (r_U - r_B)\left(\frac{B}{S_L}\right)$

부채를 사용하는 경우 상대적으로 저렴한 비용으로 사용할 수 있는 부채의 이점이 자기자본비용의 증가로 인하여 완전히 상쇄됨으로써 기업의 가중평균자본비용(WACC)은 일정하게 되고, 결과적으로 기업가치는 자본구조에 의해서 영향을 받지 않게 된다. 이상에서 설명한 재무레버리지와 자본비용의 관계를 그림으로 나타내면 [그림 13−2]와 같다.[12)]

그림 13−2 재무레버리지와 자본비용의 관계: 법인세가 없는 경우

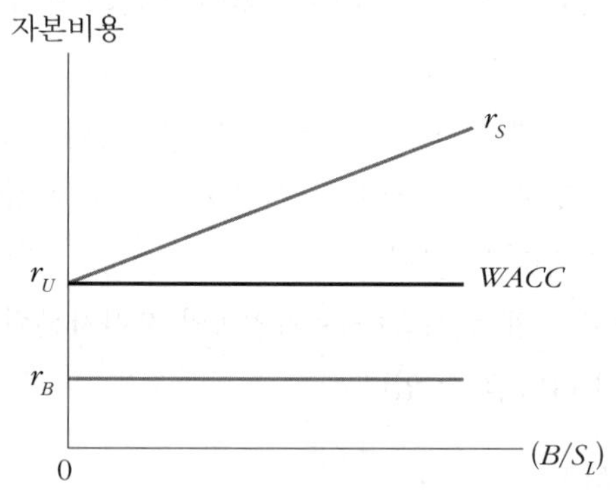

12) 기업이 위험부채를 사용하는 경우 주주들의 유한책임으로 인하여 채권자들이 기업위험의 일부를 부담하게 된다. 따라서 부채가 증가할수록 파산위험으로 인해 부채의 자본비용이 증가하지만, 주주들은 자신이 부담해야 하는 위험일부를 채권자에게 전가할 수 있기 때문에 자기자본비용은 오히려 하락할 수 있다. 따라서 위험부채일 경우에도 가중평균자본비용이 일정하다는 MM의 무관련이론이 여전히 성립한다.

1.4 MM 명제 Ⅲ

기업이 새로운 투자안을 채택하기 위해서는 그 투자안 채택에 따른 기업가치의 증분 ΔV가 투자소요액 ΔI보다 커야 한다.

$$\frac{\Delta V}{\Delta I} \geq 1 \tag{13-6}$$

위의 식에 $\Delta V = \dfrac{\Delta E(NOI)}{WACC}$를 대입하여 정리하면,

$$\frac{\Delta E(NOI)}{\Delta I} \geq WACC \tag{13-7}$$

식 (13-7)에서 왼쪽 부분은 새로운 투자안의 채택에 따른 기대영업이익의 증분 $\Delta E(NOI)$를 투자의 증분(투자소요액)으로 나눈 것으로서, 새로운 투자에 대한 기대수익률을 의미한다. 그리고 식 (13-7)의 오른쪽 부분은 투자안의 요구수익률, 즉 **가중평균자본비용**(WACC)으로서 다음과 같이 정의될 수 있다.

$$WACC = \left(\frac{S_L}{S_L + B}\right) r_S + \left(\frac{B}{S_L + B}\right) r_B \tag{13-8}$$

식 (13-5)를 식 (13-8)에 대입하여 정리하면, $WACC = r_U$이다. 즉 부채사용과 관계없이 항상 투자안의 가중평균자본비용은 r_U와 같으므로 투자결정문제가 투자안의 자본조달방법과는 무관함을 알 수 있다. 이를 MM 명제 Ⅲ이라 하며 그 내용은 다음과 같다.

> MM 명제 Ⅲ : 기업의 신규 투자안에 대한 요구수익률은 r_U이며, 이는 그 기업의 자본조달방법과 무관하다.
>
> ☞ $\dfrac{\Delta E(NOI)}{\Delta I} \geq WACC = r_U$
>
> 투자수익률   요구수익률

명제 Ⅲ에 의하면 기업의 투자결정은 그 투자안으로부터 벌어들일 수 있는 수익률이 그 투자안에 대한 요구수익률보다 클 때에만 채택되어야 하며, 이러한 투자안에 대한 요구수익률은 기업의 자본구조와 무관하다.

1.5 MM의 명제: 종합적인 예[13)]

부채가 없는 ㈜세계자동차는 매년 10억원의 영업이익을 영구적으로 기대하고 있다. 이 회사의 발행주식수는 100만주이며, 그 자본비용은 10%이다. 그리고 이 회사는 곧 4억원이 소요되는 새로운 공장을 건설할 예정이며, 그 공장으로 인하여 추가적인 영업이익이 매년 1억원씩 영구적으로 발생하리라 기대된다. 이 회사에 관한 자료를 요약하면 다음과 같다.

현재의 기업	새로운 공장
영업이익: 10억원	초기의 투자액: 4억원
발행주식수: 100만주	추가적인 영업이익: 1억원

새로운 공장의 투자에 대한 자본비용이 기업전체의 자본비용과 동일하다고 가정한다면, 그 투자안의 순현가는 다음과 같이 구할 수 있다.

$$NPV = -4\text{억원} + \frac{1\text{억원}}{0.1} = 6\text{억원}$$

㈜세계자동차가 새로운 투자안을 시작할 것이라는 정보가 시장에 알려지기 전, 시장가치로 작성된 이 회사의 재무상태표는 다음과 같이 나타낼 수 있다.

㈜세계자동차

재무상태표(무부채)

구 자 산	$\frac{10\text{억원}}{0.1} = 100\text{억원}$	자기자본	100억원 (발행주식수: 100만주)

매년의 영구적인 영업이익 10억원을 자본비용 10%로 할인하여 구한 기업의 가치(기존 자산의 총가치)는 100억원이다. 그리고 이 회사의 주식은 주당 10,000원(100억원/100만주)에 거래된다.

기업은 새로운 공장에 소요되는 투자비용 4억원을 자기자본 또는 부채로 조달할 수 있다. 자기자본과 부채의 자금조달효과를 각각 살펴보자.

---

13) 여기서 제시된 사례는 다음을 참조한 것임.
S. A. Ross, R. W. Westerfield, and J. Jaffe, *Corporate Finance*, 9th ed.(McGraw-Hill, 2010), pp. 498~502.

자금조달 : 주식발행

■ 정보의 공시

기업이 가까운 미래에 새로운 공장을 건설하기 위하여 4억원의 주식을 발행할 것이라는 사실을 공시한다고 생각해 보자. 이 경우 주식가격은 그 공장에 대한 정(+)의 순현가를 반영하여 오를 것이다. 효율적 자본시장에 따라 주식가격은 그 사실을 공시하는 순간에 즉각적으로 상승할 것이다. 즉 주식가격의 상승은 새로운 공장의 건설을 시작하는 시점 또는 차후에 주식을 공모하는 시점이 아니라 그 사실을 공시하는 시점에 나타나게 된다. 시장가치에 의한 재무상태표는 다음과 같다.

㈜세계자동차
재무상태표
(공장의 건설을 위하여 주식을 발행한다고 공시하는 시점)

구 자 산	100억원	자기자본	106억원
공장의 NPV	$-4억원+\dfrac{1억원}{0.1}=6억원$		(발행주식수: 100만주)
총 자 산	106억원	총 자 본	106억원

시장가치로 작성된 위의 재무상태표에는 공장의 순현가가 포함되어 있음을 유의하라. 새로운 주식은 아직 발행되지 않았기 때문에 발행주식수는 여전히 100만주이다. 그러나 지금 주당 주식가격은 새로운 공장에 대한 뉴스를 반영하여 10,600원(106억원/100만주)으로 올랐다.

■ 주식의 발행

일정한 기간이 지난 후 실제로 4억원의 주식이 발행되는 경우를 생각해 보자. 주식은 주당 10,600원에 판매되기 때문에 공장의 건설자금을 조달하기 위해서 발행하여야 하는 주식수는 37,736주(4억원/10,600원)가 된다. 이와 같이 조달된 자금은 공장을 건설하기 위하여 사용되기 전에 일시적으로 은행에 예치된다고 가정한다면, 시장가치로 작성된 재무상태표는 다음과 같다.

㈜세계자동차
재무상태표
(주식을 발행하는 시점: 공장의 건설 전)

구 자 산	100억원	자기자본	110억원
공장의 NPV	6억원		(발행주식수: 1,037,736주)
은행예금(신주의 납입금)	4억원		
총 자 산	110억원	총 자 본	110억원

지금 37,736주의 신주가 발행되었기 때문에 총발행주식수는 1,037,736주가 된다. 그리고 주당주식가격은 여전히 10,600원(110억원/1,037,736주)이다. 주식가격은 새로운 정보에 의해서만 움직이기 때문에 주식가격은 변하지 않으며, 이는 효율적 자본시장과 일치하는 것이다.

■ **공장의 건설**

신주발행에 의해서 조달된 자금은 은행에 아주 일시적으로 예치된 후 바로 공장의 건설에 사용된다. 한편 할인에 관한 문제를 피하기 위하여 공장은 즉시 건설된다고 가정한다. 공장의 건설이 완료된 후 시장가치로 작성된 재무상태표는 다음과 같다.

㈜세계자동차

재무상태표

(공장을 건설한 후)

구 자 산	100억원	자기자본	110억원
공장의 PV	$\frac{1억원}{0.1}=10억원$		(발행주식수: 1,037,736주)
총 자 산	110억원	총 자 본	110억원

공장건설이 완료된 후 총자산가치는 변하지 않지만 자산의 구성은 변한다. 은행예금은 건설대금으로 지급되어 없어지고, 그것은 공장의 현재가치에 포함되었다. 그리고 효율적 자본시장에 따라 주식가격은 여전히 10,600원임을 유의하기 바란다.

기업의 연간 기대영업이익은 구자산으로부터 10억원과 새로운 자산(공장)으로부터 1억원을 합하여 11억원이 된다. 그러므로 자기자본에 대한 기대수익률, 즉 자기자본비용을 다음과 같이 계산할 수 있다.

$$r_S=\frac{11억원}{110억원}=0.10$$

이 기업은 부채를 사용하지 않으므로 $r_S=r_U=10\%$이다.

자금조달 : 채권발행

■ **정보의 공시**

이제 기업이 가까운 미래에 새로운 공장을 건설하기 위하여 4억원을 6%의 이자율로 차입할 것이라는 사실을 공시한다고 생각해 보자. 이 경우 연간 이자지급액은 2,400만원(4억원×6%)이 된다. 주식가격은 그 공장에 대한 정(+)의 순현가를 반영하여 즉각적으로 오를 것이다. 그러므로 시장가치에 의한 재무상태표는 다음과 같다.

㈜세계자동차
재무상태표
(공장의 건설을 위하여 채권을 발행한다고 공시하는 시점)

구 자 산	100억원	자기자본	106억원
공장의 NPV	$-4억원+\dfrac{1억원}{0.1}=6억원$		(발행주식수: 100만주)
총 자 산	106억원	총 자 본	106억원

동일한 공장이 건설되며 MM에 의해서 부채 또는 주식에 의한 자금조달은 기업가치에 영향을 미치지 않음을 알고 있기 때문에, 기업의 가치는 주식에 의한 자금조달의 경우와 동일하게 된다.

공장건설에 소요되는 자금은 전액 채권을 발행하여 조달되기 때문에 그 자본비용은 부채의 자본비용, 즉 이자율 6%와 같아진다고 생각하는 오류를 범하기 쉽다. 그러나 투자안에 소요되는 자금을 전액 부채를 이용하여 조달한다면, 이것은 기존 주식에 대한 위험을 증가시키게 될 것이다. 그러므로 투자안의 자본비용을 계산할 때, 이와 같은 기존 주식의 증가된 위험까지 고려하여 계산하여야 한다. MM의 명제Ⅱ에 의하면 투자안에 소요되는 자금을 전액 부채로 조달한다 하더라도 상대적으로 저렴한 부채사용의 효과는 기존 주식의 요구수익률의 증가로 인해 완전하게 상쇄되기 때문에, 투자안의 자본비용은 주식을 발행하는 경우와 같이 10%가 된다. 결론적으로 투자안의 자본비용은 투자안 자체의 자본구조에 의해서 계산된 가중평균자본비용이 아니라, 항상 **한계자본비용**(marginal cost of capital)의 개념으로 이해하여야 한다는 사실을 유의하여야 한다.

■ 채권의 발행

일정한 기간이 지난 후 실제로 4억원의 채권을 발행하는 경우를 생각해 보자. 그리고 이와 같이 조달된 자금은 공장을 건설하기 위하여 사용되기 전에 일시적으로 은행에 예치된다고 가정한다면, 시장가치로 작성된 재무상태표는 다음과 같이 된다.

㈜세계자동차
재무상태표
(채권을 발행하는 시점: 공장의 건설 전)

구 자 산	100억원	부 채	4억원
공장의 NPV	6억원	자기자본	106억원
은행예금(채권의 발행액)	4억원		(발행주식수: 100만주)
총 자 산	110억원	총 자 본	110억원

부채는 대변에 나타나며, 효율적 자본시장에 의해 주식가격은 여전히 10,600원임을 알 수 있다.

▪ 공장의 건설

최종적으로 공장의 건설이 완료된 후 시장가치로 작성된 재무상태표는 다음과 같다.

㈜세계자동차
재무상태표
(공장을 건설한 후)

구 자 산	100억원	부 채	4억원
공장의 PV	10억원	자기자본	106억원
			(발행주식수: 100만주)
총 자 산	110억원	총 자 본	110억원

여기서 은행예금은 건설대금으로 지급되었기 때문에 없어졌다. 주주들의 연간 기대수익은 다음과 같다.

$$\begin{aligned}\text{주주들의 연간 기대수익} &= \text{구자산의 영업이익} + \text{새 자산의 영업이익} - \text{이자비용} \\ &= 100{,}000\text{만원} + 10{,}000\text{만원} - 2{,}400\text{만원} = 107{,}600\text{만원}\end{aligned}$$

그러므로 자기자본의 기대수익률은 다음과 같다.

$$r_S = \frac{107{,}600\text{만원}}{1{,}060{,}000\text{만원}} = 0.1015$$

부채를 사용하는 경우의 자기자본에 대한 기대수익률 10.15%는, 부채가 없는 경우의 자기자본에 대한 기대수익률 10%보다 높다. 이는 부채사용으로 인하여 주식의 위험이 증가되었기 때문이다. 이와 같은 10.15%는 정확하게 MM 명제 II 의 결과와 일치한다.

$$r_S = r_U + (r_U - r_B)\left(\frac{B}{S_L}\right) = 10\% + (10\% - 6\%)\left(\frac{4\text{억원}}{106\text{억원}}\right) = 10.15\%$$

그리고 기업의 가중평균자본비용은 다음과 같다.

$$\begin{aligned}WACC &= \left(\frac{S_L}{S_L + B}\right) r_S + \left(\frac{B}{S_L + B}\right) r_B \\ &= \left(\frac{106\text{억원}}{110\text{억원}}\right) \times 10.15\% + \left(\frac{4\text{억원}}{110\text{억원}}\right) \times 6\% = 10\%(= r_U)\end{aligned}$$

기업의 자본비용은 주식 또는 채권의 발행과 관계없이 항상 10%임을 알 수 있다.

이상의 결과를 요약하면 다음과 같다.

첫째, 주식 또는 채권의 발행과 관계없이 기업의 가치는 항상 110억원으로 동일하다. (MM의 명제 I)

둘째, 주식의 가격은 주식 또는 채권의 발행과 관계없이 항상 10,600원으로 동일하다.

셋째, 채권을 발행하는 경우 자기자본의 기대수익률이 10%에서 10.15%로 증가하여 저렴한 부채사용의 효과가 완전히 상쇄되었다. (MM의 명제 II)

넷째, 투자안의 자본비용은 부채사용과 관계없이 항상 10%이다. (MM의 명제 III)

2 MM의 수정이론

MM의 무관련이론은 완전자본시장의 가정을 전제로 하고 있다. 그러나 자본시장이 불완전하다면 자본구조의 변경이 기업가치에 영향을 줄 수 있을 것이다. 이러한 생각하에서 MM은 기업의 법인세가 존재하는 완전자본시장하에서 앞의 3가지 명제가 어떻게 달라지는지를 보였는데, 이를 MM의 **수정이론**이라 한다.[14] 특히 MM은 법인세가 존재하는 경우 부채로 인한 **이자비용의 세금절감효과**(tax shield effect)를 얻을 수 있으므로 부채가 증가함에 따라 비례적으로 기업가치가 증가한다고 주장하였다.

2.1 MM 명제 I

부채를 사용하지 않는 기업 U의 가치는 기대현금흐름, 즉 세후 기대영업이익 $E(NOI)(1-T_C)$을 할인하여 다음과 같이 구할 수 있다.

$$V_U = S_U = \sum_{t=1}^{\infty} \frac{E(NOI)(1-T_C)}{(1+r_U)^t} = \frac{E(NOI)(1-T_C)}{r_U} \tag{13-9}$$

여기서 T_C : 기업의 한계법인세율

한편 부채를 사용하는 기업 L의 기대현금흐름 CF_L은 주주에게 지급될 수 있는 부분과 채권자에게 지급될 수 있는 부분을 합하여 다음과 같이 구할 수 있다.

14) F. Modigliani and M. H. Miller, "Corporate Income Taxes and the Cost of Capital : A Correction," *American Economic Review*, Vol. 53(June 1963), pp. 433~443.

$$\begin{aligned} CF_L &= \text{주주 현금흐름} + \text{채권자 현금흐름} \\ &= [E(NOI) - r_B B](1 - T_C) + r_B B \\ &= E(NOI)(1 - T_C) + T_C r_B B \end{aligned} \tag{13-10}$$

식 (13−10)의 오른쪽의 첫째 항은 부채를 사용하지 않는 기업의 주주들이 받는 현금흐름과 동일하므로 r_U에 의해서 할인될 수 있다. 그리고 둘째 항은 부채의 사용에 따른 법인세의 절감액으로서 부채의 자본비용 r_B로 할인되어야 한다. 그러므로 부채를 사용하는 기업 L의 가치는 다음과 같이 구할 수 있다.[15)]

$$V_L = S_L + B = \frac{E(NOI)(1 - T_C)}{r_U} + \frac{T_C r_B B}{r_B} = V_U + T_C B \tag{13-11}$$

식 (13−11)에서 법인세가 있을 경우 부채를 사용하는 기업의 가치 V_L은 자기자본만 사용하는 기업의 가치 V_U보다 이자비용의 법인세 절감액의 현가 $T_C B$만큼 크다. 따라서 부채가 증가함에 따라 V_L은 비례하여 증가하게 된다. 이를 MM 명제 I 이라 하며, 그 내용을 요약하면 다음과 같다.

> MM 명제 I : 부채를 사용하는 기업의 가치 V_L은 부채를 사용하지 않는 기업의 가치 V_U와 이자비용의 법인세 절감액의 현가 $T_C B$를 합한 것과 같다. ☞ $V_L = V_U + T_C B$

MM 명제 I 을 전절과 마찬가지로 차익거래과정을 이용하여 증명할 수 있다.[16)]

2.2 MM 명제 II

부채를 사용하는 기업 L의 자기자본비용은 다음과 같이 나타낼 수 있다.

$$r_S = \frac{[E(NOI) - r_B B](1 - T_C)}{S_L} = \frac{E(NOI)(1 - T_C) - r_B B(1 - T_C)}{S_L} \tag{13-12}$$

앞의 식 (13−9)와 식 (13−11)에 의해서

$$E(NOI)(1 - T_C) = V_U \cdot r_U, \quad V_U = S_L + B - T_C B$$

---

15) 이자비용의 세금절감효과를 현금흐름에 직접 고려해 주는 대신 할인율에 고려해 줄 수 있으며, 이와 같은 경우 V_L을 다음과 같이 구할 수 있다.

$$V_L = \frac{E(NOI)(1 - TC)}{WACC} \quad \text{단, } WACC = \left(\frac{S_L}{S_L + B}\right) r_S + \left(\frac{B}{S_L + B}\right) r_B (1 - T_C)$$

16) 이에 대한 증명은 본장의 보론 참조.

그러므로 식 (13-12)를 다음과 같이 변형할 수 있다.

$$r_S = \frac{(S_L + B - T_C B) r_U - r_B B(1 - T_C)}{S_L} = r_U + (r_U - r_B)(1 - T_C)\left(\frac{B}{S_L}\right) \qquad (13-13)$$

식 (13-13)을 앞 절의 식 (13-5)와 비교해 보면, 부채비율(B/S_L)이 증가함에 따라 자기자본비용 r_S는 증가하나, $(1-T_C)$가 항상 1보다 작기 때문에 식 (13-13)에서의 r_S는 식 (13-5)의 경우보다 작게 증가함을 알 수 있다. 이는 부채비율이 증가하는 경우 자기자본비용은 상대적으로 저렴한 부채의 이점을 완전히 상쇄할 정도로 증가하지는 않는다는 것을 의미한다. 이를 MM 명제 II 라고 하며 그 내용을 요약하면 다음과 같다.

> MM 명제 II : 자기자본비용 r_S는 부채비율(B/S_L)이 증가함에 따라 증가하나, 상대적으로 저렴한 비용으로 사용할 수 있는 부채의 이점을 완전히 상쇄하지는 못한다.
>
> ☞ $r_S = r_U + (r_U - r_B)(1 - T_C)\left(\frac{B}{S_L}\right)$

부채의 증가에 따른 상대적으로 저렴한 부채의 이점이 자기자본비용의 증가에 의해서 완전히 상쇄되지 않기 때문에 부채비율이 증가함에 따라 기업가치가 증가하게 된다.

2.3 MM 명제 III

기업이 새로운 투자안을 채택하기 위해서는 그 투자안 채택에 따른 기업가치의 증분 ΔV가 투자소요액 ΔI보다 커야 한다.

$$\frac{\Delta V}{\Delta I} \geq 1$$

위의 식에 $\Delta V = \dfrac{\Delta E(NOI)(1-T_C)}{r_U} + T_C \Delta B$를 대입하여 정리하면,

$$\frac{\Delta E(NOI)(1-T_C)}{\Delta I} \geq r_U\left[1 - T_C\left(\frac{\Delta B}{\Delta I}\right)\right] \qquad (13-14)$$

여기에서 MM은 모든 투자안의 $\Delta B/\Delta I$는 그 기업의 장기적인 **목표자본구조**(long-term target capital structure)와 같아야 한다고 주장하였다. 왜냐하면 장기적인 목표자본구조란 그 기업에 있어서 최적자본구조를 의미하며, 이것이 그대로 새로운 투자안에 적용되어야 투자안의 가치가 극대화될 것으로 생각하였기 때문이다. 따라서 $\Delta B/\Delta I = B/V_L$라면,

$$\frac{\Delta E(NOI)(1-T_C)}{\Delta I} \geq r_U\left[1-T_C\left(\frac{B}{V_L}\right)\right] \qquad (13-15)$$

식 (13-15)에서 투자안의 자본비용을 나타내는 오른쪽 부분은 가중평균자본비용(WACC)으로서 다음과 같이 나타낼 수 있다.[17)]

$$WACC=\left(\frac{S_L}{S_L+B}\right)r_S+\left(\frac{B}{S_L+B}\right)r_B(1-T_C) \qquad (13-16)$$

식 (13-15)에서 볼 수 있는 바와 같이 투자안의 요구수익률(WACC)은 부채비율이 증가함에 따라 점점 감소한다. 이를 MM 명제 Ⅲ이라 하며, 그 내용은 다음과 같이 요약될 수 있다.[18)]

> MM 명제 Ⅲ : 기업의 신규 투자안에 대한 요구수익률은 다음과 같다.
>
> ☞ $$\underbrace{\frac{\Delta E(NOI)(1-T_C)}{\Delta I}}_{\text{세후 투자수익률}} \geq \underbrace{r_U\left[1-T_C\left(\frac{B}{V_L}\right)\right]=WACC}_{\text{요구수익률}}$$

지금까지의 결과를 종합하여 재무레버리지와 자본비용의 관계를 그림으로 나타내면 [그림 13-3]과 같다. WACC가 낮을수록 기업가치는 증가하므로 법인세가 존재할 때, 최적자본구조는 부채를 최대한 많이 사용하는 경우이다.

---

17) $r_U\left[1-T_C\left(\frac{B}{V_L}\right)\right]=\frac{E(NOI)(1-T_C)}{V_U}\left(\frac{V_L-T_CB}{V_L}\right)=\frac{E(NOI)(1-T_C)}{V_L}$

$$=\frac{[E(NOI)-r_BB](1-T_C)+r_BB(1-T_C)}{V_L}=\frac{r_SS_L+r_BB(1-T_C)}{V_L}$$

$$=\left(\frac{S_L}{S_L+B}\right)r_S+\left(\frac{B}{S_L+B}\right)r_B(1-T_C)$$

18) 법인세가 존재하는 경우에도 각 기업은 나름대로의 최적자본구조(optimal capital structure)를 가지고 기업을 운영하며, 모든 투자안은 이에 따라 자금을 조달하기 때문에 투자결정과 자본구조 문제를 분리할 수 있다고 주장하는 학자도 있다. 또한 현실적인 문제로서 투자안의 자금조달방법이 기업의 기존 자본구조와 다른 경우에는, 그 투자안의 자본조달방법이 기존 기업 주식의 위험에 미치는 효과를 정확히 계산하기는 어렵다. 이와 같은 경우 투자안의 자본비용, 즉 한계자본비용을 정확하게 계산한다는 것은 어려운 일이다. 따라서 일반적으로 새로운 투자안의 자본조달은 기업의 목표자본구조에 따라서 이루어진다고 가정한다.

그림 13-3 재무레버리지와 자본비용의 관계: 법인세가 있는 경우

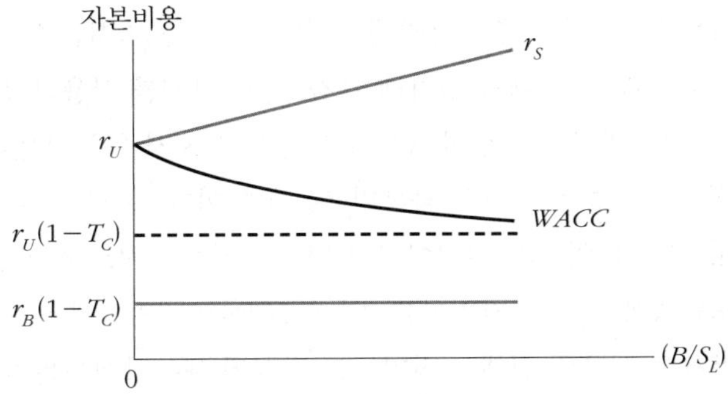

예제 13-2 부채비율과 WACC

다음 물음이 옳은지 옳지 않은지를 판단하고 그 근거를 제시하시오. (CPA 2차 2017)

> 법인세가 있는 MM(1963)이론이 성립한다는 가정 하에서 부채를 사용하는 기업의 부채비율(부채/자기자본)이 무한히 증가하면 자기자본비용×자기자본 구성비율 부분이 0에 근접하게 되어 가중평균자본비용(WACC)은 결국 부채비용×(1－법인세율)로 수렴하게 된다.

| 해설 |

옳지 않음. $WACC = r_U\left[1 - T_C\left(\frac{B}{V_L}\right)\right]$에서 $\frac{B}{V_L}$이 1로 수렴하면, 가중평균자본비용은 다음과 같다.

$$\lim_{\frac{B}{V_L}\to 1} WACC = r_U(1-T_C)$$

별 해 $V_L = V_U + T_C B$에서 $\frac{B}{V_L} = 1$일 때, $V_L = V_U + T_C V_L$

즉 $V_L = \dfrac{V_U}{(1-T_C)} = \dfrac{E(NOI)(1-T_C)}{r_U(1-T_C)} \rightarrow WACC = \dfrac{E(NOI)(1-T_C)}{V_L} = r_U(1-T_C)$

따라서 가중평균자본비용은 $r_U(1-T_C)$로 수렴하며 이때 기업가치는 법인세가 존재하지 않을 경우 $V_U(=\dfrac{E(NOI)}{r_U})$까지 상승한다.

2.4 법인세가 존재하는 경우 주가와 레버리지의 관계

재무레버리지가 주식가격에 어떻게 영향을 미치는지를 보다 정확하게 살펴보기 위하여 다음과 같은 예를 생각해 보자. 현재 부채를 사용하고 있지 않은 ㈜서울은 앞으로 20억원의 채권을 발행한 후, 그 자금으로 자사주를 매입하여 자본구조를 변경시키려고 한다. 이 경우 부채의 자본비용은 10%이다. 현재 ㈜서울의 총발행주식수는 10만주이며, 연간 10억원의 영업이익이 일정하게 영구적으로 발생하리라 기대된다. 부채를 사용하지 않을 경우의 자기자본비용은 20%이며, 법인세율은 40%이다.

먼저 ㈜서울의 현재 시장가치로 작성된 재무상태표는 다음과 같다.

㈜서울

재무상태표(무부채)

실물자산	$\frac{10억원\times(1-0.4)}{0.2}=30억원$	자기자본	30억원 (발행주식수: 10만주)

현재의 주가는 30,000원(30억원/10만주)이다. 이제 이 기업이 조만간 채권을 발행하여 자사주를 매입할 것이라는 것을 공시한다고 생각해 보자. 이 경우 기업의 가치는 부채의 법인세 절감효과를 반영하여 증가할 것이다. 효율적 자본시장하에서는 그 증가가 즉각 이루어진다. 즉 기업가치의 증가는 실제로 채권을 발행하여 자사주를 매입한 시점이 아니라, 그 사실을 공시하는 시점에서 나타나게 된다. 그러므로 시장가치에 의한 재무상태표는 다음과 같다.

㈜서울

재무상태표

(채권발행을 공시하는 시점)

실물자산	30억원	자기자본	38억원
법인세 절감액의 현가(T_CB)			(발행주식수: 10만주)
	0.4×20억원=8억원		
총 자 산	38억원	총 자 본	38억원

여기서 채권이 아직 발행되지 않았음을 유의하기 바란다. 자기자본가치가 8억원만큼 증가함으로써 주가는 38,000원(38억원/10만주)으로 상승하게 된다.

일정한 기간이 지난 후 실제로 20억원의 부채를 발행하여 그 자금으로서 자사주를 매입한다면 52,631.58주(20억원/38,000원)를 매입할 수 있다. 그러므로 발행주식수는 47,368.42주(100,000주－52,631.58주)가 된다. 이때 시장가치에 의한 재무상태표는 다음과 같다.

㈜서울
재무상태표
(채권을 발행하여 자사주를 매입하는 시점)

실물자산	30억원	부 채	20억원
법인세 절감액의 현가	8억원	자기자본	18억원
			(발행주식수: 47,368.42주)
총 자 산	38억원	총 자 본	38억원

실제로 자본구조를 변경한 후의 주가는 38,000원(18억원/47,368.42주)으로서 공시된 시점에서의 주가와 동일하다. 앞에서 언급한 바와 같이 주가는 자본구조의 변경에 관한 정보가 공시된 시점에서만 상승하게 된다. 기업이 실제로 자사주를 매입할 때, 소유주식을 매도하는 주주들은 자본구조가 변경된 후의 주가와 동일한 가격을 받을 수 있다. 그러므로 주주들은 자신의 주식을 언제 기업에 매도하여야 하는가에 대해서 염려하지 않아도 된다. 이상의 예에 의해서 부채사용에 따른 기업가치의 증가는 주가를 상승시킨다는 것을 알 수 있다. 즉 법인세 절감액의 현가 8억원은 전액 주주들의 몫이 된다.

이제 자본구조의 변경에 따른 자본비용의 변화를 살펴보자. 먼저 자기자본비용을 구하면 다음과 같다.

$$r_S = r_U + (r_U - r_B)(1-T_C)\left(\frac{B}{S_L}\right) = 0.2 + (0.2-0.1)(1-0.4)\left(\frac{20}{18}\right) = 0.2667$$

또는

$$r_S = \frac{[E(NOI) - r_B B](1-T_C)}{S_L} = \frac{(10-2)(1-0.4)}{18} = 0.2667$$

그리고 가중평균자본비용은 다음과 같다.

$$WACC = r_U\left[(1-T_C)\left(\frac{B}{V_L}\right)\right] = 0.2 \times \left[1 - 0.4 \times \left(\frac{20}{38}\right)\right] = 0.1579$$

또는

$$WACC = \left(\frac{S_L}{S_L+B}\right)r_S + \left(\frac{B}{S_L+B}\right)r_B(1-T_C)$$

$$= \left(\frac{18}{38}\right) \times 0.2667 + \left(\frac{20}{38}\right) \times 0.1 \times (1-0.4) = 0.1579$$

이상의 결과를 그림으로 나타내면 다음과 같다.[19]

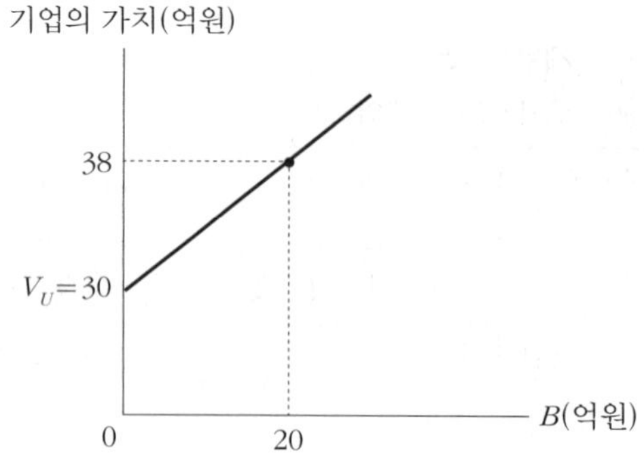

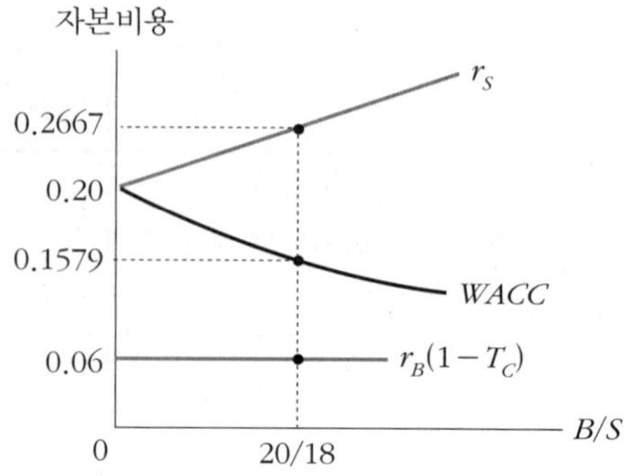

2.5 MM이론의 한계

MM 자본구조이론의 결론은 그것의 기본적인 가정으로부터 논리적으로 도출된 것이기 때문에 그 기본적인 가정에 대한 현실적 타당성여부를 살펴볼 필요가 있다. 여기서 일반적으로 지적되고 있는 MM의 가정에 대한 몇 가지 비판을 살펴보면 다음과 같다.

첫째, MM은 개인이 차입하는 것과 기업이 차입하는 것은 서로 완전대체(perfect substitute)가 가능하다고 가정한다. 그러나 개인이 개인계좌로 직접 차입하여 자신의 레버리지를 가지는 경우보다는 부채가 있는 기업 L에 투자하는 것이 개인으로 보아 유리하다. 왜냐하면 주주는 기업의 부채에 대해 유한책임(limitied liability)을 지는 반면, 개인은 자신의 부채에 대해서 무한책임(unlimitied liability)을 져야 하기 때문이다. 따라서 차익거래의 핵심이 되는 기업의 부채와 개인의 부채의 완전대체는 거의 불가능한 것이라 할 수 있다.

둘째, MM은 중개수수료(brokerage cost) 등의 거래비용이 없다고 가정하여 기업 U의 주식을 기업 L의 주식으로 또는 그 반대로 언제든지 비용 없이 전환할 수 있다고 하였다. 그러나 주식거래를 방해하는 거래비용이 존재한다면 그것에 의해서 차익거래 과정이 방해를 받을 것이다.

셋째, MM은 기업이나 투자자가 무위험이자율로 얼마든지 차입이 가능하다고 가정하고 있다. 그러나 기업의 경우에는 무위험이자율로 차입이 가능할지 모르나 대부분의 개인투자자들에게는 어려운 일이다. 현실적으로 대부분의 개인투자자들은 기업보

19) 자본구조를 변경한 후의 기업가치를 다음과 같이 구할 수도 있다.

$$V_L = \frac{E(NOI)(1-T_C)}{WACC} = \frac{10\times(1-0.4)}{0.1579} = 38\text{억원}$$

다 더 높은 차입이자율을 부담하고 있다.

넷째, MM은 개인소득세, 파산비용, 대리인비용 등 시장의 불완전요인을 무시하고 있다. 이와 같은 시장의 불완전요인에 대해서는 다음 장에서 자세히 설명할 것이다.

3 재무레버리지와 베타

3.1 CAPM과 MM의 수정이론

MM은 체계적 위험의 개념을 도입하지 않았기 때문에 부채가 없는 기업의 자본비용 r_U를 어떻게 측정해야 하는지를 제시하지 못하였다. 그러므로 MM이론에 의해서는 기존 기업과 서로 다른 체계적 위험을 가지는 새로운 투자안을 평가할 때 어려움이 따르게 된다. 그러나 CAPM을 이용한다면 부채가 없는 기업의 자본비용 r_U를 그 기업의 체계적 위험 β_U에 의해서 측정할 수 있다. 그러므로 CAPM을 MM이론과 결합시킴으로써 MM이론의 한계점을 해결할 수 있을 것이다. 이를 위하여 자본비용에 대한 CAPM과 MM의 정의를 서로 비교하면 〈표 13-8〉과 같다.

부채를 사용하는 기업에서 부채가 없는 경우의 체계적 위험을 β_U를 직접적으로 측정하기는 어렵다. 그러나 부채를 사용하는 기업의 주식베타 β_S는 시장의 주가자료를 이용하여 쉽게 측정될 수 있을 것이다. β_U와 β_S가 일정한 관계를 가지고 있다면, β_S를 먼저 추정한 후 그 관계식에 의해서 간접적으로 β_U를 추정할 수 있다.

〈표 13-8〉에 의해서 부채를 사용하지 않는 기업의 베타 β_U와 부채를 사용하는 경우의 주식베타 β_S의 관계를 도출할 수 있다. 먼저 자기자본비용 r_S에 대한 CAPM과 MM의 정의는 다음과 같이 서로 같아야 한다.

표 13-8 자본비용에 대한 CAPM과 MM의 정의

CAPM의 정의	MM의 정의
$r_B = r_f + [E(r_M) - r_f]\beta_B$	$r_B = r_f,\ \beta_B = 0$
$r_U = r_f + [E(r_M) - r_f]\beta_U$	$r_U = r_U$
$r_S = r_f + [E(r_M) - r_f]\beta_S$	$r_S = r_U + (r_U - r_B)(1 - T_C)\left(\dfrac{B}{S_L}\right)$
$WACC = \left(\dfrac{S_L}{S_L + B}\right) r_S + \left(\dfrac{B}{S_L + B}\right) r_B (1 - T_C)$	$WACC = r_U\left[1 - \left(\dfrac{B}{S_L + B}\right) T_C\right]$

$$r_f+[E(r_M)-r_f]\beta_S=r_U+(r_U-r_B)(1-T_C)\left(\frac{B}{S_L}\right) \tag{13-17}$$

〈표 13-8〉에서 볼 수 있는 바와 같이 $r_B=r_f$, $r_U=r_f+[E(r_M)-r_f]\beta_U$이므로 이들을 식 (13-17)에 대입하여 정리하면 다음과 같은 관계식을 얻을 수 있다.[20]

$$\beta_S=\beta_U+\beta_U(1-T_C)\left(\frac{B}{S_L}\right) \rightarrow \beta_U=\frac{\beta_S}{1+(1-T_C)\left(\frac{B}{S_L}\right)} \tag{13-18}$$

증권시장에서 관찰할 수 있는 주식수익률을 이용하여 β_S를 측정할 수 있다면, 식 (13-18)에 의해서 부채가 없는 경우의 체계적 위험을 나타내는 β_U를 구할 수 있다.

예제 13-3 CAPM과 MM의 수정이론

현재 ㈜도화에 관한 자료는 다음과 같다.

> 부채구성비율(B/V_L)=20%, 무위험이자율=7%
> β_S=0.5, 시장의 기대수익률=17%, 법인세율=50%

위의 자료를 이용하여 다음의 물음에 답하라.

(1) 이 회사의 자기자본비용과 가중평균자본비용을 구하라.

(2) 이 회사의 무부채베타 β_U와 무부채자기자본비용 r_U를 구하라.

(3) 이 회사가 지금 목표자본구조를 변경하여 부채구성비율을 35%로 증가시킬 경우, 새로운 자기자본비용과 가중평균자본비용을 구하라.

(4) 이 회사는 기존 기업과 동일한 경영위험을 가지며, 기대수익률이 9.2%인 새로운 투자안을 고려하고 있다. 물음 **(3)**의 결과에 의해서 이 투자안을 평가하라.

(5) 새로운 투자안의 β_U=1.2이고, 부채구성비율이 20%, 35%일 경우 각각의 부채구성비율에 따른 가중평균자본비용을 구하라.

| 해설 |

(1) $r_S=r_f+[E(r_M)-r_f]\beta_S=0.07+(0.17-0.07)\times0.5=0.12$

$$WACC=\left(\frac{S_L}{S_L+B}\right)r_S+\left(\frac{B}{S_L+B}\right)r_B(1-T_C)=0.8\times0.12+0.2\times0.07\times(1-0.5)=0.103$$

(2) $\frac{B}{S_L+B}=0.2 \rightarrow \frac{B}{S_L}=\frac{0.2}{0.8}=0.25$

---

20) 식 (13-18)은 무위험부채($\beta_B=0$)를 가정하고 있음을 유의하여야 한다. 그리고 이 식을 하마다(Hamada)모형이라고도 한다. R. S. Hamada, "Portfolio Analysis, Market Equilibrium, and Corporate Finance," *Journal of Finance*, Vol. 24(March 1969), pp. 13~31.

$$\beta_U = \frac{\beta_S}{1+(1-T_C)\left(\frac{B}{S_L}\right)} = \frac{0.5}{1+(1-0.5)\times 0.25} = 0.444$$

$$r_U = r_f + [E(r_M) - r_f]\beta_U = 0.07 + (0.17-0.07)\times 0.444 = 0.1144$$

(3) $\frac{B}{S_L+B} = 0.35 \rightarrow \frac{B}{S_L} = \frac{0.35}{0.65} = 0.5385$

$$r_S = r_U + (r_U - r_B)(1-T_C)\left(\frac{B}{S_L}\right) = 0.1144 + (0.1144-0.07)(1-0.5)(0.5385) = 0.1264$$

$$WACC = r_U\left[1-\left(\frac{B}{S_L+B}\right)T_C\right] = 0.1144\times(1-0.35\times 0.5) = 0.09438$$

(4) 이 투자안의 요구수익률(자본비용)은 물음 **(3)**에서 구한 기업의 가중평균자본비용과 동일하다. 투자안의 실제 기대수익률 9.2%는 그 요구수익률 9.438%보다 작으므로 이 투자안은 기각되어야 한다.

(5) 부채가 없는 경우의 새로운 투자안의 자본비용 r_U는 다음과 같다.

$$r_U = r_f + [E(r_M) - r_f]\beta_U = 0.07 + (0.17-0.07)\times 1.2 = 0.19$$

- 부채구성비율=20%일 때:

$$WACC = r_U\left[1-\left(\frac{B}{S_L+B}\right)T_C\right] = 0.19\times(1-0.2\times 0.5) = 0.171$$

- 부채구성비율=35%일 때:

$$WACC = r_U\left[1-\left(\frac{B}{S_L+B}\right)T_C\right] = 0.19\times(1-0.35\times 0.5) = 0.15675$$

3.2 재무레버리지와 베타

앞에서 자본비용에 대한 CAPM과 MM의 정의를 이용하여 부채를 사용하지 않는 기업의 베타 β_U와 부채를 사용하는 기업의 주식베타 β_S의 관계를 이미 도출하였다. 그러나 여기서는 다른 방법으로 β_U와 β_S의 관계를 도출해 보고자 한다.

법인세가 존재하는 경우 MM의 명제 I 에 의하면 부채를 사용하고 있는 기업의 가치(자산의 총가치) V_L은 앞의 식 (13-11)과 같다.

$$V_L = S_L + B = V_U + T_C B \tag{13-11}$$

식 (13-11)에서 부채를 사용하는 기업가치(V_L)는 자기자본가치(S_L)와 부채가치(B)를 합한 것, 또는 무부채기업가치(V_U)와 이자비용의 법인세 절감액의 현가(T_CB)를 합한 것과 같다. 그러므로 부채를 사용하는 기업의 자산(A)을 자기자본가치(S_L)와 부채가치(B)로 구성된 가상의 포트폴리오, 또는 무부채기업가치(V_U)와 이자비용의 법인세 절감액의 현가(T_CB)로 구성된 가상의 포트폴리오로 생각할 수 있다. 이와 같은 관점에서 자산베타(asset beta) β_A를 구하면 다음과 같다.[21)]

$$\beta_A = \left(\frac{S_L}{S_L+B}\right)\beta_S + \left(\frac{B}{S_L+B}\right)\beta_B = \left(\frac{V_U}{V_U+T_CB}\right)\beta_U + \left(\frac{T_CB}{V_U+T_CB}\right)\beta_B \qquad (13-19)$$

식 (13-11)에서 $V_U = S_L + (1-T_C)B$이다. 이것을 식 (13-19)에 대입한 후, β_S에 관해서 풀면 다음과 같다.[22)]

$$\beta_S = \beta_U\left[1+(1-T_C)\left(\frac{B}{S_L}\right)\right] - (1-T_C)\left(\frac{B}{S_L}\right)\beta_B \qquad (13-20)$$

$$= \beta_U + (\beta_U - \beta_B)(1-T_C)\left(\frac{B}{S_L}\right)$$

무위험부채, 즉 $\beta_B = 0$이라고 가정하면, 자산베타와 주식베타는 식 (13-19)와 식 (13-20)에 의해 각각 다음과 같이 나타낼 수 있다.[23)]

$$\beta_A = \left(\frac{V_U}{V_U+T_CB}\right)\beta_U = \left(\frac{V_U+T_CB-T_CB}{V_U+T_CB}\right)\beta_U \qquad (13-21)$$

$$= \left(1-\frac{T_CB}{V_U+T_CB}\right)\beta_U = \left[1-T_C\left(\frac{B}{V_L}\right)\right]\beta_U$$

$$\beta_S = \beta_U\left[1+(1-T_C)\left(\frac{B}{S_L}\right)\right] \qquad (13-22)$$

법인세가 있는 경우 식 (13-22)에서 볼 수 있는 바와 같이 부채비율, 즉 재무레버리지가 증가함에 따라 주식베타가 증가하지만, 부채사용으로 인한 재무위험의 증가가 주주들에게 완전히 전가되지는 않는다. 그 결과 식 (13-21)에서 부채를 사용하는 기업

---

21) 법인세율 T_C는 일정하므로 T_CB의 베타는 부채베타, 즉 β_B와 같다.

22) β_B가 0이 아닌 경우 β_U와 β_S의 관계는 다음과 같이 나타낼 수 있다.

$$\beta_U = \frac{\beta_S + \beta_B(1-T_C)\left(\frac{B}{S_L}\right)}{1+(1-T_C)\left(\frac{B}{S_L}\right)}$$

23) 자산베타(β_A)를 이용하여 가중평균자본비용(WACC)을 구하면 다음과 같다. (단, $\beta_B = 0$)

$$WACC = \left[1-T_C\left(\frac{B}{V_L}\right)\right]r_f + [E(r_M) - r_f]\beta_A$$

그림 13-4 재무레버리지와 베타의 관계: 법인세가 있는 경우

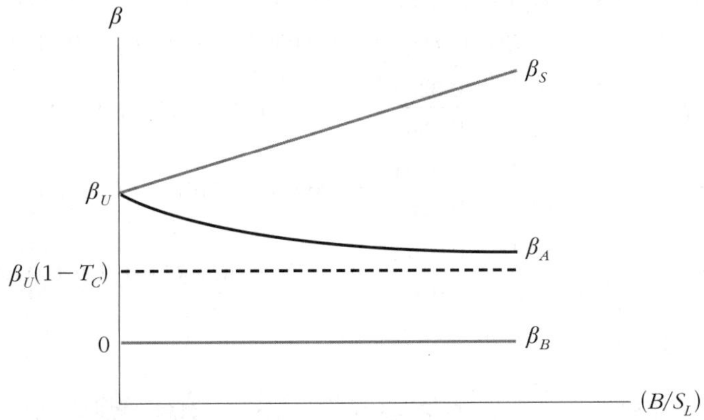

의 위험, 즉 자산베타 β_A는 재무레버리지가 증가함에 따라 점점 감소하게 된다.[24] 이와 같은 베타와 재무레버리지의 관계를 그림으로 나타내면 [그림 13-4]와 같다.

예제 13-4 베타와 재무레버리지의 관계

㈜금강산은 자산규모가 동일한 3개의 사업부를 가지고 있다. 현재 이 회사는 부채를 전혀 사용하지 않고 있으며, 이 회사의 기획실에서 분석하여 예상한 미래의 경기상황에 따른 시장수익률과 각 사업부의 세후 수익률자료는 다음과 같다.

상 황	확 률	시장수익률	사업부 세후 수익률		
			사업부 A	사업부 B	사업부 C
호 황	0.3	0.3	0.4	0.6	0.2
정 상	0.4	0.2	0.3	0.3	0.1
불 황	0.3	−0.1	0.0	−0.2	−0.1

무위험이자율은 10%이며, 법인세율은 40%라고 할 때 다음의 물음에 답하라.

(1) ㈜금강산의 각 사업부의 베타와 요구수익률을 계산하라.

(2) ㈜금강산의 각 사업부의 경제성을 평가하라.

(3) ㈜금강산의 기업베타와 요구수익률을 계산하라.

(4) ㈜금강산이 총시장가치의 40%에 해당하는 금액의 무위험채권을 발행한 후 그 자금으로 자사주를 매입하여 자본구조를 변경할 경우, 이 회사의 주식베타와 가중평균자본비용을 구하라.

24) 제11장에서 설명한 바와 같이 법인세가 없는 경우에는 부채사용으로 인한 재무위험의 증가가 주주들에게 완전히 전가되어 자산베타는 항상 일정하게 된다. 즉 $\beta_A=\beta_U$이다.

❙ 해설 ❙

(1) $E(r_M)=0.14,\ Var(r_M)=0.0264$

$E(r_A)=0.24,\ E(r_B)=0.24,\ E(r_C)=0.07$

$Cov(r_A,\ r_M)=0.0264,\ Cov(r_B,\ r_M)=0.0504,\ Cov(r_C,\ r_M)=0.0192$

- $\beta_A=\dfrac{Cov(r_A,\ r_M)}{Var(r_M)}=\dfrac{0.0264}{0.0264}=1 \rightarrow WACC_A=0.1+0.04\times1=0.14$
- $\beta_B=\dfrac{Cov(r_B,\ r_M)}{Var(r_M)}=\dfrac{0.0504}{0.0264}=1.9091 \rightarrow WACC_B=0.1+0.04\times1.9091=0.1764$
- $\beta_C=\dfrac{Cov(r_C,\ r_M)}{Var(r_M)}=\dfrac{0.0192}{0.0264}=0.7273 \rightarrow WACC_C=0.1+0.04\times0.7273=0.1291$

(2) 사업부의 경제성 평가

사 업 부	요구수익률		실제 기대수익률	경제성 평가
A	0.14	<	0.24	채 택
B	0.1764	<	0.24	채 택
C	0.1291	>	0.07	기 각

(3) $\beta_U=\left(\dfrac{1}{3}\right)\times1+\left(\dfrac{1}{3}\right)\times1.9091+\left(\dfrac{1}{3}\right)\times0.7273=1.2121$

$r_U=0.1+0.04\times1.2121=0.1485$

(4) $\beta_S=\beta_U\left[1+(1-T_C)\left(\dfrac{B}{S_L}\right)\right]=1.2121\times\left[1+(1-0.4)\times\dfrac{2}{3}\right]=1.69694$

$WACC=r_U\left[1-\left(\dfrac{B}{S_L+B}\right)T_C\right]=0.1485\times(1-0.4\times0.4)=0.12474$

3.3 대용기업을 이용한 자본비용의 측정

기업이 기존의 사업영역이 아닌 새로운 사업에 진출하는 것을 고려하고 있다면, 이와 같은 신규 투자안을 평가하기 위하여 기존 기업의 자본비용을 사용할 수 없다. 이 경우에는 신규 투자안에 적합한 새로운 자본비용을 구해야 한다.

신규 투자안의 위험이 기존 기업의 위험과 다를 경우, 그 투자안을 평가하기 위한 자본비용은 다음과 같은 절차에 의해 추정될 수 있다.[25)]

첫째, 신규 투자안과 유사한 사업영역을 가진 **대용기업**(proxy company)을 선정한다.

둘째, 대용기업의 **주식베타** β_S^*를 측정한다.

셋째, 부채가 없는 경우의 자산베타, 즉 무부채기업의 베타 β_U를 구한다. 무부채기

25) 무위험부채, 즉 $\beta_B=0$이라고 가정한다.

업의 베타 β_U는 다음의 식에 의해 구할 수 있다.

$$\beta_U = \frac{\beta_S^*}{1+(1-T_C^*)\left(\frac{B}{S_L}\right)^*}$$

여기서 $\left(\frac{B}{S_L}\right)^*$: 대용기업의 부채비율

T_C^* : 대용기업의 법인세율

넷째, 대용기업에 대한 무부채기업의 베타를 이용하여 신규 투자안의 주식베타 β_S를 구한다. 주식베타는 신규 투자안의 자본조달방법 등을 고려하여 다음과 같이 구할 수 있다.

$$\beta_S = \beta_U\left[1+(1-T_C)\left(\frac{B}{S_L}\right)\right]$$

다섯째, 증권시장선(SML)을 이용하여 신규 투자안의 자기자본비용을 구한다.

$$r_S = r_f + [E(r_M) - r_f]\beta_S$$

여섯째, 신규 투자안의 가중평균자본비용을 구한다.

$$WACC = \left(\frac{S_L}{S_L+B}\right)r_S + \left(\frac{B}{S_L+B}\right)r_B(1-T_C)$$

예제 13-5 대용기업을 이용한 자본비용 측정

제약회사인 ㈜우주제약은 새로이 생수사업에 진출하는 것을 고려하고 있다. 그리고 이 회사는 현재 고려하고 있는 생수사업에 대한 자금을 목표자본구조와 동일하게 자기자본 75%, 부채 25%로 조달하려고 한다. 생수사업을 하고 있는 회사는 ㈜샘물뿐이며, 이 회사는 자기자본 60%, 부채 40%로 자본을 조달하고 있다. ㈜샘물의 주식베타는 2.8이다. 시장수익률은 15%, 무위험이자율은 7%, 법인세율은 40%이며, 모든 부채는 위험이 없다고 가정한다. 이 회사의 새로운 투자안, 즉 생수사업의 자본비용을 구하라.

❙ 해설 ❙

㈜우주제약의 새로운 투자안, 즉 생수사업의 자본비용은 다음과 같은 절차에 의해 구할 수 있다.

① 대용기업(proxy company): ㈜샘물

② ㈜샘물의 주식베타: $\beta_S^* = 2.8$

③ ㈜샘물의 무부채기업의 베타:

$$\beta_U = \frac{\beta_S^*}{1+(1-T_C^*)\left(\frac{B}{S_L}\right)^*} = \frac{2.8}{1+(1-0.4)\times\frac{2}{3}} = 2.0$$

④ ㈜우주제약의 생수사업에 대한 주식베타:

$$\beta_S = \beta_U\left[1+(1-T_C)\left(\frac{B}{S_L}\right)\right] = 2.0\times\left[1+(1-0.4)\times\frac{1}{3}\right] = 2.4$$

⑤ ㈜우주제약의 생수사업에 대한 자기자본비용:

$$r_S = r_f + [E(r_M) - r_f]\beta_S = 0.07 + (0.15-0.07)\times 2.4 = 0.262$$

⑥ ㈜우주제약의 생수사업에 대한 가중평균자본비용:

$$WACC = \left(\frac{S_L}{S_L+B}\right)r_S + \left(\frac{B}{S_L+B}\right)r_B(1-T_C)$$
$$= 0.75\times 0.262 + 0.25\times 0.07\times(1-0.4) = 0.207$$

별 해 이 문제는 앞에서 설명한 MM공식을 이용하여 다음과 같은 절차에 따라 풀이할 수 있다.[26)]

① ㈜샘물의 자기자본비용:

$$r_S = r_f + [E(r_M) - r_f]\beta_S = 0.07 + (0.15-0.07)\times 2.8 = 0.294$$

② ㈜샘물의 무부채기업 자본비용 r_U:

$$r_S = r_U + (r_U - r_B)(1-T_C^*)\left(\frac{B}{S_L}\right)^*$$
$$\rightarrow 0.294 = r_U + (r_U - 0.07)(1-0.4)\times\frac{2}{3} \quad \therefore\ r_U = 0.23$$

③ ㈜우주제약의 생수사업에 대한 자기자본비용:

$$r_S = r_U + (r_U - r_B)(1-T_C)\left(\frac{B}{S_L}\right)$$
$$= 0.23 + (0.23-0.07)(1-0.4)\times\frac{1}{3} = 0.262$$

④ ㈜우주제약의 생수사업에 대한 가중평균자본비용:

$$WACC = r_U\left[1 - T_C\left(\frac{B}{V_L}\right)\right] = 0.23\times(1-0.4\times 0.25) = 0.207$$

---

26) 이 방법은 부채베타가 반드시 0이라는 것을 전제하지 않기 때문에 위험부채의 경우에도 적용할 수 있다는 장점이 있다.

요 약

MM의 무관련이론(1958년): 법인세가 없는 완전자본시장

1. 명제 Ⅰ: $V_U = V_L$

   ※ 차익거래

   ※ 자신의 레버리지

2. 명제 Ⅱ: $r_S = r_U + (r_U - r_B)\left(\frac{B}{S_L}\right)$

3. 명제 Ⅲ: 투자안의 평가 ≠ 자본조달방법

$$\underbrace{\frac{\Delta E(NOI)}{\Delta I}}_{\text{투자수익률}} \geq \underbrace{WACC = r_U}_{\text{요구수익률}}$$

4. 재무레버리지와 자본비용의 관계

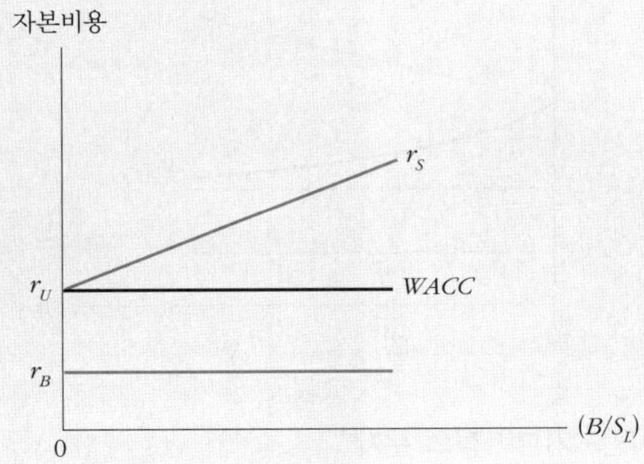

MM의 수정이론(1963년): 법인세가 존재하는 완전자본시장

1. 명제 Ⅰ: $V_L = V_U + T_C B$

※ 차익거래

※ 자신의 레버리지

2. 명제 Ⅱ: $r_S = r_U + (r_U - r_B)(1 - T_C)\left(\frac{B}{S_L}\right)$

3. 명제 Ⅲ:

$$\underbrace{\frac{\Delta E(NOI)(1-T_C)}{\Delta I}}_{\text{세후 투자수익률}} \geq \underbrace{r_U\left[1 - T_C\left(\frac{B}{V_L}\right)\right] = WACC}_{\text{요구수익률}}$$

※ 투자안의 자금조달: 기업의 목표자본구조 → 투자안의 평가≠자본조달방법

※ 투자안의 자본비용: 한계자본비용

4. 재무레버리지와 자본비용의 관계

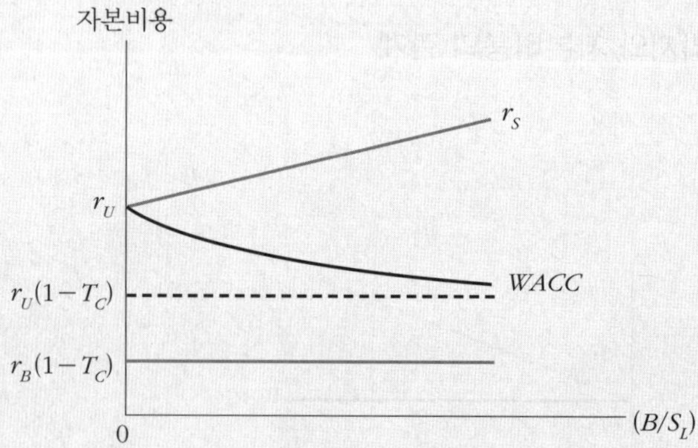

5. MM이론의 비판-기본가정의 문제

- 기업의 부채(유한책임)≠개인의 부채(무한책임)
- 거래비용 → 차익거래과정을 방해
- 기업의 차입이자율≠개인의 차입이자율
- 자본시장의 현실무시: 불완전자본시장(개인소득세, 파산비용, 대리인비용 등)

재무레버리지와 베타

- $\beta_B=0$: $\beta_S=\beta_U+\beta_U(1-T_C)\left(\frac{B}{S_L}\right) \rightarrow \beta_U=\frac{\beta_S}{1+(1-T_C)\left(\frac{B}{S_L}\right)}$

- $\beta_B\neq0$: $\beta_S=\beta_U+(\beta_U-\beta_B)(1-T_C)\left(\frac{B}{S_L}\right) \rightarrow \beta_U=\frac{\beta_S+\beta_B(1-T_C)\left(\frac{B}{S_L}\right)}{1+(1-T_C)\left(\frac{B}{S_L}\right)}$

주요 용어

무관련이론 • 526
동질적 위험집단 • 526
차익거래과정 • 528
자신의 레버리지 • 530
자본조달분기점 • 533
가중평균자본비용 • 537
한계자본비용 • 541
수정이론 • 543
이자비용의 세금절감효과 • 543
목표자본구조 • 545
시장의 불완전요인 • 551
자산베타 • 554
주식베타 • 554
대용기업 • 556
대용기업의 주식베타 • 556

사 · 례 · 연 · 구

㈜경남은 현재 보통주를 10,000주 발행하여 자본금 전액을 조달하고 있다. 이 회사의 재무이사는 자본구조가 기업의 가치에 어떠한 영향을 미치는지를 살펴보기 위하여 다음과 같은 자료를 수집하였다.

주식베타＝1.5, 기대영업이익＝4,000만원, 법인세율＝50%,
시장포트폴리오의 기대수익률＝15%, 무위험이자율＝5%

이 회사는 영업이익을 전부 주주에게 배당하고 있으며, 그 결과 기대영업이익은 일정하게 영원히 계속되리라 전망된다.

(1) 다음을 계산하라.
① 자기자본비용은?
② 가중평균자본비용은?
③ 기업의 가치는?

(2) ㈜경남의 재무이사는 부채를 사용함으로써 기업의 가치를 증가시킬 수 있다고 믿고 있다. 그러므로 그는 기업의 부채수용능력을 고려하여 부채를 발행할 것을 제안하였다. 이 회사의 사장은 재무이사의 제안을 받아들여 이자율 5%인 영구채권 5,000만원을 발행한 후, 그 자금전액을 가지고 자사주를 매입하였다. 이 경우 다음을 계산하라. (단, 자본시장은 효율적이라고 가정한다. 즉 채권발행에 관한 정보가 즉각 모든 투자자들에게 알려져서 주가에 반영된다고 가정한다.)
① 기업의 가치는?
② 자기자본비용은?
③ 가중평균자본비용은?

:: 해설

(1) ① $r_S = r_U = r_f + [E(r_M) - r_f]\beta_S = 0.05 + (0.15 - 0.05) \times 1.5 = 0.2$

② $WACC = r_U = 0.2$

③ $V_U = \dfrac{E(NOI)(1-T_C)}{r_U} = \dfrac{4,000 \times (1-0.5)}{0.2} = 10,000$만원

(2) ① $V_L = V_U + T_C B = 10,000 + 0.5 \times 5,000 = 12,500$만원

② 효율적 자본시장에서는 채권을 발행한다는 사실이 알려지는 순간 기업의 가치는 $T_C B(=0.5 \times 5,000$만원$=2,500$만원)만큼 증가하여 12,500만원이 된다. 주식가격은 이와 같은 정보를 반영하여 1주당 10,000원(=10,000만원/10,000주)에서 12,500원(=12,500만원/10,000주)으로 상승하게 된다. 그러므로 5,000만원의 채권을 발행한다면, 그 자금으로 4,000주(=5,000만원/1.25만원)의 자사주식을 매입할 수 있다. 이 경우 자기자본의 가치(S_L)는 7,500만원(=12,500만원−5,000만원)이 된다는 사실을 유의하여야 한다.

$$r_S = r_U + (r_U - r_B)(1 - T_C)\left(\frac{B}{S_L}\right) = 0.2 + (0.2 - 0.05)(1 - 0.5)\left(\frac{5,000}{7,500}\right) = 0.25$$

또는 $\beta_S = \beta_U\left[1 + (1 - \mathrm{T}_C)\left(\frac{B}{S_L}\right)\right] = 1.5 \times \left[1 + (1 - 0.5)\left(\frac{5,000}{7,500}\right)\right] = 2.0$

$\rightarrow r_S = r_f + [E(r_M) - r_f]\beta_S = 0.05 + (0.15 - 0.05) \times 2.0 = 0.25$

③ $WACC = r_U\left[1 - T_C\left(\frac{B}{V_L}\right)\right] = 0.2 \times \left[1 - 0.5 \times \left(\frac{5,000}{12,500}\right)\right] = 0.16$

또는 $WACC = \left(\frac{S_L}{S_L + B}\right)\mathrm{r}_S + \left(\frac{B}{S_L + B}\right)r_B(1 - T_C)$

$$= \left(\frac{7,500}{12,500}\right) \times 0.25 + \left(\frac{5,000}{12,500}\right) \times 0.05 \times (1 - 0.5) = 0.16$$

연·습·문·제

▶ 객관식 문제

01 MM의 무관련이론(1958년)에 대한 다음의 설명 중 거리가 먼 것은?

① 법인세가 없는 완전자본시장을 가정한다.

② MM 명제 I 은 자본구조만 서로 다르고 경영위험과 영업이익이 동일한 두 기업의 가치는 동일하여야 한다는 것을 의미한다.

③ 기업이 자본구조를 변경함으로써 개별투자자는 보다 높은 투자성과를 얻을 수 있다.

④ MM의 명제 I 이 성립하려면 개인이 기업과 동일한 이자율로 부채를 차입할 수 있다는 전제가 필요하다.

⑤ 레버리지의 증가에 따라서 자기자본의 위험이 증가하며, 그것에 대한 보상으로 보다 높은 수익률을 요구하게 된다는 것이 MM의 명제 II 이다.

02 MM의 수정이론(1963년)에 대한 다음의 설명 중 거리가 먼 것은?

① 법인세가 있는 경우 부채로 인한 이자비용의 세금절감효과를 얻을 수 있으므로 부채가 증가함에 따라 비례적으로 기업의 가치가 증가한다.

② MM 명제 I 에 의하면 부채를 사용하는 기업의 가치 V_L은 부채를 전혀 사용하고 있지 않은 기업의 가치 V_U와 이자비용의 법인세 절감액의 현가 T_CB를 합한 것과 같다.

③ MM 명제 II 에 의하면 부채비율이 증가하는 경우, 자기자본비용은 상대적으로 저렴한 부채의 이점을 완전히 상쇄할 정도로 증가하지는 않는다.

④ 부채비율이 증가함에 따라 가중평균자본비용(WACC)이 감소하여 기업의 가치는 증가하게 된다.

⑤ 법인세율이 인하될 경우 가중평균자본비용이 감소된다.

03 ㈜알파는 현재 자본 80%와 부채 20%로 구성되어 있으며 CAPM(자본자산가격결정모형)에 의해 계산된 ㈜알파의 자기자본비용은 14%이다. 무위험이자율은 5%, 시장위험프리미엄은 6%, 이 회사에 대한 법인세율은 20%이다. ㈜알파가 무위험이자율로 차입을 하여 자사주 매입을 함으로써 현재의 자본구조를 자본 50%와 부채 50%로 변경한다면 자기자본비용은 얼마가 되겠는가? (CPA 1차 2008)

① 16.5% ② 17.0% ③ 17.5% ④ 18.0% ⑤ 18.5%

04 ㈜평창은 매년 150억원의 기대영업이익을 창출하는데 200억원의 부채를 이자율 10%로 차입하여 운용하고 있다. 한편 ㈜평창과 자본구조를 제외한 모든 면에서 동일한 무부채기업 ㈜한강의 자기자본비용은 20%이다. 법인세율은 40%이고, MM의 수정명제가 성립된다고 할 때 다음 설명 중 가장 적절하지 않은 것은? (CPA 1차 2013)

① 무부채기업인 ㈜한강의 기업가치는 450억원이다.
② 부채기업인 ㈜평창의 경우 부채를 사용함에 따라 발생하는 법인세감세액의 현재가치는 80억원이다.
③ 부채기업인 ㈜평창의 자기자본비용은 23.6%이다.
④ 부채기업인 ㈜평창의 가중평균자본비용(WACC)은 17.0%이다.
⑤ 만약 부채비율(부채/자기자본)이 무한히 증가한다면 가중평균자본비용은 14.1%가 된다.

05 무부채기업인 ㈜대한의 연간 기대영업이익은 3억원이며 자본비용은 15%이다. ㈜대한은 10%의 이자율로 10억원의 부채를 조달하여 자본구조를 변경할 계획이다. MM의 기본명제(무관련이론)와 수정명제(법인세 고려)하에서 각각 추정된 ㈜대한의 가중평균자본비용(WACC)들간의 차이($WACC_{기본명제} - WACC_{수정명제}$)는 얼마인가? (단, 법인세율은 40%이다.) (CPA 1차 2010)

① 0 ② 1.25% ③ 2.50% ④ 3.75% ⑤ 4.25%

06 무부채기업인 ㈜한라의 자기자본비용은 20%이다. ㈜한라의 순영업이익(EBIT)은 매년 100억원으로 예상되고 있으며 법인세율은 40%이다. ㈜한라는 이자율 10%로 차입금을 조달하여 자기주식을 매입소각하는 방법으로 자본구조 변경을 계획하고 있으며 목표자본구조는 부채의 시장가치가 기업가치의 30%가 되도록 하는 것이다. 법인세가 있는 MM이론이 성립된다는 가정하에서 가장 적절하지 않은 것은? (CPA 1차 2012 수정)

① 자본구조 변경 전에 가중평균자본비용은 20%이다.

② 자본구조 변경 후에 가중평균자본비용은 17.6%이다.
③ 조달해야 할 부채의 시장가치는 근사치로 238.64억원이다.
④ 자본구조 변경 전에 기업가치는 300억원이다.
⑤ 자본구조 변경 후에 자기자본비용은 근사치로 22.57%이다.

07 자기자본만으로 운영하는 기업이 있다. 이 기업의 자기자본비용은 15%이며 매년 3억원씩의 기대영업이익이 예상된다. 이 회사는 자본구조를 변경하기 위하여 5억원의 부채를 이자율 10%로 조달하여 주식의 일부를 매입하고자 한다. 법인세율은 30%이며 법인세 있는 MM의 모형을 이용하여 자본구조 변경 후 이 기업의 자기자본의 가치를 구하면 얼마인가? (CPA 1차 2006)

① 9억원 ② 10.5억원 ③ 14억원 ④ 15억원 ⑤ 16.5억원

08 노트북 액정 제조업체인 ㈜테크는 부채를 운용하는 기업으로 주식베타는 1.56이다. 반면 ㈜감마는 ㈜테크와 자본구조 이외에 모든 것이 동일한 무부채기업이고 주식베타는 1.2이며 기업가치는 260억원이다. 법인세율은 40%이고, MM의 수정명제와 CPAM이 성립된다고 할 때 부채의 가치는 얼마인가? (CPA 1차 2013)

① 100억원 ② 110억원 ③ 120억원 ④ 130억원 ⑤ 140억원

09 A기업은 자동차부품 사업에 진출하는 신규투자안을 검토하고 있다. 신규투자안과 동일한 사업을 하고 있는 B기업은 주식 베타가 1.5이며 타인자본을 사용하지 않는다. A기업은 신규 투자안에 대해서 목표부채비율(B/S)을 100%로 설정하였다. 필요한 차입금은 10%인 무위험이자율로 조달할 수 있으며 법인세율은 40%, 시장포트폴리오의 기대수익률은 15%이다. A기업이 신규투자안의 순현가를 구하기 위해 사용해야 할 할인율은 얼마인가? (CPA 1차 2015)

① 10% ② 12% ③ 14% ④ 18% ⑤ 22%

10 A기업의 주식베타는 2.05이고 법인세율은 30%이다. A기업과 부채비율 이외의 모든 것이 동일한 B기업은 부채 없이 자기자본만으로 자본을 구성하고 있는데 주식베타는 1.0이고 기업가치는 100억원이다. CAPM과 MM이론이 성립된다고 할 때 A기업의 가치는 근사치로 얼마인가? (하마다모형을 이용한다.) (CPA 1차 2007)

① 114억원 ② 125억원 ③ 118억원 ④ 167억원 ⑤ 122억원

11 무부채기업인 K사의 영업이익(EBIT)은 매년 12억원으로 기대된다. 현재 K사의 자기자본비용은 14%이고 법인세율은 30%이다. K사는 이자율 8%로 부채를 조달하여 자사주 일부를 매입소각할 예정이다. K사는 시장가치 기준으로 자기자본이 부채의 2배가 되는 자본구조를 목표로 삼고 있다. 법인세가 있는 MM이론이 성립된다고 가정한다. 다음 설명 중 적절한 항목만으로 구성된 것은? (CPA 1차 2014)

> a. 자본구조 변경에 필요한 부채(시장가치)는 30.88억원이다.
> b. 자본구조 변경 후 자기자본비용은 16.10%이다.
> c. 자본구조 변경 후 가중평균자본비용(WACC)은 11.22%이다.
> d. 자본구조 변경에 의한 기업가치의 증가액은 6.66억원이다.

① a ② a, b ③ a, c ④ b, c ⑤ b, d

12 A기업은 기대영업이익이 매년 2,000만원으로 영구히 일정할 것으로 예상되며 영구채를 발행하여 조달한 부채 2,000만원을 가지고 있다. B기업은 영구채 발행을 통해 조달한 부채 6,000만원을 가지고 있다는 점을 제외하고는 모든 점(기대영업이익과 영업위험)에서 A기업과 동일하다. 모든 기업과 개인은 10%인 무위험이자율로 차입과 대출이 가능하다. A기업과 B기업의 자기자본비용은 각각 20%와 25%이며 자본시장은 거래비용이나 세금이 없는 완전시장으로 가정한다. 다음 중 가장 적절한 것은? (CPA 1차 2015)

① B기업이 A기업에 비해 과소평가되어 있다.
② A기업의 자기자본가치는 1.0억원이다.
③ B기업의 자기자본가치는 1.2억원이다.
④ 차익거래 기회가 존재하지 않기 위해서는 A기업과 B기업의 자기자본비용이 같아야 한다.
⑤ B기업의 주식을 1% 소유한 투자자는 자가부채(homemade leverage)를 통하여 현재가치 기준으로 6만원의 차익거래 이익을 얻을 수 있다.

13 법인세가 있는 MM이론이 성립된다고 가정하자. 현재 어느 기업의 발행주식수는 100만주로 부채는 전혀 없으나 10%에 차입할 수 있고 가중평균자본비용(WACC)은 16%이다. 순영업이익(EBIT)은 매년 100억원일 것으로 예상되고 법인세율은 30%로 고정되어 있다. 이 기업이 부채로 자금을 조달하여 자사주를 매입함으로써 부채의 시장가치가 기업가치의 40%가 되도록 하려고 한다. 다음의 내용 중 옳지 않은 것은? (CPA 1차 2004)

① 부채로 자금을 조달하기 전 자기자본비용은 16%이다.

② 부채로 자금을 조달해 자본구조를 재구성한 후에는 자기자본비용이 18.8%로 증가한다.

③ 부채로 자금을 조달해 자본구조를 재구성한 후의 가중평균자본비용은 14.08%로 감소한다.

④ 조달해야 할 부채의 시장가치는 근사치로 198.86억원이다.

⑤ 자사주를 매입한 이후의 발행주식수는 근사치로 545,463주이다.

14 법인세를 고려한 MM의 수정이론(1963)이 성립한다고 가정하자. C 기업은 1년 후부터 영원히 매년 10억원의 영업이익을 예상하고 있다. C 기업은 현재 부채가 없으나 차입하여 자사주를 매입·소각하는 방식으로 자본재구성을 하려고 한다. C 기업의 자기자본비용은 10%이며, 법인세율은 30%일 때 가장 적절하지 않은 것은? (CPA 1차 2016)

① C 기업의 무부채 기업가치(V_U)는 70억원이다.

② C 기업이 무부채 기업가치(V_U)의 50%만큼을 차입한다면 기업가치(V_L)는 80.5억원이 된다.

③ C 기업이 무부채 기업가치(V_U)의 100%만큼을 차입한다면 기업가치(V_L)는 91억원이 된다.

④ 부채비율$\left(\frac{\text{부채}}{\text{자기자본}}\right)$이 100%인 자본구조를 갖는 기업가치($V_L$)는 85억원이다.

⑤ 부채 대 자산비율$\left(\frac{\text{부채}}{\text{자기자본}+\text{부채}}\right)$이 100%인 자본구조를 갖는 기업가치($V_L$)는 100억원이다.

15 무부채기업인 ㈜백제의 발행주식수는 10,000주이며 자기자본가치는 5억원이다. 이 기업은 이자율 10%로 영구사채 3억원을 발행하여 전액 자기주식을 매입소각하는 방법으로 자본구조를 변경하고자 한다. ㈜백제의 기대영업이익은 매년 1억원으로 영구히 지속되며, 법인세율은 40%이다. 시장은 준강형 효율적이고 MM의 수정이론(1963)이 성립한다고 가정할 때 다음 중 가장 적절하지 않은 것은? 단, 자본비용은 % 기준으로 소수점 셋째 자리에서 반올림한다. (CPA 1차 2017)

① 자본구조 변경 전 자기자본비용은 12%이다.

② 채권발행에 대한 공시 직후 부채의 법인세효과로 인하여 주가는 24% 상승할 것이다.

③ 채권발행 공시 직후의 주가로 자사주를 매입한다면, 채권발행에 따라 매입할 수 있는 자기주식 수는 근사치로 4,839주이다.

④ 자본구조 변경 후 자기자본비용은 13.13%이다.

⑤ 자본구조 변경 후 가중평균자본비용은 8.33%이다.

16 부채를 사용하지 않고 자기자본만 사용하고 있는 기업인 ㈜거창은 베타계수가 1.4이고 자산의 시장가치는 300억원이다. 현재 무위험이자율은 4%이고 ㈜거창의 자기자본비용은 12.4%이다. 이제 ㈜거창은 100억원을 무위험이자율로 차입하여 자본구조를 변경하려 한다. 이때 차입한 금액은 자기주식을 매입소각하는 데 사용될 예정이다. 부채의 베타가 0이고 법인세율이 40%이며 CAPM과 법인세가 있는 MM이론이 성립된다는 가정하에서 Hamada 모형을 이용했을 때 가장 적절하지 않은 것은? (CPA 1차 2012)

① 자본구조 변경 전 가중평균자본비용은 12.4%이지만 자본구조 변경 후 가중평균자본비용은 8.94%로 감소한다.

② 자본구조 변경 전 자기자본비용은 12.4%이지만 자본구조 변경 후 자기자본비용은 14.5%로 증가한다.

③ 자본구조 변경 전 주식베타는 1.4이지만 자본구조 변경 후 주식베타는 1.75로 증가한다.

④ 자본구조 변경 전 자산베타는 1.4이지만 자본구조 변경 후 자산베타는 1.24로 감소한다.

⑤ 자본구조 변경 전 자산의 시장가치는 300억원이지만 자본구조 변경 후 자산의 시장가치는 340억원으로 증가한다.

17 ㈜남산은 초기투자액이 3,000억원이며, 매년 360억원의 영업이익이 영구히 발생하는 신규 사업을 고려하고 있다. 신규 사업에 대한 목표부채비율(B/S)은 150%이다. 한편 대용기업으로 선정된 ㈜충무의 부채비율(B/S)은 100%이고 주식베타는 1.44이다. ㈜남산과 ㈜충무의 부채비용은 무위험이자율이다. 시장기대수익률은 10%, 무위험이자율은 2%, 법인세율은 40%이다. 신규 사업의 순현가와 가장 가까운 것은? (단, 자본비용은 %기준으로 소수점 넷째 자리에서 반올림한다.) (CPA 1차 2018)

① 89억원　② 97억원　③ 108억원　④ 111억원　⑤ 119억원

● 객관식 해답	**1.** ③, **2.** ⑤, **3.** ⑤, **4.** ⑤, **5.** ④, **6.** ③, **7.** ②, **8.** ①, **9.** ③, **10.** ⑤, **11.** ⑤, **12.** ⑤, **13.** ⑤, **14.** ④, **15.** ⑤, **16.** ①, **17.** ①

▶ 주관식 문제

01 MM 명제 I (1958)과 차익거래

부채가 없는 기업 U와 부채가 있는 기업 L은 자본구조를 제외한 모든 점에서 동일하다. 기업 U의 발행주식수는 5,000주이며, 주당가격은 20,000원이다. 그리고 기업 L은 이자율 12%의 부채 2,500만원을 발행하고 있다. 각 기업의 영업이익은 3,500만원으로 기대된다. 두 기업은 모두 세금을 납부하지 않는다.

(1) 현재 기업 L의 가치가 11,000만원이고, 이 회사 주식의 10%를 가지고 있다면 당신은 어떻게 하겠는가?

(2) 당신이 물음 (1)과 같은 행동을 하지 않기 위해서는 기업 L의 가치는 얼마이어야 하는가? (단, 현재 기업 U의 주식가격은 적정하다고 가정한다.)

02 MM의 무관련이론

㈜바다식품은 수산물을 가공하는 새로운 공장을 건설하려고 계획하고 있다. 이 회사는 전통적으로 모든 이익을 주주에게 배당하고, 투자에 소요되는 자금을 보통주의 신규발행에 의해서 조달해 왔다. 현재 우선주 또는 부채는 없다. 기업과 새로운 공장에 대한 자료는 다음과 같으며, 모든 이익은 일정하게 영구적으로 발생된다.

(기업자료)	현재의 연간 이익: 25억원
	발행주식수: 100만주
(새로운 공장)	최초의 투자지출액: 20억원
	추가적인 연간 이익: 5억원

경영자는 새로운 공장의 위험이 현존하는 기업자산의 위험과 동일하다고 생각한다. 현재의 자기자본에 대한 요구수익률은 10%이다. 법인세가 없는 완전자본시장을 가정하여 다음의 물음에 답하라.

(1) 새로운 공장에 대한 자금을 조달하기 위하여 보통주를 발행한다면, ㈜바다식품의 총시장가치는 얼마인가?

(2) 이자율 8%로 영구사채 20억원을 발행하여 새로운 공장에 대한 자금을 조달하였다.

① ㈜바다식품의 총시장가치는 얼마인가?

② 자기자본의 요구수익률은 얼마인가?

03 차익거래와 이지율 (CPA 2차 1993 수정)

현재 부채가 없는 ㈜서해의 장부가치는 8억원, 주가는 10,000원, 발행주식수는 10만주이다. ㈜서해는 매년 1억원의 일정한 영업이익을 영구적으로 기대하고 있다. 세금과 거래비용이 없다는 가정하에 아래의 물음에 답하라.

(1) ㈜서해와 동일한 ㈜동해는 8%의 이자비용으로 5억원의 부채를 조달하여 자사주를 매입·소각하였다. 이와 같은 거래의 결과, ㈜서해와 ㈜동해의 시장가치는 각각 9억원, 11억원이 되었다.
   ① ㈜동해의 주주 입장에서 차익거래를 하기 위하여 부담할 수 있는 최대이자율은 얼마인가?
   ② 이와 같은 차익거래가 현실적으로 일어나기 어려운 이유는 무엇인가?

(2) ㈜서해는 6억원의 투자액이 소요되고 기존 기업과 동일한 영업위험을 가진 새로운 투자안을 고려하고 있다. ㈜서해는 필요한 투자자금 6억원 중 3억원은 이자율이 8%인 사채를 발행하여 조달하고, 나머지 3억원은 주식을 발행하여 조달하려고 한다. 이 투자안으로부터 매년 0.6억원의 영업이익을 영구적으로 얻을 수 있다고 예상된다. MM이론이 타당하다고 가정하여 물음에 답하라.
   ① ㈜서해는 신주의 발행가격을 얼마로 하여야 하는가?
   ② 새로운 투자 후 ㈜서해 주주들의 요구수익률은 얼마인가?

04 고급 부채기업 간의 차익거래

경영위험이 같은 두 기업, 남북과 동서에 관한 자료는 다음과 같다.

구성항목	남북기업	동서기업
부채의 가치	2,000만원	4,000만원
기대영업이익	1,000만원	1,000만원
자기자본비용	20%	25%

이자율은 10%이며, MM의 무관련이론(1958)이 성립한다는 가정하에 다음의 물음에 답하라.

(1) 두 기업의 자기자본가치와 기업가치를 구하라.

(2) 동서기업의 주식 10%를 보유한 투자자의 차익거래과정을 설명하고, 차익거래이익을 구하라.

05 MM의 무관련이론 종합

현재 ㈜태풍은 25,000주의 주식을 발행하고 있으며, 그것의 주당가격은 20,000원이다. 그리고 현재 ㈜태풍은 부채를 사용하지 않고 있다. 이 회사에 대한 적절한 할인율은 15%이다. ㈜태풍의 지난 해 영업이익은 7,500만원이었으며, 이 회사의 경영자는 기업의 자산이 변하지 않는 한 앞으로도 그와 동일한 이익이 매년 영구적으로 발생하리라 기대하고 있다. ㈜태풍은 면세기업이다.

㈜태풍은 3,000만원의 비용이 소요되는 경쟁회사의 인수를 계획하고 있다. 경쟁회사를 인수하여 기존의 사업에 추가시킨다면, 경쟁회사의 시설에 의해서 ㈜태풍은 영구적으로 추가적인 1,200만원의 이익을 얻을 수 있다. 그 경쟁회사의 위험은 ㈜태풍과 동일하다.

(1) 경쟁회사의 인수에 관한 사실이 공시되기 이전 ㈜태풍의 시장가치 재무상태표를 작성하라.

(2) ㈜태풍이 경쟁회사의 인수에 소요되는 자금을 조달하기 위하여 주식을 발행한다고 가정하여 다음의 물음에 답하라.

① 효율적 시장가설에 의하면 ㈜태풍의 주가는 언제 그리고 어떻게 변하는가?
② 공시 후의 시장가치 재무상태표를 작성하라.
③ 소요자금을 조달하기 위하여 ㈜태풍이 발행하여야 하는 주식수는?
④ 신주가 발행된 후의 시장가치 재무상태표는?
⑤ 경쟁회사의 인수가 완료된 후의 시장가치 재무상태표는?
⑥ ㈜태풍 주주들의 요구수익률은 얼마인가?

(3) ㈜태풍이 경쟁회사의 인수에 소요되는 자금을 조달하기 위하여 이자율 10%의 채권을 발행한다고 가정하여 다음의 물음에 답하라.

① 공시 후의 시장가치 재무상태표를 작성하라.
② 채권이 발행된 후의 시장가치 재무상태표는?
③ 경쟁회사의 인수가 완료된 후의 시장가치 재무상태표는?
④ 자기자본비용은?
⑤ MM의 명제 Ⅱ를 이용하여 물음 ③의 결과를 확인하라.

(4) 각 재무계획하에서 경쟁회사의 인수 후 다음을 비교하라.

① 기업가치
② 주가
③ 자기자본비용
④ 기업의 자본비용

06 고급 MM 명제 I (1963)과 차익거래

부채가 없는 기업 U에 관한 자료는 다음과 같다.

$E(NOI) = 2,500$만원, $r_U = 10\%$, $T_C = 40\%$

MM의 가정이 성립한다고 가정하여 다음의 물음에 답하라.

(1) 기업 U의 시장가치를 구하라.

(2) 기업 U와 동일한 영업이익의 확률분포를 가지며 7%의 이자율로 12,000만원의 채권을 발행하고 있는 기업 L의 시장가치가 20,000만원이다. 만약 당신이 기업 L의 주식 10%를 가지고 있다면, 당신은 어떻게 행동하겠는가? 그리고 기업 L의 주식을 가지고 있는 다른 투자자들도 당신과 동일한 행동을 취한다면, 투자자들의 이와 같은 행동이 언제까지 계속되겠는가?

07 MM의 수정이론: 차익거래와 자본조달분기점 (CPA 2차 2017)

무부채기업인 ㈜서울의 자기자본비용은 10%이고 ㈜한강은 6% 이자율로 1억원의 부채를 사용하고 있다. 두 기업은 모두 매년 3,000만원의 일정한 영업이익을 영구적으로 기대하고 있다. 법인세율은 40%이고, MM(1963)이론이 성립한다는 가정 하에서 다음의 물음에 답하라.

(1) ㈜서울과 ㈜한강의 기업가치를 각각 구하라.

(2) 현재 ㈜한강의 시장가치가 2.5억원일 때 다음 물음에 답하라.

① ㈜한강의 주식 10%를 보유한 투자자의 차익거래 전략과 과정을 설명하고, 차익거래이익을 구하라.

② 위 ①에서의 차익거래 행위는 언제까지 지속되겠는가?

(3) ㈜서울의 발행주식수는 3,000주이며, ㈜한강의 발행주식수는 1,500주이다. 두 기업의 EPS(주당순이익)를 각각 구하라.

(4) (3)에서 두 기업의 EPS를 동일하게 하는 영업이익은 얼마인가? 그 영업이익에서 EPS는 얼마인가?

(5) MM(1963)이론과 파산비용이론(또는 상충이론) 이외에 최적자본구조의 존재를 주장하는 이론을 두 가지 제시하고 각 이론들의 최적자본구조 요건을 설명하라.

08 법인세 절약효과와 기업가치 (보험계리사 2차 2017)

㈜한국의 현재 부채의 시장가치는 50억원, 자기자본의 시장가치는 100억원이다. 부채

의 만기는 영구적이고 이자율은 연 10%이다. 법인세율은 20%, 법인세를 고려할 경우의 MM이론이 타당하다고 가정할 경우 다음 질문에 답하라. (단, 모든 이자계산은 이산복리로 하고, 모든 계산값은 반올림하여 소수점 둘째 자리까지 표시하라.)

(1) ㈜한국의 현재 기업가치 중에서 부채의 법인세 절약효과에 기인한 부분을 계산하라.
(2) 50억원의 부채를 추가적으로 조달하여 자사주를 시장가치로 매입하는 경우 주주들의 부의 변화를 계산하라.
(3) 만일 1년 후 법인세법이 개정되어 부채에 대한 이자가 더 이상 기업의 비용으로 인정되지 않는다고 가정할 경우, 새로운 법인세법 하에서 ㈜한국의 기업가치를 계산하라. (단, 자본구조는 (2)번의 부채추가조달 이전의 상황으로 가정하라.)

09 MM 수정이론 (보험계리사 2차 2014)

㈜동해테크는 자기자본만으로 운영하는 기업인데, 매년 10억원의 영업이익을 창출할 것으로 기대한다. 이 회사는 자본구조를 바꾸기 위하여 25억원의 부채를 연간 15%의 이자율로 조달하여 주식의 일부를 재매입하고자 한다. 이 기업의 자본구조 변경 전의 자기자본비용은 20%이고 법인세율은 40%이다. 법인세를 고려한 MM 이론(1963년)을 이용하여 다음 물음에 답하시오.

(1) 자본구조 변경 전과 후의 기업가치를 각각 구하시오.
(2) 자본구조 변경 후의 자기자본비용과 가중평균자본비용(WACC)을 각각 구하시오.
(3) 만약 ㈜동해테크의 목표 가중평균자본비용이 14%이었다면, 새로운 부채비율(=부채/자기자본)은 얼마이었어야 하는지 답하라. 단, 부채조달이자율은 앞서 가정한 15%로 동일하다.

10 MM의 수정이론: 자기자본비용과 가중평균자본비용

부채를 사용하지 않으며, 영구적인 연간 기대영업이익이 2,000만원인 기업이 있다. 이 기업의 가치는 6,000만원으로 평가되며, 법인세율은 40%이다. 법인세가 존재하는 완전자본시장을 가정하여 다음의 물음에 답하라.

(1) 이 기업의 자본비용을 구하라.
(2) 현재 이 기업은 10%의 이자율로 3,000만원의 부채를 발행하려고 한다는 사실을 공시하였다. 그 후 채권을 발행하여 그 자금으로 자사주를 매입하여 자본구조를 변경시킨다면, 이 기업의 자기자본비용과 가중평균자본비용은 어떻게 되겠는가?

11 MM의 수정이론 (CPA 2차 2005)

한별소프트㈜는 자기자본만으로 자금을 조달하여 운영하는 회사인데, 매년 2억원의 기대영업이익이 영구적으로 예상되며 현재 자기자본비용은 15%이다. 이 회사는 자본구조를 바꾸기 위하여 8억원의 부채를 10%의 이자율로 조달하여 주식의 일부를 재매입하고자 한다. 부채 만기 후 부채는 동일한 조건으로 재조달할 수 있다고 가정한다. 법인세율은 25%이며, 법인세가 존재하는 것 이외에 자본시장은 완전하다고 가정한다.

(1) 자본구조 변경 후의 기업가치는 얼마인가?
(2) 자본구조 변경 후 이 기업의 자기자본비용과 가중평균자본비용을 각각 구하라. (퍼센트 기준으로 반올림하여 소수점 첫째 자리까지만 표시한다.)
(3) 만약 기업의 부채비율을 400%로 조정하고자 한다면 지문에서 제시된 8억원 대신 얼마의 부채를 조달하여 주식의 일부를 재매입해야 하는가? 부채의 조달조건은 금액에 관계없이 동일하다고 가정하라.

12 MM의 수정이론: 기업가치

300억원의 부채를 가지고 있는 와룡주식회사의 현재 시장가치는 1,500억원으로 평가된다. 이 기업의 기대영업이익은 성장 없이 영구적으로 들어오며, 부채의 이자율은 10%이다. 이 기업이 100% 자기자본만으로 자본조달을 한다면, 주주의 요구수익률은 20%라고 한다. 법인세율이 40%인 완전자본시장을 가정하여 다음의 물음에 답하라.

(1) 와룡주식회사의 기대영업이익은 얼마인가?
(2) 주식을 발행하여 부채를 전부 상환하는 경우, 이 기업의 가치는 어떻게 되는가?

13 재무레버리지와 기업가치

㈜부산은 다음과 같은 두 개의 자본구조를 비교하고 있다.

- 자본구조 I : 주식 300,000주를 발행하여 자본을 조달함.
- 자본구조 II : 이자율이 10%인 채권 60억원과 주식 200,000주를 발행하여 자본을 조달함.

(1) 세금이 없는 완전자본시장을 가정하여 다음의 물음에 답하라.
① 만약 영업이익(NOI)이 9억원이라면, 어떤 자본구조하에서 주당순이익(EPS)이 더 높은가?
② 만약 영업이익(NOI)이 21억원이라면, 어떤 자본구조하에서 주당순이익(EPS)이 더 높은가?
③ 자본조달분기점과 그 점에서의 EPS는?

④ MM 명제 I (1958)을 이용하여 두 자본구조하에서의 주가와 기업가치를 계산하라.

(2) 법인세(세율=40%)가 존재하는 완전자본시장을 가정하여 다음의 물음에 답하라.

① 만약 영업이익(NOI)이 9억원이라면, 어떤 자본구조하에서 주당순이익(EPS)이 더 높은가?

② 만약 영업이익(NOI)이 21억원이라면, 어떤 자본구조하에서 주당순이익(EPS)이 더 높은가?

③ 자본조달분기점과 그 점에서의 EPS는?

④ MM 명제 I (1963)을 이용하여 두 자본구조하에서의 주가와 기업가치를 계산하라.

14 법인세가 존재하는 경우 주가와 레버리지의 관계

㈜우주공업은 이자율 6%의 영구사채 2억원을 발행하려고 한다는 것을 곧 공시할 예정이다. 현재 ㈜우주공업은 부채를 사용하고 있지 않다. 그리고 이 회사의 자기자본가치는 10억원이며, 발행주식수는 50,000주이다. 영구사채를 발행하여 자사주를 매입함으로써 자본구조를 변경시킨 후, ㈜우주공업은 새로운 자본구조를 항상 유지해 나갈 예정이다. ㈜우주공업의 연간 기대영업이익은 1억 5천만원이며, 그 이익은 항상 일정하게 유지될 것으로 기대된다. 법인세가 존재하는 완전자본시장을 가정하며, 이 회사의 법인세율은 40%이다.

(1) ㈜우주공업에 대한 현재의 요구수익률은 얼마인가?

(2) 채권발행에 대한 공시 이전 ㈜우주공업의 시장가치로 된 재무상태표를 작성하라.

(3) 채권발행에 대한 공시 후 ㈜우주공업의 시장가치로 된 재무상태표는 어떻게 되겠는가?

(4) 채권발행에 의해서 ㈜우주공업이 매입할 수 있는 주식의 수는?

(5) 실제로 채권을 발행하여 자사주를 매입한 후 ㈜우주공업의 시장가치로 된 재무상태표는?

(6) 자본구조를 변경한 후 ㈜우주공업의 자기자본비용은?

15 자본구조와 투자안 평가

부채가 없는 기업 U와 목표부채비율(B/S_L)이 1인 기업 L이 있다. 두 기업은 모두 180만원의 영구적인 기대영업이익 $E(NOI)$를 얻을 수 있다. 법인세율은 50%이며, 두 기업에 관한 시장자료는 다음과 같다.

$E(r_M)=0.12,\ \sigma_M^2=0.0144,\ r_f=0.06,\ \beta_U=1,\ \beta_L=1.5$

(단, 부채의 위험은 없으며, MM의 가정이 성립한다고 가정한다.)

(1) 두 기업의 자본비용과 기업가치를 구하라.

(2) 두 기업에 다음과 같은 상호독립적인 4개의 투자안이 주어지는 경우, 이들 투자안을 각각 평가하라. ($r_j = NOI_j(1-T_C)$/투자비용$_j$)

투자안	투자비용	$E(NOI_j)(1-T_C)$	$\sigma(r_j)$	$Corr(r_j, r_M)$
1	100만원	9만원	0.10	0.6
2	120만원	11만원	0.11	0.7
3	80만원	9만원	0.12	0.8
4	150만원	18만원	0.20	0.9

단, $Corr(r_j, r_M)$: r_j와 r_M의 상관계수

16 재무레버리지와 베타

서울주식회사의 자기자본베타 β_S는 1.5이다. 그리고 이 회사의 현재 부채구성비율(B/V_L)은 50%이며, 이 부채구성비율은 목표자본구조로서 모든 투자안의 자금을 조달할 때 계속 유지될 것이다. 동사는 영업현금흐름에 대하여 25%의 수익률이 기대되는 새로운 투자안을 고려하고 있다. 무위험이자율 r_f는 6%이며, 시장포트폴리오의 기대수익률 $E(r_M)$은 18%이고, 모든 기업의 법인세율이 50%라고 할 때 다음의 물음에 답하라. (단, 법인세가 존재하는 완전자본시장이라고 가정한다.)

(1) 서울주식회사의 현재(새로운 투자안 고려 전) 자기자본비용 r_S와 가중평균자본비용 WACC는 각각 얼마인가?

(2) 위의 투자안과 동일한 경영위험을 갖는다고 추정되는 평양주식회사의 자기자본베타는 2.0이고, 부채구성비율은 10%이다. 이 경우 동사는 위의 투자안을 채택하여야 하는가?

(3) 위의 투자안의 β_U는 2.5라면, 서울주식회사는 이 투자안을 채택하여야 하는가?

17 MM의 수정이론과 CAPM (CPA 2차 2007)

자본구조를 제외하고 모든 점이 동일한 두 개의 기업 U와 L이 있다. 전액 자기자본만으로 조달된 기업 U의 자본비용은 20%이다. 기업 L의 자본구조는 총 액면가 2억원, 액면이자율 7%, 만기수익률 10%의 영구채와 총 10,000주의 주식으로 구성되어 있다. 매년말 2억원의 세전 영업이익(EBIT)이 영구적으로 발생할 것으로 기대된다. 무위험이자율은 10%, 시장포트폴리오의 기대수익률은 15%, 법인세율은 40%이다. MM자본구조이론과 CAPM환경하에서 다음에 답하라. (모든 수치는 소수점 다섯째 자리에서 반올림하라.)

(1) 기업 U의 총시장가치를 구하라.
(2) 기업 L의 부채의 시장가치를 구하라.
(3) 기업 L의 기업가치와 주당 시장가격을 각각 구하라.
(4) 기업 L의 자기자본비용 및 가중평균자본비용을 MM이론을 적용하여 각각 구하라.
(5) 기업 L은 현재의 시가기준 부채비율을 목표비율 50%로 조정하려고 한다. 이러한 자본구조조정에 따른 새로운 ① 자기자본비용, ② 가중평균자본비용 및 ③ 기업가치를 하마다(Hamada)모형을 이용하여 각각 산출하라.
(6) 물음 (3)~(5)의 결과에 근거하여 법인세를 고려한 MM(1963)이론이 시사하는 바를 언급하고, 지금까지 알려진 이론들에 근거하여 현실적용시 추가적으로 고려해야 할 요인 3개를 제시하라.

18 MM의 수정이론과 자본비용 (CPA 2차 2011)

다라㈜는 매년 기대영업이익이 3억원으로 영구적으로 일정할 것으로 예상된다. 이 회사는 40만주의 보통주로만 자본을 조달하고 있고 현재 주가는 3,000원이다. 다라㈜는 현재 이자율 10%로 회사채 10억원을 발행하여 주식의 일부를 재매입하려고 한다. 만기 후 부채는 동일한 조건으로 재조달할 수 있으며 법인세율은 40%이다. 그 외에 자본시장은 완전하다고 가정하고 다음에 답하라.

(1) 회사채 발행 후 다라㈜의 자기자본비용을 구하라. 계산결과는 % 단위로 표시하되 반올림하여 소수점 둘째 자리까지 표기하라.
(2) 회사채 발행 후 다라㈜의 가중평균자본비용을 구하라. 계산결과는 % 단위로 표시하되 반올림하여 소수점 둘째 자리까지 표기하라.
(3) 부채를 조달할 수 있는 조건이 회사채의 발행 금액에 관계없이 이자율 10%로 동일하다고 가정하자. 다라㈜의 목표부채비율, 즉 자기자본 대비 부채비율$\left(\frac{B}{S}\right)$을 100%로 유지하려고 한다면 지문에서 제시된 10억원 대신 얼마의 회사채를 발행하여 주식의 일부를 재매입해야 하는지 계산하라.

19 MM의 수정이론과 투자안 평가 (CPA 2차 2008)

현재 자기자본만으로 자금을 조달한 ㈜소라의 연말 영업이익(EBIT)은 8억원이고, 이 영업이익은 매년 말 영구적으로 발생할 것으로 기대된다. 현재 자기자본비용은 15%이고 법인세는 40%이다. MM이론을 가정하여 다음 물음에 답하라.

(1) 현재 ㈜소라의 시장가치를 구하라.

(2) ㈜소라는 자본구조를 변경하기 위해서 부채를 발행해 이 금액으로 자사주 일부를 매입할 계획이다. ㈜소라가 부채를 발행할 경우 10%의 이자율로 자금을 조달할 수 있다. 만약 ㈜소라가 자본구조를 50%의 부채와 50%의 자기자본으로 조정하려면 얼마의 부채를 발행해야 하는가?

(3) ㈜소라가 물음 (2)와 같이 자본구조를 변경하게 되면 새로운 ① 기업가치, ② 자기자본비용 그리고 ③ 가중평균자본비용(WACC)은 각각 얼마인가?

(4) ㈜소라는 20억원의 부채를 10%의 시장이자율에 추가로 발행해 기존의 사업과 영업위험이 동일한 프로젝트에 투자할 계획이다. 프로젝트로부터 6억원의 추가적인 영업이익(EBIT)이 영구적으로 기대된다면 이 프로젝트의 순현가(NPV)는 얼마인가?

(5) 물음 (4)에서 20억원의 부채로 자금을 조달해 프로젝트를 채택한 직후 ㈜소라의 부채비율(debt-to-equity ratio)은 얼마인가?

20 MM 수정이론과 CAPM

(CPA 2차 2012 수정)

전액 자기자본으로 조달된 ABC기업의 자본비용은 25%이다. 연간 5억원의 세전 영업이익(EBIT)이 영구히 발생할 것으로 기대된다. 자본구조를 변경하기 위하여 총액면가 4억원, 액면이자율 8%, 만기수익률 10%의 영구채로 부채를 조달하여 자사주를 매입할 계획이다. 무위험이자율은 10%, 시장포트폴리오의 기대수익률은 20%, 법인세율은 30%이다. MM 자본구조이론과 CAPM에 근거하여 다음에 답하라.

(1) 자본구조 변경 후 부채의 시장가치를 구하라. 계산결과는 억원 단위로 소수점 첫째 자리까지 표기하라.

(2) 자본구조 변경 전·후의 기업가치를 각각 구하라. 계산결과는 억원 단위로 소수점 둘째 자리까지 표기하라.

(3) 새로운 자본구조하에서 자기자본비용과 가중평균자본비용을 MM 자본구조이론을 적용하여 각각 구하라. 계산결과는 % 단위로 표시하되 반올림하여 소수점 둘째 자리까지 표기하라.

(4) 기업은 현재의 시가기준 부채비율(부채/자기자본)을 60%로 조정하려고 한다. 변화된 자본구조에 따라 다음을 계산과정과 함께 제시하라. 아래 질문 ①과 ②의 계산결과는 % 단위로 표시하되 반올림하여 소수점 둘째 자리까지 표기하고, ③의 계산결과는 억원 단위로 반올림하여 소수점 둘째 자리까지 표기하라.

① CAPM으로 계산한 자기자본비용

② 원천별 자본비용으로 계산한 가중평균자본비용

③ 기업가치

21 현금흐름과 이자비용의 세금절감효과 (CPA 2차 2003 수정)

신설법인인 ㈜대한은 전자제품사업에 투자할 예정이다. ㈜대한이 부채를 조달하지 않고 투자하면 자본비용은 20%가 된다. ㈜대한은 최대한 부채를 사용하려 하지만, 정부의 정책에 적극 부응하기 위해 시장가격으로 환산한 부채비율(부채/자기자본)을 100%로 맞출 예정이다. 이 경우 주주와 채권자에게 귀속되는 현금흐름은 이자비용으로 인한 법인세 절감효과를 포함하여 9억원씩 매년 무한히 발생할 것으로 기대된다. 부채에 대한 이자율이 10%이며, 법인세율은 40%이다. 또한 무위험수익률은 10%이다. MM의 명제가 성립한다고 가정하여 다음의 물음에 답하라.

(1) ㈜대한의 현금흐름 9억원에 대한 할인율은 얼마인가?

(2) ㈜대한의 주주가 이 투자를 통해 얻게 되는 가치의 증가분은 10억원이다. 이 기업의 장부가격기준 부채비율(장부상 부채/장부상 자기자본)은 얼마인가?

보론 MM의 수정이론과 차익거래과정

A.1 $V_U + T_C B > V_L$

만약 $V_U + T_C B > V_L$이라면, 투자자는 자금을 추가로 투자하지 않고 위험도 부담하지 않으면서 수익을 증가시킬 수 있는 새로운 포트폴리오를 구성할 수 있다. 먼저 다음과 같은 거래 I 과 거래 II 를 생각해 보자. 거래 I 은 기업 U의 주식 중 α에 해당하는 부분을 매입하는 거래로서 그 투자액은 $\alpha V_U(=\alpha S_U)$이며, 이 투자로부터 벌어들이는 연간 수익은 $\alpha(1-T_C)NOI$가 될 것이다. 그리고 거래 II 는 기업 L의 주식 중 α에 해당하는 부분을 매입하고 동시에 기업 L의 부채 중 $\alpha(1-T_C)$에 해당하는 부분을 매입(대출)하는 거래로서 그 투자액은 $\alpha(V_L - T_C B)$이며, 이와 같은 투자로부터 벌어들이는 연간 수익은 $\alpha(1-T_C)NOI$가 될 것이다. 이상의 두 거래를 요약하면 〈표 13A-1〉과 같다.

이상의 두 거래로부터 발생하는 투자액과 연간 수익을 각각 비교하면 다음과 같다.

- 거래 I 의 투자액[αV_U] > 거래 II 의 투자액[$\alpha(V_L - T_C B)$]
- 거래 I 의 연간 수익[$\alpha(1-T_C)NOI$] = 거래 II 의 연간 수익[$\alpha(1-T_C)NOI$]

이 경우 거래 I 의 투자액이 거래 II 의 투자액보다 크지만 각각의 거래로 인하여 얻을 수 있는 연간 수익은 동일하다. 그러므로 현재 기업 U의 주식 α를 가지고 있는 투자자가 있다면, 이 투자자는 가지고 있는 기업 U의 주식을 매도하여 그 자금으로써 기업 L의 주식 α를 매입하고 동시에 기업 L의 부채 $\alpha(1-T_C)$를 매입하는 차익거래를 할 것이다. 이 거래의 결과, 이 투자자는 연간 수익의 변동 없이(항상 동일한 연간 수익 $\alpha(1-T_C)NOI$를 얻으면서) 현재시점에서 $\alpha(V_U + T_C B - V_L)$의 차익거래이익을 얻을 수 있다. 이와 같은 차익거래과정을 요약하면 〈표 13A-2〉와 같다.

따라서 $V_U + T_C B > V_L$이면, 기업 U의 주식을 가지고 있는 모든 투자자가 이와 같

표 13A-1 거래 I , II 의 투자액과 연간 수익

거래		투자액	연간 수익
I	기업 U의 주식 α 매입	$\alpha S_U = \alpha V_U$	$\alpha(1-T_C)NOI$
II	ⓐ 기업 L의 주식 α 매입	$\alpha S_L = \alpha(V_L - B)$	$\alpha(1-T_C)(NOI - r_B B)$
	ⓑ 기업 L의 부채 $\alpha(1-T_C)$ 매입	$\alpha(1-T_C)B$	$\alpha(1-T_C)r_B B$
	ⓐ+ⓑ	$\alpha(V_L - T_C B)$	$\alpha(1-T_C)NOI$

표 13A-2 $V_U+T_CB>V_L$인 경우의 차익거래과정

차익거래	현재 현금흐름	연간 수익
기업 U 주식 α 매도 기업 L 주식 α 매입 기업 L 부채 $\alpha(1-T_C)$ 매입	$\alpha S_U=\alpha V_U$ $-\alpha S_L=-\alpha(V_L-B)$ $-\alpha(1-T_C)B$	$-\alpha(1-T_C)NOI$ $\alpha(1-T_C)(NOI-r_BB)$ $\alpha(1-T_C)r_BB$
차익거래이익	$\alpha(V_U+T_CB-V_L)$	0

은 차익거래에 참여할 것이기 때문에 결국 기업 U의 주식은 매도의 증가로 인하여 가격이 하락하고, 기업 L의 주식은 매입의 증가로 인하여 가격이 상승하게 된다. 이와 같은 차익거래는 $V_U+T_CB=V_L$인 상태에 도달할 때까지 계속될 것이다. 그러므로 일련의 차익거래과정을 통하여 $V_U+T_CB=V_L$이 성립하게 됨을 알 수 있다.

A.2 $V_L>V_U+T_CB$

만약 $V_L>V_U+T_CB$ 이라면, 투자자는 자금을 추가로 투자하지 않고 위험도 부담하지 않으면서 수익을 증가시킬 수 있는 새로운 포트폴리오를 구성할 수 있다. 먼저 다음과 같은 거래 Ⅲ과 거래 Ⅳ를 생각해 보자. 거래 Ⅲ은 기업 L의 주식 중 α에 해당하는 부분을 매입하는 거래로서 그 투자액은 αS_L이며, 이 투자로부터 벌어들이는 연간 수익은 $\alpha(1-T_C)(NOI-r_BB)$가 될 것이다. 그리고 거래 Ⅳ는 기업 U의 주식 중 α에 해당하는 부분을 매입하고 동시에 기업 L의 부채 중 $\alpha(1-T_C)$에 해당하는 부분을 개인계좌로 차입하는 거래로서 그 투자액은 $\alpha(V_U-B+T_CB)$이며, 이 투자로부터 벌어들이는 연간 수익은 $\alpha(1-T_C)(NOI-r_BB)$가 될 것이다. 이러한 두 거래를 요약하면 〈표 13A-3〉과 같다.

이상의 두 거래로부터 발생하는 투자액과 연간 수익을 각각 비교하면 다음과 같다.

표 13A-3 거래 Ⅲ, Ⅳ의 투자액과 연간 수익

거 래		투 자 액	연간 수익
Ⅲ	기업 L의 주식 α 매입	$\alpha S_L=\alpha(V_L-B)$	$\alpha(1-T_C)(NOI-r_BB)$
Ⅳ	ⓐ 기업 U의 주식 α 매입 ⓑ 기업 L의 부채 $\alpha(1-T_C)$를 개인계좌로 차입	$\alpha S_U=\alpha V_U$ $-\alpha(1-T_C)B$	$\alpha(1-T_C)NOI$ $-\alpha(1-T_C)r_BB$
	ⓐ+ⓑ	$\alpha(V_U-B+T_CB)$	$\alpha(1-T_C)(NOI-r_BB)$

표 13A-4 $V_L > V_U + T_C B$인 경우의 차익거래과정

차익거래	현재 현금흐름	연간 수익
기업 L 주식 α 매도	$\alpha S_L = \alpha(V_L - B)$	$-\alpha(1-T_C)(NOI - r_B B)$
기업 U 주식 α 매입	$-\alpha S_U = -\alpha V_U$	$\alpha(1-T_C)NOI$
기업 L 부채 $\alpha(1-T_C)$ 차입	$\alpha(1-T_C)B$	$-\alpha(1-T_C)r_B B$
차익거래이익	$\alpha(V_L - V_U - T_C B)$	0

- 거래 Ⅲ의 투자액$[\alpha(V_L - B)]$ > 거래 Ⅳ의 투자액$[\alpha(V_U - B + T_C B)]$
- 거래 Ⅲ의 연간 수익$[\alpha(1-T_C)(NOI - r_B B)]$ = 거래 Ⅳ의 연간 수익$[\alpha(1-T_C)(NOI - r_B B)]$

이 경우 거래 Ⅲ의 투자액이 거래 Ⅳ의 투자액보다 크지만 각각의 거래로 인하여 얻을 수 있는 연간 수익은 동일하다. 그러므로 현재 기업 L의 주식 α를 가지고 있는 투자자가 있다면, 그 투자자는 가지고 있는 기업 L의 주식을 매도하고 동시에 기업 L의 부채 $\alpha(1-T_C)$에 해당하는 금액을 개인계좌로 차입하여 조성한 총자금 $\alpha(S_L + B - T_C B)$로써 기업 U의 주식 α를 매입하는 차익거래를 할 것이다. 이 거래의 결과, 이 투자자는 연간 수익의 변동 없이(항상 동일한 연간 수익 $\alpha(1-T_C)(NOI - r_B B)$를 얻으면서) 현재시점에서 $\alpha(V_L - V_U - T_C B)$의 차익거래이익을 얻을 수 있다. 이와 같은 차익거래과정을 요약하면 〈표 13A-4〉와 같다.

따라서 $V_L > V_U + T_C B$이면, 기업 L의 주식을 가지고 있는 모든 투자자가 이와 같은 차익거래에 참여할 것이기 때문에 결국 기업 L의 주식은 매도의 증가로 인하여 가격이 하락하고, 기업 U의 주식은 매입의 증가로 인하여 가격이 상승하게 된다. 이와 같은 차익거래는 $V_L = V_U + T_C B$인 상태에 도달할 때까지 계속될 것이다. 그러므로 일련의 차익거래과정을 통하여 $V_L = V_U + T_C B$가 성립하게 됨을 알 수 있다.

예제 13A-1 MM 명제 I (1963)과 차익거래

영업이익은 동일하나 자본구조가 서로 상이한 U, L 두 기업의 현재 상황은 다음과 같다.

(단위: 억원)

구성항목	U기업	L기업
기업가치	300	400
부　채	0	200
자기자본	300	200

법인세가 존재하는 완전자본시장을 가정하여 다음의 물음에 답하라. (단, 법인세율은 40%이다.)

(1) 만약 당신이 기업 L 주식 10%를 보유하고 있다면 어떻게 하겠는가? (당신이 취할 수 있는 행동을 구체적으로 설명할 것)

(2) 물음 **(1)**의 결과에 의해서 MM 명제 I 을 설명하라.

❙ 해설 ❙

(1) 400억원(V_L) > 300억원(V_U) + 80억원(T_CB)이므로 다음과 같은 차익거래에 의해서 차익거래이익을 얻을 수 있다. 먼저 현재 상태(거래 Ⅲ)와 동일한 연간 수익을 얻을 수 있는 거래(거래 Ⅳ)의 투자액과 연간 수익은 각각 다음과 같다.

	거 래	투 자 액	연간 수익
Ⅲ	기업 L의 주식 10% 매입	20억원	$0.06(NOI - r_BB)$
Ⅳ	ⓐ 기업 U의 주식 10% 매입	30억원	$0.06NOI$
	ⓑ 기업 L의 부채 6%를 개인계좌로 차입	−12억원	$-0.06r_BB$
	ⓐ + ⓑ	18억원	$0.06(NOI - r_BB)$

이 경우 거래 Ⅲ의 투자액이 거래 Ⅳ의 투자액보다 크지만, 각각의 거래로부터 얻을 수 있는 연간 수익 및 위험은 동일하다. 그러므로 현재 보유하고 있는 기업 L의 주식 10%를 20억원에 매도하고 동시에 기업 L의 부채 6%에 해당하는 12억원을 차입하여 조성한 총자금 32억원을 가지고 기업 U의 주식 10%를 30억원에 매입하는 차익거래를 할 것이다. 이 거래의 결과, 이 투자자는 연간 수익의 변동 없이(항상 동일한 연간 수익 $0.06(NOI - r_BB)$를 얻으면서) 현재시점에서 2억원의 차익거래이익을 얻을 수 있다. 이와 같은 차익거래과정을 요약하면 다음과 같다.[27]

차익거래	현재 현금흐름	연간 수익
기업 L 주식 10% 매도	20억원	$-0.06(NOI - r_BB)$
기업 U 주식 10% 매입	−30억원	$0.06NOI$
기업 L 부채 6% 차입	12억원	$-0.06r_BB$
차익거래이익	2억원	0

---

27) 현재 현금흐름을 0으로 만드는 차익거래를 구성할 수도 있다.

차익거래	현재 현금흐름	연간 수익**
기업 L 주식 10% 매도	20억원	$-0.06(NOI - r_BB)$
기업 U 주식 10% 매입	−30억원	$0.06NOI$
기업 L 부채 10억 차입*	10억원	$-0.05r_BB$
차익거래이익	0	$0.01r_BB$

* $\frac{10억원}{200억원} = 0.05$, ** 연간 수익의 총현재가치 $= \frac{0.01r_BB}{r_B} = 0.01 \times 200 = 2$억원

(2) $V_L > V_U + T_C B$이면 기업 L의 주식을 가지고 있는 모든 투자자는 물음 **(1)**과 같은 행동을 취할 것이며, 그 결과 기업 L의 주식은 매도의 증가로 인하여 가격이 하락하고 기업 U의 주식은 매입의 증대로 인하여 가격이 상승하게 된다. 이와 같은 차익거래과정을 거쳐 $V_L = V_U + T_C B$인 점에서 균형을 이룰 것이다. 그러므로 균형상태에서는 MM의 명제 Ⅰ, 즉 $V_L = V_U + T_C B$가 성립하게 된다.

제 14 장

자본구조 Ⅱ : 현실적 문제

1. 개인소득세와 밀러모형
2. 파산비용
3. 대리인비용
4. 정보의 비대칭과 자본구조
5. 부채사용기업의 투자안 평가

법인세가 존재하는 경우 MM은 부채를 많이 사용할수록 이자비용의 세금절감효과에 의해서 기업의 가치는 증가할 수 있다고 주장한다. 이와 같은 MM의 주장에 의하면 모든 기업은 부채의 사용을 최대화시키기 위하여 노력하여야 할 것이다. 그러나 MM의 주장과는 달리 대부분의 기업은 적절한 수준의 부채를 사용하고 있다. MM이론이 현실과 다른 이유는 MM이론이 내세우고 있는 완전자본시장의 가정이 현실과 맞지 않기 때문이다.

MM이론은 자본구조의 결정요인이 무엇인지를 찾을 수 있는 실마리를 제공한다. MM이 내세운 기본적인 가정을 완화시킴으로써 현실적으로 존재하는 여러 가지 기업의 자본구조를 설명할 수 있을 것이다. 현실적인 기업의 자본구조를 설명하기 위해서는 반드시 시장에서 존재하는 여러 가지 불완전요인들을 살펴보아야 한다. 그러므로 본장에서는 대표적인 시장의 불완전요인들(개인소득세, 파산비용, 대리인비용, 투자자의 비합리성 등)이 기업의 자본구조결정에 어떠한 영향을 미치는지를 차례로 살펴보고자 한다.

1 개인소득세와 밀러모형

밀러(M. H. Miller)는 MM의 수정이론에서의 가정에 개인소득세(personal income taxes)가 존재한다는 추가적인 가정을 포함시켜 기업의 자본구조가 기업의 가치에 어떻게 영향을 미치는지를 분석하였다.[1)]

1.1 밀러모형: 개인소득세와 기업의 가치

밀러모형을 설명하기 위하여 주식투자소득(배당과 자본이득)에 대한 개인소득세율은 T_{pS}, 사채투자소득(사채이자와 자본이득)에 대한 개인소득세율은 T_{pB}라고 정의하자. 전장에서 설명한 MM의 수정이론의 가정에 개인소득세를 포함시키는 경우, 부채를 사용하지 않는 기업 U의 가치는 법인세와 개인소득세를 모두 차감한 후의 기대영업이익 $E(NOI)(1-T_C)(1-T_{pS})$를 무부채기업의 자본비용(법인세 및 개인소득세 후 할인율) r_U로 할인하여 다음과 같이 구할 수 있다.[2)]

$$V_U = \frac{E(NOI)(1-T_C)(1-T_{pS})}{r_U} \qquad (14-1)$$

한편 부채를 사용하는 기업 L의 기대현금흐름 CF_L은 다음과 같은 두 부분으로 구성되어 있다.

$$\begin{aligned} CF_L &= \text{주주 현금흐름} + \text{채권자 현금흐름} \\ &= [E(NOI) - r_B B](1-T_C)(1-T_{pS}) + r_B B(1-T_{pB}) \\ &= E(NOI)(1-T_C)(1-T_{pS}) + r_B B[(1-T_{pB}) - (1-T_C)(1-T_{pS})] \end{aligned}$$

연간 현금흐름을 각각 적절한 할인율로 할인하여 기업의 가치 V_L을 구하면 다음과 같다.

---

1) M. H. Miller, "Debt and Taxes," *Journal of Finance*, Vol. 32(May 1977), pp. 261~275.

2) MM의 무관련이론, MM의 수정이론, 밀러모형에서 사용하는 무부채기업의 자본비용 r_U가 서로 다름을 유의하여야 한다. 각 모형에서의 r_U에 대한 정의는 각각 다음과 같다.

- MM의 무관련이론(1958년): $r_U = \dfrac{E(NOI)}{V_U}$
- MM의 수정이론(1963년): $r_U = \dfrac{E(NOI)(1-T_C)}{V_U}$
- 밀러모형(1977년): $r_U = \dfrac{E(NOI)(1-T_C)(1-T_{pS})}{V_U}$

$$V_L = \frac{E(NOI)(1-T_C)(1-T_{pS})}{r_U} + \frac{r_B B[(1-T_{pB})-(1-T_C)(1-T_{pS})]}{r_B(1-T_{pB})}$$

$$= V_U + \left[1 - \frac{(1-T_C)(1-T_{pS})}{1-T_{pB}}\right]B \qquad (14-2)$$

식 (14−2)에서 이자항목에 대한 할인율로 개인소득세 후 이자율 $r_B(1-T_{pB})$를 사용하여야 한다. 식 (14−2)는 법인세와 개인소득세가 존재할 경우 부채를 사용하는 기업의 가치 V_L을 나타내는 밀러모형이다.

만약 $T_{pS}=T_{pB}$이면, 식 (14−2)를 다음과 같이 나타낼 수 있다.

$$V_L = V_U + T_C B \qquad (14-3)$$

식 (14−3)은 법인세만 존재하는 경우의 기업 L의 가치와 동일하다.

그러나 $T_{pS}<T_{pB}$일 때는 레버리지로 인한 이득은 $T_C B$보다 작아진다. 왜냐하면 개인투자자의 입장에서 부채를 사용하지 않는 기업보다 부채를 사용하는 기업에 투자하는 경우 훨씬 많은 개인소득세를 납부하여야 하기 때문이다. 그리고 $(1-T_C)(1-T_{pS})=(1-T_{pB})$인 경우에는 식 (14−2)에서 볼 수 있는 바와 같이 레버리지로 인한 이득은 완전히 사라지게 된다. 다시 말하면 부채를 사용하는 기업의 가치는 부채를 사용하지 않는 기업의 가치와 같아지게 된다. 여기서 레버리지로 인한 이득이 사라지게 되는 이유는 부채를 사용하는 기업에서의 법인세 절감액이 보다 높은 개인소득세에 의해서 정확히 상쇄되기 때문이다. 이상의 관계를 나타내면 [그림 14−1]과 같다.

그림 14−1 개인소득세와 기업의 가치

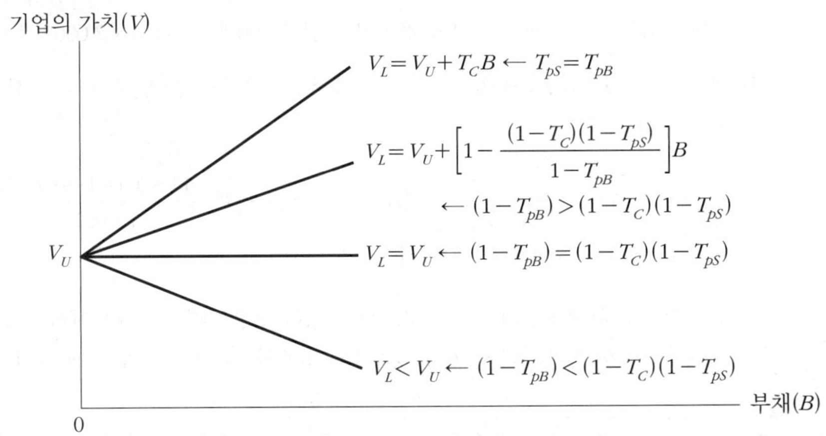

예제 14-1 개인소득세와 기업가치

부산공업사는 자사의 영업이익이 영구적으로 매년 1,000만원씩 발생하리라 예상한다. 부산공업사의 법인세율은 40%이며, 투자자들은 이 회사의 법인세 후 현금흐름에 대해서 15%로 할인한다. 현재 부채를 사용하고 있지 않은 부산공업사는 10%의 이자율로 2,000만원을 차입하여 자사의 주식을 매입함으로써 자본구조를 변경하려고 한다.

주식 및 사채의 소득에 대한 개인소득세율이 각각 다음과 같이 주어질 때, 부산공업사는 자본구조를 변경하여야 하는가?

(1) $T_{pS}=T_{pB}=10\%$

(2) $T_{pS}=10\%,\ T_{pB}=20\%$

(3) $T_{pS}=10\%,\ T_{pB}=46\%$

(4) $T_{pS}=10\%,\ T_{pB}=50\%$

| 해설 |

먼저 부채를 발행하여 자본구조를 변경하기 전 부산공업사의 가치 V_U는 다음과 같다.[3]

$$V_U=\frac{E(NOI)(1-T_C)(1-T_{pS})}{r_U}=\frac{1{,}000\text{만원}\times(1-0.4)\times(1-T_{pS})}{0.15\times(1-T_{pS})}$$
$$=\frac{1{,}000\text{만원}\times(1-0.4)}{0.15}=4{,}000\text{만원}$$

부채를 발행하기 전 부산공업사의 가치 V_U는 주식투자소득에 대한 개인소득세율에 관계없이 항상 4,000만원임을 알 수 있다.

(1) $T_{pS}=T_{pB}=10\%$일 때, 부채를 발행하여 자본구조를 변경한 후 부산공업사의 가치 V_L은 다음과 같다.

$$V_L=V_U+\left[1-\frac{(1-T_C)(1-T_{pS})}{1-T_{pB}}\right]B=V_U+T_CB=4{,}000\text{만원}+0.4\times2{,}000\text{만원}=4{,}800\text{만원}$$

$V_L>V_U$이므로 부산공업사는 자본구조를 변경하여야 한다. 그리고 여기서의 레버리지로 인한 이득은 개인소득세가 존재하지 않을 경우와 동일한 800만원(=0.4×2,000만원)이다.

(2) $T_{pS}=10\%,\ T_{pB}=20\%$일 때, 부채를 발행하여 자본구조를 변경한 후 부산공업사의 가치 V_L은 다음과 같다.

$$V_L=V_U+\left[1-\frac{(1-T_C)(1-T_{pS})}{1-T_{pB}}\right]B=4{,}000\text{만원}+\left[1-\frac{(1-0.4)(1-0.1)}{1-0.2}\right]\times2{,}000\text{만원}$$
$$=4{,}000\text{만원}+0.325\times2{,}000\text{만원}=4{,}650\text{만원}$$

$V_L>V_U$이므로 부산공업사는 자본구조를 변경하여야 한다. 그러나 여기서의 레버리지로 인한 이득은 개인소득세가 존재하지 않을 경우의 800만원보다 약간 작은 650만원(=0.325×2,000만

3) 문제에서 주어진 부채를 발행하기 전의 할인율 15%는 법인세 후 할인율임을 유의하여야 한다. 그러므로 개인소득세까지 고려한 세후 할인율 $r_U=0.15\times(1-T_{pS})$가 된다.

원)이 된다. 즉 상대적으로 높은 사채투자소득에 대한 개인소득세율에 의해서 레버리지로 인한 이득이 150만원만큼 감소됨을 의미한다.

(3) $T_{pS}=10\%$, $T_{pB}=46\%$일 때, 부채를 발행하여 자본구조를 변경한 후 부산공업사의 가치 V_L은 다음과 같다.

$$V_L = V_U + \left[1 - \frac{(1-T_C)(1-T_{pS})}{1-T_{pB}}\right]B = 4{,}000\text{만원} + \left[1 - \frac{(1-0.4)(1-0.1)}{1-0.46}\right] \times 2{,}000\text{만원}$$
$$= 4{,}000\text{만원} + 0 \times 2{,}000\text{만원} = 4{,}000\text{만원}$$

$V_L = V_U$이므로 부산공업사는 자본구조의 변경에 대해서 무차별하다. 이와 같이 레버리지로 인한 이득이 사라지는 것은 부채를 사용하는 경우에 얻을 수 있는 기업에서의 법인세 절감액은 보다 높은 사채투자소득에 대한 개인소득세에 의해서 정확히 상쇄되기 때문이다.

(4) $T_{pS}=10\%$, $T_{pB}=50\%$일 때, 부채를 발행하여 자본구조를 변경한 후 부산공업사의 가치 V_L은 다음과 같다.

$$V_L = V_U + \left[1 - \frac{(1-T_C)(1-T_{pS})}{1-T_{pB}}\right]B = 4{,}000\text{만원} + \left[1 - \frac{(1-0.4)(1-0.1)}{1-0.5}\right] \times 2{,}000\text{만원}$$
$$= 4{,}000\text{만원} + (-0.08) \times 2{,}000\text{만원} = 3{,}840\text{만원}$$

$V_L < V_U$이므로 부산공업사는 자본구조를 변경하지 않아야 한다. 이와 같이 레버리지로 인한 이득이 음(−)의 값을 가지는 이유는 사채투자소득에 대한 개인소득세율이 주식투자소득에 대한 개인소득세율에 비해 아주 높기 때문이다. 다시 말하면 이 경우 레버리지에 의한 개인소득세의 증가액이 기업에서의 법인세 절감액보다 더 많아진다.

1.2 사채시장의 균형과 최적자본구조

일반적으로 볼 때 주식에 대한 개인소득세율 T_{pS}는 사채에 대한 개인소득세율 T_{pB}보다 상당히 낮다.[4] 그러므로 밀러는 $T_{pS}=0$이라고 가정하여 사채시장의 균형(bond market equilibrium)하에서 자본구조와 기업의 가치는 무관련하다고 주장하였다.

투자자들은 자신의 소득수준에 따라 서로 다른 개인소득세율을 가지며, 일반적으로 개인소득세율은 소득에 따라 누진적으로 증가한다. 그러므로 투자자들이 사채를 매입할 때 관심을 가지는 것은 세후 이자율이다. 사채에 대한 개인소득세율이 T^i_{pB}인 임의의 투자자 i가 사채투자에 대해서 요구하는 세후 이자율 $r_B(1-T^i_{pB})$는 면세채권(tax-exempt bonds)의 이자율 r_e와 동일하여야 한다. 만약 기업이 발행하는 사채의 세후 이

4) 주식보유로 인한 소득은 배당과 자본이득이 있다. 자본이득에 대한 세금은 주식이 매각되어 그 소득이 실현될 때까지 납세가 연기된다. 기업이 이익을 배당하지 않고, 투자자 또한 주식을 매각하지 않는다면 주식보유로 인하여 나타나는 소득에 대한 유효세율은 0에 가까울 것이다.

자율이 면세채권의 이자율보다 작다면, 투자자들은 기업이 발행하는 채권을 매입하지 않을 것이다. 그러므로 투자자가 요구하는 세전 이자율 r_B는 다음과 같다.

$$r_B = \frac{r_e}{1 - T_{pB}} \tag{14-4}$$

이와 같은 투자자들의 사채에 대한 수요곡선 $D(r_B)$는 [그림 14-2]에 나타나 있다. [그림 14-2]에서 사채에 대한 수요곡선은 처음에 일정하다가 그 후 계속 증가하는 양상을 보인다. 그 이유는 투자자들의 개인소득세율 체계가 서로 상이하기 때문이다. 이를 자세히 설명하면 다음과 같다. 먼저 투자자들의 사채에 대한 수요를 충족시키기 위해 기업은 사채를 r_e의 이자율로 발행한다고 하자. 이렇게 기업이 r_e의 이자율로 발행한 사채에 대해서는 일차적으로 세금을 전혀 내지 않는 면세투자자 또는 면세기관들이 매입할 것이다. 왜냐하면 이들이 사채에 대해서 요구하는 세전 이자율이 기업이 지급하는 이자율 r_e와 같기 때문이다.[5] 이와 같은 면세투자자들의 수요가 충족된 후 남는 나머지 사채에 대해서는 세금을 내는 일반투자자들에 의해서 매입되는데, 이러한 투자자들의 개인소득세율 체계는 서로 다르므로 각 투자자들이 요구하는 세전 이자율도 달라진다. 즉 높은 개인소득세율을 가진 투자자가 사채를 매입하기 위해서는 높은 세전 이자율을 요구할 것이다. 그러므로 사채에 대한 수요곡선 $D(r_B)$는 처음에 일정하다가 증가하는 형태를 가지게 된다.

그림 14-2 사채시장의 균형

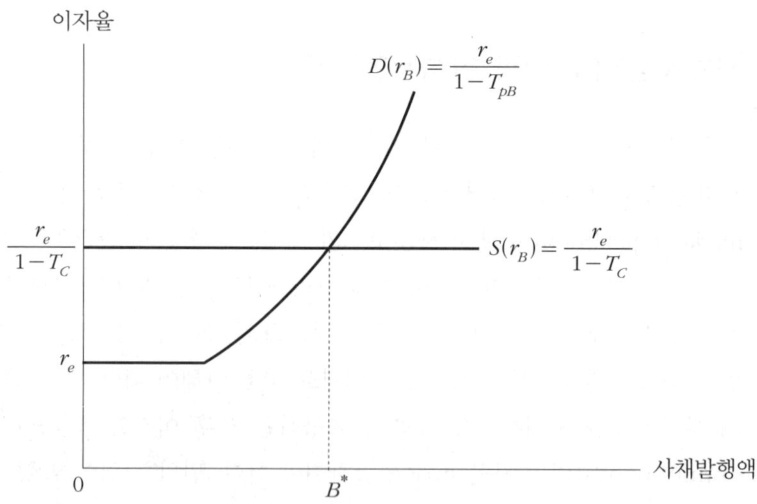

5) 면세투자자의 경우 개인소득세를 납부하지 않으므로 세전 이자율은 세후 이자율과 같다.

법인세를 지급하는 기업의 입장에서는 기업이 지급할 수 있는 사채에 대한 이자율은 r_e가 아니라 법인세 절감효과를 고려한 이자율이 되어야 한다. 그러므로 균형상태하에서 기업이 사채에 대해서 지급할 수 있는 이자율은 다음과 같다.

$$r_B = \frac{r_e}{1 - T_C} \tag{14-5}$$

기업의 법인세율은 일정한 것으로 가정할 수 있으므로 [그림 14-2]에서 볼 수 있는 바와 같이 사채에 대한 공급곡선 $S(r_B)$는 기울기가 0인 직선, 즉 수평선이 된다.

결국 **사채시장의 균형**은 사채에 대한 수요곡선과 공급곡선이 일치하는 점에서 이루어진다.

$$\frac{r_e}{1 - T_{pB}} = \frac{r_e}{1 - T_C} \tag{14-6}$$

따라서

$$T_{pB} = T_C \tag{14-7}$$

밀러의 가정 $T_{pS}=0$과 사채시장의 균형조건인 식 (14-7)을 앞의 식 (14-2)에 대입하여 정리하면 $V_L = V_U$가 되어 기업의 자본구조와 기업의 가치는 무관함을 알 수 있다. 그러나 시장전체로 볼 때, 균형부채량은 존재하며, 그것은 사채에 대한 수요곡선과 공급곡선이 만나는 점에서의 사채발행량 B^*이다. 결론적으로 시장전체의 최적자본구조(B^*)는 존재하나, 균형상태하에서 개인기업의 최적자본구조는 존재하지 않는다. 이와 같이 자본구조와 기업가치가 무관련한 근거로서 밀러는 **레버리지의 고객효과**(leverage clientele effect)를 들고 있다. 서로 다른 세율구조를 가진 투자자는 그들의 선호와 일치하는 부채수준을 가진 기업을 선택한다는 것이다. 예를 들어 낮은 부채비율을 가진 기업들은 높은 세율구조를 가진 투자자들에 의해서 선호되고, 높은 부채비율을 가진 기업은 낮은 세율구조를 가진 투자자들에 의해서 선호되기 때문에 기업의 가치는 기업의 자본구조와 무관하다는 것이다. 이는 소득세율이 높은 계층일수록 기업 레버리지에 의한 세금절감효과보다는 자신이 직접 차입하여 세금절감효과를 얻는 개인 레버리지효과가 더 크기 때문이다. 한편 소득세율이 낮은 계층은 개인 레버리지효과보다는 기업 레버리지에 의해 세금절감효과를 얻는 것이 더 크다고 할 수 있다.

그러나 이와 같은 밀러의 주장에 대해서 디안젤로-마슬리스(H. DeAngelo and R. W. Masulis)는 기업의 감가상각비와 유형자산의 취득에 따른 투자세액공제 등에 의한 **비부채성 세금절감효과**(non-debt tax shield)를 고려하여 최적자본구조가 존재함을 주장하였다.[6] 기업이 부채에 대한 세금절감효과를 얻기 위해서는 이자비용을 상쇄할 수 있을 정도의 충분한 이익이 있어야 한다. 그러나 기업의 감가상각비와 유형자산의 취득에 따른 투자세액공제 등에 의해 기업의 과세대상이익(taxable income)이 감소하여 부채의 사용에 따른 세금절감효과를 얻지 못할 경우가 생길 수도 있다. 그러므로 이러한 비부채성 세금절감효과를 가진 기업은 이를 고려하여 부채를 조달하여야 하기 때문에 경우에 따라서는 부채를 많이 사용하지 않을 수 있다. 다시 말하면 기업은 자사의 비부채성 세금절감효과를 고려하여 적정한 부채를 사용하게 된다는 것이다.

예제 14-2 사채시장의 균형과 최적자본구조

광주전자는 500억원의 부채를 사용하고 있다. 이 기업의 현재 세율에 관한 자료는 다음과 같다.

$$T_C = 40\%, \quad T_{pB} = 25\%, \quad T_{pS} = 0\%$$

(1) 이 기업의 부채사용에 따른 법인세 절감액의 현가를 구하라.

(2) 사채시장이 균형상태에 도달한 후, 이 기업은 새로운 사채를 발행하여 자본을 조달하려고 한다. 이 경우 광주전자는 새로운 부채사용에 따른 세금절감효과를 얻을 수 있는가?

| 해설 |

(1) 법인세 절감액의 현가 $= \left[1 - \dfrac{(1-T_C)(1-T_{pS})}{1-T_{pB}}\right] B$

$$= \left[1 - \frac{(1-0.4)(1-0)}{1-0.25}\right] \times 500\text{억원} = 100\text{억원}$$

(2) 사채시장이 균형상태에 도달한 후에는 새로운 부채사용에 따른 세금절감효과를 얻을 수 없다.

2 파산비용

2.1 파산비용의 의의

부채가 증가함에 따라 기업이 재무적 의무(financial obligation)를 다하지 못할 가능성은 커지게 된다. 만약 이와 같은 상황이 악화되면, 기업은 **재무적 곤경**(financial

6) H. DeAngelo and R. W. Masulis, "Optimal Capital Structure under Corporate and Personal Taxation," *Journal of Financial Economics*, Vol. 8(March 1980), pp. 3~30.

distress)에 처하게 될 것이다. 예를 들어 기업은 우선주에 대한 배당을 하지 못하며, 공급자 또는 은행 등은 기업에 대한 신용(credit)을 확대시키지 않을 것이다. 이와 같은 제약은 궁극적으로 기업에 영향을 미칠 수 있다. 만약 이러한 상황이 일정기간 동안 지속되면, 기업은 매력적인 투자기회도 어쩔 수 없이 포기하여야 하는 경우가 발생할 수 있기 때문에 기업의 수익성이 나빠질 수 있다. 극단적인 경우 재무적 곤경에 의해서 기업이 파산(bankruptcy)할 수도 있다.

파산할 경우 주주들은 기업의 자산을 채권자들에게 넘겨주게 된다. 주주들은 채권자들끼리 남아 있는 자산을 가지고 서로 다투도록 하면서 빠져 나오면 된다. 주주들은 기업자산의 가치가 채권자들의 청구권의 가치보다 작을 경우에만 이와 같은 행동을 할 것이다. 그래서 파산가능성에 의해서 채권자들은 항상 그들의 청구권 가치보다 작은 것을 얻게 될 위험에 직면하게 된다. 더구나 파산시 발생하게 되는 파산비용(bankruptcy costs)에 의해서 채권자들의 몫은 더 작아지게 된다. 그러므로 채권자들은 파산가능성이 클수록 파산시 그들이 입게 되는 손실을 보전하기 위하여 더 높은 수익률을 요구하게 된다. 결국 파산비용은 주주들이 부담하게 되는 비용으로서 기업의 가치를 감소시킨다. 여기서 파산으로 인하여 기업의 가치가 감소하는 것은 파산 그 자체의 위험에 의해서가 아니라 파산과 관련된 비용, 즉 파산비용 때문이라는 사실을 유의하여야 한다. 즉 파산가능성이 존재하더라도 파산비용이 발생하지 않는 경우에는 완전자본시장의 가정을 벗어난 것이 아니다.[7)]

파산비용은 부채를 과다하게 사용하는 기업이 부채의 원리금을 갚지 못해 파산하는 경우 발생하는 제반비용으로서 직접파산비용과 간접파산비용으로 구분될 수 있다.[8)] 직접파산비용은 파산이 선고된 기업의 청산과 재조직에 소요되는 법률비용과 관리비용을 의미한다. 즉 직접파산비용은 기업의 파산과정에서 기업이 제3자에게 지급하는 보수로서 변호사수수료, 회계사수수료, 소송비용 등을 말한다. 그리고 간접파산비용은 주요 직원의 기업이탈, 정상가격 이하로 기업자산 매각, 매출액 감소 등에 의해서 간접적으로 기업이 입게 되는 기회비용을 의미한다.[9)]

2.2 파산비용과 최적자본구조

부채로 인하여 파산비용이 나타나게 되며, 이와 같은 파산비용은 부채를 사용하는

---

7) 이와 같은 경우 MM(1958년, 1963년)의 명제가 성립될 수 있다.

8) 재무적 곤경으로 인한 비용(financial distress costs)은 파산비용보다 포괄적인 의미를 가지는 일반적인 용어라 할 수 있지만 본서에서는 두 용어를 구분 없이 사용할 것이다.

9) 간접파산비용에 주주와 채권자의 이해상충으로 인하여 발생하게 되는 부채의 대리인비용도 포함시킬 수 있다. 이에 대해서는 다음 절에서 자세히 설명할 것이다.

그림 14-3 재무의사결정과 기업가치의 관계

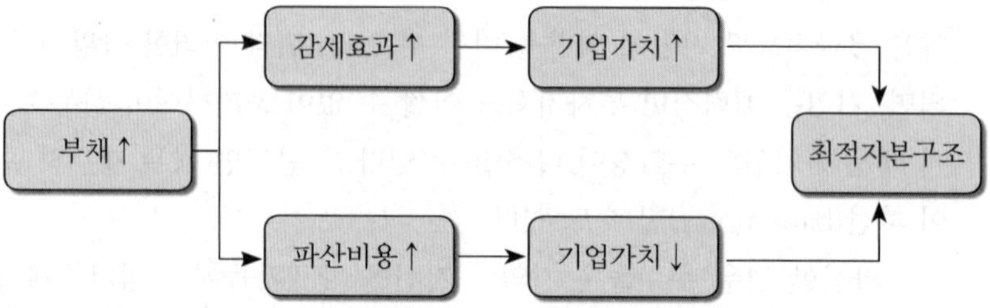

기업의 가치를 감소시킨다. 부채가 증가할수록 실제로 파산한다는 것이 아니라 파산가능성이 커지는 것이므로 엄밀하게 말하면 파산비용은 기대파산비용을 의미하는 것이다. 대개의 경우 파산은 부채사용 후 수년 뒤에 나타날 것이기 때문에 이 파산비용의 현가만큼 기업의 가치가 감소할 것이다. 따라서 법인세와 파산비용을 동시에 고려할 경우 부채를 사용하고 있는 기업의 가치는 다음과 같이 나타낼 수 있다.

$$V_L = V_U + T_C B - PV(BC) \tag{14-8}$$

여기서 $PV(BC)$: 파산비용의 현가

식 (14-8)에서 볼 수 있는 바와 같이 부채의 사용을 증가시킴에 따라 부채의 세금절감효과에 의해 기업의 가치가 증가하는 반면, 파산비용의 증가로 인하여 기업의 가치가 감소하게 된다. 이와 같이 부채의 사용은 기업의 가치에 상반된 영향을 미칠 수 있다. 이와 같은 관계는 [그림 14-3]에 나타나 있다.

[그림 14-3]에서 볼 수 있는 바와 같이 부채의 사용에 의해서 나타나는 상충관계(trade-off relationship)에 의해서 최적자본구조가 존재할 수 있음을 알 수 있다. 이론적으로 최적자본구조는 부채사용으로 인한 한계이익(부채의 세금절감효과)과 한계비용(파산비용)이 같아지는 점에서 이루어진다. 이를 (정태적) 상충이론((static) trade-off theory)이라고 하며, 이를 그림으로 나타내면 [그림 14-4]와 같다.

[그림 14-4]에서 볼 수 있는 바와 같이 파산비용을 고려할 경우 기업의 가치는 부채를 사용함에 따라 부채발행액이 B^*일 때까지 증가하다가 그 이후부터는 오히려 감소함을 알 수 있다. 즉 B^*이전에는 법인세 절감효과에 의한 기업가치의 증가액이 파산비용에 의한 기업가치의 감소액보다 크게 되어 기업의 가치가 증가하다가, B^*보다 많은 부채를 사용하는 경우 법인세 절감효과에 의한 기업가치의 증가액이 파산비용에 의한 기업가치의 감소액보다 작아져서 기업의 가치가 감소함을 의미한다. 따라서 기업이 부채를 B^*만큼 사용할 경우 그 기업은 최적자본구조에 도달하게 된다. 그러나 파산비용

그림 14-4 파산비용과 기업의 가치

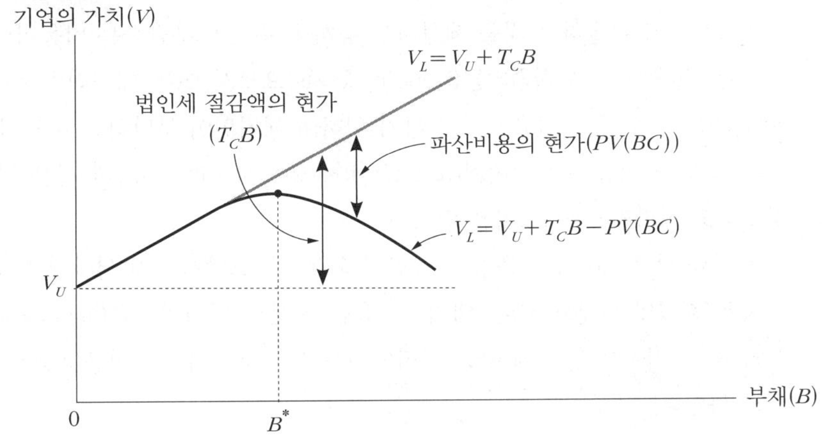

의 정확한 측정은 아주 어려운 일이기 때문에 최적부채수준을 결정하는 정확한 공식을 도출할 수는 없다.

3 대리인비용

3.1 대리인비용의 의의

대리인관계는 기업에 자금을 제공한 주인(principals: 외부주주 또는 채권자)이 자신을 대리하여 기업의 운영권을 대리인(agents: 소유경영자 또는 내부주주)에게 위임하는 계약관계를 말한다. 이와 같은 계약이 대리인에 의해서 행해질지 모를 모든 발생가능한 상황을 충분히 고려하여 체결된다면 대리인문제는 발생되지 않을 것이다. 그러나 계약사항이 불완전하여 대리인의 활동에 자의성이 개입될 여지가 있다면 주인과 대리인 사이에는 갈등이 생기기 쉽다. 이러한 갈등은 주인과 대리인들이 모두 자신들의 효용을 극대화시키는 방향으로 행동하려고 하기 때문에 생기는 것이다. 따라서 주인은 계약에 여러 가지 조항을 규정하여 대리인이 주인의 목적에 벗어나지 않도록 제약을 가하고 또한 대리인들의 활동을 감독하려고 할 것이다.

젠센과 맥클링(M. Jensen and W. Meckling)은 이와 같은 대리인문제로부터 발생하는 금전적 또는 비금전적 비용을 **대리인비용**(agency costs)이라 하고 이를 다음과 같

은 세 가지로 분류하고 있다.[10]

첫 번째 비용은 **감시비용**(monitoring costs)으로서 이는 대리인의 행위가 주인의 이익으로부터 이탈하는 것을 제한하기 위하여 주인이 부담하는 비용이다.

두 번째 비용은 **확증비용**(bonding costs)으로서 이는 대리인이 주인에게 해가 되는 행위를 하지 않고 있음을 확증하기 위하여 대리인이 부담하는 비용이다.

세 번째 비용은 **잔여손실**(residual losses)로서 이는 이상과 같은 감시와 확증에도 불구하고 제거되지 않는 비용이다.

이와 같은 대리인비용들은 기업의 외부자금조달시에 발생하게 되는데, 젠센과 맥클링은 주식의 발행에 따른 대리인비용을 지분의 대리인비용(agency costs of equity)이라 하고, 사채의 발행에 따른 대리인비용을 부채의 대리인비용(agency costs of debt)이라 하였다.

3.2 대리인비용의 유형

앞에서 언급한 바와 같이 기업의 소유구조, 즉 소유경영자, 외부주주 그리고 채권자의 3자 관계에 의해서 발생하는 대리인비용은 다음과 같이 분류될 수 있다.

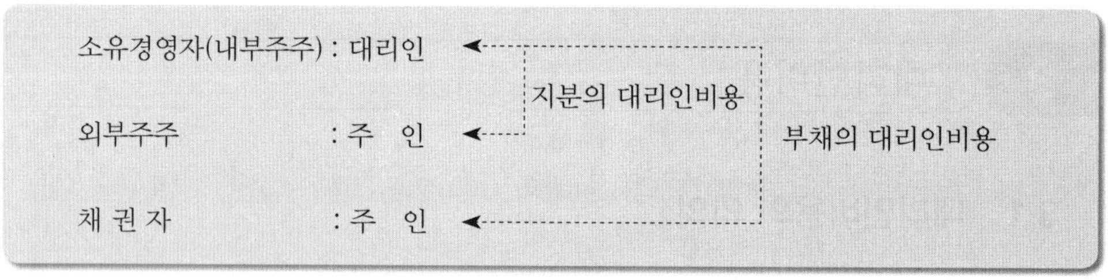

지분의 대리인비용

지분의 대리인비용은 외부주주인 주인과 소유경영자(내부주주)인 대리인 사이의 갈등에 따라 발생하는 대리인비용을 의미한다. 만약 소유경영자가 기업의 지분을 100% 소유하고 있는 경우에는 소유경영자가 기업의 주인인 동시에 대리인이기 때문에 갈등의 소지가 없으며 지분의 대리인비용도 발생하지 않는다. 그러나 소유경영자가 자본시장을 통하여 자기자본의 일부를 조달하는 경우에는 이 주식을 매입한 외부주주와 소유경영자 사이에 대리인 관계가 성립하게 된다. 따라서 이 경우에는 주인과 대리인 사이

10) M. Jensen and W. Meckling, "Theory of the Firm : Managerial Behavior, Agency Costs and Ownership Structure," *Journal of Financial Economics,* Vol. 3(October 1976), pp. 305~360.

에 갈등이 일어날 수 있으며, 이로 인하여 지분의 대리인비용이 발생하게 된다.

개인은 자신이 종업원일 때보다는 소유자의 일원일 때, 기업의 작은 부분을 소유하고 있을 때보다는 많은 부분을 소유하고 있을 때, 기업을 위하여 훨씬 열심히 일할 것이다. 이와 같은 사실에 의해서 지분의 대리인비용이 발생하며, 이를 다음과 같은 예에 의해서 설명해 보자.

K씨는 현재 1억원의 가치가 있는 기업을 100% 소유하고 있는 소유경영자이다. 이제 그는 새로운 사업을 위하여 2억원의 외부자금을 조달하려고 한다. 이 경우 그는 채권 2억원을 발행하거나 또는 주식 2억원을 발행하는 방법 중 하나를 선택하여 소요자금을 조달할 수 있다. 두 대안하에서의 연간 현금흐름은 〈표 14-1〉과 같다.

다른 경영자와 같이 K씨는 자신의 근무시간을 선택할 수 있다. 여기에서 그는 하루에 6시간 또는 8시간 근무할 수 있다. 채권을 발행하는 경우 2시간의 추가적인 근무에 의해서 그는 1,000만원(1,600만원−600만원)의 수입을 더 얻을 수 있다. 그러나 주식을 발행하는 경우 그는 지분의 현금흐름 중 1/3만 얻을 수 있으며, 2시간의 추가적인 근무에 의해서 그는 333만원(1,333만원−1,000만원)의 수입을 더 얻을 수 있다. 그러므로 K씨는 채권을 발행할 경우 훨씬 열심히 일할 것이다. 다시 말하면 주식을 발행한다면 그는 게으름을 피우고 싶어 하는 유인을 훨씬 더 많이 가지게 된다.

또한 그는 주식을 발행한다면 사치스러운 사무실, 최고급 승용차 구입, 값비싼 식사 등을 통하여 보다 많은 직무상의 특권(perquisite)을 누리려 할 것이다. 만약 그가 지분의 1/3을 소유하고 있다면, 직무상 특권을 누리는 데 소요되는 비용의 2/3는 다른 주주에 의해서 지불된다. 그러나 만약 그가 지분의 100%를 소유하고 있다면, 어떤 추가적인 직무상의 특권행사는 전액 자신의 부담이 되어 지분가치를 감소시킨다. 그래서 기업이 자본시장에서 보다 많은 주식을 발행함에 따라 소유경영자는 여유시간과 직무상의 특권을 증가시킬 수 있다. 소유경영자의 여유시간의 향유와 직무상의 특권행사에 의해서 나타나는 기업가치의 감소를 지분의 대리인비용이라 한다.

표 14-1 지분의 대리인비용의 예 (단위: 만원)

	채권발행		주식발행*	
	6시간 근무	8시간 근무	6시간 근무	8시간 근무
현금흐름	3,000	4,000	3,000	4,000
이자비용(연리＝12%)	2,400	2,400	0	0
지분의 현금흐름	600	1,600	3,000	4,000
K씨의 현금흐름	600	1,600	1,000	1,333

* K씨의 지분비율 $= \frac{1}{3}$

이와 같은 예는 많은 양의 주식을 공모하려고 하는 소규모 기업의 경우에 잘 적용될 수 있다. 소유경영자는 전체 지분에서 자신의 지분이 차지하는 부분, 즉 지분비율을 대폭 감소시킬 수 있기 때문에 업무에 대한 열성의 현저한 감소 또는 특권적 소비의 현저한 증가가 가능하게 된다. 한편 소유와 경영이 분리된 대기업의 경우에는 이미 경영자의 지분이 상당히 희석되어 있기 때문에 추가적인 주식의 공모에 의해서 업무에 대한 열성의 감소나 특권적 소비의 증가가 현저하게 나타나지는 않을 것이다. 그러므로 외부주주의 비율이 증가함에 따라 지분의 대리인비용은 증가하나, 그 증가율은 점점 체감한다고 할 수 있다.

만약 새로운 주주가 합리적이어서 대리인비용이 발생한다는 사실을 알고 있다면, 그들은 지분의 대리인비용만큼 주가가 하락하지 않을 경우에는 그 주식에 투자하지 않을 것이다. 즉 새로운 주주들은 대리인비용을 부담하려 하지 않는다. 결과적으로 대리인비용에 의해서 손실을 입게 되는 사람은 소유경영자라 할 수 있다. 소유경영자는 지분의 대리인비용을 감소시키기 위해서 새로운 주주가 자신을 감시하도록 허용하며 동시에 자신의 경영활동을 보고한다. 그러나 적절한 보고와 감독에 의해서 지분의 대리인비용을 감소시킬 수 있지만 완전히 제거하지는 못할 것이다.

지분의 대리인비용을 상당히 감소시킬 수 있는 방법으로 **차입매수**(leveraged buyout: LBO)를 들 수 있다. LBO는 매수자(현재의 경영팀)가 위험이 아주 높은 정크본드(junk bond) 등을 발행하여 그 자금으로 기업의 주식을 모두 매입함으로써 기업을 비공개기업화(going private)시키는 것을 의미한다. 이 경우 경영팀은 기업의 실질적인 소유자이므로 자신들이 고용되었을 때보다 훨씬 더 열심히 일하게 된다.

부채의 대리인비용

부채의 대리인비용은 주인인 채권자와 대리인인 소유경영자(주주) 사이의 갈등에 따라 발생하는 대리인비용을 말한다. 주주와 채권자 사이에 발생할 수 있는 갈등은 일반적으로 다음과 같은 3가지로 구분될 수 있다.

■ 위험선호유인

소유경영자들은 회사에 대하여 유한책임만을 지기 때문에 위험이 높은 투자안에 투자함으로써 채권자의 부를 감소시켜 주주들의 지분가치를 증가시키려는 유인을 가지고 있는데, 이를 **위험선호유인**(risk incentive)이라고 한다. 이를 다음과 같은 예에 의해서 살펴보기로 하자. 채권자에게 10억원을 지불하여야 하는 기업 L은 지금 상호배타적인 두 투자안, 즉 위험이 낮은 투자안 A와 위험이 높은 투자안 B를 고려하고 있으며, 각 투자안을 선택하는 경우의 결과는 〈표 14-2〉와 같다.

표 14-2 위험선호유인의 예

(a) 기업 L이 위험이 낮은 투자안 A를 선택하는 경우

	확 률	기업의 가치	=	주식의 가치	+	채권의 가치
불 황	0.5	10억원	=	0	+	10억원
호 황	0.5	20억원	=	10억원	+	10억원
기대가치		15억원	=	5억원	+	10억원

(b) 기업 L이 위험이 높은 투자안 B를 선택하는 경우

	확 률	기업의 가치	=	주식의 가치	+	채권의 가치
불 황	0.5	5억원	=	0	+	5억원
호 황	0.5	24억원	=	14억원	+	10억원
기대가치		14.5억원	=	7억원	+	7.5억원

이 경우 기업 L의 소유경영자는 기업의 기대가치를 증가시킬 수 있는 위험이 낮은 투자안 A를 선택하지 않고, 자신의 부를 극대화하기 위하여 주식의 가치가 높아질 수 있는 위험이 높은 투자안 B를 선택할 것이다. 이는 주주의 유한책임에 근거한다. 즉 위험이 낮은 투자안 A를 선택하지 않고 위험이 높은 투자안 B를 선택하는 경우, 호황에서 기업가치의 증가액 4억원(24억원−20억원)은 주주가 전액 취하는 반면, 불황(이 경우 기업은 파산함)에서 기업가치의 감소액 5억원(5억원−10억원)은 주주 대신 채권자가 부담하게 된다. 즉 위험이 높은 투자안을 선택함으로써 채권자의 부가 주주에게로 이전된다고 할 수 있다.

■ 과소투자유인

파산가능성이 아주 높은 기업의 주주는 때때로 새로운 투자가 주주의 비용으로 채권자만을 이롭게 한다는 사실을 발견한다. 이와 같은 경우 기업은 투자안의 순현가가 0보다 크다 하더라도 이를 채택하지 않으려는 유인을 가지고 있는데, 이러한 유인을 과소투자유인(underinvestment incentive)이라 한다. 이를 설명하기 위하여 다음과 같은 예를 생각해 보자. 연말에 만기가 도래하여 사채에 대한 원금과 이자를 4,000만원 지급하여야 하는 기업이 있다. 이 기업의 현금흐름은 불황일 경우 2,400만원이며, 호황일 경우 5,000만원이 되며, 두 상황의 발생가능성은 동일하다. 이 기업의 현금흐름은 〈표 14-3〉의 왼쪽에 제시되어 있다.

이 기업은 신주에 의해 자금을 조달하여 새로운 투자를 함으로써 불황에서 파산을 피할 수 있다. 이 기업이 고려하고 있는 투자안은 그 비용이 1,000만원이며, 모든 상황에서의 성과는 1,700만원으로 정(+)의 순현가를 가진다. 부채를 사용하지 않는 기업은 명백히 정(+)의 순현가를 가지는 이와 같은 투자안을 채택할 것이다.

표 14-3 과소투자유인의 예 (단위: 만원)

	투자안을 채택하지 않는 경우		투자안을 채택하는 경우	
	호 황	불 황	호 황	불 황
기업현금흐름	5,000	2,400	6,700	4,100
채권자의 청구권	4,000	2,400	4,000	4,000
주주의 청구권	1,000	0	2,700	100

그러나 부채를 사용하는 기업의 경우 주주들은 정(+)의 순현가를 가지는 투자안에 의해서도 손해를 볼 수 있다. 예를 들어 구주주들이 스스로 1,000만원을 출자한다고 생각해 보자. 투자안을 채택하지 않는 경우 주주들의 청구권의 기대가치는 500만원(0.5×1,000만원+0.5×0원)이다. 그리고 투자안을 채택하는 경우 주주들의 청구권의 기대가치는 1,400만원(0.5×2,700만원+0.5×100만원)이다. 투자안을 채택하는 경우 주주들의 청구권은 자신들의 출자액 1,000만원에도 못미치는 900만원(1,400만원−500만원)이 증가하게 되므로 소유경영자는 정(+)의 순현가를 가지는 새로운 투자안을 채택하지 않을 것이다. 이와 같은 결과는 주주들이 1,000만원을 전액 출자하나, 그 혜택은 주주와 채권자가 공유하기 때문에 나타난다.

■ **재산도피현상**

재산도피현상(milking the property)은 기업이 재무적 곤경에 처하여 파산가능성이 커지는 경우 주주에게 과다한 배당을 지급하거나 자사주 매입 등을 실시함으로써 채권의 가치를 감소시키는 것을 의미한다. 극단적으로 경영자가 기업의 전체자산을 매각하여 주주에게 배당으로 지급한다면 채권의 청구권은 소멸될 것이다.

■ **부채의 대리인비용**

이상에서 설명한 주주와 채권자 사이의 갈등들은 기업이 파산가능성 또는 재무적 곤경에 처할 경우 발생하게 된다.[11] 부채를 사용하여 파산가능성이 존재하는 경우 주주들은 채권자의 청구권을 감소시키려는 유인(위험선호유인, 과소투자유인, 재산도피현상 등)을 가지게 된다. 이 경우 채권자들이 합리적이라면, 이와 같은 유인을 사전에 알고서 높은 이자율을 요구하여 자신을 방어할 것이다. 결과적으로 왜곡된 투자와 과다한 배당으로 인한 기업가치의 감소, 즉 부채의 대리인비용은 주주들이 부담하여야 한다. 그러나 이와 같은 부채의 대리인비용은 주주들의 행동을 제약하는 여러 가지 사항을 규정한 사채약정서(bond covenants)를 작성함으로써 부분적으로 감소될 수 있다.

---

11) 부채의 대리인비용은 파산가능성에 의해서 나타나는 비용이므로 간접적인 파산비용으로 분류될 수 있다.

3.3 대리인비용과 최적자본구조

기업의 부채가 증가할수록 부채의 대리인비용은 증가하고, 반대로 부채 대신에 외부주식의 비율이 증가하면 지분의 대리인비용이 증가한다. 그러므로 이와 같은 두 가지 대리인비용의 합, 즉 총대리인비용이 최소가 되는 외부주식과 부채의 최적배합이 존재할 수 있으며, 이는 세금이 존재하지 않거나 파산비용이 아주 작은 사회에서도 대리인비용에 의해서 최적자본구조가 존재할 수 있음을 의미한다. 이와 같은 관계는 [그림 14-5]와 같이 나타낼 수 있다.[12)]

이제 법인세와 파산비용 그리고 대리인비용을 모두 동시에 고려할 경우 부채를 사용하는 기업의 가치는 다음과 같다.[13)]

$$V_L = V_U + T_C B - PV(BC) - PV(AC) \qquad (14-9)$$

여기서 $PV(AC)$: 대리인비용의 현가

부채의 사용이 증가함에 따라 부채의 세금절감효과에 의해 기업의 가치가 증가하는 반면, 파산비용의 증가로 인하여 기업의 가치가 감소하고 동시에 대리인비용의 순

그림 14-5 외부주식과 부채의 대리인비용에 의한 최적자본구조

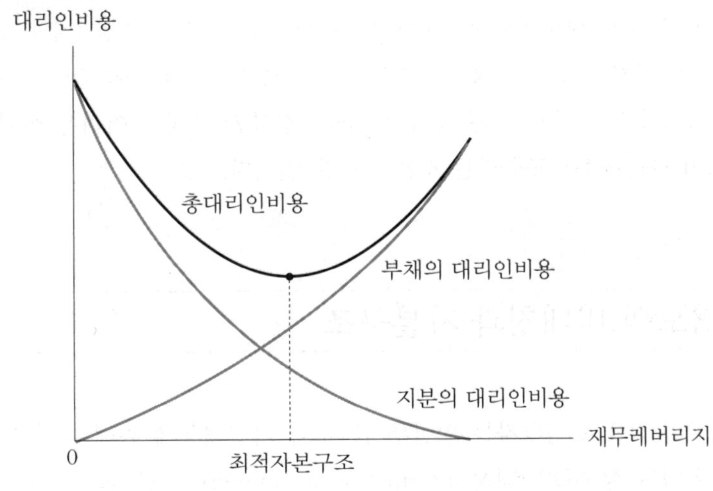

12) 대리인비용에 의해서 자기자본과 부채의 최적비율인 최적자본구조뿐만 아니라 더 포괄적인 개념인 소유경영자의 지분, 외부주주의 지분, 그리고 부채 사이의 비율인 최적소유구조까지도 설명할 수 있다.

13) 개인소득세까지 고려하는 경우 V_L을 다음과 같이 나타낼 수 있다.

$$V_L = V_U + \left[1 - \frac{(1-T_C)(1-T_{pS})}{1-T_{pB}}\right]B - PV(BC) - PV(AC)$$

그림 14-6 부채사용과 기업의 가치

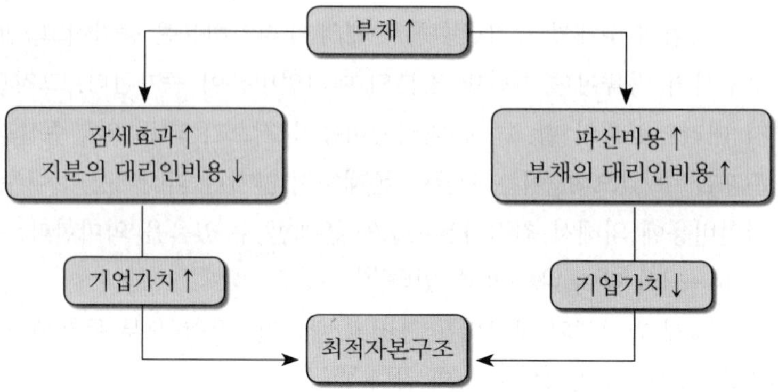

효과(부채의 대리인비용의 증가로 인한 기업가치의 감소액에서 지분의 대리인비용의 감소로 인한 기업가치의 증가액을 차감한 것)만큼 기업의 가치는 감소할 수 있다. 이와 같이 부채의 사용은 기업의 가치에 상반된 영향을 미칠 수 있다. 그 관계를 구체적으로 나타내면 [그림 14-6]과 같다.

[그림 14-6]에서 볼 수 있는 바와 같이 부채의 증가에 따라 나타나는 상반효과에 의해서 최적자본구조가 존재할 수 있다. 최적자본구조는 이론적으로 부채사용으로 인한 한계이익(감세효과와 지분의 대리인비용의 감소로 인한 기업가치의 증가)과 한계비용(파산비용과 부채의 대리인비용의 증가로 인한 기업가치의 감소)이 같아지는 점에서 이루어진다. 그러나 파산비용 또는 대리인비용의 정확한 측정이 어려운 현실에 비추어 정확한 최적자본구조를 도출한다는 것은 어려운 일이다.

4 정보의 비대칭과 자본구조

일반적으로 경영자는 일반투자자보다 기업내용에 관해 우월한 정보를 가지고 있으며, 이를 **정보의 비대칭**(information asymmetry)이라 한다. 이는 경영자들이 일반투자자들에게 알려지지 않은 정보, 즉 내부정보(inside information)를 가지고 있음을 의미한다. 정보비대칭하에서의 자본구조이론으로는 로스(S. A. Ross)의 신호이론(signaling approach)과 마이어즈와 마즐루프(S. C. Myers and N. S. Majluf)의 자본조달순위이론(pecking order theory) 등이 있다.

4.1 신호이론

먼저 신호이론이 성립하기 위해서는 다음과 같은 전제조건이 필요하다.

첫째, 경영자의 보수는 기업가치에 의존한다.

둘째, 경영자가 잘못된 신호를 보낸 경우 충분한 벌금이 부과된다. 따라서 경영자들이 항상 올바른 신호를 사용할 것이라고 가정한다.

이와 같은 가정하에서 로스는 기업의 자본조달정책이 그 기업의 미래성과(현금흐름)에 대한 정보를 일반투자자에게 전달하는 신호로 사용될 수 있다고 주장하였다.[14] 기업가치는 기업의 미래성과에 대한 자본시장에서의 기대에 의해서 결정되는데, 기업의 자본조달정책은 그 기대를 바꿀 수 있는 하나의 수단이 된다는 것이다.

일반적으로 경영자가 기업의 미래성과에 대한 좋은 정보를 가지고 있는 경우 기존주주의 부를 보호하기 위해 가능한 한 많은 부채를 사용하는 반면, 경영자가 기업의 미래성과에 대한 좋지 않은 정보를 가지고 있는 경우 부채의 원리금을 변제하지 못함으로써 발생될 수 있는 파산가능성을 줄이기 위해 부채보다 주식발행을 선호하는 경향이 있다. 따라서 기업이 부채를 증가시킬 경우 투자자들은 이를 기업의 미래성과에 대한 좋은 신호로 받아들여 주가가 상승하는 반면, 기업이 부채를 감소시킬 경우 투자자들은 이를 기업의 미래성과에 대한 좋지 않은 신호로 받아들여 주가가 하락하게 된다는 것이다.

경영자들은 기업가치를 극대화함으로써 자신의 보상을 증가시킬 수 있다. 그러므로 경영자들이 기업의 미래성과에 대한 좋지 않은 정보를 가지고 있는 경우에도 자신의 보상을 극대화시키기 위해서 부채를 증가시키려는 유인이 발생될 수 있을 것이다. 그러나 잘못된 신호에 대해서는 그 보상 이상의 벌금이 부과된다면, 경영자가 투자자를 속여 자신의 보수를 증가시킬 수는 없다. 즉 경영자가 가지고 있는 정보의 내용과 신호는 항상 일치하기 때문에 자본구조와 같은 신호수단을 통하여 불량기업과 우량기업을 구별할 수 있는 신호균형(signaling equilibrium)이 달성될 수 있다.

이상에서 설명한 바와 같이 신호이론에 따르면 부채의 증가는 기업의 미래성과에 대한 시장의 긍정적 인식을 증가시켜 기업가치를 상승시킨다. 반면에 부채를 늘릴 경우 파산위험의 증가로 인하여 자본비용이 상승하게 되는데 이는 기업가치에 부정적인 영향을 미친다. 결국 시장의 긍정적 인식에 의한 기업가치 증가분과 자본비용 상승에 따른 기업가치의 감소분이 일치하는 수준에서 최적자본구조가 결정된다.

---

14) S. A. Ross, "The Determination of Financial Structure : The Incentive Signalling Approach," *Bell Journal of Economics*, Vol. 8(Spring 1977), pp. 23~40.

4.2 자본조달순위이론

마이어즈와 마즐루프는 정보비대칭이 존재하는 경우 기업은 투자소요자금을 유보이익, 부채, 우선주, 보통주 순으로 조달한다고 주장하였다.[15)]

기업이 좋은 투자기회를 가지고 있으나 투자자들이 그 정보를 모르고 있다면, 그 정보는 현재 주가에 반영되지 않는다. 따라서 경영자들은 투자소요자금을 조달할 때 기본적으로 내부금융(유보이익)을 외부금융보다 더 선호하게 된다. 왜냐하면 외부금융의 경우 발행비용이 소요될 뿐만 아니라 투자에 따른 성과(정(+)의 NPV)의 일부가 외부(신규 주주 등)로 유출될 수 있기 때문이다. 이와 동일한 이유로 내부자금이 부족하여 외부금융에 의존해야 할 경우에도 주식보다는 부채를, 보통주보다는 우선주를 더 선호하게 된다. 자본조달순위이론에 의해 최적자본구조가 무엇인지에 대한 결론을 내리기는 어렵다. 그 이유는 두 종류의 자기자본, 즉 내부자본과 외부자본 중 전자는 자본조달순위의 가장 위에 있고, 후자는 가장 밑에 있기 때문이다. 자본조달순위이론은 수익성이 높은 기업들의 부채비율이 왜 낮은지를 설명할 수 있다. 이는 그들이 낮은 목표부채비율을 갖고 있기 때문이 아니라 외부자금이 필요하지 않기 때문이다. 그러나 수익성이 낮은 기업은 투자에 필요한 내부자금을 충분히 갖고 있지 않기 때문에 외부자금조달수단 중 우선순위가 가장 높은 부채를 발행하여 자금을 조달한다.

이와 같은 **자본조달순위이론**에 의하면, 기업은 부채수용능력이 한계에 이르렀거나 신주의 발행가격이 내재가치보다 큰 경우가 아니면 신주발행에 의해 자금을 조달하지 않게 된다. 그러므로 기업의 자본조달원천이 기업의 내부정보를 전달하는 신호로서의 역할을 하게 됨을 알 수 있다.

4.3 행동재무와 자본구조

베이커(Baker)와 워글러(Wurgler)는 행동재무학에서 가정하는 투자자의 비합리성을 전제로 **마켓타이밍이론**(market timing theory)을 제시하였다.[16)] 비합리적인 투자자들로 인하여 주식의 시장가격과 내재가격 간에 괴리가 존재할 경우 경영자는 주가가 높을 때 발행비용이 상대적으로 낮은 주식을 발행하며, 주가가 낮을 때 자사주 매입

---

15) S. C. Myers and N. S. Majluf, "Corporate Financing and Investment Decisions When Firms Have Information That Investors Do Not Have," *Journal of Financial Economics*, Vol. 13(June 1984), pp. 187~221.

16) M. Baker and J. Wurgler, "Market Timing and Capital Structure," *Journal of Finance*, Vol. 57(Feb. 2002), pp. 1~32.

및 부채발행을 선택한다는 것이다. 이 이론은 시장이 비효율적이라는 가정을 하지 않는 반면 일반적으로 경영자들은 주가의 과대 혹은 과소평가 여부를 파악할 수 있고 적시에 재무정책을 펼칠 수 있다는 것을 믿는다고 가정한다. 베이커와 워글러는 시장가 대비 장부가 비율이 높을수록 레버리지가 낮아지는 현상을 자본조달 시 경영자에 의한 마켓타이밍의 증거로 제시하였다.

5 부채사용기업의 투자안 평가

지금까지 사용하였던 **가중평균자본비용법**(WACC법)은 투자안의 위험과 자금조달의 효과를 모두 할인율에 반영하여 투자안의 가치를 평가하는 방법이다. 여기서는 대체적인 평가방법인 조정현가법과 주주현금흐름법을 설명하고자 한다.

5.1 조정현가법

현실적으로 투자안의 가치는 투자결정뿐만 아니라 자본조달결정에 의해서도 영향을 받는다. 이와 같은 점을 고려하여 조정현가법은 투자안의 가치를 투자결정에 의한 부분과 자본조달결정에 의한 부분으로 분리하여 평가하는 데 기초를 두고 있다. 부채를 사용하는 기업에 있어서 투자안의 순현가, 즉 **조정현가**(adjusted present value: APV)는 부채를 사용하지 않을 경우의 순현가, 즉 기본순현가(base case NPV)와 부채사용으로 인한 부수적 효과의 순현가를 합하여 구할 수 있다.

$$APV = \text{기본 } NPV + \text{부채사용으로 인한 부수적 효과의 } NPV \qquad (14-10)$$

부채사용으로 인한 부수적 효과를 고려해 줄 때 WACC법은 할인율에 간접적으로 고려해 주는 반면, APV법은 분리시켜 직접 고려해 주는 방법상의 차이가 있다.[17] 또한 WACC법은 투자기간 내 부채비율이 일정하다는 전제를 하고 있는 반면, APV법은 투자기간 내 투자안의 부채수준이 일정하다는 전제를 하고 있음을 유의하여야 한다. 그리고 APV법은 이자비용의 감세효과뿐만 아니라 발행비용, 재무적 곤경으로 인한 비용, 특혜금융 등의 부채사용으로 인한 부수적 효과를 보다 구체적으로 반영해 준다.

---

17) 부채사용으로 인한 부수적 효과(특히 세금절감효과)를 할인율에 간접적으로 고려해 주는 WACC법에 의해 투자안의 순현가를 구하면 다음과 같다.

$$NPV = \sum_{t=1}^{n} \frac{E(CF_t)}{(1+WACC)^t} - I_0 \quad \text{단, } WACC = \left(\frac{S}{S+B}\right) r_S + \left(\frac{B}{S+B}\right) r_B (1-T_C)$$

기본 NPV

투자안의 기본 NPV는 투자소요자금이 자기자본만으로 조달되었다는 전제하에서 계산된 투자안의 순현재가치이다. 즉 기본 NPV는 순수하게 투자결정에 의해 나타나는 투자가치의 순증분을 의미한다. 그러므로 기본 NPV는 다음과 같이 구할 수 있다.

$$기본\ NPV(=\Delta V_U - \Delta I) = \sum_{t=1}^{n} \frac{E(CF_t)}{(1+r_U)^t} - I_0 \qquad (14-11)$$

여기서 $\Delta V_U\left(=\sum_{t=1}^{n} \frac{E(CF_t)}{(1+r_U)^t}\right)$: 부채를 사용하지 않을 경우 투자수익으로 인한 기업가치의 증분

$\Delta I(=I_0)$: 투자지출액의 증분
$E(CF_t)$: t시점에서의 투자안의 기대현금흐름
r_U: 부채를 사용하지 않을 경우 투자안의 자본비용
I_0: 현재시점의 투자지출액

부채사용으로 인한 부수적 효과의 NPV

투자액의 일부를 부채로 조달하는 경우 부채사용으로 인한 몇 가지 부수적 효과를 투자가치의 평가시 반영하여야 한다. **부채사용으로 인한 부수적 효과**로는 일반적으로 다음과 같은 네 가지를 생각해 볼 수 있다.

① 부채사용으로 인한 세금절감액: 이것에 대해서는 제13장에서 이미 설명하였다. 부채사용으로 인한 세금절감액은 영구부채일 경우 $T_C B$(T_C: 법인세율, B: 부채의 가치)이다.

② 발행비용: **발행비용**은 증권의 발행에 따라 발생하는 제경비를 의미한다. 회사채를 발행하는 경우 인수기관(underwriter)에 지급하는 인수수수료, 공인회계사 및 변호사에게 지급하는 자문료, 증권의 인쇄비 등의 비용이 지출된다. 은행에서 차입하는 경우에도 인지대 및 기타 잡비 등과 같은 발행비용이 수반된다.[18]

③ 재무적 곤경으로 인한 비용: 본장 제2절에서 설명한 바와 같이 부채의 증가로 인해 기업은 재무적 곤경 또는 파산에 처하게 될 가능성이 증가하게 된다. 이로 인하여 기업의 가치가 감소하게 된다.

④ 특혜금융: **특혜금융**은 시장이자율보다 낮은 이자율로 자금을 차입하는 경우를 의미한다. 일반적으로 특혜금융은 국가의 경제정책적 요구를 만족시키는 특정 투자안의 경우 나타나는 것으로 수출금융, 국민투자기금 대출 등의 예가 있다.

18) 신주를 발행할 때도 발행비용이 소요된다. 신주의 발행비용은 기본 NPV에서 차감하는 방법으로 고려해 주어야 한다.

예제 14-3 조정현가(APV)법

㈜강서는 투자기간이 5년, 투자소요액이 10억원인 투자안을 고려하고 있다. 이 투자로 인한 순현금이익(수익－현금지출비용)은 매년 3억원이며, 초기의 투자액은 정액법으로 전액상각된다. 이 회사의 법인세율은 40%, 무위험이자율은 10%, 그리고 부채를 사용하지 않는 경우의 자본비용은 20%이다. 이 회사는 소요투자액 10억원 중 8억원은 10%의 무위험이자율로 만기 5년인 사채를 발행하여 조달할 예정이다. 사채의 발행비용은 5천만원이며, 이는 5년에 걸쳐 균등하게 상각된다.

(1) APV법에 의해 이 투자안을 평가하라.

(2) ㈜강서가 고려하고 있는 투자안은 정부의 경제정책에 부합되는 투자안이어서 정부로부터 지원을 받아 5%의 저렴한 이자율로 조달할 수 있다고 한다. 이 경우 투자안을 평가하라.

| 해설 |

(1) APV=기본 NPV+부채사용으로 인한 부수적 효과의 NPV

① 기본 NPV

(단위: 억원)

연도말	0	1	2	3	4	5
투자지출	−10					
세후 순현금이익*		1.8	1.8	1.8	1.8	1.8
감가상각비의 세금절감액**		0.8	0.8	0.8	0.8	0.8

* 세후 순현금이익＝순현금이익×(1－법인세율)＝3억원×(1－0.4)＝1.8억원

** 감가상각비의 세금절감액＝감가상각비×세율＝$\left(\frac{10억원-0}{5년}\right)\times 0.4=0.8억원$

기본 NPV를 구할 때, 세후 순현금이익은 부채를 사용하지 않을 경우 자본비용인 20%로 할인하여야 하나, 감가상각비의 세금절감액은 무위험현금흐름이므로 무위험이자율인 10%로 할인한다는 것을 유의하여야 한다.

$$기본\ NPV=-10억원+1.8억원\times\left(\frac{1}{0.2}-\frac{1}{0.2\times1.2^5}\right)+0.8억원\times\left(\frac{1}{0.1}-\frac{1}{0.1\times1.1^5}\right)$$
$$=-10억원+1.8억원\times2.9906+0.8억원\times3.7908=-15{,}843만원$$

이 투자안의 기본 NPV는 －15,843만원이므로, 부채를 사용하지 않을 경우 이 투자안을 기각하여야 한다.

② 부채사용으로 인한 부수적 효과의 NPV

(i) 발행비용

발행비용 5천만원은 현재시점에 지출되나 회계상으로는 5년에 걸쳐 1천만원씩 상각되어 비용으로 처리된다. 그러므로 사채발행비의 매년 상각액으로 인하여 매년 4백만원(＝1천만원×0.4)의 세금절감효과가 나타나므로 이것들의 현재가치만큼 발행비용에서 제외시켜야 한다.

(단위: 억원)

연 도 말	0	1	2	3	4	5
발행비 지출	−5,000					
발행비상각액의 법인세절감액		400	400	400	400	400

발행비상각액의 법인세절감액은 사채를 발행하는 시점(현재)에 확정되므로 무위험이자율로 할인하여야 한다.

$$\text{순발행비용} = -5{,}000\text{만원} + 400\text{만원} \times \left(\frac{1}{0.1} - \frac{1}{0.1 \times 1.1^5}\right)$$
$$= -5{,}000\text{만원} + 400\text{만원} \times 3.7908 = -3{,}484\text{만원}$$

(ii) 부채사용으로 인한 세금절감액

부채발행으로 인한 세금절감액의 현재가치는 차입액에서 세후 이자지급액과 원금상환액의 현재가치를 차감하여 구한다.

PV(부채사용으로 인한 세금절감액) = 차입액 − *PV*(세후 이자지급액) − *PV*(원금상환액)

(단위: 억원)

연 도 말	0	1	2	3	4	5
사채발행액	8					
세후 이자비용*		−0.48	−0.48	−0.48	−0.48	−0.48
원금 상환						−8

* 세후 이자비용 = 이자비용 × (1 − 세율) = 0.1 × 8억원 × (1 − 0.4) = 0.48억원

PV(부채사용으로 인한 세금절감액)

$$= 8\text{억원} - 0.48\text{억원}\left(\frac{1}{0.1} - \frac{1}{0.1 \times 1.1^5}\right) - \frac{8\text{억원}}{1.1^5}$$
$$= 8\text{억원} - 0.48\text{억원} \times 3.7908 - 8\text{억원} \times 0.6209 = 12{,}132\text{만원}$$

또는 특혜금융이 없는 경우 부채발행으로 인한 세금절감액의 현재가치는 5년 동안 매년 발생하는 이자비용의 세금절감액 0.32억원(= 0.8억원 × 0.4)의 총현재가치를 직접 계산하여 구할 수도 있다.[19]

PV(부채사용으로 인한 세금절감액) = 0.32억원 × 3.7908 = 12,131만원

(※ 약간의 금액 차이는 반올림 계산으로 인한 오차에 의한 것임.)

19) 또한 이 방법은 이자율과 할인율이 동일하다는 것을 전제하고 있다.

(iii) 부채사용으로 인한 부수적 효과의 NPV[(i)+(ii)]

NPV(부채사용으로 인한 부수적 효과) = −3,484만원 + 12,132만원 = 8,648만원

③ APV = 기본 NPV + NPV(부채사용으로 인한 부수적 효과)
= −15,843만원 + 8,648만원 = −7,195만원

이 투자안은 부채사용으로 인한 부수적 효과를 고려하여도 조정현가가 −7,195만원이므로 기각되어야 한다.

(2) 특혜금융으로 인한 효과를 부채사용으로 인한 부수적 효과에 포함시켜 APV를 구하면 다음과 같다.

① 기본 NPV = −15,843만원

② 부채사용으로 인한 부수적 효과의 NPV

(i) 발행비용 = −3,484만원
(ii) 부채의 세금절감 및 특혜금융효과

(단위: 억원)

연 도 말	0	1	2	3	4	5
사채발행액	8					
세후 이자비용*		−0.24	−0.24	−0.24	−0.24	−0.24
원금 상환						−8

* 세후 이자비용 = 이자비용 × (1 − 세율) = 0.05 × 8억원 × (1 − 0.4) = 0.24억원

PV(부채사용으로 인한 세금절감액)

$$= 8억원 - 0.24억원 \times \left(\frac{1}{0.1} - \frac{1}{0.1 \times 1.1^5}\right) - \frac{8억원}{1.1^5}$$

$$= 8억원 - 0.24억원 \times 3.7908 - 8억원 \times 0.6209 = 21{,}230만원$$

(iii) 부채사용으로 인한 부수적 효과의 NPV[(i)+(ii)]

PV(부채사용으로 인한 부수적 효과) = −3,484만원 + 21,230만원 = 17,746만원

③ APV = 기본 NPV + PV(부채사용으로 인한 부수적 효과)
= −15,843만원 + 17,746만원 = 1,903만원

특혜금융을 고려하는 경우 투자안의 조정현가가 1,903만원이므로 이 투자안을 채택하여야 한다.

5.2 주주현금흐름법

투자안의 순현가는 결국 주주의 몫이기 때문에 부채와 관련된 부분을 제외시키고 주주에게 귀속되는 현금흐름과 자기자본비용을 이용하여 순현가를 구할 수 있다. 이와 같이 주주의 입장에서 투자안을 평가하는 방법을 **주주현금흐름법**(flow to equity method: FTE법)이라 한다. 주주에게 귀속되는 현금흐름(cash flow to equity)이란 투자안으로부터 기대되는 미래의 현금흐름에서 채권자에게 지급되는 현금흐름을 차감한 후의 현금흐름을 의미하며, 이 현금흐름을 평가하는 데 적합한 할인율은 자기자본비용이다.

따라서 주주현금흐름법에 의해 투자안의 순현가(NPV)를 구하는 식은 식 (14−12)와 같이 나타낼 수 있다.

$$NPV=\sum_{t=1}^{n}\frac{E(CFE_t)}{(1+r_S)^t}-(I_0-B) \tag{14−12}$$

여기서 $E(CFE_t)$: t시점에서의 투자안 현금흐름 중 주주에게 귀속되는 현금흐름[20)]
r_S : 투자안의 자기자본비용
I_0 : 현재시점의 투자지출액
B : 부채로 조달된 투자자금

FTE법은 WACC법과 동일하게 투자기간 내 부채비율(목표자본구조)이 일정하다는 전제를 하고 있다. 따라서 목표자본구조를 알 수 없고 투자안의 부채사용금액만 주어진 경우에는 FTE법(또는 WACC법)을 적용하기 어렵기 때문에 앞에서 설명한 APV법을 사용하는 것이 바람직하다.

예제 14-4 WACC법, APV법, FTE법의 비교

㈜청운전자는 현재 100억원을 투자하여 반도체사업을 시작하려고 한다. 반도체사업에 진출할 경우 매년 15억원의 영업이익이 영구적으로 발생하리라 예상된다. 이 회사는 대용기업으로 주식베타가 2.2, 부채비율(B/S_L)이 2.0인 S반도체를 선정하였다. ㈜청운전자는 목표부채비율(B/S_L)을 1.0으로 할 예정이고, 부채는 위험이 없으며, 무위험이자율은 6%이다. 그리고 시장수익률은 10%, 법인세율은 40%일 때 다음의 물음에 답하라.

(1) ㈜청운전자가 고려하고 있는 반도체사업의 경제성을 WACC법에 의해서 평가하라.
(2) ㈜청운전자가 고려하고 있는 반도체사업의 경제성을 APV법에 의해서 평가하라.
(3) ㈜청운전자가 고려하고 있는 반도체사업의 경제성을 FTE법에 의해서 평가하라.
(4) WACC법, APV법, FTE법에 의한 평가결과가 동일한지 확인하라.

---

20) MM이론에 의하면, $E(CFE_t)=[E(NOI)-r_BB](1-T_C)$이다.

❙ 해설 ❙

(1) 먼저 대용기업인 S반도체의 주식베타를 이용하여 ㈜청운전자의 무부채베타 β_U를 구하면 다음과 같다.

$$\beta_U = \frac{\beta_S^*}{1+(1-T_C^*)\left(\frac{B}{S_L}\right)^*} = \frac{2.2}{1+(1-0.4)\times 2} = 1.0$$

이제 β_U에 의해서 투자안의 무부채자본비용 r_U를 구하면 다음과 같다.

$$r_U = 0.06 + (0.10 - 0.06)\times 1.0 = 0.10$$

㈜청운전자의 목표부채비율(B/S_L)이 1.0인 경우, 투자안의 가중평균자본비용(WACC)은 다음과 같이 계산할 수 있다.

$$WACC = r_U\left[1 - T_C\left(\frac{B}{V_L}\right)\right] = 0.1\times(1-0.4\times 0.5) = 0.08$$

그러므로 WACC법에 의해 투자안의 순현가를 구하면 다음과 같다.

$$NPV = \frac{E(NOI)(1-T_C)}{WACC} - I_0 = \frac{15\text{억원}\times(1-0.4)}{0.08} - 100\text{억원} = 12.5\text{억원}$$

(2) 물음 **(1)**에서 반도체사업에 진출하는 경우 ㈜청운전자의 가치는 112.5억원(=100억원+12.5억원)이다. 따라서 ㈜청운전자의 목표부채비율(B/S_L)이 1.0이 되도록 하기 위해서는 부채로 56.25억원(=112.5억원/2)을 조달해야 한다.[21] 그리고 반도체사업에 대한 무부채자본비용 r_U는 10%이다.

- 기본 $NPV = \frac{E(NOI)(1-T_C)}{r_U} - I_0 = \frac{15\text{억원}\times(1-0.4)}{0.1} - 100\text{억원} = -10\text{억원}$
- 부채사용으로 인한 부수적 효과의 $NPV = PV$(이자비용의 세금절감효과)

$$= T_C B\left(= \frac{r_B T_C B}{r_B}\right) = 0.4\times 56.25\text{억원} = 22.5\text{억원}$$

$\therefore$ APV = 기본 NPV + 부채사용으로 인한 부수적 효과의 NPV

$$= -10\text{억원} + 22.5\text{억원} = 12.5\text{억원}$$

(3) 먼저 FTE법을 적용하기 위해 필요한 사항들을 정리하면 다음과 같다.

- 자기자본에 의한 투자지출액 $= I_0 - B = 100\text{억원} - 56.25\text{억원} = 43.75\text{억원}$
- 주주에게 귀속되는 현금흐름 $= [E(NOI) - r_B B](1-T_C)$

$$= (15\text{억원} - 0.06\times 56.25\text{억원})(1-0.4) = 6.975\text{억원}$$

---

21) 여기서 목표부채비율은 반도체사업에 진출한 후의 비율임을 유의해야 한다.

• 자기자본비용:

$$\beta_S=\beta_U\left[1+(1-T_C)\left(\frac{B}{S_L}\right)\right]=1.0\times[1+(1-0.4)\times 1]=1.6$$

$$\rightarrow r_S=0.06+(0.10-0.06)\times 1.6=0.124$$

$$\therefore\ NPV=\frac{[E(NOI)-r_B B](1-T_C)}{r_S}-(I_0-B)$$

$$=\frac{6.975\text{억원}}{0.124}-43.75\text{억원}=12.5\text{억원}$$

(4) 세 방법 모두 투자안의 순현가가 12.5억원으로 동일함을 알 수 있다.

요 약

개인소득세와 밀러모형

1. 밀러모형: 개인소득세와 기업의 가치

$$V_L = V_U + \left[1 - \frac{(1-T_C)(1-T_{pS})}{(1-T_{pB})}\right]B$$

2. 사채시장의 균형과 최적자본구조

가정: $T_{pS}=0$

사채수요=사채공급: $\frac{r_e}{1-T_{pB}} = \frac{r_e}{1-T_C} \rightarrow T_C = T_{pB}$

$\therefore\ V_L = V_U$

☞ 레버리지의 고객효과

파산비용

1. 파산비용=직접파산비용+간접파산비용

2. 파산비용과 최적자본구조

$V_L = V_U + T_C B - PV$(파산비용)

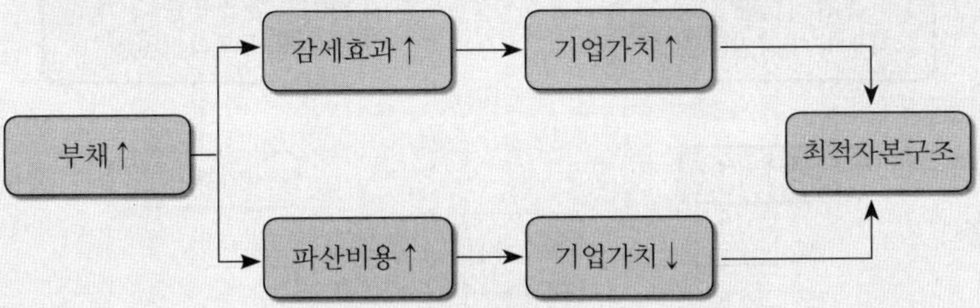

대리인비용

1. 대리인비용의 의의

주인의 목표≠대리인의 목표: 대리인비용의 발생

→ 대리인비용=감시비용+확증비용+잔여손실

2. 대리인비용의 유형

▶ 지분의 대리인비용

여유시간향유, 직무상의 특권행사 → 감시비용, 확증비용, 잔여손실

(외부주주의 지분비율 ↑ → 지분의 대리인비용 ↑)

▶ 부채의 대리인비용

위험선호유인

과소투자유인 → 감시비용, 확증비용, 잔여손실

재산도피현상

(부채비율 ↑ → 부채의 대리인비용 ↑)

☞ 대리인비용의 최종적인 부담자: 대리인

3. 대리인비용과 최적자본구조

$V_L = V_U + T_C B - PV$(파산비용)$-PV$(대리인비용)

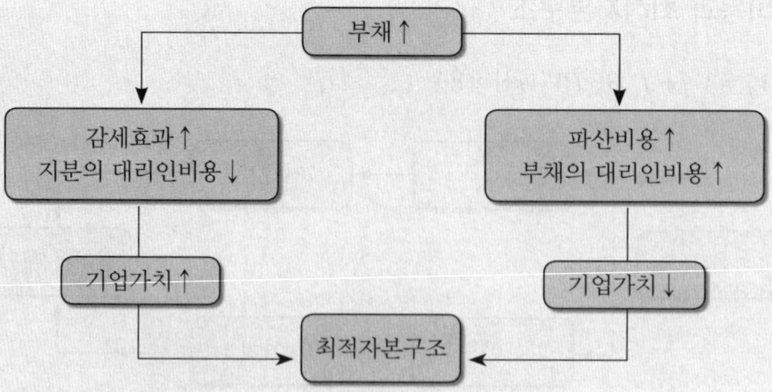

정보의 비대칭과 자본구조

1. 신호이론

자금조달수단: 기업내부정보 전달수단

- 부채발행 → 좋은 신호 → 주가상승
- 주식발행 → 나쁜 신호 → 주가하락

2. 자본조달순위이론

기업은 투자소요자금을 유보이익, 부채, 우선주, 보통주 순으로 조달한다.

3. 행동재무와 자본구조

마켓타이밍이론

부채사용기업의 투자안 평가

1. 조정현가법(APV법)

APV = 기본 NPV + 부채사용으로 인한 부수적 효과의 NPV

▶ 기본 NPV

$$\text{기본 } NPV(=\Delta V_U - \Delta I) = \sum_{t=1}^{n} \frac{E(CF_t)}{(1+r_U)^t} - I_0$$

▶ 부채사용으로 인한 부수적 효과의 NPV

① 부채사용으로 인한 세금절감액
② 발행비용
③ 재무적 곤경으로 인한 비용
④ 특혜금융

2. 주주현금흐름법(FTE법)

$$NPV = \sum_{t=1}^{n} \frac{E(CFE_t)}{(1+r_S)^t} - (I_0 - B)$$

주요 용어

개인소득세 • 588
밀러모형 • 588
사채시장의 균형 • 593
레버리지의 고객효과 • 593
비부채성 세금절감효과 • 593
재무적 곤경 • 594
파산비용 • 595
대리인관계 • 597
대리인비용 • 597
감시비용 • 598
확증비용 • 598
잔여손실 • 588
지분의 대리인비용 • 598
차입매수 • 600
부채의 대리인비용 • 600
위험선호유인 • 600
과소투자유인 • 601
재산도피현상 • 602
사채약정서 • 602
정보의 비대칭 • 604
신호이론 • 605
자본조달순위이론 • 606
마켓타이밍이론 • 606
가중평균자본비용법 • 607
조정현가 • 607
기본 NPV • 608
부채사용으로 인한 부수적 효과 • 608
발행비용 • 608
특혜금융 • 608
주주현금흐름법 • 612

사 · 례 · 연 · 구

포트폴리오 매니저인 김민국씨는 A기업의 자본비용을 추정하고, 이를 이용하여 A기업의 현재 주가가 과대 혹은 과소평가되어 있는지에 대한 보고서를 작성하고자 한다. 이를 위해 A기업에 대해 다음과 같은 자료를 수집하였다. 아래의 정보는 이후 변동이 없을 것으로 예상되며, 회사채는 채무불이행위험이 없다고 가정한다. (CPA 2차 2014)

- 자본구조
  - 회사채를 발행하여 조달한 부채와 보통주를 발행하여 조달한 자본으로 구성
  - 부채비율(B/S) : 100%
- 회사채 관련 정보
  - 액면이자율(coupon rate) : 8%
  - 현재 액면가(par value)로 거래되고 있으며, 1년에 한번 이자를 지급하는 영구채
- 보통주 관련 정보
  - 시장포트폴리오의 기대수익률 : 9%
  - 무위험이자율 : 5%
  - A기업의 주식베타 : 1.2
  - A기업의 현재 주가 : 250원
  - A기업의 배당성장률 예측치 : 5%
  - 작년말 주당 배당(d_0) : 5원
  - 보통주 발행주식수 : 3,200,000주
- 법인세율 : 30%

위의 자료를 바탕으로 김민국씨는 다음과 같은 보고서를 작성하였다.

- 자기자본비용
  - 일정성장배당평가모형(항상성장모형 혹은 고정성장모형)을 활용하여 자기자본비용을 계산할 수 있으나, A기업의 경우 CAPM모형을 적용하는 것이 적절하다고 판단되었다.

–CAPM모형을 이용하여 추정한 자기자본비용은 (가)%이다.

• 타인자본비용

–세전타인자본비용은 현재 시장에서 거래되고 있는 A기업 회사채를 통해 추정한 만기수익률을 이용하였으며, 세후타인자본비용은 (나)%이다.

• A기업의 현재 부채비율(B/S)은 100%이고, 자기자본비용과 세후타인자본비용을 활용하여 추정한 가중평균자본비용은 (다)%이다.

• 지난 해 A기업의 주주잉여현금흐름(FCFE)은 4,000만원이었고, 영원히 매년 5% 성장할 것으로 예상된다. 따라서 현재 A기업의 주식은 (라)평가되어 있는 것으로 판단된다.

(1) 빈 칸 (가)와 (나)에 들어갈 자기자본비용과 세후타인자본비용은 얼마인가?

(2) A기업의 자기자본비용 추정과 관련하여 다음 물음에 답하여라.

① 일정성장배당평가모형을 활용하여 A기업의 자기자본비용을 추정하라.

② ①의 계산결과를 이용하여 김민국씨가 일정성장배당평가모형을 이용하였을 때의 문제점을 2줄 이내로 설명하라.

(3) 빈 칸 (다)에 적절한 가중평균자본비용은 얼마인지 계산하라.

(4) 주주잉여현금흐름에 대한 김민국씨의 예상이 옳다고 가정할 때, 주주잉여현금흐름을 이용하여 A기업 주식의 내재가치(intrinsic value)를 계산하라. 이를 바탕으로 판단할 때, 괄호 (라)에 들어갈 적절한 단어는 무엇인가?

:: 해 설

(1) (가) $r_S = 0.05 + (0.09 - 0.05) \times 1.2 = 0.098 = 9.8\%$

(나) $r_B(1 - T_C) = 0.08(1 - 0.3) = 0.056 = 5.6\%$

(2) ① $250 = \dfrac{5 \times 1.05}{r_S - 0.05}$, $\therefore r_S = 7.1\%$

② 배당이 매년 5%씩 일정하게 성장한다는 것은 매우 강한 가정이며, 자기자본비용이 성장률보다 커야 적용할 수 있다는 문제점이 있다.

(3) (다) $WACC = 0.098 \times \dfrac{1}{2} + 0.056 \times \dfrac{1}{2} = 0.077 = 7.7\%$

(4) 자기자본가치 $= \dfrac{4{,}000 \times 1.05}{0.098 - 0.05} = 87{,}500$만원

주식 A의 내재가치 $= \dfrac{87{,}500\text{만원}}{3{,}200{,}000\text{주}} = 273.4$원, 현재 주가는 250원 → (라) 과소

연·습·문·제

▶ 객관식 문제

01 무부채기업인 ㈜도봉과 1,000억원의 부채를 사용하고 있는 ㈜관악은 자본구조를 제외한 모든 면에서 동일하다. 법인세율은 25%이고, 투자자의 개인소득세율은 채권투자 시 X%, 주식투자 시 Y%일 때 다음 설명 중 옳은 항목만을 모두 선택한 것은? (단, 법인세 및 개인소득세가 존재하는 것 이외에 자본시장은 완전하다고 가정한다.) (CPA 1차 2018)

> a. X와 Y가 같다면, 기업가치는 ㈜관악이 ㈜도봉보다 더 크다.
> b. X가 25이고 Y가 0일 때, 기업가치는 ㈜도봉이 ㈜관악보다 더 크다.
> c. X가 15이고 Y가 0일 때, 두 기업의 기업가치 차이는 250억원보다 작다.

① a ② a, b ③ a, c ④ b, c ⑤ a, b, c

02 대리인비용(agency costs)과 관련된 다음 서술 중 옳은 것은? (CPA 1차 2002 수정)

① 위험유인(risk incentive)이란 소유경영자와 외부주주간에 발생하는 이해상충에서 파생하리인비대리인비용이다.
② 위험유인은 소유경영자의 지분율이 높을수록 위험한 투자안을 선택하려는 유인이다.
③ 과소투자유인(underinvestment incentive)은 부채의 대리인비용으로, 수익성투자 포기유인이라고도 한다.
④ 특권적 소비(perquisite consumption)는 주주와 채권자간에 발생하는 대리인비용으로, 타인자본의존도에 비례하여 증가하는 경향이 있다.
⑤ 감시비용(monitoring costs)이란 대리인이 자신의 의사결정이 위임자의 이해와 일치한다는 것을 입증하기 위해 지불하는 비용이다.

03 회계기업의 부채는 현재 2,000억원이다. 미래상황은 호황과 불황이 동일 확률로 가능하며 이 기업은 상호배타적인 두 투자안을 고려하고 있다. 두 투자안이 시행되면 호황과 불황에서의 기업가치는 다음과 같이 예상된다.

상 황	A투자안이 시행되는 경우	B투자안이 시행되는 경우
호황에서의 기업가치	4,300억원	3,800억원
불황에서의 기업가치	1,100억원	2,000억원

다음 중 적절한 설명을 모두 모은 것은? (CPA 1차 2006)

a. A투자안 시행시의 기대 기업가치는 B투자안 시행시의 기대 기업가치보다 200억원만큼 작다.
b. A투자안 시행시의 기업가치 변동성(표준편차)은 B투자안 시행시의 기업가치 변동성보다 700억원만큼 크다.
c. 주주가치를 극대화하는 기업은 B투자안을 선택한다.

① a, b, c ② a, c ③ b, c ④ a ⑤ a, b

04 다음은 시장가치로 측정한 A기업과 B기업의 자본구조와 경영자의 지분율이다. 이에 대한 설명 중 가장 적절하지 않은 것은? (CPA 1차 2008 수정)

	A기업	B기업
자 본	20억	80억
부 채	80억	20억
경영자(내부주주)의 지분율	80%	20%

① B기업은 A기업에 비해 기업 외부주주와 경영자(내부주주)간에 발생하는 대리인비용이 높을 수 있다.
② A기업은 B기업에 비해 채권자가 부담하는 대리인비용이 낮을 수 있다.
③ B기업은 A기업에 비해 위험이 높은 투자안에 대한 선호유인이 낮을 수 있다.
④ A기업은 B기업에 비해 경영자의 과소투자유인(underinvestment incentive)이 높을 수 있다.
⑤ B기업은 A기업에 비해 주주의 재산도피현상(milking the property)이 낮을 수 있다.

05 자본조달순위이론(pecking order theory)에 관한 설명으로 가장 적절하지 않은 것은? (CPA 1차 2015)

① 경영자는 외부투자자에 비해 더 많은 기업정보를 알고 있다고 가정한다.
② 자본조달 시 고평가된 기업이라고 하더라도 신주발행보다 부채발행을 선호한다.
③ 최적자본구조에 대해서는 설명하지 못한다.
④ 수익성이 높은 기업은 파산비용 등 재무적 곤경비용의 부담이 작기 때문에 수익성이 낮은 기업보다 높은 부채비율을 가질 것으로 예측한다.
⑤ 기업들이 여유자금(financial slack)을 보유하려는 동기를 설명한다.

06 자본구조와 기업가치에 대한 다음의 설명 중 가장 타당하지 않은 것은? (CPA 1차 2000)

① Modigliani & Miller(1963)는 법인세 절약효과 때문에 레버리지와 기업가치 사이에는 정(+)의 관계가 있다고 주장하였다.
② Jensen & Meckling(1976)은 총대리(인)비용이 최소가 되는 레버리지수준에서 최적자본구조가 실현된다고 주장하였다.
③ Miller(1977)는 법인세와 (개인)소득세를 모두 고려할 경우 자본구조와 기업가치는 무관하다고 주장하였다.
④ DeAngelo & Masulis(1980)는 법인세와 (개인)소득세를 모두 고려하더라도 비부채성 세금효과 때문에 최적자본구조가 존재할 수 있다고 주장하였다.
⑤ Myers & Majluf(1984)는 내부자금 사용 후 외부자금을 사용하는 자본조달 우선순위가 있기 때문에 레버리지와 기업가치 사이에는 부(−)의 관계가 있다고 주장하였다.

07 여러 가지 자본구조이론에 대한 다음의 설명 중 가장 옳지 않은 것은? (CPA 1차 2005)

① Modigliani & Miller(1958)에 의하면 레버리지와 기업가치는 무관하고, 자기자본가치를 먼저 구한 후 이것과 부채가치를 합쳐 기업가치를 구한다.
② Modigliani & Miller(1963)에서는 레버리지가 많을수록 기업가치는 상승하는데, 이는 순이익접근법의 결과와 동일하다.
③ Modigliani & Miller(1963)에서는 다른 조건이 일정하다면, 법인세율이 상승할수록 기업가치와 가중평균자본비용은 하락하지만 자기자본비용은 변함이 없다.
④ Miller(1977)는 개인수준의 이자소득세 때문에 레버리지 이득이 감소된다고 하였다.
⑤ 전통적 접근법과 파산비용이론 및 대리인이론의 결과는 레버리지를 적절하게 이용해야 기업가치가 상승한다는 공통점이 있다.

08 자본구조와 관련된 다음의 서술 중에서 적절한 것을 모두 모은 것은? (CPA 1차 2006)

a. 이익을 많이 내는 성공적인 기업들이 거의 부채를 사용하지 않는 현상은 파산비용과 절세효과를 동시에 고려하는 균형이론에 의해 설명된다.
b. 자본조달순위이론(pecking order theory)이 제시하는 자본조달의 우선순위는 내부자금, 신주발행, 부채의 순서이다.
c. 자본조달순위이론은 최적자본구조에 대한 예측을 하지 않는다.

① a, b ② a, b, c ③ c ④ b, c ⑤ a, c

09 자본구조와 기업가치에 관련된 설명으로 가장 적절하지 않은 것은? (CPA 1차 2017)

① 파산비용이론(상충이론; trade-off theory)에 의하면 부채 사용 시 법인세 절감효과에 따른 기업가치 증가와 기대파산비용의 증가에 따른 기업가치 감소 간에 상충관계가 존재한다.
② 자본조달순위이론에 따르면 경영자는 수익성이 높은 투자안이 있을 경우 외부금융(external financing)보다는 내부금융(internal financing)을 선호한다.
③ 부채를 사용하는 기업의 주주들이 위험이 높은 투자안에 투자함으로써 채권자의 부를 감소시키고 자신들의 부를 증가시키려는 유인을 위험선호유인(risk incentive)이라 한다.
④ 과소투자유인(under-investment incentive)이란 부채를 과다하게 사용하여 파산가능성이 있는 기업의 주주들이 투자안의 순현가가 0보다 크다고 하더라도 투자를 회피하려는 유인을 말한다.
⑤ 소유경영자의 지분율이 100%일 때 지분의 대리인비용(agency cost of equity)이 가장 크게 나타나며, 소유경영자 지분율이 낮아지고 외부주주 지분율이 높아질수록 지분의 대리인비용은 감소한다.

● 객관식 해답 **1.** ③, **2.** ③, **3.** ⑤, **4.** ②, **5.** ④, **6.** ⑤, **7.** ①, **8.** ③, **9.** ⑤

▶ 주관식 문제

01 개인소득세와 기업가치

현재 자기자본만을 사용하고 있는 ㈜종로는 이자율 10%로 50억원의 영구사채를 발행하여 자사주를 매입함으로써 자본구조를 변경하는 것을 검토하고 있다. 이 회사는 순이익을 전액 배당하는 정책을 가지고 있기 때문에 성장이 없으며, 그 이익은 매년 일정하게 영구적으로 발생한다. 각 자본구조하에서의 ㈜종로의 손익계산서는 다음과 같다.

	현 재 (자기자본=100%)	자본구조변경 후 (부채=50억원)
영업이익(EBIT)	30억원	30억원
이자비용	0	5억원
세전 순이익(EBT)	30억원	25억원
법인세비용(법인세율=0.4)	12억원	10억원
순 이 익	18억원	15억원

(1) 배당에 대한 개인소득세율=30%, 이자에 대한 개인소득세율=30%일 경우 다음의 물음에 답하라.

① 주주와 채권자가 받을 수 있는 총현금흐름은 어느 자본구조하에서 더 많은가?

② 국세청의 입장에서는 두 가지 자본구조 중 어느 자본구조를 더 선호하겠는가?

③ 현재(자본구조변경 전) 주주들의 요구수익률이 20%라면, 두 자본구조하에서 기업의 가치는 각각 얼마인가?

(2) 배당에 대한 개인소득세율=20%, 이자에 대한 개인소득세율=55%일 경우 다음의 물음에 답하라.

① 주주와 채권자가 받을 수 있는 총현금흐름은 어느 자본구조하에서 더 많은가?

② 국세청의 입장에서는 두 가지 자본구조 중 어느 자본구조를 더 선호하겠는가?

③ 현재(자본구조변경 전) 주주들의 요구수익률이 20%라면, 두 자본구조하에서 기업의 가치는 각각 얼마인가?

02 유효법인세율과 기업가치

주식투자소득에 대한 개인소득세율 $T_{ps}=0$인 사회에서 부채를 사용하고 있는 기업의 가치는 일반적으로 다음과 같이 나타낼 수 있다.

$$V_L = V_U + \left(1 - \frac{1-T_C}{1-T_{pB}}\right)B - C(B)$$

여기서 V_U: 부채를 사용하지 않는 기업의 가치
T_C: 기업에 대한 유효법인세율
T_{pB}: 한계채권자의 개인소득세율
B: 기업의 부채수준
$C(B)$: 기업이 부채를 사용함으로써 나타나는 재무적 곤경에 대한 비용의 현가(레버리지가 기업가치에 미칠 수 있는 세금과 무관한 모든 효과를 포함함)

모든 투자자들은 위험중립적이라고 가정하여 다음의 물음에 답하라.

(1) MM(1958년)은 법인세를 고려하지 않은 모형에서 T_C, T_{pB}, $C(B)$에 대해서 어떻게 가정하고 있는가? 그리고 이와 같은 가정들이 기업의 최적자본구조에 관해서 암시하고 있는 바는 무엇인가?

(2) MM(1963년)은 법인세를 고려한 모형에서 T_C, T_{pB}, $C(B)$에 대해서 어떻게 가정하고 있는가? 그리고 이와 같은 가정들이 기업의 최적자본구조에 관해서 암시하고 있는 바는 무엇인가?

(3) 갑사는 부채에 대한 이자비용에 의해 자사의 법인세를 감소시킬 수 있음을 확신하고 있다. 만약 갑사가 영구사채를 10억원 발행하여 자사주를 매입하는 데 사용한다면, 이 기업의 가치는 얼마나 변하겠는가? (단, $T_{pB}=20\%$, $T_C=40\%$, $C(B)=0$이라고 가정한다.)

(4) 을사는 실제적으로 부채에 대한 이자비용에 의해 자사의 법인세를 감소시킬 수 없다고 한다. 만약 을사가 주식 1원을 발행하는 대신 영구사채 1원을 추가적으로 발행한다면, 이 기업의 가치는 얼마나 변하겠는가? (단, $T_{pB}=20\%$, $T_C=40\%$, $C(B)=0$이라고 가정한다.)

(5) 병사는 부채에 대한 이자비용에 의해 자사의 법인세를 감소시킬 수 있을 가능성이 65%이고, 감소시키지 못할 가능성이 35%라고 예상하고 있다. 만약 병사가 주식 1원을 발행하는 대신 영구사채 1원을 추가적으로 발행한다면, 이 기업의 가치는 얼마나 변하겠는가? (단, $T_{pB}=20\%$, $T_C=40\%$, $C(B)=0$이라고 가정한다.)

03 고급 개인소득세와 사채시장의 균형

다음과 같은 네 투자자그룹만 존재하는 경제를 고려해 보자.

그 룹	이자소득에 대한 한계개인소득세율(%)	투자자금(억원)
A	50	1,200
B	34	300
C	20	150
D	0	50

모든 투자자들은 외국의 부동신에 투자함으로써 5.4%의 면세수익률을 얻을 수 있으며, 주식에 투자하는 경우에도 이와 동일한 수익률을 얻을 수 있다. 기업의 법인세율은 34%이며, 영업이익은 매년 일정하게 120억원씩 영구적으로 발생하리라 기대된다. 그리고 이자지급액은 기업차원에서 세금을 감소시킬 수 있으며, 개인차원에서는 과세된다. 모든 투자자들은 위험중립적이고 감가상각은 없으며, 주식투자소득에 대한 개인소득세율은 0이라고 가정하여 다음의 물음에 답하라.

(1) 사채의 균형이자율은 얼마인가?
(2) 경제전체차원에서 부채비율(B/S)의 가능한 범위는?
(3) 법인세율이 40%일 경우 물음 (2)의 결과는 어떻게 되겠는가?

04 파산비용과 기업가치

㈜광주는 부채를 사용하고 있지 않으며, 매년 2억원의 일정한 영업이익을 기대하고 있다. 이 회사의 법인세율은 40%이며, 그 시장가치는 12억원이다. 경영자는 약간의 채권을 발행하여 조달한 자금으로 자사주를 매입함으로써 자본구조를 변경하는 것을 고려하고 있다. 부채를 사용하여 자본구조를 변경시키는 경우, 이자비용이 과세대상소득을 줄여 줌으로써 나타나는 감세효과에 의해 기업의 가치가 증가하는 경향이 있으나, 다른 한편으로는 재무적 곤경에 처할 위험이 증가함에 따라 부채사용으로 인한 감세효과가 상쇄될 수 있을 것이다. 기업의 재무분석가는 어떤 미래의 재무적 곤경으로 인하여 발생할 수 있는 비용의 현가가 8억원에 이를 것으로 추산하고 있으며, 재무적 곤경이 발생할 확률은 재무레버리지가 증가함에 따라 다음과 같이 증가할 것으로 추정하고 있다.

부채의 가치	재무적 곤경의 확률
2.5억원	0.00%
5.0억원	1.25%
7.5억원	2.50%
10.0억원	6.25%
12.5억원	12.50%
15.0억원	31.25%
20.0억원	75.00%

(1) 현재(자본구조를 변경하기 전) 이 회사의 자기자본비용과 가중평균자본비용을 구하라.
(2) 법인세를 고려한 MM의 수정이론에 의해서 이 회사의 최적부채수준을 구하라.
(3) 재무적 곤경비용이 포함될 때, 이 회사의 최적자본구조를 구하라.

(4) 재무적 곤경비용을 포함시키지 않는 경우와 포함시키는 경우에 부채수준에 따라 기업가치가 어떻게 변하는지를 각각 그림으로 나타내라.

05 파산비용과 최적자본구조 (CPA 2차 2014)

㈜서울은 자기자본만으로 자금을 조달한 기업으로 자본비용은 20%이며, 연간 10억원의 영업이익이 영구히 발생할 것으로 기대된다. ㈜경기는 총 액면가 15억원, 액면이자율 10%, 만기수익률 10%의 영구채와 총 10,000주의 주식으로 구성되어 있으며, 영업이익과 영업위험은 ㈜서울과 동일하다. 법인세율은 40%이다. 물음 (1)과 물음 (2)는 MM의 명제가 성립한다고 가정한다.

(1) ㈜서울과 ㈜경기의 시장가치는 각각 얼마인가?

(2) ㈜경기의 자기자본비용과 가중평균자본비용 WACC는 얼마인가? 계산결과는 %로 표시하되 반올림하여 소수점 둘째 자리까지 표기하라.

(3) 현재 시장에서는 부채가치의 수준에 따라 파산할 확률이 아래와 같이 예상되고 있으며 파산시 발생하게 되는 비용의 현재가치가 20억원으로 추산된다.

부채 가치	파산 확률
3 억원	10%
6 억원	13%
9 억원	18%
12 억원	25%
15 억원	40%

① 기대파산비용을 고려할 때 ㈜경기의 기업가치는 얼마인가?

② 세금절감효과와 기대파산비용을 고려할 때 ㈜경기의 기업가치를 극대화시킬 수 있는 최적 부채수준을 구하라.

(4) 자본구조 관련 이론 중 자본조달순위이론(pecking order theory)을 5줄 이내로 설명하라.

06 부채의 대리인비용: 위험선호유인

㈜서울은 다음 연도의 기업상황이 호전 또는 악화될 수 있으며, 각각의 발생가능성은 동일할 것으로 생각하고 있다. 이와 같은 상황하에서 ㈜서울은 상호배타적인 두 투자안을 고려하고 있다. 이 회사가 선택하는 투자안은 올해에 시행되는 유일한 투자안으로서 투자안의 성과는 기업의 가치를 결정하게 될 것이다. ㈜서울은 채권자에게 50억원을 지급하여야 한다. ㈜서울은 위험중립적이며, 두 투자안에 관한 자료는 다음과 같다.

위험이 낮은 투자인

	확 률	기업의 가치	=	주식의 가치	+	채권의 가치
악 화	0.5	50억원	=	0	+	50억원
호 전	0.5	70억원	=	20억원	+	50억원

위험이 높은 투자안

	확 률	기업의 가치	=	주식의 가치	+	채권의 가치
악 화	0.5	10억원	=	0	+	10억원
호 전	0.5	80억원	=	30억원	+	50억원

(1) ㈜서울의 주주들은 어느 투자안을 선택하려고 하는가? 그 이유는?

(2) ㈜서울의 채권자들은 기업이 어느 투자안을 선택해 주기를 원하는가? 그 이유는?

(3) 물음 (1)과 (2)의 결과가 서로 다르다면, 즉 주주와 채권자 사이에 갈등이 발생한다면, 이로 인하여 발생하는 대리인비용은 누가 부담하게 되는가?

07 위험선호유인과 채권자보호

(CPA 2차 2004)

상록기업은 다음과 같은 신규 투자를 고려하고 있다. 신규 투자안 A, B는 모두 100원의 투자원금을 필요로 하며, 투자기간은 1년이고 상호배타적이다. 이들 투자안의 1년 말 총현금흐름은 다음과 같다.

(단위: 원)

상 황	확 률	투자안 A	투자안 B
불 황	0.5	110	50
호 황	0.5	130	180

각 경제주체들은 위험중립적이며, 무위험이자율(혹은 시장이자율)은 10%이고, 부채조달시 채권만기는 투자기간과 동일하다. 아래의 각 물음에 근거와 함께 답하라. 단, 계산은 소수점 셋째 자리에서 반올림할 것.

(1) 상록기업의 소유경영자가 투자원금 전액을 자기자본으로 조달한다면 어떤 투자안을 선택할 것인가?

(2) 상록기업은 투자안 선택에 상관없이 시장이자율로 투자원금 전액을 부채로 조달한다고 하자. 이때 상록기업의 소유경영자는 어떤 투자안을 선택할 것인가?

(3) 채권시장은 완전경쟁시장이므로, 채권은 순현가가 0이 되도록 시가발행된다. 상록기업의 소유경영자는 투자원금을 부채로 100% 조달할 예정이며, 각 투자안별로 별도의 가격조건으로 부채를 조달한다. 이때 상록기업의 소유경영자는 어떤 투자안을 선택할 것인가?

(4) 위의 물음 (3)에서와 동일한 상황이며, 단지 차이점은 상록기업이 최대한 부채조달을 통해 투자하려고 하지만 부채여력(debt capacity)이 제한되어 있어 투자원금의 나머지는 자기자본으로 조달해야 한다는 것이다. 현재 상록기업이 조달가능한 부채의 만기시 약속원리금은 두 투자안 모두 88원이며, 파산시에는 16원의 파산비용이 발생한다. 이때 상록기업의 소유경영자는 어떤 투자안을 선택할 것인가?

08 과소투자유인과 투자안 평가

㈜진주는 현재 만기가 1년인 부채를 사용하고 있다. 이 기업은 1년 후 부채의 원리금을 상환하기 위하여 총 150억원의 자금이 필요하다. ㈜진주의 1년 후 기대되는 현금흐름의 확률분포는 다음과 같으며 상황의 발생가능성은 동일하다.

상 황	기업가치
호 황	300억원
불 황	100억원

현재 ㈜진주는 투자액 60억원인 새로운 투자안을 고려하고 있다. 이 투자안으로부터 1년도 말에 기대되는 현금흐름은 상황에 불문하고 동일하며, NPV는 10억원이다. 투자에 소요되는 자금은 전액 자기자본으로 조달할 예정이다. 무위험이자율은 0%이고 주주와 채권자 모두 위험중립적인 투자자를 가정한다.

(1) 신규 투자 전 ㈜진주의 부채가치와 자기자본가치를 구하라.

(2) ㈜진주가 신규 투자안을 채택할 경우의 부채가치와 자기자본가치를 구하고, 채권자와 주주입장에서 각각 신규 투자안에 대한 찬반 여부를 밝혀라.

(3) ㈜진주의 투자의사결정이 전적으로 주주들에 의해서 이루어진다고 할 경우 신규 투자안이 채택되기 위한 투자안의 NPV를 구하라.

09 고급 이자율과 위험선호유인 (CPA 2차 2000 수정)

㈜알파는 다음과 같은 상호배타적인 두 투자안을 고려하고 있으며, 현재시점에서 필요한 투자자금은 차입금으로 조달할 예정이다.

투자안 A	
시 점	현금흐름(억원)
0	−100
1	120

투자안 B		
시 점	확 률	현금흐름(억원)
0	1.0	−100
1	1/3	150
	2/3	45

모든 투자자는 위험중립적이며, 무위험이자율은 0%라 가정한다.

(1) 각 투자안의 NPV를 구하라. ㈜알파의 주주는 어떤 투자안을 선택하는가?
(2) 채권자가 100억원을 대출해 주고 1시점에 102억원을 상환받기로 약정하는 것을 $f(100, 102)$라고 한다면, ㈜알파의 주주는 어떤 투자안을 선택할 것인가?
(3) ㈜알파와 채권자가 $f(100, 108)$로 약정을 하는 경우 주주는 어떤 투자안을 선택할 것인가? 또한 채권자의 손익은 어떻게 되는가?
(4) 물음 (1)~(3)을 종합하여 볼 때 이자율상승에 따른 채무불이행위험의 변화를 언급하고, 이에 대한 채권자의 대책으로 어떤 것이 있는지를 설명하라.

10 채권자 간의 이해관계

(CPA 2차 2000 수정)

현재시점을 기준으로 1년 전에 차입한 투자자금 80억원의 채무를 1년 후에 100억원으로 상환해야 하는 기업이 있다. 현재 이 기업이 100억원을 새로이 투자하는 경우 1년 후 150억원의 현금흐름이 발생하지만, 추가투자가 없는 경우에는 20억원의 현금흐름이 발생할 것으로 예상하고 있다. 무위험이자율은 0%이고, 위험중립형 투자자를 가정할 경우 다음의 물음에 답하라.

(1) 새로운 투자안의 NPV를 구하라.
(2) 현재 이 기업이 새로운 투자에 필요한 자금 100억원을 전액 차입하는 경우, 신규 대출자는 이전의 대출자에 비해 후순위 채권자가 된다. 이때 신규 대출자는 100억원을 대출해 주겠는가?
(3) 기존의 채권자가 당해 기업에 출자전환을 한다면, 신규 채권자는 100억원을 대출해 줄 것이다. 기존의 채권자가 손해를 보지 않기 위해서 당해 기업에 요구할 최소한의 지분율은 얼마인가?

11 정보비대칭과 자본조달

(CPA 2차 2018)

김씨는 ㈜갑을의 소유경영자이며 현재 100% 지분을 보유하고 있다. 사업확장에 따른 2억원의 신규 투자자금을 조달하기 위해 투자자 박씨와 협의 중이다. 김씨에 따르면 현재 고려중인 상호배타적 두 투자안의 투자수익 분포는 다음과 같다고 한다.

상 황	확 률	1년 후 투자수익(억원)	
		투자안 X	투자안 Y
호 황	1/3	5	8
보 통	1/3	4	4
불 황	1/3	3	1

두 투자안의 수명은 1년이고, 투자안의 가치는 수익에 의해서만 결정되며, 김씨는 위험중립형으로 가정한다. 다음 물음에 답하고 구체적 근거를 제시하라.

(1) 박씨로부터 2억원을 5% 이자율로 차입할 경우, 김씨가 선호하는 투자안은 무엇인가?

(2) 파산비용에 따른 사업가치의 하락을 주주가 부담한다면, 김씨는 어떠한 투자안을 선호할 것인가? 단, 기대파산비용의 현재가치는 1억원이며 파산 여부는 위 신규 투자안만을 고려하여 판단한다.

(3) 투자안 X를 선택한 김씨는 박씨에게 대출 대신 지분참여를 제의하였다고 하자. 박씨가 2억원을 투자하는 대가로 이 사업에 대해 최소 몇 퍼센트의 지분율을 요구해야 하는지를 보여라. 단, 박씨는 지분참여 시 0.5억원의 위험프리미엄을 요구한다.

(4) 기업 내부정보에 접근이 가능한 김씨는 박씨에게 설명한 것보다 영업상황이 호황, 보통, 또는 불황인지에 대해 더 구체적인 정보를 가지고 있다고 가정한다. 만약 김씨가 박씨에게 대출 대신 (3)과 같은 최소지분율로 투자안 X에 대한 지분투자를 권유한다면, 이는 박씨에게 어떠한 정보를 전달하는 것인가? 또한 박씨가 요구하는 지분율은 어떻게 변경될 것인가?

(5) (4)의 결과를 토대로 정보비대칭 하에서 기업의 유상증자가 시장에 어떠한 신호를 주는지를 설명하라. 그리고 시장의 투자자들은 기업의 유상증자에 대하여 어떻게 반응하는 지를 설명하라.

12 자본구조이론 종합

㈜부산은 현재 보통주 10,000주를 발행하여 자본금 전액을 조달하고 있다. 현재 ㈜부산의 주주들은 최소한 20%의 수익률을 요구하고 있으며, 이 회사는 모든 이익을 전액 배당으로 지급한다. 그리고 이 회사의 미래 영업이익의 확률분포는 다음과 같이 추정된다.

영업이익	확 률
1,400만원	0.5
5,000만원	0.3
10,000만원	0.2

이와 같은 영업이익에 대한 기대는 변하지 않고 영구적으로 지속된다고 가정한다. 이제 ㈜부산의 경영자는 이자율 10%로 1억원의 영구사채를 발행하여 자사의 주식을 재매입함으로써 자본구조를 변경하려고 한다.

(1) 법인세와 개인소득세가 없는 경우

① 현재(자본구조를 변경하기 전) ㈜부산의 가치, 자기자본비용, 가중평균자본비용

을 구하라.

② 자본구조를 변경한 후 ㈜부산의 가치, 자기자본비용, 가중평균자본비용을 구하라.

③ 물음 ①과 ②의 결과에 의해서 MM의 명제 I 과 Ⅱ를 설명하라.

(2) 법인세율=40%인 경우

① 현재(자본구조를 변경하기 전) ㈜부산의 가치를 구하라.

② MM의 수정이론(1963년)하에서 자본구조를 변경한 후 ㈜부산의 가치, 자기자본비용, 가중평균자본비용을 구하라.

③ 물음 ①과 ②의 결과에 의해서 MM의 명제 I 과 Ⅱ를 설명하라.

④ 만약 파산비용이 존재한다면, 부채사용이 기업가치에 어떻게 영향을 미치는지를 말로써 설명하라.

(3) 법인세율=40%, 이자소득에 대한 개인소득세율=40%, 배당소득에 대한 개인소득세율=0인 경우

① 현재(자본구조를 변경하기 전) ㈜부산의 가치를 구하라.

② 자본구조를 변경한 후 ㈜부산의 가치를 구하라.

③ 밀러모형하에서 이자소득에 대한 개인소득세율이 증가함에 따라 ㈜부산의 가치(자본구조를 변경한 후)는 어떻게 되겠는가?

13 가중평균자본비용법과 확실성등가법 (CPA 2차 1994 수정)

㈜회산은 현재 시장가치기준으로 자기자본 5억원과 부채 5억원으로 구성되어 있으며, 자기자본베타는 2.5이다. 이 기업은 현재 다음과 같은 투자안를 고려하고 있으며, 이 투자안의 자본구성도 기존 기업과 동일하게 유지할 것이다.

시 점	현 재	1년도 말	2년도 말	3년도 말	4년도 말
현금흐름(만원)	−30,000	10,000	15,000	15,000	20,000

㈜회산이 고려중인 투자안과 동일한 영업위험을 가진 ㈜창원의 자본구성은 부채 40%, 자기자본 60%이며, 주식베타는 2.1이다. 그리고 무위험이자율은 10%, 시장의 기대수익률은 20%, 법인세율은 40%이다. (단, 부채는 위험이 없다고 가정한다.)

(1) ㈜회산이 고려중인 투자안을 평가하라.

(2) ㈜회산이 고려중인 투자안을 채택할 경우 영업위험과 자기자본비용이 어떻게 변화하는가?

(3) 확실성등가법을 이용하여 ㈜회산이 고려중인 투자안을 평가하라.

14 부채사용과 투자안 평가 (CPA 2차 2013)

㈜우리는 부채비율(타인자본가치/기업가치) 40%를 목표부채비율로 설정하여 유지하고 있으며, 채권베타는 0.2이고 주식베타는 1.4이다. 회사는 매년 영업활동에서 세전현금흐름 405억원을 창출하고 있으며 이러한 상태가 영원히 지속될 것으로 전망된다. 채권에 지급하는 이자율은 채권에 대한 기대수익률과 동일하다. 법인세율 25%, 무위험수익률 4%, 시장기대수익률 9%이다. 이외에는 CAPM과 MM자본구조이론이 성립한다고 가정한다. 다음 질문에 대하여 계산과정을 제시하고 답하라.

(1) 가중평균자본비용을 이용해서 계산한 ㈜우리의 기업가치는 얼마인가?

(2) ㈜우리가 부채를 이용하지 않고 자기자본만으로 사업한다면 기업가치는 얼마가 되는가?

(3) 가치평가에서는 부채를 이용하는 효과를 할인율에 반영하지 않고 현금흐름에 반영할 수도 있다. 이러한 접근법을 ㈜우리에 적용하면 현금흐름, 할인율, 기업가치는 얼마가 되는가?

(4) ㈜우리의 세전현금흐름 405억원은 다음과 같은 두 가지 상황의 기대치이다.

경기상황	확 률	세전현금흐름
호황	50%	650억원
불황	50%	160억원

이러한 현금흐름의 확실성등가를 계산하고 이를 이용해서 기업가치를 계산하라.

15 베타, 자기자본비용, 조정현가 (CPA 2차 2015)

자동차부품을 생산하는 다라기업은 4,000만원이 소요되는 통신분야 투자를 검토중이다. 통신분야의 비교기업인 마바기업은 보통주 베타가 2.0이며 부채구성비율($\frac{D}{D+S}$)은 50%이다. 이 투자안이 시행되면 매년 5,000만원의 매출과 4,000만원의 영업비용이 영구적으로 발생할 것으로 예상된다. 다라기업의 목표 부채구성비율($\frac{D}{D+S}$)은 20%이다. 차입이자율은 무위험이자율과 동일한 10%이고 시장포트폴리오의 기대수익률은 14%이며 법인세율은 30%이다. MM의 자본구조이론과 CAPM 환경 하에서 답하라. 계산결과는, 비율과 베타는 반올림하여 소수점 넷째 자리까지 표시하고 금액은 만원 단위로 소수점 둘째 자리까지 표시하라.

〈참고사항〉

※ 다음의 약자를 사용하시오

D: 부채, S: 자기자본, A: 자산, T_C: 법인세율

k_U: 무부채기업의 자기자본비용

k_S: 자기자본비용, k_D: 부채비용

V_U: 무부채기업의 자산가치

V_L: 부채기업의 자산가치

β_A: 자산베타, β_U: 무부채기업의 주식베타

β_L: 부채기업의 주식베타

$EBIT$: earnings before interest and taxes

EAT: earnings after taxes

(1) 이 투자안의 베타(β_L)는 얼마인가?

(2) (1)의 베타를 구하기 위해 사용한 공식을 도출하라.

(3) MM의 수정이론(1963년) 중 자본구조와 자기자본비용에 관한 제2명제의 식을 도출하라.

(4) 이 투자안의 조정현가(APV)를 구하라.

16 고급 조정현가(APV)법

현대자동차와 혼다자동차는 서울렌트카에 자동차를 판매하려고 서로 경쟁하고 있다. 서울렌트카는 구입한 렌트카들을 정액법에 의해서 5년에 걸쳐서 감가상각하며, 그것들의 5년 후의 잔존가치는 없는 것으로 기대된다. 서울렌트카는 30대의 차량에 의해서 얻을 수 있는 수익에서 현금지출비용을 차감하여 구한 순현금이익은 매년 1억원이 되리라 기대하고 있다. 서울렌트카의 법인세율은 40%이고, 이 기업의 요구수익률은 10%이다. 새로운 렌트카 30대의 추가에 의해서 기업의 위험은 변하지 않는다. 그리고 무위험이자율은 6%이다.

(1) 서울렌트카가 30대의 자동차에 대해서 지불할 수 있는 최대의 가격은 얼마인가?

(2) 두 자동차회사는 모두 30대의 자동차를 3억 4천만원에 판매하겠다고 한다. 서울렌트카는 투자자금을 조달하기 위하여 이자율 8%로 만기 5년인 사채 2억원을 액면발행할 수 있다. 서울렌트카는 사채발행비용과 재무적 곤경으로 인한 비용이 발생하지 않을 것으로 생각한다. 만약 서울렌트카가 자동차의 구입을 위하여 부채를 사용한다면, 이 투자안의 APV는 얼마가 되겠는가?

(3) 서울렌트카가 현대로부터 자동차를 구매하도록 장려하기 위하여 정부는 서울렌트

카에 이자율 5%로 2억원을 대출하기로 하였다. 이 경우 서울렌트카가 30대의 자동차에 대해서 지불할 수 있는 최대의 가격은 얼마인가?

17 투자안 평가와 조정현가(APV)법 (CPA 2차 2009)

이동통신사업을 무부채로 경영해 오고 있던 ABC기업은 새로운 이동통신 콘텐츠사업을 담당할 자회사 설립을 고려하고 있다. 해당 자회사의 설립에는 90억원이 소요되고, 설립 첫해에는 20억원의 세전 영업이익이 발생한 후 매년 2%씩 영속적으로 늘어나며, 감가상각비는 없을 것으로 예상된다. 동종 콘텐츠회사인 XYZ기업의 경우 주식베타가 1.92이며, 부채비율(타인자본/자기자본)은 200%이다. 무위험이자율은 10%, 시장위험프리미엄은 10%, 그리고 법인세율은 30%이다. 금액은 억원 단위로 표기하고, 반올림하여 소수점 넷째 자리까지 계산하라.

(1) ABC기업이 100% 주식발행만으로 자회사 설립을 고려할 경우, 순현가(NPV)를 이용하여 해당 투자안의 경제성을 평가하라.
(2) ABC기업은 자회사 설립시 투자액의 1/3을 무위험부채를 통해 조달하고, 나머지는 주식으로 조달하려고 한다. 해당 투자안의 경제성을 조정현가(APV)법을 이용하여 평가하라.
(3) ABC기업은 모든 투자안에 대해 18%의 필수수익률(cut-off rate)을 요구한다고 하자. 자회사 설립 투자안에 대한 내부수익률(internal rate of return)을 구하고, 투자 여부를 판단하라.

18 가중평균자본비용법과 조정현가(APV)법 (CPA 2차 2018)

㈜가나는 기존 사업과 동일한 위험을 가지고 있는 신규사업 A(투자수명 2년)를 시작하려고 하며 부채비율(부채/자기자본)은 기존의 부채비율인 1을 항상 유지할 계획이다. 신규사업 A를 위해 구입해야 하는 내용연수가 2년인 새 기계는 10억원이고, 정액법으로 감가상각되며 잔존가치는 없다. 신규사업 A로 인해, 향후 2년간 연간 매출액은 60억원, 감가상각비를 제외한 연간 영업비용은 25억원 증가할 것으로 추정된다. 마케팅 비용은 시작 시점($t=0$)에서 한 번 10억원이 발생하며 신규사업과 관련된 순운전자본의 증감은 없다. ㈜가나의 세전타인자본비용은 6%, 자기자본비용은 10%, 법인세율은 20%이다. 영업위험만 반영된 베타는 1이고 시장포트폴리오의 기대수익률은 8%이며, CAPM이 성립한다.

(1) 가중평균자본비용(WACC)법을 이용하여 신규사업 A의 순현재가치(NPV)를 구하라.
(2) $t=0$에서 증분기준으로 자산, 부채, 자기자본의 크기는 얼마인가?

(3) $t=0$에서 증분기준 자기자본의 크기가 신규사업 A의 NPV와 같지 않은 이유는 무엇인가?

(4) $t=1$과 $t=2$에서 이자지급 후 남아 있는 증분기준 부채잔액은 얼마인가?

(5) 조정현재가치(APV) 계산에 필요한 이자비용 절세효과의 현재가치는 얼마인가?

19 주주현금흐름(FTE)법

새로 설립될 ㈜금강산은 현재 6억원을 투자하여 관광사업을 시작하려고 한다. 관광사업에 진출할 경우 매년 1억원의 영업이익이 영구적으로 발생하리라 예상되며, 이 사업과 관련된 추가적인 자료는 다음과 같다.

• 목표부채비율(B/S_L) = 1.0	• 주식베타 = 1.4
• 부채베타 = 0	• 무위험이자율 = 5%
• 시장수익률 = 10%	• 법인세율 = 40%

(1) 가중평균자본비용법(WACC법)에 의해 ㈜금강산의 관광사업에 대한 경제성을 평가하라.

(2) ㈜금강산의 재무부장은 투자안의 순현가는 결국 주주의 몫이기 때문에 부채와 관련된 부분을 제외시키고, 주주에게 귀속되는 현금흐름과 자기자본비용을 이용하여 투자안을 평가하여도 WACC법과 동일한 결과를 얻을 수 있다고 주장한다. 이와 같은 주장의 타당성을 계산근거에 의해 밝혀라.

20 조정현가법(APV)와 주주현금흐름법(FTE) (CPA 2차 2016)

㈜우리의 영업이익은 1년 후 100만원이 예상되고 이후 매년 3%씩 증가할 것으로 예상된다. 자본지출과 감가상각비는 항상 같으며 순운전자본의 변화도 일어나지 않는다. 법인세율은 30%이며 현재 200만원의 부채를 가지고 있다. 이 회사는 항상 부채비율을 일정하게 유지할 계획이어서 부채도 평균적으로 매년 3%씩 증가할 것으로 예상된다. 무위험수익률과 세전부채비용이 5%이고 시장포트폴리오의 기대수익률은 11%이다. ㈜우리의 영업위험만 반영되어 있는 베타는 1.2이며, 부채의 크기는 계속 변동하므로 이자비용의 절세액도 베타는 1.2이다. CAPM모형이 성립한다고 가정한다. 자본비용은 반올림하여 소수점 넷째 자리까지 표시하고 금액은 반올림하여 만원 단위로 소수점 둘째 자리까지 표시하라.

(1) ㈜우리가 무부채기업이라면 기업가치는 얼마인가?

(2) 조정현재가치(APV)는 얼마인가?

(3) 가중평균자본비용(WACC)은 얼마인가?

(4) 자기자본비용은 얼마인가?

(5) 주주현금흐름법(FTE)으로 계산한 자기자본의 가치는 얼마인가?

(6) ㈜우리는 연속적으로 부채비율을 일정하게 유지시키지 않고 1년에 한 번 연초에 부채의 크기를 조정하여 목표부채비율을 유지하기로 하였다. 부채사용효과는 얼마인가? (힌트 : t시점에서의 이자지급액 크기는 $t-1$시점에서 확정됨.)

제 15 장

배당정책

1. 현금배당과 배당의 지급절차
2. 배당과 기업가치
3. 배당정책의 실제
4. 배당의 특수형태

기업이 주주에게 배당을 얼마나 지급하여야 하는가에 관한 문제는 경영자의 주요한 관심사 중 하나이다. 기업이 이익 중 일부를 배당의 형태로 지급할 때 주주들은 직접적인 이득을 취할 수 있다. 한편 기업이 새로운 성장기회를 얻기 위하여 배당을 지급하는 대신 이익을 유보시킨다면, 주주들은 주가상승을 통하여 간접적인 이득을 기대할 수 있을 것이다. 이 경우 주주들이 어느 방법을 통한 이득을 더 선호하느냐, 즉 배당 또는 자본이득 중 어느 것을 더 선호하느냐가 배당정책의 핵심이라 할 수 있다.

배당정책(dividend policy)이란 기업이 벌어들인 순이익을 기업의 소유주인 주주들에게 지급하는 배당과 미래의 투자기회에 대처하기 위하여 사내에 적립하는 이익잉여금 또는 유보이익(retained earnings)으로 구분하는 의사결정을 의미한다. 배당정책도 다른 재무의사결정과 마찬가지로 기업가치 또는 주주의 부를 극대화시킬 수 있는 차원에서 이루어져야 한다. 이를 위하여 본장에서는 배당정책이 기업가치에 어떠한 영향을 미치는지에 관해서 자세히 살펴보고자 한다.

1 현금배당과 배당의 지급절차

일반적으로 배당이란 주식회사가 주주에게 기업의 순이익을 배분하기 위하여 지급하는 현금을 의미한다.[1)]

재무 FOCUS

배당의 척도

기업이 얼마나 배당하고 있는가를 나타내는 척도로는 다음과 같은 여러 가지가 사용되고 있다.

- 주당배당금(dividend per share) : 주식 1주에 대한 현금배당액

$$주당배당금 = \frac{총배당액}{총발행주식수}$$

- 배당수익률(dividend yield) : 주식의 시장가치에 대한 배당액의 비율

$$배당수익률 = \frac{주당배당금}{주가}$$

- 배당률(dividend ratio) : 주식의 액면가치에 대한 배당액의 비율

$$배당률 = \frac{주당배당금}{액면가}$$

- 배당성향(dividend payout) : 기업의 순이익 중 주주에게 배당으로 지급된 금액 비율

$$배당성향 = \frac{주당배당금}{주당순이익} = 1 - 유보비율$$

1.1 현금배당의 유형

현금배당(cash dividend)은 지급방법에 따라 정규현금배당, 추가현금배당, 특별현금배당 등으로 분류된다.

정규현금배당

정규현금배당(regular cash dividend)은 매년 정기주주총회의 의결을 거쳐 정기적으로 지급되는 배당을 말한다. 일반적으로 정규현금배당은 기업의 일시적인 경영성과

1) 배당은 대부분 현금을 지급하는 형태로 이루어지나 기업의 사정에 따라 주식배당, 주식분할, 자사주 매입 등 특수한 형태를 취하는 경우가 있다. 이에 대해서는 본장의 제4절에서 자세히 설명할 것이다.

와 관계없이 일정하게 지급되는 경향이 있다. 대부분의 기업에서는 순이익이 일시적으로 증가하거나 감소하더라도 안정적인 배당을 위하여 매년 일정한 배당을 지급하고 있다. 특히 경영자들은 장기적으로 기업전망이 호전되어 적어도 배당압박에 대한 우려가 없다는 확신이 있을 때만 정규현금배당을 증가시키려 한다.

추가현금배당

추가현금배당(extra cash dividend)은 경영자가 장기적으로 기업전망이 개선될 것이라고 확신할 수는 없지만, 일시적으로 많은 이익을 얻을 경우 정규현금배당 이외에 추가적으로 지급하는 현금배당을 의미한다. 따라서 추가현금배당은 순이익의 증가가 지속적으로 실현될 경우에는 계속 지급될 수 있으나, 순이익의 증가가 일시적일 때는 그 지급이 중단될 수 있다.

특별현금배당

특별현금배당(special cash dividend)은 1회용 보너스의 형태로 지급되는 현금배당으로서 정상적인 배당지급시기 이외에 임시주주총회의 결의를 거쳐 지급되는 배당이다. 따라서 특별현금배당은 반복적으로 지급되지 않는 경향이 있다.

1.2 현금배당의 지급절차

우리나라의 상법에서는 배당지급에 관한 사항을 매회계연도 종료일로부터 3개월 내에 열리는 주주총회에서 의결하도록 규정하고 있다. 배당지급에 관한 사항은 주당배당금, 배당기준일, 배당지급일 등을 포함한다. 미국의 경우 우리나라와 달리 이사회의 결정에 의해 배당이 지급된다.

우리나라와 미국의 배당지급절차는 다소 상이하며, 양국의 지급절차를 단계별로 비교하여 정리하면 [그림 15-1]과 같다. [그림 15-1]에서 **배당기준일**(record date)은 배당을 지급받을 주주를 확정시키기 위하여 주주명부를 폐쇄시키는 날을 말한다. 따라서 배당기준일은 주식의 명의개서가 가능한 마지막 날이다. 12월 말 결산법인의 경우에는 당해 사업연도의 마지막 날인 12월 31일이 배당기준일이다. 그리고 **배당락일**(ex-dividend date)은 배당금에 대한 권리가 상실되는 날을 의미하며, 배당락일 이후에 주식을 매입하는 경우 배당을 받을 수 없다. 일반적으로 배당락일은 배당기준일 이전에 발생되는데, 그 이유는 투자자가 주식을 매입한 후 그 결제가 완료되거나 그 주식의 소유권 이전을 회사에 통고하기까지는 일정한 시간이 소요되기 때문이다. 우리나라의 경우에는 거래체결일을 포함하여 거래체결일로부터 3일째 되는 날에 결제가 이루어지므

그림 15-1 한국과 미국의 배당지급절차 비교

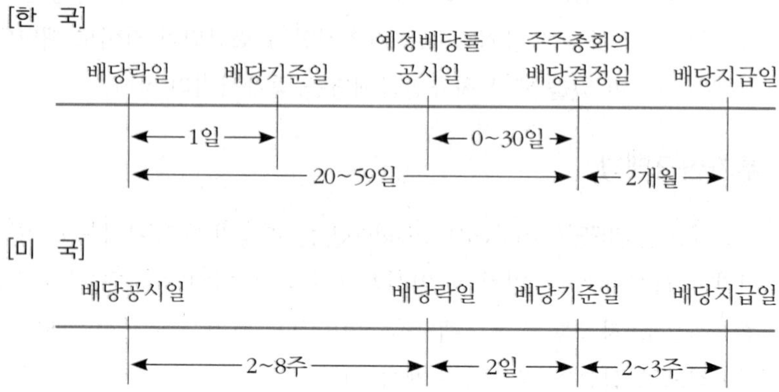

로 배당락일이 배당기준일 1일 전인 경우가 많다. 예를 들어 6월 30일 결산법인의 경우 배당락일은 6월 29일이다. 그러나 12월 말 결산법인의 경우는 증권시장이 연말에 거래일기준 1일간 휴장되어 결제가 허용되지 않기 때문에 배당락일은 12월 마지막 거래일의 하루 전날이 된다. 이와 같은 배당락조치는 배당을 받을 수 있는 주주를 확정시키기 위하여 한국거래소(Korea Exchange: KRX)에서 이루어지는 시장조치로서 배당락일에 형성되는 주가를 배당락주가라고 한다. 우리나라에서는 결산기가 지난 후 지급되는 정기배당(연말배당) 외에 영업연도 중 1회에 한하여 이사회 결의에 의해 정관에 정해진 날(배당기준일로 통상 반기결산일)에 현금으로 중간배당(반기배당)을 할 수 있도록 하고 있다. 또한 배당 활성화를 유도하기 위하여 2004년 4월부터 1년에 최고 네 차례의 배당을 할 수 있는 분기배당제가 도입되었다.

우리나라의 배당지급제도는 다음과 같은 몇 가지 문제점을 가지고 있다.

첫째, 미국에서는 배당금이 기업의 재무정책의 일환으로서 수시로(통상적으로 매분기마다, 즉 1년에 4번) 지급되고, 결산서류의 확정 및 이익배당결정권이 주주총회가 아닌 이사회에 부여되고 있다. 이는 회사경영전반에 정통한 이사들이 이익배당을 정하는 것이 합리적이라는 데 근거를 두고 있다. 우리나라에서는 주주의 이익을 보호한다는 취지에서 배당결정권을 주주총회에 부여하고 있으나, 이 경우 배당정책이 기업의 계속적인 성장을 위한 장기계획에 의거하여 실시되기보다는 주주들의 현금요구를 만족시키는 수준에서 근시안적으로 결정되기 쉽다는 문제점이 있다.

둘째, 우리나라의 경우 결산기 이후에 개최되는 주주총회에서 정기배당에 대한 결의가 이루어지기 때문에 배당금이 확정되기 전에 배당락이 일어난다는 모순이 발생한다. 미국에서는 이사회의 결의로 배당금의 수준과 배당기준일이 정해지고 이에 의거하여 배당락가격이 형성되는 데 반하여, 우리나라에서는 배당금이 확정되지 않은 상태에서 배당락가격이 형성된다. 이 경우 배당락은 투자자들의 배당금에 대한 기대를 근거로 이루어지기 때문에 공정하고 정확한 배당락주가의 형성이 어렵고, 따라서 구주주와 신주주 사이에 이해상충의 가능성이 존재할 수 있다. 예를 들어 당초의 기대보다 더 높은 배당금이 지급된다면, 배당금에 대한 권리를 보유하고 있는 기존 주주들은 배당락 이후에 주식을 매입한 신주주들의 희생하에 부당이득을 취할 수 있게 된다.

2 배당과 기업가치

배당과 기업가치의 정확한 관계를 살펴보기 위해서는 먼저 기업의 투자결정이 이루어진 후에 배당정책이 결정되며, 배당으로 인한 추가적인 부채의 발행이 없다고 가정하여야 한다. 기업의 투자와 자본구조가 일정하다고 가정함으로써 배당이 기업가치에 미치는 순효과를 살펴볼 수 있을 것이다. 이와 같은 가정하에서는 기업이 배당을 증가시키려고 계획하고 있으나 자금이 부족한 경우 신주에 의해서만 그 자금을 조달할 수 있다. 따라서 기업의 선택가능한 배당정책은 이익을 유보하는 정책과 배당을 지급하고 신주를 발행하는 정책으로 구분할 수 있을 것이다. 이와 같은 점을 유의하면서 배당과 기업가치의 관계에 관한 여러 가지 이론들을 살펴보기로 하자.

2.1 완전자본시장과 배당무관련이론

밀러와 모딜리아니(M. H. Miller and F. Modigliani: 이하 MM이라 약칭함)는 1961년에 발표된 논문에서 완전자본시장하에서는 배당정책과 기업가치가 무관련하다고 주장하였다.[2)]

배당의 무관련성을 설명하기 위하여 MM이 설정한 기본적 가정은 다음과 같다.

첫째, 세금과 거래비용 등이 없으며, 소수의 투자자가 증권의 가격에 영향을 미칠 수 없다. 이와 같은 시장을 완전자본시장이라 한다.

둘째, 모든 개인들은 미래의 투자, 이익, 그리고 배당에 관하여 동일한 기대를 가지고 있다. 즉 모든 개인들은 동질적 기대를 가진다.

셋째, 기업의 투자정책은 우선적으로 결정되며, 배당정책의 변화에 의해서 변경되

2) M. H. Miller and F. Modigliani, "Dividend Policy, Growth, and the Valuation of Shares," *Journal of Business*, Vol. 34(October 1961), pp. 411~433.

지 않는다.[3] 이는 경영자가 배당을 증가시키기 위하여 양(+)의 순현가를 가지는 투자안을 포기하지 않아야 한다는 것을 의미한다.

이와 같은 가정하에서 MM은 기업가치는 배당정책과 무관하며 그 기업의 수익력에 의해서 결정된다고 주장하였다.

MM의 배당무관련이론을 구체적으로 설명하기 위하여 다음과 같은 ㈜서울의 예를 생각해 보자. ㈜서울은 현재 자기자본만을 사용하고 있으며, 앞으로 1년 후에 해산될 예정이다. ㈜서울의 현재(0시점)와 1년 후(1시점)의 현금흐름은 각각 1,000만원으로 확실하게 예측된다. 그리고 양(+)의 순현가를 얻을 수 있는 추가적인 투자안을 가지고 있지 않다. 이 회사의 현재 발행주식수는 1,000주이며, 자기자본비용은 10%이다. 이 경우 ㈜서울은 다음의 두 가지 배당정책을 생각해 볼 수 있을 것이다.

배당정책 1 : 현금흐름과 동일하게 배당을 지급한다

이 경우 각 시점의 배당금은 그 현금흐름과 동일한 1,000만원씩이다. 기업의 가치는 각 시점의 배당금들을 할인하여 구할 수 있다. 즉 ㈜서울의 가치 V_0를 다음과 같이 구할 수 있다.

$$V_0 = 1{,}000\text{만원} + \frac{1{,}000\text{만원}}{1+0.1} = 1{,}909.09\text{만원}$$

그리고 ㈜서울의 현재 발행주식수는 1,000주이므로 이 회사의 주당주식가격 P_0는 다음과 같다.

$$P_0 = 10{,}000\text{원} + \frac{10{,}000\text{원}}{1+0.1} = 19{,}090.9\text{원} \qquad (15-1)$$

식 (15-1)에서 구한 주식가격은 배당 전 가격이다. 그러므로 현재 주당 10,000원의 배당이 지급된 후에는 주가가 9,090.9원(19,090.9원−10,000원)으로 하락할 것이다.[4] 효율적 자본시장하에서는 정확히 배당만큼 주가가 하락하게 된다.

배당정책 2 : 초기의 배당을 그 시점의 현금흐름보다 더 많이 지급한다

㈜서울의 다른 배당정책으로서 현재 주당 11,000원씩 배당하는 경우를 살펴보자. 이 경우 현재시점에서 ㈜서울이 지급하여야 하는 총배당금은 1,100만원이다. 현재

---

3) 세금이 존재하지 않는 완전자본시장하에서는 자본구조에 의해서 기업의 가치가 변하지 않기 때문에 투자정책만 통제하면 배당의 순효과를 살펴볼 수 있다.

4) 엄밀하게 말하면 배당의 효과가 나타나는 배당락일은 배당의 실제지급일보다 더 빠를 것이다. 그러나 여기서는 단순성을 위하여 배당락일과 배당지급일이 서로 같다고 가정하였다.

㈜서울의 현금흐름은 1,000만원이기 때문에 이 회사는 100만원의 추가적인 현금흐름이 필요하게 된다. 이 회사는 현재(0시점) 100만원의 추가적인 자금을 조달하기 위하여 주식 또는 부채를 발행할 수 있을 것이다. 자금을 조달하기 위하여 주식이 발행되며, 새로운 주주는 현재시점에서의 투자에 대해 10%의 수익률을 요구한다고 가정하자. 즉 새로운 주주들은 현재시점에서 100만원을 투자할 경우 1시점에서 110만원을 요구하게 된다. 이 경우 1시점에서 새로운 주주들에게 110만원을 지급하여야 하므로 구주주들에게는 단지 890만원의 현금흐름만이 주어질 것이다. 구주주들의 배당금은 다음과 같다.

	0	1
구주주들의 총배당금	: 1,100만원	890만원
주당배당금	: 11,000원	8,900원

그러므로 주당배당금의 현재가치, 즉 주당주식가격은 다음과 같다.

$$P_0 = 11{,}000\text{원} + \frac{8{,}900\text{원}}{1+0.1} = 19{,}090.9\text{원} \qquad (15-2)$$

여기서 신주의 발행가격을 구해 보자. 신주에는 현재의 배당을 지급받을 수 있는 권리가 없기 때문에 신주의 가격은 8,090.9원(8,900원/1.1)이 된다. 그러므로 신주는 123.60주(100만원/8,090.9원)가 발행된다.

배당의 무관련성

앞에서 두 배당정책하의 주가, 즉 식 (15-1)과 식 (15-2)에서 구한 주가가 동일함을 알 수 있다. 이와 같은 사실은 배당정책의 변경이 주식가치에 영향을 미치지 못한다는 것을 의미한다. 이제 이와 같은 결과가 내포하고 있는 의미를 살펴보기로 하자.

새로운 주주들은 현재시점에서 자신의 돈을 투자(주식의 구입)하고 1시점에서 적절한 수익률로 상환받을 수 있다. 그들은 순현가가 0인 투자안을 선택하는 것이다.[5] [그림 15-2]에서 예시된 바와 같이 배당정책 2에 의하면 구주주들은 현재 보다 많은 현금흐름(배당)을 얻을 수 있지만, 그들은 1시점에서 새로운 주주들에게 적절한 수익률로 상환하여야 한다. 구주주들은 현재의 추가적인 배당을 위하여 조달한 자금, 즉 원금과 그것에 대한 적절한 수익을 합한 금액만큼을 신주주들에게 상환(배당)해야 하기 때문에 현재 새로운 주식을 발행하는 행위는 구주주들의 부를 증가 또는 감소시키지 못

---

5) 배당정책 2에서 신주주들의 순현가는 다음과 같다.

$$NPV = -100\text{만원} + \frac{110\text{만원}}{1+0.1} = 0$$

그림 15-2 배당정책 1과 배당정책 2에서 주주들의 현금흐름

	0	1
배당정책 1:	1,000만원	1,000만원
배당정책 2: (구주주)	1,100만원	890만원
(신주주)	−100만원	110만원

할 것이다. 구주주들이 새로운 주주들에게 순현가가 0인 투자안을 제공하는 것과 같다. 구주주에 대한 현재시점에서의 배당의 증가는 1시점에서 그와 상응하는 배당의 감소를 초래하므로 구주주가 소유하고 있는 주식의 가치는 변하지 않는다. 즉 현재 배당의 증가는 다른 시점에서의 배당의 감소에 의해서 정확히 상쇄되어 배당정책의 변경에 따른 순효과는 나타나지 않는다.

자기배당

주주들이 자신의 취향에 맞는 배당수준을 스스로 조정할 수 있다는 **자기배당**(homemade dividend)의 논리에 의해서도 배당의 무관련성을 설명할 수 있다. 개인투자자 갑이 0시점과 1시점 모두 주당 10,000원씩 배당받는 것을 더 선호한다고 생각해 보자. 기업의 경영자가 배당정책 2(0시점과 1시점에서 각각 주당 11,000원, 8,900원씩을 배당하는 정책)를 채택한다고 알려졌을 때, 이 투자자는 실망을 하겠는가? 투자자 갑은 현재시점에서 받게 되는 불필요한 자금 1,000원을 재투자하여 1시점에서 1,100원의 추가적인 수입을 얻을 수 있기 때문에 경영자가 배당정책 2를 채택한다 하더라도 이 투자자가 반드시 실망하는 것은 아니다. 이 투자자는 자신이 원했던 현재시점에서 10,000원(11,000원−1,000원)과 1시점에서 10,000원(8,900원+1,100원)의 순현금흐름을 얻을 수 있다.

한편 0시점에서 11,000원, 1시점에서 8,900원의 주당배당을 더 선호하는 개인투자자 을이 경영자가 정책 1(0시점과 1시점 모두 10,000원씩 배당하는 정책)을 채택하려고 한다는 것을 알고 있다고 가정해 보자. 이 경우 그는 원하는 현금흐름을 얻기 위하여 현재시점에서 주식 중 일부를 매도할 수 있다. 투자자 을이 1,000원만큼의 주식(주식의 일부)을 현재시점에서 매도한다면, 현재시점에서 그의 현금흐름은 11,000원(10,000원+1,000원)이 된다. 그리고 투자자 을이 현재시점에서 1,000원만큼의 주식을 매도하였기 때문에, 1시점에서는 그의 배당이 1,100원만큼 감소하여 그가 받을 수 있는 순현금흐름은 8,900원(10,000원−1,100원)이 될 것이다.

그림 15-3 자기배당: 0시점과 1시점에서의 주당배당간의 상반관계

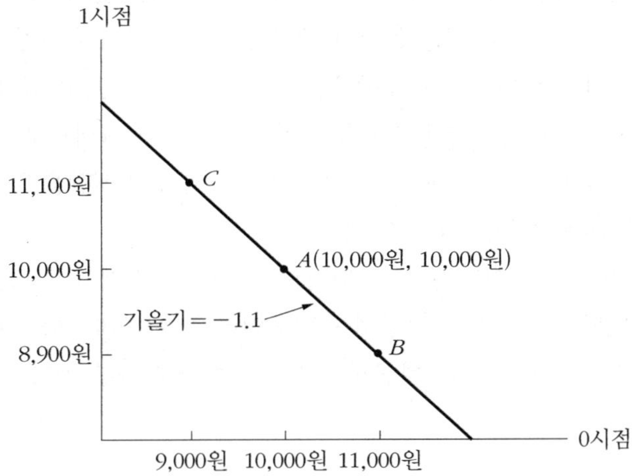

이상의 예는 투자자들이 자기배당을 어떻게 만들 수 있는가를 보여준다. 예에서 기업의 배당정책은 잠재적으로 만족하지 못하는 주주에 의해서 언제든지 변경될 수 있음을 알 수 있다. 이러한 자기배당은 [그림 15−3]에 예시되어 있다. 기업은 0시점과 1시점에서 모두 주당 10,000원씩을 배당하는 정책, 즉 배당정책 1을 채택할 수 있으며, 이 정책은 A점에 표시되어 있다. 그러나 앞에서 설명한 바와 같이 기업은 역시 현재시점에 신주를 발행하여 0시점과 1시점에서 각각 11,000원, 8,900원씩을 배당하는 정책도 채택할 수 있으며, 이 정책은 B점에 표시되어 있다. 또한 기업이 현재의 현금흐름 1,000만원을 가지고 주당 9,000원씩 총 900만원(9,000원×1,000주)을 배당한 후 남는 자금 100만원으로써 자사주를 매입하는 경우 1시점에서 주당 11,100원씩을 배당할 수 있으며, 이 배당정책은 C점에 표시되어 있다.[6] 이와 같이 기업은 신주를 발행하거나 구주를 매입함으로써 대각선상 어떠한 점, 즉 배당정책도 채택할 수 있다.

기업과 마찬가지로 개별주주들도 자기배당에 의해서 대각선상의 어떠한 점(배당수준)이라도 스스로 선택할 수 있다. 예를 들어 만약 주주들이 B점(11,000원, 8,900원)과 같은 배당을 받는다면, 그들은 배당 중 일부를 재투자함으로써 대각선을 따라 왼쪽 위로

---

6) 1시점의 주당배당금의 계산과정은 다음과 같다.

- 매입가격(배당락가격) $= 1{,}000\text{원} + \dfrac{10{,}000\text{원}}{1.1} = 10{,}090.9\text{원}$
- 매입가능 주식수 $= \dfrac{100\text{만원}}{10{,}090.9\text{원}} = 99.10\text{주}$
- 1시점에서의 주당배당금 $= \dfrac{1{,}000\text{만원}}{1{,}000\text{주} - 99.10\text{주}} = 11{,}100\text{원}$

이동하거나, 보유하고 있는 주식 중 일부를 매도함으로써 오른쪽 아래로 이동할 수 있다. 주주들이 기업의 배당정책과 상이한 배당을 선호한다면, 그들은 주식을 매입 또는 매도함으로써 자신의 선호에 따라 배당을 스스로 조정해 나갈 수 있다. 주주들은 자기배당에 의해서 원하는 배당수준을 스스로 조정해 나갈 수 있기 때문에 기업에 의해서 채택된 특정한 배당정책에 가치를 부여하지 않는다. 그러므로 배당정책은 주주의 부(또는 기업가치)와 무관련하게 된다. 즉 경영자가 현재의 배당을 증가 또는 감소시킴으로써 기업의 가치에 영향을 미칠 수 없다.

완전자본시장이라는 아주 단순화된 사회를 전제하여 도출된 MM의 배당무관련 이론은 배당정책에 관한 설명의 출발점이라 할 수 있다. 따라서 MM이 내세운 기본적인 가정을 완화함으로써 현실적으로 존재하는 다양한 배당정책들을 설명할 수 있을 것이다.

예제 15-1 배당과 기업가치의 무관련성

태평주식회사는 주당 10,000원하는 주식을 100,000주 발행하고 있으며, 현재 주당 500원의 배당을 실시할 예정이다. 세금이 존재하지 않는 완전자본시장을 가정하여 다음의 물음에 답하라.

(1) 배당을 실시할 경우 주가는 어떻게 되겠는가?

(2) 배당을 실시하지 않을 경우 주가는 어떻게 되겠는가?

(3) 현재 이 회사는 2억원이 소요되는 투자안을 고려하고 있다. 태평주식회사가 순이익 1억원을 보유하고 있다가 주당 500원씩 배당하였다면, 이 회사는 투자안의 자본조달을 위해 신주를 몇 주 발행하여야 하는가?

▌해설▐

(1) 세금이 존재하지 않는 완전자본시장하에서는 배당만큼 주가는 감소한다. 그러므로 주당 500원의 배당 후 주가는 9,500원(=10,000원－500원)이 된다.

(2) 배당을 실시하지 않으면, 주가는 변하지 않는다. 즉 주가는 10,000원이 된다.

(3) 먼저 투자에 소요되는 자금 중 신주를 발행하여 조달해야 하는 금액을 구하면 다음과 같다.

- 유보이익(이익잉여금)＝순이익－배당액
  ＝100,000,000원－500원×100,000주＝50,000,000원
- 신주발행액＝투자액－유보이익
  ＝200,000,000원－50,000,000원＝150,000,000원

주당 500원씩 배당하였으므로 주가는 9,500원으로 하락한다. 그러므로 1억 5천만원을 조달하기 위하여 발행해야 하는 주식수는 다음과 같다.

$$\text{발행주식수} = \frac{\text{신주발행액}}{\text{주가}} = \frac{150{,}000{,}000}{9{,}500} = 15{,}790\text{주}$$

2.2 저배당정책의 선호에 대한 현실적 요인

앞에서 설명한 MM의 배당무관련이론은 세금, 발행비용 등을 무시하였다. 그러나 이러한 요인들은 현실적으로 존재하며, 이들이 존재하는 경우에 주주들은 저배당정책을 더 선호할 수도 있다.

세 금

기업이 배당을 하게 되는 경우 주주는 배당소득 가운데 일부를 배당소득세로 내게 된다. 그러나 배당을 하지 않고 이를 미래투자를 위한 내부의 유보이익으로 남겨 둘 경우에는 그 결과가 주가에 반영되고, 이는 결국 주식매매로 인한 차익으로서 자본이득이 되기 때문에 주주는 자본이득세를 납부하게 된다. 만일 배당소득과 자본이득에 대한 유효세율이 동일하다면, 배당정책은 주주의 부에 직접적인 영향을 주지 못한다. 그러나 양자의 차이가 존재한다면 배당정책은 주주의 부에 직접적인 영향을 미칠 수 있다.

현실적으로 자본이득보다는 배당소득에 대하여 훨씬 높은 개인소득세율이 부과된다.[7] 우리나라에서 배당소득에 대해서는 소득세가 부과되고 있으나, 자본이득에 대해서는 소득세가 부과되지 않고 있다.[8] 이와 같은 소득세제하에서 세후기준으로 보면 투자자에게는 자본이득 1원의 소득이 배당형태의 수입 1원보다 더 유리할 것이다. 그러므로 투자자들은 배당성향이 낮은 기업을 더 선호하게 되고, 따라서 기업들은 배당을 지급하기보다는 이익을 유보하려는 성향을 가질 것이다.

예제 15-2 세금과 투자수익률

천하주식회사의 1년도 말 주가는 12,000원으로 기대된다. 자본이득에 대해서는 과세되지 않으나 배당소득에 대해서는 20%의 세율로 과세된다고 할 때, 천하주식회사가 1년도 말에 주당 2,000원씩 배당할 경우와 배당하지 않을 경우 각각의 현재 주가를 구하고 투자수익률을 비교하라. (단, 이 회사의 할인율은 20%이다.)

---

7) 1986년에 개정된 미국의 세법에서는 자본이득과 배당소득이 동일한 세율로 과세되고 있지만, 이 경우에도 자본이득에 대한 세금은 주식이 매각되어 그 소득이 실현될 때까지 납세가 무한히 연기될 수 있으므로 그 유효세율은 훨씬 낮다고 할 수 있다.

8) 우리나라에서 소액주주와 대주주가 부담하는 배당소득세율은 다음과 같다.

	대 주 주	소액주주
소 득 세	종합소득세 과세	일정세율로 원천징수
주 민 세	소득세의 10%	소득세의 10%

| 해설 |

(1) 주 가

① 배당을 하지 않을 경우

$$P_0 = \frac{12,000}{1+0.2} = 10,000\text{원}$$

② 주당 2,000원씩 배당할 경우

1년도 말에 주당 2,000원씩 배당할 경우, 배당락주가는 10,000원이며 세후 주당배당금은 1,600원[=2,000×(1−0.2)]이 된다. 그러므로 현재의 주가는 다음과 같이 결정된다.

$$P_0 = \frac{10,000+1,600}{1+0.2} = 9,666.7\text{원}$$

천하주식회사의 경우 다음연도에 주당 2,000원씩 배당하는 경우의 주가(9,667원)보다 배당을 하지 않을 경우의 주가(10,000원)가 더 높게 된다.

(2) $\text{투자수익률} = \dfrac{\text{자본이득} + \text{배당금}}{\text{투자액(현재의 주가)}}$

① 배당을 하지 않을 경우

- 세전 투자수익률 $= \dfrac{12,000-10,000}{10,000} = 0.20$
- 세후 투자수익률 $= \dfrac{12,000-10,000}{10,000} = 0.20$

② 주당 2,000원을 배당할 경우

- 세전 투자수익률 $= \dfrac{(10,000-9,666.7)+2,000}{9,666.7} = 0.24$
- 세후 투자수익률 $= \dfrac{(10,000-9,666.7)+1,600}{9,666.7} = 0.20$

천하주식회사의 경우 다음연도에 주당 2,000원씩 배당하는 경우의 세전 투자수익률(24%)은 배당을 하지 않을 경우의 세전 투자수익률(20%)보다 더 높은 반면, 세후 투자수익률은 모두 20%로 동일하다. 따라서 기업이 배당을 증가시킬수록, 투자자들은 배당에 대한 소득세 부분을 보상받기 위하여 더 높은 세전 투자수익률을 요구하게 됨을 알 수 있다.

발행비용

앞에서 설명하였던 세금효과 이외에 주주들의 저배당정책 선호에 대한 현실적 요인으로 발행비용(issuance costs)을 들 수 있다. 기업이 현금배당을 지급하게 되면 신주를 발행하여 자금을 조달하여야 한다.[9] 이 경우 인수료, 주권인쇄비용 등의 발행비용이

9) 배당이 기업가치에 미치는 순효과를 살펴보기 위해서는 기업의 투자와 자본구조가 일정하다고 가정하여야 한다. 이와 같은 가정하에서는 기업이 배당을 증가시키려고 계획하고 있으나 자금이 부족한 경우 신주에 의해서만 그 자금을 조달할 수 있다.

소요되어 기업의 기치를 감소시키게 된다.

2.3 고배당정책의 선호에 대한 현실적 요인

앞서 살펴본 바와 같이 세금이나 발행비용이 존재하는 경우 기업의 재무관리자는 배당을 줄이려고 할 것이다. 그러나 현실적으로 주주들에게 높은 배당을 지급하는 기업이 존재하고 있다. 기업의 **고배당정책** 선호에 대한 현실적 요인으로 주주들의 현재수입에 대한 선호, 배당에 의한 미래불확실성의 감소, 배당소득세의 회피, 지분의 대리인 비용 감소 등을 들 수 있다.

현재수입에 대한 선호

많은 개인들은 미래의 수입보다 현재의 수입을 더 선호한다. 이와 같은 현재소비에 대한 실질적인 욕구 때문에 투자자들은 현재의 높은 배당을 더 선호하게 된다. 이러한 주장에 대하여 현재의 수입을 바란다면 소유하고 있는 주식을 매각하면 된다고 할 수도 있지만, 현실적으로 주식을 매각할 때 매매수수료와 증권거래세 등 거래비용이 수반하게 된다. 또한 소유하고 있는 주식을 매각하는 것은 투자원금을 없앤다는 심리적인 이유로 인하여 꺼리게 되는 경우도 있다.

불확실성의 감소

고든(M. J. Gordon)은 현재의 높은 배당이 주주의 미래 불확실성에 대한 불안을 감소시키기 때문에 투자자들이 배당을 유보이익보다 높게 평가한다고 주장하였다.[10] 고든에 의하면, 미래의 배당은 현재의 배당에 비해 훨씬 불확실하기 때문에 현재의 배당을 희생하여 미래의 배당을 증가시키는 경우 증가된 위험에 의해 주주들의 요구수익률이 더 높아지고 그 결과 기업의 주가가 감소하게 된다는 것이다.

그러나 투자와 자본구조가 변하지 않는 한 기업의 전체 현금흐름은 배당정책에 따라 반드시 영향을 받는 것은 아니다. 또한 전체 현금흐름의 위험이 배당정책에 따라 어떻게 변하는지를 정확히 파악하는 것도 어려운 일이다.

배당소득세의 회피

밀러와 숄즈(M. H. Miller and M. S. Scholes)는 다음과 같은 두 단계의 절차에 의

---

10) M. J. Gordon, *The Investment, Financing, and Valuation of the Corporation*(Homewood, Ill.: Richard D. Irwin, 1961).

해 배당소득세를 제거할 수 있다고 주장하였다.[11] 첫째, 높은 배당을 지급하는 주식을 구입한 후, 그 배당소득과 같은 크기의 이자를 부담하는 부채를 차입한다. 이 경우 배당소득만큼 이자비용이 지출되므로 배당으로 인한 과세소득이 사라지므로 배당소득세를 납부할 필요가 없어지게 된다.[12] 그러나 이러한 전략은 부채의 증가에 따른 위험의 증가라는 문제가 발생하게 된다. 둘째, 부채의 증가로 인한 위험을 제거하기 위하여 차입한 금액만큼의 면세채권에 투자한다.

예를 들어 어떤 투자자가 당기 말에 10만원의 배당소득을 기대한다고 하자. 배당소득세율이 20%라면 배당소득세를 납부한 후의 세후 배당소득은 8만원이 된다. 그러나 무위험이자율 10%로 차입이 가능한 경우 이 투자자는 다음과 같은 두 단계의 절차에 의하여 2만원의 배당소득세를 회피할 수 있다.

첫째, 100만원$\left(\frac{10\text{만원}}{0.1}\right)$을 무위험이자율 10%로 차입한다.

둘째, 차입한 100만원 전액을 10%의 이자를 지급하는 면세채권에 투자한다.

두 단계의 절차를 동시에 실시하는 경우 이 투자자의 당기 말 소득은 다음과 같이 계산된다.

배당소득	10만원
이자비용	10만원(＝100만원×0.1)
과세소득	0원
비과세소득	10만원(＝100만원×0.1)
투자자의 소득	10만원

만약 이와 같은 전략을 투자자들이 충분히 이용할 수 있다면, 기업의 경영자가 배당소득세 때문에 저배당정책을 선호할 필요는 없을 것이다. 그러므로 주주들의 현재수입에 대한 선호와 배당에 의한 미래불확실성의 감소효과가 아주 미세하게라도 존재한다면, 경영자들은 고배당정책을 더 선호하게 될 것이다.

지분의 대리인비용 감소

기업의 소유권이 분산될수록, 외부주주와 경영자간의 이해상충이 훨씬 빈번하게 발생되므로 지분의 대리인비용이 높아지게 된다. 그러나 기업의 잉여자금을 모두 배당

11) M. H. Miller and M. S. Scholes, "Dividends and Taxes," *Journal of Financial Economics*, Vol. 6 (December 1978), pp. 333~364.

12) 우리나라의 경우 기업의 이자비용은 법인세 계산에서 손비로 인정되지만, 개인의 이자비용은 손비로 인정되지 않기 때문에 이와 같은 방법으로 배당소득세를 회피할 수 없다.

으로 지급한다면, 경영자가 기업의 자원을 낭비할 가능성을 줄일 수 있다. 따라서 기업 소유권의 분산 정도가 높은 기업의 경우 지분의 대리인비용을 줄이기 위해 높은 배당을 실시하는 경향이 있다.

2.4 배당정책에 대한 현실적 설명

앞에서 저배당정책의 선호에 대한 현실적 요인과 고배당정책의 선호에 대한 현실적 요인을 살펴보았다. 배당정책에 있어서 어느 요인이 더 지배적인 요인인지, 즉 배당과 주가가 양(+) 또는 음(−)의 관계를 갖는지는 아직까지 명확한 결론이 내려지지 않고 있다. 다시 말하면 배당정책문제는 아직 해결되지 않은 문제인 것이다.

최근 배당정책에 대한 연구는 주로 배당의 정보효과와 고객효과에 대해서 이루어지고 있는데 이를 살펴보자.

배당의 정보효과

투자자들이 배당정책의 변화를 기업내용 변화의 신호로 인식한 결과, 주가가 변하는 것을 **배당의 정보효과**(information-content effect) 또는 신호효과(signaling effect)라 한다. 배당의 정보효과는 경영자가 일반투자자들보다 기업내용에 관해 우월한 정보를 가지고 있다는 정보의 비대칭성(information asymmetry) 때문에 성립되는 논리이다. 정보비대칭하에서는 경영자가 가지고 있는 정보를 투자자들에게 전달해 주기 위한 수단으로 배당정책이 이용될 수 있다.[13)]

일반적으로 기업은 안정적인 배당을 유지하려는 경향이 있다. 경영자는 미래의 현금흐름에 대한 기대가 극히 비관적이어서 현재의 배당수준을 지속적으로 유지하는 것이 불가능하기 전에는 배당을 줄이기를 꺼린다. 반면에 향후 지속적으로 높은 배당을 유지할 만큼 미래 현금흐름이 증가하지 않는 한 일시적으로 배당을 증가시키지 않는 경향이 있다. 따라서 기대하지 못한 배당의 증가가 이루어진 경우에 일반투자자들이 이를 기업에 관한 '좋은 소식'(good news)의 신호로 인식함으로써 주가가 상승하게 되며, 반대로 기대하지 못한 배당의 감소가 발생한 경우에는 기업에 관한 '나쁜 소식'(bad news)의 신호로 인식하여 주가가 하락하게 된다. 결론적으로 주가는 배당정책 자체에 의해서 변하는 것이 아니라 배당이 가지고 있는 정보내용에 의해서 변한다는 것이다.[14)]

---

13) 제14장 제4절에서 설명한 바와 같이 자본구조도 정보전달수단으로 사용될 수 있다.

14) S. Bhattacharya, "Imperfect Information, Dividend Policy, and 'the Bird in the Hand' Fallacy," *Bell Journal of Economics*, Vol. 10(Spring 1979), pp. 259~270.

배당의 고객효과

자본시장의 모든 투자자들이 기업의 배당정책에 대하여 동일한 태도를 가지고 있다고 할 수 없다. 은퇴한 개인이나 사회단체 등은 당기의 소비가능한 소득을 원하기 때문에 현금배당을 훨씬 선호하게 된다. 한편 배당 이외의 다른 원천으로부터 충분한 소득을 얻어낼 수 있는 주주들은 상대적으로 높은 세율을 부담해야 하는 배당소득보다는 자본이득을 바라게 된다. 이와 같이 어떤 기업의 주주들이 어떻게 이루어져 있는가에 따라 그 기업의 배당정책은 달라지며, 이러한 효과를 **배당의 고객효과**(clientele effect)라고 부른다. 일반적으로 투자자의 유형에 따라 선호하는 주식은 다음과 같다.

투자자의 유형	주 식
고소득 계층	무배당~저배당 주식
저소득 계층	저배당~중간배당 주식
면세기관	중간배당~고배당 주식

일단 기업들의 배당정책이 주주들의 선호와 일치되면, 어떠한 기업도 단순히 배당정책을 변화시킴으로써 그 가치에 영향을 미칠 수 없을 것이다.

기업생애주기 이론

기업생애주기(corporate life-cycle) 이론에 의하면 기업은 성장과정에서 내부에 유보되어 온 잉여현금흐름을 적절히 분배하기 위한 목적으로 현금배당을 지급한다.[15] 성장기 기업은 미래 성장성이 높아 투자자금의 수요가 늘어나는데 높은 발행비용 때문에 외부자금에 의존하는 것보다 유보이익을 활용하는 것이 유리하므로 저배당정책을 선호한다. 반면에 미래 성장성이 낮은 성숙기 기업은 투자활동에 필요한 자금보다 더 많은 잉여현금흐름이 발생한다. 잉여현금흐름이 내부에 너무 많이 유보된다면 대리인문제를 유발할 수 있으므로 성숙단계의 대형 기업의 주주들은 일반적으로 높은 현금배당을 요구하게 된다.

배당 케이터링 이론

베이커와 워글러는 행동재무학에 근거하여 배당 케이터링(catering)이 기업의 배당결정요인임을 제시하였다.[16] 이 이론은 시장투자자들의 배당에 대한 선호는 시간가

15) H. DeAngelo, L. DeAngelo, and R. M. Stulz, "Dividend Policy and the Earned/Contributed Capital Mix: A Test of the Life-cycle Theory," *Journal of Financial Economics*, Vol. 81(Aug. 2006), pp. 227~254.

16) M. Baker and J. Wurgler, "A Catering Theory of Dividends," *Journal of Finance*, Vol. 59(June 2004), pp. 1125~1165.

변적으로 나타난다고 가정한다. 시장투자자들의 배당에 대한 선호가 높을 때 고배당 기업의 주가는 상승하게 되며, 시장투자자들의 배당에 대한 선호가 낮을 때 고배당 기업의 주가는 하락하게 된다. 배당 케이터링은 경영자들이 시장투자자들의 배당에 대한 수요를 만족시키는 방향으로 배당정책을 펼친다는 것이다. 즉 시장투자자들의 배당에 대한 선호가 높을 때 고배당정책을, 배당에 대한 선호가 낮을 때 저배당정책을 실시함으로써 궁극적으로 기업가치가 상승하도록 한다.

3 배당정책의 실제

지금까지 설명한 바로는 기업이 높은 배당을 지급해야 할 이유도 있는 반면, 낮은 배당을 지급해야 할 이유도 있다. 그러면 실제로 기업은 특정기간에 지급할 배당수준을 어떻게 결정하여야 하는가? 어떤 요인들이 기업의 배당결정에 영향을 주는 것인가? 이를 명확히 설명한다는 것은 쉽지 않다. 그러므로 여기서는 배당정책의 실제적 특성을 강조하기 위하여 기업이 실제로 어떻게 배당정책을 결정하는가를 살펴보고, 그 밖의 고려사항들을 차례로 검토하기로 하자.

3.1 잔여배당정책

전절에서 언급한 바와 같이 높은 배당을 지급하려는 기업들은 그 재원조달을 위하여 빈번하게 신주를 발행하게 된다. 그러나 배당재원의 조달을 위한 신주발행은 많은 발행비용을 발생시키므로 바람직하지 못하다. 이와 같은 관점에서 기업은 신주발행의 필요성을 최소화하기를 원한다고 가정하자. 또한 기업은 현행의 자본구조를 계속 유지하려 한다고 가정하자.

만약 기업이 신주발행을 가능한 한 피하려 한다면, 양(+)의 순현가를 가지는 새로운 투자안에 필요한 자금의 조달은 주로 유보이익 등 내부생성자금에 의존하게 될 것이다. 이 경우 내부자금 중 새로운 투자에 지출하고 남는 부분이 배당으로 지급될 수 있다. 이와 같이 남겨진 부분을 잔여자금이라 하고, 이를 배당으로 자급하는 정책을 **잔여배당정책**(residual dividend policy)이라 한다.

잔여배당정책하에서 기업의 목표는 배당을 지급하기 전에 투자수요를 충족시키고 바람직한 자본구조를 유지하는 것이다. 예를 들어 순이익이 10억원이며 목표부채비율(부채/자기자본)이 1/2인 기업을 생각해 보자. 이 기업의 경우 수익성 있는 신규 투자에 필요한 자금이 9억원이라면, 목표부채비율을 유지하기 위해서는 투자소요자금 중 3억원(9억원×1/3)은 부채로, 나머지 6억원(9억원×2/3)은 자기자본으로 조달하여야 할 것이다. 그러므로 잔여배당정책에 의하면 이 기업은 순이익 10억원 중 6억원을 투자소요자금으로 충당한 후, 잔여이익 4억원을 배당으로 지급할 수 있다.

이와 같은 논리에 의하면 많은 투자기회를 가지고 있는 기업의 경우에는 배당을 적게 할 것이고, 투자기회가 거의 없는 기업의 경우에는 많은 배당을 지급한다고 할 수 있다. 이 현상은 실제로도 흔히 볼 수 있다. 예를 들어 도입기 또는 성장기의 고속성장하는 기업의 경우 배당을 적게 하는 반면, 성숙기의 저성장 기업의 경우 보다 많은 배당을 지급하는 경향이 있다.

3.2 배당의 안정성

많은 기업들은 **목표배당**(target dividend)을 정하여 주당배당금을 일정하게 유지하려는 경향이 있다. 즉 기업의 이익이 일시적으로 변동할지라도 배당금을 이와 관계없이 일정하게 유지시키려고 한다. 기업이익의 일시적인 증가만으로 배당률을 변경시키지 않고 이익의 증가가 미래에도 지속될 것이라는 판단이 내려졌을 때 비로소 주당배당금을 증가시키는 것이다.

많은 기업들이 배당의 안정성을 유지하려는 이유로는 다음 세 가지를 들 수 있다.

첫째, 비록 이익이 감소되었다 하더라도 기업이 일정 배당수준을 유지하면 투자자들은 비교적 확실하게 그들의 미래배당을 예측할 수 있다. 또한 특정 연도의 이익감소가 향후 지속적인 상황이 아니라 일시적인 현상이라는 것을 간접적으로 나타내는 정보전달의 효과를 지닌다.

둘째, 증권투자가 대중화됨에 따라 배당수입에 의하여 생활을 영위하는 투자자층이 많아지고 있으며, 불규칙적이고 불안정한 배당수입은 투자자들의 생활 자체를 위협할 수 있다. 물론 불안정한 배당의 경우에도 보유중인 주식을 매각하여 수입을 안정화시킬 수는 있으나, 이들 투자자들에 있어서 보유중인 주식의 처분은 투자원금 자체에 대한 감소라는 심리적 압박 때문에 용이하지가 않다.

셋째, 연금기금, 투자신탁, 보험회사 등 많은 기관 투자자들은 공적인 자금을 운용하므로 수익도 중요하지만 미래 현금흐름의 확실성을 보다 더 요구한다.

앞에서 설명한 잔여배당정책에 의하면 투자기회에 따라 배당이 변동하기 때문에 배당의 안정성을 유지하기 어려울 것이다. 그러나 일반적으로 기업은 향후의 투자기회 등을 감안하여 잔여배당정책에 의해 장기적인 배당정책을 결정하지만 단기적으로는 배당수준을 일정하게 유지하는 경향이 있다.

3.3 기타의 고려사항

법률상의 제한

배당결정은 원칙적으로 기업의 자율적 의사결정이지만, 관련법규에서는 기업이 건전한 자본구조를 유지하도록 하기 위하여 배당재원을 일정한도로 제한하고 있다. 우리나라 현행 상법은 배당재원을 기업의 순재산액에서 자본금과 해당 결산기까지 적립된 자본준비금 및 이익준비금의 합계액 그리고 해당 결산기에 적립하여야 할 이익준비금을 모두 공제한 나머지 금액 범위로 제한하고 있다.

사채약정서의 제한조항

기업이 사채를 발행하거나 금융기관에서 자금을 차입할 때 채권자들의 요구에 따라 배당금의 지급을 제한하는 조항을 사채약정서상에 명시하는 경우가 있다.

기업의 유동성

기업의 재무상태표상에 나타나는 배당가능이익이나 유보이익은 기업이 실제로 현금을 보유하는 것이 아니라 영업활동을 위한 자산의 형태로 투자되어 있는 것이다. 따라서 배당은 재무상태표상의 숫자로 나타나는 배당가능이익에 의해 결정되는 것이 아니라 기업이 보유하고 있는 현금(유동성)에 의해 결정되는 경우가 많다. 그러므로 유동성이 좋지 않고 은행으로부터의 차입이 곤란한 경우에는 배당을 지급하지 않거나 배당을 축소하고 주식배당 등을 고려하여야 할 것이다.

차입능력

기업이 현재 유동성을 풍부하게 유지해야만 자금사정의 융통성이 확보되는 것은 아니다. 기업이 원하는 시기에 원하는 금액을 빌릴 수 있다면, 그 경우에도 자금사정의 융통성은 확보될 수 있다. 따라서 기업의 차입능력이 클수록 자금사정의 융통성이 훨씬 커지며 현금배당의 가능성도 증가하게 된다.

기업의 지배권

기업이 많은 배당금을 지급한다면, 향후 수익성 있는 투자기회에 대한 자금조달을 위하여 신주발행의 필요성이 더 커질 것이다. 이 경우 새로운 외부주주를 받아들이게 됨으로써 기존 기업의 경영지배권이 희석될 수 있기 때문에 배당을 줄이려는 경향이 있다.

4 배당의 특수형태

일반적으로 배당정책이란 현금배당의 수준에 관한 의사결정만을 나타내는 것으로 이해되고 있다. 그러나 주식배당, 주식분할, 자사주 매입 등도 배당정책의 일환으로 고려될 수 있다. 여기서는 배당의 특수형태로서 주식배당, 주식분할, 자사주 매입 등에 대해서 살펴보고자 한다.

4.1 주식배당

주식배당(stock dividend)은 현금배당 대신 주식을 추가로 발행하여 기존 주주에게 무상으로 교부하는 것이다. 주식배당은 기업의 이익 중 주식배당액만큼 자본금으로 편입되기 때문에 발행주식수만 늘어날 뿐 기존 주주의 지분율은 그대로 유지되어 실질적인 주주 富의 증가를 가져오지는 않는다.

주식배당에 의한 자기자본구조의 변화를 살펴보기 위하여 다음과 같은 자본구조를 가진 청솔주식회사의 경우를 생각해 보자.

청솔주식회사의 자기자본구조(주식배당 전)

(단위: 원)

자본금(액면 5,000원, 발행주식수 10만주)	500,000,000
자본잉여금	20,000,000
이익잉여금	80,000,000
자기자본합계	600,000,000

청솔주식회사가 10%의 주식배당을 결정했다면, 10만주의 10%인 10,000주를 새로 발행하게 된다. 주식배당 후 청솔주식회사의 재무상태표상 자기자본구조는 다음과 같다.[17)]

청솔주식회사의 자기자본구조(주식배당 후)

(단위: 원)

자본금(액면 5,000원, 발행주식수 11만주)	550,000,000
자본잉여금	20,000,000
이익잉여금	30,000,000
자기자본합계	600,000,000

17) 이는 액면금액법으로 회계처리한 것이다.

재무 FOCUS

주식배당의 회계처리방법

주식배당을 회계처리하는 방법으로서 액면금액법과 시가법의 두 가지가 있다. 액면금액법(par value method)은 주식배당으로 인해 새로 발행하게 될 주식의 총수에 대하여 액면금액에 해당되는 금액만큼을 이익잉여금에서 차감하여 자본금으로 대체하는 방법이다. 한편 시가법(market value method)은 주식배당으로 인해 새로 발행하게 될 주식의 총수에 대하여 시장가격에 상응하는 금액을 이익잉여금에서 차감하여 자본금과 자본잉여금에 각각 대체시키는 방법이다. 이때 시가해당액 중 액면금액에 해당하는 금액은 자본금으로, 액면금액을 초과하는 금액은 주식발행초과금계정을 사용하여 자본잉여금으로 대체한다.

<이효익 · 최관 · 백원선 · 최영수, 제2판 IFRS 회계원리(신영사, 2019), p. 569 참조>

주식배당을 실시하는 경우 주식배당에 해당하는 5천만원이 이익잉여금(유보이익)에서 자본금으로 옮겨갈 뿐이지 자기자본합계에는 전혀 변화가 없다. 또한 추가로 발행된 1만주는 기존 주주의 지분율에 따라 배분되므로 개별주주의 지분율도 변함이 없다. 그러므로 이론적으로 볼 때 주식배당으로 인하여 주주의 부는 변하지 않을 것이다.[18)]

우리나라에서는 1984년의 상법개정에 의하여 주식배당제도가 도입되었다. 주식배당제도는 현금배당으로 인한 기업의 자금유출을 막고 사내유보를 증가시켜, 기업의 유동성을 유지하거나 필요한 투자재원을 확보하고자 하는 취지에서 도입된 것이다. 주식배당이 배당 그 자체로서는 긍정적인 효과가 없음에도 불구하고 현실적으로 기업에서 주식배당을 실시하는 이유는 다음과 같다.[19)]

첫째, 안정적인 배당을 유지하려고 하는 기업의 경우 주식배당 후에도 주당현금배당을 종전과 같이 유지하는 것이 보통이므로 결과적으로 현금배당이 증가하게 될 것이다. 이와 같은 측면에서 볼 때 주식배당은 기업의 미래 현금흐름 및 배당의 증가를 알려주기 위한 유리한 신호로 해석될 수 있다.

둘째, 주식배당은 대체로 성장속도가 빠른 기업이 사외현금유출을 막고 수익성이 높은 투자기회에 대한 재투자를 위하여 실시하는 경향이 있다. 이 경우 주식배당은 투자자들에게 기업의 미래전망에 대한 좋은 뉴스를 전달해 주는 역할을 담당한다.

---

18) 이론적으로 볼 때 주식배당으로 인하여 개별주주가 소유한 주식의 총가치는 변하지 않는다. 예를 들어 주식배당 전 청솔주식회사의 주가가 10,000원이라면 이 회사 주식의 시가총액은 10억원(10,000원×10만주)이다. 주식배당 후에도 이 회사 주식의 시가총액이 10억원이기 위해서는 이론적으로 주가는 9,091원(10억원/11만주)으로 하락되어야 한다.

19) 우리나라의 경우 특히 고가주에 대한 주식배당은 투자자들에게 대체로 긍정적으로 받아들여지고 있다. 이는 우리나라의 비현실적인 현금배당제도, 즉 액면배당제도 때문이라 할 수 있다.

셋째, 주가가 높은 기업의 경우 주식배당을 함으로써 시장에서의 유동성을 높일 수 있다. 주가가 아주 높은 주식의 경우 일반투자자들이 쉽게 매매할 수 없다.

주식배당은 이상과 같은 몇 가지 이점이 있으나 다음의 몇 가지 단점 또한 무시할 수 없다.

첫째, 주식배당은 신주를 발행하여 지급하게 되는데, 신주발행에는 발행비용이 따르게 되어 동일한 금액의 현금배당보다 비용이 많이 든다.

둘째, 안정적인 배당을 유지하려는 기업의 경우 주식배당은 미래의 현금배당을 증가시켜 기업의 유동성을 감소시킬 수 있다.

셋째, 주식배당은 기업이 현금배당을 행할 수 없을 정도로 어려운 상황이라는 것을 알려주는 신호로 해석되기도 한다. 특히 주당현금배당이 감소하고 이를 보충하기 위한 수단으로 주식배당이 이용된 경우, 주식배당은 기업의 자금사정 악화를 알려주는 신호로 해석될 수 있다.

4.2 주식분할

주식분할(stock split)은 엄밀히 말해 배당의 형태라고 할 수 없으나 그 경제적 효과가 주식배당과 유사하므로 여기서 설명하고자 한다. 주식분할은 기존의 1주를 분할하여 그 이상의 배수로 만드는 것이다. 주식분할을 실시하는 경우 단순히 발행주식수가 증가하고 이에 따라 액면가가 줄어들게 되는 이외에 외형적으로 재무상태표의 자기자본항목은 변하지 않는다. 예를 들어 청솔주식회사가 10 : 1로 주식분할을 실시하는 경우 자기자본구조의 변화를 살펴보면 다음과 같다.

청솔주식회사의 자기자본구조(주식분할 전)

(단위: 원)

자본금(액면 5,000원, 발행주식수 10만주)	500,000,000
자본잉여금	20,000,000
이익잉여금	80,000,000
자기자본합계	600,000,000

청솔주식회사의 자기자본구조(10 : 1 주식분할 후)

(단위: 원)

자본금(액면 500원, 발행주식수 100만주)	500,000,000
자본잉여금	20,000,000
이익잉여금	80,000,000
자기자본합계	600,000,000

이상과 같이 청솔주식회사는 주식분할에 의해 액면가와 발행주식수만 변하였을 뿐 그 외에는 아무런 변화가 없다.

기업에서 주식분할을 실시하는 이유는 주로 기업의 성장과 함께 주가가 높아져서, 증권시장에서 원활히 거래가 되지 않을 때 주식분할을 통하여 적절한 가격으로 조절할 수 있기 때문이다. 즉 주식분할은 주식의 거래를 원활하게 하고, 주가의 안정을 얻을 목적으로 행하여진다.

이론적으로 주식분할은 주가를 분할배수만큼 하락시키지만 실제로 분할 직후에 형성된 주가는 이론적 주가보다 약간 높게 형성되는 것이 일반적이다. 이는 주식배당에서와 같이 주식분할이 시장에서 일반투자자들에게 기업의 미래전망에 대한 좋은 뉴스를 전달해 주는 역할을 하는 것으로 해석할 수 있다.

주식분할과는 반대로, 여러 주식을 하나의 주식으로 통합하는 것을 주식병합(reverse stock split)이라 한다. 주식병합은 주가가 너무 낮을 때 주가를 적절한 수준으로 올려놓기 위해서 실시된다.

4.3 자사주 매입

자사주 매입(stock repurchase)이란 기업이 발행한 보통주를 다시 매입하여 금고주(treasury stock)의 형태로 보유하는 것을 말한다. 자사주 매입은 주주들에게 배당지급과 같은 효과를 주게 된다. 기업이 배당을 지급할 자금으로 자사주를 매입하면 발행주식수가 줄어들게 되므로 이후에 주주들에게 더욱 많은 주당순이익과 주당배당금을 가져다 줄 수 있다. 완전자본시장에서 시장에서 유통되는 나머지 주식의 가격은 배당부 주가수준으로 일정하게 유지될 것이므로, 주주들은 배당금 대신에 자본이득을 얻게 되며 이로 인하여 배당소득세를 회피할 수 있다는 이점이 있다.[20]

미국시장의 경우 2000년대 이후 자사주 매입이 현금배당보다 더 큰 비중을 차지하고 있으며, 우리나라 시장에서도 2000년대 이후 자사주 매입량이 큰 폭으로 증가하고 있다. 우리나라에서는 과거 기업내부의 경영자가 악용할 우려가 있으므로 상법상 특별한 경우를 제외하고는 자사주 매입을 원칙적으로 금지하였으나, 2011년 상법개정 후 현행 「자본시장과 금융투자업에 관한 법률」(자본시장법)에서와 마찬가지로 주주총회 또는 이사회의 결의를 거쳐 배당가능이익의 범위 내에서 자기주식의 취득을 허용

20) 그러나 자본시장이 불완전한 경우 주식에 대한 수요가 증가하여 주가가 상승할 수도 있다. 현재 배당소득에 대해서는 15.4%(지방소득세 포함)의 배당소득세가 부과되며 배당소득이 2,000만원 초과 시 종합과세대상이 되나, 자본이득의 경우 소득세는 부과되지 않는다(단, 대주주 및 장외거래 제외).

하였다(상법 제341조 1항).[21] 그리고 자본시장법에서는 상장법인의 자사주 취득방법으로 증권시장에서 취득하는 방법(open-market repurchase), 공개매수에 의한 방법(tender offer), 그리고 신탁계약에 따라 자사주를 취득한 신탁업자로부터 신탁계약이 해지되거나 종료된 때에 반환받는 방법으로 규정하고 있다(자본시장법 제165조의2 제2항).

기업의 자사주 매입 동기는 여러 가지 이론으로 설명된다. 저평가 신호가설에 의하면 정보비대칭이 존재할 때 경영자는 주식이 저평가되어 있음을 외부에 전달하기 위하여 자사주를 활용한다. 실제로 자사주 매입에 대하여 시장은 긍정적으로 반응하여 주가가 상승하는 현상이 자주 발생한다. 한편 잉여현금흐름가설에 의하면 현금배당 또는 자사주 매입은 기업 내부의 잉여현금흐름을 감소시킴으로써 경영진의 사적 이익을 추구하기 위한 과도한 투자를 방지할 수 있다. 이때 현금배당의 경우 배당감소에 따른 부정적 신호효과를 회피하기 위하여 배당증가 후 일정한 수준을 유지해야 하는 부담을 갖게 되므로, 일회성으로 주주에게 현금을 지급하는 자사주 매입이 선호되는 경향이 있다. 이 밖에 적대적 인수를 방어하기 위한 수단으로 자사주 매입의 동기를 설명하는 적대적 기업인수방어가설, 주당순이익 증가를 목적으로 자사주를 매입한다는 이익관리가설, 그리고 경영자의 사익 추구목적으로 매입동기를 설명하는 기회주의가설 등이 있다.

완전자본시장의 경우에는 이상에서 설명한 주식배당, 주식분할, 자사주 매입 등에 의해 주주의 부는 변하지 않을 것이다. 이에 대한 사항을 요약하면 〈표 15－1〉과 같다.

표 15－1 주식배당, 주식분할, 자사주 매입의 효과

배당의 특수형태	발행주식수	주 가	주주의 부
주식배당	증 가	하 락	불 변
주식분할	증 가	하 락	불 변
자사주 매입	감 소	불 변	불 변*

* 발행주식수가 감소하여 주주들이 보유하고 있는 주식의 총시장가치는 감소하나, 그 감소된 가치는 주주들이 기업에 주식을 매도하여 얻게 되는 소득과 일치하게 되므로 주주의 부는 변하지 않는다.

21) 또한 ① 회사의 합병 또는 다른 회사의 영업 전부의 양수로 인한 경우, ② 회사의 권리를 실행함에 있어 그 목적을 달성하기 위하여 필요한 경우, ③ 단주의 처리를 위하여 필요한 경우, ④ 주주가 주식매수청구권을 행사한 경우 등 특정 목적에 의한 자사주 매입의 경우는 배당가능이익의 재원이 없이도 자기주식을 취득할 수 있도록 하였다(상법 제341조의2).

요 약

배당과 기업의 가치

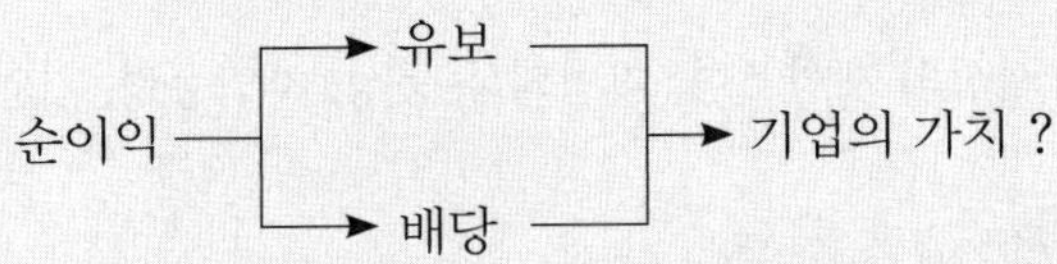

1. MM의 무관련이론(1961): 완전자본시장

개인의 자기배당(homemade dividend)

2. 배당논쟁: 불완전자본시장

▶ 저배당정책의 선호에 대한 현실적 요인

- 세금: 배당소득세율 > 자본차익세율
- 발행비용

▶ 고배당정책의 선호에 대한 현실적 요인

- 현재수입에 대한 선호
- 불확실성의 제거
- 배당소득세의 회피
- 지분의 대리인비용 감소

▶ 배당정책에 대한 현실적 설명

- 배당의 정보효과: 배당정책의 변화 → 기업내부정보 전달수단
  예 고배당 → 좋은 뉴스 → 주가상승
- 배당의 고객효과: 기업의 배당정책 ↔ 주주들의 선호
  → 배당정책 ≠ 기업가치
- 기업생애주기 이론: 성장기기업 → 저배당정책
  성숙기기업 → 고배당정책
- 배당 케이터링 이론: 투자자들의 배당에 대한 수요를 만족시킴

배당정책의 실제

1. 잔여배당정책

2. 배당의 안정성

3. 기타 고려사항

법률상의 제한, 사채계약서상의 제한조항, 기업의 유동성, 차입능력, 기업의 지배권 등

배당의 특수형태

배당의 특수형태	발행주식수	주 가	주주의 부
주식배당	증 가	하 락	불 변
주식분할	증 가	하 락	불 변
자사주 매입	감 소	불 변	불 변*

* 발행주식수가 감소하여 주주들이 보유하고 있는 주식의 총시장가치는 감소하나, 그 감소된 가치는 주주들이 기업에 주식을 매도하여 얻게 되는 소득과 일치하게 되므로 주주의 부는 변하지 않는다.

주요 용어

사 · 례 · 연 · 구

무부채기업인 ㈜장충은 현재 사업가치가 3,000억원이고 800억원의 유보이익을 보유하고 있다. 이 기업의 현재 발행주식수는 750만주이며, 유보이익으로 자사주를 매입하고자 한다. 자사주매입 후 이 기업의 사업가치가 1,500억원이 되거나 4,500억원이 된다고 한다. 완전자본시장을 가정하여 다음 물음에 답하라.

(1) 자사주매입 이전의 주가는 얼마인가?

(2) 자사주매입 이후 사업가치가 1,500억원이 된 경우 주가는 어떻게 되고, 4,500억원이 된 경우 주가는 어떻게 되는지 설명하라.

(3) 만약 사업가치가 변동이 알려질 때까지 기다린 후에 자사주를 매입한다고 하자. 사업가치가 상승한 후 또는 하락한 후에 자사주를 매입한다면 각각의 경우 주가는 어떻게 되는가?

(4) 만약 ㈜장충의 경영진이 사업가치의 상승 또는 하락여부를 미리 예측하고 있다면 주가를 최대한 높이기 위하여 사업가치가 알려지기 전과 후 어느 시점에 자사주를 매입하는 것이 유리한지 설명하라.

(5) (4)의 대답에 기초하여 자사주매입의 공시가 주가에 어떠한 영향을 미치는지 설명하라.

:: 해 설

(1) 주가 $= \dfrac{3{,}800\text{억원}}{750\text{만주}} = 50{,}666.7$원

(2) 매입 주식수는 $\dfrac{800\text{억원}}{50{,}666.7\text{원}} = 1{,}578{,}946.3$주이므로, 발행주식수는 5,921,053.7주로 줄어든다. 자사주 매입 후 유보이익은 0이 되므로 사업가치가 1,500억원이 된 경우 주가는 $\dfrac{1{,}500\text{억원}}{5{,}921{,}053.7\text{주}} = 25{,}333.3$원이며, 사업가치가 4,500억원이 된 경우 주가는 $\dfrac{4{,}500\text{억원}}{5{,}921{,}053.7\text{주}}$ $= 76{,}000$원이다.

(3) 자사주매입 이전에 사업가치가 1,500억원이 된다면 자본가치는 1,500억원 + 800억원 = 2,300억원이므로 주가는 $\dfrac{2{,}300\text{억원}}{750\text{만주}} = 30{,}666.7$원이다. 자사주매입 이전에 사업가치가 4,500억원이 된다면 자본가치는 4,500억원 + 800억원 = 5,300억원이므로 주가는

$$\frac{5{,}300\text{억원}}{750\text{만주}} = 70{,}666.7\text{원이다.}$$

완전자본시장에서 자사주매입은 주가에 아무런 영향을 미치지 않으므로, 자사주 매입 후 주가는 각각 30,666.7원 또는 70,666.7원이다.

(4) 경영진이 사업가치 상승을 예측한 경우, 자사주 매입을 먼저 하는 것이 유리하다(76,000원>70,666.7원). 반면에 경영진이 사업가치 하락을 예측한 경우, 사업가치 하락 후 자사주매입하는 것이 유리하다(30,666.7원>25,333.3원).

(5) 경영자는 기업가치에 대한 긍정적 정보가 발표되기 전 또는 부정적 정보가 발표된 후 자사주매입을 하는 경향이 있음을 알 수 있다. 따라서 외부투자자들은 자사주 매입을 미래의 기업가치에 대한 긍정적 신호로 인식하게 되며, 자사주 매입 공시는 주가를 상승시키는 방향으로 영향을 미칠 수 있다.

연·습·문·제

▶ 객관식 문제

01 투자자의 저배당정책 선호에 대한 현실적 요인으로 볼 수 있는 것은?

> A. 차별적 세금 : 배당소득세율 > 자본이득세율
> B. 증권의 발행비용
> C. 현재수입에 대한 선호
> D. 배당으로 인한 불확실성의 감소
> E. 배당의 고객효과

① A, B ② A, C ③ C, D ④ D, E ⑤ B, E

02 기업 배당정책에 관련된 설명 중 가장 적절하지 않은 것은? (CPA 1차 2017)

① 일반적으로 기업들은 주당배당금을 일정하게 유지하려는 경향이 있다.
② 배당을 많이 지급함으로써 외부주주와 경영자 간 발생할 수 있는 대리인 비용을 줄일 수 있다.
③ 배당의 고객효과(clientele effect)에 따르면 높은 한계세율을 적용받는 투자자들은 저배당기업을 선호하며, 낮은 한계세율을 적용받는 투자자들은 고배당기업을 선호한다.
④ 수익성 있는 투자기회를 많이 가지고 있는 기업일수록 고배당정책을 선호한다.
⑤ 정보의 비대칭성이 존재하는 경우 경영자는 시장에 기업정보를 전달하는 수단으로 배당을 사용할 수 있다.

03 당기순이익에서 배당금으로 지급되는 비율을 나타내는 배당성향을 장기적으로 일정하게 유지하면서 안정된 배당금을 지급하는 배당정책을 채택하고 있는 무차입 기업에서 단기적으로 배당성향을 가장 많이 증가시킬 것으로 예상되는 경우는? (배당정책이론의 관점에서 답하라.) (CPA 1차 2004)

① 자본이득에 대한 세율에 비해 상대적으로 개인소득세율이 높아졌다.
② 자금수급의 불균형으로 인해 시장금리가 상승했다.
③ 예상치 못한 이상기후로 매출이 급감해 기업이익이 감소했다.
④ 칠레와 자유무역협정이 체결됨에 따라 투자기회가 증가했다.
⑤ 기업지배구조의 개선으로 여유자금에 대한 사용이 투명해졌다.

04 ㈜대한의 매출액은 200억원, 매출액순이익률은 5%, 주가수익비율(price earning ratio: PER)은 10배, 유보율이 60%, 발행주식수는 100만주일 경우 ㈜대한의 배당수익률(dividend yield)은 얼마인가? (CPA 1차 1999)

① 4% ② 5% ③ 6% ④ 8% ⑤ 10%

05 한국기업은 1년 후부터 매년 20,000원씩의 주당순이익을 예상하며 주당순이익 전부를 배당으로 지급하고 있다. 한국기업은 매년 순이익의 40%를 투자할 것으로 고려하고 있으며, 이때 자기자본순이익률이 13%가 될 것으로 예상한다. 한국기업이 순이익 전부를 배당으로 지급하는 대신에 40%를 투자한다면 주가가 얼마나 변화하겠는가? 한국기업 주식의 적정 수익률은 13%이다. ΔP는 가격변화이다. (CPA 1차 2006)

① $\Delta P \leq -2{,}000$원 ② $-2{,}000$원$<\Delta P<0$원 ③ $\Delta P=0$원
④ 0원$<\Delta P<2{,}000$원 ⑤ $\Delta P \geq 2{,}000$원

06 ㈜유림은 내부수익률법을 이용하여 서로 독립적인 다음의 다섯 개 투자안들을 고려하고 있다. 이들 투자안들은 모두 ㈜유림의 영업위험과 동일한 위험도를 갖고 있다.

투 자 안	투자금액	내부수익률
A	10억원	12.0%
B	12억원	11.5%
C	12억원	11.0%
D	12억원	10.5%
E	10억원	10.0%

올해의 순이익은 25억원으로 예상되는데, 다음의 조건하에 투자하고 남은 돈을 배당으로 지급한다면 올해의 배당성향은 얼마가 되겠는가? (CPA 1차 2007)

a. 현재 이 회사는 50%의 부채와 50%의 자기자본으로 이루어진 자본구조를 가지고 있다.
b. 신규 투자 후에도 기존의 자본구조가 그대로 유지되어야 한다.
c. 세후 부채비용(after−tax cost of debt)은 8%이며 자기자본비용은 14.5%이다.

① 0% ② 12% ③ 32% ④ 56% ⑤ 100%

07 ABC기업의 시장가치기준의 재무상태표는 다음과 같다.

현 금	200억원	부 채	1,000억원
비유동자산	2,800억원	자기자본	2,000억원

주식의 액면가격은 5,000원이고, 자본금(장부가격)은 500억원이다. 또한 당기순이익은 100억원이다. ABC기업은 주당 500원의 현금배당을 실시할 것인가 아니면 50억원의 자사주를 현재의 가격으로 매입할 것인가를 고려하고 있다. 다음 중 ABC기업이 현금배당을 실시하든 아니면 자사주를 매입하든 효과가 동일하게 나타나는 것들을 모두 모은 것은? 재무정책 발표에 따른 정보효과와 세금은 없다고 가정한다. (CPA 1차 2006)

a. 발행주식수
b. 주 가
c. 주당순이익
d. 주주에게 지급되는 총금액
e. 주가수익비율(PER)

① a, b, c ② d, e ③ d ④ e ⑤ b, d

08 완전자본시장을 가정했을 때 배당정책의 효과에 관한 설명으로 가장 적절하지 않은 것은? (단, 자사주는 시장가격으로 매입한다고 가정한다.) (CPA 1차 2018)

① 주식배당 시, 발행주식수는 증가하며 주가는 하락한다.
② 자사주 매입 시, 발행주식수는 감소하며 주가는 변하지 않는다.
③ 현금배당 시, 발행주식수의 변화는 없으며 주가는 하락한다.
④ 현금배당 또는 자사주 매입 시, 주가이익비율(PER)은 증가한다.
⑤ 현금배당 또는 자사주 매입 시, 기존주주의 부는 변하지 않는다.

09 A기업의 현재 발행주식수는 20,000주, 당기순이익은 5,000만원, 주가는 10,000원이다. 주가가 이론적 주가로 변한다고 가정할 때 A기업이 고려하고 있는 다음의 재무정책들 중에서 현재보다 주가수익비율(PER)이 감소하는 정책들을 모두 모은 것은? (단, 재무정책 실시에 따른 정보효과가 없다고 가정한다.) (CPA 1차 2008)

a. 순이익의 20%를 현금으로 배당한다.
b. 발행주식수의 20%를 주식으로 배당한다.
c. 2 : 1로 주식을 분할한다.
d. 2 : 1로 주식을 병합한다.
e. 순이익의 20%에 해당하는 금액의 자사주를 10,000원에 재매입한다.

① b, c, d ② c, d, e ③ a, b ④ a, e ⑤ d

10 ㈜대한의 현재 주가가 1,000원이고, 자기자본은 다음과 같다. 주가는 이론적 주가로 변한다고 가정할 때, 각각의 재무정책 효과에 관한 설명 중 가장 적절하지 않은 것은? (단, 거래비용, 세금과 정보효과는 무시한다.) (CPA 1차 2011)

보통주자본금(액면금액 500원)	400,000원
자본잉여금	255,000원
이익잉여금	145,000원
자기자본	800,000원

① 10%의 주식배당을 1,000원에 실시하면 자본잉여금은 295,000원, 이익잉여금은 65,000원이 된다.
② 액면금액을 주당 100원으로 분할하면 발행주식수는 4,000주가 된다.
③ 주당 150원의 현금배당을 실시하면 배당락주가는 850원이고, 자기자본은 620,000원이 된다.
④ 주당 1,000원에 100주의 자사주를 매입하면 주가는 변함이 없지만 주당순이익은 증가한다.
⑤ 주당 1,000원에 80,000원만큼의 자사주 매입을 실시하면 자사주 매입 후 유통주식수는 720주가 된다.

● 객관식 해답 **1.** ①, **2.** ④, **3.** ③, **4.** ①, **5.** ③, **6.** ④, **7.** ②, **8.** ④, **9.** ④, **10.** ③

▶ 주관식 문제

01 자기배당

㈜태양은 1년 후에 주당 1,000원 배당하고, 2년 후에는 그 수명이 다하여 문을 닫게 되어 주당 20,000원씩 청산배당할 것으로 예상된다. 그리고 이 회사 주식의 요구수익률은 15%이다. 현재 당신이 ㈜태양의 주식 500주를 가지고 있다고 가정하여 다음의 물음에 답하라.

(1) ㈜태양의 현재 주가는?
(2) 당신이 향후 2년에 걸쳐 매년 동일한 금액을 받기를 원하다면, 어떻게 하여야 하는가?

02 MM의 배당무관련이론

현재 발행주식수가 100만주이며, 순이익의 전부를 배당하는 정책을 채택하고 있는 ㈜태양의 순이익은 4억원으로 곧 배당을 실시할 예정이다. 그리고 이 회사의 1년 후 가치는 110억원으로 예상된다. 이 회사의 적절한 할인율이 10%이며, 완전자본시장을 가정하여 다음의 물음에 답하라.

(1) ㈜태양의 현재가치는?
(2) ㈜태양이 현재의 배당정책을 계속 유지하는 경우, 이 회사 주식의 배당락가격은?
(3) 배당정책과 관련된 회의에서 이 회사의 일부 임원들은 배당이 너무 적어 주가가 낮게 형성된다고 주장하였다. 그러므로 그들은 신주발행에 의해 자금을 조달하여 주당 600원씩의 배당을 하자고 제안하였다.
 ① 낮은 배당으로 인해 주가가 저평가되었다는 주장에 대해 평가하라.
 ② 주당 600원씩 배당하자는 안이 채택된다면, 신주를 얼마에(발행가) 얼마만큼(발행주식수) 발행하여야 하는가?

03 세금과 투자수익률

배당정책을 제외하고는 모든 상황이 동일한 다음과 같은 갑, 을, 병 세 기업이 있다.

	기업 갑	기업 을	기업 병
1년도 말의 배당락주가	22,000원	21,000원	20,000원
1년도 말의 주당배당금	0원	1,000원	2,000원

모든 투자자들의 배당소득세율은 25%로 동일하며, 갑의 주주들은 20%의 투자수익

률을 기대하고 있다. 그리고 자본차익에 대해서는 과세되지 않고 있다. 이상의 자료를 이용하여 다음의 물음에 답하라.

(1) 세 기업의 현재 주가는 각각 얼마인가?
(2) 세 기업의 세전과 세후 투자수익률을 비교하라.
(3) 물음 (2)의 결과에 의해서 배당과 기대수익률의 관계를 설명하라.

04 주식배당

㈜은하의 현재 주가는 18,000원, 주당순이익은 1,000원이며, 자기자본은 다음과 같이 구성되어 있다.

㈜은하의 자기자본구조

자본금(액면 5,000원, 발행주식수 100만주)	50억원
자본잉여금	20억원
이익잉여금	10억원
자기자본합계	80억원

이 회사가 10%의 주식배당을 실시하였다고 가정하여 다음의 물음에 답하라.

(1) 이 회사의 자기자본구조는 어떻게 변하겠는가?
(2) 이 회사의 주가는?
(3) 이 회사의 주가수익비율(price earning ratio : PER)은 어떻게 변하겠는가?
(4) 주식배당 전 100주를 가지고 있던 투자자가 있다면, 그의 부는 어떻게 되겠는가?
(5) 현실적으로 외부주주들은 기업의 내부정보를 잘 알지 못한다. 이 경우 주식배당은 정보를 전달하는 하나의 수단으로 사용될 수 있다. 이와 같은 논리하에서 긍정적인 정보로서의 주식배당을 설명하라.

05 완전자본시장하에서의 자본구조정책 비교

한솔기업은 10,000주의 주식을 발행하였으며, 그 주식가격은 10,000원이다. 이 회사의 부채의 시장가치는 2,500만원이다. 현재 한솔기업은 자사의 자본구조와 관련된 다음과 같은 5가지 정책을 검토하고 있다.

- 정책 1: 주식을 2 : 1로 분할한다.
- 정책 2: 주당 100원씩 배당을 실시한다.
- 정책 3: 500만원의 새로운 부채를 발행한다.
- 정책 4: 5%의 주식배당을 실시한다.
- 정책 5: 100만원의 자사주식을 매입한다.

법인세가 존재하지 않는 완전자본시장을 가정하여 다음의 물음에 답하라.

(1) 각 정책에 따라 다음을 계산하라.
① 부채의 시장가치
② 발행주식수
③ 주 가
④ 자기자본의 가치
⑤ 기업의 시장가치

(2) 각 정책에 따라 주주의 부는 어떻게 변하는가?

06 잔여배당정책

다음은 ㈜민국이 고려하고 있는 투자안에 대한 자료이다.

투 자 안	투자규모(만원)	IRR(%)
A	1,000	12
B	1,200	11.5
C	1,200	11
D	1,200	10.5
E	1,000	10.0

현재 ㈜민국의 목표부채구성비율(B/V_L)은 50%이며, 올해의 순이익은 2,500만원으로 기대된다. 유보이익의 자본비용은 15.5%이고, 신주발행에 따른 자금조달비용은 16.5%이며, 부채사용에 따른 이자비용은 10%이다. ㈜민국의 법인세가 40%일 경우 다음의 물음에 답하라.

(1) ㈜민국이 잔여배당정책을 따른다면 배당성향은 얼마가 되겠는가?

(2) ㈜민국은 목표부채구성비율(B/V_L)을 30%로 변경하려고 한다. 그리고 이 회사가 올해의 순이익은 1,000만원, 배당성향은 40%로 예상하고 있다. ㈜민국이 신주를 발행하지 않을 경우 투자가능한 금액은 얼마인가?

07 고급 유상증자, 배당

(CPA 2차 2002 수정)

상장기업인 ㈜설악레저의 대표이사는 우량기업이 되기 위해서는 무차입 경영을 추구해야 한다고 판단하여, 이를 실행에 옮기기 위해 ㈜설악레저는 이사회를 열어 주주배정(right offering) 방식에 의한 유상증자를 실시하기로 하고 주당 발행가액을 20,000원으로 정했다. 유상증자로 조달한 자금은 전액 ㈜설악레저의 모든 부채를 즉시 상환하는 데 사용하기로 결의한 후, 이 내용을 시장에 공시하였다. 공시 직전 ㈜설악레저의 총시장가치는 400억원이며, 이 중 부채의 시장가치는 100억원이다. 그리고 이 회사의 기발행 주식수는 100만주이며, 자기자본의 장부가치는 200억원이고, 부채의 장부가치는 100억원이다. 공시 직전 ㈜설악레저 주주의 요구수익률은 20%이며, 부채의 요구수익률은 10%이다.

법인세가 있는 MM이론과 준강형 효율적 시장가설이 성립한다고 가정한다. 그리고 ㈜설악레저의 이자비용및법인세비용차감전순이익(EBIT)의 기대치는 동일하게 영구히 발생되며, 법인세율은 40%이다.

(1) ㈜설악레저의 시장공시에 따라 주가가 얼마나 변동하는지를 구하고, 주가가 변동하는 이유를 간단하게 설명하라.

(2) ㈜설악레저의 유상증자 실시 이전과 유상증자 및 부채상환 실시 이후에 다음의 값이 얼마나 변동하는지를 구하고, 변동하는 이유를 간단히 설명하라.

① 가중평균자본비용(WACC)

② 자기자본순이익률(ROE)

③ 경제적 부가가치(EVA)

(3) ㈜설악레저의 유상증자에서 권리락(ex-right)주가와 신주인수권의 가치를 구하라.

(4) 만일 ㈜설악레저가 유상증자를 실시하여 조달한 100억원의 자금을 부채상환에 사용하지 않고 전액 유상증자 후의 모든 주식에 대해 현금배당으로 지급한다면, 다른 것이 모두 동일하다고 할 때 배당락(ex−dividend)주가는 얼마가 되겠는가? (단, 배당금에 대한 세금은 없다고 가정한다.)

(5) 다른 가정은 그대로 유지하면서 배당금 및 자본이득에 대해 개인소득세를 부과한다고 하자. 자본시장이 균형상태에 있다고 가정할 때 유상증자를 통해 조달한 자금으로 배당금을 지급하는 경우 주주의 부에 미치는 영향을 설명하라.

08 현금배당과 자사주 매입 (CPA 2차 1989 수정)

무부채기업인 ㈜신라는 기발행주식수는 10만주이고, 배당부주가는 20,000원이며, 금년도의 순이익 5억원 중 40%를 배당으로 지급할 예정이다. 완전자본시장을 가정하고 아래 물음에 답하라.

(1) 현금배당 후 EPS와 주가는 얼마인가? 기존 주주의 부에는 어떠한 영향을 미치는가?

(2) 현금배당을 지급하는 대신 동 자금으로 자사주식을 매입한다면 자사주 매입 후 ㈜신라의 EPS와 주가는 얼마인가? 또한 기존 주주의 부에는 어떠한 영향을 미치는가?

(3) ㈜신라의 주주들이 높은 한계세율에 직면한 고소득자들이라면 현금배당과 자사주

매입 중 어느 것을 더 선호하겠는가?

(4) ㈜신라의 대주주는 ㈜신라가 25,000원의 가격으로 주식을 재매입할 경우에 보유주식을 처분하겠다고 한다. 이렇게 될 경우 이 기업의 주가를 구하고 대주주의 주장에 대한 기존 주주의 입장을 논하라. 기업이 대주주 보유주식을 매입하더라도 기존 주주의 부에 영향이 없도록 하기 위한 자사주 매입가격은?

(5) 배당소득에 대한 세율이 20%이고 자본이득에 대한 세금은 없다고 하자. ㈜신라는 2억원으로 대주주가 보유한 자사주를 매입하거나 배당을 지급할 수 있다. 이 두 가지 방안으로부터 기존 주주의 부에 영향이 없도록 하기 위한 자사주 매입가격은?

09 고급 투자안 평가와 자사주 매입 (CPA 2차 2006)

새로운 회계연도 초인 현재(시점 0), 무부채기업인 ㈜트윈은 1만주의 주식을 발행하고 있고 직전 회계연도 말 세후 순이익은 120만원이다. 시장의 무위험이자율은 6%이고, 시장포트폴리오의 기대수익률은 12%이며, 이후 변동이 없을 것으로 예상된다. 법인세(세율 40%) 외 개인소득세는 없으며 거래비용도 없고, 시장은 완전하다. 단, 계산은 소수점 아래 넷째 자리에서 반올림하라.

(1) ㈜트윈과 동일한 영업위험을 가진 ㈜쌍둥이 주식의 베타값이 1.95이고 부채 대 자기자본비율(B/S)이 0.5일 때, 자본자산가격결정모형(CAPM)을 이용하여 ㈜트윈의 자기자본비용을 구하라.

(2) ㈜트윈은 향후 영속적으로 동일한 세후 순이익이 기대되고 새로운 성장기회가 없어 직전 회계연도 순이익을 전액 현금배당으로 지급한 경우, ㈜트윈의 현재 주가를 배당평가모형을 이용하여 구하라.

(3) 물음 (2)의 상황을 전제로, ㈜트윈이 내부자금 100만원을 1주당 833.333원의 조건으로 전액 자사주 매입에 사용할 것이라고 발표하였다. 만약 당신이 해당 주식을 10주 보유하고 있는 투자자라고 할 때, 제시된 조건으로 자사주 매입에 응할 것인지, 아니면 주식을 계속 보유할 것인지에 대한 의견을 두 경우간 최종 부의 차이를 통해 제시하라.

※ 물음 (2)와 동일한 상황에서, 이번 회계연도 말에 100만원을 투자하면 매년 30만원의 영업이익이 영구히 발생하면서 기존의 투자와 동일한 영업위험을 갖지만 독립적인 신규 투자기회가 ㈜트윈에게 발견되었다고 하자. 즉 새로운 투자기회로 인한 매기 말 예상현금흐름은 아래와 같으며, 더 이상의 투자기회는 없다고 한다.

시 점	1	2	3	…
투자금액	100만원	–	–	–
영업이익(EBIT)	–	30만원	30만원	…

(4) 투자금액을 전액 내부자금으로 조달하는 경우, 신규 투자기회의 순현가(NPVGO)를 구하고, 이를 감안한 ㈜트윈의 주가도 함께 구하라.

(5) 투자금액의 절반은 영구부채를 통해 무위험이자율로 조달하고, 나머지는 내부자금으로 조달하는 경우, 신규 투자기회를 감안한 ㈜트윈의 주가를 구하라.

부록 I　부 표

부표-1 복리이자요소$(CVIF_{r,\ n}) = (1+r)^n$

기간	이 자 율									
	1%	2%	3%	4%	5%	6%	7%	8%	9%	10%
1	1.0100	1.0200	1.0300	1.0400	1.0500	1.0600	1.0700	1.0800	1.0900	1.1000
2	1.0201	1.0404	1.0609	1.0816	1.1025	1.1236	1.1449	1.1664	1.1881	1.2100
3	1.0303	1.0612	1.0927	1.1249	1.1576	1.1910	1.2250	1.2597	1.2950	1.3310
4	1.0406	1.0824	1.1255	1.1699	1.2155	1.2625	1.3108	1.3605	1.4116	1.4641
5	1.0510	1.1041	1.1593	1.2167	1.2763	1.3382	1.4026	1.4693	1.5386	1.6105
6	1.0615	1.1262	1.1941	1.2653	1.3401	1.4185	1.5007	1.5869	1.6771	1.7716
7	1.0721	1.1487	1.2299	1.3159	1.4071	1.5036	1.6058	1.7138	1.8280	1.9487
8	1.0829	1.1717	1.2668	1.3686	1.4775	1.5938	1.7182	1.8509	1.9926	2.1436
9	1.0937	1.1951	1.3048	1.4233	1.5513	1.6895	1.8385	1.9990	2.1719	2.3579
10	1.1046	1.2190	1.3439	1.4802	1.6289	1.7908	1.9672	2.1589	2.3674	2.5937
11	1.1157	1.2434	1.3842	1.5395	1.7103	1.8983	2.1049	2.3316	2.5804	2.8531
12	1.1268	1.2682	1.4258	1.6010	1.7959	2.0122	2.2522	2.5182	2.8127	3.1384
13	1.1381	1.2936	1.4685	1.6651	1.8856	2.1329	2.4098	2.7196	3.0658	3.4523
14	1.1495	1.3195	1.5126	1.7317	1.9799	2.2609	2.5785	2.9372	3.3417	3.7975
15	1.1610	1.3459	1.5580	1.8009	2.0789	2.3966	2.7590	3.1722	3.6425	4.1772
16	1.1726	1.3728	1.6047	1.8730	2.1829	2.5404	2.9522	3.4259	3.9703	4.5950
17	1.1843	1.4002	1.6528	1.9479	2.2920	2.6928	3.1588	3.7000	4.3276	5.0545
18	1.1961	1.4282	1.7024	2.0258	2.4066	2.8543	3.3799	3.9960	4.7171	5.5599
19	1.2081	1.4568	1.7535	2.1068	2.5270	3.0256	3.6165	4.3157	5.1417	6.1159
20	1.2202	1.4859	1.8061	2.1911	2.6533	3.2071	3.8697	4.6610	5.6044	6.7275
21	1.2324	1.5157	1.8603	2.2788	2.7860	3.3996	4.1406	5.0338	6.1088	7.4002
22	1.2447	1.5460	1.9161	2.3699	2.9253	3.6035	4.4304	5.4365	6.6586	8.1403
23	1.2572	1.5769	1.9736	2.4647	3.0715	3.8197	4.7405	5.8715	7.2579	8.9543
24	1.2697	1.6084	2.0328	2.5633	3.2251	4.0489	5.0724	6.3412	7.9111	9.8497
25	1.2824	1.6406	2.0938	2.6658	3.3864	4.2919	5.4274	6.8485	8.6231	10.835
30	1.3478	1.8114	2.4273	3.2434	4.3219	5.7435	7.6123	10.063	13.268	17.449
40	1.4889	2.2080	3.2620	4.8010	7.0400	10.286	14.974	21.725	31.409	45.259
50	1.6446	2.6916	4.3839	7.1067	11.467	18.420	29.457	46.902	74.358	117.39
60	1.8167	3.2810	5.8916	10.520	18.679	32.988	57.946	101.26	176.03	304.48

기간	이 자 율									
	12%	14%	15%	16%	18%	20%	24%	28%	32%	36%
1	1.1200	1.1400	1.1500	1.1600	1.1800	1.2000	1.2400	1.2800	1.3200	1.3600
2	1.2544	1.2996	1.3225	1.3456	1.3924	1.4400	1.5376	1.6384	1.7424	1.8496
3	1.4049	1.4815	1.5209	1.5609	1.6430	1.7280	1.9066	2.0972	2.3000	2.5155
4	1.5735	1.6890	1.7490	1.8106	1.9388	2.0736	2.3642	2.6844	3.0360	3.4210
5	1.7623	1.9254	2.0114	2.1003	2.2878	2.4883	2.9316	3.4360	4.0075	4.6526
6	1.9738	2.1950	2.3131	2.4364	2.6996	2.9860	3.6352	4.3980	5.2899	6.3275
7	2.2107	2.5023	2.6600	2.8262	3.1855	3.5832	4.5077	5.6295	6.9826	8.6054
8	2.4760	2.8526	3.0590	3.2784	3.7589	4.2998	5.5895	7.2058	9.2170	11.703
9	2.7731	3.2519	3.5179	3.8030	4.4355	5.1598	6.9310	9.2234	12.166	15.917
10	3.1058	3.7072	4.0456	4.4114	5.2338	6.1917	8.5944	11.806	16.060	21.647
11	3.4785	4.2262	4.6524	5.1173	6.1759	7.4301	10.657	15.112	21.199	29.439
12	3.8960	4.8179	5.3503	5.9360	7.2876	8.9161	13.215	19.343	27.983	40.037
13	4.3635	5.4924	6.1528	6.8858	8.5994	10.699	16.386	24.759	36.937	54.451
14	4.8871	6.2613	7.0757	7.9875	10.147	12.839	20.319	31.691	48.757	74.053
15	5.4736	7.1379	8.1371	9.2655	11.974	15.407	25.196	40.565	64.359	100.71
16	6.1304	8.1372	9.3576	10.748	14.129	18.488	31.243	51.923	84.954	136.97
17	6.8660	9.2765	10.761	12.468	16.672	22.186	38.741	66.461	112.14	186.28
18	7.6900	10.575	12.375	14.463	19.673	26.623	48.039	85.071	148.02	253.34
19	8.6128	12.056	14.232	16.777	23.214	31.948	59.568	108.89	195.39	344.54
20	9.6463	13.743	16.367	19.461	27.393	38.338	73.864	139.38	257.92	468.57
21	10.804	15.668	18.822	22.574	32.324	46.005	91.592	178.41	340.45	637.26
22	12.100	17.861	21.645	26.186	38.142	55.206	113.57	228.36	449.39	866.67
23	13.522	20.362	24.891	30.376	45.008	66.247	140.83	292.30	593.20	1178.7
24	15.179	23.212	28.625	35.236	53.109	79.497	174.63	374.14	783.02	1603.0
25	17.000	26.462	32.919	40.874	62.669	95.396	216.54	478.90	1033.6	2180.1
30	29.960	50.950	66.212	85.850	143.37	237.38	634.82	1645.5	4142.1	10143.
40	93.051	188.88	267.86	378.72	750.38	1469.8	5455.9	19427.	66521.	*
50	289.00	700.23	1083.7	1670.7	3927.4	9100.4	46890.	*	*	*
60	897.60	2595.9	4384.0	7370.2	20555.	56348.	*	*	*	*

부표-2 연금의 복리이자요소($CVIFA_{r,\ n}$) $=\left[\dfrac{(1+r)^n}{r}-\dfrac{1}{r}\right]$

기간	이 자 율									
	1%	2%	3%	4%	5%	6%	7%	8%	9%	10%
1	1.0000	1.0000	1.0000	1.0000	1.0000	1.0000	1.0000	1.0000	1.0000	1.0000
2	2.0100	2.0200	2.0300	2.0400	2.0500	2.0600	2.0700	2.0800	2.0900	2.1000
3	3.0301	3.0604	3.0909	3.1216	3.1525	3.1836	3.2149	3.2464	3.2781	3.3100
4	4.0604	4.1216	4.1836	4.2465	4.3101	4.3746	4.4399	4.5061	4.5731	4.6410
5	5.1010	5.2040	5.3091	5.4163	5.5256	5.6371	5.7507	5.8666	5.9847	6.1051
6	6.1520	6.3081	6.4684	6.6330	6.8019	6.9753	7.1533	7.3359	7.5233	7.7156
7	7.2135	7.4343	7.6625	7.8983	8.1420	8.3938	8.6540	8.9228	9.2004	9.4872
8	8.2857	8.5830	8.8932	9.2142	9.5491	9.8975	10.260	10.637	11.028	11.436
9	9.3685	9.7546	10.159	10.583	11.027	11.491	11.978	12.488	13.021	13.570
10	10.462	10.950	11.464	12.006	12.578	13.181	13.816	14.487	15.193	15.937
11	11.567	12.169	12.808	13.486	14.207	14.972	15.784	16.645	17.560	18.531
12	12.683	13.412	14.192	15.026	15.917	16.870	17.888	18.977	20.141	21.384
13	13.809	14.680	15.618	16.627	17.713	18.882	20.141	21.495	22.953	24.523
14	14.947	15.974	17.086	18.292	19.599	21.015	22.550	24.215	26.019	27.975
15	16.097	17.293	18.599	20.024	21.579	23.276	25.129	27.152	29.361	31.772
16	17.258	18.639	20.157	21.825	23.657	25.673	27.888	30.324	33.003	35.950
17	18.430	20.012	21.762	23.698	25.840	28.213	30.840	33.750	36.974	40.545
18	19.615	21.412	23.414	25.645	28.132	30.906	33.999	37.450	41.301	45.599
19	20.811	22.841	25.117	27.671	30.539	33.760	37.379	41.446	46.018	51.159
20	22.019	24.297	26.870	29.778	33.066	36.786	40.995	45.762	51.160	57.275
21	23.239	25.783	28.676	31.969	35.719	39.993	44.865	50.423	56.765	64.002
22	24.472	27.299	30.537	34.248	38.505	43.392	49.006	55.457	62.873	71.403
23	25.716	28.845	32.453	36.618	41.430	46.996	53.436	60.893	69.532	79.543
24	26.973	30.422	34.426	39.083	44.502	50.816	58.177	66.765	76.790	88.497
25	28.243	32.030	36.459	41.646	47.727	54.865	63.249	73.106	84.701	98.347
30	34.785	40.568	47.575	56.085	66.439	79.058	94.461	113.28	136.31	164.49
40	48.886	60.402	75.401	95.026	120.80	154.76	199.64	259.06	337.88	442.59
50	64.463	84.579	112.80	152.67	209.35	290.34	406.53	573.77	815.08	1163.9
60	81.670	114.05	163.05	237.99	353.58	533.13	813.52	1253.2	1944.8	3034.8

기간	이 자 율									
	12%	14%	15%	16%	18%	20%	24%	28%	32%	36%
1	1.0000	1.0000	1.0000	1.0000	1.0000	1.0000	1.0000	1.0000	1.0000	1.0000
2	2.1200	2.1400	2.1500	2.1600	2.1800	2.2000	2.2400	2.2800	2.3200	2.3600
3	3.3744	3.4396	3.4725	3.5056	3.5724	3.6400	3.7776	3.9184	4.0624	4.2096
4	4.7793	4.9211	4.9934	5.0665	5.2154	5.3680	5.6842	6.0156	6.3624	6.7251
5	6.3528	6.6101	6.7424	6.8771	7.1542	7.4416	8.0484	8.6999	9.3983	10.146
6	8.1152	8.5355	8.7537	8.9775	9.4420	9.9299	10.980	12.136	13.406	14.799
7	10.089	10.730	11.067	11.414	12.142	12.916	14.615	16.534	18.696	21.126
8	12.300	13.233	13.727	14.240	15.327	16.499	19.123	22.163	25.678	29.732
9	14.776	16.085	16.786	17.519	19.086	20.799	24.712	29.369	34.895	41.435
10	17.549	19.337	20.304	21.321	23.521	25.959	31.643	38.593	47.062	57.352
11	20.655	23.045	23.349	25.733	28.755	32.150	40.238	50.398	63.122	78.998
12	24.133	27.271	29.002	30.850	34.931	39.581	50.895	65.510	84.320	108.44
13	28.029	32.089	34.352	36.786	42.219	48.497	64.110	84.853	112.30	148.47
14	32.393	37.581	40.505	43.672	50.818	59.196	80.496	109.61	149.24	202.93
15	37.280	43.842	47.580	51.660	60.965	72.035	100.82	141.30	198.00	276.98
16	42.753	50.980	55.717	60.925	72.939	87.442	126.01	181.87	262.36	377.69
17	48.884	59.118	65.075	71.673	87.068	105.93	157.25	233.79	347.31	514.66
18	55.750	68.394	75.836	84.141	103.74	128.12	195.99	300.25	459.45	700.94
19	63.440	78.969	88.212	98.603	123.41	154.74	244.03	385.32	607.47	954.28
20	72.052	91.025	102.44	115.38	146.63	186.69	303.60	494.21	802.86	1298.8
21	81.699	104.77	118.81	134.84	174.02	225.03	377.46	633.59	1060.8	1767.4
22	92.503	120.44	137.63	157.41	206.34	271.03	469.06	812.00	1401.2	2404.7
23	104.60	138.30	159.28	183.60	244.49	326.24	582.63	1040.4	1850.6	3271.3
24	118.16	158.66	184.17	213.98	289.49	392.48	723.46	1332.7	2443.8	4450.0
25	133.33	181.87	212.79	249.21	342.60	471.98	898.09	1706.8	3226.8	6053.0
30	241.33	356.79	434.75	530.31	790.95	1181.9	2640.9	5873.2	12941.2	8172.3
40	767.09	1342.0	1779.1	2360.8	4163.2	7343.9	22729.	69377.	*	*
50	2400.0	4994.5	7217.7	10436.	21813	45497	*	*	*	*
60	7471.6	18535.	29220.	46058.	*	*	*	*	*	*

부표-3 현가이자요소($PVIF_{r,n}$) $= \frac{1}{(1+r)^n}$

기간	이 자 율									
	1%	2%	3%	4%	5%	6%	7%	8%	9%	10%
1	0.9901	0.9804	0.9709	0.9615	0.9524	0.9434	0.9346	0.9259	0.9174	0.9091
2	0.9803	0.9612	0.9426	0.9246	0.9070	0.8900	0.8734	0.8573	0.8417	0.8264
3	0.9706	0.9423	0.9151	0.8890	0.8638	0.8396	0.8163	0.7938	0.7722	0.7513
4	0.9610	0.9238	0.8885	0.8548	0.8227	0.7921	0.7629	0.7350	0.7084	0.6830
5	0.9515	0.9057	0.8626	0.8219	0.7835	0.7473	0.7130	0.6806	0.6499	0.6209
6	0.9420	0.8880	0.8375	0.7903	0.7462	0.7050	0.6663	0.6302	0.5963	0.5645
7	0.9327	0.8706	0.8131	0.7599	0.7107	0.6651	0.6227	0.5835	0.5470	0.5132
8	0.9235	0.8535	0.7894	0.7307	0.6768	0.6274	0.5820	0.5403	0.5019	0.4665
9	0.9143	0.8368	0.7664	0.7026	0.6446	0.5919	0.5439	0.5002	0.4604	0.4241
10	0.9053	0.8203	0.7441	0.6756	0.6139	0.5584	0.5083	0.4632	0.4224	0.3855
11	0.8963	0.8043	0.7224	0.6496	0.5847	0.5268	0.4751	0.4289	0.3875	0.3505
12	0.8874	0.7885	0.7014	0.6246	0.5568	0.4970	0.4440	0.3971	0.3555	0.3186
13	0.8787	0.7730	0.6810	0.6006	0.5303	0.4688	0.4150	0.3677	0.3262	0.2897
14	0.8700	0.7579	0.6611	0.5775	0.5051	0.4423	0.3878	0.3405	0.2992	0.2633
15	0.8613	0.7430	0.6419	0.5553	0.4810	0.4173	0.3624	0.3152	0.2745	0.2394
16	0.8528	0.7284	0.6232	0.5339	0.4581	0.3936	0.3387	0.2919	0.2519	0.2176
17	0.8444	0.7142	0.6050	0.5134	0.4346	0.3714	0.3166	0.2703	0.2311	0.1978
18	0.8360	0.7002	0.5874	0.4936	0.4155	0.3503	0.2959	0.2502	0.2120	0.1799
19	0.8277	0.6864	0.5703	0.4746	0.3957	0.3305	0.2765	0.2317	0.1945	0.1635
20	0.8195	0.6730	0.5537	0.4564	0.3769	0.3118	0.2584	0.2145	0.1784	0.1486
21	0.8114	0.6598	0.5375	0.4388	0.3589	0.2942	0.2415	0.1987	0.1637	0.1351
22	0.8034	0.6468	0.5219	0.4220	0.3418	0.2775	0.2257	0.1839	0.1502	0.1228
23	0.7954	0.6342	0.5067	0.4057	0.3256	0.2618	0.2109	0.1703	0.1378	0.1117
24	0.7876	0.6217	0.4919	0.3901	0.3101	0.2470	0.1971	0.1577	0.1264	0.1015
25	0.7798	0.6095	0.4776	0.3751	0.2953	0.2330	0.1842	0.1460	0.1160	0.0923
30	0.7419	0.5521	0.4120	0.3083	0.2314	0.1741	0.1314	0.0994	0.0754	0.0573
40	0.6717	0.4529	0.3066	0.2083	0.1420	0.0972	0.0668	0.0460	0.0318	0.0221
50	0.6080	0.3715	0.2281	0.1407	0.0872	0.0543	0.0339	0.0213	0.0134	0.0085

기간	이 자 율									
	12%	14%	15%	16%	18%	20%	24%	28%	32%	36%
1	0.8929	0.8772	0.8696	0.8621	0.8475	0.8333	0.8065	0.7813	0.7576	0.7353
2	0.7972	0.7695	0.7561	0.7432	0.7182	0.6944	0.6504	0.6104	0.5739	0.5407
3	0.7118	0.6750	0.6575	0.6407	0.6086	0.5787	0.5245	0.4768	0.4348	0.3975
4	0.6355	0.5921	0.5718	0.5523	0.5158	0.4823	0.4230	0.3725	0.3294	0.2923
5	0.5674	0.5194	0.4972	0.4761	0.4371	0.4019	0.3411	0.2910	0.2495	0.2149
6	0.5066	0.4556	0.4323	0.4104	0.3704	0.3349	0.2751	0.2274	0.1890	0.1580
7	0.4523	0.3996	0.3759	0.3538	0.3139	0.2791	0.2218	0.1776	0.1432	0.1162
8	0.4039	0.3506	0.3269	0.3050	0.2660	0.2326	0.1789	0.1388	0.1085	0.0854
9	0.3606	0.3075	0.2843	0.2630	0.2255	0.1938	0.1443	0.1084	0.0822	0.0628
10	0.3220	0.2697	0.2472	0.2267	0.1911	0.1615	0.1164	0.0847	0.0623	0.0462
11	0.2875	0.2366	0.2149	0.1954	0.1619	0.1346	0.0938	0.0662	0.0472	0.0340
12	0.2567	0.2076	0.1869	0.1685	0.1372	0.1122	0.0757	0.0517	0.0357	0.0250
13	0.2292	0.1821	0.1625	0.1452	0.1163	0.0935	0.0610	0.0404	0.0271	0.0184
14	0.2046	0.1597	0.1413	0.1252	0.0985	0.0779	0.0492	0.0316	0.0205	0.0135
15	0.1827	0.1401	0.1229	0.1079	0.0835	0.0649	0.0397	0.0247	0.0155	0.0099
16	0.1631	0.1229	0.1069	0.0930	0.0708	0.0541	0.0320	0.0193	0.0118	0.0073
17	0.1456	0.1078	0.0929	0.0802	0.0600	0.0451	0.0258	0.0150	0.0089	0.0054
18	0.1300	0.0946	0.0808	0.0691	0.0508	0.0376	0.0208	0.0118	0.0068	0.0039
19	0.1161	0.0829	0.0703	0.0596	0.0431	0.0313	0.0168	0.0092	0.0051	0.0029
20	0.1037	0.0728	0.0611	0.0514	0.0365	0.0261	0.0135	0.0072	0.0039	0.0021
21	0.0926	0.0638	0.0531	0.0443	0.0309	0.0217	0.0109	0.0056	0.0029	0.0016
22	0.0826	0.0560	0.0462	0.0382	0.0262	0.0181	0.0088	0.0044	0.0022	0.0012
23	0.0738	0.0491	0.0402	0.0329	0.0222	0.0151	0.0071	0.0034	0.0017	0.0008
24	0.0659	0.0431	0.0349	0.0284	0.0188	0.0126	0.0057	0.0027	0.0013	0.0006
25	0.0588	0.0378	0.0304	0.0245	0.0160	0.0105	0.0046	0.0021	0.0010	0.0005
30	0.0334	0.0196	0.0151	0.0116	0.0070	0.0042	0.0016	0.0006	0.0002	0.0001
40	0.0107	0.0053	0.0037	0.0026	0.0013	0.0007	0.0002	0.0001	*	*
50	0.0035	0.0014	0.0009	0.0006	0.0003	0.0001	*	*	*	*

부표-4 연금의 현가이자요소$(PVIFA_{r,\ n})=\left[\frac{1}{r}-\frac{1}{r(1+r)^{n}}\right]$

기간	이 자 율									
	1%	2%	3%	4%	5%	6%	7%	8%	9%	10%
1	0.9901	0.9804	0.9709	0.9615	0.9524	0.9434	0.9346	0.9259	0.9174	0.9091
2	1.9704	1.9416	1.9135	1.8861	1.8594	1.8334	1.8080	1.7833	1.7591	1.7355
3	2.9410	2.8839	2.8286	2.7751	2.7232	2.6730	2.6243	2.5771	2.5313	2.4869
4	3.9020	3.8077	3.7171	3.6299	3.5460	3.4651	3.3872	3.3121	3.2397	3.1699
5	4.8534	4.7135	4.5797	4.4518	4.3295	4.2124	4.1002	3.9927	3.8897	3.7908
6	5.7955	5.6014	5.4172	5.2421	5.0757	4.9173	4.7665	4.6229	4.4859	4.3553
7	6.7282	6.4720	6.2303	6.0021	5.7864	5.5824	5.3893	5.2064	5.0330	4.8684
8	7.6517	7.3255	7.0197	6.7327	6.4632	6.2098	5.9713	5.7466	5.5348	5.3349
9	8.5660	8.1622	7.7861	7.4353	7.1078	6.8017	6.5152	6.2469	5.9952	5.7590
10	9.4713	8.9826	8.5302	8.1109	7.7217	7.3601	7.0236	6.7101	6.4177	6.1446
11	10.3676	9.7868	9.2526	8.7605	8.3064	7.8869	7.4987	7.1390	6.8052	6.4951
12	11.2551	10.5753	9.9540	9.3851	8.8633	8.3838	7.9427	7.5361	7.1607	6.8137
13	12.1337	11.3484	10.6350	9.9856	9.3936	8.8527	8.3577	7.9038	7.4869	7.1034
14	13.0037	12.1062	11.2961	10.5631	9.8986	9.2950	8.7455	8.2442	7.7862	7.3667
15	13.8651	12.8493	11.9379	11.1184	10.3797	9.7122	9.1079	8.5595	8.0607	7.6061
16	14.7179	13.5777	12.5611	11.6523	10.8378	10.1059	9.4466	8.8514	8.3126	7.8237
17	15.5623	14.2919	13.1661	12.1657	11.2741	10.4773	9.7632	9.1216	8.5436	8.0216
18	16.3983	14.9920	13.7535	12.6593	11.6896	10.8276	10.0591	9.3719	8.7556	8.2014
19	17.2260	15.6785	14.3238	13.1339	12.0853	11.1581	10.3356	9.6036	8.9501	8.3649
20	18.0456	16.3514	14.8775	13.5903	12.4622	11.4699	10.5940	9.8181	9.1285	8.5136
21	18.8570	17.0112	15.4150	14.0292	12.8212	11.7641	10.8355	10.0168	9.2922	8.6487
22	19.6604	17.6580	15.9369	14.4511	13.1630	12.0416	11.0612	10.2007	9.4424	8.7715
23	20.4558	18.2922	16.4436	14.8568	13.4886	12.3034	11.2722	10.3741	9.5802	8.8832
24	21.2434	18.9139	16.9355	15.2470	13.7986	12.5504	11.4693	10.5288	9.7066	8.9847
25	22.0232	19.5235	17.4131	15.6221	14.0939	12.7834	11.6536	10.6748	9.8226	9.0770
30	25.8077	22.3965	19.6004	17.2920	15.3725	13.7648	12.4090	11.2578	10.2737	9.4269
40	32.8347	27.3555	23.1148	19.7928	17.1591	15.0463	13.3317	11.9246	10.7574	9.7791
50	39.1961	31.4236	25.7298	21.4822	18.2559	15.7619	13.8007	12.2335	10.9617	9.9148

기간	이 자 율								
	12%	14%	15%	16%	18%	20%	24%	28%	32%
1	0.8929	0.8772	0.8696	0.8621	0.8475	0.8333	0.8065	0.7813	0.7576
2	1.6901	1.6467	1.6257	1.6052	1.5656	1.5278	1.4568	1.3916	1.3315
3	2.4018	2.3216	2.2832	2.2459	2.1743	2.1065	1.9813	1.8684	1.7663
4	3.0373	2.9137	2.8550	2.7982	2.6901	2.5887	2.4043	2.2410	2.0957
5	3.6048	3.4331	3.3522	3.2743	3.1272	2.9906	2.7454	2.5320	2.3452
6	4.1114	3.8887	3.7845	3.6847	3.4976	3.3255	3.0205	2.7594	2.5342
7	4.5638	4.2883	4.1604	4.0386	3.8115	3.6046	3.2423	2.9370	2.6775
8	4.9676	4.6389	4.4873	4.3436	4.0776	3.8372	3.4212	3.0758	2.7860
9	5.3282	4.9464	4.7716	4.6065	4.3030	4.0310	3.5655	3.1842	2.8681
10	5.6502	5.2161	5.0188	4.8332	4.4941	4.1925	3.6819	3.2689	2.9304
11	5.9377	5.4527	5.2337	5.0286	4.6560	4.3271	3.7757	3.3351	2.9776
12	6.1944	5.6603	5.4206	5.1971	4.7932	4.4392	3.8514	3.3868	3.0133
13	6.4235	5.8424	5.5831	5.3423	4.9095	4.5327	3.9124	3.4272	3.0404
14	6.6282	6.0021	5.7245	5.4675	5.0081	4.6106	3.9616	3.4587	3.0609
15	6.8109	6.1422	5.8474	5.5755	5.0916	4.6755	4.0013	3.4834	3.0764
16	6.9740	6.2651	5.9542	5.6685	5.1624	4.7296	4.0333	3.5026	3.0882
17	7.1196	6.3729	6.0472	5.7487	5.2223	4.7746	4.0591	3.5177	3.0971
18	7.2497	6.4674	6.1280	5.8178	5.2732	4.8122	4.0799	3.5294	3.1039
19	7.3658	6.5504	6.1982	5.8775	5.3162	4.8435	4.0967	3.5386	3.1090
20	7.4694	6.6231	6.2593	5.9288	5.3527	4.8696	4.1103	3.5458	3.1129
21	7.5620	6.6870	6.3125	5.9731	5.3837	4.8913	4.1212	3.5514	3.1158
22	7.6446	6.7429	6.3587	6.0113	5.4099	4.9094	4.1300	3.5558	3.1180
23	7.7184	6.7921	6.3988	6.0442	5.4321	4.9245	4.1371	3.5592	3.1197
24	7.7843	6.8351	6.4338	6.0726	5.4509	4.9371	4.1428	3.5619	3.1210
25	7.8431	6.8729	6.4641	6.0971	5.4669	4.9476	4.1474	3.5640	3.1220
30	8.0552	7.0027	6.5660	6.1772	5.5168	4.9789	4.1601	3.5693	3.1242
40	8.2438	7.1050	6.6418	6.2335	5.5482	4.9966	4.1659	3.5712	3.1250
50	8.3045	7.1327	6.6605	6.2463	5.5541	4.9995	4.1666	3.5714	3.1250

부록 Ⅱ 연습문제 해설

제 1 장 재무관리의 기초개념

▶ 객관식 문제

01 ④ 회계적 이익 측정의 어려움은 이익의 극대화가 지니는 문제점과 거리가 멀다.

04 ② 지배원리(dominance principle)는 위험자산의 선택과 관련된 것이다.

▶ 주관식 문제

01 기업의 재무관리자가 수행하여야 하는 재무의사결정(financial decision making)은 다음의 두 가지 기본적 의사결정문제로 요약될 수 있다.

첫째, 얼마만큼의 자금을 어느 자산에 투자할 것인가를 결정하는 투자결정(investment decision)이다. 투자결정에 의해서 자산의 규모와 구성이 결정되며, 그 결과는 재무상태표의 왼쪽(차변)에 나타난다.

둘째, 투자에 필요한 자금을 어떻게 조달할 것인가에 관한 결정인 자본조달결정(financing decision)이다. 자본조달결정에 의해서 부채 및 자기자본의 규모와 구성이 결정되며, 그 결과는 재무상태표의 오른쪽(대변)에 나타난다. 그리고 기업의 이익을 배당과 유보이익으로 구분하는 배당결정은 사내자금조달과 관련된 의사결정으로서 자본조달결정의 한 형태라 할 수 있다.

02 이익의 극대화는 다음과 같은 문제점을 가지고 있다.

첫째, 이익의 극대화라 할 때 이익은 회계적 측정치로서 기업의 경제적 성과를 정확하게 나타내지 못한다.

둘째, 이익의 극대화 목표는 이익의 발생시기를 무시하고 있다.

셋째, 이익의 극대화 목표는 미래이익의 불확실성(위험)의 정도에 따른 이익의 질적 가치를 무시한다.

전통적인 이익의 극대화 목표는 앞에서 지적한 문제점들 때문에 기업목표로 적절하지 못하다. 현대 재무관리에서는 기업가치의 극대화(firm value maximization)를 보다 타당한 기업의 목표로 받아들이고 있다.

03 생략

04 (1) 각 대안을 선택하는 경우 K씨가 얻을 수 있는 연도별 수입(또는 지출)을 살펴보면 다음과 같다.

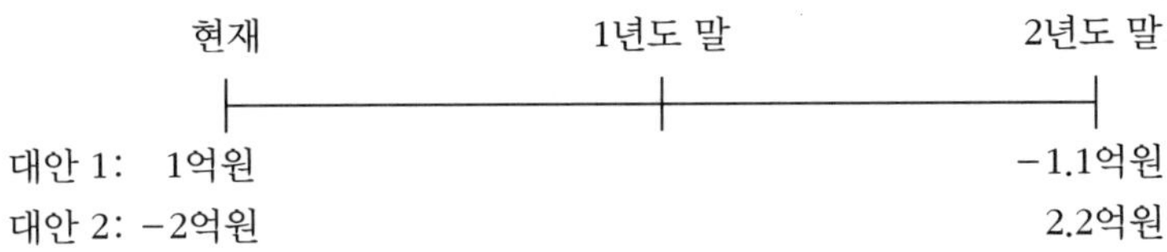

그러므로 각 대안의 순이익을 계산하면 다음과 같다.

- 대안 1의 순이익 = 1억원 − 1.1억원 = −0.1억원(즉 손실 0.1억원)
- 대안 2의 순이익 = 2.2억원 − 2억원 = 0.2억원

∴ 단순히 이익의 극대화 목표에 따른다면, K씨는 대안 2를 선택한다.

(2) 현재의 현금흐름은 연 10%의 투자수익률로 투자될 수 있기 때문에, 현재의 현금흐름과 2년 후 현금흐름은 그 가치가 서로 다르다. 그러므로 각 대안을 정확하게 평가하기 위해서는 먼저 수입과 비용을 동일한 시점의 가치로 환산하여야 한다. 이 경우 K씨가 얻을 수 있는 2년도 말 시점에서의 각 대안의 순이익을 구하면 다음과 같다.

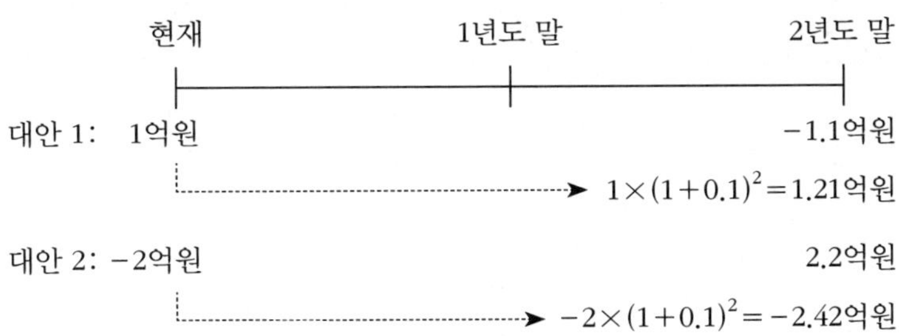

그러므로 2년도 말 시점에서의 각 대안의 순이익은 다음과 같다.

- 대안 1의 순이익 = 1.21억원 − 1.1억원 = 0.11억원
- 대안 2의 순이익 = 2.2억원 − 2.42억원 = −0.22억원(즉 손실 0.22억원)

∴ K씨는 대안 1을 선택하여야 한다. (현재시점의 가치로 환산하여 순이익을 비교하여도 동일한 결과를 얻을 수 있다.)

(3) 단순한 이익의 극대화 목표는 현금흐름의 발생시기를 무시하므로 서로 다른 시점에서 발생하는 이익을 정확하게 평가할 수 없다는 문제점을 가진다.

제 2 장

재무제표분석

▶ 객관식 문제

01 • $\text{매출채권회수기간} = \dfrac{365\text{일}}{\text{매출채권회전율}} = 60\text{일}$

$\rightarrow \text{매출채권회전율} = 6.08\text{회} = \dfrac{\text{매출액}}{\text{매출채권}} = \dfrac{\text{매출액}}{120\text{억원}} \rightarrow \text{매출액} = 729.6\text{억원}$

• $\text{재고자산회전율} = \dfrac{729.6\text{억원}}{\text{재고자산}} = 10\text{회}$

$\rightarrow \text{재고자산} = 72.96\text{억원}$

• $\text{유동비율} = \dfrac{\text{유동자산}}{140\text{억원}} \times 100 = 150\% \rightarrow \text{유동자산} = 210\text{억원}$

$\therefore \text{당좌비율} = \dfrac{\text{유동자산} - \text{재고자산}}{\text{유동부채}} \times 100 = \dfrac{210\text{억원} - 72.96\text{억원}}{140\text{억원}} \times 100 = 97.89\%$

03 ④ 보수적인 회계처리방법을 사용하는 경우 상대적으로 PER이 높아진다.

04 $\text{자기자본순이익률} = \dfrac{\text{순이익}}{\text{매출액}} \times \dfrac{\text{매출액}}{\text{총자산}} \times \dfrac{\text{총자산}}{\text{자기자본}}$

$= 1\% \times 2.0 \times \dfrac{1}{\text{자기자본비율}} = 10\%$

$\rightarrow \text{자기자본비율} = 0.2$

$\therefore \text{부채비율} = \dfrac{\text{부채}}{\text{자기자본}} = \dfrac{0.8}{0.2} = 4(400\%)$

05 ① 비유동자산 취득액 = 비유동자산 처분액 + 비유동자산 증가액 + 감가상각비

$= 10{,}000 + (30{,}000 - 25{,}000) + 10{,}000 = 25{,}000\text{원}$

② 영업현금흐름 = (매출액 − 매출원가)(1 − 법인세율) + 감가상각비 × 법인세율

$= (150{,}000 - 80{,}000)(1 - 0.3) + 10{,}000 \times 0.3 = 52{,}000\text{원}$

(※ 영업현금흐름 측정에 대한 자세한 내용은 본서 제7장 참조)

③ 채권자의 현금흐름＝세후 이자비용－부채 증가액

$$=2{,}000\times(1-0.3)-(2{,}200+26{,}000-2{,}000-20{,}000)$$

$$=-4{,}800\text{원}$$

즉 채권자의 현금흐름은 4,800원 감소한다.

(※ 채권자의 현금흐름 측정에 대한 자세한 내용은 「Perfect 재무관리 Ⅱ」 제8장 참조)

④ 비유동부채 상환액＝비유동부채 차입액－비유동부채 증가액

$$=8{,}000-(26{,}000-20{,}000)=2{,}000\text{원}$$

⑤ 순운전자본 증가액＝(5,500－2,200)－(5,000－2,000)＝300원

06 ③ 자기자본순이익률(ROE)＝매출액순이익률×총자산회전율×$\frac{1}{\text{자기자본비율}}$

$$=0.02\times3.0\times\frac{1}{0.5}$$

$$=0.12\ (12\%)$$

▶ 주관식 문제

01 각각의 재무비율을 구하면 다음과 같다.

① 유동비율＝$\frac{\text{유동자산}}{\text{유동부채}}\times100=\frac{1{,}265{,}000}{736{,}400}\times100=172\%$

② 당좌비율＝$\frac{\text{당좌자산}}{\text{유동부채}}\times100=\frac{1{,}265{,}000-732{,}000}{736{,}400}\times100=72\%$

③ 부채비율＝$\frac{\text{부채}}{\text{자기자본}}\times100=\frac{782{,}000}{728{,}000}\times100=107\%$

④ 비유동비율＝$\frac{\text{비유동자산}}{\text{자기자본}}\times100=\frac{245{,}000}{728{,}000}\times100=34\%$

⑤ 이자보상비율＝$\frac{\text{영업이익}}{\text{이자비용}}=\frac{560{,}000}{220{,}000}=2.5\text{배}$

이상에서 구한 재무비율을 표준비율과 비교하면 다음과 같다.

재무비율	실제비율	표준비율	양호 · 불량
유동비율	172%	160%	양 호
당좌비율	72%	80%	불 량
부채비율	107%	200%	양 호
비유동비율	34%	100%	양 호
이자보상비율	2.5배	2.1배	양 호

㈜인천의 실제비율과 표준비율을 비교하여 평가하면 다음과 같다.

- 단기채무지급능력을 나타내는 유동비율, 당좌비율 등 유동성 비율을 살펴보면, 과다한 재고자산으로 인하여 당좌비율이 다소 낮다는 문제가 있으나 대체로 양호한 것으로 보인다.
- 장기채무지급능력을 나타내는 부채비율, 비유동비율, 이자보상비율 등 자본구조비율은 표준비율보다 모두 양호하다.

결론적으로 ㈜인천의 단기채무지급능력과 장기채무지급능력은 대체로 양호하나 재고자산에 대한 추가적인 분석이 필요한 것으로 판단된다.

02 ① $부채비율 = \frac{부채총계}{자본총계} = \frac{부채총계}{100,000} = 1.5$

- 부채총계 = 150,000만원
- 유동부채 = 부채총계 − 비유동부채 = 150,000 − 30,000 = 120,000만원
- 매입채무 = 유동부채 − 단기차입금 = 120,000 − 20,000 = 100,000만원
- 자산총계 = 부채 · 자본총계 = 부채총계 + 자본총계 = 250,000만원

② $유동비율 = \frac{유동자산}{유동부채} = \frac{유동자산}{120,000} = 1.2$

- 유동자산 = 144,000만원
- 비유동자산 = 자산총계 − 유동자산 = 250,000 − 144,000 = 106,000만원

③ $당좌비율 = \frac{유동자산 - 재고자산}{유동부채} = \frac{144,000 - 재고자산}{120,000} = 0.8$

재고자산 = 48,000만원

④ $총자산회전율 = \frac{매출액}{총자산} = \frac{매출액}{250,000} = 2.92$

매출액 = 730,000만원

⑤ $\text{매출채권회수기간} = \dfrac{\text{매출채권}}{\text{1일 평균매출액}} = \dfrac{\text{매출채권}}{2{,}000} = \text{40일}$

(※ $\text{1일 평균매출액} = \dfrac{730{,}000}{365} = \text{2,000만원}$)

- 매출채권＝80,000만원
- 현금및현금성자산＝유동자산－매출채권－재고자산
  ＝144,000－80,000－48,000＝16,000만원

⑥ $\text{매출액순이익률} = \dfrac{\text{당기순이익}}{\text{매출액}} = \dfrac{\text{당기순이익}}{730{,}000} = 0.1$

당기순이익＝73,000만원

⑦ $\text{법인세비용차감전순이익} = \dfrac{\text{당기순이익}}{1-\text{법인세율}} = \dfrac{73{,}000}{0.5} = \text{146,000만원}$

- 법인세비용＝146,000×0.5＝73,000만원
- 영업이익＝법인세비용차감전순이익＋이자비용
  ＝146,000＋64,000＝210,000만원
- 매출총이익＝영업이익＋판매비와 관리비＝210,000＋94,000＝304,000만원
- 매출원가＝매출액－매출총이익＝730,000－304,000＝426,000만원

03 (1) $\text{자기자본순이익률}(ROE) = \dfrac{\text{순이익}}{\text{자기자본}}$

$$= \frac{\text{순이익}}{\text{총자산}} \times \frac{\text{총자산}(=\text{총자본})}{\text{자기자본}}$$

$$= \frac{\text{순이익}}{\text{매출액}} \times \frac{\text{매출액}}{\text{총자산}} \times \left(1 + \frac{\text{부채}}{\text{자기자본}}\right)$$

$$= \text{매출액순이익률} \times \text{총자산회전율} \times (1 + \text{부채비율})$$

- 20×1년: 23.6%＝(3.9%)×(3.2회)×(1＋0.887)
- 20×2년: 14.8%＝(2.5%)×(2.6회)×(1＋1.272)
- 20×3년: 8.8%＝(1.4%)×(2.0회)×(1＋2.125)

자기자본순이익률이 계속 감소한 것은 부채비율이 증가하였음에도 불구하고 매출액순이익률과 총자산회전율이 동시에 떨어졌기 때문이다. 즉 수익성과 자산의 효율적 이용도가 점점 악화되고 있음을 알 수 있다. 게다가 재무구조도 점점 악화되고 있으므로 향후 수익성에 좋지 않은 영향을 미칠 수 있다.

(2) 유동비율이 420%에서 180%로 떨어진 반면, 비유동장기적합률이 거의 90%대로 일정한 수준을 유지하고 있기 때문에 유동부채가 증가된 것으로 판단된다.

04 ㈜서울의 평점표는 다음과 같다.

주요비율	재무비율 (A)	표준비율 (B)	관계비율 (C=A/B)	가중치(D)		평점(E=C×D)	
				Wall	Trant	Wall	Trant
유동비율(%)	123.56	136.63	0.9043	25	15	22.61	13.56
부채비율(%)*	126.50	105.20	0.8316	25	10	20.79	8.32
비유동비율(%)*	84.24	101.23	1.2017	15	10	18.03	12.02
매출채권회전율	12.23	14.15	0.8643	10	10	8.64	8.64
재고자산회전율	10.24	13.42	0.7630	10	20	7.63	15.26
비유동자산회전율	1.24	1.55	0.8000	10	20	8.00	16.00
자기자본회전율	1.21	1.67	0.7246	5	–	3.62	–
매입채무회전율	23.26	20.34	1.1436	–	15	–	17.15
합 계						89.32	90.95

* 부채비율과 비유동비율은 낮을수록 좋기 때문에, 이들에 대한 관계비율은 역비인 C=B/A로 산출한다.

월의 지수법에 의하면 ㈜서울의 종합지수는 89.28이며, 트랜트의 지수법에 의하면 90.93이다. 그러므로 두 지수법에 의하면 (주)서울의 경영상태는 좋지 않은 것으로 평가된다.

제 3 장

화폐의 시간적 가치

▶ 객관식 문제

01
- 경품 1: $W+\dfrac{W}{0.1}=100 \rightarrow W=9.09$원
- 경품 2: $\dfrac{X}{1+0.1}=100 \rightarrow X=110$원
- 경품 3: $\dfrac{Y}{1+0.1}+\dfrac{X}{(1+0.1)^2}=100 \rightarrow Y=10$원

02 ① 현재가치와 미래가치 모두 선불연금은 일반연금에 (1+이자율)을 곱해서 얻을 수 있다.

03

$$\frac{X}{1.1^2}+\frac{X}{1.1^3}+\frac{X}{1.1^4}+\frac{X}{1.1^5}=\frac{3,000}{1.1^6}+\frac{3,000}{1.1^7}+\frac{3,000}{1.1^8}+\frac{3,000}{1.1^9}+\frac{3,000}{1.1^{10}}$$

$$\frac{1}{1.1}\times\left(\frac{X}{1.1}+\frac{X}{1.1^2}+\frac{X}{1.1^3}+\frac{X}{1.1^4}\right)=\frac{1}{1.1^5}\times\left(\frac{3,000}{1.1}+\frac{3,000}{1.1^2}+\frac{3,000}{1.1^3}+\frac{3,000}{1.1^4}+\frac{3,000}{1.1^5}\right)$$

$$\frac{1}{1.1}\times X\times PVIFA(10\%,\ 4)=PVIF(10\%,\ 5)\times 3,000\times PVIFA(10\%,\ 5)$$

$$\frac{1}{1.1}\times X\times 3.1699=0.6209\times 3,000\times 3.7908 \quad \therefore\ X=2,450.31\text{만원}$$

04 A: $PV(\text{연금})=\dfrac{255\times PVIFA(10\%,\ 6)}{1.1^4}=\dfrac{255\times 4.3553}{1.1^4}=758.6$원

B: $FV_{10}(\text{연금})=96\times FVIFA(10\%,\ 6)=96\times 7.7156=740.7$원

C: $PV(\text{성장형 영구연금})=\dfrac{45}{0.1-0.05}\times\dfrac{1}{1.1^2}=743.8$원

(※ 성장형 영구연금을 구하는 공식은 본서 제4장의 일정성장배당평가모형 참조)

05 a: $3,200=800\times PVIFA(10\%,\ 5)+X\times PVIF(10\%,\ 6)$

$\therefore\ X=296.47$원

b: $PV(\text{연금}) = 110 \times PVIFA(10\%, 5) \times PVIF(10\%, 3)$

$= 110 \times 3.7908 \times 0.7513 = 313.28\text{원}$

c: $PV(\text{연금}) = 70 \times PVIFA(10\%, 5) \times 1.1 = 70 \times 3.7908 \times 1.1$

$= 291.89\text{원}$

06 $100{,}000 = C \times PVIFA(4\%, 5) = C \times 4.4518$

$\rightarrow C = \dfrac{100{,}000}{4.4518} = 22{,}463\text{원}$

채무의 균등상환계획에 의한 매년도 말 이자지급액 및 원금상환액은 다음과 같다.

(단위: 만원)

연도 말	연도 초 금액 ①	균등상환액 ②	이자지급액 ③=①×0.04	원금상환액 ④=②−③	연도 말 잔액 ⑤=①−④
2017년	100,000	22,463	4,000	18,463	81,537
2018년	81,537	22,463	3,261	19,202	62,335
2019년	62,335	22,463	2,493	19,970	42,365
2020년	42,365	22,463	1,695	20,768	21,597
2021년	21,597	22,463	864	21,597	0
합 계		112,315	12,313	1,000.00	

(※ 약간의 오차는 반올림에 의한 것임.)

▶ 주관식 문제

01 • $PV(\text{출판사 } 1) = \dfrac{1{,}800}{(1+0.12)^5} = 1{,}800 \times PVIF_{0.12,\,5} = 1{,}800 \times 0.5674 = 1{,}021.32\text{만원}$

• $PV(\text{출판사 } 2) = \dfrac{120}{0.12} = 1{,}000\text{만원}$

• $PV(\text{출판사 } 3) = 190 \times \left[\dfrac{1}{0.12} - \dfrac{1}{0.12 \times (1+0.12)^{10}}\right]$

$= 190 \times PVIFA_{0.12,\,10} = 190 \times 5.6502 = 1{,}073.54\text{만원}$

• $PV(\text{출판사 } 4) = \dfrac{60}{1+0.12} + \dfrac{130}{0.12 \times (1+0.12)} = 1{,}020.83\text{만원}$

∴ K씨는 저작료의 현재가치가 가장 높은 출판사 3을 선택하여야 한다.

02 (1) $FV_3 = 200 \times (1+0.08)^3 = 200 \times CVIF_{0.08,\ 3} = 200 \times 1.2567 = 251.34$만원

(2) $FV_3 = 200 \times \left(1 + \frac{0.08}{4}\right)^{4\times3} = 200 \times CVIF_{0.02,\ 12} = 200 \times 1.2682 = 253.62$만원

(3) $FV_3 = 200 \times e^{0.08\times3} = 200 \times 1.2712 = 254.24$

03 (1) FV_{10}(연금) $= C \times CVIF_{0.1,\ 10} \times (1+0.1) = C \times 15.937 \times 1.1 = 10{,}000$만원

∴ 매년 초 적립액(C) $= 570.43$만원

(2) FV_{10}(연금) $= C \times CVIFA_{0.1,\ 10} = C \times 15.937 = 10{,}000$만원

∴ 매년 말 적립액(C) $= 627.47$만원

04 이 문제에서는 2년마다 한 번씩 연금이 지급되므로 먼저 1기간을 2년으로 하고 2년간의 실효이자율을 구하여야 한다.

$r_e = (1+0.06)^2 - 1 = 0.1236$

$$PV(\text{연금}) = 450 \times \left[\frac{1}{0.1236} - \frac{1}{0.1236 \times (1+0.1236)^5}\right]$$

$$= 450 \times PVIFA_{0.1236,\ 5} = 450 \times 3.5729 = 1{,}607.81\text{만원}$$

05 현재 받을 수 있는 대출금(20,000,000원)은 분할상환금의 총현재가치와 같아야 한다.

$$PV(\text{상환금}) = 2{,}980{,}582 \times \left[\frac{1}{r} - \frac{1}{r(1+r)^{10}}\right] = 2{,}980{,}582 \times PVIFA_{r,\ 10} = 20{,}000{,}000$$

$$\rightarrow PVIFA_{r,\ 10} = \frac{20{,}000{,}000}{2{,}980{,}582} = 6.7101$$

본서 부록 Ⅰ의 〈부표-4〉 연금의 현가표를 이용하면 연간 이자율을 구할 수 있다.

∴ $r = 8\%$

06 10년 동안 매 6개월 말, 즉 1년에 두 번씩 상환하므로 총상환횟수는 20번이 된다. 그리고 연간 실효이자율이 주어져 있는 경우에 6개월간 실효이자율은 다음과 같이 구할 수 있다.

$1 + 0.1025 = (1+r_e)^2 \rightarrow r_e = \sqrt{1.1025} - 1 = 0.05$

그러므로

$$PV(\text{상환금}) = C \times \left[\frac{1}{0.05} - \frac{1}{0.05 \times (1+0.05)^{20}}\right]$$

$$= C \times PVIFA_{0.05,\ 20} = C \times 12.4622 = 5{,}000\text{만원}$$

$\therefore$ 매 6개월 말 상환액$(C) = \dfrac{5{,}000}{12.4622} = 401.21$만원

07 $PV(\text{보험료}) = 10 \times \left[\dfrac{1}{r} - \dfrac{1}{r(1+r)^{10}}\right] = 10 \times PVIFA_{r,\,10}$

$PV(\text{보험금}) = \dfrac{10}{r} \times \left[\dfrac{1}{(1+r)^{10}}\right]$

$\rightarrow PV(\text{보험료}) = PV(\text{보험금})\ ;\ 10 \times \left[\dfrac{1}{r} - \dfrac{1}{r(1+r)^{10}}\right] = \dfrac{10}{r} \times \left[\dfrac{1}{(1+r)^{10}}\right]$

위 식의 양변에 $\left[\dfrac{r(1+r)^{10}}{10}\right]$을 곱하여 정리하면,

$(1+r)^{10} - 1 = 1$

$\therefore\ r = \sqrt[10]{2} - 1 = 0.0718$

08 원금 1원을 n년간 투자할 경우 만기일에서의 세후 원리합계(미래가치)는 원금의 2배인 2원이 되어야 한다.

$1.036^n - (1.036^n - 1) \times 0.154 = 2 \rightarrow 1.036^n = \dfrac{1.846}{0.846}$

양변에 자연로그를 취하여 방정식을 풀면 다음과 같다.

$\therefore\ n = \dfrac{\ln \dfrac{1.846}{0.846}}{\ln 1.036} = \dfrac{\ln 1.846 - \ln 0.846}{\ln 1.036} = \dfrac{0.6130 - (-0.1672)}{0.0354} = 22.04$년

09 $1{,}000\left(\dfrac{1}{r} - \dfrac{1}{r(1+r)^{25}}\right) = \dfrac{750}{r}$

양변에 r을 곱하고 1,000을 나누어 정리하면 다음과 같다.

$1 - \dfrac{1}{(1+r)^{25}} = 0.75 \rightarrow (1+r)^{25} = 4$

양변에 자연로그를 취하여 정리하면 다음과 같다.

$25 \ln(1+r) = \ln 4 \rightarrow \ln(1+r) = \dfrac{\ln 4}{25} = \dfrac{1.386}{25} = 0.055$

$\therefore\ r = e^{0.055} - 1 = 1.057 - 1 = 0.057$ (5.7%)

제 4 장

증권의 가치평가

▶ 객관식 문제

01 채권의 액면이자율(5%) > 시장이자율(4%) : 할증채권

→ 시장이자율이 4%로 유지될 경우 1년 후 채권가격은 하락함.

02 $909.09 = \dfrac{1,000}{1+r_1} \rightarrow r_1 = 0.1,\ 783.15 = \dfrac{1,000}{(1+r_2)^2} \rightarrow r_2 = 0.13$

$\therefore\ B_0 = \dfrac{100}{1+0.1} + \dfrac{1,100}{(1+0.13)^2} = 952.37$원

03 ③ 채권 A는 액면이자율(10%)이 만기수익률(7.56%)보다 크기 때문에 할증발행된다. 따라서 시간이 경과함에 따라 할증부분이 감소하여 채권가격은 하락하게 된다.

④ 듀레이션에 관한 내용은 「Perfect 재무관리 Ⅱ」 제5장 참조

04 $r_1 < r_2$: 이자율의 기간구조는 우상향

$(1+r_2)^2 = (1+r_1)(1+f_{1,2}) \rightarrow r_1 < r_2 < f_{1,2}$

$\dfrac{C}{1+r_1} + \dfrac{C+F}{(1+r_2)^2} = \dfrac{C}{1+r} + \dfrac{C+F}{(1+r)^2} \rightarrow r_1 < r < r_2$

$\therefore\ r_1 < r < r_2 < f_{1,2}$

※ $r_1 > r_2$(이자율의 기간구조가 우하향) $\rightarrow r_1 > r > r_2 > f_{1,2}$

(이자율의 기간구조에 대한 내용은 보론 참조)

05
- 당기유보액 = 20억원 × 0.2 = 40,000만원
- 순이익의 증가액 = 40,000 × 0.1 = 4,000만원
- 차기순이익 = 당기순이익 + 순이익증가액 = 204,000만원
- 배당성향 = 1 − 유보비율 = 0.8
- 다음연도의 배당금총액 = 차기순이익 × 배당성향 = 163,200만원

• $\text{주당배당금}(D_1) = \dfrac{163,200\text{만원}}{100\text{만주}} = 1,632\text{원}$

• $\text{배당성장률}(g) = \text{유보비율} \times \text{투자수익률} = 0.2 \times 0.1 = 0.02$

$$\therefore\ r = \frac{D_1}{P_0} + g = \frac{1,632}{10,000} + 0.02 = 0.1832$$

06 $10,000 = \dfrac{D_1}{0.14 - 0.4 \times 0.2} \rightarrow D_1 = 600\text{원}\ \ \therefore\ \dfrac{D_1}{P_0} = \dfrac{600}{10,000} = 0.06\ (6\%)$

별해 $r = \dfrac{D_1}{P_0} + g \rightarrow 0.14 = \text{배당수익률} + 0.4 \times 0.2\ \ \therefore\ \text{배당수익률} = 0.14 - 0.08 = 0.06$

07 $P_0 = \dfrac{D_1}{r-g} \rightarrow r = \dfrac{D_1}{P_0} + g\ \ \therefore\ \text{배당수익률}\left(\dfrac{D_1}{P_0}\right) = r - g = 14\% - 8\% = 6\%$

$\dfrac{D_1}{P_0} = 6\% \rightarrow D_1 = 50,000\text{원} \times 6\% = 3,000\text{원}\ \ \therefore\ D_0 = \dfrac{3,000}{1+0.08} = 2,778\text{원}$

$P_1 = \dfrac{D_1(1+g)}{r-g} = P_0(1+g) = 50,000 \times (1+0.08) = 54,000\text{원}$

08 기업 A: $\text{주당순자산}(BPS_0) = \dfrac{200\text{억원}}{100\text{만주}} = 20,000\text{원}$

$\rightarrow P_0 = BPS_0 \times \text{산업평균 } PBR = 20,000\text{원} \times 2 = 40,000\text{원}$

기업 B: $\text{주당순이익}(EPS_1) = 2,000\text{원}$

$\rightarrow P_0 = EPS_1 \times \text{산업평균 } PER = 2,000\text{원} \times 15 = 30,000\text{원}$

09 (가) • $E(r_A) = \text{무위험이자율} + \text{시장위험프리미엄} \times \text{베타}$

$= 0.05 + 0.1 \times 0.5 = 0.1$

(※ 자본시장가격결정모형에 의한 기대수익률 계산은 본서 제10장 참고)

$g_A = \text{유보비율} \times ROE = 0.12 \times 0.15 = 0.018$

$\rightarrow P_A = \dfrac{100 \times (1 - 0.12)}{0.1 - 0.018} = 1,073.17\text{원}$

• $E(r_B) = 0.05 + 0.1 \times 0.4 = 0.09,\ \ g_B = 0.2 \times 0.09 = 0.018$

$\rightarrow P_B = \dfrac{100 \times (1 - 0.2)}{0.09 - 0.018} = 1,111.11\text{원}$

(나) $P_B = \dfrac{100 \times (1 - b)}{0.09 - b \times 0.09} = \dfrac{100}{0.09} = 1,111.11\text{원}$

기대수익률(할인율)과 ROE가 동일한 B기업은 내부유보율(b)이 변해도 주가는 일정하게 된다.

(다) 베타가 하락하면 기대수익률(할인율)이 하락하여 주가는 상승하게 된다.

(라) ROE의 증가는 성장률(g)을 증가시키므로 주가가 상승하게 된다.

10 ② $P_0 = \dfrac{D_1}{r-g} \rightarrow P_1 = \dfrac{D_2}{r-g} = \dfrac{D_1(1+g)}{r-g} = P_0(1+g)$

③ $r = \dfrac{D_1}{P_0} + g$

④ $ROE >$ 요구수익률; 내부유보율 ↑ → 주가 ↑

$ROE =$ 요구수익률; 내부유보율 변동 → 주가 일정

$ROE <$ 요구수익률; 내부유보율 ↑ → 주가 ↓

11 ① 재투자수익률(ROE)이 상승하면 성장률(g)이 증가되므로 주가가 상승하게 된다.

② $g =$ 내부유보율×재투자수익률$=(1-0.6)\times 0.1 = 0.04$

③ $D_1 = 1{,}000 \times 0.6 \times 1.04 = 624$원

④ $P_0 = \dfrac{624}{0.09-0.04} = 12{,}480$원

⑤ $PER = \dfrac{1-b}{r-g}$에서 요구수익률(r), 성장률(g), 내부유보율(b)가 변하지 않으면 PER도 변하지 않는다.

12 PV(채권포트폴리오)$= \dfrac{50+10}{1+0.05} + \dfrac{110}{(1+0.07)^2} = 153.221$만원

$\rightarrow 153.221 = \dfrac{60}{1+r} + \dfrac{110}{(1+r)^2}$

$\therefore\ r = 0.065 \rightarrow \dfrac{60}{1+0.065} + \dfrac{110}{(1+0.065)^2} = 153.321$만원

; 채권포트폴리오의 가치와 가장 가까운 값임.

13 $(1+r_4)^4 = (1+r_2)^2(1+f_{2,4})^2 \rightarrow (1+0.085)^4 = (1+0.065)^2(1+f_{2,4})^2$

$\therefore f_{2,4} = 0.105$

14 ④ 기대가설에 따라 계산한 선도이자율은 미래 기대현물이자율과 같다.

15 (가) 선도이자율이 상승하므로 수익률곡선은 우상향하는 형태이다.

(마) ${}_1f_2=E({}_1r_2)+{}_1L_2 \rightarrow E({}_1r_2)={}_1f_2-{}_1L_2=6.5\%-1\%=5.5\%$,

동일한 방법으로 3차년도부터 5차년도까지의 기대현물이자율을 구하면 다음과 같다.

$E({}_2r_3)=7\%-1.7\%=5.3\%$, $E({}_3r_4)=7.5\%-2.4\%=5.1\%$,

$E({}_4r_5)=8\%-3.0\%=5\%$

(※ 이자율의 기간구조에 대한 내용은 보론 참조)

16 ① $B=\dfrac{200}{1.15}+\dfrac{1,200}{1.15^2}=1,081.29$원 $\rightarrow B=\dfrac{200}{1.1}+\dfrac{1,200}{(1+r_2)^2}=1,081.29$

$\therefore\ r_2=15.5\%$

② $r_1=10\%$, $r_2=15.5\%$, $r_3=15.2\%$ $\therefore$ 수익률곡선은 상승하다가 하락함.

③ $C=\dfrac{1,000}{1.152^3}=654.10$원, $C_1=\dfrac{1,000}{1.155^2}=749.61$원

$\therefore$ 투자수익률$=\dfrac{749.61-654.10}{654.10}=14.6\%$

④, ⑤ ${}_1f_2=\dfrac{1.155^2}{1.1}-1=21.3\%$, ${}_2f_3=\dfrac{1.152^3}{1.155^2}-1=14.6\%$

▶ 주관식 문제

01 (1) 발행당시의 시장이자율$=12\%$($=$액면이자율)

(2) 1년에 두 번 이자를 지급하므로 기간과 이자율을 조정하면 다음과 같다.

- 1기간$=$6개월
- 6개월간 시장이자율$=\dfrac{0.10}{2}=0.05$
- 매 6개월 말의 이자지급액$=\dfrac{10,000\times0.12}{2}=600$원

그러므로 만기까지 3년(6기간) 남은 이 채권의 현재가치는 다음과 같다.

$$PV=\frac{600}{1+0.05}+\frac{600}{(1+0.05)^2}+\cdots+\frac{600}{(1+0.05)^6}+\frac{10,000}{(1+0.05)^6}$$

$$=600\times PVIFA_{0.05,\,6}+10,000\times PVIF_{0.05,\,6}=10,507.42\text{원}$$

(3) 6개월간 시장이자율 $=\dfrac{0.14}{2}=0.07$

$$PV=\frac{600}{1+0.07}+\frac{600}{(1+0.07)^2}+\cdots+\frac{600}{(1+0.07)^6}+\frac{10{,}000}{(1+0.07)^6}$$

$$=600\times PVIFA_{0.07,\,6}+10{,}000\times PVIF_{0.07,\,6}$$

$=9{,}522.9$원

02 $r_e=\left(1+\dfrac{0.062}{4}\right)^4-1=6.35\%$

03 (1) 5년 만기 채권은 액면발행이므로 그 수익률은 액면이자율과 동일하게 된다. 즉 사채의 6개월간 수익률은 액면이자율과 같은 6%(=600/10,000)가 된다. 그러므로 사채의 연간 실효수익률은 다음과 같이 구할 수 있다.

$r_e=(1+0.06)^2-1=0.1236$(또는 12.36%)

(2) $PV=\dfrac{300}{1+0.06}+\dfrac{300}{(1+0.06)^2}+\cdots+\dfrac{300}{(1+0.06)^{12}}+\dfrac{10{,}000}{(1+0.06)^{12}}$

$$=300\times PVIFA_{0.06,\,12}+10{,}000\times PVIF_{0.06,\,12}$$

$=7{,}485.14$원

(3) 6개월간 수익률 $=\dfrac{400}{10{,}000}=0.04$(=액면이자율)

$$PV=\frac{300}{1+0.04}+\frac{300}{(1+0.04)^2}+\cdots+\frac{300}{(1+0.04)^{12}}+\frac{10{,}000}{(1+0.04)^{12}}$$

$$=300\times PVIFA_{0.04,\,12}+10{,}000\times PVIF_{0.04,\,12}$$

$=9{,}061.53$원

04 (1) $r_1=7.5\%,\ r_2=11\%$

$PV=\dfrac{600}{1+0.075}+\dfrac{600}{(1+0.11)^2}+\dfrac{10{,}000}{(1+0.11)^2}=9{,}161.34$원

(2) $9{,}161.34=\dfrac{600}{1+r}+\dfrac{600}{(1+r)^2}+\dfrac{10{,}00}{(1+r)^2}$

$\therefore\ r=10.89\%$

05 각 연도별 배당금은 다음과 같다.

연 도 말	성 장 률	배 당 금
1	14%	114.00원($=100\times1.14$)
2	14	129.96 ($=100\times1.14^2$)
3	14	148.15 ($=100\times1.14^3$)
4	5	155.56 ($=148.15\times1.05$)
5	5	163.34 ($=148.15\times1.05^2$)
6	5	171.50 ($=148.15\times1.05^3$)
7	5	180.08 ($=148.15\times1.05^4$)
⋮	⋮	⋮

$$P_0=\frac{114.00}{1+0.15}+\frac{129.96}{(1+0.15)^2}+\frac{148.15}{(1+0.15)^3}+\left(\frac{155.56}{0.15-0.05}\right)\frac{1}{(1+0.15)^3}=1{,}317.64\text{원}$$

06 정확주식회사의 각 연도별 순이익 및 배당금을 나타내면 다음과 같다.

(단위: 백만원)

연 도 말	순 이 익	배 당 금
1	50	0
2	62.50($=50\times1.25$)	0
3	78.13($=50\times1.25^2$)	0
4	97.66($=50\times1.25^3$)	0
5	122.07($=50\times1.25^4$)	0
6	152.59($=50\times1.25^5$)	0
7	190.74($=50\times1.25^6$)	114.44($=190.74\times0.6$)
8	200.28($=190.74\times1.05$)	120.16($=200.28\times0.6$)
9	210.29($=190.74\times1.05^2$)	126.17($=210.29\times0.6$)
10	220.80($=190.74\times1.05^3$)	132.48($=220.80\times0.6$)
⋮	⋮	⋮

이 기업은 7년도 말에 처음으로 114.44백만원의 배당금을 지급하고 그 이후부터는 배당금이 영구적으로 5%씩 증가한다.

$$V_6=\frac{D_7}{r-g}=\frac{114.44}{0.1-0.05}=2{,}288.8\text{백만원}$$

$$\therefore\ V_0=\frac{2{,}288.8}{(1+0.1)^6}=1{,}291.97\text{백만원}$$

07 $r=\frac{D_1}{P_0}+g=\frac{100}{20,000}+0.1=0.105$(또는 10.5%)

08 일정성장배당평가모형을 이용하여 이 기업의 주가를 구하면,

$$P_0=\frac{D_1}{r-g}=\frac{1,000}{0.1-0.05}=20,000\text{원}$$

그러나 기업이 순이익을 모두 배당을 한다면, $D_1=EPS_1$이며 이 경우 기업의 성장률은 영(0)이 된다. 그러므로 이와 같은 주식의 가치는 다음과 같이 구할 수 있다.

$$PV(\text{성장 없는 주식})=\frac{EPS_1}{r}=\frac{1,500}{0.1}=15,000\text{원}$$

$$\therefore NPVGO=P_0-\frac{EPS_1}{r}=20,000-15,000=5,000\text{원}$$

09 (1) 새로운 투자를 하지 않는 경우 순이익은 모두 배당된다.

$$D_1=\frac{5\text{억원}}{20\text{만주}}=2,500\text{원}$$

순이익이 매년 3%씩 증가하므로 배당도 매년 3%씩 증가하게 된다.

$$P_0=\frac{D_1}{r-g}=\frac{2,500}{0.13-0.03}=25,000\text{원}$$

(2) 비디오사업의 순현가 $=-10+\frac{3.2}{0.13-0.03}=22$억원

(3) $NPVGO=\frac{22\text{억원}}{20\text{만주}}=11,000$원원

$\therefore P_0=25,000+11,000=36,000$원

10 (1) 순이익=(영업이익−이자비용)(1−법인세율)=(17−20×0.1)(1−0.2)=12억원

- $ROE=\frac{\text{순이익}}{\text{자기자본}}=\frac{12\text{억원}}{50\text{억원}}=0.24$
- $EPS=\frac{12\text{억원}}{400,000\text{주}}=3,000$원

(2) 추가적인 투자를 고려하지 않을 경우 ㈜서해는 매년 동일한 주당순이익 3,000원을 영구적으로 얻을 수 있으며, 이를 모두 배당으로 지급해야 한다.

$$P_0 = \frac{D_1}{r} = \frac{EPS_1}{r} = \frac{3,000}{0.16} = 18,750\text{원}$$

(3) 새로운 투자기회를 포착하고 순이익의 일정비율(60%)을 유보하여 지속적으로 투자할 경우 배당성장률(g)은 다음과 같다.

g=유보비율×$ROE=0.6\times0.24=0.144$

$$\rightarrow P_0 = \frac{D_1}{r-g} = \frac{3,000\times(1-0.6)}{0.16-0.144} = 75,000\text{원}$$

성장기회가 없는 경우의 주가와 비교하여 성장기회의 가치(NPVGO)를 구하면 다음과 같다.

$\therefore NPVGO = 75,000 - 18,750 = 56,250$원

(4) 유보이익에 대한 재투자수익률, 즉 자기자본순이익률(ROE)이 자기자본비용(r)보다 낮을 경우에 유보비율을 증가시킨다면, 추가적인 투자로 인한 성장기회의 가치가 음(−)의 값을 갖게 되며 그 결과 1주당 주식가치가 줄어들 수 있다.

(5) 먼저 1년도 말부터 3년 동안 순이익의 80%를 유보하여 투자하는 경우 새로운 투자로 인한 효과는 그 다음연도, 즉 2년도 말부터 3년 동안 나타나게 된다. 따라서 2년도 말, 3년도 말, 4년도 말의 순이익성장률 또는 배당성장률은 19.2%(=0.8×0.24)일 것이다. 그리고 4년도 말부터 계속적으로 순이익의 50%를 투자하는 경우 그 효과는 그 다음연도인 5년도 말부터 지속적으로 나타나게 되며, 그 시점부터의 순이익성장률 또는 배당성장률은 12%(=0.5×0.24)로 낮아질 것이다. 이와 같은 상황을 고려하여 각 연도 말 예상되는 주당순이익과 주당배당금을 계산하면 다음과 같다.

(단위: 원)

연 도 말	주당순이익	주당배당금=주당순이익×(1−유보비율)
1	$3,000$	$3,000\times(1-0.8)=600$
2	$3,000\times1.192$	$3,000\times1.192\times(1-0.8)=600\times1.192=715.2$
3	$3,000\times1.192^2$	$3,000\times1.192^2\times(1-0.8)=600\times1.192^2=852.52$
4	$3,000\times1.192^3$	$3,000\times1.192^3\times(1-0.5)=2,540.50$
5	$3,000\times1.192^3\times1.12$	$3,000\times1.192^3\times1.12\times(1-0.5)=2,540.50\times1.12=2,845.36$
6	$3,000\times1.192^3\times1.12^2$	$3,000\times1.192^3\times1.12^2\times(1-0.5)=2,540.50\times1.12^2=3,186.80$
⋮	⋮	⋮

$$\therefore P_0 = \frac{600}{1+0.16} + \frac{715.2}{(1+0.16)^2} + \frac{852.52}{(1+0.16)^3} + \left(\frac{2,540.50}{0.16-0.12}\right)\frac{1}{(1+0.16)^3} = 42,284.7\text{원}$$

Tip

물음 (5)를 NPVGO모형에 의해 풀어도 동일한 결과를 얻을 수 있다.

- $NPVGO_1 = -3{,}000\times0.8 + \dfrac{3{,}000\times0.8\times0.24}{0.16} = 1{,}200$원
- $NPVGO_2 = -3{,}000\times1.192\times0.8 + \dfrac{3{,}000\times1.192\times0.8\times0.24}{0.16}$
  $= 1{,}200\times1.192 = 1{,}430.4$원
- $NPVGO_3 = -3{,}000\times1.192^2\times0.8 + \dfrac{3{,}000\times1.192^2\times0.8\times0.24}{0.16}$
  $= 1{,}200\times1.192^2 = 1{,}705.04$원
- $NPVGO_4 = -3{,}000\times1.192^3\times0.5 + \dfrac{3{,}000\times1.192^3\times0.5\times0.24}{0.16} = 1{,}270.25$원
- $NPVGO_5 = -3{,}000\times1.192^3\times1.12\times0.5 + \dfrac{3{,}000\times1.192^3\times1.12\times0.5\times0.24}{0.16}$
  $= 1{,}270.25\times1.12 = 1{,}422.68$원

$$\rightarrow NPVGO = \frac{1{,}200}{1.16} + \frac{1{,}430.4}{1.16^2} + \frac{1{,}705.04}{1.16^3} + \left(\frac{1{,}270.25}{0.16-0.12}\right)\times\frac{1}{1.16^3}$$
$$= 23{,}534.7\text{원}$$

$$\therefore P_0 = \frac{3{,}000\text{원}}{0.16} + 23{,}534.7\text{원} = 42{,}284.7\text{원}$$

11 (1) • 성장률(g) = 유보비율 × $ROE = \left(\dfrac{200\text{만원}-80\text{만원}}{200\text{만원}}\right)\times0.2 = 0.12$

- 주당배당금$(D_1) = \dfrac{80\text{만원}}{1{,}000\text{주}} = 800$원

$\rightarrow$ 주가$(P_0) = \dfrac{D_1}{r-g} = \dfrac{800\text{원}}{0.16-0.12} = 20{,}000$원

- 회계연도 말 주당순이익$(EPS_1) = \dfrac{200\text{만원}}{1{,}000\text{주}} = 2{,}000$원

$\therefore PER = \dfrac{P_0}{EPS_1} = \dfrac{20{,}000}{2{,}000} = 10$

(2) PER의 결정요인인 위험, 성장기회, 회계처리방법 등이 동일함에도 불구하고 다른 기업

에 비해 PER이 낮을 경우에는 상대적으로 저평가된 저 PER주에 투자함으로써 초과수익을 얻을 수 있다.

☞ $PER = \frac{1}{r} + \frac{NPVGO}{EPS_1}$

(3) 성장기회가 없는 경우의 주가 $= \frac{2{,}000\text{원}}{0.16} = 12{,}500\text{원}$

$\rightarrow NPVGO = 20{,}000\text{원} - 12{,}500\text{원} = 7{,}500\text{원}$

기업 X의 주가가 당기순이익을 전액 배당금으로 지급하는 정책(성장기회를 얻지 못하는 정책)에 따른 주가보다 높기 위해서는(양(+)의 NPVGO를 얻기 위해서는) 유보이익의 재투자수익률인 자기자본이익률(ROE)이 요구수익률보다 커야 한다.

12 이 문제는 6개월을 1기간으로 보아야 한다. 그리고 여기서 주어진 6개월 만기 이자율의 기간 단위가 불명확하나, 일반적으로 이자율은 연 단위로 주어지기 때문에 문제에서 주어진 이자율을 연리로 가정하고 풀면 된다.

(1) 6개월 만기 현물이자율 $= r_{0.5}$, 1년 만기 현물이자율 $= r_1$

$$PV(\text{B채권}) = \frac{300}{1+\frac{0.08}{2}} + \frac{10{,}300}{\left(1+\frac{0.08}{2}\right)^2} = 9{,}811.39\text{원}$$

$r_{0.5}$ = A채권의 만기수익률 = 4%(연리)

$$9{,}811.39 = \frac{300}{1+\frac{0.04}{2}} + \frac{10{,}300}{\left(1+\frac{r_1}{2}\right)^2} \rightarrow r_1 = 0.080661(8.0661\%, \text{ 연리})$$

(2) $r_{0.5} = 6\%$(연리), $r_1 = 10\%$

$$\left(1+\frac{0.1}{2}\right)^2 = \left(1+\frac{0.06}{2}\right)\left(1+\frac{f_{0.5,\,1}}{2}\right)$$

$$\rightarrow \frac{E(r_{0.5,\,1})}{2} = \frac{f_{0.5,\,1}}{2} = \frac{\left(1+\frac{0.1}{2}\right)^2}{1+\frac{0.06}{2}} - 1 = 0.070388(\text{6개월간 이자율})$$

$$\therefore \text{ 6개월 후 C채권의 기대가격} = \frac{10{,}400}{1+\frac{E(r_{0.5,\,1})}{2}} = \frac{10{,}400}{1+0.070388} = 9{,}716\text{원}$$

Tip

물음 (2)를 다음과 같이 풀이할 수도 있다.

$$E(r_{0.5,1})=f_{0.5,1}=\frac{(1+0.1)^2}{1+0.06}-1=0.141509(\text{연리})$$

$$\therefore \text{ 6개월 후 C채권의 가격}=\frac{10,400}{1+\frac{0.141409}{2}}=9,713\text{원}$$

풀이방법에 따라 산출결과에 약간의 차이가 있음을 알 수 있다.

13 (1) $r_A=\frac{1,000}{909.09}-1=0.10,\ \ r_B=\sqrt{\frac{1,000}{756.14}}-1=0.15,\ \ r_C=0.15$

(2) $f_{1,2}=\frac{1.15^2}{1.1}-1=0.2023=20.23\%$

(3) $C=\frac{150}{1.1}+\frac{1,150}{1.15^2}=1,005.93\text{원}$

(4)

차익거래	현금흐름(원)		
	현재	1년도 말	2년도 말
채권 C 100개 매입	−100,000	15,000	115,000
채권 A 15개 공매도	13,636.35	−15,000	0
채권 B 115개 공매도	86,956.10	0	−115,000
차익거래이익	592.45	0	0

14 (1) • $PV(\text{A})=10,000=\frac{1,000+10,000}{1+0.1}\rightarrow r=r_1=0.1$

• $PV(\text{B})=\frac{2,000}{1+0.12}+\frac{12,000}{(1+0.12)^2}=11,352.04=\frac{2,000}{1+0.1}+\frac{12,000}{(1+r_2)^2}$

$\rightarrow r_2=0.1219$

• 순수할인채권의 만기수익률 = 현물이자율 $\rightarrow r_3=0.13$

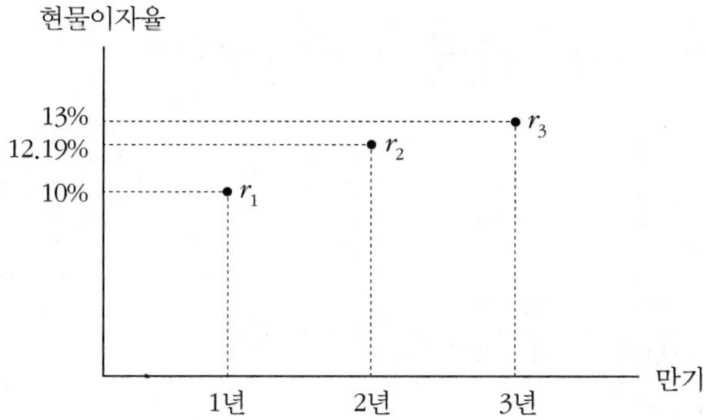

(2) 현재시점에서 각 기간의 기대현물이자율을 구하면 다음과 같다.

• $f_{1,2}=\dfrac{(1+r_2)^2}{1+r_1}-1=\dfrac{1.1219^2}{1.1}-1=0.1442$

$\rightarrow E(r_{1,2})=f_{1,2}-{}_1L_2=0.1442-0.002=0.1422$

• $f_{2,3}=\dfrac{(1+r_3)^3}{(1+r_2)^2}-1=\dfrac{1.13^3}{1.1219^2}-1=0.1464$

$\rightarrow E(r_{2,3})=f_{2,3}-{}_2L_3=0.1464-0.003=0.1434$

1년 후 1년 만기 기대현물이자율 $E(r_{1,2})$과 2년 만기 기대현물이자율 $E(r_{1,3})$은 다음과 같은 관계를 가진다.

$$[1+E(r_{1,3})]^2=[1+E(r_{1,2})][1+E(r_{2,3})+{}_1L_2]$$
$$=(1+0.1422)(1+0.1434+0.002)$$

$\rightarrow E(r_{1,3})=0.1438$

$\therefore\ E(r_{1,2})=0.1422,\quad E(r_{1,3})=0.1438$

(3) 수익률곡선타기(riding yield curve)는 수익률곡선이 우상향하는 경우 채권의 잔존기간이 짧아지면서 수익률곡선을 타고 아래로 이동하여 수익률이 하락하게 되는데, 이로 인한 가격상승효과를 얻으려는 전략이다.

• 현재 C채권의 가치 : $PV(\text{C})=\dfrac{10{,}000}{(1+0.13)^3}=6{,}930.50$원

• 1년 후 C채권의 가치 : $PV_1(\text{C})=\dfrac{10{,}000}{(1+0.1219)^2}=7{,}944.96$원

$\therefore\ r=\dfrac{7{,}944.96-6{,}930.50}{6{,}930.50}=0.1464$

$$※\ r=\frac{PV_1(\mathrm{C})}{PV(\mathrm{C})}-1=\frac{(1+0.13)^3}{(1+0.1219)^2}-1=f_{2,3}=0.1464$$

15 (1) $95{,}238=\frac{100{,}000}{1+r_1} \rightarrow r_1=5.00\%$

$$100{,}000=\frac{6{,}000}{1+0.05}+\frac{106{,}000}{(1+r_2)^2} \rightarrow r_2=6.03\%$$

$$\therefore f_{1,2}=\frac{1.0603^2}{1.05}-1=7.07\%$$

(2) $PV_1(\text{병채권})=\frac{106{,}000}{1+0.0707}=99{,}000.65\text{원}$

$$\rightarrow \text{보유수익률}=\frac{6{,}000+(99{,}000.65-100{,}000)}{100{,}000}=5.00\%$$

(3) 불편기대가설(unbiased expectation hypothesis)은 선도이자율이 미래에 기대되는 현물이자율과 동일해지도록 현재시점에서 현물이자율이 결정된다는 가설이다. 그리고 유동성선호가설(liquidity preference hypothesis)은 선도이자율이 기대현물이자율보다 높게 형성되도록 현재시점에서 현물이자율이 결정된다는 가설이다. 한편 시장분할가설(market segmentation hypothesis)은 투자계층이 서로 다른 단기채권과 장기채권의 수익률은 각각 분할된 시장에서 독립적으로 결정된다는 가설이다.

제 5 장 확실성하의 선택이론

▶ 객관식 문제

01 ④ 현재소비가 증가함에 따라 현재소비의 상대적 가치가 떨어져 현재소비와 미래소비의 교환비율인 한계대체율의 절대값이 감소한다.

02 ⑤ P점에서 생산결정은 순현가를 극대화한다.

▶ 주관식 문제

01 (1) 이 기업은 가장 높은 투자수익률을 주는 투자안부터 순서대로 투자를 할 것이다.

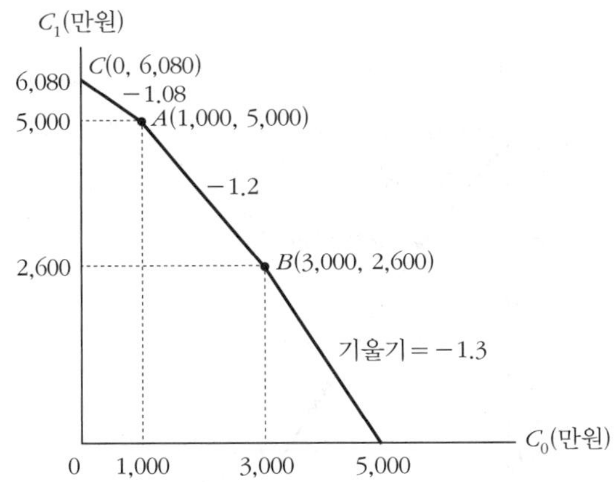

(2) 시장기회선의 기울기[$-(1+r)$]는 −1.1이므로 최적생산점은 생산기회집합의 기울기 −1.2와 −1.08 사이인 A점(1,000, 5,000)에서 결정된다. 즉 이 기업은 현재 4,000만원을 투자하여 다음 기에 5,000만원의 수입을 얻을 수 있게 된다.

- 순현가 $= -4{,}000 + \dfrac{5{,}000}{1.1} = 545.45$만원
- 평균투자수익률 $= \dfrac{5{,}000 - 4{,}000}{4{,}000} = 0.25\ (25\%)$

(3) 금융시장이 존재하지 않을 경우 생산기회집합이 곧 주주들이 직면하게 되는 소비기회집합이 될 것이다. 그러므로 서로 다른 무차별곡선을 가진 주주들이 요구하는 생산(=소비)조합은 주주들간에 서로 상이하므로 기업은 모든 주주들을 만족시킬 수 있는 단일의 최적생산점을 결정할 수 없다. 즉 피셔의 분리이론이 성립하지 않게 된다.

02 (1) 각 투자안들을 투자수익률의 크기에 따라 나열한 후, 이를 이용하여 생산기회집합을 그림으로 나타내면 다음과 같다.

(단위: 만원)

투 자 안	투자지출	투자수익	투자수익률	누적투자지출	누적투자수익
A	100	200	100%	100	200
D	100	150	50%	200	350
B	500	600	20%	700	950
C	300	315	5%	1,000	1,265

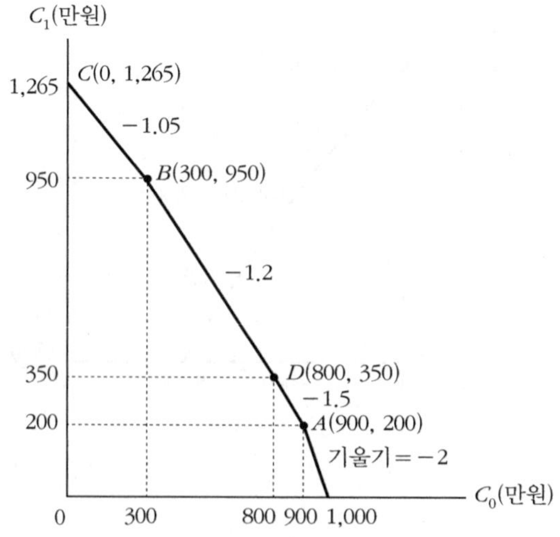

(2) 차입과 대출의 기회가 주어져 있지 않은 경우 최적생산점(=최적소비점)은 무차별곡선과 생산기회집합이 만나는 점에서 결정된다.

투자자의 무차별곡선의 기울기(한계대체율, MRS)는 −1.25이므로 최적생산점(=최적소비점)은 생산기회집합의 기울기(한계변환율, MRT) −1.5와 −1.2 사이인 D점(800, 350)에서 결정된다. 그러므로 투자자는 투자안 A와 D를 선택함으로써 현재에 800만원을 소비하고 200만원을 투자하여 다음 기에 350만원을 소비할 수 있게 된다.

(3) 시장이자율 r이 주어져 있는 경우 투자자의 최적생산점(≠최적소비점)은 시장기회선과 생산기회집합이 만나는 점에서 결정된다.

시장기회선의 기울기[$-(1+r)$]는 −1.15이므로 최적생산점은 생산기회집합의 기울기 −1.2와 −1.05 사이인 B점(300, 950)에서 결정된다. 그러므로 투자자는 투자안 A, D, B를 선택하여 700만원을 투자함으로써 다음 기에 950만원의 투자수익을 얻는다. 그리고 이 경우 투자자의 현재시점의 총소비가능액은 다음과 같이 계산할 수 있다.

$$\text{현재시점의 총소비가능} = C_0 + \frac{C_1}{1+r} = 300 + \frac{950}{1.15} = 1{,}126.09\text{만원}$$

03 (1) 금융시장이 존재하지 않을 경우 「최적생산점(P_0^*, P_1^*) = 최적소비점(C_0^*, C_1^*)」이다. 최적생산점(=최적소비점)은 다음의 두 조건을 만족해야 한다.

① $MRS = MRT$

- $MRS_{C_0, C_1} = -\dfrac{MU_{C_0}}{MU_{C_1}} = -\dfrac{C_1}{C_0}$
- $MRT_{P_0, P_1} = \dfrac{dP_1}{dP_0}\left[= -\dfrac{MP_{P_0}}{MP_{P_1}}\right] = -0.002P_0$

그러므로

$$-\frac{C_1}{C_0} = -0.002C_0 \quad (\because\ C_0 = P_0) \qquad \text{(i)}$$

② 최적생산점(=최적소비점)은 반드시 생산기회집합상에 존재하여야 한다. 그러므로 다음의 식을 만족하여야 한다.

$$C_1 = 1{,}000 - 0.001C_0^2 \quad (\because\ C_0 = P_0,\ C_1 = P_1) \qquad \text{(ii)}$$

(i)식과 (ii)식을 연립하여 풀면, 현재와 미래의 최적소비량(=최적생산량)은 다음과 같다.

$$\therefore\ C_0^* = P_0^* = 577\text{원},\quad C_1^* = P_1^* = 667\text{원}$$

금융시장이 존재하지 않을 경우, 이 소비자는 현재 가지고 있는 소득 1,000원 중 577원을 현재시점에 소비한다. 그리고 현재의 소비에 사용하지 않은 금액 423원(=1,000원−577원)을 현재시점에서 생산활동에 투자하고, 그 결과 얻게 되는 투자소득 667원을 다음 기에 소비하게 된다. 그러므로 이 소비자가 얻게 되는 총효용은 다음과 같다.

$U(C_0,\ C_1)=577\times667=384{,}859$효용

(2) 금융시장이 존재할 경우 최적생산점과 최적소비점은 다음의 두 단계에 의해서 결정된다.

① 제 1 단계: 최적생산점(P_0^*, P_1^*)의 결정

- $MRT=-(1+r):\ -0.002P_0=-(1+0.05)$ (i)
- 최적생산점은 생산기회집합상에 존재: $P_1=1{,}000-0.001P_0^2$ (ii)

(i)식과 (ii)식을 연립하여 풀면, 현재와 미래의 최적생산량은 다음과 같다.

$\therefore\ P_0^*=525$원, $P_1^*=724$원

② 제 2 단계: 최적소비점(C_0^*, C_1^*)의 결정

- $MRS=-(1+r):\ -(C_1/C_0)=-(1+0.05)$ (iii)
- 소비의 총현재가치=최적생산량의 총현재가치(즉 소비의 총현재가치는 제 1 단계에서 주어진 최적생산량의 총현재가치를 초과하지 않아야 한다.)

$$:\ C_0+C_1(1+0.05)^{-1}=P_0^*+P_1^*(1+0.05)^{-1}=525+724(1.05)^{-1}$$
$$=1{,}214.52 \qquad \text{(iv)}$$

(iii)식과 (iv)식을 연립하여 풀면, 현재와 미래의 최적소비량은 다음과 같다.

$\therefore\ C_0^*=607$원, $C_1^*=638$원

금융시장이 존재하는 경우, 이 소비자는 현재 가지고 있는 1,000원 중 생산활동에 사용되지 않은 금액 525원과 금융시장을 통하여 이자율 5%로 차입한 금액 82원($=C_0^*-P_0^*=607$원-525원)을 합한 금액 607원을 현재에 소비한다. 그리고 현재 생산활동에 475원(=1,000원−525원)을 투자함으로써 발생하는 다음 기의 소득액 724원 중에서 현재소비를 위하여 차입한 금액에 대한 원리합계금 86원(=82원×1.05)을 상환한 후 그 나머지 638원(=724원−86원)을 다음 기에 소비하게 된다. 그 결과 이 소비자가 얻게 되는 총효용은 다음과 같다.

$U(C_0,\ C_1)=607\times638=387{,}266$효용

결론적으로 금융시장이 존재하는 경우의 총효용(387,266)이 금융시장이 존재하지 않을 경우의 총효용(384,859)보다 크기 때문에, 이 소비자는 금융시장이 존재함으로써 보다

큰 만족(효용)을 얻을 수 있다.

04 (1) 주식에 투자할 경우, 투자자의 투자기회집합은 다음과 같다.

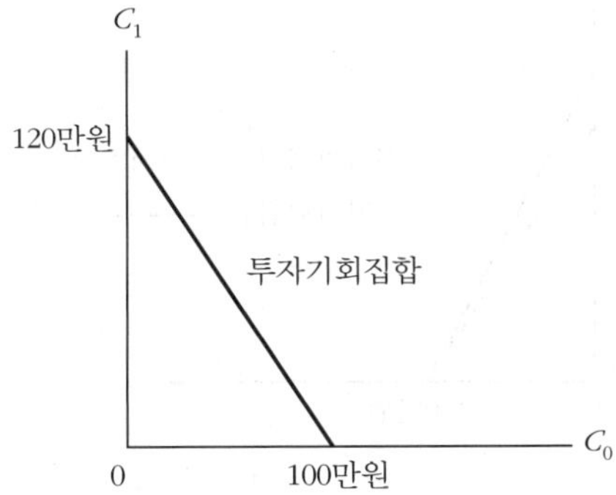

투자기회집합을 직선의 식으로 나타내면 다음과 같다.

$\therefore\ C_1 = 120\text{만원} - 1.20C_0$

(2) 최적투자점은 다음의 두 조건을 만족해야 한다.

① $MRS = MRT$

- $MRS_{C_0,\,C_1} = -\dfrac{MU_{C_0}}{MU_{C_1}} = -\dfrac{40C_0 + 100C_1}{100C_0} = -\dfrac{2C_0 + 5C_1}{5C_0}$

- $MRT_{C_0,\,C_1} = -(1 + MRR) = -1.20$

$$\rightarrow -\frac{2C_0 + 5C_1}{5C_0} = -1.20 \qquad \text{(i)}$$

② 최적투자점은 반드시 투자기회집합상에 존재하여야 한다.

$$C_1 = 120\text{만원} - 1.20C_0 \qquad \text{(ii)}$$

그러므로 (i)식과 (ii)식을 연립하여 풀면 최적투자점은 다음과 같다.

$C_0^* = 60\text{만원},\ \ C_1^* = 48\text{만원}$

즉 투자자는 현재 40만원(=100만원−60만원)을 주식에 투자하여 다음 시점에 48만원을 얻게 된다.

$\therefore$ 주식투자액=40만원, 현재소비액=60만원, 미래소비액=48만원

(3) 이제 투자자는 주식투자의 수익률 20%보다 더 높은 투자수익률을 얻을 수 있는 기회를 가지고 있기 때문에(즉 금융시장을 이용하면 25%의 이자율로 대출이 가능하기 때문에),

그는 주식에 전혀 투자하지 않을 것이다.

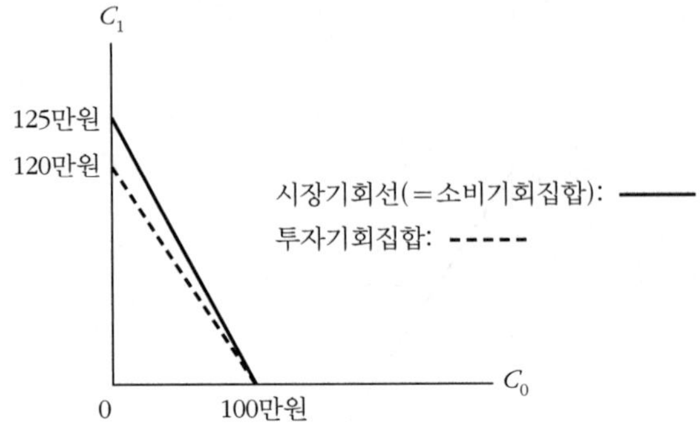

(4) 물음 (2)의 결과는 투자자들의 주관적인 시차선호를 나타내는 무차별곡선의 형태에 따라 달라질 수 있다. 그러나 물음 (3)의 결과는 투자자들의 주관적인 시차선호와 관계없이 항상 동일하다. 즉 모든 투자자들은 25%의 무위험이자율로 얼마든지 차입 또는 대출이 가능한 경우, 이보다 작은 20%의 수익률을 제공하는 주식에는 투자하지 않을 것이다. 이와 같은 사실은 금융시장이 존재하는 경우 투자결정문제가 투자자들의 주관적인 시차선호와 관계없이 객관적인 시장기준(순현가의 극대화기준)에 의해서 결정된다는 피셔의 분리이론이 성립한다는 것을 의미한다.

(5) 25%의 무위험이자율로 얼마든지 차입 또는 대출이 가능한 경우에 모든 투자자들은 주식에 투자하지 않을 것이다. 즉 모든 투자자들이 주식을 매입하려고 하지 않기 때문에 주식의 가격은 하락하게 될 것이다. 확실성의 사회에서는 주식도 역시 무위험자산이므로 무위험이자율과 동일한 수익률을 제공하여야 한다. 그러므로 주식수익률이 무위험이자율 25%와 같아질 때까지 주식가격은 하락할 것이다. 현재 주식수익률이 20%라는 것은 다음 시점의 주식가격(또는 배당금을 합한 금액)이 12,000원으로 된다는 것을 의미한다. 이 경우 주식수익률이 25%가 되도록 하는 현재의 주식가격 P_0는 다음과 같이 구할 수 있다.

$$\frac{12{,}000 - P_0}{P_0} = 0.25$$

따라서 $P_0 = 9{,}600$원, 즉 현재의 주식가격은 10,000원에서 9,600원으로 하락하게 될 것이다.

05 (1) $\frac{23{,}000-20{,}000}{20{,}000}=0.15$ 또는 15%

(2) • $PV=\frac{23{,}000}{1+0.2}=19{,}167$만원

• $NPV=19{,}167-20{,}000=-833$만원

순현재가치가 0보다 작으므로 이 투자안은 기각되어야 한다.

(3) • $PV=\frac{23{,}000}{1+0.1}=20{,}909$원

• $NPV=20{,}909-20{,}000=909$원

순현재가치가 0보다 크므로 이 투자안을 채택하여야 한다.

(4) 이 기업이 현재 투자에 필요한 현금을 보유하지 못한 경우에도 물음 (2)와 (3)의 결과는 변하지 않는다. 예를 들어 만약 이 기업이 현재 투자에 필요한 자금 20,000만원을 가지고 있지 않다면, 그 금액을 시장이자율로 금융시장에서 차입하여야 할 것이다. 차입을 하여 투자를 한다면 기업의 현금유출은 현재시점이 아니라 1년 후가 될 것이다. 이 경우 1년 후의 현금유출액은 20,000만원×(1+이자율)인데, 이것을 현재가치로 환산하면 20,000만원이 된다. 결국 투자에 필요한 자금을 차입하든 차입하지 않든 관계없이 이 기업이 지출하는 투자비용의 현재가치는 동일하므로 투자에 필요한 현금의 보유여부에 의해서 위 물음의 결과는 영향을 받지 않는다.

(5) 금융시장이 존재하는 경우 주주들의 다양한 주관적 시차선호도와 관계없이 기업은 독립적으로 투자결정을 할 수 있다는 피셔의 분리이론에 의해서 물음 (2)와 (3)의 결과는 변하지 않는다.

06 (1) ㈜동해는 가장 높은 투자수익률을 제공하는 투자안부터 순서대로 투자를 할 것이다. 그러므로 생산기회집합을 그림으로 나타내기 위하여 각 투자안들을 투자수익률의 크기에 따라 나열하면 다음과 같다.

(단위: 억원)

투 자 안	투자지출	투자수익률	투자수익	누적투자지출	누적투자수익
C	113	20%	135.60	113	135.60
B	113	15%	129.95	226	265.55
A	113	3%	116.39	339	381.94

현재 현금 339억원을 가지고 있는 ㈜동해의 생산기회집합을 주어진 투자기회를 이용하여 나타내면 다음과 같다.

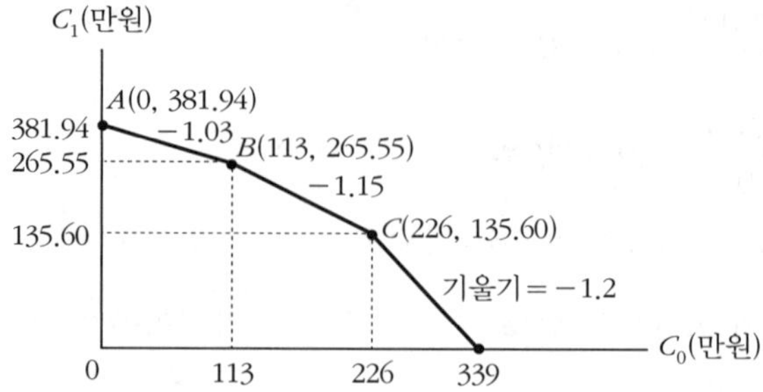

시장이자율로 차입 또는 대출이 가능한 경우 ㈜동해의 최적투자금액은 시장기회선과 생산기회집합이 만나는 점에서 결정된다.

① 시장이자율이 13%일 경우
시장기회선의 기울기는 −1.13이므로 최적생산점은 생산기회집합의 기울기 −1.15와 −1.03 사이인 B점(113, 265.55)에서 결정된다.
따라서 ㈜동해는 투자수익률이 시장이자율보다 높은 투자안 C와 B에 226억원(최적투자금액)을 투자하여 1기간 후 265.55억원의 투자수익을 얻을 수 있다.

② 시장이자율이 17%일 경우
시장기회선의 기울기는 −1.17이므로 최적생산점은 생산기회집합의 기울기 −1.20과 −1.15 사이인 C점(226, 135.60)에서 결정된다.
따라서 ㈜동해는 투자수익률이 시장이자율보다 높은 투자안 C에 113억원(최적투자금액)을 투자하여 1기간 후 135.60억원의 투자수익을 얻을 수 있다.

(2) 피셔의 분리이론에 의하면 시장이자율로 차입 또는 대출이 가능한 경우 최적투자는 주주들의 주관적인 선호형태(효용구조)와 관계없이 객관적인 시장이자율에 의해서 결정된다. 따라서 대주주 김씨의 효용함수의 변화에 의해 ㈜동해의 최적투자금액은 영향을 받지 않는다.

(3) 먼저 현금 339억원을 가지고 투자수익률이 시장이자율(13%)보다 높은 투자안 C와 B에 226억원(최적투자금액)을 투자하는 경우의 총현재가치는 다음과 같이 계산할 수 있다.

$$\text{최적투자 후 현금의 현재가치} = C_0 + \frac{C_1}{1+r} = 113 + \frac{265.55}{1+0.13} = 348\text{억원}$$

따라서 ㈜동해의 기업가치와 1주당 주식가치를 구하면 다음과 같다.

• 기업가치 = 최적투자 후 현금의 현재가치 + 유가증권가치
= 348 + 161 = 509억원

• 1주당 주식가치 $= \dfrac{509\text{억원}}{100\text{만주}} = 50{,}900$원

(4) 현금 339억원을 모두 투자하는 경우 총투자수익은 381.94억원이며, 그 현재가치는 다음과 같다.

전액투자시 현금의 현재가치 $= \dfrac{381.94}{1+0.13} = 338$억원

따라서 ㈜동해의 기업가치와 1주당 주식가치를 구하면 다음과 같다.

• 기업가치 = 전액투자시 현금의 현재가치 + 유가증권가치
 $= 338 + 161 = 499$억원

• 1주당 주식가치 $= \dfrac{499\text{억원}}{100\text{만주}} = 49{,}900$원

(5) 먼저 손해배상소송의 판결결과에 따른 소액주주의 성과는 다음과 같은 확률분포표로 나타낼 수 있다.

판결결과	확 률	성 과
승 소	0.9	5억원*
패 소	0.1	0

* 승소시 최적투자결정을 하지 못함으로 인해 발생하게 되는 손실에 대한 금전적 보상이 주어진다. 그 결과 기업가치가 10억원(=509−499) 증가하며, 이 중 50%가 소액주주들의 몫이므로 승소시 성과는 5억원(=10×0.5)이 됨.

소액주주들은 소송비용이 소송시 기대되는 성과 4.5억원(=5×0.9+0×0.1)보다 작아야 소송을 제기할 것이다. 따라서 소송비용은 4.5억원 이하이어야 한다.

제 6 장

자본예산: 투자안의 평가방법

▶ 객관식 문제

01 $NPV=\frac{10}{1.2}+\frac{16}{1.2^2}+\frac{20}{1.2^3}+\frac{30}{1.2^4}+\left(\frac{16}{0.1-0.04}\right)\frac{1}{1.2^4}-100=74.09$억원

02 ⑤ 순현가는 절대적 성과(금액)에 대한 정보를 제공하지만, 내부수익률은 상대적 성과(비율)에 대한 정보를 제공한다.

03 두 투자안의 순현가의 변화를 그림으로 나타내면 다음과 같다.

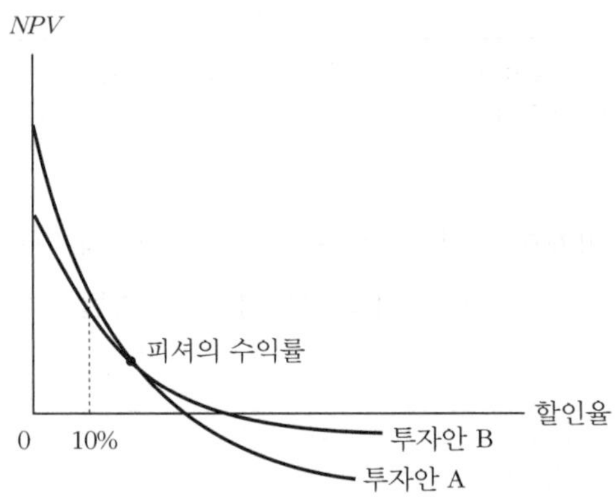

① 할인율의 변화에 따라 투자안 A의 순현가가 보다 민감하게 변한다.

04

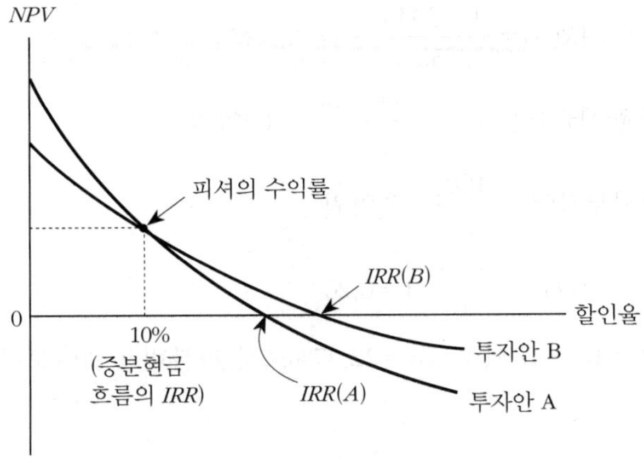

05

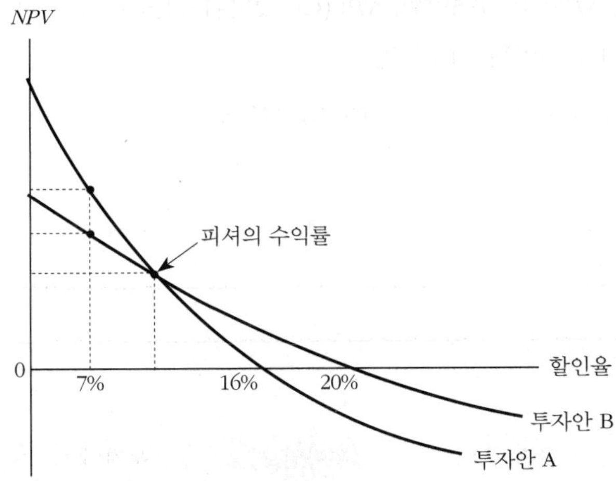

할인율의 변화에 따라 NPV가 민감하게 변하는 투자안 A가 투자안 B에 비해 투자기간 후기에 상대적으로 더 많은 현금유입을 지닌다.

06 ⑤ 순현가법은 투자의 절대적 성과를 평가하는 방법으로 투자액의 효율성을 고려하지는 않는다. (내부수익률법, 수익성지수법 등은 투자의 상대적 성과를 평가하는 방법으로 투자액의 효율성을 고려한다고 할 수 있음.)

07 ② 현금흐름에는 감가상각비, 즉 투자원금 회수분이 포함되어 있기 때문에 이를 제거하기 위하여 평균회계이익률(AAR) 계산시 1을 차감하였다.

- 투자안 A: 평균 현금흐름 $= \dfrac{40+60+90}{3} = 63.3333$억원

  평균투자액 $= \dfrac{100}{2} = 50$억원

$$\rightarrow AAR(\text{A}) = \frac{63.3333}{50} - 1 = 0.2667$$

• 투자안 B: 평균 현금흐름 $= \frac{60+60+60}{3} = 60$억원

평균투자액 $= \frac{100}{2} = 50$억원

$$\rightarrow AAR(\text{B}) = \frac{60}{50} - 1 = 0.20$$

④ $\frac{30}{(1+IRR)^2} - 20 = 0 \rightarrow IRR(\text{A}-\text{B}) = 22.47\%$로서 자본비용 20%보다 크므로 A를 선택한다.

08 $NPV(\text{A}) = 0.2$억원, $NPV(\text{B}) = 0.5$억원, $NPV(\text{C}) = 2$억원$\times 1.5 - 2$억원$= 1$억원, $NPV(\text{D}) = 3$억원$\times 1.4 - 3$억원$= 1.2$억원

④ $NPV(\text{A}+\text{B}) = 0.2 + 0.5 = 0.7$억원 $< NPV(\text{C}) = 1$억원

▶ 주관식 문제

01

	투자안 1	투자안 2	투자안 3	투자안 4
회수기간	2년	4년	4년	3년
평균회계이익률	24%	92%	90%	84%
순 현 가	−610.95만원	766.05만원	796.28만원	778.80만원
내부수익률	−200%	20.9%	22.8%	25.4%

(1) 회수기간법에 의해서 평가하면 투자안 1이 선택된다. 그리고 회수기간법의 문제점은 다음과 같다.

첫째, 회수기간 내 현금흐름의 화폐의 시간적 가치를 무시한다.

둘째, 회수기간 이후의 현금흐름을 무시한다.

셋째, 합리적인 목표 회수기간의 설정이 어렵다.

(2) 평균회계이익률법에 의해서 평가하면 투자안 2가 선택된다. 그리고 평균회계이익률법의 문제점은 다음과 같다.

첫째, 화폐의 시간적 가치를 무시한다.

둘째, 현금흐름이 아닌 회계적 이익을 이용한다.

셋째, 합리적인 목표 AAR의 설정이 어렵다.

(3) 순현가법에 의해서 평가하면 투자안 3이 선택된다.

(4) 내부수익률법에 의해서 평가하면 투자안 4가 선택된다.

(5) 순현가법과 내부수익률법의 평가결과가 서로 다른 이유는 투자기간 내 현금흐름에 대한 재투자수익률의 가정이 서로 다르기 때문이다. 즉 순현가법은 자본비용으로 재투자된다고 가정하는 반면에 내부수익률법은 내부수익률로 재투자된다고 가정한다. 일반적으로 한계투자수익률이 체감하는 현실에 비추어 볼 때 자본비용으로 재투자된다는 순현가법의 가정이 보다 현실적이므로 순현가법이 더 우월한 방법이라 할 수 있다.

02 각 투자안과 그 증분(투자안 2−투자안 1)에 대한 내부수익률과 순현가를 계산하면 다음과 같다.

(단위: 만원)

연 도 말	현금흐름		
	투자안 1	투자안 2	2−1
0	−100	−250	−150
1	400	650	250
IRR	300%	160%	66.67%
NPV(r=25%)	220	270	50

(1) 투자안 1의 내부수익률(300%)이 투자안 2의 내부수익률(160%)보다 크므로 내부수익률법에 의하면 투자안 1이 선택된다.

(2) 내부수익률법은 투자안의 투자규모를 무시하는(합리적으로 고려하지 않는) 투자안 평가방법이다. 다시 말하면 투자안 1을 선택하는 경우 투자안 1과 투자안 2의 투자규모의 차이, 즉 150만원에 대한 투자수익률이 투자안 1과 동일한 내부수익률(300%)로 투자될 수 있다는 비현실적인 가정을 가지고 있다.

이와 같은 문제점을 해결하는 방법에는 다음의 세 가지가 있다.

- 방법 1: 순현가법을 이용하는 방법
- 방법 2: 증분 내부수익률법을 이용하는 방법
- 방법 3: 증분 순현가법을 이용하는 방법

(3) 투자안 1의 순현가(220만원)는 투자안 2의 순현가(270만원)보다 작으므로 순현가법에 의하면 투자안 2가 선택된다.

(4) 증분현금흐름(투자안 2−투자안 1)의 내부수익률(66.67%)이 자본비용(25%)보다 크므로 증분현금흐름은 투자가치를 가진다. 그러므로 투자안 2가 선택된다.

(5) 증분현금흐름(투자안 2-투자안 1)의 순현가는 50만원으로서 0보다 크므로 증분현금흐름은 투자가치를 가진다. 그러므로 투자안 2가 선택된다.

(6) 이상에서 볼 수 있는 바와 같이 물음 (3), (4), (5)의 결과는 항상 동일하다. 즉 위의 세 가지 평가방법에 의하면 항상 투자안 2가 선택된다.

03 (1) $NPV(\mathrm{A})=\dfrac{500}{1.1}+\dfrac{900}{1.1^2}-800=398.35$억원

$$NPV(\mathrm{B})=\frac{800}{1.1}+\frac{550}{1.1^2}-800=391.82\text{억원}$$

(2) 할인회수기간(A) = 1.46년, 할인회수기간(B) = 1.16년

(3) 할인회수간법은 회수기간 이후의 현금흐름을 무시하는 문제가 있으므로 순현가법에 의해 투자안 A를 선택한다.

04 (1) $-x+\dfrac{280}{1.5}+\dfrac{30}{1.5^2}=0 \;\rightarrow\; x=200$

$$-y+\frac{280}{1.33}+\frac{y/2}{1.33^2}=0 \;\rightarrow\; y=293.50$$

(2) 옳지 않다. 투자기간 내 현금흐름의 발생시점이 다른 상호 배타적인 두 투자안을 평가하는 경우 순현가법과 내부수익률법의 평가 결과는 서로 일치하지 않을 수 있다. 자본비용이 두 투자안의 순현가가 동일해지는 수익률(피셔의 수익률)보다 큰 경우 순현가법과 내부수익률법의 결과는 동일하다. 하지만 자본비용이 피셔의 수익률보다 작은 경우 순현가법과 내부수익률법의 결과는 다르게 된다. 따라서 내부수익률이 큰 투자안의 순현가가 내부수익률이 작은 투자안의 순현가보다 항상 크다고 할 수 없다.

05 현금흐름 A, B 그리고 투자안 C(=A+B)의 현금흐름을 나타내면 다음과 같다.

$t=0$	1	2	3	4	5	………	∞
A:	90	90	90	90	90	………	90
B:		−110	−110	−110	−110	………	−110
C:	90	−20	−20	−20	−20	………	−20

(1) $PV(\mathrm{A})=\dfrac{90\text{만원}}{0.1}=900$만원

$$PV(\mathrm{B})=\left(\frac{-110\text{만원}}{0.1}\right)\frac{1}{(1+0.1)}=-1{,}000\text{만원}$$

(2) 투자인 C의 순현가 $=\left(90-\dfrac{20}{IRR}\right)\dfrac{1}{(1+IRR)}=0 \rightarrow 90\times IRR-20=0$

$\therefore$ 투자안 C의 내부수익률(IRR)[1] = 22.22%

(3) 차입형 현금흐름 유형을 가지는 투자안 평가기준은 다음과 같다.

- $IRR<r(\because NPV>0)$: 투자안 채택
- $IRR>r(\because NPV<0)$: 투자안 기각

투자안 C는 시점 1에 현금유입이 있고 그 이후 계속적인 현금유출이 발생하는 차입형 현금흐름 유형을 가지므로, 위의 투자안 평가기준에 의해서 평가하여야 내부수익률법과 순현가법의 결과가 동일하게 된다. 내부수익률(22.22%)이 자본비용(10%)보다 크고 동시에 순현가가 −100만원(=900만원−1,000만원)이므로 이 투자안은 기각되어야 한다.

06 (1) $PI(\text{투자안 } 1)=\dfrac{390\times(1+0.13)^{-1}}{156}=2.21$

$PI(\text{투자안 } 2)=\dfrac{31,270\times(1+0.13)^{-1}}{19,500}=1.42$

(2) PI(투자안 1) > PI(투자안 2)이므로 수익성지수법에 의하면 투자안 1을 선택하여야 한다.

(3) $NPV(\text{투자안 } 1)=\dfrac{390}{1+0.13}-156=189.13$만원

$NPV(\text{투자안 } 2)=\dfrac{31,270}{1+0.13}-19,500=8,172.57$만원

NPV(투자안 1) < NPV(투자안 2)이므로 순현가법에 의하면 투자안 2를 선택하여야 한다.

(4) 「수익성지수법≠순현가법」인 이유는 투자규모의 차이에 대한 묵시적인 투자수익률의 가정이 서로 다르기 때문이다.

→ 규모 차이의 투자수익률 가정
- → NPV법 : 자본비용
- → PI법 : 투자안의 수익률

한계투자수익률이 체감하는 현실에 비추어 볼 때 PI법은 투자규모를 합리적으로 고려

---

1) 투자안 C의 내부수익률 IRR을 다음과 같이 구할 수도 있다.

투자안 C의 순현가 $=PV(\text{A})+PV(\text{B})=\dfrac{90}{IRR}-\left(\dfrac{110}{IRR}\right)\dfrac{1}{(1+IRR)}=0$

$\rightarrow 90\times(1+IRR)-110=0$

$\therefore$ 투자안 C의 $IRR=22.22\%$

하지 못하기 때문에(즉 규모차이에 대한 투자수익률 가정이 비현실적이기 때문에) 합리적이지 못한 방법이라 할 수 있다.

07 (1) 현금흐름을 측정할 때 고려해 주어야 하는 기회비용은 투자금액(투자비용)에 이미 포함되어 있으며, 과거에 지출된 개발비는 매몰원가로서 현금흐름 측정시 고려해 줄 필요가 없다.

0	1	2	………	10	11	12 ………
	−1억원	−1억원	………	−1억원	1억원	1억원………

이 투자안을 수행할 경우 향후 10년간 총 10억원의 현금유출이 발생되고, 그 이후 10년에 걸쳐 총투자금액에 해당하는 10억원을 회수할 수 있다. 그러므로 현재시점을 기준으로 투자지출 후 그 투자비용을 회수하는 데 걸리는 기간, 즉 회수기간은 20년이라 할 수 있다.[2)]

(2) 내부수익률은 $NPV=0$이 되게 하는 할인율로 현금유입의 현가와 현금유출의 현가를 일치시켜 주는 할인율이다.

투자안과 관련된 현금유출(투자금액)의 현가는 매년 말 1억원씩 10년 동안 발생하는 연금의 현가와 동일하다. 그러므로 주어진 공식[단, $A=1$억원$/(1+IRR)$, $g=1/(1+IRR)$]을 이용하여 현금유출의 현가를 구하면 다음과 같다.

$$PV(\text{투자금액})=\frac{1\text{억원}}{1+IRR}+\frac{1\text{억원}}{(1+IRR)^2}+\cdots+\frac{1\text{억원}}{(1+IRR)^{10}}$$

$$=\frac{\frac{1\text{억원}}{1+IRR}\times\left[1-\left(\frac{1}{1+IRR}\right)^{10}\right]}{1-\left(\frac{1}{1+IRR}\right)}=\frac{1\text{억원}\times\left[1-\frac{1}{(1+IRR)^{10}}\right]}{IRR}$$

그리고 11년도 말부터 매년 1억원씩 영구적으로 발생하는 현금유입의 현가는 영구연금공식을 이용하여 다음과 같이 구할 수 있다.

---

2) 이 문제에서의 현금흐름유형은 투자안의 일반적인 현금흐름유형(현재시점에서 현금유출(투자비용)이 발생되고 그 이후 현금유입(투자수익)을 얻게 되는 경우)과 다르기 때문에 어느 시점에서 회수기간을 계산하느냐에 따라 그 회수기간은 달라질 수도 있다. 예를 들어 회수기간의 계산시점을 현금유출이 종료된 시점(투자가 완료된 시점)인 10년도 말 시점을 기준으로 계산한다면, 이 투자안의 회수기간은 총투자비용 10억원을 회수하는 데 걸리는 기간인 10년이라 할 수 있을 것이다. 어느 방법으로 회수기간을 구하든 그 방법에 적합한 목표 회수기간을 구하여 평가한다면 문제가 없을 것이다.

$$PV(\text{현금유입}) = \frac{1\text{억원}}{IRR(1+IRR)^{10}}$$

그러므로 두 식을 일치시키는 할인율, 즉 IRR을 구하면 다음과 같다.

$$\frac{1\text{억원} \times \left[1 - \frac{1}{(1+IRR)^{10}}\right]}{IRR} = \frac{1\text{억원}}{IRR(1+IRR)^{10}}$$

양변에 $IRR(1+IRR)^{10}$을 곱하여 정리하면 다음과 같다.

$$(1+IRR)^{10} = 2$$

주어진 복리이자요소에 의해 근사치를 구하면 IRR은 7%이다.
내부수익률법으로 투자안을 평가하는 데 필요한 자본비용, 즉 가중평균자본비용(WACC)을 구하면 다음과 같다.[3)]

$$WACC = \left(\frac{S}{S+B}\right) r_S + \left(\frac{B}{S+B}\right) r_B (1-T_C) = 0.5 \times 0.12 + 0.5 \times 0.08 \times (1-0.5) = 8\%$$

투자안의 내부수익률(7%)이 자본비용(8%)보다 작으므로 이 투자안은 기각되어야 한다.

(3) $$NPV = \frac{1\text{억원}}{0.08 \times (1+0.08)^{10}} - \frac{1\text{억원} \times \left[1 - \frac{1}{(1+0.08)^{10}}\right]}{0.08}$$
$$= 5.79\text{억원} - 6.71\text{억원} = -0.92\text{억원}$$

NPV가 0보다 작으므로 이 투자안은 기각되어야 한다.

(4) ㈜남산의 가중평균자본비용(WACC)이 투자안의 내부수익률(7%)보다 작아야 투자안을 채택할 수 있다. 따라서 채권자의 요구수익률을 r_B라고 하면 다음의 관계가 성립해야 한다.

$$WACC = 0.6 \times 0.1 + 0.4 \times r_B \times (1-0.5) \le 0.07 \quad \therefore\ r_B \le 0.05$$

따라서 이 투자안을 채택하기 위해서는 채권자의 요구수익률이 5% 이하이어야 한다.

(5) 연 이자율이 4.95%이고 분기별로 이자를 지급하는 경우 부채에 대하여 부담하게 될 연간 실효이자율은 다음과 같다.

$$r_B = \left(1 + \frac{0.0495}{4}\right)^4 - 1 = 5.04\% \quad \therefore \text{ 투자안 기각}$$

---

3) 가중평균자본비용(WACC)을 구하는 방법에 대해서는 본서 제11장 참조.

제 7 장

자본예산의 실제

▶ 객관식 문제

01 ② 이자비용과 배당 등 금융비용은 현금유출에 포함시키지 않아야 한다.

02 ① 이미 부도처리된 대출금은 매몰원가이므로 그 원금과 이자의 회수여부를 고려할 필요가 없음.

03 영업현금흐름 $=(285{,}000-0)(1-0.3)+221{,}000\times0.3=265{,}800$원

* 감가상각비 $=\dfrac{663{,}000-0}{3}=221{,}000$원

(단위: 원)

항 목 \ 연도말	0	1	2	3
영업현금흐름		265,800	265,800	265,800
시설장비	−663,000			35,000*
순운전자본	−25,000			25,000
현금흐름	−688,000	265,800	265,800	325,800

* 세후 잔존가치 $=50{,}000-(50{,}000-0)\times0.3=35{,}000$원

$$\therefore NPV=\frac{265{,}800}{1.1}+\frac{265{,}800}{1.1^2}+\frac{325{,}800}{1.1^3}-688{,}800=18{,}084.15\text{원}$$

04 • 투자비용 $= -2{,}500 + 1{,}000 - (1{,}000 - 1{,}500) \times 0.3 = -1{,}350$

• 영업현금흐름 $= (300+100) \times (1-0.3) + 200 \times 0.3 = 340$

(단위: 만원)

	0	1	2	3	4	5
투자비용	−1,350					
영업현금흐름		340	340	340	340	340
증분현금흐름	−1,350	340	340	340	340	340

05 • 연간 잉여현금흐름 = 영업현금흐름 − 잠식비용

$= [500개 \times (5-3) - 300](1-0.4) + 200 \times 0.4 - 100개 \times (2-1)(1-0.4)$

$= 440$만원

• 현재시점의 투자액 = 1,000만원

$\therefore\ NPV = 440 \times 3.7908 - 1{,}000 = 667.95$만원

06 영업현금흐름 $= 28 \times (1-0.3) + 24 \times 0.3 = 26.8$억원

(단위: 억원)

	0	1	2	3
영업현금흐름		26.8	26.8	26.8
신기계 구입	−72			
신기계 처분				6−6×0.3
순운전자본	−3			3
증분현금흐름	−75	26.8	26.8	34

07 $$NPV = -구입비용 + \left[(6{,}000만원 - 3{,}000만원) \times (1-0.3) + 0.3 \times \frac{구입비용 - 0}{3년}\right] \times 2.4869$$

$$+ [1{,}000만원 - (1{,}000만원 - 0원) \times 0.3] \times 0.7513 > 0$$

$\therefore$ 구입비용 $< 7{,}651.17$만원

08 $$PVIFA_{0.12,\,2} = \frac{1}{1.12} + \frac{1}{1.12^2} = 1.6901,\ PVIFA_{0.12,\,3} = \frac{1}{1.12} + \frac{1}{1.12^2} + \frac{1}{1.12^3} = 2.4018$$

• 기계 A 총비용의 현가 $=10+1\times1.6901=11.6901$억원

$$\rightarrow EAC(\text{A})=\frac{11.6901}{1.6901}=6.9168\text{억원}$$

• 기계 A 총비용의 현가 $=14+0.7\times2.4018=15.6813$억원

$$\rightarrow EAC(\text{B})=\frac{15.6813}{2.4018}=6.5290\text{억원}$$

09 ⑤ 자본제약하에서 부분선택이 불가능하거나 투자안들이 상호관계를 가지고 있는 경우 수익성지수법에 의해 최적의 투자안 조합을 결정할 수 없다.

▶ 주관식 문제

01 (1) 현금흐름의 추정

투자안의 평가에 적합한 현금흐름, 즉 증분현금흐름은 투자안을 채택할 경우(새 기계를 사용할 경우)의 현금흐름에서 투자안을 기각할 경우(구기계를 사용할 경우)의 현금흐름을 차감하여 구한다.

▶ 영업현금흐름$[(\Delta R_t-\Delta VC_t-\Delta FCC_t)(1-T_C)+T_C\cdot\Delta dep_t]$

(단위: 만원)

항 목 \ 연도말	0	1	2	………	9	10
① 매출액(ΔR_t)		100	100	………	100	100
② 현금지출비용 ($\Delta VC_t+\Delta FCC_t$)		−100	−100	………	−100	−100
③ 감가상각비(Δdep_t)*		160	160	………	160	160
영업현금흐름 $[(①-②)(1-T_C)+T_C\times③]$		184	184	………	184	184

* 감가상각비의 증분 Δdep는 새 기계의 감가상각비 dep^N에서 구기계의 감가상각비 dep^O를 차감하여 구한다.

• $dep^N=\frac{(\text{구입비용}+\text{설치비용})-\text{잔존장부가치}}{\text{내용연수}}=\frac{(2{,}000+300)-100}{10}=220\text{만원}$

• $dep^O=\frac{(\text{현재장부가치}+\text{수리비용})-\text{잔존장부가치}}{\text{내용연수}}=\frac{(400+200)-0}{10}=60\text{만원}$

$\rightarrow \Delta dep=dep^N-dep^O=220-60=160$만원

▶ 소요자본 $[-\Delta CI_t + \Delta S_t - (\Delta S_t - \Delta B_t)T_C - \Delta WC_t]$

(단위: 만원)

항 목 \ 연도말	0	1	2	………	9	10
① 투자비용* $[-\Delta CI_t + \Delta S_t - (\Delta S_t - \Delta B_t)T_C]$	−1,340	0	0	………	0	70
② 소요운전자본$(-\Delta WC_t)$	−100	0	0	………	0	100
소요자본[①+②]	−1,440	0	0	………	0	170

*

(단위: 만원)

항 목	투자안 채택 (새 기계의 사용)	투자안 기각 (구기계의 사용)	증분(Δ)
CI_0	2,300	200	2,100
S_0	1,000	0	1,000
B_0	400	0	400
S_{10}	100	50	50
B_{10}	100	0	100

- $-\Delta CI_0 + S_0 - (S_0 - B_0) \times T_C = -2,100 + 1,000 - (1,000 - 400) \times 0.4 = -1,340$만원
- $\Delta S_{10} - (\Delta S_{10} - \Delta B_{10}) \times T_C = 50 - (50 - 100) \times 0.4 = 70$만원

▶ 현금흐름(잉여현금흐름) = 영업현금흐름 + 소요자본

(단위: 만원)

항 목 \ 연도말	0	1	2	………	9	10
① 영업현금흐름		184	184	………	184	184
② 소요자본	−1,440					170
현금흐름[①+②]	−1,440	184	184	………	184	354

(2) 현금흐름의 평가(순현가법에 의한 평가)

$$NPV = -1,440 + 184 \times PVIFA_{0.1,\,9} + 354 \times PVIF_{0.1,\,10} = -243.88\text{만원}$$

이 투자안은 순현가가 −243.88만원으로서 0보다 작으므로 기각되어야 한다. 즉 현재의 기계설비를 새 기계설비로 대체하지 않아야 한다.

02

(단위: 만원)

	A사 제품	B사 제품
투자비용	5,000	7,500
유지비용	2,000	1,500
감가상각비	500	750

- A사 제품의 세후 연간 비용=2,000×(1−0.5)−500×0.5=750만원
- B사 제품의 세후 연간 비용=1,500×(1−0.5)−750×0.5=375만원

(감가상각비의 세금절감액은 현금유입이므로 비용을 감소시켜 준다. 그러므로 연간 비용을 계산할 때 감가상각비의 세금절감액을 차감하여야 한다.)

이와 같은 자료를 이용하여 각사 제품의 총비용의 현가를 구하면 다음과 같다.

- A사 제품을 사용하는 경우에 발생하는 총비용의 현가:
  $PV(\text{총비용})=5{,}000+750\times PVIFA_{0.1,\ 10}=9{,}608.45$만원
- B사 제품을 사용하는 경우에 발생하는 총비용의 현가:
  $PV(\text{총비용})=7{,}500+375\times PVIFA_{0.1,\ 10}=9{,}804.23$만원

그러므로 한솔공업사는 총비용의 현가가 195.78만원(=9,804.23만원−9,608.45만원)만큼 적은 A사 제품을 선택해야 한다.

Tip

이 문제를 두 회사 제품 사이의 증분현금흐름(비용의 차이)을 이용하여 풀어도 동일한 결과를 얻을 수 있다.

(단위: 만원)

	A사 제품	B사 제품	(B−A)
투자비용	5,000	7,500	2,500
유지비용	2,000	1,500	−500
감가상각비	500	750	250

- $\Delta CF_0=-2{,}500$만원
- $\Delta CF_{1\sim10}=(\Delta R-\Delta VC-\Delta FCC)(1-T_C)+T_C\cdot\Delta dep=-(-500)(1-0.5)+250\times0.5=375$만원

그러므로 증분현금흐름의 순현가는 다음과 같다.

$$NPV(\text{B}-\text{A})=-2{,}500+375\times PVIFA_{0.1,\ 10}=-195.78\text{만원}$$

한솔공업사가 A사 제품 대신에 B사 제품을 선택할 경우 이 회사의 순현가는 195.78만원만큼 감소하게 된다. 이것은 B사 제품을 선택할 경우 추가적으로 소요되는 비용의 현가가 195.78만원임을 의미한다. 그러므로 이 회사는 비용이 상대적으로 적게 소요되는 A사 제품을 선택하여야 한다.

03 (1) 현금흐름의 추정

투자안의 평가에 적합한 현금흐름, 즉 증분현금흐름은 투자안을 채택할 경우(새 기계를

사용할 경우)의 현금흐름에서 투자안을 기각할 경우(구기계를 사용할 경우)의 현금흐름을 차감하여 구한다.

▶ 영업현금흐름 $[(\Delta R_t - \Delta VC_t - \Delta FCC_t)(1-T_C) + T_C \cdot \Delta dep_t]$

(단위: 만원)

항목 \ 연도말	0	1	2
① 매출액(ΔR_t)		400	400
② 현금지출비용 ($\Delta VC_t + \Delta FCC_t$)		−100	−100
③ 감가상각비(Δdep_t)*		400	400
영업현금흐름 [(①−②)(1−T_C)+T_C×③]		470	470

* 감가상각비의 증분 Δdep는 새 기계의 감가상각비 dep^N에서 구기계의 감가상각비 dep^O를 차감하여 구한다.

- $dep^N = \dfrac{2,000}{2} = 1,000$만원
- $dep^O = \dfrac{3,000}{5} = 600$만원

→ $\Delta dep = dep^N - dep^O = 1,000 - 600 = 400$만원

▶ 소요자본 $[-\Delta CI_t + \Delta S_t - (\Delta S_t - \Delta B_t)T_C - \Delta WC_t]$

(단위: 만원)

항목 \ 연도말	0	1	2
① 투자비용* $[-\Delta CI_t + \Delta S_t - (\Delta S_t - \Delta B_t)T_C]$	−940	0	350
② 소요운전자본($-\Delta WC_t$)	−1,000	0	1,000
소요자본[①+②]	−1,940	0	1,350

* (단위: 만원)

항 목	투자안 채택 (새 기계의 사용)	투자안 기각 (구기계의 사용)	증분(Δ)
CI_0	2,000	0	2,000
S_0	1,000	0	1,000
B_0	1,200	0	1,200
S_2	500	0	500
B_2	0	0	0

- $-\Delta CI_0 + S_0 - (S_0 - B_0) \times T_C = -2,000 + 1,000 - (1,000 - 1,200) \times 0.3 = -940$만원
- $\Delta S_2 - (\Delta S_2 - \Delta B_{10}) \times T_C = 500 - (500 - 0) \times 0.3 = 350$만원

▶ 현금흐름(잉여현금흐름) = 영업현금흐름 + 소요자본

(단위: 만원)

항 목 \ 연 도 말	0	1	2
① 영업현금흐름		470	470
② 소요자본	−1,940		1,350
현금흐름[①+②]	−1,940	470	1,820

(2) 현금흐름의 평가(순현가법에 의한 평가)

$$NPV = -1{,}940 + \frac{350}{1+0.12} + \frac{1{,}700}{(1+0.12)^2} + \frac{120}{1+0.08} + \frac{120}{(1+0.08)^2} = -58.28\text{만원}$$

※ 감가상각비의 세금절감액 120만원(400×0.3)은 무위험현금흐름이므로 무위험이자율로 할인해야 함.)

이 투자안은 순현가가 −58.28만원으로서 0보다 작으므로 기각되어야 한다. 즉 현재의 기계설비를 새 기계설비로 대체하지 말아야 한다.

(3) 부채발행액 $= \dfrac{1{,}000}{1-0.02} = 1{,}020.41$만원

- 이자비용 절세액 $= 1{,}020.41 \times 0.08 \times 0.3 \times PVIFA_{0.08,\ 2} = 43.67$만원
- 세후 사채발행비 $= 20.41 - \left(\dfrac{20.41}{2}\right) \times 0.3 \times PVIFA_{0.08,\ 2} = 14.95$만원

  → 부채사용 효과 = 43.67 − 14.95 = 28.72만원

∴ $NPV = -58.28 + 28.72 = -29.56$만원

(※ 본서 제14장 조정현가(APV)법 참조)

04 새 기계의 구입가격을 P라고 두면, 그것을 다음과 같은 절차에 의해서 구할 수 있다.

(1) 현금흐름의 추정

▶ 영업현금흐름 $= (\Delta R - \Delta VC - \Delta FCC)(1-T_C) + T_C \cdot \Delta dep$

$= -(-1{,}000)(1-0.4) + 0.4 \times (0.2P - 400) = (440 + 0.08P)$만원

$* \ \Delta dep = dep^N - dep^O = \dfrac{P}{5} - \dfrac{2{,}000}{5} = 0.2P - 400$

▶ 소요자본

- $-\Delta CI_0 + S_0 - (S_0 - B_0)T_C = -P + 2{,}000 - (2{,}000 - 2{,}000) \times 0.4 = (2{,}000 - P)$만원
- $\Delta S_{10} - (\Delta S_{10} - \Delta B_{10})T_C = 500 - (500 - 0) \times 0.4 = 300$만원

▶ 현금흐름 = 영업현금흐름 + 소요자본

(단위: 만원)

연도말 / 항목	0	1	………	4	5
① 영업현금흐름	0	(440+0.08*P*)	………	(440+0.08*P*)	(440+0.08*P*)
② 소요자본	(2,000−*P*)				300
현금흐름[①+②]	(2,000−*P*)	(440+0.08*P*)	………	(440+0.08*P*)	(440+0.08*P*) +300

(2) 새 기계의 구입가격(*P*)의 계산

$$NPV = 2{,}000 - P + (440 + 0.08P) \times PVIFA_{0.1,\ 5} + 300 \times PVIF_{0.1,\ 5}$$
$$= 2{,}000 - P + (440 + 0.08P) \times 3.7908 + 300 \times 0.6209$$
$$= 3{,}854.22 - 0.6967P = 0$$

$\therefore P = 5{,}532.11$만원

05 (1) • 연간 순이익 $= (\Delta R_t - \Delta VC_t - \Delta FCC_t - \Delta dep_t - \Delta Int_t)(1 - T_C)$

$= (70 \times 120 - 30 \times 120 - 1{,}500 - 1{,}000)(1 - 0.4) = 1{,}380$만원

• 연간 영업현금흐름 $= (\Delta R_t - \Delta VC_t - \Delta FCC_t - \Delta dep_t)(1 - T_C) + \Delta dep_t$

$= (70 \times 120 - 30 \times 120 - 1{,}500 - 1{,}000)(1 - 0.4) + 1{,}000$

$= 2{,}380$만원

$\therefore NPV = 2{,}380 \times PVIFA_{0.12,\ 10} - 10{,}000 = 2{,}380 \times 5.65 - 10{,}000 = 3{,}447$만원

(2) $NPV = [(70 \times Q - 30 \times Q - 1{,}500 - 1{,}000)(1 - 0.4) + 1{,}000] \times 5.65 - 10{,}000 = 0$

$\therefore Q = 94.58$대

Tip

물음 (2)는 본서 제11장에서 설명할 재무적 손익분기점을 구하는 공식에 의해서도 동일한 결과를 얻을 수 있다.

$$Q = \frac{FCC \times (1 - T_C) + EAC - dep \times T_C}{(P - V)(1 - T_C)}$$
$$= \frac{1{,}500 \times (1 - 0.4) + 1{,}770 - 1{,}000 \times 0.4}{(70 - 30)(1 - 0.4)} = 94.58\text{대}$$

여기서 $EAC = \dfrac{10{,}000}{5.65} = 1{,}770$만원

06 (1) 명목현금흐름의 추정

▶ 영업현금흐름

(단위: 만원)

항 목 \ 연도 말	1	2	3	4	5
① 생산량(만개)	50	80	120	100	60
② 판매가격(원)	200	204	208.08	212.24	216.49
③ 매 출 액	10,000	16,320	24,969.6	21,224	12,989.4
④ 단위당비용(원)	100	110	121	133.1	146.41
⑤ 현금지출비용	5,000	8,800	14,520	13,310	8,784.6
⑥ 감가상각비*	2,000	2,000	2,000	2,000	2,000
영업현금흐름 [(③−⑤)$(1-T_C)+T_C\times$⑥]	3,800	5,312	7,069.76	5,548.4	3,322.88

* 감가상각비 $= \frac{10,000-0}{5} = 2,000$만원

▶ 명목현금흐름

(단위: 만원)

항 목 \ 연도 말	0	1	2	3	4	5
① 영업현금흐름		3,800	5,312	7,069.76	5,548.4	3,322.88
② 투자비용	−10,000					
명목현금흐름[①+②]	−10,000	3,800	5,312	7,069.76	5,548.4	3,322.88

(2) 투자안의 평가(순현가법)

$$NPV = -10,000 + \frac{3,800}{1.15} + \frac{5,312}{1.15^2} + \frac{7,069.76}{1.15^3} + \frac{5,548.4}{1.15^4} + \frac{3,322.88}{1.15^5}$$

$$= 6,793.96\text{만원}$$

그러므로 ㈜푸른우유는 이 투자안을 채택하여야 한다.

07 현금흐름의 성격(명목 또는 실질, 무위험 또는 위험)에 따라서 그 할인율은 달라져야 한다.

- 기계구입비용의 현재가치: 5,000만원
- 세후 순현금이익[(수익−현금지출비용)(1−법인세율)]의 현재가치:

수익에서 현금지출비용을 차감한 1,800만원(=2,500−700)은 첫 연도 말에 발생하는 현금흐름이다. 매년 인플레이션율은 6%이므로 이 현금흐름을 현재시점의 구매력으로 환산하면 1,698.11만원(=1,800/1.06)이 된다. 한편 수익과 현금지출비용의 연간 증가율이 인플

레이션율과 동일하므로 매년의 실질현금흐름은 일정하게 된다. 그러므로 현재시점의 구매력으로 환산된 실질현금흐름 1,698.11만원이 5년 동안 일정하게 들어온다고 생각할 수 있다. 이 현금흐름은 실질현금흐름이고 위험이 내포되어 있기 때문에 그 할인율은 위험현금흐름에 대한 실질할인율 12%를 사용하여야 한다.

$$1{,}698.11\times(1-0.4)\times PVIFA_{0.12,\,5}=1{,}698.11\times(1-0.4)\times 3.6048=3{,}672.81\text{만원}$$

- 감가상각비로 인한 세금절감액(감가상각비×세율)의 현재가치:
  연간 감각상각비는 1,000만원(=5,000/5)이며, 세금절감액은 매년 400만원(=1,000×0.4)이다. 이 현금흐름은 명목현금흐름이며, 위험이 없으므로 그 할인율은 무위험 명목이자율 10%를 사용하여야 한다.

$$400\times PVIFA_{0.1,\,5}=400\times 3.7908=1{,}516.32\text{만원}$$

$\therefore\ NPV=-5{,}000+3{,}672.81+1{,}516.32=189.13$만원

투자안의 순현가가 0보다 크므로 이 회사는 새로운 자동차세척기를 구입하여야 한다.

08 현금흐름 = (수익 − 노무비 − 기타비용 − 리스료)$(1-T_C)$
= 수익$(1-T_C)$ − 노무비$(1-T_C)$ − 기타비용$(1-T_C)$ − 리스료$(1-T_C)$

→ $NPV=PV$[현금흐름]
= PV[수익$(1-T_C)$] − PV[노무비$(1-T_C)$] − PV[기타비용$(1-T_C)$] − PV[임차료$(1-T_C)$]

- PV[수익$(1-T_C)$]: 먼저 1년도 말의 명목현금흐름인 수익을 디플레이트시켜 실질수익으로 환산하면 7,547.17만원[=8,000만원/(1+0.06)]이 된다. 그리고 매년 수익의 실질증가율이 5%이므로 각 연도의 세후 실질수익은 다음과 같다.

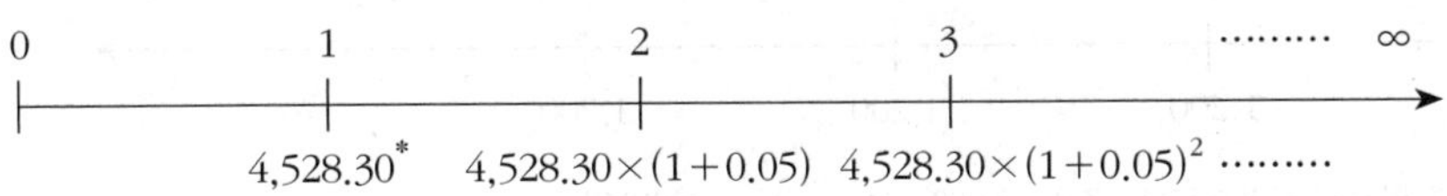

* 세후 실질수익 = 실질수익$(1-T_C)$ = 7,547.17×(1−0.4) = 4,528.30만원

$$\rightarrow PV[\text{수익}(1-T_C)]=\frac{4{,}528.30}{0.1-0.05}=90{,}566\text{만원}$$

- PV[노무비$(1-TC)$]: 먼저 1년도 말의 명목현금흐름인 노무비를 디플레이트시켜 실질노무비로 환산하면 3,773.58만원[=4,000만원/(1+0.06)]이 된다. 그리고 매년 노무비의 실질증가율이 3%이므로 각 연도의 세후 실질노무비는 다음과 같다.

0 1 2 3 ……… ∞

$2{,}264.15^{*}$ $2{,}264.15\times(1+0.03)$ $2{,}264.15\times(1+0.03)^2$ ………

* 세후 실질노무비 = 실질노무비$(1-T_C)$ = $3{,}773.58\times(1-0.4)=2{,}264.15$만원

$$\rightarrow PV[\text{노무비}(1-T_C)]=\frac{2{,}264.15}{0.1-0.03}=32{,}345\text{만원}$$

• PV[기타비용$(1-T_C)$]: 먼저 1년도 말의 명목현금흐름인 기타비용을 디플레이트시켜 실질기타비용으로 환산하면 2,830.19만원[=3,000만원/(1+0.06)]이 된다. 그리고 매년 기타비용의 실질증가율이 −1%이므로 각 연도의 세후 실질기타비용은 다음과 같다.

0 1 2 3 ……… ∞

$1{,}698.11^{*}$ $1{,}698.11\times(1-0.01)$ $1{,}698.11\times(1-0.01)^2$ ………

* 세후 실질기타비용 = 실질기타비용$(1-T_C)$ = $2{,}830.19\times(1-0.4)=1{,}698.11$만원

$$\rightarrow PV[\text{기타비용}(1-T_C)]=\frac{1{,}698.11}{0.1-(-0.01)}=\frac{1{,}698.11}{0.1+0.01}=15{,}437.36\text{만원}$$

• PV[리스료$(1-T_C)$]: 리스료는 매년 고정적으로 지급되므로 무위험 명목현금흐름이다. 이와 같은 무위험 명목현금흐름은 반드시 무위험 명목이자율로 할인하여야 한다. 무위험 명목이자율을 구하면 다음과 같다.

$$\begin{aligned}\text{무위험 명목이자율}&=(1+\text{무위험 실질이자율})(1+\text{인플레이션율})-1\\&=(1+0.07)(1+0.06)-1=0.1342\text{ 또는 }13.42\%\end{aligned}$$

매년 말에 발생하는 세후 리스료는 다음과 같다.

0 1 2 3 ……… ∞

$1{,}200^{*}$ 1,200 1,200 ………

* 세후 리스료 = 리스료$(1-T_C)$ = $2{,}000\times(1-0.4)=1{,}200$만원

$$\rightarrow PV[\text{리스료}(1-T_C)]=\frac{1{,}200}{0.1342}=8{,}941.88\text{만원}$$

$$\begin{aligned}\therefore NPV&=PV[\text{수익}(1-T_C)]-PV[\text{노무비}(1-T_C)]-PV[\text{기타비용}(1-T_C)]-PV[\text{임차료}(1-T_C)]\\&=90{,}566-32{,}345-15{,}437.36-8{,}941.88=33{,}841.76\text{만원}\end{aligned}$$

투자안의 순현가가 0보다 크므로 ㈜푸른나라는 무공해산소를 생산해야 한다.

09 (1) $NPV_1 = -17{,}500 + 10{,}300 \times PVIFA_{0.1,\ 2} = 375.65$만원

$NPV_2 = -20{,}000 + 8{,}000 \times PVIFA_{0.1,\ 3} + 800 \times PVIF_{0.1,\ 3} = 496.24$만원

∴ 투자안 2를 선택

(2) $AEV_1 = 375.65\ /\ PVIFA_{0.1,\ 2} = 216.45$만원

$AEV_2 = 496.24\ /\ PVIFA_{0.1,\ 3} = 199.54$만원

∴ 투자안 1을 선택

(3) $$PI_1 = \frac{17{,}500 + 375.65}{17{,}500} = 1.021$$

$$PI_2 = \frac{20{,}000 + 496.24}{20{,}000} = 1.025$$

∴ 투자안 2를 선택

10 (1) 반복투자가 불가능한 경우: NPV법 사용

$NPV_1 = -48{,}000 + 20{,}000 \times PVIFA_{0.16,\ 5} = 17{,}486$만원

$NPV_2 = -36{,}000 + 10{,}000 \times PVIFA_{0.16,\ 15} = 19{,}755$만원

∴ 투자안 2를 선택

(2) 반복투자가 가능한 경우: AEV법 사용

$AEV_1 = 17{,}486\ /\ PVIFA_{0.16,\ 5} = 5{,}340.38$만원

$AEV_2 = 19{,}755\ /\ PVIFA_{0.16,\ 15} = 3{,}543.18$만원

∴ 투자안 1을 선택

11 (1) K2 시스템 도입으로 인한 비용의 현재가치를 구하면 다음과 같다.

K2 시스템 비용의 현재가치 = 60억원 + $8 \times PVIFA_{0.12,\ 4} + 18 \times PVIF_{0.12,\ 4}$

= 60억원 + $8 \times 3.04 + 18 \times 0.6355$ = 95.759억원

K2 시스템 도입시 균등연간비용(또는 연간 등가비용)을 구하면 다음과 같다.

K2 시스템의 $EAC = \dfrac{95.759}{PVIFA_{0.12,\ 4}} = \dfrac{95.759}{3.04} = 31.5$억원

(2) K2 시스템의 교체시점 결정과 관련하여 방안 Ⅰ(지금 당장 교체)과 방안 Ⅱ(2년 후에 교체하는 방안)의 목적적합한 비용을 시점별로 나타내면 다음과 같다.

연도말	0	1	2	3	4	………
방안 I	35	30	30	30	30	30
방안 II		16	16+35	30	30	30

각 방안의 시점별 비용을 자본비용 12%로 할인하여 NPV를 구하면 다음과 같다.

- 방안 I 의 $NPV = -35 + \dfrac{-30}{0.12} = -285$억원

- 방안 II 의 $NPV = \dfrac{-16}{(1+0.12)} - \dfrac{(16+35)}{(1+0.12)^2} - \dfrac{30/0.12}{(1+0.12)^2} = -254.24$억원

방안 II(2년 후에 교체하는 방안)의 NPV가 방안 I(지금 당장 교체)의 NPV보다 더 적다. 그러므로 K2 시스템을 2년 후에 교체하는 것이 더 유리하다.

(3) 투자안의 내용연수가 서로 상이한 경우 단순한 순현가법에 의한 평가는 잘못된 결과를 초래할 수도 있다. 따라서 상이한 내용연수를 가진 투자안 평가 시 내용연수 차이에서 발생 가능한 문제를 고려하여야 한다. 특히 반복투자가 가능할 경우 내용연수를 일치시켜서 평가하는 방법을 사용하여야 한다. 투자안의 내용연수를 일치시켜 평가하는 방법으로서 내용연수들의 최소공배수를 사용하는 방법(최소공배수법), 무한 반복투자를 적용하는 방법(무한 반복투자법), 연간 등가가치를 이용하는 방법(연간 등가가치법)을 들 수 있다.

- 최소공배수법: 각 투자안들의 내용연수의 최소공배수에 해당하는 기간만큼 반복투자를 가정하여 내용연수를 일치시킨 뒤, 이러한 내용연수를 대상으로 NPV를 이용하여 투자안을 평가하는 방법이다.
- 무한 반복투자법: $NPV(n, \infty)$를 이용하여 투자안을 평가하는 방법이다.

$$NPV(n, \infty) = NPV(n) + \frac{NPV(n)}{(1+r)^n} + \frac{NPV(n)}{(1+r)^{2n}} + \frac{NPV(n)}{(1+r)^{3n}} + \cdots$$
$$= NPV(n)\left[\frac{(1+r)^n}{(1+r)^n - 1}\right]$$

- 연간 등가가치법: 연간 등가가치는 무한 반복적인 투자안의 현재가치에 투자안의 자본비용 r을 곱하여 다음과 같이 구할 수 있다.

$$r \cdot NPV(n, \infty) = NPV(n)\left[\frac{r(1+r)^n}{(1+r)^n - 1}\right] = \frac{NPV(n)}{PVIFA_{r,\,n}} = AEV$$

12 (1) • PV(기계 A의 비용) $=100+20\times1.7355-10\times0.8264=126.45$원

$$\rightarrow EAC_A=\frac{126.45}{1.7355}=72.86\text{원}$$

• PV(기계 B의 비용) $=100+30\times2.4868=174.60$원

$$\rightarrow EAC_B=\frac{174.60}{2.4868}=70.21\text{원}$$

∴ 두 기계의 연간 등가비용(EAC)을 비교해 보면 기계 B가 비용이 더 적기 때문에 기계 B를 선택해야 한다.

(2) 기계 A를 도입한 후 매 2년마다 기계 A 또는 기계 C로 계속 대체할 경우 현금흐름(비용)은 다음과 같다.

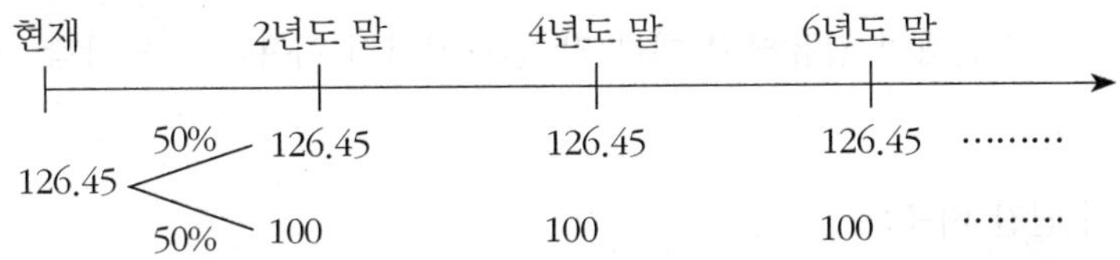

기계 A 또는 C를 무한히 대체할 경우 총비용의 현재가치[$PV_A(2, \infty)$]를 구하면 다음과 같다.[1]

$$\bullet\ PV_A(2, \infty)=126.45+\frac{126.45}{0.21}\times0.5+\frac{100}{0.21}\times0.5=665.62\text{원}$$

$$\rightarrow EAC_A=r\cdot PV_A(2, \infty)=0.1\times665.62=66.56\text{원}$$

$$\bullet\ EAC_B=\frac{174.60}{2.4868}=70.21\text{원}$$

∴ 두 기계의 연간 등가비용(EAC)을 비교해 보면 기계 A의 비용이 더 적기 때문에 기계 A를 선택해야 한다.

13 이 문제를 풀 때, 세금이 존재하지 않으므로 감가상각비의 세금절감액은 발생되지 않음을 유의하여야 한다.

(1) 새 컴퓨터의 연간 등가비용(EAC)

• PV(새 컴퓨터의 비용) $=30{,}000+200\times PVIFA_{0.1,\,6}-12{,}000\times PVIF_{0.1,\,6}$
$=24{,}097.06$만원

---

1) 2년간 실효이자율 $=(1+0.1)^2-1=0.21$이므로, 이를 이용하여 영구연금 공식을 사용하면 기계 A 또는 C를 무한히 대체할 경우 총비용의 현재가치를 구할 수 있다.

- $EAC = \dfrac{PV(\text{새 컴퓨터의 비용})}{PVIFA_{0.1,\,6}} = \dfrac{24{,}097.06}{4.3553} = 5{,}532.81$만원

(2) 구컴퓨터의 연간비용

현재의 컴퓨터를 1년 더 사용한 후 처분할 경우에 소요되는 비용의 현가는 다음과 같다.

$PV(\text{구컴퓨터의 비용}) = 9{,}000 + \dfrac{2{,}000}{1+0.1} - \dfrac{8{,}500}{1+0.1} = 3{,}090.91$만원

앞에서 구한 새 컴퓨터의 연간 등가비용과 비교하기 위하여 구컴퓨터의 연간 비용의 현가를 1년 후의 미래가치로 환산하여야 한다.

$(\text{구컴퓨터의 비용})_1 = 3{,}090.91 \times (1+0.1) = 3{,}400$만원

동일한 방법으로 현재의 컴퓨터에 대한 각 연도에서의 사용비용을 각각 구하면 다음과 같다.

- 2년도 말의 연간 비용:

  $PV_1(\text{구컴퓨터의 비용}) = 8{,}500 + \dfrac{2{,}750}{1+0.1} - \dfrac{7{,}750}{1+0.1} = 3{,}954.55$만원

  → $(\text{구컴퓨터의 비용})_2 = 3{,}954.55 \times (1+0.1) = 4{,}350$만원

- 3년도 말의 연간 비용:

  $PV_2(\text{구컴퓨터의 비용}) = 7{,}750 + \dfrac{3{,}250}{1+0.1} - \dfrac{7{,}000}{1+0.1} = 4{,}340.91$만원

  → $(\text{구컴퓨터의 비용})_3 = 4{,}340.91 \times (1+0.1) = 4{,}775$만원

- 4년도 말의 연간비용:

  $PV_3(\text{구컴퓨터의 비용}) = 7{,}000 + \dfrac{4{,}500}{1+0.1} - \dfrac{6{,}000}{1+0.1} = 5{,}636.37$만원

  → $(\text{구컴퓨터의 비용})_4 = 5{,}636.37 \times (1+0.1) = 6{,}200$만원

- 5년도 말의 연간비용:

  $PV_4(\text{구컴퓨터의 비용}) = 6{,}000 + \dfrac{5{,}000}{1+0.1} - \dfrac{5{,}000}{1+0.1} = 6{,}000$만원

  → $(\text{구컴퓨터의 비용})_5 = 6{,}000 \times (1+0.1) = 6{,}600$만원

이상의 결과를 요약하면 다음과 같다.

(단위: 만원)

연 도 말	1	2	3	4	5
구컴퓨터의 연간비용	3,400	4,350	4,775	6,200	6,600

(3) 두 비용의 비교: 교체시기의 결정

구컴퓨터를 계속 사용할 경우의 연간 비용이 새 컴퓨터로 교체하는 경우에 소요되는 EAC보다 커지기 전에 교체하여 한다. 구컴퓨터를 3년도 말 시점에서 새 컴퓨터로 교체하지 않고 1년 더 사용한다면, 새 컴퓨터로 교체하는 경우에 소요되는 EAC(5,532.81만원)보다 더 많은 6,200만원의 비용이 발생하게 된다. 그러므로 한국대학교는 3년도 말 시점에서 새 컴퓨터로 교체하여야 한다.

14 상가는 부분건축이 불가능하므로 주어진 자본과 노동시간의 제약하에서 선택가능한 투자조합들 중 가장 높은 NPV를 가지는 투자조합을 선택하면 된다. 즉 두 개의 제약조건이 존재할 경우 먼저 한 제약조건을 만족하는 투자조합을 구성하고, 이 투자조합들로부터 다른 하나의 제약조건을 만족하지 못하는 투자조합을 제거한 후, 남은 투자조합들 중에서 가장 높은 순현가를 가지는 투자조합을 선택한다.

먼저 40억원의 자본제약하에서 선택가능한 투자조합들을 구성하면 다음과 같다.

(단위: 천만원)

투자조합	초기투자액	노동시간(천시간)	NPV
서울+부산	350	150	56
서울+대구	350	140	55
서울+대전	300	140	53
서울+광주	300	130	50
부산+대구	300	130	61
부산+대전	250	130	49
부산+광주	250	120	46
대구+대전	250	120	48
대구+광주	250	110	45
대전+광주	200	110	43
서울+대전+광주	400	190*	73
부산+대구+대전	400	190*	74
부산+대구+광주	400	180	71
부산+대전+광주	350	180	69
대구+대전+광주	350	170	68

* 노동시간의 제약을 초과함

이 회사는 자본제약하에서 선택가능한 투자조합들 중 노동시간의 제약을 초과하는 투자조합(서울+대전+광주, 부산+대구+대전)을 제외한 나머지 투자조합 중 가장 높은 NPV를 가지는 투자조합(부산+대구+광주)을 선택한다. 즉 ㈜한국건설은 부산, 대구 그리고 광주에 상가를 지어야 한다.

Tip

실제로 많은 투자안이 존재할 경우 선택가능한 모든 투자조합들을 구성한다는 것이 아주 많은 시간을 요하는 작업일 것이다. 이와 같은 경우 다음과 같은 정수계획법을 이용하여 쉽게 해답을 구할 수 있을 것이다.

최대화 $NPV = 30X_1 + 26X_2 + 25X_3 + 23X_4 + 20X_5$

제약조건: $200X_1 + 150X_2 + 150X_3 + 100X_4 + 100X_5 \leq 400$

$80X_1 + 70X_2 + 60X_3 + 60X_4 + 50X_5 \leq 180$

$X_1, X_2, X_3, X_4, X_5 = 0$ 또는 1

제 8 장

불확실성하의 선택이론

▶ 객관식 문제

01

투 자 안	기대수익률	표준편차
A	10%	0%
B	10%	3%
C	10%	4%
D	12%	3%

a. 위험회피적 투자자: A, B, C 중 위험이 작은 A를 선택, D는 위험은 높으나 기대수익률도 높기 때문에 선택할 수도 있음.

b. 위험중립적 투자자: 위험은 무시하고 기대수익률만 고려하기 때문에 A, B, C를 동일하게 평가함.

c. 위험추구적 투자자: 동일한 기대수익률이라면 위험이 높은 투자안을 선택하기 때문에 A, B 중 B를 선택함.

02

(단위: 원)

자 산	기대수익	표준편차
A	110	0
B	110	10
C	120	40

• 위험회피형 투자자:

$PV(\mathrm{A}) = 100$원 $\rightarrow PV(\mathrm{B}) < 100$원

1년 후 수익이 120원인 무위험자산의 가치 $= \dfrac{120}{1.1} = 109$원 $\rightarrow PV(\mathrm{C}) < 109$원

• 위험중립형 투자자:

$PV(A) = 100$원 $\rightarrow PV(B) = 100$원

1년 후 수익이 120원인 무위험자산의 가치 $= \dfrac{120}{1.1} = 109$원 $\rightarrow PV(C) = 109$원

- 위험선호형 투자자:

$PV(A)=100$원 → $PV(B)>100$원

1년 후 수익이 120원인 무위험자산의 가치 $=\frac{120}{1.1}=109$원 → $PV(C)>109$원

▶ 주관식 문제

01 (1) 각 투자안의 기대수익을 계산하면 다음과 같다.

- 투자안 1의 기대수익 $=20\times\frac{1}{2}+40\times\frac{1}{2}=30$만원
- 투자안 2의 기대수익 $=10\times\frac{1}{4}+20\times\frac{1}{2}+70\times\frac{1}{4}=30$만원
- 투자안 3의 기대수익 $=20\times\frac{1}{4}+30\times\frac{1}{2}+40\times\frac{1}{4}=30$만원

각 투자안의 기대수익이 모두 동일하므로, 기대수익의 극대화기준에 의해서 의사결정을 하는 투자자는 어느 투자안을 선택해도 상관없다. 즉 그는 투자안에 대해서 무차별하게 생각한다. 그러나 이와 같은 기대수익의 극대화기준은 투자안의 위험을 고려하지 못하는 비합리적인 선택기준이다.

(2) ① 각 투자안을 선택하였을 경우, 위험중립형 투자자의 기대효용은 다음과 같다.[1)]

- 투자안 1을 선택할 경우의 기대효용

$$=(100+20)\left(\frac{1}{2}\right)+(100+40)\left(\frac{1}{2}\right)=130\text{효용}$$

- 투자안 2를 선택할 경우의 기대효용

$$=(100+10)\left(\frac{1}{4}\right)+(100+20)\left(\frac{1}{2}\right)+(100+70)\left(\frac{1}{4}\right)=130\text{효용}$$

- 투자안 3을 선택할 경우의 기대효용

$$=(100+20)\left(\frac{1}{4}\right)+(100+30)\left(\frac{1}{2}\right)+(100+40)\left(\frac{1}{4}\right)=130\text{효용}$$

---

1) 효용함수가 부의 수준의 함수로써 표현될 때, 투자수익의 효용가치는 현재부의 수준에 의해서 변할 수 있다. 그러므로 이와 같은 효용함수에 의해서 기대효용을 구할 때, 기대효용은 현재부와 투자안을 선택하였을 경우 얻을 수 있는 투자수익을 합한 부의 수준에 의해서 구해져야 한다는 사실을 유의해야 한다.

각 투자안의 기대효용이 모두 동일하므로, $U(W)=W$인 효용함수를 가지고 있는 위험중립형 투자자는 어느 투자안을 선택하여도 상관없다. 위험에 대해서 무차별한(투자결정시 위험을 고려하지 않는) 위험중립적인 투자자의 선택행위는 기대수익의 극대화기준에 의한 선택결과와 항상 일치한다.

② 각 투자안을 선택하였을 경우, 위험선호형 투자자의 기대효용은 다음과 같다.

- 투자안 1을 선택할 경우의 기대효용

$$=(100+20)^2\left(\frac{1}{2}\right)+(100+40)^2\left(\frac{1}{2}\right)=17,000\text{효용}$$

- 투자안 2를 선택할 경우의 기대효용

$$=(100+10)^2\left(\frac{1}{4}\right)+(100+20)^2\left(\frac{1}{2}\right)+(100+70)^2\left(\frac{1}{4}\right)=17,450\text{효용}$$

- 투자안 3을 선택할 경우의 기대효용

$$=(100+20)^2\left(\frac{1}{4}\right)+(100+30)^2\left(\frac{1}{2}\right)+(100+40)^2\left(\frac{1}{4}\right)=16,950\text{효용}$$

그러므로 $U(W)=W^2$인 효용함수를 가지고 있는 위험선호형 투자자는 기대효용을 가장 크게 해 주는 투자안 2를 선택하게 된다.

③ 각 투자안을 선택하였을 경우, 위험회피형 투자자의 기대효용은 다음과 같다.

- 투자안 1을 선택할 경우의 기대효용

$$=\sqrt{100+20}\left(\frac{1}{2}\right)+\sqrt{100+40}\left(\frac{1}{2}\right)=11.393\text{효용}$$

- 투자안 2를 선택할 경우의 기대효용

$$=\sqrt{100+10}\left(\frac{1}{4}\right)+\sqrt{100+20}\left(\frac{1}{2}\right)+\sqrt{100+70}\left(\frac{1}{4}\right)=11.359\text{효용}$$

- 투자안 3을 선택할 경우의 기대효용

$$=\sqrt{100+20}\left(\frac{1}{4}\right)+\sqrt{100+30}\left(\frac{1}{2}\right)+\sqrt{100+40}\left(\frac{1}{4}\right)=11.398\text{효용}$$

그러므로 $U(W)=\sqrt{W}$인 효용함수를 가지고 있는 위험회피형 투자자는 기대효용을 가장 크게 해 주는 투자안 3을 선택하게 된다.

02 (1) • 투자안 1의 기대효용$=\sqrt{16}\times0.5+\sqrt{196}\times0.5=9$효용

• 투자안 2의 기대효용$=\sqrt{81}\times0.5+\sqrt{121}\times0.5=10$효용

투자안 2의 기대효용이 투자안 1의 기대효용보다 더 크므로 투자안 2를 선택하여야 한다.

(2) 투자자가 각 투자안의 위험을 회피하기 위하여 지불할 수 있는 최대금액은 위험프리미엄을 의미한다.

① 투자안 1의 위험프리미엄

- 기대소득 $= 16 \times 0.5 + 196 \times 0.5 = 106$만원
- 확실성등가소득 $= (9)^2 = 81$만원 $\quad (\because 9 = \sqrt{\text{확실성등가소득}})$

$\therefore$ 투자안 1의 위험프리미엄 = 기대소득 − 확실성등가소득 $= 106 - 81 = 25$만원

② 투자안 2의 위험프리미엄

- 기대소득 $= 81 \times 0.5 + 121 \times 0.5 = 101$만원
- 확실성등가소득 $= (10)^2 = 100$만원 $\quad (\because 10 = \sqrt{\text{확실성등가소득}})$

$\therefore$ 투자안 2의 위험프리미엄 = 기대소득 − 확실성등가소득 $= 101 - 100 = 1$만원

03 (1) 보험을 가입하지 않았을 경우 기대효용($E[U(W)]$)과 확실성등가부(CEW)는 각각 다음과 같다.

$$E[U(W)] = 0.99\sqrt{10{,}500} + 0.01\sqrt{5{,}500} = 102.1864$$

$$CEW = 102.1864^2 = 10{,}442.06\text{달러}$$

보험을 가입하였을 경우 화재발생 시 주택가치 전액(5,000달러)을 보장받을 수 있으므로 기대가치 $E(W)$는 10,500달러이다. 이 경우 위험프리미엄은 다음과 같다.

$$\text{위험프리미엄} = E(W) - CEW = 10{,}500 - 10{,}442.06 = 57.94\text{달러}$$

위의 위험프리미엄은 불확실성을 제거하기 위해 기꺼이 포기할 수 있는 부의 최대액을 의미한다. 이는 곧 투자자가 지불할 수 있는 최대보험료를 의미한다. 따라서 A씨가 지불할 용의가 있는 최대보험료는 57.94달러가 된다.

(2) 새로운 효용함수에 대한 기대효용과 확실성등가부를 구하면 각각 다음과 같다.

$$E[U(W)] = 0.99\ln(10{,}500) + 0.01\ln(5{,}500) = 9.2525$$

$$CEW = e^{9.2525} = 10{,}430.61\text{달러}$$

이러한 확실성등가부를 갖는 투자자의 위험프리미엄은 다음과 같다.

$$\text{위험프리미엄} = E(W) - CEW = 10{,}500 - 10{,}430.61 = 69.39\text{달러}$$

위험회피형 투자자의 위험프리미엄은 항상 양(+)의 값을 가지며 그 크기가 큰(작은)

투자자일수록 위험회피성향이 강(약)하다는 것을 의미한다. A씨와 새로운 효용함수를 갖는 투자자의 위험프리미엄을 서로 비교하면 A씨의 위험프리미엄이 상대적으로 작다. 따라서 A씨가 새로운 효용함수를 갖는 투자자보다 덜 위험회피적인 성향을 지닌다.

04 두 개의 복권이 무차별하다는 것은 두 복권의 기대효용이 동일하다는 것을 의미한다. 각 복권의 기대효용을 구하여 같게 놓으면 다음과 같다.

- 복권 1의 기대효용 $=(110/10)^2\times0.5+(130/10)^2\times0.5=145$효용
- 복권 2의 기대효용 $=(90/10)^2p+(150/10)^2(1-p)=81p+225(1-p)$
  $=(-144p+225)$효용

그러므로 복권 1과 복권 2의 기대효용을 같게 하는 p를 구하면 다음과 같다.

$$145=-144p+225 \quad \therefore\ p=\frac{5}{9}$$

05 (1) 먼저 갑이 보험에 가입하지 않았을 경우 자동차 가치의 확률분포를 추정하면 다음과 같다.

자동차 가치(만원)	확 률
1,000	90%
500	6%*
20	4%**

* 10%×60%=6%, ** 10%×40%=4%

이상의 자료를 이용하여 보험에 가입하지 않았을 경우의 기대효용과 확실성등가가치(CEW)를 구하면 다음과 같다.

- $E[U(W)]=0.90\times\sqrt{1{,}000}+0.06\times\sqrt{500}+0.04\times\sqrt{20}=29.98$
- $\sqrt{CEW}=29.98 \rightarrow CEW=898.80$만원

보험에 가입할 경우 사고 등으로 인해 차량이 파손된다 하더라도 전액 보상받을 수 있기 때문에 자동차의 가치는 1,000만원이다. 그러므로 갑이 지불할 수 있는 최대보험료는 다음과 같이 구할 수 있다.

최대보험료 = 1,000만원 − 898.80만원 = 101.20만원

(2) ㈜동해보험이 제시한 보험료는 100만원으로서 갑이 지불할 수 있는 최대보험료 101.20만원보다 작다. 따라서 갑은 이 보험상품에 가입할 것이다.

06 (1) $U'(W)=\dfrac{1}{\sqrt{W}}$, $U''(W)=-\dfrac{1}{2}\cdot\dfrac{1}{\sqrt{W^3}}$

$$\therefore\ a(W)=-\frac{U'(W)}{U''(W)}=2W=2\times25=50\text{억원}$$

(2) $E[U(W)]=0.9\times2\sqrt{25\text{억}}+0.1\times2\sqrt{0}=9\text{만}$

$\therefore$ 9만$=2\sqrt{CEW}\ \rightarrow\ CEW=20.25$억원

$\therefore$ 보험료=25억원−20.25억원=4.75억원

(3) $E[U(W)]=(0.5\times\sqrt{16\text{억}}+0.5\times\sqrt{0})+(0.8\times\sqrt{9\text{억}}+0.2\times\sqrt{0})=4.4\text{만}$

4.4만$=\sqrt{CEW}\ \rightarrow\ CEW=19.36$억원

07 (1) 투자안 A의 기대수익률과 분산의 추정치를 구하면 다음과 같다.

$$E(r_A)=\frac{0.20+0.40+0.30+0.22+0.36}{5}=0.296$$

$$Var(r_A)=[(0.20-0.296)^2+(0.40-0.296)^2+(0.30-0.296)^2+(0.22-0.296)^2+(0.36-0.296)^2]/(5-1)=0.00748$$

$$\sigma(r_A)=\sqrt{0.00748}=0.0865$$

동일한 방법으로 투자안 B, C, D의 기대수익률과 분산(표준편차)을 추정하면 다음과 같다.

- $E(r_B)=0.194$, $Var(r_B)=0.00058$, $\sigma(r_B)=0.0241$
- $E(r_C)=0.058$, $Var(r_C)=0.00022$, $\sigma(r_C)=0.0148$
- $E(r_D)=0.150$, $Var(r_D)=0.00170$, $\sigma(r_D)=0.0412$

(2) 4개의 투자안을 평균−표준편차 평면상에 나타내면 다음과 같다.

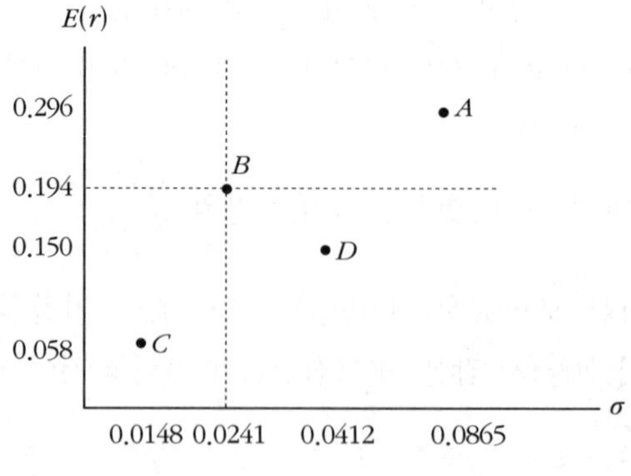

위의 그림에서 볼 수 있는 바와 같이 투자안 B는 투자안 D보다 기대수익률이 높고, 위험이 작다. 그러므로 투자안 B는 투자안 D를 지배한다. 그러나 투자안 A, 투자안 B, 투자안 C의 지배관계는 발생하지 않는다. 즉 기대수익률이 높은 투자안은 위험이 높은 반면, 기대수익률이 낮은 투자안은 위험이 낮기 때문에 세 투자안의 지배관계를 말할 수 없다.

결론적으로 효율적인 투자안은 투자안 A, B, C이며, 비효율적인 투자안은 투자안 D이다. 효율적인 투자안 중 어느 투자안을 선택하느냐는 투자자가 위험을 회피하는 정도, 즉 무차별곡선의 형태에 달려 있다.

제 9 장

포트폴리오분석

▶ 객관식 문제

01 $\sigma_p^2 = w_s^2\sigma_s^2 + w_b^2\sigma_b^2 + 2w_s w_b \sigma_{sb} = w_s(w_s\sigma_s^2 + w_b\sigma_{sb}) + w_b(w_s\sigma_{bs} + w_b\sigma_b^2)$

$\therefore\ S_s = w_s\sigma_s^2 + w_b\sigma_{sb} = 0.5\times0.16 + 0.5\times(-0.1) = 0.03$

02 a. $\sigma_p = \sqrt{w_1^2\sigma_1^2 + (1-w_1)^2\sigma_2^2 - 2w_1(1-w_1)\sigma_1\sigma_2}$

$= \sqrt{(w_1\sigma_1 - (1-w_1)\sigma_2)^2} = |w_1\sigma_1 - (1-w_1)\sigma_2| = 0$

$\rightarrow w_1 = \dfrac{\sigma_2}{\sigma_1+\sigma_2},\quad w_2 = 1-w_1 = \dfrac{\sigma_1}{\sigma_1+\sigma_2}$

b. $\sigma_p = \sqrt{w_1^2\sigma_1^2 + (1-w_1)^2\sigma_2^2 + 2w_1(1-w_1)\sigma_1\sigma_2\rho_{12}}$

$= \sqrt{(0.5)^2(0)^2 + (0.5)^2(\sigma_2)^2 + 2\times(0.5)(0.5)(0)(\sigma_2)\rho_{12}}$

$= 0.5\sigma_2$

c. 상관계수가 양수라도 0에 가까운 값이면 포트폴리오의 표준편차가 σ_1보다 작을 수 있다.

Tip

최소분산포트폴리오 : $w_1 = \dfrac{\sigma_2^2 - \sigma_1\sigma_2\rho_{12}}{\sigma_1^2 + \sigma_2^2 - 2\sigma_1\sigma_2\rho_{12}} \rightarrow \rho_{12}=0,\ w_1 = \dfrac{\sigma_2^2}{\sigma_1^2+\sigma_2^2}$

$$\sigma_p = \sqrt{w_1^2\sigma_1^2 + (1-w_1)^2\sigma_2^2 + 2w_1(1-w_1)\sigma_1\sigma_2\rho_{12}}$$

$$= \sqrt{\frac{\sigma_1^2\sigma_2^2}{\sigma_1^2+\sigma_2^2}} = \sqrt{w_1}\sigma_1 = \sqrt{w_2}\sigma_2$$

$\rightarrow \sigma_p \le \sigma_1,\ \sigma_p \le \sigma_2\ (\because\ 0 \le w_1,\ w_2 \le 1)$

03 기대수익률이 동일한 두 개의 자산을 대상으로 한 투자자 갑의 최적포트폴리오는 최소분산포트폴리오이다. 또한 표준편차도 동일한 경우 최소분산포트폴리오를 구성하는 자산 A의 투자비율은 다음과 같다.

$$w_A = \frac{\sigma_B^2 - \sigma_{AB}}{\sigma_A^2 + \sigma_B^2 - 2\sigma_{AB}} = \frac{\sigma_B^2}{\sigma_A^2 + \sigma_B^2} = \frac{\sigma_A^2}{\sigma_A^2 + \sigma_A^2} = \frac{1}{2}$$

04 $\sigma_K^2 = w_B^2\sigma_B^2 + w_C^2\sigma_C^2 + 2w_B w_C \sigma_B \sigma_C \rho_{BC}$

$= 0.5^2 \times 0.15^2 + 0.5^2 \times 0.1^2 + 2 \times 0.5 \times 0.5 \times (0.15 \times 0.1 \times 0) = 0.008125$

$\sigma_K = \sqrt{0.008125} = 0.0901$ (9.01%)

05 a. B가 A에 비해 기대수익률이 더 크고 표준편차는 더 작으므로 B가 A를 지배한다.

b. C가 B에 비해 기대수익률이 더 크고 표준편차는 더 작으므로 C가 B를 지배한다.

c. A, B, C의 순서로 기대수익률이 크고 아울러 표준편차도 크므로 이들 사이에 지배관계는 존재하지 않는다.

06 ①, ④, ⑤ 모든 위험회피적 투자자는 기대수익률이 높고 위험이 낮은 자산 A를 선택한다.

② 모든 위험중립적 투자자는 위험과 무관하게 기대수익률이 높은 자산 A를 선택한다.

③ 위험선호적 투자자의 경우에는 자산 A와 자산 B 간에 지배관계가 존재하지 않는다.

07

포트폴리오	기대수익률	표준편차
I	8%	10%
II*	9%	7.16%
III	10%	15%

* $E(r_p) = 0.5 \times 0.08 + 0.5 \times 0.10 = 0.09$, $\sigma_p = \sqrt{0.5^2 \times 0.1^2 + 0.5^2 \times 0.15^2 + 2 \times 0.5 \times 0.5 \times (-0.006)} = 0.0716$

지배원리에 의하면 포트폴리오 II와 III이 효율적 투자안이며, 위험회피도가 높은 보수적 투자자는 위험이 낮은 포트폴리오 II를, 위험회피도가 낮은 공격적 투자자는 위험이 높은 포트폴리오 III을 선택할 가능성이 높다.

08 $E(r_C) = w_A \times 0.09 + (1 - w_A) \times 0.05 = 0.05 + 0.04w_A$

a. $E(r_C) = 0.29 \rightarrow w_A = 6,\ w_B = -5$

b. $E(r_C) = 0 \rightarrow w_A = -1.25,\ w_B = 2.25$

c. $E(r_C) = -0.05 \rightarrow w_A = -2.5,\ w_B = 3.5$

d. $Var(r_C) = w_A^2 \times 0.2^2 + (1 - w_A)^2 \times 0.1^2 > 0$ ($\rho_{AB} = -1$일 때 $Var(r_C) = 0$이 될 수 있음.)

09 위험회피적 투자자는 위험자산 A의 기대수익률이 높을수록, 위험(표준편차, σ_A)이 작을수록, 위험회피도(γ)가 작을수록 위험자산 A에 대한 투자비중을 높이게 된다.

Tip

효용함수를 전미분하여 무차별곡선의 기울기(MRS)를 구하면 다음과 같다.

$$dU = dE(R_p) - \gamma\sigma_p d\sigma_p = 0$$

$$MRS = \frac{dE(R_p)}{d\sigma_p} = \gamma\sigma_p$$

최적포트폴리오는 무위험자산과 위험자산 A로 구성된다. 최적포트폴리오에서는 무차별곡선의 기울기(MRS)와 CML의 기울기가 같아야 하므로 다음 식이 성립하여야 한다.

$$\gamma\sigma_p = \gamma w_A \sigma_A = \frac{E(R_A) - R_f}{\sigma_A} \rightarrow w_A = \frac{E(R_A) - R_f}{\gamma\sigma_A^2}$$

따라서 위험자산 A의 기대수익률($E(R_A)$)이 높을수록, 무위험수익률(R_f)이 작을수록, 위험회피도(γ)가 작을수록, 표준편차(σ_A)가 작을수록 위험자산 A에 대한 투자비중(w_A)이 높아진다.

10 ① 일정한 기대수익률하에서 최소의 분산 또는 표준편차를 제공하는 포트폴리오집합, 즉 최소분산포트폴리오집합 중 그 최저점 위에 있는 포트폴리오만이 효율적 포트폴리오이다.

11 w_M = 시장포트폴리오의 구성비율, $1-w_M$ = 무위험자산의 구성비율

$\rightarrow E(r_p) = w_M E(r_M) + (1-w_M) r_f$

- 투자자 갑(위험회피 성향이 상대적으로 낮은 공격적 투자자)의 최적포트폴리오:
  $E(r_p^{갑}) = w_M \times 0.18 + (1-w_M) \times 0.06 = 0.21 \rightarrow w_M = 1.25,\ 1-w_M = -0.25$
- 투자자 을(위험회피 성향이 상대적으로 높은 보수적 투자자)의 최적포트폴리오:
  $E(r_p^{을}) = w_M \times 0.18 + (1-w_M) \times 0.06 = 0.15 \rightarrow w_M = 0.75,\ 1-w_M = 0.25$

∴ 위험회피성향이 갑과 을 사이에 있는 투자자(투자원금=1,000만원)의 최적포트폴리오[1)]

→ 750만원 < 시장포트폴리오의 투자액 < 1,250만원

−250만원 < 무위험자산의 투자액 < 250만원

12 w_S = 위험자산(안정주식형+성장주식형)의 구성비율, $1-w_S$ = 무위험자산(국채투자형)의 구성

1) 무위험자산의 투자액이 음(−)이면 그만큼 무위험이자율로 차입한 것임.

비율 → $r_p = w_S r_S + (1 - w_S) r_f$

- 위험수준(σ_p) 25%를 추구하는 투자자(총투자액 = 1억원)의 최적포트폴리오:

$$\sigma_p = w_S \sigma_S = \left(\frac{3천만원 + 5천만원}{1억원}\right) \times \sigma_S = 0.25 \rightarrow \sigma_S = 0.3125$$

- 위험수준(σ_p) 15%를 추구하는 투자자(총투자액 = 8천만원)의 최적포트폴리오:

$$\sigma_p = w_S \sigma_S = w_S \times 0.3125 = 0.15 \rightarrow w_S = 0.48$$

$$\therefore \text{ 안정주식형의 투자액} = 8{,}000만원 \times 0.48 \times \left(\frac{3천만원}{8천만원}\right) = 1{,}440만원$$

13 (가) 상관계수가 −1일 경우 무위험헤지포트폴리오를 만들 수 있다. 무위험헤지포트폴리오, 즉 최소분산포트폴리오를 만들기 위한 자산 Ⅰ의 구성비율(w_1)과 자산 Ⅱ의 구성비율(w_2)을 구하면 다음과 같다.

$$w_1 = \frac{0.15^2 - 0.1 \times 0.15 \times (-1)}{0.1^2 + 0.15^2 - 2 \times 0.1 \times 0.15 \times (-1)} = 0.6, \quad w_2 = 0.4$$

(나), (다) 자산 Ⅰ이 최소분산포트폴리오가 되기 위해서는 다음이 성립해야 한다.

$$w_2 = \frac{\sigma_1^2 - \sigma_{12}}{\sigma_1^2 + \sigma_2^2 - 2\sigma_{12}} = 0 \rightarrow \sigma_1^2 - \sigma_{12} = 0 \rightarrow \sigma_1^2 = \sigma_{12} \rightarrow \sigma_1^2 = \sigma_1 \sigma_2 \rho_{12}$$

$$\rightarrow \rho_{12} = \frac{\sigma_1}{\sigma_2} \rightarrow \rho_{12} = \frac{10\%}{15\%} = 0.67$$

공매도가 허용되지 않는 가운데, 상관계수가 0.67보다 작은 경우 포트폴리오의 표준편차는 10%보다 작을 수 있으며, 상관계수가 0.67보다 큰 경우 포트폴리오의 표준편차는 10%보다 작을 수 없다.

(라) 두 개의 효율적 자산으로 구성된 포트폴리오는 효율적이다.

▶ 주관식 문제

01 (1) 모집단의 기대수익률, 분산 그리고 표준편차를 구하는 식은 다음과 같다.

- $E(r_j) = \sum p r_j$

- $Var(r_j)=E[r_j-E(r_j)]^2=\sum p[r_j-E(r_j)]^2$
- $\sigma_j=\sqrt{Var(r_j)}$

위의 식을 이용하여 각 주식의 기대수익률, 분산 그리고 표준편차를 구하면 다음과 같다.

- 주식 X: 기대수익률, 분산 그리고 표준편차

p	r_X	pr_X	$r_X-E(r_X)$	$[r_X-E(r_X)]^2$	$p[r_X-E(r_X)]^2$
0.2	0.18	0.036	0.090	0.0081	0.00162
0.2	0.05	0.010	−0.040	0.0016	0.00032
0.2	0.12	0.024	0.030	0.0009	0.00018
0.2	0.04	0.008	−0.050	0.0025	0.00050
0.2	0.06	0.012	−0.030	0.0009	0.00018
		$E(r_X)=0.090$			$Var(r_X)=0.00280$
					$\sigma_X=0.05292$

- 주식 Y: 기대수익률, 분산 그리고 표준편차

p	r_Y	pr_Y	$r_Y-E(r_Y)$	$[r_Y-E(r_Y)]^2$	$p[r_Y-E(r_Y)]^2$
0.2	0.00	0.000	−0.050	0.0025	0.00050
0.2	−0.03	−0.006	−0.080	0.0064	0.00128
0.2	0.15	0.030	0.100	0.0100	0.00200
0.2	0.12	0.024	0.070	0.0049	0.00098
0.2	0.01	0.002	−0.040	0.0016	0.00032
		$E(r_Y)=0.050$			$Var(r_Y)=0.00508$
					$\sigma_Y=0.07127$

(2) $Cov(r_X, r_Y)=\sum p(r_X-E(r_X))(r_Y-E(r_Y))=-0.00012$

$$\rho_{XY}=\frac{Cov(r_X, r_Y)}{\sigma_X\sigma_Y}=\frac{-0.00012}{0.05292\times 0.07127}=-0.03182$$

(3) $r_p=w_Xr_X+w_Yr_Y$ (단, $w_X+w_Y=1$):

- $E(r_p)=w_XE(r_X)+w_YE(r_Y)=w_X(0.09)+w_Y(0.05)$
- $Var(r_p)=w_X^2Var(r_X)+w_Y^2Var(r_Y)+2w_Xw_YCov(r_X, r_Y)$
  $=w_X^2(0.0028)+w_Y^2(0.00508)-2w_Xw_Y(0.00012)$
- $\sigma_p=\sqrt{Var(r_p)}$

위의 식에 의해서 구성비율에 따른 각 포트폴리오의 기대수익률, 분산 그리고 표준편차를 구하면 다음과 같다.

포트폴리오	w_X	w_Y	$E(r_p)$	$Var(r_p)$	σ_p
A	1.00	0.00	0.09	0.00280	0.05292
B	0.75	0.25	0.08	0.00185	0.04298
C	0.50	0.50	0.07	0.00191	0.04370
D	0.25	0.75	0.06	0.00299	0.05466
E	0.00	1.00	0.05	0.00508	0.07127

(4) 최소분산포트폴리오에서의 각 주식의 구성비율을 구하면 다음과 같다.

$$w_X=\frac{\sigma_Y^2-\sigma_X\sigma_Y\rho_{XY}}{\sigma_X^2+\sigma_Y^2-2\sigma_X\sigma_Y\rho_{XY}}$$

$$=\frac{Var(r_Y)-Cov(r_X,\ r_Y)}{Var(r_X)+Var(r_Y)-2Cov(r_X,\ r_Y)}\quad (\because\ Cov(r_X,\ r_Y)=\sigma_X\sigma_Y\rho_{XY})$$

$$=\frac{0.00508-(-0.00012)}{0.0028+0.00508-2\times(-0.00012)}=0.64$$

$$w_Y=1-w_X=1-0.64=0.36$$

그러므로 총 투자자금 중 주식 X에 64% , 주식 Y에 36% 투자하여 최소분산포트폴리오를 구성할 수 있다. 이 포트폴리오의 기대수익률, 분산 그리고 표준편차는 다음과 같다.

- $E(r_p)=w_XE(r_X)+w_YE(r_Y)=0.64\times0.09+0.36\times0.05=0.0756$
- $Var(r_p)=w_X^2Var(r_X)+w_Y^2Var(r_Y)+2w_Xw_YCov(r_X,\ r_Y)$
  $=(0.64)^2\times0.0028+(0.36)^2\times0.00508-2\times0.64\times0.36\times0.00012$
  $=0.00175$
- $\sigma_p=\sqrt{0.00175}=0.04183$

(5)

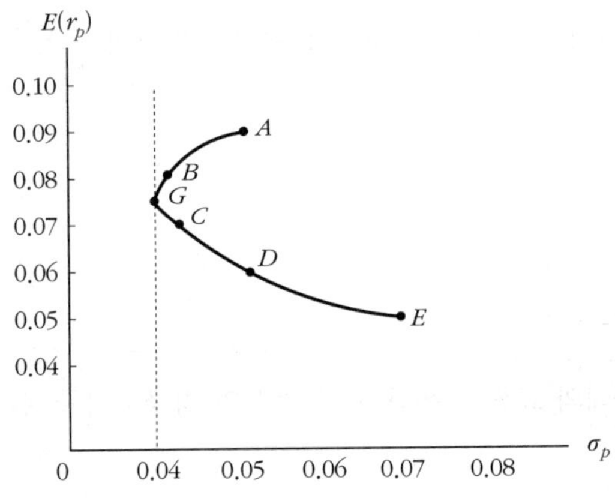

위의 그림에서 투자기회집합, 최소분산기회집합과 효율적 투자기회집합은 각각 다음과 같다.

- 투자기회집합: 포트폴리오 A, B, G, C, D, E를 연결한 곡선
- 최소분산포트폴리오집합(주어진 기대수익률하에서 표준편차가 가장 작은 포트폴리오들의 집합): 포트폴리오 A, B, G, C, D, E를 연결한 곡선, 즉 여기서는 투자기회집합과 동일함
- 효율적 포트폴리오집합(주어진 표준편차하에서 기대수익률이 가장 높은 포트폴리오들의 집합): 포트폴리오 A, B, G를 연결한 곡선 , 즉 최소분산포트폴리오집합의 최저점인 G 위의 곡선

(6) 투자자의 무차별곡선과 효율적 투자기회집합이 만나는 접점에서 투자자의 기대효용이 가장 커지므로, 그 접점이 투자자가 최종적으로 선택하게 되는 최적 포트폴리오이다. 그리고 접점에서 무차별곡선의 기울기 MRS는 효율적 포트폴리오집합의 기울기 MRT와 일치한다. 그러므로 최적포트폴리오가 되기 위한 조건은 다음과 같다.

최적포트폴리오: $MRS = MRT$

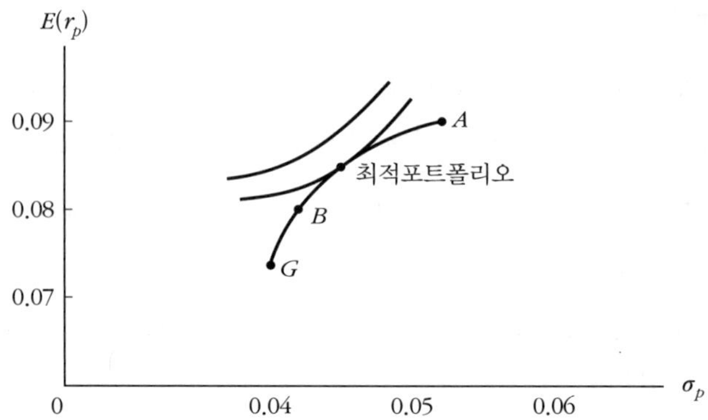

02 (1) 표본의 평균수익률, 분산 그리고 표준편차를 계산하는 식은 다음과 같다.

- $\bar{r}_j = \dfrac{\sum_{t=1}^{N} r_{jt}}{N}$
- $\sigma_j^2 = \dfrac{\sum_{t=1}^{N} \left(r_{jt} - \bar{r}_j\right)^2}{N-1}$

위의 식과 아래의 표를 이용하여 각 주식의 평균수익률, 분산 그리고 표준편차를 구하

면 다음과 같다.

t	r_A	$r_A-\bar{r}_A$	$(r_A-\bar{r}_A)^2$	r_B	$r_B-\bar{r}_B$	$(r_B-\bar{r}_B)^2$	$(r_A-\bar{r}_A)(r_B-\bar{r}_B)$
1	0.15	0.0957	0.00916	0.20	0.1457	0.02123	0.01394
2	0.22	0.1657	0.02746	0.16	0.1057	0.01117	0.01751
3	−0.05	−0.1043	0.01088	0.09	0.0357	0.00127	−0.00372
4	0.00	−0.0543	0.00295	−0.06	−0.1143	0.01306	0.00621
5	0.02	−0.0343	0.00118	−0.08	−0.1343	0.01804	0.00461
6	0.12	0.0657	0.00432	0.12	0.0657	0.00432	0.00432
7	−0.08	−0.1343	0.01804	−0.05	−0.1043	0.01088	0.01401
Σ	0.38		0.07399	0.38		0.07997	0.05688

① 평균수익률

- $\bar{r}_A=\dfrac{0.38}{7}=0.0543$

- $\bar{r}_B=\dfrac{0.38}{7}=0.0543$

② 분산, 표준편차

- $\sigma_A^2=\dfrac{0.07399}{7-1}=0.01233, \quad \sigma_A=\sqrt{0.01233}=0.11104$

- $\sigma_B^2=\dfrac{0.07997}{7-1}=0.01333, \quad \sigma_B=\sqrt{0.01333}=0.11546$

(2) • $Cov(r_A, r_B)=\dfrac{\sum_{t=1}^{N}(r_{At}-\bar{r}_A)(r_{Bt}-\bar{r}_B)}{N-1}=\dfrac{0.05688}{7-1}=0.00948$

- $\rho_{XY}=\dfrac{Cov(r_X, r_Y)}{\sigma_X\sigma_Y}=\dfrac{0.00948}{0.11104\times0.11546}=0.7394$

(3) 두 주식에 동일한 금액을 투자하므로 두 주식의 구성비율은 동일하다.

$w_A=w_B=1/2$

이와 같은 포트폴리오의 평균수익률과 표준편차는 다음과 같다.

- $r_p=w_A\bar{r}_A+w_B\bar{r}_B=0.5\times0.0543+0.5\times0.0543=0.0543$
- $Var(r_p)=w_A^2Var(r_A)+w_B^2Var(r_B)+2w_Aw_BCov(r_A, r_B)$
  $=(0.5)^2\times0.01233+(0.5)^2\times0.01333+2\times0.5\times0.5\times0.00948=0.01116$
- $\sigma_p=\sqrt{0.01116}=0.10564$

03 (1) $\rho_{AB}=-0.5 \rightarrow Cov(r_A, r_B)=\sigma_A\sigma_B\rho_{AB}=\sqrt{0.1}\times\sqrt{0.2}\times(-0.5)=-0.07071$

- $E(r_p)=w_AE(r_A)+w_BE(r_B)=0.6\times0.2+0.4\times0.3=0.24$
- $Var(r_p)=w_A^2Var(r_A)+w_B^2Var(r_B)+2w_Aw_BCov(r_A, r_B)$
  $=(0.6)^2\times0.1+(0.4)^2\times0.2+2\times0.6\times0.4\times(-0.07071)=0.03406$
- $\sigma_p=\sqrt{0.03406}=0.18455$

(2) $\rho_{AB}=-0.6 \rightarrow Cov(r_A, r_B)=\sigma_A\sigma_B\rho_{AB}=\sqrt{0.1}\times\sqrt{0.2}\times(-0.6)=-0.08485$

- $E(r_p)=w_AE(r_A)+w_BE(r_B)=0.6\times0.2+0.4\times0.3=0.24$
- $Var(r_p)=w_A^2Var(r_A)+w_B^2Var(r_B)+2w_Aw_BCov(r_A, r_B)$
  $=(0.6)^2\times0.1+(0.4)^2\times0.2+2\times0.6\times0.4\times(-0.08485)=0.02727$
- $\sigma_p=\sqrt{0.02727}=0.16514$

(3) 두 주식 간의 상관계수가 −0.5에서 −0.6으로 감소함에 따라 포트폴리오의 분산은 0.03406에서 0.02727로 감소하였다. 즉 상관계수가 작아질수록 포트폴리오의 위험은 감소하게 된다.

04 (1) 주식 A의 상황은 3개이고 주식 B의 상황은 2개이므로 두 상황을 동시에 고려하면 다음과 같은 6개(=3×2)의 상황이 나타날 것이다.

상 황	r_A	r_B	$p(r_A, r_B)^*$
1	0.60	0.40	1/6
2	0.60	−0.20	1/6
3	0.15	0.40	1/6
4	0.15	−0.20	1/6
5	−0.60	0.40	1/6
6	−0.60	−0.20	1/6

* $p(r_A, r_B)=p(r_A)p(r_B \mid r_A)=p(r_A)p(r_B)$
(∵ r_A와 r_B는 독립적이므로 조건부확률 $p(r_B \mid r_A)=p(r_B)$가 된다.)

※ 결합확률분포표

r_B \ r_A	0.60	0.15	−0.60	$p(r_B)$
0.40	1/6	1/6	1/6	1/2
−0.20	1/6	1/6	1/6	1/2
$p(r_A)$	1/3	1/3	1/3	1.00

(2) $E(r_A)=(0.60)(1/3)+(0.15)(1/3)+(-0.60)(1/3)=0.05$

$Var(r_A)=(0.60-0.05)^2(1/3)+(0.15-0.05)^2(1/3)+(-0.60-0.05)^2(1/3)=0.245$

$\sigma_A=\sqrt{0.245}=0.4950$

$E(r_B)=(0.40)(1/2)+(-0.20)(1/2)=0.10$

$Var(r_B)=(0.40-0.10)^2(1/2)+(-0.20-0.10)^2(1/2)=0.09$

$\sigma_B=\sqrt{0.09}=0.3$

(3)

상 황	r_A	r_B	p	$r_A-E(r_A)$	$r_B-E(r_B)$	$[r_A-E(r_A)][r_B-E(r_B)]p$
1	0.60	0.40	1/6	0.55	0.30	0.0275
2	0.60	−0.20	1/6	0.55	−0.30	−0.0275
3	0.15	0.40	1/6	0.10	0.30	0.0050
4	0.15	−0.20	1/6	0.10	−0.30	−0.0050
5	−0.60	0.40	1/6	−0.65	0.30	−0.0325
6	−0.60	−0.20	1/6	−0.65	−0.30	0.0325
						$Cov(r_A, r_B)=0$

두 주식수익률이 독립적일 경우, 그 공분산(또는 상관계수)은 항상 0이 된다.

(4) • $E(r_p)=w_AE(r_A)+w_BE(r_B)=0.5\times0.05+0.5\times0.10=0.075$

• $Var(r_p)=w_A^2Var(r_A)+w_B^2Var(r_B)+2w_Aw_BCov(r_A, r_B)$

$=(0.5)^2\times0.245+(0.5)^2\times0.09+2\times0.5\times0.5\times0=0.08375$

05 (1) $w_X=\dfrac{\sigma_Y^2-\sigma_X\sigma_Y\rho_{XY}}{\sigma_X^2+\sigma_Y^2-2\sigma_X\sigma_Y\rho_{XY}}=\dfrac{\sigma_Y(\sigma_Y+\sigma_X)}{(\sigma_X+\sigma_Y)^2}=\dfrac{\sigma_Y}{\sigma_X+\sigma_Y}=\dfrac{0.05}{0.15+0.05}=0.25$

$\rightarrow w_Y=1-w_X=1-0.25=0.75$

(2) $\sigma_p=\sqrt{w_X^2\sigma_X^2+(1-w_X)^2\sigma_Y^2-2w_X(1-w_X)\sigma_X\sigma_Y}$

$=\sqrt{(w_X\sigma_X-(1-w_X)\sigma_Y)^2}=|w_X\sigma_X-(1-w_X)\sigma_Y|$

$=|w_X\times0.15-(1-w_X)\times0.05|=|0.2w_X-0.05|=0.13$

• $w_X\geq0.25$일 경우, $0.2w_X-0.05=0.13$

$\rightarrow w_X=0.9,\ w_Y=0.1\quad\therefore\ E(r_p)=0.9\times0.2+0.1\times0.1=0.19$

• $w_X<0.25$일 경우, $0.2w_X-0.05=-0.13$

$\rightarrow w_X=-0.4,\ w_Y=1.4\quad\therefore\ E(r_p)=(-0.4)\times0.2+1.4\times0.1=0.06$

(3) • $E(r_M) = w_X^M E(r_X) + (1-w_X^M)E(r_Y)$

$$= w_X^M \times 0.2 + (1-w_X^M) \times 0.1 = 0.1 w_X^M + 0.1 = 0.125$$

$\rightarrow w_X^M = 0.25, \quad w_Y^M = 1-0.25 = 0.75$

• $\beta_X = \dfrac{Cov(r_X,\ r_M)}{Var(r_M)} = \dfrac{Cov(r_X,\ 0.25r_X + 0.75r_Y)}{Var(r_M)}$

$$= \frac{0.25Var(r_X) + 0.75Cov(r_X,\ r_Y)}{Var(r_M)}$$

$$= \frac{0.25 \times 0.15^2 + 0.75 \times 0.15 \times 0.05 \times 0.2}{0.0581^2} = 2.0$$

→ 자본자산가격결정모형(CAPM)[2)]

: $E(r_X) = r_f + [E(r_M) - r_f]\beta_X \rightarrow 0.2 = r_f + (0.125 - r_f) \times 2 \quad \therefore\ r_f = 0.05$

06 (1) 투자집합의 경계선은 상관계수가 +1, −1일 때 포트폴리오의 결합선임.

① $\rho_{12} = 1$일 경우

$$E(r_p) = w_A E(r_A) + (1-w_A)E(r_B) = w_A \times 0.2 + (1-w_A) \times 0.1 = 0.1 + 0.1w_A$$

$$\sigma_p = \sqrt{w_A^2\sigma_A^2 + (1-w_A)^2\sigma_B^2 + 2w_A(1-w_A)\sigma_A\sigma_B}$$

$$= \sqrt{(w_A\sigma_A + (1-w_A)\sigma_B)^2} = w_A\sigma_A + (1-w_A)\sigma_B$$

$$= w_A \times 0.3 + (1-w_A) \times 0.1 = 0.1 + 0.2w_A$$

$\rightarrow E(r_p) = 0.05 + 0.5\sigma_p$

② $\rho_{12} = -1$일 경우

$$E(r_p) = w_A E(r_A) + (1-w_A)E(r_B) = w_A \times 0.2 + (1-w_A) \times 0.1 = 0.1 + 0.1w_A$$

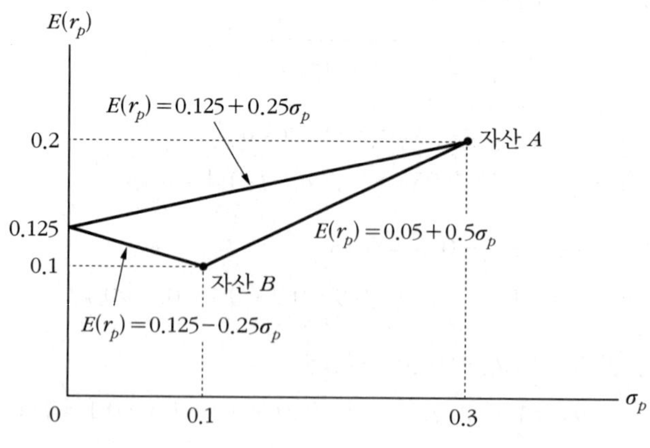

2) 자본자산가격결정모형(CAPM)은 본서 제10장에서 자세히 설명됨.

$$\sigma_p = \sqrt{w_A^2\sigma_A^2 + (1-w_A)^2\sigma_B^2 - 2w_A(1-w_A)\sigma_A\sigma_B} = \sqrt{(w_A\sigma_A - (1-w_A)\sigma_B)^2}$$
$$= |w_A\sigma_A - (1-w_A)\sigma_B| = |w_A \times 0.3 - (1-w_A)\times 0.1| = |-0.1 + 0.4w_A|$$

- $w_A \geq 0.25 \rightarrow E(r_p) = 0.125 + 0.25\sigma_p$
- $w_A < 0.25 \rightarrow E(r_p) = 0.125 - 0.25\sigma_p$

(2) 최소분산포트폴리오: $w_A = \dfrac{\sigma_B^2 - \sigma_A\sigma_B\rho_{AB}}{\sigma_A^2 + \sigma_B^2 - 2\sigma_A\sigma_B\rho_{AB}}$

$$= \frac{0.1^2 - 0.3\times 0.1 \times \rho_{AB}}{0.3^2 + 0.1^2 - 2\times 0.3 \times 0.1 \times \rho_{AB}} = \frac{0.01 - 0.03\rho_{AB}}{0.1 - 0.06\rho_{AB}}$$

최소분산포트폴리오의 표준편차가 10%, 즉 자산 B에 100% 투자하는 경우 상관계수는 다음과 같다.[3)]

$$w_A = \frac{0.01 - 0.03\rho_{AB}}{0.1 - 0.06\rho_{AB}} = 0 \rightarrow \rho_{AB} = \frac{1}{3}$$

그러므로 위 포트폴리오보다 약간 더 왼쪽으로 휘어져야, 즉 상관계수가 1/3보다 작아야 포트폴리오의 표준편차를 10%보다 작게 만들 수 있다.

$\therefore \rho_{AB} < 0.33$

(※ 만약 공매도가 허용된다면 ρ_{AB}가 1/3보다 커도 포트폴리오의 표준편차는 10%보다 작아질 수 있다.)

(3) 효율적 포트폴리오의 선형결합=효율적 포트폴리오 $\rightarrow r_p = w_1 r_{p1} + (1-w_1) r_{p2}$

$$E(r_p) = w_1 E(r_{p1}) + (1-w_1)E(r_{p2}) = w_1 \times 0.3 + (1-w_1)\times 0.18 = 0.22$$
$$\rightarrow w_1 = \frac{1}{3},\ w_2 = \frac{2}{3}$$
$$\therefore\ r_p = w_1 r_{p1} + (1-w_1) r_{p2}$$
$$= \frac{1}{3}(0.5r_X + 0.3r_Y + 0.2r_Z) + \frac{2}{3}(0.1r_X + 0.5r_Y + 0.4r_Z)$$
$$= 0.2333r_X + 0.4333r_Y + 0.3333r_Z$$

---

3) 최소분산포트폴리오의 표준편차가 10%일 때의 상관계수를 구할 수도 있다.

$$V(r_p) = Cov(r_A,\ w_A r_A + w_B r_A) = w_A Var(r_A) + w_B Cov(r_A,\ r_B)$$
$$= \left(\frac{0.01 - 0.03\rho_{AB}}{0.1 - 0.06\rho_{AB}}\right)\times 0.3^2 + \left(\frac{0.09 - 0.03\rho_{AB}}{0.1 - 0.06\rho_{AB}}\right)\times 0.3 \times 0.1 \times \rho_{AB}$$
$$= \frac{0.0009 - 0.0009\rho_{AB}^2}{0.1 - 0.06\rho_{AB}} = 0.1^2$$
$$\rightarrow 9\rho_{AB}^2 - 6\rho_{AB} + 1 = (3\rho_{AB} - 1)^2 = 0 \qquad \therefore\ \rho_{AB} = \frac{1}{3}$$

즉 효율적 포트폴리오의 구성비율은 (23.33% : 43.33% : 33.33%)이다.

07 (1) 효율적 포트폴리오의 위험(표준편차)과 기대수익률의 선형관계를 나타내는 직선인 자본시장선(CML)을 구하면 다음과 같다.

$$E(r_p)=r_f+\left[\frac{E(r_M)-r_f}{\sigma_M}\right]\sigma_p=0.1+\left(\frac{0.2-0.1}{0.2}\right)\sigma_p=0.1+0.5\sigma_p$$

CML을 $E(r_p)-\sigma_p$ 평면상에 나타내면 다음과 같다.

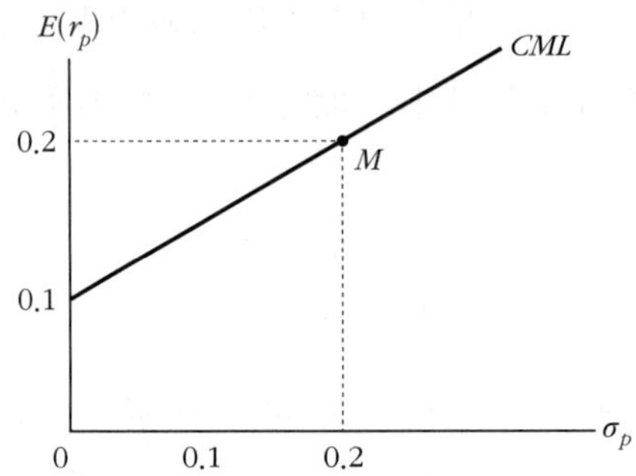

(2) EPR = 자본시장선의 기울기 $=\dfrac{E(r_M)-r_f}{\sigma_M}=0.5$

EPR은 추가적인 위험 한 단위에 대한 자본시장에서의 보상(기대수익률의 증가)을 의미한다. 예를 들어 EPR이 0.5일 때, 자본시장을 이용하여 위험을 1%포인트 증가시키면, 그 보상으로 0.5%포인트의 기대수익률이 증가한다.

(3) 포트폴리오의 기대수익률이 15%일 경우 시장포트폴리오의 구성비율 w를 구하면 다음과 같다.

$$0.15=wE(r_M)+(1-w)r_f=w\times0.2+(1-w)\times0.1=0.1+0.1w$$
$$\therefore\ \ w=0.5$$

그러므로 시장포트폴리오와 무위험자산에 각각 50%씩 투자하여 포트폴리오를 구성하는 경우, 투자자는 15%의 기대수익률을 얻을 수 있다.

(4) 무위험자산과 시장포트폴리오로 구성된 포트폴리오 r_p의 분산과 표준편차를 구하면 다음과 같다.

- $Var(r_p)=Var[wr_M+(1-w)r_f]=w^2\sigma_M^2=(0.5)^2(0.2)^2=0.01$
- $\sigma_p=\sqrt{w^2\sigma_M^2}=w\sigma_M=0.5\times0.2=0.1$

(5) 무위험자산과 시장포트폴리오로 구성된 포트폴리오 수익률 r_p와 시장포트폴리오 수익률 r_M 사이의 공분산과 상관계수는 다음과 같다.

- $Cov(r_p, r_M) = Cov(wr_M + (1-w)r_f, r_M)$
  $= Cov(wr_M, r_M) + Cov[(1-w)r_f, r_M]$
  $= wCov(r_M, r_M) + (1-w)Cov(r_f, r_M)$
  $= w\sigma_M^2 \qquad (\because Cov(r_M, r_M) = \sigma_M^2,\ Cov(r_f, r_M) = 0)$

물음 (3)에서 시장포트폴리오의 구성비율 $w=0.5$이므로,

- $Cov(r_p, r_M) = 0.5 \times (0.2)^2 = 0.02$
- $\rho_{pM} = \dfrac{Cov(r_p, r_M)}{\sigma_p \sigma_M} = \dfrac{w\sigma_M^2}{(w\sigma_M)\sigma_M} = \dfrac{0.5 \times (0.2)^2}{0.5 \times 0.2 \times 0.2} = 1$

여기서 무위험자산과 시장포트폴리오로 구성된 효율적 포트폴리오 수익률(자본시장선상에 있는 포트폴리오 수익률)과 시장포트폴리오 수익률 사이의 상관계수는 시장포트폴리오의 구성비율 w에 관계없이 항상 1이 된다는 사실을 알 수 있다. 즉 무위험자산과 시장포트폴리오로 구성된 효율적 포트폴리오들은 항상 시장포트폴리오와 완전 정(+)의 상관관계를 가진다. 그리고 역으로 시장포트폴리오와 완전 정(+)의 상관관계($\rho_{pM}=1$)를 가지는 포트폴리오는 효율적 포트폴리오라 할 수 있다.

08 (1) $r_p = w_1 r_1 + w_2 r_2 + w_3 r_f = w_1 r_1 + w_2 r_2 + (1 - w_1 - w_2) r_f$

여기서 w_1 : 주식 1의 구성비율
w_2 : 주식 2의 구성비율
$w_3(=1-w_1-w_2)$: 무위험자산의 구성비율

- $E(r_p) = w_1 E(r_1) + w_2 E(r_2) + (1 - w_1 - w_2) r_f$
- $Var(r_p) = Var(w_1 r_1 + w_2 r_2 + w_3 r_f) = w_1^2 \sigma_1^2 + w_2^2 \sigma_2^2 + 2 w_1 w_2 \sigma_{12}$

주어진 기대수익률 8%에서 최소분산포트폴리오 구성을 위한 최적화모형

최소화 $\quad Var(r_p) = w_1^2 \sigma_1^2 + w_2^2 \sigma_2^2 + 2 w_1 w_2 \sigma_{12}$

제약조건 : $E(r_p) = w_1 E(r_1) + w_2 E(r_2) + w_3 r_f = 0.08$
$w_1 + w_2 + w_3 = 1$

먼저 주어진 자료 $E(r_1)=0.1$, $E(r_2)=0.06$, $r_f=0.05$를 이용하여 제약조건을 정리하면 다음과 같다.

$w_2 = 3 - 5w_1$

위 식과 주어진 자료 $\sigma_1^2=0.001$, $\sigma_2^2=0.0001$, $\sigma_{12}=0$을 이용하여 최소화 식을 정리하면 다음과 같다.

$$Var(r_p)=0.001w_1^2+0.0001\times(3-5w_1)^2=0.0035w_1^2-0.003w_1+0.0009$$

$$\rightarrow \frac{dVar(r_p)}{dw_1}=2\times0.0035\times w_1-0.003=0$$

$$\therefore\ w_1=\frac{3}{7},\quad w_2=\frac{6}{7},\quad w_3(=1-w_1-w_2)=-\frac{2}{7}$$

$$\sigma_p=\sqrt{(3/7)^2\times0.001+(6/7)^2\times0.0001}=\sqrt{0.000257}=0.0160$$

(2) 위험자산들(주식 1과 주식 2)만으로 구성된 시장포트폴리오의 구성비율

$$x_1=\frac{w_1}{w_1+w_2}=\frac{3/7}{(3/7)+(6/7)}=\frac{1}{3}$$

$$x_2=\frac{w_2}{w_1+w_2}=\frac{6/7}{(3/7)+(6/7)}=\frac{2}{3}$$

여기서 x_1 : 시장포트폴리오에서 주식 1의 구성비율

x_2 : 시장포트폴리오에서 주식 2의 구성비율

- $E(r_M)=\frac{1}{3}\times0.1+\frac{2}{3}\times0.06=0.0733$
- $Var(r_M)=\left(\frac{1}{3}\right)^2\times0.001+\left(\frac{2}{3}\right)^2\times0.0001=0.0001556$
- $\sigma_M=\sqrt{0.0001556}=0.0125$

(3) 효율적 포트폴리오집합, 즉 자본시장선(CML)

$$E(r_p)=r_f+\left[\frac{E(r_M)-r_f}{\sigma_M}\right]\sigma_p=0.05+\left(\frac{0.0733-0.05}{0.0125}\right)\sigma_p=0.05+1.864\sigma_p$$

(4) 물음 (1), (2), (3)의 결과를 기대수익률−표준편차 평면상에 나타내면 다음과 같다.

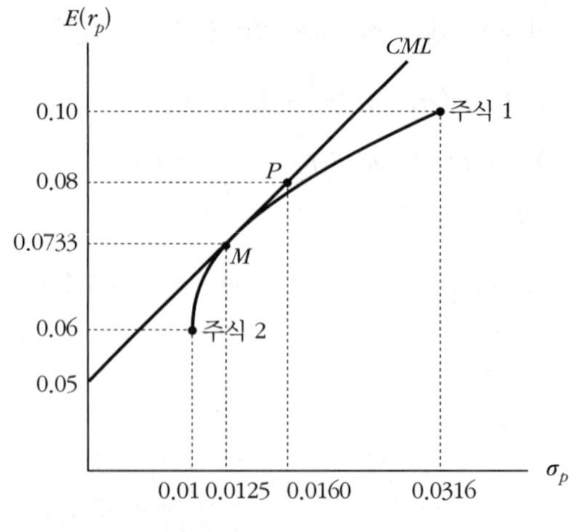

(5) $r_P = wr_M + (1-w)r_f$

- $E(r_P) = wE(r_M) + (1-w)r_f = w \times 0.20 + (1-w) \times 0.05 = 0.25 \rightarrow w = \frac{4}{3}$
- $\sigma_P = w\sigma_M = \left(\frac{4}{3}\right)\sigma_M = 0.04 \rightarrow \sigma_M = 0.03$
- $\beta_A = \frac{Cov(r_A, r_M)}{Var(r_M)} = \frac{\sigma_A \sigma_M \rho_{AM}}{\sigma_M^2} = \frac{\sigma_A \rho_{AM}}{\sigma_M} = \frac{0.02 \times 0.5}{0.03} = \frac{1}{3}$

$\therefore E(r_A) = r_f + [E(r_M) - r_f]\beta_A = 0.05 + (0.20 - 0.05)(1/3) = 0.10(10\%)$

09 (1) 두 자산으로 구성된 시장포트폴리오는 다음과 같다.

$r_M = w_1 r_1 + (1-w_1)r_2$

개별자산과 시장포트폴리오의 공분산을 구하면 다음과 같다.

$$\begin{aligned}
\sigma_{1M} &= Cov(r_1, r_M) \\
&= Cov(r_1, w_1 r_1 + (1-w_1)r_2) \\
&= w_1 Var(r_1) + (1-w_1)Cov(r_1, r_2) \\
&= w_1 (0.22)^2 = 0.0484w_1 \\
\sigma_{2M} &= Cov(r_2, r_M) \\
&= Cov(r_2, w_1 r_1 + (1-w_1)r_2) \\
&= w_1 Cov(r_1, r_2) + (1-w_1)Var(r_2) \\
&= (1-w_1)(0.12)^2 = -0.0144w_1 + 0.0144
\end{aligned}$$

CAPM이 성립하면 다음의 관계가 성립한다.

$$\frac{E(r_M) - r_f}{\sigma_M^2} = \frac{E(r_1) - r_f}{\sigma_{1M}} = \frac{E(r_2) - r_f}{\sigma_{2M}}$$

앞서 구한 값들과 문제에서 주어진 $E(r_1) = 0.16$, $E(r_2) = 0.1$, $r_f = 0.05$ 등을 위 식의 오른쪽 2개 항에 대입하여 정리하면 다음과 같다.

$$\frac{0.16 - 0.05}{0.0484w_1} = \frac{0.1 - 0.05}{-0.0144w_1 + 0.0144}$$

$0.11(-0.0144w_1 + 0.0144) = 0.05(0.0484w_1)$

$0.004004w_1 = 0.001584$

$\therefore w_1 = 0.3956, \quad w_2 = 0.6044$

그러므로 시장포트폴리오 M의 기대수익률과 표준편차를 구하면 다음과 같다.

$E(r_M) = 0.3956 \times 0.16 + 0.6044 \times 0.1 = 0.1237$

$$\begin{aligned}\sigma_M&=\sqrt{w_1^2\sigma_1^2+w_2^2\sigma_2^2+2w_1w_2\sigma_1\sigma_2\rho_{12}}\\&=\sqrt{w_1^2(0.22)^2+w_2^2(0.12)^2}\\&=\sqrt{(0.3956)^2(0.22)^2+(0.6044)^2(0.12)^2}\\&=0.1133\end{aligned}$$

(2) 자본시장선(CML)은 무위험자산과 시장포트폴리오를 연결한 직선으로 다음과 같다.

$$E(r_p)=r_f+\left[\frac{E(r_M)-r_f}{\sigma_M}\right]\sigma_p=0.05+\left(\frac{0.1237-0.05}{0.1133}\right)\sigma_p=0.05+0.6505\sigma_p$$

(3) 투자자들은 시장포트폴리오와 무위험자산을 이용하여 최적포트폴리오를 구성할 것이다. 투자자의 투자자금 중 시장포트폴리오의 구성비율을 y라 할 때 투자자의 기대수익률과 위험은 다음과 같다.

$$E(r)=yE(r_M)+(1-y)r_f=y(12.37)+(1-y)(5)=7.37y+5$$
$$\sigma^2=y^2\sigma_M^2=y^2(11.33)^2=128.37y^2$$

이상의 결과를 이용하여 투자자의 효용함수를 구하면 다음과 같다.

$$U=(7.37y+5)-(0.02)A(128.37y^2)=-2.5674\times A\times y^2+7.37y+5$$

투자자 갑의 위험회피계수는 3이다. 따라서 효용을 극대화시키는 y는 다음과 같이 구할 수 있다

$$\frac{dU}{dy}=-2\times2.5674\times3\times y+7.37=-15.4044y+7.37=0\rightarrow y=0.4784\ (47.84\%)$$

즉 투자자 갑은 시장포트폴리오에 투자자금의 47.84%를 투자하고, 그 나머지 52.16%를 무위험자산에 투자(무위험이자율로 대출)하여 최적포트폴리오(대출포트폴리오)를 구성한다. 시장포트폴리오에서의 주식 1과 주식 2의 구성비율이 각각 39.56%, 60.44%이므로 투자자 갑의 최적포트폴리오는 다음과 같이 구성된다.

- 주식 1의 구성비율 $=0.4784\times0.3956=0.1893$ (또는 18.93%)
- 주식 2의 구성비율 $=0.4784\times0.6044=0.2891$ (또는 28.91%)
- 무위험자산의 구성비율 $=0.5216$ (또는 52.16%)

그리고 투자자 갑이 구성한 최적포트폴리오의 기대수익률과 표준편차는 다음과 같다.

$$E(r)=7.37\times0.4784+5=8.53\%$$
$$\sigma=11.33\times0.4784=5.42\%$$

Tip

물음 (3)의 풀이에서 제시된 시장포트폴리오의 구성비율은 투자자 갑의 부차별곡선 기울기와 자본시장선 기울기가 동일하다는 조건식을 이용하여 풀이할 수 있다.

$$MRS = \frac{dE(r)}{d\sigma} = 2 \times 0.02 \times 3 \times 11.33y = 0.6505$$

$$\therefore\ y = 0.4784\ (47.84\%)$$

(4) 투자자의 효용함수를 이용하여 효용극대화를 달성하기 위한 조건은 다음과 같다.

$$\frac{dU}{dy} = -2 \times 2.5674 \times A \times y + 7.37 = 0 \rightarrow y = \frac{7.37}{2 \times 2.5674 \times A}$$

그런데, 투자자의 최적포트폴리오가 차입포트폴리오가 되기 위해서는 시장포트폴리오의 투자비율이 100%를 초과하여야 한다. 즉, 효용을 극대화시키는 y는 1보다 커야 하므로 다음의 관계가 성립하여야 한다.

$$y = \frac{7.37}{2 \times 2.5674 \times A} > 1$$

투자자의 위험회피계수를 구하면 다음의 범위로 나타난다.

$$A < 1.4353$$

따라서 차입포트폴리오가 최적포트폴리오로 선택되기 위해서는 투자자의 위험회피계수가 1.4353보다 작아야 한다.

10 (1) ① 주식 A의 기대수익률과 표준편차는 다음과 같다.

$$E(r_A) = 0.5 \times 0.2 + 0.5 \times (-0.1) = 0.05$$
$$\sigma_A = \sqrt{0.5 \times (0.2 - 0.05)^2 + 0.5 \times (-0.1 - 0.05)^2} = 0.15$$

② 주식 B의 기대수익률과 표준편차는 다음과 같다.

$$E(r_B) = 0.03 + 0.2 \times 0.05 = 0.04$$
$$\sigma_B = \sqrt{Var(r_B)} = \sqrt{Var(0.03 + 0.2r_A)} = \sqrt{0.2^2 \sigma_A^2} = 0.2\sigma_A = 0.03$$

주식 A와 주식 B의 수익률은 기울기가 양(0.2)인 직선관계이므로 상관계수는 1이다. 그러므로 투자자 갑이 구성한 포트폴리오 K의 표준편차가 0이 될 경우의 주식 A의 투자비율은 다음과 같다.

$$\sigma_K = \sqrt{Var(r_K)} = \sqrt{Var(w_A r_A + (1-w_A) r_B)}$$
$$= \sqrt{(w_A \sigma_A + (1-w_A)\sigma_B)^2} = w_A \sigma_A + (1-w_A)\sigma_B$$
$$= w_A \times 0.15 + (1-w_A) \times 0.03 = 0$$
$$\therefore\ w_A = -0.25$$

Tip

물음 (1)은 최소분산포트폴리오를 구하는 다음의 식을 이용하더라도 구할 수 있다.

$$w_A = \frac{\sigma_B^2 - \sigma_{AB}}{\sigma_A^2 + \sigma_B^2 - 2\sigma_{AB}} = \frac{\sigma_B^2 - \sigma_{AB}}{\sigma_A^2 + \sigma_B^2 - 2\sigma_A \sigma_B \sigma_{AB}}$$

$$= \frac{0.03^2 - 0.15 \times 0.03}{0.15^2 + 0.03^2 - 2 \times 0.15 \times 0.03 \times 1} = -0.25$$

(2) 주식 A와 C로 구성된 시장포트폴리오는 다음과 같다.

$$r_M = w_A r_A + (1-w_A) r_C$$
$$E(r_A) = 0.05,\ \ \sigma_A = 0.15,\ \ E(r_C) = 0.1,\ \ \sigma_C = 0.2$$

주식과 시장포트폴리오의 공분산을 구하면 다음과 같다.

$$\sigma_{AM} = Cov(r_A,\ r_M)$$
$$= Cov(r_A,\ w_A r_A + (1-w_A) r_C)$$
$$= w_A Var(r_A) + (1-w_A) Cov(r_A,\ r_C)$$
$$= w_A (0.15)^2 + (1-w_A)(0.15 \times 0.2 \times 0.3)$$
$$= 0.0225 w_A + 0.009(1-w_A) = 0.0135 w_A + 0.009$$

$$\sigma_{CM} = Cov(r_C,\ r_M)$$
$$= Cov(r_C,\ w_A r_A + (1-w_A) r_C)$$
$$= w_A Cov(r_A,\ r_C) + (1-w_A) Var(r_C)$$
$$= w_A (0.15 \times 0.2 \times 0.3) + (1-w_A)(0.2)^2$$
$$= 0.009 w_A + 0.04(1-w_A) = -0.031 w_A + 0.04$$

CAPM이 성립하면 다음의 관계가 성립한다.

$$\frac{E(r_M) - r_f}{\sigma_M^2} = \frac{E(r_M) - r_f}{\sigma_{AM}} = \frac{E(r_C) - r_f}{\sigma_{CM}}$$

앞에서 구한 값들과 문제에서 주어진 $E(r_A)=0.05$, $E(r_C)=0.1$, $r_f=0.03$ 등을 위 식의 오른쪽 2개 항에 대입하여 정리하면 다음과 같다.

$$\frac{0.05-0.03}{0.0135w_A+0.009}=\frac{0.1-0.03}{-0.031w_A+0.04}$$

$$0.02(-0.031w_A+0.04)=0.07(0.0135w_A+0.009)$$

$$0.001565w_A=0.00017$$

$$\therefore\ w_A=0.1086\ (10.86\%),\quad w_C=0.8914\ (89.14\%)$$

이상의 결과를 이용하여 시장포트폴리오의 기대수익률과 표준편차를 구하면 다음과 같다.

$$E(r_M)=0.1086\times0.05+0.8914\times0.1=0.0946\ (9.46\%)$$

$$\begin{aligned}\sigma_M&=\sqrt{w_A^2\sigma_A^2+w_C^2\sigma_C^2+2w_Aw_C\rho_{AC}\sigma_A\sigma_C}\\&=\sqrt{0.1086^2\times0.15^2+0.8914^2\times0.2^2+2\times0.1086\times0.8914\times0.15\times0.2\times0.3}\\&=\sqrt{0.0338}=0.1838\ (18.38\%)\end{aligned}$$

Tip

물음 (2)는 다음과 같은 방식으로도 구할 수 있다.

시장포트폴리오는 자본배분선(CAL)의 기울기(S_p), 즉 샤프비율을 최대로 하는 직선에 해당하는 자본시장선의 접점포트폴리오로서 다음과 같은 수학적 모형에 의해 구할 수 있다.

최대화 $S_p=\dfrac{E(r_p)-r_f}{\sigma_p}$

제약조건: $w_A+w_C=1$

먼저 위험자산으로 구성된 포트폴리오의 기대수익률과 표준편차를 구하면 다음과 같다.

$$E(r_p)=w_AE(r_A)+w_CE(r_C)=w_A\times0.05+(1-w_A)\times0.1=0.1-0.05w_A$$

$$\begin{aligned}\sigma_p&=\sqrt{w_A^2\sigma_A^2+w_C^2\sigma_C^2+2w_Aw_C\rho_{AC}\sigma_A\sigma_C}\\&=\ w_A^2\times0.15^2+(1-w_A)^2\times0.2^2+2\times w_A\times(1-w_A)\times0.3\times0.15\times0.2\\&=\sqrt{0.0445w_A^2-0.062w_A+0.04}\end{aligned}$$

그러므로 S_p는 다음과 같이 나타낼 수 있다.

$$S_p=\frac{E(r_p)-r_f}{\sigma_p}=\frac{0.1-0.05w_A-0.03}{\sqrt{0.0445w_A^2-0.062w_A+0.04}}$$

위 식을 미분하여 사프비율을 최대화하는 w_A를 구하면 다음과 같다.

$$\frac{dS_P}{dw_A}=\frac{-0.05\sigma_P-(-0.05w_A+0.07)\dfrac{1}{2\sigma_p}(0.089w_A-0.062)}{\sigma_p^2}=0$$

$$-0.05(0.0445w_A^2-0.062w_A+0.04)-(-0.05w_A+0.07)(0.0445w_A-0.031)=0$$

$$-0.001565w_A+0.00017=0$$

$$\therefore\ w_A=0.1086\ (10.86\%),\quad w_C=0.8914\ (89.14\%)$$

이상의 결과를 이용하여 시장포트폴리오 M의 기대수익률과 표준편차를 구하면 다음과 같으며, 이는 앞의 해설에 풀이한 결과와 동일함을 알 수 있다.

$$E(r_M)=0.0946\ (9.46\%),\quad \sigma_M=0.1838\ (18.38\%)$$

(3) 시장포트폴리오 M에 대한 투자비율이 1(100%)인 경우의 포트폴리오의 기대수익률과 위험은 다음과 같다.

$$E(r_p)=yE(r_M)+(1-y)r_f=E(r_M)=0.0946$$

$$\sigma_p^2=y^2\sigma_M^2=(0.1838)^2$$

$$U=E(R_p)-\frac{1}{2}\times\gamma\times\sigma_p^2=0.0946-\frac{1}{2}\times\gamma\times0.1838^2$$

투자자 갑의 무차별곡선의 기울기(MRS)는 다음과 같다.

$$MRS^{4)}=\frac{dE(r_p)}{d\sigma_p}=\gamma\sigma_p=\gamma\times0.1838$$

차입이자율을 이용한 자본시장선의 기울기를 구하면 다음과 같다.

$$\frac{E(r_M)-r_f}{\sigma_M}=\frac{0.0946-0.05}{0.1838}=0.2427$$

대출이자율을 이용한 자본시장선의 기울기를 구하면 다음과 같다.

$$\frac{E(r_M)-r_f}{\sigma_M}=\frac{0.0946-0.03}{0.1838}=0.3515$$

기대효용극대화를 달성하는 투자자 갑의 최적포트폴리오는 갑의 무차별곡선의 기울기

4) 객관식 문제 9의 해설 Tip 참조.

(MRS)와 효율적 투자기회집합인 자본시장선(CML)의 기울기가 일치한다는 특징을 지닌다. 따라서 이상에서 구한 무차별곡선의 기울기와 차입이자율과 대출이자율을 적용한 자본시장선의 기울기가 일치하는 점에서 투자자 갑의 위험회피계수를 구하면 다음과 같다.

- 차입이자율 5%일 경우의 위험회피계수: $\gamma\times0.1838=0.2427 \rightarrow \gamma=1.3205$
- 대출이자율 3%일 경우의 위험회피계수: $\gamma\times0.1838=0.3515 \rightarrow \gamma=1.9124$

$\therefore$ 1.3205 < 위험회피계수(γ) < 1.9124

(4) 옳다. 기대수익률(Y축)과 표준편차(X축)의 공간에 존재하는 무차별곡선의 기울기는 투자자가 싫어하는 위험 한 단위를 추가적으로 부담할 경우에 전과 동일한 기대효용을 가지기 위해 요구하게 되는 추가적인 기대수익률의 단위를 의미한다. 위험회피성향이 큰 투자자일수록 투자자가 추가적으로 부담하는 위험 한 단위에 대한 보상으로 더 높은 단위의 기대수익률을 요구한다. 따라서 위험회피성향이 큰 투자자일수록 무차별곡선의 기울기가 커지게 됨을 의미한다.

11 (1) ① 갑이 보유한 포트폴리오는 다음과 같다.

$$r_{갑}=0.7r_M+0.3r_f$$

이 포트폴리오의 기대수익률과 표준편차를 구하면 다음과 같다.

$$E(r_{갑})=E(0.7r_M+0.3r_f)=0.7E(r_M)+0.3r_f$$
$$=0.7\times0.12+0.3\times0.02=0.09=9\%$$
$$\sigma_{갑}=\sqrt{Var(0.7r_M+0.3r_f)}=\sqrt{0.7^2Var(r_M)}$$
$$=0.7\sigma_M=0.7\times0.25=0.175=17.5\%$$

② 투자자 을의 펀드 K에 대한 투자비율을 w라 할 경우 투자자 을의 포트폴리오는 다음과 같다.

$$r_{을}=wr_K+(1-w)r_f$$

이 포트폴리오의 기대수익률을 구하면 다음과 같다.

$$E(r_{을})=E(wr_K+(1-w)r_f)=wE(r_K)+(1-w)r_f$$
$$=0.16w+0.02(1-w)=0.14w+0.02$$

투자자 갑과 동일한 포트폴리오 기대수익률 9%를 얻기 위한 펀드 K의 투자비율은 다음과 같다.

$$E(r_{을})=0.14w+0.02=0.09 \rightarrow w=0.5=50\%$$

펀드 K의 투자비율이 50%이므로 투자자 을의 포트폴리오의 표준편차를 구하면 다음과 같다.

$$\sigma_{을}=\sqrt{Var(0.5r_K+0.5r_f)}=\sqrt{0.5^2 Var(r_K)}$$
$$=0.5\sigma_K=0.5\times0.15=0.075=7.5\%$$

③ 투자자 을 포트폴리오는 투자자 갑 포트폴리오보다 위험(표준편차)은 적으나 기대수익률은 동일하므로 더 효율적이다.

(2) 수수료를 x라 하면 수수료 부과 후 펀드 K의 기대수익률 $E(r_K)=0.16-x$이다.
수수료는 펀드 K의 수익률과 무관하게 일정액이 부과되므로, 수수료가 펀드 K의 표준편차에 미치는 영향은 없다. 따라서 펀드 K의 표준편차는 15%로 동일하다.
투자자 을의 펀드 K에 대한 투자비율을 w라 할 경우 투자자 을의 포트폴리오의 기대수익률과 표준편차를 구하면 다음과 같다.

$$E(r_{을})=E(wr_K+(1-w)r_f)=wE(r_K)+(1-w)r_f$$
$$=w(0.16-x)+(1-w)r_f=w(0.16-x)+(1-w)(0.02)$$

$$\sigma_{을}=\sqrt{Var(wr_K+(1-w)r_f)}=\sqrt{w^2 Var(r_K)}=w\sigma_K=0.15w$$

갑과 을이 동일한 위험을 부담하려면 갑과 을의 포트폴리오의 표준편차가 동일하여야 한다는 조건을 이용하여 을의 포트폴리오에서 펀드 K가 차지하는 투자비율을 구하면 다음과 같다.

$$0.15w=0.175 \rightarrow w=\frac{7}{6}$$

그리고 펀드 K의 투자비율과 갑과 을이 지닌 포트폴리오 기대수익률이 9%로 서로 동일해야 한다는 조건식을 이용하여 펀드 K의 수수료를 구하면 다음과 같다.

$$E(r_{을})=\frac{7}{6}\times(0.16-x)-\frac{1}{6}\times0.02=0.09 \rightarrow x=0.08=8\%$$

(3) ① 투자자 A가 주가지수를 복제한 포트폴리오에 투자하는 비율을 w라 할 때 투자자 A의 최적포트폴리오는 다음과 같다.

$$r_p=wr_M+(1-w)r_f$$

이 포트폴리오의 표준편차를 구하면 다음과 같다.

$$\sigma_p = \sqrt{Var(r_p)} = \sqrt{Var(wr_M + (1-w)r_f)} = \sqrt{w^2 Var(r_M)} = w\sigma_M = 0.25w$$

포트폴리오의 표준편차가 20%일 경우 투자자 A의 최적포트폴리오를 구성하는 주가지수 복제 포트폴리오의 투자비율은 다음과 같다.

$$\sigma_p = 0.25w = 0.2 \rightarrow w = 0.8 = 80\%$$

② 투자자 A의 무차별곡선의 기울기(MRS)는 다음과 같다.

무차별곡선의 기울기(MRS): $\dfrac{dE(r_p)}{d\sigma_p} = A\sigma_p = (0.2)A$

자본시장선의 기울기는 다음과 같다.

자본시장선(CML)의 기울기: $\dfrac{E(r_M) - r_f}{\sigma_M} = \dfrac{0.12 - 0.02}{0.25} = 0.4$

투자자 A의 최적포트폴리오는 투자자 A의 무차별곡선과 자본시장선이 접하는 점에 존재한다. 따라서 투자자 A의 무차별곡선의 기울기와 자본시장선의 기울기가 동일하여야 한다. 이러한 조건식을 충족하는 투자자 A의 위험회피계수를 구하면 다음과 같다.

$$0.2A = 0.4 \rightarrow A = 2$$

별해 물음 (3)을 다음과 같이 풀이할 수 있다.
투자자 A가 주가지수를 복제한 포트폴리오에 투자하는 비율을 w라 할 경우 투자자 A의 포트폴리오는 다음과 같다.

$$r_A = wr_M + (1-w)r_f$$

이 포트폴리오의 기대수익률과 표준편차는 다음과 같다.

$$E(r_A) = E(wr_M + (1-w)r_f) = wE(r_M) + (1-w)r_f$$
$$= 0.12w + 0.02(1-w) = 0.1w + 0.02$$

$$\sigma_A = \sqrt{Var(r_A)} = \sqrt{Var(wr_M + (1-w)r_f)} = \sqrt{w^2 Var(r_M)} = w\sigma_M = 0.25w$$

이상의 결과를 이용하여 투자자 A의 효용함수를 구하면 다음과 같다.

$$U = E(r_p) - \frac{1}{2} \times A \times \sigma_p^2 = (0.1w + 0.02) - \frac{1}{2} \times A \times (0.25w)^2$$
$$= -0.03125Aw^2 + 0.1w + 0.02$$

투자자 A의 효용을 극대화시키는 최적포트폴리오의 투자비율 w는 다음과 같이 구할 수 있다.

$$\frac{dU}{dw} = -0.0625Aw + 0.1 = 0 \rightarrow w = \frac{0.1}{0.0625A} = \frac{1.6}{A}$$

그런데 이 투자비율은 물음 (3)의 ①에서 구한 0.8(80%)과 같아야 한다. 이러한 관계를 이용하여 투자자 A의 위험회피계수를 구하면 다음과 같다.

$$A = \frac{1.6}{w} = \frac{1.6}{0.8} = 2$$

12 (1) 갑의 시장포트폴리오 투자 금액, 1,000원×0.7=700원

경기상황	확률	기말가치			시장포트폴리오 수익률*
		주식 A	주식 B	시장포트폴리오	
호황	50%	350원	462원	812원	16%
불황	50%	315원	441원	756원	8%

* $\frac{812-700}{700} \times 100 = 16\%$, $\frac{756-700}{700} \times 100 = 8\%$

위의 자료를 이용하여 시장포트폴리오의 기대수익률을 구하면 다음과 같다.

$$E(r_M) = 0.5 \times 16\% + 0.5 \times 8\% = 12\%$$

따라서 시장포트폴리오의 위험프리미엄은 아래와 같다.

$$E(r_M) - r_f = 12\% - 10\% = 2\%$$

별해 물음 (1)의 시장포트폴리오의 기대수익률은 다음의 방식으로도 구할 수 있다. 시장포트폴리오를 구성하는 주식 A와 B의 투자비중은 각각 40%, 60%이다. 따라서 시장포트폴리오의 수익률은 다음과 같다.

$$r_M = w_A r_A + w_B r_B = 0.4 r_A + 0.6 r_B$$

한편 투자자 갑은 시장포트폴리오의 일부분에 투자한 것이므로 주식 A와 B에 투자한 금액의 비중은 시장포트폴리오에서 차지하는 개별 주식의 구성비율과 동일하다. 따라서 갑이 시장포트폴리오에 투자한 금액 700원 중 주식 A와 B에 투자된 금액(기초가치)은 각각 280원과 420원이다. 개별주식의 기초가치와 확률분포표를 이용하여 주식 A와 B의 기대수익률을 구하면 다음과 같다.

$$E(r_A)=\frac{(0.5\times 350+0.5\times 315)-280}{280}=0.1875 \text{ (또는 18.75\%)}$$

$$E(r_B)=\frac{(0.5\times 462+0.5\times 441)-420}{420}=0.075 \text{ (또는 7.5\%)}$$

따라서 시장포트폴리오의 기대수익률을 구하면 다음과 같다.

$$E(r_M)=E(0.4r_A+0.6r_B)=0.4E(r_A)+0.6E(r_B)=0.4\times 0.1875+0.6\times 0.075$$
$$=0.12 \text{ (또는 12\%)}$$

(2) 투자자 갑의 투자자금 중 시장포트폴리오의 구성비율을 y라고 할 때 투자자 갑의 효용을 극대화하는 최적포트폴리오의 기대수익률과 위험은 다음과 같다.

$$E(r_p)=yE(r_M)+(1-y)r_f=0.12y+0.1(1-y)=0.1+0.02y$$
$$\sigma_p^2=y^2\sigma_M^2=0.0016y^2$$

※ $\sigma_M^2=(0.16-0.12)^2\times 0.5+(0.08-0.12)^2\times 0.5=0.0016$

이상의 결과와 위험회피계수 $\gamma=20$을 이용하여 투자자의 효용함수를 구하면 다음과 같다.

$$U=E(r_p)-\frac{1}{2}\times 20\sigma_p^2=0.1+0.02y-10\times 0.0016y^2=0.1+0.02y-0.016y^2$$

따라서 효용을 극대화시키는 y는 다음과 같이 구할 수 있다.

$$\frac{dU}{dy}=0.02-2\times 0.016y=0 \rightarrow y=0.625 \text{ (또는 62.5\%)}$$

즉 투자자 갑은 시장포트폴리오에 투자자금의 62.5%를 투자하고, 그 나머지 37.5%를 무위험자산에 투자(무위험이자율로 대출)하여 최적포트폴리오(대출포트폴리오)를 구성한다. 시장포트폴리오에서의 주식 A와 주식 B의 구성비율이 각각 40%, 60%이므로 투자자 갑의 최적포트폴리오는 다음과 같이 구성된다.

- 주식 A의 구성비율 $=0.625\times 0.4=0.25$ (또는 25%)
- 주식 B의 구성비율 $=0.625\times 0.6=0.375$ (또는 37.5%)
- 무위험자산의 구성비율 $=0.375$ (또는 37.5%)

따라서 투자자 갑의 주식 A와 주식 B에 투자하는 금액은 다음과 같다.

주식 A 투자금액: $1{,}000\times 0.25=250$원

주식 B 투자금액: $1{,}000\times 0.375=375$원

(3) 시장포트폴리오에만 투자했을 때의 효용은 다음과 같다.

$$U(\text{시장포트폴리오}) = E(r_M) - \frac{1}{2} \times \gamma \times \sigma_M^2 = 0.12 - 0.0008\gamma$$

무위험자산에만 투자했을 때의 효용은 다음과 같다.

$$U(\text{무위험자산}) = r_f - \frac{1}{2} \times \gamma \times \sigma_f^2 = 0.1$$

시장포트폴리오에만 투자했을 때의 효용과 무위험자산에만 투자했을 때의 효용을 무차별하게 만드는 투자자 갑의 위험회피계수는 다음과 같다.

$$0.12 - 0.0008\gamma = 0.1 \rightarrow \gamma = 25$$

(4) 확실성 등가수익률을 r_{CEQ}라 하면, 확실성 등가수익률의 정의에 의해

$$r_{CEQ} = E(r_p) - \frac{1}{2} \times 20 \times \sigma_p^2 = 0.12 - \frac{1}{2} \times 20 \times (0.05)^2 = 0.095 \text{ (또는 9.5\%)}$$

13 (1) 시장에는 하나의 위험자산인 주식 A와 무위험자산이 존재하므로 자본시장선(CML)은 다음과 같은 직선으로 나타낼 수 있다.

$$\text{자본시장선: } E(r_p) = 7 + \frac{15-7}{22} \times \sigma_p$$

위험회피계수가 4인 투자자의 최적포트폴리오는 주식 A와 무위험자산으로 구성되며, 최적포트폴리오에서 주식 A가 차지하는 구성비율을 y라고 할 경우 최적포트폴리오의 기대수익률과 표준편차는 다음과 같다.

$$E(r_p) = y \times 15 + (1-y) \times 7$$

$$\sigma_p = \sqrt{y^2 \times 22^2} = 22y$$

그리고 이러한 최적포트폴리오를 선택한 투자자의 효용함수를 이용하여 무차별곡선의 기울기, 즉 한계대체율(MRS)을 구하면 다음과 같다.

$$MRS = \frac{dE(r_p)}{d\sigma_p} = 2 \times 0.005 \times \gamma\sigma_p = 2 \times 0.005 \times 4 \times 22y = 0.88y$$

투자자의 최적포트폴리오는 무차별곡선과 자본시장선이 접하는 점에 존재하므로 무차별곡선의 기울기와 자본사장선의 기울기가 일치하는 조건식을 이용하여 최적포트폴리오를 구성하는 주식 A의 구성비율을 구할 수 있다.

$$0.88y = \frac{15-7}{22} \rightarrow y = 0.413 \text{ (또는 41.3\%)}$$

따라서 주식 A의 구성비율은 41.3%, 무위험자산의 구성비율은 58.7%가 된다. 이를 이용하여 최적포트폴리오의 기대수익률과 표준편차를 구하면 다음과 같다.

$$E(r_p)=y\times 15+(1-y)\times 7=0.413\times 15+0.587\times 7=10.30(\%)$$
$$\sigma_p=\sqrt{y^2\times 22^2}=22y=22\times 0.413=9.09(\%)$$

(2) 최적포트폴리오를 구성하는 위험자산인 주식 A에 대한 투자를 100% 이하로 유지하는 투자자, 즉 최적포트폴리오로 대출포트폴리오를 선택하는 투자자는 차입을 필요로 하지 않는다.

$$2\times 0.005\times\gamma\times 22y=\frac{15-7}{22}$$

$$y=\frac{15-7}{0.01\times\gamma\times 22^2}\leq 1$$

$$\frac{8}{4.84\times\gamma}\leq 1\ \rightarrow\ \gamma\geq 1.65$$

따라서 차입이자율의 변화에 영향을 받지 않기 위해서는 투자자의 위험회피계수 γ가 1.65 이상이어야 한다.

(3) 차입이자율이 8%일 경우 위험회피계수가 1.2인 투자자 을의 최적포트폴리오를 구성하는 주식 A의 투자비율 y와 최적포트폴리오의 기대수익률 $E(r_p)$는 다음과 같다.

$$y=\frac{15-8}{0.01\times 1.2\times 22^2}=1.2052\ (120.52\%)$$
$$E(r_p)=1.2052\times 15+(1-1.2052)\times 8=16.44(\%)$$

차입이자율이 9%일 경우 투자자 을의 최적포트폴리오를 구성하는 주식 A의 투자비율 y와 최적포트폴리오의 기대수익률 $E(r_p)$는 다음과 같다.

$$y=\frac{15-9}{0.01\times 1.2\times 22^2}=1.0331\ (103.31\%)$$

$$E(r_p)=1.0331\times 15+(1-1.0331)\times 9=15.20(\%)$$

따라서 기대수익률은 16.44%에서 15.20%로 감소, 즉 1.24%포인트 감소하게 된다.

(4) 시장포트폴리오의 기대수익률은 다음과 같다.

$$E(r_M)=w_A E(r_A)+(1-w_A)E(r_B)$$
$$=w_A\times 15+(1-w_A)\times 10=5w_A+10=12.5$$
$$\rightarrow w_A=\frac{2.5}{5}=0.5\ (50\%)$$

시장포트폴리오의 분산과 시장포트폴리오와 주식 A의 공분산을 구한 뒤, 이를 이용하여 주식 A의 베타를 구하면 다음과 같다.

$$\sigma_M^2 = w_A^2\sigma_A^2 + w_B^2\sigma_B^2 + 2w_Aw_B\sigma_A\sigma_B\rho_{AB}$$
$$= 0.5^2\times0.22^2 + 0.5^2\times0.1^2 + 2\times0.5\times0.5\times0.22\times0.1\times0.2 = 0.0168$$

$$\sigma_{AM} = Cov(r_A,\ 0.5r_A + 0.5r_B) = 0.5\sigma_A^2 + 0.5\sigma_{AB} = 0.5\sigma_A^2 + 0.5\sigma_A\sigma_B\rho_{AB}$$
$$= 0.5\times0.22^2 + 0.5\times0.22\times0.1\times0.2 = 0.0264$$

$$\beta_A = \frac{0.0264}{0.0168} = 1.5714$$

CAPM이 성립하는 경우 다음의 증권시장선이 성립하여야 하므로 무위험이자율을 구하면 다음과 같다.

$$E(r_A) = r_f + (12.5 - r_f)\times\beta_A$$
$$15 = r_f + (12.5 - r_f)\times1.5714 \rightarrow r_f = 8.12\%$$

14 (1) 시장포트폴리오에서 위험자산(주식)들의 구성비율은 다음과 같다.

$$w_A^M = \frac{300}{300+500+200} = 0.3$$
$$w_B^M = \frac{500}{300+500+200} = 0.5$$
$$w_C^M = \frac{200}{300+500+200} = 0.2$$

(2) 먼저 세 투자자의 위험자산에의 투자액을 구하면 다음과 같다.[5)]

(단위: 억원)

투 자 자	총투자액	무위험자산투자액	주식투자액*
1	300	150	150
2	600	−100	700
3	200	50	150
합 계	1,100	100	1,000

* 주식투자액 = 총투자액 − 무위험자산투자액

투자자 i의 개별주식 j에 대한 투자금액은 다음과 같이 구할 수 있다.

투자금액 = 투자자 i의 주식투자액 × 주식 j의 시장구성비율

5) 무위험자산의 투자액 중 음(−)의 부호는 차입을 의미한다.

이에 의해서 각 투자자의 개별주식에 대한 투자금액을 구하면 다음과 같다.

주 식	투자자 1		투자자 2		투자자 3	
	구성비율	투 자 액	구성비율	투 자 액	구성비율	투 자 액
A	30%	45억원*	30%	210억원	30%	45억원
B	50%	75억원	50%	350억원	50%	75억원
C	20%	30억원	20%	140억원	20%	30억원
합 계	100%	150억원	100%	700억원	100%	150억원

* 투자자 1의 주식 A에 대한 투자액=0.3×150=45억원

15 (1) $E(r_p)=\sum_{j=1}^{N} w_j E(r_j)=N(1/N)(0.1)=0.1$

$$Var(r_p)=(1/N)^2\sum_{i=1}^{N}\sigma_i^{\,2}+(1/N)^2\sum_{i=1}^{N}\sum_{\substack{j=1\\(i\neq j)}}^{N}\sigma_{ij}$$

$$=\frac{1}{N^2}\sum_{i=1}^{N}(0.02)+\frac{1}{N^2}\sum_{i=1}^{N}\sum_{\substack{j=1\\(i\neq j)}}^{N}(0.007)$$

$$=\frac{(0.02)N}{N^2}+\frac{(0.007)N(N-1)}{N^2}=0.007+\frac{1}{N}(0.013)$$

(2) $N\rightarrow\infty$이면, $Var(r_p)=0.007$에 접근해 갈 것이다.

(3) 적절하게 분산투자된 포트폴리오의 분산은 구성증권들간의 공분산의 평균과 거의 같아진다. 그러므로 적절하게 분산투자된 포트폴리오의 분산을 결정할 때, 가장 중요한 증권의 특성은 개별증권간의 공분산이다.

(4) 시장포트폴리오는 시장에 존재하는 모든 위험자산을 포함하는 포트폴리오이므로 완전분산된 포트폴리오이다. 이와 같은 포트폴리오를 구성하는 경우 개별증권의 비체계적 위험은 제거될 수 있다. 그러므로 합리적인 투자자가 관심을 가지는 개별증권의 위험은 분산투자를 통해서 제거되지 않는 시장포트폴리오의 위험에 대한 개별증권의 공헌, 즉 체계적 위험이다.

16 (1) $V_A=3V_B\rightarrow w_A=\dfrac{V_A}{V_A+V_B}=\dfrac{3}{4}=0.75,\ w_B=0.25$

- 시가총액가중 주가지수 수익률$(r_M)=w_Ar_A+w_Br_B=0.75r_A+0.25r_B$
- A주식 수익률과 B주식 수익률 사이의 공분산

$Cov(r_A,\ r_B)=\rho_{AB}\sigma_A\sigma_B=0.6\times0.2\times0.4=0.048$

$$\rightarrow Var(r_M) = (0.75)^2 Var(r_A) + (0.25)^2 Var(r_B) + 2\times 0.75 \times 0.25 \times Cov(r_A,\ r_B)$$
$$= 0.75^2 \times 0.2^2 + 0.25^2 \times 0.4^2 + 2\times 0.75\times 0.25\times 0.048 = 0.0505$$
$$\therefore\ \sigma_M = \sqrt{0.0505} = 0.2247$$

(2) $Cov(r_A,\ r_M) = Cov(r_A,\ 0.75r_A + 0.25r_B) = 0.75Var(r_A) + 0.25Cov(r_A,\ r_B)$
$$= 0.75\times 0.2^2 + 0.25\times 0.048 = 0.042$$
$$\therefore\ \beta_A = \frac{Cov(r_A,\ r_M)}{Var(r_M)} = \frac{0.042}{0.0505} = 0.8317$$

(3) $Cov(r_B,\ r_M) = Cov(r_B,\ 0.75r_A + 0.25r_B) = 0.75Cov(r_A,\ r_B) + 0.25Var(r_B)$
$$= 0.75\times 0.048 + 0.25\times 0.4^2 = 0.076$$
$$\rightarrow \beta_B = \frac{Cov(r_B,\ r_M)}{Var(r_M)} = \frac{0.076}{0.0505} = 1.5050$$

$$Var(\varepsilon_B) = Var(r_B) - \beta_B^2 Var(r_M) = 0.4^2 - 1.5050^2 \times 0.0505 = 0.0456$$
$$\therefore\ Var(r_B) = \ \beta_B^2 Var(r_M)\ + Var(\varepsilon_B)$$

총위험 = 체계적 위험 + 비체계적 위험

0.16 = 0.1144 + 0.0456

(4) $r_p = 0.5r_A + 0.5r_B$

- $Var(\varepsilon_A) = Var(r_A) - \beta_A^2 Var(r_M) = 0.2^2 - 0.8317^2 \times 0.0505 = 0.0051$

$$\rightarrow Var(\varepsilon_p) = w_A^2 Var(\varepsilon_A) + w_B^2 Var(\varepsilon_B) = 0.5^2 \times 0.0051 + 0.5^2 \times 0.0456 = 0.0127$$

- $\beta_p = w_A\beta_A + w_B\beta_B = 0.5\times 0.8317 + 0.5\times 1.5050 = 1.1684$

$$\therefore\ Var(r_p) = \beta_p^2 Var(r_M) + Var(\varepsilon_p) = 1.1684^2 \times 0.0505 + 0.0127 = 0.0816$$

※ $Cov(r_A,\ r_B) = \beta_A\beta_B Var(r_M) = 0.8317\times 1.5050\times 0.0505 = 0.0632$

$$\rightarrow Var(r_p) = w_A^2\sigma_A^2 + w_B^2\sigma_B^2 + 2w_A w_B Cov(r_A,\ r_B)$$
$$= 0.5^2\times 0.2^2 + 0.5^2 \times 0.4^2 + 2\times 0.5\times 0.5\times 0.0632 = 0.0816$$

제10장

자본시장의 균형이론

▶ 객관식 문제

01 ① $\sigma_{AB}=\beta_A\times\beta_B\times\sigma_M^2=0.4\times1.2\times0.2^2=0.0192$

② $\beta_B=1.2=\dfrac{\sigma_{BM}}{\sigma_M^2}=\dfrac{\sigma_{BM}}{0.2^2}\quad\therefore\ \sigma_{BM}=0.048$

③ 분산으로 표시된 주식 B의 체계적 위험$=\beta_B^2\times\sigma_M^2=1.2^2\times0.2^2=0.0576$

④ 분산으로 표시된 주식 B의 비체계적 위험$=\sigma_B^2-\beta_B^2\times\sigma_M^2=0.4^2-0.0576=0.1024$

⑤ $\beta_P=0.8\times0.4+0.2\times1.2=0.56$

02 단순회귀분석에 의해 추정된 증권특성선: $\hat{r}_{Kt}=0.15+1.60r_{Mt}$

$$\rightarrow\beta_K=\frac{Cov(r_K,\ r_M)}{Var(r_M)}=\frac{\sigma_K\rho_{KM}}{\sigma_M}=\frac{\sigma_K\times0.8}{0.03}=1.60\quad\therefore\ \sigma_K=0.06$$

03 $\beta_p=\dfrac{1.4\text{억원}}{5\text{억원}}\times0.5+\dfrac{2\text{억원}}{5\text{억원}}\times1.6+\dfrac{1.6\text{억원}}{5\text{억원}}\times2.0=1.42$

$E(r_M)=0.2\times0.09+0.6\times0.12+0.2\times0.15=0.12$

$\therefore\ E(r_p)=0.05+(0.12-0.05)\times1.42=0.1494$

04 $r_A=wr_M+(1-w)r_f$

$E(r_A)=12\%=w\times10\%+(1-w)\times5\%\rightarrow w=1.4$

$\sigma_A=w\sigma_M=1.4\times25\%=35\%$

05 $\sigma_A=w\sigma_M$

$12\%=w\times15\%\rightarrow w=0.8$

$10\%=0.8\times E(r_M)+0.2\times5\%\rightarrow E(r_M)=11.25\%$

06 $\beta_C = w\beta_A + (1-w)\beta_B = \beta_B + (\beta_A - \beta_B)w$

- 공매도가 가능한 경우 베타값은 어떤 값도 가능하다.
- $\beta_A = \beta_B$인 경우 w와 관계없이 항상 $\beta_C = \beta_B$이다.

07 $\beta_A = \dfrac{E(r_A) - r_f}{E(r_M) - r_f} = \dfrac{0.15 - 0.05}{0.1 - 0.05} = 2$

$\beta_B = \dfrac{E(r_B) - r_f}{E(r_M) - r_f} = \dfrac{0.20 - 0.05}{0.1 - 0.05} = 3$

$\dfrac{\beta_A}{\beta_B} = \dfrac{2}{3}$

∴ 베타 A는 베타 B의 2/3배임.

08 $E(r_A) = E(r_B)$이므로 $\beta_A = \beta_B$. 따라서 아래 식이 성립한다.

$$\frac{\sigma_A}{\sigma_M}\rho_{AM} = \frac{\sigma_B}{\sigma_M}\rho_{BM}$$

$$\sigma_B = \sigma_A \times \frac{\rho_{AM}}{\rho_{BM}} = 10\% \times 2 = 20\%$$

09 $r_A = wr_M + (1-w)r_f$

$E(r_A) = 0.15w + 0.05(1-w) = 0.1 \rightarrow w = 1/2$

$\sigma_A = w\sigma_M$

$Cov(r_A,\ r_M) = Cov(wr_M + (1-w)r_f,\ r_M) = w\sigma_M^2$

이상의 자료를 기초로 포트폴리오 A의 베타와 상관계수를 구하면 다음과 같다.

$$\beta_A = \frac{Cov(r_A,\ r_M)}{\sigma_M^2} = \frac{w\sigma_M^2}{\sigma_M^2} = w = 1/2$$

$$\rho_{AM} = \frac{Cov(r_A,\ r_M)}{\sigma_A\sigma_M} = \frac{w\sigma_M^2}{w\sigma_M\sigma_M} = 1$$

10 ② 베타가 0보다 작은 위험자산도 존재한다. 베타가 음(−)의 값을 갖는 자산으로 보험을 들 수 있다.

11 $\beta_j = \dfrac{\sigma_j\rho_{jM}}{\sigma_M} \rightarrow \rho_{jM} = \dfrac{\sigma_M}{\sigma_j} \times \beta_j$

• $\rho_{AM}=\frac{0.04}{0.10}\times0.8=0.32,\quad \rho_{BM}=\frac{0.04}{0.05}\times0.8=0.64,\quad \rho_{CM}=\frac{0.04}{0.10}\times0.4=0.16$

• ⑤ $\beta_p=\frac{75만원}{50만원}\times\beta_A+\frac{-25만원}{50만원}\times\beta_{r_f}=\frac{75만원}{50만원}\times0.8=1.2$

12 ⑤ $E(r_A)=r_f+[E(r_M)-r_f]\beta_A \rightarrow 0.2=0.04+(0.12-0.04)\beta_A \qquad \therefore\ \beta_A=2$

$$\rho_{AM}=\frac{\sigma_M}{\sigma_A}\times\beta_A=\frac{0.16}{0.3}\times2=1.0667$$

그러나 상관계수는 1보다 클 수가 없다.

13 a. SML은 체계적 위험과 기대수익률의 관계를 설명함.

b. 기대수익률은 베타에 의해 결정되며, 잔차의 분산과는 관계없음.

c. $\rho_{AM}=\frac{\sigma_M}{\sigma_A}\times\beta_A=\frac{0.05}{0.125}\times2=0.8$

14 (가) 시장포트폴리오의 투자비율을 w라 하면, $15\%=w\times18\% \rightarrow w=0.83$

(나) $12\%=15\%\times w+5\%\times(1-w) \rightarrow w=0.7$

(다) $\beta_A=\frac{15\%}{18\%}\times0.6=0.5,\ \ \beta_B=\frac{25.2\%}{18\%}\times0.5=0.7$

$$\sigma_{AB}=0.5\times0.7\times0.18^2=0.01134$$

$$\rho_{AB}=\frac{0.01134}{0.15\times0.252}=0.3$$

15 a. 최적포트폴리오의 베타$(\beta_p)=w\times1+(1-w)\times0=w$ (w: 시장포트폴리오 투자비율)

b. 위험회피도가 커지면 무위험자산에 대한 투자비율이 높아지며 시장포트폴리오에 대한 투자비율이 낮아진다.

c. 시장포트포리오의 위험프리미엄은 항상 0보다 커야하나, 베타가 0보다 작은 개별위험자산의 위험프리미엄은 0보다 작을 수 있다.

16 ④ CML의 기울기 $=\frac{E(r_M)-r_f}{\sigma_M}$

17 a. SML은 균형상태에서 초과이익을 얻을 수 없다는 것을 전제로 도출된다.

b. 인플레이션 상승 → 무위험이자율 상승

c. 본서 제10장 주석 12) 참조

d. CML은 효율적 포트폴리오의 위험과 기대수익률의 관계를 설명한다.

e. 수동적 펀드: 지수펀드 → CML상의 효율적 포트폴리오

18 ① $E(r_j)=r_f+[E(r_M)-r_f]\left(\frac{Cov(r_j,\ r_M)}{\sigma_M^2}\right) \rightarrow \frac{E(r_j)-r_f}{Cov(r_j,\ r_M)}=\frac{E(r_M)-r_f}{\sigma_M^2}$

④ • 위험 증가 전: $E(r)=10\%=0.04+[E(r_M)-r_f]\beta \rightarrow [E(r_M)-r_f]\beta=0.06$

• 위험 증가 후: $E(r')=0.04+[E(r_M)-r_f]\times 2\beta=0.04+0.06\times 2=0.16$

$\rightarrow P'=\frac{300}{0.16}=1{,}875$원

$\therefore$ 주가변동률$=\frac{1{,}875-3{,}000}{3{,}000}=-0.375$, 즉 37.5% 하락

⑤ $\beta_j<0 \rightarrow E(r_j)<r_f$

19 $\hat{r}_{jt}-r_{ft}=0.0047+0.8362(r_{Mt}-r_{ft})$

• 샤프지수$=\frac{\bar{r}_j-r_f}{\sigma_j}=\frac{1.65\%-1.2\%/12}{2.55\%}=0.6078$

• 트레이너지수$=\frac{\bar{r}_j-r_f}{\hat{\beta}_j}=\frac{1.65\%-0.1\%}{0.8362}=1.8536\%$

• $\alpha_j=\bar{r}_j-[r_f+(\bar{r}_M-r_f)\hat{\beta}_j]$

$=1.65\%-[0.1\%+(1.4\%-0.1\%)\times 0.8362]=0.4629\%$

→ 젠센의 알파는 회귀식의 절편인 0.0047(또는 0.47%)와 같다.

(※ 약간의 차이는 단수의 차이임)

20 • 트레이너 지수

펀드 A: $\frac{12\%-4\%}{0.5}=16\%$, 펀드 B: $\frac{20\%-4\%}{1.5}=10.7\%$,

KOSPI: $\frac{15\%-4\%}{1.0}=11\%$

• 샤프지수

펀드 A: $\frac{12\%-4\%}{10\%}=0.8$, 펀드 B: $\frac{20\%-4\%}{25\%}=0.64$,

KOSPI: $\frac{15\%-4\%}{12\%}=0.92$

• 젠센의 알파

펀드 A: 12% − (4% + 11% × 0.5) = 2.5%

펀드 B: 20% − (4% + 11% × 1.5) = −0.5%

KOSPI: 15% − (4% + 11% × 1.0) = 0%

21 $r_M = 0.45r_A + 0.55r_B$

$\rightarrow \bar{r}_M = 0.45 \times 6.50\% + 0.55 \times 8.50\% = 7.60\%$

$\sigma_M = \sqrt{0.45^2 \times 0.10 + 0.55^2 \times 0.15 + 2 \times 0.45 \times 0.55 \times 0.06} = 0.3087$

$\rightarrow \frac{\bar{r}_M - r_f}{\sigma_M} = \frac{7.60\% - r_f}{30.87\%} = 0.2 \qquad \therefore\ r_f = 1.43\%$

22 a.주식 A와 B의 샤프비율

주식 A 샤프비율 : $\frac{10\% - 5\%}{20\%} = 0.25$, 주식 B 샤프비율 : $\frac{10\% - 5\%}{40\%} = 0.125$

b. 주식 A와 B로 구성된 위험포트폴리오의 기대수익률, 표준편차 및 샤프비율

$E(r_p) = (1 - w_B) \times 10\% + w_B \times 10\% = 10\%$

$\sigma_p = (1 - w_B) \times 20\% + w_B \times 40\% = w_B \times 20\% + 20\%$

$\text{샤프비율} = \frac{10\% - 5\%}{w_B \times 20\% + 20\%}$

주식 B의 투자비율이 높아질수록 위험포트폴리오의 샤프비율은 감소한다.

c. 주식 A와 주식 B의 기대수익률이 서로 같으므로 이들 주식들로 구성된 포트폴리오의 기대수익률은 구성 종목의 투자비율과 무관하게 10%로 동일하다. 이러한 경우 위험포트폴리오의 샤프비율은 표준편차(위험)가 작아질수록 커진다. 따라서 최소분산포트폴리오의 샤프비율이 가장 크다.

23 ① CAPM이 성립하는 상황에서 $E(r_A) > E(r_B)$이므로 $\beta_A > \beta_B$이다.

② $\beta_A > \beta_B$인 상황에서 $\sigma_A < \sigma_B$이므로 비체계적 위험은 자산 B가 더 크다.

③ $r_p = 0.4 \times r_f + 0.6 \times r_A$

$\sigma_p = 0.6 \times \sigma_A = 0.6 \times 0.06 = 0.036$

④ $\text{샤프지수} = \frac{E(r_A) - r_f}{\sigma_A} = \frac{12\% - 4.5\%}{6\%} = 1.25$

⑤ $\beta_A = \frac{\sigma_A}{\sigma_M} \times \rho_{AM} = \frac{6\%}{5\%} \times \rho_{AM} = 1.2 \times \rho_{AM}$

ρ_{AM}이 1보다 클 수 없으므로, β_A는 1.2보다 클 수 없다.

24 ①, ③, ④ 각 주식의 균형 기대수익률은 다음의 증권시장선에 존재한다.

$E(r_j)=0.05+(0.1-0.05)\beta_j=0.05+0.05\beta_j$

$E(r_A)=0.075$ (7.5%), $E(r_B)=0.09$ (9%), $E(r_C)=0.11$ (11%)

주 식	실제 기대수익률(%)	균형 기대수익률(%)	평 가
A	8.5	7.5	과 소
B	7	9	과 대
C	11	11	정 상

② 증권시장선에 존재하지 않는 자산의 위험보상률(트레이너지수)은 시장위험프리미엄과 다르다.

⑤ 증권시장선에 존재하는 자산의 알파는 0이 된다.

25 ② APT에서는 자산의 수익률 분포에 대한 제약이 필요 없으나, 투자자가 위험회피적이라는 가정은 필요하다.

26 $E(r_j)=\lambda_0+\lambda_1\beta_{j1}+\lambda_2\beta_{j2}+\lambda_3\beta_{j3}$

$=3\%+6\%\times1.2+4\%\times0.2+5\%\times0.8=15\%$

27 APT: $E(r_i)=\lambda_0+\lambda_1\beta_{i1}+\lambda_2\beta_{i2}$

$E(r_A)=\lambda_0+\lambda_1+\lambda_2=0.16$

$E(r_B)=\lambda_0+0.5\lambda_1+1.5\lambda_2=0.17$

$E(r_C)=\lambda_0-1.5\lambda_1+3\lambda_2=0.18$

$\therefore\ \lambda_0=0.06,\ \lambda_1=0.04,\ \lambda_2=0.06$

28 ⑤ 시장이 균형상태일 경우 자본시장선보다 아래에 존재하는 자산(비효율적 자산)도 증권시장선에 놓이게 된다.

29 $r_M=0.68r_A+0.32r_B,\quad r_Z=wr_A+(1-w)r_B$

$Cov(r_M,\ r_Z)=0$

$Cov(0.68r_A+0.32r_B,\ wr_A+(1-w)r_B)=0$

$0.68w\sigma_A^2+0.68(1-w)\sigma_{AB}+0.32w\sigma_{AB}+0.32(1-w)\sigma_B^2=0$

$0.68 \times w \times 0.35^2 + 0.68 \times (1-w) \times 0 + 0.32 \times w \times 0 + 0.32 \times (1-w) \times 0.22^2 = 0$

$0.067812 \times w + 0.015488 = 0 \rightarrow w = -0.2284$

따라서 $E(r_Z) = -0.2284 \times 18\% + (1+0.2284) \times 8\% = 5.72\%$

▶ 주관식 문제

01 (1)

기간	r_A	$r_A - \bar{r}_A$	$(r_A - \bar{r}_A)^2$	r_M	$r_M - \bar{r}_M$	$(r_M - \bar{r}_M)^2$	$(r_A - \bar{r}_A)(r_M - \bar{r}_M)$
1	0.0199	−0.054725	0.00230	0.0550	0.022187	0.00049	−0.00121
2	0.1589	0.084275	0.00710	0.0267	−0.006113	0.00004	−0.00052
3	0.1503	0.075675	0.00573	0.0549	0.022087	0.00049	0.00167
4	0.0216	−0.053025	0.00281	−0.0102	−0.043013	0.00185	0.00228
5	0.1033	0.028675	0.00082	0.0336	0.000787	0.00000	0.00002
6	0.0525	−0.022125	0.00049	0.0489	0.016087	0.00026	−0.00036
7	0.0134	−0.061225	0.00375	0.0223	−0.010513	0.00011	0.00064
8	0.0771	0.002475	0.00001	0.0313	−0.001513	0.00000	−0.00000
$\sum$	0.5970		0.02370	0.2625		0.00324	0.00253

① $\bar{r}_A = \dfrac{\sum r_A}{8} = \dfrac{0.5970}{8} = 0.074625,\ \bar{r}_M = \dfrac{\sum r_M}{8} = \dfrac{0.2625}{8} = 0.032813$

② ③ $Var(r_A) = \dfrac{\sum (r_A - \bar{r}_A)^2}{8-1} = \dfrac{0.02370}{7} = 0.003386,\ \sigma_A = \sqrt{0.003386} = 0.058189$

$Var(r_M) = \dfrac{\sum (r_M - \bar{r}_M)^2}{8-1} = \dfrac{0.00324}{7} = 0.000463,\ \sigma_M = \sqrt{0.000463} = 0.021517$

④ $Cov(r_A,\ r_M) = \dfrac{\sum (r_A - \bar{r}_A)(r_M - \bar{r}_M)}{8-1} = \dfrac{0.00253}{7} = 0.000361$

(2) • $\beta_A = \dfrac{Cov(r_A,\ r_M)}{Var(r_M)} = \dfrac{0.000361}{0.000463} = 0.779698$

• $\hat{\alpha}_A = \bar{r}_A - \hat{\beta}_A \bar{r}_M = 0.074625 - 0.779698 \times 0.032813 = 0.049041$

$\therefore\ \hat{r}_{At} = \hat{\alpha}_A + \hat{\beta}_A r_{Mt} = 0.049041 + 0.779698 r_{Mt}$

(3) $\hat{\varepsilon}_{At}=r_{At}-(\hat{\alpha}_A+\hat{\beta}_A r_{Mt})$

기 간	r_{At}	$\hat{\varepsilon}_{At}=r_{At}-(0.049041+0.779698r_{Mt})$	$\hat{\varepsilon}^2_{At}$
1	0.0199	−0.07202	0.005188
2	0.1589	0.08904	0.007928
3	0.1503	0.05845	0.003417
4	0.0216	−0.01949	0.000380
5	0.1033	0.02806	0.000787
6	0.0525	−0.03467	0.001202
7	0.0134	−0.05303	0.002812
8	0.0771	0.00365	0.000013
$\sum$	0.5970		0.021727

$$Var(\hat{\varepsilon}_A)=\frac{\sum\hat{\varepsilon}^2_{At}}{8-2}=\frac{0.021727}{6}=0.003621$$

(4) $Var(r_A)=\beta_A^2 Var(r_M)+Var(\varepsilon_A)$

↕ ↕ ↕

총위험 =체계적 위험+비체계적 위험

0.003902= 0.000281 + 0.003621

Tip

여기에서 구한 $Var(r_A)(0.003902)$와 물음 (1)에서 구한 $Var(r_A)(0.003386)$가 다소 차이가 나는 이유는 표본사용으로 인한 자유도의 상이성과 계산상 반올림에 따른 오차 때문이다. 즉 증권 A 수익률과 시장수익률의 분산을 구할 때 사용되는 자유도는 $N-1(=8-1=7)$인 반면, 증권 A 수익률의 잔차분산을 구할 때는 자유도가 $N-2(=8-2=6)$이기 때문이다. 그러므로 표본자료가 아닌 모집단의 자료를 이용하고 동시에 계산상의 오차를 제거한다면, 확률분포로부터 직접 구한 분산은 체계적 위험과 비체계적 위험을 각각 구하여 합한 값과 항상 일치하게 된다.

(5) $\rho^2_{AM}=\dfrac{\beta_A^2 Var(r_M)}{Var(r_A)}=\dfrac{0.000281}{0.003386}=0.08299$

$\rho^2_{AM}=0.08299$이므로 시장수익률의 변동이 증권 A의 수익률의 변동을 증권특성선에 의해서 약 8.3% 정도 설명할 수 있다.

02 (1) $E(r_p)=r_f+\left[\dfrac{E(r_M)-r_f}{\sigma_M}\right]\sigma_p=0.04+\left(\dfrac{0.10-0.04}{0.09}\right)\sigma_p=0.04+\left(\dfrac{2}{3}\right)\sigma_p$

(2) $\beta_1=\dfrac{0.0108}{(0.09)^2}=\dfrac{4}{3},\ \beta_2=\dfrac{0.0027}{(0.09)^2}=\dfrac{1}{3},\ \beta_3=\dfrac{0.0054}{(0.09)^2}=\dfrac{2}{3}$

(3) $E(r_j)=r_f+[E(r_M)-r_f]\beta_j=0.04+(0.10-0.04)\beta_j=0.04+0.06\beta_j$

$E(r_1)=0.04+0.06\times\dfrac{4}{3}=0.12,\ E(r_2)=0.04+0.06\times\dfrac{1}{3}=0.06$

$E(r_3)=0.04+0.06\times\dfrac{2}{3}=0.08$

(4) $\sigma_1^{NS}=\sigma_1-\beta_1\sigma_M=0.20-\dfrac{4}{3}\times0.09=0.08$

$\sigma_2^{NS}=\sigma_2-\beta_2\sigma_M=0.05-\dfrac{1}{3}\times0.09=0.02$

$\sigma_3^{NS}=\sigma_3-\beta_3\sigma_M=0.16-\dfrac{2}{3}\times0.09=0.10$

03 (1) $\beta_j=\dfrac{Cov(r_j,\ r_M)}{Var(r_M)}=\dfrac{\rho_{jM}\sigma_j\sigma_M}{\sigma_M^2}=\dfrac{\rho_{jM}\sigma_j}{\sigma_M}$

$\beta_1=\dfrac{0.9\times0.2}{0.12}=1.5,\ \beta_2=\dfrac{0.8\times0.09}{0.12}=0.6$

(2) 표준편차의 분해(decomposition of the standard deviation)

$\sigma(r_j)\ =\ \beta_j\sigma(r_M)\ +\ \sigma(r_j)^{NS}$

$\updownarrow \qquad \updownarrow \qquad \updownarrow$

총위험 = 체계적 위험 + 비체계적 위험

자 산	총 위 험	체계적 위험	비체계적 위험
주식 1	0.20	0.18	0.02
주식 2	0.09	0.072	0.018

(3) 분산의 분해(decomposition of the variance)

$\sigma^2(r_j)\ =\ \beta_j^2\sigma^2(r_M)\ +\ \sigma^2(\varepsilon_j)$

$\updownarrow \qquad \updownarrow \qquad \updownarrow$

총위험 = 체계적 위험 + 비체계적 위험

자 산	총 위 험	체계적위험	비체계적 위험
주식 1	0.04	0.0324	0.0076
주식 2	0.0081	0.005184	0.002916

(4) 자본시장선(CML)과 증권시장선(SML)을 구하면 각각 다음과 같다.

- CML: $E(r_p) = r_f + \left[\dfrac{E(r_M) - r_f}{\sigma_M}\right]\sigma_p = 0.05 + 0.583\sigma_p$
- SML: $E(r_j) = r_f + [E(r_M) - r_f]\beta_j = 0.05 + 0.07\beta_j$

CML과 SML이 위치한 각각의 평면상에 주식 1과 주식 2의 좌표를 표시하면 다음과 같다.

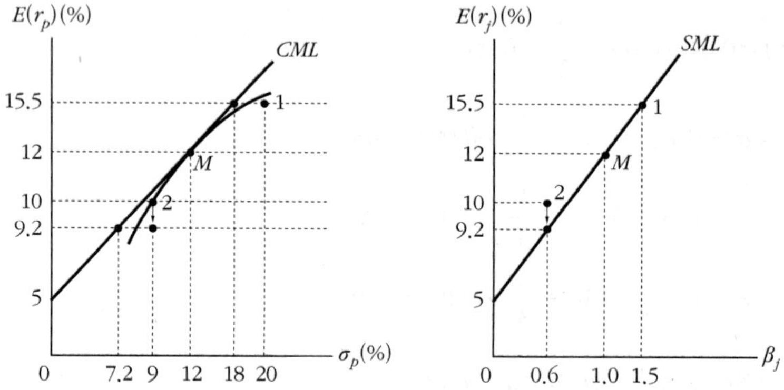

(5) • 주식 1: 균형 기대수익률(15.5%) = 실제 기대수익률(15.5%)
→ 적정가격(균형가격)

• 주식 2: 균형 기대수익률(9.2%) < 실제 기대수익률(10%)
→ 과소평가 → 매입 → 초과수요 → 주식가격 상승 → 실제 기대수익률 하락

주식 2에 대한 투자자들의 가격조정활동은 그 가격이 상승하여 실제 기대수익률이 균형 기대수익률과 같은 9.2%가 될 때까지 계속된다. 균형상태에 도달하면 주식 2의 실제 기대수익률은 균형 기대수익률과 동일한 9.2%가 된다.

04 (1) $0.15 = 0.05 + (0.10 - 0.05)\beta_A \rightarrow \beta_A = 2 = \dfrac{Cov(r_A,\ r_M)}{0.30^2}$

$\therefore\ Cov(r_A,\ r_M) = 0.18$

(2) $x\beta_A + y\beta_M = -0.5 \rightarrow 2x + y = -0.5,\quad x + y = 1$

$\therefore\ x = -1.5,\quad y = 2.5$

(3) $Var(r_B) = \beta_B^2 Var(r_M) + Var(\varepsilon_B) \rightarrow 0.3^2 = (-0.5)^2 \times 0.3^2 + Var(\varepsilon_B)$

$\therefore\ Var(\varepsilon_B) = 0.0675$

05 (1) SML: $E(r_j) = r_f + [\ E(r_M) - r_f]\beta_j = 0.04 + 0.08\beta_j$

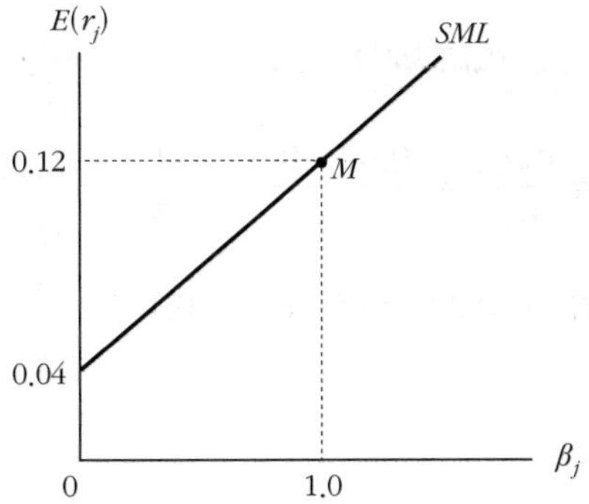

(2) $E(r_j)=0.04+0.08\beta_j=0.04+0.08\times1.5=0.16$

(3) $E(r_j)=0.04+0.08\times0.8=0.104$

투자안의 실제 기대수익률은 9.8%로서 투자안의 균형 기대수익률 10.4%보다 작으므로 이 투자안은 기각되어야 한다. 즉 이 투자안의 순현가(NPV)는 음(−)의 값을 가질 것이다.

(4) $E(r_X)=0.04+0.08\beta_X=0.112 \quad \therefore\ \beta_X=0.9$

06 (1) $r_P=(1-w)r_f+wr_M$

- $Var(r_p)=Var[(1-w)r_f+wr_M]=w^2Var(r_M)$
- $\sigma_P=w\sigma_M$
- $Cov(r_p,\ r_M)=Cov[(1-w)r_f+wr_M,\ r_M]$

$$=(1-w)Cov(r_f,\ r_M)+w\,Cov(r_M,\ r_M)=wVar(r_M)$$

$$\therefore\ \rho_{PM}=\frac{Cov(r_p,\ r_M)}{\sigma_p\sigma_M}=\frac{wVar(r_M)}{(w\sigma_M)\sigma_M}=1$$

☞ 무위험자산과 시장포트폴리오로 구성된 포트폴리오들은 모두 CML상에 존재하는 효율적 포트폴리오들이며, 그것과 시장포트폴리오의 상관계수가 항상 1이 된다.

(2) $E(r_p)=(1-w)r_f+wE(r_M)=(1-w)\times0.05+w\times0.20=0.25\rightarrow w=\frac{4}{3}$

포트폴리오 P는 투자액의 1/3만큼을 무위험이자율로 차입한 후, 그것을 투자액에 합하여 모두(투자액의 4/3) 시장포트폴리오에 투자하는 경우를 의미한다.

$$\therefore\ \beta_p=\frac{Cov(r_p,\ r_M)}{Var(r_M)}=\frac{wVar(r_M)}{Var(r_M)}=w=\frac{4}{3}$$

☞ CML상에 있는 효율적 포트폴리오들의 베타계수는 항상 시장포트폴리오의 구성비율과 일치한다.

(3) $\sigma_p = w\sigma_M \rightarrow 0.04 = \left(\frac{4}{3}\right)\sigma_M \quad \therefore \sigma_M = 0.03$

$$\beta_j = \frac{Cov(r_j,\ r_M)}{Var(r_M)} = \frac{\sigma_j\sigma_M\rho_{jM}}{\sigma_M^2} = \frac{\sigma_j\rho_{jM}}{\sigma_M} = \frac{0.02\times0.5}{0.03} = \frac{1}{3}$$

$$E(r_j) = r_f + [\,E(r_M) - r_f]\beta_j = 0.05 + (0.20 - 0.05)(1/3) = 0.10$$

07 (1) $\bar{r}_M = \frac{0.02+0+0.04}{2} = 0.02$

$$\rightarrow \sigma_M = \sqrt{\frac{(0.02-0.02)^2+(0-0.02)^2+(0.04-0.02)^2}{3-1}} = 0.02$$

(2) $\bar{r}_A = \frac{0.08-0.02+0.03}{3} = 0.03$

$$\sigma_{AM} = \frac{(0.08-0.03)(0.02-0.02)+(-0.02-0.03)(0-0.02)+(0.03-0.03)(0.04-0.02)}{3-1} = 0.005$$

$$\rightarrow \hat{\beta}_A = \frac{\sigma_{AM}}{\sigma_M^2} = \frac{0.0005}{0.02^2} = 1.25, \quad \hat{\alpha}_A = \bar{r}_A - \hat{\beta}_A\bar{r}_M = 0.03 - 1.25\times0.02 = 0.005$$

(3) $\sigma_A = \sqrt{\frac{(0.08-0.03)^2+(-0.02-0.03)^2+(0.03-0.03)^2}{3-1}} = 0.05$

$$\rightarrow \text{샤프지수} = \frac{\bar{r}_A - r_f}{\sigma_A} = \frac{0.03-0.01}{0.05} = 0.4$$

$$\text{젠센지수}(\alpha_A) = \bar{r}_A - [r_f + (\bar{r}_M - r_f)\hat{\beta}_A] = 0.03 - [0.01 + (0.02-0.01)\times1.25] = 0.0075$$

08 (1) $\beta_A = \frac{\sigma_A\rho_{AM}}{\sigma_M} \rightarrow \rho_{AM} = \frac{\beta_A\sigma_M}{\sigma_A} = \frac{0.8\times0.1}{0.16} = 0.5, \quad \rho_{BM} = \frac{\beta_B\sigma_M}{\sigma_B} = \frac{1.5\times0.1}{0.60} = 0.25$

(2) $r_p = 0.6r_A + 0.4r_B$

$$Cov(r_A,\ r_B) = Cov(R_A,\ R_B) = Cov(1.2+0.8R_M+\varepsilon_A, -0.3+1.5R_M+\varepsilon_B)$$
$$= 0.8\times1.5\times Var(R_M) = 0.8\times1.5\times0.1^2 = 0.012$$

$$\sigma_p = \sqrt{0.6^2\times0.16^2+0.4^2\times0.6^2+2\times0.6\times0.4\times0.012} = 0.2694\ (26.94\%)$$

$$\left[\begin{aligned} ※\ Cov(R_A,\ R_B) &= Cov(r_A - r_f,\ r_B - r_f) \\ &= Cov(r_A,\ r_B) - Cov(r_A,\ r_f) - Cov(r_f,\ r_B) + Cov(r_f,\ r_f) \\ &= Cov(r_A,\ r_B) \end{aligned}\right]$$

(3) $\rho_{AM}^2 = 0.5^2 = 0.25$ (25%), $\quad \rho_{BM}^2 = 0.25^2 = 0.0625$ (6.25%)

(4) 시장요인 하나에 의해 개별 위험자산의 수익률을 설명하려는 CAPM과 달리, Fama와 French의 3요인모형은 기업규모요인(SMB), 장부/시장가치요인(HML), 시장요인(r_M-r_f) 등 3개의 요인을 이용하여 개별 위험자산의 수익률을 설명함으로써 개별 위험자산의 수익률에 대한 설명력을 보다 향상시킨 것으로 평가받고 있다.

$$E(r_j)-r_f=b_j[E(r_M)-r_f]+s_jE(SMB)+h_jE(HML)$$

여기서 $E(r_M)-r_f$, $E(SMB)$, $E(HML)$: 요인의 위험프리미엄
b_j, s_j, h_j: 요인에 대한 주식 j의 민감도

09 그림에서 다음의 자료를 얻을 수 있다.

$E(r_M)=0.11$, $\sigma(r_M)=0.5$, $r_f=0.06$, $E(r_A)=0.06$, $\sigma(r_A)=0.7$
$E(r_B)=0.11$, $\sigma(r_B)=0.9$, $E(r_C)=0.14$, $\sigma(r_C)=0.9$

(1) SML: $E(r_j)=r_f+[E(r_M)-r_f]\beta_j=0.06+0.05\beta_j$

$$\rightarrow \beta_j=\frac{E(r_j)-0.06}{0.05}$$

- $\beta_A=\dfrac{E(r_A)-0.06}{0.05}=\dfrac{0.06-0.06}{0.05}=0.0$
- $\beta_B=\dfrac{E(r_B)-0.06}{0.05}=\dfrac{0.11-0.06}{0.05}=1.0$
- $\beta_C=\dfrac{E(r_C)-0.06}{0.05}=\dfrac{0.14-0.06}{0.05}=1.6$

(2) $\sigma^2(\varepsilon_j)=\sigma^2(r_j)-\beta_j^2\sigma^2(r_M)$

- $\sigma^2(\varepsilon_A)=\sigma^2(r_A)-\beta_A^2\sigma^2(r_M)=(0.7)^2-(0.0)^2(0.5)^2=0.49$
- $\sigma^2(\varepsilon_B)=\sigma^2(r_B)-\beta_B^2\sigma^2(r_M)=(0.9)^2-(1.0)^2(0.5)^2=0.56$
- $\sigma^2(\varepsilon_C)=\sigma^2(r_C)-\beta_C^2\sigma^2(r_M)=(0.9)^2-(1.6)^2(0.5)^2=0.17$

(3) $w_A=w_B=w_C=\dfrac{1}{3}$

- $\beta_p=w_A\beta_A+w_B\beta_B+w_C\beta_C=\dfrac{1}{3}\times0.0+\dfrac{1}{3}\times1.0+\dfrac{1}{3}\times1.6=0.8667$
- $E(r_p)=0.06+0.05\beta_p=0.06+0.05\times0.8667=0.1033$

또는 $E(r_p)=w_AE(r_A)+w_BE(r_B)+w_CE(r_C)$

$$=\frac{1}{3}\times0.06+\frac{1}{3}\times0.11+\frac{1}{3}\times0.14=0.1033$$

(4) 개별주식의 적절한 위험은 표준편차가 아닌 분산투자에 의해서 제거될 수 없는 체계적 위험이다. 그러므로 이 투자자의 주장은 잘못된 주장이다.

10 (1) $\beta_j = \dfrac{Cov(r_j,\ r_M)}{Var(r_M)} = \dfrac{\rho_{jM}\sigma_j\sigma_M}{\sigma_M^2} = \dfrac{\rho_{jM}\sigma_j}{\sigma_M}$

- $\rho_{1M} = \dfrac{\beta_1\sigma_M}{\sigma_1} = \dfrac{1.5\times0.04}{0.06} = 1.0$
- $\sigma_2 = \dfrac{\beta_2\sigma_M}{\rho_{2M}} = \dfrac{0.5\times0.04}{0.8} = 0.025$
- $\beta_M = \dfrac{\rho_{MM}\sigma_M}{\sigma_M} = \dfrac{1.0\times0.04}{0.04} = 1.0$
- $\rho_{r_f M} = 0,\ \sigma(r_f) = 0,\ \beta_{r_f} = 0$

(2) SML: $E(r_j) = r_f + [E(r_M) - r_f]\beta_j = 0.05 + 0.05\beta_j$

$E(r_1) = 0.05 + 0.05\beta_1 = 0.05 + 0.05\times1.5 = 0.125$

$E(r_2) = 0.05 + 0.05\beta_2 = 0.05 + 0.05\times0.5 = 0.075$

이상에서 구한 균형 기대수익률과 평균수익률을 비교하여 각 주식을 평가하면 다음과 같다.

- 주식 1: $E(r_1) = 12.5\% > \bar{r}_1 = 12.0\%$ → 과대평가 → 매도(또는 공매도)
- 주식 2: $E(r_2) = 7.5\% < \bar{r}_2 = 10.0\%$ → 과소평가 → 매입

11 (1) 먼저 시장수익률의 기대수익률과 분산, 표준편차를 구하면 다음과 같다.

p	r_M	pr_M	$(r_M - E(r_M))^2$	$p(r_M - E(r_M))^2$
0.1	0.08	0.008	0.012544	0.001254
0.2	0.10	0.020	0.010000	0.002000
0.4	0.12	0.048	0.005184	0.002074
0.2	0.14	0.028	0.008464	0.001693
0.1	0.16	0.016	0.010816	0.001082
		$E(r_M) = 0.120$		$Var(r_M) = 0.008103$
				$\sigma_M = \sqrt{Var(r_M)} = 0.09$

SML: $E(r_j) = r_f + [E(r_M) - r_f]\beta_j = 0.07 + 0.05\beta_j$

(2) $\beta_p = w_A\beta_A + w_B\beta_B + w_C\beta_C + w_D\beta_D + w_E\beta_E$

$$= \left(\frac{120}{400}\right)\times 0.5 + \left(\frac{100}{400}\right)\times 2.0 + \left(\frac{60}{400}\right)\times 4.0 + \left(\frac{80}{400}\right)\times 1.0 + \left(\frac{40}{400}\right)\times 3.0 = 1.75$$

$\therefore\ E(r_p) = 0.07 + 0.05\beta_p = 0.07 + 0.05\times 1.75 = 0.1575$

(3) CAPM하에서는 가치의 가산원칙이 성립하므로 새로운 주식에 대해서 독립적으로 평가할 수 있다.

$E(r_j) = 0.07 + 0.05\times 2.5 = 0.195$ 또는 19.5%

새로운 주식의 실제 기대수익률은 16%로서 요구수익률(균형 기대수익률) 19.5%보다 작으므로 이 주식을 구입하지 않아야 한다. 이 주식을 구입할 수 있기 위해서는 최소한도 요구수익률 19.5%보다 높은 수익률을 기대할 수 있어야 한다.

12 (1) 옳지 않다. 현재 100만원으로 저평가된 주식 A의 가격은 균형주가인 120만원이 될 때까지 상승하게 되며, 그 결과 이 주식의 기대수익률은 요구수익률인 12%가 될 때까지 하락할 것이다.

(2) 옳다. 체계적 위험인 베타는 개별자산 수익률과 시장포트폴리오 수익률의 공분산을 시장포트폴리오 수익률의 분산으로 나누어 추정한다. 따라서 시장포트폴리오 수익률의 분산이 시간가변적일 뿐만 아니라 개별자산과 시장포트폴리오 수익률 간의 공분산이 시간에 따라 가변적일 경우 추정되는 베타 역시 일정하지 않고 시간에 따라 변할 수밖에 없다.

13 (1) ① 증권시장선: $E(r_j) = r_f + (E(r_M) - r_f)\beta_j = r_f + \left[\frac{(E(r_M) - r_f)}{\sigma_M}\right]\sigma_j\rho_{jM}$

증권시장선을 이용하여 주식 A와 B의 기대수익률을 구하면 다음과 같다.

$E(r_A) = 0.05 + 0.5\times 0.2\times 0.9 = 0.14$ (14%)

$E(r_B) = 0.05 + 0.5\times 0.15\times 0.4 = 0.08$ (8%)

② 주식 A와 B의 위험프리미엄의 비례식을 이용하여 두 주식의 베타의 관계를 구하면 다음과 같다.

$$\frac{E(r_A) - r_f}{E(r_B) - r_f} = \frac{0.14 - 0.05}{0.08 - 0.05} = \frac{(E(r_M) - r_f)\beta_A}{(E(r_M) - r_f)\beta_B} \rightarrow \beta_A = 3\beta_B$$

한편 주식 A와 B를 각각 50%로 구성한 포트폴리오의 위험프리미엄이 시장포트폴리오 위험프리미엄의 1.5배일 경우 다음 식이 성립한다.

$$0.5\beta_A + 0.5\beta_B = 1.5$$

위 두 식을 이용하여 두 주식의 베타를 구하면 다음과 같다.

$$\beta_A = 2.25, \quad \beta_B = 0.75$$

(2) 주식 C와 D의 베타를 구하면 다음과 같다.

$$0.1 = 0.04 + (0.08 - 0.04)\beta_C \rightarrow \beta_C = 1.5$$
$$0.06 = 0.04 + (0.08 - 0.04)\beta_D \rightarrow \beta_D = 0.5$$

시장모형을 이용하여 주식 C와 D의 비체계적 위험을 구하면 다음과 같다.

$$0.2^2 = 1.5^2 \times 0.1^2 + Var(\varepsilon_C) \rightarrow Var(\varepsilon_C) = 0.0175$$
$$0.1^2 = 0.5^2 \times 0.1^2 + Var(\varepsilon_D) \rightarrow Var(\varepsilon_D) = 0.0075$$

주식 C(투자비율: w)와 D로 구성된 포트폴리오의 비체계적 위험은 다음과 같다.

$$Var(\varepsilon_p) = 0.0175w^2 + 0.0075(1-w)^2 = 0.025w^2 - 0.015w + 0.0075$$

위 식을 미분하여 포트폴리오의 비체계적 위험을 최소화하기 위한 주식 C의 투자비율(w)을 구하면 다음과 같다.

$$\frac{dVar(\varepsilon_p)}{dw} = 2 \times 0.025w - 0.015 = 0 \rightarrow w = 0.3$$

따라서 주식 C의 투자비율은 30%, 주식 D의 투자비율은 70%이다.

(3) ① 주식 E의 베타와 1년도 말에 기대되는 주식 E의 가치를 구하면 다음과 같다.

$$E(r_E) = r_f + (E(r_M) - r_f)\beta_E = 0.05 + 0.05\beta_E = 0.15 \rightarrow \beta_E = 2$$
$$E(P_1) = 50\text{원} \times (1 + 0.15) = 57.5$$

주식 E와 시장포트폴리오의 공분산이 2배가 될 경우 주식 E의 베타도 기존보다 2배로 증가하여 4가 된다. 이를 반영한 주식 E의 기대수익률은 다음과 같다.

$$E(r_E) = 0.05 + 0.05 \times 4 = 0.25$$

주식 E의 기대수익률과 1년도 말에 기대되는 현금흐름을 이용하여 주식 E의 적정가격을 구하면 다음과 같다.

$$P_0 = \frac{57.5원}{1+0.25} = 46원$$

② 위험자산의 가치는 그 자산을 소유하였을 때의 현금흐름과 적절한 할인율(또는 자본비용)에 의해 결정된다. 여기서 적절한 할인율은 증권시장선을 이용하여 측정가능한 균형 기대수익률을 의미한다. 다른 조건이 일정한 가운데 위험자산의 체계적 위험이 증가하면 균형 기대수익률이 증가하고, 그 결과 위험자산의 가치는 하락하게 된다.

(4) 투자자의 무차별곡선과 투자자가 선택한 최적포트폴리오의 특성을 이용하여 투자자의 위험회피의 정도를 파악할 수 있다. 이를 구체적으로 설명하면 다음과 같다. 첫째, 무차별곡선의 기울기가 더 클수록 더 위험회피적이다. 둘째, 최적포트폴리오를 구성하는 자산 중 무위험자산(위험자산)의 투자비율이 클수록(작을수록) 더 위험회피적이다. 셋째, 최적포트폴리오의 위험(베타 또는 표준편차)이 작거나 기대수익률이 작을수록 더 위험회피적이다.

14 (1) ① 샤프지수는 자산의 추가적인 총위험(표준편차) 한 단위에 대한 자본시장에서의 보상액(위험프리미엄)을 나타낸다. 한편 트레이너지수는 총위험(표준편차) 대신 체계적 위험(베타)을 사용한 포트폴리오의 성과 측정치이다. 샤프지수와 트레이너지수가 높을수록 위험조정 후 투자성과가 더 좋음을 의미한다.

② 주식의 샤프지수 $= \frac{\bar{r}_j - r_f}{\sigma_j} = \frac{0.03-0.01}{0.25} = 0.08$

주식의 트레이너지수 $= \frac{\bar{r}_j - r_f}{\beta_j} = \frac{0.03-0.01}{2} = 0.01$

(2) 갑의 포트폴리오 수익률 $=0.75\times3\%+0.15\times2\%+0.1\times1\%=2.65\%$

벤치마크 포트폴리오 수익률 $=0.6\times2\%+0.3\times1.5\%+0.1\times1\%=1.75\%$

(3) 자산배분능력으로부터 발생한 기여도 $=\sum_{j=1}^{n} w_j r_j^{BM} - w_j^{BM} r_j^{BM} = \sum_{j=1}^{n} (w_j - w_j^{BM}) r_j^{BM}$

$$= (0.75-0.6)\times2\% + (0.15-0.3)\times1.5\% + (0.1-0.1)\times1\% = 0.075\%$$

(4) 종목선정능력으로부터 발생한 기여도 $=\sum_{j=1}^{n} w_j r_j - w_j r_j^{BM} = \sum_{j=1}^{n} w_j (r_j - r_j^{BM})$

$$= 0.75\times(3\%-2\%) + 0.15\times(2\%-1.5\%) + 0.1\times(1\%-1\%) = 0.825\%$$

Tip

벤치마크 포트폴리오 수익률을 초과하는 투자자 갑의 포트폴리오 수익률의 차이를 종목선정능력과 자산배분능력에 따른 기여도로 구분하여 정리하면 다음과 같다.

	갑의 포트폴리오	갑의 포트폴리오 구성비율과 벤치마크 포트폴리오 구성자산의 수익률	벤치마크 포트폴리오
주식	0.75×3%=2.25%	0.75× 2%=1.5%	0.6× 2%=1.2%
채권	0.15×2%=0.3%	0.15×1.5%=0.225%	0.3×1.5%=0.45%
현금성자산	0.1×1%=0.1%	0.1× 1%=0.1%	0.1× 1%=0.1%
합계	2.65%	1.825%	1.75%

0.825% (종목선정능력) — 갑의 포트폴리오와 가운데 열의 차이
0.075% (자산배분능력) — 가운데 열과 벤치마크 포트폴리오의 차이

15 (1) • 주식 A를 선택하는 경우의 기대효용

$$E(U_A)=\sqrt{11{,}881}\times\frac{1}{3}+\sqrt{9{,}801}\times\frac{1}{3}+\sqrt{7{,}921}\times\frac{1}{3}=99$$

• 주식 B를 선택하는 경우의 기대효용

$$E(U_B)=\sqrt{8{,}281}\times\frac{1}{3}+\sqrt{10{,}000}\times\frac{1}{3}+\sqrt{11{,}881}\times\frac{1}{3}=100$$

∴ 투자자 김정석은 주식 B에 투자함.

(2) • 가능성이 있다.

• CAPM하에서 주식가격은 주식의 기대현금흐름과 체계적 위험에 의해서 객관적으로 결정된다. 따라서 주식 A의 기대현금흐름$\left(9{,}868\text{원}=11{,}881\times\frac{1}{3}+9{,}801\times\frac{1}{3}+7{,}921\times\frac{1}{3}\right)$이 주식 B의 기대현금흐름$\left(10{,}054\text{원}=8{,}281\times\frac{1}{3}+10{,}000\times\frac{1}{3}+11{,}881\times\frac{1}{3}\right)$보다 적을지라도, 주식 A의 체계적 위험이 주식 B보다 작을 경우 주식 A의 가격이 주식 B보다 높을 수 있다.

(3) CAPM에서 음(−) 베타를 갖는 자산(시장포트폴리오와의 공분산이 0보다 작은 자산을 의미)의 기대수익률은 무위험자산의 수익률(5%)보다 낮을 것이다. 여기서 주식 A가 음(−)의 베타를 갖는 자산일 경우 9,398원$\left(=\frac{9{,}868}{1+0.05}\right.$, 주식 A가 무위험자산일 경우의 주식가격$\left.\right)$

보다 높을 가능성이 있다.

※ 증권시장선은 다음과 같이 확장될 수 있다.

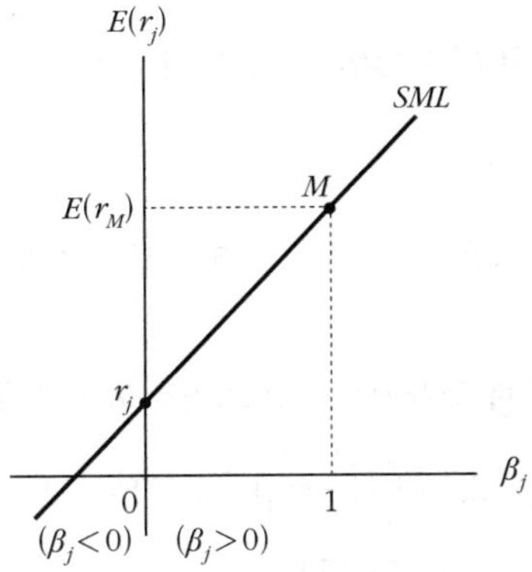

16 (1) 현재 및 1기간 후 시장포트폴리오의 가치를 구하면 각각

2,000,000원$\left(=\dfrac{20{,}000\text{원}}{0.01}=\dfrac{80{,}000\text{원}}{0.04}\right)$, 2,300,000원$\left(=\dfrac{25{,}300\text{원}}{0.011}=\dfrac{96{,}600\text{원}}{0.042}\right)$이다.

$$\rightarrow E(r_M)=\frac{2{,}300{,}000-2{,}000{,}000}{2{,}000{,}000}=0.15,\ r_f=0.05$$

- $E(r_A)=\dfrac{25{,}300-20{,}000}{20{,}000}=0.05+0.1\beta_A \rightarrow \beta_A=2.15$
- $E(r_B)=\dfrac{96{,}600-80{,}000}{80{,}000}=0.05+0.1\beta_B \rightarrow \beta_B=1.575$

(2) • 그렇지 않다.

- 포트폴리오 B와 개별주식 C는 기대수익률이 동일하기 때문에 동일한 체계적 위험을 가진다. 그리고 비체계적 위험은 0보다 작을 수 없기 때문에 비체계적 위험을 가지고 있는 개별주식 C의 총위험(=체계적 위험+비체계적 위험)은 완전히 분산되어 비체계적 위험이 없는 포트폴리오 B의 총위험(=체계적 위험)보다 낮을 수 없다.

(3) 자본시장선(CML)을 이용하여 투자자 갑이 현재 보유하고 있는 포트폴리오의 기대수익률을 구하면 다음과 같다.[1)]

---

1) CAPM이 성립하는 경우 투자자 갑은 시장포트폴리오와 무위험자산으로 포트폴리오를 구성하게 된다.

$r_p=wr_M+(1-w)r_f$

- $\sigma_p=w\sigma_M \rightarrow 0.18=w\times0.15 \rightarrow w=1.2$
- $\beta_p=\dfrac{Cov(r_p,\ r_M)}{Var(r_M)}=w=1.2 \rightarrow E(r_p)=0.05+0.1\times1.2=0.17$

$$E(r_p)=r_f+\left[\frac{E(r_M)-r_f}{\sigma_M}\right]\sigma_p=0.05+\left(\frac{0.15-0.05}{0.15}\right)\times0.18=0.17$$

$\therefore\ E(V_1)=V_0[1+E(r_p)]=60{,}000\times(1+0.17)=70{,}200$원

(4) CAPM을 이용하여 포트폴리오 D의 균형 기대수익률을 구하면 다음과 같다.

$E(r_D)=0.05+0.1\times0.9=0.14$

포트폴리오 D의 기대수익률은 19%로 균형 기대수익률 14%보다 크기 때문에 과소평가되었음을 알 수 있다.

주식 A와 B를 이용하여 베타가 0.9인 포트폴리오 P를 구성하면 다음과 같다.[2)]

$\beta_P=w_A\beta_A+w_B\beta_B=w_A\times2.15+(1-w_A)\times1.575=0.9$

$\rightarrow w_A=-1.174,\ w_B=1-w_A=2.174$

∴ 포트폴리오 P를 공매도하여(포트폴리오 A를 117.4% 매입하고, 포트폴리오 B를 217.4% 공매도하여) 조성한 자금으로 과소평가된 포트폴리오 D를 매입함으로써 5%(=19%−14%)의 차익거래이익을 얻을 수 있다.

17 (1) $E(r_A)=r_f+[E(r_M)-r_f]\times0.8=0.10$

$E(r_B)=r_f+[E(r_M)-r_f]\times1.2=0.12$

$\rightarrow r_f=0.06,\ E(r_M)=0.11$

$\therefore\ E(r_p)=0.5\times E(r_M)+0.5\times E(r_B)=0.5\times0.11+0.5\times0.12=0.115$

(2) 주식 A의 성장률(유보비율×재투자수익률)과 1년도 말의 기대배당금:

$g=0.25\times0.2=0.05$

$D_1=D_0(1+g)=500\times(1+0.05)=525$원

$$\rightarrow P_0=\frac{D_1}{E(r_A)-g}=\frac{525}{0.1-0.05}=10{,}500\text{원}$$

주식 A의 시가(10,000원) < 주식 A의 내재가치(10,500원)

∴ 주식 A는 과소평가(투자할 경우 500원의 초과이익이 기대됨)

---

2) 포트폴리오 P의 기대수익률은 다음과 같다.

$E(r_P)=-1.174\times0.265+2.174\times0.2075=14\%$

(3) $\beta_A = w_X\beta_X + w_Y\beta_Y = 0.2\beta_X + 0.8\beta_Y$, 여기서 $\beta_A = 0.8$, $\beta_X = 2\beta_A = 1.6$

$\rightarrow \beta_A = 0.2\times 1.6 + 0.8\beta_Y = 0.8 \qquad \therefore\ \beta_Y = 0.6$

(4) B기업의 무부채베타(β_U)[3]:

$$\beta_U = \frac{\beta_S}{1+(1-T_C)(B/S_L)} = \frac{1.2}{1+(1-0.4)(50/100)} = 0.9231$$

$\rightarrow r_U = r_f + [E(r_M) - r_f]\beta_U = 0.06 + (0.11 - 0.06)\times 0.9231 = 0.1062$

$\therefore\ NPV = \dfrac{10\times(1-0.4)}{0.1062} - 60 = -3.5$억원(투자안 기각)

(5) 회계이익을 사용하여 구한 회계베타의 문제는 다음과 같다.

첫째, 기업의 경제적 실체를 정확하게 반영하지 못하는 회계이익에 근거하여 측정된 회계베타는 기업의 위험을 정확하게 나타내지 못한다고 할 수 있다.

둘째, 회계이익은 매분기 또는 1년에 한 번 측정되므로, 회계베타를 측정할 때 사용할 수 있는 자료(표본)들이 충분하지 못한 경우가 많다. 적은 양의 자료를 이용하여 회계베타를 측정하는 경우 표준오차(standard errors)가 높아지고 설명력(R^2)이 떨어지는 통계적인 문제가 발생하게 된다.

18 (1) $E(r_j) = r_f + \lambda\beta_j \rightarrow 0.16 = r_f + 0.8\lambda,\ 0.2 = r_f + 1.6\lambda$

$\therefore\ r_f = 0.12,\ \lambda = 0.05$

(2) 새로 구성한 포트폴리오: $r_p = 0.5r_f + 0.5r_{한라산}$

$E(r_p) = 0.5\times 0.06 + 0.5\times 0.2 = 0.13$

$\beta_p = 0.5\beta_{한라산} = 0.5\times 1.6 = 0.8$

$\rightarrow E(r_p) < E(r_{백두산}),\quad \beta_p = \beta_{백두산}$

새로 구성한 포트폴리오를 공매도(즉 무위험이자율로 50%(50만원) 차입하고, 한라산펀드를 50%(50만원) 공매도함)하고, 이를 통해 조성한 자금 100만원으로 백두산펀드를 매입하는 차익거래를 실시하면 다음과 같다.

(단위: 만원)

차익거래	투 자 액	투자성과(기대이익)
차 입	−50	$-50\times 0.06 = -3$
한라산펀드 공매도	−50	$-50\times 0.20 = -10$
백두산펀드 매입	100	$100\times 0.16 = 16$
차익거래이익	0	3

3) 이에 대한 자세한 내용은 본서 제13장 참조

(3) $Var(r_j)=\beta_j^2 Var(r_M)+Var(\varepsilon_j)$

펀 드	총 위 험	체계적 위험	비체계적 위험	결정계수(ρ_{jM}^2)
백두산펀드	0.0324	0.0125	0.0199	38.58%
한라산펀드	0.0625	0.0502	0.0123	80.32%

19 (1) APT의 균형식: $E(r_j)=r_f+\lambda_1 b_{j1}+\lambda_2 b_{j2}$

포트폴리오 A: $0.15=0.05+\lambda_1+0.5\lambda_2$

포트폴리오 B: $0.18=0.05+0.6\lambda_1+\lambda_2$

$\rightarrow \lambda_1=0.05,\ \ \lambda_2=0.1$

∴ APT의 균형식: $E(r_j)=0.05+0.05b_{j1}+0.1b_{j2}$

(2) ㈜한라 주식의 경우 2-요인모형에 의해서 요인 1과 2의 민감도는 각각 0.6이며, 기대수익률은 16%임을 알 수 있다. APT에 의해 이 주식의 균형 기대수익률을 구하면 다음과 같다.

$E(r_j)=0.05+0.05\times 0.6+0.1\times 0.6=0.14$

그러므로 ㈜한라의 기대수익률(16%)은 균형 기대수익률(14%)보다 높기 때문에 이 주식은 과소평가되었다고 할 수 있다.

20 (1) $r_A=0.30+F_1+3F_2$

$r_B=0.20+2.5F_1-2F_2$

$r_C=0.05$

(2) $0.30=\lambda_0+\lambda_1+3\lambda_2$

$0.20=\lambda_0+2.5\lambda_1-2\lambda_2$

$0.05=\lambda_0$

$\therefore \lambda_1=0.10,\ \ \lambda_2=0.05$

(3) $\beta_{PF_1}=w_A+2.5w_B=1.5$

$\beta_{PF_2}=3w_A-2w_B=2$

$w_A+w_B+w_C=1$

$\rightarrow w_A=0.8420,\ \ w_B=0.2632,\ \ w_C=-0.1052$

$\rightarrow E(r_P)=0.8420\times 0.30+0.2632\times 0.20-0.1052\times 0.05=0.30$

∴ 과소평가된(즉, 수익률이 높은) 포트폴리오 D를 매입하고, 과대평가된(즉, 수익률이 낮은) 포트폴리오 P를 공매도(포트폴리오 A 0.8420 공매도, 포트폴리오 B 0.2632 공매도,

포트폴리오 C 0.1052 매입)하는 차익거래를 통해 0.05원(=0.35−0.30)의 차익거래이익을 얻을 수 있다.

21 (1) 증권 A와 B의 구성비율을 각각 w_A, $w_B(=1-w_A)$로 하여 포트폴리오 G를 구성한다면, 그 포트폴리오의 수익률은 다음과 같다.

$$r_G = w_A r_A + (1-w_A) r_B$$

위의 식에 $r_A = 0.2 + F_1 + 1.5F_2$, $r_B = 0.2 + 0.5F_1 + 2F_2$를 대입하여 정리하면 다음과 같다.

$$r_G = w_A(0.2 + F_1 + 1.5F_2) + (1-w_A)(0.2 + 0.5F_1 + 2F_2)$$
$$= 0.2 + (0.5 + 0.5w_A)F_1 + (2 - 0.5w_A)F_2$$

포트폴리오 G가 요인 F_1에 영향을 받지 않으려면, 그 포트폴리오의 요인 F_1에 대한 민감도 $b_{G1}=0$이어야 한다.

$$b_{G1} = 0.5 + 0.5w_A = 0$$
$$\therefore\ w_A = -1,\ \ w_B = 1 - w_A = 1 - (-1) = 2$$

포트폴리오 G는 현재 가지고 있는 투자자금 전액(100%)에 해당하는 금액의 증권 A를 빌려서 매도(공매도)한 후, 증권 A의 매각대금과 현재 가지고 있는 자금을 모두 합한 금액만큼 증권 B를 매입하여 구성한 포트폴리오이다.

이와 같은 포트폴리오 G의 기대수익률과 b_{G2}를 구하면 다음과 같다.

- $E(r_G) = E[0.2 + (0.5 + 0.5w_A)F_1 + (2 - 0.5w_A)F_2]$
  $= 0.2 + (0.5 + 0.5w_A)E(F_1) + (2 - 0.5w_A)E(F_2) = 0.2$
  또는 $E(r_G) = w_A E(r_A) + w_B E(r_B) = (-1) \times 0.2 + 2 \times 0.2 = 0.2$
- $b_{G2} = 2 - 0.5w_A = 2 - 0.5 \times (-1) = 2.5$
  또는 $b_{G2} = w_A b_{A2} + w_B b_{B2} = (-1) \times 1.5 + 2 \times 2.0 = 2.5$

(2) $r_H = w_C r_C + (1-w_C) r_D$

$\rightarrow r_H = w_C(0.1 + F_1 + 0.5F_2) + (1-w_C)(0.1 + 1.5F_1 + 0.75F_2)$
$= 0.1 + (1.5 - 0.5w_C)F_1 + (0.75 - 0.25w_C)F_2$

$\rightarrow b_{H1} = 1.5 - 0.5w_C = 0 \quad \therefore\ w_C = 3,\ w_D = 1 - w_C = 1 - 3 = -2$

포트폴리오 H는 현재 가지고 있는 투자자금의 두 배(200%)에 해당하는 금액의 증권 D를 빌려서 매도(공매도)한 후, 증권 D의 매각대금과 현재 가지고 있는 자금을 모두 합한 금액만큼 증권 C를 매입하여 구성한 포트폴리오이다.

- $E(r_H) = E[0.1 + (1.5 - 0.5w_C)F_1 + (0.75 - 0.25w_C)F_2]$
  $= 0.1 + (1.5 - 0.5w_C)E(F_1) + (0.75 - 0.25w_C)E(F_2) = 0.1$
  또는 $E(r_H) = w_C E(r_C) + w_D E(r_D) = 3 \times 0.1 + (-2) \times 0.1 = 0.1$

- $b_{H2} = 0.75 - 0.25w_C = 0.75 - 0.25 \times 3 = 0$
  또는 $b_{H2} = w_C b_{C2} + w_D b_{D2} = 3 \times 0.5 + (-2) \times 0.75 = 0$

(3) 포트폴리오 H의 경우 $b_{H1} = b_{H2} = 0$이므로 무위험자산이라 할 수 있다. 그러므로 포트폴리오 H와 무위험채권을 비교하면, 위험은 같으나(무위험) 기대수익률은 포트폴리오 H(10%)가 무위험채권의 이자율(6%)보다 더 높다. 이와 같은 경우 투자자는 과대평가된 무위험채권을 공매도하여 그 자금으로 포트폴리오 H를 매입하는 차익거래를 하는 경우 4%(=10%−6%)의 차익거래이익을 얻을 수 있다.

22 (1) CAPM을 이용하여 기금포트폴리오의 기대수익률을 계산하면 다음과 같다.

$$E(r_p) = r_f + [E(r_M) - r_f]\beta_p = 0.08 + (0.142 - 0.08)\beta_p$$
$$= 0.08 + 0.062\beta_p = 0.08 + 0.062 \times 1.0 = 0.142$$

기금포트폴리오의 기대수익률 $E(r_p) = 14.2\%$라는 사실과 APT등식을 이용하여, $b_{p1} = -0.5$일 때의 b_{p2}를 구하면 다음과 같다.

$$E(r_p) = 0.08 + 0.05b_{p1} + 0.11b_{p2}$$
$$0.142 = 0.08 + 0.05 \times (-0.5) + 0.11b_{p2}$$
$$\therefore\ b_{p2} = 0.7909$$

(2) 현재의 기대수익률 14.2%와 동일한 기대수익률을 얻으면서, $b_{p2} = 0$이 되도록 포트폴리오를 수정할 때, 그 포트폴리오의 b_{p1}을 구하면 다음과 같다.

$$E(r_p) = 0.08 + 0.05b_{p1} + 0.11b_{p2}$$
$$0.142 = 0.08 + 0.05b_{p1} + 0.11 \times 0$$
$$\therefore\ b_{p1} = 1.24$$

23 (1) ① 단일모형: $Var(r_X) = \beta_{X1}^2 Var(F_1) + Var(\varepsilon_X)$

$$0.007225 = 0.00236196 + 0.00486304$$

$$\therefore\ \frac{\text{체계적 위험}}{\text{총위험}} = \frac{0.00236196}{0.007225} = 0.3269\ (32.69\%)$$

② 다요인모형[4]: $Var(r_X)=\beta_{X1}^2 Var(F_1)+\beta_{X2}^2 Var(F_2)+\beta_{X3}^2 Var(F_3)+Var(\varepsilon_X)$

$0.007225=0.00492804+0.00002704+0.00131769+0.00095223$

$\therefore \dfrac{\text{체계적 위험}}{\text{총위험}}=\dfrac{0.00627277}{0.007225}=0.8682\ (86.82\%)$

(2) $E(r_X)=\alpha_X+\beta_{X1}E(F_1)+\beta_{X2}E(F_2)+\beta_{X3}E(F_3)$

$=0.008+1.3\times0.011-0.2\times0.005-1.1\times(-0.003)=0.0246$

∴ 주식 X의 연간 기대수익률$=0.0246\times12=0.2952\ (29.52\%)$

[※ 복리효과를 고려한 연간 실효기대수익률$=(1+0.0246)^{12}-1=0.3386\ (33.86\%)$]

(3) $Cov(r_X,\ r_Y)=Cov(\alpha_X+\beta_{X1}F_1+\beta_{X2}F_2+\beta_{X3}F_3+\varepsilon_X,\ \alpha_Y+\beta_{Y1}F_1+\beta_{Y2}F_2+\beta_{Y3}F_3+\varepsilon_Y)$

$=\beta_{X1}\beta_{Y1}Var(F_1)+\beta_{X2}\beta_{Y2}Var(F_2)+\beta_{X3}\beta_{Y3}Var(F_3)$

$=1.3\times1.1\times0.054^2+(-0.2)\times0.1\times0.026^2+(-1.1)\times(-0.8)\times0.033^2$

$=0.00511468$

최소분산포트폴리오:

$$w_X=\frac{\sigma_Y^2-\sigma_{XY}}{\sigma_X^2+\sigma_Y^2-2\sigma_{XY}}=\frac{0.078^2-0.00511468}{0.085^2+0.078^2-2\times0.00511468}=0.3148$$

$\rightarrow \sigma_p=\sqrt{0.3148^2\times0.085^2+0.6852^2\times0.078^2+2\times0.3148\times0.6852\times0.00511468}$

$=0.0760$

∴ 최소분산포트폴리오의 연간 표준편차$=0.0760\times\sqrt{12}=0.2633\ (26.33\%)$

(4) ① 다요인모형은 단일모형에 비해 주식수익률에 대한 설명력이 더 높다.

② 하나의 요인에 의해 주식수익률의 공통요인을 모두 설명하기 어렵기 때문에 단일모형의 경우 가장 기본적인 가정인 잔차간의 공분산이 0($Cov(\varepsilon_x,\ \varepsilon_Y)=0$) 이라는 가정이 성립되기 어렵다.

③ 다요인모형의 경우 주식수익률의 변동원인을 다양한 요인에 의해 보다 정확하게 확인할 수 있기 때문에 여러 요인에 대한 미래예측을 토대로 적극적인 투자전략을 수립할 수 있다.

24 (1) 다중회귀모형을 추정하여 나타난 절편 0.82는 투자성과 평가 척도 중 하나인 젠센의 알파에 해당한다. 4요인모형이 성립하려면 알파가 0이어야 하는데, 추정된 절편 0.82는 표준오차인 0.32의 약 2.56배(즉, t 통계량이 2.56)이므로 영(0)과 통계적으로 유의하게 다르다는 것으로 해석할 수 있다. 그리고 이것은 펀드 제이가 비정상수익률(초과성

4) 다요인모형의 기본가정: $Cov(F_l,\ F_k)=0$(단, $l\neq k$), $Cov(F_k,\ \varepsilon_i)=0$, $Cov(\varepsilon_i,\ \varepsilon_j)=0$(단, $i\neq j$)

과)을 얻고 있음을 의미한다.

(2) 정보통신 관련주에 많은 주식을 포함하고 있는 펀드 제이의 경우, 펀드를 구성하는 종목의 체계적 위험인 베타가 7년 동안 불변이라는 가정은 비합리적이다. 왜냐하면 베타는 영업위험, 재무위험 등의 영향을 받기 때문에 시기별로 변동할 가능성이 높다.

(3) 각 요인의 추정 계수와 표준오차를 이용하여 t 값(통계량)을 구하면 다음과 같다.

	시장요인위험	기업규모요인위험	가치주요인위험	모멘텀요인위험
계 수	1.21	0.57	−0.25	0.12
표준오차	0.24	0.21	0.45	0.06
t 값	5.04	2.71	−0.56	2

일반적으로 회귀계수의 검증에서 t 값이 2 이상일 경우 5% 유의수준 하에서 유의한 것으로 평가된다. 가치주요인위험을 제외한 나머지 변수들의 t 값은 절대값이 2 이상이므로 5% 유의수준에서 해당 변수들의 추정계수는 통계적으로 유의한 것으로 해석할 수 있다. 따라서 펀드 제이는 시장위험요인위험, 기업규모요인위험, 모멘텀요인위험 등의 위험에 노출되어 있다고 평가된다.

(4) CAPM을 검증하기 위해서는 시장지수 등 대용치가 아닌 진정한 시장포트폴리오가 필요하나 현실적으로 그것을 구성할 수 없기 때문에 CAPM에 대한 실증적 검증이 불가능하다. 한편 APT는 투자자의 효용함수나 증권수익률의 확률분포에 대한 가정 없이, 개별증권의 수익률이 K개의 요인에 의해 선형으로 표현될 수 있다는 가정과 차익거래이익이 존재하지 않는다는 균형조건에 의해서 도출된 모형이다. 이러한 APT에서는 CAPM과 달리 시장포트폴리오의 존재가 필요 없으므로 그 모형의 실증적인 검증이 가능하나 APT에서는 요인의 수가 몇 개인지, 그리고 그 요인이 무엇을 의미하는지가 명확하지 않다는 문제점이 있다.

25 (1) 펀드 아이의 경우 SMB의 계수가 0보다 크므로 소형주에 속하고 HML의 계수가 0보다 작으므로 성장주에 속한다는 것을 의미한다. Fama와 French의 3요인모형의 추정 결과 SMB의 계수가 +0.48이고 HML의 계수는 −0.24로 나타났으며, 이들 계수의 t 값이 2 이상이므로 통계적으로도 유의하다. 따라서 추정계수들이 영(0)과 통계적으로 다른 것으로 해석된다.

(2) Fama와 French의 3요인모형을 이용한 추정에서 펀드 및 MKT의 수익률은 초과수익률을 사용하였으므로 회귀식의 절편은 젠센의 알파에 해당한다. 이 알파가 0.12로 양(+)

의 값을 지니지만 t 값이 2보다 작아 통계적으로 유의하지 않다. 따라서 이 펀드는 유의한 초과수익을 달성하였다고 볼 수 없다.

(3) 이머징마켓은 선진국에 비해서 시장의 효율성 정도가 약하므로 정보가 주가에 즉각적이고 충분하게 반영되지 못할 수 있다. 이는 Fama와 French의 3요인이 주가를 설명하기 어렵게 만들며 나아가 3요인 모형을 이용한 펀드 성과의 측정 시 정확성을 떨어뜨리는 요인으로 작용할 수 있다.

26 (1) 무차별곡선의 기울기(MRS)를 구하면 다음과 같다.

$$\frac{dE(r_p)}{d\sigma_p}=2\times\frac{1}{4}\times\gamma\times\sigma_p=\frac{1}{2}\gamma\sigma_p$$

그리고 자본시장선(CML)의 기울기를 구하면 다음과 같다.

$$\frac{E(r_M)-r_f}{\sigma_M}=\frac{E(r_M)-r_f}{0.1}$$

평균적인 위험회피계수가 4라는 것은 투자자들이 선택하는 최적포트폴리오의 총합 즉 시장포트폴리오의 접점에서 위험회피계수가 4라는 것을 의미한다.

$$\frac{1}{2}\times 4\times 0.1=\frac{E(r_M)-r_f}{0.1} \qquad \therefore\ E(r_M)-r_f=0.02$$

(2) ① 주식 B의 베타는 다음과 같다.

$$\beta_B=\frac{\sigma_B\times\rho_{BM}}{\sigma_M}=\frac{0.15\times 0.8}{0.1}=1.2$$

주식 A와 B는 기대수익률이 동일하므로 베타도 동일하다. 이를 이용하여 주식 A의 표준편차를 구할 수 있다.

$$\beta_A=\beta_B=1.2=\frac{\sigma_A\times 1.0}{0.1}\rightarrow\sigma_A=0.12$$

주식 B의 기대수익률과 체계적 위험(베타)을 증권시장선에 대입하여 시장포트폴리오의 기대수익률을 구하면 다음과 같다.

$$0.14=0.05+[E(r_M)-0.05]\times 1.2\rightarrow E(r_M)=0.125\ (12.5\%)$$

② 주식 C의 기대수익률이 시장포트폴리오의 기대수익률과 동일하다면 주식 C의 베타

는 1이 되어야 하므로 아래 식이 성립한다.

$$\beta_C = 1 = \frac{\sigma_C \times 0.8}{0.1}$$

따라서 주식 C의 표준편차는 다음과 같다.

$$\sigma_C = 0.125 \ (12.5\%)$$

③ 주식 A와 무위험자산의 결합으로 구성된 포트폴리오 K의 수익률은 다음과 같다.

$$r_K = w_A r_A + (1 - w_A) r_f$$

$$E(r_K) = w_A E(r_A) + (1 - w_A) r_f$$
$$= w_A \times 0.14 + (1 - w_A) \times 0.05 = 0.113$$
$$\therefore \ w_A = 0.7$$

그리고 포트폴리오 K의 베타는 주식 A와 무위험자산의 가중평균 베타로 다음과 같다.

$$\beta_K = 0.7 \times 1.2 + 0.3 \times 0 = 0.84$$

포트폴리오 K의 분산, 표준편차, 그리고 포트폴리오 K와 시장포트폴리오의 공분산은 각각 다음과 같다.

$$Var(r_K) = Var(0.7r_A + 0.3r_f) = 0.7^2 Var(r_A) \rightarrow \sigma_K = \sqrt{Var(r_K)} = 0.7\sigma_A$$
$$Cov(r_K,\ r_M) = Cov(0.7r_A + 0.3r_f,\ r_M) = 0.7\sigma_{AM} = 0.7\sigma_A\sigma_M$$

이상의 결과를 이용하여 포트폴리오 K와 시장포트폴리오의 상관계수를 구하면 다음과 같다.

$$\rho_{KM} = \frac{Cov(r_K,\ r_M)}{\sigma_K \sigma_M} = \frac{0.7\sigma_A\sigma_M}{0.7\sigma_A\sigma_M} = 1$$

(3) 시장포트폴리오의 수익률은 다음과 같다.

$$r_M = 0.6r_B + 0.4r_D$$

제로베타폴리오의 수익률은 다음과 같다..

$$r_Z = w_B r_B + (1 - w_B) r_D$$

제로베타폴리오는 시장포트폴리오와의 상관관계가 0, 즉 공분산이 0이 되는 포트폴리오를 말한다.

$$\begin{aligned} Cov(r_M, r_Z) &= Cov(0.6r_B + 0.4r_D,\ w_B r_B + (1-w_B)r_D) \\ &= 0.6 \times w_B \times \sigma_B^2 + 0.6 \times (1-w_B) \times \sigma_{BD} + 0.4 \times w_B \times \sigma_{DB} \\ &\quad + 0.4 \times (1-w_B) \times \sigma_D^2 \\ &= 0.6 \times w_B \times 0.15^2 + 0.4 \times (1-w_B) \times 0.2^2 \\ &= -0.0025w_B + 0.016 = 0 \rightarrow w_B = 6.4 \end{aligned}$$

따라서 제로포트폴리오의 기대수익률은 다음과 같다.

$$\therefore\ E(r_Z) = w_B r_B + (1-w_B)r_D = 6.4 \times 0.14 + (1-6.4) \times 0.16 = 0.032\ (3.2\%)$$

(4) 옳지 않다. 위험프리미엄이 0보다 작은 자산은 베타가 음(−)인 자산이다. 이러한 자산의 대표적인 유형으로 보험을 들 수 있다. 투자자들은 베타가 음(−)인 자산을 위험관리 즉, 헤지 또는 체계적 위험을 감소시키는 목적으로 보유할 수 있다.

27 (1) 투자자 1의 시장포트폴리오 수익률: $r_{M1} = 0.75r_A + 0.25r_B$

투자자 2의 시장포트폴리오 수익률: $r_{M2} = 0.5r_A + 0.5r_B$

- $$\begin{aligned} Cov(r_A, r_{M1}) &= Cov(r_A,\ 0.75r_A + 0.25r_B) = 0.75Var(r_A) + 0.25Cov(r_A, r_B) \\ &= 0.75 \times 0.0081 + 0.25 \times 0 = 0.006075 \end{aligned}$$

- $$\begin{aligned} Var(r_{M1}) &= Var(0.75r_A + 0.25r_B) \\ &= (0.75)^2 \times 0.0081 + (0.25)^2 \times 0.0025 + 2 \times 0.75 \times 0.25 \times 0 = 0.0047125 \end{aligned}$$

- $$\begin{aligned} Cov(r_A, r_{M2}) &= Cov(r_A,\ 0.5r_A + 0.5r_B) = 0.5Var(r_A) + 0.5Cov(r_A, r_B) \\ &= 0.5 \times 0.0081 + 0.5 \times 0 = 0.00405 \end{aligned}$$

- $$\begin{aligned} Var(r_{M2}) &= Var(0.5r_A + 0.5r_B) \\ &= (0.5)^2 \times 0.0081 + (0.5)^2 \times 0.0025 + 2 \times 0.5 \times 0.5 \times 0 = 0.00265 \end{aligned}$$

$$\therefore\ 투자자\ 1:\ \beta_{A1} = \frac{Cov(r_A, r_{M1})}{Var(r_{M1})} = \frac{0.006075}{0.0047125} = 1.289$$

$$투자자\ 2:\ \beta_{A2} = \frac{Cov(r_A, r_{M2})}{Var(r_{M1})} = \frac{0.00405}{0.00265} = 1.528$$

(2) ① 투자자 1의 경우

(i) 제로베타 포트폴리오: $r_{Z1}=w_{A1}r_A+(1-w_{A1})r_B$

$$\begin{aligned}Cov(r_{Z1},\ r_{M1}) &= Cov[w_{A1}r_A+(1-w_{A1})r_B,\ 0.75r_A+0.25r_B]\\ &= w_{A1}\times 0.75\times Cov(r_A,\ r_A)+w_{A1}\times 0.25\times Cov(r_A,\ r_B)\\ &\quad +(1-w_{A1})\times 0.75\times Cov(r_B,\ r_A)+(1-w_{A1})\times 0.25\times Cov(r_B,\ r_B)\\ &= w_{A1}\times 0.75\times Var(r_A)+(1-w_{A1})\times 0.25\times Var(r_B)\\ &= w_{A1}\times 0.75\times 0.0081+(1-w_{A1})\times 0.25\times 0.0025\\ &= 0.000625+0.00545w_{A1}=0\end{aligned}$$

$$\therefore\ w_{A1}=-\frac{0.000625}{0.00545}=-0.1147,\ w_{B1}=1-w_{A1}=1-(-0.1147)=1.1147$$

☞ $E(r_{Z1})=w_{A1}E(r_A)+(1-w_{A1})E(r_B)=-0.1147\times 0.3+1.1147\times 0.2=0.1885$

(ii) 증권시장선: $E(r_j)=E(r_{Z1})+[\ E(r_{M1})-E(r_{Z1})]\beta_j$

$$\begin{aligned}&=0.1885+(0.275-0.1885)\beta_j\\ &=0.1885+0.0865\beta_j\end{aligned}$$

※ $E(r_{M1})=0.75E(r_A)+0.25E(r_B)=0.75\times 0.3+0.25\times 0.2=0.275$

② 투자자 2의 경우

(i) 제로베타 포트폴리오: $r_{Z2}=w_{A2}r_A+(1-w_{A2})r_B$

$$\begin{aligned}Cov(r_{Z2},\ r_{M2}) &= Cov[w_{A2}r_A+(1-w_{A2})r_B,\ 0.5r_A+0.5r_B]\\ &= w_{A2}\times 0.5\times Cov(r_A,\ r_A)+w_{A2}\times 0.5\times Cov(r_A,\ r_B)\\ &\quad +(1-w_{A2})\times 0.5\times Cov(r_B,\ r_A)+(1-w_{A2})\times 0.5\times Cov(r_B,\ r_B)\\ &= w_{A2}\times 0.5\times Var(r_A)+(1-w_{A2})\times 0.5\times Var(r_B)\\ &= w_{A2}\times 0.5\times 0.0081+(1-w_{A2})\times 0.5\times 0.0025\\ &= 0.00125+0.0028w_{A2}=0\end{aligned}$$

$$\therefore\ w_{A2}=-\frac{0.00125}{0.0028}=-0.4464,\ w_{B2}=1-w_{A2}=1-(-0.4464)=1.4464$$

☞ $E(r_{Z2})=w_{A2}E(r_A)+(1-w_{A2})E(r_B)=-0.4464\times 0.3+1.4464\times 0.2=0.1554$

(ii) 증권시장선: $E(r_j)=E(r_{Z2})+[E(r_{M2})-E(r_{Z2})]\beta_j$

$$\begin{aligned}&=0.1554+(0.25-0.1554)\beta_j\\ &=0.1554+0.0946\beta_j\end{aligned}$$

※ $E(r_{M2})=0.5E(r_A)+0.5E(r_B)=0.5\times 0.3+0.5\times 0.2=0.25$

(3) 주식 A의 균형 기대수익률을 각 투자자의 증권시장선에 의해서 구하면 다음과 같다.

- 투자자 1: $E(r_A)=0.1885+0.0865\beta_{A1}=0.1885+0.0865\times1.289=0.30$
- 투자자 2: $E(r_A)=0.1554+0.0946\beta_{A2}=0.1554+0.0946\times1.528=0.30$

Tip

투자자들은 자신이 선택하는 효율적 포트폴리오(주관적인 시장포트폴리오)에 따라 서로 다른 증권시장선과 β 측정치를 가진다 하더라도, 동일한 자산에 대해서는 항상 동일한 기대수익률을 얻는다는 사실을 확인할 수 있다. 이를 그림으로 나타내면 다음과 같다.

(a) 효율적 투자선 (b) 증권시장선

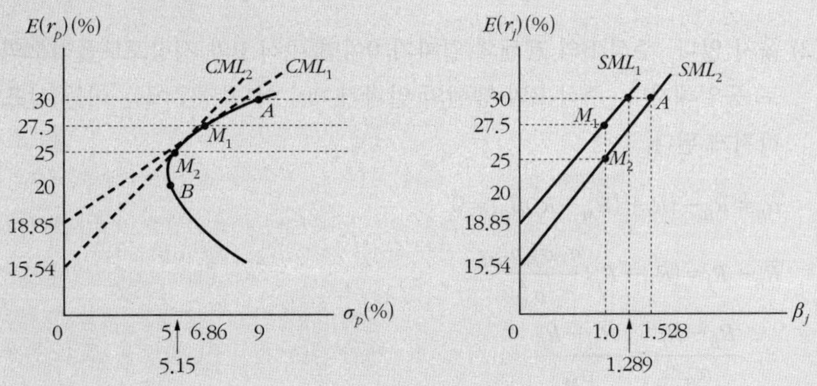

※ 시장전체로 볼 때 각 투자자들이 선택하는 효율적 포트폴리오를 모두 총합한 포트폴리오, 즉 시장포트폴리오 M에 의해 시장전체의 제로베타 CAPM을 도출할 수 있을 것이다.

28 (1) ① 추정된 회귀식은 다음과 같이 나타낼 수 있다.

$$\bar{R}_A-R_f=0.027+0.17\beta_A$$

그리고 주식 A의 트레이너 지수는 다음과 같다.

$$\frac{\bar{R}_A-R_f}{\beta_A}=0.2$$

위의 두 식을 이용하여 주식 A의 베타를 구하면 다음과 같다.

$$\frac{0.027+0.17\beta_A}{\beta_A}=0.2 \rightarrow \beta_A=\frac{0.027}{0.03}=0.9$$

② 정보비율의 측정치를 통해 주식 A의 비체계적 위험을 구하면 다음과 같다.

$$0.2=\frac{0.027}{\sigma_A^{NS}} \rightarrow \sigma_A^{NS}=0.135$$

주식 A의 분산과 표준편차를 구하면 다음과 같다.

$$\sigma_A^2=0.9^2\times0.2^2+0.135^2=0.050625$$

$$\sigma_A=0.225$$

따라서 주식 A의 샤프지수는 측정하면 다음과 같다.

$$\text{샤프지수}=\frac{\bar{R}_A-R_f}{\sigma_A}=\frac{0.9\times0.2}{0.225}=0.8$$

(2) 옳지 않다. 주식 B의 젠센의 알파가 0이면 주식 B와 시장포트폴리오의 샤프지수가 서로 동일해지나, 주식 B의 젠센의 알파가 0이 아닌 경우에는 이들 샤프지수는 서로 달라지게 된다.

$$\alpha_B=\bar{R}_B-[R_f+(\bar{R}_M-R_f)\beta_B]=0$$

$$\bar{R}_B-R_f=(\bar{R}_M-R_f)\frac{\sigma_B\sigma_M\rho_{BM}}{\sigma_M^2}$$

$$\therefore \frac{\bar{R}_B-R_f}{\sigma_B}=\frac{\bar{R}_M-R_f}{\sigma_M}$$

(3) ① 증권시장선을 이용하여 주식 C와 D의 균형 기대수익률을 구하면 다음과 같다.

$$E(R_C)=4\%+17\%\times1.2=24.4\%$$

$$E(R_D)=4\%+17\%\times0.8=17.6\%$$

주식 C와 D의 균형 기대수익률과 실제 기대수익률(현재 가격에 내재된 기대수익률)을 비교하여 평가하면 그 결과는 다음과 같다.

주 식	균형 기대수익률	실제 기대수익률	평 가
주식 C	24.4%	20%	과소
주식 D	17.6%	18%	과대

② 투자자 갑이 구성한 포트폴리오 K의 균형 기대수익률은 다음과 같다.

$$E(r_K)=w_C E(r_C)+(1-w_C)E(r_D)=24.4\%\times w_C+17.6\%\times(1-w_C)$$

$$=6.8\%\times w_C+17.6\%$$

한편 포트폴리오 K는 적정하게 평가되어 있으므로 증권시장선을 이용하여 다음과 같이 균형 기대수익률을 구할 수 있다.

$\beta_K = w_C \times 1.2 + (1 - w_C) \times 0.8 = 0.4w_C + 0.8$
$E(r_K) = 4\% + 17\%(0.4w_C + 0.8) = 6.8\% \times w_C + 17.6\%$

포트폴리오 K의 균형 및 실제 기대수익률이 서로 같아야 하므로 다음의 식이 성립한다.

$E(r_K) = 6.8\% \times w_C + 17.6\% = 20\% \times w_C + 18\%(1 - w_C) \rightarrow w_C = 0.0833$

따라서 포트폴리오 K를 구성하는 주식 C와 D의 투자비율은 각각 8.33%, 91.67%이다.

(4) 옳다. 제로베타 포트폴리오는 마코위츠의 효율적 투자기회집합의 아래 우측에 위치하므로 비효율적인 포트폴리오에 해당한다.

29 (1) ① 증권 j의 초과수익률인 $R_{jt}(=r_{jt} - r_{ft})$와 시장포트폴리오의 초과수익률인 $R_{Mt}(=r_{Mt} - r_{ft})$을 이용한 회귀분석 모형은 다음과 같다.

$R_{jt} = \alpha_j + \beta_j R_{Mt} + e_j$

각 주식의 평균 초과수익률과 표준편차를 구하면 다음과 같다.

- 주식 A의 평균 초과수익률: $\bar{R}_A = \hat{\alpha}_j + \hat{\beta}_j \bar{R}_M = 0.02 + 1.3 \times 0.08 = 0.124$ (12.4%)
  주식 A의 표준편차: $\sigma_j = \sqrt{\beta_j^2 \sigma_M^2 + Var(e_j)}$
  $= \sqrt{(1.3)^2(0.15)^2 + (0.103)^2} = 0.2205$ (22.05%)
- 주식 B의 평균 초과수익률: $\bar{R}_B = 0.04 + 0.6 \times 0.08 = 0.088$ (8.8%)
  주식 B의 표준편차: $\sigma_j = \sqrt{(0.6)^2(0.15)^2 + (0.191)^2} = 0.2111$ (21.11%)

② 주식 A와 B, 시장포트폴리오의 샤프지수와 트레이너지수를 구하면 다음과 같다.

	샤프지수$\left(\frac{\bar{r}_i - \bar{r}_f}{\sigma_i}\right)$	트레이너지수$\left(\frac{\bar{r}_i - \bar{r}_f}{\beta_i}\right)$
주식 A	$\frac{12.4\%}{22.05\%} = 0.5624$	$\frac{12.4\%}{1.3} = 9.5385\%$
주식 B	$\frac{8.8\%}{21.11\%} = 0.4169$	$\frac{8.8\%}{0.6} = 14.6667\%$
시장포트폴리오	$\frac{14\% - 6\%}{15\%} = 0.5333$	$\frac{14\% - 6\%}{1} = 8\%$

(2) 주식 A와 무위험자산을 결합한 포트폴리오 X에서 주식 A의 투자비율을 w_A라 하면,

$\sigma_X = w_A \sigma_A = \sigma_M = 0.15$

$\rightarrow w_A = \dfrac{\sigma_X}{\sigma_A} = \dfrac{0.15}{0.2205} = 0.6803$ (68.03%)

$\bar{r}_A = \bar{R}_A + r_f = 12.4\% + 6\% = 18.4\%$

$\bar{r}_X = 0.6803 \times 18.4\% + 0.3197 \times 6\% = 14.44\%$

$\therefore \ \bar{r}_X - \bar{r}_M = 14.44\% - 14\% = 0.44\%$

(3) 잘 분산된 포트폴리오에서는 체계적 위험만이 존재한다. 따라서 동일한 체계적 위험에 대해 더 많은 보상을 제공하는, 즉 트레이너지수가 높은 주식 B를 포트폴리오에 포함시키는 것이 더 유리하다.

(4) 증권시장선을 $E(r_i - r_f) = \beta_i E(r_M - r_f)$와 같이 나타낼 수 있다. 이는 CAPM이 성립한다면 자산의 초과수익률은 오직 체계적 위험의 지표인 베타(β)와 시장포트폴리오의 초과수익률의 두 가지 요소에 의해서만 결정됨을 의미한다. 따라서 CAPM이 성립할 경우 위 회귀식에서 ψ_1은 '$\bar{r}_M - \bar{r}_f$'의 값을 가져야 한다. 그리고 비체계적 위험에 대한 보상이 존재하지 않으므로 ψ_2는 0이어야 한다.

30 (1) CAPM이 성립한다고 할 수 없는 이유는 다음과 같다. 첫째, CAPM이 성립하면 초과수익률(γ_0)이 0이어야 하는데, 추정치가 0.127이고 표준오차가 0.006이므로 t값이 21.17로서 매우 높게 나타나 통계적으로 유의하게 0이 아닌 것으로 해석된다. 둘째, $\gamma_1 = \bar{R}_M$이어야 하는데, 0.042는 실제로 관찰된 평균 시장초과수익률 16.5%에 비해 너무 낮으며 통계적으로 유의하게 다르다. 셋째, $\gamma_2 = 0$이 충족되어야 하는데 추정치가 0.310으로 0이 아니며 그 t 값이 11.92로 높게 나타나 통계적으로도 매우 유의한 수준이다.

(2) CAPM 검증방법이 갖는 문제점을 제시하면 다음과 같다. 첫째, 주가지수는 진정한 시장포트폴리오가 아니라 대리변수에 불과하다. 대리변수인 주가지수가 효율적이지 못하면 CAPM을 검증할 수 없다. 둘째, 베타 추정치에 상당한 표본오차(sampling error) 및 측정오차(measurement error)가 존재할 수 있다. 예를 들어 회귀분석모형에 사용한 역사적 수익률이 미래에도 변화되지 않고 그대로 지속된다는 보장이 없음에도 불구하고 이와 같은 가정 하에서 베타를 추정한다. 이러한 베타를 이용한 2단계 회귀분석의 결과는 신뢰하기 어렵다. 셋째, CAPM의 가정과 같이 무위험이자율로 차입과 대출을 가능하도록 만드는 진정한 의미의 무위험자산은 존재하지 않는다. 이러한 경우도 CAPM의 검증을 위한 회귀분석 모형의 추정 결과에 편의를 초래하게 만든다.

제 11 장

위험과 자본예산

▶ 객관식 문제

01 영업이익 $=(P-V)\times 2{,}500-FC=0$

$$\rightarrow DOL=\frac{(P-V)\times 3{,}400}{(P-V)\times 3{,}400-FC}=\frac{(P-V)\times 3{,}400}{(P-V)\times 2{,}500-FC+(P-V)\times 900}$$

$$=\frac{3{,}400}{900}=3.78$$

02 $DOL=\frac{3\%}{1\%}=3,\ DCL=DOL\times DFL=6\rightarrow DFL=2$

영업이익이 10% 증가하는 경우 주당순이익은 20% 증가함.

$$\therefore\ PER=\frac{\text{주가}(1+0.1)}{\text{주당순이익}(1+0.2)}=12\times\frac{1.1}{1.2}=11$$

03 $DOL=\frac{DCL}{DFL}=\frac{6}{2}=3=\frac{EBIT+FC}{EBIT}=\frac{20\text{억원}+FC}{20\text{억원}}\rightarrow FC=40\text{억원}$

04 ① 음(−)의 DOL은 매출액이 증가함에 따라 영업손실이 줄어듦을 의미한다.

05 $0.06=r_f+[E(r_M)-r_f]\times 1,\ 0.10=r_f+[E(r_M)-r_f]\times 2$

$\rightarrow r_f=0.02,\ E(r_M)=0.06$

$E(r_A)=E(r_B)=0.02+0.04\times 1.5=0.08$

- 신규 사업 A, B의 기대수익률(자본비용) = 8% < 신규 사업 A의 내부수익률(실제 기대수익률) = 9% → 신규 사업 A 채택

- 신규 사업 A, B의 기대수익률(자본비용)=8%>신규 사업 B의 내부수익률(실제 기대수익률)=7% → 신규 사업 B 기각

(※ 기존 기업(또는 사업부)의 체계적 위험에 관계없이 투자안은 그 자체의 체계적 위험을 정확히 반영하여 측정된 투자안의 자본비용에 의해서 평가되어야 한다.)

06 $r_S=\frac{D_1}{P_0}+g=\frac{2,000\times(1+0.05)}{30,000}+0.05=0.12,\ r_B=\frac{700}{10,000}=0.07$

$\therefore\ E(r_p)=\frac{4\times 30,000}{4\times 30,000+4\times 10,000}\times 0.12+\frac{4\times 10,000}{4\times 30,000+4\times 10,000}\times 0.07=0.1075$

07 ① $r_S=0.1+(0.18-0.1)\times 1.5=0.22$

② $\beta_A=\left(\frac{S}{S+B}\right)\beta_S+\left(\frac{B}{S+B}\right)\beta_B=0.5\times 1.5+0.5\times 0=0.75$

③ $\beta_A'=0.7\times\beta_S'=0.75\rightarrow\beta_S'=1.07$

④ $r_S=0.1+(0.18-0.1)\times 1.07=0.1856$

⑤ $WACC=0.1+(0.18-0.1)\times 0.75=0.16$

08 ① 회계손익분기점, 즉 '$EBIT=0$'으로 하는 연간 판매수량은 400개이며, 이러한 회계손익분기점에서의 연간 영업현금흐름(OCF)은 1,000만원(=5만원×400개−1,000만원)으로 감가상각비와 동일하다. 따라서 투자액 3,000만원을 회수하는 데 소요되는 기간은 3년으로 투자안 내용연수와 동일하다.

② '$NPV=0$'으로 하는 재무손익분기점에서 내부수익률과 자본비용은 동일하다.

③ 현금손익분기점에서의 연간 영업현금흐름(OCF)은 0, 즉 현재의 투자지출액을 전혀 회수하지 못하므로 내부수익률은 −100%라 할 수 있다. 한편 회계손익분기점은 내용연수 동안 현재의 투자지출액과 동일한 금액만 회수하는 것이므로 내부수익률은 0이다.

④ 재무손익분기점: $Q=\frac{FCC+EAC}{P-V}=\frac{1,000+\left(\frac{3,000}{2.4869}\right)}{5}\rightarrow Q=441.26$개

▶ 주관식 문제

01 (1) 시장수익률의 기대수익률, 분산 및 표준편차

s	p_s	r_M	$p_s r_M$	$r_M-\bar{r}_M$	$(r_M-\bar{r}_M)^2$	$p_s(r_M-\bar{r}_M)^2$
1	0.1	−0.15	−0.015	−0.25	0.0625	0.00625
2	0.3	0.05	0.015	−0.05	0.0025	0.00075
3	0.4	0.15	0.060	0.05	0.0025	0.00100
4	0.2	0.20	0.040	0.10	0.0100	0.00200
			$E(r_M)=\bar{r}_M=0.10$			$Var(r_M)=0.01$
						$\sigma_M=0.1$

(2) 투자안의 실제 기대수익률과 시장수익률 간의 공분산

s	p_s	r_j	$p_s r_j$	$(r_j-\bar{r}_j)$	$(r_M-\bar{r}_M)(r_M-\bar{r}_M)$	$p_s(r_j-\bar{r}_j)(r_M-\bar{r}_M)$
1	0.1	−0.30	−0.03	−0.50	0.125	0.0125
2	0.3	0.10	0.03	−0.10	0.005	0.0015
3	0.4	0.30	0.12	0.10	0.005	0.0020
4	0.2	0.40	0.08	0.20	0.020	0.0040
			$\bar{r}_1=0.20$			$Cov(r_1, r_M)=0.0200$
1	0.1	−0.30	−0.03	−0.44	0.110	0.0110
2	0.3	−0.10	−0.03	−0.24	0.012	0.0036
3	0.4	0.30	0.12	0.16	0.008	0.0032
4	0.2	0.40	0.08	0.26	0.026	0.0052
			$\bar{r}_2=0.14$			$Cov(r_2, r_M)=0.0230$
1	0.1	−0.09	−0.009	−0.12	0.030	0.0030
2	0.3	0.01	0.003	−0.02	0.001	0.0003
3	0.4	0.05	0.020	0.02	0.001	0.0004
4	0.2	0.08	0.016	0.05	0.005	0.0010
			$\bar{r}_3=0.030$			$Cov(r_3, r_M)=0.0047$
1	0.1	−0.05	−0.005	−0.13	0.0325	0.00325
2	0.3	0.05	0.015	−0.03	0.0015	0.00045
3	0.4	0.10	0.040	0.02	0.0010	0.00040
4	0.2	0.15	0.030	0.07	0.0070	0.00140
			$\bar{r}_4=0.080$			$Cov(r_4, r_M)=0.00550$

(3) 투자안의 베타와 요구수익률

$$\beta_j = \frac{Cov(r_j, r_M)}{Var(r_M)}$$

• $\beta_1 = 0.0200/0.01 = 2.00$ • $\beta_2 = 0.0230/0.01 = 2.30$

• $\beta_3 = 0.0047/0.01 = 0.47$ • $\beta_4 = 0.0055/0.01 = 0.55$

$SML: E(r_j) = r_f + [E(r_M) - r_f]\beta_j = 0.05 + 0.05\beta_j$

• $E(r_1) = 0.05 + 0.05\beta_1 = 0.05 + 0.05 \times 2.0 = 0.150$
• $E(r_2) = 0.05 + 0.05\beta_2 = 0.05 + 0.05 \times 2.3 = 0.165$
• $E(r_3) = 0.05 + 0.05\beta_3 = 0.05 + 0.05 \times 0.47 = 0.0735$
• $E(r_4) = 0.05 + 0.05\beta_4 = 0.05 + 0.05 \times 0.55 = 0.0775$

(4) 투자안의 평가

투 자 안	실제기대수익률		요구수익률	평 가
1	0.20	>	0.150	채 택
2	0.14	<	0.165	기 각
3	0.03	<	0.0735	기 각
4	0.08	>	0.0775	채 택

02 (1) • $DOL = \frac{R - VC}{R - VC - FC} = \frac{200,000 - 100,000}{200,000 - 100,000 - 50,000} = 2$

• $DFL = \frac{EBIT}{EBIT - Int} = \frac{50,000}{50,000 - 10,000} = 1.25$

• $DCL = DOL \times DFL = 2 \times 1.25 = 2.5$

(2)

추정손익계산서

㈜청운전자	(20×2. 1. 1~20×2. 12. 31)	(단위: 만원)
매 출 액[1]		220,000
변동영업비용[2]		110,000
고정영업비용		50,000
영업이익(EBIT)[3]		60,000
이자비용		10,000
법인세비용차감전순이익		50,000
법인세비용(법인세율=40%)		20,000
순 이 익		30,000
÷총발행주식수		÷10만주
주당순이익(EPS)[4]		3,000원

주) 1. 매출액=200,000만원×(1+0.1)=220,000만원

2. 변동영업비용=매출액×변동비율=220,000×0.5=110,000만원

$\left(\text{※ 변동비율}=\dfrac{\text{변동영업비용}}{\text{매출액}}=\dfrac{100{,}000}{200{,}000}=0.5\right)$

3. 영업이익(EBIT)=영업이익×(1+영업이익증가율)=50,000만원×(1+0.2)=60,000만원

(※ 영업이익증가율=매출액증가율×DOL=10%×2=20%)

4. 주당순이익(EPS)=주당순이익×(1+주당순이익증가율)=2,400원×(1+0.25)=3,000원

(※ 주당순이익증가율=영업이익증가율×DFL=20%×1.25=25%)

03 (1) $\beta_A=\dfrac{100}{340}\times 0+\dfrac{40}{340}\times 0.20+\dfrac{200}{340}\times 1.20=0.73$

(2) 자본구조가 변하더라도 기업의 자산베타는 변하지 않는다.

$\beta_A(=\beta_S)=0.73$

04 (1) • $E(r_A)=0.04+(0.10-0.04)\beta_A=0.04+0.06\times 0.5=0.07$

• $E(r_B)=0.04+(0.10-0.04)\beta_B=0.04+0.06\times 1.5=0.13$

$\therefore\ NPV(\text{A})=\dfrac{160.5}{1+0.07}-100=50\text{억원},\ NPV(\text{B})=\dfrac{282.5}{1+0.13}-100=150\text{억원}$

(2) $\beta_p=W_A\beta_A+W_B\beta_B=\left[\dfrac{PV(\text{A})}{PV(\text{A})+PV(\text{B})}\right]\beta_A+\left[\dfrac{PV(\text{B})}{PV(\text{A})+PV(\text{B})}\right]\beta_B$

$=\left(\dfrac{150}{150+250}\right)\times 0.5+\left(\dfrac{250}{150+250}\right)\times 1.5=1.125$

$\rightarrow E(r_p)=0.04+0.06\beta_p=0.04+0.06\times 1.125=0.1075$

$$\therefore\ PV(\text{A}+\text{B})=\frac{\text{기대현금흐름}}{1+E(r_p)}=\frac{160.5+282.5}{1+0.1075}=400\text{억원}$$

☞ ㈜남북의 시장가치(400억원)는 각 사업부의 가치, 즉 사업부 A의 가치(150억원)와 사업부 B의 가치(250억원)를 합한 것과 같다. 즉 가치의 가산원칙이 성립함을 알 수 있다.

05 (1) • $r_S=0.08+(0.15-0.08)\beta_S=0.08+0.07\times2.0=0.22$

• $r_B=0.08+(0.15-0.08)\beta_B=0.08+0.07\times0.0=0.08$

(2) $WACC=\left(\frac{S}{S+B}\right)r_S+\left(\frac{B}{S+B}\right)r_B=0.5\times0.22+0.5\times0.08=0.15$

(3) 투자안의 베타 β_A는 주식베타와 부채베타를 가중평균하여 구할 수 있다.

$$\beta_A=\left(\frac{S}{S+B}\right)\beta_S+\left(\frac{B}{S+B}\right)\beta_B=0.5\times2.0+0.5\times0.0=1.0$$

(4) $WACC=0.08+(0.15-0.08)\beta_A=0.08+0.07\times1.0=0.15$

(5) 물음 (2)와 (4)에 의해서 측정된 투자안의 자본비용은 15%로서 동일하다. 이와 같은 결과는 항상 성립한다.

(6) $NPV=-4{,}800+\frac{500}{0.15-0.05}=200\text{만원}>0$(투자안 채택)

06 (1) $E(r)=r_f+[E(r_M)-r_f)]\beta_A=0.08+(0.16-0.08)\times1.5=0.2$

$$\therefore\ NPV=-100+\frac{40}{1+0.2}+\frac{60}{(1+0.2)^2}+\frac{70}{(1+0.2)^3}=15.51\text{만원}$$

(2) $\alpha_1=\frac{1+r_f}{1+E(r)}=\frac{1+0.08}{1+0.2}=0.9$

$\alpha_2=(\alpha_1)^2=(0.9)^2=0.81,\ \alpha_3=(\alpha_1)^3=(0.9)^3=0.729$

확실성등가계수는 매년 10%(=1−0.9)씩 일정률로 감소된다.

(3) 위험조정할인율이 일정하기 때문에 확실성등가계수는 매년 10%씩 일정률로 감소하게 된다. 이와 같이 시간이 경과함에 따라 확실성등가계수가 감소하는 이유는 현금흐름의 누적적 위험도가 증가하기 때문이다.

(4) CAPM의 가정이 성립하는 경우, 확실성등가계수는 시장에서 결정된 객관적인 무위험이자율과 위험조정할인율에 의해서 결정되기 때문에 투자자의 위험회피성향이 변한다 하더라도 확실성등가계수는 변하지 않는다.

07 (1) • 기대효용 $=0.5\times\sqrt{3,500}+0.5\times\sqrt{8,000}=74.3017$

• $74.3017=\sqrt{\text{확실성등가액}}$ → 확실성등가액 $=(74.3017)^2=5,520.7426$만원

• $NPV(A)=\dfrac{2,600}{1+0.05}+\dfrac{3,200}{(1+0.05)^2}-5,000=378.6848$만원

• $NPV(B)=\dfrac{5,520.7426}{1+0.05}-5,000=257.8500$만원

반복투자가 가능하다고 가정하고 있기 때문에 투자안은 연간 등가가치(AEV)에 의해 평가되어야 한다.

• $AEV_A=\dfrac{NPV(A)}{PVIFA_{0.05,\,2}}=\dfrac{378.6848}{1.8594}=203.6596$만원

• $AEV_B=\dfrac{NPV(B)}{PVIFA_{0.05,\,1}}=\dfrac{257.8500}{0.9524}=270.7370$만원

∴ 갑은 연간 등가가치(AEV)가 더 높은 투자안 B를 선택하여야 한다.

(2) ① 을의 입장:

• 기대효용 $=0.5\times\sqrt[4]{3,500}+0.5\times\sqrt[4]{8,000}=8.5745$

• $8.5745=\sqrt[4]{\text{확실성등가액}}$ → 확실성등가액 $=(8.5745)^4=5,405.4918$만원

• $NPV(A)=\dfrac{2,600}{1+0.05}+\dfrac{3,200}{(1+0.05)^2}-5,000=378.6848$만원

• $NPV(B)=\dfrac{5,405.4918}{1+0.05}-5,000=148.0874$만원

반복투자가 가능하다고 가정하고 있기 때문에 투자안은 연간 등가가치(AEV)에 의해 평가되어야 한다.

• $AEV_A=\dfrac{NPV(A)}{PVIFA_{0.05,\,2}}=\dfrac{378.6848}{1.8594}=203.6596$만원

• $AEV_B=\dfrac{NPV(B)}{PVIFA_{0.05,\,1}}=\dfrac{148.0874}{0.9524}=155.4886$만원

∴ 을은 연간 등가가치(AEV)가 더 높은 투자안 A를 선택하여야 한다.

② 먼저 대용기업인 ㈜대전의 자산베타를 구하면 다음과 같다.

$$\beta_A=\left(\frac{S}{S+B}\right)\beta_S+\left(\frac{B}{S+B}\right)\beta_B$$

$$=\left(\frac{6,000}{6,000+3,000}\right)\times1.5+\left(\frac{3,000}{6,000+3,000}\right)\times0=1$$

법인세가 없는 경우 자산베타는 기업의 자본구조와 관계없이 항상 일정하게 된다. 따라서 무부채기업인 ㈜충남의 자산베타(또는 자기자본베타)는 대용기업인 ㈜대전의 자산베타와 동일하다.

$E(r)=0.05+0.05\beta_A=0.05+0.05\times1=0.10$

▶ 시장에서 평가하는 투자안 B의 1년 후 현금흐름에 대한 확실성등가계수:

$$\alpha=\frac{1+r_f}{1+E(r)}=\frac{1+0.05}{1+0.10}=0.9545$$

▶ 갑, 을 각 개인이 평가하는 확실성등가계수:

- $\alpha_{갑}=\frac{확실성등가액}{기대현금흐름}=\frac{5{,}520.7426}{0.5\times3{,}500+0.5\times8{,}000}=0.9601$
- $\alpha_{을}=\frac{확실성등가액}{기대현금흐름}=\frac{5{,}405.4918}{0.5\times3{,}500+0.5\times8{,}000}=0.9400$

∴ 갑의 확실성등가계수 > 시장의 확실성등가계수 > 을의 확실성등가계수

(3) ① 자본시장에서 모든 투자자가 동일한 무위험이자율로 언제든지 차입 또는 대출이 가능해야 한다.

② ①과 같은 시장조건하에서 전문경영자는 주주인 갑과 을의 서로 다른 효용함수를 고려할 필요 없이 위험자산에 대한 투자결정을 할 수 있다(토빈의 분리이론 → 소유와 경영의 분리).

③ • $NPV(\mathrm{A})=\frac{2{,}600}{1+0.05}+\frac{3{,}200}{(1+0.05)^2}-5{,}000=378.6848$만원

• $NPV(\mathrm{B})=\frac{(0.5\times3{,}500+0.5\times8{,}000)\times0.9545}{1+0.05}-5{,}000=227.0238$만원

• $AEV_A=\frac{NPV(\mathrm{A})}{PVIFA_{0.05,\,2}}=\frac{378.6848}{1.8594}=203.6596$만원

• $AEV_B=\frac{NPV(\mathrm{B})}{PVIFA_{0.05,1}}=\frac{227.0238}{0.9524}=238.3702$만원

∴ 전문경영자는 연간 등가가치(AEV)가 더 높은 투자안 B를 선택하여야 한다.

(4) 위험프리미엄 = 기대현금흐름 − 확실성등가액

- 갑이 부담할 수 있는 최대비용 = 5,750 − 5,520.7426 = 229.2574만원
- 을이 부담할 수 있는 최대비용 = 5,750 − 5,405.4918 = 344.5082만원

08 (1) $PV(\text{A})=\dfrac{E(CF_A)-\lambda Cov(CF_A,\ r_M)}{1+r_f}$, $PV(\text{B})=\dfrac{E(CF_B)-\lambda Cov(CF_B,\ r_M)}{1+r_f}$

$$PV(\text{A})-PV(\text{B})=\frac{E(CF_A)-\lambda Cov(CF_A,\ r_M)}{1+r_f}-\frac{E(CF_B)-\lambda Cov(CF_B,\ r_M)}{1+r_f}$$
$$=\frac{[E(CF_A)-E(CF_B)]+\lambda[Cov(CF_B,\ r_M)-Cov(CF_A,\ r_M)]}{1+r_f}$$

- $E(CF_A)=2{,}000\left(\frac{1}{3}\right)+2{,}200\left(\frac{1}{3}\right)+2{,}400\left(\frac{1}{3}\right)=2{,}200$만원
- $E(CF_B)=1{,}800\left(\frac{1}{3}\right)+2{,}200\left(\frac{1}{3}\right)+2{,}600\left(\frac{1}{3}\right)=2{,}200$만원
- $Cov(CF_A,\ r_M)=E[(CF_A-E(CF_A))(r_M-E(r_M))]$

$$=(2{,}000-2{,}200)(0.3-03)\left(\frac{1}{3}\right)+(2{,}200-2{,}200)(0.15-0.3)\left(\frac{1}{3}\right)$$
$$+(2{,}400-2{,}200)(0.45-0.3)=10\text{만원}$$

- $Cov(CF_B,\ r_M)=E[(CF_B-E(CF_B))(r_M-E(r_M))]$

$$=(1{,}800-2{,}200)(0.3-03)\left(\frac{1}{3}\right)+(2{,}200-2{,}200)(0.15-0.3)\left(\frac{1}{3}\right)$$
$$+(2{,}600-2{,}200)(0.45-0.3)=20\text{만원}$$

$$\rightarrow PV(\text{A})-PV(\text{B})=\frac{(2{,}200-2{,}200)+\lambda(20-10)}{1+r_f}=\frac{10\lambda}{1+r_f}$$

여기서 $\lambda=\dfrac{E(r_M)-r_f}{Var(r_M)}>0$이고 $r_f>0$이기 때문에 $PV(\text{A})-PV(\text{B})>0$, 즉 $PV(\text{A})>PV(\text{B})$이다.[1)]

∴ 투자비용이 동일한 두 투자안의 현재가치를 비교한 결과, 투자안 A의 현재가치가 더 크므로 투자안 A를 선택하여야 한다.

(2) • $E(r_M)=0.3\times\frac{1}{3}+0.15\times\frac{1}{3}+0.45\times\frac{1}{3}=0.3$

- $Var(r_M)=(0.3-0.3)^2\times\frac{1}{3}+(0.15-0.3)^2\times\frac{1}{3}+(0.45-0.3)^2\times\frac{1}{3}=0.015$
- $\lambda=\dfrac{E(r_M)-r_f}{Var(r_M)}=\dfrac{0.3-0.15}{0.015}=10$

1) 시장의 기대수익률은 무위험이자율보다 크다. 그러므로 $\lambda>0$ 이 된다.

$$\bullet\ PV(\mathrm{A})=\frac{E(CF_A)-\lambda Cov(CF_A,\ r_M)}{1+r_f}=\frac{2{,}200-10\times10}{1+0.15}=1{,}826.09\text{만원}$$

$$\bullet\ PV(\mathrm{B})=\frac{E(CF_B)-\lambda Cov(CF_B,\ r_M)}{1+r_f}=\frac{2{,}200-10\times20}{1+0.15}=1{,}739.13\text{만원}$$

$$\rightarrow \beta_A=\frac{Cov(r_A,\ r_M)}{Var(r_M)}=\frac{Cov(CF_A,\ r_M)}{PV(A)Var(r_M)}=\frac{10}{1{,}826.09\times0.015}=0.3651$$

$$\beta_B=\frac{Cov(r_B,\ r_M)}{Var(r_M)}=\frac{Cov(CF_B,\ r_M)}{PV(A)Var(r_M)}=\frac{20}{1{,}739.13\times0.015}=0.7667$$

$$\rightarrow E(r_A)=0.15+(0.3-0.15)\times0.3651=0.2048$$

$$E(r_B)=0.15+(0.3-0.15)\times0.7667=0.2650$$

09 이 회사의 각 단계별 의사결정과정, 즉 의사결정수를 나타내면 다음과 같다.

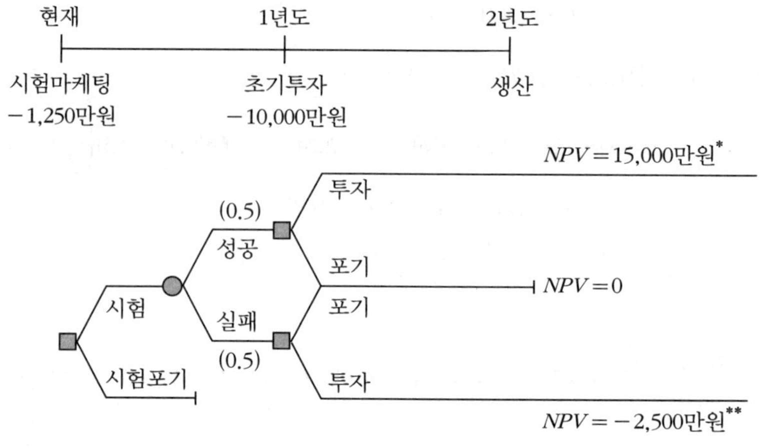

* 시험마케팅 성공(1년도 말 시점의 가치): $NPV=-10{,}000+\frac{2{,}500}{0.1}=15{,}000$만원 → 투자안 채택

** 시험마케팅 실패(1년도 말 시점의 가치): $NPV=-10{,}000+\frac{750}{0.1}=-2{,}500$만원 → 투자안 기각

이제 의사결정이 단순한 문제(㈜종로는 1년 후 15,000만원에 대한 50%의 기회를 얻기 위하여 현재 1,250만원을 투자하여야 하는가?)로 요약될 수 있다.

기대성과 = (성공확률 × 성공의 성과) + (실패확률 × 실패의 성과)
= (0.5 × 15,000) + (0.5 × 0) = 7,500만원

$$\therefore\ NPV=-1{,}250+\frac{7{,}500}{1+0.1}=5{,}568\text{만원}$$

이 회사는 전자제품에 대한 시험마케팅을 실시하여야 한다.

10 (1) ㈜에어테크가 취할 수 있는 의사결정을 의사결정수로 나타내면 다음과 같다.

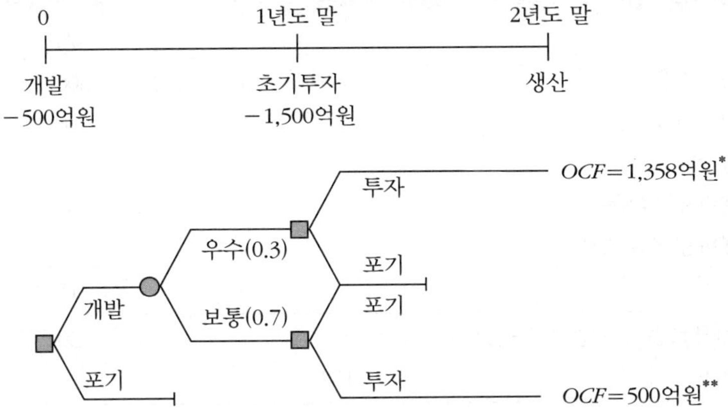

* $OCF=[(30-10)\times100-200](1-0.34)+500\times0.34=1,358$억원

** $OCF=[(20-10)\times70-200](1-0.34)+500\times0.34=500$억원

(2) $NPV(우수)=1,358\times2.4869-1,500=1,877.21$억원

$NPV(보통)=500\times2.4869-1,500=-256.55$억원

(3) $NPV=\dfrac{(1,877.21\times0.3)+(-256.55\times0.7)}{1.1}-500=-151.29$억원

(4) 1기간이 지난 후 부품개발 완료시점($t=1$)에서 부품성능이 보통일 경우 순현가가 −256.55억원이므로 투자를 포기해야 한다. 이를 고려하여 현재시점($t=0$)에서의 순현가를 구하면 다음과 같다.

$$NPV=\frac{(1,877.21\times0.3)+(0\times0.7)}{1.1}-500=11.97억원$$

(5) • 순현가의 차이 = 연기를 고려한 투자안의 NPV − 전통적 NPV

$=11.97-(-151.29)=163.26$

• 투자안을 연기할 수 있는 옵션의 가치(연기자체의 가치)를 의미함.

11 (1) 먼저 기대되는 상황하에서 매출액과 변동비를 계산하면 다음과 같다.

• 매출량 = 시장점유율 × 시장규모 = 0.01 × 10,000,000 = 100,000개

• 매출액 = 매출량 × 단위당 판매가격 = 100,000 × 3,750원 = 375백만원

• 변동비 = 매출량 × 단위당 변동비 = 100,000 × 3,000원 = 300백만원

기대되는 상황하에서 투자안의 현금흐름은 다음과 같이 추정된다.

(단위: 백만원)

	0년도	1년도~10년도
① 매 출 액		375
② 변동영업비용		300
③ 고정현금지출비용		30
④ 감가상각비		15
⑤ 법인세비용차감순이익		30
⑥ 법인세비용(T_C=0.5)		15
⑦ 순 이 익		15
(1) 영업현금흐름(①−②−③−⑥)		30
(2) 투자비용	−150	
현금흐름[(1)+(2)]	−150	30

$$\therefore\ NPV = -150 + \sum_{t=1}^{10} \frac{30}{(1.1)^t} = -150 + 30 \times PVIFA_{0.1,\,10} = 34\text{백만원}$$

(2) 민감도분석은 다른 모든 변수들에 대해서는 기대된 예측치를 가정한 후, 하나의 변수에 대해서 주어진 상황에 따라 NPV를 계산하는 것이다. 각각의 변수에 대해서 순현가를 구하면 다음과 같다.

(단위: 백만원)

변 수	비 관 적	기대 또는 최선	낙 관 적
시장규모(연간)	11	34	57
시장점유율	−104*	34	173
판매가격(단위당)	−42*	34	50
변동비(단위당)	−150*	34	111
고정현금지출비용(연간)	4	34	65

* 투자안의 손실에 대해서 충분히 세금절감효과를 얻을 수 있을 정도로 기존 기업의 이익이 발생한다고 가정하여 계산됨.

시장점유율, 단위당 판매가격 그리고 단위당 변동비가 비관적일 경우에 음(−)의 순현가가 나타날 가능성이 있으며, 특히 시장점유율과 단위당 변동비가 비관적일 경우에는 순현가가 아주 큰 음(−)의 값을 가지게 되어 기업에 치명적인 손실을 입힐 수 있다. 그러므로 시장점유율과 단위당 변동비가 투자안의 순현가에 결정적으로 영향을 미칠 수 있는 변수라 할 수 있다. 그러므로 이 투자안을 평가하기 위하여 특히 시장점유율과 단위당 변동비에 대해서 보다 정확한 추가적인 정보를 수집하여야 할 것이다.

(3) • 회계적 손익분기점:

$$\text{회계적 } BEP = \frac{(\text{고정현금지출비용} + \text{감가상각비}) \times (1 - T_C)}{(\text{단위당 판매가격} - \text{단위당 변동비}) \times (1 - T_C)}$$

$$= \frac{(30{,}000{,}000 + 15{,}000{,}000)(1 - 0.5)}{(3{,}750 - 3{,}000)(1 - 0.5)} = 60{,}000\text{개}$$

• 재무적 손익분기점: $EAC = \dfrac{150{,}000{,}000}{PVIFA_{0.1,\,10}} = 24{,}411{,}679\text{원}$

$$\text{재무적 } BEP = \frac{\text{고정현금지출비용} \times (1 - T_C) + EAC - \text{감가상각비} \times T_C}{(\text{단위당 판매가격} - \text{단위당 변동비}) \times (1 - T_C)}$$

$$= \frac{30{,}000{,}000 \times (1 - 0.5) + 24{,}411{,}678 - 15{,}000{,}000 \times 0.5}{(3{,}750 - 3{,}000)(1 - 0.5)}$$

$$= 85{,}098\text{개}$$

회계적 손익분기점(60,000개)과 재무적 손익분기점(85,098개)이 서로 다른 이유는 전자는 초기의 투자비용을 회수하는 데 소요되는 연간 비용으로서 감가상각비를 사용하는 반면, 후자는 초기의 투자비용을 회수하는 데 소요되는 연간 비용으로서 초기 투자액의 기회비용까지 고려한 연간 등가비용(EAC)을 사용하기 때문이다. 그러므로 초기의 투자비용에 대한 기회비용까지 고려하여 계산된 재무적 손익분기점이 보다 타당한 손익분기점이라 할 수 있다.

12 (1)

(단위: 억원)

항　목	현　재	1차년	2차년	3차년
① 세후 영업이익*		84	109.92	137.91
② 감가상각비		120	120	120
③ 유형자산	−400			40
④ 운전자본(연도 말)	360	388.8	419.9	0
⑤ 소요운전자본**	−360	−28.8	−31.1	419.9
잉여현금흐름(①+②+③+⑤)	−760	175.2	198.82	717.81

* 세후 영업이익 = 영업이익 × (1 − 0.25)

** 소요운전자본 = −(당해연도 말 운전자본 − 전년도 말 운전자본)

(2) $WACC = \left(\dfrac{S}{S+B}\right) r_S + \left(\dfrac{B}{S+B}\right) r_B (1 - T_C)$

$= 0.5 \times 0.136 + 0.5 \times 0.064 \times (1 - 0.25) = 0.092$

$\therefore NPV = \dfrac{175.2}{1.092} + \dfrac{198.82}{1.092^2} + \dfrac{717.81}{1.092^3} - 760 = 118.41\text{억원}$ (투자안 채택)

(3) 세후 영업이익$=0 \rightarrow (R-0.64R-200-120)(1-0.25)=0$

$\therefore$ 회계적 손익분기점 매출액$(R)=888.89$억원

(4) 유형자산투자액$=400-\dfrac{40}{1.092^3}=369.28$억원

$\rightarrow EAC=\dfrac{369.28}{PVIFA_{0.092,\,3}}=\dfrac{369.28}{2.5223}=146.41$억원

$(R-0.64R-200-120)(1-0.25)+120=146.41$

$\therefore$ 재무적 손익분기점 매출액$(R)=986.70$억원

제 12 장

자본조달과 효율적 자본시장

▶ 객관식 문제

01 ③ 준강형 효율적 시장이라고 해서 초과수익을 얻고자 시도하는 증권분석가의 노력이 무의미하다고 할 수는 없다. 정보를 수집 · 분석하기 위해 많은 시간과 노력, 즉 비용을 투입한다면, 다른 투자자들이 발견하지 못한 정보를 먼저 찾아 이를 이용해 초과수익을 얻을 수 있는 기회가 존재할 수도 있다.

④ 추가로 부담해야 할 비용은 확정되어 이미 주가에 반영되었다.

02 ③ 베타계수와 기대수익률의 관계는 양(+)의 관계를 가지나, 실제로 실현되는 사후적 수익률은 이와 다를 수 있다.

④ 가치주(value stock) : 저PER주, 저PBR주 등

성장주(growth or glamour stock) : 고PER주, 고PBR주 등

→ 준강형 효율적 시장에서는 가치주와 성장주 간 유의적인 수익률 차이가 없어야 함.

⑤ 시장이 강형 효율적이라면 인수 · 합병 발표 전 이와 관련된 내부정보가 주가에 반영될 것이다. 인수 · 합병 발표 직후 주가가 상승된 것은 준강형 효율적 시장을 지지하는 증거라 할 수 있다.

03 ① 일기예보는 미래에 대한 예측 정보이므로 약형 효율적 시장과는 관련이 없다.

⑤ 시장이 약형 효율적일 때 과거의 주가움직임과 미래 주가움직임은 관계가 없다.

04 ① 비합리적인 투자자가 많이 존재하더라도 합리성을 갖춘 전문적인 투자자가 차익거래를 통해 이를 지배한다면 시장은 효율적일 수 있다. 그러나 합리적인 투자자가 자유롭게 차익거래를 할 수 없다면 시장은 비합리적일 수밖에 없다.

② 보수주의는 과거의 신념이나 습관을 고집하여 최근의 정보를 받아들이는 데 시간이 걸리는 현상으로 모멘텀효과를 설명하는 원인이 될 수 있다.

④ 전망이론의 대표적인 특성은 투자자가 이익(gain)의 영역에서는 위험회피적 성향을, 손

실(loss)의 영역에서는 위험선호적 성향을 보이는 것이다. 또한, 같은 금액의 이익보다 손실이 발생했을 때 고통이 더 크다는 특성(손실회피)도 있다.

⑤ 다수의 의견이 틀리지 않을 것이라는 믿음 하에 개별적으로 수집 · 분석한 정보를 무시한 채 대중이 움직이는 대로 따라가는 현상은 군집행동(herding)이라고 한다.

05 신주발행수 $= \dfrac{5,000,000}{2,000} = 2,500$주, 유상증자비율 $= \dfrac{2,500}{10,000} = 0.25$주

신주발행에 의한 기존 주식 1주의 가치변화는 다음과 같다.

	증자 전	증자일	증자 후
투자액:	2,500원	500원*	3,000원
주식수:	(1주)	(0.25주)	(1.25주)

* 0.25주×2,000원=500원

$$\text{권리락주가} = \frac{\text{권리부주가} + \text{신주발행가} \times \text{유상증자비율}}{1 + \text{유상증자비율}}$$

$$= \frac{2,500 + 2,000 \times 0.25}{1 + 0.25} = \frac{3,000\text{원}}{1.25} = 2,400\text{원}$$

신주인수권의 가치 = 신주 1주의 자본이득 × 유상증자비율

$= (2,400\text{원} - 2,000\text{원}) \times 0.25 = 100\text{원}$

② ③ 신주인수권의 가격이 이론가격과 동일하므로 신주인수권의 행사나 매각은 무차별하다.

06 신주발행수 $= \dfrac{3.21\text{억원}}{8,560\text{원}} = 37,500$주, 유상증자비율 $= \dfrac{37,500}{300,000} = 0.125$주

신주발행에 의한 기존 주식 1주의 가치변화는 다음과 같다.

	증자 전	증자일	증자 후
투자액:	10,000원	1,070원*	11,070원
주식수:	(1주)	(0.125주)	(1.125주)

* 0.125주×8,560원=1,070원

$$\text{권리락주가} = \frac{11,070\text{원}}{1.125} = 9,840\text{원}$$

신주인수권의 가치 = 신주 1주의 자본이득 × 유상증자비율

$= (9,840\text{원} - 8,560\text{원}) \times 0.125 = 160\text{원}$

④ $160 \times 0.125 \times 8,560 = 171,200$원

⑤ $160 \times (1 + 0.125) \times 9,840 = 1,771,200$원(또는 $160 \times 10,000 + 171,200 = 1,771,200$원)

▶ 주관식 문제

01 자본조달수단에 따라 세금혜택이 달라진다. 그러므로 기업은 세금을 최소화하는 자본조달수단을 선택함으로써 기업의 가치를 증가시킬 수 있다. 또한 어떠한 자본조달수단도 여러 가지 발행비용을 발생시킨다. 예를 들어 증권을 발행할 때 증권회사, 변호사, 회계사 등에 대한 수수료를 지불해야 한다. 따라서 기업은 이러한 비용을 최소화시키는 증권들로 자본을 조달함으로써 역시 기업의 가치를 증가시킬 수 있다. 마지막으로 보조금을 제공하는 자본조달 수단, 즉 특혜금융을 이용함으로써 기업의 가치를 증가시킬 수 있을 것이다.

02 자본시장에서 어떤 정보는 다른 정보에 비해 보다 신속하게 주가에 영향을 미친다. 파마(E. F. Fama)는 주가에 반영되는 정보의 유형에 따라 효율적 시장가설을 다음의 세 가지로 구분하였다.

① 약형 효율적 시장가설(weak form EMH) : 이는 과거의 주가움직임이나 거래량 등과 같은 역사적 정보가 주가에 충분히 반영된다는 가설이다. 약형 효율적 시장가설이 성립한다면, 투자자들은 단순히 주가의 과거변동양상만을 관찰하여서는(즉 기술적 분석 등에 의해서는) 평균적으로 보아 비정상적 초과수익을 얻을 수 없다.

② 준강형 효율적 시장가설(semi-strong form EMH) : 이는 과거의 주가움직임 등에 관한 정보뿐만 아니라 공개적으로 이용가능한 모든 정보(예를 들어 이익, 배당금, 주식분할, 주식병합 등)가 주가에 충분히 반영된다는 가설이다. 준강형 효율적 시장가설이 성립한다면, 투자자들은 과거 정보 또는 공개적으로 이용가능한 정보를 이용하여(즉 기술적 분석 또는 기본적 분석 등에 의해서) 비정상적 초과수익을 얻을 수 없다.

③ 강형 효율적 시장가설(strong form EMH) : 과거의 주가에 대한 정보 그리고 공개적으로 이용가능한 공시된 정보뿐만 아니라 비공개적인 내부정보(inside information)까지도 주가에 충분히 반영된다는 가설이다. 강형 효율적 시장가설이 성립한다면, 투자자들은 과거 정보, 공개적으로 이용가능한 정보, 내부정보 등 어떠한 정보를 이용하더라도 비정상적 초과수익을 얻을 수 없다.

03 (1) 틀림 : 시장효율성은 가격이 모든 이용가능한 정보를 반영한다는 것이지 향후 어떤 정보가 어떻게 반영된다는 것을 사전에 알고 있다는 것을 의미하는 것은 아니다. 가격에 반영되는 이용가능한 정보의 대부분은 불확실성하에 놓여 있다. 시장의 효율성은 이와 같은 불확실성을 제거하는 것을 의미하지 않는다. 그러므로 시장의 효율성은 증권가격에 대한 완전한 예측능력을 의미하지는 않는다.

(2) 옳음: 시장효율성은 가격이 모든 이용가능한 정보를 반영할 때 성립한다.

(3) 틀림: 시장효율성은 시장의 참여자(투자자)가 이성적이어야 성립할 수 있다. 이성적인 사람은 새로운 정보를 입수하면 그 정보를 즉각적으로 이용하려 할 것이고, 이와 같은 행동에 의해 그 정보가 주가에 즉각적으로 반영될 수 있다.

(4) 틀림: 시장효율성은 가격이 모든 이용가능한 정보를 반영한다는 것을 의미하기 때문에 새로운 정보가 이용가능할 때마다 가격은 변동할 것이다.

(5) 옳음: 투자자들 사이의 경쟁이 없다면 정보는 쉽게 전달되지 않는다. 정보가 빨리 전달되지 않을 경우 가격은 즉각적으로 그 정보를 반영하지 못하며, 그 결과 시장은 효율적이지 못하게 된다.

04 (1) ㈜한국제약의 주가는 긍정적인 정보가 발표된 직후 즉각적으로 상승할 것이다.

(2) 시장효율성하에서는 이용가능한 모든 정보가 즉각적으로 충분하게 반영되어야 하므로 ②가 옳다. ①의 경우는 시장이 과잉반응을 보인 후 다시 수정되어 제자리를 찾아가는 양상이고, ③의 경우는 시장이 공시된 정보에 대하여 지연된 반응을 보이는 것으로서 모두 시장효율성과 거리가 멀다.

05 시장의 효율성과 증권분석은 서로 상충되는 개념이라 할 수 없다. 증권분석은 시장을 효율적으로 만드는 데 유용할 뿐만 아니라 시장효율성 유지에 핵심적 역할을 한다는 하나의 역설(paradox)이 존재한다. 효율적 시장이 존재한다는 것은 많은 투자자들이 시장효율성을 부정하고 비정상적 초과이익을 얻고자 경쟁적으로 정보를 입수하여 분석하기 때문이다. 시장이 비효율적이라 믿고 다양하고 깊이 있는 증권분석이 경쟁적으로 시도될수록, 결과적으로 증권가격에 대부분의 정보가 신속하게 반영되어 효율적 시장이 되어 가는 것이다.

06 (1)

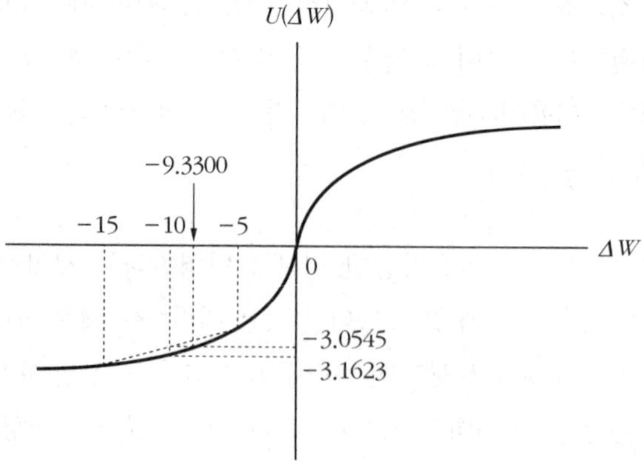

- $\Delta W > 0 \rightarrow$ 효용함수 형태(원점에 대해서 오목)[1]: 위험회피형 투자자
- $\Delta W < 0 \rightarrow$ 효용함수 형태(원점에 대해서 볼록)[2]: 위험선호형 투자자

(2) 투자를 계속할 경우:

$$E[U(\Delta W)] = (-\sqrt{|-15|} \times 0.5) + (-\sqrt{|-5|} \times 0.5) = -3.0545$$

$E[U(\Delta W)] = U(\Delta CEW)$, 즉 $-3.0545 = -\sqrt{|\Delta CEW|} \rightarrow \Delta CEW = -9.3300$원

$\therefore$ 위험프리미엄 $= E(\Delta W) - \Delta CEW = -10 - (-9.3300) = -0.6700$원

(3) 투자를 종료하고 현재 10원의 평가손실을 확정지을 경우(손실 $= -10$원, 표준편차 $= 0$원)의 효용은 $-3.1623[U(\Delta W) = -\sqrt{|\Delta W|} = -\sqrt{10}]$으로, 투자를 계속할 경우(손실이 확정되지 않을 경우, 즉 기대손실 $= -10$원, 표준편차 $= 5$원)의 효용 -3.0545보다 더 작다. 그러므로 손실이 발생되는 상황하에서는 투자자가 위험선호형으로 바뀌어 확실한 손실을 더 싫어하기 때문에 현재 평가손실을 확정짓지 말고 투자를 계속해야 한다. 이는 손실을 확정짓지 않으려는 현상, 즉 손실회피(loss aversion) 현상 때문이다.

07 (1) 신주발행가격 = 이론 권리락주가 × (1 − 할인율)

$$\text{이론 권리락주가} = \frac{\text{권리부주가} + \text{신주발행가격} \times \text{유상증자비율}}{1 + \text{유상증자비율}}$$

(※ 우리나라의 경우 유상증자시 최근 일정기간 동안의 주가자료에 의해 산정된 기준주가(권리부주가)를 이용하여 권리락주가를 구한다.)

$$\rightarrow \frac{\text{신주발행가격}}{1-0.2} = \frac{27{,}500 + \text{신주발행가격} \times 0.5}{1+0.5}$$

$$\therefore \text{신주발행가격} = \frac{27{,}500 \times (1-0.2)}{1+0.5 \times 0.2} = 20{,}000\text{원}$$

(2) $$\text{이론 권리락주가} = \frac{\text{권리부주가} + \text{신주발행가격} \times \text{유상증자비율}}{1 + \text{유상증자비율}}$$

$$= \frac{27{,}500 + 20{,}000 \times 0.5}{1+0.5} = 25{,}000\text{원}$$

---

1) $U'(\Delta W) = \frac{1}{2}(\Delta W)^{-\frac{1}{2}} > 0,\ U''(\Delta W) = -\frac{1}{4}(\Delta W)^{-\frac{3}{2}} < 0$

2) $U'(\Delta W) = -\frac{1}{2}(|\Delta W|)^{-\frac{1}{2}}(-1) = \frac{1}{2}(|\Delta W|)^{-\frac{1}{2}} > 0,$

$U''(\Delta W) = -\frac{1}{4}(|\Delta W|)^{-\frac{3}{2}}(-1) = \frac{1}{4}(|\Delta W|)^{-\frac{3}{2}} > 0$

(3) 신주 1주의 자본이득＝신주의 가치(권리락주가)－신주의 발행가격
＝25,000원－20,000원＝5,000원

신주인수권의 가치＝신주 1주의 자본이득×유상증자비율
＝5,000원×0.5＝2,500원

또는 신주인수권의 가치＝권리부주가－권리락주가
＝27,500원－25,000원＝2,500원

(4) • 증자 전 주주의 부＝27,500원×100주＝2,750,000원
• 증자 후 주주의 부＝증자 후의 주식가치－신주에 대한 투자액
＝25,000원×150주－20,000×50주
＝3,750,000원－1,000,000원＝2,750,000원

∴ 증자 전후의 주주의 부는 변하지 않는다.

(5) • 증자 전 주주의 부＝27,500원×100주＝2,750,000원
• 증자 후 주주의 부＝증자 후의 주식가치－신주에 대한 투자액
＝26,000원×150주－20,000×50주＝2,900,000원

증자 후 주주의 부는 증자 전보다 150,000원(＝2,900,000원－2,750,000원) 더 높다. 즉 유상증자로 인하여 이 주주는 150,000원의 추가적인 자본이득을 얻게 된다.

08 (우선주의 장점)

① 우선주는 사채의 이자와는 달리 당기에 배당을 지급하지 않더라도 파산상태에 이르지 않는다.

② 우선주는 일반적으로 의결권이 주어지지 않는 무의결권주이기 때문에 주주들이 경영권의 침해를 받지 않는다.

③ 일반적으로 우선주는 보통주와 마찬가지로 만기가 없는 영구자본으로서 기업의 재무구조를 건전하게 한다.

(우선주의 단점)

기업의 입장에서 볼 때 우선주는 다음과 같은 두 가지 이유 때문에 사채에 비해 그 자본비용이 높다.

① 우선주의 배당은 감세효과가 없다.

② 우선주는 잔여재산청구나 이익청구의 권리에 있어 사채보다 그 순위가 늦으므로 기업은 사채의 이자보다 높은 우선주배당을 하여야 한다.

제 13 장

자본구조 Ⅰ: 기본적 개념

▶ 객관식 문제

01 ③ MM의 무관련이론(1958년)에 의하면 자본구조를 변경하더라도 기업가치는 변동이 없기 때문에 개별투자자는 보다 높은 투자성과를 얻을 수 없다.

02 ⑤ $WACC=r_U\left[1-T_C\left(\frac{B}{V_L}\right)\right]$: $T_C\downarrow \rightarrow V_L\uparrow \rightarrow WACC\uparrow$

Tip

■ 법인세율의 변화와 기업가치

$$V_L=V_U+T_CB=\frac{E(NOI)(1-T_C)}{r_U}+T_CB=\frac{E(NOI)+T_C[r_UB-E(NOI)]}{r_U}$$

위의 식에서 $r_UV_U=E(NOI)(1-T_C)$, $B<\frac{V_U}{1-T_C} \rightarrow r_UB<E(NOI)$이므로 법인세율과 기업가치는 음(−)의 관계를 가진다. 즉 $T_C\uparrow \rightarrow V_L\downarrow$

■ 법인세율의 변화와 자기자본비용

$$r_S=r_U+(r_U-r_B)(1-T_C)\left(\frac{B}{S_L}\right)$$

위의 식에 $S_L=V_U+T_CB-B=V_U-(1-T_C)B$

$$=\frac{E(NOI)(1-T_C)}{r_U}-(1-T_C)B=\left[\frac{E(NOI)}{r_U}-B\right](1-T_C)$$

를 대입하면, $r_S=r_U+(r_U-r_B)\left[\frac{B}{\frac{E(NOI)}{r_U}-B}\right]$

다른 조건이 일정하다면 법인세율의 변화는 자기자본비용(r_S)에 영향을 미치지 못한다.

03 $0.14 = 0.05 + 0.06\beta_S \rightarrow \beta_S = 1.5$

$$\beta_U = \frac{\beta_S}{1 + (1-T_C)\left(\frac{B}{S_L}\right)} = \frac{1.5}{1 + (1-0.2) \times \left(\frac{0.2}{0.8}\right)} = 1.25$$

$$\therefore\ \beta_S' = \beta_U + \beta_U(1-T_C)\left(\frac{B}{S_L}\right) = 1.25 + 1.25 \times (1-0.2) \times \frac{0.5}{0.5} = 2.25$$

$$\rightarrow r_S' = 0.05 + 0.06 \times 2.25 = 0.185$$

별해 $0.14 = r_U + (r_U - 0.05)(1-0.2)\left(\frac{0.2}{0.8}\right) \rightarrow r_U = 0.125$

$$\therefore\ r_S' = 0.125 + (0.125 - 0.05)(1-0.2)\left(\frac{0.5}{0.5}\right) = 0.185$$

04 ① $V_U = \frac{150 \times (1-0.4)}{0.2} = 450$억원

② $T_C B = 0.4 \times 200 = 80$억원

③ $r_S = 0.2 + (0.2-0.1)(1-0.4)\left(\frac{200}{450+80-200}\right) = 0.236 = 23.6\%$

④ $WACC = 0.2 \times \left(1 - 0.4 \times \frac{200}{530}\right) = 0.17 = 17\%$

⑤ $WACC = 0.2 \times (1 - 0.4 \times 1) = 0.12 = 12\%$

05 $V_U = \frac{3\text{억원} \times (1-0.4)}{0.15} = 12\text{억원} \rightarrow V_L = 12 + 10 \times 0.4 = 16\text{억원}$

$WACC_{\text{기본명제}} = r_U = 0.15$

$WACC_{\text{수정명제}} = 0.15 \times \left[1 - 0.4 \times \left(\frac{10}{16}\right)\right] = 0.1125$

$\therefore WACC_{\text{기본명제}} - WACC_{\text{수정명제}} = 0.15 - 0.1125 = 0.0375$

06 $WACC_U = r_U = 0.2 \rightarrow V_U = \frac{100\text{억원} \times (1-0.4)}{0.2} = 300\text{억원}$

$\frac{B}{V_L} = 0.3 \rightarrow WACC_L = 0.2 \times (1 - 0.4 \times 0.3) = 0.176$

$V_L = \frac{100\text{억원} \times (1-0.4)}{0.176} = 340.91\text{억원} \rightarrow B = 340.91 \times 0.3 = 102.27\text{억원}$

$r_S = 0.2 + (0.2-0.1)(1-0.4)\left(\frac{102.27}{238.64}\right) = 0.2257$

07 $V_U = \frac{3억원 \times (1-0.3)}{0.15} = 14억원$

$V_L = 14억원 + 5억원 \times 0.3 = S_L + 5억원 \quad \therefore S_L = 10.5억원$

08 $\beta_S = \beta_U + \beta_U(1-T_C)\left(\frac{B}{S_L}\right) \rightarrow 1.56 = 1.2 \times \left[1 + (1-0.4) \times \left(\frac{B}{S_L}\right)\right]$에서 $\left(\frac{B}{S_L}\right) = 0.5$

$S_L = 260 + 0.4 \times B - B$이므로 $S_L = 200억원 \quad \therefore B = 100억원$

09 $\beta_S = \beta_U + \beta_U(1-T_C)\left(\frac{B}{S_L}\right) = 1.5 \times (1 + (1-0.4) \times 1) = 2.4$

$r_S = 0.1 + (0.15 - 0.1) \times 2.4 = 0.22 = 22\%$

$WACC = r_S \frac{S}{V_L} + r_B(1-T_C)\frac{B}{V_L} = 0.22 \times 0.5 + 0.1 \times (1-0.4) \times 0.5 = 0.14 = 14\%$

별해 $r_U = 0.1 + (0.15 - 0.1) \times 1.5 = 0.175 = 17.5\%$

$WACC = 0.175 \times \left(1 - 0.4 \times \frac{1}{2}\right) = 0.14 = 14\%$

10 $\beta_S = \beta_U + \beta_U(1-T_C)\left(\frac{B}{S_L}\right) \rightarrow 2.05 = 1 + (1-0.3)\left(\frac{B}{S_L}\right) \quad \therefore \left(\frac{B}{S_L}\right) = 1.5$

$\frac{B}{V_L} = \frac{1.5S_L}{S_L + 1.5S_L} = \frac{1.5}{2.5} = 0.6 \rightarrow B = 0.6V_L$

$V_L = V_U + 0.3B = 100억원 + 0.3 \times 0.6 \times V_L \quad \therefore V_L = 121.95억원$

11 $V_U = \frac{12 \times (1-0.3)}{0.14} = 60억원$

$WACC = r_U\left(1 - T_C\frac{B}{V_L}\right) = 0.14\left(1 - 0.3 \times \frac{1}{3}\right) = 0.126 = 12.6\%$

$r_S = 0.14 + (0.14 - 0.08)(1-0.3)\frac{1}{2} = 0.161 = 16.1\%$

$V_L = \frac{12 \times (1-0.3)}{0.126} = 66.66억원$(소수점 세째 자리에서 절사)

$B = \frac{1}{3}V_L$ 또는 $66.66 = 60 + 0.3 \times B \quad \therefore B = 22.22억원$

12 $S_A = \frac{E(NOI) - I}{r_S} = \frac{2,000 - 2,000 \times 0.1}{0.2} = 9,000만원$

$V_A = S_A + B = 9,000 + 2,000 = 11,000만원$

$$S_B = \frac{2{,}000 - 6{,}000 \times 0.1}{0.25} = 5{,}600\text{만원},\quad V_B = 5{,}600 + 6{,}000 = 11{,}600\text{만원}$$

법인세가 없는 경우 기대영업이익이 같고 자본구조만 다른 두 기업의 가치는 동일해야 한다. 그러나 B기업의 가치가 A기업의 가치보다 600만원이 과대평가되어 있기 때문에 1% 소유한 투자자는 6만원의 차익거래이익을 얻을 수 있다.

13 $r_U = 0.16,\ V_U = \dfrac{100\text{억원} \times (1-0.3)}{0.16} = 437.5\text{억원},\ B = 0.4V_L$

$$r_S = 0.16 + (0.16 - 0.1)(1 - 0.3)\left(\frac{0.4}{0.6}\right) = 0.188$$

$$WACC = 0.16 \times (1 - 0.3 \times 0.4) = 0.1408$$

$$V_L = 437.5\text{억원} + 0.3 \times 0.4 \times V_L \rightarrow V_L = 497.16\text{억원},\ B = 198.86\text{억원}$$

$$\text{자본구조변경 공시 후 주가} = \frac{497.16\text{억원}}{100\text{만주}} = 49{,}716\text{원}$$

$$\text{자사주 매입수량} = \frac{198.86\text{억원}}{49{,}716\text{원}} = 40\text{만주}$$

자사주 매입 후 발행주식수 = 100만주 − 40만주 = 60만주

14 ① $V_U = \dfrac{10 \times (1-0.3)}{0.1} = 70\text{억원}$

② $B = 70 \times 0.5 = 35,\quad V_L = 70 + 0.3 \times 35 = 80.5\text{억원}$

③ $V_L = 70 + 0.3 \times 70 = 91\text{억원}$

④ $B = 0.5 \times V_L,\ V_L = 70 + 0.3 \times 0.5 \times V_L \rightarrow V_L = 82.35\text{억원}$

⑤ $V_L = 70 + 0.3 \times V_L \rightarrow V_L = 100\text{억원}$

15 ① $V_U = \dfrac{E(NOI)(1 - T_C)}{r_U} = \dfrac{1 \times (1 - 0.4)}{r_U} = 5\text{억원},\quad \therefore\ r_U = 12\%$

② $\text{자본구조 변경 전 주가} = \dfrac{5\text{억원}}{10{,}000} = 50{,}000\text{원}$

$\text{자본구조 변경 공시 직후 주가} = \dfrac{5\text{억원} + 3\text{억원} \times 0.4}{10{,}000} = 62{,}000\text{원}$(※ 효율적 시장에서 이 정보는 공시 직후 반영)

$\therefore\ \text{주가 상승률} = \dfrac{62{,}000}{50{,}000} - 1 = 0.24 = 24\%$

③ $\text{자기주식매입 수} = \dfrac{3\text{억원}}{62{,}000} = 4{,}839\text{주}$

④ $r_S = r_U + (r_U - r_B)(1 - T_C) \times \dfrac{B}{S_L} = 0.12 + (0.12 - 0.1)(1 - 0.4) \times \dfrac{3}{3.2} = 0.1313 = 13.13\%$

⑤ $WACC = r_U\left(1 - T_C \times \dfrac{B}{V_L}\right) = 0.12\left(1 - 0.4 \times \dfrac{3}{6.2}\right) = 0.0968 = 9.68\%$

16 $0.124 = 0.04 + [E(r_M) - 0.04] \times 1.4 \rightarrow E(r_M) = 0.1$

$V_L = 300$억원 $+ 0.4 \times 100$억원 $= 340$억원

$r_S = 0.124 + (0.124 - 0.04)(1 - 0.4)\left(\dfrac{100}{240}\right) = 0.145$

$WACC = 0.124 \times \left(1 - 0.4 \times \dfrac{100}{340}\right) = 0.1094$

$0.145 = 0.04 + (0.1 - 0.04)\beta_S \rightarrow \beta_S = 1.75$

$\beta_A = \left[1 - T_C\left(\dfrac{B}{V_L}\right)\right]\beta_U = \left(1 - 0.4 \times \dfrac{100}{340}\right) \times 1.4 = 1.2353$

17 대용기업의 베타를 이용하여 무부채 기업의 주식 베타를 구하면 다음과 같다.

$$\beta_S = 1.44 = \beta_U + (\beta_U - \beta_B)(1 - T_C)\left(\frac{B}{S_L}\right) = \beta_U + (\beta_U - 0)(1 - 0.4)(1) \rightarrow \beta_U = 0.9$$

무부채 기업의 자본비용과 신규 사업의 자본비용은 각각 다음과 같다.

$$r_U = r_f + (E(r_M) - r_f)\beta_U = 0.02 + (0.1 - 0.02) \times 0.9 = 0.092 \ (9.2\%)$$

$$WACC = r_U\left(1 - T_C \times \frac{B}{V_L}\right) = 0.092 \times (1 - 0.4 \times 0.6) = 0.06992 \ (6.992\%)$$

$$\therefore NPV(\text{신규사업}) = \frac{360(1 - 0.4)}{0.06992} - 3{,}000 = 89.24\text{억원}$$

▶ 주관식 문제

01 (1) $V_U = 20{,}000$원 $\times 5{,}000$주 $= 10{,}000$만원 $< V_L = 11{,}000$만원이다. 그러므로 현재 보유하고 있는 기업 L의 주식(과대평가) 10%를 매도하고 동시에 기업 L의 부채 10%에 해당하는 금액을 개인계좌로 차입하여 조성한 총자금 1,100만원(=850만원+250만원)을 가지고, 기업 U의 주식 10%를 1,000만원에 매입하는 차익거래를 할 것이다. 이 거래의 결과 연

간 수익과 위험의 변동 없이 현재 100만원(=1,100만원−1,000만원)의 차익거래이익을 얻을 수 있다.

차익거래	현재 현금흐름	연간 수익
기업 L 주식 10% 매도	850만원[1]	−320만원[2]
기업 U 주식 10% 매입	−1,000만원[3]	350만원[4]
기업 L 부채 10% 차입	250만원[5]	−30만원[6]
차익거래이익	100만원	0

주) 1. $\alpha S_L=\alpha(V_L-B)=0.1\times(11,000-2,500)=850$만원
2. $-\alpha[E(NOI)-r_B B]=-0.1\times(3,500-0.12\times 2,500)=-320$만원
3. $-\alpha S_U=-\alpha V_U=-0.1\times 10,000=-1,000$만원
4. $\alpha E(NOI)=0.1\times 3,500=350$만원
5. $\alpha B=0.1\times 2,500=250$만원
6. $-\alpha r_B B=-0.1\times 0.12\times 2,500=-30$만원

(2) $V_L=V_U$인 경우 차익거래가 발생하지 않는다. 여기서는 기업 U의 주가는 적정하다고 가정하였다. 그러므로 기업 L의 가치가 하락하여 기업 U의 가치와 같아지는 경우에 물음 (1)과 같은 행동이 나타나지 않는다.

$\therefore\ V_L=10,000$만원

02

(1) 연간 이익=현재의 연간 이익+추가적인 연간 이익=25억원+5억원=30억원

$$\therefore\ V=\frac{30억원}{0.1}=300억원$$

(2) ① 법인세가 없는 완전자본시장하에서는 자금조달방법에 의해서 기업의 가치가 달라지지 않는다는 MM의 명제 I 이 성립하게 된다. 그러므로 채권을 발행하여 소요자금을 조달하는 경우에도 기업의 가치는 변하지 않고 여전히 300억원이 된다.

② $r_S=r_U+(r_U-r_B)\left(\frac{B}{S_L}\right)=0.1+(0.1-0.08)\left(\frac{20억원}{280억원}\right)=0.1014$

채권을 발행하여 소요자금을 조달하는 경우 증가된 레버리지로 인하여 자기자본의 위험이 증가하므로, 그 보상으로 주주들은 보다 높은 수익률 10.14%를 요구하게 된다. 이 경우 자기자본비용은 상대적으로 저렴한 비용인 타인자본을 사용하는 이점을 완전히 상쇄할 정도로 증가된 것이다.

03

(1) ① MM의 무관련이론(1958년)에 의하면 자본구조만 서로 다른 두 기업의 가치는 동일해야 한다. 그러나 현재 부채기업인 ㈜동해의 가치가 무부채기업인 ㈜서해의 가치보다 더 높다. 따라서 ㈜동해의 주주들은 과대평가된 자사주를 매도하고, 과소평가

된 ㈜서혜의 주식을 매입하는 차익거래를 할 수 있다. ㈜동해의 주식 10%를 소유한 임의의 주주가 개인계좌로 차입하는 경우의 이자율을 r_B라고 할 때, 그 차익거래과정(연간 수익의 변동 없이, 즉 연간 수익을 0으로 만들면서 현재시점에서 차익거래이익을 얻고자 하는 방법)은 다음과 같다.[1)]

(단위: 만원)

차익거래	현재 현금흐름	연간 수익
㈜동해 주식 10% 매도[1]	6,000	−600
㈜서해 주식 10% 매입[2]	−9,000	1,000
차　　입[3]	$400/r_B$	−400
차익거래이익	$400/r_B-3,000$	0

주) 1. 6,000만원 = 0.1 × (110,000만원 − 50,000만원),
−600만원 = −0.1 × (10,000만원 − 50,000만원 × 0.08)
2. −9,000만원 = −0.1 × 90,000만원, 1,000만원 = 0.1 × 10,000만원
3. 연간 수익을 0으로 만들기 위해서는 차입에 의해 지급하여야 하는 연간 이자비용이 400만원(= 1,000만원 − 600만원)이어야 한다. 따라서 ㈜동해의 주주가 현재 개인계좌로 차입해야 하는 금액은 400만원/r_B이 된다.

㈜동해의 주주가 차익거래를 하기 위해서는 현재 현금흐름, 즉 차익거래이익이 0보다 커야 한다.

$400/r_B-3,000 \geq 0 \rightarrow r_B \leq 0.1333$

그러므로 ㈜동해의 주주가 차익거래를 하기 위해서 부담할 수 있는 최대이자율은 13.33%이다.

Tip

물음 (1)의 ①과 관련된 차익거래과정은 다음과 같은 방법으로도 접근할 수 있다. 편의상 해답에 제시한 차익거래과정을 '방법 1'이라고 하고 추가로 다음에서 소개하는 방법을 '방법 2'와 '방법 3'이라고 하자.

- 방법 1: 연간 수익의 변동 없이, 즉 연간 수익을 0으로 만들면서 현재시점에서 차익거래이익을 얻고자 하는 방법(자세한 내용은 해답의 풀이과정 참조)

1) 차익거래이익은 일시적으로 존재하는 것으로 누군가에 의해 차익거래가 시작되면서 가격의 불균형 상태가 빠른 속도로 해소되기 때문에 나중에 참가하는 투자자는 차익거래이익을 얻을 수 없을 것이다. 이런 측면에서 ㈜동해의 모든 주주가 차익거래이익을 얻을 수 있는 것은 아니다. 그러므로 여기서는 10%의 지분비율을 가지고 처음 차익거래를 실시하는 임의의 투자자를 가정하였음을 유의해야 한다.

■ 방법 2: 차입금액을 조정하여 현재 현금흐름을 0으로 만드는 방법

차익거래	현재 현금흐름(만원)	연간 수익(만원)
㈜동해 주식 10% 매도	6,000	−600
㈜서해 주식 10% 매입	−9,000	1,000
차　　입	3,000	$-3{,}000\times r_B$
차익거래이익	0	$400-3{,}000\times r_B$

$400-3{,}000\times r_B\geq 0 \rightarrow r_B\leq 0.1333$

∴ 차익거래를 위해 ㈜동해의 주주가 부담할 수 있는 최대이자율은 13.33%

■ 방법 3: ㈜서해의 주식 매입금액을 조정하여 현재 현금흐름을 0으로 만드는 방법

차익거래	현재 현금흐름(만원)	연간 수익(만원)
㈜동해 주식 10% 매도	6,000	−600
㈜동해 부채 10% 차입[1]	5,000	$-5{,}000\times r_B$
㈜서해 주식 매입[2]	−11,000	1,222
차익거래이익	0	$622-5{,}000\times r_B$

주) 1. 5,000만원=0.1×50,000만원,　2. 1,222만원$=\left(\dfrac{11{,}000\text{만원}}{90{,}000\text{만원}}\right)\times 10{,}000$만원

$622-5{,}000\times r_B\geq 0 \rightarrow r_B\leq 0.1244$

∴ 차익거래를 위해서 ㈜동해의 주주가 부담할 수 있는 최대이자율은 12.44%

이상과 같이 방법 1과 방법 2는 그 결과가 동일하나, 방법 3은 다소 차이가 있다. 이와 같은 차이는 차익거래 시 ㈜서해의 주식 매입금액의 차이에 의한 것이라 할 수 있다. 즉 방법 1과 방법 2는 현재 보유하고 있는 ㈜동해의 지분비율(10%)과 동일하게 ㈜서해의 주식 10%를 매입하여 차익거래를 실시하는 반면, 방법 3은 ㈜서해의 주식 12.22%$\left(=\dfrac{11{,}000\text{만원}}{90{,}000\text{만원}}\right)$를 매입하여 차익거래를 실시하였다.

기업의 연간 기대영업이익을 $E(NOI)$라고 할 때 방법 2와 방법 3에 의해 얻을 수 있는 차익거래이익, 즉 연간 수익을 살펴보면 다음과 같다.

- 방법 2의 연간수익 $=-0.1\times[E(NOI)-50{,}000\times 0.08]+0.1\times E(NOI)-3{,}000\times r_B$
  $=400-3{,}000\times r_B$
- 방법 3의 연간수익 $=-0.1\times[E(NOI)-50{,}000\times 0.08]+0.1222\times E(NOI)-5{,}000\times r_B$
  $=400-5{,}000\times r_B+0.0222\times E(NOI)$

이제 두 방법에 의한 차익거래이익(연간 수익)을 비교해 보자. 방법 2에 의해 얻을 수 있는

차익거래이익은 확실한 반면(또한 방법 1도 현재시점에서의 차익거래이익을 구하는 방법이기 때문에 위험이 없음), 방법 3에 의해 얻을 수 있는 차익거래이익에는 기업의 미래 상황에 따라 실제로 나타나는 값이 달라질 수 있는 $E(NOI)$가 포함되어 있기 때문에 위험이 존재하게 된다. 결론적으로 추가적인 위험의 부담 없이 확실한 차익거래이익을 얻을 수 있는 방법 1 또는 방법 2에 의해 차익거래이익을 구하는 것이 보다 합리적이라 할 수 있다.

② ①에서 설명한 차익거래는 완전자본시장을 전제로 가능한 것이다. 그러나 현실적으로 세금, 거래비용 등과 같은 마찰적 요인이 존재하기 때문에 차익거래가 일어나기 어렵다. 특히 차익거래의 핵심이 되는 기업의 부채(유한책임)와 개인의 부채(무한책임)의 완전대체는 거의 불가능하다. 또한 기업의 경우에는 무위험이자율로 차입이 가능할지 모르나 대부분의 개인투자자들에게는 어려운 일이며, 현실적으로 대부분의 개인투자자들은 기업보다 더 높은 차입이자율을 부담한다.

(2) ① MM의 무관련이론에 의하면 기존 기업과 동일한 영업위험을 가진 투자안의 자본비용은 그 투자안의 자본조달방법에 관계없이 기존 기업의 자본비용(r_U)을 사용할 수 있다.

$$\text{투자안의 자본비용}(=r_U)=\frac{E(NOI)}{V_{\text{서해}}}=\frac{1\text{억원}}{10{,}000\text{원}\times 100{,}000\text{주}}=0.1$$

$$\rightarrow NPV=\frac{0.6\text{억원}}{0.1}-6\text{억원}=0$$

신규 투자안의 순현가가 0이므로 그 투자가 공시된 시점에서의 주가변동은 없다. 따라서 신주의 발행가격은 기존 주가와 동일한 10,000원이 된다.

② $$r_S=\frac{E(NOI)-r_B B}{S_L}=\frac{1.6\text{억원}-0.08\times 3\text{억원}}{13\text{억원}}=0.1046$$

또는 $$r_S=r_U+(r_U-r_B)\left(\frac{B}{S_L}\right)=0.10+(0.10-0.08)\left(\frac{3\text{억원}}{13\text{억원}}\right)=0.1046$$

04 (1) • $$S_{\text{남북}}=\frac{E(NOI)-r_B B}{r_S}=\frac{1{,}000-0.1\times 2{,}000}{0.2}=4{,}000\text{만원}$$

• $V_{\text{남북}}=S_{\text{남북}}+B_{\text{남북}}=4{,}000+2{,}000=6{,}000\text{만원}$

• $$S_{\text{동서}}=\frac{E(NOI)-r_B B}{r_S}=\frac{1{,}000-0.1\times 4{,}000}{0.25}=2{,}400\text{만원}$$

- $V_{동서} = S_{동서} + B_{동서} = 2,400 + 4,000 = 6,400$만원

(2) MM의 무관련이론에 의하면 자본구조를 제외하고는 모든 점에서 동일한 두 기업의 가치는 동일해야 한다. 그러나 현재 동서기업의 가치(6,400만원)가 남북기업의 가치(6,000만원)보다 더 높게 형성되어 있다. 따라서 과대평가된 동서기업의 주식 10%를 보유하고 있는 투자자는 다음과 같은 차익거래를 실시하게 된다.

(단위: 만원)

차익거래	현재 현금흐름	연간 수익
동서기업 주식 10% 매도[1]	240	−60
남북기업 주식 10% 매입[2]	−400	80
차　입[3]	200	−20
차익거래이익	40	0

주) 1. 240만원＝0.1×2,400만원, −60만원＝−0.1×(1,000만원−0.1×4,000만원)
2. −400만원＝−0.1×4,000만원, 80만원＝0.1×(1,000만원−0.1×2,000만원)
3. 연간 수익을 0으로 만들기 위해서는 차입에 의해 지급해야 하는 연간 이자비용이 20만원(＝80만원−60만원)이어야 한다. 따라서 ㈜동서의 주주가 현재 개인계좌로 차입해야 하는 금액은 200만원(＝20만원/0.1)이 된다.

∴ 현재 40만원의 차익거래이익을 얻을 수 있다.

Tip

차입금액을 조정하여 현재 현금흐름을 0으로 만드는 방법

(단위: 만원)

차익거래	현재 현금흐름	연간 수익
동서기업 주식 10% 매도	240	−60
남북기업 주식 10% 매입	−400	80
차　입	160	−16
차익거래이익	0	4

동서기업의 주식 10%를 보유하고 있는 투자자는 차익거래를 통해서 4만원의 연간 수익을 얻을 수 있다. 한편 차익거래를 통해 얻을 수 있는 연간 수익 4만원은 차입이자율 10%로 할인할 수 있다. 따라서 연간 수익의 총현재가치는 40만원(＝4만원/0.1)으로서 앞에서 구한 현재 시점에서의 차익거래이익과 동일함을 알 수 있다.

05 (1)

(주)태풍
재무상태표(무부채)

구 자 산	$\frac{7,500\text{만원}}{0.15}=50,000\text{만원}$	자기자본	50,000만원 (발행주식수: 25,000주)

(2) 자금조달: 주식의 발행

① 효율적 시장가설에 의하면 주가는 경쟁회사의 인수에 관한 사실이 공시되는 시점에서 변하게 된다. 즉 주식가격은 그 투자에 대한 정(+)의 순현가를 반영하여 오를 것이다.

$$NPV=-3,000\text{만원}+\frac{1,200\text{만원}}{0.15}=5,000\text{만원}$$

$$\rightarrow \text{주가}=\frac{55,000\text{만원}}{25,000\text{주}}=22,000\text{원}$$

②

(주)태풍
재무상태표
(경쟁회사의 인수를 위하여 주식을 발행한다고 공시하는 시점)

구 자 산	50,000만원	자기자본	55,000만원
경쟁회사의 NPV	5,000만원		(발행주식수: 25,000주)
총 자 산	55,000만원	총 자 본	55,000만원

③ $\text{신주발행수}=\frac{3,000\text{만원}}{22,000\text{원}}=1,363.64\text{주}$

④

(주)태풍
재무상태표
(주식을 발행하는 시점: 경쟁회사의 인수 전)

구 자 산	50,000만원	자기자본	58,000만원
경쟁회사의 NPV	5,000만원		(발행주식수: 26,363.64주)
신주의 납입금	3,000만원		
총 자 산	58,000만원	총 자 본	58,000만원

⑤

(주)태풍
재무상태표
(경쟁회사의 인수 후)

구 자 산	50,000만원	자기자본	58,000만원
경쟁회사의 자산	8,000만원		(발행주식수: 26,363.64주)
총 자 산	58,000만원	총 자 본	58,000만원

⑥ 주주들의 연간 기대수익＝구자산의 영업이익＋새 자산의 영업이익

＝7,500만원＋1,200만원＝8,700만원

$$\therefore\ r_S = \frac{8{,}700\text{만원}}{58{,}000\text{만원}} = 0.15$$

이 기업은 부채를 사용하지 않으므로 $r_S = r_U = 15\%$이다.

(3) 자금조달: 채권의 발행

①

(주)태풍
재무상태표
(경쟁회사의 인수를 위하여 채권을 발행한다고 공시하는 시점)

구 자 산	50,000만원	자기자본	55,000만원
경쟁회사의 NPV	5,000만원		(발행주식수: 25,000주)
총 자 산	55,000만원	총 자 본	55,000만원

동일한 회사가 인수되며, MM에 의해서 부채 또는 주식에 의한 자금조달은 기업가치에 영향을 미치지 않음을 알고 있기 때문에, 기업의 가치는 주식에 의한 자금조달의 경우와 동일하게 된다.

②

(주)태풍
재무상태표
(채권을 발행하는 시점: 경쟁회사의 인수 전)

구 자 산	50,000만원	부 채	3,000만원
경쟁회사의 NPV	5,000만원	자기자본	55,000만원
채권의 발행액	3,000만원		(발행주식수: 25,000주)
총 자 산	58,000만원	총 자 본	58,000만원

③

(주)태풍
재무상태표
(경쟁회사의 인수 후)

구 자 산	50,000만원	부 채	3,000만원
경쟁회사의 자산	8,000만원	자기자본	55,000만원
			(발행주식수: 25,000주)
총 자 산	58,000만원	총 자 본	58,000만원

④ 주주들의 연간 기대수익＝구자산의 영업이익＋새 자산의 영업이익－이자비용

＝7,500만원＋1,200만원－300만원＝8,400만원

$$\therefore\ r_S = \frac{8{,}400\text{만원}}{55{,}000\text{만원}} = 0.1527$$

⑤ 부채를 사용하는 경우의 자기자본비용 15.27%는 부채를 사용하지 않는 경우의 자기자본비용 15%보다 높다. 이와 같은 결과는 부채사용으로 인하여 주식의 위험이 증가되었기 때문이다.

$$r_S = 0.15 + (0.15 - 0.1)\left(\frac{3{,}000\text{만원}}{55{,}000\text{만원}}\right) = 0.1527$$

(4) 각 재무계획하에서 경쟁회사의 인수 후 각 값은 다음과 같다.

	주식발행	채권발행
기업가치	58,000만원	58,000만원
주　　가	22,000원	22,000원
자기자본비용	15%	15.27%
기업의 자본비용	15%	15%*

* $WACC = \left(\frac{55{,}000\text{만원}}{58{,}000\text{만원}}\right) \times 0.1527 + \left(\frac{3{,}000\text{만원}}{58{,}000\text{만원}}\right) \times 0.1 = 0.15(=r_U)$

주식 또는 채권발행의 경우 각 값을 비교하면 다음과 같다.

① 주식 또는 채권의 발행과 관계없이 기업의 가치는 항상 58,000만원으로 동일하다. (MM의 명제 I)

② 주식의 가격은 주식 또는 채권의 발행과 관계없이 항상 22,000원으로 일치한다.

③ 채권을 발행하는 경우 자기자본비용이 15%에서 15.27%로 증가하여 저렴한 부채사용의 효과가 완전히 상쇄되었다. (MM의 명제 II)

④ 투자안의 자본비용은 부채사용과 관계없이 항상 15%이다. (MM의 명제 III)

06 (1) $V_U(=S_U) = \frac{E(NOI)(1-T_C)}{r_U} = \frac{2{,}500 \times (1-0.4)}{0.1} = 15{,}000\text{만원}$

(2) 20,000만원(V_L) > 15,000만원(V_U) + 4,800만원(T_CB)일 경우, 보유하고 있는 기업 L의 주식(과대평가) 10%를 800만원[$=0.1 \times (20{,}000 - 12{,}000)$]에 매도하고 동시에 기업 L의 부채 6%[$=\alpha(1-T_C) = 0.1 \times (1-0.4)$]에 해당하는 720만원($=0.06 \times 12{,}000$)을 차입하여 조성한 총자금 1,520만원을 가지고, 기업 U의 주식(과소평가) 10%를 1,500만원에 매입하는 차익거래를 할 것이다.

(단위: 만원)

차익거래	현재 현금흐름	연간 수익
기업 L의 주식 10% 매도[1]	800	$-0.1 \times (2{,}500 - 840)(1-0.4) = -99.6$
기업 U의 주식 10% 매입	−1,500	$0.1 \times 2{,}500 \times (1-0.4) = 150$
기업 L의 부채 6% 차입[2]	720	$-720 \times 0.07 = -50.4$
차익거래이익	20	0

주) 1. 이자비용 $= 12{,}000 \times 0.07 = 840$만원, 2. $-0.1 \times (1-0.4) \times 840 = -50.4$만원

Tip

차입금액을 조정하여 현재 현금흐름을 0으로 만드는 방법

차익거래	현재 현금흐름	연간 수익
기업 L의 주식 10% 매도 기업 U의 주식 10% 매입 차　입	800 −1,500 700	−(0.1)(2,500−840)(1−0.4)=−99.6 (0.1)(2,500)(1−0.4)=150 −700×0.07=−49
차익거래이익	0	1.4

기업 L의 주식 10%를 보유하고 있는 투자자는 차익거래를 통해서 1.4만원의 연간 수익을 얻을 수 있다. 한편 차익거래를 통해 얻을 수 있는 연간 수익 1.4만원은 차입이자율 7%로 할인할 수 있다. 따라서 연간 수익의 총현재가치는 20만원(=1.4만원/0.07)으로서 앞에서 구한 현재시점에서의 차익거래이익과 동일함을 알 수 있다.

이와 같은 차익거래의 결과, 기존의 영업이익(99.6만원)을 변화시키지 않으면서 현재시점에서 차익거래로 인하여 20만원의 차익거래이익을 얻을 수 있다. 그러므로 모든 투자자들이 이와 같은 거래에 참여할 것이며, 그 결과 기업 L의 주식은 매도의 증가로 인하여 가격이 하락하고, 기업 U의 주식은 매입의 증가로 인하여 가격이 상승하게 된다. $V_L = V_U + T_C B$인 점에 도달할 때까지 이와 같은 행동은 계속될 것이다.

07 (1) $V_{서울} = \dfrac{3{,}000 \times (1-0.4)}{0.1} = 18{,}000$만원

$V_{한강} = 18{,}000 + 10{,}000 \times 0.4 = 22{,}000$만원

(2) ① 차익거래전략과 과정

(단위: 만원)

차익거래전략	현재 현금흐름	연간 수익
한강의 주식 10% 매도[1] 서울의 주식 10% 매입 한강의 부채 6% 차입[2]	1,500 −1,800 600	−(3,000−600)×(1−0.4)×0.1=−144 3,000×(1−0.4)×0.1=180 −36
차익거래이익	300	0

주) 1. 이자비용=10,000×0.06=600만원
2. 10%×(1−0.4)=6%, −0.1×(1−0.4)×600=−36만원

② 차익거래이익이 0이 될 때까지, 또는 두 기업가치의 차이가 4,000만원이 될 때까지 차익거래가 지속된다.

(3) $EPS_{서울}=\frac{3,000\times(1-0.4)}{3,000}=6,000$원

$EPS_{한강}=\frac{(3,000-600)\times(1-0.4)}{1,500}=9,600$원

(4) $\frac{NOI(1-0.4)}{3,000}=\frac{(NOI-600만원)(1-0.4)}{1,500}\rightarrow NOI=1,200$만원

$EPS_{서울}=\frac{1,200\times(1-0.4)}{3,000}=2,400$원

$EPS_{한강}=\frac{(1,200-600)\times(1-0.4)}{1,500}=2,400$원

(5) • 대리인비용이론: 부채가 증가할수록 부채의 대리인비용이 증가하고, 외부주식의 지분율이 증가할수록 지분의 대리인비용이 증가한다. 두 가지 대리인비용의 합인 총대리인비용이 최소화되는 점이 최적자본구조이다.

• 신호이론 : 부채발행은 기업에 대한 긍정적인 정보를 전달하므로 정보비대칭이 해소될 수 있다. 최적자본구조는 정보비대칭 해소에 따른 기업가치의 증가분과 부채사용에 의한 파산위험 증가에 따른 기업가치의 감소분이 일치하는 수준에서 결정된다.

08 (1) 법인세 절약액의 현가$=T_CB=0.2\times50=10$억원

(2) (1)에서 $V_L=150=V_U+T_CB=V_U+10$이므로 $V_U=140$억원

자본구조 변경 후 $V_L=140+0.2\times100=160$억원이며 $S_L=160-100=60$억원이다.

주주의 부는 자기자본이 40억원 감소하고 자사주 매도에 따라 현금유입 50억원이 증가하므로 결국 10억원 증가한다.

(3) 법인세 절약효과가 없어지므로 기업가치는 $V_U=140$억원과 동일하다.

09 (1) $V_U=\frac{10\times(1-0.4)}{0.2}=30$억원, $V_L=30+25\times0.4=40$억원

(2) $r_S=0.2+(0.2-0.15)(1-0.4)\left(\frac{25}{15}\right)=0.25$

$WACC=0.2\times\left[1-0.4\times\left(\frac{25}{40}\right)\right]=0.15$

(3) $0.2\times\left[1-0.4\times\left(\frac{B}{V_L}\right)\right]=0.14\rightarrow\frac{B}{V_L}=\frac{3}{4}$

$\therefore\ \frac{B}{S_L}=\frac{3}{1}=300\%$

10 (1) $r_U = \dfrac{E(NOI)(1-T_C)}{V_U} = \dfrac{2{,}000\times(1-0.4)}{6{,}000} = 0.2$

(2) 효율적 자본시장에 의해서, 채권을 발행한다는 사실이 알려지는 순간 기업의 가치는 T_CB(=0.4×3,000=1,200만원)만큼 증가하여 7,200만원이 된다. 그러므로 채권 3,000만원을 발행하여 그 자금으로 자사주를 매입하는 경우에 S_L은 4,200만원(=7,200만원−3,000만원)이 된다는 사실을 유의하여야 한다.

- $r_S = r_U + (r_U - r_B)(1-T_C)\left(\dfrac{B}{S_L}\right) = 0.2 + (0.2-0.1)(1-0.4)\left(\dfrac{3{,}000}{4{,}200}\right) = 0.2429$
- $WACC = \left(\dfrac{S_L}{S_L+B}\right)r_S + \left(\dfrac{B}{S_L+B}\right)r_B(1-T_C)$

$$= \left(\dfrac{4{,}200}{7{,}200}\right)\times 0.2429 + \left(\dfrac{3{,}000}{7{,}200}\right)\times 0.1\times(1-0.4) = 0.1667$$

또는 $WACC = r_U\left[1-T_C\left(\dfrac{B}{V_L}\right)\right] = 0.2\times\left[1-0.4\times\left(\dfrac{3{,}000}{7{,}200}\right)\right] = 0.1667$

11 (1) $V_L = V_U + T_CB = \dfrac{2\times(1-0.25)}{0.15} + 0.25\times 8 = 12$억원

(2) $r_S = r_U + (r_U - r_B)(1-T_C)\left(\dfrac{B}{S_L}\right)$

$$= 0.15 + (0.15-0.1)(1-0.25)\left(\dfrac{8}{4}\right) = 0.225\ (22.5\%)$$

$WACC = r_U\left[1-T_C\left(\dfrac{B}{V_L}\right)\right] = 0.15\times\left(1-0.25\times\dfrac{8}{12}\right) = 0.125\ (12.5\%)$

(3) $\dfrac{B}{S_L} = 4 \rightarrow S_L = \dfrac{B}{4} = 0.25B$

$V_L = S_L + B = 1.25B = V_U + T_CB = 10 + 0.25B \quad \therefore B = 10$억원

별해 $WACC = 0.15\times\left(1-0.25\times\dfrac{4}{5}\right) = 0.12$

$$V_L = \dfrac{E(NOI)(1-T_C)}{WACC} = \dfrac{2\times(1-0.25)}{0.12} = 12.5\text{억원}$$

$$\therefore B = 12.5\times\dfrac{4}{5} = 10\text{억원}$$

12 (1) $WACC = r_U\left[1-T_C\left(\dfrac{B}{V_L}\right)\right] = 0.2\times\left[1-0.4\times\left(\dfrac{300}{1{,}500}\right)\right] = 0.184$

$$\rightarrow V_L = \frac{E(NOI)(1-T_C)}{WACC} = \frac{E(NOI)(1-0.4)}{0.184} = 1{,}500\text{억원}$$

$$\therefore\ E(NOI) = \frac{1{,}500 \times 0.184}{1-0.4} = 460\text{억원}$$

(2) $V_U = V_L - T_C B = 1{,}500 - 0.4 \times 300 = 1{,}380$억원

13 (1) ①

	자본구조 I	자본구조 II
영업이익	9억원	9억원
이자비용	0	6억원
순 이 익	9억원	3억원
발행주식수	300,000주	200,000주
주당순이익	3,000원	1,500원

∴ 자본구조 I 에서 주당순이익이 더 높다.

②

	자본구조 I	자본구조 II
영업이익	21억원	21억원
이자비용	0	6억원
순 이 익	21억원	15억원
발행주식수	300,000주	200,000주
주당순이익	7,000원	7,500원

∴ 자본구조 II 에서 주당순이익이 더 높다.

③ $\frac{NOI-0}{300{,}000\text{주}} = \frac{NOI-6\text{억원}}{200{,}000\text{주}} \rightarrow NOI = 18\text{억원}$

NOI는 18억원일 때 자본구조 I, II 의 주당순이익은 6,000원으로 동일하게 된다.

④ MM의 명제 I (1958)에 의하면 법인세가 없는 완전자본시장하에서는 자본구조와 관계없이 주가 및 기업가치는 동일하게 된다.

채권을 발행하여 조달한 자금(부채) 60억원으로 자사주 100,000주를 매입하므로 주가는 60,000원(=60억원/100,000주)이 된다. 그리고 기업가치는 자본구조에 관계없이 180억원이 된다.

$V_U = V_L = 60{,}000\text{원} \times 300{,}000\text{주} = 60{,}000\text{원} \times 200{,}000\text{주} + 60\text{억원} = 180\text{억원}$

(2) ①

	자본구조 I	자본구조 II
영업이익	9억원	9억원
이자비용	0	6억원
세전순이익	9억원	3억원
법인세(T_C=40%)	3.6억원	1.2억원
세후순이익	5.4억원	1.8억원
발행주식수	300,000주	200,000주
주당순이익	1,800원	900원

∴ 자본구조 I 에서 주당순이익이 더 높다.

②

	자본구조 I	자본구조 II
영업이익	21억원	21억원
이자비용	0	6억원
세전순이익	21억원	15억원
법인세(T_C=40%)	8.4억원	6억원
세후순이익	12.6억원	9억원
발행주식수	300,000주	200,000주
주당순이익	4,200원	4,500원

∴ 자본구조 II 에서 주당순이익이 더 높다.

③ $$\frac{(NOI-0)(1-0.4)}{300,000\text{주}} = \frac{(NOI-6\text{억원})(1-0.4)}{200,000\text{주}} \rightarrow NOI=18\text{억원}$$

NOI는 18억원일 때 자본구조 I , II 의 주당순이익은 3,600원으로 동일하게 된다.

④ 먼저 자본구조 II 에서 부채 60억원으로 자사주 100,000주를 재매입하므로 주가는 60,000원(=60억원/100,000주)이 된다. 그리고 기업가치 V_L은 다음과 같다.

V_L=자기자본가치+부채가치=60,000원×200,000주+60억원=180억원

그리고 MM의 명제 I (1963)에 의하면 부채가 없는 자본구조 I 에서의 기업가치 V_U를 다음과 같이 구할 수 있다.

$V_U = V_L - T_C B$=180억원−0.4×60억원=156억원

이 경우 주가는 52,000원(=156억원/300,000주)이 된다.

14 (1) $r_U = \dfrac{E(NOI)(1-T_C)}{V_U} = \dfrac{1.5\text{억원} \times (1-0.4)}{10\text{억원}} = 0.09$

(2)

(주)우주공업
재무상태표(무부채)

실물자산	10억원	자기자본	10억원 (발행주식수: 50,000주)

※ 현재의 주가 $= \dfrac{10\text{억원}}{5\text{만주}} = 20{,}000\text{원}$

(3) 이 기업이 조만간 채권을 발행하여 자사주를 매입할 것이라는 사실을 공시하는 경우, 기업의 가치는 부채의 법인세 절감효과를 반영하여 증가할 것이다. 효율적 자본시장에서는 그 증가가 즉각 이루어진다. 즉 기업가치의 증가는 실제로 채권을 발행하여 자사주를 매입한 시점이 아니라 그 사실을 공시하는 시점에서 나타나게 된다.

(주)우주공업
재무상태표
(영구사채발행을 공시하는 시점)

실물자산 법인세 절감액의 현가 $T_C B = 0.4 \times 2\text{억원} = 0.8\text{억원}$	10억원	자기자본	10.8억원 (발행주식수: 50,000주)
총 자 산	10.8억원	총 자 본	10.8억원

(4) 영구사채발행을 공시하는 시점에 자기자본가치가 0.8억원만큼 증가함으로써 주가는 21,600원(=10.8억원/5만주)으로 상승하게 된다.

매입가능 주식수 $= \dfrac{2\text{억원}}{21{,}600\text{원}} = 9{,}259.26\text{주}$

(5)

(주)우주공업
재무상태표
(영구사채를 발행하여 자사주를 매입하는 시점)

실물자산 법인세절감액의 현가	10억원 0.8억원	부　채 자기자본	2억원 8.8억원 (발행주식수: 40,740.74주)
총 자 산	10.8억원	총 자 본	10.8억원

(6) $r_S = r_U + (r_U - r_B)(1-T_C)\left(\frac{B}{S_L}\right)$

$$= 0.09 + (0.09-0.06)(1-0.4)\left(\frac{2}{8.8}\right) = 0.0941$$

또는 $r_S = \frac{[E(NOI) - r_B B](1-T_C)}{S_L} = \frac{(1.5 - 0.06 \times 2)(1-0.4)}{8.8} = 0.0941$

15 (1) ① $r_U = r_f + [E(r_M) - r_f]\beta_U = 0.06 + (0.12-0.06) \times 1.0 = 0.12$

$$V_U = \frac{E(NOI)(1-T_C)}{r_U} = \frac{180 \times (1-0.5)}{0.12} = 750\text{만원}$$

② $r_S = r_f + [E(r_M) - r_f]\beta_L = 0.06 + (0.12-0.06) \times 1.5 = 0.15$

$$WACC_L = \left(\frac{S_L}{S_L + B}\right) r_S + \left(\frac{B}{S_L + B}\right) r_B (1-T_C)$$

$$= 0.5 \times 0.15 + 0.5 \times 0.06 \times (1-0.5) = 0.09$$

$$V_L = \frac{E(NOI)(1-T_C)}{WACC_L} = \frac{180 \times (1-0.5)}{0.09} = 1{,}000\text{만원}$$

(2) 먼저 각 투자안의 β_U를 구하면 다음과 같다.

- 투자안 1: $\beta_{U1} = \frac{Cov(r_1,\ r_M)}{Var(r_M)} = \frac{\sigma_j \sigma_M Corr(r_1,\ r_M)}{Var(r_M)} = \frac{0.10 \times 0.12 \times 0.6}{0.0144} = 0.5$

- 투자안 2: $\beta_{U2} = \frac{0.11 \times 0.12 \times 0.7}{0.0144} = 0.6417$

- 투자안 3: $\beta_{U3} = \frac{0.12 \times 0.12 \times 0.8}{0.0144} = 0.8$

- 투자안 4: $\beta_{U4} = \frac{0.20 \times 0.12 \times 0.9}{0.0144} = 1.5$

그러므로 부채가 없는 경우의 자본비용 r_U는 다음과 같다.

- 투자안 1: $r_U = r_f + [E(r_M) - r_f]\beta_{U1} = 0.06 + (0.12-0.06) \times 0.5 = 0.09$
- 투자안 2: $r_U = 0.06 + (0.12-0.06) \times 0.6417 = 0.0985$
- 투자안 3: $r_U = 0.06 + (0.12-0.06) \times 0.8 = 0.108$
- 투자안 4: $r_U = 0.06 + (0.12-0.06) \times 1.5 = 0.15$

이상의 결과를 이용하여 각 투자안을 평가하면 다음과 같다.

① 기업 U의 경우: 100% 자기자본으로 자금조달

투자안	r_U		실제 기대수익률[2]	의사결정
1	0.09	=	0.09	무차별
2	0.0985	>	0.0917	기각
3	0.108	<	0.1125	채택
4	0.15	>	0.12	기각

② 기업 L의 경우: 부채구성비율=0.5

투자안	$WACC_L$		실제 기대수익률	의사결정
1	0.0675	<	0.09	채택
2	0.0739	<	0.0917	채택
3	0.0810	<	0.1125	채택
4	0.1125	<	0.12	채택

주) $WACC_L = r_U\left[1-T_C\left(\frac{B}{V_L}\right)\right] = r_U \times (1-0.5\times0.5) = 0.75r_U$

16 (1) $r_S = r_f + [E(r_M) - r_f]\beta_S = 0.06 + (0.18-0.06)\times 1.5 = 0.24$

$$WACC = \left(\frac{S_L}{S_L+B}\right)r_S + \left(\frac{B}{S_L+B}\right)r_B(1-T_C)$$
$$= 0.5\times0.24 + 0.5\times0.06\times(1-0.5) = 0.135$$

(2) 먼저 대용기업인 평양주식회사의 자기자본베타를 이용하여 서울주식회사가 고려하고 있는 투자안의 무부채베타 β_U를 구하면 다음과 같다.

$$\beta_U = \frac{\beta_S^*}{1+(1-T_C^*)(B/S_L)^*} = \frac{2.0}{1+(1-0.5)(1/9)} = 1.8947$$

$\rightarrow r_U = 0.06 + (0.18-0.06)\times 1.8947 = 0.2874$

그러므로 서울주식회사의 목표부채구성비율이 50%인 경우, 투자안의 가중평균자본비용은 다음과 같이 계산할 수 있다.

$$WACC = r_U\left[1-T_C\left(\frac{B}{V_L}\right)\right] = 0.2874\times(1-0.5\times0.5) = 0.2156$$

투자안의 실제 기대수익률은 25%로서 투자안의 자본비용 21.56%보다 크다. 그러므로

2) 투자안 j의 실제 기대수익률 $E(r_j) = E(NOI_j)(1-T_C)$/투자비용$_j$이다.

서울주식회사는 이 투자안을 채택하여야 한다.

(3) $r_U = 0.06 + (0.18 - 0.06) \times 2.5 = 0.36$

$$\rightarrow WACC = r_U\left[1 - T_C\left(\frac{B}{V_L}\right)\right] = 0.36 \times (1 - 0.5 \times 0.5) = 0.27$$

투자안의 실제 기대수익률은 25%로서 투자안의 자본비용 27%보다 작다. 그러므로 서울주식회사는 투자안을 기각하여야 한다.

17 (1) $V_U = \dfrac{E(EBIT)(1 - T_C)}{r_U} = \dfrac{2 \times (1 - 0.4)}{0.2} = 6$억원

(2) $B = \dfrac{2 \times 0.07}{1.1} + \dfrac{2 \times 0.07}{1.1^2} + \cdots = \dfrac{0.14}{0.1} = 1.4$억원

(3) $V_L = V_U + T_C B = 6 + 0.4 \times 1.4 = 6.56$억원

$6.56 = S_L + 1.4 \rightarrow S_L = 5.16$억원, $P_0 = \dfrac{5.16\text{억원}}{10{,}000\text{주}} = 51{,}600$원

(4) $r_S = r_U + (r_U - r_B)(1 - T_C)\left(\dfrac{B}{S_L}\right) = 0.2 + (0.2 - 0.1)(1 - 0.4)\left(\dfrac{1.4}{5.16}\right) = 0.2163$

$$WACC = r_U\left[1 - T_C\left(\frac{B}{V_L}\right)\right] = 0.2 \times \left(1 - 0.4 \times \frac{1.4}{6.56}\right) = 0.1829$$

(5) $r_S = 0.1 + (0.15 - 0.1)\beta_S = 0.2163 \rightarrow \beta_S = 2.326$

$$\beta_U = \frac{\beta_S^*}{1 + (1 - T_C^*)\left(\dfrac{B}{S_L}\right)^*} = \frac{2.326}{1 + (1 - 0.4)\left(\dfrac{1.4}{5.16}\right)} = 2$$

(또는 $r_U = 0.1 + 0.05\beta_U = 0.2 \rightarrow \beta_U = 2$)

$$\rightarrow \beta_S = \beta_U\left[1 + (1 - T_C)\left(\frac{B}{S_L}\right)\right] = 2 \times (1 + 0.6 \times 0.5) = 2.6$$

① $r_S = r_f + [E(r_M) - r_f]\beta_S = 0.1 + (0.15 - 0.1) \times 2.6 = 0.23$

② $WACC = \dfrac{2}{3} \times 0.23 + \dfrac{1}{3} \times 0.1 \times (1 - 0.4) = 0.1733$

③ $V_L = \dfrac{E(EBIT)(1 - T_C)}{WACC} = \dfrac{2 \times (1 - 0.4)}{0.1733} = 6.9244$억원

(6) • 부채비율이 증가하는 경우(27.13% → 50%), 자기자본비용이 상대적으로 저렴한 타인자본을 추가적으로 사용하는 이점을 완전히 상쇄할 정도로 증가하지 않기 때문에

(0.2163 → 0.23) 가중평균자본비용은 감소하고(0.1829 → 0.1733), 기업가치가 증가하게 (6.56억원 → 6.9244억원) 된다.

- 자본구조이론을 설명할 때 현실적으로 고려해야 하는 불완전시장요인으로 개인소득세, 파산비용, 대리인비용 등을 들 수 있다.

18 (1) $r_U = \dfrac{E(NOI)(1-T_C)}{V_U} = \dfrac{3\text{억원} \times (1-0.4)}{3{,}000\text{원} \times 40\text{만주}} = 0.15$

$V_L = V_U + T_C B = 12\text{억원} + 0.4 \times 10\text{억원} = 16\text{억원},\ S_L = 6\text{억원}$

$$\therefore\ r_S = r_U + (r_U - r_B)(1-T_C)\left(\frac{B}{S_L}\right)$$

$$= 0.15 + (0.15-0.1)(1-0.4)\left(\frac{10}{6}\right) = 0.2\ (20\%)$$

또는 $r_S = \dfrac{[E(NOI) - r_B B](1-T_C)}{S_L} = \dfrac{(3-0.1\times 10)(1-0.4)}{6} = 0.2$

(2) $WACC = r_U\left[1 - T_C\left(\dfrac{B}{V_L}\right)\right] = 0.15 \times \left(1 - 0.4 \times \dfrac{10}{16}\right) = 0.1125\ (11.25\%)$

또는 $WACC = \dfrac{E(NOI)(1-T_C)}{V_L} = \dfrac{3\times(1-0.4)}{16} = 0.1125$

(3) $\dfrac{B}{S_L} = 1 \rightarrow B = S_L$

$V_L = 2B = 12 + 0.4 \times B \quad \therefore\ B = 7.5\text{억원}$

별해 $WACC = 0.15 \times \left(1 - 0.4 \times \dfrac{1}{2}\right) = 0.12 \rightarrow V_L = \dfrac{3\times(1-0.4)}{0.12} = 15\text{억원}$

$$\therefore\ B = \frac{15}{2} = 7.5\text{억원}$$

19 (1) $V_U = \dfrac{E(EBIT)(1-T_C)}{r_U} = \dfrac{8\times(1-0.4)}{0.15} = 32\text{억원}$

(2) $\dfrac{B}{S_L} = 1 \rightarrow B = S_L$

$V_L = 2B = 32 + 0.4 \times B \quad \therefore\ B = 20\text{억원}$

(3) $V_L = 2 \times 20 = 40\text{억원}$

$r_S = 0.15 + (0.15-0.1)(1-0.4)\left(\dfrac{20}{20}\right) = 0.18\ (18\%)$

$$WACC=0.15\times\left(1-0.4\times\frac{1}{2}\right)=0.12\,(12\%)$$

(4) $NPV=\dfrac{E(NOI)(1-T_C)}{r_U}+T_CB-I_0=\dfrac{6\times(1-0.4)}{0.15}+0.4\times20-20=12$억원

(5) $\dfrac{B}{S_L}=\dfrac{20+20}{20+12}=1.25(125\%)$

20 (1) $B=\dfrac{4\times0.08}{0.1}=3.2$억원

(2) $V_U=\dfrac{E(NOI)(1-T_C)}{r_U}=\dfrac{5\times(1-0.3)}{0.25}==14$억원

$V_L=V_U+T_CB=14+0.3\times3.2=14.96$억원

(3) $r_S=r_U+(r_U-r_B)(1-T_C)\left(\dfrac{B}{S_L}\right)$

$$=0.25+(0.25-0.1)(1-0.3)\left(\frac{3.2}{11.76}\right)=0.2786(27.86\%)$$

$$WACC=r_U\left[1-T_C\left(\frac{B}{V_L}\right)\right]=0.25\times\left[1-0.3\times\left(\frac{3.2}{14.96}\right)\right]=0.2340(23.40\%)$$

또는 $WACC=\dfrac{E(NOI)(1-T_C)}{V_L}=\dfrac{5\times(1-0.3)}{14.96}=0.2340$

(4) ① $0.25=0.1+(0.2-0.1)\beta_U\rightarrow\beta_U=1.5$

$$\beta_S=\beta_U\left[1+(1-T_C)\left(\frac{B}{S_L}\right)\right]=1.5\times[1+(1-0.3)\times0.6]=2.13$$

$\therefore\ r_S=0.1+0.1\times2.13=0.313(31.3\%)$

② $WACC=\left(\dfrac{S_L}{S_L+B}\right)r_S+\left(\dfrac{B}{S_L+B}\right)r_B(1-T_C)$

$$=\left(\frac{1}{1.6}\right)\times0.313+\left(\frac{0.6}{1.6}\right)\times0.1\times(1-0.3)=0.2219(22.19\%)$$

③ $V_L=\dfrac{E(NOI)(1-T_C)}{WACC}=\dfrac{5\times(1-0.3)}{0.2219}=15.77$억원

21 (1) 이자비용의 법인세 절감효과를 현금흐름에 반영하는 경우, 할인율(WACC)에는 이자비용의 법인세 절감효과를 반영하지 않아야 한다.

$$r_S = r_U + (r_U - r_B)(1 - T_C)\left(\frac{B}{S_L}\right) = 0.2 + (0.2 - 0.1)(1 - 0.4)\left(\frac{1}{1}\right) = 0.26$$

$$\rightarrow WACC = \left(\frac{S_L}{S_L + B}\right) r_S + \left(\frac{B}{S_L + B}\right) r_B = \left(\frac{1}{2}\right) \times 0.26 + \left(\frac{1}{2}\right) \times 0.1 = 0.18$$

(2) $V_L = \dfrac{9}{0.18} = 50$억원, $S_L = 25$억원, $B = 25$억원

이 투자를 통해 얻게 되는 가치의 증가분, 즉 NPV가 10억원일 경우 투자 전 기업가치는 40억원, 자기자본의 가치는 15억원, 부채의 가치는 25억원이 된다. 투자 전 자기자본의 가치는 투입된 시점의 가치로서 장부가치의 의미를 가지는 것으로 볼 수 있다.

$$\therefore \text{ 부채비율} = \frac{\text{장부상 부채}}{\text{장부상 자기자본}} = \frac{25}{15} = \frac{5}{3} = 166.67\%$$

제 14 장

자본구조 Ⅱ: 현실적 개념

▶ 객관식 문제

01 $V_L = V_U + \left[1 - \frac{(1-T_C)(1-T_{pS})}{(1-T_{pB})}\right]B = V_U + \left[1 - \frac{(1-0.25)(1-Y)}{(1-X)}\right] \times 1{,}000$

여기서 U=㈜도봉, L=㈜관악

a. 위의 식에서 $X=Y$이라면, $V_L = V_U + T_C B = V_U + 250$이고 여기서 250억원은 절세효과이다.

b. $V_L = V_U + \left[1 - \frac{(1-0.25)}{(1-0.25)}\right]B = V_U$

c. $V_L = V_U + \left[1 - \frac{(1-0.25)}{(1-0.15)}\right] \times 1{,}000 = V_U + 117.65$, 채권투자에 대한 개인소득세가 발생하므로 a에 비해 레버리지로 인한 이득이 줄어든다.

02 ① 위험유인은 소유경영자(내부주주)와 채권자 간의 이해상충에서 발생하는 부채의 대리인비용이다.

② 위험유인은 부채비율이 높을수록 위험한 투자안을 선택하려는 유인이다.

④ 특권적 소비는 소유경영자(내부주주)와 외부주주간에 발생하는 대리인비용으로, 외부주주의 지분비율에 비례하여 증가하는 경향이 있다.

⑤ 확증비용(bonding costs)이란 대리인이 자신의 의사결정이 위임자의 이해와 일치한다는 것을 입증하기 위해 지불하는 비용이다.

03 a, b • $E(V_A) = 0.5 \times 4{,}300 + 0.5 \times 1{,}100 = 2{,}700$억원

$\sigma(V_A) = \sqrt{0.5 \times (4{,}300 - 2{,}700)^2 + 0.5 \times (1{,}100 - 2{,}700)^2} = 1{,}600$억원

• $E(V_B) = 0.5 \times 3{,}800 + 0.5 \times 2{,}000 = 2{,}900$억원

$\sigma(V_B) = \sqrt{0.5 \times (3{,}800 - 2{,}900)^2 + 0.5 \times (2{,}000 - 2{,}900)^2} = 900$억원

c. 주주가치를 극대화하는 기업은 A투자안을 선택함.

상 황	A투자인	B투자안
호황에서의 주주가치	2,300억원	1,800억원
불황에서의 주주가치	0억원	0억원
기대 주주가치	1,150억원	900억원

04 지분의 대리인비용(여유시간 향유, 특권적 소비 등) : A기업 < B기업

부채의 대리인비용(위험선호유인, 과소투자유인, 재산도피현상 등) : A기업 > B기업

05 ④ 자본조달순위이론에 따르면 수익성이 높은 기업은 유보금액이 많으므로 외부금유에 대한 의존도가 낮아 부채비율이 낮다. 수익성이 낮은 기업 일수록 내부자금이 상대적으로 부족하기 때문에, 외부자금조달 수단 중 우선순위가 높은 부채 발행량이 증가하여 부채비율이 높을 것으로 예측한다.

06 ⑤ Myers & Majluf(1984)는 내부자금이 부족하여 외부금융에 의존해야 할 경우에는 주식보다는 부채를 더 선호하게 된다.

07 ① Modigliani & Miller(1958)에 의하면 기업가치를 먼저 구한 후 이것에 부채가치를 차감하여 자기자본가치를 구한다.

② MM 이전의 자본구조이론

• 순이익접근법(레버리지와 관계없이 부채비용과 자기자본비용이 일정할 경우)
부채 ↑ → 저렴한 부채사용의 이점 → WACC ↓ → 기업가치 ↑

• 순영업이익접근법(레버리지와 관계없이 부채비용과 WACC가 일정할 경우)
부채 ↑ → 저렴한 부채사용의 이점이 자기자본비용의 증가로 상쇄
→ WACC : 일정 → 기업가치 : 일정

• 전통적 접근법
부채 사용이 증가함에 따라 WACC가 감소하다가 증가하므로 WACC가 최소가 되어 기업가치를 극대화시킬 수 있는 최적자본구조 존재

☞ MM이론(1963)과 순이익접근법의 결과는 동일하나 그 결과를 도출하기 위한 가정 및 논리적 구조는 전혀 다름을 유의해야 함.

③ 제13장 객관식 문제 2번 해설 Tip 참조.

⑤ 파산비용이론 및 대리인이론과 전통적 접근법도 결과는 공통점이 있으나 그 결과를 도

출하기 위한 가정 및 논리적 구조는 전혀 다름을 유의해야 함.

08 a. 파산비용과 절세효과를 동시에 고려하는 파산비용이론은 기업들의 최적자본구조가 존재함을 설명하는 이론이다.

b. 자본조달순위이론이 제시하는 자본조달의 우선순위는 내부자금, 부채, 신주발행의 순서이다.

09 ⑤ 소유경영자 지분율이 100%일 때 소유경영자와 외부주주 간 발생하는 지분의 대리인 문제는 발생하지 않으며, 외부주주 지분율이 높아질수록 지분의 대리인비용은 증가하게 된다.

▶ 주관식 문제

01 (1) $T_{pS}=T_{pB}=30\%$일 경우

① 각 자본구조하에서 주주와 채권자가 받을 총현금흐름은 다음과 같다.

(단위: 억원)

	현 재 (자기자본=100%)		자본구조변경 후 (부채=50억원)	
배 당 금	18		15	
배당에 대한 개인소득세($T_{pS}=30\%$)	(5.4)		(4.5)	
개인소득세 후 배당금		12.6		10.5
이 자	0		5	
이자에 대한 개인소득세($T_{pB}=30\%$)	0		(1.5)	
개인소득세 후 이자		0		3.5
총현금흐름		12.6		14.0

자본구조변경 후 주주와 채권자가 받을 수 있는 총현금흐름은 14.0억원으로서 현재의 12.6억원보다 더 많다.

② 국세청의 입장에서는 법인세와 개인소득세를 합한 총세금이 가장 많아지는 자본구조를 선호할 것이다.

(단위: 억원)

	현 재 (자기자본=100%)	자본구소변경 후 (부채=50억원)
법 인 세	12	10
배당에 대한 개인소득세	5.4	4.5
이자에 대한 개인소득세	0	1.5
총 세 금	17.4	16.0

그러므로 국세청은 총세금이 많은 현재의 자본구조를 더 선호한다.

③ 부채를 사용하지 않는 현재의 기업가치 V_U는 다음과 같다.

$$V_U=\frac{E(NOI)(1-T_C)(1-T_{pS})}{r_U}$$

$$=\frac{30\text{억원}\times(1-0.4)\times(1-0.3)}{0.2}=\frac{12.6\text{억원}}{0.2}=63\text{억원}$$

그리고 자본구조를 변경한 후 기업의 가치 V_L은 다음과 같다.

$$V_L=V_U+\left[1-\frac{(1-T_C)(1-T_{pS})}{1-T_{pB}}\right]B=63\text{억원}+\left[1-\frac{(1-0.4)(1-0.3)}{1-0.3}\right]\times 50\text{억원}$$

$$=63\text{억원}+0.4\times 50\text{억원}=83\text{억원}$$

☞ 이 경우 자기자본의 가치는 33억원이고 부채의 가치는 50억원이다.

(2) $T_{pS}=20\%$, $T_{pB}=55\%$일 경우

① 각 자본구조하에서 주주와 채권자가 받을 총현금흐름은 다음과 같다.

(단위: 억원)

	현 재 (자기자본=100%)		자본구조변경 후 (부채=50억원)	
배 당 금	18		15	
배당에 대한 개인소득세($T_{pS}=20\%$)	(3.6)		(3)	
개인소득세 후 배당금		14.4		12
이 자	0		5	
이자에 대한 개인소득세($T_{pB}=55\%$)	0		(2.75)	
개인소득세 후 이자		0		2.25
총현금흐름		14.4		14.25

자본구조변경 후 주주와 채권자가 받을 수 있는 총현금흐름은 14.25억원으로서 현재의 14.4억원보다 더 적다.

② 각 자본구조하에서의 법인세와 개인소득세를 합한 총세금은 다음과 같다.

(단위: 억원)

	현 재 (자기자본=100%)	자본구조변경 후 (부채=50억원)
법 인 세	12	10
배당에 대한 개인소득세	3.6	3
이자에 대한 개인소득세	0	2.75
총 세 금	15.6	15.75

그러므로 국세청은 현재보다 자본구조를 변경하는 경우 더 많은 세금을 부과할 수 있기 때문에 자본구조를 변경하는 것을 더 선호한다.

③ 부채를 사용하지 않는 현재의 기업가치 V_U는 다음과 같다.

$$V_U = \frac{E(NOI)(1-T_C)(1-T_{pS})}{r_U}$$

$$= \frac{30\text{억원} \times (1-0.4) \times (1-0.2)}{0.2} = \frac{14.4\text{억원}}{0.2} = 72\text{억원}$$

그리고 자본구조를 변경한 후 기업의 가치 V_L은 다음과 같다.

$$V_L = V_U + \left[1 - \frac{(1-T_C)(1-T_{pS})}{1-T_{pB}}\right]B = 72\text{억원} + \left[1 - \frac{(1-0.4)(1-0.2)}{1-0.55}\right] \times 50\text{억원}$$

$$= 72\text{억원} + (-0.0667) \times 50\text{억원} = 68.67\text{억원}$$

☞ 이 경우 자기자본의 가치는 18.67억원이고 부채의 가치는 50억원이다.

02 (1) MM(1958년)은 법인세를 고려하지 않은 모형에서 법인세율, 개인소득세율 그리고 재무적 곤경에 대한 비용(파산비용)의 현가는 모두 0이라고 가정하였다.

$$T_C = T_{pB} = C(B) = 0$$

이와 같은 가정하에서 기업의 가치는 자본구조와 무관하게 된다. 즉 최적자본구조는 존재하지 않는다.

(2) MM(1963년)은 법인세를 고려한 모형에서 다음과 같이 가정하였다.

$$T_C > 0,\ \ T_{pB} = C(B) = 0 \rightarrow V_L = V_U + T_C B$$

위의 식에서 볼 수 있는 바와 같이 부채가 증가할수록 기업의 가치는 증가하게 된다. 그러므로 기업의 최적부채비율(B/S_L)은 무한대에 가까운 아주 높은 수준에서 결정된다.

(3) 갑사는 부채의 법인세절감효과를 전액 얻을 수 있다. 그러므로 갑사가 영구사채를 10억원 발행하여 자사주식을 재매입하는 데 사용하는 경우 기업가치의 증분은 다음과 같이 구할 수 있다.

$$\Delta V=\left(1-\frac{1-T_C}{1-T_{pB}}\right)\Delta B=\left(1-\frac{1-0.4}{1-0.2}\right)\times 10\text{억원}=0.25\times 10\text{억원}=2.5\text{억원}$$

(4) 을사는 부채사용으로 인한 법인세절감효과를 얻을 수 없기 때문에 이 회사의 유효법인세율은 0이 된다. 그러므로 을사가 주식 1원을 발행하는 대신 영구사채 1원을 추가적으로 발행하는 경우 기업가치의 변화액은 다음과 같이 구할 수 있다.

$$\Delta V=\left(1-\frac{1-0.0}{1-0.2}\right)\times 1\text{원}=-0.25\times 1\text{원}=-0.25\text{원}$$

즉 을사가 주식 1원을 발행하는 대신 영구사채 1원을 추가적으로 발행한다면, 이 기업의 가치는 0.25원만큼 감소하게 된다. 요약하면 부채사용으로 인한 법인세절감효과는 나타나지 않는 반면, 이자소득에 대해서는 개인소득세가 부과되기 때문에 기업의 가치는 감소하게 된다.

(5) 병사가 부채의 법인세절감효과를 얻을 수 있을 가능성($T_C=0.4$)은 65%이고, 얻지 못할 가능성($T_C=0$)이 35%이다. 그리고 투자자들은 위험중립적이라고 가정하고 있기 때문에 기업가치의 변화에 대한 기대치가 곧 기업가치의 변화액이 된다. 즉 위험에 대한 할인은 필요 없다. 그러므로 주식 1원을 발행하는 대신 영구사채 1원을 추가적으로 발행하는 경우 기업가치의 변화액은 다음과 같이 구할 수 있다.

$$\Delta V=0.65\times\left(1-\frac{1-0.4}{1-0.2}\right)\times 1\text{원}+0.35\times\left(1-\frac{1-0.0}{1-0.2}\right)\times 1\text{원}=0.075\text{원}$$

03 (1) 투자자들이 위험중립적이기 때문에 모든 자산의 수익률은 위험과는 무관하게 된다. 그리고 법인세를 지급하는 기업의 입장에서는 사채이자에 의해서 법인세절감효과를 얻을 수 있기 때문에 기업이 지급할 수 있는 사채이자율은 그것을 고려하여 결정된다. 여기서 주식수익률 또는 외국부동산의 면세수익률이 5.4%이다. 그러므로 사채시장의 균형하에서 사채의 균형이자율은 다음과 같이 결정된다.

$$r_B=\frac{r_e}{1-T_C}=\frac{0.054}{1-0.34}=0.0818$$

(2) 투자자들은 사채의 세후 투자수익률$\left[\frac{5.4\%}{1-T_C}\times(1-T_{pB}^i)\right]$과 주식 또는 외국부동

산의 면세수익률(5.4%)을 비교하여 투자대상을 선택하게 된다. 그러므로 서로 다른 투자자그룹의 세율체계하에서 법인세율 34%보다 작은 세율체계를 가지고 있는 투자자 그룹은 사채를 매입하는 반면, 법인세율보다 높은 세율체계를 가지고 있는 그룹은 사채를 매입하지 않고 주식 또는 외국부동산에 투자할 것이다. 각 그룹의 투자행동은 다음과 같다.

그 룹	T_{pB}(%)		T_C(%)	투자자금(억원)	투자행동
A	50	>	34	1,200	주식 또는 외국부동산
B	34	=	34	300	무차별
C	20	<	34	150	사채
D	0	<	34	50	사채

여기서 그룹 B는 주식(또는 외국부동산)이나 사채 중 어느 것에 투자하느냐에 무관한 그룹으로서 극단적으로 다음과 같은 두 가지 경우를 생각해 볼 수 있다.

① 그룹 B가 모든 투자자금을 사채에 투자하는 경우:

- 사채의 총가치(B) = 300억원 + 150억원 + 50억원 = 500억원
- 주식의 총가치(S) $= \dfrac{[E(NOI) - r_B B](1 - T_C)}{r_S}$

$$= \frac{(120\text{억원} - 0.0818 \times 500\text{억원})(1 - 0.34)}{0.054} = 966.78\text{억원}$$

$$\rightarrow \frac{B}{S} = \frac{500\text{억원}}{966.78\text{억원}} = 0.517$$

② 그룹 B가 모든 투자자금을 주식 또는 외국부동산에 투자하는 경우:

- 사채의 총가치(B) = 150억원 + 50억원 = 200억원
- 주식의 총가치(S) $= \dfrac{[E(NOI) - r_B B](1 - T_C)}{r_S}$

$$= \frac{(120\text{억원} - 0.0818 \times 200\text{억원})(1 - 0.34)}{0.054} = 1{,}266.71\text{억원}$$

$$\rightarrow \frac{B}{S} = \frac{200\text{억원}}{1{,}266.71\text{억원}} = 0.158$$

그룹 B의 투자행동에 의해서 시장전체의 부채비율은 달라질 수 있지만, 그것은 ①과 ②에서 구한 범위 내에 있을 것이다.

$$\therefore\ 0.158 \le \frac{B}{S} \le 0.517$$

(3) 먼저 균형이자율을 구하면 다음과 같다.

$$r_B = \frac{r_e}{1-T_C} = \frac{0.054}{1-0.4} = 0.09$$

법인세율 40%보다 작은 세율체계를 가지고 있는 그룹 B, C, D가 사채에 투자하게 된다.

- 사채의 총가치(B) = 300억원 + 150억원 + 50억원 = 500억원
- 주식의 총가치$(S) = \dfrac{[E(NOI) - r_B B](1-T_C)}{r_S}$

$$= \frac{(120\text{억원} - 0.09 \times 500\text{억원})(1-0.4)}{0.054} = 833.33\text{억원}$$

$$\therefore \ \frac{B}{S} = \frac{500\text{억원}}{833.33\text{억원}} = 0.6$$

04 (1) 현재(자본구조변경 전), 즉 부채를 사용하고 있지 않은 기업의 자본비용(자기자본비용)을 구하면 다음과 같다.

$$r_U = r_S = \frac{E(NOI)(1-T_C)}{V_U} = \frac{2\text{억원} \times (1-0.4)}{12\text{억원}} = 0.1$$

(2) $V_L = V_U + T_C B$

부채가 증가할수록 기업의 가치는 증가하게 된다. 그러므로 기업의 최적부채수준은 100%의 부채를 사용하는 것이다.

※ 부채수준과 기업가치의 관계:

B	V_U	$T_C B$	$V_L = V_U + T_C B$
0.0억원	12.0억원	0.0억원	12.0억원
2.5	12.0	1.0	13.0
5.0	12.0	2.0	14.0
7.5	12.0	3.0	15.0
10.0	12.0	4.0	16.0
12.5	12.0	5.0	17.0
15.0	12.0	6.0	18.0
20.0	12.0	8.0	20.0

(3) 재무적 곤경비용을 포함시킬 경우 부채를 사용하는 기업의 가치 V_L은 다음과 같다.

$$V_L = V_U + T_C B - P \times C$$

여기서 P : 재무적 곤경의 발생확률

C : 재무적 곤경비용의 현가

재무적 곤경비용(또는 파산비용)이 존재하는 경우 최적자본구조는 부채사용에 의해서 나타나는 상반효과에 의해서 결정된다. 최적자본구조를 구하기 위하여 부채수준과 기업가치의 관계를 살펴보면 다음과 같다.

B	$V_U + T_C B$	P	$P \times C = P \times 8$억원	$V_L = V_U + T_C B - P \times C$
0.0억원	12.0억원	0.00%	0.00억원	12.0억원
2.5	13.0	0.00	0.00	13.0
5.0	14.0	1.25	0.10	13.9
7.5	15.0	2.50	0.20	14.8
10.0	16.0	6.25	0.50	15.5
12.5	17.0	12.50	1.00	16.0
15.0	18.0	31.25	2.50	15.5
20.0	20.0	75.00	6.00	14.0

- 최적부채수준(B) = 12.5억원
- 기업의 최대가치(V) = 16.0억원
- 최적부채구성비율(B/V) = 12.5억원/16.0억원 = 78%

(4) 재무적 곤경비용을 포함시키지 않는 경우와 포함시키는 경우에 부채수준과 기업가치의 관계를 각각 그림으로 나타내면 다음과 같다.

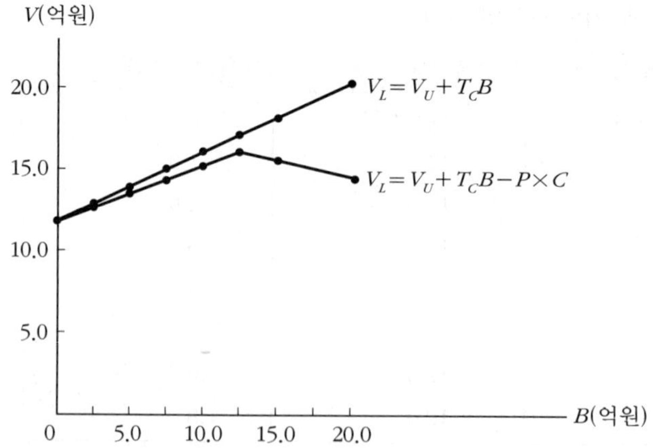

05 (1) $V_{서울}=\dfrac{10\times(1-0.4)}{0.2}=30$억원, $V_{경기}=30+15\times0.4=36$억원

(2) $r_S=0.2+(0.2-0.1)(1-0.4)\times\dfrac{15}{21}=0.2429=24.29\%$

$WACC=0.2429\times\dfrac{21}{36}+0.1\times(1-0.4)\times\dfrac{15}{36}=0.1667=16.67\%$

(3) ① $V_{경기}=30+15\times0.4-20\times0.4=28$억원

② 최적부채수준=9억원

(단위: 억원)

부채가치	파산확률 (P)	$T_C\cdot B$	기대파산비용의 현가 ($P\cdot C=P\times20$)	기업가치 ($30+T_C\cdot B-P\cdot C$)
3	10%	1.2	2	29.2
6	13%	2.4	2.6	29.8
9	18%	3.6	3.6	30
12	25%	4.8	5	29.8
15	40%	6	8	28

(4) 정보비대칭 하에서 기업은 투자소요자금을 유보이익, 부채, 주식순으로 조달한다는 마이어즈와 마즐루프의 주장이다. 기업이 좋은 투자기회를 가지고 있고 이를 외부투자자들이 모르고 있다면, 기업은 내부금융(유보이익)을 외부금융보다 더 선호하게 된다. 왜냐하면 외부금융의 경우 발행비용이 존재하기 때문이다. 외부금융에 의존해야 할 경우 부채를 주식보다 더 선호하게 되는데, 이는 주식의 경우 투자성과의 일부가 신규주주로 유출될 수 있기 때문이다.

06 (1) 각 투자안에 투자하는 경우의 기업, 주식 그리고 채권의 기대가치를 구하면 다음과 같다.

	위험이 낮은 투자안		위험이 높은 투자안
기업의 기대가치	60억원	>	45억원
주식의 기대가치	10억원	<	15억원
채권의 기대가치	50억원	>	30억원

이 경우 ㈜서울의 소유경영자(또는 주주)는 기업의 가치를 증가시킬 수 있는 위험이 낮은 투자안을 선택하지 않고, 자신의 부를 극대화하기 위하여 주식의 가치가 보다 높아지는 위험이 높은 투자안을 선택할 것이다. 이는 주주의 유한책임에 근거한다. 즉 위험이 낮은 투자안을 선택하지 않고 위험이 높은 투자안을 선택하는 경우, 호황에서 기업

가치의 증가 10억원(=80억원−70억원)은 주주가 전액 취하는 반면, 불황(이 경우 기업은 파산하게 됨)에서 기업가치의 감소 40억원(=10억원−50억원)은 주주 대신 채권자가 부담하게 된다. 즉 위험이 높은 투자안을 선택함으로써 채권자의 부가 주주에게로 이전된다고 할 수 있다.

(2) 채권자들은 기업이 위험이 낮은 투자안을 선택해 주기를 원한다. 이 경우 파산가능성이 없기 때문에 채권자의 부가 주주에게로 이전되지 않는다.

(3) 채권자들이 합리적이라면 위험이 높은 투자안을 선택함으로써 채권자의 부가 이전되게 만들려는 주주들의 행동을 사전에 알고서 높은 이자율을 요구하여 자신을 방어할 것이다. 그러므로 결과적으로 이와 같은 부채의 대리인비용은 주주들이 부담하여야 한다.

☞ 부채의 대리인비용은 주주들의 행동을 제약하는 여러 가지 사항을 규정한 사채약정서를 작성함으로써 부분적으로 감소시킬 수 있다.

07 (1) 소유경영자로부터 투자자금을 전액 조달하는 경우

• 투자안 A의 현금흐름

상 황	확 률	현금흐름(원)		
		투자안 A	소유경영자	채 권 자
불황	50%	110	110	0
호황	50%	130	130	0
기 대 값		120	120	0

• 투자안 B의 현금흐름

상 황	확 률	현금흐름(원)		
		투자안 B	소유경영자	채 권 자
불 황	50%	50	50	0
호 황	50%	180	180	0
기 대 값		115	115	0

• 소유경영자의 입장에서 투자안을 평가하면 다음과 같다.

NPV(투자안 A) = 120/1.1 − 100 = 9.09원

NPV(투자안 B) = 115/1.1 − 100 = 4.55원

∴ 소유경영자는 투자안 A를 선택

(2) 시장이자율로 투자자금을 전액 차입하는 경우

• 투자안 A의 현금흐름

상 황	확 률	현금흐름(원)		
		투자안 A	소유경영자	채 권 자
불 황	50%	110	0	110
호 황	50%	130	20	110
기 대 값		120	10	110

• 투자안 B의 현금흐름

상 황	확 률	현금흐름(원)		
		투자안 B	소유경영자	채 권 자
불 황	50%	50	0	50
호 황	50%	180	70	110
기 대 값		115	35	80

• 소유경영자의 입장에서 투자안을 평가하면 다음과 같다.

NPV(투자안 A) = 10/1.1 − 0 = 9.09원

NPV(투자안 B) = 35/1.1 − 0 = 31.82원

∴ 소유경영자는 투자안 B를 선택

(3) 채권의 순현가가 0이 되도록 투자자금을 전액 차입하는 경우

• 투자안 A의 현금흐름

상 황	확 률	현금흐름(원)		
		투자안 A	소유경영자	채 권 자
불 황	50%	110	0	110
호 황	50%	130	20	110
기 대 값		120	10	110

• 투자안 B의 현금흐름

상 황	확 률	현금흐름(원)		
		투자안 B	소유경영자	채 권 자
불 황	50%	50	0	50
호 황	50%	180	10	170*
기 대 값		115	5	110

* 채권자의 $NPV = (50 \times 0.5 + B \times 0.5)/1.1 - 100 = 0 \rightarrow B = 170$원

• 소유경영자의 입장에서 투자안을 평가하면 다음과 같다.

NPV(투자안 A) = 10/1.1 − 0 = 9.09원

NPV(투자안 B) = 5/1.1 − 0 = 4.55원

∴ 소유경영자는 투자안 A를 선택

(4) 부채여력이 제한되어 투자자금의 일정액만 차입하는 경우

• 투자안 A의 현금흐름

상 황	확 률	현금흐름(원)		
		투자안 A	소유경영자	채 권 자
불 황	50%	110	22	88
호 황	50%	130	42	88
기 대 값		120	32	88

• 투자안 B의 현금흐름

상 황	확 률	현금흐름(원)		
		투자안 B	소유경영자	채 권 자
불 황	50%	50	0	34*
호 황	50%	180	92	88
기 대 값		115	46	61

* 34원 = 50원 − 16원

소유경영자의 입장에서 투자안을 평가하면 다음과 같다.[1)]

• NPV(투자안 A) = 32/1.1 − 20 = 9.09원

채권자의 NPV = 88/1.1 − 부채 조달액 = 0 → 부채 조달액 = 80원

총투자액 중 주식에 의한 조달액 = 100 − 80 = 20원

• NPV(투자안 B) = 46/1.1 − 44.55 = −2.73원

채권자의 NPV = 61/1.1 − 부채 조달액 = 0 → 부채 조달액 = 55.45원

총투자액 중 주식에 의한 조달액 = 100 − 55.45 = 44.55원

∴ 소유경영자는 투자안 A를 선택

1) 주주현금흐름(FTE)법에 의한 투자안 평가과정과 동일하다.

08 (1) 신규 투자 전 현금흐름[2)]

상 황	확 률	현금흐름(억원)		
		기 업	채 권 자	주 주
호 황	50%	300	150	150
불 황	50%	100	100	0
기대가치(현재가치)		200	125	75

(2) 신규 투자안을 실행하는 경우 현금흐름

상 황	확 률	현금흐름(억원)		
		기 업	채 권 자	주 주
호 황	50%	370	150	220
불 황	50%	170	150	20
기대가치(현재가치)		270	150	120

앞의 현금흐름을 기초로 가치의 변동을 나타내면 다음과 같다.

	현재가치(억원)					의사결정
	신규 투자안 투자 전	신규 투자안 투자 후	증 감 (후−전)	투 자	순 증 감	
채권자	125	150	25	0	25	찬 성
주 주	75	120	45	−60	−15	기각(반대)

(3) 신규 투자안을 실행하는 경우 현금흐름

상 황	확 률	현금흐름(억원)		
		기 업	채 권 자	주 주
호 황	50%	360 + *NPV*	150	210 + *NPV*
불 황	50%	160 + *NPV*	150	10 + *NPV*
기대가치(현재가치)		260 + *NPV*	150	110 + *NPV*

위의 현금흐름을 기초로 가치의 변동을 나타내면 다음과 같다.

	현재가치(억원)				
	신규 투자안 투자 전	신규 투자안 투자 후	증 감 (후−전)	투 자 액	순 증 감
채권자	125	150	25	0	25
주 주	75	110 + *NPV*	35 + *NPV*	−60	−25 + *NPV*

2) 위험중립형 투자자와 무위험할인율이 0%라고 가정하므로 미래 기대가치와 현재가치는 동일하다.

신규 투자안이 채택되기 위해서는 다음의 조건이 성립하여야 한다.

$-25+NPV \geq 0 \rightarrow NPV \geq 25$억원

09 (1) 모든 투자자는 위험중립적이라고 가정하고 있기 때문에 0%의 무위험이자율을 사용하여 각 투자안의 NPV를 구하면 다음과 같다.

- $NPV_A = 120 - 100 = 20$억원
- $NPV_B = \left(150 \times \frac{1}{2} + 45 \times \frac{2}{2}\right) - 100 = -20$억원

그러므로 ㈜알파의 주주는 투자안 A를 선택해야 한다.

(2) $f(100,\ 102)$로 약정할 경우 각 투자안에 대하여 1시점에서의 주주와 채권자의 현금흐름을 살펴보면 다음과 같다.

(단위: 억원)

투자안	확률	투자안의 현금흐름	주주의 현금흐름	채권자의 현금흐름
A	1	120	18	102
B	1/3	150	48	102
	2/3	45	0	45
	기대치	80	16	64

㈜알파의 주주는 1시점에서의 현금흐름이 많은 투자안 A를 선택할 것이며, 채권자도 투자안 A가 선택되기를 원할 것이다.

(3) $f(100,\ 108)$로 약정할 경우 각 투자안에 대하여 1시점에서의 주주와 채권자의 현금흐름을 살펴보면 다음과 같다.

(단위: 억원)

투자안	확 률	투자안의 현금흐름	주주의 현금흐름	채권자의 현금흐름
A	1	120	12	108
B	1/3	150	42	108
	2/3	45	0	45
	기대치	80	14	66

㈜알파의 주주는 1시점에서의 현금흐름이 많은 투자안 B를 선택하게 된다. 이와 같은 주주의 결정에 의해 채권자는 자신에게 유리한 투자안 A가 아닌 투자안 B가 선택됨으로써 42억원(=108억원−66억원)의 손실을 입게 된다.

(4) 채권자가 손실을 입지 않을 약정조건이 $f(100,\ x)$라고 할 경우 각 투자안에 대하여 1시

점에서의 주주와 채권자의 현금흐름을 살펴보면 다음과 같다. (단, x는 120억원보다 적다고 가정함.)

(단위: 억원)

투자안	확 률	투자안의 현금흐름	주주의 현금흐름	채권자의 현금흐름
A	1	120	$120-x$	x
B	1/3	150	$150-x$	x
	2/3	45	0	45
	기대치	80	$(150-x)/3$	$(x/3)+30$

채권자가 손실을 입지 않기 위해서는 ㈜알파의 주주들이 투자안 A를 선택해야 하기 때문에, 주주가 얻을 수 있는 투자안 A의 현금흐름($120-x$)이 투자안 B의 현금흐름 [$(150-x)/3$]보다 많아야 한다.

$$120-x>\frac{150-x}{3}\rightarrow x<105$$

그러므로 채권자들이 5% 미만의 이자율을 요구할 경우 주주가 투자안 A를 선택하게 되어 채무불이행위험이 존재하지 않게 된다. 그러나 채권자가 요구하는 이자율이 5%를 초과하여 상승할 경우 주주들이 상환해야 하는 원리금이 증가하게 되고, 이에 따라 주주들은 위험이 높은 투자안 B를 선택하게 되기 때문에 채무불이행위험이 나타나게 된다.

채권자가 요구하는 이자율이 5%를 초과하는 경우 채무불이행위험이 나타날 수 있으며, 이와 같은 사태를 방비하기 위하여 다음과 같은 대책을 고려할 수 있다.

① 사채약정서에 위험이 높은 투자안을 선택하지 못하도록 하는 채권자보호조항을 포함시킨다.

② 채권에 대한 담보를 설정한다.

10 (1) 투자안을 평가하는 데 적합한 현금흐름은 증분현금흐름이다. 따라서 새로운 투자안과 관련된 증분현금흐름(새로운 투자안 채택시 현금흐름－새로운 투자안 기각시 현금흐름)은 다음과 같다.

(단위: 억원)

시 점	투자안 채택	투자안 기각	증분현금흐름
0	−100	0	−100
1	150	20	130

위험중립형이며, 무위험이자율이 0%이므로 이 투자안의 NPV는 다음과 같다.

$NPV = 130 - 100 = 30$억원

(2) 후순위채권자인 신규 대출자가 투자자금 100억원을 대출해 주는 경우, 1년 후(1시점)에서의 기존 대출자와 신규 대출자의 현금흐름은 다음과 같다.

(단위: 억원)

기업의 현금흐름	기존 대출자의 현금흐름	신규 대출자의 현금흐름
150	100	50

후순위채권자인 신규 대출자가 투자자금 100억원을 대출해 주는 경우, 50억원만 상환받고 50억원의 손해를 보게 된다. 따라서 신규 대출자는 대출을 해 주지 않아야 한다.

(3) 기존 채권자의 출자전환 여부에 따른 1년 후 현금흐름을 살펴보면 다음과 같다.

(단위: 억원)

	현금흐름	
	출자전환을 하지 않을 경우	출자전환을 할 경우
기 업	20	150
신규 채권자	0	100
기존 채권자*	20	$50 \times \alpha$

* α = 출자전환시 기존 채권자의 지분율

기존 채권자의 입장에서 출자전환에 동의하기 위해서는 다음과 같은 관계가 성립해야 한다.

$50 \times \alpha \geq 20 \rightarrow \alpha \geq 40\%$

따라서 기존 채권자의 입장에서 출자전환에 동의해 주기 위해서는 지분율이 최소한 40% 이상이어야 한다.

11 (1) 각 투자안에 대한 박씨와 김씨의 기대가치는 다음과 같다.

• 투자안 X

(단위: 억원)

확률	투자수익	박씨의 현금흐름	김씨의 현금흐름
1/3	5	2.1	2.9
1/3	4	2.1	1.9
1/3	3	2.1	0.9
기대치	4	2.1	1.9

• 투자안 Y

(단위: 억원)

확률	투자수익	박씨의 현금흐름	김씨의 현금흐름
1/3	8	2.1	2.9
1/3	4	2.1	1.9
1/3	1	1	0.9
기대치	4.33	1.73	2.6

∴ 위험중립형인 김씨는 투자안 Y를 선호한다.

(2) 파산위험은 투자안 Y에만 존재하며, 파산비용에 의한 사업가치 하락을 주주인 김씨가 부담하게 되므로 김씨의 기대가치는 기대파산비용만큼 감소한다. 즉 파산비용 고려 후 투자안 Y에 대한 김씨의 기대가치는 '2.6억원−1억원의 미래가치'이며 이는 투자안 X의 기대가치인 1.9억원보다 작다. ∴ 김씨는 투자안 X를 선호한다.

(3) 박씨의 최소 요구지분율(k) : $k \times 4 \geq (2.1+0.5)$, $k \geq 0.65$

∴ 박씨는 최소 65%의 지분을 요구할 것이다.

(4) (3)에서 김씨의 지분은 35%(=100%−65%)이다. 투자안 X를 시행하기 위하여 김씨가 2억원(이자율 5%)을 차입하거나, 주식으로 자금을 조달할 경우 김씨의 현금흐름은 다음과 같다.

	호 황	보 통	불 황
차입	5−2.1=2.9	4−2.1=1.9	3−2.1=0.9
주식발행	5×0.35=1.75	4×0.35=1.4	3×0.35=1.05

호황 또는 보통일 경우 김씨는 차입하는 것이 유리하며, 불황일 경우에만 주식발행 하는 것이 유리하다. 김씨가 주식발행을 할 경우 향후 불황일 것이라는 신호를 주기 때문에, 이때 박씨의 최소 요구지분율(k)은 $k \times 3 \geq (2.1+0.5)$을 충족해야 하므로 $k \geq 0.8667$이다. 따라서 박씨의 지분율은 86.67%보다 커야 한다.

(5) (4)와 같은 예에서, 유상증자는 기업이 좋지 않는 투자안을 가지고 있거나 주가가 과대평가되었다는 신호로 작용하게 된다. 이로 인하여 시장투자자들은 유상증자 기업의 주식을 할인된 가격으로 매도하게 되며, 그 결과 일반적으로 유상증자 공시 시 주가는 하락하게 된다.

12 (1) 법인세와 개인소득세가 없는 경우

① $E(NOI) = 1{,}400 \times 0.5 + 5{,}000 \times 0.3 + 10{,}000 \times 0.2 = 4{,}200$만원

$$V_U = \frac{E(NOI)}{r_U} = \frac{4{,}200\text{만원}}{0.2} = 21{,}000\text{만원}$$

r_U = 자기자본비용 = 가중평균자본비용 = 20%

② MM이론(1958년)에 의하면 법인세와 개인소득세가 존재하지 않는 경우 자본구조에 따라 기업의 가치는 변하지 않는다.

- $V_L = V_U = 21{,}000$만원($S_L = 11{,}000$만원, $B = 10{,}000$만원)

- $$r_S = \frac{E(NOI) - r_B B}{S_L} = \frac{4{,}200 - 0.1 \times 10{,}000}{11{,}000} = 0.2909$$

  또는 $r_S = r_U + (r_U - r_B)\left(\frac{B}{S_L}\right) = 0.2 + (0.2 - 0.1)\left(\frac{10{,}000}{11{,}000}\right) = 0.2909$

- $$WACC = \left(\frac{S_L}{S_L + B}\right) r_S + \left(\frac{B}{S_L + B}\right) r_B$$
  $$= \left(\frac{11{,}000}{21{,}000}\right) \times 0.2909 + \left(\frac{10{,}000}{21{,}000}\right) \times 0.10 = 0.20(= r_U)$$

③ • MM의 명제 I: 기업의 가치는 자본구조와 무관하다. $V_U = V_L = 21{,}000$만원

- MM의 명제 Ⅱ: 부채비율(B/S_L)이 90.9%(=10,000/11,000)일 때, 자기자본비용 r_S는 29.09%로 증가하여 상대적으로 저렴한 타인자본의 사용으로 얻을 수 있는 이점을 완전히 상쇄하였다.

(2) $T_C = 40\%$일 경우

① 현재 주주들이 요구하는 수익률, 즉 $r_U = 20\%$이다.

$$V_U = \frac{E(NOI)(1 - T_C)}{r_U} = \frac{4{,}200 \times (1 - 0.4)}{0.2} = 12{,}600\text{만원}$$

② • $V_L = V_U + T_C B = 12{,}600 + 0.4 \times 10{,}000 = 16{,}600$만원
($S_L = 6{,}600$만원, $B = 10{,}000$만원)

- $$r_S = \frac{[E(NOI) - r_B B](1 - T_C)}{S_L} = \frac{(4{,}200 - 0.1 \times 10{,}000)(1 - 0.4)}{6{,}600} = 0.2909$$

  또는 $r_S = r_U + (r_U - r_B)(1 - T_C)\left(\frac{B}{S_L}\right) = 0.2 + (0.2 - 0.1)(1 - 0.4)\left(\frac{10{,}000}{6{,}600}\right) = 0.2909$

- $$WACC = \left(\frac{S_L}{S_L + B}\right) r_S + \left(\frac{B}{S_L + B}\right) r_B (1 - T_C)$$
  $$= \left(\frac{6{,}600}{16{,}600}\right) \times 0.2909 + \left(\frac{10{,}000}{16{,}600}\right) \times 0.10 \times (1 - 0.4) = 0.1518$$

또는 $WACC = r_U\left[1 - T_C\left(\frac{B}{V_L}\right)\right] = 0.2 \times \left[1 - 0.4 \times \left(\frac{10,000}{16,600}\right)\right] = 0.1518$

③ • MM 명제 I: 타인자본을 사용하는 기업의 가치 V_L은 타인자본을 전혀 사용하고 있지 않은 기업의 가치 12,600만원과 이자비용의 법인세절감액의 현가 4,000만원을 합한 16,600만원이 된다. $V_L = V_U + T_C B = 16,600$만원

• MM 명제 Ⅱ: 부채비율(B/S_L)이 151.5%(=10,000/6,600)일 때, 자기자본비용 r_S는 29.09%로 증가하나, 상대적으로 저렴한 타인자본의 사용으로 얻을 수 있는 이점을 완전히 상쇄하지는 못한다.

④ 부채의 증가는 파산의 가능성을 증가시키며, 기업가치는 이러한 파산가능성에 나타나게 되는 파산비용의 현재가치만큼 감소하게 된다.

$V_L = V_U + T_C B - PV$(파산비용)

부채가 증가함에 따라 초기에는 세금절감효과로 인한 기업가치의 증가가 파산비용의 증가로 인한 기업가치의 감소보다 커져서 기업가치는 증가하나, 부채가 일정한 수준을 초과할 경우에는 파산비용으로 인한 기업가치의 감소가 더 높게 나타나 기업가치는 하락하게 된다. 이와 같은 관계를 나타내면 다음과 같다.

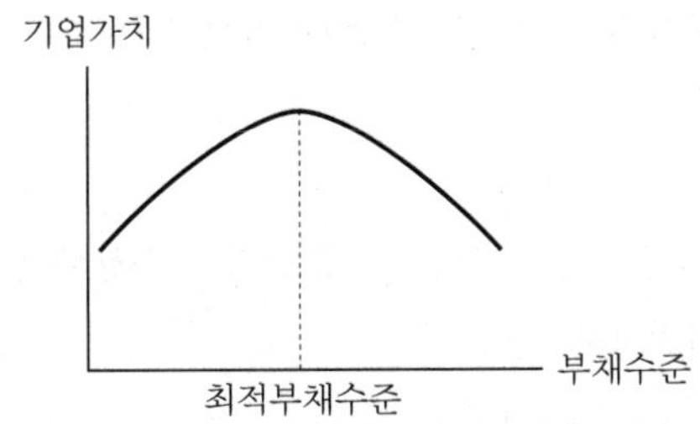

(3) $T_C = 40\%$, $T_{pB} = 40\%$, $T_{pS} = 0\%$일 경우

① $V_U = \frac{E(NOI)(1-T_C)(1-T_{pS})}{r_U} = \frac{4,200 \times (1-0.4)}{0.2} = 12,600$만원

② $V_L = V_U + \left(1 - \frac{1-T_C}{1-T_{pB}}\right)B = 12,600 + \left(1 - \frac{1-0.4}{1-0.4}\right) \times 10,000 = 12,600$만원$= V_U$

③ 자본구조를 변경한 후 ㈜부산의 가치는 T_{pB}가 증가함에 따라 점점 감소하게 된다.

☞ 세율과 기업가치의 관계:

• $T_{pB} < T_C \rightarrow V_L > V_U$

• $T_{pB} = T_C \rightarrow V_L = V_U$

• $T_{pB} > T_C \rightarrow V_L < V_U$

13 (1) ① 대용기업인 ㈜창원의 무부채기업의 베타(β_U)

$$\beta_U = \frac{\beta_S^*}{1+(1-T_C^*)\left(\frac{B}{S_L}\right)^*} = \frac{2.1}{1+(1-0.4)\left(\frac{4}{6}\right)} = 1.5$$

② ㈜회산이 고려중인 투자안에 대한 주식베타(β_S^P)

$$\beta_S^P = \beta_U^P\left[1+(1-T_C)\left(\frac{B}{S_L}\right)\right] = 1.5\times\left[1+(1-0.4)\left(\frac{5}{5}\right)\right] = 2.4$$

③ ㈜회산이 고려중인 투자안에 대한 자기자본비용(r_S^P)

$$r_S^P = r_f + [E(r_M)-r_f]\beta_S^P = 0.1+(0.2-0.1)\times 2.4 = 0.34$$

④ ㈜회산이 고려중인 투자안에 대한 가중평균자본비용($WACC^P$)

$$WACC^P = \left(\frac{S_L}{S_L+B}\right)r_S^P + \left(\frac{B}{S_L+B}\right)r_B^P(1-T_C)$$

$$= 0.5\times 0.34 + 0.5\times 0.1\times(1-0.4) = 0.2$$

$$\therefore\ NPV = \frac{10,000}{1.2} + \frac{15,000}{1.2^2} + \frac{15,000}{1.2^3} + \frac{20,000}{1.2^4} - 30,000 = 7,075.62\text{만원}$$

고려중인 투자안의 순현가가 0보다 크므로 ㈜회산은 이 투자안을 채택하여야 한다.

Tip

이 투자안의 자본비용은 MM공식을 이용하여 다음과 같이 구할 수 있다.

① 대용기업인 ㈜창원의 자기자본비용:

$$r_S = r_f + [E(r_M)-r_f]\beta_S^* = 0.1+(0.2-0.1)\times 2.1 = 0.31$$

② 대용기업인 ㈜창원의 무부채기업 자기자본비용

$$r_S = r_U + (r_U - r_B)(1-T_C^*)\left(\frac{B}{S_L}\right)^* \rightarrow 0.31 = r_U + (r_U - 0.1)(1-0.4)\left(\frac{4}{6}\right)$$

$$\therefore\ r_U = 0.25$$

③ ㈜회산이 고려중인 투자안에 대한 가중평균자본비용

$$WACC^P = r_U^P\left[1-T_C\left(\frac{B}{V_L}\right)\right] = 0.25\times(1-0.4\times 0.5) = 0.2$$

☞ 이 방법은 부채베타가 반드시 0이라는 것을 전제하지 않기 때문에 위험부채의 경우에도 적용할 수 있다는 장점이 있다.

(2) ① 투자안 채택 전 ㈜회산의 영업위험(β_U^F), 자기자본비용(r_S^F)

$$\bullet\ \beta_U^F = \frac{\beta_S^F}{1+(1-T_C)\left(\frac{B}{S_L}\right)} = \frac{2.5}{1+(1-0.4)\left(\frac{5}{5}\right)} = 1.5625$$

$$\bullet\ r_S^F = r_f + [E(r_M) - r_f]\beta_S^F = 0.1 + (0.2-0.1)\times 2.5 = 0.35$$

② 투자안 채택 후 ㈜회산의 영업위험($\beta_U^{(F+P)}$)은 ㈜회산의 무부채 기업가치(V_U^F)와 무부채 투자안가치(V_U^P)에 의해 가중평균하여 구할 수 있으며, 자기자본비용($r_S^{(F+P)}$)은 ㈜회산의 자기자본가치(S^F)와 투자안의 자기자본가치(S^P)에 의해 가중평균하여 구할 수 있다.[3)]

$$\bullet\ \beta_U^{(F+P)} = \left(\frac{V_U^F}{V_U^F+V_U^P}\right)\beta_U^F + \left(\frac{V_U^P}{V_U^F+V_U^P}\right)\beta_U^P$$

$$= \left(\frac{80{,}000}{80{,}000+29{,}660.50}\right)\times 1.5625$$

$$+\left(\frac{29{,}660.50}{80{,}000+29{,}660.50}\right)\times 1.5 = 1.5456$$

$$\bullet\ r_S^{(F+P)} = \left(\frac{S^F}{S^F+S^P}\right)r_S^F + \left(\frac{S^P}{S^F+S^P}\right)r_S^P$$

$$= \left(\frac{50{,}000}{50{,}000+18{,}537.81}\right)\times 0.35$$

$$+\left(\frac{18{,}537.81}{50{,}000+18{,}537.81}\right)\times 0.34 = 0.3473$$

③

	투자안 채택 전	투자안 채택 후	변　화
영업위험(β_U)	1.5625	1.5456	감　소
자기자본비용(r_S)	0.35	0.3473	감　소

(3) $\alpha_t = \left(\frac{1+r_f}{1+WACC}\right)^t = (\alpha_1)^t$

3) $V^F = 100{,}000$만원 $\rightarrow S^F = 50{,}000$만원, $B^F = 50{,}000$만원
$V_U^F = V^F - T_C B^F = 100{,}000 - 0.4\times 50{,}000 = 80{,}000$만원
$V^P = 30{,}000 + 7{,}075.62 = 37{,}075.62$만원 $\rightarrow S^P = 18{,}537.81$만원, $B^P = 18{,}537.81$만원
$V_U^P = V^P - T_C B^P = 37{,}075.62 - 0.4\times 18{,}537.81 = 29{,}660.50$만원

(단위: 만원)

시 점	① 현금흐름	② 확실성등가계수	③ 확실성등가(①×②)
1년도 말	10,000	$\frac{1.1}{1.2}=0.916667$	9,166.67
2년도 말	15,000	$\left(\frac{1.1}{1.2}\right)^2=0.840278$	12,604.17
3년도 말	15,000	$\left(\frac{1.1}{1.2}\right)^3=0.770255$	11,553.83
4년도 말	20,000	$\left(\frac{1.1}{1.2}\right)^4=0.706067$	14,121.34

$$\therefore NPV=\frac{9,166.67}{1+0.1}+\frac{12,604.17}{(1+0.1)^2}+\frac{11,553.83}{(1+0.1)^3}+\frac{14,121.34}{(1+0.1)^4}-30,000=7,075.63\text{원}$$

확실성등가법에 의해 계산된 순현가는 물음 (1)에서 구한 값과 동일함(약간의 차이는 반올림에 의한 것임)을 알 수 있다. 즉 확실성등가법에 의해서도 고려중인 투자안의 순현가가 0보다 크므로 ㈜회산은 이 투자안을 채택하여야 한다.

14 (1) $r_B=0.04+(0.09-0.04)\times0.2=0.05=5\%$

$r_S=0.04+(0.09-0.04)\times1.4=0.11=11\%$

$WACC=0.11\times0.6+0.05\times(1-0.25)\times0.4=0.081=8.1\%$

$$V_L=\frac{405\times(1-0.25)}{0.081}=3,750\text{억원}$$

(2) $WACC=r_U\times(1-0.25\times0.4)=0.081=8.1\% \rightarrow r_U=9\%$

$$\therefore\ V_U=\frac{405\times(1-0.25)}{0.09}=3,375\text{억원}$$

또는 $B=3,750\times0.4=1,500$억원

$\therefore\ V_U=V_L-T_C\cdot B=3,750-0.25\times1,500=3,375$억원

(3) $B=3,750\times0.4=1,500$억원

$CF=405\times(1-0.25)+1,500\times0.05\times0.25=322.5$억원

세전 $WACC=0.11\times0.6+0.05\times0.4=0.086=8.6\%$

$$V_L=\frac{322.5}{0.086}=3,750\text{억원}$$

(4) $\alpha_1=\frac{1+r_f}{1+WACC}=\frac{1.04}{1.081}=0.962072$

$\alpha_2=\alpha_1^2=0.925583$

$$g=\frac{\alpha_t-\alpha_{t-1}}{\alpha_{t-1}}=\frac{0.925583-0.962072}{0.962072}=-0.037928=-3.7928\%$$

$$V_L=\frac{E(NOI)\times\alpha_1\times(1-T_C)}{r_f-g}=\frac{405\times0.962072\times(1-0.25)}{0.04-(-0.037928)}=3{,}750\text{억원}$$

15 (1) $\beta_U=\dfrac{2.0}{[1+(1-0.3)\times1]}=1.1765,\ \beta_L=1.1765\times\left[1+(1-0.3)\times\dfrac{2}{8}\right]=1.3824$

(2) 부채기업의 자기자본비용(k_S)에 대한 CAPM과 MM의 정의는 다음과 같이 서로 같아야 한다.

$$k_S=r_f+(E(r_M)-r_f)\beta_L=k_U+(k_U-k_D)(1-T_C)\frac{D}{S}$$

MM에 의하면 $k_D=r_f$이고 CAPM에 의하면 $k_U=r_f+(E(r_M)-r_f)\beta_U$이며, 이를 위 식에 대입하면,

$$r_f+(E(r_M)-r_f)\beta_L=[r_f+(E(r_M)-r_f)\beta_U]+[r_f+(E(r_M)-r_f)\beta_U-r_f](1-T_C)\frac{D}{S}$$

$$\therefore\ \beta_L=\beta_U+\beta_U(1-T_C)\frac{D}{S}=\beta_U\left[1+(1-T_C)\frac{D}{S}\right]\ \text{또는}\ \beta_U=\frac{\beta_S}{\left[1+(1-T_C)\dfrac{D}{S}\right]}$$

(3) 부채를 사용하는 기업 L의 자기자본비용은 다음과 같이 나타낼 수 있다.

$$k_S=\frac{[EBIT-k_DD](1-T_C)}{S_L}=\frac{EBIT(1-T_C)-k_DD(1-T_C)}{S_L}$$

MM(1963) 명제 Ⅰ에서 $V_U=\dfrac{E(NOI)(1-T_C)}{k_U}$이므로 $E(NOI)(1-T_C)=V_U\cdot k_U$이고, $V_L=V_U+T_CD$에서 $V_U=S_L+D-T_CD$이므로 $E(NOI)(1-T_C)=(S_L+D-T_CD)\cdot k_U$이다. 이를 위 식에 대입하면,

$$\therefore\ k_S=\frac{(S_L+D-T_CD)k_U-k_DD(1-T_C)}{S_L}=k_U+(k_U-k_D)(1-T_C)\left(\frac{D}{S_L}\right)$$

(4) $k_U=0.1+(0.14-0.1)\times1.1765=0.14706=14.706\%$

$$\text{기본 }NPV=\frac{(5{,}000-4{,}000)(1-0.3)}{0.14706}-4{,}000=759.96\text{만원}$$

$$4{,}000+759.96+D\times0.3=\frac{D}{0.2}\ \rightarrow\ D=1{,}012.76\text{만원}$$

$$\therefore\ APV=759.96+1{,}012.76\times0.3=1{,}063.79\text{만원}$$

16 (1) 서울렌트카가 30대의 자동차에 대해서 지불할 수 있는 최대의 가격은 $NPV=0$으로 만드는 가격이다. 자동차 30대의 가격을 P라고 한다면, 30대의 자동차에 대해서 지불할 수 있는 최대의 가격, 즉 P는 다음과 같이 구할 수 있다.

(단위: 억원)

연도말	0	1	2	3	4	5
투자지출	$-P$					
세후 순현금이익*		0.6	0.6	0.6	0.6	0.6
감가상각비의 세금절감액**		$0.08P$	$0.08P$	$0.08P$	$0.08P$	$0.08P$

* 세후 순현금이익 = 순현금이익 × (1 − 법인세율) = 1억원 × (1 − 0.4) = 0.6억원

** 감각상각비의 세금절감액 = 감각상각비 × 법인세율 = $\frac{P}{5}\times 0.4=0.08P$

NPV를 구할 때, 세후 순현금이익은 이 회사의 요구수익률 10%로 할인하여야 하나, 감가상각비의 세금절감액은 무위험현금흐름이므로 무위험이자율인 6%로 할인한다는 것을 유의하여야 한다.

$$NPV=-P+0.6\text{억원}\times\left(\frac{1}{0.1}-\frac{1}{0.1\times1.1^5}\right)+0.08P\times\left(\frac{1}{0.06}-\frac{1}{0.06\times1.06^5}\right)$$

$$=-P+0.6\text{억원}\times3.7908+0.08P\times4.2124=0$$

$\therefore\ P=34{,}305$만원

(2) $APV=$기본 $NPV+$부채사용으로 인한 부수적 효과의 NPV

① 기본 NPV

(단위: 억원)

연도말	0	1	2	3	4	5
투자지출	−3.4					
세후 순현금이익		0.6	0.6	0.6	0.6	0.6
감가상각비의 세금절감액*		0.272	0.272	0.272	0.272	0.272

* 감각상각비의 세금절감액 = $\frac{3.4\text{억원}}{5}\times0.4=0.272$억원

기본 NPV를 구할 때, 세후 순현금수입은 현재의 요구수익률(부채를 사용하지 않을 경우 자본비용) 10%로 할인하여야 하나, 감가상각비의ㄴ 세금절감액은 무위험현금흐름이므로 무위험이자율인 6%로 할인한다는 것을 유의하여야 한다.

$$\text{기본 }NPV=-3.4\text{억원}+0.6\text{억원}\left(\frac{1}{0.1}-\frac{1}{0.1\times1.1^5}\right)$$

$$+0.272\text{억원}\left(\frac{1}{0.06}-\frac{1}{0.06\times1.06^5}\right)$$

$$=-3.4\text{억원}+0.6\text{억원}\times3.7908+0.272\text{억원}\times4.2124=203\text{만원}$$

② 부채사용으로 인한 부수적 효과의 NPV

PV(부채사용으로 인한 세금절감액) = 차입액 − PV(세후 이자지급액)
− PV(원금상환액)

(단위: 억원)

연 도 말	0	1	2	3	4	5
사채발행액	2					
세후 이자비용*		−0.096	−0.096	−0.096	−0.096	−0.096
원금 상환						−2

* 세후 이자비용 = 이자비용 × (1 − 법인세율) = 0.08 × 2억원 × (1 − 0.4) = 0.096억원

PV(부채사용으로 인한 세금절감액)

$$= 2억원 - 0.096억원 \times \left(\frac{1}{0.08} - \frac{1}{0.08 \times 1.08^5}\right) - \frac{2억원}{0.08^5}$$

$$= 2억원 - 0.096억원 \times 3.9927 - 2억원 \times 0.6806 = 2{,}555만원$$

또는 세금절감액의 현재가치는 5년 동안 매년 발생하는 이자비용의 세금절감액 640만원(= 0.16억원 × 0.4)의 총현재가치를 직접 계산하여 구할 수도 있다.

PV(부채사용으로 인한 세금절감액) = 640만원 × 3.9927 = 2,555만원

③ APV = 기본 NPV + NPV(부채사용으로 인한 부수적 효과)
= 203만원 + 2,555만원 = 2,758만원

(3) 서울렌트카가 30대의 자동차에 대해서 지불할 수 있는 최대의 가격은 $APV = 0$ 으로 만드는 가격이다. 자동차 30대의 가격을 P라고 한다면, 30대의 자동차에 대해서 지불할 수 있는 최대의 가격, 즉 P는 다음과 같이 구할 수 있다.

APV = 0 = 기본 NPV + NPV(부채사용으로 인한 부수적 효과)

① 기본 NPV

물음 (1)에서 구한 NPV는 부채를 사용하지 않는 경우의 값이므로 이것은 기본 NPV와 동일하다.

기본 $NPV = -P + 0.6억원 \times 3.7908 + 0.08P \times 4.2124$
$= -0.66301P + 2.27448억원$

② 부채사용으로 인한 부수적 효과의 NPV

서울렌트카는 특혜금융에 의해 정상적인 이자율 8%보다 3%p. 낮은 5%로 조달할 수 있기 때문에, 부채발행으로 인한 세금절감액의 현재가치를 구할 때 이를 반영해

주어야 한다.

PV(부채의 세금절감 및 특혜금융효과)

=차입액 − PV(세후 이자지급액) − PV(원금상환액)

(단위: 억원)

연도말	0	1	2	3	4	5
사채발행액	2					
세후 이자비용*		−0.06	−0.06	−0.06	−0.06	−0.06
원금 상환						−2

* 세후 이자비용=이자비용×(1−법인세율)=0.05×2억원×(1−0.4)=0.06억원

PV(부채의 세금절감 및 특혜금융효과)

$$=2\text{억원}-0.06\text{억원}\times\left(\frac{1}{0.08}-\frac{1}{0.08\times1.08^5}\right)-\frac{2\text{억원}}{0.08^5}$$

$$=2\text{억원}-0.06\text{억원}\times3.9927-2\text{억원}\times0.6806=0.39924\text{억원}$$

③ $APV=0=$기본 $NPV+NPV$(부채사용으로 인한 부수적 효과)

$=-0.66301P+2.27448$억원$+0.39924$억원

∴ $P=40{,}327$만원

17 (1) $\beta_U=\dfrac{\beta_S^*}{1+(1-T_C^*)\left(\dfrac{B}{S_L}\right)^*}=\dfrac{1.92}{1+(1-0.3)\times2}=0.8$

→ $r_U=0.1+0.1\times0.8=0.18$

∴ $NPV=\dfrac{20\text{억원}\times(1-0.3)}{0.18-0.02}-90\text{억원}=-2.5\text{억원}$(투자안 기각)

(2) $APV=$기본 $NPV+NPV$(부채사용으로 인한 부수적 효과)

$=-2.5$억원$+0.3\times30$억원$=6.5$억원(투자안 채택)

(3) $NPV=\dfrac{20\text{억원}\times(1-0.3)}{IRR-0.02}-90\text{억원}=0\rightarrow IRR=0.1756$

∴ $IRR(17.56\%)<$최저필수수익률(18%) : 투자안 기각

18 (1) 각 시점의 증분현금흐름$=(\Delta R_t-\Delta VC_t-\Delta FCC_t)(1-T_C)+T_C\cdot\Delta dep_t-$자본적 지출

- $t=0$: $\Delta CF_0=(0-10)(1-0.2)-10=-18$억원
- $t=1$, $t=2$: $\Delta CF_{1\sim2}=(60-25)(1-0.2)+5\times0.2=29$억원

$$WACC = \frac{1}{2} \times 0.1 + \frac{1}{2} \times 0.06 \times (1-0.2) = 0.074 = 7.4\%$$

$$\therefore\ NPV = -18 + \frac{29}{1.074} + \frac{29}{1.074^2} = 34.14\text{억원}$$

(2) $\text{자산증가분} = \frac{29}{1.074} + \frac{29}{1.074^2} = 52.14\text{억원}$

부채비율이 1이므로

부채증가분＝자기자본증가분＝50%×자산증가분＝26.07억원

(3) 부채비율 유지를 위하여 $t=0$에서 부채증가액(26.07억원) 중 현금유출액(18억원)을 제외한 8.07억원이 채권자에게 상환되지 않고 주주에게 배당으로 지급되었기 때문이다.

NPV＝34.14억원＝자기자본증가분＋배당＝26.07억원＋8.07억원

(4) $t=1$에서 프로젝트의 자산가치(미래현금흐름의 현재가치)는 $\frac{29}{1.074}$＝27.00억원이며, 이때 부채의 가치는 자산가치의 50%인 13.5억원이다. $t=2$에서 프로젝트의 자산가치는 0이므로 부채의 가치도 없다. 따라서 부채의 가치는 $t=1$과 $t=2$에서 각각 13.5억원, 0억원이 된다.

(5) $t=1$에서 절세액은 26.07×0.06×0.2＝0.3128억원이며, $t=2$에서 절세액은 13.5×0.06×0.2＝0.162억원이다. 그러므로

$$\text{부채사용으로 인한 절세효과의 현재가치} = \frac{0.3128}{1.08} + \frac{0.162}{1.08^2} = 0.4285\text{억원}$$

이때 할인율은 사업의 영업위험만 반영된 기대수익률 8%를 사용한다. 이는 투자안의 가치변화에 따라 부채의 크기가 변하므로 이자비용의 절세효과가 불확실해지고 신규사업 A의 현금흐름과 유사한 위험을 가지게 되기 때문이다. 또한 절세효과를 분리하기 때문에 무부채기업의 자본비용을 사용해야 한다.

19 (1) 먼저 관광사업의 가중평균자본비용(WACC)을 구하면 다음과 같다.

- $r_S = r_f + [E(r_M) - r_f]\beta_S = 0.05 + (0.1 - 0.05) \times 1.4 = 0.12$
- $WACC = \left(\frac{S_L}{S_L + B}\right) r_S + \left(\frac{B}{S_L + B}\right) r_B (1 - T_C)$

$$= 0.5 \times 0.12 + 0.5 \times 0.05 \times (1 - 0.4) = 0.075$$

$$\therefore\ NPV = \frac{E(NOI)(1-T_C)}{WACC} - I_0 = \frac{1\text{억원} \times (1-0.4)}{0.075} - 6\text{억원} = 2\text{억원}$$

NPV가 0보다 크므로 이 사업을 시작해야 한다.

(2) 물음 (1)에서 관광사업을 시작하는 경우 ㈜금강산의 가치는 8억원(=6억원+2억원)이다. 따라서 이 회사의 목표부채비율(B/S_L)이 1.0이 되도록 하기 위해서는 부채로 4억원(=8억원/2)을 조달해야 한다. 이제 이 회사의 재무부장이 주장한 방법, 즉 주주현금흐름법(FTE법)을 적용하기 위해 필요한 사항들을 정리하면 다음과 같다.

- 자기자본에 의한 투자지출액 $=(I_0-B)=$6억원−4억원=2억원
- 주주에게 귀속되는 현금흐름 $=[E(NOI)-r_B B](1-T_C)$
  =(1억원−0.05×4억원)(1−0.4)=0.48억원
- 자기자본비용(r_S)=12%

$$\therefore\ NPV=\frac{[E(NOI)-r_B B](1-T_C)}{r_S}-(I_0-B)=\frac{0.48\text{억원}}{0.12}-2\text{억원}=2\text{억원}$$

재무부장의 주장에 따라 FTE법에 의해 관광사업을 평가해도 동일한 결과를 얻을 수 있음을 알 수 있다.

20 (1) $r_U=0.05+(0.11-0.05)\times1.2=0.122=12.2\%$

$$V_U=\frac{100\times(1-0.3)}{0.122-0.03}=760.87\text{만원}$$

(2) 이자비용의 절세액의 베타가 무부채기업의 베타와 동일하므로 할인율 12.2%를 사용하여 부채사용효과를 구하면 다음과 같다.

$$\text{부채사용효과}=\frac{200\times0.05\times0.3}{0.122-0.03}=32.61\text{만원}$$

$$\therefore\ V_L=760.87+32.61=793.48\text{만원}$$

(3) $V_L=\dfrac{100\times(1-0.3)}{WACC-0.03}=793.48 \quad \therefore\ WACC=11.82\%$

(4) $r_S=0.122+(0.122-0.05)\times\dfrac{200}{593.48}=0.1463=14.63\%$

(5) 1년 후 추가차입액=200×0.03=6만원

$$E(CFE_1)=(100-200\times0.05)\times(1-0.3)+6=69\text{만원}$$

$$S_L=\frac{69}{0.1463-0.03}=593.29\text{만원}$$

(6) $\text{부채사용효과} = \dfrac{200 \times 0.05 \times 0.3}{1+0.05} + \dfrac{200 \times 1.03 \times 0.05 \times 0.3}{0.122-0.03}\left(\dfrac{1}{1+0.05}\right)$

$$= \frac{200 \times 0.05 \times 0.3}{0.122-0.03} \times \frac{1+0.122}{1+0.05} = 34.84\text{만원}$$

※ 연초에 부채의 크기를 조정하는 경우 1기간 말 이자비용의 절세액은 현재시점에서 확정되므로 무위험이자율로 할인한다. 그리고 그 이후의 이자비용의 절세액은 이자비용의 변동성을 고려하여 물음 (2)의 해설과 같이 12.2%로 할인하여 부채사용효과를 계산해야 한다.

제15장 배당정책

▶ 객관식 문제

01 저배당정책 선호요인: A, B, 고배당정책 선호요인: C, D
배당과 기업가치의 무관련성: E

02 ① 배당의 안정성에 대한 설명이다.
② 배당은 기업의 잉여자금을 감소시키므로 소유경영자는 사적 효익을 누릴 수 있는 기회가 줄어든다. 즉 배당은 지분의 대리인비용을 감소시킬 수 있다.
③ 배당의 고객효과란 투자자들이 자신의 한계세율에 따라 고배당 혹은 저배당을 선호하는 현상을 의미한다. 한계세율이 높은 투자자는 상대적으로 높은 세율을 부담해야 하는 배당을 선호하지 않는다.
④ 투자기회가 많아 향후 성장가능성이 높은 기업일수록 재투자를 위하여 고배당보다는 유보를 선호한다.
⑤ 배당의 정보효과에 대한 설명이다.

03 ③ 안정된 배당금을 지급하는 배당정책을 실시하는 경우 순이익이 감소하면 배당성향 $\left(\frac{\text{배당금}}{\text{순이익}}\right)$은 증가한다.
⑤ 기업지배구조의 개선 → 대리인문제 완화 → 배당 감소

04 순이익 = 200억원 × 0.05 = 10억원

$$\rightarrow EPS = \frac{10\text{억원}}{100\text{만주}} = 1{,}000\text{원},\ \text{주당배당액} = 1{,}000\text{원} \times (1-0.6) = 400\text{원}$$

주가 = $PER \times EPS$ = 10배 × 1,000원 = 10,000원

$$\therefore\ \text{배당수익률} = \frac{\text{주당배당액}}{\text{주가}} = \frac{400}{10{,}000} = 0.04$$

05 순이익의 전부 배당: $P_0 = \frac{EPS_1}{r} = \frac{20,000}{0.13} = 153,846$원

순이익의 40% 투자: $P_0 = \frac{D_1}{r-g} = \frac{20,000 \times (1-0.4)}{0.13-0.052} = 153,846$원

※ 성장률(g) = 유보비율 × 투자수익률 = 0.4 × 0.13 = 0.052

☞ 유보이익의 투자수익률 = 자본비용(적정 수익률) → 주가: 불변

$$P_0 = \frac{D_1}{r-g} = \frac{EPS_1(1-b)}{r-b \times r} = \frac{EPS_1}{r} \quad (b\text{: 유보비율})$$

06 $WACC = 0.5 \times 0.145 + 0.5 \times 0.08 = 0.1125$

→ 내부수익률이 11.25%보다 높은 A, B 투자안 선택: 투자액 = 22억원

→ 투자액 중 유보이익(자기자본) 조달액 = 22 × 0.5 = 11억원

→ 배당액 = 순이익 − 유보이익 = 25 − 11 = 14억원

∴ 배당성향 = $\frac{\text{배당금}}{\text{순이익}} = \frac{14}{25} = 0.56$

07 발행주식수 = $\frac{500\text{억원}}{5,000\text{원}} = 1,000$만주, 주가 = $\frac{2,000\text{억원}}{1,000\text{만주}} = 20,000$원

주당순이익(EPS) = $\frac{100\text{억원}}{1,000\text{만주}} = 1,000$원

구 분	현금배당	자사주 매입
a. 발행주식수	100만주	1,000만주 − $\frac{50\text{억원}}{20,000\text{원}}$ = 975만주
b. 주 가	20,000원 − 500원 = 19,500원	20,000원
c. 주당순이익(EPS)	1,000원	$\frac{100\text{억원}}{975\text{만주}}$ = 1,025.64원
d. 주주에게 지급되는 총금액	500원 × 1,000만주 = 50억원	50억원
e. 주가수익비율(PER)	$\frac{19,500\text{원}}{1,000\text{원}}$ = 19.5	$\frac{20,000\text{원}}{1,025.64\text{원}}$ = 19.5

08 ④ • 현금배당 시 주가는 하락하며, 발행주식수가 불변이므로 EPS 불변

→ PER $\left(= \frac{\text{주가}}{\text{주당순이익(EPS)}}\right)$는 감소

• 자사주 매입시 주가 불변, 발행주식수 감소로 EPS 증가 → PER 감소

09 a: 배당락으로 인하여 주가는 감소하나 주당순이익은 변하지 않음 → PER 감소

b: 주식배당에 따른 주식수 증가로 인하여 동일한 비율로 주가와 주당순이익 감소 → PER 변하지 않음

c: 주식분할에 따른 주식수 증가로 인하여 동일한 비율로 주가와 주당순이익 감소 → PER 변하지 않음

d: 주식병합에 따른 주식수 감소로 인하여 동일한 비율로 주가와 주당순이익 증가 → PER 변하지 않음

e: 자사주매입으로 인하여 주가는 변하지 않으나 주당순이익은 증가함 → PER 감소

10 현재 발행주식수 $= \frac{400,000\text{원}}{500\text{원}} = 800$주

① 10% 주식배당: 이익잉여금 차감액 = 1,000원 × 80주 = 80,000원

• 이익잉여금 = 145,000원 − 80,000원 = 65,000원

• 자본금 = 400,000원 + 500원 × 80주 = 440,000원

• 자본잉여금 = 255,000원 + 40,000원 = 295,000원

※ 시가법으로 회계처리한 것임.

② 5 : 1 주식분할 → 발행주식수 = 800주 × 5 = 4,000주

③ 배당락 후 자기자본 = 800주 × 850원 = 680,000원

④ 자사주 매입으로 인해 발행주식수가 줄어들기 때문에 주당순이익은 증가함.

⑤ 자사주 매입수 $= \frac{80,000\text{원}}{1,000\text{원}} = 80$주 → 유통주식수 = 800주 − 80주 = 720주

▶ 주관식 문제

01 (1) $P_0 = \frac{1,000\text{원}}{1+0.15} + \frac{20,000\text{원}}{(1+0.15)^2} = 15,992.4\text{원}$

(2) 500주의 가치 = 15,992.4원 × 500주 = 7,996,200원

당신이 가지고 있는 주식을 가지고 향후 2년간 받을 수 있는 일정액(X), 즉 연금을 구하면 다음과 같다.

$$7{,}996{,}200 = \frac{X}{1+0.15} + \frac{X}{(1+0.15)^2} \rightarrow X = 4{,}918{,}592.8\text{원}$$

당신은 향후 2년 동안 매년 4,918,592.8원을 받기를 원한다. 따라서 1년도 말에는 배당금 500,000원(=1,000원×500주)을 받을 수 있으므로 나머지 4,418,592.8원(=4,918,592.8원−500,000원)을 더 얻기 위하여 보유주식 중 일부를 팔아야 한다. 1년도 말 ㈜태양의 주가는 다음과 같다.

$$P_1 = \frac{20{,}000\text{원}}{1+0.15} = 17{,}391.3\text{원}$$

1년도 말에 당신은 254.07주(=4,418,592.8원/17,391.3원)를 팔아야 할 것이다. 그렇게 함으로써 당신은 2년도 말에 당신이 보유하고 있는 주식 245.93주(=500주−254.07주)에 대한 청산배당 4,918,600원(=20,000원×245.93주)을 받을 수 있을 것이다. (약간의 차이는 반올림에 의한 계산상의 오차 때문이다.)

02 (1) 기업의 가치(배당 전) $= 4\text{억원} + \dfrac{110\text{억원}}{1+0.1} = 104\text{억원}$

(2) 완전자본시장하에서는 배당금만큼 주가가 하락하게 된다.

- 현재의 주가(배당 전) $= \dfrac{104\text{억원}}{100\text{만주}} = 10{,}400\text{원}$
- 주당배당금 $= \dfrac{4\text{억원}}{100\text{만주}} = 400\text{원}$

∴ 배당락 가격=10,400원−400원=10,000원

(3) ① MM의 주장에 따르면, 배당정책에 의해 기업의 가치는 변하지 않는다. 그러므로 낮은 배당으로 인해 주가가 낮게 평가되었다는 주장은 옳지 않다. 이를 계산을 통하여 살펴보면 다음과 같다.

먼저 주당 600원씩 배당하는 경우 총배당액과 이 자금을 조달하기 위하여 발행하여야 하는 신주발행액은 다음과 같이 구할 수 있다.

- 총배당액=600원×100만주=6억원
- 신주발행액=6억원−4억원=2억원

이 회사의 자본비용은 10%이므로 신주 2억원을 발행하는 경우 1년 후 새로운 주주들에게 최소한 10%의 수익률, 즉 2.2억원(=2억원×1.1)을 보장해 주어야 한다. 그러므로 1년 후 기업의 가치 중 구주주들이 받을 수 있는 부분은 107.8억원(=110억원−2.2억원)이다. 즉 구주주들은 현재 배당을 총 2억원 더 받는 대신 1년 후 현금흐름은 2.2억원 줄어든 107.8억원이 된다. 그 결과 구주주들의 몫에 해당되는 기업의 가치는 다음과 같다.

$$기업의\ 가치(배당\ 전)=6억원+\frac{107.8억원}{1+0.1}=104억원$$

결론적으로 주당 400원씩 배당을 하나 600원씩 배당을 하나 기업의 현재가치는 104억원으로 변하지 않음을 알 수 있다.

② 신주 소유자는 현재의 배당에 대한 권리가 없다. 그러므로 신주의 발행가는 배당락 가격, 즉 9,800원(=10,400원−600원)이 된다.

$$신주의\ 발행주식수=\frac{2억원}{9,800원}=20,408.16주$$

03 (1) 기업 갑, 을, 병은 배당정책을 제외한 모든 상황이 동일한 기업이므로, 기업 을과 병의 요구수익률도 기업 갑과 동일한 20%가 되어야 한다.

- 기업 갑의 주가 $=\frac{22,000}{1+0.2}=18,333.3$원
- 기업 을의 주가 $=\frac{21,000+1,000\times(1-0.25)}{1+0.2}=18,125.0$원
- 기업 병의 주가 $=\frac{20,000+2,000\times(1-0.25)}{1+0.2}=17,916.7$원

배당소득세가 존재하는 경우 배당이 증가할수록, 주가가 하락하고 있음을 알 수 있다. 그러므로 배당소득세가 존재하는 경우 기업은 저배당정책을 선호하게 될 것이다.

(2) $투자수익률=\frac{자본이득+배당금}{투자액(현재의\ 주가)}$

① 기업 갑(무배당)

- 세전 투자수익률 $=\frac{22,000-18,333.3}{18,333.3}=0.20\ (20\%)$
- 세전 투자수익률 $=\frac{22,000-18,333.3}{18,333.3}=0.20\ (20\%)$

② 기업 을(주당 1,000원 배당)

- 세전 투자수익률 $=\frac{(21,000-18,125)+1,000}{18,125}=0.2138\ (21.38\%)$
- 세후 투자수익률 $=\frac{(21,000-18,125)+1,000\times(1-0.25)}{18,125}=0.20\ (20\%)$

③ 기업 병(주당 2,000원 배당)

- 세전 투자수익률 $=\frac{(20,000-17,916.7)+2,000}{17,916.7}=0.2279\ (22.79\%)$

• 세후 투자수익률 $= \dfrac{(20{,}000-17{,}916.7)+2000\times(1-0.25)}{17{,}916.7} = 0.20\,(20\%)$

(3) 물음 (2)의 결과에서 볼 수 있는 바와 같이 가장 높은 배당정책을 채택하고 있는 기업 병의 세전 투자수익률이 22.79%로 가장 높다. 이는 주주들이 배당소득세 부분을 보상받기 위하여 더 높은 세전 투자수익률을 요구하기 때문이다. 결론적으로 투자자들은 높은 배당을 지급하는 주식에 대해서는 높은 기대수익률(세전)을 요구하게 됨을 알 수 있다.

04 (1) (주)은하의 자기자본구조(10% 주식배당 후)

자본금(액면 5,000원, 발행주식수 110만주)	55억원
자본잉여금	20억원
이익잉여금	5억원
자기자본합계	80억원

(2) $P_0 = \dfrac{18{,}000\text{원}}{1+0.1} = 16{,}363.64\text{원}$

(3) $EPS = \dfrac{1{,}000\text{원}}{1+0.1} = 909.09\text{원} \rightarrow PER = \dfrac{16{,}363.64\text{원}}{909.09\text{원}} = 18$

주식배당 후 PER는 18로서 현재의 PER(=18,000원/1,000원=18)과 동일함을 알 수 있다. 즉 주식배당에 의해 주가와 주당순이익이 같은 비율(10%)로 감소하므로 PER은 변하지 않는다.

(4) 주식배당에 의해 주주의 부는 변하지 않는다.

• 주주의 부(주식배당 전) = 18,000원 × 100주 = 1,800,000원

• 주주의 부(주식배당 후) = 16,363.64원 × 110주 = 1,800,000원

(5) 주식배당은 대체로 성장속도가 빠른 기업이 사외현금유출을 막고 수익성이 높은 투자기회에 대한 재투자를 위하여 실시하는 경향이 있다. 이 경우 주식배당은 투자자들에게 기업의 미래전망에 대한 좋은 뉴스를 전달해 주는 역할을 담당한다.

05 (1) 발행주식수(N) = 10,000주, 주가(P) = 10,000원

자기자본의 가치(S) = 10,000주 × 10,000원 = 10,000만원

부채의 가치(B) = 2,500만원

기업의 가치(V) = 10,000만원 + 2,500만원 = 12,500만원

	정책 1	정책 2	정책 3	정책 4	정책 5
B	2,500만원	2,500만원	3,000만원	2,500만원	2,500만원
N	20,000주	10,000주	10,000주	10,500주	9,900주
P	5,000원	9,900원	10,000원	9,524원*	10,000원**
S	10,000만원	9,900만원	10,000만원	10,000만원	9,900만원
V	12,500만원	12,400만원	13,000만원	12,500만원	12,400만원

* 5% 주식배당하는 경우 주식의 총가치(자기자본의 가치)는 변하지 않고 발행주식수만 늘어나므로 주가는 9,524원(=10,000만원/10,500주)으로 하락하게 된다.

** 자사주 100주를 매입하기 위하여 100만원의 자금이 소요되었으므로 자기자본의 가치는 9,900만원으로 감소되며, 동시에 발행주식수도 100주 감소한 9,900주가 된다. 그러므로 자사주를 매입한 후 주가는 10,000원(=9,900만원/9,900주)으로 변하지 않음을 유의하여야 한다.

(2) 각 정책에 따른 구주주의 부는 다음과 같다.

- 정책 1: 10,000만원
- 정책 2: 자기자본가치(9,900만원)+배당금(100만원)=10,000만원
- 정책 3: 10,000만원
- 정책 4: 10,000만원
- 정책 5: 자기자본가치(9,900만원)+주식매각액(100만원)=10,000만원

∴ 각 정책에 따라 주주의 부는 변하지 않는다.

06 (1) 유보이익의 자본비용과 신주발행에 따른 자금조달비용이 다르기 때문에 투자에 필요한 자금을 조달하는 방법에 따라 자본비용이 달라질 수 있다. 자본비용이 달라지는 투자규모, 즉 자본비용분기점은 순이익을 모두 유보하여 투자할 수 있는 최대금액으로서 다음과 같이 구할 수 있다.

$$\text{자본비용분기점} = \frac{\text{순이익}}{\text{목표자기자본구성비율}} = \frac{2{,}500}{0.5} = 5{,}000\text{만원}$$

따라서 투자에 필요한 자금의 조달규모에 따라 구간별로 가중평균자본비용(WACC)을 구하면 다음과 같다.

- 0~5,000만원: $WACC = \left(\frac{S_L}{S_L+B}\right)r_S + \left(\frac{B}{S_L+B}\right)r_B(1-T_C)$

$$= (0.5\times0.155)+(0.5\times0.1\times0.6) = 0.1075$$

- 5,000만원 초과: $WACC = \left(\frac{S_L}{S_L+B}\right)r_S + \left(\frac{B}{S_L+B}\right)r_B(1-T_C)$

$$= (0.5\times0.165)+(0.5\times0.1\times0.6) = 0.1125$$

이상의 자료를 이용하여 투자기회선(investment opportunity schedule: IOS)과 한계비용선(marginal cost of capital: MCC)을 그림으로 나타내면 다음과 같다.

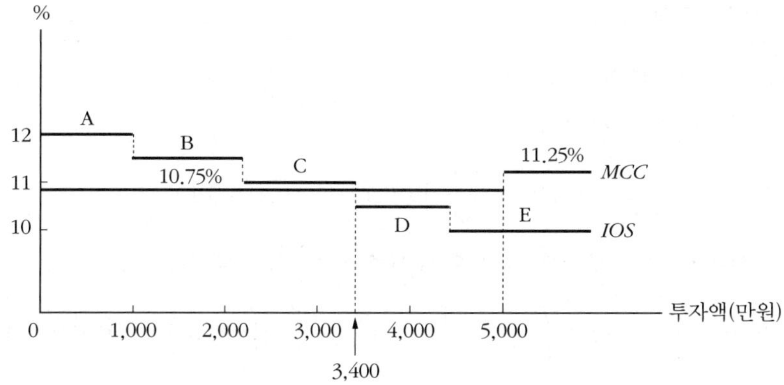

㈜민국의 최적투자규모(optimal capital budget)는 IOS와 MCC가 만나는 점에서 결정된다. 즉 이 회사는 투자안 A, B, C를 채택하게 되며 총투자액은 3,400만원이다. ㈜민국이 목표자본구조를 유지하기 위해서는 총투자액의 50%, 즉 1,700만원(=3,400만원×0.5)을 자기자본으로 조달해야 한다. 그러므로 내부자금(순이익) 중 새로운 투자에 지출하고 남는 부분을 배당으로 지급하는 정책, 즉 잔여배당정책에 의해 이 회사의 배당지급액과 배당성향을 구하면 각각 다음과 같다.

- 배당지급액 = 순이익 − 자기자본으로 조성되는 투자지출액
  = 2,500만원 − 1,700만원 = 800만원

- $\text{배당성향} = \dfrac{\text{배당지급액}}{\text{순이익}} = \dfrac{800\text{만원}}{2{,}500\text{만원}} = 0.32 = 32\%$

(2) 배당지급액 = 순이익 × 배당성향 = 1,000만원 × 0.4 = 400만원
배당지급액은 순이익에서 자기자본으로 조성되는 투자지출액을 차감한 것이기 때문에 ㈜민국이 신주를 발행하지 않을 경우 투자가능한 금액(I)은 다음과 같이 구할 수 있다.

$$400\text{만원} = 1{,}000\text{만원} - 0.7 \times I \quad \therefore I = \frac{1{,}000 - 400}{0.7} = 857.14\text{만원}$$

07 (1) 공시 전 주가는 30,000원(=300억원/100만주)이다. 그리고 공시 후 기업가치는 상환될 부채의 법인세 절감효과 40억원(=0.4×100억원)만큼 감소하게 되며, 이는 자기자본가치를 감소시킨다. 따라서 공시 후 주가는 다음과 같이 구할 수 있다.

$$\text{공시 후 주가} = \frac{300\text{억원} - 40\text{억원}}{100\text{만주}} = 26{,}000\text{원}$$

준강형 효율적 시장하에서는 공시 후 주가는 즉시 4,000원(=30,000원−26,000원)만큼 하락하게 되는데, 이는 부채상환에 따라 이자비용의 세금절감효과가 없어진다는 정보를 반영한 결과라 할 수 있다.

(2) ① 가중평균자본비용(WACC)

- 유상증자 실시 전 WACC

$$WACC=\left(\frac{300}{400}\right)\times 0.2+\left(\frac{100}{400}\right)\times 0.1\times(1-0.4)=0.165$$

- 유상증자 및 부채상환 실시 후 WACC = 무부채자본비용(r_U)

$$WACC=r_U\left[1-T_C\left(\frac{B}{V_L}\right)\right]=r_U\left[1-0.4\times\left(\frac{100}{400}\right)\right]=0.165 \quad \therefore\ r_U=0.1833$$

- WACC는 16.5%에서 18.33%로 상승하였는데, 이는 부채를 자기자본으로 전환하는 경우 상대적으로 저렴한 부채를 사용하지 않음으로써 증가하게 되는 비용을 완전히 상쇄할 정도로 자기자본비용이 감소하지 않은 결과이다. 이와 같은 결과는 부채를 사용하는 경우 얻을 수 있는 이점, 즉 이자비용의 세금절감효과가 없어지기 때문에 나타난다고 할 수 있다.[1)]

② 자기자본순이익률(ROE)[2)]

- 유상증자 실시 전 ROE

$$V_L=\frac{EBIT(1-T_C)}{WACC}\rightarrow 400=\frac{EBIT(1-0.4)}{0.165},\quad EBIT=110\text{억원}$$

$$ROE=\frac{\text{순이익}}{\text{자기자본의 장부가치}}=\frac{(110-100\times 0.1)(1-0.4)}{200}=0.3$$

- 유상증자 및 부채상환 실시 후 ROE

100억원의 부채가 전액 자기자본으로 전환되었기 때문에 자기자본의 장부가치는 300억원이다.

$$ROE=\frac{110\times(1-0.4)}{300}=0.22$$

---

1) WACC는 세후 영업이익을 기업가치로 나누어 측정될 수 있다. 이와 같은 측면에서 부채를 자기자본으로 전환할 경우, 세후 영업이익(분자)은 변하지 않으나 부채상환에 따른 세금절감효과의 감소로 인하여 기업가치(분모)가 하락하기 때문에 WACC가 상승하게 된다고 할 수 있다.

2) 자기자본순이익률(ROE)을 계산할 때 자기자본의 시장가치(산출가치) 또는 장부가치(투입가치)를 사용할 수 있다. 자기자본의 시장가치를 기준으로 계산된 ROE는 주주의 요구수익률을 의미하며, 장부가치를 기준으로 계산된 ROE는 투입자본에 대한 수익률의 의미를 가지는 것으로 볼 수 있다. 주주의 요구수익률이 이미 주어져 있으므로 이 문제에서 요구하는 ROE는 후자의 개념, 즉 투입자본에 대한 수익률을 의미하는 것으로 보아야 할 것이다.

• ROE가 30%에서 22%로 하락하였는데, 이는 부채를 자기자본으로 전환함으로써 재무레버리지효과(상대적으로 저렴한 부채를 사용함으로써 자기자본순이익률을 증가시키는 효과)가 없어진 결과라 할 수 있다.

③ 경제적 부가가치(EVA)[3)]

• 유상증자 실시 전 EVA

$$EVA = \text{세후 영업이익} - \text{투하자본} \times WACC = 110 \times (1-0.4) - 300 \times 0.165$$
$$= 16.5\text{억원}$$

• 유상증자 및 부채상환 실시 후 EVA

$$EVA = \text{세후 영업이익} - \text{투하자본} \times WACC = 110 \times (1-0.4) - 300 \times 0.1833$$
$$= 11\text{억원}$$

• EVA가 16.5억원에서 11억원로 감소하였는데, 이는 부채를 자기자본으로 전환함으로써 WACC가 높아진 결과라 할 수 있다.

(3) 공시 이후 유상증자 전 자기자본가치는 260억원, 발행주식수는 100만주, 유상증자액은 100억원, 발행해야 하는 신주의 수는 50만주(=100억/20,000원)이므로 권리락주가는 다음과 같이 구할 수 있다.

$$\text{권리락주가} = \frac{\text{자기자본의 시장가치} + \text{유상증자액}}{\text{발행주식수} + \text{발행신주수}}$$
$$= \frac{260\text{억원} + 100\text{억원}}{100\text{만주} + 50\text{만주}} = 24{,}000\text{원}$$

$$\text{또는 권리락주가} = \frac{\text{권리부주가} + \text{신주발행가} \times \text{유상증자비율}}{1 + \text{유상증자비율}}$$
$$= \frac{26{,}000\text{원} + 20{,}000\text{원} \times 0.5}{1 + 0.5} = 24{,}000\text{원}$$

$$\text{신주인수권의 가치} = \text{신주 1주의 자본이득} \times \text{유상증자비율}$$
$$= (24{,}000\text{원} - 20{,}000\text{원}) \times 0.5 = 2{,}000\text{원}$$

$$\text{또는 신주인수권의 가치} = \text{권리부주가} - \text{권리락주가}$$
$$= 26{,}000\text{원} - 24{,}000\text{원} = 2{,}000\text{원}$$

(4) 유상증자를 실시하여 조달한 자금 전액을 배당으로 지급하는 경우 자기자본의 시장가치 300억원에는 변동이 없고, 발행주식수만 150만주로 증가하게 된다.

---

3) EVA에 대한 자세한 내용은 「Perfect 재무관리 Ⅱ」 제8장 참조.

$$\text{배당락주가} = \frac{300\text{억원}}{150\text{만주}} = 20{,}000\text{원}$$

☞ 이 물음과 같이 유상증자를 실시하여 조달한 자금 전액을 신주를 포함한 모든 주식에 현금배당으로 지급한다면 주당배당액은 6,666.67원(=100억원/150만주)이며, 배당부주가는 26,666.67원$\left(=\frac{300\text{억원}+100\text{억원}}{150\text{만주}}\right)$이다.[4] 그러나 유상증자를 실시하여 조달한 자금 전액을 기존 주식에만 현금배당으로 지급할 경우 주당배당액은 10,000원(=100억원/100만주)이며, 기존 주식의 배당부주가는 기존 주가와 동일한 30,000원이다.[5]

(5) 유상증자 후 100주를 보유한 주주의 예로서 설명하면 다음과 같다.

① 배당소득세가 주주 부에 미치는 영향

유상증자를 실시하여 조달한 자금 전액을 현금배당으로 지급한다면, 100주를 보유한 주주는 666,667원(=6,666.67원×100주)의 배당을 받게 되나, 배당소득세율이 20%라고 한다면 이에 대한 세금으로 133,333.4원을 납부해야 하기 때문에 그만큼 손해를 보게 된다.

② 자본이득세가 주주 부에 미치는 영향

유상증자를 실시하여 조달한 자금을 현금배당으로 지급하지 않는다면, 100주를 보유한 주주가 배당과 동일한 금액 666,667원을 얻기 위해서 약 25주(=666,667원/26,666,67원)를 매도해야 한다.[6] 이와 같은 경우 자본이득(=666,667원−25주의 매입금액)에 대한 세금(=자본이득×자본이득세율)을 납부해야 한다. 그러나 자본이득세율이 배당소득세율과 동일하다 하더라도 실제로 납부해야 하는 자본이득세는 자본이득부분에 대해서만 과세되기 때문에 배당소득세에 비해 상당히 작을 것이다.

③ 배당소득세와 자본이득세가 존재할 경우 주주 부에 미치는 순효과

배당소득세와 자본이득세가 존재할 경우 주주 부에 미치는 순효과는 배당소득세가 주주 부에 미치는 영향에서 자본이득세가 주주 부에 미치는 영향을 차감한 것이라 할 수 있다. 즉 유상증자를 실시하여 조달한 자금 전액을 현금배당으로 지급한다면, 배당소득세와 자본이득세의 차이만큼 주주의 부가 감소한다고 할 수 있다.

08 (1) 현금배당 전 $EPS = \frac{5\text{억}}{10\text{만주}} = 5{,}000\text{원} \rightarrow$ 현금배당 후 $EPS = 5{,}000\text{원}$(불변)

---

4) 이 경우 배당부주가 26,666.67원은 배당 전 유상증자로 인한 권리락주가라 할 수 있다.

5) 배당을 받을 권리가 신주에는 부여되지 않을 경우, 배당락주가(20,000원)와 신주발행가격(20,000원)이 동일하기 때문에 유상증자에 따른 추가적인 권리락은 발생되지 않을 것이다.

6) 배당을 지급하지 않았기 때문에 주가는 배당부주가를 유지함.

$$주당배당금 = \frac{5억 \times 0.4}{10만주} = 2,000원$$

→ 배당락(현금배당 후)주가 = 20,000 − 2,000 = 18,000원

[기존 주주의 부의 변화]

	기존 주주 부		
	현금배당 전	현금배당 후	증감(후−전)
주식가치	20억	18억	−2
배 당 금	−	2억	2
합　　계	20억	20억	0

∴ 배당금만큼 주가가 하락하므로 기존 주주의 부에는 변화가 없다.

(2) $자사주\ 매입수 = \frac{2억}{2만원} = 1만주 \rightarrow 총발행주식수 = 10 - 1 = 9만주$

$$EPS = \frac{5억}{9만주} = 5,555.6원$$

$$주가 = \frac{2만원 \times 10만주 - 2억}{9만주} = 20,000원$$

[기존 주주의 부의 변화]

	기존 주주 부		
	현금배당 전	현금배당 후	증감(후−전)
주식가치	20억	18억	−2
주식매각	−	2억	2
합　　계	20억	20억	0

∴ 주식가치가 감소한 만큼 주식매각으로 인한 소득이 발생하므로 기존 주주의 부에는 변화가 없다.

(3) 주주들의 소득세율이 높은 경우 배당소득세를 부담해야 하는 현금배당보다 자사주 매입을 더 선호할 것이다.

(4) $자사주\ 매입수 = \frac{2억}{2,5000원} = 8,000주 \rightarrow 총발행주식수 = 10만주 - 8천주 = 92,000주$

$$자사주\ 매입\ 후\ 주가 = \frac{18억}{92,000주} = 19,565.2원$$

㈜신라가 현재 주가보다 높은 가격으로 자사주 매입시 대주주는 이익을 누리는 반면, 기존 주주는 주가하락으로 그만큼 손해를 입게 되므로 기존 주주는 대주주의 주장에

찬성하지 않을 것이다.

기존 주주의 부에 영향을 미치지 않게 하기 위하여 현재 주가인 20,000원에 자사주를 매입해야 한다.

(5) 현금배당 후 주주 부 = 18,000원 + 2,000원 × (1 − 0.2) = 19,600원

$$\rightarrow \text{자사주 매입 후 주주 부} = \frac{18\text{억}}{100{,}000\text{주} - \dfrac{2\text{억}}{P}} = 19{,}600\text{원}$$

∴ 자사주 매입가격(P) = 24,500원

09 (1) $$\beta_U = \frac{\beta_S^*}{1+(1-T_C^*)\left(\dfrac{B}{S_L}\right)^*} = \frac{1.95}{1+(1-0.4)\times 0.5} = 1.5$$

∴ $r_S = r_U = 0.06 + (0.12 - 0.06) \times 1.5 = 0.15$

(2) D_1 = 120만원/1만주 = 120원

$$\therefore P_0 = \frac{D_1}{r_U} = \frac{120}{0.15} = 800\text{원}$$

☞ ㈜트윈의 가치 = 800원 × 1만주 = 800만원

(3) • 자사주 매입 후 기업의 자기자본가치 및 발행주식수

자기자본 = 800만원 − 100만원 = 700만원

발행주식수 = 10,000주 − 1,200주* = 8,800주

* 자사주 매입수 = 100만원/833.333원 = 1,200주

• 자사주 매입 후 주가 = 700만원/8,800주 = 795.455원

• 10주 보유한 주주의 부 비교

자사주 매입에 응할 경우 주주의 부 = 10주 × 833.333원 = 8,333.33원

자사주 매입에 응하지 않을 경우 주주 부 = 10주 × 795.455원 = 7,954.55원

∴ 주주는 자사주 매입에 응하는 것이 유리하다.

(4) $$NPV(\text{투자안}) = \left[\frac{30\text{만원} \times (1-0.4)}{0.15} - 100\text{만원}\right]\left(\frac{1}{1.15}\right) = 173{,}913.043\text{원}$$

$$NPVGO = \frac{173{,}913.043\text{원}}{1\text{만주}} = 17.391\text{원}$$

$$\therefore P_0 = \frac{EPS}{r} + NPVGO = 800 + 17.391 = 817.391\text{원}$$

(5) 기본 $NPV = \left[\dfrac{30\text{만원} \times (1-0.4)}{0.15} - 100\text{만원}\right]\left(\dfrac{1}{1.15}\right) = 173{,}913.043\text{원}$

$$PV(\text{부채의 부수적 효과}) = \frac{T_C B}{1.15} = \frac{0.4 \times 50\text{만원}}{1.15} = 173{,}913.043\text{원}$$

$$\rightarrow APV = \text{기본 } NPV + PV(\text{부채의 부수적 효과})$$

$$= 173{,}913.043 + 173{,}913.043 = 347{,}826.086\text{원}$$

$$NPVGO = \text{주당 } APV = \frac{347{,}826.086\text{원}}{1\text{만주}} = 34.783\text{원}$$

$$\therefore P_0 = \frac{EPS}{r} + NPVGO = 800 + 34.783 = 834.783\text{원}$$

저자 소개

감 형 규(甘炯奎)

성균관대학교 경영학과 졸업
성균관대학교 대학원 졸업(경영학석사, 경영학박사)
SK경제연구소 경영연구실 실장
한국재무관리학회 회장
한국기업경영학회 부회장
한국생산성학회 상임이사
청운대학교 기획처장
현, 청운대학교 인천캠퍼스 글로벌경영학과 교수

저서 및 주요논문

알기쉬운 재무관리(유원북스)
에센스 재무관리(제6판, 공저, 유원북스)
Perfect 재무관리 Ⅱ(유원북스)
회계와 재무의 이해(유원북스)
파생금융상품(공저, 유원북스)
에센스 선물옵션(공저, 유원북스)
에센스 경영분석(공저, 유원북스)
고급재무관리(공저, 박영사)
증권투자론(제4판, 공저, 율곡출판사)
스마트시대의 재테크와 금융상품(공저, 율곡출판사)
에센스 재테크(공저, 율곡출판사)
주식수익률과 거시경제변수의 관계에 관한 실증적 연구
한국주식시장에서의 역행투자성과에 관한 실증적 연구
정보유형과 주가변동성의 관계에 관한 연구
자본투자와 주식수익률의 관계에 관한 연구 외 다수

신 용 재(辛容在)

성균관대학교 경영학과 졸업
성균관대학교 대학원 졸업(경영학석사, 경영학박사)
공인회계사, 경영지도사, 신용분석사 시험 출제위원
한국재무관리학회 부회장
한국재무학회, 한국증권학회, 한국파생상품학회 이사
한국기업경영학회 부회장, 기술보증기금 자문위원
한국기업경영학회, 한국산업경영학회 논문편집위원
현, 국립한경대학교 경영학과 교수

저서 및 주요논문

에센스 재무관리(제6판, 공저, 유원북스)
Perfect 재무관리 Ⅱ(유원북스)
스마트 시대의 재테크와 금융상품(공저, 율곡출판사)
에센스 재테크(공저, 율곡출판사)
에센스 선물옵션(공저, 유원북스)
에센스 경영분석 (공저, 유원북스)
파생금융상품(공저, 유원북스)
증권투자론(제4판, 공저, 율곡출판사)
고급재무관리(공저, 박영사)
Reducing Agency Conflicts with Target Debt Ratios
Momentum Profits and Idiosyncratic Volatility
Fintech: Ecosystem, Business Models, Investment Decisions, and Challenges
On the Relations between R&D Investments and Financing Constraints 외 다수

Perfect 재무관리 Ⅰ
기 업 재 무

2019년 5월 1일 초판 인쇄
2019년 5월 8일 초판 발행

저 자 감형규 · 신용재
발행인 이구만
발행처 유원북스 도서출판
04091 서울특별시 마포구 토정로 222,
한국출판콘텐츠센터 416호
전화번호 (02) 593-1800 FAX (02) 6455-1809
등록 2011.9.6. 제25100-2012-3호
www.uwonbooks.com uwbooks@daum.net

정 가 35,000원 ISBN 979-11-6288-072-2 93320

이 도서의 국립중앙도서관 출판예정도서목록(CIP)은 서지정보유통지원시스템 홈페이지(http://seoji.nl.go.kr)와 국가자료공동목록시스템(http://www.nl.go.kr/kolisnet)에서 이용하실 수 있습니다. (CIP제어번호 : CIP2019014890)